Richard Fawcett

CHATEAUX
DE FRANCE

CHATEAUX DE FRANCE

AU SIÈCLE DE LA RENAISSANCE

JEAN-PIERRE BABELON

Flammarion/PICARD

Mis en chantier depuis 1973, cet ouvrage a bénéficié de concours amicaux que nous ne saurions énumérer dans leur totalité.

Nous ne voudrions pas manquer toutefois de remercier collectivement certains groupes de spécialistes dont la contribution nous a été particulièrement utile :

le Centre de recherches sur l'architecture de la Renaissance de l'Université de Tours, dont les colloques autour du professeur André Chastel et de Jean Guillaume (qui nous a très amicalement permis de consulter sa thèse, éditée prochainement) nous ont apporté beaucoup, par l'information tout autant que par le contact amical avec les historiens français ou étrangers, ainsi Mmes Boudon, Chatelet-Lange et Grodecki, MM. Bruand, Gloton, James, Lavagne, Levesque et Tollon,

la Commission supérieure des Monuments historiques, précieux observatoire pour examiner les dossiers de tant d'édifices inconnus, pour former son observation visuelle et son jugement,

la Direction du Patrimoine, et tout particulièrement Mme Françoise Bercé, inspecteur général et conservateur de la bibliothèque et des archives, et ses collaborateurs, ainsi que Mlle Brujaud, chargée du service de la documentation des monuments protégés,

l'Inventaire général des monuments et richesses artistiques de la France,

MM. les professeurs Jean Guillaume et Henri Zerner qui ont relu notre manuscrit et nous ont fait d'utiles suggestions,

nos confrères des Archives ou des Bibliothèques qui ont amicalement répondu à nos demandes : Mmes Bibolet, Burel, Giteau, Jestaz, Pailhès, Patureau, Poirier-Coutansais et Roudière, MM. Burias, Burckard, Chomel, Dérens, Ermisse, Gérard, Giraud, Hohl, Joly, Lacour, Oursel et Quincy,

Mmes de Castelbajac, de Crussol d'Uzès, Froidevaux, de Lacretelle et Ritter, ainsi que MM. Helander, de Lagarde, d'Ormesson, Prunet et Voinchet, qui nous ont permis de reproduire des documents en leur possession,

la Caisse nationale des Monuments historiques et des sites et la Société française d'Archéologie qui nous ont autorisé à reproduire des documents tirés de leurs publications,

ainsi que Mme Roxane Debuisson, qui nous a procuré de précieuses cartes postales anciennes représentant des châteaux subsistants ou disparus.

Dès sa conception, ce livre avait suscité le vif intérêt d'Henri Flammarion, et celui de Francis Bouvet, ami très regretté. Ils nous ont quittés l'un et l'autre. Nous tenons à associer leur souvenir à la gratitude exprimée à toute l'équipe de la librairie Flammarion ; aux maquettistes, et aux photographes qui ont sillonné la France durant des années, MM. Henry Paillasson, Marc Thouvenot et surtout Jacques Nestgen.

Notre reconnaissance va aussi à tous les propriétaires des édifices qui sont ici évoqués, qui ont accueilli avec obligeance la visite des photographes et qui maintiennent en état ou restaurent avec courage ces monuments insignes de notre patrimoine national.

Enfin je ne saurais conclure ces remerciements sans dire la part prise par ma femme dans la réunion de la documentation bibliographique et iconographique de ce gros ouvrage.

SOMMAIRE

Attaché à respecter un parti strictement chronologique, dont nous expliquons plus loin la raison, nous avons partagé la période considérée en huit tranches de dix à vingt années séparées par des dates majeures qui nous ont paru accélérer un processus d'évolution ou au contraire déterminer un changement d'orientation. Dans ces chapitres précédés chacun d'une petite étude de synthèse réintroduisant l'architecture dans un contexte historique plus large, nous avons réparti les 272 châteaux qui nous paraissent à des titres divers représenter la part la plus significative et la mieux documentée de la production de ce temps ; édifices subsistant de nos jours ou disparus, parfois depuis longtemps. Certains de ces édifices ayant subi au cours des décennies successives des transformations majeures, nous les avons évoqués partiellement à chaque phase importante de leur évolution ; certains sont donc mentionnés deux fois, comme Amboise, Blois, Chantilly, Gaillon, Saint-Germain et Saint-Maur, d'autres trois fois comme Chenonceau ou le Louvre, un autre quatre fois : Fontainebleau.

A l'intérieur de ces périodes, nous avons disposé nos notices monographiques en commençant par les constructions royales et en poursuivant par un tour de France qui privilégie les affinités et les influences. Pour alléger la lecture, ces notices sont volontairement dépourvues de notes ; la bibliographie placée dans les articles du répertoire qui fait suite doit permettre d'expliciter et de documenter nos assertions.

La seconde partie de cet ouvrage est constituée par un répertoire général des constructions françaises du XVIᵉ siècle dont nous avons pu avoir connaissance, châteaux ou manoirs, édifices reconstruits ou seulement modifiés durant le siècle. Ces courtes rubriques ne sont pas groupées selon l'ordre chronologique mais suivent un classement topographique. On trouvera d'abord les territoires qui faisaient alors partie du royaume, puis ceux qui lui étaient étrangers. L'ensemble est disposé par grandes régions et à l'intérieur de celles-ci par départements. La bibliographie est répartie selon ce classement topographique en suivant la progression habituelle, du général au particulier. Les 272 châteaux de la première partie sont évoqués dans ce répertoire par des notices de renvoi assorties de bibliographies. Enfin un index général des châteaux et des communes d'une part, des maîtres d'ouvrage et des maîtres d'œuvre d'autre part, permettra une meilleure saisie des informations.

Le signe * signale que le château peut être visité.

Préface

En 1927, François Gebelin publiait son œuvre maîtresse, *Les Châteaux de la Renaissance*. Ce livre fondamental, remarquable par la sûreté et l'étendue de son information comme par ses idées neuves et son absence de parti pris, n'a pas été remplacé. Toujours d'actualité, bien que la connaissance et la réflexion aient progressé, il reste la référence première pour étudier l'extraordinaire floraison architecturale que connut la France du XVIe siècle. Il le restera longtemps. Nous ne prétendons pas ici le remplacer, mais faire le point sur l'acquis nouveau de la recherche, foisonnante ces dernières années, et tenter l'analyse du phénomène « château » sous un éclairage différent.

L'emploi du mot Renaissance dans le titre de cet ouvrage pour servir de qualificatif à un siècle laisse deviner notre propos. A l'examen d'un style nous voudrions juxtaposer l'étude d'une période ; à une « Renaissance française » dont on cherchait à dater l'aurore et le crépuscule, préférer la gestation d'un ordre classique particulier à la France, greffé sur l'ancien ordre gothique. Le concept de Renaissance est, on l'a souvent dit, d'une grande ambiguïté, et son contenu n'est pas le même lorsqu'on parle de l'Italie ou des pays voisins. Sa signification première reste pourtant claire, elle présuppose un jugement de valeur. La Renaissance succède au Moyen Age. Elle est une réaction, un Nouvel Age, le début de l'Age moderne. Utiliser le terme, c'est donc, qu'on le veuille ou non, accepter une division presque manichéenne entre le noir et le blanc, division qui risque de masquer les réalités d'une époque.

La Renaissance est née en Italie d'un « retour » aux sources antiques considérées comme le fondement de la connaissance de l'homme et la clef de sa maîtrise sur l'univers. Objet d'importation, elle a eu en France à lutter contre une civilisation nationale qui s'était développée au Moyen Age. Cet axiome généralement admis conduit à considérer le XVIe siècle comme le champ clos d'une bataille idéologique. On assiste à la conquête du pays par une civilisation étrangère. Comme dans un phénomène d'osmose, la densité plus forte d'un milieu culturel par rapport à ses voisins en a déclenché automatiquement l'expansion. La relation mise en œuvre est alors celle du civilisé au barbare, qui a joué autrefois entre la Grèce et le bassin méditerranéen, puis entre Rome et le monde antique tout entier.

Dès lors traiter de la Renaissance en France, c'est finalement juger du degré de perméabilité de ce pays à l'art né dans la péninsule, et estimer ses productions au bon usage d'un code importé, qu'il a fallu comprendre et assimiler. En contrepartie, on a pu estimer de ce côté des Alpes que l'invasion italienne avait brisé la vitalité d'un art national, l'art gothique, et que toutes les formes du classicisme relevaient fâcheusement d'une « occupation étrangère » qui avait offusqué le génie français. Cette thèse fut soutenue avec ardeur à l'époque romantique, sous l'effet d'un sursaut de nationalisme. Seul l'art du Moyen Age était l'art gallican, et il n'y avait après lui que colonisation et décadence, jusqu'à la reconquête du rationalisme appuyée sur la résurrection néo-gothique.

Viollet-le-Duc s'est exprimé sur ce sujet avec une éloquence enflammée. Tout « retour vers le passé » est à identifier comme « un signe de détresse ». « L'Egypte sous les Ptolémées, Rome sous Adrien, l'Italie et la France à l'époque de la renaissance, ont ainsi retrouvé un moyen de production en se retrempant dans le passé. Ces secondes pousses, que l'on me passe l'expression, n'ont jamais la vigueur, la sève des premières ; elles sont souvent pâles et étiolées. Mais enfin ce sont encore les rejetons d'une bonne souche, et il faut bien se garder de les dédaigner », concède-t-il en 1844 (*Annales archéologiques*) mais l'année suivante, dans un article intitulé « De l'art étranger et de l'art national », (*ibid.*), il est plus catégorique : « Nous avons beau faire, l'architecture antique, grecque ou romaine, ne sera jamais applicable chez nous. Tous les raisonnements du monde ne changeront pas notre génie, notre climat, nos usages et nos matériaux... L'architecture de la renaissance peut être une fort belle chose, mais ce n'est pas un art complet ni arrêté ; c'est une fantaisie, une mode qui, succédant au gothique dégénéré, nous a jetés dans l'anarchie la plus complète, dans un désordre inouï, et nous a fait oublier peu à peu les véritables principes de l'art de bâtir... Dans un pays deux choses doivent être éminemment nationales, la langue et l'architecture ; c'est ce qui exprime le plus nettement le caractère d'un peuple. Nous n'avons pas abandonné notre langue ; nous l'avons modifiée, peut-être à tort. Pourquoi donc abandonnerions-nous notre architecture ? » Pour lui, entre la grande « antiquité nationale » des siècles des cathédrales et le réveil des modernes, le vrai « moyen âge » couvrait en réalité les trois siècles classiques, ceux de la civilisation monarchique, les XVIe, XVIIe et XVIIIe siècles.

Rares furent les hommes qui réagirent preuve en main à ce jugement sommaire, dicté surtout par le désir de mettre fin à l'empire éternel du néo-classicisme, mais ils se heurtaient alors à un autre écueil. Si l'on voulait échapper à la défaveur d'un art étranger importé, blessante pour l'amour-propre français, il fallait prouver que les édifices du XVIe siècle, essentiellement les châteaux, avaient été bâtis par des maîtres d'œuvre autochtones, nés dans le royaume et formés dans la tradition gothique, et non pas par des architectes italiens. La bataille des textes d'archives fit rage pendant longtemps. Les uns voyaient toute construction majeure comme l'œuvre de Fra Giocondo, de Dominique de Cortone (le Boccador), de Girolamo Della Robbia ou de Serlio, qui en auraient donné les plans. C'étaient Courajod ou Geymüller. D'autres, comme Deville, l'éditeur des comptes de Gaillon, et surtout Léon Palustre, insistaient sur la paternité des maçons français dont ils retrouvaient les noms dans les archives. Ils allèrent jusqu'à inventer un architecte français, Charles Viart, qui n'a jamais existé.

Désorganisée par ces efforts contradictoires, la connaissance resta longtemps encombrée d'idées fausses et asservie à une idéologie militante. Ce fut le mérite éminent de François Gebelin, et pour les problèmes de Blois du docteur Lesueur, d'avoir repris les faits assurés et remis en ordre les vrais arguments afin de juger sereinement de l'évolution. Encore le primat italien restait-il le critère fondamental et Gebelin commençait ainsi son livre : « L'étude des châteaux français de la Renaissance est celle de la pénétration italienne dans notre art monumental au cours du XVIe siècle. » Ce point de vue est d'ailleurs partagé encore très couramment. Dans une récente histoire universelle de l'architecture, le tome consacré à l'architecture de la Renaissance réduit en un chapitre la part réservée à la France, à l'Espagne, aux Pays-Bas, à l'Allemagne et à l'Angleterre, et sous un titre bien significatif : « Le Rayonnement des idées italiennes en Europe », soit 47 pages, pour 316 consacrées à l'architecture italienne.

Bien entendu, le débat ne consiste pas à attaquer, drapeau brandi, la suprématie incontestable de l'Italie, à déprécier le génie des maîtres du Quattrocento et du Cinquecento, ni même à minimiser en quoi que ce soit l'immense influence italienne en France ; mais à ramener l'attention vers un objet réel dont le caractère n'a été reconnu que fragmentairement. A trop réduire l'architecture française de la Renaissance à la somme des influences étrangères, on risque de négliger tout ce qui échappe, peu ou prou, à ces influences, de laisser dans l'ombre bien des zones du « Siècle de la Renaissance », de focaliser l'analyse sur l'architecture royale et l'art de Cour, atteints en priorité par l'art italien, au détriment des régionalismes et des résistances.

L'exploration du siècle entier est une tâche de longue haleine à laquelle nous voudrions ouvrir la voie par une sorte de premier « inventaire » — le mot est à la mode — si incomplet ou fautif qu'il soit. C'est bien d'un temps historique que nous voulons parler, et non pas d'un style. Cent ans de construction noble « aux champs », comme disait Du Cerceau. Cent ans... et un peu plus, car notre démarche ne pouvait s'abstraire totalement des idées reçues à juste titre sur la « Première Renaissance ». Nous avons donc commencé l'enquête dans les années 1490, comme il est d'usage, mais le souci de présenter sans lacune la fin du XVIe siècle nous a conduit à terminer en 1600. Le lecteur nous pardonnera cette inconséquence de lui présenter un siècle de cent dix ans.

Le dernier tiers du siècle en effet, longtemps considéré comme un crépuscule, a suscité des études nouvelles qui modifient catégoriquement les notions anciennes. Il paraît maintenant nécessaire de faire sauter le verrou traditionnel qui sépare les années 1500 des années 1600, car l'art classique des XVIIe et XVIIIe siècles, artificiellement isolé par les leçons de l'académisme, prend en réalité ses puissantes racines dans les productions du règne de Henri II et celles de l'époque troublée qui suivit, les « guerres de Religion ». L'« architecture à la française », comme l'a appelée fort heureusement J.-M. Pérouse de Montclos, forme un tout que le concept de Renaissance risque de fractionner arbitrairement. Quels sont ses caractères topiques permanents, comment se sont-ils maintenus, comment ont-ils évolué à travers les modes et les influences ? La même interrogation vise d'autres cultures, celles de l'Angleterre ou de l'Espagne... Partout l'invasion des italianismes précède une prise de conscience et l'élaboration d'un art nouveau greffé sur la tradition nationale.

L'articulation se situe en France au début des années 1540. Une génération nouvelle née autour de 1510-1520, formée dans les milieux français des constructeurs et des humanistes et abreuvée aux sources italiennes, arrive alors à maturité. Philibert de L'Orme incarne au suprême degré l'esprit nouveau qui souffle sur le bâtiment. Ses œuvres construites, malheureusement disparues pour la plupart, et son œuvre écrite, *L'Architecture*, démontrent, non pas qu'il a voulu pratiquer l'amalgame de la tradition française et de la doctrine italienne, mais qu'il a su transcender l'une et l'autre pour instaurer un ordre moderne des plans, des surfaces et des volumes ; et aussi qu'il a voulu ambitieusement prononcer un nouveau discours qui en appelle, du seul univers plastique, aux valeurs humaines de l'économique et du rationnel. Sa confiance profonde en ses capacités et sa foi en sa mission d'architecte universel l'ont amené en effet à penser que les valeurs attachées au meilleur habitat convergent finalement vers la beauté, et une beauté qui peut être française. Du Bellay et ses amis de la Pléiade ne jugeaient pas autrement de la commodité et de la beauté de la langue française.

Au même instant, un Italien transplanté en France formule les mêmes conclusions, avec une discrétion qui s'accorde à son tempérament, celui d'un « deviseur » plus que d'un bâtisseur. Sebastiano Serlio ne craint pas d'écrire dans son *Sesto Libro* : « Je me servirai beaucoup des commodités de France, que j'ai vraiment trouvées bonnes... Dans ma façon de procéder, j'entends unir la commodité française et l'usage italien. » C'était contredire un de ses illustres compatriotes, Benvenuto Cellini, qui à propos de ses travaux à Fontainebleau déblatérait contre la « mala maniera franciosa ».

Dans la première moitié du siècle au contraire, de 1495 à 1540, les valeurs gothiques sont finalement restées primordiales. Peu importe que les colifichets décoratifs d'abord, les trames de façades ensuite soient venus ordonner progressivement les plis du vêtement national ; les structures anciennes demeurent, et l'on sait qu'elles subsisteront bien vivantes dans l'architecture religieuse jusqu'en plein XVIIe siècle. Malgré l'échange du vocabulaire ornemental, les lignes de poussées verticales qui caractérisent le gothique continuent d'animer prioritairement les bâtiments. Le cas de Gaillon, né au cœur du flamboyant normand, si typé et si vivace, est exemplaire. Le goût pour la surabondance décorative, le jaillissement expressif si sensible à Meillant, est un legs de la tradition française ; de même la pérennité d'un appareil militaire, jugé nécessaire pour bien des raisons ; de même l'hégémonie du château sur le paysage environnant, ville, village ou nature, baignant le pied des remparts.

Cet ordre gothique commande une architecture fractionnée et additionnelle, et non pas une structure synthétique. Il impose la présence de tours rondes qui procurent les accents majeurs. Il dicte l'opposition entre le monde ouvert et aimable de la cour et l'aspect fermé et rébarbatif des murs extérieurs. Tel est Chaumont-sur-Loire. Avec la façade des Loges, Blois s'éclaire sur la campagne d'une façon révolutionnaire. Chambord, par sa régularité colossale et son ouverture vers la forêt voisine, semble échapper à l'esprit gothique, mais ses volumes appartiennent bien à la plastique du début du XVe siècle, comme lui appartient aussi la silhouette féerique des couronnements qui le rapproche évidemment de Mehun-sur-Yèvre, de Pierrefonds et des miniatures des *Très Riches Heures*. Même si elle sort lointainement des veilles de Léonard de Vinci, la grande vis n'en est pas moins l'un des grands gestes gothiques, le dernier défi de l'art des cathédrales. Et mesurer Chambord à la somme des influences italiennes que l'on peut y déceler relève d'un pari dérisoire. Le château de François Ier respire en toute indépendance. Sa masse, son harmonie nous interrogent. Bien entendu l'édifice est français, aussi français que Chartres ou Reims.

Une obsession généralement étrangère à l'architecture italienne habite à ce moment tous les bâtisseurs de quelque importance, celle de l'escalier, considéré par excellence comme le morceau triomphant autour duquel gravitera le château tout entier. La science des appareilleurs, tradition nationale, a acclimaté depuis longtemps l'escalier-prodige, logé dans une tour percée à jour et poursuivant un mouvement ascensionnel presque sacralisé. Cette tradition, qui a donné au XIVe siècle la grande vis du Louvre, rend compte tout naturellement des trésors d'imagination déployés à Châteaudun, à Blois, à Bonnivet, à Oiron, à Azay-le-Rideau, à Chenonceau pour produire le volume le plus héroïque et la lumière la plus poétique. La tradition de la vis s'y marie avec l'escalier à rampes droites, longtemps reconnu comme une spécialité italienne, donc comme une importation, et qui semble pourtant appartenir au répertoire de la France de l'Ouest dès le XVe siècle, comme des recherches récentes nous invitent à le croire. De toute manière, l'escalier est probablement le chef-d'œuvre plastique de ce temps.

Parallèlement cependant, on ne saurait minimiser l'effort de certains constructeurs indépendants, Florimond Robertet à Bury en Blésois par exemple, pour adapter leur maison neuve au nouvel idéal qui passe par la symétrie et la régularité d'abord, par la perspective ensuite. Dans ce domaine ils précèdent d'une longueur les chantiers royaux.

Le second versant du siècle s'annonce comme l'élaboration, sur le chemin tracé par les rares novateurs, d'un classicisme à la française. Avec de L'Orme et Lescot d'une part, puis Bullant et Du Cerceau d'autre part, le maître d'œuvre a cédé la place à l'architecte, à l'artiste auréolé par la civilisation de la Renaissance qui lui reconnaît une valeur éminente dans la Cité. Il est le démiurge du monde moderne. Pour la première fois en France une architecture savante est définie et appliquée. Car ces hommes ont la plume aussi facile que le compas ou l'équerre. Ils ont appris, ils ont pensé, ils construisent et ils enseignent. Comme ils sont les premiers à s'exprimer d'une manière aussi totale, ils sont habités par une force d'imagination et une liberté de création qui n'ont pour frein que leur propre sens de la raison et du bon goût. Destinés à devenir les références et les révérences des générations qui viendront, ils ont, pour l'heure, à leur merci le jeune classicisme, ils peuvent le modeler comme une pâte molle entre leurs mains habiles, et chacun des quatre s'y emploie avec sa puissante individualité. C'est ainsi qu'il faut les voir, comme des créateurs indépendants et les porte-parole d'une génération jeune qui peut tout se permettre, et non comme les rigides ancêtres d'un style qui se survivra jusqu'à l'aube de notre siècle.

Anthony Blunt a analysé avec une particulière acuité les valeurs propres à Philibert de L'Orme dans un livre qui a fait date. Les Du Cerceau font l'objet des recherches de David Thomson, et Bullant, celles de François-Charles James. Pierre Lescot, lui, n'a pas encore trouvé son historien. Pourtant l'œuvre de ce clerc lettré reste fascinante par ses lumières et par ses ombres. Ce n'est pas une façade de Philibert qui a été considérée comme le parangon de la grande architecture française, mais une façade de Lescot, celle du Louvre. Et plus on scrute cette composition rigide qui subsiste — dénaturée cependant par un espace qui détruit ses proportions — plus on lui découvre de grandeur, d'équilibre, de subtilité et d'audace malgré la sagesse du rythme adopté. Nous nous en expliquons plus loin, mais on peut énumérer ici les nouveautés : l'architecture de trompe-l'œil organisée par les avant-corps et la fausse galerie du rez-de-chaussée, l'acclimatation de l'étage attique, l'invention du comble brisé, la symphonie du décor sculpté, l'usage d'une polychromie de caractère architectonique. Pour notre part, nous estimons que cette façade était destinée à être seule bâtie dans le projet primitif, et qu'elle drapait ainsi un corps de logis unique qu'auraient encadré des ailes moins richement vêtues ; que ce rythme harmonique n'était donc pas conçu pour couvrir uniformément les quatre côtés d'un *cortile* à l'italienne, mais un seul logis à la française. Selon le témoignage de Du Cerceau lui-même, c'est un choix postérieur de Henri II qui aurait entraîné le processus répétitif dans lequel l'art subtil de Lescot allait perdre une partie de sa musicalité.

Lescot n'a pas seulement inventé la façade à avant-corps et ordres classiques, il a aussi introduit en France le style rustique, si différent, si opposé même. Inspirée du génie de Jules Romain au palais du Té de Mantoue, cette manière répudie en effet l'ordre antique et le code vitruvien pour leur substituer le bossage, quartier de roc à peine dégrossi. Or cette utilisation d'un élément naturel, le rocher sorti du chaos de la Genèse, ou plutôt de son simulacre, relève d'une conception architecturale qui est profondément antinaturaliste puisque le roc n'est pas intégré dans une construction « sauvage » — sauf dans le cas des grottes — mais dans une ordonnance aussi codifiée, aussi humanisée, que l'ordonnance à pilastres et colonnes : construction intellectuelle donc, où les forces brutales des « éléments » semblent domestiquées pour produire une émotion ambiguë chez le spectateur : terroriser et rassurer à la fois. La Salle des Géants, au palais du Té, est l'illustration la plus osée de cette dialectique quelque peu perverse qui va ravir les esprits distingués, du milieu à la fin du siècle. L'austère maître du Louvre participe de cette façon au maniérisme international qu'il contribue ainsi à introniser en France. Du Cerceau ira beaucoup plus loin.

Voici les grandes voies tracées durant le siècle. Pourtant l'examen de ses productions déconcerte par la variété des formes et des styles. C'est là une conséquence attendue de l'état du pays. Le royaume est encore la France des cultures, comme il est encore la France des dernières grandes principautés féodales, des particularismes coutumiers et juridiques, de la diversité des langues et des arts. Cette vérité a été reconnue depuis longtemps sur le plan politique comme sur le plan littéraire. Songeons à l'indépendance du milieu lyonnais au temps de Maurice Scève, à celle du cercle poitevin autour de Geoffroy d'Estissac et de Rabelais. En architecture, l'un des mérites de Louis Hautecœur, dans sa grande somme sur l'architecture classique, a été de mettre en valeur le particularisme des provinces. La récente thèse de Jean Guillaume a permis de distinguer les valeurs propres de la Renaissance en Poitou, caractérisée notamment par son attachement aux formes féodales. Jean-Jacques Gloton dans sa thèse sur Aix-en-Provence en a fait de même pour le Midi rhodanien. Les châteaux du Luberon composent ainsi un groupe individualisé où se conjuguent la qualité du grand mur de pierre ocrée, l'harmonieuse économie des percements et les réminiscences antiques tirées de la terre provençale.

On distingue aisément un art lyonnais, celui dont est issu Philibert de L'Orme, remarquable par la disposition de ses baies groupées ; un art comtois et lorrain fortement italianisé et d'inspiration savante, où le décor sculpté est prodigué ; deux arts de Bourgogne, avant et après le manifeste de Serlio à Ancy-le-Franc. Les variations du « brique et moellon » et du « brique et pierre » en Picardie et dans le Nord ont été soulignées par Josiane Sartre. La Normandie subit les influx successifs des architectes de Caen, Hector Sohier et Blaise Le Prêtre, mais elle a aussi ses caractères topiques permanents, l'appareil coloré, les grands combles. La Bretagne reste longtemps fidèle au gothique, puis elle accueillera tardivement les influences de Philibert de L'Orme. L'Auvergne conserve une tradition d'art populaire dans la déformation intentionnelle des éléments vitruviens. Le Sud-Ouest connaît un foisonnement de styles locaux, du beau classicisme rouerguat de Bournazel jusqu'aux variations expressionnistes des deux Bachelier en région toulousaine.

La construction du siècle comprend encore la masse anonyme des manoirs et maisons-fortes qui n'ont pas reçu la marque d'un « style » et qui sont les produits d'une architecture vernaculaire insensible à la mode et peu évolutive : tant de simples logis couverts de crépi et accostés d'une ou deux tours rondes, tant de manoirs normands en pan de bois. Toutes les productions régionales sont d'ailleurs assujetties à des caractères locaux permanents que Serlio fut l'un des premiers à prendre en compte : les dispositions dictées par le climat, les vents dominants, la pente et la nature du sol, les matériaux (tuffeau, grès, liais, granit, moellon, brique), les traditions des charpentiers, la pente des combles et le matériau de couverture.

L'analyse des agencements intérieurs conduirait à la même observation sur la diversité des usages. La commodité des appartements est une qualité reconnue à la « manière française ». Elle s'est affinée durant le siècle, surtout à partir des constructions commandées par François Iᵉʳ pour loger la Cour en période de chasse. Chambord et Madrid sont intéressants à comparer dans cette optique. Philibert de L'Orme et Du Cerceau poursuivront dans la voie d'un agencement commode et rationnel : espaces individualisés par leur fonction, chambres et cabinets retirés du circuit de circulation, orientation favorable des chambres à la vue ou au soleil, place de l'escalier par rapport au vestibule d'entrée et aux couloirs de dégagement.

Durant ce siècle, la construction de la demeure noble a pris une importance toute nouvelle, monopolisant l'intérêt passionné des classes dirigeantes et la réflexion théorique des architectes. Le phénomène doit être analysé comme un important fait de culture. Jusque-là, l'architecture religieuse avait conservé un primat incontesté. Les cathédrales étaient l'occasion des exploits des bâtisseurs. Pour Dieu, rien n'était trop beau et la vie éternelle méritait toutes les audaces et toutes les dépenses. Or depuis quelque temps l'Italie avait changé de langage. Non pas que Brunelleschi, Alberti ou Bramante n'aient consacré leur génie à édifier des temples chrétiens. Sainte-Marie de la Fleur à Florence, Saint-Pierre à Rome suscitèrent des débats passionnés durant des générations. Mais enfin les palais urbains des Médicis, des Gonzague ou des papes occupaient une place sans cesse plus obsédante dans la cité et dans les discussions sur le beau. L'ardeur de bâtir qui anime toutes les grandes familles patriciennes, en ville d'abord puis à la campagne, excite la compétition et précipite l'ascension de l'architecture domestique. André Chastel l'a écrit dans *La Crise de la Renaissance* : « L'Art de la Renaissance est peut-être lié à la demeure plus qu'à aucune autre époque. Et la demeure est ici plus que la maison. »

Cette tendance rencontre naturellement un écho en France dans l'aristocratie qui y trouve la meilleure expression de son orgueilleuse identité. Dès qu'ils ont vu l'Italie, les compagnons de Charles VIII et de Louis XII ont répugné à continuer d'habiter ou de construire de modestes maisons nobles comme l'avaient fait leurs pères après la guerre de Cent ans. Le temps de René d'Anjou est révolu. La grandeur des palais italiens, le luxe de leur décor intérieur, l'agrément de leurs jardins fouettent l'amour-propre des seigneurs français dès le premier contact. Ils ont découvert aussi la suprématie culturelle du prince dans chaque cité et le rayonnement qu'ont exercé Frédéric de Montefeltre, Lionel d'Este, François Sforza, François de Gonzague ou Laurent le Magnifique. Au retour, Georges d'Amboise, l'amiral de Bonnivet, Claude Gouffier, François de La Rochefoucauld doivent rêver de les égaler. La même ambition hantera sans doute un peu plus tard Philippe Chabot, Galiot de Genouillac, Claude d'Urfé, Montmorency, Saint-André et Tavannes. La construction de leurs ambitieuses demeures est d'ailleurs souvent liée aux étapes de leur carrière. Le « duché » d'Uzès est rebâti lorsque son propriétaire accède à la dignité de duc et pair ; Montmorency élève Chantilly lorsqu'il est fait Grand maître, et Écouen lorsqu'il devient connétable. La construction d'un château n'est généralement pas le résultat d'un caprice mais la reconnaissance d'un statut social.

Le château, architecture de domination. L'analyse de ses formes et de son décor fait parfois oublier cette dimension. Confrontés avec la civilisation des résidences secondaires, nous sommes d'autre part portés à ne voir dans le château que leur expression sublimée, en quelque sorte. Pourtant, la différence est fondamentale, elle ne tient pas aux dimensions ni au luxe du décor, elle réside dans la fonction sociale. Bien loin d'être une retraite comme sont les maisons de campagne qui visent à libérer leur occupant de ses liens de société habituels, le château est précisément dressé pour affirmer les liens sociaux ; mais sur un plan vertical, c'est-à-dire pour permettre à son possesseur de régner. Il est le symbole visible de l'autorité seigneuriale sur le plat pays de ses vassaux. Un même édifice ne peut donc convenir à un simple gentilhomme ou à un duc, à un petit noble de campagne ou à un grand officier de la couronne, et lorsqu'il s'élève dans la hiérarchie, l'intéressé est porté à modifier sa maison. Les initiales, les couronnes, les épées ou les baudriers qui timbrent les façades ne sont pas là gratuitement, ils nous font connaître la dignité du maître.

Cette diversification catégorielle ne s'exerce pas en Italie du Nord, où le système féodal a été vite contrecarré par la civilisation urbaine. Là les familles patriciennes tirent leur illustration de leur participation à la gestion de la cité et non d'une maîtrise territoriale insérée dans la grande pyramide qui caractérise le système français. Aussi, lorsqu'ils appliquaient les normes architecturales venues d'Italie, les seigneurs français ne pouvaient songer à abdiquer les signes extérieurs de leur autorité, à répudier une expression féodale reçue depuis des siècles et qui avait fait ses preuves pour inspirer le respect aux vassaux : donjons, tours rondes, mâchicoulis, ponts-levis et douves. Seul le roi se permet de les abandonner sans dommage dans un nouvel édifice comme le château de Madrid. Seul il ose raser son donjon, celui du Louvre, dont relevaient pourtant tous les fiefs de France. Aucun grand seigneur n'aurait osé pareil geste, il suffit de voir avec quel soin le vieux donjon a été conservé dans les châteaux neufs du Pailly ou de la Tour-d'Aigues.

L'évolution du bâti peut donc être jugée sur un nouveau critère. Devant les pressions de la mode, les impératifs de la commodité et du modernisme, comment réagit le maître d'ouvrage ? La régularité et la beauté vitruviennes vont-elles entraîner la disparition des « signes » ? L'architecture du val de Loire, la première à évoluer, rend bien compte du dilemme. Elle y trouve même son caractère. Les « châteaux de la Loire » sont pour nous des silhouettes familières que nous ne mettons pas en question, pierre blanche et ardoise, tours rondes, hauts combles. Nous reconnaissons le langage parlé déjà à Boumois ou à Langeais, au XVᵉ siècle, repris à Chaumont, Chenonceau, Azay, Chambord, le Lude, plus tard à Villegongis et Valençay. C'est que le vocabulaire traditionnel de l'autorité y a été maintenu, malgré les nouveautés stylistiques. Certaines régions le conserveront avec tenacité, le Poitou et plus encore le Périgord (Puyguilhem, Losse, Monbazillac).

Dans d'autres régions, la typologie féodale va se modifier parce que la recherche de l'agrément résidentiel y est plus forte. La solution extrême est de laisser le donjon comme un élément symbolique au sommet de la colline et de bâtir dans la vallée une maison d'agrément : ainsi firent les Guise à Joinville. Mais le plus souvent la transformation est réalisée par l'échange progressif des signes. Le principal échange s'opère par remplacement de la tour ronde par le pavillon carré. Celui-ci est apparu à Bury et à Fontainebleau, il est définitivement assimilé à Villandry, à Villers-Cotterêts et à Écouen, et transcendé au Louvre avec le pavillon du Roi, glorieux successeur du donjon. L'échange n'a pas été difficile, car la tour carrée appartient depuis longtemps à l'architecture féodale.

Le pont-levis et les tours du châtelet sont remplacés par le portail architecturé qui emprunte son ordonnance à l'arc de triomphe antique (Anet). La grande vis d'escalier, placée traditionnellement hors-œuvre (Blois) s'intègre dans le logis (Châteaudun) et y cède la place à l'escalier à rampes droites superposées, non sans manifester extérieurement sa présence par un avant-corps et un couronnement (Azay-le-Rideau). Le périmètre de l'enceinte, défendu ou non par des fossés secs ou des douves en eau sert à délimiter intérieurement des espaces hiérarchisés au centre desquels la cour d'honneur exerce sa suprématie (Le Verger, Bury, Nantouillet, Anet). Pour cette dernière, on a tenté l'assimilation du *cortile* italien aux façades uniformes (La Rochefoucauld, Graves, Suze-la-Rousse et, bien sûr, Ancy-le-Franc) mais le parti à la française s'impose décidément : un mur ou une galerie d'entrée interrompus par un portail monumental, deux ailes et un corps de logis (Bury, Écouen). L'une des ailes est volontiers traitée en double galerie, ouverte d'arcades au rez-de-chaussée, fermée à l'étage (Bury, Fontainebleau, Bussy, Oiron, Verneuil...). L'une des ailes peut manquer, remplacée par un simple mur au-dessus duquel la lumière vient baigner la cour, amorçant l'ouverture vers la campagne (Villesavin, La Morinière).

Les percements extérieurs (Loges de Blois) et l'abaissement général des volumes, réduits parfois à un simple rez-de-chaussée sous un étage dans le comble (Villesavin) ont incontestablement fait perdre au château son caractère massif et contraignant. Comment regagner cette perte de prestige ? Pour les châteaux anciens perchés au sommet des agglomérations comme Blois ou Amboise, la silhouette reste puissante, mais on peut l'augmenter en allongeant la façade principale d'une manière inusitée, comme à Grignan. L'époque voit cependant s'élever de plus en plus de châteaux de plaine, bâtis hors des agglomérations. On va dès lors s'attacher à accroître leur impact sur l'environnement. Un nouveau vocabulaire signifiant est mis en œuvre, qui joue cette fois sur les espaces. Ainsi sont combinés l'allée d'arrivée, les cours successives, les bâtiments de communs (écuries, remises), l'exploitation agricole, le château proprement dit, le jardin en parterre, le grand parc, les bois. L'isolement du château dans un paysage ordonnancé en cercles concentriques est une efficace revanche sur la perte des anciens signes féodaux. Cette pratique a été progressive. Les cours et le grand parc cynégétique de Chambord en sont une première réalisation. Le système se normalisera après 1540, mais Diane de Poitiers fera encore dessiner son jardin neuf de Chenonceau comme l'avaient fait Charles VIII et Louis XII à Blois, sous forme d'un espace clos disposé hors des axes régulateurs du château.

Philibert de L'Orme est le premier à avoir dessiné comme un tout la maison, ses annexes et ses jardins : à Anet. L'Ancy-le-Franc de Serlio au contraire, quadrilatère fermé dont les façades externes ne sont pas individualisées, ne répondait pas à la manière française et restait indifférent à l'expression d'un axe prioritaire. A Fontainebleau, les architectes successifs des rois s'épuisent à hiérarchiser le conglomérat inorganique légué par les siècles. Au Louvre, le problème est aussi complexe, il donnera lieu à des projets grandioses et irréalisables proposés à Henri IV. Ailleurs, quelques particuliers réussissent pourtant à faire surgir des ensembles cohérents, d'une puissante originalité, à Tanlay ou à Fleury-en-Bière. Dans cette lignée s'inscrivent les Tuileries, Charleval, Verneuil et Montceaux. Le Fontainebleau de Henri IV (Cour des Offices et porte du Baptistère ; parc et canal) sera, à l'aube du XVIIᵉ siècle, un compromis heureux pour parvenir à une maîtrise totale de l'espace.

Cette quatrième dimension de l'architecture des châteaux donne évidemment au dernier tiers du XVIᵉ siècle une importance qu'on lui a le plus souvent déniée sous prétexte d'un prétendu abâtardissement stylistique. Détacher les façades des différents projets pour Verneuil du paysage orchestré dont rêvaient Du Cerceau et ses deux clients successifs, c'est méconnaître la vraie valeur d'une création qui se voulait cosmique.

Il est un dernier domaine où l'ère des guerres de Religion a innové : on assiste à la naissance des architectes-conseil. Vivre noblement est devenu la hantise de la gentilhommerie désargentée comme de la bourgeoisie fortunée. Il faut offrir aux uns comme aux autres des « châteaux » à leur mesure. Serlio et de L'Orme ont déjà songé à leur prodiguer des conseils pratiques et à montrer des modèles, mais Du Cerceau va plus loin, il propose des plans-types facilement adaptables, et réalisables par des maîtres d'œuvre locaux. Plus éloignées que jamais des châteaux féodaux, les maisons nobles dessinées par lui sont volontiers adoptées par une large clientèle que séduit sans doute l'économie de leurs dispositions (l'absence d'ailes, notamment). Ces édifices aimables annoncent les « maisons de campagne » qui fleuriront à la fin du XVIIᵉ et au XVIIIᵉ siècle. Ils conservent pourtant certains attributs de la puissance seigneuriale qui paraissaient nécessaires aux anciens comme aux nouveaux nobles, les fossés par exemple, et les échauguettes garnissant les murs d'escarpe. Surtout, ils affirment toujours leur présence dans le site par la composition strictement axiale qui passe par le perron du corps de logis et traverse ensuite le jardin en parterre qui s'étend derrière.

C'est bien déjà le classicisme. Dans les dernières années du siècle, Salomon de Brosse, petit-fils de Du Cerceau, s'est engagé dans la carrière. François Mansart ne va pas tarder à le suivre.

I. UNE ARCHITECTURE GOTHIQUE TEINTÉE D'ITALIANISMES
——————1490 à 1515 ——————

Après l'interminable épreuve de la guerre, la guerre de Cent ans, la seconde moitié du XVe siècle fut marquée par un puissant sursaut de vitalité, une revanche de toutes les forces d'expansion comprimées jusque-là. Au désastre économique, à la misère des populations, au paysage bouleversé par les destructions et par l'abandon de la nature aux friches, plus durement ressentis dans les provinces réputées riches, la Normandie, l'Ile-de-France, ainsi qu'en Guyenne, succéda une ère de renouveau dans la paix consolidée. La population se remit à l'ouvrage et augmenta bientôt ses effectifs. La reconstitution de « l'outil » agricole et l'heureuse courbe des naissances sont bien sensibles à partir des années 1460-1470.

Quand le bâtiment va, tout va, dit le vieil adage. Effectivement, la reprise en main de l'agriculture, du commerce et de l'embryon d'industrie que l'on connaît alors (la laine surtout) s'accompagne d'une activité redoublée des maçons et des charpentiers. Les chantiers s'ouvrent partout, dans les villes et dans les campagnes. Une véritable « reconstruction » de l'habitat s'observe, en quelques décennies.

Pour les « châteaux », une mutation spectaculaire s'opère alors. Durant les années les plus cruciales des malheurs de la guerre, les princes français avaient été pris d'une sorte de fringale de la bâtisse. Les frères de Charles V, Anjou, Bourgogne et Berry, bientôt le frère de Charles VI, Orléans, dressèrent alors d'immenses demeures. Plus le temps était incertain, plus le château apparaissait comme l'asile du luxe et du plaisir. Ceux des « Princes des fleurs de lis » percèrent le ciel de France de leurs tourelles et de leurs clochetons ouvragés, on les voit sur les miniatures des frères de Limbourg ou celles de Jean Fouquet. Le divorce entre la misère des populations et la richesse insolente et sophistiquée des princes n'avait jamais été aussi grand. L'opposition, animée par les soubresauts populaires du Paris bourguignon, pouvait y trouver l'argument péremptoire contre une élite détachée et dédaigneuse.

L'après-guerre met fin à ces outrances. Le monopole de la construction échappe au roi et à sa famille. Une sorte de revirement psychologique s'est fait jour. Charles VII et Louis XI, princes désabusés, ont mesuré à l'aune du véritable pouvoir politique les fredaines architecturales des générations précédentes. Le luxe ostentatoire ne les attire pas. Hommes d'habitude et pour une part casaniers — malgré l'itinérance à laquelle Louis XI sera longtemps condamné — ils se satisfont des demeures qu'ils ont et n'en aménagent que de petites. La mode a suivi ces goûts royaux. On aime les petites maisons, et c'est elles qui vont profiter du grand effort de reconstruction.

La France se couvre ainsi de gentilhommières dont l'appareil défensif reste très secondaire, comme en toute période de paix succédant à une longue guerre. Elles sont accommodées à la gestion d'un domaine agricole, bien plus qu'à la tenue d'une cour. Joachim du Bellay a chanté les charmes simples de son « petit Liré ». Cousin du roi de France, le pseudo-roi de Sicile et de Jérusalem René d'Anjou montre l'exemple. Il a bien à son usage l'immense château d'Angers, riche de cinquante-cinq pièces, mais il préfère construire de petites demeures d'agrément de peu d'espace, de peu de volume, calculées pour offrir toutes les séductions que cherche un amateur de la nature, un homme d'esprit et de goût, un poète ami des artistes, artiste lui-même. Ce sont les demeures du «Cœur d'amour épris».

Les nouvelles formes vont naître d'un souci de rester raisonnable, de vivre confortablement, de se rapprocher de la nature. Dans ces petites pièces qui s'ordonnent aisément en appartements, avec des retraits, des cabinets de travail et des oratoires, la note est mise sur l'intimisme. On insiste en même temps sur le décor peint des parois, décor aux couleurs fraîches, souvent chargé de traduire en trompe-l'œil le cadre de nature. Car la nature doit participer à l'habitation. Pas de logis sans préaux émaillés de fleurs, de vergers, de jardins fleuristes et de potagers. Un réseau de galeries cerne ces espaces verts pour agrémenter la promenade du maître de maison, qui s'inspire ainsi des usages très réfléchis de l'architecture monastique, et particulièrement des chartreux.

En affaiblissant l'autorité monarchique des Capétiens, traditionnellement axée sur un certain dirigisme centralisateur... tempéré par le bon sens médiéval qui manquera si cruellement aux jacobins, la grande guerre a rendu aux princes féodaux une importance politique nouvelle. Signe des temps, le souverain a été obligé de quitter la capitale parisienne pour s'établir «en province», dans une région à laquelle il restera fidèle par élection, puisque, après la paix revenue, il y reviendra sans obligation stratégique, et s'y fixera... jusqu'en 1528, le Berry d'abord, le Blésois et la Touraine ensuite. L'atomisation des forces qui a fait de la France franco-anglaise et franco-bourguignonne un immense échiquier où tout pion a son rôle, quelle que soit sa situation géographique — le mont Saint-Michel ou Vaucouleurs — a donné à ce siècle une couleur «régionaliste» qui est l'un de ses caractères principaux, et qui durera jusqu'au milieu du règne de François Ier.

Face au pouvoir royal, les grands fiefs ont conservé leur physionomie politique, leurs privilèges, leurs coutumes. Les rois ont habilement flatté cette tendance en créant sur place des organismes d'autorité comme les parlements de Toulouse, de Grenoble, de Bordeaux, de Dijon (entre 1443 et 1477). Par réalisme, Charles VII renonçait ainsi à unifier pour pouvoir régner. Le même particularisme s'attache aux cultures, aux productions littéraires et artistiques, ainsi qu'aux habitudes de bâtir. Toute une mosaïque de sensibilités différenciées apparaît ainsi à l'observateur. Les vaines guerres aristocratiques sous Louis XI et sous Charles VIII révéleront la force de ce régionalisme lorsqu'il flatte l'orgueil des princes. La Bretagne, les anciens États de Bourgogne, ceux du duc de Bourbon dans le centre, l'Anjou et la Provence du roi René, le grand Sud-Ouest des Foix, des Armagnac et surtout des Albret n'ont rien à envier aux cités et aux principautés italiennes pour l'individualisme de la civilisation, matérialisée notamment par la langue ou le dialecte — les hommes se comprennent mal d'un pays de France à l'autre. Sans oublier, bien entendu, les terres qui échappent totalement au roi à cette époque, la Lorraine ou la Franche-Comté par exemple.

Ce sont là les caractères du royaume auxquels s'affrontent Charles VIII et Anne de Beaujeu lorsque meurt Louis XI en 1483. Le royaume se peuple et se construit, les grands s'agitent. Quelle figure fait le roi de France au manoir de Plessis-lès-Tours ou au château d'Amboise, fait de membres épars? Car l'exemple des grands souverains — le pape, l'empereur — comme des princes italiens invite de plus en plus l'opinion à mesurer l'autorité du souverain au faste déployé et à la grandeur des lieux qu'il hante. Louis XI, qui pensait à tout, s'en était avisé. Pendant qu'il habitait Plessis-lès-Tours, modeste logis à sa convenance qui lui permettait de ne garder pour son entourage qu'un strict minimum de serviteurs fidèles, il avait fait commencer une grande bâtisse à l'échelle — ou presque — des châteaux de ses oncles : Langeais, forteresse et demeure à la fois, qu'il n'habita pas et qui ne sera jamais achevé.

Poussé par une ardeur juvénile, Charles VIII veut reprendre un train de grand monarque qui tranchera avec la bourgeoise simplicité de son père. C'est à Langeais qu'il épouse Anne de Bretagne, réunissant ainsi, et après quelles difficultés..., la grande province quasi étrangère au domaine royal. Mais Langeais ne retient pas ses regards. Amboise, confisqué naguère sur une famille rebelle, est mieux placé géographiquement, mieux situé aussi dans l'admirable paysage de la Loire. Dès lors le roi ordonne d'importants travaux pour imposer un minimum d'unité à l'amas hétéroclite de logis qui couronne la vieille forteresse. Le 1er octobre 1492, il décide qu'un prélèvement sur les gabelles sera affecté aux dépenses du chantier ; il veut faire de son château une vraie cité, s'exclame l'ambassadeur de Florence en novembre 1493. Ainsi le coup d'envoi est donné.

Et l'italianisme, dira-t-on ? Il existe depuis longtemps en France, on l'a maintes fois souligné. Les rapports entre humanistes, entre artistes même, n'ont pas attendu les guerres d'Italie pour se nouer solidement. Après celui de Pétrarque dans la littérature, le nom de Jean Fouquet illustre les échanges dans le domaine de la peinture. Dans l'art de la pierre, il n'est que de citer la chapelle Saint-Lazare à la Major de Marseille, réalisée par Francesco Laurana entre 1475 et 1481, car tout y est déjà, les pilastres sculptés de candélabres en méplat, et les frontons garnis d'une grande coquille.

Enflammé par le projet d'expédition en Italie destiné à faire valoir ses droits sur le royaume de Naples, Charles VIII réunit ses forces à Lyon. Dans la cité rhodanienne, il donne audience en juin 1494 au cardinal légat Giuliano della Rovere — le futur pape Jules II — qui lui présente un architecte de grande renommée, Giuliano da San Gallo. C'est un spécialiste de l'architecture civile, et il vient de construire dans les environs de Florence la villa de Poggio a Cajano, et de fortifier celle de Poggio Imperiale. Il offre au roi de France le projet d'un palais «très riche en ornements et capable de fournir un logement à toute la cour». Ce sont là des prémices, et qui répondent à merveille au goût du roi. Le voyage enflamme l'imagination du jeune homme. Pour le tenir sans cesse en haleine, le secrétaire d'Anne de Bretagne, André de La Vigne, qui l'accompagne durant toute l'entreprise, d'octobre 1494 à octobre 1495, lui décerne à journée faite les éloges les plus exaltants, le comparant à César, à Pompée, à Hector, à Alexandre. Charles VIII n'était sans doute pas un grand esprit politique. La tête lui tourne. Dans le fracas des armes et dans le vacarme des ovations sans retenue des Italiens, il découvre avec émerveillement les Alpes, Asti, Pavie, Florence, Rome, et enfin Naples qui lui fit la plus forte impression. L'architecture certes captive ses regards, mais plus encore, sans doute, le soleil, les jardins, les sites, la beauté des femmes, la mode, l'ingéniosité de la vie.

Le charme opère. De loin, son Amboise lui paraît bien misérable. Et il ramène avec lui tout ce qu'il peut ramener : des charrois de trésors d'art de toutes sortes — dont la plupart sombreront dans la débâcle du retour, à Fornoue — mais aussi les hommes de l'art qu'il a pu recruter, des sculpteurs, des orfèvres, des jardiniers, des tailleurs d'habits, un parfumeur. Parmi eux, deux hommes qui connaissent l'architecture, un Véronais déjà célèbre, Fra Giocondo, qui ne restera que quelques années au-delà des monts, et un élève de Giuliano da San Gallo, jeune menuisier spécialiste de maquettes, le Toscan Dominique de Cortone dit le Boccador, qui fera en France toute sa carrière.

Le retour en France dut être mémorable, et d'abord la réunion de famille qui eut lieu à Lyon. Les Beaujeu sont venus y accueillir le roi. Anne et son mari débauchent à la hâte quelques Italiens de la suite royale pour les ramener à leur cour bourbonnaise. Nous leur devons l'œuvre la plus italienne de tout le règne, la galerie du château ducal de Moulins. En Touraine, les choses sont moins faciles. Certes les jardiniers vont faire merveille, créant les grands espaces ordonnés d'Amboise, bientôt de Blois (et de Gaillon), mais les hommes du bâtiment, structurés par les puissantes traditions familiales et corporatives, résistent de toute leur force d'inertie à l'arrivée des étrangers. Amboise se poursuit, certes, mais les constructions restent conformes au style français alors en pleine expansion. Le gothique flamboyant est bien vivant, il produit encore des chefs-d'œuvre. Sensible à cet art empanaché qui prodigue les tours de force, Charles VIII lui-même donne l'exemple. Il commande à des artistes flamands l'étonnante chapelle Saint-Hubert du château, merveille gothique audacieusement juchée sur un contrefort.

L'art italien ne fait donc que se glisser maladroitement dans le champ de la décoration, tantôt aux clefs de voûte de la tour des Minimes, tantôt à la porte haute de la tour Hurtault (que Gebelin daterait volontiers de 1501 seulement). C'est une fleur à la boutonnière de l'habit de Cour, rien de plus. Une fleur tirée du séduisant bouquet de la chartreuse de Pavie qui a attiré les regards des conquérants. Philippe de Commynes, frappé d'admiration par cet édifice de marbre, déclarait n'avoir jamais vu plus belle église. Or Pavie n'est pas la grande architecture italienne, qui s'élabore surtout à Florence. L'œuvre de Brunelleschi, d'Alberti ou de Bramante est trop intellectuelle et trop étrangère au goût français pour avoir été remarquée et appréciée. Au contraire cet art lombard encore lié au monde gothique était fait pour plaire aux compagnons de Charles VIII. L'ornement y est le maître, rendu dans la profusion des marbres de couleurs. Médailles, coquilles, putti, candélabres, rinceaux sont tirés généralement du répertoire de l'Antiquité et traduits uniformément dans le relief de la façade sans distinguer les origines diverses de ces éléments (décor architectonique, peintures, stucs, sarcophages, bronzes...), ce qui occulte évidemment les véritables valeurs de l'architecture antique.

Admiré, mais mal compris par les Français, le répertoire décoratif lombard va être assimilé vaille que vaille au-delà des monts, dans la mesure où il répond à l'appétit décoratif de l'art flamboyant. Mais il se répand très discrètement, très progressivement d'abord. Ce n'est pas le raz de marée qu'on aurait tendance à imaginer. La construction continue dans le royaume, à un rythme très vif, mais elle reste gothique. Seul le roi, sa famille et son entourage le plus proche se préoccupent d'acclimater l'italianisme : en premier lieu les Beaujeu, et le puissant favori de l'heure, le maréchal de Gié, un Rohan.

Le roi cependant a déjà ses châteaux, et son patrimoine bâti l'empêchera longtemps de créer véritablement. Charles VIII, Louis XII ne font finalement que rapetasser de vieux édifices. Ce n'est pas très satisfaisant. François Ier s'en avisera, et c'est ainsi que naîtra Chambord. Mais entre-temps, les particuliers ont pris de l'avance sur le souverain. Longtemps obsédée par les grands châteaux royaux, la critique n'a dégagé que récemment l'originalité profonde des créations subalternes, les demeures privées érigées par ceux qui sont libres d'édifier sur des terrains vierges. Aux yeux de quelques ministres et favoris du roi, l'Italie a su imposer une image plus consistante, et combien plus satisfaisante, de l'architecture. Sans rompre avec la tradition française, ces hommes veulent pour leurs maisons la régularité, la symétrie, l'organisation claire des volumes, sans omettre la commodité et l'agrément de la vie. Conjuguer le beau et le commode, comme le voulait Alberti, c'est un nouveau message reçu, bien plus important que quelques rinceaux à Amboise.

Car Amboise, tout comme Blois, est un château à l'ancienne mode : un périmètre défensif juché au sommet d'une hauteur, des tours et des logis irréguliers cernant l'espace intérieur qui prend la forme, fréquente, d'un polygone ovalisé en amande. Rien n'indique clairement où est l'entrée, où est le logis principal. La hiérarchie des valeurs n'est pas perceptible sur le plan, encore moins à l'œil. Meilleur exemple encore, ce premier Fontainebleau autour de sa « cour ovale » si bien ou si mal nommée, auquel les rois chercheront si longtemps à imposer un axe logique et visuel.

Les nouvelles maisons répudient cette organisation incontrôlée. Elles sont l'œuvre des « Italiens » de France, ceux qui ont fait le voyage. Le maréchal de Gié est le premier d'entre eux. Amateur d'art, il avait commandé à Florence une copie du *David* de Donatello. Grand constructeur de châteaux, il innove particulièrement dans celui du Verger, aujourd'hui disparu, en faisant tracer deux cours quadrangulaires qui se suivent sur le même axe, le corps de logis principal placé en position médiane, percé en son centre d'un passage surmonté de la statue équestre du maréchal. Bien plus que les caissons des arcades ou les médaillons de la façade, c'est bien ce plan novateur — on avait cependant déjà vu un quadrilatère régulier au Plessis-Bourré — qu'il faut retenir comme une invention décisive, engendrant une architecture régulière et une maîtrise des volumes.

Cette régularité du Verger, qu'on admirait aussi à la construction toute gothique des Rohan à Josselin, inspira certainement l'ancien duc d'Orléans devenu en avril 1498 le roi Louis XII, lorsqu'il décida de modifier le château de ses ancêtres, le château de Blois. En quelques années un bâtiment neuf est construit, lui aussi de plan rigide et de texture régulière, lui aussi situé entre deux cours, la grande avant-cour et la cour d'honneur. L'aile Louis XII illustre d'autre part la vogue déjà ancienne du style brique et pierre qui faisait le charme de Plessis-lès-Tours et qui s'est acclimatée généreusement dans ce val de Loire pour les gentilhommières. L'harmonie colorée définit bien, au bout du compte, ce style Louis XII qui se pare de quelques éléments italianisants mieux compris que sous Charles VIII — les colonnes de la porte et de la galerie — mais reste finalement inféodé aux formes gothiques, à celles qui ont fait la beauté du palais Jacques Cœur de Bourges, chef-d'œuvre d'organisation de l'espace. L'influence exercée par le bâtiment de Louis XII n'est pas négligeable. Ses travées régulières, sa galerie d'arcades à colonnes décorées, sa grande vis d'escalier dans une tour carrée hors-œuvre, son équilibre aimable, heureux mélange de traditions et de timides nouveautés, sont faits pour plaire. Des galeries comparables se voient à Argy, à Rochechouart et à Nérac.

Un certain nombre de grandes familles françaises vont trouver en Italie l'occasion de parvenir à la gloire en même temps qu'à la fortune. L'une d'elle, véritable clan, va occuper les postes militaires tout autant que les positions maîtresses dans le gouvernement ou l'Eglise : c'est celle des Amboise, celle qui fut naguère évincée du château de ce nom lors des guerres féodales du milieu du siècle. Deux hommes la dominent, le cardinal Georges, quasi premier ministre, et Charles, lieutenant général du roi en Lombardie durant dix années. Plongé, bien plus que le roi, dans le milieu italien, le clan Amboise va prendre la tête des grands bâtisseurs français. C'est d'abord une forteresse du type traditionnel plantée orgueilleusement au-dessus du fleuve, Chaumont-sur-Loire. C'est ensuite un nouveau logis au château de Meillant en Berry, paré d'une incroyable tour d'escalier, couverte d'ornements encore traditionnels, mais coiffée d'un *tempietto* à l'italienne. Dans l'un et dans l'autre, le goût très vif de la fin du XVe siècle pour les grandes inscriptions murales en relief se fait jour, en écho aux tendances analogues que l'on connaît en Espagne avec le style platéresque ou au Portugal avec le manuelin. Des ornements de grande taille, étrangers au vocabulaire architectonique, viennent animer les surfaces de pierre nue où se jouent leurs ombres allongées tout au long des heures de la journée. Ces inscriptions flattent l'orgueil du clan. Devise du propriétaire et meuble héraldique de la famille sont répétés à satiété, avec les initiales du prénom. Les châteaux de Charles VIII et de Louis XII en sont également chargés. François Ier fera succéder sa salamandre et son F aux K, aux L, aux porcs-épics, aux hermines et aux cordelières de ses prédécesseurs.

Le troisième château des Amboise est Gaillon en Normandie. La fièvre de bâtir de grandes choses dépasse ainsi la Touraine, mais c'est pour une raison particulière : le cardinal Georges est archevêque de Rouen et il doit résider dans son diocèse, quand il n'est pas en Italie. Son palais d'été est Gaillon, qui sera l'objet de tous ses soins. Les premiers maçons appelés en 1502 sont d'ailleurs des Tourangeaux qui ont œuvré à Amboise. Tout comme Amboise et Blois, Gaillon est une vieille forteresse remaniée au XVe siècle. Suivant l'exemple de Louis XII à Blois, le cardinal fait élever une aile nouvelle pour fragmenter l'espace intérieur. Il obtient ainsi deux cours à peu près régulières, alignées sur un axe, comme au Verger. Les bâtiments sont construits dans ce style flamboyant si particulier à la Normandie et encore si vivant en 1500, un style linéaire aux verticales insistantes, creusé, fouillé, pointu, foisonnant. Le cardinal s'avise de leur caractère hétérogène. Pour leur donner un semblant d'ordonnance, il a recours à l'art italien qui imprègne maintenant davantage sa sensibilité. Des marbres sculptés sont commandés à Gênes pour l'habillage du palais gothique, et notamment des dizaines de médaillons qu'on insérera à intervalles réguliers sur les façades. Mais ce n'est là qu'un subterfuge pour entrer en matière.

L'italianisme du cardinal va bientôt le mener plus loin, plus loin que le roi, plus loin que le maréchal de Gié. Aménagés en 1508-1509, par un Rouennais cette fois, Pierre Fain, le pavillon d'entrée et le portique triomphal de l'aile intermédiaire s'inspirent maintenant de l'art lombard, que Georges d'Amboise a bien connu dans la péninsule. Un effort pour mieux comprendre la position des colonnes, des pilastres, des chapiteaux, des frontons, a été tenté, sur la base de souvenirs, de dessins, de gravures, de plaquettes de bronze venues d'Italie, ou par l'entremise d'ornemanistes italiens présents sur le chantier, taillant eux-mêmes ou plus vraisemblablement guidant la main des Français. On a évoqué l'action directe de Fra Giocondo, avant son retour en Italie dès 1505. Mais l'imitation est maladroite. Les proportions tantôt trapues tantôt étirées, l'agencement des chapiteaux et des frontons relèvent encore de mentalités françaises imperméables à la grammaire nouvelle.

Même les façades de Pierre Fain sont donc, elles aussi, gothiques. Il s'est contenté de remplacer les faisceaux de colonnettes et les contreforts à moulures prismatiques, cernant les arcs, les fenêtres et les gâbles, par des colonnes rondes, des pilastres d'ornements et des frontons à coquilles, distendus ou resserrés pour remplir l'espace défini par le tracé flamboyant. La différence d'esprit éclate ainsi. Dans la création gothique, les formes s'élaborent sans être assujetties à l'emploi d'un matériel codifié. Au contraire, l'usage et les proportions des colonnes et des frontons sont régis par une véritable *règle* que s'attacheront à définir les architectes érudits, soucieux de retrouver les clés de l'art antique. Alberti ou Bramante auraient trouvé dérisoires les pilastres de Gaillon. Ceux-ci sont peut-être une concession des maçons français pour satisfaire à bon compte les goûts novateurs de leur client, ils n'en sont pas moins une tentative pour intégrer le système, malgré les résistances.

Répertoire d'italianismes et palais rempli de chefs-d'œuvre, Gaillon servit d'exemple, davantage que le Blois de Louis XII qui surprenait moins. Son influence est sensible aux tours d'escaliers ajoutées peu de temps après à Montsoreau ou à Saint-Ouen de Chemazé, dans le Maine, tout comme au manoir de La Possonnière, modifié pour le père de Ronsard. Avec Gaillon ainsi, la Normandie se trouvait soudain la rivale de la Touraine. L'exemple y était donné d'une réalisation à grande échelle selon le nouveau mode si prôné. S'y ajoutaient l'attrait merveilleux de la grande terrasse dressée devant les appartements au-dessus du val de Seine, et celui des jardins voisins, égayés de casinos.

La dernière étape du règne de Louis XII, voué aux expériences, est atteinte avec la construction de Bury, dont la disparition est si déplorable. C'est encore l'un des « Italiens » du roi qui bâtit ici, mais cette fois non plus un prince ni un prélat de grande famille, mais un simple secrétaire d'État d'extraction roturière, Florimond Robertet. Soucieux de faire valoir sa nouvelle illustration, il s'inquiète plus que d'autres de construire à la mode. Ses deux ouvrages, l'hôtel d'Alluye, sa résidence à Blois (vers 1505-1508) et son château de Bury en Blésois (commencé peu après 1511) sont, à leur apparition, les productions les plus parfaites du nouveau style en France. Robertet n'a pas bâti immense, mais il a voulu construire parfait. Comme au Verger, la symétrie commande le plan de la maison d'une manière rigoureuse. Tous les points forts s'ordonnent sur un axe unique et concourent à l'exaltation de la perspective, l'une des conquêtes les plus glorieuses de la Renaissance italienne. La cour d'honneur était précédée d'un mur-écran adossé à un simple péristyle, elle était bordée d'ailes basses et s'achevait par le corps de logis. Accessible par un perron central et lié étroitement avec l'escalier, un vestibule axial traversait le logis et débouchait côté jardin sur un autre perron. La cour était centrée sur une statue de Michel-Ange (c'était le *David* naguère commandé par le maréchal de Gié à Florence), le jardin sur une fontaine, et la perspective s'achevait sur la chapelle. Jamais en France on avait encore célébré comme à Bury la valeur sacrée de l'axe de vision. Les façades étaient rythmées de pilastres régulièrement espacés, et le centre du logis était occupé par un pavillon de plan rectangulaire à comble pyramidant.

Avec les dispositions modernes de sa demeure, Florimond Robertet se ménageait quatre années d'avance sur François Ier. Malgré Gaillon, la Touraine allait garder quelque temps la maîtrise de l'art. Autour d'elle, le style nouveau rayonne dans le Maine, l'Anjou, la Haute-Bretagne. Ce sont bien là les allées du pouvoir, au temps où Anne de Bretagne, duchesse reine, est l'épouse successive de Charles VIII et de Louis XII.

1.

Amboise

première période

INDRE-ET-LOIRE / A LA FONDATION SAINT-LOUIS / ✱

Premier des « Châteaux de la Loire », Amboise l'est surtout parce qu'un grand dessein s'y exprime pour la première fois. Si l'ancienne résidence des Valois subsiste aujourd'hui très mutilée et amoindrie, et si ses vestiges ne portent que d'infimes marques de l'influence italienne, elle apparaît indubitablement comme le chef de file de la nouvelle floraison architecturale qui va couvrir le sol de la France. Elle a incarné en effet le rêve d'un roi mort à vingt-huit ans, follement épris de grandeur. C'est ce rêve matérialisé qui, en dernière analyse, définit le mieux l'esprit de la première Renaissance. Charles VIII tente de s'évader de la tradition pour voir grand et neuf.

Position forte dominant la Loire et appuyée au sud au vallon affluent de l'Amasse, Amboise est depuis les Romains l'une des clefs du passage de la grande rivière qui coupe la France en deux. De bonne heure, à la pointe triangulaire de l'éperon, barré par un fossé dès l'époque romaine pour le séparer du haut plateau qui lui fait suite, une forteresse s'est élevée, le « donjon », tenue par le puissant comte d'Anjou Foulques Nerra, puis par ses descendants les seigneurs d'Amboise qui y bâtirent au XIIe siècle un château de plan trapézoïdal défendu par des tours.

Au temps où Charles VII résidait encore à Bourges, l'année même de la mort de Jeanne d'Arc, en 1431, Amboise fut saisi sur Louis Ier d'Amboise, coupable d'avoir comploté avec La Trémoille contre le roi. Trois ans plus tard, bourg et château étaient rattachés au domaine de la couronne. L'événement marque le premier contact des Valois avec les résidences des bords de Loire. Charles VII y fait entreprendre des travaux, suivi par Louis XI qui choisit Amboise pour y créer l'ordre royal de Saint-Michel. Louis XI pourtant ne se soucie pas d'habiter une si grande demeure et de côtoyer journelle-

AMBOISE. Gravure de Du Cerceau (*Les Plus Excellents Bâtiments de France*, t. II). Au centre, à gauche du grand fossé, on voit au premier plan le logis du roi, et au fond celui de la reine, dit des Sept Vertus.

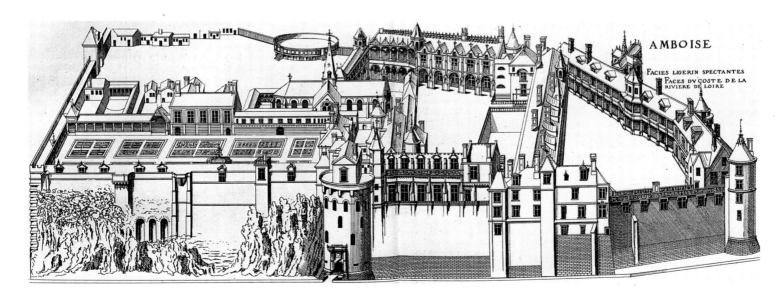

AMBOISE. La chapelle Saint-Hubert.

AMBOISE. Porte supérieure de la tour Hurtault.

p. 25 : AMBOISE. Le logis du roi et la tour des Minimes.

ment la foule des courtisans ; il fait choix de Plessis-lès-Tours pour son usage personnel et installe sa famille à Amboise, la reine Charlotte de Savoie et le dauphin Charles. Ce dernier est né au château, dans les tristes bâtiments du donjon, et il y passe son enfance, sous l'étroite surveillance de son précepteur Jean Bourré. Le 30 août 1483, la mort de son père fait de lui le roi Charles VIII. Il a treize ans. Il perd sa mère quelques mois plus tard et passe sous la tutelle de sa sœur aînée, Anne de Bourbon, femme de Pierre de Beaujeu. En décembre 1491, il épouse à Langeais la petite duchesse de Bretagne, Anne, après avoir triomphé de la coalition féodale.

L'année suivante, libéré de la tutelle des Beaujeu, il prépare l'expédition dont il rêve : la conquête de Naples, première guerre d'Italie. En même temps, il se préoccupe de faire embellir sa résidence d'Amboise qui lui est chère. Son projet est de franchir le profond fossé romain et d'annexer la colline voisine à l'est, là où s'élève déjà la vieille collégiale Saint-Florentin de Foulques Nerra. Il ordonne d'y construire deux grandes tours au nord et au sud, pour la défense et pour l'accès, et deux corps de logis, le logis du roi au nord, surplombant la rivière, et celui de la reine au sud, logis neuf dit des Sept Vertus. Pour financer les travaux, un prélèvement sur les gabelles est perçu à partir du 1er octobre 1492. En novembre de l'année suivante, à Plessis-lès-Tours, le roi est fier de montrer un modèle du château neuf d'Amboise à l'ambassadeur toscan Gentile Becchi. L'Italien s'empressa de rédiger sur l'événement un distique latin :

Hunc fontem, hos muros, haec mihi templa dedit, Ambosa.
Carolus octavus primus me crevit in urbem.

Par la grâce de son souverain, Amboise accède au rang de ville, enrichie de monuments dignes de l'Antiquité.

Le chantier est en activité lorsque le roi part pour l'Italie. Il ras-

semble son armée à Lyon, franchit les Alpes en août 1494 ; il est à Pavie le 15 octobre, à Florence le 25 novembre, à Rome le 31 décembre et fait son entrée triomphale à Naples le 22 février 1495. Puis c'est le retour précipité : Fornoue le 6 juillet, les Alpes en octobre. Après un long séjour à Lyon, de novembre à février, Charles VIII est de retour à Amboise début mars 1496. En Italie, le roi s'est épris de l'architecture nouvelle et les châteaux français lui paraissent bien misérables à côté des palais italiens : « A cette heure ici, il n'estime Amboise, ni lieu qu'il ait par delà », écrivait d'Italie le cardinal Briçonnet à la reine. Aussi amasse-t-il tout le butin qu'il peut réunir, tapisseries, livres, peintures, marbres et porphyres, qui disparaîtront en grande partie dans la bousculade de Fornoue. Le plus clair, c'est qu'il ramène en France vingt-deux artisans italiens dont il compte utiliser les services.

Nous ignorons le détail de la participation de ces nouveaux venus à la poursuite du chantier d'Amboise. Certes le compte des travaux, connu pour la période du 1er octobre 1495 au 30 septembre 1496, nous renseigne sur l'activité intense et le nombre des ouvriers : 178 maçons assistés de 70 à 90 manœuvres, sans compter les charpentiers et les couvreurs, mais les rémunérations des Italiens sont payées sur un compte particulier qui nous échappe. En réalité, la construction est trop avancée pour que la marque de Fra Giocondo, « deviseur de bâtiments », puisse se faire jour. Tout au plus, Gebelin a-t-il remarqué dans le compte de dépenses le raidissement d'une voûte de galerie par des tirants de fer, procédé spécifiquement italien. Le logis des Sept Vertus, élevé après le retour du roi, reste tout gothique, avec sa galerie basse d'arcades en arc brisé, mais la façade est décorée à l'étage de statues de terre cuite — technique italienne — représentant les vertus théologales et cardinales. Quant aux deux vastes rampes en hélice des tours des Minimes et Heurtault qui permettent aux cavaliers, aux litières et aux charrettes de monter du niveau bas à la terrasse du château, elles ne sont pas une innovation italianisante. Une rampe analogue a été bâtie à Montreuil-Bellay une trentaine d'années plus tôt, et la tour des Minimes était presque achevée dès la fin de 1495 puisqu'on posait alors les ferrures de la porte.

Comme le reste des bâtiments, il faut attribuer les deux tours aux maîtres maçons Colin Biart, Guillaume Senault et Louis Amangeart, travaillant sous les ordres du bailli d'Amboise. Notons qu'une vis analogue sera bâtie quelques années plus tard par Bramante pour le pape à la villa du Belvédère, au Vatican.

C'est dans le décor que l'italianisme se fait timidement jour. Rien ne reste des œuvres des sculpteurs Guido Mazzoni et Jérôme Pacherot, des menuisiers ou marqueteurs Dominique de Cortone ou Bernardin de Brescia, mais certains détails ont été inspirés aux artisans français par leur présence, quelques pilastres décorés, par exemple, conservés au Musée archéologique. A la tour des Minimes, les clefs de voûte de la rampe sont gothiques dans les travées basses, puis s'inspirent de quelque modèle italien : l'initiale de la reine Anne est formée de deux cornes d'abondance, on remarque un dauphin, une tête de Méduse, des têtes affrontées. A la tour Hurtault, toute gothique, la porte supérieure sur la terrasse s'orne d'une voussure feuillagée en segment d'arc, qui s'inscrit sous un fragment d'entablement décoré de rinceaux entre deux maladroits pilastres creusés d'arabesques. Ce n'est qu'un reflet dérisoire de l'art raffiné que Charles VIII avait pu admirer à la chartreuse de Pavie.

D'une façon plus spectaculaire, puisque les bâtiments déjà

AMBOISE. La rampe de la tour des Minimes.

s'achèvent, le roi veut de nouveaux jardins, semblables à ceux qui l'ont enchanté outre-monts. C'est vraisemblablement le jardinier napolitain Pacello da Mercogliano qui est chargé de dessiner les parterres, d'abord derrière le logis du roi, des carrés de broderies cernés de galeries, puis d'autres hors de l'enceinte, plus loin vers le vallon de l'Amasse, où de premiers orangers sont introduits.

Le roi ne devait pas profiter longtemps de sa demeure rénovée. Mort brutalement le 7 avril 1498, pour s'être, dit-on, heurté la tête à une porte basse dans le fossé du château, il laisse la couronne et le château à son cousin le duc d'Orléans qui lui succède sous le nom de Louis XII. Le nouveau roi s'installe à Amboise après avoir épousé la reine veuve, Anne de Bretagne. Le corps de logis principal est continué en 1501 par le maître d'œuvre Gatien Fordebraz, les grandes tours sont achevées, une galerie à arcades au décor italianisant est dressée en bordure du jardin, au-dessus de la Loire ; un corps de bâtiment perpendiculaire au logis du roi est bâti.

De ce vaste ensemble, que François Ier amplifiera, les destructions de 1806-1810 (les ailes entourant le donjon, le logis des Sept Vertus, la galerie du jardin et la collégiale Saint-Florentin) puis les travaux de Louis-Philippe et la restauration de Ruprich-Robert n'ont laissé que des vestiges, mais grandioses, car ils surplombent de haut la ville et le fleuve : la tour des Minimes d'abord, dont le couronnement a été modifié et la tour Hurtault. Le haut logis du roi présente du côté de la Loire une façade régulièrement ordonnancée par des contreforts plats séparant les hautes fenêtres de la Salle des Etats. Surmontant le rez-de-chaussée saillant qui s'ouvre du côté du fleuve comme par un portique, une étroite terrasse court au droit

AMBOISE. La Salle des États.

des baies de l'étage, bordée par un garde-corps en fer qui est sans doute le plus ancien de France, fait de simples barreaux croisés. C'est à ce treillis que seront pendus en 1560 les malheureux conspirateurs de la conjuration d'Amboise. Au-dessus des fenêtres, une balustrade de pierre finement ouvragée se poursuit devant les immenses lucarnes uniformes couronnées d'une forêt de gables et de clochetons.

Il reste aussi, à la pointe de l'ancien donjon surplombant la ville, une brillante construction gothique, suprême expression du style le plus flamboyant, la chapelle Saint-Hubert, audacieusement juchée sur un contrefort. Elle était achevée, elle, dès 1493, et pourrait être l'œuvre d'artistes flamands appelés à Amboise, ceux que mentionne Philippe de Commynes dans ses *Mémoires*. Cette œuvre délicate n'est pas sans rapports en effet avec l'église de Brou qu'élèvera un peu plus tard Marguerite d'Autriche.

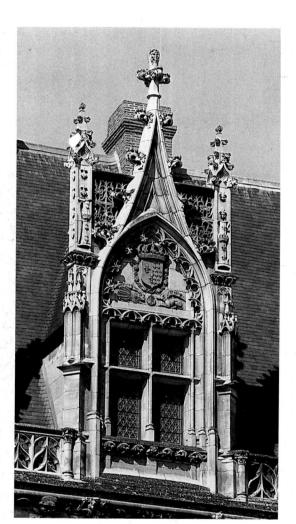

NANTES. Lucarne du château ducal.

p. 29 : NANTES. La tour de la Couronne d'or.

2.

Nantes

Château des ducs de Bretagne

LOIRE-ATLANTIQUE / A L'ÉTAT.
MUSÉES D'ART POPULAIRE BRETON, D'ART DÉCORATIF
ET DES SALORGUES / *

Les ducs de Bretagne, qui sont à la fin du XVᵉ siècle les plus puissants des grands féodaux de France — des princes pratiquement indépendants — n'ont pas attendu l'exemple des rois pour transformer leurs demeures. Jean IV de Montfort avait entrepris à la fin du XIVᵉ siècle l'agrandissement et la restauration de sa forte résidence nantaise, le « château de la Tour neuve », bâti sur la rive de la Loire sur des terrains appartenant à l'évêque, comme pour narguer le pouvoir religieux. Un siècle plus tard, en 1466, le duc François II décide de procéder à la reconstruction du château sur des proportions beaucoup plus vastes. Ainsi s'élève la grande façade défensive du côté de la ville, rythmée de quatre puissantes tours rondes, celles du milieu flanquant le pont-levis central. Après son achèvement en 1480, le duc fait commencer d'immenses corps de logis qui leur sont adossés du côté de la cour intérieure, et un ensemble de tours et de courtines longeant la Loire que terminera un gros ouvrage saillant édifié du temps de sa fille, la duchesse Anne (entre 1498 et 1506), la tour du Fer à cheval. Bâti solidement d'une alternance d'assises, l'une de granit et l'autre de schiste, le château de François II garde un caractère très militaire ; nul décor à l'extérieur, sauf les culots pyramidaux des mâchicoulis qui ceinturent uniformément les façades et les grands panneaux carrés sculptés d'armoiries qui garnissent la face des tours.

Sur la cour, les corps de logis furent dessinés d'une façon plus aimable. A droite, nous ne pouvons plus guère juger de celui qu'on nomme le « Grand Gouvernement » puisqu'un incendie survenu en 1670 obligea à reconstruire en style classique son tiers central et que les architectes du XIXᵉ siècle ont indiscrètement restauré l'ensemble, créant notamment de toutes pièces les banales lucarnes.

NANTES. Lucarne du Petit Gouvernement.

A gauche, au contraire, le « Grand Logis » a gardé tout son caractère. On y décèle une recherche de symétrie dans le percement des fenêtres régulièrement alignées en travées verticales, trois travées de fenêtres étroites entre deux travées terminales de larges croisées ; une recherche de monumentalité aussi, avec l'élévation impressionnante des trois étages carrés sous la corniche, couronnés par les cinq immenses lucarnes de pierre, disposées elles aussi en alternance.

A la jonction des deux corps de logis, s'adosse une haute tour prismatique traitée elle-même comme un troisième corps de logis. On devine à ses petites fenêtres désaxées la présence du grand escalier en vis, dans la partie gauche. Au sommet, deux étages de loges sont largement ouverts vers l'extérieur par des arcs au riche décor flamboyant. Cette tour dite « de la Couronne d'or », sans doute du nom du superbe puits à cage de fer ouvragé qui se dresse à ses pieds, s'achève par une terrasse bordée d'une balustrade de pierre. Ce grand belvédère dressé au-dessus du château est un élément nouveau d'une importance capitale. Les travaux n'étaient pas achevés à la mort du duc François II en 1488. En examinant les emblèmes disposés sur les façades et notamment aux lucarnes, on devine que le chantier fut poursuivi du temps de la duchesse Anne, sa fille, avant puis après son mariage avec le roi Charles VIII (le 16 décembre 1491) et même ensuite, du temps de son second mariage avec Louis XII dont on aperçoit le porc-épic emblématique. Jusque vers 1491, les travaux furent dirigés par Mathelin Rodier, auquel Jean Perréal succéda peut-être.

Sous François Ier, certains travaux furent entrepris, qui portent la marque d'un style plus avancé, la courtine sur la Loire d'abord, timbrée des F du roi, puis le bâtiment dit « Petit Gouvernement ». Il est sommé de deux lucarnes à frontons cintrés qui semblent très antérieures à la période où Philibert de L'Orme fut architecte des fortifications de Bretagne (1545 à 1558) bien qu'on lui ait parfois attribué la construction de ce logis. On y verrait plus vraisemblablement l'œuvre de Jean Morel, qui était maître maçon du château en 1534. Plus tard, lors des guerres de la Ligue, le duc de Mercœur fera renforcer les défenses du château par le bastion Saint-Pierre, par la terrasse de la rivière et par le bastion du Port, timbrés des croix de Lorraine de sa famille (1582-1592).

3.

Josselin

MORBIHAN / PROPRIÉTÉ PRIVÉE / ✶

Depuis le XIe siècle, la puissante forteresse des comtes de Porhoët, édifiée sur un éperon dominant le cours de l'Oust, fut plusieurs fois démolie et reconstruite, au cours des différentes guerres de Bretagne. Elle était surmontée d'un énorme donjon circulaire de 280 pieds de circonférence et de semblable hauteur, qui se dressait à sa pointe méridionale (il sera abattu en 1629 sur l'ordre du cardinal de Richelieu). Le château lui-même, tours et logis, avait été rebâti par le connétable de Clisson qui en fut le maître de 1370 à sa mort en 1407, puis démantelé en 1488 sur l'ordre du duc de Bretagne, François II, pour punir son possesseur, Jean II vicomte de Rohan, arrière petit-fils du connétable, d'avoir suivi le parti français. Après le mariage de Charles VIII avec Anne de Bretagne, les souverains eurent au contraire le souci de dédommager Jean II de Rohan de la perte qu'il avait subie, et le gratifièrent d'importants revenus pour relever ses châteaux «gastés, démolis, dégarnis». C'est à cette circonstance que nous devons le grand corps de logis neuf, élevé de 1490 à 1505 en bordure de la grande cour d'honneur, appuyé à l'ancienne courtine qu'il surmonte en encorbellement sur une rangée de faux mâchicoulis surplombant la rivière.

Aucun italianisme n'apparaît encore dans la décoration, et pourtant le château tranche sur les constructions antérieures, gothiques comme lui, par la longueur inusitée de sa façade rectiligne (85 mètres) et la régularité de percement de ses dix travées verticales qui culminent dans l'élan triomphal de leurs hautes lucarnes. Mais cette régularité, comparable à celle du corps de logis royal d'Amboise ou du «Grand Logis» de Nantes, se tempère par la diversité ornementale de la décoration qui appartient encore au monde plaisant et familier du Moyen Age. Il n'est pas deux travées et même deux portes semblables, dans ce chef-d'œuvre de l'architecture bretonne. Devant le chêneau, au départ de l'immense comble rectiligne, court une balustrade ouvragée interrompue par les croisées du premier étage, elles-mêmes surmontées par les lucarnes. Triomphe des sculpteurs du granit, la balustrade s'appa-

JOSSELIN. L'escalier.

JOSSELIN. Façade sur la cour.

rente au réseau flamboyant des baies d'églises, aux clôtures des chapelles, ou au célèbre jubé de la chapelle Saint-Fiacre du Faouët, qui lui est contemporain, œuvre du Trégorois Olivier Le Loergan. On y lit l'orgueilleuse devise de la famille A PLUS, on y trouve aussi le A couronné qui rappelle l'efficace patronage de la duchesse-reine, Anne de Bretagne. Discrètement, la grande travée centrale amorce une subtile composition triangulaire des ouvertures ; les deux portes basses surmontées de petites fenêtres révèlent la localisation de l'escalier ; non pas un escalier en vis qu'on s'attendrait à voir saillir dans une tourelle polygonale, mais un escalier droit intégré dans le logis et formé de rampes opposées assises sur un mur noyau. C'est l'un des premiers escaliers de ce type qui soit connu en France, précédant peut-être ceux de Chenonceau et d'Azay-le-Rideau. On peut le dater de 1510 environ. Il reprend en réalité un type d'escalier combinant des rampes droites, connu depuis le XVe siècle dans l'Ouest et qui ne doit sans doute rien aux influences italiennes. A l'intérieur, la grande salle s'orne d'une cheminée monumentale, décorée par les artistes de la balustrade de la même devise A PLUS, avec l'A couronné de la duchesse. Le château de Josselin n'a pas cessé d'appartenir à la maison de Rohan.

p. 32 : JOSSELIN. Détail des lucarnes.

4.
La Motte Glain

à La Chapelle-Glain

LOIRE-ATLANTIQUE / PROPRIÉTÉ PRIVÉE / ✳

C'est encore une construction de la famille de Rohan que le château de La Motte-Glain, rebâti pour le maréchal de Gié, Pierre de Rohan, qui avait épousé l'héritière de la seigneurie, Françoise de Penhoët. Nommé maréchal de France en 1475, à vingt-cinq ans, par Louis XI, Gié fut durant le règne de la duchesse Anne le premier personnage de Bretagne et joua un rôle primordial à la cour de Charles VIII puis de Louis XII. Il était capitaine de la ville et du château d'Amboise, et fut disgrâcié en 1504 pour avoir fait saisir des fonds secrets que la reine Anne expédiait à Nantes. Le maréchal avait entrepris la reconstruction de La Motte-Glain en 1495, avant de partir pour l'expédition de Naples où il se distingua. Le château était inachevé deux ans plus tard, lorsque le roi et la reine s'y arrêtèrent, et les travaux furent poursuivis jusqu'en 1505.

L'italianisme n'a pas marqué cette solide construction de schiste armoricain relevée de moulurations en tuffeau blanc apporté d'Ingrandes, qui mêle ainsi les caractères de l'architecture bretonne et angevine. Le décor très délicat des lucarnes, fait de coquilles et de bourdons de pèlerins, est encore d'esprit tout flamboyant. Il faut y voir une allusion à la devise du maréchal : « Dieu garde de mal le pèlerin. » Pourtant, on a abandonné les mâchicoulis, sauf au pavillon central du châtelet d'entrée, et les percements du corps de logis d'habitation sont régulièrement ordonnés en travées verticales, soulignées du côté de la cour par la mouluration continue de légers contreforts soigneusement décorés. Ce sont là des caractères nouveaux qui engagent l'avenir.

LA MOTTE GLAIN. Châtelet d'entrée.

Le château resta dans la famille de Rohan jusqu'en 1635. Eléonore de Rohan-Gié, petite-fille du maréchal, mariée à un cousin, Louis VI de Rohan, prince de Guéménée, y reçut le roi Charles IX en 1565.

5.

Mortiercrolles

à Saint-Quentin-des-Anges

MAYENNE / PROPRIÉTÉ PRIVÉE

C'est après son retour de l'expédition de Naples que le maréchal de Gié fait rebâtir le château de Mortiercrolles où il était probablement né, en 1453. Le château était venu aux mains des Rohan en provenance des Du Guesclin. Les travaux sont réalisés entre 1496 et 1499. Depuis La Motte-Glain, une évolution s'est fait jour, elle se poursuivra jusqu'au troisième château du maréchal, Le Verger. Mortiercrolles est constitué d'une très vaste enceinte rectangulaire (en moyenne, 210 mètres sur 120) articulée de tours rondes, qui n'est pas sans rappeler le plan de Vincennes. Le châtelet d'entrée se dresse au centre du front occidental, massif encadré de deux fortes tours sur un soubassement de schiste ; les bandes de tuffeau alter-

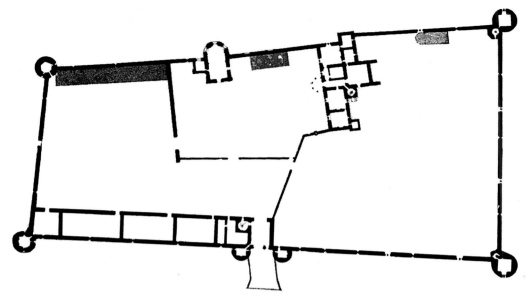

MORTIERCROLLES. Plan de 1882
(*Bulletin monumental*, t. 122, 1964).

MORTIERCROLLES. Façade du logis.

MORTIERCROLLES. *A gauche*: porte de la chapelle ; *à droite*: piscine de la chapelle.

nent avec des bandes de brique, selon un parti très exceptionnel et
d'une grande élégance. Au-dessus du pont-levis, la travée de fenêtres laisse deviner l'évolution du style, la première est encadrée de
moulures prismatiques, la seconde de pilastres ioniques, la lucarne
enfin de pilastres doriques sous un fronton droit.

Le manoir proprement dit n'occupe qu'une faible part de
l'espace quadrangulaire ; le corps de logis rappelle singulièrement
La Motte-Glain, mais avec une régularité plus affirmée encore, et
des lucarnes beaucoup plus ouvragées, chargées des macles des
Rohan, de fleurs de lis, de coquilles, de roses. Les murs sont encore
de schiste égayé de tuffeau. Un porche de bois polygonal surmonte
la porte d'entrée. Plus au nord, la chapelle isolée fait saillir son chevet hors du mur d'enceinte. C'est une délicate construction flamboyante faite de brique et de tuffeau, à laquelle deux additions italianisantes ont été imposées entre 1505 et 1510, encore du temps
du maréchal : une porte latérale encadrée de pilastres décorés et
surmontée d'un fronton en coquille, et dans le chœur une petite
piscine décorée de balustres. Le maréchal épousa ici en 1503 sa
seconde femme Marguerite d'Armagnac. Le château fut laissé à
l'abandon dès 1603.

6.
Le Verger

à Seiches-sur-le-Loir

MAINE-ET-LOIRE / RUINES

Le maréchal de Gié avait acheté la terre en 1492 et il y fit édifier à partir de son retour d'Italie un château que Charles VIII vint visiter en 1498. L'année suivante, il faisait appel pour continuer les travaux au maître d'œuvre du château d'Amboise, Colin Biart. La date de 1499 fut inscrite dans la niche centrale du corps de logis sous les armes du roi Louis XII, qui s'y rendit l'année même avec la reine Anne. Après sa disgrâce en 1504, le maréchal de Gié négligea ses châteaux de La Motte-Glain et de Mortiercrolles pour se consacrer à l'embellissement du Verger auquel il donna un caractère résolument moderne. Il y mourut en 1513. Le château où Charles IX vint lui aussi en 1565 et 1570, puis Henri IV en 1593, a été rasé en 1776-1783 sur l'ordre du cardinal de Rohan qui refusait de voir aliéner la demeure de ses ancêtres.

De ce vaste ensemble qui fut célèbre, il ne reste que quelques ruines de la première cour, mais une aquarelle faite pour Roger de Gaignières et une gravure de J. Boisseau permettent d'imaginer sa superbe ordonnance. Les bâtiments étaient groupés autour de deux cours successives cernées par un fossé. Le corps de logis principal, qui séparait les deux cours, était percé d'un passage axial que surmontait la statue équestre du maréchal ; la cour d'honneur était bordée de trois corps de logis réguliers et d'une chapelle fort renommée dont trois vitraux ont été remontés à la cathédrale d'Angers. L'architecture flamboyante régnait encore sur les façades, mais les

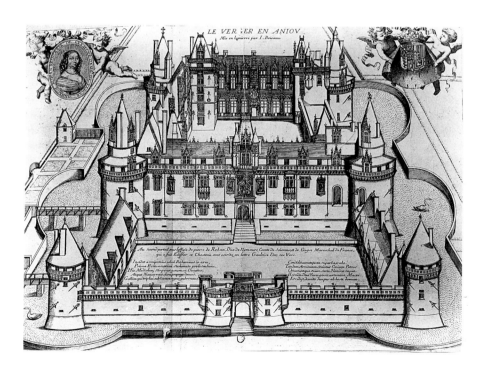

LE VERGER. Gravure de J. Boisseau, XVIIe siècle.

LE VERGER. Vestiges de l'avant-cour.

éléments décoratifs du style nouveau s'étaient multipliés durant les dernières années du maréchal : caissons du linteau de la porte extérieure, médaillons de la seconde cour, galerie de Vénus. Plus remarquable encore, la parfaite symétrie de l'ensemble annonce avec quinze années d'avance le plan de Bury, celui de Chambord, plus tard celui d'Écouen. La mise en valeur du logis principal et l'abaissement de l'aile d'entrée, déjà tentée en 1472 au Plessis-Bourré, sont des dispositions également novatrices.

7.

Verdelles

à Poillé-sur-Vègre

SARTHE / PROPRIÉTÉ PRIVÉE

En 1490, Nicolas Leclerc de Juigné se voit interdire par son suzerain Hardouin de Maillé la construction d'un château fortifié qu'il a entreprise sur son domaine. Quatre ans plus tard, il est autorisé à poursuivre le chantier ; il le fait en abandonnant un appareil militaire trop visible. Le château de Verdelles témoigne encore de ce changement caractéristique. C'est un bloc de plan carré flanqué à ses angles de quatre tours aux formes diverses, deux rectangulaires, une autre pentagonale et une quatrième, plus petite, en polygone irrégulier qui abrite un bel escalier en vis. Un original système d'embrasures de tir permet les feux croisés pour défendre l'accès du château.

La masse brutale en pierre ocre est égayée de baies cernées de pierre blanche et d'éléments de brique pâle. Contre la tour d'escalier, jaillit une haute tourelle revêtue d'un fin décor flamboyant et audacieusement juchée sur un long cul-de-lampe à la hauteur du second étage. Dans la salle du rez-de-chaussée, la grande cheminée est décorée de niches juxtaposées, veuves de leurs statuettes, mais huit médaillons représentant les héros de *L'Enéide* décorent les murs.

VERDELLES. L'escalier.

VERDELLES. Cheminée.

8.
Moulins

Château des ducs de Bourbon

ALLIER / A LA VILLE. MUSÉE DES BEAUX-ARTS / ✳

Après le roi de France Charles VIII, c'est sa sœur aînée, Madame Anne, qui donne l'exemple de la nouvelle manière architecturale. La fille de Louis XI avait épousé en 1477 un cadet de la maison de Bourbon, Pierre de Beaujeu, que la mort de son frère aîné Jean II fit duc de Bourbon en 1488. Maîtres du royaume à la mort de Louis XI, les Beaujeu furent écartés du pouvoir lorsque le jeune roi

commença à préparer son expédition italienne et ils se retirèrent alors dans leur château ducal de Moulins, qu'ils firent moderniser de 1495 à 1500.

Le morceau qui nous reste est sans doute la première construction véritablement nouvelle en France, dans ses formes comme dans sa modénature : une galerie à jour de sept arcades en plein cintre dont les piles sont habillées de pilastres superposés. Elle est coiffée d'un comble droit sur lequel brochent deux lucarnes de pierre. Au centre, un pavillon carré en saillie, lui aussi sur arcades ouvertes, comporte un étage carré abritant une chambre haute, sous un grand comble à l'impériale revêtu d'ardoises taillées en écailles. Cette galerie menait à une chapelle de plan central avec coupole de pierre, la première de France sans doute, qui disparut malheureusement dans un incendie en 1755. On sait que la charpente de la chapelle fut posée en 1496-1497, ce qui permet de dater de 1498 la galerie elle-même.

Toute imprégnée d'italianismes venus de Pavie et de Florence et dessinée avec une absolue symétrie, cette œuvre exceptionnelle pourrait être attribuée à un maçon bourbonnais, Marceau ou Pierre Rodier, à condition de le supposer guidé par un Italien. Lorsque les Beaujeu se rendirent à Lyon pour accueillir Charles VIII à son retour de la péninsule, ils ont pu ramener un artiste d'outre-monts à Moulins ; c'est à lui qu'on devrait alors le raidissement des arcs par des tirants de fer, procédé spécifiquement italien. Anne de Beaujeu, veuve en 1503, demeurera souvent à Moulins jusqu'à sa mort survenue en 1522.

MOULINS. Galerie du château ducal.

9.

Blois

première période

Château de Louis XII

LOIR-ET-CHER / A LA VILLE / ✽

L'intégration de motifs italianisants dans l'architecture de tradition française connaît sous Louis XII une étape nouvelle. Les tâtonnements aboutissent ainsi à la création d'un véritable style aux savoureuses inventions. L'une des plus déterminantes pour l'avenir est l'adoption sur les façades d'un réseau croisé de moulurations horizontales et verticales. Ce réseau assure en effet un quadrillage quasi régulier permettant de dissimuler la fantaisie persistante qui règne dans les percements des portes et des fenêtres. Il donne ainsi aux façades une régularité factice. Le nouveau roi montre l'exemple à Blois dès la première année de son règne.

La forteresse de Thibaut le Tricheur et des comtes de Blois était venue en 1397 aux mains du duc Louis Ier d'Orléans, le frère de Charles VI. Nous en connaissons aujourd'hui encore la grande salle (Salle des États) et une tour d'enceinte (tour du Foix) qui datent du XIIIe siècle. Louis d'Orléans, l'adversaire de Jean sans Peur, assassiné en 1407, puis son fils Charles, le poète et le prisonnier d'Azincourt, y firent exécuter des travaux importants dont nous connaissons mal le détail.

La mort inopinée de Charles VIII, après celle de ses deux jeunes fils, donna soudain la couronne de France, le 7 avril 1498, à son cousin Louis, duc d'Orléans, fils du poète. Le nouveau roi, qui prit le nom de Louis XII, fit poursuivre les travaux au château royal d'Amboise, mais il s'attacha plus encore à transformer son propre château familial, là où il était né et où il avait été élevé, pour en faire une résidence royale. Boudant, lui aussi, la capitale parisienne, il renforce ainsi la présence du souverain sur la Loire.

Les travaux commencent par la reconstruction du bâtiment situé entre l'avant-cour et la cour du donjon : le corps de logis d'entrée. La comparaison avec le château du Verger est éloquente. La situation du bâtiment à l'intérieur de l'enceinte castrale permet de lui donner sans crainte l'aspect le plus ouvert. Les maçons y travaillaient dès décembre 1498, et les travaux étaient suffisamment avancés en 1501 pour permettre de recevoir l'archiduc Philippe d'Autriche dans le « logis neuf ». Ils s'achevèrent en 1502 ou 1503, sous la surveillance d'un commissaire royal, le Breton François de Pontbriant, qui dirigeait aussi les travaux d'Amboise et obtiendra plus tard la surintendance de Chambord ; sur le chantier, un autre contrôleur, le charpentier Simonet Guischart, « maître des ouvrages du comté de Blois ». C'est bien une œuvre française. Avec le docteur Lesueur, historien du château, il faut sans doute reconnaître le rôle primordial joué ici par le maître maçon Colin Biart, qui a travaillé quelques années plus tôt au Verger pour le maréchal de Gié, ainsi qu'à Amboise, et opère en même temps à Gaillon. Les rapports de Blois et du Verger s'expliquent donc.

La restauration énergique menée par Duban en 1845-1869 a enlevé quelque saveur aux façades de Blois, mais nous avons heureusement les beaux relevés à l'aquarelle faits avant les travaux par l'architecte, et quelques photographies. La brique rouge donne aux murs une chaude coloration dont le principe était déjà admis par l'architecture française médiévale, en particulier dans le centre de la France. Elle est utilisée ici avec un soin particulier, des briques noires dessinant des losanges réguliers sur le fond rouge, entre les chaînes de pierre blanche qui soulignent les articulations des travées et les chambranles des croisées. Des pilastres-dosserets correspondant aux murs de refend saillent sur la façade, exprimant clairement à l'extérieur l'aménagement intérieur des salles.

L'italianisme est presque absent de la façade d'entrée, les grandes lucarnes sommées des chiffres du roi et de la reine et des armes de France sont encore gothiques, de même que les deux loges à balcons et la grande niche surmontant la porte. Celle-ci abritait une statue équestre du roi attribuée à Guido Mazzoni. Détruite en 1792, elle a été remplacée en 1857 par une œuvre commandée au sculpteur Seurre. Déjà une statue équestre de Charles VII surmontait la porte de l'hôtel Jacques Cœur à Bourges — avec lequel Blois a beaucoup de rapports — celle du maréchal de Gié se trouvait en même position au Verger, et l'on verra bientôt René II de Lorraine en situation analogue au palais ducal de Nancy ; d'autres exemples sont à citer à Veretz et à La Roche-du-Maine. Nul doute que l'héroïsation du prince manifestée à l'entrée de sa propre maison ne réponde à un rêve de gloire militaire, encouragé par la célébration en Italie de la *virtù* des *condottieri*. Sous la niche, la porte cintrée flanquée de colonnes rondes est, elle aussi, une importation d'outre-monts.

Par elle, on pénètre dans la cour d'honneur, après avoir traversé un portique. Le corps de logis est en effet doublé de ce côté par deux galeries superposées, l'une, basse, ouverte comme un cloître

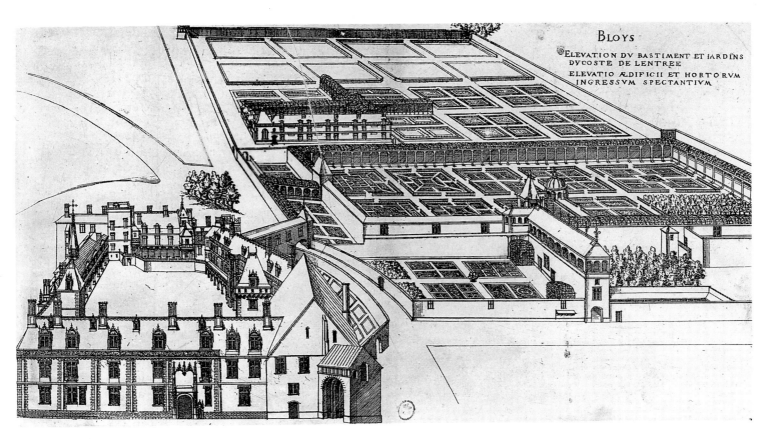

ELEVATION DV BASTIMENT ET IARDINS
DV COSTE DE LENTREE
ELEVATIO ÆDIFICII ET HORTORVM
INGRESSVM SPECTANTIVM

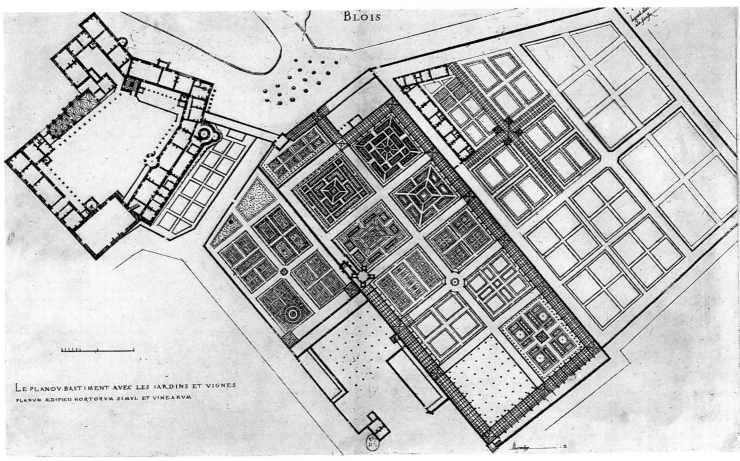

BLOIS

LE PLAN DV BASTIMENT AVEC LES IARDINS ET VIGNES
PLANVM ÆDIFICII HORTORVM SIMVL ET VINEARVM

43

BLOIS. Façade de l'aile Louis XII sur l'avant-cour.
Relevé de Duban en 1845 (Archives de la Dir. du
Patrimoine).

BLOIS. L'escalier Louis XII.

monastique, l'autre, haute, fermée. Cette disposition, alors très originale, donne à la cour une saveur particulière et correspond à un art de vivre très recherché. De savants artifices de toiture ont permis de couvrir le corps de logis, élargi ainsi démesurément eu égard à la portée habituelle des bois de charpente. Un trésor d'imagination a été également dépensé pour décorer les supports des grandes arcades en anse de panier du portique bas, qui sont alternativement des colonnes rondes au décor losangé de lis et d'hermines et des piliers de plan ondulé découpés comme s'ils servaient d'enveloppe à des colonnes rondes chargées d'arabesques. Un double corps de moulures horizontales continues marque l'appui des fenêtres de l'étage, traité en pierre avec un léger décor d'arcatures. Les lucarnes, de type encore gothique, annoncent cependant le schéma ultérieur : leur tympan très effilé, aux lignes concaves, est réuni aux petits pinacles latéraux par des arcs-boutants.

Sur cette façade, la régularité des ouvertures est plus grande que du côté de l'avant-cour, seule la travée de l'entrée est élargie pour manifester son importance. La raison en est que l'étage est occupé par un long corridor aux ouvertures régulières. Le logis s'insère entre deux saillies terminales, deux tourelles d'escalier de plan carré. Au nord, s'appuyant à la Salle des Etats, c'est la grande vis dont le puissant noyau est garni de colonnettes et creusé de niches et qui s'achève, de façon traditionnelle, par une chambre haute accessible par une vis secondaire ; au sud, un autre escalier en vis, de proportions moindres, s'articule avec un retour du corps de logis terminé par un immense pignon sommé d'une fleur de lis.

Le décor de l'aile Louis XII, même si on fait la part des restaurations de Duban, est d'une étonnante qualité. L'esprit médiéval, encore très dru, des crochets de feuillages, des clefs garnies de personnages, des culs-de-lampe et des gargouilles s'accommode bien avec des morceaux plus tourangeaux dans le style de Michel

BLOIS. Façade de l'aile
Louis XII sur l'avant-cour.

Colombe (les anges des lucarnes de l'entrée) ou des motifs italiens parfaitement assimilés : arabesques, putti, dauphins et rinceaux dispensés sur les colonnes et les chapiteaux, et qui sont probablement, eux aussi, l'œuvre de sculpteurs français, habiles à interpréter les dessins ou les gravures qu'on leur communique.

Plus encore, l'originalité profonde du Blois de Louis XII apparaît dans cette cohérence régulière des masses parfaitement équilibrées, qui marque une date importante dans l'architecture française et préfigure déjà le Louvre de Lescot.

Au-delà de l'aile en retour du logis à l'ouest, dont il faut admirer la belle façade extérieure, côté Loire, Louis XII et Anne de Bretagne font reconstruire la chapelle Saint-Calais, dont la nef a disparu lors de la construction de l'aile Gaston d'Orléans, mais dont subsiste le chœur de trois travées, daté de 1508, flanqué au XIXe siècle d'une façade imaginée par Duban. En bordure de la chapelle, longeant la cour, s'étendait un bâtiment bas renfermant lui aussi un péristyle à arcades et une galerie à l'étage ; de ses treize travées primitives, il n'en subsiste que six. On a longtemps attribué cette aile, d'une ordonnance plus modeste que la première, à Charles d'Orléans, mais l'examen des maçonneries permet de penser (sans certitude) qu'elle fut élevée elle aussi par Louis XII ou par la reine Anne.

Elle aboutissait aux corps de logis du fond, qui furent démolis pour Gaston d'Orléans. Dessins et gravures de Du Cerceau permettent de les connaître. Après la galerie adossée à la chapelle, on trouvait à gauche une grosse tour carrée renfermant un escalier, reste probable des constructions de Charles d'Orléans, puis à droite un corps de logis à arcades dû peut-être à Louis XII. Ce dernier bâtiment était juché sur une terrasse que l'on appelait familièrement « la perche aux Bretons », quartier général de l'entourage armoricain de la reine Anne. Entre l'extrémité de la « perche » et la Salle des Etats,

BLOIS.
Façade de
l'aile
Louis XII sur
la cour.
Relevé de
Duban en
1845.

BLOIS. L'aile
Louis XII et
l'aile dite de
Charles
d'Orléans.

à droite, s'allongeait le corps de logis des appartements royaux, auquel Louis XII n'avait probablement pas touché ; c'est lui qui sera rebâti par François Ier.

Blois fut célèbre pour ses jardins. L'intervention d'un Italien est ici certaine, celle d'un prêtre que Charles VIII avait ramené de Naples, Pacello da Mercogliano. Sur cet éperon resserré, il n'y avait pas de place pour des parterres, aussi les jardins furent-ils tracés de l'autre côté du ravin, à l'ouest, sur trois niveaux différents. A l'étage inférieur s'étendait le petit jardin de la Bretonnerie qui existait auparavant. Au-dessus, le « jardin bas » ou « de la Reine », grande terrasse rectangulaire de 200 mètres sur 90, cernée de berceaux de charpente et quadrillée d'allées perpendiculaires, s'ornait en son centre d'un bassin octogonal sculpté à Tours vers 1502-1503, abrité sous un pavillon de charpente sommé d'une figure dorée de saint Michel. Il subsiste des fragments de la vasque, il reste surtout en place, dans un quartier de Blois qui s'est construit depuis, un pavillon d'agrément de plan octogonal, sorte de casino de pierre et de brique flanqué de quatre petites ailes avec quelques décorations rustiques ; ce « pavillon d'Anne de Bretagne » s'appuie à une galerie contiguë qui servait d'orangerie et bordait le jardin de la Bretonnerie. Au niveau supérieur enfin, le « jardin haut » ou « du Roi » fut tracé en 1505. Le jardin bas était réuni au château par un étroit viaduc, la « galerie des Cerfs », qui enjambait le ravin. Ajoutons que l'architecte italien Fra Giocondo fut chargé de construire un aqueduc pour amener l'eau dans les jardins de Blois.

BLOIS. Piliers de la galerie de l'aile Louis XII.

10.
Argy

INDRE / PROPRIÉTÉ PRIVÉE / ✳

La cour du château de Louis XII à Blois dut frapper vivement l'imagination des contemporains. Visiblement, elle inspire les travaux entrepris par un maître d'hôtel du roi, nommé Charles de Brillac, lorsqu'il décide de moderniser son château berrichon d'Argy. C'est un château de plaine, un quadrilatère flanqué de trois tours rondes et d'un fort donjon carré, cerné par un fossé et intégré dans un plus vaste quadrilatère défensif, lui aussi entouré d'eau. Charles fut tué au service de son maître, à Milan, en 1509, mais sa veuve Louise de Balsac poursuivit sans doute les travaux, qui consistèrent à adosser intérieurement aux courtines deux minces ailes. Bâties entièrement en pierre blanche de grand appareil, elles abritent des galeries ouvertes à arcades.

Comme à Blois, la recherche décorative foisonne dans la diversité, mais avec une préférence pour le décor losangé sur le fût des colonnes basses. L'aile nord est sans doute antérieure au Blois de Louis XII. L'aile est, au contraire, semble s'en inspirer. Les mouchetures d'hermine de la reine Anne timbrent les tympans et les colonnes, alternant avec des coquilles de pèlerin. Un puissant effet décoratif est fourni par les initiales des propriétaires, semées régu-

ARGY. La cour.

lièrement sur le nu des murs ou développées orgueilleusement aux lucarnes. La galerie basse est voûtée, mais la maladroite retombée des arcs sur des culots juxtaposés aux colonnes n'a pas inspiré confiance et l'on a tendu des tirants de fer, à la mode italienne. Le château conserve encore l'oratoire de Louise de Balsac, pavé d'élégants carreaux émaillés, et plusieurs cheminées de style Louis XII dans les tours.

11.
Talcy

LOIR-ET-CHER / A L'ÉTAT / ✳

TALCY. L'ancien logis et le puits.

C'est en 1517 que la seigneurie de Talcy, à l'extrémité du plateau beauceron, fut achetée par un banquier florentin parent des Médicis, Bernard Salviati. Il trouva là un petit château du XVe siècle qui avait probablement souffert de la guerre de Cent ans, et dont il nous reste au moins la grosse tour de plan carré qui sert de châtelet d'entrée.

On a généralement attribué à Salviati la construction des deux corps de logis qui s'élevaient de part et d'autre de cette tour, et dont l'un, à l'ouest, a disparu anciennement. L'examen de celui qui subsiste laisse perplexe, car il s'agrémente fort simplement d'une galerie de quatre arcades en anse de panier portées par des piliers octogonaux, d'un petit étage et de deux pignons juxtaposés, décorés de traditionnels crochets. L'aspect très bonhomme rappelle l'aile de Blois dite de Charles d'Orléans, ou la galerie de Fougères-sur-Bièvre. A l'intérieur, la salle des gardes conserve une cheminée dont les jambages sont très proches des piliers de la galerie, et un grand plafond dont les maîtresses poutres sont taillées à leurs arêtes d'une guirlande torsadée. Il paraît bien difficile d'admettre qu'un banquier italien ait bâti en plein règne de François Ier un édifice aussi traditionnel, et dénué de toute allusion à l'art nouveau qui timbrait alors les constructions civiles de qualité. Aussi faut-il plutôt y voir, à notre sens, l'œuvre des propriétaires précédents : Jean Simon, évêque de Paris en 1494, mort en 1502, ou sa sœur Marie, qui posséda le fief de 1502 à 1517.

En 1520, Salviati reçut de son suzerain Jean II de Longueville, archevêque de Toulouse et seigneur de Beaugency, la permission de fortifier le château. De ce temps pourraient dater les modifications apportées à la tour carrée, d'une part les tourelles polygonales de brique et de pierre qui la flanquent sur sa face externe, d'autre part la galerie défensive qui la ceinture, portée par des mâchicoulis moulurés et percée de créneaux. De Salviati doit encore dater le puits dont le couronnement est fait d'un petit comble à l'impériale porté sur trois colonnes cylindriques. Au début du XVIIe siècle, les anciens logis de l'aile à droite furent reconstruits, masquant l'entrée de la chapelle, devenue l'église paroissiale.

Talcy tient une place charmante dans l'histoire littéraire. Salviati avait épousé une cousine de Catherine de Médicis, Madeleine de La Tour d'Auvergne. Il en eut une fille, Cassandre, née en 1531, que Ronsard a célébrée comme on sait :

Le premier jour du mois de may, Madame,
Dedans le cueur, je sentis vos beaux yeux.

Le château vint ensuite aux mains du frère de Cassandre, Jean Salviati, et il abrita une conférence entre la reine Catherine et le prince de Condé à l'aube des guerres de Religion, en 1562. Salviati avait de sa femme Jacquette Malon de Bercy une fille fort belle, Diane, qui enflamma les regards d'un autre poète, et homme de guerre, Agrippa d'Aubigné. Leur amour éclata l'année de la Saint-Barthélemy, en 1572 : « Ma bouche osa toucher la bouche cramoisie... » écrit l'auteur des *Tragiques* mais les fiançailles trop tôt conclues furent rompues pour disparité de religion. Après avoir échappé de peu à la mort dans une rixe avec un inconnu, d'Aubigné, caché et soigné à Talcy, dut finalement s'en éloigner définitivement. Le château appartiendra à la famille Salviati jusqu'en 1667.

12

Nérac

LOT-ET-GARONNE / A LA VILLE / ✱

La résidence de la maison d'Albret érigée au bord de la Baïse, depuis le Haut Moyen Age, formait un quadrilatère fortifié cantonné de tours rondes et défendu par un fossé. L'entrée s'ouvrait à l'ouest par un pont-levis gardé par deux autres tours. C'est Alain d'Albret, dit Alain le Grand, qui apporta à l'aile nord, la seule qui subsiste aujourd'hui après les destructions de la Révolution, une modification spectaculaire, sous la forme d'une galerie haute portée sur un mur de soubassement infléchi en demi-voûte. Les colonnes torses et leurs lourds chapiteaux rappellent Blois et Argy et peuvent dater des années 1510. Alain mourut en 1521.

Il avait fait travailler aussi à l'aile orientale. Son petit-fils Henri d'Albret et son arrière-petite-fille Jeanne d'Albret firent travailler de

NÉRAC. Aile subsistante, anciennement sur la cour.

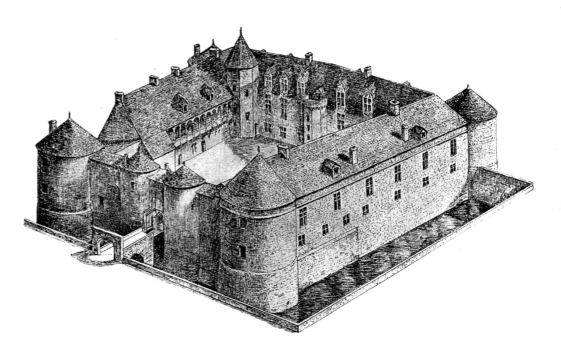

NÉRAC. Reconstitution par Raymond Ritter (*IVe centenaire de la naissance de Henri IV*, Pau, 1953).

1522 à 1559 à l'aile méridionale qui bordait la rivière. Henri fit aussi aménager les jardins en parterres le long de la Baïse. De cette époque où Marguerite d'Angoulême écrivait à Nérac *L'Heptaméron* il reste le charmant pavillon octogonal coiffé d'un comble à l'impériale qui servait à la collation des baigneurs. Jeanne d'Albret reçut Charles IX et Catherine de Médicis à Nérac en 1565, et plus tard son fils Henri de Navarre y séjourna avec sa femme Marguerite de Valois durant les années 1579-1582 qui marquèrent une agréable pause dans les guerres de Religion. C'est la jeune reine de Navarre qui fit aménager de l'autre côté de la rivière la longue promenade ombragée dite « la Garenne », qui subsiste encore, et construire par l'architecte Hervé Boulard une fontaine pour orner le parterre du château.

13.
Rochechouart

HAUTE-VIENNE / AU DÉPARTEMENT / ✻

La cour intérieure du château de Rochechouart est, elle aussi, garnie de galeries portées par des colonnes torses qui évoquent le Blois de Louis XII. On peut en attribuer la construction à François de Pontville, époux d'Anne de Rochechouart, et les dater avant 1512. De la même époque, la Chambre des Chasses conserve un rare ensemble de peintures murales figurant une *Chasse seigneuriale* qui se déploie en forêt, au pied de la figuration du château. La composition est organisée comme celle d'une tapisserie et présente la poursuite du même cerf au cours de plusieurs épisodes successifs qui s'achèvent par un banquet. Une galerie voisine présente une *Vie d'Hercule* peinte en grisaille qui date des années 1530-1535. Le château lui-même a été énergiquement restauré au XIXe siècle.

ROCHECHOUART. La cour.

ROCHECHOUART. Les peintures de la Chambre des Chasses.

14.
Villeneuve Lembron

PUY-DE-DÔME / A L'ÉTAT / ✱

Élevé à l'extrême fin du XVe siècle sur un plan carré flanqué de quatre tours rondes, puis modifié au XVIIe siècle et enfin restauré en 1963, le château de Villeneuve-Lembron offre lui aussi un ensemble de peintures murales du plus haut intérêt. Les premières furent commandées par le constructeur du château nommé Rigaud d'Aureille, qui fut maître d'hôtel de quatre rois, de Louis XI à François Ier. Il avait accompagné Charles VIII au voyage de Naples, fut chargé de réprimer les abus des bandes armées en Auvergne et reçut plusieurs missions diplomatiques. Sur les murs de la galerie du logis, il a fait peindre d'amusantes scènes satiriques où le vieux fond de la misogynie médiévale se donne libre cours ; c'est le *Dict de la Chiche-Face* et le *Dict de la Bigorne*. On y voit aussi un portrait du maître de maison assis dans sa chaire et tenant un chapel de fleurs, ayant achevé d'écrire une ballade au ton sentencieux intitulée *Les Dicts d'ung vieulx maistre d'ostel*.

Rigaud mourut en 1517. Son lointain successeur, Gaspard de Montmorin, fit peindre dans le dernier tiers du XVIe siècle (vers 1582?) un autre ensemble de peintures qui a été récemment découvert sous des lambris du XVIIe siècle. On y voit un décor de grotesques environnant des médaillons à sujet mythologique divers (allusion au rôle de Henri IV?) dus probablement à des ateliers itinérants qui ont laissé des œuvres analogues en Bourbonnais et en Anjou.

à gauche et à droite : VILLENEUVE LEMBRON. Les peintures de la galerie.

15.
Chaumont

à Chaumont-sur-Loire

Très restauré au XIXᵉ siècle par le comte d'Aramon puis par le prince Amédée de Broglie, Chaumont conserve pourtant les caractéristiques de l'architecture Louis XII. Le décor de ses façades a été imaginé pour glorifier la famille française qui s'illustra le plus brillamment dans les guerres d'Italie, la famille d'Amboise. C'était une ancienne forteresse des comtes de Blois construite à partir du Xᵉ siècle, sur une hauteur dominant la Loire. Au milieu du XVᵉ siècle elle appartenait à Pierre d'Amboise et, comme il avait pris part à la Ligue du bien public, Louis XI confisqua le château et le fit démanteler en 1466.

Après avoir récupéré son bien, Pierre d'Amboise se retira en Berry, à Meillant, laissant à son fils Charles Iᵉʳ le soin de reconstruire Chaumont, ce qu'il fit de 1465 à 1475 (aile ouest et tour d'Amboise) avant de mourir en 1481. Son héritier était un enfant de huit ans, Charles II. Son oncle, le cardinal Georges d'Amboise, ministre tout-puissant de Louis XII, va lui assurer une carrière de premier plan. Le jeune homme prend part à la campagne du Milanais avec Louis XII et il administre le territoire conquis, avec le titre de lieutenant général du roi en Lombardie, pendant dix années à compter de 1501. Maréchal de France, amiral, grand maître de la maison du roi, il meurt à Coreggio en 1511, à l'âge de trente-huit ans, un an après son oncle Georges. Ses séjours en Italie ne lui ont guère laissé le loisir de s'occuper de son château de Chaumont, mais le cardinal, qui sera l'illustre créateur de Gaillon, gère le chantier en son nom. Des traces de décor italianisant sont donc visibles sur les nouvelles constructions élevées entre 1498 et 1511, c'est-à-dire les deux ailes sud et est qui encadrent la porte d'entrée. Ainsi les niches armoriées qui garnissent les tours d'entrée, au-dessus du pont-levis, analogues à celles que l'on a vues à Nantes, sont décorées de coquilles et de pilastres, et les C de Charles d'Amboise alternant avec des rocs embrasés (« Chaud mont ») apparaissent à la frise inférieure des tours. La cour dessine un carré régulier dont l'aile nord a été abattue au XVIIIᵉ siècle pour permettre de prendre vue sur la Loire. L'aile est a perdu au XIXᵉ siècle sa longue terrasse portée sur une corniche ornée de coquilles ; elle s'achève par le chevet de la chapelle, et l'aile sud a au contraire été pourvue tardivement d'une galerie postiche.

Le grand escalier, timbré aux armes du cardinal d'Amboise, a heureusement conservé sa riche décoration de rinceaux. Il est logé dans une haute tour octogonale raidie par des contreforts très saillants et percée de baies superposées dont les appuis et les linteaux sont rampants, c'est-à-dire obliques, toutes dispositions qui préfigurent précisément le parti de l'escalier François Iᵉʳ à Blois. Intérieurement au contraire, le grand escalier de Chaumont copie les dispositions de l'escalier Louis XII de Blois, noyau de la vis creusé de niches juxtaposées, pilier terminal supportant une voûte en palmier.

Après 1511, le château appartint au fils de Charles II, Georges d'Amboise, tué à Pavie en 1525, puis à Catherine, sœur de Charles II, et à la nièce de celle-ci, Antoinette d'Amboise, en 1550.

CHAUMONT. Lithographie de Motte d'après Asselineau.

CHAUMONT. Vue de l'entrée.

La reine Catherine de Médicis réside à plusieurs reprises à Chaumont et y mène son astrologue Ruggieri, puis elle se décide soudain à l'acquérir en 1560, pour 120 000 livres, et le propose autoritairement en échange à Diane de Poitiers contre le château de Chenonceau qu'elle convoite depuis longtemps. Diane doit céder à la volonté de la reine mère, mais elle n'y résidera guère. Son chiffre et ses emblèmes seront pourtant taillés dans les mâchicoulis de la façade d'entrée. A sa mort en 1566, Chaumont passera à sa fille Françoise de La Marck, puis aux Bouillon-Turenne qui le vendront au début du XVIIe siècle au financier italien Scipion Sardini. Vers 1840, l'architecte La Morandière restitua l'entrée du château pour le vicomte Walsch, puis les Broglie firent exécuter d'importants travaux de restauration vers 1870-1880 par Sanson.

16.

Boumois

à Saint-Martin-de-la-Place

MAINE-ET-LOIRE / PROPRIÉTÉ PRIVÉE / *

Reconstruit en partie vers 1515 par René de Thory, seigneur du lieu, Boumois reste assujetti à un parti traditionnel. Derrière un mur d'enceinte renforcé de tours rondes (et percé d'un portail classique vers 1600) le château a perdu en partie ses ailes basses. Le corps de logis du début du XVIe siècle rappelle encore les dispositions de la fin du XVe siècle, celles de Langeais par exemple. Une tourelle polygonale abrite l'escalier. La mouluration, très originale, est faite d'un tracé géométrique d'une grande sobriété. Depuis le sol jusqu'au sommet des lucarnes, les travées sont encadrées de contreforts ou de colonnettes torses qui rappellent Meillant, mais en plus discret. La chapelle, fondée en 1530, fut dédiée en 1546.

BOUMOIS. La tourelle d'escalier.

17.

Bury

à Molineuf

L'importance du château de Bury, disparu aujourd'hui, a été soulignée récemment. On lui reconnaît à juste titre un rôle de précurseur, annonçant l'évolution créatrice des châteaux pendant la première décennie du règne de François Ier. Situé à 10 kilomètres de Blois, sur la rivière de la Cisse, Bury était un ancien château de plaine, fortifié, lorsqu'il fut acheté en 1511 à Germain de Bonneval par Florimond Robertet. L'envergure politique du personnage, un Forézien venu aux affaires grâce à Pierre de Beaujeu et qui fut un tout-puissant secrétaire d'État sous Charles VIII, Louis XII et François Ier, donne un poids accru au parti très neuf qu'il choisit pour la reconstruction de sa résidence. Robertet avait déjà fait bâtir à Blois

BURY. Vue du côté de l'entrée, gravure de Du Cerceau (*Les Plus Excellents Bâtiments de France*, t. II).

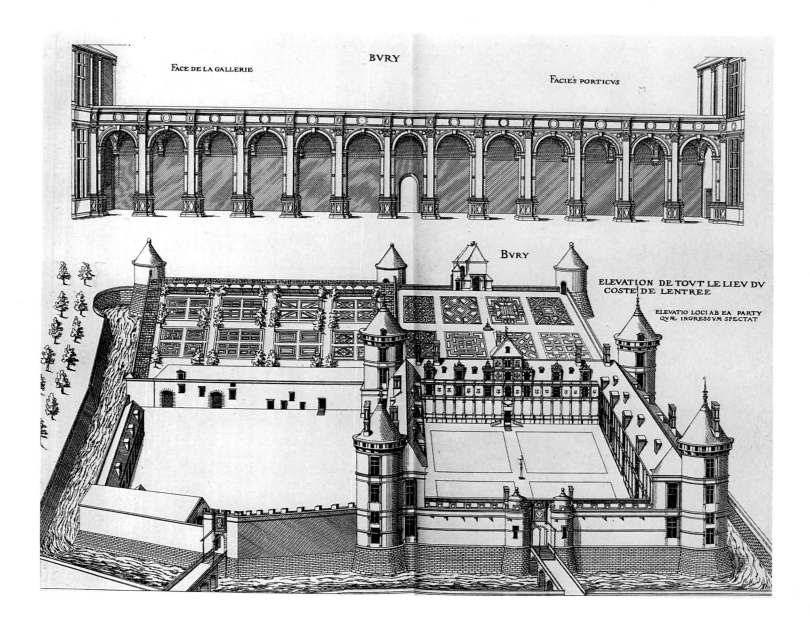

FACE DE LA GALLERIE   BVRY   FACIES PORTICVS

BVRY

ELEVATION DE TOVT LE LIEV DV COSTE DE LENTREE

ELEVATIO LOCI AB EA PARTY QVÆ INGRESSVM SPECTAT

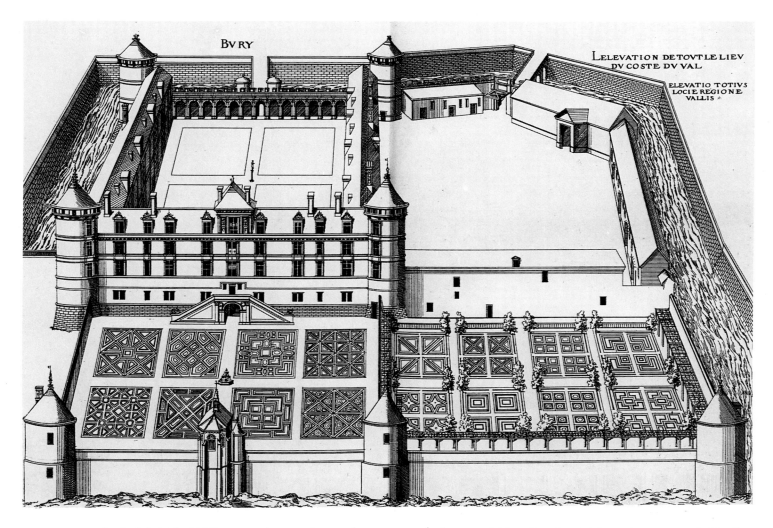

avant 1508 le bel hôtel d'Alluye pour avoir sa demeure urbaine auprès du roi. Son château, dont les travaux étaient fort avancés en janvier 1515, donc avant que ne soit entreprise l'aile François Ier de Blois, est une composition rigoureusement régulière et symétrique, inspirée certainement par le château du Verger, mais aussi par les façades des palais italiens et peut-être par une maquette qui fut offerte à Charles VIII par le cardinal Giuliano della Rovere (le futur Jules II) et qui était due à l'architecte Giuliano da San Gallo.

Sur le vaste pourpris de l'ancien château, cerné de tours rondes qui baignent dans des douves d'eau vive, Robertet a fait dessiner quatre espaces quadrangulaires ; les deux espaces postérieurs sont occupés par des jardins aux compartiments réguliers, les deux espaces antérieurs accueillent, l'un à gauche la basse-cour, l'autre à droite le château proprement dit, disposé autour d'une cour d'honneur carrée. Adossé à deux tours basses flanquant le pont-levis, le bâtiment d'entrée est un simple rez-de-chaussée formant péristyle ; des ailes identiques le réunissent au corps de logis régulièrement quadrillé de pilastres. Dans l'axe central, celui-ci abrite tout à la fois l'escalier et le passage de la cour au jardin, qui se fait par deux perrons, le perron côté jardin d'une plus vaste disposition pour répondre à la forte dénivellation entre la cour et le jardin.

L'escalier intérieur est à rampes droites superposées, type conforme aux habitudes italiennes qui détrônent ainsi la tradition

BURY. Vue du côté du jardin, gravure de Du Cerceau (*Les Plus Excellents Bâtiments de France*, t. II).

française de la vis (déjà dissimulée dans le corps de logis à Château-dun). Un couronnement carré à comble en pavillon surmonte le corps de logis au-dessus de l'escalier ; du côté du jardin, la disposition des baies rend bien visible la dénivellation des paliers par rapport aux étages. Le décor combinait l'influence blésoise avec des emprunts plus marqués à l'italianisme. Au centre de la cour, un *David* de Michel-Ange était placé sur une colonne. L'obsession nouvelle de l'axe directeur se faisait encore jour dans le jardin, avec une fontaine dans l'allée centrale et, dans la perspective, la chapelle bâtie en saillie sur le mur d'enceinte.

Le maître de Bury reste encore inconnu, bien qu'on ait attribué parfois sa construction à Fra Giocondo. Le château passa en 1604 aux Villeroy, puis aux Rostaing, et tomba en ruines entre 1666 et 1734. Il reste aujourd'hui des vestiges de l'entrée : douves, tours, restes des arcades du portique. Celles-ci étonnent par leur régularité déjà classique : arcs en plein cintre décorés de caissons à l'intrados, éléments géométriques sur les pilastres. Bury reste un modèle qui annonce les dispositions auxquelles l'architecture française restera fidèle pendant des décennies.

BURY. Vestiges d'une tour d'angle.

18.
Montsoreau

MAINE-ET-LOIRE / A L'ÉTAT / ✳

Le château qui surmonte l'admirable paysage de la Loire fut bâti en 1455 par Jean de Chambes, conseiller de Charles VII et son ambassadeur, lequel avait épousé Jeanne Chabot, héritière de Montsoreau. A l'édifice traditionnel du XVe siècle, bâti en tuffeau blanc, fut ajoutée vers 1515 une tourelle d'escalier qui semblait soudain indispensable au bon usage des appartements du château, mal desservis par la première tourelle qui s'élève à l'extrémité de la façade sud. Insérée à l'angle du corps de logis et du pavillon oriental, elle abrite un escalier en vis d'un large développement, terminé par une colonnette recevant une voûte en palmier. Extérieurement, la tourelle est garnie sur l'une de ses faces d'un décor continu encadrant des petites fenêtres géminées ; il est fait de pilastres trapus, de médaillons et de rinceaux que l'on a rapprochés à juste titre du pavillon d'entrée de Gaillon.

MONTSOREAU. La tour d'escalier.

19.
Laval

première période

Un château semble avoir été bâti dès le XIᵉ siècle sur une butte surplombant le cours de la Mayenne, par Guy, premier baron de Laval. Des restes importants subsistent d'une vaste construction romane de plan carré, un donjon peut-être. Un haut corps de logis des XIIIᵉ-XIVᵉ siècles la réunit à une forte tour ronde du XIIᵉ siècle qui marque l'angle du château au-dessus de la rivière. Cette tour est coiffée d'un hourd de bois lié à la charpente conique, disposition unique en France.

Sur la cour, autrefois fermée, les deux corps de logis en équerre furent remaniés à la première Renaissance. Les travées de fenêtres ont été ainsi surmontées de hautes lucarnes sculptées. Les restaurateurs de la fin du XIXᵉ siècle ont malheureusement altéré cet ensemble décoratif dont certains éléments ont disparu. Une description de 1874, antérieure à ces travaux, mentionne ainsi des médaillons à portraits et la représentation des attributs du Grand maître de France, le plateau et l'aiguière. Si ces renseignements sont exacts, il faudrait attribuer les modifications des façades à Guy XV de Montfort, comte de Laval, né en 1435, mort le 15 mars 1500, qui fut en effet nommé Grand maître par Charles VIII dès son avènement. Si elles sont antérieures à 1500, toutefois, ces grandes lucarnes très italianisées — pilastres, encadrements, frontons chargés de rinceaux — sont en avance de quelques années sur les productions connues du style Louis XII, et on ne peut accepter cette date qu'avec réticence. Guy XV décéda sans postérité de sa femme Catherine d'Alençon, et le comté de Laval fut transmis à son neveu Guy XVI, que François Iᵉʳ nommera gouverneur et amiral de Bretagne. Il paraît plus satisfaisant d'attribuer les grandes lucarnes aux travaux de Guy XVI, d'autant qu'il fit entreprendre en 1506 une galerie à arcades dans le prolongement du vieux château vers le nord, galerie qui sera ensuite englobée dans le « château neuf » (voir nᵒ 122). L'ensemble des travaux de modernisation pourrait alors lui être attribué, à moins qu'il n'ait poursuivi une campagne que son oncle n'avait fait qu'amorcer.

LAVAL. Détail d'une lucarne sur la cour.

LAVAL. Le logis de droite sur la cour, avant restauration.

LAVAL. Les deux logis sur la cour.

20.
Le Percher

à Saint-Martin-du-Bois

MAINE-ET-LOIRE / PROPRIÉTÉ PRIVÉE

Simon de Tinténiac, ancien écuyer tranchant du roi René, édifie entre 1495 et 1510 ce petit manoir qu'achèvera son frère Jean, abbé de Saint-Aubin d'Angers. Il est composé de deux corps de logis en équerre bâtis dans un style ouvert et aimable, très proche de cer-

taines demeures de ville comme le logis Barrault à Angers. Les murs sont faits de moellons de schiste enduits, cernés de tuffeau aux angles et aux encadrements des baies. L'italianisme ne marque guère que les lucarnes où les pilastres s'imposent discrètement aux clochetons latéraux traditionnels et où de larges coquilles s'épanouissent dans les hauts gâbles. Les combles sont portés par des corniches sobrement moulurées ou par des rangées de corbeaux. La chapelle offre de belles voûtes à liernes et tiercerons, et le château conserve plusieurs cheminées intéressantes. Après les Tinténiac, le Percher appartint longtemps à la famille Bautru, comme Serrant et Le Plessis-Macé.

LE PERCHER. Détail d'une lucarne.

LE PERCHER. Façades sur la cour.

MEILLANT. Deux médaillons de l'ancienne galerie.

21.
Meillant

CHER / PROPRIÉTÉ PRIVÉE / *

Comme Chaumont, le château de Meillant en Berry appartint à la famille d'Amboise. La construction ancienne de Jean de Sancerre, qui datait des environs de 1300, fut d'abord modifiée par Charles Ier d'Amboise, sans doute après sa disgrâce de 1466. Sur la cour, c'est une belle production du gothique tardif, un corps de logis flanqué de deux tours d'escalier polygonales. Le château passa après sa mort en 1481 à son fils Charles II. C'est lorsque celui-ci était lieutenant général de Louis XII en Lombardie que le cardinal Georges d'Amboise engagea en son nom de nouveaux travaux. « Milan a fait Meillant », écrivait finement le cardinal Bibiena en 1518. La boutade ne se rapporte pas à l'influence que l'Italie a pu exercer sur la construction du château, mais aux sommes énormes que Charles II sut tirer de son commandement dans le Milanais.

Le cardinal fit bâtir comme un second château dans le prolongement du premier, à droite. C'est encore un corps de logis flanqué de deux tours polygonales saillantes, mais les proportions sont bien différentes de celles de l'ancien logis ; il compte deux étages carrés sous un immense comble. Fenêtres et grandes lucarnes colossales sont réunies verticalement en travées par des pinacles continus. Balustrade, gâbles des lucarnes et souches de cheminées sont surchargées d'ornements, mais ce n'est rien à côté de l'énorme tour d'escalier accolée et non engagée dans le logis.

MEILLANT. La tour d'escalier.

Cette célèbre « tour du Lion » est conçue comme une sorte de chef-d'œuvre indépendant, coiffé d'un comble à l'impériale qui rappelle celui de Moulins, lui-même sommé d'une figure de lion. Les angles du polygone sont marqués de haut en bas par des colonnettes torsadées ininterrompues. Des arcatures encore flamboyantes tapissent les parois sans laisser de vides et s'agrémentent comme à Chaumont des C de Charles II d'Amboise. La souplesse des lignes sculptées confine au prodige mais tout reste encore dans un esprit bien médiéval, sauf aux deux derniers niveaux où les colonnettes sont pourvues de chapiteaux qui rappellent ceux du

MEILLANT. Vue générale sur la cour.

Blois de Louis XII. La tour du Lion renferme le grand escalier en vis, d'un superbe dégagement, proche lui aussi de celui de Blois ; une petite vis annexe permet d'atteindre la chambre haute, elle présente une stéréotomie remarquable puisque, à travers son noyau creux, le regard plonge jusqu'au sol.

Dans la même campagne de travaux antérieure à 1511, date de la mort de Charles II, il faut placer sans doute une aile comportant une galerie à jour, visible sur un dessin de Claude Chastillon, et qui sera démolie plus tard. Les grands médaillons d'empereurs romains à l'antique qui en provenaient ont été placés dans l'escalier. Ce sont de superbes morceaux de sculpture, sans doute de main italienne, qui ont pu être envoyés d'Italie par le maître du logis. D'autres caractères du style Louis XII s'observent à la chapelle qui s'élève dans la cour, et aussi, dans le vieux corps de logis, à la salle d'armes dite Salle des Cerfs ; elle est en effet décorée de trois figures de cerfs en ronde bosse de grandeur naturelle, en bois, portant au cou des colliers aux armes de Louis XII et d'Anne de Bretagne, en souvenir de la venue des souverains à Meillant en 1505. De même, la tour des Sarrazins, où le roi coucha, est sommée d'un chapeau de plomb où figurent le porc-épic et les initiales du roi.

En 1511, Meillant passa comme Chaumont au jeune Georges d'Amboise, tué à Pavie, puis à sa cousine Antoinette d'Amboise, épouse d'Antoine de La Rochefoucauld-Barbezieux qui fut gouverneur du Berry sous Henri II, François II et Charles IX ; ensuite à la fille de celui-ci, épouse d'Antoine de Brichanteau.

AINAY LE VIEIL. L'escalier.

p. 69 en haut: AINAY LE VIEIL. Façade sur la cour.

22.
Ainay le Vieil

CHER / PROPRIÉTÉ PRIVÉE / ✳

Dans l'enceinte octogonale de son château du XIVe siècle, fermée de hautes courtines et de tours rondes, Charles de Chevenon de Bigny, grand maître de l'écurie de Louis XI, fit reprendre après 1457 les façades du corps de logis. Les travaux s'achevèrent au début du XVIe siècle par les soins de son fils Claude, époux de Jacqueline de L'Hôpital. Louis XII et Anne de Bretagne, qui furent reçus au château, sont portraiturés sur des médaillons qui ornent la cheminée, sculptée et peinte, de la salle à manger du rez-de-chaussée ; on y voit aussi la *Conversion de saint Hubert*. La cheminée du salon voisin est ornée de fleurs de lis et de mouchetures d'hermines avec les chiffres du roi et de la reine et la rose d'or d'Anne de Bretagne.

Construits en équerre avec une tour d'escalier à leur intersection, les bâtiments d'Ainay-le-Vieil rappellent certaines dispositions de l'aile Louis XII de Blois, notamment les loges qui s'ouvrent à droite et à gauche pour éclairer les grandes chambres du premier étage. La tour d'escalier est une copie simplifiée de la tour du Lion de Meillant : même plan octogonal, mêmes colonnettes torses soulignant les arêtes, même balustrade au sommet, cernant un dernier étage traité comme un petit pavillon, avec un dôme à l'impériale. La chapelle, qui est couverte d'un plafond à caissons sculptés, est pourvue de beaux vitraux attribués à Lécuyer, et de peintures murales représentant des scènes de l'Évangile (sans doute du XVIIe siècle). Dans le parc, l'entrée de l'avenue seigneuriale est marquée par un portail encadré de deux petits pavillons du XVIe siècle.

23.

Thouars

DEUX-SÈVRES / A LA COMMUNE / ✶

Le château des La Trémoille a été reconstruit au XVIIᵉ siècle avec des proportions grandioses. C'est donc que l'illustre famille n'avait pas transformé sa demeure à la Renaissance, hormis la chapelle castrale, ou plutôt la collégiale Notre-Dame, érigée en paroisse, qui se dresse à côté. C'est l'une des œuvres les plus remarquables de l'architecture religieuse du Poitou à l'aube du XVIᵉ siècle. Selon Jean Guillaume, les travaux commencèrent dès 1500 ; ils sont dus à Louis II de La Trémoille et à Gabrielle de Bourbon-Montpensier, qu'il avait épousée en 1485. Louis II, gouverneur du Poitou, s'illustra dans les guerres d'Italie sous Charles VIII, sous Louis XII et sous François Iᵉʳ comme l'un des plus brillants hommes de guerre de son temps, et un « chevalier sans reproche ». Gabrielle n'était pas moins remarquable par sa grande culture humaniste. On peut croire que la construction s'inspira de ses goûts raffinés.

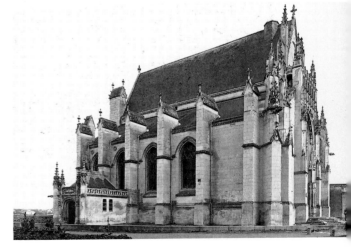

THOUARS. La collégiale Notre-Dame.

69

THOUARS. Détail de la façade de la collégiale.

La chapelle fut tout naturellement élevée selon les canons de l'art flamboyant, alors à son apogée dans la construction des édifices religieux ; les chiffres L G timbrent les balustrades de la façade et les armes de la famille, les côtés du grand arc en accolade. Au niveau supérieur, un élément totalement nouveau est pourtant inséré dans le schéma gothique de la façade, une galerie à jour, bâtie sans doute vers 1510. Les balustres de l'appui, les pilastres décorés qui cantonnent les arcades en anse de panier et les frontons en coquilles qui somment chacune d'elles sont évidemment inspirés de ce que Louis II avait pu voir en Italie, de même que la petite porte méridionale sur le chœur qui permettait à la famille d'entrer directement dans la chapelle en venant du château.

Louis II perdit son fils Charles à Marignan en 1515, sa femme Gabrielle en 1516 et se remaria l'année suivante avec Louise Borgia. Lui-même fut tué à Pavie en 1525. La chapelle avait été achevée vers 1512 et pourvue alors de vitraux. Le décor sculpté fut achevé plus tard. En 1519, furent commandés à Martin Claustre les gisants d'albâtre des tombeaux familiaux : ceux de Louis II et de Gabrielle, du cardinal Jean de La Trémoille, de Charles de La Trémoille et de Louise de Coetivy. Ils ne sont plus connus que par des gravures de Thiollet.

24.
Javarzay

à Chef-Boutonne

DEUX-SÈVRES / A LA COMMUNE / MUSÉE / ✱

François de Rochechouart accompagna Charles VIII, Louis XII — et plus tard François Ier — dans leurs expéditions italiennes ; il fut gouverneur de Gênes de 1508 à 1512. A son retour en France, en 1514, il décida de faire remanier son château de Javarzay. C'est le premier château poitevin de la Renaissance, on l'a attribué à un maçon tourangeau nommé Alexandre Robin. Après sa mort, en 1530, sa veuve Blanche d'Aumont fit continuer la construction de cette grande résidence qui s'abritait derrière une enceinte de douze tours, visible sur une gravure de Claude Chastillon.

Le château lui-même a été détruit, il n'en reste que le châtelet d'entrée, une tour et la chapelle. Le châtelet comporte à sa travée centrale un bas-relief surmonté d'un fronton courbe et une fenêtre encadrée de pilastres. Au revers, le décor nouveau est plus accentué : fenêtres à pilastres, fronton à coquille au-dessus de la lucarne. Un décor analogue garnit une petite porte latérale, à droite.

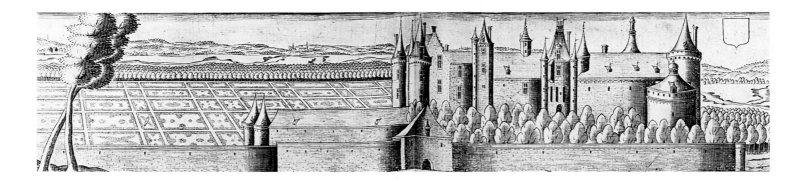

ci-dessus : JAVARZAY. Gravure de la *Topographie françoise* de Claude Chastillon.

ci-contre : JAVARZAY. Le châtelet d'entrée.

p. 72 : JAVARZAY. Revers du châtelet d'entrée.

25.
Châteaudun

EURE-ET-LOIR / A L'ÉTAT / ✳

Dressé au sommet du plateau beauceron et surplombant de haut le cours du Loir, l'oppidum de Châteaudun est probablement antérieur à la conquête romaine. La présence d'une forteresse est attestée de façon certaine aux temps mérovingiens, elle tient tout le pays dunois dont elle est la capitale. On y trouve des comtes héréditaires à partir du Xe siècle, en la personne de Thibaut le Tricheur, déjà comte de Tours, de Chartres et de Blois. Des descendants de Thibaut date le magnifique donjon circulaire (XIIe siècle). Par la maison de Blois, celle de Champagne puis celle de Châtillon, le château passe en 1391 aux mains de Louis, duc d'Orléans, frère du roi Charles VI, et celui-ci le laisse à son fils le duc Charles, qui en fait don à son tour à son frère illégitime, Jean, bâtard d'Orléans, celui que l'histoire appelle Dunois. C'est à ce dernier qu'est due la construction de la Sainte-Chapelle qui jouxte le donjon (1451-1459)

CHÂTEAUDUN. La façade sur le Loir.

p. 75 : CHÂTEAUDUN. L'escalier du cardinal de Longueville.

puis de l'aile qui lui est voisine. Son fils François Iᵉʳ de Longueville achève celle-ci par un bâtiment en retour d'équerre, qui abrite un escalier de style flamboyant, éclairé par deux travées de baies largement ouvertes. C'est l'œuvre d'un maître d'œuvre rouennais, Colin Du Val. François Iᵉʳ de Longueville mourut en 1491.

Son fils François II, grand chambellan du roi, gouverneur de Guyenne, lieutenant général des armées, joue un rôle de premier plan à la cour du roi Louis XII qui est son proche cousin. Il est fait duc de Longueville en 1505. Vers 1511, il entreprend la construction d'une nouvelle aile sur le côté nord, en prolongement de l'escalier gothique de son père. A sa mort en 1512, le gros œuvre n'était pas achevé. Son frère, le cardinal de Longueville archevêque de Toulouse, poursuivit les travaux au nom de ses neveux jusque dans les années 1518-1520. Il avait projeté d'élever en retour à l'est une troisième aile, mais à sa mort en 1532, elle resta à l'état de projet.

L'édifice est d'une superbe ampleur. La beauté de l'appareil de pierre de taille et la proportion des ouvertures révèlent la paternité d'un grand maître, peut-être le maçon Pierre Gadier, qui avait travaillé à Amboise du temps de Charles VIII et figurera plus tard parmi les constructeurs du château de Madrid au bois de Boulogne. Le corps de logis comporte deux immenses étages sous un comble de dimensions colossales qui permettait d'équilibrer habilement la haute masse du donjon. Le décor est sobre, les grandes croisées sont harmonieusement groupées en travées espacées, soit autour de la travée de la porte basse de la galerie, soit autour de l'escalier

CHÂTEAUDUN. L'aile Longueville et ses deux escaliers.

CHÂTEAUDUN. Cheminée de la salle basse.

neuf. Une balustrade ouvragée court de façon continue à la naissance du comble ; les hautes lucarnes décorées qui se dressaient derrière ont malheureusement disparu, mais il reste les immenses souches de cheminées en brique.

Brochant sur le corps de logis s'érige le grand escalier Renaissance, à une travée seulement de l'extrémité droite. Il est coiffé d'un immense pignon de pierre sans ornement et encadré de deux tourelles rondes aussi sobrement traitées. L'audace du parti, qui appartient à la tradition française de l'architecture religieuse, est surprenante. L'économie du décor, réservé aux parties basses des piles et à l'intrados des arcs jumelés, met en valeur la vigueur du schéma qui reprend, en le transcendant, celui de l'escalier gothique qui s'élève à l'extrémité gauche de la même façade. Chef-d'œuvre d'intégration.

A l'intérieur, les dispositions ne sont pas moins intéressantes. Les deux escaliers sont bâtis sur un même plan fort remarquable. Ils sont encore en vis, mais au lieu d'occuper des tours saillantes, ils sont intégrés au profond du corps de logis. Bien plus, ils sont séparés du mur de face par une galerie de loggias qui offre un agréable accès en façade aux appartements, à droite et à gauche. C'est donc là, comme à Josselin, l'abandon de la vis hors-œuvre à laquelle François Ier sera encore fidèle à Blois.

A l'escalier Longueville, on remarque la belle qualité du décor sculpté des voûtes et des portes palières, où les éléments antiquisants sont utilisés sans maladresse. La grande salle basse a conservé ses maîtresses poutres puissamment moulurées et deux cheminées sculptées dont l'une est décorée d'un cerf couché. Du côté de la vallée du Loir, où le corps de logis est percé de trois étages de croisées, deux chambres superposées (dont la Chambre ducale) s'éclairent par des loges imitées de celles de l'aile Louis XII à Blois sur l'avant-cour.

Châteaudun resta aux mains de la famille de Longueville qui fut étroitement liée à tous les événements du XVIe, puis du XVIIe siècle, jusqu'à son extinction en 1694. C'est l'un des monuments où la créativité des architectes français s'est exprimée avec le plus de liberté et de force.

26.

O

à Mortrée

ORNE / PROPRIÉTÉ PRIVÉE / *

Isolé sur une plate-forme au milieu d'un étang, le château d'O est connu dès le XIVe siècle. Il semble avoir été en partie reconstruit après la guerre de Cent ans. Jean Ier d'O, chambellan de Charles VIII, poursuivit les travaux et fit notamment décorer le corps de logis de l'entrée dans les premières années du XVIe siècle, avant sa mort survenue en 1505.

La façade orientale est un chef-d'œuvre du style flamboyant normand à son paroxysme, et l'une des créations les plus poétiques de l'architecture française de ce temps. L'effet est obtenu par la surcharge décorative des baies très rapprochées, ouvertes dans un discret appareil géométrique brique et pierre, par la magnificence des

CHÂTEAU D'O. Le châtelet d'entrée.

grandes lucarnes triomphales, mais plus encore par la folle dimension des grands combles qui égale ou dépasse celle des maçonneries — tradition normande — et la disposition des volumes en éléments additionnels offrant des pans de façade obliques à la lumière qui y détermine des jeux d'ombre perpétuellement mouvants.

La mouluration reste gothique, sauf à la lucarne de la tourelle centrale où pilastres, entablement et fronton à coquille témoignent d'une introduction des modes italiennes (qui peut dater seulement de l'époque de François Ier). Côté cour, le même corps de logis offre une tourelle d'escalier de style flamboyant dont la lucarne est, elle aussi, cantonnée de pilastres d'un style postérieur.

La cour était probablement fermée au nord par un mur de courtine qui a disparu ; au sud s'allonge une aile étroite renfermant à l'étage une galerie portée sur un portique d'arcades ouvertes sur la cour. Elle est attribuée au fils de Jean Ier, Charles d'O, capitaine des gardes écossaises et sénéchal de Normandie, et peut être légèrement postérieure à la galerie de l'aile Louis XII de Blois à laquelle elle ressemble : arcs en anse de panier sur des colonnes aux chapiteaux de fantaisie dérivés de l'ordre ionique, décor alterné d'une

CHÂTEAU D'O. La galerie sur la cour.

p. 79: MAILLEBOIS. Façade extérieure.

colonne à une autre. Ses deux lucarnes ont des gâbles flamboyants qui renferment des portraits en médaillons.

Le château passa aux mains de Jean II d'O, fils de Charles et seigneur d'O, de Fresnes et de Maillebois, puis à son fils François d'O, qui fut le favori de Henri III et mourut en 1594. Ce dernier n'apporta pas de modifications au château patrimonial, semble-t-il, et s'intéressa au contraire à Fresnes. O passa ensuite aux mains des La Guesle puis des Montagu. Le corps de logis de l'ouest, adossé à deux tours rondes médiévales, fut modifié et doublé en épaisseur au XVIIIᵉ siècle.

27.

Maillebois

EURE-ET-LOIR / PROPRIÉTÉ PRIVÉE / ✻

Le château de Maillebois se présentait originellement comme un quadrilatère flanqué aux angles de tours rondes, avec deux autres tours au centre des façades est et ouest, et deux tourelles entourant au nord la porte principale et le pont-levis qui enjambait les fossés alimentés par la Blaise. Depuis le début du XVIᵉ siècle, le château appartenait à la famille des seigneurs d'O, sénéchaux d'Eu. C'est sans doute Jean Iᵉʳ d'O ou son fils Charles d'O, — les construc-

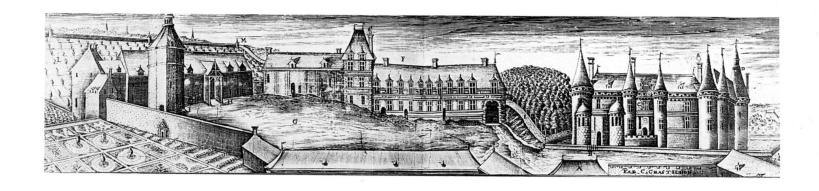

MAILLEBOIS. Gravure de la *Topographie françoise* de Claude Chastillon.

teurs du château d'O — qui firent reprendre certaines façades et notamment le seul corps de logis qui subsiste aujourd'hui du quadrilatère primitif.

Le style est encore tout militaire, et de nombreuses altérations des siècles suivants ont modifié les percements de la façade. Il faut penser néanmoins que l'extraordinaire décor de briques colorées qui zèbre les murs du logis et surtout celui, plus authentique, des tours, a été voulu à cette époque. L'ensemble s'apparente par l'esprit décoratif et la silhouette aux châteaux de Picardie. En 1495, Jean d'O avait ajouté une chapelle. Maillebois passa après Charles d'O à son fils Jean II. A la génération suivante François d'O fit une brillante carrière à la cour des Valois. Distingué par Henri III qui le fit premier gentilhomme de la Chambre, gouverneur de Paris et de l'Ile-de-France et surintendant des finances et des bâtiments, il resta en faveur jusqu'à sa mort en 1594. De son temps, de nouveaux bâtiments (aujourd'hui disparus) furent ajoutés, justifiant le texte que Claude Chastillon a placé sous sa vue gravée : « Maillebois basty à la moderne. » Le château sera ensuite vendu au président Antoine Le Camus de Jambville, et plus tard aux Desmarets.

28.

Maintenon

EURE-ET-LOIR / PROPRIÉTÉ PRIVÉE / ✻

L'ancien château de Maintenon fut acheté en 1505 par Jean Cottereau, trésorier de France et surintendant des finances sous Louis XII et François Ier. Elevé sans doute au XIIIe siècle, il comprenait un quadrilatère fermé, cantonné à ses angles d'un antique donjon quadrangulaire et de trois tours rondes bâties en brique à la fin du XVe siècle. De 1505 à 1510 environ, Cottereau fit construire vers le nord un grand corps de logis réunissant deux des tours rondes, accentué sur le côté par un pavillon carré traversant le corps de logis et surmontant le passage voûté entre le pont-levis et la cour. Du côté de celle-ci, le pavillon est accolé d'une tour d'escalier polygonale renfermant une vis d'une belle stéréotomie. Au même ensemble appartient l'aile plus basse sur arcades qui mène à angle droit vers la grosse tour ronde faisant face au donjon.

Les façades sur la cour sont bâties d'une heureuse harmonie de pierre et de brique à décor losangé qui rappelle l'aile Louis XII de Blois. Ainsi se trouve bien matérialisée la progression vers l'Ile-de-France du style polychrome, en provenance des régions du centre

MAINTENON. Lithographie de Motte d'après Bichebois.

MAINTENON. Façade d'entrée, après les modifications du XIXᵉ siècle.

p. 82 : MAINTENON. Façades sur la cour.

de la France et de la Loire qui l'avaient pratiqué avec bonheur au XVe siècle. Les modifications successives apportées aux façades, soit au temps de Mme de Maintenon au XVIIe siècle, soit au temps du duc Paul de Noailles, sous Louis-Philippe — notamment la galerie à colonnes qui vint modifier le rez-de-chaussée du corps de logis principal par imitation de l'aile voisine — ne voilent pas le caractère original de la construction.

La façade du logis du côté de l'entrée, qui est de pierre de taille, est considérée comme légèrement postérieure aux façades de la cour, mais antérieure à 1530. Elle a fait, elle aussi, l'objet d'une restauration au siècle du « troubadour », et ses lucarnes ne sont pas d'origine, hormis la belle lucarne du pavillon d'entrée ; avec ses pilastres et son couronnement classique en tabernacle elle témoigne d'un style postérieur à la première compagnie de travaux. Isabeau Cottereau, fille de Jean, avait épousé en 1526 Jacques d'Angennes, seigneur de Rambouillet. Maintenon restera aux mains de cette famille jusqu'à la vente de 1674 à Françoise d'Aubigné, pour laquelle Louis XIV allait ériger la terre en marquisat.

MAINTENON. L'escalier.

29.
Alincourt

à Parnes

OISE / PROPRIÉTÉ PRIVÉE

C'est encore l'appareil polychrome et ses jeux diversifiés qui font l'intérêt du château d'Alincourt[1] constitué de plusieurs corps de logis dispersés en désordre à l'intérieur d'une enceinte basse. Il appartenait à la fin du XVe siècle à Philippe de Courcelle, Grand échanson de Charles VII, et fut acheté en 1488 par Pierre Le Gendre, riche trésorier de France. Ce dernier y fit travailler au début du siècle suivant, au moment où il faisait édifier son bel hôtel parisien, d'esprit encore très flamboyant (dont il reste des éléments sculptés dans la cour de l'Ecole des Beaux-Arts à Paris).

On doit à Pierre Le Gendre trois des édifices de l'ensemble, le grand donjon d'abord, flanqué de tourelles rondes striées d'assises de brique et de pierre blanche, le corps de logis de même appareil, qui offre au visiteur son pignon cantonné de deux tourelles semblables à celles du donjon, et enfin le colombier. Ces constructions ont été réunies au cours des siècles par des ailes postérieures. L'ancien petit manoir du XVe siècle, conservé en arrière du logis neuf, contient une sallette pourvue d'une cheminée sculptée, anciennement garnie de peintures murales, et le logis neuf lui-même une grande salle dont la cheminée reprend le procédé des imbrications colorées, avec une frise de feuilles de chardon ; son plafond est décoré de panneaux peints.

A la mort de Pierre Le Gendre en 1524, le château passa à son neveu Nicolas II de Neufville, seigneur de Villeroy, trésorier de France, mort en 1549, auquel succéda son fils Nicolas III, puis Nicolas IV, l'habile secrétaire d'État de Henri III et de Henri IV. Ce dernier remporta le tour de force de tenir le ministère des Affaires étrangères durant quarante-trois années interrompues seulement par une courte disgrâce, de 1588 à 1594. Il fit construire en 1578 la chapelle, couverte d'un berceau lambrissé, peut-être aussi l'ancienne entrée du château cantonnée de deux petits pavillons carrés.

1. Ou Halaincourt.

ALINCOURT. L'ancien manoir et le logis neuf.

p. 85 : ALINCOURT. Le donjon.

30.
Gaillon

première période

EURE / A L'ÉTAT / EN COURS DE RESTAURATION

Gaillon est le premier rayon du soleil italien dans la France septentrionale. La construction de l'immense palais résidentiel de Georges d'Amboise en Haute-Normandie fit l'effet d'un véritable manifeste de la nouvelle architecture ou plutôt du nouvel art décoratif, car la structure restait profondément gothique, et son rôle fut immense dans la propagation du vocabulaire ornemental venu tout droit de Pavie et de Milan. Bien plus que l'Amboise de Charles VIII ou le Blois de Louis XII, Gaillon étonna par ses nouveautés et le faste de ses dispositions. Le cardinal ne lésinait pas. L'ensemble était princier, au sens où on l'entendait en Italie. Et par-delà le vêtement décoratif, le parti général, l'économie des volumes, l'importance accordée aux jardins et au site grandiose de la vallée de la Seine donnaient aussi à Gaillon un rôle décisif. On ne peut lui comparer, dans la suite immédiate de l'histoire, que Chambord et Madrid qui apporteront, comme le château normand, des partis nouveaux et des occasions de rêver.

Planté sur une hauteur qui domine le val de Seine, donc avec l'agrément que l'on trouvait plus bas aux châteaux du val de Loire, Gaillon fut d'abord une position stratégique importante pour la défense du royaume capétien contre les ducs de Normandie (1195). Une fois les hostilités terminées, le château ne gardait plus qu'une valeur résidentielle, et saint Louis le donna en 1262 aux archevêques de Rouen qui en firent leur résidence d'été. Bien des prélats de haute stature y séjournèrent, notamment le cardinal d'Estouteville (1454-1463) qui, en même temps qu'il faisait bâtir le palais de l'Archevêché de Rouen, édifiait le pavillon d'entrée de Gaillon et, dans la cour, le logis dit « hôtel neuf » (plus tard hôtel vieux), dont il reste une tourelle, dite d'Estouteville.

GAILLON. Vue générale vers l'est et la vallée de la Seine.

En 1494, le nouvel archevêque de Rouen est issu d'une grande famille de la Loire, qui occupe l'une des premières places dans l'entourage royal. Georges d'Amboise, bientôt cardinal, est le conseiller très écouté de Charles VIII pour les affaires d'outre-monts, et bien davantage de Louis XII dont il sera véritablement le premier ministre. Au moment d'aborder les affaires italiennes qui lui tiennent à cœur, le roi tentera de faire occuper le Milanais par un militaire italien, Trivulce, mais l'échec de celui-ci l'amènera à confier l'opération à Georges d'Amboise lui-même, qui s'établira à Milan pour maintenir solidement la position française, avant que le roi ne se décide à descendre, lui aussi, en Italie.

Le cardinal est un lettré et un mécène, sans doute particulièrement intéressé par l'art majeur de l'architecture. Il a fait bâtir à son usage le château de Vigny, sans grandes innovations. Pendant l'absence de son neveu Charles II d'Amboise, retenu au service du roi en Italie, il s'est occupé de ses châteaux, à Chaumont et à Meillant. L'heure vient enfin de bâtir pour lui une résidence grandiose et moderne, c'est Gaillon. Il est alors au sommet de sa puissance. Vice-roi du Milanais en 1500, nommé légat du pape en 1501, il rentre dans sa patrie en 1502. L'année suivante, il caresse l'espoir de se faire élire à la tiare pontificale, mais l'échec le ramène à sa destinée française. Dès lors, Gaillon va être reconstruit.

Les travaux ont commencé dès 1502. Le cardinal, qui a triomphé à la Cour de son rival le maréchal de Gié, autre grand constructeur, veut surpasser ses réalisations (Le Verger notamment) et utiliser tous ses souvenirs d'Italie. Un plan, découvert aux Archives départementales de la Vienne, semble, selon Élisabeth Chirol, historienne de Gaillon, avoir été dressé dans cette vue, entre 1500 et 1504, peut-être sur les indications d'un architecte italien. Le château sera rebâti en deux étapes bien caractérisées, celle des maçons tourangeaux d'abord (1502-1506) puis celle des maçons rouennais (1506-1510), la seconde marquée par l'invasion d'éléments décoratifs de source italienne.

Dans un premier temps, Georges d'Amboise opère une sorte de greffe tourangelle sur la Normandie, livrée jusque-là aux efflores-

GAILLON. Plan général par Du Cerceau (*Les Plus Excellents Bâtiments de France*, t. I).

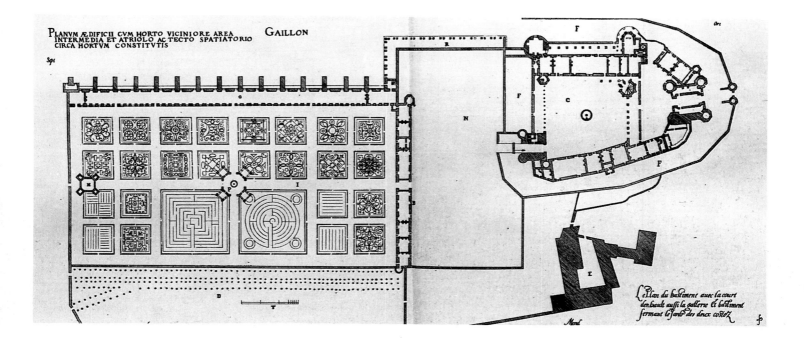

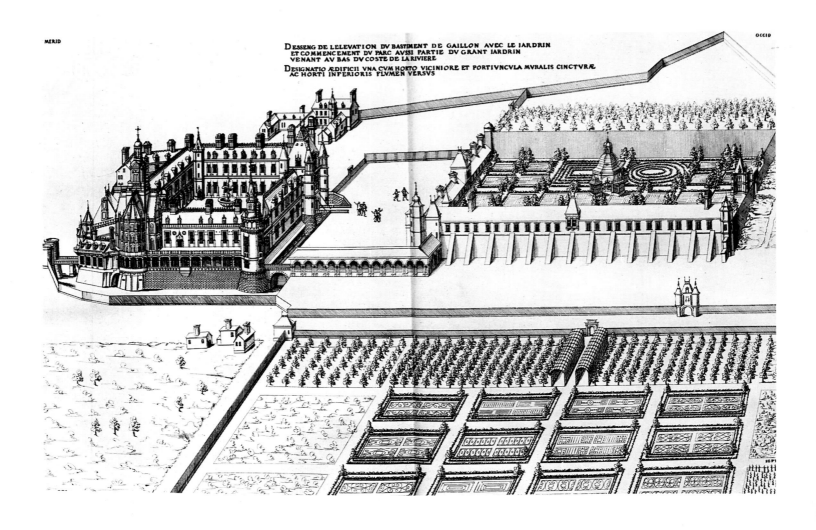

DESSENG DE L'ELEVATION DV BASTIMENT DE GAILLON AVEC LE IARDIN
ET COMMENCEMENT DV PARC AVSSI PARTIE DV GRANT IARDIN
VENANT AV BAS DV COSTÉ DE LA RIVIERE
DESIGNATIO ÆDIFICII VNA CVM HORTO VICINIORE ET PORTIVNCVLA MVRALIS CINCTVRÆ
AC HORTI INFERIORIS FLVMEN VERSVS

GAILLON. Vue générale par Du Cerceau (*Les Plus Excellents Bâtiments de France*, t. I).

cences les plus lyriques du style flamboyant. Les maçons qui ont travaillé à Amboise sont appelés à son service, Guillaume Senault et Colin Biart. L'ancien château épousait la forme de l'éperon allongé fourni par le site naturel de la vallée, et barré du côté du plateau (vers le nord) par un large fossé rectiligne. A l'extrémité méridionale, l'entrée était procurée par un grand pavillon carré cantonné de tourelles rondes et précédé d'un pont-levis. La cour intérieure, en forme de pentagone irrégulier, était cernée de courtines et de corps de logis, renforcés de tours rondes du côté oriental et, sur le front nord, d'une autre large tour carrée à tourelles, défendant le franchissement du fossé à qui venait du plateau.

Le cardinal entend d'abord régulariser l'espace intérieur inorganique. La grande cour sera donc partagée en deux par une galerie qui viendra, au sud, séparer un premier espace de forme trapézoïdale, l'avant-cour, d'un second, la cour d'honneur, presque carrée. Comme au Verger, cette aile médiane doit être percée d'un passage central. L'accent est mis sur le corps de logis le plus agréable pour l'habitation, celui qui donne sur le vaste paysage qui s'étend à l'est vers la Seine. C'est la « Grant maison ». Le cardinal le fait reconstruire de 1502 à 1506, et l'architecte prévoit sur son côté externe des dispositions encore inconnues en France (sauf l'étroit balcon d'Amboise sur la Loire), mais habituelles en Italie : une vaste terrasse à la hauteur du premier étage, supportée par une galerie d'arcades dressée sur l'ancien soubassement taluté de la courtine.

GAILLON. *À gauche :* Le portique de l'aile intermédiaire, lorsqu'il était encore à l'École des Beaux-Arts.

GAILLON. *Ci-dessus :* L'anastylose des éléments venus de l'École des Beaux-Arts, état en 1989.

GAILLON. La fontaine de la cour, par Du Cerceau (*Les Plus Excellents Bâtiments de France*, t. I).

Celle-ci s'étend entre la tour d'angle, à droite, et le chevet de la chapelle à gauche, saillant dans une ancienne tour.

Au nord, longeant le fossé, l'aile nouvelle comporte au rez-de-chaussée une galerie d'arcades dont trois nous sont conservées, remontées anciennement à l'Ecole des Beaux-Arts ; elles sont portées sur des colonnes au fût garni de losanges, tout comme celles de l'aile Louis XII de Blois. A son extrémité orientale fut élevée une tourelle d'escalier.

Quant au parc, car le cardinal enchanté par les jardins italiens en veut un, il va être aménagé de l'autre côté du fossé, sur le plateau. Il est l'œuvre de Pierre da Mercogliano (le même que le Pacello des jardins de Blois, probablement) et de Pierre Valence, et s'inspire des vignes des cardinaux romains. Les parterres sont pourvus de pavillons de charpente, ou de pierre et de brique (le « Lydieu ») dont certains reçoivent un décor peint d'un Italien, Jérôme de Tourniolles. L'aménagement se situe en 1502-1507.

Les bâtiments ont été élevés jusque-là dans un style encore flamboyant, conforme à celui qui anime par exemple le palais de Justice de Rouen, construit à la même époque. De rares éléments de décor italien se sont pourtant glissés, à la galerie nord notamment. Mais le cardinal n'est sans doute pas satisfait de la production traditionnelle des maçons tourangeaux. Il pense y remédier en ajoutant un décor postiche dont il passe commande en Italie dès 1504. Ainsi des médaillons de marbre de Carrare taillés sur un chantier de Gênes seront débarqués en 1508, entre autres pièces. Disséminés sur toutes les façades, ils sont chargés d'apporter une certaine unité à des bâtiments disparates, sur la cour notamment.

Durant la seconde campagne de travaux, des maçons rouennais remplacent les Tourangeaux, Pierre Fain et Pierre Delorme, de 1506 à 1510. Le second va modifier la grande tour carrée de l'aile nord et y aménager un passage (avec un portail de 1508) menant vers les jardins neufs. La tour en prend le nom de « pavillon Delorme ». En retour, les corps de logis ouest de la grande cour sont repris ; c'est

GAILLON

FONS MARMOREVS SITVS IN AREA

LA FONTAINE DE MARBRE DANS LA COVRT

p. 91: GAILLON. Le pavillon d'entrée en cours de restauration.

d'abord une construction nouvelle, appelée la « maison Delorme », puis l'ancien logis du cardinal d'Estouteville (le vieux logis) qui est surélevé d'un étage. Pierre Fain, lui, a été mandaté par l'important marché du 4 décembre 1507 pour des tâches plus lourdes encore. Il achève la chapelle, dont l'abside est saillante du côté de la Grant maison, ainsi que la grande vis d'escalier voisine, logée dans une tour. Il aménage l'avant-cour et y installe notamment les cuisines. Il reprend l'aile intermédiaire, qui n'a peut-être été qu'ébauchée précédemment. C'est un édifice essentiel, puisqu'il permet le passage de l'avant-cour vers la cour d'honneur. Au rez-de-chaussée, il abritait côté cour d'honneur une galerie dont plusieurs arcades, remontées autrefois à l'Ecole nationale des Beaux-Arts, reprendront leur place bientôt. On peut juger de leur structure encore gothique, et du gothique le plus raffiné, avec des clefs pendantes, orgueil des appareilleurs français, mais elles sont chargées d'arabesques à l'italienne. Au centre de cette aile, Pierre Fain dresse, côté avant-cour, le grand portique monumental en forme d'arc de triomphe qui a, lui aussi, été déplacé et réédifié dans la cour de l'Ecole des Beaux-Arts par Duban, avant d'être remonté récemment sur place. Œuvre prémonitoire, le portique évoque les grandes entrées royales d'Italie ; entre des travées externes encore toutes gothiques, il compose consciencieusement un dessin à l'antique, centré sur une grande table centrale au premier étage.

Les travaux menés actuellement visent à remettre le château dans son état ancien en réunissant les vestiges dispersés. Ainsi a été restitué tout récemment le pavillon d'entrée, œuvre de Pierre Fain lui aussi, en 1508-1509, avec son immense comble en pavillon,

GAILLON. Vue générale vers le nord, dessin du début du XVIe siècle (Stockholm, Musée national, coll. Cronstedt). De gauche à droite, le pavillon d'entrée, la chapelle, la Grant Maison, la tour d'angle, le pavillon Delorme.

silhouette bien normande et bien étrangère à l'idéal italien qui animait le cardinal. A considérer la façade, on voit bien que Fain n'a fait que rhabiller le pavillon du XVe siècle.

Les divisions décoratives ajoutées soulignent en effet les anciennes structures des travées et des étages, après agrandissement des fenêtres bien entendu. Le vocabulaire de Gaillon, c'est un ensemble de pilastres au décor sculpté en méplat de candélabres et de rinceaux venus tout droit de la chartreuse de Pavie et par-delà des peintures «grotesques» de la Rome impériale. Si l'usage des pilastres et des colonnes, car il en figure deux à la porte, est déjà bien fantaisiste — avec ou sans chapiteaux, étirés démesurément, interrompus —, celui des frontons n'est qu'une balbutiante expérimentation : ils sont réduits à des demi-coquilles amorties par deux rosaces et coiffées d'un fleuron. Et pourtant, la qualité remarquable du décor sculpté donne à l'ensemble une solide réalité et une originalité puissante qui le font échapper à la maladresse du pastiche.

Les parterres des jardins hauts furent commencés en 1506, après deux années passées à remblayer les terres. Deux longs bâtiments en galeries les environnaient. Au croisement des allées, un pavillon abritait une fontaine, comme à Blois, et à l'extrémité de la perspective s'élevait un autre pavillon octogonal, œuvre de Thomas de Lyon.

La deuxième expédition d'Italie et le siège de Gênes en 1507 ont marqué Gaillon d'un nouveau sursaut d'italianisme. Au début de 1508, marbres et sculptures commandés dans la péninsule arrivent sur le chantier ; leur présence modifie sans doute l'inspiration des tailleurs de pierre chargés du décor des façades. Viennent ainsi de Milan les bustes de Louis XII, du cardinal d'Amboise et de son neveu Charles, ainsi que 42 médaillons pour la cour d'honneur, œuvres de Guillaume de Bourges, avec des «écriteaux» de Jacques Delonchamp. En 1508-1509, le célèbre sculpteur italien Antoine

ci-dessous: GAILLON. Arcades de l'aile nord-ouest sur la cour d'honneur, lorsqu'elles étaient remontées à l'École des beaux-arts de Paris.

à droite: GAILLON. Les mêmes arcades gravées par Israël Silvestre.

Juste représente la fameuse bataille de Gênes au-dessus de la galerie sud, pour laquelle Jean (ou Hance) de Bony sculpte quinze têtes de cerfs, et façonne le saint Georges de bronze qui sommait le couronnement de la grande vis. Débarquée à Honfleur en février 1508, la fontaine érigée dans la cour d'honneur est sans doute un cadeau de la république de Venise ; elle est faite de deux vasques auxquelles les Italiens arrivés sur place (dont Bertrand de Meynal) ajoutent une margelle octogonale. Le fontainier Pierre Valence assure sa mise en place. On a retrouvé cette œuvre intéressante à La Rochefoucauld. La fontaine du jardin, œuvre d'Agostino Solario pour laquelle il existe un contrat aux archives de Gênes en 1506, est elle aussi, probablement, un cadeau fait au cardinal ; elle était sommée d'une figure de saint Jean-Baptiste. A la chapelle, les sculptures sont l'œuvre de Jérôme Pacherot et de Bertrand de Meynal. On y voit aussi le fameux bas-relief du retable de l'autel qui figure le combat de saint Georges contre le dragon, œuvre de Michel Colombe, aujourd'hui conservée au Louvre, et douze apôtres sculptés par Antoine Juste. Des peintures sont encore commandées ; Andréa Solario lui-même est sur place dans l'été 1508 et représente sur une série de fresques les membres de la famille d'Amboise, tout comme Mantegna a pu représenter les Gonzague à Mantoue.

L'ensemble est fort avancé lorsque le roi et la reine viennent visiter le cardinal à Gaillon, en octobre 1508. La renommée du château est immense, mais les jours du cardinal sont comptés. Il part en Italie pour une deuxième expédition et meurt à Lyon, à son retour, le 25 mai 1510. Après lui, son neveu Georges II, archevêque de Rouen lui aussi, fait poursuivre les travaux jusqu'à achèvement en 1518. Des additions seront apportées à la fin du siècle (voir n° 183).

On s'est interrogé sur l'auteur du parti général qui fut suivi. Élisabeth Chirol, aux travaux de laquelle nous empruntons l'essentiel de cette notice, pense que Colin Biart eut ce rôle décisif, de 1502 à 1506, que Senault fut le principal entrepreneur, que Valence joua un rôle important pour les jardins et les fontaines. L'intervention de Fra Giocondo, à partir de 1504 peut-être, a aussi été évoquée : Geymüller a souligné autrefois les similitudes de Gaillon avec le palais du Conseil à Vérone, que l'on attribue à Fra Giocondo. C'est douteux. Deux caractères principaux doivent être notés, caractères nouveaux, malgré les tentatives dispersées dans d'autres châteaux : d'abord le désir d'ordonnancer rigoureusement une cour carrée aux ailes symétriques et de la centrer au moyen d'une fontaine monumentale, parti très italien dans sa conception, sinon dans sa réalisation, et d'autre part, le caractère affirmé d'architecture triomphale qui marque les accès successifs du visiteur dans le château, au pavillon d'entrée tout d'abord, puis au portique de l'aile intermédiaire inspiré sans doute des façades triomphales d'Urbino ou de Naples. C'est là un parti nouveau en France qui va susciter l'émulation chez les grands serviteurs de la monarchie. Ce qui n'est pas moins étonnant, c'est la renommée que Gaillon a pu avoir en Italie. Ainsi une fresque de la chapelle de Gaglianico en Piémont représente le château normand ; il est vrai que le nom même de la localité révèle les relations étroites de celle-ci avec la famille d'Amboise.

Le château fut dépecé par la « bande noire » sous la Révolution et l'Empire et les restes des bâtiments affectés à une maison de détention, tandis qu'Alexandre Lenoir récupérait en 1797-1802 de grands morceaux pour son musée des Monuments français. La restitution de la célèbre résidence a été engagée sur l'initiative du Conseil régional de Haute-Normandie.

GAILLON. Arcades de l'aile intermédiaire sur la cour d'honneur, lorsqu'elles étaient remontées à l'École des beaux-arts de Paris.

31.
Salon

Château de l'Emperi

BOUCHES-DU-RHÔNE / MUSÉE DE L'ARMÉE / ✳

Le château de l'Emperi était l'une des résidences des archevêques d'Arles. L'archevêque Jean Ferrier (1499-1521) fit bâtir sur la cour intérieure deux galeries d'une architecture très simple, l'une avec des arcades en arcs segmentaires sur des piliers carrés non moulurés, l'autre avec des arcs en plein cintre sur des piliers octogonaux aux chapiteaux subtilement décorés. L'atmosphère qui s'en dégage est plus italienne que septentrionale ; ces travaux sont sans doute contemporains du Blois de Louis XII.

Le même archevêque fit ajouter le bâtiment qui contient la salle d'honneur dont la grande cheminée monumentale est encore totalement gothique. François Ier y logea en 1516, y passa encore en 1533, tout comme Charles IX et Catherine de Médicis en 1564, venus interroger Nostradamus retiré à Salon. La grande porte de l'enceinte du château, garnie de mâchicoulis soigneusement sculptés, fut élevée vers 1585 par Henri d'Angoulême, gouverneur de Provence.

SALON.
Cheminée de
la salle
d'honneur.

SALON.
Cour du
château de
l'Emperi.

32.

Château Arnoux

ALPES-DE-HAUTE-PROVENCE / A LA COMMUNE / ✳

Au milieu de l'agglomération se dresse le château qui est plutôt une maison-forte, bâtie en 1510-1515. C'est un massif quadrangulaire flanqué aux angles de tourelles de plan carré. Le décor très sobre des ébrasements de fenêtres est encore d'esprit gothique, mais la tourelle d'escalier hexagonale qui s'accole à l'une des faces est garnie intérieurement d'un riche décor renaissance aux portes palières. On notera que les pilastres et les colonnettes qui s'inscrivent dans l'encadrement, sous une corniche classique d'une savoureuse maladresse, sont encore modulés comme des éléments flamboyants.

CHÂTEAU ARNOUX. Porte dans l'escalier.

33.

Nancy

Palais ducal

MEURTHE-ET-MOSELLE / MUSÉE LORRAIN / ✱

L'influence de l'aile Louis XII de Blois se fait sentir jusqu'en Lorraine. René II, duc de Lorraine, petit-fils du roi René d'Anjou, que ses prétentions à la couronne de Sicile avaient mené en Italie, décida de faire rebâtir son palais de Nancy par le maître d'œuvre Jacquot de Vaucouleurs. C'est la « noble maison », entreprise en 1502. Après René II, mort en 1508, son fils le duc Antoine poursuit la construction du quadrilatère. Le prince a été élevé à la cour de France, tout comme le sera son fils Charles II qui achèvera le palais au milieu du siècle. Il n'en subsiste aujourd'hui que l'aile sur la rue, avec sa porterie qui date de 1511-1512.

Comme le Blois de Louis XII, c'est encore une production du style flamboyant, assortie de quelques éléments décoratifs de la grammaire italianisante : pilastres de la porte cochère et de la porte piétonne et grand fronton en coquille qui termine la composition dans l'ascension des pinacles successifs. Le sculpteur est connu, c'est Mansuy Gauvain. La statue équestre du duc domine l'entrée ; détruite à la Révolution, elle a été remplacée en 1851 par Viard lors de la restauration du palais par Boeswillwald. Une gravure du peintre lorrain Claude Deruet et des dessins de Robert de Cotte permettent d'imaginer l'ensemble des bâtiments disparus disposés autour d'une vaste cour, et notamment l'escalier logé dans une tour circulaire. Il reste une galerie à arcades bordant l'une des façades. De la même époque (1511 et peu après 1517), datent les tombeaux ducaux érigés dans l'église voisine du couvent des Cordeliers.

NANCY. Plan du premier étage du palais ducal, dessin de Robert de Cotte.

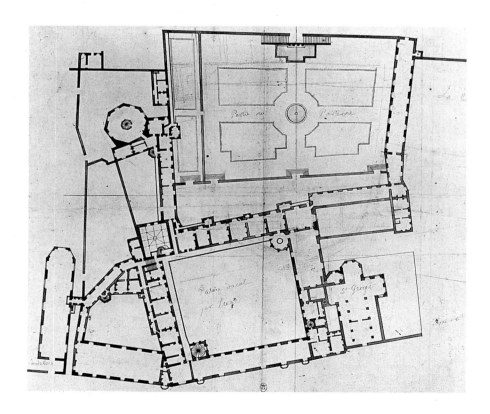

p. 97 : NANCY. Façade du palais ducal sur la rue.

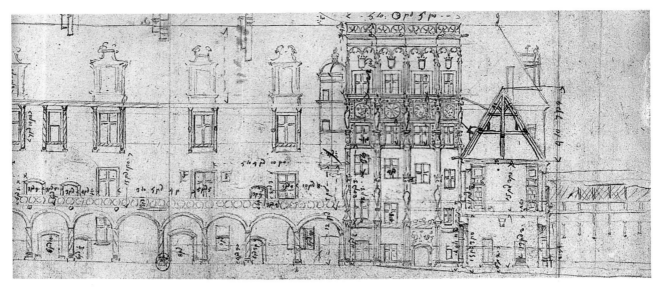

en haut: NANCY. L'aile du fond de la cour et l'escalier cylindrique, dessin de Robert de Cotte (Bibl. nat., Estampes, Va 54, t. V).

ci-dessus: NANCY. Revers de l'aile sur la rue, avec l'escalier en vis dans une tour carrée.

Nicole Reynaud a pu reconstituer récemment le décor de la «Galerie des Cerfs» qui occupait l'étage du logis sur la rue. Il avait été peint en 1524-1529 par Hugues de La Faye, peintre du duc Antoine de Lorraine. On y voyait des scènes de chasse au cerf composées comme une épopée mystique évoquant la Passion du Christ. Ces scènes sont dessinées sur un manuscrit de la bibliothèque Soltykov-Chtchedrine de Léningrad, accompagnées de décasyllabes attribués à Pierre Gringore.

34.
La Tour Daniel

à Coubon

HAUTE-LOIRE / PROPRIÉTÉ PRIVÉE / *

Par son plan comme par sa décoration, le petit château de La Tour-Daniel échappe aux classifications. Dominant la haute vallée de la Loire et couvrant la route du Puy, il comporte un mur d'enceinte et un donjon rectangulaire de basalte du XIVe siècle auquel des bâtiments nouveaux semblent avoir été ajoutés dans les premières années du XVIe siècle par la famille Rochebaron de La Tour. Au donjon a été ainsi accolée une petite tour de plan carré abritant un escalier et au sommet l'habituelle chambre haute.

L'étroite façade de cette tour du côté de l'entrée superpose au-dessus de l'arc en accolade du rez-de-chaussée une série de carrés soigneusement cernés de moulures où se déploie une décoration de pointes de diamants autour des petites baies à moulures prismatiques. Ces pointes de diamant qui accusent un violent relief à la lumière rasante se présentent comme de véritables cabochons de joaillerie et s'apparentent aux effets recherchés d'abord dans l'Espagne du XVe siècle (château de Manzanarès el Réal et palais de l'Infantado à Guadalajara par Juan Gas, couvent San Marcos à Leon, casa de las Conchas à Salamanque), plus tard en Italie (palais dei

LA TOUR DANIEL. Cheminées de la chambre d'honneur (*à gauche*) et de la salle des gardes (*à droite*).

LA TOUR
DANIEL.
La tour
d'escalier.

Diamanti, par Rossetti à Ferrare), beaucoup plus tard en France (Maison diamantée à Marseille, vers 1600). C'est donc ici une sorte d'*unicum* français où se fait jour un caractère affirmé du gothique méditerranéen.

Les bâtiments qui furent élevés de l'autre côté de l'escalier sont d'une architecture rude et traditionnelle, mais ils renferment une série de cheminées de pierre animées du même style flamboyant que la façade diamantée, avec une profusion de scènes narratives tirées de l'Évangile qui reflètent bien la tradition des huchiers travaillant le bois : cheminée de la salle des gardes, cheminée de la chambre d'honneur du premier étage. Il faut encore mentionner les beaux vantaux de porte des deux pièces, sculptés de scènes et de figures.

LA TOUR DANIEL. Portes de la chambre d'honneur et de la salle des gardes.

35.
Corcelles

à Corcelles-en-Beaujolais

RHÔNE / PROPRIÉTÉ PRIVÉE / ✳

Sur des piliers octogonaux qui ne sont pas sans rappeler ceux de Salon, la galerie de bois est une disposition économique pour obtenir le même effet architectural qu'une galerie de pierre sur une cour intérieure. Le château de Corcelles fut bâti au début du XVIᵉ siècle soit par Antoine Le Thil, soit par la famille de Magdeleine-Ragny ; il passa en 1539 aux Tircuy. La porte d'entrée est décorée d'un blason encadré de putti et de candélabres, un puits a conservé sa ferronnerie du XVIᵉ siècle, mais la chapelle a perdu ses vitraux de même époque.

CORCELLES. La galerie de bois.

II. LE JEUNE ART DE LA LOIRE
————1515 à 1525————

La première décennie du règne de François Ier est marquée par un nouveau souffle. Un règne jeune commence. Une victoire éclatante, Marignan, le baptise aussitôt. François Ier n'est pas Charles VIII, et vingt années sont passées depuis le premier déferlement des « Barbares » gaulois en Italie. L'humanisme du prince français est autrement conscient de ses forces et de ses ambitions, il commence à maîtriser une connaissance des choses de l'art qui a dépassé le stade de la surprise émerveillée et naïve. Arbitre pendant plusieurs années des destinées de l'Italie septentrionale, le roi de France peut se croire aussi le maître des artistes, le nouvel Auguste, le rival des Médicis et des papes. L'événement semble lui donner raison. Enlever à l'Italie le plus illustre de ses fils, Léonard de Vinci, c'est remporter une victoire aussi éclatante que Marignan. Le grand Lombard désabusé ne trouve plus dans son pays de tâche à la hauteur de son génie. La crise de civilisation qui atteint les grands créateurs italiens ne l'a pas épargné. Il pense s'assurer une dernière gloire au service — ou en compagnie — du premier roi de la terre. Peut-on faire en France de grandes choses ?

Le royaume a les yeux fixés sur le jeune roi avec autant d'attention que sa mère l'ambitieuse Louise de Savoie, toujours admirative de son « César ». Dès son avènement, il est pris de la fièvre de bâtir, et loin de se tenir à un seul projet, comme ses prédécesseurs, il ouvre plusieurs chantiers concomitants. Amboise lui sert d'abord de champ d'expérience, avec la surélévation du Logis du roi. Blois suit immédiatement. François ne s'accommode plus d'un style flamboyant plus ou moins travesti, il lui faut de l'art moderne, dans la voie ouverte à Bury par son ministre Florimond Robertet. La brique est laissée aux constructeurs de gentilhommières. L'architecture royale doit être de pierre blanche, qui se prête au bel appareillage et à la sculpture la plus fouillée. La polychromie n'est pas répudiée, mais elle jouera seulement entre le blanc du tuffeau et le gris bleuté de l'ardoise. L'ordonnance à petits pilastres est adoptée partout ; leur juxtaposition d'étage en étage est croisée par les corps de moulures horizontales, qui matérialisent les lignes de sol des étages et les lignes d'appui des fenêtres, et par les corniches. On trouve à cette ordonnance une parenté flatteuse avec les palais italiens élevés par les grands maîtres depuis un demi-siècle : le Ruccellai d'Alberti à Florence (1447-1451), le Riario (la Chancellerie) de Bramante à Rome (1483-1511). On lui trouve aussi une certaine conformité avec une habitude française de raidir les murs par des contreforts plats que recoupent les larmiers d'étages de la construction gothique. Le système vient d'être utilisé très rationnellement à Bury, sur un édifice neuf.

François Ier le fait appliquer à Blois en rebâtissant une aile ancienne dont une partie des maçonneries de refend seront conservées. L'aile François Ier n'a donc pas la belle régularité de son modèle, car les ouvertures y sont percées, nécessairement, à intervalles irréguliers. Les pilastres serviront donc, tantôt à encadrer strictement les travées de fenêtres, tantôt à partager de grands trumeaux trop larges. Mais l'échelle adoptée — que l'aile Gaston d'Orléans a sensiblement altérée en faisant disparaître plusieurs travées à gauche — rachète ces irrégularités par la hauteur et la longueur inhabituelles du bâtiment. L'énorme corniche glorieusement orfévrée, nouvel emprunt à l'Italie des anticomanes, donne à l'ensemble un caractère monumental affirmé, malgré l'inconséquence qu'elle entraîne : rejetées en arrière par une coursière bordée d'une balustrade, les grandes lucarnes à la française manquent totalement leur effet traditionnel, puisqu'on perd, en vue perspective, la majeure partie de leur élévation. La nouveauté réside aussi dans le dessin très analytique des façades, chaque panneau de mur, isolé par sa décoration, est serti d'un cadre ouvragé et traité comme une œuvre d'art dont le centre est fourni par l'orgueilleuse salamandre royale.

Ces remarques sont nécessaires, car le visiteur qui pénètre dans la cour de Blois ne s'attarde pas à détailler les façades, il n'a d'yeux que pour l'énorme escalier, œuvre fameuse qui jaillit en avant, œuvre ambitieuse, œuvre équivoque. Rien de plus français que cette tour prismatique chargée de sculptures. Ses lignes obliques matérialisent avec insistance l'ascension des rampes de la grande vis qu'elle renferme, tout comme à Chaumont. On croirait retrouver ici l'escalier en vis ajouté jadis au Louvre pour Charles V. Elément triomphant à l'ancienne mode, fait pour éclipser la tour d'escalier de Louis XII et montrer que les appartements du maître sont ici et non pas là. Mais l'habillage — qui excède un strict décor superficiel — est bien venu d'Italie. Les grands pilastres déjà colossaux et les niches à statues sont issus de l'architecture religieuse de la péninsule, de la chartreuse de Pavie par exemple.

L'aile s'est bâtie de 1515 à 1519. En cours de route, le roi s'est avisé que le parti était insuffisant. Son logis s'adossait au mur épais de la courtine médiévale qui le privait d'air, de lumière, de vue surtout, sur le site splendide du vallon septentrional où se déploient les admirables jardins tracés par Mercogliano pour Charles VIII et Louis XII. Comment tourner ainsi le dos à la nature ? Une nouvelle façade est alors dressée en s'appuyant sur la falaise, à quelques mètres de la vieille muraille. Elle s'ouvre d'arcades juxtaposées, certainement inspirées par l'aérienne façade des Loges à la cour Saint-Damase, et s'anime dans la moitié gauche de travées rythmiques insérant un jeu de niches, qui paraissent empruntées à la cour de la Pigna. Bramante achève alors l'une et l'autre au palais du Vatican. François Iᵉʳ a rencontré durant quatre jours le pape Léon X à Bologne, au lendemain de Marignan ; le roi a pu être alors informé de l'état d'avancement du chantier romain, comme l'a conjecturé Gebelin. Même si la réalisation est maladroite et ne rappelle le modèle qu'en le caricaturant, toute attachée qu'elle est aux modes français de construire, l'ampleur du parti adopté est à elle seule un événement. Bien loin de satisfaire au simple désir de se loger ou de se défendre, le roi fait dresser la façade pour le seul agrément des yeux, ceux des occupants et ceux des spectateurs. C'est un geste de pure architecture. On en avait connu à l'époque gothique dans la construction des cathédrales, en hommage gratuit à la Divinité. Consacrer pareille création à la gloire d'un prince laïc, c'est annoncer clairement que la Renaissance, culte rendu à l'homme maître de l'univers, a désormais pris ses racines en France.

Pourtant l'esprit du roi vagabonde, et la façade des Loges ne sera pas achevée. Un temps, il fait reprendre le château de son père à Cognac, un temps il demande à Léonard de Vinci de lui dessiner un palais jumelé à une ville neuve à Romorantin. Le dialogue du roi et du maître lombard se poursuit ; François s'intéresse aux constructions intellectuelles qu'échafaude le vieillard. Celui-ci aime à combiner les figures géométriques les plus subtiles pour élaborer l'objet architectural le plus parfait, et le plus chargé d'interprétation. Toute sa science est tendue à imaginer l'« édifice machine », comme l'a dit Manfredo Tafuri, orgueilleuse expression de domination sur le milieu physique. Dans ces digressions infinies fondées sur l'expérience pratique de l'ingénieur, Francesco di Giorgio avait déjà montré la voie. On est bien loin de l'aimable chartreuse de Pavie.

François se décide enfin pour une œuvre toute nouvelle, le sanctuaire de la nouvelle monarchie qu'il incarne, à dresser sur un terrain vierge, en pleine forêt : Chambord. Un modèle en bois construit par Dominique de Cortone, un spécialiste, lui a sans doute été présenté en 1518. Mais ici encore, le bâtiment d'un particulier a pu précéder le dessein royal. Son plus cher favori, l'amiral de Bonnivet, vient en 1516 de jeter les fondations de l'immense château de Bonnivet en Poitou, détruit aujourd'hui. L'échelle colossale — cent mètres de façade — l'élévation générale, le parti d'un escalier planté en pleine transparence dans le logis, la place de choix affectée à un programme sculpté réalisé par de grands artistes, tout cela a pu faire vibrer l'imagination du roi.

Chambord reste à nos yeux un monde clos et un mirage refermé. En cela, il s'apparente étrangement à Versailles. Un tout unique, paradoxal mais parfait, sans imitation possible. Si c'est bien Léonard qui, par la médiation de Dominique de Cortone, a guidé avant de mourir le grand dessein royal, l'Italien a voulu, en quelque sorte, transfigurer l'architecture des Princes des fleurs de lis : conserver leurs féeries célestes et les plier néanmoins à un schéma rigoureux, presque inhumain. Le grand donjon central commande l'organisation du vaste périmètre monumental de tours rondes et de courtines transformées en logis, assurant du côté de la forêt un immense front linéaire, qui s'inspire sans doute du grand parti de Bonnivet. Voir le paysage, voir le bois, voir les départs et les retours de chasse semble la fonction principale de cette centaine de fenêtres alignées en travées, qui matérialisent les regards de la cour de France. Au point culminant, les fameuses terrasses du donjon, mirador animé d'une forêt de stalagmites décoratifs. Leurs éléments sont tirés de la grammaire italienne, mais leur bourgeonnement fait évidemment écho aux couronnements les plus ébouriffants des tours des cathédrales flamboyantes. Au centre du donjon, la grande lanterne qui éclaire mystérieusement l'escalier d'un jour zénithal et central tout à la fois — autre emprunt à l'art des cathédrales (les tours-lanternes) — culmine comme un nouveau phare d'Alexandrie, un signal monarchique qui domine les hommes, les idées, les structures ingénieuses et la nature entière.

L'intérieur du donjon n'a pas fini d'enflammer les imaginations et de susciter les controverses. Le plan cruciforme rigoureux, dû certainement aux constructions obsessionnelles de Léonard sur le thème d'un grand édifice de plan central, que ce soit la basilique Saint-Pierre de Rome ou le palais d'un souverain, donne au bâtiment une structure jamais vue de quatre nefs se croisant en un grand puits central éclairé par la lanterne. Le puits, qui évoque le cœur d'un arbre, abrite le grand escalier fait de deux vis hélicoïdales (Léonard songeait à quatre montées imbriquées) tournant l'une sur l'autre dans une sorte de mouvement perpétuel. La transparence des grandes salles voûtées à caissons (inspirés par la colossale basilique de Constantin à Rome), crée des effets inédits sur l'escalier, elle donne à son ascension une valeur épique. Cette tendance est déjà perceptible dans les expériences précédentes, lorsqu'on examine la progression de l'effet dramatique recherché pour l'escalier : des grandes rampes d'Amboise à la tour du Lion à Meillant, de l'escalier Louis XII de Blois et de l'escalier — disparu — de Gaillon à l'escalier François Ier de Blois et à l'escalier — disparu — de Bonnivet. Chambord couronne et clôt brutalement l'exaltation de la vis en poussant au suprême degré ses deux valeurs, la qualité scientifique de l'ingénieur, mathématicien et appareilleur, et l'expression parfaite du mouvement ascensionnel. L'escalier à rampes droites l'emportera ensuite sur la vis.

Pour les façades, l'ordonnance de Bury et celle de Blois ont abouti à un système de pilastres et de bandeaux qui tapisse à Chambord toutes les surfaces, logis et tours rondes. Ce quadrillage presque régulier se déploie sur les murs, insouciant des fenêtres percées irrégulièrement. C'est ce que François Gebelin a appelé l'ordonnance « chambourcine », qu'il distingue de l'ordonnance « blésoise » dans laquelle les pilastres sont appelés prioritairement à encadrer les fenêtres. Cette distinction à laquelle il attachait une grande importance ne paraît plus essentielle. Le choix de l'une ou de l'autre est surtout fonction de l'organisation des volumes et de l'articulation des façades : Blois n'est qu'un logis rectiligne enfermé dans une cour, et Chambord une structure ouverte sur des cours et sur l'extérieur ; la différence du parti se comprend aisément sans qu'il faille insister sur la distinction entre deux choix esthétiques. Il est vrai néanmoins que le quadrillage uniforme de

Chambord répond au souci nouveau d'insister sur les lignes structurelles et de dépasser le style « décoratif » et l'abondance des ornements sculptés qui faisaient le caractère de Blois.

S'il n'admet pas de copie par ses dimensions même — et celles-ci égareront plus tard les constructeurs sur des impasses, à Valençay par exemple — Chambord inspire les traits d'une série de châteaux voisins où l'enveloppe féodale est volontairement maintenue, par attachement à un monde « noble ». On y trouve des tours rondes coiffées de toits coniques, des corps de logis couverts de hauts combles pyramidaux, des façades à travées de pilastres superposés, des lucarnes haut dressées, dont les couronnements sont faits de gâbles aux rampants concaves — survivance flamboyante — ou de frontons à coquilles environnés de niches, de pilastres et d'arcs-boutants, type qu'on a vu naître au logis de François Ier à Amboise. Tels sont Saint-Aignan, Ussé, Saint-Ouen de Chemazé et surtout le Lude. Dans ce dernier château, l'architecte fait preuve d'une maîtrise exceptionnelle des volumes et d'un sens aigu de la décoration, notamment par la disposition de grands médaillons ajoutés sur la face principale, et placés non pas à des intervalles réguliers, mais aux points forts de la perception visuelle de la perspective. Et cet art très décoré se répand dans le Sud-Ouest, au-delà du grand Bonnivet, à Montal, à Cieurac, à Puyguilhem, qui connaissent aussi le dernier triomphe de l'escalier en vis, en Bourgogne à Bussy, tandis que l'art de Gaillon enfante Sarcus, au nord de Paris.

Les recherches individuelles des particuliers continuent à enrichir les potentialités de l'art nouveau, à côté des grands chantiers royaux. Jean Guillaume a rendu à Bonnivet la part importante qu'on doit lui réserver dans l'étude des réalisations et des influences. Même originalité créatrice dans deux châteaux aux dimensions plus réduites qui continuent en quelque sorte la lancée de Bury et qui sont issus, eux aussi, de l'entourage royal, Chenonceau et Azay-le-Rideau. La conjonction de ces deux noms n'est pas fortuite. Elle évoque deux châteaux miroitant sur les eaux, l'un sur le Cher, l'autre sur l'Indre. Le choix d'un site aquatique est délibéré chez leurs constructeurs qui ont quitté, pour bâtir sur les eaux, des logis plus terriens. C'est donc que l'environnement compte de plus en plus. Les belles rivières de France, qui manquent singulièrement aux villas italiennes, sont prisées pour elles-mêmes. On retient leurs rives pour refléter, exalter, poétiser les valeurs plastiques de la bâtisse, et pour symboliser la mainmise de l'homme intelligent sur les éléments, sur la nature asservie. Le désir d'étonner le visiteur par l'audace du parti n'est sans doute pas étranger au constructeur de Chenonceau ; mais un nom italien, un nom magique, explique peut-être davantage le parti aquatique réalisé jusque dans ses extrêmes conséquences : Venise, avec laquelle les Français ont eu bien des contacts.

Les finances royales sont alors tenues par une poignée de familles tourangelles solidement établies au service royal depuis près d'un siècle, et qui sont liées entre elles par des nombreux mariages : les Beaune-Semblançay, les Bohier, les Briçonnet, les Robertet, les Berthelot, les Hurault, les Poncher. Elles se tiennent si bien que beaucoup seront atteintes, plus ou moins rigoureusement, par la disgrâce et la condamnation du chef de file, Jacques de Beaune de Semblançay, mené au gibet de Montfaucon sous les yeux médusés de la foule, le 11 août 1527. Or ces financiers sont gens de goût et d'argent, gens d'audace aussi, qui n'hésitent pas à afficher leur fortune. C'est là une longue tradition. Jacques Cœur l'avait fait, Fouquet le fera, comme les Rothschild au XIXe siècle. L'architecture française leur doit beaucoup. Les productions de ce milieu sont donc particulièrement intéressantes et révélatrices.

Chenonceau fut commencé par Thomas Bohier, dès 1513 pour la transformation de l'ancien donjon de la famille de Marques, puis en 1515 pour le château lui-même. Receveur général des finances, Bohier avait toutes raisons de connaître parfaitement les entreprises royales contemporaines, et il s'en distingue. Son château neuf est construit sur les piles d'un moulin à eau, au-dessus des eaux du Cher. De plan massé, l'édifice développe des façades différenciées, très soigneusement dessinées ; la chapelle et un studiolo sont juchés sur les avant-becs des piles amont. L'espace intérieur est plus étonnant encore. Un vaste corridor voûté traverse entièrement l'édifice dans son axe, depuis la porte d'entrée jusqu'à une grande baie défendue par un balcon au-dessus des eaux, au milieu du cours du fleuve. Cette disposition inédite peut avoir été empruntée aux palais vénitiens généralement éclairés sur le canal par une galerie axiale qui fait le centre de la maison. Sur le côté, se développe perpendiculairement un escalier droit. Le miroitement des flots est sensible partout, il anime la galerie par les reflets qu'il jette sur ses voûtains, il pénètre largement les grandes fenêtres qui baignent l'escalier de lumière.

Azay-le-Rideau voit le jour en 1518, par les soins de Gilles Berthelot. L'inachèvement de la cour lui donne l'heureuse forme ouverte d'un L fait de deux corps de logis reliés à leurs angles par de grosses tourelles rondes en encorbellement au-dessus de l'Indre. Une ordonnance régulière de travées à pilastres garnit les façades ; le décor sculpté est d'une qualité supérieure, tout comme à Bonnivet. Les lucarnes y sont particulièrement monumentales, mais l'accent majeur est donné par le grand escalier. Comme on l'a intégré dans le logis au lieu de suivre le vieil usage de la tour d'escalier en saillie, il était nécessaire de faire apparaître clairement sa position dans la façade. L'escalier reste en effet le morceau d'apparat, le lieu où l'organisation intérieure transcende la simple horizontale des étages pour traverser le bâtiment à la verticale et participer à sa structure. La dignité sociale du propriétaire s'y trouve évidemment impliquée. D'où la naissance d'un élément nouveau de l'architecture française, l'avant-corps, simulation de pavillon qui se traduit par une légère avancée d'une portion de façade. Côté cour, au centre du grand logis, le grand avant-corps d'Azay manifeste avec éclat la présence de l'escalier par ses baies jumelles éclairant les volées. Il s'achève par une composition pyramidante très ornée, fidèle au goût septentrional des pignons décoratifs qu'on rencontrait par exemple à la cour de Talcy, ou à l'aile gauche de Blois.

A Nantouillet, au nord de Paris, non loin de Sarcus, le chancelier Duprat, autre familier du roi, lui aussi de médiocre naissance, choisit un autre parti. C'est une petite maison qu'il construit, loin du roi, loin de la Cour, sans façades orgueilleuses. Toute engagée dans l'exploitation agricole, elle semble une simple villa, à l'exemple du charmant pavillon de Coussay en Mirebalais, dans le Poitou. Le chancelier a conservé l'ordonnance, traditionnelle en région parisienne, des contreforts-dosserets plutôt que d'adopter la trame italianisante des pilastres, premier exemple d'un refus des ordres antiques. Ce souci de simplicité animera plus tard le premier Écouen et certaines œuvres de Philibert de L'Orme. Le luxe de Nantouillet réside dans ses ornements délicats, d'esprit encore gothique, et surtout dans l'escalier intégré au logis, escalier droit à mur-noyau ajouré d'arcades, véritable nouveauté. On y accède côté cour par un porche modeste, et côté jardin, il communique directement avec une loggia à colonnes dominant les jardins et portant à l'étage une chapelle qui fait saillie sur la façade postérieure du logis.

La tradition française est donc toujours vivante durant ces années. La forme féodale, vidée de ses motivations défensives, est conservée comme un symbole de l'autorité sociale du châtelain. Ainsi s'explique la pérennité des tours rondes, aménagées désormais en appartements superposés d'où la vue sur la campagne est particulièrement belle. Le vêtement militaire a été modifié par intégration décorative de ses éléments, le chemin de ronde sur mâchicoulis est devenu, à Azay-le-Rideau en particulier, une coursière propice à la promenade. Ce programme a été évidemment élaboré par confrontation entre le maître d'œuvre et le maître d'ouvrage, le second apportant ses goûts personnels et ses impératifs sociaux, susceptibles d'infléchir le geste traditionnel du premier. L'italianisme a gagné dans le souci d'une organisation synthétique et perspective de l'espace, et dans l'application d'un vocabulaire mieux compris, mais la synthèse reste vivante, et le XVe siècle est encore sensible dans les volumes généraux. L'ancien mode français reste présent. Les théoriciens ne sont pas encore apparus.

36.
Amboise

deuxième période (*voir nº 1*)

INDRE-ET-LOIRE / A LA FONDATION SAINT-LOUIS / ✳

Le Iᵉʳ janvier 1515, Louis XII meurt à Paris à l'hôtel des Tournelles. Son héritier est le fils de son cousin germain, François d'Angoulême, qui devient François Iᵉʳ. Depuis l'âge de six ans, le jeune garçon réside à Amboise avec sa mère Louise de Savoie et sa sœur Marguerite d'Angoulême. Il a épousé la princesse Claude, fille de Louis XII. Pendant les trois premières années du nouveau règne, Amboise va rester dans ces conditions la principale résidence royale, François Iᵉʳ y reviendra ensuite à fréquentes reprises et y donnera des fêtes magnifiques. Durant l'absence du roi, parti pour la nouvelle campagne d'Italie et auréolé par la victoire de Marignan dès le 13-14 septembre 1515, c'est Louise de Savoie qui entretient les bâtiments ou qui préside aux constructions nouvelles, commandées à Colin Biart dès la première année.

Le corps de logis perpendiculaire au logis principal, construit sous Louis XII, est trouvé trop modeste. Il présentait du côté de la grande cour du château un rez-de-chaussée et un étage sous le comble, tout comme le grand logis, et un simple rez-de-chaussée sur l'autre face, du côté du jardin haut. Les travaux nouveaux qui inaugurent le règne consistent à surélever le bâtiment d'un étage carré, sous un grand comble percé de lucarnes monumentales. La surélévation est bien visible du côté de la cour basse ; côté jardin haut, l'édifice est cantonné de deux tourelles rondes symétriques abritant des escaliers. Sur ces façades en bel appareil de tuffeau, un art nouveau se fait jour d'emblée, très proche de la composition que l'on devine sur les vues gravées de Bury. Un quadrillage de bandeaux horizontaux et de pilastres aux bonnes proportions tapisse le mur, cernant soit des croisées, soit des demi-croisées, soit de vastes surfaces de mur nu. Au-dessus de la corniche régulière à modil-

p. 109: AMBOISE. Le logis Louis XII surélevé par François Iᵉʳ.

AMBOISE. Vue générale.

lons, cette fois dépourvue de balustrade, les grandes lucarnes utilisent elles aussi des ordres antiques mieux proportionnés : demi-colonnes à chapiteaux composites, entablement, couronnement en forme de fronton cintré interrompu par un motif rectangulaire permettant de loger à l'aise les armes du roi et celles de la reine avec leur accompagnement de colliers et de cordelières. Des pinacles conçus comme des pièces d'échecs façonnées au tour, et non plus comme des clochetons gothiques, scandent les côtés et le sommet de ces tympans, offrant l'exemple d'une véritable nouveauté.

Plus tard, Henri II viendra à Amboise avec Catherine de Médicis en 1551 et y donnera de nouvelles fêtes. Pour sa favorite Diane de Poitiers, le roi fera élever un gros pavillon sur le jardin haut, face au logis François Ier. Il aurait voulu bâtir dans ces espaces un nouveau palais mais la mort l'en empêcha en 1559. Par la suite, la reine mère ayant reconnu la valeur stratégique du château y viendra avec la Cour au début des troubles, d'abord en 1560, et c'est là qu'eut lieu la conjuration d'Amboise noyée par les Guise dans le sang, plus tard en 1563 (édit d'Amboise).

Le château tomba ensuite dans la désaffection. Il servit de prison d'Etat le plus souvent et fut démoli partiellement entre 1806 et 1810, avant d'être remanié dans le goût néo-gothique sous Louis-Philippe, puis restauré par Ruprich-Robert. Il appartint aux descendants du roi citoyen jusqu'à la création récente de la fondation Saint-Louis.

37.

Blois

deuxième période (*voir n° 9*)

Aile François Ier

LOIR-ET-CHER / A LA VILLE / ✳

En même temps qu'il fait poursuivre les travaux à Amboise, François Ier ouvre un nouveau chantier dans l'autre château de son prédécesseur, Blois, et ceci dès 1515. Louis XII a fait rebâtir les trois côtés de la cour d'honneur, mais il n'a pas touché à l'aile nord qui abrite les appartements royaux, adossée au ravin creusé anciennement par une rivière disparue qui se jetait en amont dans la Loire.

C'est cette aile que François Ier a décidé de reconstruire. Une première campagne est poursuivie de 1515 à 1519, les travaux sont repris ensuite et stoppés brutalement en juillet 1524 lors de la mort de la reine Claude, âgée de vingt-cinq ans. Le roi part pour la nouvelle campagne d'Italie, il est fait prisonnier à Pavie en 1525 et, à son retour de captivité, ses goûts ont changé. Le château de Blois, trop enclavé dans la ville, ne lui convient plus ; il y viendra peu et jettera désormais ses regards sur Chambord et sur Fontainebleau. Le déclin de Blois amorce celui de la Loire royale. Pourtant lorsque Charles Quint traversera la France, le roi le mènera à Blois ; c'est qu'il apprécie tout de même la demeure des Valois.

Le projet primitif de François Ier consistait seulement à reconstruire l'aile appuyée au mur d'enceinte médiéval qui subsistait au ras de la falaise, et d'éclairer cette aile du côté de la cour. Un peu plus tard, un projet plus ambitieux se fait jour : doubler la courtine du côté extérieur par une seconde façade dressée à 5 mètres en avant, et qui prendra ses vues sur le paysage et les jardins. L'analyse de la charpente du grand comble rend bien compte de cette modification ; il a fallu ajouter au comble du premier logis une grande pente en auvent abritant la façade dite « des Loges ».

Côté cour, l'édifice nouveau, bâti entièrement en tuffeau et répudiant les effets polychromes des façades Louis XII en brique, offre une composition analogue à celle qu'on a vue à Bury et au logis François Ier à Amboise : un quadrillage plus ou moins régulier, fait d'une résille de bandeaux et de pilastres, ceux-ci employés prioritairement à encadrer les croisées. Ce système de travées rythmiques a pu être inspiré de la cour de la Pigna, au Vatican. L'irrégularité que l'on cherche à dissimuler s'accroît à Blois du fait que le roi utilise ou reconstruit des bâtiments plus anciens ; la disparité est notamment bien sensible entre les parties de façades situées à droite et à gauche de la tour d'escalier, laquelle, avant les travaux du XVIIe siècle, se trouvait au centre du nouveau logis.

La tour d'escalier est traitée comme un morceau de bravoure, chef-d'œuvre d'ingéniosité, de stéréotomie et d'ornementation planté en saillie devant la façade. La silhouette est encore toute gothique, elle rappelle l'œuvre de Raymond Du Temple au Louvre, la célèbre « grande vis » desservant les appartements de Charles V. Les exemples de Meillant et de Chaumont ont probablement inspiré aussi les architectes royaux. Ils dressent un grand prisme octogonal inséré pour moitié dans le corps de logis. Ses ouvertures à l'air libre, soulignées de balustrades rampantes, c'est-à-dire obliques, affirment clairement sa fonction d'escalier, accessible d'ailleurs dès la cour. Comme à Meillant, les arêtes sont marquées puissamment, mais avec des éléments empruntés au vocabulaire antiquisant : grandes piles carrées qui ont, déjà, des proportions colossales. Autre nouveauté, les balustres affectent un profil à deux panses symétriques, conforme au type utilisé déjà en Italie par Bramante. Le décor sculpté, décoratif ou allégorique, ne perd pas pour

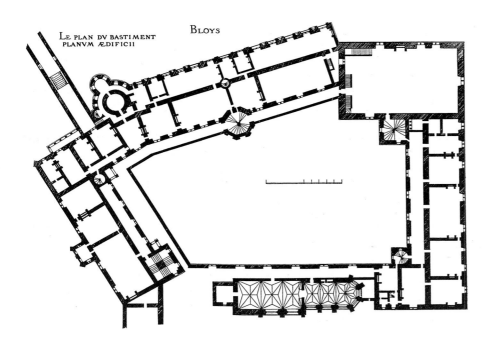

BLOIS. Plan par Du Cerceau (*Les Plus Excellents Bâtiments de France*, t. II). En haut, l'aile François Ier.

111

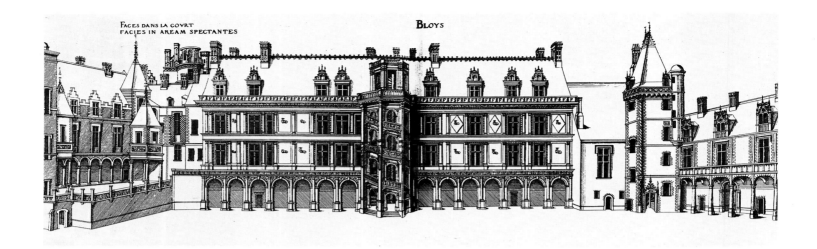

BLOIS. L'aile François Ier sur la cour, gravure de Du Cerceau (*Les Plus Excellents Bâtiments de France*, t. II).

p. 112 : BLOIS. L'aile François Ier sur la cour.

autant ses droits : figures de femmes sous des dais creusés de niches, chiffre et salamandre emblématique du roi. Comme à Meillant encore, le sommet de la tour d'escalier est traité, derrière la balustrade, en temple-belvédère, cerné d'un petit ordre de pilastres et amorti d'une terrasse.

Sur les espaces nus des trumeaux de la façade de droite, la salamandre royale se détache comme sur un fond de tapisserie. L'immense corniche ouvragée juxtaposant des rangées de denticules, de modillons et de petites trompes ornées de coquilles est elle aussi une nouveauté remarquable : elle donne à la façade une monumentalité inédite et assure l'indispensable liaison du corps de logis avec la tour d'escalier. La balustrade ajourée qui la surmonte est au contraire un legs de la tradition ancienne qui dissimule fâcheusement le départ des grandes lucarnes de pierre, dessinées selon un type assez voisin de celles du logis François Ier d'Amboise,

BLOIS. Même façade, d'après le relevé de Duban en 1845 (Archives de la Direction du Patrimoine).

FACE PAR LE DEHORS DVCOSTE DES
JARDINS
FACIES EXTERIOR IN HORTOS SPECTANS

BLOIS. La façade des Loges, gravure de Du Cerceau (*Les Plus Excellents Bâtiments de France*, t. II).

p. 115: BLOIS. La façade des Loges.

mais plus classique encore puisque leur couronnement est fait d'une niche cintrée cernée de colonnettes et coiffée d'un fronton droit ; de petits arcs-boutants en ailerons réunissent cette niche aux pinacles d'angle. On notera que l'accès majeur au logis se fait uniquement par l'escalier, les appartements royaux étant situés aux deux niveaux supérieurs.

Du côté du ravin, la création de l'aile des Loges est plus extraordinaire encore. Davantage qu'un corps de logis, c'est une falaise architecturale creusée d'arcades ininterrompues sur trois et quatre niveaux au-dessus du rocher qui tombe à pic dans le ravin. Construction presque gratuite, faite seulement pour ajouter aux appartements de l'aile royale, tournés vers la cour, des « loges », permettant à leurs habitants de jouir de la vue et de l'air. A la même demande d'amélioration de l'habitat ont répondu de nos jours la création des bow-windows et celle des vérandas. De ce point de vue, la façade des Loges pourrait être comparée à la Cité radieuse de Le Corbusier.

Les « loges » sont évidemment nombreuses dans les pays de soleil et les conquérants de l'Italie ont pu garder la nostalgie de ces espaces intermédiaires entre le dedans et le dehors. Il faut rappeler pourtant que l'usage de ces loges, c'est-à-dire de niches closes d'une simple balustrade d'appui et auxquelles on accède de l'appartement intérieur, n'est pas étranger à la construction gothique française. On en a vu à l'aile Louis XII de Blois et à l'aile Longueville de Châteaudun, notamment. La nouveauté réside donc à Blois dans la systématisation de ce schéma sur une façade entièrement trouée, offrant une logette à chaque travée d'appartement. La façade des Loges du Vatican (cour Saint-Damase) commencée par Bramante une quinzaine d'années auparavant a certainement inspiré le choix du parti.

Pour coordonner l'ensemble, les arcades en anse de panier qui encadrent les loges sont cantonnées d'une ordonnance de pilastres qui, comme les appuis de pierre, sont décorés au niveau inférieur et laissés nus au niveau supérieur. Tout en haut, sous la pente du toit, règne un espace continu, l'extrémité de la charpente n'étant supportée que par de minces colonnes réunies à leur base par une balustrade à jour ; cette disposition inhabituelle est due à un remaniement. Le corps de logis renfermant les loges avait primitivement un comble à deux pentes (adossé à celui du logis sur cour) et de hautes

lucarnes décorées. L'inconvénient majeur d'une trop longue noue entre les deux toits fit bientôt remplacer celui des Loges par une seule pente appuyée sur le comble de la cour ; les lucarnes furent alors abattues.

Quelques accents sont donnés, soit en saillie par des cabinets clos ou des balcons portés sur des trompes, soit en hauteur par une haute lucarne unique et les grandes souches de cheminée décorées comme des orfèvreries. A droite, une ancienne tour de l'enceinte dite la tour de Châteaurenault a été habilement enrobée de deux étages de colonnades qui forment comme une abside.

A l'intérieur, le château conserve dans la salle d'Honneur et dans la salle du Conseil, entre autres, d'immenses cheminées couvertes de sculptures qui mettent en valeur la salamandre du roi et l'hermine bretonne de la reine Claude. La qualité de leur ornementation témoigne de la maîtrise avec laquelle les imagiers français pratiquent le répertoire italien. Du décor des appartements royaux, on conserve aussi le cabinet dit de Catherine de Médicis, entièrement garni de petits panneaux de lambris verticaux, peints et dorés, intégrant portes et placards.

C'est Jacques Sourdeau qui fut le constructeur de l'aile François Ier ; on le voit sur le chantier dès 1503 sous Louis XII, puis en 1516 et en 1518. Est-ce lui qui a imaginé les partis successifs et conçu la façade presque révolutionnaire des Loges, sorte d'amplification poétique de l'austère ordonnance de Châteaudun sur la vallée du Loir ? Il est difficile de se prononcer. Là comme ailleurs, les historiens ont vu, selon leur tempérament, soit l'œuvre d'un Français, soit l'œuvre d'un Italien et certains ont prononcé le nom de Dominique de Cortone.

Après que François Ier eut délaissé Blois à partir de 1526, le château connaît une période d'abandon. Durant les guerres de Religion, il reprend un rôle stratégique, en un temps où Catherine de Médicis cherche une résidence aisée à défendre et désire maintenir la présence royale sur la Loire, à proximité d'Orléans devenue l'une des citadelles huguenotes. Elle y mène donc la Cour et le jeune Charles IX. C'est à cette époque (1563-1570) qu'elle fait bâtir un péristyle d'arcades en plein cintre le long du rez-de-chaussée de l'aile François Ier pour pouvoir circuler à couvert tout autour de la cour ; péristyle qui a été détruit lors de la restauration du château par Duban, mais que l'on distingue bien sur les gravures de Du Cerceau. Charles IX fait bâtir un logis neuf de l'autre côté du ravin, dans le jardin haut. Henri III séjourne à Blois à maintes reprises, il fait aménager la terrasse de l'éperon pour défendre l'accès du château vers le nord-ouest. Par deux fois, les Etats généraux sont réunis dans la grande Salle des Etats, vestige du château du XIIIe siècle, d'abord en 1576, ensuite en 1588. Cette deuxième session est marquée par un épisode dramatique célèbre : l'exécution du duc de Guise puis de son frère le cardinal sur l'ordre du roi, le 23 décembre 1588. L'épisode a lieu dans les appartements royaux, au deuxième étage, où se trouvent la salle du Conseil, les cabinets neuf et vieux et la chambre royale. La reine mère réside au premier étage, et c'est là qu'elle meurt quelques jours plus tard, le 5 janvier 1589.

Henri IV s'intéressera au château de Blois dont il envisagera un temps de faire l'une de ses résidences ordinaires, sur le chemin du Sud-Ouest. Il fait bâtir sur les jardins d'immenses galeries dont il ne reste plus pierre sur pierre, caresse un temps le projet de reconstruire l'aile du fond (la « perche aux Bretons ») et de lancer un terrassement sur le ravin qui lui fait suite pour aménager un accès direct

aux jardins. Le projet sera repris pour Gaston d'Orléans, à qui Louis XIII, son frère, a donné Blois en 1626. L'architecte François Mansart détruit les trois dernières travées de l'aile François Ier et élève pour le prince le grand logis XVIIe siècle, bâti avec une ampleur qui désorganise quelque peu les proportions des autres ailes. La restauration du château, qui fut longtemps utilisé comme caserne, sera commencée en 1845 par Duban, puis reprise à partir de 1880.

BLOIS. Le cabinet dit de Catherine de Médicis.

COGNAC. Façade du château sur la Charente.

38.

Cognac

CHARENTE / PROPRIÉTÉ PRIVÉE / ✱

Une forteresse des XIIᵉ et XIIIᵉ siècles s'élevait à Cognac au bord de la Charente. Sa reconstruction fut entreprise vers 1450 par le comte Jean d'Angoulême, frère de Charles d'Orléans, bien après le retour de sa longue captivité en Angleterre, puis continuée par son fils Charles, mort en 1496, et la veuve de celui-ci, Louise de Savoie. C'est ici qu'est né leur fils, François d'Angoulême, le 12 septembre 1494. Devenu le roi François Iᵉʳ, celui-ci fait poursuivre la modernisation du château de sa famille. Une somme de 16 345 livres est donnée ainsi en 1518 à Girolamo Della Robbia. De ces derniers travaux il subsiste une série de bâtiments le long de la rivière, d'un décor très sobre, qui abritent des salles voûtées et notamment la grande salle des gardes. Sur la façade de la Charente, il faut remarquer le parti original des fenêtres percées dans des sortes d'avant-corps, et notamment la « fenêtre du roi » cernée de pilastres, de médaillons, de salamandres. Elle est portée en saillie sur une robuste trompe appareillée qui n'est pas sans rappeler les cabinets en saillie de la façade des Loges, à Blois. La chapelle comportait un décor en terre cuite émaillée, dû sans doute à Della Robbia, qui a été détruit après 1844.

COGNAC. La fenêtre du roi.

39.

Chenonceau

première période

INDRE-ET-LOIRE / PROPRIÉTÉ PRIVÉE / ✳

Au bord du Cher, sur une plate-forme cernée de fossés alimentés par la rivière, s'élevait au début du XVe siècle un château de plan carré flanqué de tours rondes, bâti pour la famille Marques, originaire de la Marche. Derrière, porté sur des piles dans le lit du fleuve, était construit le « moulin banal » féodal, mû par le courant. La terre est achetée à partir de 1496 par un receveur général des finances en Normandie, nommé Thomas Bohier, appelé à la confiance royale pour de longues années. Lui-même et sa femme, Catherine Briçonnet, sont étroitement liés familialement aux autres grands financiers du royaume, les Poncher, les Briçonnet, les Beaune-Semblançay. Bohier attend pour modifier Chenonceau[1] que son acquisition, très disputée, lui soit définitivement assurée ; c'est chose faite en février 1513. Sans cesse appelé à l'étranger pour le service du roi, il est revenu d'Italie pour quelques mois, le temps, sans doute, de faire dresser les plans de la construction nouvelle qu'il médite, puis il repart en Italie en mai 1513, revient en 1514, repart pour l'Angleterre en juin de cette année pour négocier le remariage de Louis XII, et revient enfin en Touraine.

En son absence, sa femme a dirigé les travaux, qui ont consisté dès 1513 à détruire le château des Marques. Seul est conservé le donjon, probablement comme signe féodal indispensable au nouveau possesseur de Chenonceau, reconnu « châtelain » sur décision de Louis XII en 1514. La « tour de Marques » est pourtant modifiée ; des incrustations de tuffeau procurent le décor d'une porte et de travées de fenêtres. L'espace est dégagé pour ménager une avant-cour d'où le regard se porte sur le moulin cerné par la rivière, dans un admirable paysage de bois, de ciel et d'eau.

1. Ou Chenonceaux. Les deux orthographes sont utilisées.

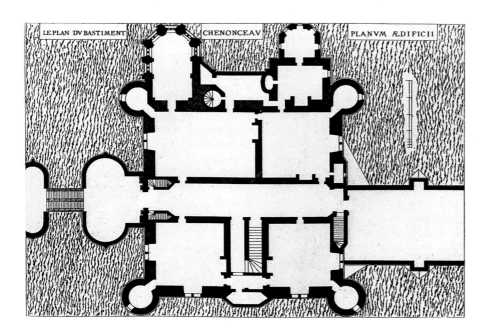

CHENONCEAU. Plan du château de Thomas Bohier, gravé par Du Cerceau (*Les Plus Excellents Bâtiments de France*, t. II). Le pont qui s'amorce à droite est postérieur.

p. 121: CHENONCEAU. Le château de Thomas Bohier au-dessus des eaux du Cher.

CHENONCEAU. Le château de Thomas Bohier vu de l'esplanade où s'élevait le château des Marques, dont il ne reste que le donjon.

C'est à la place du moulin, sur les grands arcs qui relient les piles, que va s'élever le nouveau château. L'originalité du parti a été soulignée à juste titre par Jean Guillaume. Par-delà le décor sculpté des fenêtres et des lucarnes (très restauré au XIXe siècle par Félix Roguet) proche de l'Amboise et du Blois (qui s'élevait alors) de François Ier, ainsi que du Gaillon de Georges d'Amboise, le génie de Chenonceau réside dans l'exceptionnelle insertion du château dans le site et dans la parfaite adéquation du plan choisi pour assurer cette insertion. Les travaux commencent vraisemblablement en 1515, ils s'achèvent en 1522. Pour ce château sur l'eau, on a adopté judicieusement un plan compact, que certains édifices du XVe siècle présentaient déjà : c'est un carré presque parfait, cantonné de quatre minces tourelles rondes. La toiture mouvementée a été fragmentée pour réduire les immenses portées : deux combles latéraux parallèles sont réunis par un comble unique perpendiculaire, donnant aux lucarnes de la façade d'entrée une animation diversifiée où se joue la lumière. Un souci de symétrie et de régularité se fait jour sur les façades de pierre blanche, par des percements qui rendent très lisible la structure intérieure. Une large travée centrale marque

l'entrée du logis, encadrée par deux culots de tourelles qui s'achèvent en balcon au niveau du premier étage ; elle est coiffée d'une lucarne sensiblement plus large et plus haute que celles des deux travées latérales qui la flanquent.

Les dispositions intérieures ne sont pas moins originales. Derrière la porte d'entrée se développe un long vaisseau axial, non pas un simple couloir, mais une véritable galerie, large de 3,50 mètres, couverte d'une voûte extraordinaire dont les clefs sont alignées en alternance sur deux axes différents. Les recherches de Jean Guillaume ont prouvé qu'elle menait droit à une porte-fenêtre agrémentée d'un balcon où l'on se trouvait en plein milieu de la rivière, avec une vue générale sur le panorama. Une galerie semblable existe au premier étage, celle-ci plafonnée, réunie à celle du rez-de-chaussée par un escalier placé dans un vaisseau perpendiculaire invisible de l'enfilade des galeries. L'escalier, lui aussi, témoigne d'une remarquable originalité, tant par sa forme que par sa disposition. C'est un escalier droit à la mode italienne, l'un des premiers en France, donc, après celui de Josselin et quelques autres, dont les volées opposées s'appuient sur un mur plein. Mais au lieu de réunir les volées à l'arrière par un palier intermédiaire placé à mi-hauteur, selon le type habituel, le maître de Chenonceau les fait rejoindre par une demi-vis tournant autour de l'extrémité du mur-noyau. Autre originalité, plus surprenante encore, cette vis ne prend pas jour directement sur la façade latérale mais elle s'ouvre largement par des arcatures sur un espace vide rendu lumineux par de grandes fenêtres percées dans la façade. Un mur de lumière baigne ainsi l'escalier, selon le procédé déjà expérimenté aux escaliers de Châteaudun, et le visiteur qui gravit l'escalier aperçoit l'immense paysage fluvial se développer sous ses yeux à mesure qu'il gravit les marches.

CHENONCEAU. L'escalier.

Le château s'achevait au milieu du Cher, par sa façade postérieure. Aucun pont, malgré ce qu'une mauvaise interprétation d'un acte de 1517 a pu laisser croire, n'avait été prévu du temps de Bohier ; le visiteur traversait le château et s'arrêtait aux deux balcons superposés au-dessus des flots pour admirer le paysage. Du côté de l'est, l'espace procuré par les arches de l'ancien moulin permettait d'ajouter au plan carré du logis principal deux adjonctions traitées volontairement dans un esprit très différent du reste, deux constructions juchées jusqu'à l'extrême pointe des avant-becs des piles, tout comme la chapelle d'Amboise sur son contrefort : d'un côté la chapelle, de l'autre un petit pavillon abritant un studiolo à chaque étage. Il restait entre elles un petit espace, il fut aménagé en terrasse. Quant aux soubassements des piles, ils abritèrent la cuisine et les offices en sous-sol. Ainsi, aucune place n'était perdue et tout concourait à mettre sans cesse les habitants de ce lieu enchanté en contact avec la vue admirable de la rivière.

L'économie générale du parti et la régularité des façades sont évidemment nées dans l'esprit d'un grand créateur. On a parlé de Pierre Neveu, dit Trinqueau, qui travailla à Chambord. On s'est interrogé aussi sur les influences italiennes qui ont pu jouer. Les longs séjours de Bohier en Italie l'ont certainement mis en mesure d'imaginer certains partis nouveaux à la ressemblance de ce qu'il voyait, de rapporter des dessins, voire de demander des directives à un Italien séjournant en France. Le plan centré avec la galerie traversant de part en part, liée à une grande fenêtre axiale, est déjà une constante des palais vénitiens ; Bohier a pu en avoir connaissance par un homme d'Etat de la Sérénissime qu'il a longuement pratiqué, Andrea Gritti, d'abord adversaire de la France, puis chef du parti

CHENONCEAU. Décor ajouté à la tour de Marques.

CHENONCEAU. Galerie voûtée du rez-de-chaus-sée.

français et bientôt doge. Jean Guillaume s'est interrogé sur l'influence de Fra Giocondo ou de Dominique de Cortone. Une chose est certaine, c'est que le plan de Chenonceau correspond trop étroitement avec les recherches menées autour de François Ier pour n'être pas né lui aussi dans l'entourage royal ; la similitude avec le plan du « modèle en bois » proposé par Dominique de Cortone pour Chambord est évidemment troublante.

Bohier mourut en Italie en 1524, une fois le château achevé. Son chiffre et celui de sa femme décorent le plafond du cabinet et sa devise figure à la grande cheminée de la salle François Ier. La succession fit apparaître les dettes importantes du défunt envers le Trésor, et le château fut cédé par son fils Jean à François Ier en 1535. C'est sans doute que le roi en appréciait la beauté. Il le laissa à Henri II, qui en fera don à Diane de Poitiers dès 1547 (voir n° 173).

123

40.
Azay le Rideau

INDRE-ET-LOIRE / A L'ÉTAT / *

Comme Chenonceau, qu'il suit de quelques années seulement, Azay-le-Rideau illustre parfaitement l'esprit de créativité qui anime la grande bourgeoisie tourangelle lorsqu'elle veut bâtir ses demeures dans un esprit nouveau et manifester clairement sa réussite sociale et son accession à la noblesse. Fort peu modifié depuis l'origine, le château fait en quelque sorte la somme des innovations qui ont été imaginées dans ces quelques années décisives, tout en restant fidèle à une tradition française, celle des corps de logis à grands combles et des tours d'angle d'aspect encore militaire, fidèle à un accent vertical généralement donné aux façades qui appartient bien à l'esprit gothique.

AZAY LE RIDEAU. La porte de l'aile droite sur la cour.

ci-contre: AZAY LE RIDEAU. Façade du logis, avec le frontispice du grand escalier.

L'eau, encore une fois, joue un grand rôle dans le choix du site et l'adoption du plan. Sur cette pointe extrême d'une île de l'Indre s'élevait une maison-forte, tandis que le château féodal se dressait plus haut sur la colline. La terre est achetée au XVᵉ siècle par une famille de banquiers tourangeaux, les Berthelot. Tout comme les Bohier à Chenonceau, ils poursuivent leur acquisition avec obstination et attendent d'avoir triomphé des dernières difficultés. Ils négligent, comme eux, l'emplacement de l'ancien château principal et construisent un nouvel édifice en un site plus heureusement conditionné pour les agréments du séjour. C'est en 1518 que les fondations du nouveau château sont jetées, sur pilotis. Fils de Martin Berthelot, maître de la Chambre aux deniers sous Louis XI et Charles VIII, Gilles Berthelot a gravi un échelon de plus que son père, il est président à la Chambre des comptes, receveur général des finances et trésorier de France. Sa jeune femme, Philippe Lesbahy, vient lui apporter en dot le reste du domaine qui lui manquait.

AZAY LE RIDEAU. Vue extérieure du logis.

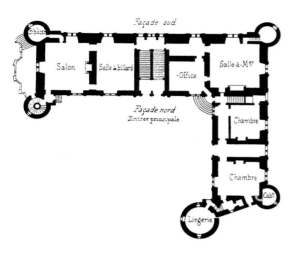

AZAY LE RIDEAU. Plan du rez-de-chaussée au XIXᵉ siècle.

La vieille maison-forte est détruite, à l'exception, tout comme à Chenonceau, de l'une des tours qui symbolisera (jusqu'à sa destruction malheureuse au XIXᵉ siècle) la pérennité seigneuriale. Azay est achevé en 1524 ; le C et l'hermine de la reine Claude, morte cette année-là, figurent en effet sur la grande façade décorée de l'escalier, où l'on remarque encore les emblèmes de François Iᵉʳ et les initiales des constructeurs, G et P. On a donné les noms des maçons, Pierre Maupoint, Denis Guillourt, Étienne Rousseau, sans percer pourtant l'anonymat du concepteur.

Le château affecte la forme d'un L, cerné au sud et à l'ouest de douves alimentées par l'Indre (agrandies plus tard en pièce d'eau), et ouvert sur une cour que Berthelot a peut-être songé à refermer à l'est par un mur ou une aile basse. De fortes tourelles rondes portées en encorbellement sur des culots moulurés soulignent les angles externes du corps de logis et de l'aile occidentale. Les angles internes, du côté de la cour, étaient différenciés ; d'une part une tourelle beaucoup plus légère sur le corps de logis, et d'autre part la vieille tour de la maison-forte conservée sur l'aile. Par un tardif souci d'uniformité, toutes deux furent remplacées sur l'ordre du marquis de Biencourt, en 1845, par des tours rondes analogues aux autres. Du côté externe enfin, la construction est uniformément cernée d'un appareil pseudo-défensif, mâchicoulis et merlons percés d'archères, qui n'est qu'un ornement postiche puisqu'il dissimule en réalité un corridor percé de fenêtres.

L'ordonnance régulière et symétrique, nouveauté de l'architecture française évidemment inspirée de l'Italie, a été imposée à toutes les façades à l'aide de travées verticales réunissant les ouvertures, croisées par des cordons horizontaux. Le centre du corps de logis est magnifié par le traitement du grand escalier. Vers la cour, son accès attire évidemment le premier regard puiqu'il est souligné par une haute façade de deux travées dont l'ordonnance pyramidante, coiffée par un tympan aux lignes courbes jaillissant vers le

AZAY LE RIDEAU. L'escalier.

ciel, semble empruntée à l'architecture religieuse. Ses baies jumelées éclairent les loggias des paliers intermédiaires, et au rez-de-
chaussée, l'entrée est constituée par deux portes réunies dans une
sorte d'arc de triomphe à l'antique, selon un schéma qui reprend
les dispositions de Châteaudun, et annonce Écouen.

L'escalier lui-même est conçu sous la forme très moderne de
l'escalier droit rampe sur rampe, couvert de caissons sculptés
ascendants portés sur des arcs diaphragmes. L'éclairage lui est largement dispensé, tant sur la cour, par les baies ouvertes des loggias, que sur la façade arrière, percée d'une grande baie triple à chaque étage. Sur cette façade, la juxtaposition de ces triplets donne le
motif axial de l'ordonnance symétrique, couronné par une très
vaste lucarne, à l'ouverture triple aussi, qui jaillit de la pente du toit
pour éclairer le sommet de l'escalier.

La décoration sculptée, dont nombre d'éléments ont échappé à
la restauration du XIXe siècle, est d'une qualité très brillante, tout
particulièrement la fastueuse accumulation de pilastres, de demi-
colonnes, de niches et de clochetons de la façade de l'escalier, et les
deux portes à frontons de l'aile ouest, aux deux extrémités d'un
corridor voûté qui menait à une passerelle de bois jetée sur le fossé
pour gagner les jardins. Même qualité dans le décor intérieur,
d'une grande homogénéité, surtout à la grande salle dont la poutraison est superbe ; les chapiteaux composites de sa cheminée figurent
parmi les plus belles productions des années 1515-1525.

Comme bien d'autres de ses confrères, Berthelot fut accusé de
malversations dans la gestion des fonds destinés aux armées d'Italie. Lors du procès de Semblançay, il s'enfuit en 1527 et mourut en
exil à Cambrai. L'année suivante, le château fut confisqué par le roi,
et donné en 1534 à l'un de ses compagnons d'armes, Antoine Raffin, capitaine de cent archers de sa garde, qui avait combattu à Marignan et à Pavie et avait mené plusieurs ambassades. Par lui, Azay
passera aux Saint-Gelais, aux Vassé, à Henri de Beringhen.

AZAY LE RIDEAU. Cheminée
de la Chambre du roi.

41.
Saint Aignan

à Saint-Aignan-sur-Cher

LOIR-ET-CHER / PROPRIÉTÉ PRIVÉE

Le sommet de la colline dominant le cours du Cher était fortifié depuis le Haut Moyen Age. Au XIe siècle, un château s'y dressait, à l'intérieur d'une vaste enceinte cantonnée de tours. Le logis d'habitation fut reconstruit à son extrémité occidentale, à la fin du XVe siècle ; il longeait la ligne de faîte arrondie qui regarde vers l'agglomération et vers le pont. C'est un bâtiment brique et pierre dont il reste les façades et les tours carrées dominant le Cher, ainsi que les dispositions générales de la cour primitive, en arrière de l'actuelle cour d'honneur, à droite.

Claude d'Husson, comte de Tonnerre et seigneur de Saint-Aignan, fait poursuivre les constructions sur un nouveau parti. Adossé au manoir précédent, le château neuf offre un plan en équerre autour d'une cour nouvellement ordonnée, qui était peut-être prévue fermée. Bordant celle-ci à l'ouest et au nord, s'élèvent

SAINT-AIGNAN. Les façades sur le Cher. A gauche, logis et tours du premier château ; à droite, le château de Claude d'Husson.

deux ailes ordonnancées, bâties en tuffeau et conformes au style régulier que l'on admirait alors à Bury et qui marque le nouveau logis de François Ier à Amboise : réseau de pilastres superposés et de moulures horizontales continues marquant les niveaux des étages et les appuis des fenêtres. Les grandes lucarnes à gâbles ondoyants sont particulièrement proches de celles d'Amboise. On négligea d'ordonnancer le revers du corps de logis qui surmonte de très haut la rive du Cher, mais on poursuivit les travaux du côté de la cour. La mort de Claude d'Husson, tué à Pavie en 1525, arrêta peut-être les travaux, ou celle de son successeur Louis IV, tué au siège d'Avignon en 1537.

A cette date, le château passe à la famille qui va s'illustrer sous le nom de Saint-Aignan, les Beauvillier. Un fort pavillon rectangulaire, saillant vers la cour, vient alors terminer l'aile nord. Il est achevé, ou modifié, vers 1600, à en juger par le style de l'élégant cabinet sur pendentif qui a été lancé à sa jonction avec le corps de logis. Au XIXe siècle, Saint-Aignan sera profondément remanié par le prince de Chalais, un Talleyrand-Périgord, qui fera reconstruire les communs et la chapelle dans le style troubadour (1830-1840) puis rhabiller la face occidentale du gros pavillon et ajouter l'énorme escalier en hors-œuvre qui s'inspire de l'escalier François Ier à Blois (1858).

SAINT-AIGNAN. Façades sur la cour, bâties par Claude d'Husson. Les adjonctions du XIXe siècle sont la tour d'escalier et la face externe du gros pavillon.

42.

La Verrerie

à Oizon

CHER / PROPRIÉTÉ PRIVÉE / ✳

L'origine du château de La Verrerie n'est sans doute pas antérieure au XVe siècle. Planté au milieu des bois au bord d'un étang alimenté par la Nère, dans un paysage typiquement solognot, il tire son existence de la verrerie installée à proximité dès le XVe siècle et qui fonctionna jusqu'au début du XIXe siècle. La gestion du domaine et de ses revenus industriels a pu nécessiter la construction d'un logis, utilisé bientôt comme demeure d'agrément par le seigneur. Aucune trace de fortification, en tout cas, n'a été décelée sur le site.

LA VERRERIE. La galerie sur la cour.

Le seigneur, c'est Bérault Stuart, issu d'une illustre lignée écossaise implantée en France depuis le connétable Jean Stuart de Darnley qui fut possessioné en 1423 par Charles VII. Epoux d'Anne de Maumont, il réside habituellement dans sa terre voisine d'Aubigny-sur-Nère, sauf lorsqu'il accompagne le roi de France dans son expédition italienne. De retour en 1496, fait chevalier de Saint-Michel et indemnisé de ses dépenses, il s'intéresse au domaine de la Verrerie et y fait faire des travaux d'aménagement, comme le révèlent certaines mentions de ses comptes à partir de 1498 et jusqu'en 1502. De cette première campagne de construction datent probablement : le châtelet d'entrée, qui présente le plan rectangulaire traditionnel, flanqué de trois tourelles en encorbellement et d'une tourelle plus importante renfermant l'escalier ; la chapelle située immédiatement à la suite ; puis le corps de logis très simple qui la jouxte sur le même côté oriental de la cour. C'est un manoir modeste et traditionnel, construit en pierre et moellon enduit, et rapidement achevé.

LA VERRERIE. Les peintures de la chapelle.

La deuxième campagne est menée dans un tout autre esprit. Le domaine est passé aux mains de Robert Stuart, comte de Beaumont-le-Roger, neveu et gendre de Bérault. Veuf de sa cousine Anne en 1516, Robert convole vers 1520 avec Jacqueline de La Queille et c'est à compter de cet événement que l'on peut dater les nouveaux bâtiments, tant en comparant les anciens inventaires du château qu'en observant les initiales qui le timbrent, et même les graffiti dus au mari séduit : « Jayme Jacqueline ». C'est bien un art nouveau qui marque la construction de Robert Stuart, mais il est encore solidement lié aux traditions berrichonnes de la galerie, renouvelées par l'exemple du Blois de Louis XII. Le maître d'œuvre inconnu trace son bâtiment en retour d'équerre à la suite de l'extrémité du logis ancien et de sa tourelle d'escalier : c'est une longue aile entre deux pavillons carrés. Vers le sud, elle regarde les eaux de l'étang ; vers le nord, elle s'ouvre gaiement sur la cour par neuf arcades éclairant une galerie basse, surmontée à l'étage d'une galerie haute. Les pavillons d'extrémité sont traités en pierre et moellon, tout comme la tourelle d'escalier hexagonale qui flanque le pavillon occidental, et dont la silhouette n'est pas sans évoquer, en beaucoup plus simple, celle de Meillant (comble à l'impériale). Au contraire, la galerie est bâtie en pierre avec de larges remplissages de briques claires. Si les arcs sont en anse de panier, l'ensemble est pourtant empreint d'une légèreté toute florentine. Les supports sont de minces colonnes coiffées de chapiteaux d'un dessin très libre, où le meuble héraldique des Stuart, le « fermaillet » (boucle avec son ardillon) revient avec insistance. Aux écoinçons, des médaillons de facture très italienne renferment des portraits de face. Les baies rectangulaires de l'étage (dont nous ne connaissons plus le couronnement depuis la réfection de la toiture) sont décorées de pilastres délicatement sculptés d'arabesques.

A une date mal précisée, qu'il faut situer entre 1508 et 1543, Robert Stuart fit entreprendre dans la chapelle un ensemble de peintures de grande qualité qui a été révélé par la restauration en 1930. La voûte lambrissée est garnie de portraits en médaillons traités à la mode italienne, tandis que les murs ont reçu en soubassement un décor de grands rinceaux imité des tapisseries ou des toiles peintes et, en zone supérieure, de grandes figures d'apôtres, de martyrs et d'évangélistes, encore apparentées à la tapisserie médiévale française. C'est l'un des plus beaux et des plus complets ensembles de cette époque.

Robert Stuart d'Aubigny fit une brillante carrière dans les guerres d'Italie sous trois rois. Gouverneur du Milanais en 1501, il prit part au siège de Gênes en 1507, devint commandant de la garde écossaise en 1512, maréchal de France en 1515, et combattit à Marignan et à Pavie. Le « maréchal d'Aubigny » mourut en 1544. Le château resta longuement aux mains des Stuart, mais il fut laissé à l'abandon à partir du XVIIe siècle. Venu aux mains de la famille de Vogüé, il fut restauré pour Louis, marquis de Vogüé, par les soins de l'architecte E. Sanson, peu après 1892. C'est alors que la galerie et le pavillon occidental furent doublés en épaisseur par des constructions nouvelles qui font face à l'étang.

43.

Vailly

à Vailly-sur-Sauldre

CHER / PROPRIÉTÉ PRIVÉE

Il n'en reste rien sur place, des fragments ont été remontés au château du Peseau, à Boulleret (Cher).

Au Peseau, ensemble de constructions du XVe siècle réunies au XVIIIe siècle et remaniées au XIXe siècle, on a remonté en 1890 en provenance du château de Vailly ruiné l'encadrement d'une porte de chapelle. Ce fragment porte le chiffre et les armes de François de Breuil, qui fut archevêque de Bourges de 1520 à 1525. Le couronnement agrémenté de deux animaux agenouillés et le petit tympan à coquille sont encore d'un esprit très traditionnel, mais les rinceaux qui tapissent l'entablement et surtout les pilastres témoignent d'une bonne maîtrise du nouvel art décoratif.

VAILLY. Portail de la chapelle remonté au château du Peseau.

44.
Ussé

à Rigny-Ussé

INDRE-ET-LOIRE / PROPRIÉTÉ PRIVÉE / ✳

Vaste château réédifié au milieu du XVe siècle par la famille de Bueil, Ussé se dresse au-dessus de la vallée de la Loire, à la lisière de la forêt de Chinon. Le quadrilatère de pierre blanche est flanqué de tours rondes aux angles selon le schéma habituel. L'une des tours, plus importante, est le donjon. Le château vint en 1485 aux mains de Jacques d'Espinay, chambellan de Louis XII et petit-fils d'une Visconti, donc cousin du roi. Après sa mort en 1523, son fils Charles d'Espinay, marié à Lucrèce de Pons, reprit l'aile occidentale dans le style nouveau. Les fenêtres sont alors garnies de pilastres, comme les lucarnes qui reçoivent un haut couronnement formé d'un fronton cintré sommé d'une niche et surmonté du même motif traité en miniature, le tout épaulé par des arcs-boutants à triple volée.

Jacques d'Espinay jugeait insuffisante la première chapelle du château. Pour répondre aux dernières volontés de son père, Charles fit bâtir une chapelle collégiale isolée, décorée avec le plus grand

USSÉ. *Ci-contre* : La collégiale.

USSÉ. Stalles et porte latérale dans la collégiale.

raffinement. Elle fut consacrée en 1538. Sa structure est encore celle d'un édifice gothique coiffé d'un immense pignon et voûté sur croisées d'ogives, mais les structures habituelles du gothique flamboyant, portail lié à la fenêtre axiale de la nef, contreforts obliques, pinacles couronnant les contreforts latéraux, ont été traités selon le goût italianisant le plus chargé, celui de la chartreuse de Pavie. Tout le répertoire est réuni sur un faible espace, pilastres, balustres, coquilles, médaillons, candélabres, tables à l'antique, rinceaux et denticules. La même accumulation savante se rencontre à l'intérieur, tant aux stalles qu'au petit portail latéral.

Après René d'Espinay, le château appartint en 1557 à Suzanne de Bourbon. Au XVIIᵉ siècle, furent aménagées les terrasses. Au XVIIIᵉ siècle, pour mieux profiter de la vue de la Loire en ouvrant la cour, on détruisit l'aile nord et on habilla les extrémités des ailes ouest et est d'une habile architecture de pastiche. A la même époque, fut bâti le petit château voisin.

p. 134 : USSÉ. L'aile occidentale, façade sur la cour.

USSÉ. Médaillon de la façade de la collégiale.

45.
Le Plessis Rideau

plus tard Les Réaux

à Chouzé-sur-Loire

INDRE-ET-LOIRE / PROPRIÉTÉ PRIVÉE

C'est la puissante famille tourangelle des Briçonnet que nous rencontrons au Plessis-Rideau, propriété de Jean Briçonnet, maire de Tours au XVᵉ siècle, puis en 1493 de son fils Guillaume qui, après une carrière de receveur général des finances, était entré dans les ordres à la mort de sa femme Raoulette de Beaune. Cardinal en 1495, archevêque de Reims en 1497, puis de Narbonne dix ans plus tard, il avait été l'un des conseillers les plus écoutés de Charles VIII et l'avait poussé à l'expédition italienne. Guillaume Briçonnet mourut en 1514 sans avoir probablement achevé la reconstruction de son manoir, qui fut l'œuvre de son fils Jean. L'une des fenêtres porte une salamandre. Si elle n'a pas été ajoutée gratuitement par un restaurateur du XIXᵉ siècle, cela permettrait de dater les travaux après l'avènement de François Iᵉʳ.

La partie primitive est formée d'un pavillon quadrangulaire dont la façade occidentale, du côté de l'entrée, est flanquée de deux tours rondes, et qui s'agrémente au sud d'une haute tour carrée renfermant l'escalier. Un extraordinaire habillage polychrome revêt toutes les façades, avec de subtiles variations sur le thème du damier, fai-

sant alterner les carreaux de pierre blanche et les carreaux de brique rouge. Ce goût du décor coloré est alors relativement exceptionnel dans les pays de Loire et n'y durera guère, tandis qu'il se maintiendra plus longtemps en Normandie, en pays d'Auge notamment, ainsi qu'en Ile-de-France et en Picardie. Ici, les effets d'échiqueté ou de tissu tramé se conjuguent avec une modénature très soignée, traitée en pierre blanche : corniche à faux mâchicoulis des tours rondes, fenêtres traitées en léger avant-corps et cernées de pilastres très régulièrement dessinés, lucarnes à frontons en coquille.

Au XVIIe siècle, le château appartiendra à Gédéon Tallemant des Réaux, l'illustre auteur des *Historiettes*, qui lui donnera le nom « Les Réaux », venu d'une terre bourguignonne qu'il avait vendue.

p. 136 : LE PLESSIS RIDEAU (LES RÉAUX). Châtelet d'entrée. Le bâtiment de droite date du XIXe siècle.

46.

La Bourgonnière

à Bouzillé

MAINE-ET-LOIRE / PROPRIÉTÉ PRIVÉE

Du manoir du XVe siècle, il ne reste, après les guerres de Vendée, qu'un donjon haut de 30 mètres, surélevé d'un étage plus aimable au XVIe siècle. Vers 1520-1525, Louise de Montfaucon fit construire la chapelle, joyau de l'art religieux de la première Renaissance, décoré avec une grande richesse. Un retable de pierre de conception toute italienne abrite une célèbre figure de Christ en croix vêtu d'une robe. Le château lui-même a été rebâti au premier Empire.

LA BOURGONNIÈRE. La chapelle, avec le Christ en robe.

47.

Le Lude

SARTHE / PROPRIÉTÉ PRIVÉE / ✱

Planté sur un plateau dominant le Loir, Le Lude a connu un premier château dès le Xᵉ siècle, élevé par le comte d'Anjou contre les Normands. Il devint en 1457 la propriété de la famille de Daillon. Jean II de Daillon, chambellan de Louis XI et gouverneur du Dauphiné, en fait entreprendre la reconstruction. C'est un quadrilatère de corps de logis flanqué de tours rondes. La façade nord, malgré de forts remaniements au XIXᵉ siècle, garde encore le caractère de la première campagne de travaux, avec ses grandes lucarnes de style gothique et la terrasse en galerie qui court au rez-de-chaussée, portée sur quatre arcs brisés ; elle est due à Jacques Gendrot, qui avait été maître des œuvres de René d'Anjou. Les balcons et la statue équestre de Jacques de Daillon sont une addition du siècle dernier.

Jean II de Daillon étant mort en 1480, les travaux furent poursuivis par son fils Jacques de Daillon, chambellan de Louis XII et de François Iᵉʳ, qui sera blessé à Pavie. De cette campagne date la façade sud, entreprise du vivant de Louis XII puisqu'elle montre encore des figures de porcs-épics sur la balustrade de sa terrasse, portée par trois arcs en plein cintre. Enfin, le chantier fut continué dans les années 1520-1530, avant la mort de Jacques de Daillon en 1532. Le style procède du Blois de François Iᵉʳ, avec ses travées verticales régulières, mais le décor sculpté est beaucoup plus chargé ; il tapisse entièrement les piédroits garnis de pilastres, les linteaux et les allèges des fenêtres, ainsi qu'un double bandeau formant frise, qui réunit les grandes lucarnes coiffées de frontons à coquilles. Mais Le Lude annonce aussi Chambord, par le rôle dévolu aux énormes tours rondes, pourvues comme à Azay d'un appareil défensif de fantaisie (galerie circulaire portée sur des mâchicoulis).

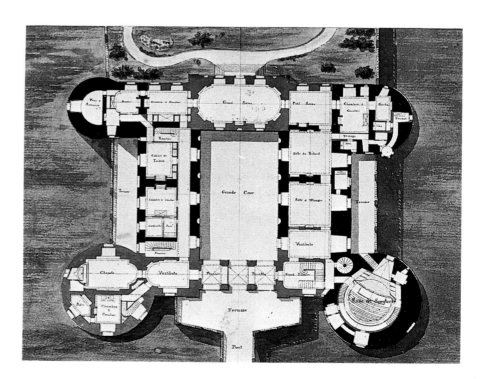

LE LUDE. Plan du château vers 1785 montrant, en poché clair, les transformations de l'architecte Barré (Bibl. nat., Estampes).

LE LUDE. Peintures du studiolo
de Guy de Daillon.

Une insistance particulière du goût «antiquaire» se fait remarquer
par le jeu des médaillons garnis d'effigies qui apparaissent partout,
sur les frises et les encadrements de pierre d'abord, mais aussi, avec
des dimensions et un relief plus importants, sur les grands aplats
des parois de mortier qui séparent les travées de fenêtres. Leur
seule présence affirme d'une façon nouvelle la composition symétrique des façades mouvementées (logis et tours) et répond ainsi au
premier idéal de régularité défini peu auparavant à Bury. La situation de la terrasse en plein midi est une autre conquête du château
sur l'espace environnant, déjà tentée à Chenonceau au-dessus du
Cher.

Le Lude fut profondément remanié durant les générations suivantes. Le plan que nous publions ici, et que l'on peut dater des
transformations opérées en 1785 par l'architecte Barré pour la marquise de La Vieuville, semble indiquer que les façades latérales de
la cour intérieure furent conservées lors de ces travaux. Dans leur
état actuel, on pourrait les dater de la seconde moitié du XVIᵉ siècle.
Barré s'employa, du côté de l'entrée à l'ouest, à remplacer un corps
de logis par un portique ouvert de trois arcades (comme on le fera
plus tard à Pau) et à reconstruire les extrémités des ailes et la tour
nord-ouest, la seule qui soit entièrement en pierre de taille. Au
fond de la cour, il éleva un nouveau corps de logis pastichant les
façades latérales, mais pourvu, côté jardin, d'une façade Louis XIII.

pp. 140-141: LE LUDE. La façade méridionale.

LE LUDE.
Plafond du
studiolo.

Beaucoup plus tard, le château sera énergiquement restauré, à partir de 1852, pour le marquis de Talhouët.

La tour sud-est conserve un précieux cabinet où les travaux de 1853 révélèrent un remarquable ensemble de peintures murales que l'on peut dater entre 1559 et 1585, moment où Le Lude appartint à Guy de Daillon et Jacqueline de La Fayette, à qui l'on doit peut-être les façades sur la cour. Dominique Bozo a rapproché ces peintures d'un manuscrit des *Triomphes* de Pétrarque, peint vers 1515, qui appartint à Jacques de Daillon (aujourd'hui à la bibliothèque de l'Arsenal) et d'un livre illustré par Bernard Salomon, *Les Quadrins historiques de la Bible*, paru à Lyon en 1553. De grandes compositions garnissent la zone médiane des murs, mêlant l'Ancien Testament à l'histoire romaine (*Le Triomphe de la chasteté, L'Arche de Noé*). Les lunettes inscrites entre les retombées des voûtes ont reçu huit scènes de la *Vie de Joseph;* enfin la voûte elle-même est peinte de grotesques dans le style des *Loges* du Vatican. On a attribué ces dernières peintures à un élève de Jean d'Udine, collaborateur de Raphaël, mais D. Bozo les rattache plus volontiers à des recueils gravés diffusés d'après Dominique Florentin ou Du Cerceau. Guy de Daillon, en réunissant ces divers modèles, a dû dicter leur programme aux artistes. Le *studiolo* du Lude est ainsi l'un des rares exemples subsistants des cabinets à l'italienne des grands seigneurs français avec ceux de Pibrac et de Beauregard.

48.

Bénéhart

à Chahaignes

SARTHE / PROPRIÉTÉ PRIVÉE

Bâti pour Jacques de Maillé, le château de Bénéhart est une construction modeste, mais ses hautes lucarnes sont ornées avec le même souci décoratif que les grandes demeures contemporaines. Il illustre donc bien la diffusion de l'esthétique de la première Renaissance, dans les années 1520 probablement. L'édifice se présente en longueur, simple corps de logis terminé par deux tours rondes. Du côté de la rivière de la Veuve, où il dresse sa seule façade décorée, son centre est occupé par une tourelle hexagonale à demi engagée, qui abrite un escalier en vis. C'est par elle qu'on accède de la cour au jardin, intéressante disposition axiale qui rappelle celle qu'on a vue à Bury.

BÉNÉHART. Façade sur le vallon.

143

49.
Saint-Ouen

à Chemazé

MAYENNE / PROPRIÉTÉ PRIVÉE

Saint-Ouen est à l'origine une chapelle, sinon un prieuré, dépendant de l'abbaye voisine de La Roë. Cette chapelle très modeste existe encore, à l'extrémité droite des constructions actuelles. A l'extrémité gauche, un petit manoir tout aussi modeste, pourvu d'une petite tourelle d'escalier polygonale, a pu être élevé dans le courant du XVe siècle pour faciliter la desservance de la chapelle. Cet établissement mineur attira le regard du nouvel abbé de La Roë, qui décida d'y faire construire.

Guy Leclerc de Goulaine, de famille angevine, a été élu abbé de La Roë en 1493, mais une contestation fait retarder son installation jusqu'en 1495. On le trouve en 1506 aumônier de la reine Anne de Bretagne (et plus tard de sa fille Claude); il est pourvu bientôt de deux nouvelles abbayes et plus tard de l'évêché de Saint-Pol-de-Léon, où il ne se rendra guère. C'est en 1505 qu'il se fait affecter personnellement le petit manoir de Saint-Ouen pour sa résidence. Tout en conservant l'ancien bâtiment, il fait bâtir entre celui-ci et la chapelle un nouveau corps de logis beaucoup plus haut et largement éclairé par de grandes baies. Entreprise selon le type traditionnel, la construction est encore de style flamboyant et présente de grandes lucarnes de pierre à gâbles et pinacles. L'accès aux étages du nouveau logis a dû poser problème; la tourelle du vieux logis était insuffisante, et l'abbé semble avoir hésité quelque temps. La

p. 145: SAINT-OUEN. La tour d'escalier.

SAINT-OUEN. A gauche et à droite, l'ancien prieuré (manoir et chapelle), au centre le nouveau logis de Guy Leclerc de Goulaine.

tour monumentale qui fait le principal intérêt de Saint-Ouen marque en effet un changement de style catégorique ; en outre, elle semble plaquée contre le corps de logis comme si elle n'avait pas été prévue à l'origine, au moins dans ses dimensions considérables. Sans documents, on la date généralement après 1515 et avant la mort de Guy Leclerc survenue en mai 1523.

C'est là une nouvelle variation sur le thème de la tour d'escalier saillante, après Meillant, après le Blois de Louis XII et plus encore le Blois de François Ier qui a dû influencer la construction de l'abbé. L'originalité réside ici d'une part dans le plan carré, très inhabituel et finalement incommode pour y loger un escalier en vis de plan circulaire, et d'autre part dans la non-pénétration de la tour, à l'intérieur du logis. L'exubérance du décor, le couronnement en terrasse cernée d'une lourde balustrade à demi militaire ajourée de motifs

SAINT-OUEN. L'escalier.

très inhabituels (les « roues » qui sont les armes parlantes de l'abbaye de La Roë), tout cela donne à la tour de Saint-Ouen une parenté inattendue avec l'architecture manuéline du Portugal. Une extraordinaire fantaisie règne partout, aux colonnes jumelles striées ou cannelées qui marquent les angles de la construction, aux frontons variés qui somment les fenêtres, aux frises et aux chapiteaux étranges. L'intérieur de la grande vis n'est pas moins orné, on y trouve à nouveau les roues, les initiales de l'abbé et une frise de fleurons et d'entrelacs. Au-dessus du premier étage, une gracieuse tourelle sur trompe se dresse à l'angle rentrant du logis pour mener, depuis le grand escalier, jusqu'aux niveaux supérieurs, à la chambre haute d'abord, dite Chambre des bains de la reine, vaste belvédère carré qui a gardé son pavement et sa voûte, et au-dessus à la terrasse supérieure.

50.
Bonnivet

à Vendeuvre-du-Poitou

VIENNE / RUINES

Il ne reste que des ruines de l'un des plus grands et des plus célèbres châteaux du règne de François Ier, monument exemplaire élevé par l'un des favoris du roi chevalier, Guillaume Gouffier. « Le plus superbe édifice qui soit en France s'il était achevé », disait Brantôme et Rabelais le prendra comme modèle de son abbaye de Thélème. Son histoire a été renouvelée récemment par Jean Guillaume qui en a souligné toutes les nouveautés en s'appuyant sur une confrontation minutieuse des dessins et des gravures avec les résultats de fouilles menées sur place. Cadet d'une grande famille poitevine, et fils d'une Montmorency, Guillaume Gouffier est né vers 1481. Il hérite la terre de Bonnivet en 1506 lors de son mariage avec Bonaventure du Puy du Fou. Son frère Artus, Grand maître de France — celui qui commencera Oiron — l'introduit dans les bonnes grâces

BONNIVET. Gravure de la *Topographie françoise* de Claude Chastillon.

Echelle de la Lucarne de vingt cinq pieds de hauteur

I. Tuxe.

Lucarne dont il y en a 44 toutes semblables a cellecy
hors la diuersité des Corniches lesquelles sont posées
sur trois estages de fenestres.

de François Ier; il est nommé amiral de France à la fin de 1516, puis gouverneur du dauphin et du Dauphiné à la mort d'Artus en 1519. Veuf, il s'est remarié en 1517 avec Louise de Crèvecœur et devient le premier favori du roi qu'il accompagne dans ses campagnes italiennes. Sa carrière est aussi courte qu'elle est brillante, il est tué à Pavie en 1525.

Le sire de Bonnivet veut rivaliser avec les nouvelles constructions de son maître à Blois. Dans un site vierge, il fait tracer le plan d'une immense résidence aux dispositions aussi régulières que celles de Bury, beaucoup plus moderne, donc, que toutes les résidences royales liées à des bâtiments plus anciens qu'il faut prendre en compte. C'est un vaste rectangle planté sur des terres rapportées au versant d'une pente douce, le corps de logis s'éclairant au sud, vers la pente, et dominant un fossé. Le grand logis est entrepris en 1516 et terminé en 1520 ou 1521. La visite de la cour de France en 1519 survient à un moment où le gros œuvre est achevé. Le connétable de Bourbon, qui était duc de Châtellerault, donc voisin, se scandalisa de voir pareil château construit par un petit cadet. L'édifice devait faire en effet grande impression, avec ses cent mètres de

p. 148 en haut: BONNIVET. Porte et lucarne, gravures de Lapointe, vers 1670-1680.

en bas: BONNIVET. Clef de voûte de la faunesse et médaillon (musée du Louvre).

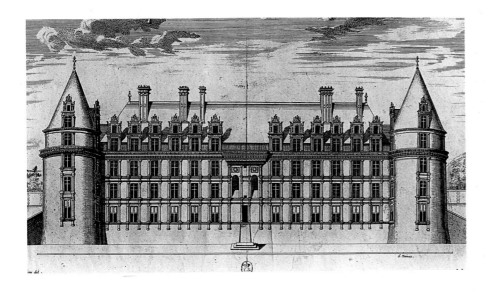

BONNIVET. Gravure de Lapointe d'après La Gueretière, vers 1670-1680.

BONNIVET. Vestiges des ailes.

longueur, et une élévation de trente mètres comprenant au-dessus du rez-de-chaussée deux étages carrés et deux étages de lucarnes : un colosse architectural éclairé selon la renommée de 365 fenêtres et cerné de deux tours rondes qui affirmaient le caractère féodal de la demeure avec d'autant plus d'insistance qu'aucune construction seigneuriale ne l'avait précédée. Au centre, une sorte d'avant-corps, couronné au départ du grand comble d'une simple balustrade interrompant les lucarnes, manifestait la présence du grand escalier dont il assurait l'accès vers les jardins par une porte au rez-de-chaussée. L'escalier était conçu comme une grande vis enfermée dans un plan carré, éclairée du côté de la campagne par un cabinet à claire-voie et accessible du côté de la cour par un vestibule ouvert de deux arcades. La cour était bordée de deux ailes, l'une pleine à l'est, l'autre à l'ouest faite d'un portique d'arcades ouvertes. L'entrée, enfin, était ménagée dans un mur-écran percé lui aussi d'arcades.

Les meilleures équipes de sculpteurs royaux avaient été recrutées pour le décor des façades, notamment des lucarnes à deux étages, le décor de l'escalier, garni de caissons sculptés et de médaillons, le décor des portes intérieures et des cheminées. Il en reste de nombreux fragments qui témoignent de leur exceptionnelle qualité, dans différents musées (Louvre, Cluny, musée des Antiquités de l'Ouest à Poitiers), dans les fermes ou les châteaux voisins (Avanton près de Bonnivet, Le Givre en Vendée).

Bonnivet inachevé passa en 1525 au fils du premier lit, prénommé Louis, qui mourut deux ans plus tard, puis aux enfants nés du second lit. Plus tard, en 1622, on le trouve aux mains d'un acquéreur, Aymé de Rochechouart, puis de sa petite-fille Eléonore de Mesgrigny qui tenta d'achever à moindres frais l'immense bâtisse (1649 à 1672). C'est à elle que l'on doit ainsi le réaménagement de l'aile nord (les arcades du portique étant conservées comme un simple écran après arasement du mur extérieur), et celui de la façade d'entrée. Après ce timide renouveau, le château tombera dans l'oubli, il sera démoli à partir de 1788 et la destruction se poursuivra jusqu'au début du XIXe siècle. Seules quelques arcades ruinées s'élèvent encore du sol pour témoigner de l'ancienne grandeur de Bonnivet.

51.
Coussay

VIENNE / PROPRIÉTÉ PRIVÉE

Coussay en Mirebalais est encore une demeure de la famille Briçonnet. Denis Briçonnet était évêque de Lodève et abbé de Cormery, fils du cardinal Guillaume, frère de l'évêque de Meaux Guillaume et du président à la Chambre des comptes, Jean. Lorsqu'il revient de son ambassade à Rome auprès de Léon X (1517-1519), il se fait bâtir de 1519 à 1521 un agréable logis dépourvu de tout appareil militaire, à l'emplacement d'un ancien prieuré. L'entrée et les communs forment un premier ensemble modeste, en équerre. Le pavillon qui renferme le passage cocher est flanqué d'un second pavillon au toit plus aigu, abritant au niveau inférieur une fontaine, ou plutôt déjà une sorte de nymphée, largement ouvert par un arc en anse de panier.

Plus loin, le manoir lui-même se dresse sur une plate-forme carrée cernée d'une enceinte de murs bas cantonnés d'échauguettes et entourés de fossés. Le bâtiment est constitué d'un simple corps de logis bas de 25 mètres de long (rez-de-chaussée surélevé et étage sous comble éclairé par des lucarnes) dont les angles sont marqués par des tours rondes, l'une d'entre elles plus importante en guise de donjon. Par cette disposition nouvelle, la plate-forme se trouve séparée en deux espaces diversifiés, une cour d'entrée d'un côté, un jardin clos par-derrière, conçu pour l'agrément. C'est une traduction française de la villa italienne, imaginée pour le séjour d'un prélat lettré. Le décor sculpté, très soigné, a peut-être été demandé aux équipes qui travaillaient alors à Bonnivet. Il faut noter particulièrement la qualité des lucarnes du pavillon d'entrée et surtout la belle frise de rinceaux qui décore la façade du nymphée.

En 1543, le manoir vint aux mains de la famille Du Plessis, et c'est le futur cardinal de Richelieu, leur descendant, qui fera ajouter la porte à fronton du corps de logis. Il y séjourna fréquemment au début de sa carrière (1616).

à gauche: COUSSAY. Le logis.

ci-dessous: COUSSAY. L'aile d'entrée et le nymphée.

52.

La Roche Gençay

à Magné

**VIENNE / PROPRIÉTÉ PRIVÉE
MUSÉE DE L'ORDRE DE MALTE / ∗**

Les transformations opérées autour de 1870 sur les fenêtres centrales et la tour de gauche ne doivent pas masquer l'intérêt du château de La Roche-Gençay. Il affecte le même plan que le manoir de Coussay, un corps de logis allongé, flanqué de quatre tours rondes à ses angles, mais ses proportions sont beaucoup plus importantes, en plan comme en élévation. Jean Guillaume y voit le dernier château gothique bâti en Poitou, et il témoigne de la même persistance de l'esprit flamboyant que l'hôtel Fumée à Poitiers, qui lui est contemporain.

Le château a été bâti en commençant par la partie gauche, vers 1520, pour Briand d'Appelvoisin, qui meurt entre 1531 et 1535, puis poursuivi vers la droite par son frère Guillaume, époux d'Anastasie de La Béraudière. Le changement de style est patent ; les trois travées de gauche ont encore des lucarnes à grands gâbles cernés d'arcs-boutants au réseau très fleuri, dans l'esprit de Josselin ou du premier Amboise, celles de droite au contraire sont encadrées de pilastres et coiffées de frontons aux versants incurvés, surmontés de coquilles. La Roche appartint ensuite, par le mariage de Renée d'Appelvoisin, à Georges de Villequier qui fut l'un des chefs de la Ligue en Poitou.

LA ROCHE GENÇAY. Façade postérieure.

53.
La Roche du Maine

à Prinçay

VIENNE / PROPRIÉTÉ PRIVÉE

L'étrange demeure, qui défie l'ordinaire logique des constructeurs de cette époque, pose encore aux historiens bien des énigmes. Jean Guillaume l'explique, avec beaucoup de vraisemblance, comme le témoignage d'un retour brutal à l'architecture féodale, voulu en cours de travaux par un grand capitaine désireux de marquer dans

la pierre son prestige militaire. A suivre sa restitution chronologique, il faut penser que la première bâtie des deux ailes subsistantes fut le grand corps de logis oriental. C'est un bâtiment assez modeste, pourvu de grandes lucarnes richement décorées de niches et de putti et flanqué d'une tour carrée renfermant l'escalier en vis du logis. Il a été bâti par Charles Tiercelin, fils d'un chambellan de Louis XI qui fut capitaine de Plessis-lès-Tours. Lui-même, né en 1482, est gouverneur de Chinon et maître des Eaux et Forêts. Les travaux ont pu commencer vers 1516-1520 après son mariage avec Anne Turpin de Crissé, fille d'un autre chambellan de Louis XI.

Tiercelin fit en Italie une brillante carrière militaire au service de Louis XII, puis de François Ier. Peu de temps après le début des tra-

LA ROCHE DU MAINE. Façades sur la cour.

vaux, le logis ne lui suffisait plus, il lui fallut créer de toutes pièces un vrai château seigneurial avec des tours et une porte monumentale. D'où la décision d'achever le logis vers le nord par une grosse tour ronde engagée dans le pignon, et de poursuivre la construction, en retour d'équerre, par un châtelet d'entrée venant fermer la cour d'honneur, châtelet flanqué selon la tradition de deux tours rondes encadrant le portail. Un même appareil défensif purement illusoire (mâchicoulis, chemin de ronde percé d'archères et, en guise de créneaux, de fenêtres aux angles arrondis), revêt la grosse tour et le châtelet. Au centre, sé souvenant de l'exemple de Louis XII à Blois et du maréchal de Gié au Verger, il érige sa propre statue équestre.

Sur la cour, le châtelet présente une façade plus riante ; elle est scandée par les puissants contreforts qui viennent contrebuter les arcs d'une galerie à claire-voie, celle-ci décorée d'ornements cynégétiques. Le chantier est brusquement stoppé en 1525 lorsque le maître des lieux est fait prisonnier à Pavie. On peut imaginer que c'est à une date ultérieure que Tiercelin, qui survivra jusqu'en 1567, fait reprendre le chantier abandonné et ajouter à l'extrémité du

154

corps de logis, vers le sud, un grand pavillon rectangulaire destiné à abriter un escalier monumental à rampes droites, et amorce d'une aile nouvelle en retour. Il n'en reste que des ruines. L'intérieur du château abrite à l'étage une galerie des Cerfs, une grande salle dont le carrelage porte les armes des Turpin de Crissé et une cheminée dont le manteau est orné d'un cerf couché analogue à celle que Tiercelin fit faire en 1557 à Chitré. La Roche-du-Maine appartint à la fin du siècle à son gendre François d'Appelvoisin. Après avoir été longtemps abandonné à la ruine, il est en cours de restauration.

54.
Les Granges Cathus

à Talmont-Saint-Hilaire

VENDÉE / PROPRIÉTÉ PRIVÉE

C'est l'influence de Bonnivet et de Coussay qui se manifeste dans le petit logis seigneurial édifié par Jean Cathus, capitaine de Talmont, en 1525, date inscrite sur la porte d'entrée. Le logis affecte un plan en équerre, avec une tour d'escalier dans l'angle rentrant, il est bâti en schiste, à l'exception des encadrements de baies qui sont en calcaire. Malgré la restauration radicale pratiquée en 1878, il reste le beau décor de la porte d'entrée, des cheminées, et plus encore le superbe escalier qu'on pense aussitôt à rapprocher de Montal ou de Cieurac. Les sous-faces des marches ont été « délardées » pour former une rampe hélicoïdale sans interruption, que Jean Cathus a fait entièrement recouvrir de reliefs décoratifs portant ses armoiries et celles de sa première femme, celles de sa mère, le blason des Montmorency, et une foule d'emblèmes divers parmi lesquels on remarquera l'étrange cœur mis en presse. La vis ne s'interrompt pas par des paliers, et les portes des appartements sont ouvertes directement sur les marches, groupées gracieusement sous des petites voûtes en pendentif.

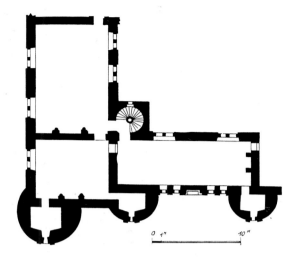

LA ROCHE DU MAINE. Plan du premier étage d'après Deverin (*Congrès archéologique,* 1951).

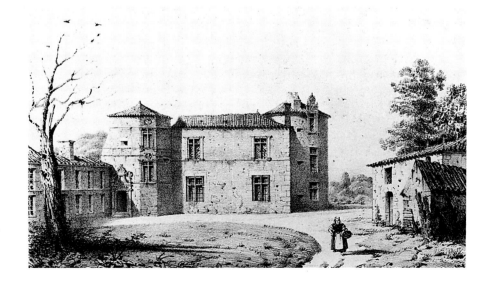

LES GRANGES CATHUS. Gravure d'Octave de Rochebrune en 1858.

LES GRANGES CATHUS. Voûte de l'escalier.

LES GRANGES CATHUS. L'escalier, gravure d'Octave de Rochebrune en 1858.

55.

Romorantin

Propriété des comtes de Blois, Romorantin vint en 1445 aux mains du comte Jean d'Angoulême qui fit reconstruire le château, au bord de la Sauldre, entre 1448 et 1467. Les travaux furent poursuivis en 1512 sur l'ordre de son jeune fils, le comte François, par Pierre Trinqueau. Devenu roi, François Ier voulut en faire la résidence de sa mère Louise de Savoie, à proximité de ses résidences d'Amboise et de Blois. De ces travaux subsistent une tour et une partie d'aile. La tour, de plan carré, est percée d'une travée de baies superposées, terminée par une lucarne coiffée d'un fronton semi-circulaire.

François Ier avait en tête pour Romorantin un projet autrement grandiose. Il voulait y bâtir une vaste résidence royale et tracer à

ROMORANTIN. Projet de château, dessin de Léonard de Vinci (Windsor, 12.292 v°)

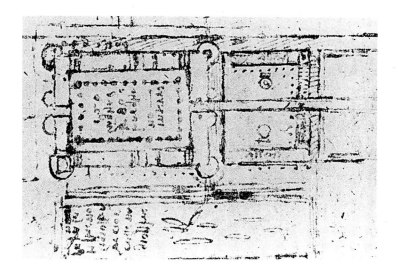

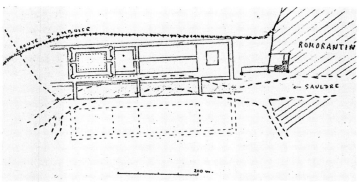

ROMORANTIN. Restitution du projet de Léonard de Vinci, par Jean Guillaume (*Revue de l'art,* n° 25, 1974).

ci contre: ROMORANTIN. Projet de château, plan dessiné par Léonard de Vinci (Milan, Codex Atlanticus, 76 v.b)

proximité une ville neuve agrémentée de canaux irrigués par la Sauldre. Il s'en ouvrit à Léonard de Vinci qui semble, d'après les recherches des professeurs Heydenreich et Pedretti, avoir repris pour le roi de France d'anciens projets de château lié à une rivière, projets dont l'émergence apparaît dans certains dessins de l'artiste, à l'identification souvent difficile. Léonard vint se fixer en France en 1516, logé au Clos-Lucé, près d'Amboise. De 1516 à 1518, il dessine pour François Ier le plan d'un palais neuf, vaste rectangle dont l'un des grands côtés devait être bordé de gradins descendant vers la rivière pour les spectateurs des jeux nautiques. L'édifice aux proportions ambitieuses se serait dressé hors de la vieille ville, en aval du château vieux. Entre les deux châteaux, devait prendre place la ville neuve de Romorantin baignée de canaux que l'artiste dessine à l'instar de ceux qu'il avait imaginés pour Milan. En même temps, le roi sollicitait probablement Léonard pour son nouveau projet, celui de Chambord. L'artiste mourut en 1519 sans que les projets des bords de Sauldre aient connu un début d'exécution.

ROMORANTIN. Tour modifiée par François Ier.

56

Chambord

LOIR-ET-CHER / A L'ÉTAT / ✳

La construction du grand château royal de François Ier répond à bien d'autres aspirations que celle des demeures princières qui ont précédé ou qui suivront. L'idée pure d'une architecture parfaite et nouvelle inspirée par des concepts étrangers aux problèmes de la stricte habitation a inspiré cette création extraordinaire. Elle garde pour l'imagination le caractère totalement féerique qui s'attache aux œuvres abstraites, dégagées des contingences. Pour la nouvelle monarchie française, baptisée dans les eaux nouvelles de la pure architecture, il s'agissait de bâtir la demeure idéale du souverain. Comme Jean Guillaume l'a récemment montré, la rencontre exceptionnelle d'un jeune souverain avide de conquérir une gloire éternelle et du plus grand artiste que connaissait alors l'Europe, le vieux Léonard de Vinci, allait faire surgir ce monument colossal que le roi finalement habita peu. Il sera bien achevé sur son ordre et celui de son fils, mais à un moment où l'esthétique dont il relevait n'intéressait plus et où la cour de France avait quitté depuis longtemps les bords de la Loire pour ceux de la Seine.

L'immense bibliographie écrite sur Chambord a été souvent faite de thèses et d'antithèses où l'échange d'arguments prenait le ton d'une bataille nationaliste entre les tenants de la tradition française et ceux de l'influence italienne. Les récentes mises au point de Jean Guillaume et de J. Martin-Demézil, si elles ne produisent pas de preuve documentaire concluante, emportent néanmoins l'adhésion par la force des arguments historiques, et renvoient d'une certaine manière les adversaires dos à dos. Des Italiens, certes, mais qui ont génialement assimilé les qualités de l'architecture française

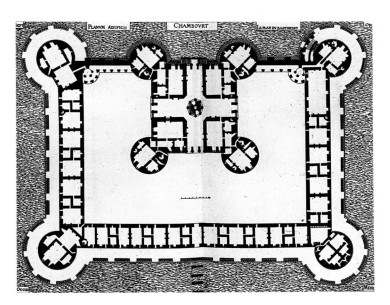

CHAMBORD. Plan général gravé par Du Cerceau (*Les Plus Excellents Bâtiments de France*, t. I).

Ci contre: CHAMBORD. Plan du modèle en bois du donjon, dessiné par Félibien (collection particulière ; cliché aux Archives dép. de Loir-et-Cher).

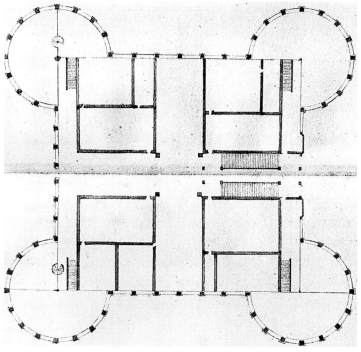

CHAMBORD. Le donjon.

traditionnelle ; des Français, sûrement, qui ont bâti en prenant des licences avec les projets qui leur étaient imposés.

François Iᵉʳ a rencontré Léonard peu après Marignan et il est parvenu à l'attirer en France dans son sillage. Il l'installe, à son arrivée, au manoir du Clos-Lucé, dans la proximité directe de sa résidence royale d'Amboise. Léonard y passe ses dernières années, de l'automne 1516 à sa mort survenue le 2 mai 1519. Le roi le comble de prévenances et d'égards, il le consulte aussi pour ses projets. Les travaux entrepris dans les anciennes résidences de Louis XII, à Amboise comme à Blois, visaient à compléter des lieux qui étaient déjà depuis longtemps le séjour de la Cour. François Iᵉʳ a maintenant une autre ambition, créer de nouveaux châteaux qui lui devraient entièrement l'existence. Léonard est ainsi convié à étudier un projet pour Romorantin (voir nº 55), où François Iᵉʳ imagine une

CHAMBORD. Vue générale depuis la forêt.

CHAMBORD. Élévation du modèle en bois dessinée par Félibien

ville nouvelle, traversée de canaux et liée à un palais royal, thème sur lequel Léonard a donné plusieurs dessins ; sa mort suspendra entièrement le projet.

Parallèlement, le roi rêve d'un vaste château royal en pleine campagne, à proximité d'une forêt giboyeuse où la cour de France pourrait s'adonner pleinement aux plaisirs de la chasse, tout particulièrement goûtés alors, comme en font foi les peintures seigneuriales de Rochechouart ou du Lude. Le choix se fixe sur un petit manoir des comtes de Blois situé à 16 kilomètres de Blois, au village de Chambord. Un Italien formé à Florence, Dominique de Cortone dit le Boccador, attaché à la cour de France, est chargé de mettre en forme les idées émises pour le nouveau château ; il réalise une maquette en bois, qui existait encore au XVIIe siècle, avec d'autres, dans le château de Blois. L'historien Félibien a pu à cette époque l'examiner et en donner de précieux dessins (élévation et plan) qui fondent notre connaissance sur le premier projet du donjon de Chambord.

A la ressemblance de Vincennes, le donjon va s'insérer à cheval sur une vaste enceinte rectangulaire (156 × 117 m) formée de courtines scandées de tours aux angles. Mais la comparaison s'arrête là. L'enceinte et les grosses tours rondes ont perdu leur vocation défensive et seront même interrompues au niveau du premier étage sur la face de l'entrée pour dégager la vue du château proprement dit. Quant au donjon, placé rigoureusement dans l'axe de l'entrée et concourant à l'alignement de la grande façade mouvementée du côté du parc vers le nord, il a pris des proportions gigantesques. Il affecte un plan carré cantonné de tours cylindriques aux angles ; ses façades entre les tours sont longues de 43 mètres.

La disposition intérieure que l'on observe sur le plan du modèle en bois est surprenante. Le plan centré aux proportions rigoureuses a en effet été exploité jusqu'aux dernières conclusions de sa logique interne. Ainsi l'espace carré est partagé par une immense croix dont les bras s'ouvrent par des portiques au centre de chacune des façades et se rencontrent au centre sur un plus petit espace carré. Trois des bras sont occupés par de grandes salles en communication les unes avec les autres ; le quatrième, du côté de la cour, aurait accueilli un extraordinaire escalier droit formé de deux longues rampes latérales menant toutes deux au premier étage. Elles auraient enserré au niveau du rez-de-chaussée un passage central, coiffé par une volée centrale unique prenant le relais des deux volées précédentes. Un tel escalier avait déjà été dessiné par Léonard pour le projet de villa de Charles d'Amboise à Milan (1506). Dans les carrés latéraux isolés par la croix et mis en communication avec les tours d'angles, étaient distribués quatre appartements semblables.

Avec autant de subtilité que d'audace ces dispositions étonnantes s'inspirent d'une série de recherches menées dans l'Italie de la fin du Quattrocento ; elles concernaient l'application du plan centré à l'architecture religieuse (la basilique Saint-Pierre de Rome de Bramante), ou à l'architecture civile, comme la villa de Poggio a Cajano et les projets mûris par Léonard et avant lui par Francesco di Giorgio et Filarete. Mais elles s'appuient aussi sur une conception toute française du château de plan massé (Martainville) récemment reprise à Chenonceau, et aussi sur la régularité et l'ordre progressif des façades que l'on trouvait à Bury et à Gaillon. Faut-il ajouter ce qui est l'évidence, le goût encore gothique pour les tours — qu'on a vu très vif au Lude et à Azay — et pour le foisonnement ascendant de toute la couverture — qu'on trouvait déjà au XIVe siècle à

Mehun-sur-Yèvre : combles immenses, lucarnes, souches de cheminées, lanternon central enfin, issu, lui, des tours-lanternes de l'architecture religieuse. Même les terrasses aménagées au sommet, au-dessus des quatre nefs de la croix, sont, malgré ce que l'on a pu dire, des dispositions déjà habituelles dans l'architecture militaire, espaces ménagés sur les remparts pour disposer commodément l'artillerie.

Et pourtant l'extraordinaire synthèse n'est pas un produit de compromis, c'est un dépassement, comme si les flots italiens et français confondus menaient à un accomplissement exceptionnel, l'idée pure d'une demeure royale française en pays de chasse. En faire la création de Dominique de Cortone, c'est lui reconnaître un génie supérieur et croire que le grand Léonard a été tenu à l'écart du plus grand projet du royaume. Comme maintes idées de Léonard se trouvent ici exprimées, qu'on y trouve l'aboutissement de ses propres recherches — ses dessins en témoignent — et de celles des Italiens qu'il a connus avant de venir en France, la conclusion la

CHAMBORD. La lanterne du donjon.

163

plus raisonnable est de penser qu'il a totalement inspiré le «modèle de bois» dressé par Dominique, avec lequel il avait d'ailleurs de fréquents rapports (pour l'organisation de fêtes à Amboise en 1518, notamment).

Le modèle a pu être présenté au roi en 1518, tandis qu'on parlait encore des projets pour Romorantin. L'année suivante, Léonard est mort (en mai), les travaux commencent peu après, en septembre. On connaît les noms des maçons français, d'abord Jacques Sourdeau, puis, de 1521 à 1538, Pierre Nepveu dit Trinqueau, et plus tard Jacques Coqueau. Le plan du donjon est modifié par rapport au modèle de bois, mais dans un sens plus conforme encore à sa structure idéale. Ce changement, qui prend sa source dans d'autres dessins de Léonard, a probablement été proposé par lui avant sa mort. Dans le désir de laisser totalement visible la disposition interne du plan cruciforme, d'accentuer plus encore la ressemblance des grandes salles avec de vastes nefs d'église qui se croiseraient au transept, l'escalier droit du bras sud est abandonné, et l'on dresse

CHAMBORD. Façade orientale du donjon.

p. 165: CHAMBORD. Le grand escalier.

CHAMBORD. Porte conservée au château de Terre-Neuve ; *ci-dessous* : La chapelle.

au contraire à la croisée un escalier en vis conçu, comme celui de la façade François Ier à Blois, comme une tour polygonale dont les murs extérieurs sont largement ouverts pour donner une transparence maximale. L'idée première, dont Palladio s'est fait l'écho, était la conjonction de quatre rampes hélicoïdales superposées, accessibles chacune d'un bras de la croisée et menant chacune à un appartement, mais le projet, trop abstrait, aurait obstrué massivement la croisée et rendu bien difficile les conditions d'habitation. On transigea donc sur deux rampes superposées, ce qui permettait de laisser des espaces de vue et de communication entre la tour d'escalier et les grandes salles cruciformes, au premier comme au second niveau. Au sommet, la lanterne qui culmine à 56 mètres déverse un flot de lumière sur la cage d'escalier et son noyau creux percé de fenêtres intérieures.

La construction est faite de calcaire blanc d'une carrière locale, et les souches de cheminées s'incrustent de carreaux d'ardoises accentuant l'aspect pictural du château qui se découpe largement sur un ciel immense. Un système régulier de pilastres d'ordres superposés quadrille toutes les façades rectilignes et les parois des tours. Les ouvertures sont percées au contraire irrégulièrement dans ces intervalles. C'est ce que François Gébelin a appelé l'ordonnance chambourcine, légèrement différente de l'ordonnance observée à Blois. En outre, des jeux d'arcades sont dessinés au centre des façades, tandis que le modèle de bois les prévoyait sur la totalité des travées et des étages. Intérieurement et sur trois niveaux, les grandes salles des gardes longues de 13 mètres, larges de 10, sont pourvues de vastes cheminées et couvertes d'immenses voûtes à caissons en cintre surbaissé, chefs-d'œuvre de stéréotomie, où paraît le F couronné ainsi que la salamandre, emblème royal.

Menés sous la direction de François de Pontbriant, nommé surintendant dès 1519, les travaux se poursuivirent lentement, en raison notamment de la nature marécageuse du sol (le Cosson fut dévié pour remplir les fossés). Le désastre de Pavie stoppa net le chantier, mais il fut repris au retour du roi en 1526 et continué avec des centaines d'ouvriers jusqu'à la fin du règne. A l'origine, l'un des appartements symétriques du donjon devait être dévolu au roi, mais cette disposition parut vite insuffisante, et le roi ordonna à l'est une série de constructions qui n'étaient pas prévues. Le doublement des courtines permit d'obtenir des logis d'habitation entourant la tour nord-est qu'il choisit pour sa demeure. On y voit sa chambre, et son cabinet bâti en saillie sur la façade nord. Une galerie d'accès les réunit au donjon ; elle fut doublée au rez-de-chaussée d'une galerie sur arcades cernant une nouvelle tour d'escalier à claire-voie permettant d'accéder directement aux nouveaux appartements. C'est l'escalier dit de François Ier, achevé en 1546. A l'ouest, à gauche du donjon, des constructions analogues seront entreprises du vivant de François Ier, mais terminées seulement sous Henri II, notamment l'aménagement d'une grande chapelle dans la tour nord-ouest.

François Ier ne vint à Chambord que pour de courts séjours. En 1539, lorsqu'il y reçut Charles Quint, le donjon seul était achevé, mais l'empereur estima, rapporte-t-on, que c'était « comme un abrégé de ce que peut effectuer l'industrie humaine ». Henri II, s'il fit poursuivre les travaux de son père, par piété filiale sans doute, n'y vint pas plus. Charles IX y chassa. Henri IV s'en désintéressa. Gaston d'Orléans fit conforter le château, puis Louis XIV commanda à Hardouin-Mansart des modifications dont certaines sont encore visibles.

Il faut souligner d'autre part l'ampleur du domaine qui fut aménagé à l'origine pour servir d'écrin et de terrain de chasse au château. Constitué de 1523 à 1539, ceinturé d'un mur d'enceinte de 1542 à 1556, il fut encore augmenté sous Gaston d'Orléans et compte aujourd'hui 5 525 hectares. Cette immense superficie donne véritablement au château l'assise et la respiration nécessaire à ses proportions inhabituelles et à son caractère de « merveille », reconnu dès avant son achèvement.

57.

Montal

à Saint-Jean-Lespinasse

LOT / A L'ÉTAT (PROPRIÉTÉ PRIVÉE EN USUFRUIT)

Montal, le premier château français de l'art nouveau à être dressé au sud du Poitou, est l'œuvre d'une femme, Jeanne de Balsac, qui voulut en faire un mémorial à la gloire de sa famille. On trouvait là au XVe siècle un petit château nommé le « repaire Saint-Pierre », qui fut acquis en 1474, lors de son mariage avec Antoinette de Castelnau, par Robert de Balsac, seigneur d'Entragues, chambellan de Louis XI et sénéchal d'Agenais. Robert prit part aux expéditions militaires de trois rois et accompagna Charles VIII en Italie en 1495. Nommé gouverneur de Pise, il épousa en secondes noces une Vénitienne nommée Lancia Fabri. Ce guerrier humaniste transmit ses curiosités à sa fille Jeanne, qui avait épousé en 1496 Amalric de Montal de La Roquebrou, gouverneur de Haute-Auvergne, qui la laissa veuve en 1510. Un second deuil la frappa brutalement en 1523, la mort de son fils Robert, tué en Italie. Son second fils, Dieudonné dit Dordet, entré dans l'état ecclésiastique, obtint alors l'autorisation d'en sortir pour perpétuer la race.

C'est à cette date que Jeanne de Balsac entreprend la modernisation du manoir. Une triple devise s'inscrit sur l'une des lucarnes : « Plus d'espoir ». Les exemples des dernières grandes créations de la Loire, Azay ou Chenonceau, ou celles du Poitou, plus proche du Quercy, telle Bonnivet, l'inspirent évidemment, mais elle y joint une organisation confortable des lieux d'habitation qui est bien nouvelle. Le château rhabillé offre l'aspect d'un quadrilatère flanqué de tours rondes dont les murs extérieurs sont restés austères et frustes. Les travaux interrompus n'ont pas permis d'achever le quadrilatère, et les deux corps de logis en équerre ne sont pas réunis par les bâtiments qui devaient fermer la cour sur les deux autres côtés. Les dispositions des pierres d'attente laissent à penser qu'on y avait prévu des ailes étroites, renfermant seulement des galeries. Une porte intérieure très ornée, qui ouvre à l'étage de l'aile nord sur le vide, en est un témoignage.

Les deux ailes nord et est, construites en pierre de taille (calcaire doré de Carennac), sont structurées en travées par des pilastres superposés entre lesquels les ouvertures prennent place plus ou moins régulièrement sur l'aile est, plus rigoureusement sur l'aile nord. Des double-corps de moulures horizontales les traversent à l'appui des fenêtres, selon un schéma déjà familier, mais l'architecte de Montal y a adjoint une large frise sculptée couronnant le rez-de-chaussée de façon continue — on y voit les initiales et les armes de

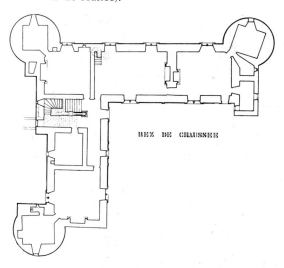

MONTAL. Plan du château (Agence des bâtiments de France).

MONTAL. Façades sur la cour.

la famille et des figures diverses inspirées de plaquettes italiennes du type de celles de Moderno — et une seconde frise sous la corniche, ornée de coquilles. De grandes lucarnes dessinées comme des chefs-d'œuvre avec une accumulation d'ornements architectoniques et de figures allégoriques somment les travées de fenêtres.

L'originalité réside plus encore dans la suite de portraits qui scandent les trumeaux de l'étage. Mariant avec bonheur le thème de la fausse fenêtre garnie d'un personnage en demi-relief, déjà vue à l'hôtel Jacques Cœur notamment, et celui des médaillons de portraits à l'antique, de facture italienne ou française, le maître de Montal a disposé, sur la volonté de Jeanne de Balsac, un ensemble de sept portraits en bustes de membres de sa famille, sortant en fort relief d'un médaillon (à l'imitation des terres cuites italiennes) et abrités sous de hauts frontons comme dans des niches. Ces bustes d'une grande qualité expressive représentent, à l'est, Jeanne entre son mari et son fils aîné Robert (ceux-ci portent la date de 1527) et,

MONTAL. Bustes en médaillons décorant la cour
(Jeanne et Amalric de Montal).

au nord, Dordet de Montal, Robert de Balsac, Antoinette de Castelnau et enfin Dordet de Béduer, abbé de Vézelay. Les pilastres médians des façades sont interrompus à l'étage par des niches, comme on en verra à l'escalier de Chambord. Elles renferment des statuettes : *la Bravoure* et *la Force.*

L'escalier de Montal est un autre sujet d'admiration. Jeanne a opté pour la mode nouvelle de l'escalier droit rampe sur rampe, renfermé dans une tour quadrangulaire totalement intégrée dans le corps de logis. Pour lui donner la profondeur nécessaire à sa commodité, le pavillon est plus large que le logis et fait saillie à l'extérieur, occupant un rectangle de 10 mètres sur 5. Sur la cour, la présence de l'escalier est soulignée avec évidence, comme elle l'était déjà à Azay-le-Rideau : une porte très décorée (aujourd'hui copie de l'original), qui est l'accès principal de tout le château, est intégrée dans une haute travée d'ouvertures qui souligne l'élévation de la tour d'escalier. La première volée de celui-ci ne prend naissance qu'une fois traversé un vestibule. Au lieu de s'interrompre par un palier intermédiaire avant de se retourner, elle épouse sans interruption la forme d'une demi-vis qui se déploie à l'extrémité du mur-noyau, comme à Chenonceau. Autres innovations heureuses, le mur-noyau lui-même est entièrement percé à jour de larges ouvertures qui laissent ainsi librement circuler la lumière venant des grandes fenêtres du palier, et les sous-faces des marches sont entièrement sculptées de caissons où se jouent les motifs décoratifs les plus variés.

Une tourelle en encorbellement accessible par la dernière volée permet d'accéder à la chambre haute qui coiffe le pavillon d'escalier et offre au visiteur l'agrément d'un belvédère prenant vue sur la

MONTAL. L'escalier.

cour et à l'extérieur sur la campagne environnante. Un décor raffiné a présidé à la sculpture des grandes cheminées des deux grandes salles superposées, au rez-de-chaussée, des médaillons armoriés et des pilastres (moulage de l'original qui se trouve encore dans une collection privée) et, à l'étage, un grand cerf couché sur une architrave.

On a remarqué avec juste titre la parfaite économie de la maison. Le vestibule de l'escalier permet de desservir à chaque étage les appartements différents sans traverser les pièces, et des couloirs superposés existent déjà dans l'aile nord. Détail qui ne manque pas d'intérêt, on a dénombré dans ce petit château jusqu'à onze latrines, recherche de confort rarement atteinte à cette époque.

L'histoire du château n'est pas moins surprenante que sa qualité plastique. Resté dans la famille de Montal jusqu'à la fin du XVIe siècle, il fut ensuite habité jusqu'à la Révolution par les Cars Merville et J.J. Plas de Tanes, puis laissé aux activités agricoles et peu à peu abandonné au délabrement malgré l'intérêt que les amateurs portaient à son décor, tel le baron Taylor qui le reproduisit dans ses *Voyages pittoresques*. En 1877, il était bien près d'être classé monument historique lorsqu'il fut acheté par un nommé Macaire qui commença à le dépecer ; lucarnes, cheminées, frise, bustes, portes et fenêtres furent démontés, vendus à Paris et dispersés dans le monde entier. Séduit par la beauté des ruines et de l'escalier qui subsistait encore, le grand historien de la tapisserie Maurice Fenaille s'en porta acquéreur en 1908 et commença dès lors un extraordinaire travail de reconstitution. Lucarnes et cheminées, rachetées aux musées d'Amérique, d'Angleterre, d'Allemagne et de France et à de nombreux particuliers réintégrèrent peu à peu leur emplacement d'origine. Le château reconstitué fut alors donné à l'Etat par le grand mécène, avec réserve d'usufruit. Le président Poincaré vint l'inaugurer en 1913.

58

Cieurac

LOT / PROPRIÉTÉ PRIVÉE

Ce petit manoir porte au-dessus de la porte les armes de Jacques de Cardaillac, chambellan du roi et sénéchal de Quercy, et de sa femme Jeanne de Peyre, épousée en 1515. Si la dalle héraldique n'a pas été incrustée après coup, on peut croire que sa construction date des années qui suivirent le mariage. La disposition de la fenêtre qu'elle coiffe rend cette hypothèse vraisemblable. Certes, le décor des grandes croisées et de la porte d'entrée est bien d'un dessin gothique, mais ses proportions et l'étrange affectation des formes situent cette curieuse façade dans un autre âge. La très haute proportion des bases buticulées des colonnettes des baies, les angles arrondis de chaque compartiment de croisée, la forme inédite de la porte plus large que haute et qui en prend un aspect de cheminée s'allient avec une caractéristique plus déterminante encore, les deux longues baguettes horizontales qui réunissent les moulures supérieures des croisées et s'arrêtent brusquement à l'extrémité de la saillie. Tout cela manifeste une sorte de libération des traditions du XVe siècle, qui ne s'exprime qu'en malmenant le vieux répertoire.

On pourrait trouver dans toute la France bien d'autres exemples locaux de cette réaction inattendue des constructeurs à l'air nouveau de la Renaissance. En pénétrant par la porte centrale, on traverse, comme à Montal, un vestibule — celui-ci voûté d'arêtes en étoile — avant d'atteindre l'escalier en vis qui s'épanouit au sommet par une voûte en palmier. Le noyau est constitué d'un faisceau de colonnettes torsadées d'un superbe effet, et les sous-faces des marches sont, comme à Montal encore, tapissées d'un décor ininterrompu ; à Cieurac, il n'est pas fait de caissons sculptés, mais de gravures peu profondes épousant des motifs divers en étoiles. Le château a souffert d'un incendie lors de l'occupation allemande, mais il a été récemment restauré.

CIEURAC. Façade principale.

59.

Puyguilhem

à Villars

DORDOGNE / A L'ÉTAT / *

Sur une petite plate-forme terrassée au flanc d'un coteau boisé, Puyguilhem aligne des volumes ambitieux chargés d'un décor magnifique. L'historien est encore mal renseigné sur les étapes de la construction du château, et plus encore sur le dessin primitif de l'édifice dont l'inachèvement est évident à qui l'aperçoit latéralement depuis le creux de la vallée, alignant des masses dissymétriques brutalement interrompues lorsque la pente de la colline s'accélère.

Le « repaire noble » de Puyguilhem, dont il reste seulement quelques souterrains du XIIᵉ siècle, fut acheté entre 1509 et 1512 par Mondot de Lamarthonie, conseiller au parlement de Guyenne. Ce juriste périgourdin avait attiré l'attention de Louise de Savoie, mère de François Iᵉʳ, qui en fit son conseiller juridique, et l'on sait que cette femme ambitieuse n'avait pas coutume de négliger ses intérêts. Lamarthonie lui donna sans doute satisfaction puisqu'il fut nommé dès 1514 président au parlement de Paris. Ses frères ne furent pas oubliés : Jean fut pourvu de l'évêché de Dax vers 1514, son cadet Gaston lui succéda à sa mort en 1519 et occupa le siège épiscopal jusqu'à sa propre disparition en 1555.

Partant pour Marignan, François Iᵉʳ chargea Mondot de Lamarthonie d'aider sa mère à gérer le royaume en son absence ; il s'en acquitta fort bien, mais mourut dès 1517 à Blois, dans des circonstances restées obscures. En 1540, le roi fera encore bénéficier la famille de sa reconnaissance pour les services rendus durant la guerre d'Italie.

On peut croire que Mondot s'est empressé de traduire dans la pierre l'éclat de la faveur royale. Les lis, la cordelière de veuve de

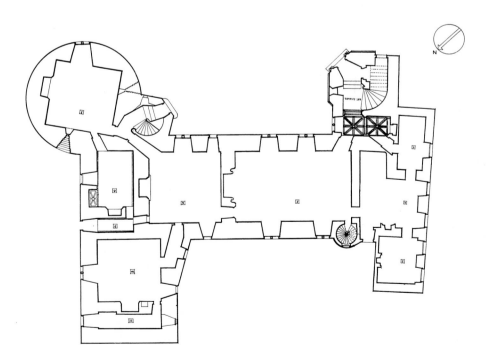

p. 173 : PUYGUILHEM. Vue générale.

PUYGUILHEM. Plan du rez-de-chaussée, par Yves Froidevaux (Archives de la Direction du Patrimoine).

Louise de Savoie et les marguerites de Marguerite d'Angoulême répandus sur les façades ne doivent pas laisser ignorer son dévouement à la nouvelle dynastie. Un grand château va remplacer le petit manoir acheté vers 1510, mais la mort subite de Mondot laisse presque aussitôt la responsabilité du chantier à sa famille, probablement à son frère Gaston, l'évêque de Dax, au nom de son neveu Geoffroy. Une première campagne s'achève semble-t-il en 1524, date inscrite dans la frise couronnant la tourelle d'escalier. Elle a consisté dans le gros œuvre d'une forte tour ronde aux dimensions de donjon. Cette tour s'accole à un corps de logis qui présente une face principale au sud-est vers la pente du vallon, une autre au nord-ouest sur la cour vers laquelle s'allonge une petite aile en retour. La grosse tour impose, par sa masse peu percée, admirablement bâtie de beau calcaire en grand appareil, un aspect militaire et féodal plus marqué encore qu'aux tours du Lude, avec lesquelles elle présente en commun une rangée de mâchicoulis supportant une galerie en chemin de ronde. A sa jonction avec le corps de logis se dresse une gracieuse tourelle polygonale à demi intégrée qui renferme l'escalier en vis. La construction est encore fidèle au décor gothique, mais très assagi et sans l'élan flamboyant : rangée de fenêtres soigneusement enfermées dans un quadrillage de mou-

PUYGUILHEM. La tour orientale et la tourelle d'escalier.

lures droites très saillantes, panneaux d'allèges tapissés de rinceaux en faible relief, tout comme à La Palice, et au sommet une frise continue faite seulement avec les hautes lettres d'une inscription dont le sens nous reste mystérieux.

De la même campagne daterait encore le rez-de-chaussée de l'étrange tour qui fait saillie au sud, à l'autre extrémité du corps de logis. Ici, les intentions du constructeur restent confuses. L'ampleur de la grosse tour et l'épaisseur du corps de logis sembleraient commander de vastes proportions pour le château mais la pente accélérée du vallon aurait supposé de puissants terrassements pour continuer le corps de logis au-delà des seules quatre travées après lesquelles il s'interrompt brusquement. Seconde énigme : pourquoi, après avoir construit l'élégante tourelle du donjon dont l'escalier dessert à la fois les salles de la tour et les appartements voisins, avoir jeté ensuite les bases d'un second escalier plus important dans une seconde tour, pourquoi aussi avoir donné à cette tour ce plan étrange, un rectangle dont deux angles ont été abattus, comme si cette grande masse nouvelle devait occuper le centre d'une immense façade dont le logis déjà bâti n'aurait formé que la moitié ?

La seconde campagne de travaux se déroule vraisemblablement entre 1525 et 1535, sans qu'on puisse rien connaître de précis sur le maître de l'ouvrage ni le maître d'œuvre. Le style désormais a changé. La belle ordonnance très traditionnelle laisse la place au nouveau décor expérimenté sur les bords de Loire ou en Poitou. De cette époque datent les couronnements de la grosse tour et du corps de logis ; leurs lucarnes triomphales renchérissent par le raffinement du décor et le bourgeonnement des motifs pyramidants sur les exemples royaux. Plus encore que les lucarnes, les souches de cheminée sont traitées avec une magnificence inouïe : grands massifs couronnés en talus par des rangées de fleurons qui ondulent dans le ciel comme des flammes, ou juxtaposition de pilastres sous un motif ondoyant en accolade que viennent traverser les lignes verticales des pinacles. Ces masses jamais vues sont d'une opulence presque barbare. A leurs côtés, le comble lui-même s'ornait d'une exubérante décoration de plombs de faîtage dont certains ont subsisté.

Quant à la tour du nouvel escalier, elle n'est pas moins surprenante. De plan mouvementé, elle a reçu au-dessus du second étage une balustrade ajourée identique à celle du logis et portée elle aussi en encorbellement ; les motifs qui la scandent, sortes de phylactères de cuir tordu réunissant des balustres, semblent sortir tout droit de tombeaux italiens. Derrière cette balustrade, un chemin de ronde à l'air libre se poursuit sous l'auvent du grand toit en pavillon qui couvre la tour ; par une étonnante disposition, les grandes lucarnes se dressent comme des portants de théâtre au droit de la balustrade, sans liaison avec l'intérieur de la tour. L'escalier qui se développe dans cet étrange espace est encore en vis comme le premier, mais beaucoup plus ample ; surtout, il est séparé des appartements par un vestibule de deux travées somptueusement couvert de voûtes carrées aux arcs très saillants et légèrement brisés, ce qui contribue encore à l'étrangeté des volumes. Le palier du premier étage est plafonné de caissons qui rappellent, eux, les grandes voûtes des salles de Chambord. Les pièces ont conservé des cheminées monumentales décorées de médaillons à l'antique (salle des gardes) ou de scènes des *travaux d'Hercule* (salle d'honneur du premier étage ; reconstitution moderne). Le dernier étage enfin est coiffé d'une splendide charpente restée intacte avec tous ses assemblages du XVIe siècle.

PUYGUILHEM. Les souches de cheminées (Archives de la Direction du Patrimoine).

175

Puyguilhem, après le bref éclat de la faveur royale des Lamarthonie, rejoignit vite l'histoire anonyme des gentilhommières. Après Geoffroy de Lamarthonie, il échoua à son fils Gaston, ambassadeur à Rome, qui n'y vint sans doute guère, puis en 1571 à Jacques, gentilhomme de la Chambre, et au XVIIIe siècle à la famille Chapt de Rastignac, qui y fit bâtir, pour masquer les pierres d'attente de la construction inachevée du côté du vallon (sud-ouest), une petite aile classique d'un dessin fort modeste. Mais l'abandon exerce bientôt ses ravages. Classé en 1881, déclassé six ans plus tard, classé à nouveau en 1938, les combles crevés, Puyguilhem menaçait ruine lorsqu'il fut acheté par l'Etat et finalement restauré d'une façon exemplaire.

PANASSOU. Porte du logis.

60.

Panassou

à Saint-Vincent-de-Cosse

DORDOGNE / PROPRIÉTÉ PRIVÉE

C'est une construction modeste, dominant superbement la vallée de la Dordogne. Comme dans tant de châteaux périgourdins, une forte tour ronde en bel appareil projette une silhouette imposante, fort bien intégrée dans le site. Panassou, qui appartint à la famille de La Calprenède, date probablement du début du XVIe siècle. Le corps de logis, très simple, est animé par un haut pavillon rectangulaire qui le pénètre en son milieu. Les fenêtres sont cantonnées de pilastres ou de demi-colonnes, la porte d'entrée a les proportions trapues qu'on observe souvent dans le centre de la France. La liberté de traitement de la grammaire italienne par les artisans périgourdins — rosaces, têtes barbues... — montre qu'ils n'ont pas abandonné la savoureuse inspiration locale et qu'ils l'ont seulement habillée de modernisme.

61.

La Palice

à Lapalisse

ALLIER / PROPRIÉTÉ PRIVÉE / ✳

L'ancien château de La Palice, importante forteresse des XIIe et XIIIe siècles dressée sur la route de Paris à Lyon au passage de la rivière de la Besbre, fut vendu en 1430 par Charles de Bourbon, comte de Clermont, à Jacques Ier de Chabannes nommé Grand maître de France, brillant capitaine au service de Charles VII. Son fils Geoffroy augmenta l'enceinte fortifiée et fit bâtir la grande chapelle de style flamboyant qui subsiste à l'extrémité du château, accolée à une tour ronde, et qui servit longtemps d'église paroissiale. Jacques II de La Palice, fils de Geoffroy, est le célèbre maréchal de France qu'une chanson mal comprise a stupidement ridiculisé. Grand homme de guerre, il reçut le bâton de maréchal des mains de

p. 177 en haut: LA PALICE. Façade vers la Besbre, gravure de la *Topographie françoise* de Claude Chastillon.

en bas: LA PALICE. Façade intérieure.

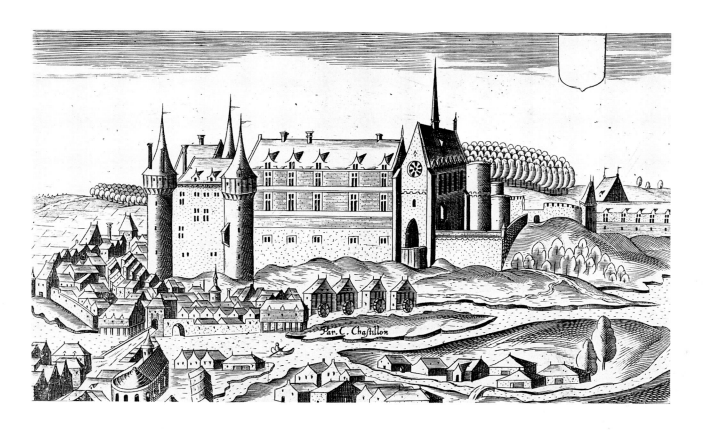

Bayard et suivit François Ier dans ses entreprises italiennes avant de tomber à la bataille de Pavie en 1525. C'est lui et sa femme Marguerite de Melun qui firent construire le Grand logis, corps de bâtiment longitudinal remplaçant la courtine qui réunissait la chapelle au château plus ancien.

Ce long bâtiment de onze travées est construit en briques qui gardent les traces d'un décor en losanges. Les encadrements de pierre des baies sont réduits à la plus simple expression, mais fort soigneusement moulurés ; les lucarnes, modestes, sont ornées d'écus à l'allège. Seul accent, au centre de la façade, une tour d'escalier hexagonale presque entièrement hors-œuvre. Sa porte en anse de panier est percée dans un petit frontispice à pilastres et fronton. La partie supérieure de la tour abrite une chambre haute coiffée d'un comble pyramidal. Ses baies continues s'ouvrent au-dessus d'un mur d'allège entièrement sculpté de grandes rosaces d'un dessin très original. Ce décor peut avoir été demandé à l'un des artistes florentins que le maréchal avait ramenés d'Italie. Le château passa à son fils Charles, qui y reçut en 1548 Henri II et Catherine de Médicis. Le salon doré, pourvu d'un grand plafond à caissons dessinant des étoiles, est garni d'une célèbre suite de tapisseries des Preux aux armes des Chabannes-Blanchefort. Des restes sculptés du tombeau du maréchal sont conservés au musée Calvet à Avignon. Le château n'a pas cessé d'appartenir à la famille de Chabannes.

LA PALICE. La tour d'escalier.

62.
Châteaumorand

à Saint-Martin-d'Estréaux

LOIRE / PROPRIÉTÉ PRIVÉE

A son retour d'Italie en 1523, Jean de Lévis, sénéchal d'Auvergne et bientôt gouverneur du futur Henri II, fit rebâtir son petit château forézien de Châteaumorand. Les travaux furent poursuivis jusqu'en 1555 par son frère cadet Antoine, évêque d'Embrun puis de Saint-Flour, mort en 1566. Il appartint ensuite à Diane de Châteaumorand qui épousa Anne d'Urfé, bailli de Forez. Honoré d'Urfé y résida et y écrivit une partie de son grand roman *L'Astrée*. Remanié au XVIIIe siècle par l'architecte Caristie, qui dressa la grande façade classique occidentale, puis dévasté par un incendie en 1949, il conserve surtout du XVIe siècle la façade nord et son châtelet d'entrée renforcé de deux tours rondes. Celle-ci est uniformément couronnée par une rangée de puissants modillons sculptés portant la corniche ; sur le côté, on aperçoit une rare balustrade dont les balustres offrent les formes très pures que Bramante leur avait données en Italie. Une grande lucarne décorée couronne la travée centrale. Tout comme sur la façade intérieure sur cour, le quadrillage horizontal et vertical des façades est poussé jusqu'à ses effets les plus brutaux au moyen de bandeaux de pierre dure, étroits et saillants. Si la tourelle de la cour renferme un escalier en vis, on trouve ailleurs les restes d'un escalier droit. Bien des éléments d'origine sont restés exceptionnellement en place, ainsi les grilles des fenêtres et la serrure du châtelet. La chambre des archives porte la date de 1527.

CHÂTEAUMORAND. *À gauche* : Façade d'entrée.
ci-dessous : CHÂTEAUMORAND. Tour d'escalier.

179

SENS. Porte du palais archiépiscopal.

63

Sens

Palais archiépiscopal

YONNE / A L'ÉTAT / MUSÉE / ✳

Joignant le palais synodal du XIIIe siècle, un nouveau corps de logis fut édifié sous l'archiépiscopat d'Étienne Poncher (1519-1525) face au flanc sud de la cathédrale, peut-être par les maîtres d'œuvres Cuvelier et Martin Chambiges. Sur la rue qu'il longe, il présente une riche ordonnance de pilastres superposés (l'étage supérieur est une reconstruction) séparés par une longue frise sculptée à l'appui des croisées ; on y voit les armes de l'archevêque, des médaillons et des coquilles. La porte, dont les piédroits sont encore garnis de colonnettes prismatiques d'esprit flamboyant, est couronnée d'une

SENS. Revers de l'aile sur la rue, avant la restauration achevée en 1989.

superposition géométrique de motifs italiens d'une gracieuse fantaisie, où l'on remarque deux figurines représentant les bourreaux qui lapidèrent saint Étienne ; la statuette du saint couronnait autrefois le fleuron terminal. Sur la cour, l'ordonnance est comparable, mais la façade est entièrement bâtie de brique et de pierre.

La construction fut poursuivie par le nouvel archevêque, l'illustre Antoine Duprat, chancelier de France, et achevée en 1535. En retour d'équerre à l'est, on ajouta vers 1545-1550, sur l'ordre du cardinal Louis de Bourbon, une aile nouvelle en pierre qui reprend la disposition des pilastres superposés, traités avec un décor sobre et raffiné. Le rez-de-chaussée était occupé par un portique d'arcades dont les ouvertures ont été obturées. A l'étage, une galerie fermée menait des appartements de l'archevêque à la cathédrale ; l'escalier qui l'interrompt aujourd'hui est une addition du XVIIIᵉ siècle. On a retrouvé récemment les dispositions de cette galerie : quatre portes, un plafond à solives et des peintures décoratives au soubassement et dans les embrasures des fenêtres.

SENS. L'aile du cardinal Louis de Bourbon, avant restauration.

64.
Bussy

plus tard Bussy-Rabutin

à Bussy-le-Grand

CÔTE-D'OR / A L'ÉTAT / *

A la fin du XVe siècle, le château de Bussy, récemment reconstruit, appartenait à Antoine de Rochefort et à son gendre Jean de Rochefort, dit Chandio, bailli de la Montagne (Châtillon-sur-Seine) et maître d'hôtel du roi ; il avait été chargé par Charles VIII de ramener de Naples les ouvriers italiens embauchés par le roi, en 1495. C'est à son petit-fils Antoine de Chandio, qui fut lieutenant de la compagnie d'hommes d'armes de Bayard, que l'on doit sans doute les modifications apportées au château du XVe siècle à une date voisine de 1520. C'était un quadrilatère régulier flanqué de tours rondes à ses angles. Le logis principal, lui, sera reconstruit dans la première moitié du XVIIe siècle et l'aile d'entrée, qui exista vraisemblablement sous une forme ou sous une autre, a disparu anciennement pour donner à la cour l'ouverture qui plaisait au XVIIe siècle.

Des travaux de l'époque de François Ier il ne reste donc que les façades sur cour des deux ailes droite et gauche. L'une et l'autre sont portées sur une galerie de cinq arcades en anse de panier. Les piles sont flanquées de pilastres qui règnent jusqu'à la frise d'appui des petites baies de l'étage et reçoivent d'autres pilastres portant la corniche. Cette insistance des lignes verticales saillant du sol jusqu'au toit et partageant la façade en travées égales est remarquable ; un décor léger de rinceaux et de motifs divers, sans doute copiés sur des plaquettes italiennes, garnit les frises, et les fûts des pilastres sont ornés de disques en creux.

La chapelle occupe la tour méridionale. Les gracieuses nervures de la voûte retombent sur de minces colonnes cannelées à chapiteaux composites de fantaisie, placées à l'intersection des murs, comme dans l'architecture de Brunelleschi. On y trouve encore une piscine, d'un dessin également très florentin, et un retable de pierre de facture italienne (*La Résurrection de Lazare*) surmonte l'autel (sa présence est attestée en 1781). La tour orientale appelée le donjon présente aussi des voûtes gothiques à nervures du XVIe siècle.

Antoine de Chandio fera don de Bussy à son fils Claude, gentilhomme de la Chambre, qui meurt à la fin du siècle. Henri IV y logera en 1592. C'est en 1602 que la terre viendra aux mains des Rabutin qui allaient s'illustrer avec Roger de Rabutin, célèbre cousin de Mme de Sévigné, qui termina et décora le château.

BUSSY. La chapelle.

BUSSY. Galerie de l'aile gauche.

65.
Esternay

MARNE / PROPRIÉTÉ PRIVÉE / ✳

En 1515, les frères Raguier, argentiers de François Ier, font modifier un vaste château entouré de douves dont il ne reste, après la démolition effectuée en 1786, que l'aile d'entrée. C'est un long corps de logis bâti en brique et pierre sur un soubassement de pierre probablement plus ancien. Du côté de l'entrée, il est flanqué au centre d'un châtelet de pierre cantonné de deux tourelles rondes de brique et de pierre. L'ensemble est encore de facture traditionnelle, mais on voit à l'intérieur une porte décorée selon le style nouveau, pilastres, fronton, rinceaux.

ESTERNAY. Portail de la chapelle.

ESTERNAY. Le châtelet d'entrée.

66

Sarcus

OISE / RUINES SUR PLACE ET FRAGMENTS
REMONTÉS À NOGENT-SUR-OISE

Il ne reste que des épaves de l'un des premiers châteaux de la Renaissance construits au nord de Paris. À 40 kilomètres de Beauvais, près de Grandvilliers, Jean de Sarcus fait modifier à son usage, en 1520-1523, un château plus ancien dont il conserve les murs extérieurs et les tours rondes qui marquaient les angles du quadrilatère. L'homme est bien en cour, c'est l'oncle de la duchesse d'Étampes, toute-puissante maîtresse de François Ier. Un portique continu était percé au rez-de-chaussée des quatre ailes entourant la cour fermée. Il était couvert de voûtes à liernes et tiercerons et s'ouvrait par une série de grandes arcades en plein cintre dont les larges voussures étaient tapissées d'une riche décoration qui envahissait les écoinçons de la façade et une frise placée à l'appui des fenêtres de l'étage. On trouvait partout des médaillons ornés de portraits. De hautes lucarnes surmontaient les façades où l'art fleuri de Gaillon avait trouvé un écho.

Au début du XIXe siècle, Sarcus appartenait à un parent de l'amiral de Grasse qui décida de le vendre en 1833 en exigeant, dit la tradition, qu'il fût détruit par l'acquéreur. Les gravures de l'époque romantique qui représentent le château laissent penser qu'il avait

SARCUS. Vue restituée, gravée par Ribault et Hoffemann d'après les croquis d'A.G. Houbigant en 1858.

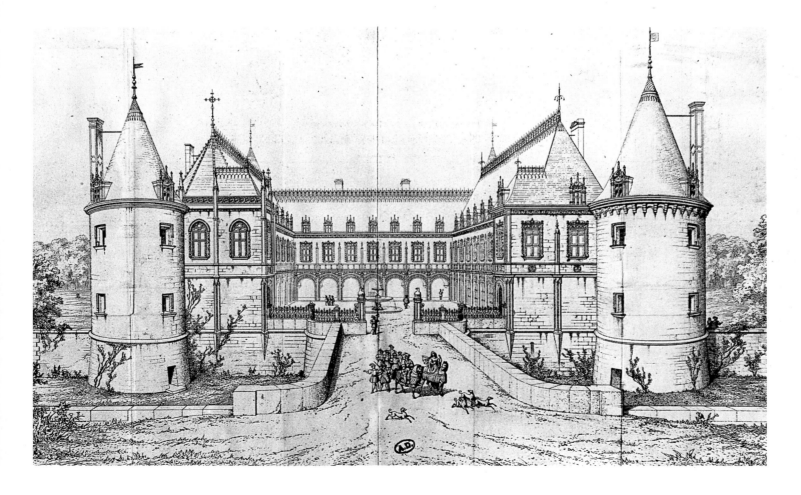

SARCUS. Arcades remontées à Nogent-sur-Oise.

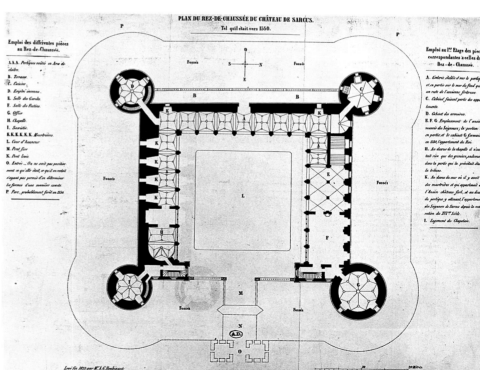

SARCUS. Plan restitué, lithographie de Mousse d'après un relevé de 1833 par A.G. Houbigant.

SARCUS. Lithographie de F. Sorrieu.

été déjà modifié, notamment par la suppression d'une aile pour ouvrir la cour. Au moment de la destruction, certains amateurs se portèrent acquéreurs de morceaux démontés. Ainsi M. Houbigant, «antiquaire distingué», fit remonter plusieurs arcades, fenêtres et lucarnes dans sa villa de Nogent-sur-Oise, M. Daudin en prit d'autres pour son parc de Pouilly près de Méru. Des fragments sont conservés au musée de Beauvais, et une arcade est restée sur place. On connaît mal néanmoins les dispositions originelles de Sarcus. Le système de grandes arcades régulières tout autour de la cour était certainement très neuf. Frappé par ces qualités, Palustre l'a attribué, au siècle dernier, aux architectes de la cathédrale de Beauvais, Martin Chambiges ou Pierre Daniel.

67

Nantouillet

SEINE-ET-MARNE / PROPRIÉTÉ PRIVÉE

De 1515 à 1535, le chancelier de France, maître tout-puissant de l'administration et de la justice, premier conseiller du roi pour la gestion du royaume, fut Antoine Duprat. Né à Issoire, avocat au parlement de Toulouse, monté ensuite à Paris où il fut président à mortier et enfin premier président au Parlement, Duprat avait encore été chargé d'enseigner le jeune duc d'Angoulême avant qu'il fût roi. Ce protégé de Louise de Savoie fut donc désigné dès l'avènement pour prendre les sceaux de France. Veuf en 1516, il entra dans les ordres, devint archevêque de Sens en 1525, cardinal en 1527, légat du pape en 1530. Ses fonctions civiles et ses bénéfices ecclésiastiques lui permirent d'accumuler une immense fortune que ses héritiers devront rétrocéder en partie à la couronne.

NANTOUILLET. Plan gravé par Bosredon d'après Paulin en 1865.

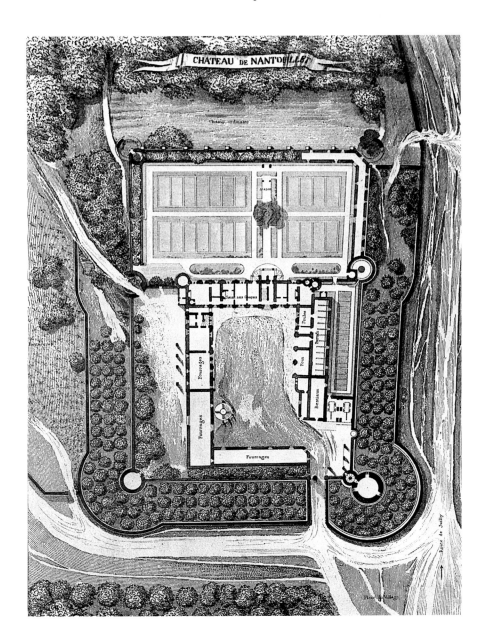

Pour sa maison des champs, Duprat fit choix du manoir de Nantouillet dans la région parisienne, près de Dammartin-en-Goële. Signe des temps, le nouveau chancelier, bien qu'il soit le cousin de Thomas Bohier, le châtelain de Chenonceau, ne fait pas bâtir sur les bords de la Loire mais à proximité de la capitale où l'appellent ses fonctions. La seigneurie lui appartenait dès 1517. Les travaux ne durent pas tarder, car Sauvageot, au XIXe siècle, a pu lire la date de 1521 dans l'ébrasement d'une croisée du rez-de-chaussée. François Ier y vint tous les ans de 1526 à 1529.

Le château est enfermé dans une enceinte carrée cantonnée de tours cylindriques en brique (il en subsiste trois) et cernée de douves que l'on franchissait au nord par un pont-levis. Sur la plate-forme ainsi définie, la demeure occupe au centre le secteur majeur, du front d'entrée, vers lequel se développent des bâtiments secondaires de service, jusqu'au front arrière sur lequel s'appuie la façade postérieure du logis. Les bâtiments cernent ainsi une cour rectangulaire, ou plus vraisemblablement deux cours, avant-cour et cour d'honneur, dont l'aile de séparation a très probablement disparu. Nantouillet est en effet abandonné à l'usage agricole depuis des générations et les travaux de restauration qui lui ont rendu son apparence sont récents. Bien des dispositions anciennes ne sont plus perceptibles.

Comparé aux châteaux qui s'élèvent alors dans la région de la Loire, le château bâti pour Duprat est d'une grande simplicité, particulièrement dans sa décoration. Aux ordonnances à pilastres superposés, il préfère la construction plus traditionnelle des contreforts-dosserets qui rythment la façade en la raidissant, en particulier au droit des murs de refend. Cet usage de l'architecture gothique inhérent à l'équilibre des voûtes s'est imposé à bien des constructions de l'architecture civile du XVe siècle, comme l'a montré récemment François-Charles James. Du côté de la cour, ces contreforts montent sans interruption jusqu'à la corniche et les croisées se disposent irrégulièrement dans les intervalles. Sur la façade postérieure au

NANTOUILLET. Détail de l'aile droite sur la cour.

NANTOUILLET. Façade du logis et de l'aile gauche.

p. 191 : NANTOUILLET. Façade sur le jardin.

contraire, un double corps de moulures horizontales passe à l'appui des fenêtres de l'étage et un autre bandeau réunit leurs linteaux. Les ressauts que ces moulures forment sur les dosserets dessinent comme des chapiteaux toscans d'une heureuse sobriété. De simples disques ornent l'appui des croisées entre les bandeaux.

L'aile gauche abrite un petit escalier en vis, dont on décèle aisément la présence par les petites fenêtres aux linteaux obliques ; il communique avec un couloir permettant de passer de la cour à la partie gauche du terre-plein de l'enceinte. La nouveauté essentielle réside dans la disposition de l'escalier principal, inséré dans le corps de logis, presque au centre, entre la salle et la chambre. C'est, comme à Montal, un escalier droit à mur-noyau ajouré, le plus ancien connu, sans doute, dans la région septentrionale de la France, et qui témoigne de la connaissance que l'architecte de Nantouillet avait des expériences faites à Azay ou à Chenonceau. Il s'annonce sur la cour par une sorte de porche abritant un portail d'esprit encore très gothique, tout comme l'escalier lui-même, couvert d'une voûte flamboyante.

La façade arrière, on l'a dit, occupe l'emplacement du mur d'enceinte et regardait les jardins. Des tourelles rondes fort irrégulières flanquent ses extrémités. Vers le centre, mais sensiblement déporté vers la gauche, se dresse un édicule coiffé d'une haute toiture cylindrique comme une tourelle. A l'étage, les réseaux des grandes fenêtres cantonnées de pilastres laissent clairement reconnaître qu'il abrite la chapelle. Au rez-de-chaussée, la construction repose seulement sur deux colonnes, au moyen de trois arcs légèrement brisés. Une loggia est ainsi ménagée. Elle est directement accessible de l'escalier — comme le sont les loggias de Châteaudun ou de Chenonceau — mais ici elle est juchée sur un haut perron et ouverte à l'air libre. On y jouit d'une vue étendue sur toute la plaine, et c'est elle qu'on emprunte pour accéder, par deux rampes symétriques, aux parterres des jardins. Malgré ses formes traditionnelles et sa ressemblance avec certaines chapelles en saillie d'hôtels parisiens antérieurs (hôtel de Cluny, hôtel Le Gendre), la loggia de Nantouillet semble une traduction française des dispositions des villas italiennes. L'ouverture totale sur la campagne et l'absence d'un dispositif de défense sont symptomatiques d'un changement radical des habitudes de vivre et de construire. Nantouillet est bien la maison des champs du cardinal-chancelier.

On observera aussi que les deux colonnes de la loggia, encore bizarrement dessinées et toutes empreintes de réminiscences gothiques, figurent parmi les premières colonnes portantes du nouvel art en France. A l'intérieur, il faut mentionner la cheminée de la grande salle dont les médaillons représentaient *Jupiter*, *Minerve* (hommage au roi et à sa mère, sans doute), et *Mercure* (Duprat lui-même). Le décor d'arabesques des ébrasements des croisées reste assujetti à l'imagerie médiévale ; Palustre y a encore vu, notamment, les attributs d'une danse macabre, pioches de fossoyeur, tiare pontificale (que Duprat brigua un temps) et chapeau de cardinal.

Nantouillet apparaît donc comme un étrange amalgame. Des idées neuves, une sensibilité nouvelle aussi, sont exprimées avec le répertoire traditionnel des maçons que le chancelier utilisait, mais les solutions timidement esquissées sont appelées à un grand avenir, on les retrouvera à Chantilly et à Écouen.

Plus tardivement, de nouveaux éléments décoratifs furent surimposés au château. Le fils du chancelier, Antoine II, seigneur de Nantouillet, était, comme certains de ses contemporains, un « antiquaire » soucieux de mettre en valeur sa collection lapidaire.

NANTOUILLET. Coupe de l'escalier et de la chapelle, gravure de Sauvageot.

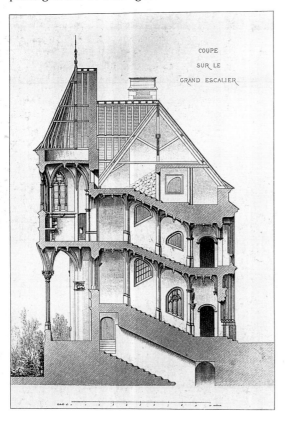

COUPE
SUR LE
GRAND ESCALIER

NANTOUILLET. *Ci-dessus*: Cheminée de la grande salle.

à droite: Le portique d'entrée avec la statue de Jupiter.

Comme l'a montré Liliane Châtelet-Lange, il est vraisemblable de lui attribuer le *Jupiter* de l'entrée. Le chancelier avait fait habiller de pilastres et de grandes niches l'ancien châtelet d'entrée du côté du pont-levis. Son fils fit disposer dans la niche centrale une statue de Jupiter tonnant qui faisait partie de ses collections et qui justifie la grande inscription: *Virtuti Fortunam Conjungit*. Pour les bustes antiques qu'il possédait, il fit d'autre part incruster dans les façades de la cour et dans les cages d'escalier des niches de bossages piquetés qui révèlent le goût raffiné du collectionneur. Ces aménagements peuvent dater de 1560 environ.

III. LA RENAISSANCE FRANÇAISE
EN RECHERCHE
1525 à 1540

La belle assurance du début du règne commence à craquer au début des années 1520, avec la montée au zénith du jeune empereur Charles Quint et la nouvelle rivalité qui oppose la France à l'Angleterre de Henri VIII. Lautrec perd le Milanais en 1522, le connétable de Bourbon trahit en 1523, les Impériaux viennent mettre le siège devant Marseille en 1524, et 1525 sonne enfin le glas des espérances. Le royaume se trouve alors dans la situation la plus critique. François Iᵉʳ est descendu lui-même en Milanais pour rétablir la situation, il engage la bataille à Pavie, il est vaincu, fait prisonnier comme jadis Jean le Bon, et emmené prisonnier à l'Alcazar de Madrid.

Après le désastre, le réveil est terrible. Régente, Louise de Savoie se heurte à l'opposition des princes, des parlements et de l'opinion qui juge sévèrement les prodigalités et la légèreté du roi captif. Lorsque François Iᵉʳ sort enfin de sa prison après la signature du traité de Madrid en 1526, il doit convenir que bien des choses ont changé. Et le bouleversement n'atteint pas seulement la France. La prise et le sac de Rome par les Impériaux en mai 1527, trois ans plus tard l'écrasement de Florence et la perte de ses libertés républicaines sous la férule d'Alexandre de Médicis bouleversent les consciences et mettent brutalement fin à l'optimisme des intellectuels et des artistes de la Renaissance italienne.

Le roi de France doit maintenant compter avec les forces politiques du pays, et non plus s'appuyer sur une poignée d'arrogants favoris. La ville de Paris est devenue un partenaire indispensable qu'il faut flatter, après l'avoir délaissée si longtemps. L'une des conséquences de Pavie, c'est ainsi l'abandon du val de Loire et le retour de la monarchie dans sa capitale. Le chantier de Blois est interrompu, celui de Chambord retardé. Le roi s'installe en Ile-de-France, avant même de déclarer solennellement en 1528 qu'il entend désormais fixer sa résidence ordinaire à Paris. Il ne songe pas, en réalité, à se fixer d'une façon permanente au palais des Tournelles ou au Louvre. Il lui faut l'espace, la vie de plein air et la liberté qui lui manqueraient cruellement en pleine ville. L'inventaire des anciennes demeures royales de la périphérie est donc dressé, en tenant compte de la proximité de forêts propices à la chasse. Ce sont des châteaux désuets et depuis longtemps à l'abandon. Ils demandent donc de grands travaux de modernisation, ce qui n'est pas pour déplaire au roi.

Successivement vont être remis en activité Fontainebleau, Villers-Cotterêts, Folembray, plus tard Saint-Germain-en-Laye. François y ajoute une demeure nouvelle, le château du bois de Boulogne, qui recevra, paradoxalement, le nom de la geôle royale, Madrid. Toutes ces maisons royales ne vont pas subir un traitement uniforme, bien au contraire. Tant d'acquis récents permettent de moduler des choix différents ! Ainsi l'expérience d'une Cour nombreuse à laquelle il faut assurer des logements commodes et des loisirs ; ainsi l'approfondissement des goûts individuels du roi ; ainsi une meilleure connaissance de l'art italien contemporain et la présence plus constante d'artistes de la péninsule. L'Ile-de-France, d'autre part, n'est pas la Touraine. Les caractères topiques de la construction traditionnelle sont susceptibles d'y modifier les desseins royaux : autres formes, autres matériaux. L'usage de la grosse tour ronde, pour ne prendre que cet exemple, est définitivement abandonné. Dès 1528, le donjon du Louvre est rasé.

Madrid et Fontainebleau sont commencés la même année, en 1527. Un monde les sépare. Comme dans le couple Chambord-Blois, le roi construit d'un côté une maison nouvelle, de l'autre il aménage une vieille demeure. Madrid, de ce fait, est dessiné comme un prototype, sans assujettissement à un bâti antérieur. Ses nouveautés surprirent certainement les contemporains, sans les inciter à s'en inspirer autrement que dans les détails. L'intervention d'un Italien est officiellement attestée par les comptes royaux durant des années, celle de Girolamo Della Robbia, de l'illustre famille des émailleurs florentins, arrivé en France en 1518. On s'est longuement interrogé sur son rôle exact. Faut-il lui attribuer davantage que l'étonnant décor de faïence polychrome qui tapissait toutes les façades, c'est ce qu'il est malaisé de déterminer, mais il paraît difficile de lui contester tous les italianismes du projet, tous les «toscanismes» (le tracé indépendant des fenêtres notamment). Il a en face de lui un maçon tourangeau, Pierre Gadier, qui n'a peut-être été qu'un exécutant.

La pensée de Léonard est encore présente à Madrid. Si le château a été rasé à la fin du XVIIIe siècle, il nous en reste assez d'images pour nous permettre de reconstituer son apparence. C'était un grand parallélépipède allongé et isolé, une «Cité radieuse», un paquebot en quelque sorte, ordonné sur deux axes de rigoureuse symétrie. On pourrait penser au donjon de Chambord comprimé dans une enveloppe rectangulaire. La haute masse de quatre étages se divise en réalité en trois épais pavillons juxtaposés, scandés aux angles de tourelles carrées. De grands combles à l'orientation contrariée, tout comme à Chenonceau, couronnent le tout. Les Loges du Vatican ont à nouveau influencé ses façades, garnies de tous côtés par des péristyles d'arcades en plein cintre, mais on peut juger aussi que le plan a été obtenu par la multiplication du schéma générateur de la villa de Poggio Reale, près de Naples, construite en 1487 par Giuliano da Maiano. La manière florentine apportée par Della Robbia a pu dicter le dessin des arcades et la disposition des demi-colonnes adossées aux piles, dont le chapiteau recevait la retombée des arcs par l'intermédiaire d'un fragment d'entablement. Brunelleschi avait imaginé cette disposition à San Lorenzo et à San Spirito de Florence et l'insertion de médaillons dans les écoinçons s'observe à la façade de l'hôpital des Innocents, du même maître.

L'aspect du château de Madrid était étrange. Sa disposition intérieure avait fait l'objet d'une remarquable étude de commodité. Château de chasse, la maison devait accueillir pour un bref séjour le plus grand nombre possible de serviteurs et de courtisans, elle était donc conçue comme un grand caravansérail de trente-deux appartements. Pour les desservir, des circulations horizontales (galeries extérieures) et verticales (escaliers en vis dans les tourelles) avaient été prévues avec une abondance inaccoutumée. Le cœur du château abritait la grande salle royale assortie de nouveautés que François avait sans doute imposées personnellement : une sallette basse couverte d'une tribune et chauffée par une grande cheminée «faite à la mode de Castille». C'était une *alcoba* à l'espagnole, comme celle que le roi avait sans doute pu remarquer dans sa prison de l'Alcazar. Avec les faïences de revêtement qui rappellent les *azulejos*, elle a dicté sans doute le nom de Madrid imposé au château du bois de Boulogne. Château ? plutôt grande villa car les attributs ordinaires de l'autorité sont ici laissés de côté : les tours, les mâchicoulis, l'entrée monumentale, la cour, les ailes, le grand escalier. C'était bien là rompre avec la manière française — sauf dans les raffinements de la disposition intérieure. Le choix des arcades, des tourelles carrées, le plan massé, le bon usage des colonnes font de Madrid l'œuvre la plus italienne qui ait été construite alors en France, malgré ses grands combles. Le décor coloré — des peintures murales s'ajoutaient extérieurement aux majoliques — fait aussi écho à une tendance particulière de l'art italien, celle de la façade peinte d'un décor de figures et de rinceaux, dont la place de Vigevano offre encore l'exemple le plus monumental. L'architecture française a été généralement réfractaire à toute dissimulation de l'appareil, à tout décor pariétal, non architectonique ; Madrid est avec le Trianon de porcelaine de Louis XIV l'entorse la plus brillante à ce choix français, mais aucun des deux édifices n'a survécu.

Comparé à ce prototype inattendu et sans lendemain, Fontainebleau est l'exemple même de l'empirisme le plus désordonné et souvent le plus maladroit. C'est pourtant ici que sera la capitale artistique du royaume, et pour longtemps ! Le roi s'y plaît et en fait son principal séjour, rendant par là même les travaux d'envergure difficiles. Le vieux château de saint Louis comporte un donjon carré et une porterie insérés dans une série de constructions qui dessinent une cour très approximativement ovale. Le roi a fixé son appartement dans le donjon et dans les logis voisins, et décide, en 1527, de bâtir à une certaine distance une vaste cour neuve — qui sera la Cour du Cheval blanc. La seconde décision, en 1528, est de réunir cette cour par une galerie rectiligne qui rejoindra le donjon royal, et de moderniser le vieux château. Le responsable est un maçon local, Gilles Le Breton. C'est la nouvelle cour qui fait l'événement architectural. Les immenses ailes basses rectilignes (une seule subsiste d'origine) sont sans précédents. A leur intersection, on ne trouve pas des tours rondes mais des pavillons quadrangulaires. Cette seconde nouveauté a pu venir des tours carrées des villas toscanes ou de celles qui cernaient la villa de Poggio Reale aux environ de Naples. Il est plus simple de rappeler que la tour carrée est un trait permanent de l'architecture féodale française (songeons à Vincennes), qui a été utilisé à fréquentes reprises au XVe siècle. L'escalier Louis XII à Blois est déjà un pavillon carré, et à Fontainebleau même, l'exemple du donjon de saint Louis était suffisant pour inspirer le nouveau schéma. On trouvait aussi un pavillon à Bury.

La Cour du Cheval blanc innove encore par le matériau. Ici, pas de belle pierre blanche comme sur la Loire. Le sol rocheux de la forêt voisine produit un grès de couleur foncée, rebelle à la taille fouillée. Les murs seront de mœllon enduit de crépi, et l'architecture sera dessinée avec un matériau coloré traçant les lignes de force (pilastres et chambranles) et composant les lucarnes : la brique. Ce n'est donc pas la brique en paroi entière, comme à Plessis-lès-Tours, mais une brique d'art employée isolément, et épousant même les moulurations classiques nécessaires à l'ordonnance (corniches, frontons) ; incontestablement, un emprunt à l'usage italien, souligné davantage encore par l'emploi d'une première baie rythmique à la « serlienne » sur l'un des pavillons.

La modernisation de la Cour ovale ne se fit pas si facilement. Le vêtement de pilastres corinthiens et de lucarnes à frontons droits ainsi que la double loggia de la Porte dorée, le tout inspiré peut-être par le chantier de Madrid mais plus encore par les portiques des palais de Naples et d'Urbino, sont réalisés par Gilles Le Breton avec une évidente gaucherie. L'agencement des logis reste irrégulier, la coursière sur colonnes ajoutée au premier étage pour la commodité est trop grêle et vient briser les lignes des travées. Alors, tout comme naguère à Gaillon, on tente de racheter l'hétérogénéité et la médiocrité par des « morceaux » qui attireront l'œil. Le dessin de ceux-ci a été probablement donné par un Italien nouveau venu, Rosso. Tel est le sens de la porte égyptienne ouverte au pied du pavillon des Armes, et dans la Cour ovale, celui de l'ancienne façade de la chapelle Saint-Saturnin — dissimulée aujourd'hui — et du grand escalier à portique de colonnes jeté en face pour donner un accès d'apparat aux appartements royaux. Gilles Le Breton n'a pas su traduire correctement le dessin italien, le portique qui encombrait la cour d'un hors-d'œuvre mal agencé accumulait en outre les incorrections de style. L'escalier sera modifié, puis détruit.

Ce n'est donc pas l'architecture maladroite qui fera la renommée de Fontainebleau, mais son décor intérieur. On connaît depuis longtemps en France les grandes réalisations italiennes, et leur célébrité invite le roi à donner chez lui l'exemple. Mantegna à Mantoue, Gozzoli au palais Médicis (Riccardi) de Florence, Raphaël au Vatican, Jules Romain en dernier lieu au palais du Té de Mantoue, et tant d'autres, ont fait pénétrer dans les appartements un univers coloré qui place les gestes quotidiens dans un environnement épique. La représentation du propriétaire dans la situation la plus flatteuse, les images de l'histoire ou de la mythologie, ont été conjuguées avec une reprise du décor strictement ornemental de l'Antiquité romaine, les « grotesques » nouvellement découverts. Deux peintres sont appelés par le roi de France, ils arrivent successivement en 1531-1532, Rosso, un Florentin proche de Michel-Ange, et Primatice, un Bolonais, collaborateur de Jules Romain au palais du Té. Ces hommes vont créer une manière nouvelle pour satisfaire François Ier. La peinture à fresque ne garnira pas intégralement les parois, elle sera divisée en compositions de tailles diverses insérées dans des encadrements en relief réalisés en stuc. Ces cadres qui font appel à l'art du sculpteur-mouleur répondent à un goût profond des Français pour les arts du relief. La Galerie François Ier du Rosso, aux images violentes et énigmatiques, les appartements du roi et de la reine par le Primatice, aux allégories plus aimables, sont des créations si originales et si différentes des œuvres italiennes contemporaines qu'elles suscitent aussitôt la naissance d'un foyer d'art, « l'Ecole de Fontainebleau », qui va exercer sur les milieux français une influence décisive.

Commencé un peu plus tard (1533-1537), Villers-Cotterêts, au nord de Paris, consacre l'adoption des nouvelles formes imaginées à Fontainebleau : cours quadrangulaires, la première bordée d'ailes basses de communs, et pavillons d'angles. Le décor sculpté le plus élaboré garnit l'escalier et la Salle des États, mais les façades latérales tendent à se libérer des ordres de pilastres au profit de la façade principale sur la cour où paraissent des piliers carrés et des colonnes adossées. Leurs chapiteaux échappent au banal composite italianisant que l'on a vu partout jusqu'alors, ils appartiennent à un ordre ionique et à un ordre corinthien assez correctement dessinés.

Hormis à Madrid, les chantiers royaux de cette époque n'ont pas donné l'exemple de l'orthodoxie classique que l'on attendait, à un moment où le bon usage des ordres antiques commence à être connu en France, non pas seulement chez les humanistes capables de lire Vitruve en latin, Alberti ou Serlio en italien, mais dans le monde des maîtres d'œuvres. Ces derniers peuvent en effet disposer non seulement des premiers ouvrages de vulgarisation de Geoffroy Tory, mais de l'abrégé de Vitruve en français (*Raison d'architecture antique...*) par Diego de Sagredo édité à Paris chez Simon de Colines entre 1526 et 1537. Les constructions des grands seigneurs montrent parfois une meilleure tenue des ordonnances classiques que celles du roi.

Devenu après Pavie l'homme le plus puissant du royaume et nommé Grand maître de France, Anne de Montmorency fait reconstruire Chantilly par Pierre Chambiges. La loggia de l'escalier, accessible par un perron à rampes droites, se dressait sur des colonnes portantes. La grande aile voisine était faite de deux galeries superposées, la galerie du rez-de-chaussée percée d'arcades séparées par des demi-colonnes sur stylobates, celles-ci surmontées de pots à feu. L'art de Chambord et d'Azay est abandonné pour se rapprocher des œuvres de Bramante ou de Peruzzi. A Châteaubriant, Jean de Laval, neveu de Montmorency, s'inspire de la tribune à colonnes de Chantilly pour faire élever un édifice analogue devant son escalier. Sur l'un des côtés de l'immense cour qu'il a fait tracer devant son logis, il élève une longue galerie dont les vingt et une arcades sont portées sur des colonnes doriques ; à l'étage, les fenêtres sont coiffées de frontons triangulaires et encadrées de pilastres ioniques. La différenciation et la régularité des ordres sont ici nouvelles. Le même italianisme inspire, plus encore peut-être, la cour de La Rochefoucauld. Les deux côtés qui subsistent du parti primitif dépassent les exemples français de galeries à arcades (Loges de Blois, côtés du donjon de Chambord) et imitent les ailes uniformes qui ferment les *cortili* des palais italiens. Ils sont garnis de trois niveaux d'arcades juxtaposées dont le plein cintre, à vrai dire, laisse encore à désirer ; mais leur dessin régulier est tout nouveau, et Gébelin a pu se demander si François de La Rochefoucauld, fort lié avec le roi et avec Louise de Savoie, n'avait pu profiter des projets élaborés par Léonard de Vinci pour François Ier. Les grands pilastres entre lesquels s'encadrent les arcades supportent des entablements continus à l'antique, comportant très régulièrement une architrave, une frise et une corniche. Une bordure de rive sculptée court à la naissance du comble au-dessus du troisième niveau ; elle préfigure celle de Lescot au Louvre. Enfin l'agencement des appartements autour de la cour et les portes d'accès sous les péristyles rappellent aussi les usages italiens.

A Assier en Quercy, le grand écuyer Galiot de Genouillac garnit ses façades sur cour d'une frise sculptée d'emblèmes militaires. L'étage est scandé de pilastres et de chapeaux de triomphe, encadrant des médaillons d'empereurs en terre cuite qui sortent sans doute de l'atelier Della Robbia de Suresnes. Un péristyle d'arcades garnit l'une des ailes. Plus tard, en 1535, Galiot fera ajouter le portique triomphal de l'entrée, fait de deux ordres de colonnes superposés (ionique et corinthien), surmontés d'une arcade abritant la statue équestre du grand écuyer.

Sur la Loire, Chambord dont le chantier se poursuit inspire les formes de Villegongis et de L'Islette, mais il n'influence pas les constructions de l'homme qui surveille les travaux, Jean Le Breton. Celui-ci bâtit alors à son propre compte un grand château, Villandry, et une sorte de villa, Villesavin. Le premier introduit en Touraine les pavillons de Fontainebleau. La seconde aligne des bâtiments bas autour d'une cour et reprend côté jardin le système de la chambre haute en tribune sur une loggia ouverte formant perron. La même disposition était visible à Poncé, centré sur son grand pavillon d'escalier. La galerie à pilastres de Chantilly, renouvelée de celle de Bury, se retrouve à Veuil.

Les architectures régionales de la gentilhommerie locale ont maintenant assimilé une partie des nouvelles leçons enseignées par l'art de Cour, par les humanistes, par la diffusion des idées et des images. Leurs productions se différencient suivant les traditions et les influences particulières. Le style brique et pierre des maisons nobles se poursuit en pays de Loire avec Herbault, Saint-Agil, La Morinière — dont l'organisation intérieure est particulièrement élaborée et qui comporte une cour ouverte sur deux côtés — ou à Dornes en Nivernais, dont la grande loggia à l'italienne est exceptionnelle.

Un goût particulier pour le décor — médaillons, bustes, candélabres, colonnes moulurées comme des quilles — habite le Centre-Ouest, Usson, Gramont, Messilhac, où le jeu irrespectueux des sculpteurs est volontaire. L'influence de la Cour s'exerce à Pau et à Bidache. Le classicisme méridional, plus dépouillé, valorise la beauté du mur de pierre, à Lourmarin, à Gordes.

L'Est se montre précoce, il a dépouillé plus rapidement qu'ailleurs le vêtement gothique et entretient avec l'Italie des relations privilégiées qui empruntent la vallée du Rhône. L'amiral Chabot est lié avec la famille de Longwy, particulièrement ouverte à l'humanisme. Son oncle par alliance, le cardinal de Givry, le guide sans doute lorsqu'il fait construire dans son château de Pagny, en Bourgogne, le portail de la chapelle. C'est une élégante composition de pilastres et de colonnettes, chargée d'un important décor sculpté. La chapelle de Fleurigny n'est pas moins ouvragée, au portail et à la voûte. A Pagny encore, apparaissent les premières fabriques à l'italienne dans le parc. Dans la Franche-Comté espagnole, le cardinal Granvelle bâtit son palais autour d'un *cortile* d'arcades régulières et, en Lorraine, le château de Fléville par son plan et le dessin rigoureux de ses lucarnes annonce Écouen avec quelques années d'avance.

Quant à la Normandie, elle connaît alors une brillante floraison illustrée par l'activité de deux architectes de Caen, Hector Sohier d'abord (église Saint-Pierre), Blaise Le Prêtre ensuite (hôtel d'Escoville). L'art du premier consiste à insérer dans une trame d'architecture classique un foisonnement d'ornements à grande échelle et particulièrement de rinceaux. On les trouve tapissant les façades des châteaux de Lasson, de Chanteloup et du Rocher à Mézangers.

Aux expériences royales, les régions répondent ainsi par une diversité accrue. Aucune doctrine ne s'est imposée, les sensibilités locales réagissent aux apports du classicisme de la manière la plus variée. Une explosion des courants artistiques s'est produite, activée par la dualité des foyers principaux, val de Loire et Ile-de-France.

68.

Fontainebleau

première période

**SEINE-ET-MARNE / A L'ÉTAT /
MUSÉE ET PALAIS NATIONAL / ✱**

Après la poursuite des chantiers royaux des bords de Loire, Amboise et Blois, et la tentative solitaire d'un grand dessein à Chambord, le désastre de Pavie et la crise financière de la monarchie ramènent François Ier à la réalité des contingences. Le roi ne peut plus continuer à ignorer superbement la ville de Paris, capitale du royaume, siège des principales cours souveraines, habitation des plus riches bourgeois. C'est donc là qu'il est amené à se fixer, plus ou moins fidèlement certes, après son retour en France. En 1528, il annonce à ses sujets son intention de résider parmi les Parisiens. Cela ne signifie pas, pourtant, que le Louvre médiéval, triste et incommode, soit dès lors appelé à devenir la résidence permanente du souverain, mais que le roi va faire choix d'un certain nombre de châteaux de la périphérie parisienne qu'il va hanter régulièrement dans la grande révolution annuelle de la cour de France.

Fontainebleau est la première de ces « maisons » appelées soudain à un avenir nouveau. Un château bien fortifié existe en cet endroit, au moins depuis le XIIe siècle, celui d'un nommé Blahaut ou Bliaud qui a donné son nom à la fontaine voisine, Fontaine-Bliaud. C'est en effet un site d'eaux courantes glissant depuis la forêt de Bière jusqu'au ru qui les recueille au fond du vallon pour les mener à la Seine, le ru d'Avon, du nom du village voisin. A flanc de coteau, le manoir se dresse, enfermant une cour irrégulière, mi-polygonale, mi-courbe, dans une enceinte de courtines et de tours fermée du côté amont, au nord et à l'ouest, dégagée davantage vers la pente, au sud et à l'est. Un fort donjon carré la flanque à l'ouest, à proximité d'un châtelet fortifié qui fournit l'accès par le sud-ouest ; de ce côté, une chaussée et des prés inondables avec un étang, de l'autre, un chemin suivant la courbe de niveau avant la forêt de Bière, et qui rejoint la route de Bourgogne au bas de Changis.

Le château de Bliaud a tenté de bonne heure les Capétiens, Louis VII en fut possesseur dès son avènement, Philippe Auguste

FONTAINEBLEAU. Vue gravée par Du Cerceau (*Les Plus Excellents Bâtiments de France*, t. II). De gauche à droite, la Cour du Cheval blanc, la Cour de la Fontaine, la Cour ovale.

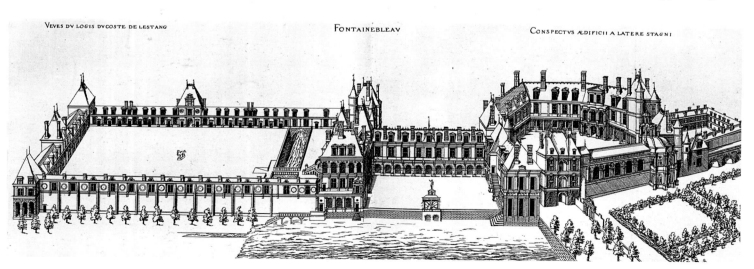

et saint Louis y firent de fréquents séjours. Ce dernier installe à proximité du château un hôpital tenu par des religieux trinitaires dont il a apprécié l'efficacité en Terre sainte lors de la septième croisade. Philippe le Bel y naît et y meurt. Plus tard, la reine Isabeau de Bavière reconstruit en partie ce «bel et notable hôtel», mais l'oubli s'étend bientôt sur cette grande maison des bois, et François Ier la découvre soudain dans son patrimoine lorsqu'il décide de se fixer en région parisienne. C'est alors, répétons-le, une cour irrégulière oblongue, un donjon carré, une porte fortifiée avec pont-levis, et une chapelle dédiée à saint Saturnin. Des jardins au nord. Les murs sont en mœllons enduits, avec les chaînes d'angle et les encadrements de baies en pierre calcaire. A côté, vers l'ouest, s'élève l'hôpital des Trinitaires, qu'un chemin public sépare du château, menant les villageois d'Avon vers l'étang propice à la pêche.

François Ier fait commencer les travaux dès 1527. Pour sortir du château fortifié, il faut s'attaquer à l'hôpital qui gêne tout accroissement de la demeure royale, on va donc démolir progressivement le logis abbatial, le couvent-hôpital, plus tard l'église des Trinitaires, et le roi rachète l'emplacement du couvent en 1529. Après les premières démolitions, un devis général pour les opérations à envisager est passé par le roi en 1528. Ce document capital (dans les Comptes des bâtiments du roi) décrit la première vision du roi sur sa nouvelle résidence. L'entrepreneur est un maître maçon nommé Gilles Le Breton. La tâche qui lui incombe est triple. Il lui faut d'abord restaurer les bâtiments du vieux château, autour de la cour que l'on nomme maintenant, malgré son irrégularité, la Cour ovale. Entre les tours, les courtines vont être doublées de corps d'hôtel se

FONTAINEBLEAU. L'ancien donjon et la Cour ovale.

FONTAINEBLEAU. Vue de la Porte dorée et de la
Galerie, peinte dans la Galerie François Ier.

FONTAINEBLEAU. Porte de l'escalier du roi sur
la Cour ovale.

200

joignant en angles obtus, au creux desquels on dressera cinq tourelles rondes contenant des escaliers en vis. Le maçon fait choix d'un matériau local, le grès de la forêt voisine. Le châtelet va être aussi modifié pour devenir la « Porte dorée ». On lui impose un nouveau décor, fait de grandes loggias superposées qui rappellent les portiques de Luciano Laurana aux palais de Naples et d'Urbino, encadrées de petites fenêtres coiffées de frontons. On prévoit à sa suite, sur le côté sud de la cour, une grande salle des fêtes et une nouvelle chapelle castrale dédiée à saint Saturnin.

La seconde série de travaux de 1528 concerne la construction d'une très vaste cour quadrangulaire à l'emplacement des Trinitaires, de façon à doter le château de l'avant-cour régulière qui lui manque évidemment, alors qu'on en voit pourvues bien des demeures privées, comme Bury. Au sud, le grand côté longeant la région marécageuse est dévolu à une aile renfermant à l'étage une longue galerie, la galerie d'Ulysse, édifiée de 1527 à 1531 (elle sera reconstruite sous Louis XV) ; à l'ouest, c'est une autre galerie fermant l'entrée, (que Napoléon Ier fera raser pour la remplacer par l'actuelle grille de la Cour du Cheval blanc). Au nord, la troisième aile, construite pour abriter les Trinitaires (1528) subsiste seule ; elle est garnie de chaînes de brique dans des murs crépis, disposition originale puisque la brique reçoit le rôle d'assurer les structures. Ce long bâtiment bas, simple rez-de-chaussée sous un comble habitable à grandes lucarnes, est rythmé par un haut pavillon central coiffé d'un grand motif de lucarne où paraît pour la première fois en France la travée rythmique, et par deux pavillons d'extrémités plus simples (il n'en reste qu'un). Quant à l'aile orientale de la même cour, elle devait juxtaposer des bâtiments d'affectations diverses et intégrer en particulier l'église des Trinitaires.

La troisième opération prévue au devis de 1528 vise enfin à réunir les deux ensembles ainsi définis. Comme le chemin public qui mène à l'étang doit être respecté, l'idée est venue de faire communiquer le château ancien (Cour ovale) avec le château nouveau (Cour du Cheval blanc) par une galerie établie à la hauteur du premier étage et portée sur un rez-de-chaussée d'arcades ouvertes. C'est la Galerie François Ier.

Les années suivantes vont modifier et enrichir le parti de 1528, sous la pression des idées et des événements. Parmi ces derniers, citons en 1530 le remariage du roi, veuf de Claude de France depuis 1524, avec Eléonore d'Autriche, sœur de Charles Quint, et, en 1531, la mort de sa mère Louise de Savoie. Ces deux faits entraînent en effet une modification des appartements. L'ancien appartement royal, au premier étage du donjon carré, qui avait été laissé à Madame mère, est repris par le roi, qui cède à sa nouvelle épouse l'appartement situé au nord du donjon sur la Cour ovale, lequel deviendra définitivement l'appartement des reines. L'événement coïncide avec l'arrivée à Fontainebleau d'un nouveau venu, Rosso, vers 1531. L'illustre Florentin, grand admirateur de Michel-Ange, se fixe en France sur les instances du roi qui fait de lui son premier peintre. Rosso n'est pas seulement chargé du décor pictural des

FONTAINEBLEAU. La Porte dorée.

appartements, en rivalité bientôt avec un Bolonais, Primatice, il est également consulté comme concepteur au plan de l'architecture, ainsi que l'a montré récemment André Chastel. Après la mort de Léonard de Vinci, François Ier retrouve ainsi un nouvel artiste complet pour le conseiller sur sa demeure. Le chantier ouvert en 1531 tranchera alors singulièrement sur les constructions traditionnelles de Gilles Le Breton en 1528-1530. La Cour ovale fait l'objet d'une nouvelle réflexion. Le système des communications verticales multiples est abandonné pour une jonction horizontale des appartements royaux, matérialisée par un promenoir continu à l'air libre, à hauteur d'étage, défendu par un simple garde-fou en fer et porté sur des colonnes isolées plantées devant les façades de la cour après destruction des tourelles d'escalier. Dans le même esprit, une terrasse-promenoir sur galerie voûtée viendra doubler au sud la Galerie François Ier en 1534-1535.

Comme l'escalier du roi près de la Porte dorée est trop modeste et ne dessert que l'appartement de François Ier, on décide de bâtir un escalier d'apparat, une immense construction dressée théâtralement sur le sol de la Cour ovale, le long de l'aile nord-est, qui permettra d'accéder par des rampes combinées à travers un portique à colonnes jusqu'à la première pièce de l'appartement de la reine (à

gauche) et aux appartements dévolus aux enfants du roi (à droite). L'histoire de cet escalier n'est pas simple ; profondément remanié en 1541, démoli et reconstruit sur des proportions moins gênantes par Henri IV, détruit à nouveau en 1748, il sera remplacé en 1882 par un simple portique plaqué. Cette œuvre malcommode est un véritable symbole. Nous savons par elle que l'obsession de l'escalier monumental dessiné comme un « chef-d'œuvre » est encore bien vivante une douzaine d'années après Chambord. Dans le même style grandiose, maniant les ordres antiques et multipliant les « motifs » à grande échelle, en contradiction avec la trame traditionnelle des travées, le maître italien donne pour la face sud de la Cour ovale les plans de l'immense Salle de bal et de la nouvelle cha-

FONTAINEBLEAU. L'aile nord de la Cour du Cheval blanc.

FONTAINEBLEAU. Cheminée de la Chambre de la Reine.

ci-dessous : Chambre de la duchesse d'Étampes.

pelle Saint-Saturnin dont l'étonnante façade d'entrée — dissimulée depuis les travaux de Henri IV — présentait une saillie symétrique au grand escalier extérieur, avec un jeu de colonnes comparable.

Dans les mêmes années, les travaux se poursuivent à l'aile est de la Cour du Cheval blanc. Venant du donjon de saint Louis, la Galerie François Ier aboutit à un nouveau pavillon quadrangulaire qui formera l'axe central de la nouvelle façade. Aux extrémités de cet axe, deux pavillons rectangulaires ont été élevés dans les années 1530-1535. Au sud, dans le site agréable de l'étang, le pavillon dit des Poëles (aujourd'hui disparu) où Charles Quint séjourna probablement lors de son voyage de 1539 et, au nord, le pavillon des Armes, destiné primitivement à abriter le cabinet d'armes et d'antiquités de François Ier. Ce dernier a subsisté. Il était ouvert de loggias et sommé d'un belvédère largement éclairé comme une chambre haute. On peut croire que sa porte d'entrée, ornée de deux atlantes (des «télamons») copiés de l'art égyptien, a été, elle aussi, dessinée par Rosso. Ces pavillons témoignent évidemment d'une influence italienne heureusement mariée avec les volumes traditionnels français.

Mais l'italianisme, c'est aussi, et plus encore maintenant, le décor intérieur imposé aux appartements et accessible plus quotidiennement que l'architecture aux yeux du roi et de la Cour. Bien plus que l'accumulation toujours décevante des corps de logis, c'est le grand art décoratif qui fait le primat inégalé de Fontainebleau et qui justifie l'appellation de «l'Ecole de Fontainebleau». Ici, l'invasion des idées italiennes et l'inspiration des grands décors admirés

FONTAINEBLEAU. *Ci-contre* : Vestibule de la Porte dorée.

ci-dessus : l'Éléphant royal, Galerie François Ier.

FONTAINEBLEAU. Galerie François Ier.

FONTAINEBLEAU. Porte du pavillon des Armes.

FONTAINEBLEAU. La grotte du Jardin des pins.

par les Français dans la péninsule n'ont pas à se fondre dans une manière traditionnelle pour être acceptées. Peintures et stucs sont demandés à des artistes italiens, les meilleurs qu'on puisse trouver.

Le morceau de choix, c'est bien entendu la Galerie François Ier, celle que tous les courtisans empruntent pour se rendre d'une partie du château à l'autre, et dont les croisées donnent au midi sur le site charmant de l'étang. Rosso s'y consacre, de 1534 à sa mort, survenue en 1540. Les études récentes et la restauration des célèbres fresques, qui avaient été repeintes en partie au XIXe siècle, ont attiré une nouvelle fois l'attention sur ces images raffinées et violentes, chargées d'un message philosophique et politique dont la clef n'est pas définitivement connue.

Lambris à hauteur d'appui avec des banquettes incorporées, (commandés à Scibec de Carpi en 1539), zone supérieure traitée en cadres de stuc à reliefs allégoriques enfermant les grandes compositions et plafond droit à la française, le système décoratif adopté témoigne d'une créativité nouvelle, il est sans exemple en France comme en Italie. L'accès par des petites portes donnait à la galerie son caractère de lieu de délectation, bien loin d'en faire un simple espace de passage.

Dans un style plus aimable et plus enveloppé, Primatice décore les autres ensembles : à partir de 1533 la Chambre du Roi, dont il ne reste rien, et la Chambre de la Reine dont il reste la grande cheminée ; entre 1541 et 1544 la chambre de la grande favorite, la duchesse d'Étampes, dont le décor fastueux consacré à l'*Histoire d'Alexandre* a été préservé en partie lorsqu'on a fait un escalier de cette chambre. Aux mêmes dates, le décor du vestibule de la Porte dorée et de la galerie d'Ulysse sont entrepris. Sous la Galerie François Ier, un appartement bas est aménagé, obturant le chemin de servitude qui est interdit aux villageois en 1531. C'est l'appartement des Bains, où le roi a fait accrocher les chefs-d'œuvre de sa collection de tableaux (Léonard, Raphaël, Titien) dans un précieux décor de lambris, de stucs et de fresques d'un érotisme sans voiles. Il n'en reste rien.

La mort de Rosso en 1540 a laissé certainement un vide. Or Serlio est à la cour de France en 1541. Peut-être est-ce sur ses plans que l'on a reconstruit à cette date le grand escalier de la Cour ovale et achevé en 1545 la chapelle Saint-Saturnin ? En 1541 également, Primatice est de retour d'une mission en Italie avec des antiques et des moules dont on va tirer une collection de grands bronzes ; il est chargé de dresser dans l'esplanade qui s'étend entre l'étang et la Galerie François Ier une fontaine monumentale, la fontaine de l'Hercule.

Des années suivantes, 1543-1544, date un petit monument qui est l'écho des nouvelles recherches du maniérisme italien : la grotte du Jardin des pins. Les trois arcades de bossages où les torses musculeux des atlantes semblent se pétrifier sont un morceau d'anthologie, planté dans un jardin embaumé de pins maritimes que François Ier avait voulu pour son parc de Fontainebleau sans s'inquiéter si les espèces méditerranéennes s'y acclimateraient. Le roi de France connaît bien les manifestations du style « rustique », l'architecture à effets que Jules Romain, maître de Primatice, a magistralement appliquée au palais du Té à Mantoue : Serlio au même moment l'utilise à Fontainebleau, face au château, pour l'hôtel neuf du cardinal de Ferrare, Hippolyte d'Este. L'intérieur de la grotte était décoré de peintures de Primatice (vers 1543) avec les premiers effets de composition plafonnante à la voûte qu'on ait probablement vus en France.

69

Château du bois de Boulogne

dit de Madrid

à Neuilly-sur-Seine

HAUTS-DE-SEINE / DÉTRUIT

Au moment même où il faisait reprendre l'ancienne résidence royale de Fontainebleau pour en modifier très empiriquement les structures, François Ier appliquait ailleurs l'esprit systématique qui avait inspiré Chambord. A proximité directe de la capitale parisienne, la grande forêt de Boulogne lui offrait d'inépuisables terrains de chasse. Le roi décide d'y faire construire une grande villa royale ingénieusement disposée pour offrir des appartements commodes à tous ses familiers. Plus encore qu'une villa, c'est une sorte d'hôtel de voyageurs ; on y dénombre trente-deux suites formées chacune d'une chambre et d'une garde-robe, avec quatre salles communes et une habile disposition de six escaliers en vis et de couloirs sous forme de galeries extérieures qui ceinturent entièrement l'édifice. Jamais les objectifs de la circulation intérieure n'avaient été satisfaits avec un tel luxe de commodité, jamais avec une transparence aussi évidente sur les façades.

L'édifice s'élève à partir de 1527 — des commissaires sont nommés le 28 juillet 1528 — dans un site vierge de toute construction. Les maîtres maçons sont connus, le Tourangeau Pierre Gadier, remplacé à sa mort en 1530 par un autre Tourangeau Gatien François, et l'Italien Girolamo Della Robbia. Ce dernier vient d'arriver en France. Le roi lui commande l'extraordinaire décor qui doit tapisser les parois extérieures du nouveau palais : des panneaux de terre cuite en fort relief qui garniront jusqu'aux souches de cheminées et donneront à la construction un aspect brillant et multicolore très incongru sous le ciel d'Ile-de-France ; des peintures décoratives tout aussi étrangères aux habitudes françaises ornaient les surfaces des murs laissées nues. La référence aux façades espagnoles garnies d'azulejos, et l'aménagement d'une sallette en alcôve avec cheminée « castillane », imposés peut-être personnellement par François Ier au retour de sa captivité madrilène, firent peut-être donner au château le sobriquet de « château de Madrid », qui lui resta.

Le pittoresque ne doit pourtant pas dissimuler l'esprit novateur qui présida à l'élaboration du plan, souligné par une étude récente de Monique Chatenet. La rigoureuse combinaison des espaces sur un schéma simple fait de carrés mis bout à bout est toute nouvelle. La conception d'un château de plan centré et massé (sans ailes et sans cour) s'apparente évidemment au dessin du donjon de Chambord dont il procède, de même que les loggias, superposées en galeries d'arcades tapissant toutes les parois, étaient apparues déjà sur les côtés du donjon de Chambord ; mais la plus grande rigueur est apportée à l'exécution du parti, excluant toute fantaisie, toute réminiscence de l'architecture traditionnelle, sauf l'agencement des grands combles à la française, qui rappelle évidemment Chenonceau. Les deux blocs cubiques d'extrémité, très élevés (un rez-de-chaussée surélevé, trois étages carrés de hauteur décroissante, un étage dans le comble) et coiffés de grandes toitures parallèles, abritent les appartements et sont flanqués de grandes tourelles aux angles externes (abritant les garde-robes) et de petites tourelles vers

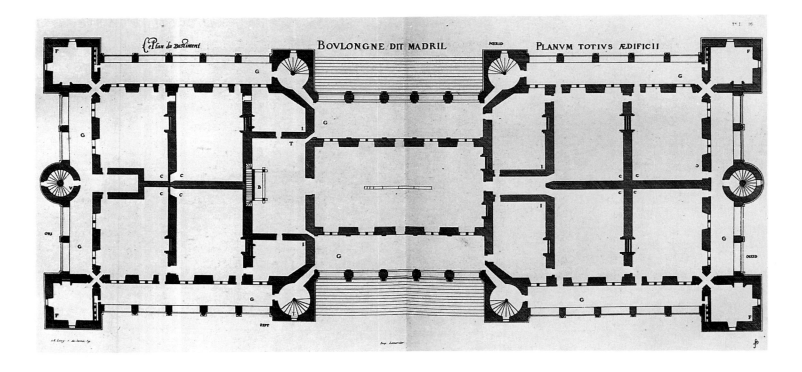

CHÂTEAU DE MADRID. Sallette formant tribune dans la grande salle. Gravure de Du Cerceau.

en haut: Plan gravé par Du Cerceau (*Les Plus Excellents Bâtiments de France*, t. I).

le centre (abritant les escaliers). Le corps central est coiffé d'un comble disposé dans l'autre sens, lui-même cerné de deux combles plus petits, parallèles à ceux des blocs latéraux. Sur ses deux faces, d'immenses emmarchements mènent à un grand péristyle par lequel on accède à la grande salle ménagée à chaque étage, en communication avec les appartements des hôtes. Celle du rez-de-chaussée est la grande salle royale, communiquant sur un côté avec une sallette, entresolée d'une grande tribune.

Si contraires aux habitudes françaises, ces dispositions ont été évidemment dictées par l'architecture italienne, et plus particulièrement peut-être par le grand art florentin des palais, mais il paraît injustifié de les porter au seul crédit de Girolamo Della Robbia, dont rien ne permet d'affirmer qu'il fut le vrai « deviseur » de l'étonnante construction. On a remarqué qu'un plan de palais publié par Serlio (livre III, 1540) est étrangement proche de la villa du bois de Boulogne. Il fait peut-être écho à une série de recherches antérieures menées dans les milieux italiens, et dont Madrid a pu s'inspirer.

Le château fut bâti lentement. On y travaillait encore sous Henri II et, bien plus tard, sous Charles IX. Le bâtiment principal ne fut achevé qu'en 1551. Philibert de L'Orme dirigeait alors le chantier, manifestant son hostilité au décor céramique. Della Robbia quitta la France en 1553, mais il était de retour au château de Madrid en 1561 et y travailla avant sa mort survenue en 1566. La cour des derniers Valois fit ici de fréquents séjours que facilitait la proximité de Paris. Le futur Henri III, après son élection par la diète de Cracovie, y tint sa cour de roi de Pologne jusqu'à son départ (1573). Plus tard, sa sœur Marguerite de Valois, après son retour en grâce auprès de Henri IV, reçut Madrid pour l'une de ses résidences.

La décadence viendra plus tard, par le manque d'entretien, suivie de la destruction, ordonnée par mesure d'économie dès 1788, et poursuivie durant la Révolution. Sur place, il ne reste boulevard

EADEM ANTERIOR ET VNIVS LATERVM FACIES

BOVLONGNE DIT MADRIL

La Mesme face du deuant Aace celle de Cump des costez

BOVLONGNE DIT MADRIL

QVELQVES ENRICHISSEMENS DES SALLES

AVLARVM PARTES

Richard-Wallace qu'un souvenir historique (entretenu par un bâtiment du XIXᵉ siècle, de style néo-renaissance, autrefois occupé par un hôtel-restaurant) du grand caravansérail cynégétique voulu par François Iᵉʳ. On trouve quelques infimes vestiges de sa décoration au musée de Cluny et surtout à la manufacture de Sèvres.

CHÂTEAU DE MADRID. Les cheminées de la grande salle. Gravure de Du Cerceau.

en haut: Vue générale gravée par Du Cerceau.

70.
Chantilly

première période

OISE / RECONSTRUIT AU XIXᵉ SIÈCLE.
A L'INSTITUT DE FRANCE / MUSÉE / *

La venue du roi en Ile-de-France suscita l'émulation des plus grands seigneurs de la Cour. Tandis que le chancelier Duprat améliorait son modeste château de Nantouillet, le futur connétable de France, Anne de Montmorency, faisait reconstruire Chantilly. Planté sur un roc entouré par les eaux de la Nonette, il y avait là un ancien château médiéval, ruiné par l'insurrection des Jacques et que Pierre d'Orgemont, chancelier de France, avait fait reconstruire à la fin du XIVᵉ siècle : forteresse triangulaire cantonnée de tours rondes réunies par des courtines ou des corps de logis. Anne de Montmorency en était devenu propriétaire en 1522, lors du partage de ses biens fait par Guillaume de Montmorency entre ses deux fils.

Anne est né à Chantilly en 1493 et c'est l'un des compagnons d'enfance du roi François. Il s'est distingué à Ravenne avec Gaston de Foix en 1512, puis à Marignan en 1515, puis à Mézières avec Bayard en 1521. Sa conduite à la bataille de La Bicoque lui a valu le bâton de maréchal de France en 1522, et il fait lever le siège de Marseille aux Impériaux deux ans plus tard. Fait prisonnier à Pavie, en 1525, il est bientôt racheté et aide la régente Louise de Savoie à négocier le traité de Madrid qui libère le roi. Il devient alors gouverneur du Languedoc et Grand maître de France. Anne est alors au sommet de sa première faveur et il épouse en 1527 une cousine de François Iᵉʳ, Madeleine de Savoie. L'événement l'incite à pousser activement les travaux de Chantilly pour manifester son élévation et offrir un logis plus agréable à sa jeune épouse.

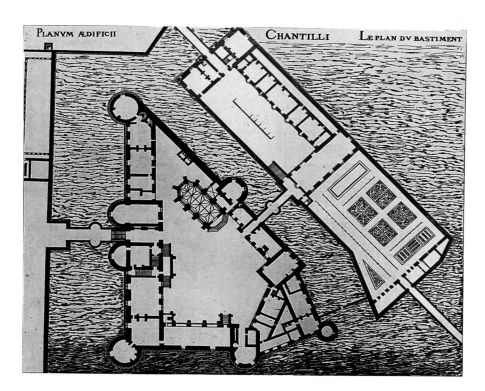

CHANTILLY. Plan du château par Du Cerceau (*Les Plus Excellents Bâtiments de France*, t. II). En haut à droite : le petit château, ajouté vers 1560.

LELEVATION DV BASTIMENT
ELEVATIO ÆDIFICII

CHANTILLY. Vue extérieure. Gravure de Du Cerceau.

CHANTILLY. La cour intérieure. Gravure de Du Cerceau.

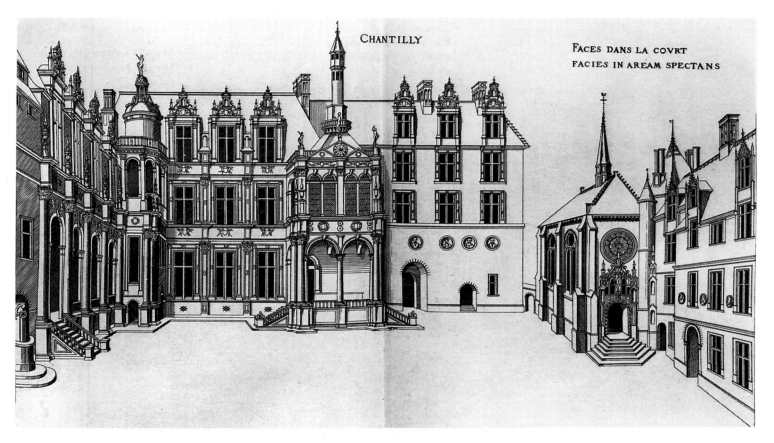

CHANTILLY

FACES DANS LA COVRT
FACIES IN AREAM SPECTANS

Ses premiers soins avaient été consacrés à créer des jardins à l'ouest, hors de l'île occupée par le vieux château. Au fond de ceux-ci, dénommés le Bucan, il fait entreprendre en 1524 la construction d'une galerie et de pavillons dont l'un abritera des étuves et baigneries. Chantilly est, comme Chambord ou Madrid, une résidence de chasseur, à proximité d'une vaste forêt. Aussi la galerie, achevée en 1527-1530, est-elle décorée de massacres de cerfs. Elle sera détruite beaucoup plus tard, en 1785. En 1527 encore, on commence à travailler au « donjon », c'est-à-dire au massif fortifié qui forme l'entrée du château. En l'absence d'Anne, les travaux sont dirigés par son père Guillaume, et surtout par le trésorier des guerres Jean Grolier, l'illustre bibliophile.

Dans les années 1529-1530, Anne fait rebâtir le grand corps de logis oriental, autour du « donjon », ainsi qu'une aile en retour à droite sur la cour du château, entre les tours dites du Connétable et de Senlis. L'architecte choisi est Pierre Iᵉʳ Chambiges, qui est le collaborateur de son père Martin aux cathédrales de Beauvais et de Troyes. Le château qu'il construisit a été depuis lors rebâti deux fois, d'abord pour les princes de Condé par Jules Hardouin-Mansart et Jean Aubert, ensuite pour le duc d'Aumale par Daumet (1875-1881). Aussi est-il nécessaire de recourir aux représentations antérieures à la fin du XVIIᵉ siècle, plus particulièrement aux gravures de Du Cerceau, si l'on veut connaître la demeure du connétable.

Sur la face externe, du côté du fossé, le château médiéval avait été peu transformé, tout comme Fontainebleau, gardant ses tours et ses courtines sommées de surélévations et de hautes lucarnes. Vers la cour au contraire, l'édifice présentait tous les caractères de la nouvelle architecture. L'accès s'en faisait par un passage cocher ménagé entre les deux tours du « donjon » dont la façade fut seulement agrémentée de portraits en médaillons, de nouvelles croisées et de lucarnes. Immédiatement à gauche de celui-ci, s'élevait un édicule nouveau, un petit pavillon abritant l'accès au grand escalier, celui-ci fait de rampes droites selon l'usage à la mode. A l'étage, on y trouvait une loggia formant une avancée, le tout coiffé d'une haute flèche cylindrique. Au niveau inférieur, le volume, accessible par un perron à deux rampes droites, était largement ouvert et des colonnes portantes recevaient le niveau supérieur, dont les parois étaient richement décorées de pilastres, de candélabres, et couronnées de frontons, de balustrades et de figures dressées. On trouvait donc là une version améliorée de la loggia de Nantouillet. Proportions et usage des ordres antiques étaient parfaitement respectés ; la loggia de Chantilly était un modèle du genre, et fut appréciée pour sa nouveauté et son élégance.

A sa suite à gauche, le corps de logis n'était pas moins bien décoré, pilastres et chambranles des fenêtres marqués de disques en creux, hautes lucarnes coiffées de frontons à tabernacles. Passé une tour d'angle, carrée au rez-de-chaussée, polygonale à l'étage, cylindrique au couronnement, on trouvait une aile en retour abritant deux galeries superposées. Nouveauté plus grande encore, des colonnes à peine engagées, juchées sur de hauts piédestaux, flanquaient les arcades ouvertes du rez-de-chaussée ; l'étage, à demi intégré dans le comble, était éclairé de hautes fenêtres-lucarnes séparées par des trumeaux où s'érigeaient des pots à feu sur des socles placés au droit des colonnes basses. Une architecture classique est ici en train de naître. Chantilly assure sa gestation.

Anne de Montmorency était possesseur d'une riche collection d'antiques, à l'exemple du roi. En 1530-1531, il fit aménager pour la recevoir une salle pourvue de niches. En 1538, il complétait le site en créant devant le château une haute terrasse maçonnée isolant le pont-levis de la route de Picardie qui traversait le parc, route qu'on laissa en contrebas. Chantilly est alors l'une des plus belles résidences de France, par l'architecture et par le site. Son propriétaire connaît la plus haute illustration militaire, il est fait connétable de France en 1538. Mais trois ans plus tard, c'est la disgrâce à la suite d'intrigues de cour. Il se retira en 1541 à Chantilly. L'avènement de Henri II allait lui donner aussitôt l'occasion de rentrer en grâce auprès du jeune roi et il prend de nouveau la direction des opérations militaires du règne. Une nouvelle disgrâce l'atteint brièvement en 1559 à l'avènement de François II. C'est à ce moment qu'il fait entreprendre un nouveau bâtiment à Chantilly, le « petit château ». (Voir nº 150.)

71

Villers Cotterêts

AISNE / VILLE DE PARIS (BUREAU D'AIDE SOCIALE) / *

Près de la forêt giboyeuse de Retz « excédant en grandeur toutes celles de France » s'élevait un petit château construit à la fin du XIIIe siècle pour Charles de Valois, frère de Philippe le Bel. François Ier, séduit, manifeste l'intention de le reconstruire pour en faire un rendez-vous de chasse. Les travaux commencent en janvier 1533 et s'achèvent pour le gros œuvre en 1537. Par le relevé des comptes nous savons que le roi dépensa plus de 200 000 livres à Villers-Cotterêts. Les maîtres d'œuvre furent Jacques et Guillaume Le Breton, frères de Gilles, le maçon de Fontainebleau. Le nouveau château s'organise selon un schéma tout nouveau et un système de décoration qui tranche catégoriquement avec le monde de Chambord et de Fontainebleau.

Le manoir de Charles de Valois fournit d'abord le tracé rectangulaire du château proprement dit, c'est-à-dire des bâtiments entourant la seconde cour ; les ailes nord et est avec leurs tourelles sont même conservées, en remaniant leurs percements. Le château est tellement associé à la forêt environnante que la cour est conservée dans ses proportions étroites et transformée en jeu de paume avec des galeries couvertes d'appentis sur trois côtés, solution économique pour utiliser l'espace. Deux pavillons carrés sont ajoutés à l'extérieur, l'un prolonge l'aile nord vers l'est, un autre s'articule plus souplement avec l'angle nord-ouest de celle-ci, on lui adjoint

VILLERS COTTERÊTS. Façade du corps de logis sur le jardin. Gravure de N. Langlois, fin XVIIe siècle.

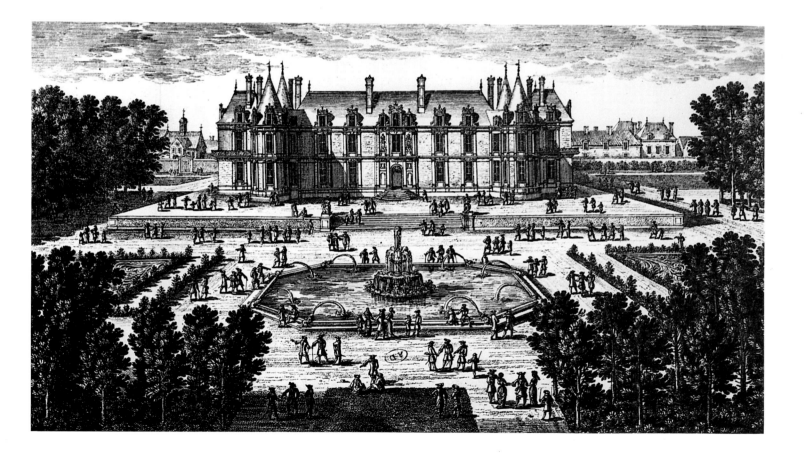

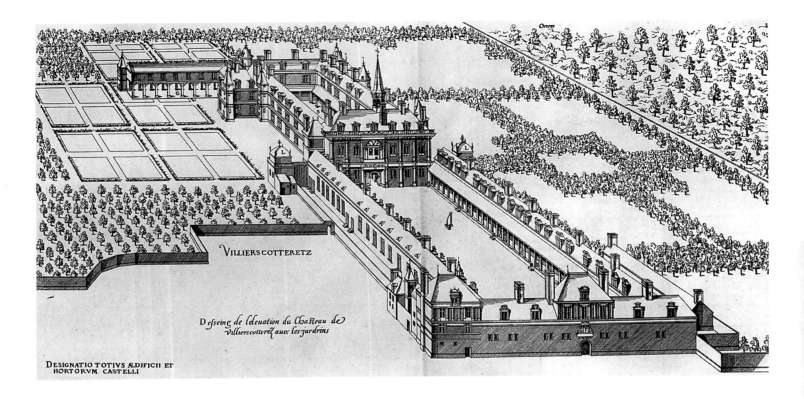

VILLERSCOTTERETZ

Desseing de l'eleuation du Chasteau de Villerscotterés auec les jardrins

DESIGNATIO TOTIVS ÆDIFICII ET HORTORVM CASTELLI

VILLERS COTTERÊTS. Vue générale gravée par Du Cerceau (*Les Plus Excellents Bâtiments de France*, t. II).

une longue galerie construite au-dessus d'un portique ouvert de tous côtés ; c'est le logis du roi. Une immense avant-cour, toute en longueur, précède le château. Elle est bordée d'ailes de communs uniformes et sans pavillons, auxquelles s'appuient les toitures en auvent de péristyles de circulation bordés de colonnes. L'entrée se fait par le petit côté méridional qui borde la route. Sobriété dans la décoration, discrétion dans les volumes sont partout la règle observée. Les ailes des offices sont bâties en brique avec encadrements de pierre. Nous jugeons mal des lucarnes d'origine, uniformisées lors d'une restauration ancienne avec de simples frontons, courbes ou triangulaires. Les façades du château, en pierre, sont seulement animées de moulures horizontales subtilement modulées pour suggérer, non plus le traditionnel garde-corps des croisées, mais deux entablements classiques ininterrompus. Un cordon ou bandeau en ligne inférieure, une corniche en ligne supérieure surmontent ainsi chaque étage d'une façon continue sur les ailes, les tourelles, les pavillons. Les pilastres n'apparaissent guère, à en croire une gravure de Langlois, qu'à la façade postérieure et aux pavillons ajoutés. Cette sobre maîtrise des moulures horizontales est une étape importante dans l'histoire du préclassicisme français.

Seul élément d'apparat, le corps de logis intermédiaire entre les deux cours, qui forme l'entrée véritable du château et assure la traversée d'un espace à l'autre. C'est la reprise d'un thème déjà traité au Verger, à Bury et à Gaillon. Pourtant, l'économie des moyens préside encore à son tracé, car les dispositions de l'ancien château ont obligé à placer le motif principal nettement à gauche de l'axe central. Il est traité pour cette raison d'une manière très insistante ; c'est, pourrait-on dire, le premier véritable avant-corps de l'architecture française. Son organisation s'explique par le rythme des fenêtres en lancettes géminées (héritage du château du XIIIe siècle ?) qui scandent toute la façade. L'avant-corps se creuse comme une grotte pour encadrer deux de ces baies jumelées. De cette façon, on

VILLERS COTTERÊTS. Corps de logis intermédiaire, façade sur l'avant-cour. Les lucarnes sont une réfection tardive.

VILLERS COTTERÊTS. Aile des offices sur l'avant-cour.

VILLERS COTTERÊTS. Façade extérieure de l'aile droite.

obtient une loggia dont Châteaudun et le Blois de Louis XII avaient donné de premiers exemples. Les arrondis de l'ébrasement sont creusés de niches et le grand arc s'inscrit sous un large bandeau traité comme un entablement. Au-dessus s'érigeait une riche balustrade disparue malheureusement, tout comme les lucarnes géminées qu'elle masquait à demi (comme au Blois de François Ier). Le balcon qui occupe le premier étage est une adjonction du XVIIIe siècle. Aux travées latérales, mêmes innovations. Les fenêtres sont pourvues d'encadrements rigides, résolument indépendants des lignes horizontales et verticales qui structurent la façade. Les premières culminent avec une corniche très saillante portée par de puissants modillons qui étaient garnis de feuillages et réunis par des caissons sculptés (aujourd'hui presque tous disparus) ; les secondes sont faites de piles carrées à chapiteaux ioniques supportant des demi-colonnes à chapiteaux corinthiens. Ce parti nouveau est un évident retour aux sources italiennes et un abandon des trames pratiquées dans les châteaux de la Loire. La grande corniche à l'antique, surtout, est un emprunt à l'art de Florence.

Le décor intérieur de Villers-Cotterêts tranchait par sa somptuosité sur l'effet très retenu des façades, mais les générations d'occupants et l'utilisation en dépôt de mendicité à partir de 1808 ont tout fait disparaître, hormis les escaliers et la chapelle. Les deux escaliers sont à rampes droites et pourvus de plafonds en dalles sculptées ; celles du plus petit à l'ouest offrent différents emblèmes royaux, celles du plus grand à l'est une série de scènes presque en ronde-bosse tirées du *Songe de Poliphile* sauf deux épisodes étrangers, *Hercule et le lion de Némée, Apollon et Marsyas*. Ces reliefs peuvent être dus à une main italienne ou s'inspirer comme à l'accoutumée de plaquettes venues d'Italie, celles de Maderno notamment. Quant à la chapelle, baptisée aujourd'hui du nom de « Salle des Etats », elle est décorée avec la plus grande somptuosité. Entre les fenêtres — qui s'ouvraient autrefois des deux côtés — se dressent de grandes colonnes corinthiennes cannelées et rudentées — parmi les premières de France — chargées à la partie supérieure d'une bague portant le chiffre royal. Elles sont un simple décor, mais elles semblent supporter une grande frise sculptée où paraissent des salamandres, des vases et les armes royales ; au-dessus se développait une haute voûte en berceau, malheureusement masquée

VILLERS COTTERÊTS. Pavillon Henri II, à gauche de l'entrée.

aujourd'hui par un plafond de bois. Sur le mur oriental, se dresse un grand retable de pierre de caractère purement architectural : des colonnes sur deux étages encadrant des niches coiffées de coquilles. Il porte la date de 1539.

François Ier fit de fréquents séjours à Villers-Cotterêts, il y signa en 1539 l'ordonnance qui simplifiait les formes judiciaires et prescrivait l'emploi de la langue française pour les actes de justice. Henri II n'y vint guère mais il fit poursuivre quelques travaux, notamment l'achèvement de l'aile d'entrée sur la route, où il fit bâtir à l'angle gauche un haut pavillon qui tranche par son élévation avec le parti discret et horizontal des communs.

Dans le parc, Philibert de L'Orme construit une chapelle, petit temple isolé et véritable objet architectural destiné à manifester le goût du roi et de son maître d'œuvre. Bâtie par de nouveaux maçons, Robert Vaultier et Gilles Agasse, qui remplacent l'ancienne équipe des Le Breton, elle s'édifie lentement, de 1552 à la fin du règne. Un plan et un dessin d'Androuet du Cerceau nous permettent seuls de connaître son aspect. Philibert en était fier. C'était un édifice de plan tréflé couvert d'un dôme et précédé d'un portique à colonnes coiffé d'un grand fronton, une subtile variation sur le Panthéon de Rome et les tombeaux romains, déjà tentée par Serlio dans un de ses livres. Invité à faire des économies, Philibert avait dû remplacer les colonnes corinthiennes tout d'une pièce par des tronçons de fûts qu'il eut l'idée de réunir par des bagues ornées « qui

VILLERS COTTERÊTS. La Salle des États.

cachent leurs commissures ». Il inventait ainsi son « ordre français » qu'il allait réutiliser aux Tuileries.

Catherine de Médicis revint plus tard séjourner avec la Cour à Villers-Cotterêts. Estimant le château peu sûr, elle demanda en 1565 à Primatice de l'entourer d'un fossé, comme il l'avait fait à Fontainebleau, mais le projet fut abandonné. Le château sera restauré par Henri IV, puis donné aux ducs d'Orléans qui y apporteront des modifications.

VILLERS COTTERÊTS. La chapelle de Philibert de l'Orme, dessin de Du Cerceau (Londres, British Museum).

72.
Coulombiers

plus tard Villandry

à Villandry

INDRE-ET-LOIRE / PROPRIÉTÉ PRIVÉE / ✳

De l'ancien château de Coulombiers (¹), où Philippe Auguste rencontra Henri II Plantagenêt en 1189 après la conquête de la Touraine, il reste le fort donjon qui donne l'articulation du quadrilatère. Le domaine fut acquis par Jean Le Breton, secrétaire des finances de François Ier et intendant des travaux de Chambord que nous allons retrouver à Villesavin. Il fait bâtir à partir de 1532 la grande demeure que nous voyons, dont les vastes proportions tranchent

1. Ou Colombiers.

COULOMBIERS devenu VILLANDRY. Le jardin reconstitué par le Dr. Carvalho.

avec le caractère plus mesuré de Villesavin : c'est le château féodal face à la villa. Au XVIIe siècle, Coulombiers sera érigé en marquisat de Villandry.

Accolé au donjon, conservé pour marquer la puissance féodale du nouveau propriétaire, le château est disposé selon un plan en fer à cheval qui est alors très neuf. Trois logis semblables enferment la cour d'honneur accessible par un pont-levis, face au splendide panorama de la vallée du Cher et de la Loire. Autre nouveauté : ainsi qu'à Villesavin, les ailes sont précédées par deux pavillons de plan carré qui remplacent les anciennes tours rondes qui font encore le rythme de Chambord. Le style né en Ile-de-France s'impose donc en pays de Loire. Les deux ailes latérales reposent sur des galeries d'arcades en plein cintre. On retrouve à nouveau l'alignement des grandes croisées encadrées de pilastres et les lucarnes à tympans concaves flanqués de légers arcs-boutants, mais cette fois, le rythme des ouvertures est régulier et l'élan vertical est brisé par les horizontales insistantes des corps de moulures. Les gros pilastres des arcades de la cour sont encore creusés de forts motifs géométriques à l'italienne, mais un classicisme à la française s'élabore déjà, sensible notamment à un détail nouveau, les pilastres d'angle qui se retournent sur les faces des pavillons. La cour comportait un grand escalier extérieur dans un angle, dans l'esprit de celui de Blois, mais le marquis de Castellane le fit détruire au milieu du XVIIIe siècle, au moment où il faisait combler les douves et modifier les percements des façades. On doit au docteur J. Carvalho la restitution de l'état du XVIe siècle et aussi le magnifique tracé des jardins en terrasse qui font la célébrité justifiée de Villandry.

COULOMBIERS devenu VILLANDRY. Vue générale.

p. 221 : COULOMBIERS devenu VILLANDRY. L'aile gauche sur la cour.

73.
Villesavin

à Tour-en-Sologne

LOIR-ET-CHER / PROPRIÉTÉ PRIVÉE / ✳

Le château tapi sur le sol surprend par son volume mouvementé : un simple rez-de-chaussée coiffé de grands combles. Comme Coussay en Mirebalais, Villesavin est une maison ouverte et gaie, une villa à la française. Voilà un thème sur lequel Serlio brodera longuement dans ses livres d'architecture. C'est un homme attaché à la construction de Chambord qui l'édifie : Jean Le Breton, président de la chambre des comptes de Blois, qui partagea la captivité de François Ier à Pavie. Secrétaire des finances, il servit de commissaire du roi pour les travaux de Chambord, après Nicolas Foyal et avant sa propre veuve qui exercera ces fonctions après sa mort survenue en 1543. En même temps, il fait construire le grand château de Coulombiers (Villandry). Pour Villesavin, on peut placer le début de la construction quelques années avant 1536, date inscrite sur l'une des lucarnes.

Selon les recherches de François-Charles James, le premier édifice comprenait l'aile droite et s'ordonnait autour de la cour des communs qui se trouve à l'arrière. Le nouveau château s'organise sur l'autre cour, selon un plan en fer à cheval, disposition très nouvelle à cette époque, à moins qu'une clôture n'ait fermé la cour à l'origine, aile basse ou mur-écran bordant un fossé. De part et

ci-dessous et p. 223 : VILLESAVIN. Vue du côté de l'entrée.

d'autre de l'entrée, on trouve deux pavillons de plan carré coiffés de hauts combles en pyramide. Celui de gauche abrite la chapelle, et il n'est réuni au corps de logis du fond que par un mur, tandis que celui de droite est greffé sur une longue aile. Mêmes pavillons à droite et à gauche du corps principal, bien visibles du côté du jardin. Ce schéma de corps de logis articulés par des pavillons indépendants est une invention nouvelle, on vient de le voir apparaître à Fontainebleau, et il était étranger jusque-là à l'art de la Loire. Toutes les lucarnes de Villesavin sont garnies de pilastres et encore coiffées de tympans concaves très élaborés, garnis de figures et cantonnés de pinacles, selon la formule mise en point dans les quinze dernières années ; une petite console à enroulement marque au linteau l'ancien aboutissement du meneau de pierre disparu au cours des temps.

VILLESAVIN. Façade sur le jardin.

Le corps principal se présente avec une modernité plus insistante encore. Le comble est d'une élévation étonnante pour un bâtiment si bas (11 mètres d'élévation sur 9 mètres seulement pour le mur). Sur la cour comme sur le jardin, un motif frontal s'interpose brutalement entre les deux croisées médianes, motif comportant deux niveaux coiffés d'une toiture pointue en lanternon. Côté cour, il abrite deux niches superposées, l'une cintrée, l'autre rectangulaire, dont il est difficile de connaître l'exacte disposition ancienne. Côté jardin, c'est une chambre haute surplombant une loggia accessible par un perron à rampes opposées. La comparaison avec celle de Chantilly s'impose évidemment, pour la structure et la silhouette déjà classique, mais sa position, surplombant l'accès vers le jardin, fait aussi penser à Nantouillet.

Ce château aux dispositions si délicates et si originales conserve de superbes témoignages de l'art décoratif. Au centre de la cour, une vasque de marbre blanc sur son piédestal, œuvre italienne de grande qualité qui s'apparente aux commandes faites à Gênes ou à Milan pour Blois ou Gaillon. Elle est décorée de dauphins, de chimères et de masques de lions. A-t-elle été livrée pour le roi et laissée au commissaire du chantier de Chambord ? Quant à la chapelle, elle conserve un précieux ensemble de peintures murales qu'il faut sans doute dater du début du XVIIe siècle, mais elle a perdu les vitraux où l'on voyait les *Métamorphoses* d'Ovide et les blasons des seigneurs de la cour de François Ier. Après la mort de Jean Le Breton, Villesavin vint aux mains de Jean Phélypeaux puis de Léon Bouthilier de Chavigny, secrétaire d'État de Louis XIII.

74.
L'Islette

à Cheillé

INDRE-ET-LOIRE / PROPRIÉTÉ PRIVÉE

A trois kilomètres d'Azay-le-Rideau, la famille de Maillé possédait le château de L'Islette depuis le XIVᵉ siècle. René de Maillé, époux de Françoise Le Roy, le fait reconstruire vers 1526. Il meurt vers 1531. Le château a été mutilé au début du XIXᵉ siècle, fossés comblés, lucarnes rasées et combles des tours absurdement écrêtés par l'acquéreur de ce bien d'émigré. Dans cet état, avec son seul corps de logis, allongé entre deux tours, il apparaît comme une version appauvrie d'Azay à moins que, légèrement antérieur, il n'ait été l'une de ses sources d'inspiration. On reconnaît le double corps de moulures horizontales dégageant une zone nue, les mêmes croisées

L'ISLETTE. Lithographie de Victor Petit.

Ci-dessous : façade vers la vallée.

au linteau marqué d'une petite console, le même couronnement continu sur mâchicoulis coiffant logis et tours d'un appareil semi-défensif. La porte du logis est surmontée d'un tableau sculpté au dessin très délicat. On voit dans la grande salle du premier étage une cheminée sur colonnes toscanes.

L'ISLETTE. Cheminée de la grande salle.

75.
Villegongis

INDRE / PROPRIÉTÉ PRIVÉE / ✱

Villegongis appartient totalement à l'univers de Chambord. Comme L'Islette, c'est un simple corps de logis longitudinal flanqué de deux grosses tours rondes qui plongent dans les douves. Le système des encadrements de croisées continus, quadrillés par des corps de moulures horizontales, les lucarnes, les hautes souches de cheminée décorées à profusion, tout rappelle le grand château de François Ier, même le décor polychrome fait de losanges d'ardoises destinés à souligner les lignes ascendantes. Les tours sont audacieusement couronnées de combles aux courbes savantes qui, commencés en cônes très creusés à la base, s'achèvent en pavillons. L'une d'elles présente une ligne de faîte tournée obliquement, comme pour ouvrir le château vers son environnement de nature et corriger ce que la présentation rigoureusement frontale d'un corps de logis unique pourrait avoir d'abstrait. Le château fut entrepris dans la décennie 1530-1540 pour Jacques de Brisay, seigneur de Beaumont et de Villegongis, lieutenant du roi en Bourgogne, et achevé par sa veuve Avoye de Chabannes. Les plans en ont été

p. 227: VILLEGONGIS. Vue générale.

VILLEGONGIS. L'escalier.

VILLEGONGIS. Vue vers la cour.

attribués par Palustre à l'un des maîtres de Chambord, Pierre Trinqueau, sur la foi d'évidentes analogies.

Terminé tardivement, Villegongis fut vendu en 1570 à Madeleine de Launay, femme de Geoffroy de Neuchèze. Il sera restauré vers 1880. Dans le logis se déploie un somptueux escalier droit à rampes parallèles, couvert de caissons sculptés. Comme à Azay ou à Bonnivet, sa présence se devine, côté cour, à une double travée de grandes fenêtres, et sur la façade postérieure par une succession de petites baies éclairant les paliers intermédiaires. L'escalier s'achevait par un pavillon perçant le comble et abritant une chambre haute, qui a été malheureusement détruit en 1787. On admire à l'intérieur une peinture murale contemporaine de la construction (Pierre de Neuchèze, seigneur de Baudiment et époux de Charlotte de Brisay, représenté à cheval) ainsi que quatre cheminées décorées.

76.
Veuil

INDRE / **PROPRIÉTÉ PRIVÉE** / ✳

Veuil fut érigé en châtellenie en 1517 au profit de Jacques Hurault, général puis trésorier des finances qui participa aux guerres d'Italie sous Louis XII. A sa mort en 1519, la terre échut à son fils Jean,

VEUIL. États successifs du château, dont il ne reste que les vestiges d'une galerie et d'une tour d'angle.

conseiller au parlement de Paris, qui édifia entre 1520 et 1530 une superbe résidence ordonnée selon un plan régulier, comme Bury dont on reconnaît les dispositions : une enceinte rectangulaire renforcée de quatre tours rondes aux angles, dans laquelle se dispose un château formé de trois corps de logis et d'une chapelle. Le principal logis, celui du sud, dominait la vue, les parterres, le village et la vallée. L'entrée se faisait à l'ouest, par un vaste pavillon aux dimensions de donjon, accessible par un pont-levis au-dessus de fossés à sec. Côté cour, ce pavillon était encadré de deux ailes abritant au rez-de-chaussée des péristyles continus.

Veuil resta aux mains des Hurault ; à ce titre, il influença certainement la construction de Valençay et il suivra le sort du grand château. Venu avec lui aux mains de Talleyrand, il sera démoli en 1806 sur son ordre. Nous ne pouvons plus juger de sa qualité que par une tour d'angle et par la galerie. Sa belle ordonnance de pilastres sur stylobates encadrant les arcades — la galerie de Chantilly se présentait de cette manière — la qualité du décor architectonique des caissons des arcs — Gebelin l'a qualifié de bramantesque — et aussi la sobriété déjà classique des formes et de l'appareil témoignent avec éloquence du nouvel équilibre auquel l'architecture française, après les expériences des décennies précédentes, est maintenant parvenue.

77.

La Motte Sonzay

à Sonzay

INDRE-ET-LOIRE / PROPRIÉTÉ PRIVÉE

Le château de La Motte, quadrilatère flanqué de quatre grosses tours circulaires, appartenait au milieu du XVe siècle à Jean de Daillon. Il fut profondément modifié vers 1535 pour Antoine de Loubes, panetier du roi. Nous le voyons aujourd'hui amputé, depuis le XIXe siècle, de deux de ses ailes. Les façades sont garnies, non pas de pilastres encadrant les croisées, mais de colonnes dégagées scandant le centre des trumeaux ; les lucarnes, plus réduites, naissent après le départ du toit et sont sommées de discrets frontons triangulaires. L'aile orientale est pourvue d'une galerie à arcades dont les piédroits s'ornent, eux aussi, de colonnes ; des niches les surmontent, aux trumeaux de l'étage. A l'angle des deux ailes, une tour polygonale d'escalier est au contraire un reste du XVe siècle. On admire la qualité des couronnements placés aux angles des corps de logis, pyramidions cernés de volutes ou lanternon en poivrière.

LA MOTTE SONZAY. Vue générale.

78.

La Côte

à Reugny

INDRE-ET-LOIRE / PROPRIÉTÉ PRIVÉE

Ce manoir planté sur le versant de la vallée de la Brenne témoigne lui aussi de l'évolution du goût. Il fut construit entre 1529 et 1535 pour Marc de La Rue, maître des requêtes à la chambre de comptes de Bretagne et fut acquis ensuite par la famille Forget. L'articulation des logis, obtenue par une tourelle ronde autrefois en encorbellement à leur angle saillant et deux tourelles carrées non saillantes à leurs extrémités témoigne d'une efficace recherche de diversité. Les lucarnes à tympans concaves sont conformes à la tradition de l'architecture ligérine, les petites niches trapues de l'étage renfermant les blasons des propriétaires sont au contraire une fantaisie. On admire dans le vestibule un bas-relief contant l'*Histoire de Pan et de Syrinx*.

À l'extrémité de la terrasse s'élève une chapelle rectangulaire voûtée d'ogives. Le vitrail du chevet, *La Crucifixion*, daté de 1597, montre le blason de Jean Forget, qui fut maire de Tours.

LA CÔTE. Vue générale.

79.
Valmer

à Chançay

INDRE-ET-LOIRE / PROPRIÉTÉ PRIVÉE

Le château fut bâti vers 1525 pour Jean Binet, maître d'hôtel du roi et maire de Tours, puis remanié après 1562 pour un autre maire de Tours nommé Jean Coustely. L'édifice se présente comme un double corps de logis de plan massé. Sur la façade d'entrée, les travées s'organisent en croisées cantonnées de pilastres et s'achèvent par des lucarnes à tympans ondulés dans le style d'Azay-le-Rideau. Deux petites tours carrées dont les lucarnes s'ornent de frontons à coquilles flanquent la façade latérale, réunies par un petit corps de logis percé d'arcades, disposition qui n'est pas sans faire penser à l'organisation du château de Madrid.

De la première campagne de travaux date une chapelle creusée dans le roc, qui fut consacrée en 1529 ; de la seconde, restent probablement la porte principale du logis — deux colonnes cannelées sous une architrave et un grand bas-relief servant d'allège à la fenêtre supérieure — ainsi qu'une belle cheminée sculptée de guirlandes et de rinceaux où paraît un médaillon au profil de Henri II. Valmer fut modifié au XVIIe siècle, restauré au XIXe par Duban, puis a subi les méfaits d'un incendie en 1948 qui l'a ravagé. Le Petit Valmer, qui subsiste, date de 1646.

VALMER. Le château avant l'incendie de 1948.

80.

Poncé

à Poncé-sur-le-Loir

SARTHE / PROPRIÉTÉ PRIVÉE / ✷

Au pied du château féodal qui domine de haut la vallée du Loir, les seigneurs de Chambray, qui possédèrent Poncé du XIVᵉ au XIXᵉ siècle, voulurent élever un manoir de plaisance à mi-pente, dans une zone où il était agréable de dessiner des jardins en parterre descendant en pente douce jusqu'à la rivière et jusqu'au village. Le projet de construction fut mûri par Gillette Cholet et son fils Jean IV de Chambray, mort en 1529, mais les travaux furent menés, semble-t-il, par Jean V de Chambray et sa femme Françoise Du Tilloy à partir de 1530, et jusqu'en 1542 au moins puisque cette date est gravée sur une console de l'escalier.

Poncé poursuit la tradition locale des manoirs du roi René, mais en même temps son plan simple et symétrique annonce les développements de l'architecture classique du début du XVIIᵉ siècle. La disposition originelle était faite d'un haut pavillon d'escalier situé entre deux pavillons plus longs et moins hauts, chacun de deux travées, regardant la rivière, au sud ; un peu plus tard, deux petites ailes en retour furent ajoutées vers le nord pour encadrer la cour d'entrée. L'ensemble a subsisté, à l'exception du pavillon sud-ouest, remplacé par un bâtiment sans caractère, et de l'aile adjacente. Des

PONCÉ. Façade vers le Loir.

douves entouraient la demeure sur le front méridional. On les franchissait au niveau du pavillon central de l'escalier par un pont jeté vers les jardins à partir d'une loggia à colonnes qui abritait un perron à deux rampes ; il en reste quelques traces. C'était là le système imaginé à la cour de Chantilly et repris sur le jardin de Villesavin.

Du côté nord, la cour d'entrée présentait des dispositions que l'on a du mal à restituer ; une galerie voûtée sur arcades court le long du niveau inférieur d'une partie de l'édifice, interrompue par un haut massif qui enterre la suite de ce niveau. La galerie garnissait-elle intégralement le corps de logis entre les deux ailes ? C'est possible. La finesse de sa décoration, pilastres et arcs en plein cintre sous un entablement continu, affirme en tout cas la primauté de la façade nord sur celle du sud. Fenêtres et lucarne reçoivent de ce

PONCÉ. Façade vers la cour.

PONCÉ.
L'escalier.

côté un décor sensiblement plus raffiné que sur le front sud ; on note en particulier l'ornementation élaborée de la lucarne, dont les pilastres se retournent à l'angle en même temps que l'entablement. Il en est de même à Villandry. Gebelin a rapproché ce détail de ce qui s'élaborait alors à Écouen.

Quant à l'escalier droit qui se développe dans le pavillon central, il est d'une qualité d'exécution remarquable, s'élevant sur six rampes depuis le niveau inférieur — celui des salle des gardes et cuisine à hauteur de la cour basse et des douves — jusqu'à la chambre haute en belvédère. Une extraordinaire variété a présidé à son décor, régi pourtant par l'habile application des effets de perspective dans les moulurations ; deux systèmes sont pratiqués, la voûte en berceau ascendant ou un système d'arcs de décharge s'épaulant mutuellement. Dans les deux cas, la sous-face rampante est faite de caissons sculptés où l'on admire tour à tour la salamandre du roi régnant, des fleurons et des animaux emblématiques, des armoiries, et toute une gamme de figures plus ou moins bouffonnes qui, si certaines évoquent la *Légende d'Hercule* ou la *Naissance de Vénus,* n'en demeurent pas moins tributaires du vieux fonds de l'imagerie médiévale.

81.

Herbault

à Neuvy

LOIR-ET-CHER / PROPRIÉTÉ PRIVÉE

C'est Nicolas Foyal, écuyer et maître d'hôtel du roi et de la régente, qui fait bâtir Herbault vers 1521, au moment où il supervise les travaux de Chambord. Un réseau losangé de briques tapisse les murs du corps de logis principal, des ailes et des tours rondes. Des lucarnes à pilastres et frontons à coquilles surmontent les travées de fenêtres.

Herbault fut acheté par Raymond Phélypeaux en 1591. Le château a subi des transformations dans le courant du XIXe siècle.

HERBAULT. Vue générale.

82.

Saint-Agil

LOIR-ET-CHER / PROPRIÉTÉ PRIVÉE / ✱

C'est des années 1520 qu'il faut sans doute dater la construction du châtelet d'entrée de Saint-Agil, par les soins d'un membre de la famille de La Vove, sans doute Antoine de La Vove, prêtre, archidiacre de Dunois. Un décor losangé de brique rouge et noire garnit les murs, comme à Herbault. L'appareil défensif est encore efficace, ancien pont-levis et mâchicoulis. Le souci de souligner des travées verticales se manifeste sur les tours par la superposition des pilastres encadrant les baies étroites. L'une des lucarnes est couronnée d'un fronton à coquille, tout comme la porte de la tourelle d'escalier située au revers sur la cour, tandis que la lucarne centrale, comme celle qui couronne la façade du châtelet vers la cour, est couronnée d'un tympan à rampants concaves sous un petit fronton cintré. On y voit le portrait en buste du constructeur, avec l'inscription M.A.DE.LA.V.

SAINT-AGIL. Le châtelet d'entrée.

83.

La Morinière

à Mur-de-Sologne

LOIR-ET-CHER / PROPRIÉTÉ PRIVÉE

Le château fut reconstruit à partir de 1528 pour René Des Roches, seigneur de La Morinière, lorsqu'il hérita de son oncle Gauvin. Les travaux se poursuivirent jusqu'en 1548, date visible sur une entrée de serrure. Il est bâti sur un terre-plein entouré de douves que précède une basse-cour. L'entrée était constituée par un pavillon défendant l'accès du pont-levis et par une aile basse en galerie, terminée par deux pavillons carrés saillant sur les douves, celui de gauche contenant une petite chapelle voûtée d'ogives avec liernes. Sur ce côté gauche s'élevait un mur, aujourd'hui disparu, et sur la droite une aile basse qui subsiste. Au fond, le corps de logis isolé se dresse, dessiné avec une étonnante absence de symétrie. Les murs sont faits de briques, avec décor losangé. Croisées et demi-croisées sont garnies de pilastres dont les chapiteaux sont plus évolués à l'étage qu'au rez-de-chaussée. Précédée d'un perron semi-circulaire, la porte à motif d'attique et fronton est fortement décentrée. Les lucarnes sont encore du style des premières années du règne de François Ier sur le logis, un peu plus tardives sur l'aile.

Les percements laissent aisément lire la disposition intérieure : à gauche une grande salle abondamment éclairée, au centre un système de communication formé par un couloir en équerre derrière lequel est aménagé un cabinet ou garde-robe (éclairé seulement sur le jardin), et à droite une chambre. L'escalier en vis prend naissance

LA MORINIÈRE. Gravure de la *Topographie françoise* de Claude Chastillon.

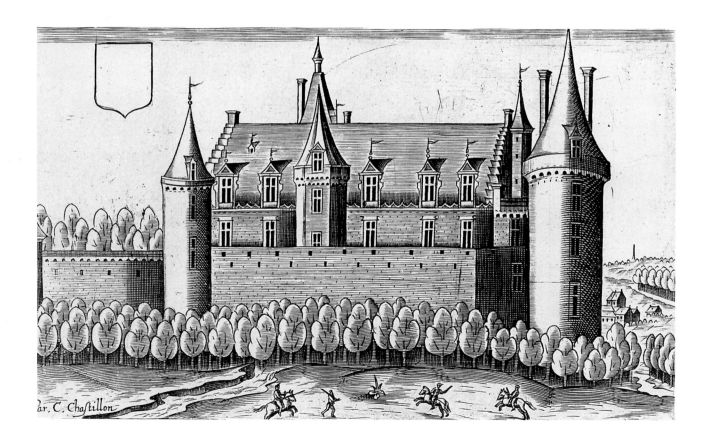

LA MORINIÈRE. La cour et le puits.

au-dessus du couloir qui traverse le bâtiment du côté du jardin ; cette vis, éclairée en second jour par les fenêtres du couloir de façade aux niveaux supérieurs, s'achève par une tourelle carrée qui perce le toit, couronnée d'un lanternon en guise de belvédère. C'est là une solution originale, traduction modeste et maladroite des grands escaliers droits intégrés que l'on voyait à Azay-le-Rideau, à Bonnivet... et plus tard à Serrant. Le puits voisin, couvert sur trois colonnes, rappelle celui de Talcy. René Des Roches était l'oncle de Ronsard qui vint à La Morinière. Il surveilla, lui ou son fils Guillaume, les travaux menés à Chambord sous Henri II.

84

Nevers

Palais ducal

NIÈVRE / AU DÉPARTEMENT / PALAIS DE JUSTICE / *

Un premier château des comtes de Nevers existait au début du XIIIe siècle à cet emplacement. Le comte Jean de Clamecy fit entreprendre la construction d'un «nouveau château», mais à sa mort en 1491, on n'avait élevé que les tours d'extrémité, toutes deux cylindriques. Nevers passa ensuite à la famille de Clèves, d'ascendance rhénane. Les comtes Engilbert (mort en 1506), Charles (mort en 1521) et François fait duc en 1538, qui se distinguèrent au service des rois de France dans les campagnes d'Italie, poursuivirent le chantier qui ne sera achevé qu'après 1565 par une nouvelle famille de ducs de Nevers, des Italiens cette fois, les Gonzague, eux aussi liés étroitement à la famille royale. Le grand corps de logis qu'encadrent les deux tours du XVe siècle peut néanmoins être daté des années 1530-1540. Il a été très radicalement restauré en 1850.

Le château présente, selon un type assez courant en Nivernais, un corps de logis unique, long d'une cinquantaine de mètres, flanqué de tours saillantes. Seule la façade sud, d'où l'on peut admirer le paysage de la Loire, présente un décor. C'est de ce côté que s'éri-

NEVERS. Le palais ducal.

gent trois tourelles octogonales coiffées de toits très aigus. Elles abritent des escaliers. Celle du centre, comme l'escalier de l'aile François Iᵉʳ à Blois, laisse percevoir l'ascension de la rampe par le décrochement hélicoïdal des croisées. Leurs allèges sont tapissées de bas-reliefs qui ont été entièrement reconstitués en 1850. Ils illustrent les origines de la famille de Clèves, la légende du *Chevalier au cygne* et celle de *Saint Hubert*. Une chambre haute est établie au sommet, comme à La Palice. Les grandes salles, très hautes de plafond, étaient situées dans la partie centrale, tandis que les appartements se disposaient aux extrémités sur trois niveaux, perceptibles à leurs petites fenêtres. Les escaliers assuraient ainsi une desserte individualisée, disposition fort originale. Toute la mouluration, pourtant, reste gothique.

Du temps des Gonzague datent les souches de cheminées en faisceaux de colonnes et les belles lucarnes, qui sont coiffées de petits combles en croupe, et non de frontons, et cantonnés d'ailerons ajourés. Deux types alternent, pour ces lucarnes, soit des couvertures rectangulaires encadrées par des cariatides engainées, soit des ouvertures cintrées encadrées de fines colonnes corinthiennes. Les liens des Gonzague avec la péninsule permettent de penser qu'un Italien a pu dessiner ces motifs, exceptionnels en France.

NEVERS. Lucarnes de la grande façade.

85.

Dornes

NIÈVRE / PROPRIÉTÉ PRIVÉE

Brûlé durant la guerre de Cent ans, Dornes fut rebâti après 1534 par Thierry Fouet de Dornes, secrétaire du roi, ou par son fils Flori-mond. Les initiales de ce dernier et de son épouse Catherine de Moulins, ainsi que la date de 1547, se lisent sur la loggia. La façade du corps de logis, qui s'encadre entre deux tours reprises de l'ancienne aile d'entrée, est tapissée de briques rouges traversées par des lignes obliques de briques noires dessinant des losanges, selon une habitude déjà ancienne dans le Centre et les bords de Loire. Trois immenses arcs en plein cintre, en calcaire blanc, portés par de petits piliers moulurés, déterminent trois loggias juxtapo-sées au rez-de-chaussée, séparées intérieurement par des murs de briques. Cette curieuse disposition inspirée des usages italiens mis à la mode par la grande loggia de la Porte dorée de Fontainebleau détermine une composition rigoureusement axée ; un perron cen-tral permet d'accéder à la loggia du milieu. Des portraits en médail-lons de pierre décorent à la florentine les écoinçons des arcades, deux petites tourelles carrées percent le comble de part et d'autre.

Même symétrie dans les lucarnes qui ne naissent plus de la façade mais se détachent en retrait du départ de la couverture ; les lucarnes latérales d'un type très modeste, à pilastres sans fronton, servent à exalter la lucarne centrale coiffée d'un fronton semi-circu-laire cerné de pinacles qui se réfère donc à un type déjà tradition-nel. Dornes conserve un escalier droit du XVIe siècle, et un plafond à solives peintes.

86.
Saint-Amand

à Saint-Amand-en-Puisaye

Incendié lors de la guerre de Cent ans, le château fut rebâti entre 1530 et 1540 pour Antoine de Rochechouart ou pour sa veuve Catherine de Faudoas. C'est un long corps de logis flanqué de deux forts pavillons carrés à faux mâchicoulis qui font une saillie prononcée sur la façade est. Le pavillon nord, brûlé lors de la Fronde, a été reconstruit peu après. Des escaliers en vis sont logés dans quatre tourelles rondes qui occupent les angles rentrants. Les murs sont en brique, comme les hautes souches de cheminées, décorées d'une architecture de pilastres. Les percements sont irréguliers. Les fenêtres jumelles visibles au centre droit permettent de déceler la présence dans le logis d'un escalier droit, qui pénètre curieusement le comble par une demi-coupole. Les lucarnes en pierre blanche, à pilastres et hauts gâbles à pinacles, sont encore dans l'esprit de l'art de la Loire. La salle des gardes est décorée de consoles et la chapelle encore couverte d'une voûte à liernes et tiercerons.

SAINT-AMAND. Façade principale.

87

Châteaubriant

**LOIRE-ATLANTIQUE / AU DÉPARTEMENT /
PALAIS DE JUSTICE ET MUSÉE / ✻**

Dès le Haut Moyen Age, Châteaubriant était une place forte d'importance commandant l'ancienne route de Rennes à Angers. L'une des clefs de la Bretagne, elle fut âprement disputée au cours des guerres du XIVᵉ et du XVᵉ siècle. L'ensemble médiéval se développait sur une large plate-forme large de 120 mètres, longue de 180, enfermée dans une enceinte renforcée de tours rondes. L'ancien château des XIIᵉ-XIVᵉ siècles en occupe le tiers nord-ouest, au contact de l'ancienne ville close de Châteaubriant ; le reste de l'espace était occupé par la basse-cour féodale, le « bayle ». A la fin du XVᵉ siècle, l'héritière du château, Françoise de Dinan, et son époux Guy XIV de Laval entretenaient de trop bonnes relations avec le duc de Bretagne François II pour ne pas être entraînés dans la guerre franco-bretonne. Charles VIII vint sur place une première fois en 1487. L'armée royale revint l'année suivante pour vaincre la résistance bretonne ; sous le commandement de Louis de La Trémoille, le château fut assiégé, pris et démantelé. Avant de mourir en 1500, Françoise de Dinan avait entrepris les travaux de réparation indispensables. Son petit-fils allait au contraire rebâtir un nouveau château.

Jean de Laval atteint en 1531 le sommet de sa fortune. Héritant des biens immenses de ses parents, il est devenu le plus grand propriétaire de Haute-Bretagne et, par la grâce d'Anne de Bretagne, il a épousé Françoise de Foix, cousine de la reine-duchesse, appelée à

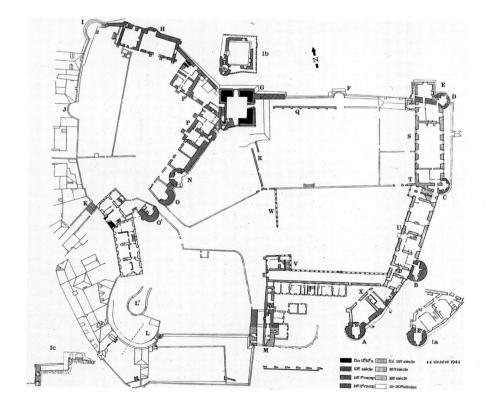

CHÂTEAUBRIANT. Plan général. En bas à droite, les constructions du XVIᵉ siècle sont signalées par les lettres U, V et W. Dressé par R.L., École des Hautes Études, IVᵉ Section, d'après F.C. James (*Congrès archéologique*, 1968).

CHÂTEAUBRIANT. Façades extérieures vers l'est. Lithographie de Victor Petit.

CHÂTEAUBRIANT. Galerie et pavillon de l'escalier à claire-voie.

devenir bientôt la maîtresse de François Ier et à exercer son empire sur la cour de France. En 1531, le roi vient de le nommer gouverneur de Bretagne. Le moment est venu de bâtir aux portes de la province une résidence magnifique, où il tiendra lui aussi une véritable cour. Les travaux de gros œuvre s'achèvent en 1537, au moment de la mort de sa femme, il continue néanmoins l'embellissement du château jusqu'à sa propre mort survenue en 1543.

Le site choisi pour élever le nouveau château est l'ancienne cour du bayle, dont l'ampleur permet l'organisation d'espaces neufs. Déjà à la fin du XVe siècle, un corps de logis avait été adossé aux

CHÂTEAUBRIANT. Façade principale du logis.

tours du front oriental du bayle, à son extrémité nord ; il renfermait la grande salle, dite « Salle verte », que Jean de Laval avait d'abord commencé à moderniser. Il fait bâtir le nouveau logis en prolongement du précédent vers le sud, en l'adossant à l'ancienne courtine et aux tours. Long de 45 mètres, celui-ci est disposé entre deux pavillons rectangulaires qui ne dépassent pas l'alignement du mur de façade, mais sont pourvus d'un petit étage supplémentaire et d'un haut comble. Les lucarnes à tympans concaves sont une version épurée de celles de la première école de la Loire. Les travées verticales de fenêtres correspondent assez irrégulièrement aux lignes de pilastres juxtaposés qui tantôt encadrent les croisées, tantôt flanquent seulement un de leurs côtés, tantôt garnissent le centre du trumeau. Cette apparente confusion entre les deux schémas choisis précédemment à Blois et à Chambord révèle en réalité un nouveau type de structure dont François-Charles James a révélé

247

heureusement l'originalité ; au strict appareil décoratif, certaines habitudes issues de la tradition gothique — celles des pilastres-dosserets étayant la façade au droit des murs de refend — font succéder une disposition plus structurelle, celle que nous avons déjà vue à Nantouillet. Les pilastres de Châteaubriant sont placés là où ils doivent apporter un renforcement de la paroi et une transparence du plan intérieur. Même simplicité fonctionnelle dans les harpes de tuffeau blanc laissées visibles aux côtés des croisées, et qui tranchent sur le mur recouvert d'un crépi.

Les pavillons sont une autre nouveauté, issue des dispositions imaginées à Fontainebleau. Celui de gauche donne une nouvelle version de l'escalier intégré, escalier droit à rampes parallèles. Il est accessible par une façade aussi largement ouverte qu'à Châteaudun, tant à l'étage (grandes arcades jumelles) qu'au rez-de-chaussée. Le perron abrité par une tribune portée par de minces colonnes s'inspire évidemment de celui de Chantilly, que Jean de Laval a vu en 1530.

Le constructeur entendait donner à son nouveau logis un dégagement proportionné à sa taille. Une grande cour-jardin en forme de carré long fut donc tracée. Au nord, un bâtiment plus ancien, disparu aujourd'hui, fermait l'espace. Au sud, la cour est bordée par une longue galerie de faible épaisseur qui prend naissance au pavillon de droite du logis. Ses dispositions la font juger un peu plus tardive que le pavillon. Au rez-de-chaussée règne un portique continu de vingt et une arcades en plein cintre portées sur des colonnes doriques fort soigneusement dessinées sur d'excellents modèles. Jamais on n'avait vu en France si parfaite œuvre dans le goût italien. A l'étage, c'est une galerie fermée très sobre, scandée seulement par de hautes fenêtres-lucarnes cantonnées de pilastres ioniques dont le couronnement à frontons triangulaires interrompt la corniche du toit. C'est l'un des premiers exemples en France. Un double corps de moulures horizontales sans décor souligne leur appui. Le tout est bâti de briques enchâssées dans les structures de schiste vert. Cette ordonnance répétitive et sobre, elle aussi, était toute nouvelle, en un temps où l'ornement avait d'abord été la véritable et la seule expression de la modernité.

A son extrémité occidentale, la galerie aboutit à un nouveau pavillon, le troisième. Celui-ci abrite un second escalier droit qui se développe entièrement à la vue du public, contrairement au premier, car ses rampes et ses paliers superposés s'éclairent directement par des arcades à claire-voie droites ou rampantes qui continuent tout naturellement celles de la galerie. Enfin le côté occidental de la cour fut lui aussi bordé d'une galerie en portique, dont il ne reste aujourd'hui que quelques arcades.

L'ampleur et l'originalité du parti, la qualité du dessin des éléments n'ont pas manqué d'intriguer ; on a souligné les liens avec Chenonceau. Pourtant le nom de l'architecte reste à découvrir. Jean de Laval, esprit fort distingué, dut dicter un certain nombre des choix architecturaux. La devise qu'il avait fait inscrire à l'entrée de la colonnade,

> *De mal en bien, de bien en mieulx*
> *Pour l'achever je devins vieulx*
> *1538*

exprime mieux qu'un long discours la science et la philosophie du personnage. Il faut rappeler aussi une anecdote contée par Noël Du Fail dans ses *Baliverneries et Contes d'Eutrapel*, selon laquelle, avant de rien entreprendre, Laval aurait réuni une assemblée des meilleurs ouvriers de France «qui n'avaient en bouche que frontispices, piedestals, obélisques, coulonnes, chapiteaux, frises, soubassements».

Malgré les maladressses, le caractère principal qui se dégage est sans conteste celui d'un grand raffinement dans les rythmes, dans la polychromie des matériaux, dans la sobriété des effets décoratifs, ainsi que dans la pratique exceptionnellement précoce du vocabulaire orthodoxe des ordres antiques : non plus seulement l'habituel corinthien de fantaisie qu'on avait vu fréquemment jusque-là, mais un ionique et un dorique — l'un des premiers en France — qui sortent évidemment de la littérature architecturale récemment diffusée en provenance de l'Italie, surtout et avant tout des œuvres de Vitruve publiées à Paris par Simon de Colines entre 1526 et 1537 sous le titre : *Raison d'Architecture anticque extraicte de Victruve*. Châteaubriant apparaît ainsi comme l'une des premières productions du purisme architectural.

Jean de Laval avait légué le château à son parent le connétable Anne de Montmorency, qui y fit entreprendre quelques travaux par Jean de L'Orme, le frère de Philibert. C'est à lui que l'on doit le frontispice à niche qui décore le châtelet du vieux château, peutêtre aussi les riches ovales incrustés dans la façade du corps de logis, pour recevoir des bustes comme à Nantouillet. Par la suite, Châteaubriant viendra aux mains d'Henri II, prince de Condé. Le décor intérieur de la chambre dorée, dite de Françoise de Foix, date de 1634 pour ses somptueux lambris et sa cheminée, mais le plafond de caissons à pendentifs date probablement du XVIe siècle.

CHÂTEAUBRIANT.
L'escalier du logis.

88.
Chitré

à Vouneuil-sur-Vienne

VIENNE / **PROPRIÉTÉ PRIVÉE**

Une restauration radicale du château en 1878-1880 a diminué son intérêt. Pourtant l'ordonnance des croisées — dont certaines présentent de petites consoles au linteau comme à Villesavin — et plus encore la luxueuse disposition des grandes lucarnes à deux étages chargées de niches et de putti restent remarquables et s'inscrivent bien dans les productions des années 1525-1540. Le château, pour ses éléments renaissance, est l'œuvre de Charles Tiercelin, déjà responsable de l'étonnant La Roche-du-Maine (n° 53). Il conserve une grande cheminée ornée à la hotte d'un bas-relief évoquant la chasse en forêt, avec un grand cerf couché en haut-relief (celui du *Miracle de saint Hubert*), couronné de vrais bois. La hotte fut transportée au musée de la Société archéologique en 1844, puis ramenée au château lors de sa restauration. Elle porte la date de 1557.

CHITRÉ. Cheminée.

CHITRÉ. Façade principale.

250

89

Apremont

VENDÉE / A LA COMMUNE / *

C'est une véritable forteresse que le nouveau favori de François Ier, l'amiral Chabot, s'était fait aménager en Vendée, sur le bord de la Vie, rivière qui mène à l'océan (sur 15 km). Sa faveur a succédé à celle de Bonnivet. Comme lui ami d'enfance de François Ier, Philippe Chabot l'a suivi en Italie, il a été fait prisonnier à Pavie et il s'est employé à négocier à Madrid le rachat du roi. Après sa libération, le favori est nommé amiral de France — comme successeur de Bonnivet tué à Pavie — et gouverneur de Bourgogne. L'année suivante, il épousait Françoise de Longwy, héritière des seigneuries de Givry et de Pagny, ce qui semblait devoir fixer sa destinée dans l'Est. Mais en 1531-1533, Chabot est nommé successivement amiral de Bretagne et de Guyenne et lieutenant général en Bretagne. Désormais, il veut se faire bâtir à la jonction de ses provinces une demeure qui puisse rivaliser avec le château de Bonnivet, qui puisse aussi lui assurer la sécurité en cas de disgrâce. Or, il a dans son patrimoine un vaste château, enfermé dans une enceinte approximativement carrée renforcée de hautes tours cylindriques. Les travaux entrepris en 1534 probablement, ainsi que l'ont établi Richard Levesque et Jean Guillaume, visent à bâtir sur le front sud, au-dessus de la rivière, un grand logis facile à défendre. Deux grandes tours de schiste sont dressées sur les côtés, percées de bouches à feu et d'une seule travée de grandes croisées à encadrements de calcaire.

APREMONT. Dessin de l'ingénieur J.B. Florentin en 1542 (Bibl. nat., Cartes et Plans, Rés. Ge A 364, n° 2).

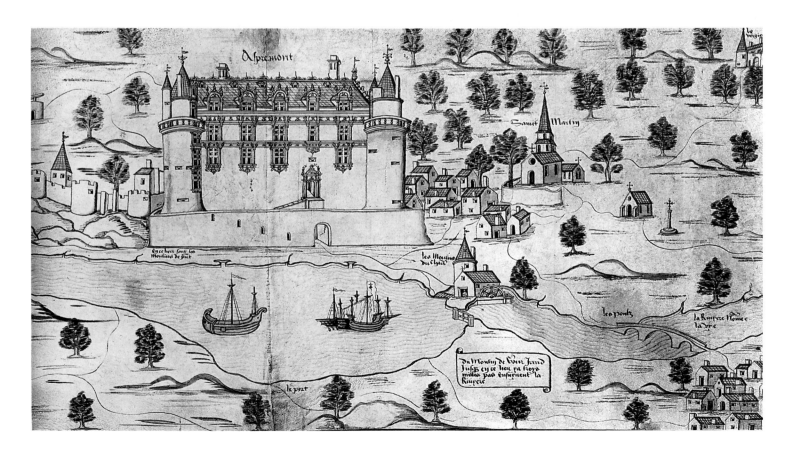

Leur couronnement en retrait est cerné par une coursive circulaire portée par une magnifique corniche terminée par des modillons, et défendue par une rambarde faite de balustres de pierre à l'italienne. Sur le logis, une même balustrade passait à la naissance du toit devant une rangée de hautes lucarnes.

Depuis les démolitions du milieu du XVIIIe siècle, il ne reste plus d'Âpremont que l'ancienne chapelle, dont le chevet enjambe l'ancien mur d'enceinte, et les deux grandes tours du front sud. Les arrachements du logis laissent deviner le beau décor sculpté des bandeaux où l'on distinguait les ancres de l'amiral. Un escalier droit rampe sur rampe était logé dans le corps de logis, il donnait à son niveau inférieur sur une porte décorée qui permettait par un perron de quelques marches de gagner une terrasse en fausse-braie à la base des tours. Depuis cette terrasse, on avait creusé dans la maçonnerie une rampe souterraine éclairée par des ouvertures latérales, qui permettait d'atteindre le lit de la Vie sans descendre de cheval. Cette étonnante disposition, qui rappelle les rampes d'Amboise, existe encore. Chabot ne devait pas jouir longtemps de sa nouvelle résidence. Disgracié en 1538 et accusé d'exactions puis de crime de lèse-majesté, il fut mis en jugement en 1540, puis condamné l'année suivante et enfermé à Vincennes. Lorsque, gracié, il sortit de prison en 1542, il lui fallut disposer de ses biens. Âpremont fut échangé avec Jean de La Brosse, et Chabot mourut l'année suivante. Le nouveau propriétaire, poursuivant le dessein de l'amiral, fit étudier la canalisation de la Vie par un ingénieur italien, J. B. Florentin. C'est à ce dernier que nous devons la seule représentation d'Âpremont avant sa destruction en 1743.

APREMONT. Les deux tours subsistant de la façade surplombant la vallée de la Vie

90.
Usson

à Échebrune

**CHARENTE-MARITIME / RESTES SUR PLACE, ET BÂTIMENTS REMONTÉS
AU CHÂTEAU DES ÉGRETEAUX, A PONS (CHARENTE-MARITIME) /
PROPRIÉTÉ PRIVÉE**

Le régionalisme s'exprime avec saveur au château d'Usson, dont
l'histoire est malaisée et qui a subi les ardeurs contradictoires des
destructeurs et des reconstructeurs. Les photographies antérieures
à ces opérations permettent heureusement de reconstituer la disposition ancienne de l'étonnante demeure. Elle s'inscrivait dans une
enceinte rectangulaire plus ancienne, cantonnée de quatre tours
rondes. Les différentes dates portées sur les bâtiments, 1536, 1540
et 1548, permettent de jalonner les étapes et d'attribuer les travaux
à Jean de Rabaine, qui se convertira au protestantisme et mourra
après 1563. Sur le grand côté sud du rectangle, se présentait le
pavillon d'entrée, daté de 1540, qui seul est resté en place à Échebrune, avec un bâtiment de chai qui s'allonge dans l'alignement,
tous deux pourvus de hautes lucarnes aux proportions trapues,
coiffées de niches ou de reliefs. Une fois franchi le passage cocher,
on se trouvait face au corps de logis qui — accosté de l'étrange tour
dont nous parlerons — se présentait bizarrement par la tranche,

USSON. Dispositions d'origine, à Échebrune, en
1880 (Bibl. des Arts décoratifs, collection Maciet).

perpendiculairement au mur d'enceinte postérieur. Placé ainsi, le logis délimitait deux espaces, à gauche la cour des communs, à droite la cour d'honneur ; la date de 1548 qu'il portait permet de le situer à la fin des travaux. Démonté anciennement, il avait été remonté dans un ajustement fantaisiste et pittoresque sur un bâtiment anodin qui fut à son tour démoli en 1883. C'est alors que les bas-reliefs conservés furent acquis par un certain William Augereau pour les insérer dans un bâtiment de son invention, une composition en forme d'hôtel de ville, élevée à dix kilomètres de là, dans le domaine des Égreteaux aux portes de Pons.

Ni le premier assemblage, ni, et moins encore, le second, ne nous permettent d'apprécier la disposition ancienne de 1548, mais l'accumulation de ces lourds morceaux de sculpture n'en est pas moins significative. Des séries de niches à dais inspirées de l'architecture religieuse abritent de grandes statues un peu boursouflées qui représentent les vertus théologales et cardinales. Rappelons que pareille théorie de figures garnissait à Amboise le « logis des Sept Vertus ». Les croisées sont cantonnées de fines colonnettes ouvragées en forme de candélabres. On note encore une profusion de tables d'inscription, de balustrades ouvragées, de pinacles surmontés de statuettes.

Au fond de la cour d'honneur d'Usson, réunissant l'extrémité du corps de logis avec une chapelle placée dans l'angle nord-est de l'enceinte, s'allongeait une galerie datée de 1536. Elle aussi a été démontée et remontée en 1886 aux Égreteaux avec de coupables libertés (surélévation du rez-de-chaussée, grand comble) mais heureusement les photographies anciennes ne nous laissent pas ignorer sa disposition originelle, aussi étrange qu'elle puisse paraître. Dessiné avec des proportions anormalement écrasées, on y reconnaît un portique d'arcades en anse de panier cantonnées de pilastres cannelés terminés par des chapiteaux corinthiens, mais le tout si trapu que l'ordre antique qui a servi de modèle est à peine reconnaissable. Au-dessus s'étend un étage tout aussi minuscule ; ses fenêtres sont percées au-dessus d'un fort entablement qui leur sert d'allège, garni de portraits en médaillons. De petits pilastres plus grêles portent un deuxième entablement muni d'une énorme corniche, et la fantaisie s'exaspère au niveau supérieur, pour le couronnement : une grande zone aveugle qui s'achève sur le ciel par un merlonage d'opérette, soigneusement cerné par une mouluration biseautée qui accentue les ombres. Sur ce massif se détachent de grands gâbles, triangulaires ou ondoyants, qui abritent des bustes en médaillons séparés par des devises. Dépassant le crénelage enfin, des figures de Cupidon viennent couronner le tout.

Les historiens d'art se sont longtemps efforcés d'expliquer ces bizarreries par des influences venues du grand art de la Loire. Replacé dans son contexte vendéen, poitevin, et plus généralement dans le monde du Centre et du Sud-Ouest, Usson n'est plus aussi isolé. L'application avec laquelle le répertoire de l'Antiquité a été utilisé, application quasi enfantine et savoureuse dans sa désinvolte fantaisie, se conjugue avec une obsession pédagogique tournée vers l'allégorie moralisatrice — figures, devises, inscriptions tirées de Sophocle, de Virgile, de la Bible et de saint Jérôme — qui sent bien son huguenot fier de l'être et de le montrer. Des recueils gravés d'ornements italiens ont circulé ; mis dans les mains des maçons locaux, ils ont donné des effets bizarres. De Montal à Usson, il y a seulement quelques degrés de plus franchis dans la fantaisie, mais certaines formes se retrouvent, ainsi ces frontons en triangles équilatéraux plaqués indépendamment de toute ordon-

nance classique. Dans les Charentes, s'ajoute l'emploi insistant des merlonages pseudo-défensifs, simples crêtes décoratives chargées de dissimuler le départ du toit plat, familier dans cette région.

Pourtant le maître d'Usson a su tirer aussi du régionalisme et de son génie propre un morceau admirable, la petite tour qui servait peut-être de « fuie » (colombier). Jadis, cette tour s'appuyait à l'angle sud-est du corps de logis, vers l'entrée. Aujourd'hui, transportée elle aussi aux Égreteaux, elle s'érige à l'angle du nouveau logis. Toutes les traditions sont renversées : une miniaturisation de l'idée ancienne du donjon rond, à peine percé, a abouti à une architecture-objet, sorte de pièce d'ivoire tournée posée à même le sol d'une façon incongrue. D'étroites fenêtres en meurtrières sont seules à percer l'impeccable cylindre de pierre blonde au sommet duquel tourne une étrange corniche faite de triglyphes en demi-colonnes séparés par des métopes sculptées en haut-relief. La corniche saillante reçoit une couverture en dôme faite en dalles de pierre imitant des tuiles à côtes, jusqu'à un lanternon aveugle construit comme un *tempietto* et décoré des coquilles et des croissants de lune du blason familial des Rabaine ; nouveau dôme à côtes au-dessus, nouveau lanternon pour couronner cette sorte de poivrière. Autrefois, s'élevait à ses pieds un puits couvert qui était une sorte de modèle réduit de la tour. La Renaissance permettait de donner libre cours à son imagination, et d'amalgamer les réminiscences locales les plus variées. L'arc de Germanicus de Saintes, les clochers romans poitevins, les fameuses lanternes des morts du pays saintongeais, ainsi que la proche église de Lonzac, que venait de faire bâtir Galiot de Genouillac dans le nouveau style à la mode, ont pu concourir à meubler l'imagination du bâtisseur d'Usson.

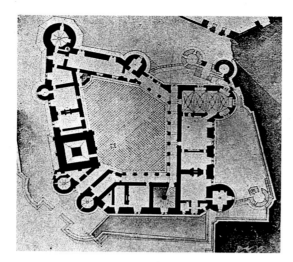

LA ROCHEFOUCAULD. État au XVIᵉ siècle, restitué par Godefroy. Plan gravé par Silvestre (Bibl.
des Arts décoratifs, collection Maciet).

p. 257: LA ROCHEFOUCAULD. L'aile est, vue
de la Tardoire.

91.

La Rochefoucauld

CHARENTE / PROPRIÉTÉ PRIVÉE / ✳

Le château devrait occuper dans l'histoire de l'architecture du
XVIᵉ siècle une place capitale qui ne lui a pas été généralement
reconnue. Résidence d'une lignée particulièrement illustre à la
Renaissance par ses attaches avec les rois de France successifs, La
Rochefoucauld représente le geste ambitieux et original d'une très
ancienne famille noble, face aux demeures de parvenus qui ont
jusqu'ici, presque seuls aux côtés du roi, assimilé les leçons de l'italianisme. La roche de « Foucauld » qui domine le cours de la Tardoire existe de longue date. En témoignait le colossal donjon carré
du XIIᵉ siècle avant qu'il se fût écroulé en janvier 1960. L'édifice est
cerné de hautes tours rondes. Les plus anciennes forment le châtelet d'entrée qui défend l'ancien pont-levis du côté du plateau. Les
autres, du XVᵉ siècle, couronnées de mâchicoulis et coiffées de combles particulièrement aigus, évoquent les châteaux du duc de Berry
idéalisés par les miniatures des *Très Riches Heures*, particulièrement
la grande tour de la chapelle.

Les rapports étroits de la famille avec François Iᵉʳ vont faire
décider la reconstruction des corps de logis. François Iᵉʳ, baron de
La Rochefoucauld, conseiller de Charles VIII et de Louis XII, avait
été le parrain du roi François Iᵉʳ et lui avait donné son prénom.
François II succède à son père en 1517, il épouse Anne de Polignac
l'année suivante. En 1528, le roi érige en sa faveur la baronnie en
comté. Les travaux ont commencé dès 1520. La date de 1528 est
inscrite sur la porte d'entrée du grand escalier. François II décéda
en 1533 laissant à ses héritiers mission expresse de terminer la
construction de la chapelle. Partout, les initiales F et A marquent la
paternité de François et d'Anne de Polignac, qui poursuivit les travaux durant son veuvage.

Le style de la Loire marque les nouvelles constructions dans
leurs dispositions extérieures. Conservant les tours plus anciennes,
le maître d'œuvre — que l'on a identifié un temps avec un certain
Antoine Fontant sur la foi d'une inscription controuvée — s'attacha
à remplacer les anciennes courtines par des corps de logis dominant le vaste paysage de la vallée. Au sud, par une disposition originale due sans doute, ainsi que l'a observé Gebelin, au désir d'englo-
ber totalement le large pavillon d'escalier, la façade a été avancée
par rapport à l'ancienne courtine et elle rejoint les tours latérales
par des pans coupés. A l'est, elle s'inscrit plus régulièrement entre
les tours. L'ordonnance, avec sa forte corniche décorée d'arcatures à
coquilles et sa balustrade derrière laquelle se dressent de grandes
lucarnes à deux étages, s'apparente à celle de l'aile François Iᵉʳ à
Blois. Sur la façade est qui éclaire les grandes salles, des pilastres
cantonnent les croisées, recoupés par un double corps de moulures
à l'appui.

La façade sud montre la même corniche, mais les croisées et les
lucarnes sont encadrées de simples cordons, d'une mouluration
encore gothique, comme on le voyait à Bury. Il est vraisemblable
que les travaux commencèrent par celle-ci. Au milieu, dépassant
fortement le niveau des combles, une vaste tour d'escalier de plan
carré, incorporée dans le bâtiment, offre au contraire une travée de
fenêtres à pilastres ; les arêtes de ses étages supérieurs sont souli-

LA ROCHEFOUCAULD. L'escalier.

gnées par des pilastres d'ordre toscan. L'escalier lui-même est encore du type traditionnel en vis, avec un noyau puissamment torsadé, décoré de panneaux à moulures géométriques qui rappellent à la fois Blois et Chambord. La chapelle, dont l'abside remplit la grande tour percée à cette occasion de hautes fenêtres en tiers-point, est voûtée d'ogives sur des colonnes très inspirées de l'art italien puisque, pour la première fois peut-être en France, elles portent au-dessus de leurs chapiteaux des tronçons d'entablement, disposition commode pour donner au support plus d'élévation tout en conservant les proportions antiques de la colonne.

L'attention portée aux ordres est déjà remarquable aux façades extérieures et à la chapelle, mais l'originalité la plus profonde de La Rochefoucauld réside dans le décor de la cour. Celle-ci devait être rectangulaire et bordée d'une ordonnance uniforme, mais l'aile nord projetée — on voit les arrachements de la galerie à la tour de la chapelle — ne fut pas bâtie, et l'aile ouest, incendiée, a été reconstruite au XVIIIe siècle. Sur les deux autres côtés se déploie l'étonnant décor d'un *cortile* à l'italienne, entièrement tapissé de portiques à arcades sur trois niveaux. Ce parti est évidemment exceptionnel en France. Les galeries à arcades du donjon de Chambord ou du château de Madrid ne couvraient que des surfaces partielles et ne garnissaient pas totalement un espace intérieur. Le systématisme surprend. Il rappelle l'insistance du dessin de Bramante à la cour Saint-Damase au Vatican. Aux deux premiers niveaux, l'application à suivre les modèles italiens est patente, ainsi le traitement

LA ROCHEFOUCAULD. L'aile sud.

LA ROCHEFOUCAULD. Les deux ailes de galeries subsistant de l'ancienne cour quadrangulaire.

régulier des arcades, séparées par des piliers auxquels s'adossent des pilastres à chapiteaux corinthiens ; ainsi la volonté de dessiner au-dessus des pilastres et des arcs la ligne continue d'un entablement à l'antique complet, architrave, frise et corniche. Des disques s'inscrivent discrètement dans les écoinçons. Mais les mains françaises façonnent et déforment ce parti ultramontain, l'entablement a des proportions un peu écrasées, les motifs en losange y sont un peu incongrus, et surtout les arcs des galeries ne rappellent que fort imparfaitement le plein cintre pratiqué avec rigueur par les constructeurs italiens. La liberté est plus grande encore au niveau supérieur où les baies jumelées en anse de panier rappellent davantage les Loges de Blois que l'Italie. Quant à la bordure de rive qui court à la naissance du comble, elle est formée d'une alternance de pinacles et de petits gâbles ondulés à coquilles, encore très proches des couronnements de lucarnes. Cette bordure sculptée qui supplante ici les grandes lucarnes est appelée à un grand avenir, on la retrouvera au Louvre.

On observera d'autre part la maladresse avec laquelle le grand pavillon d'escalier surgit brutalement du corps de logis à un angle de la cour. Et pourtant la disposition des péristyles, les portes des appartements qui s'ouvrent librement à ses différents niveaux, la combinaison directe de l'escalier sur ces espaces, tout cela rappelle à l'évidence la disposition des palais romains ou florentins. L'humanisme pratiqué par Anne de Polignac n'y est certainement pas étranger. Son fils François III, formé à l'amour des lettres, épouse en 1552 Sylvie Pic de la Mirandole, l'un des plus illustres noms du parnasse italien. Veuf en 1556, il se remariera avec Charlotte de Roye qui le convertira au protestantisme. Il périra à la Saint-Barthélemy en 1572. Le château n'a pas cessé d'appartenir à ses descendants.

p. 260: LA ROCHEFOUCAULD. Porte de la chapelle sous la galerie est.

92.
Biron

DORDOGNE / AU DÉPARTEMENT / ✱

Biron est l'une des quatre baronnies du Périgord, fief de l'illustre famille de Gontaut. Le château occupe le sommet d'une butte, emplacement stratégique entre Périgord et Agenais, bâti dès le XIIᵉ siècle. En 1499, Pons de Gontaut, chambellan de Charles VIII qu'il a accompagné en Italie, se retire dans son château et y fait construire un nouveau corps de logis sur le côté oriental de la cour supérieure, aménagée désormais en cour d'honneur avec des galeries sur piliers torsadés, aujourd'hui disparues. Le logis neuf est adossé à l'entrée du vieux donjon polygonal. Desservi par un escalier en vis logé dans une tourelle, il abrite les appartements.

En même temps, Pons fait reconstruire l'église du chapitre, dédiée à saint Michel, sur la cour basse du château. Elle est achevée en 1515, c'est un édifice ambitieux, inspiré de la chapelle Saint-

BIRON. Pavillon du concierge.

BIRON. La chapelle.

Hubert d'Amboise, et aussi de la Sainte-Chapelle de Paris pour sa disposition sur deux étages, et son décor très délicat (dont certains éléments sont conservés au Metropolitan Museum à New York). Mais ni à la chapelle, ni au corps de logis, ni au nouveau passage voûté d'ogives à liernes et tiercerons qui mène de la cour basse à la cour haute, l'esprit nouveau ne se fait jour, c'est le gothique flamboyant qui inspire formes et ornements.

La Renaissance apparaît à Biron au tombeau de Pons de Gontaut, mort en 1524, et à celui de son frère Armand, évêque de Sarlat, mort en 1531, tous deux édifiés dans la collégiale, et enrichis d'un superbe décor sculpté ; elle se voit aussi aux restes du décor peint des appartements. Vers 1530, Armand de Gontaut fait reprendre la tour du concierge, à l'entrée de la cour basse. C'est un pavillon carré dont les deux lucarnes sont décorées de pilastres et colonnettes godronnées, avec une frise sculptée et un fronton à coquille. Les travaux s'achèvent sous Jean Ier de Gontaut, qui a été capturé à Pavie, puis nommé ambassadeur au Portugal et sénéchal d'Angoumois, mort prisonnier à Tournai en 1557. Biron passe ensuite à son fils Armand, Grand maître de l'artillerie en 1570, maréchal de France en 1576, lieutenant général en Guyenne. De 1582 à 1584, les événements militaires du Sud-Ouest, sa rivalité avec Henri de Navarre et les guerres religieuses l'amènent à résider à Biron où il fait poursuivre des travaux ; une citerne est datée de 1585, un bâtiment neuf est entrepris à l'ouest, que continueront après sa mort en 1592 sa femme, puis ses fils le duc Charles (décapité sur l'ordre de Henri IV) et Jean II. Achevé dans les premières années du XVIIe siècle, le nouveau logis sera fortement remanié au XVIIIe siècle, date à laquelle on aménagera au rez-de-chaussée la spectaculaire loggia qui le traverse.

93.
Assier

ASSIER. L'escalier.

LOT / A L'ÉTAT / *

Il ne reste malheureusement qu'une aile du grand château bâti par l'orgueilleux grand écuyer de François Ier. La terre appartenait aux Genouillac depuis le mariage en 1469 de l'héritière, Catherine de Bosc, avec Jean de Genouillac, lui-même déjà maître de l'artillerie du roi, issu d'une vieille famille du Quercy. On trouvait là un ancien château, dit « tour du Sal », dont quelques fragments furent incorporés dans le château neuf et subsistent encore en partie. Jacques de Genouillac (1465-1546) a reçu de son oncle Jacques Ricard le surnom de Galiot (nom d'un chevalier de la Table ronde) et la maîtrise de l'artillerie, quasi héréditaire dans la famille. Favori de Charles VIII qu'il accompagne jusqu'à Naples, il suit aussi les expéditions italiennes de Louis XII et de François Ier. Ses canons eurent un rôle décisif à Marignan. Il est encore aux côtés du roi à Pavie, et fait prisonnier comme lui. Déjà sénéchal du Quercy depuis 1517, il est nommé en outre, en 1526, grand écuyer et chevalier de Saint-

ASSIER. Vue prise de l'est, dessin de la collection R. de Gaignières, daté de 1692 (Bibl. nat., Estampes, Va 95, nº 79).

Chateau d'Assier

ASSIER. Vue prise de l'ouest, dessin de la collection R. de Gaignières, daté de 1680 (Bibl. nat., Estampes, Va 432).

263

ASSIER. L'aile d'entrée.

Michel, lieutenant général du roi en Guyenne (1541) puis en Languedoc (1546). Marié deux fois, il pousse à la Cour son fils François qui lui succède en 1542 à la direction de l'artillerie ; mais celui-ci est tué à la bataille de Cérisoles en 1544, et Galiot fort âgé doit reprendre du service, jusqu'à sa mort, survenue en 1546.

Après le décès de sa première femme en 1514, il a déjà témoigné de son intérêt pour l'architecture en faisant bâtir dans le pays de la défunte, en Saintonge, l'église de Lonzac, qui peut avoir influencé la construction du château d'Usson. Dès sa nomination comme grand écuyer en 1526, il se préoccupe de faire rebâtir le château d'Assier sur des terres familiales rachetées, un domaine de plus de 1 000 hectares. Les nouvelles constructions entreprises alors par François Ier au château du bois de Boulogne et à Fontaine-

ASSIER. Revers de l'aile d'entrée sur la cour.

bleau ont certainement influencé le parti choisi. La vaste résidence forme un quadrilatère — comme à Bury, au Verger ou à Bonnivet — appuyé sur quatre grandes tours rondes en forte saillie, coiffées de dômes demi-cylindriques, qui sont empruntées pour une part à l'ancienne forteresse. L'œuvre s'achève vers 1535, date inscrite au revers du portail. Seule subsiste aujourd'hui cette aile occidentale, mais deux aquarelles exécutées au XVIIᵉ siècle pour Roger de Gaignières, ainsi qu'un plan conservé à la bibliothèque de Gdansk, nous donnent une idée assez précise de l'ensemble. Le traitement des murs extérieurs est sobre, animé par de discrets bandeaux. Des lucarnes, dont il ne reste qu'un seul exemplaire, se dressaient devant le comble. Intérieurement, les façades plus ornées comportaient des doubles corps de moulures déterminant deux larges frises, au-dessous et au-dessus des croisées de l'étage, frises sculptées d'emblèmes relatifs à la carrière du grand écuyer (l'épée et le baudrier) et grand maître de l'artillerie, sans omettre sa devise ambiguë : « J'ayme fortune ». Les trumeaux de l'étage, de dimensions assez irrégulières, sont animés par des pilastres et des guirlandes rondes de « chapeaux de triomphe » qui renfermaient des portraits d'empereurs romains en médaillons de terre cuite sortis sans doute de la manufacture de Girolamo Della Robbia ; il en reste un en place et quatre autres sont au Louvre.

L'aile gauche, à l'ouest, abritait des galeries superposées, la galerie basse formée d'un portique à arcades ouvertes. Un escalier saillant en vis donnait accès aux étages. Le corps de logis du fond et l'aile droite contenaient les appartements. Tous deux comportaient un haut pavillon d'escalier, l'un au centre du logis est, marquant un sensible décrochement, l'autre à l'extrémité de l'aile sud. Ces deux escaliers, superposant des rampes droites, s'élevaient jusqu'à une chambre haute qui formait belvédère au-dessus des combles des logis, selon un processus traditionnel. Rien n'en subsiste, mais nous possédons encore l'escalier, moins vaste, de l'aile d'entrée, qui ajoute aux volées droites une demi-vis, parti un peu retardataire qu'on a déjà vu à Chenonceau. Il est encore couvert de voûtes d'ogives. Un décor d'arabesques particulièrement raffiné revêt la colonne carrée qui marque le départ de cet escalier.

A la fin des travaux, Genouillac fit ajouter à l'aile d'entrée un double portique qui donne un caractère triomphal à l'accès du château, vers la campagne et vers la cour. Vers la campagne, le portique est fait de deux étages de colonnes dégagées, corinthiennes et ioniques, les secondes déterminant une grande niche sous un arc en plein cintre, coiffée d'un entablement et d'un fronton droit. On voyait autrefois un troisième niveau formant un haut frontispice à lucarnes géminées. L'œuvre est évidemment d'inspiration italienne, elle évoque notamment l'arc d'Alphonse d'Aragon à Naples. La grande niche de l'étage abritait autrefois la statue équestre du maître de maison en costume de chasseur, selon la tradition exploitée déjà par le maréchal de Gié au Verger, Jean de La Barre à Véretz et Charles Tiercelin à La Roche-du-Maine. Côté cour, le portique a été amputé de son étage supérieur, haute lucarne couronnée d'un fronton ouvert, si l'on en croit le dessinateur de Gaignières. Restent les deux étages inférieurs, cantonnés de colonnes, dont le niveau supérieur formait une loge majestueuse défendue par un balcon de pierre ouvragé. Cette surimposition de portiques à colonnes, qui rappelle l'escalier dit de Serlio à Fontainebleau, annonce évidemment le parti que prendra le connétable de Montmorency à Écouen.

. Assier frappe ainsi par ses inventions nouvelles tout comme par ses italianismes. La même observation peut être faite à l'église construite au voisinage du château sur l'ordre du grand écuyer (1540-1549), dont le grand portique de façade s'apparente évidemment à ceux du château. L'étonnante frise sculptée qui ceinture l'édifice porte, elle aussi, des attributs et des scènes militaires, surprenants sur un édifice sacré. On trouve à l'intérieur le tombeau de Genouillac décoré d'un grand bas-relief, dans un portique. Après sa mort, Assier passa à sa fille Jeanne, épouse de Charles de Crussol d'Uzès. C'est le duc d'Uzès, son descendant, qui vendit en 1768 les façades à des entrepreneurs comme matériaux de démolition, et qui aliéna enfin en 1786-1788 les restes du château défiguré. Un toit ne fut posé sur l'aile d'entrée, seule subsistante, qu'en 1901, et l'État s'en porta acquéreur en 1934.

94.
Messilhac

à Raulhac

CANTAL / PROPRIÉTÉ PRIVÉE / ✶

Jean de Montamat commença à modifier avant 1537 l'ancienne demeure de sa famille, cernée d'une enceinte crénelée, qui remontait au XIVe siècle. La date est inscrite sur la façade principale qui s'encadre entre deux hautes tours carrées. Traversant l'appareil rustique du mur, une série de moulures horizontales en pierre volcanique rosée, fortement accusées selon une habitude fréquente dans le Centre de la France, créent de puissants effets d'ombres. Dans l'axe, la porte est intégrée dans une sorte de haut frontispice fait d'une succession de colonnes travaillées comme si elles étaient passées par un tour de menuisier ; on en voit de semblables aux lucarnes de Biron. Leurs proportions très écrasées, leurs renflements, leurs chapiteaux saillants sculptés avec exubérance leur donnent l'aspect de quilles. Comme l'embrasure de la porte, les réseaux des fenêtres ont leurs angles arrondis en voussures. Le tableau au-dessus de la porte est occupé par une frise décorée d'animaux héraldiques tenant un écu, coiffée d'un fronton à coquille où se détache le buste du seigneur avec l'inscription « In Domino Confido ». Le tableau supérieur, entre le premier et le second étage, porte un bouclier où paraissent deux mains jointes tenant un bouquet d'épis.

Messilhac, qui conserve un bel escalier et deux cheminées à décor peint du XVIe siècle, est sans doute le meilleur exemple de la greffe des formes de la Renaissance sur la tradition régionale de l'Auvergne, si fortement individualisée.

MESSILHAC. Travée centrale et vue générale.

95.

Gramont

**TARN-ET-GARONNE / A LA CAISSE NATIONALE
DES MONUMENTS HISTORIQUES ET DES SITES / ✳**

A la puissante maison-forte de Gramont, bâtie aux XIIIe et XIVe siècles sur un plan rectangulaire massé habituel aux « salles » du pays
de Lomagne, un nouveau logis est ajouté entre 1535 et 1545. Guillaume de Voisins, époux de Françoise de Montaut de Gramont, le
fait bâtir au sommet de la colline, raccordé en équerre avec l'ancien
château. Le même calcaire local, gris bleuté, est utilisé pour la
construction, qui s'allonge face aux jardins en terrasse. C'est en
effet une demeure d'agrément, et les puissants corbeaux moulurés
qui surmontent les façades ne sont pas des mâchicoulis et supportent directement les dalles de la corniche derrière laquelle se profile
un toit très plat.

Une sorte de libération des canons de l'art ligérin se fait sentir.
L'alternance entre grandes croisées et demi-croisées, sans recherche
d'effets de symétrie, est bien remarquable ; de même, et surtout,
l'indépendance accordée à chacune de ces croisées pourvue d'éléments d'encadrement individuels et diversifiés : pilastres, colonnes
ou candélabres de toutes natures les cantonnent, frontons décorés
ou non les coiffent. Bien que l'alignement des percements soit respecté, le lien organique de la travée verticale est aboli. C'était là se
rapprocher évidemment de l'architecture italienne. La qualité du
mur de pierre en moyen appareil donne beaucoup de caractère à
cette manifestation d'indépendance. L'accès au logis se fait par deux
portes jumelles réunies sous un large motif unique, un fronton
dégingandé et une frise à personnages, le tout porté sur des pilastres réduits cavalièrement à l'état de consoles. Un grand perron rat-
trape la dénivellation entre la cour et les appartements. L'intérieur
n'est pas moins savoureux : une cheminée à modillons, dans la salle
des gardes du premier étage, et surtout l'escalier droit qui s'ouvre à
partir du perron, et dont les volées sont encore voûtées d'ogives.

GRAMONT.
L'escalier.

GRAMONT. Façade sud, sur la cour.

GRAMONT. Façade sur le jardin.

96.
Pau

Le château de Pau reflète l'histoire des dynasties successives qui exercèrent leur autorité sur la vicomté de Béarn, seigneurie souveraine ou revendiquée comme telle. Au sommet de l'éperon rocheux qui domine le Gave de très haut s'additionnent des éléments fortifiés d'époques différentes, du XIIᵉ au XIVᵉ siècle : tour Mazères, tour Montauser, puis les constructions de Gaston Fébus, le colossal donjon de brique et la tour Billère. Une première enceinte court autour de l'éperon renforcé, du côté du Gave (tour de la Monnaie) et du bourg de Pau. Une autre, élevée sur un solide glacis de dalles de pierre, court au sommet, ceinturant l'édifice. C'est l'œuvre du grand ingénieur Sicard de Lordat qui, vers 1370, transforma le château en forteresse. Un siècle plus tard, vers 1462, Gaston IV, vicomte de Béarn, comte de Foix et prince de Navarre, fait entreprendre de nouveaux travaux par son maître d'œuvre Bertrand de Bardelon. Pau était désormais la capitale du Béarn. L'aile du midi fut surélevée au-dessus des mâchicoulis de la courtine, l'aile nord fut modifiée, sinon reconstruite ; les fenêtres sont plus larges, les escaliers plus nombreux, le château se couvre de grands toits d'ardoises.

C'est le château que découvre Marguerite d'Angoulême lorsqu'elle y vient en novembre 1527 avec son nouvel époux, Henri II d'Albret, roi de Navarre, vicomte de Béarn, comte de Foix. La sœur de François Iᵉʳ, lors de son premier mariage avec le duc d'Alençon, a connu les séjours de la cour de France dans les châteaux de la Loire rénovés, ouverts au soleil et au spectacle de la nature. Malgré les travaux de Gaston IV, les logis du château de Pau s'enferment encore autour d'une cour étroite et sombre. Henri d'Albret, qui a goûté lui aussi dans sa jeunesse les charmes des nouvelles résidences, décide d'apporter des transformations au château patrimonial. Le maître d'œuvre est un Tourangeau, Pierre Tournoier, il a avec lui des maçons, charpentiers et menuisiers venus de Touraine, du Berry, du Maine, de l'Angoumois, et le ferronnier est un Italien, Richard de Mantoue. Les travaux commencés dès 1529 consistent à égayer l'aile méridionale qui abrite les appartements royaux. Pour les faire profiter plus pleinement du soleil et de la vue admirable sur le Gave et les Pyrénées, la lice, étroit couloir qui séparait le logis de l'enceinte supérieure, est couverte d'une

PAU. Façade au midi, état avant la restauration du XIXᵉ siècle. Gravure de F. Penel d'après l'architecte Lafollye.

PAU. L'aile Henri d'Albret sur la cour.

PAU. L'aile Henri d'Albret avant la restauration du XIXᵉ siècle. Gravure de Bury d'après Lafollye.

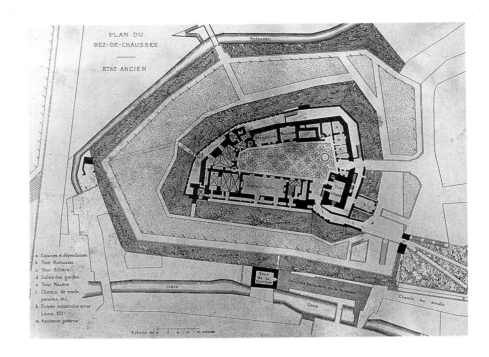

PAU. Plan avant la restauration. Gravure de Hibon d'après Lafollye.

PAU. Le grand escalier.

voûte supportant une longue terrasse au niveau du premier étage, défendue par un garde-fou en fer, comme à Amboise. Du côté de la cour, la façade de cette aile, bâtie anciennement en lits de briques et de galets noyés dans le mortier, est reprise dans ses parties basses (porte de l'escalier et croisées de la salle basse) et dans ses parties hautes (nouvelles lucarnes à pilastres et frontispices dans le style de la Loire).

L'innovation la plus marquante concerne la construction dans le logis d'un nouvel escalier, un vaste escalier droit à rampes superposées dont les paliers s'éclairent sur la vue des Pyrénées ; les premiers de ceux-ci sont encore voûtés d'ogives à liernes et tiercerons tandis que les volées sont couvertes de berceaux ascendants en anse de panier, quadrillés de caissons ; le chiffre H M orne la frise d'imposte de la voûte. L'escalier donnait accès latéralement aux grandes salles de chaque étage, salle basse ou des Etats, salle haute ou du Trône, qui précédaient les appartements. L'aile occidentale, elle aussi, fut aménagée de neuf, les cuisines au niveau inférieur, et des chambres et cabinets aux étages. Cette aile fut pourvue, du côté de la cour, d'un décor particulièrement soigné affectant son unique travée. Les croisées des trois étages et la lucarne qui les surmonte à la hauteur du comble sont réunies en un frontispice vertical par la superposition des pilastres, des appuis et linteaux de fenêtres décorés de frises sculptées. La lucarne, la seule de la cour qu'on pouvait voir en vue axiale, est surmontée d'une grande niche sous un fronton ouvert à la base, lui-même coiffé d'un cartouche. Des portraits en médaillons de pierre rousse garnissent assez maladroitement les parois nues du mur, de chaque côté du frontispice.

Les restaurations entreprises au XIXe siècle ont abouti à modifier bien des éléments de ce décor. Il est sûr néanmoins que les travaux d'Henri d'Albret, qui se poursuivirent après 1535, restaient inféodés aux grandes créations de l'âge précédent et n'innovaient pas. La grande terrasse rappelle le parti analogue adopté à Gaillon, tout comme les médaillons et les frises. Les lucarnes néanmoins mériteraient d'être rapprochées de celles d'Écouen.

Si Marguerite d'Angoulême ne fit à Pau que des séjours assez espacés, son mari choisit au contraire le château pour son lieu de prédilection. Il fit ainsi tracer autour du château un ensemble de jardins qui furent longtemps célèbres dans toute l'Europe. Ces aménagements furent poursuivis par sa fille Jeanne d'Albret et par son gendre Antoine de Bourbon, parents du futur Henri IV qui naquit au château dans les appartements de l'aile méridionale en 1553. Ainsi furent développés les jardins du nord, en deux niveaux comme à Blois, la « Haute et la Basse Plante », garnis de buis taillés en figures et agrémentés d'une galerie de charpente construite en 1559, avec des canaux et des vergers. Ainsi fut tracé, parallèlement au Gave vers l'ouest, le petit parc, enclos de murs en 1546. Il était parcouru déjà d'allées ombreuses qui plaisaient, et des pavillons d'agrément y furent bâtis pour Jeanne d'Albret, comme le « castel Béziat », lieu de retraite élevé en 1563. Plus tard, sa fille Catherine, sœur de Henri IV, fit encore construire un colombier, une vacherie, une « tortuguère » (1589) où s'exprimait le goût alors très vif pour les animaux, et réunir les deux ensembles de jardins par un pont-levis jeté sur un affluent du Gave par l'architecte Hervé Boullard. Parmi d'autres travaux ordonnés au nom de son frère Henri IV, il faut compter l'avant-portail du donjon, frontispice de style rustique orné de marbre (1592) qui sert aujourd'hui de façade orientale à la chapelle, ainsi que la porte fortifiée dite « Corisande ».

Sous Louis-Philippe puis sous Napoléon III, le château de Pau fut considéré à la fois comme un symbole d'histoire nationale et comme une résidence pour le souverain et sa famille. Cette double vocation entraîna plus qu'une restauration, une véritable reconstruction de certaines parties du château par les architectes Lefranc et Latapie, visant à lui donner un aspect plus cohérent et un accès plus commode. C'est alors que fut créée l'entrée actuelle, avec son péristyle dans le style de la Renaissance (comme au Lude), avec la tour et le corps de logis qui la flanque à droite, remplaçant l'ancienne chancellerie (que Jean d'Albret avait garnie de galeries en 1500). Alors fut élevée aussi une tour jumelle de la tour Mazères pour donner à la pointe occidentale une disposition symétrique. Ces travaux altérèrent profondément l'aspect du château, extérieurement mais aussi intérieurement.

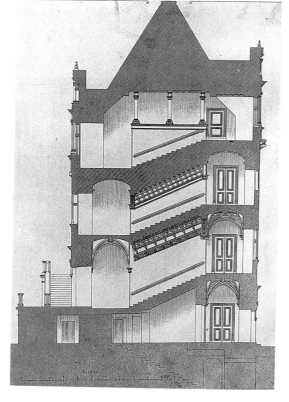

PAU. Coupe du grand escalier. Gravure d'après Lafollye.

97.

Bidache

PYRÉNÉES-ATLANTIQUES / PROPRIÉTÉ PRIVÉE / *

L'armée impériale, sous les ordres du prince d'Orange, avait enlevé et incendié en 1523 la vieille résidence des Gramont, l'une des plus illustres familles de Béarn. Deux ans plus tard, Claire de Gramont, l'héritière du nom, épousait Menaut d'Aure et les travaux de reconstruction étaient entrepris sous la direction de leur oncle Charles de Gramont, archevêque de Bordeaux. En 1539, on traitait pour le faîtage du grand corps de logis du nord. L'architecte était Gabriel Bourgoing. Conservant l'avant-cour bordée de communs, les douves et l'ancien châtelet d'entrée du XVe siècle, il édifia sur la cour carrée, sans doute fermée à l'origine, deux corps de logis en

BIDACHE. Plan de Beurdeley, Colas et Merlet
d'après E. Lambert (*Congrès archéologique*, 1939).

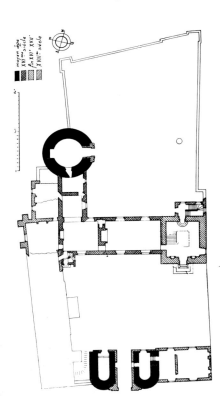

équerre, l'un à l'ouest et l'autre au nord. Le premier n'existe plus mais les arrachements visibles sur la petite tour carrée d'escalier qui l'amorçait laissent deviner un portique d'arcades que surmontait une galerie (où seront présentés les portraits de la famille de Gramont).

Le corps de logis principal est resté tel que l'a laissé l'incendie de 1796, réduit à ses simples murs. Les lucarnes qui se découpent sur le ciel sont d'un type très élaboré, cadres à crossettes, frise à godrons ondés, petit motif de couronnement à fronton droit, qui témoigne des influences exercées par le nouvel art de la France du Nord. Même observation pour le discret chambranle des ouvertures, et la sobre mouluration du corps d'appui des croisées et du bel entablement, d'un dessin très classique, qui les surmonte. La façade postérieure donnait sur une esplanade où se dressait l'ancien donjon, relié au logis par une petite aile de même date.

Les travaux furent poursuivis dans le courant du siècle par Antoine de Gramont qui fit renforcer la défense du château par des boulevards et fausses portes durant les guerres de Religion. Antoine mourut en 1576, le château appartint à son fils Philibert, comte de Guiche, tué en 1580, époux de Diane d'Andoins, célèbre sous le nom de Corisande. Antoine II, le fils de Corisande, fit ajouter en 1640-1650 deux pavillons neufs du côté est, l'un qui flanque le châtelet, l'autre le logis du XVIᵉ siècle. Ce dernier abrite l'escalier. L'ordonnance à grandes lignes de bossages vermiculés qui l'agrémente fut étendue au logis du XVIᵉ siècle où il reste quelques vestiges de cette transformation — simulée en crépi — au rez-de-chaussée. Quant au châtelet, il fut pourvu en 1770 d'un grand portail orné de refends sous un fronton.

BIDACHE.
Vestiges de
la façade sud
du logis.

98.
Marquein

AUDE / **PROPRIÉTÉ PRIVÉE**

Veuve du seigneur de Roquefort de Marquein tué à Fontarabie en 1521, Dauphine de Montbrun fait entreprendre à Marquein des travaux dont la date est connue : 1539. Ils consistèrent vraisemblablement à reprendre le couronnement de la porte à gauche ainsi que les encadrements des croisées de l'étage, bien différentes de celles du rez-de-chaussée qui portent la marque de la fin du XVᵉ siècle. Il faut souligner l'emploi, à l'étage, de demi-colonnes ioniques au fût lisse, et d'un entablement à deux ressauts sans aucun décor. Le goût de la rigueur classique commence à se répandre. Le manoir est de plan centré, organisé autour d'un corridor en forme de T, qui est une disposition fort pratique.

MARQUEIN. Vue générale.

99.
Lourmarin

VAUCLUSE / A L'ACADÉMIE D'AIX-EN-PROVENCE / *

« Lourmarin est le premier château de la Renaissance en Provence, à la fois dans son décor et dans sa composition », a écrit Jean-Jacques Gloton. Avec Gordes, il illustre parfaitement ce que le même auteur a appelé « le style sévère du Luberon ». La puissante originalité du monument mérite cette analyse. Il s'élève sur un rocher isolé, à quelque distance de l'agglomération de Lourmarin qui est centrée sur l'ancien château médiéval et cernée de son enceinte. Sur cette butte à l'écart, la famille d'Agoult a commencé à construire vers 1470 une maison de campagne qui va prendre peu à peu les proportions d'un château et se munir de l'appareil défensif nécessité par les guerres de Provence. Le « château vieux » est érigé sur le front nord où se développent des corps de logis entourant une petite cour garnie de galeries de bois (1495-1513) ; après la première invasion de la Provence par les troupes de Charles Quint en 1524, une tour ronde à bossages est plantée au saillant de l'éperon.

Dès 1526, Louise d'Agoult songe à étendre sa résidence sur le reste du rocher, vers le sud. C'est le début d'un « château neuf », sous la forme d'un long corps de logis rectiligne terminé à l'ouest par une nouvelle tour ronde. Ses percements sont encore ceux du dernier style gothique, il en reste des témoignages.

Tout change soudain après la seconde invasion espagnole en 1536. Cette fois, le château des d'Agoult a été enlevé, puis repris par les troupes françaises. Lorsqu'il récupère son château endommagé, Louis d'Agoult-Montauban fait réparer et modifier le corps de logis inachevé. Le chantier, commencé sans doute dès 1537, est poursuivi après sa mort en 1539 par sa veuve Blanche de Lévis, au nom de leur fils mineur François. Une date terminale est fournie

LOURMARIN. L'escalier.

LOURMARIN. Le château neuf de Louise d'Agoult.

p. 277 : LOURMARIN. Façade sur la cour et tour d'escalier.

277

LOURMARIN. L'une des cheminées aux Indiens.

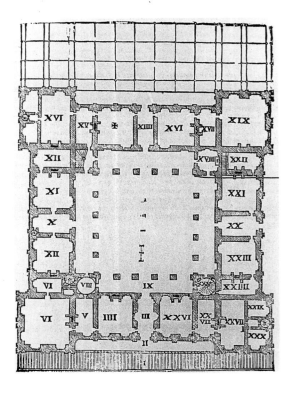

LOURMARIN. Projet de Serlio pour le plan (gravé dans le *Settimo Libro*).

par une inscription dans l'escalier : 1542. Cette fois, l'architecte choisi a opté pour l'art nouveau, celui de Blois et de Chambord modifié à Fontainebleau, mais en lui donnant un caractère beaucoup plus dépouillé et vraiment conforme au génie propre de la Provence. On a renoncé aux lucarnes et aux grands combles. Le corps de logis qui fait face à une nouvelle cour est couvert d'un toit plat en tuiles dissimulé derrière une murette continue. La dominante horizontale est assurée par les lignes continues des larmiers qui soulignent les appuis des croisées et se retournent à l'angle sur la petite façade sud-ouest. Des pilastres superposés à chapiteaux doriques réunissent les croisées en trois travées, construites en pierre locale d'une forte nuance dorée, séparées par de vastes trumeaux sans ornements, en moellons enduits. Sur le côté droit, une haute tour carrée, franchement juxtaposée, se dresse comme un signal, elle renferme l'escalier. La porte qui donne accès, par son intermédiaire, aux appartements des trois niveaux est dessinée comme un petit arc de triomphe, deux demi-colonnes à chapiteaux fantaisistes encadrant l'ouverture cintrée sous un entablement strié de cannelures. Au-dessus, un réseau de pilastres et de demi-colonnes alternés encadre les percements irréguliers de l'escalier. Celui-ci est une large vis tournant autour d'un puissant noyau de moulures hélicoïdales ; c'est le type du Blois de Louis XII. De petites trompes chargées de décors variés supportent les extrémités des marches dans les angles morts du plan carré. Elles sont une concession au goût de Chambord.

Tel que nous le voyons, Lourmarin offre au regard une plénitude de volumes et une aisance dans le sobre traitement du décor qui n'accordent rien au pittoresque ou à l'effet. Le ciel et le soleil font évidemment valoir cette sobriété. Mais le château aurait pu connaître une troisième transformation. La présence de planches gravées relatives à un château dit de « Rosmarino » dans le *Septième Livre d'architecture* de Serlio, rédigé vers 1550 et publié à Francfort en 1575, a longtemps intrigué les historiens. Les conclusions formulées récemment, en particulier par Jean-Jacques Gloton, permettent bien de rattacher ce projet à Lourmarin. Pendant que sa mère faisait bâtir en Provence, François d'Agoult était à la cour de France, à Fontainebleau, comme page de François Iᵉʳ ; il a donc pu y faire la connaissance du grand architecte bolonais. Devenu maître de Lourmarin vers 1547 ou 1548, il trouve le chantier inachevé. Blanche a fait sans doute entreprendre une aile nouvelle pour fermer la cour du côté sud, mais son fils pense le moment venu de s'adresser à Serlio, revenu depuis peu de Lyon. Sur sa demande, l'architecte se rend probablement sur place en 1548 ; il admire le site, et cette « montagne pleine de myrtes, de genévriers, de buis et de romarins » (qui, croit-il, lui donnent son nom), et il dessine pour François d'Agoult les plans d'une immense résidence incluant tant bien que mal les deux bâtiments neufs et faisant disparaître tout le reste. Sur la plate-forme rocheuse rendue beaucoup plus vaste par d'énormes terrassements, il voudrait élever un immense quadrilatère de façades à l'italienne animé par quatre hauts pavillons carrés couronnés de lanternons ; à l'intérieur, un *cortile* de *palazzo* ceinturé de péristyles sur deux niveaux. Le projet s'apparente à ceux que l'architecte mûrit pour Ancy-le-Franc. François d'Agoult ne donnera pas suite à ce projet trop ambitieux.

Pourtant, le goût très vif du grand seigneur provençal pour les nouveautés artistiques trouvera encore à se manifester un peu plus tard. Devenu comte de Sault et gouverneur du Lyonnais en 1561, il séjourne à Lourmarin et décide d'y apporter de nouveaux aménage-

LOURMA-
RIN. Projet
de Serlio
pour la
façade
extérieure
(*Settimo Libro*).

LOURMA-
RIN. Projet
de Serlio
pour la
façade sur la
cour (*Settimo
Libro*).

ments en 1565, touchant les jardins d'abord, mais aussi les cheminées monumentales qui manquent encore — ou qu'il désire refaire — dans l'appartement du premier étage. Ces trois cheminées, presque identiques, présentent en effet des dispositions remarquables. Les jambages sont ornés de paires de colonnes composites cannelées dessinées avec une parfaite connaissance de l'art antique. Le manteau est agrémenté, de chaque côté d'un vaste espace nu dévolu à un sujet peint (dont il reste quelques traces), par des paires d'étranges personnages engainés où l'on a décelé depuis longtemps une parenté avec les figures aztèques. Or, en 1561, le *Second Livre d'architecture* de Jacques Androuet Du Cerceau présentait deux projets gravés de cheminées très comparables dont le sculpteur inconnu qui fut mandé à Lourmarin s'est évidemment inspiré. On observe ici l'ouverture nouvelle de la curiosité sur les mystères du Nouveau Monde récemment découverts ; l'utilisation des « Indiens » d'Amérique comme motifs d'atlantes ne faisait que suivre celle qu'on avait déjà faite, à Fontainebleau, des figures égyptiennes.

Après ces travaux, la fureur des guerres de Religion reprend de plus belle ; François d'Agoult est tué dans les rangs protestants à la bataille de Saint-Denis en 1567. Propriété de la famille de Créqui, Lourmarin est encore l'enjeu des luttes religieuses locales en 1575. Au XVIIIe siècle, il sera laissé à l'abandon par ses possesseurs et devra sa résurrection au mécène Laurent-Vibert (mort en 1925) et à son architecte Henri Pacon.

100.
Gordes

**VAUCLUSE / A LA COMMUNE /
HÔTEL DE VILLE ET MUSÉE VASARELY / ✳**

La parenté des façades de Gordes avec celles de Lourmarin invite, comme l'a fait Jean-Jacques Gloton, à les croire contemporaines, ou immédiatement postérieures. La date de 1541 inscrite sur la cheminée en est la confirmation. Lourmarin pourtant nous apparaît aujourd'hui comme un château ouvert, c'est la conséquence de bien des facteurs que nous analysons encore mal, la présence du château vieux maintenu à côté, l'inachèvement et l'abandon d'une aile située au sud, et la destruction de corps de logis fermant la cour sur le dernier côté. Gordes au contraire est une masse unitaire, close et bien structurée, qui prend de ce fait un aspect très différent, masquant les analogies. On doit sa construction à Bertrand Rambault de Simiane, héritier des barons de Gordes, qui fut un fidèle serviteur de François Ier, conseiller d'État et lieutenant général en Dauphiné (vers 1510-1578).

Les travaux durent commencer vers 1537-1538 et s'achever en 1541, peut-être sous les ordres d'un maître d'œuvre qui travaillait en même temps à Lourmarin. Des relations de famille unissaient d'ailleurs les d'Agoult aux Simiane. Une ancienne forteresse médiévale a donné sa structure au château neuf, modernisé seulement sur certaines de ses faces. Du côté du village s'ordonne une grande façade sans toit apparent, cantonnée de deux tourelles en échau-

GORDES. Façade sur la place.

GORDES. Cheminée de la grande salle.

guette à l'étage supérieur. Mêmes larmiers qu'à Lourmarin pour souligner les appuis de fenêtres, mêmes percements de grandes croisées alignées en trois travées sur les murs dépourvus de toute ornementation. Mais ici les fenêtres supérieures du petit étage attique sont coiffées de frontons triangulaires. Mêmes frontons, mais à tous les étages, sur la façade ouest sur la cour, tout comme à la Porte dorée de Fontainebleau. L'escalier a été aménagé dans l'une des tours médiévales conservées, de plan circulaire. On y accède par un portail à fronton, d'un dessin déjà très classique. A l'intérieur, la cheminée de la grande salle, datée de 1541, est un superbe exercice de style groupant tous les éléments du répertoire italianisant, frontons juxtaposés, niches et pilastres.

101.

Septème

ISÈRE / **PROPRIÉTÉ PRIVÉE**/ ✻

La Renaissance pénètre en Dauphiné avec le château de Septème, transformé en 1535 pour Louis-Aymard de Grignan et sa femme Anne de Saint-Chamond, dame d'honneur de la reine Eléonore.

SEPTÈME. La cour.

282

Charles IX et Catherine de Médicis y couchèrent une nuit en 1564 lors du grand voyage de la cour de France. Les travaux consistèrent à surélever le donjon et à doubler le corps de logis. Celui-ci s'éclairait sur la cour intérieure par des galeries ajourées à différents niveaux permettant de desservir les appartements. La vigueur fruste des piliers et des colonnes rondes contraste avec la mouluration classique des arcades en plein cintre du premier étage.

102.
Pagny

à Pagny-le-Château

CÔTE-D'OR / PROPRIÉTÉ PRIVÉE

PAGNY. Détail décoratif à l'intérieur de la chapelle.

Du château de Pagny, rasé par le duc de La Vallière en 1774, il ne subsiste que la chapelle, et dépouillée d'une grande partie de son décor à la fin du XIXᵉ siècle par le duc d'Uzès. Le château était pourtant l'un des premiers édifices d'importance élevés en Bourgogne durant la première Renaissance, et son constructeur était un grand personnage, l'amiral Philippe Chabot, à qui la seigneurie avait été apportée en dot en 1527 par sa femme Françoise de Longwy (fille d'une sœur bâtarde de François Iᵉʳ). A l'emplacement de l'ancien donjon, l'amiral, qui était alors gouverneur de Bourgogne avant de s'intéresser plus tard à la Bretagne en construisant Apremont (voir nº 89), fit élever vers 1530 un corps de logis muni de deux pavillons flanqués de tourelles. On y trouvait un escalier droit construit en marbre, dont les murs, revêtus de stuc, étaient creusés de niches pour recevoir des bustes de rois de France. Rarement la grande manière des palais italiens avait été transposée aussi magnifiquement dans une demeure française. Le château était environné d'un parc qui fut clos de murs en 1535. Il comportait des fabriques à l'italienne, notamment la première grotte que l'on ait probablement vue en France. Une avenue bordée de statues menait à un pavillon orné de fresques représentant les quatre Saisons et surmonté d'une figure de Vénus. On voyait encore une figure de Bacchus, une ménagerie, une volière, un mail, et François Iᵉʳ vint deux fois admirer les merveilles de son favori, avant la fameuse disgrâce de 1538.

La chapelle, isolée dans le parc, est un édifice de brique et de pierre construit à la fin du XVᵉ siècle par Jean de Longwy. Sous l'influence d'un prélat lettré et amateur d'art, Claude de Longwy, cardinal de Givry et évêque de Langres, qui était l'oncle de sa femme, Chabot fit plaquer sur l'édifice les éléments d'un portail d'architecture classique (1531-1533). Les pilastres et les colonnettes constellés de rinceaux et de figurines, ainsi que le groupe d'angelots de la frise, sont évidemment d'inspiration italienne, mais pourraient être l'œuvre d'artistes employés sur les chantiers royaux. Deux autres groupes d'angelots tenaient les écus de François Iᵉʳ et de la reine Eléonore. Le second est au Louvre, comme aussi une statue de saint Paul provenant de la façade. Œuvre du Florentin J.B. Mario, dit Mariotto (entre 1535-1541), la clôture du chœur en marbre blanc et noir est au musée de Philadelphie, ainsi que le retable (anversois?) et la Vierge de la façade. Il reste sur place les gisants des tombeaux de famille du XVᵉ siècle, le décor lié à l'architecture et les reliefs du revers du portail.

p. 284 : PAGNY. La chapelle.

103.
Chailly

à Chailly-sur-Armançon

CÔTE-D'OR / PROPRIÉTÉ PRIVÉE

Le château de Chailly, de plan rectangulaire, avait été détruit durant les guerres du XVe siècle. C'est probablement Hugues de Loges, grand bailli d'Autun, qui fit reconstruire sur le côté oriental du château ruiné une nouvelle résidence. Elle illustre ce goût prononcé pour les corps de logis uniques et rectilignes que l'on observe au XVIe siècle, du Nivernais à la Champagne. Deux tours rondes marquent les angles du côté de l'est, c'est-à-dire qu'elles succèdent aux flanquements extérieurs de l'ancien château. Du côté ouest, vers la cour, le logis est seulement agrémenté à quelques mètres de ses extrémités par des tourelles d'escaliers hexagonales non engagées dans le bâtiment. Les percements des travées sont encore irréguliers. Des pilastres cantonnent les baies, laissant vides de vastes trumeaux de mur nu agrémentés de quelques médaillons. Les croisées sont cernées d'une voussure dont les angles sont arrondis. La travée de la porte intercale une niche cintrée entre la porte et la croisée, destinée peut-être à l'effigie du seigneur. Au sommet du mur court une frise continue faite de petits reliefs de figures et d'animaux symboliques dont l'esprit reste encore étrangement médiéval. Les lucarnes, au contraire, petites et coiffées de frontons droits, sont d'un type beaucoup plus évolué, mais il n'est pas impossible qu'elles aient été refaites à une époque plus proche du XVIIe siècle. Construit peut-être entre 1528 et 1534, date de la mort d'Hugues de Loges, Chailly participe encore à l'esprit de Gaillon, de Chenonceau et de Nantouillet.

CHAILLY. Détail d'une travée.

CHAILLY. Façade sur la cour.

104.
Fleurigny

à Thorigny-sur-Oreuse

YONNE / PROPRIÉTÉ PRIVÉE / ✱

C'est la famille Le Clerc qui releva l'ancien château de Fleurigny de ses ruines. François Le Clerc, baron de La Forêt-le-Roi, chambellan de Louis XII et bailli de Sens, en prit possession en 1514 et commença la reconstruction du quadrilatère dont il ne reste aujourd'hui que deux séries de bâtiments en équerre. Les façades extérieures comprennent un châtelet d'entrée à deux tours rondes défendant le pont-levis. Sur un soubassement de pierre grise, elles sont élevées d'un étage de brique à décor de chevrons. Les croisées axiales du châtelet ont reçu un encadrement raffiné, voussures feuillagées, pilastres. Les lucarnes sont sommées de hauts couronnements de dessins variés, coquilles ou tympans creusés qui rappellent l'art de la Loire. Les candélabres qui décorent les meneaux de l'une d'elles ainsi que le décor de son allège centré sur un médaillon sont remarquables.

ci-contre : FLEURIGNY. La chapelle.

ci-dessous : FLEURIGNY. Voûte de la chapelle.

p. 287 en haut : FLEURIGNY. Vue générale ; *en bas* : le châtelet d'entrée.

Dans la cour, ouverte maintenant sur deux côtés, la brique triomphe encore, reprise sur l'aile ouest à arcades qui a été rebâtie en style Tudor à l'époque romantique. L'autre aile s'achève par une construction due peut-être encore à François Le Clerc, mort après 1555, ce qui expliquerait la présence du F et de la devise « A tout Françoys » La chapelle porte la date de 1532 (ou 1539 ?). Sur sa façade de brique se détache une ordonnance de larges pilastres de pierre qui marquent les arêtes et cernent la grande fenêtre haute. Son portail est un morceau étonnant par la surimposition de colonnettes filiformes au fût décoré au centre des pilastres et à l'angle rentrant du chambranle. A l'intérieur, la voûte en berceau de la chapelle basse (n'est-elle pas postérieure à la façade ?) est divisée en caissons et chargée de minces ornements qui pendent comme des stalactites (dont les roses héraldiques des Le Clerc). Le vitrail représente la *Sibylle tiburtine*, il a été attribué au grand artiste sénonais Jean Cousin le Jeune, qui vint effectivement à Fleurigny en 1563. Même art d'orfèvre, dans la salle des gardes, à l'extraordinaire linteau de la cheminée (chasse au cerf) et à la chambre du premier étage (lambris sculptés de scènes de la *Toison d'or*).

105.
Rumilly

à Rumilly-lès-Vaudes

RUMILLY. Cheminée.

C'est encore le goût du décor sculpté, si particulier à la Bourgogne et à la Champagne méridionale, qui fait l'intérêt du manoir de Rumilly, édifié vers 1530-1532 pour un boucher troyen enrichi, du nom de Pierre Pyon. Seigneur engagiste de Rumilly, il mourra chevalier du Saint-Sépulcre en 1539. Le fief appartenait à la puissante abbaye de Molesmes qui acheta ensuite le manoir pour servir de résidence à ses abbés lorsqu'ils auraient affaire à Troyes. C'est un modeste corps de logis flanqué de quatre tours rondes à ses angles, et agrémenté au centre de son grand côté est par une tour hexagonale plus haute contenant l'escalier en vis. Le schéma est banal. Ce qui l'est moins, ce sont les galeries de bois qui courent le long des grandes façades, portées par des colonnes de pierre torsadées et abritées par la pente en auvent du grand toit. Un aspect très rural s'en dégage, malgré les colonnes dont les bases à départ buticulé sont encore toutes gothiques. Le manoir renferme quatre cheminées sculptées d'une qualité admirable, et bien surprenantes dans une maison aussi simple. Les lourds manteaux chargés de frises de rinceaux et de candélabres sont timbrés d'une série de médaillons dus certainement à un grand artiste. La chapelle est couverte d'une voûte en étoile.

p. 289: RUMILLY. Cheminée.

RUMILLY. Façade vers l'entrée.

RUMILLY. Façade postérieure. Lithographie de Ch. Fichot en 1858.

106.

Besançon

Palais Granvelle

**DOUBS / A LA COMMUNE /
MUSÉE HISTORIQUE DE LA VILLE / ✱**

Planté en pleine ville, le palais Granvelle est disposé à la mode italienne comme un *palazzo* de grande dimension alignant une longue façade ordonnancée sur la voie publique, et disposant ses corps de logis autour d'un *cortile* carré agrémenté au rez-de-chaussée d'un portique continu. Les demeures princières ne se disposaient pas ainsi dans la France du XVIe siècle, et c'est bien parce que la Franche-Comté est espagnole et le constructeur puissamment lié au monde méditerranéen que le palais Granvelle se présente avec ces dispositions exceptionnelles. Nicolas Perrenot de Granvelle, natif d'Ornans, est le puissant conseiller et garde des Sceaux de l'empereur Charles Quint, l'efficace négociateur du traité de Madrid. Il est chargé des affaires étrangères et ses liens sont étroits avec les Pays-Bas et avec la comté de Bourgogne sa patrie, l'héritage de Charles le Téméraire recueilli par les Habsbourg.

Comme il a fait bâtir un palais à Bruxelles, il en fait bâtir un à Besançon. Le nom de l'architecte est inconnu. Peut-être italien, comme on l'a dit ? Au moins l'entrepreneur est sans doute bisontin, Perrin Maire dit de Nancray, père de ce Richard Maire qui construira en 1549 la chapelle Granvelle à l'église des Carmes. La

PALAIS GRANVELLE. Plan gravé par Maurage d'après E. Bérard, architecte.

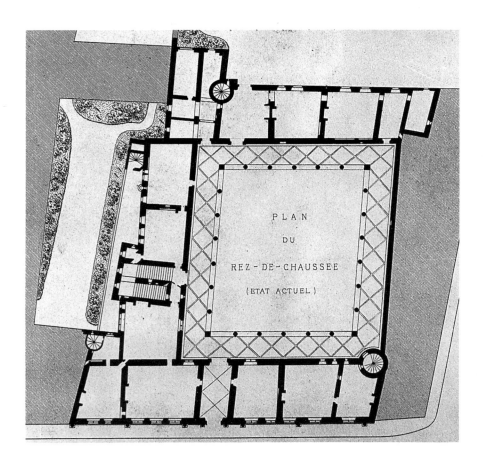

p. 291: PALAIS GRANVELLE. Façade sur la rue.

date de 1534, inscrite sur une fenêtre du rez-de-chaussée sur rue, indique sans doute le début des travaux, qui s'achevèrent probablement en 1540 pour le gros œuvre, avec des compléments en 1542-1545. Sur la rue, la façade est scandée en larges divisions par des colonnes saillantes d'ordres superposés : dorique, ionique, corinthien. Les ouvertures des trois niveaux sont regroupées dans ces espaces, par deux ou trois travées. La porte s'ouvre comme un arc de triomphe, un arc cintré entre deux colonnes corinthiennes à peine engagées, supportant un entablement. Deux cartouches portent la devise de Granvelle : «Sic Visum Superis». L'aspect classique et rigide de la composition cède à la fantaisie au niveau des lucarnes, composées de colonnes godronnées comme des candélabres et de frontons fleuris à pinacles.

L'austérité est plus sensible encore aux façades de la cour. Les gros piliers doriques à puissants tailloirs supportent des arcs en anse de panier très aplatis, concession aux traditions gothiques, et leurs moulurations externes se croisent bizarrement ; mais à l'étage, des pilastres plats divisent très catégoriquement les travées au centre desquelles s'ouvrent les grandes fenêtres à meneaux, coiffées de petits frontons portés par des consoles. Paradoxalement, ces ouvertures sont percées au droit des colonnes du niveau bas, et non pas des arcades. Les lucarnes sont absentes de la cour. Sur un côté, est disposé un escalier droit à l'italienne, le premier en Franche-Comté sans doute. Les appartements étaient somptueusement décorés et meublés. Au centre de la cour, s'érigeait une fontaine ornée d'une sirène. Son couronnement était fait d'un buste antique de Jupiter provenant des jardins Médicis à Rome, et dont Marguerite de Parme, gouvernante des Pays-Bas, avait fait cadeau à Granvelle en 1541.

PALAIS GRANVELLE. La cour.

107.

Fléville

à Fléville-devant-Nancy

MEURTHE-ET-MOSELLE / PROPRIÉTÉ PRIVÉE / ✱

Au cœur de la Lorraine, Fléville, ancienne propriété des ducs, est reconstruit en 1533-1537 sur les ordres de Nicolas de Lutzelbourg (1485-1547) et de sa femme Marguerite de Lucy par un maître d'œuvre originaire de Saint-Mihiel, Michel de La Chausse. Le château affecte la forme d'un quadrilatère cantonné de trois tours rondes et de l'ancien donjon du XIVe siècle, de plan carré. Du côté de l'entrée, la cour était autrefois fermée par une galerie basse adossée à un mur de clôture, qui fut rasée au XVIIIe siècle. La précocité du style étonne, et pourtant la date de 1533 est gravée sur le couronnement d'une lucarne. L'adaptation particulière des artistes lorrains aux créations nouvelles de l'art italien est ici évidente. Hormis certains détails de modénature, l'œuvre, si elle était située en France, pourrait être datée du début du règne de Henri II.

FLÉVILLE. Gravure d'Israël Silvestre en 1652.

p. 295: FLÉVILLE. Façade sur la cour.

Une stricte composition en fer à cheval préside à la disposition de la cour, les deux ailes sont déjà semblables. Le double corps de moulures qui souligne l'appui des croisées sur les ailes se transforme en un balcon-terrasse continu sur le corps de logis, défendu par une balustrade de pierre. Des frontons disposés au-dessus des croisées s'inscrivent d'une façon originale — et assez gauche — entre le linteau et l'entablement continu qui supporte la corniche. La travée de baies jumelles éclaire l'escalier et correspond à un pavillon qui fait saillie sur la façade postérieure et donne accès au jardin par un perron ; il abrite la chapelle à l'étage.

Pourtant il faut admirer surtout le dessin des hautes lucarnes. Leur ouverture est presque carrée. Leur mouluration sobre et géométrique semble vouloir abolir l'individualité des pilastres, qui sont creusés de larges tables rentrantes. Un motif en décrochement surmonte l'entablement, au-dessus duquel se développe une seconde lucarne à ouverture cintrée, sauf au-dessus de l'escalier où s'érige un véritable *tempietto* à pans. La comparaison avec les lucarnes d'Écouen s'impose. A Fléville, elles portent les noms des alliances de la maison de Lutzelbourg, comme si on les avait choisies pour illustrer l'armorial de la lignée.

FLÉVILLE. Deux lucarnes.

108.

Lasson

CALVADOS / PROPRIÉTÉ PRIVÉE

Dans la région de Caen se développe un style particulier : décor chargé, frises sculptées, balustrades, rinceaux parsemant les pilastres et les frontons, lignes horizontales particulièrement insistantes, piliers posés en diagonale, d'un esprit encore flamboyant. C'est l'esthétique mise à la mode par Hector Sohier, architecte de l'église Saint-Pierre de Caen, qui est l'archétype du genre (1520-1530). Le château de Lasson s'édifie évidemment sous son influence, soit qu'il en ait personnellement donné les plans, soit que les ateliers de Saint-Pierre aient œuvré à Lasson, soit que ses constructeurs se soient seulement inspirés de l'église. Ce sont des bourgeois de Caen, les Thésart, qui reconstruisent le manoir, situé à une dizaine de kilomètres de la ville.

Lasson, une maison sans défenses, est faite pour le seul agrément. Elle aligne deux corps de logis sur un même axe, mais avec un sensible décrochement que le maître d'œuvre a souligné d'une façon surprenante en l'épaulant d'une culée de contrefort qui s'achève par un haut pinacle contrebutant un faux arc-boutant traité en décor. Jamais peut-être emprunt aussi affirmé à l'architecture religieuse n'avait paru dans une construction civile. Lasson étonne

LASSON. Vue générale sur la cour.

LASSON. Fronton surmontant la porte.

davantage encore par l'absence de parti structuré, le logis de gauche comportant un seul niveau surélevé, celui de droite un rez-de-chaussée bas, un grand étage et un comble percé de deux lucarnes (qui ont sans doute perdu leurs superstructures). Même fantaisie dans l'organisation des travées, espacées irrégulièrement ; ainsi les pilastres qui continuent les jambages du petit portail n'encadrent aucune fenêtre. L'ornement règne en maître sur toute la façade, particulièrement dans la zone supérieure avec un développement inattendu des frises, des corniches, des balustrades. Les murs eux-mêmes ont été ciselés à certains endroits comme si l'édifice entier devait être tapissé d'un décor en méplat. Certains traits reviennent avec insistance, ainsi les baguettes horizontales sur le fût des pilastres, comme à Saint-Pierre de Caen, le goût des animaux chimériques, ainsi que les roses, meuble héraldique du blason des Thésart.

109.

Chanteloup

MANCHE / PROPRIÉTÉ PRIVÉE

La même exubérance décorative manifestée à Lasson sous l'influence de Saint-Pierre de Caen marque le nouveau logis ajouté vers 1533 à l'ancien château médiéval de Chanteloup. C'est à un membre de la famille d'Estouteville que l'on doit sa construction, Antoine (qui posséda Chanteloup de 1517 à 1556), et à son épouse Isabeau de Carbonnel, dont les initiales apparaissent sur la façade. Comme à Lasson, l'équilibre des volumes et l'organisation régulière des percements importent peu (bien qu'il faille faire abstraction de fenêtres percées ou agrandies par les générations plus récentes). Le petit manoir construit selon des normes purement fonctionnelles a été en quelque sorte revêtu d'un vêtement d'apparat.

L'espace dévolu au décor sculpté qu'on a déployé comme un véritable tapis est plus vaste encore qu'à Lasson. La zone de l'étage du logis, où se répandent à une échelle inusitée de grands losanges (comme au chœur de Caen) accostés de fleurons, se poursuit curieusement sur le petit logis annexe par une sorte d'attique aveugle voué au seul décor, ce qui n'est pas sans rappeler les hautes superstructures du Poitou (comme à Usson). D'autre motifs venus de Caen sont encore bien reconnaissables, comme ces barrettes horizontales interrompant le fût des pilastres. Même rappel de l'architecture religieuse qu'à Lasson avec ces deux portails à larges tympans semi-circulaires à droite, ou cette porte à tabernacle à gauche. La redondance ornementale qui permet de vaincre la dureté du granit régional semble nous offrir une transposition normande de l'art de la péninsule ibérique, le manuelin ou le plateresque.

CHANTELOUP.
Façade du logis.

p. 298 : CHANTELOUP.
Vue générale sur la cour.

FONTAINE HENRY. Bas-relief de Judith.

p. 301: FONTAINE HENRY. Le gros pavillon.

110.
Fontaine Henry

CALVADOS / PROPRIÉTÉ PRIVÉE / ✻

L'étrange accumulation de corps de logis et de façades terminée par l'ahurissant pavillon de gauche coiffé de son toit gigantesque ne se prête pas aisément à l'analyse et a dérouté longtemps les historiens. Bertrand Jestaz a tenté récemment de reconstituer les étapes, en comparant les devis et les plans des XVIII\e et XIX\e siècles et en scrutant les maçonneries. Nous reprenons les conclusions de sa pertinente démonstration. On trouve ici un château d'époque médiévale dont il reste, isolée à quelque distance, la chapelle peut-être romane, voûtée ensuite au XIII\e siècle, et sous les bâtiments qui forment l'extrémité droite du château actuel, vers le nord, une grande salle basse aux superbes voûtes d'ogives, qui peut dater du premier tiers du XIII\e siècle. A l'extrémité gauche, planté dans la déclivité qui s'amorce vers le vallon, on imagine une importante masse fortifiée, soit un donjon, soit plus vraisemblablement un châtelet d'entrée tourné vers le nord, encadré de deux hautes tours polygonales qui existent encore, défendant l'entrée d'un pont-levis.

De cette disposition simple, châtelet et corps de logis réunis sans doute par une courtine du côté du vallon, les propriétaires du XIV\e au XVI\e siècle vont faire l'ensemble le plus complexe que l'on puisse imaginer. Fin XIV\e siècle, on reconstruit l'extrémité nord de l'ancien logis pour en faire l'habitation du fermier : la tourelle d'escalier et la dernière travée de droite. Un siècle plus tard, c'est la reconstruction du logis du seigneur qui est engagée. La disposition régulière et symétrique des trois travées centrées sur une lucarne interrompant une balustrade ajourée, le décor raffiné des baies en accolade et la présence de la tour carrée voisine à gauche situent ces travaux dans l'essor final du flamboyant. Les rapports avec Saint-Ouen de Chemazé permettent de situer cette construction autour de 1500. Dès lors, elle doit être attribuée à Jean d'Harcourt, lieutenant au bailliage de Caen, qui hérite Fontaine-Henry de son père en 1497.

C'est le même homme qui va poursuivre la construction et la rendre finalement indéchiffrable. Son intention est en effet d'intégrer le châtelet d'entrée dans le château. Il faut donc lancer un corps de bâtiment pour l'atteindre, et, comme il se présente sur un alignement très avancé par rapport au château, l'atteindre par des redans successifs. Le premier redan du bâtiment de raccord est obtenu en le soudant à la face avancée de la tourelle du logis précédent, et en le soudant si étroitement que les maçonneries de l'angle de la tourelle sont reprises pour laisser filer les frises et les panneaux d'arabesques qui forment le caractère nouveau de ce logis. Nous sommes dans les premières années du règne de François Ier probablement, la grammaire décorative italienne est maintenant omniprésente. Elle tapisse durant la même campagne, en un second redan, la façade ajoutée au châtelet pour former le gros pavillon, c'est-à-dire sa façade nord (moins sa lucarne), avec la tourelle d'angle polygonale décorée de médaillons et coiffée en poivrière et le mur plein en retour qui donne la mesure du volume ajouté à l'ancien châtelet. En même temps, les travaux ont été entamés sur le châtelet lui-même, à sa tour nord-est tournée vers le vallon (lucarne aux dau-

FONTAINE HENRY. Vue générale.

phins) puis à l'intérieur, avec un bel escalier en vis, enfin à la tour nord-ouest dont les baies sont décorées de motifs géométriques. Nous sommes alors en 1537, si l'on en croit la date gravée sur la lucarne.

Une nouvelle fois, le style change. Le foyer d'art de Caen est maintenant bien vivant, imbu d'un décor classique et de conceptions ambitieuses. L'architecte de la dernière campagne entreprise pour Jean d'Harcourt est connu, c'est Blaise Le Prêtre, auteur de l'hôtel d'Escoville à Caen où l'on retrouve maints détails semblables. Sa présence à Fontaine-Henry est attestée en 1544. Il construit dans le château un grand escalier droit, il garnit la dernière façade du gros pavillon, la façade ouest, d'une habile colonnade à trois étages qui vient l'habiller en quelque sorte et dissimuler l'extrême disparité de ses percements. C'est l'un des premiers exemples d'un grand portique à l'antique, juxtaposant les trois ordres, dorique, ionique et corinthien. Le Prêtre a probablement imaginé aussi l'immense comble qui vient en quelque sorte équilibrer les toitures pointues des tours du châtelet ; la lucarne ajoutée sur sa face nord et le décor des souches de cheminée sont bien marqués de son style.

On peut croire que l'architecte ne voulait pas s'en tenir là, que le bâtiment de raccord aurait dû, lui aussi, être coiffé d'un grand comble et que la suite des logis aurait peut-être été rebâtie dans le style nouveau. A Le Prêtre on doit encore le puits à colonnes qui se dresse dans la cour, ainsi que l'étrange modification intérieure de la chapelle. Dans le désir ambitieux de la transformer en deux chapelles superposées, selon le type royal qu'on a vu reproduit ci-dessus à Biron, l'architecte a créé dans l'ancien vaisseau roman un niveau supérieur en dalles de pierre supporté par des colonnes à chapiteaux composites recevant des arcs diaphragmes qui s'entrecroisent. L'effet est surprenant, l'exécution très raffinée.

Fontaine-Henry est sans doute l'expression la plus déclamatoire de la Renaissance normande et pourtant, laissé inachevé, il apparaît paradoxalement comme un bourgeonnement de volumes hétéroclites, une architecture d'additions et non d'intégrations, comme certains châteaux anglais du XIXe siècle.

111.

Le Rocher

à Mézangers

MAYENNE / PROPRIÉTÉ PRIVÉE / ✳

Planté sur une plate-forme rocheuse émergeant de l'étang de la Salle, le château fut réédifié en grande partie à la fin du XVe siècle pour Jean de Bouillé, qui avait épousé l'héritière de la terre du Rocher et y joignit bientôt la seigneurie de Mézangers, la paroisse voisine. Son fils François qui lui succède vers 1512 fut grand fauconnier de François Ier qu'il accompagna en Italie. Il avait épousé en 1510 Marguerite de La Jaille. Sa mort se situe avant 1541. C'est à lui que l'on doit les transformations du château du côté de la cour. Deux étapes peuvent être discernées d'après le style.

Bâtie à la fin du XVe siècle, la partie de la façade sud comprise entre les deux tours rondes jumelles et la tour d'angle polygonale qui renferme l'escalier présente encore à la porte du rez-de-chaussée un décor flamboyant, tandis que les encadrements des baies de l'étage et surtout les deux lucarnes pourraient dater des premières années du règne de François Ier (frontons semi-circulaires des lucarnes garnis de portraits en buste). L'aile de la galerie est plus tardive, elle témoigne évidemment d'un grand parti architectural destiné à magnifier l'aspect du château sur la cour. C'est une œuvre qu'il faut situer vers 1535, dans le cercle d'influence de la Renaissance caennaise, à cause des rapports évidents qu'elle présente avec l'hôtel d'Escoville et avec l'église Saint-Pierre, mais aussi avec le château de Fontaine-Henry. François de Bouillé fait démolir la façade sur cour de l'aile ouest du château, et la fait reconstruire quelques mètres en avant, en mordant davantage sur la tour d'angle. Ainsi sont aménagées deux galeries superposées qui assurent la jonction entre la tour d'escalier et la chapelle qui vient d'être bâtie et dont le comble immense à pans coupés — comme ceux de Fontaine-Henry ou d'O — termine la composition vers le sud.

Le rez-de-chaussée de l'aile est occupé par une galerie de cinq arcades ouvertes, en anse de panier très aplatie. Cette disposition horizontale de base est croisée par deux affirmations verticales de caractère exceptionnel et qui semblent inspirées par l'architecture religieuse, comme on en voit d'autres exemples dans la région nor-

LE ROCHER. Vue générale.

LE ROCHER. Détail de la façade du logis.

mando-mancelle de cette époque. Deux frontispices jumeaux se dressent en effet, dépassant vigoureusement le départ du comble. Portés sur les pilastres corinthiens de la galerie, ces frontispices sont constitués d'une immense arcade en plein cintre cantonnée de pilastres colossaux et renfermant au premier étage une baie presque carrée d'une largeur inusitée et au deuxième étage une baie étroite entre deux « médailles » qui s'inscrivent dans le cintre. Au-dessus du grand entablement qui surmonte le motif, se dresse une lucarne triomphale amortie d'arcs-boutants et cantonnée de pinacles. Cette lucarne est si proche de celle du gros pavillon de Fontaine-Henry qu'on serait tenté d'attribuer Le Rocher à Blaise Le Prêtre lui-même. On sera sensible aussi au rythme des pinacles qui scandent régulièrement les lignes verticales de toute la composition, tant à la chapelle qu'à l'aile neuve, rythme plus remarquable encore lorsque les petites lucarnes latérales n'existaient pas, car on peut y voir une addition fâcheuse. Entre les frontispices, le grand étage est garni de hautes demi-croisées encadrées de petites niches rondes. Un généreux décor de rinceaux et de figures garnit les allèges ou court au-dessus des fenêtres, taillé dans le dur granit régional. C'est bien la création, exceptionnellement équilibrée et originale, d'un grand architecte se mouvant dans un milieu artistique indépendant.

112.
Bricquebec

MANCHE / PROPRIÉTÉ PRIVÉE

Au nord du Cotentin, Bricquebec remonte aux origines de la Normandie du Xe siècle. Après la guerre de Cent ans, le château appartint à la famille d'Estouteville qui jugea sans doute austère le grand donjon polygonal du XIIIe siècle et les bâtiments qui l'accostent. Plutôt que de rebâtir ou de modifier la vieille forteresse, les d'Estouteville firent entreprendre sous François Ier la construction d'une résidence indépendante dans les jardins. Leur héritière, qui avait épousé en 1534 François de Bourbon, comte de Saint-Paul — par qui le duché d'Estouteville vint aux mains de princes capétiens — fit achever ce grand bâtiment nommé « Les Galleries ».

C'est l'un des premiers exemples d'un château neuf juxtaposé et non surimposé à une construction de l'âge féodal, un immense corps de logis long de dix-huit travées, bâti dans le granit gris du pays. Du côté du parc, à l'est, il ne présente qu'un seul niveau et son centre est occupé par un large fronton (plus tardif?). Les travées de fenêtres sont régulièrement séparées dans la partie droite par des pilastres. La partie gauche est scandée au contraire par de fines colonnes entre lesquelles étaient autrefois bandées des arcades qui furent anciennement bouchées. Tous les chapiteaux développent une féconde variation sur le thème des volutes de l'ordre ionique. Du côté de la cour, la dénivellation détermine sous l'étage un rez-de-chaussée en soubassement dont les ouvertures sont soulignées de discrets frontons triangulaires. Au centre, un pavillon, couvert d'un petit comble à l'impériale posé sur quatre colonnes, s'avance comme une loggia, d'où l'on peut descendre au niveau bas par deux perrons opposés en hémicycle. C'est le type de Nantouillet, de Chantilly et de Villesavin conjugué avec le pavillon de Moulins.

BRICQUEBEC. *En bas* : « Les Galleries ». Façade vers la cour.

BRICQUEBEC. « Les Galleries ». Détail de la façade vers le parc.

p. 309: VALMONT. Vue générale.

113.

Valmont

SEINE-MARITIME / PROPRIÉTÉ PRIVÉE / ✳

Comme Bricquebec, Valmont est un château de la famille d'Estoute-ville, il fut même la capitale du duché de ce nom, lorsque François Ier l'érigea en 1534 en faveur de son cousin François de Bourbon, comte de Saint-Paul qui, l'année même, venait d'épouser l'héritière, Adrienne d'Estouteville. Situé près de Fécamp, le château était déjà une masse importante, donjon du XIe siècle, bâtiments du XVe. Le nouveau duc fit ajouter un château neuf qui fut bâti de 1537 à 1550. Le corps principal bordait autrefois une cour fermée, mais les travaux menés en 1825 ont fait disparaître les ailes voisines et modifié assez profondément le haut logis conservé, et en particulier tous ses percements : les arcades du rez-de-chaussée comblées et un étage ajouté au niveau des anciens appuis de croisées du premier étage. Ainsi défiguré, Valmont ne présente plus que le rythme de ses pilastres superposés, aux fûts creusés de motifs géométriques, et ses grandes lucarnes aux appuis chargés de rinceaux ; l'une d'elle porte la date de 1550, et pourtant leurs couronnements sont encore assujettis au type en usage dans les premières années de François Ier. Le château passa par héritage à la famille d'Orléans-Longueville.

VALMONT. Lithographie d'Espérance Langlois en 1825.

114.

Bévilliers

à Gonfreville-l'Orcher

SEINE-MARITIME / PROPRIÉTÉ PRIVÉE

Bévilliers est un simple manoir, mais il surprend par ses dispositions monumentales et son grand style. Construit pour Louis de Vienne, procureur des habitants d'Harfleur et élu de Montivilliers, il porte deux dates, 1528 sur une clef de voûte de la cave et 1536 sur un pavé de la chapelle. Cette dernière correspond bien au style du décor sculpté : motifs géométriques (disques ou losanges) des fûts des pilastres, grandes lucarnes de pierre où le fronton droit s'impose maintenant. Les murs sont faits de briques avec un décor losangé de briques plus foncées. Presque au centre, deux travées jumelles sont unies sous un couronnement unique d'un tracé rigoureux, un carré cantonné de trois triangles. Enfin les portes du logis, elles aussi géminées, s'ouvraient probablement sous une loggia voûtée dont il reste les arrachements ; la terrasse supérieure se réunissait aux allèges des baies voisines, mais on ne voit pas comment on pouvait y accéder. Le manoir conserve des cheminées anciennes de brique et de pierre ornées de pilastres et de colonnettes. Celle de la grand salle comporte des candélabres aux angles du manteau.

BÉVILLIERS. Travées centrales du logis.

115.
Manoir d'Ango

à Varengeville-sur-Mer

SEINE-MARITIME / **PROPRIÉTÉ PRIVÉE** / ✳

Armateur dieppois de renommée internationale, rival des marins portugais et espagnols, Jean Ango fait bâtir sa maison des champs en 1532-1534. François Ier y fut reçu l'année suivante lorsqu'il vint passer en revue les troupes réunies sur la côte normande en prévision des hostilités avec l'Angleterre. Les travaux s'achevèrent en 1541, date inscrite sur une fenêtre de l'aile du midi. Le manoir aux très vastes dégagements s'organise à la fois pour l'habitation, les réceptions, et l'activité d'une grande exploitation agricole. Il en tire un caractère particulier qu'il ne partage avec aucun autre. Le décor polychrome auquel l'architecture normande est si attachée y atteint à une sorte de paroxysme que l'ampleur des espaces libres équilibre agréablement.

Le passage d'entrée traverse l'aile de gauche et mène directement au pied du corps de logis. Les niveaux bas de celui-ci sont traités de la façon la plus diversifiée, grandes fenêtres, petites portes, haute loggia de quatre arcades, mais le grand étage aligne sur toute la longueur une disposition uniforme, un corps d'appui décoré de disques et de losanges, des croisées cantonnées de pilas-

MANOIR D'ANGO. Le corps de logis.

tres et de vastes trumeaux dont le seul décor vient de l'entrecroisement coloré du grès et du silex. Au logis comme aux ailes, les colonnes trapues qui portent les arcs en plein cintre ont une vigueur qui rappelle l'art roman. Plus loin dans la cour de la ferme, au centre des bâtiments d'exploitation, se dresse le célèbre colombier coiffé d'un dôme à l'impériale. Sur ses murs, des effets analogues à ceux des tissus orientaux sont obtenus par le jeu sans cesse renouvelé de la brique.

MANOIR D'ANGO. Vue générale.

MANOIR D'ANGO. Le colombier.

IV. VERS UNE ARCHITECTURE NATIONALE
—————— 1540 à 1547 ——————

Les dernières années du règne n'ont pas amené un tarissement des forces créatrices, bien au contraire. La reconstruction des châteaux royaux d'Ile-de-France se poursuit. Coup sur coup, trois édifices se dressent dans la couronne parisienne, qui témoignent une nouvelle fois d'un profond désir d'innover. Saint-Germain-en-Laye tout d'abord. C'est encore un château médiéval, un château de saint Louis, disposé comme Fontainebleau autour d'une cour en polygone allongé. François Ier décide en 1539 de le moderniser. Pierre Chambiges et Guillaume Guillain transforment alors d'étrange manière la vieille bâtisse féodale. Comme à Madrid, on mise sur la hauteur : deux étages supplémentaires sont dressés sur les anciennes courtines. Comme à Fontainebleau à la Cour du Cheval blanc, on mise sur la polychromie : un plaisant décor d'architecture dessiné en brique rouge se détache sur le mur clair. Comme au donjon de Chambord enfin, on opte pour une terrasse en guise de couverture, et non pour un haut comble (c'est assez dire que la silhouette de Madrid n'a pas emporté les suffrages). La terrasse sera faite de dalles de pierre qui vont conditionner toute l'armature et, partant, tout le parti structurel des façades. Les dalles pesantes réclament en effet une voûte pour les supporter, donc des contreforts saillants pour épauler ces dernières. Chambiges réunit les contreforts à deux niveaux par des arcs de maçonnerie, et voici soudain déterminées des façades d'arcatures au fond desquelles s'inscrivent à l'étage principal les nouvelles croisées de grandes dimensions, cintrées et coiffées de frontons. Anthony Blunt a noté que leur dessin rappelle une disposition courante dans l'architecture vénitienne, dont Serlio a pu être l'importateur.

La même technique des terrasses est utilisée pour les deux réalisations contemporaines, Challeau (1540) et La Muette de Saint-Germain (1542), disparues toutes deux depuis longtemps. L'esprit de Madrid anime encore ces hôtelleries pour chasseurs faites de petits appartements et d'astucieux corridors. Mais un goût nouveau pour l'architecture mouvementée s'y fait jour. La multiplication des redans déterminés par les pavillons crée de petites cours ouvertes, des effets d'ombre et de lumière, des points de vue insoupçonnés et changeants, et au bout du compte l'éclatement des valeurs de masse. Architecture de mouvement et d'illusion, elle fait écho aux recherches italiennes qui battent volontairement en brèche les valeurs stables de la Haute Renaissance, celles de Michel-Ange à la bibliothèque Laurentienne de Florence par exemple. Mal disposées pour durer, ces grandes fabriques subiront vite les injures du temps, et il faudra se hâter de jeter des combles sur leurs terrasses qui prennent l'eau de toute part.

En vérité, le roi de France n'a pas encore rencontré le grand architecte, théoricien et bâtisseur, capable de créer un véritable style monumental autonome et d'enseigner les milieux français mieux préparés désormais à recevoir son message. Fra Giocondo n'a guère fait œuvre que d'ingénieur (pont Notre-Dame à Paris), Dominique de Cortone s'est surtout illustré dans la capitale, lui aussi, en conseillant la construction du nouvel Hôtel de Ville, Léonard fut surtout un philosophe de l'architecture et il est mort bien vite. Girolamo Della Robbia a introduit les rythmes florentins et le revêtement céramique, l'architecture colorée, flatteuse et périssable. Rosso et Primatice enfin sont d'abord des peintres, même s'ils sont aptes à dessiner des « morceaux » dans la nouvelle esthétique maniériste qui vient de prendre son départ au palais du Té à Mantoue. La France est en retard d'une ou deux générations, elle songe au classicisme au moment même où celui-ci vole en éclats dans la péninsule.

Ces Italiens ont eu en face d'eux un monde de maçons français, Gadier, Le Breton ou Chambiges, parmi les derniers, qui sont encore les hommes des cathédrales. Ces maîtres d'œuvre ne sont pas près de capituler et ne se gênent pas pour arranger à leur manière les dessins des étrangers. Peut-être les plus belles réussites, jusqu'alors, ont-elles été dues finalement au client lui-même, qui a su jouer des nouveautés italiennes et du savoir-faire français pour bâtir à la mesure de ses ambitions et de ses aspirations personnelles.

Or, les années 1540 vont entraîner une modification sensible de ces conditions. L'œuvre des théoriciens antiques ou italiens se répand davantage sur le marché de la librairie internationale. L'actif Jean Martin, érudit secrétaire du cardinal de Lenoncourt, s'emploie à populariser les œuvres anciennes. Sa traduction française de Vitruve paraît en 1547. Mais un homme s'impose surtout par le nombre de ses lecteurs, Sebastiano Serlio. Sa venue en France est une date majeure du siècle : 1541. Le roi l'a invité, ainsi que Vignole, sans doute dans le désir d'élaborer avec eux le grand palais royal dont il rêve, et que réalisera finalement un Français, Pierre Lescot, à partir de 1546.

Serlio est désigné par les lettres patentes du 27 décembre 1541 comme « paintre et architecteur ordinaire au fait desdits édiffices et bastimens audit lieu de Fontainebleau ». Aucun Français n'avait reçu jusqu'ici pareil titre. A proprement parler, l'Italien ne bâtira pas pour le roi, mais son influence déterminante va s'exercer sur toutes les œuvres d'envergure qui seront entreprises par le souverain ou les particuliers. Les études récentes de W.B. Dinsmoor, de M. Rosci, de M. Nan Rosenfeld et de J. Guillaume, après celles de G.C. Argan et de P. Du Colombier et P. d'Espezel, ont amplement démontré cette vérité : le rôle immense joué par cet homme modeste et sensible. Les contemporains l'avaient déjà observé, Jean Goujon ainsi : « Messire Sebastian Serlio a été le commencement de mettre telles doctrines en lumière au royaume » (Epître insérée dans le *Vitruve* de Jean Martin, en 1547) et Philibert de L'Orme l'admirait.

Le serlianisme va régner longtemps sur l'esprit et sur les formes. On pourrait définir son expansion comme une série d'ondes de choc. D'abord les quelques traits qu'il a inspirés dans les palais royaux (à la Cour du Cheval blanc et à la grotte du Jardin des pins à Fontainebleau ; les fenêtres et la balustrade couronnant Saint-Germain-en-Laye) et les constructions particulières qu'il a incontestablement conçues (hôtel du Grand Ferrare, château d'Ancy-le-Franc). Ensuite les œuvres qu'il a influencées par ses bâtiments ou par ses livres, l'architecture bourguignonne de la seconde moitié du siècle par exemple. L'inspiration donnée enfin aux premiers grands créateurs français : de L'Orme, Lescot, Du Cerceau.

Serlio était né à Bologne en 1475, c'est donc encore un homme du Quattrocento, peintre formé par son père, d'abord, puis associé à Rome à la belle carrière de Peruzzi, dont l'œuvre le marquera profondément. Il prend à ses côtés le goût très vif des antiquités, qu'il va s'employer à reproduire par des relevés ; peut-être est-ce cette orientation particulière qui va l'incliner à devenir surtout un théoricien, confrontant ses connaissances et ses réflexions avec la pratique locale qu'il est amené à découvrir dans les régions qu'il traverse, en Italie (Venise notamment) et bientôt en France. Les différents volumes qu'il compose sont les tomes d'un immense traité dont la parution s'échelonnera sur des années. Sa *Règle des cinq ordres* paraît d'abord à Venise, dédiée à Hercule d'Este-Ferrare, gendre de Louis XII, c'est le *Quatrième Livre* (1537) maintes fois réédité et traduit (en français à Anvers, en 1545) dont un exemplaire est adressé à François Ier par l'intermédiaire du cardinal d'Armagnac. Le *Troisième Livre* sur les antiquités sort à Venise en 1540 ; l'auteur y fait allusion à l'invitation du roi de France à qui il l'a dédié, preuve que l'appel a été reçu et que le mécénat royal est une valeur sûre. Une fois installé, il fait paraître à Paris ses *Premier* et *Second Livres* (1545) sur la géométrie et la perspective, puis en 1547 le *Cinquième Livre* sur l'architecture religieuse, tous trois traduits par Jean Martin. Il reste l'architecture civile, ce sera le contenu d'un *Libro extraordinario* (livre hors série) sur les portes (paru à Lyon en 1551), d'un *Sixième Livre* sur les *habitationi di tutti li gradi degli homini* dont on connaît plusieurs manuscrits mais qui ne sera jamais imprimé, d'un *Septième Livre* d'éléments divers qui sera imprimé après sa mort à Francfort en 1575, et d'un *Huitième Livre* sur l'architecture militaire, resté inédit.

La venue en France de Serlio coïncide exactement avec l'accession d'une génération de Français à la connaissance de l'architecture nouvelle. Philibert de L'Orme est un Lyonnais, né vers 1510, fils de maître maçon. Il est en Italie vers 1533 et s'intéresse aux antiquités. Il assimile rapidement tout ce qu'il voit et, bien loin d'en tirer un art d'imitation, il va nourrir de ses réflexions les valeurs traditionnelles du bâtiment qui lui viennent de sa famille. Le pape Paul III songeait à employer ses talents lorsque le jeune homme est remarqué par l'ambassadeur de France, le cardinal Jean Du Bellay.

Revenu dans la suite du brillant prélat, Philibert bâtit pour lui la villa cardinalice de Saint-Maur, manifeste de la jeune école française pourrait-on dire. Ses dispositions très italiennes lui valent un franc succès. C'est une petite maison en quadrilatère (laissée un temps inachevée), formée d'un rez-de-chaussée surélevé au-dessus des services, et couverte de toits plats dissimulés derrière un attique peint de motifs architectoniques. Le décor, modulé avec réserve, est sur la cour d'un bel atticisme ; les faces externes, elles, sont garnies de bossages aux angles, nouveauté remarquée au palais du Té de Mantoue. François Ier fut ébloui par cette création d'un Français pour un cardinal français, tout comme il admira au même moment l'hôtel du Grand Ferrare construit par un Italien, Serlio, pour un cardinal italien, Hippolyte d'Este. Des deux maisons, c'est la première qui est la plus italienne, Serlio ayant plié son génie à construire aussi français que possible. Toutes deux ont en commun l'heureuse recherche de l'harmonie des volumes et une simplification de l'appareil décoratif, ainsi que la commodité des dispositions intérieures.

Durant ces années, les grands seigneurs n'ont pas baissé les armes. Leurs demeures ont maintenant une régularité, un style, qu'elles n'avaient pas dans la décennie précédente. Le matériau est utilisé pour sa valeur propre, la pierre, employée pour la beauté de l'appareil et la mise en application de la modénature vitruvienne. Des plans au tracé rigoureux sont demandés, permettant les effets de perspective et l'équilibre des masses. Plus encore, la partie est désormais subordonnée au tout, recherche la plus éminente de l'art architectural.

Avant les modifications qui l'atteindront peu après, Écouen est l'une des premières demeures à répondre à cet idéal nouveau. Devenu connétable de France, Anne de Montmorency a décidé de faire mieux que l'aimable Chantilly. Écouen s'élève à partir de 1538. Les pavillons s'articulent maintenant harmonieusement aux angles des corps de logis en quadrilatère dont ils se distinguent bien par leur haute masse. L'abus des ordonnances à pilastres a fait souhaiter un simple rythme par dosserets, sans bases ni chapiteaux, déjà visible à Nantouillet, à vingt-cinq kilomètres de là. Pour aérer l'espace intérieur, une aile basse ferme la cour. L'édifice tout entier s'isole sur une plate-forme en fausse-braie cernée de profonds fossés. Son affirmation dans le paysage est magistrale. Les accents verticaux sont harmonieusement calculés et le décor est réservé essentiellement aux grandes souches de cheminées et aux admirables lucarnes de pierre dont la typologie échappe peu à peu à celle de la Loire pour puiser plus régulièrement dans le répertoire des formes antiques. La main de Jean Goujon ou de son atelier y est reconnaissable.

Au même moment, un neveu de Bonnivet, Claude Gouffier, grand écuyer du roi, philosophe chrétien aussi, fait poursuivre le château de son père aux confins de la Touraine et du Poitou, à Oiron. L'escalier à volées droites réunies par un quartier tournant, comme à Chenonceau, est dessiné avec une vigueur véritablement héroïque. L'immense galerie du premier étage, qui rivalise avec celle de François Ier à Fontainebleau, projette le visiteur dans un univers qui n'est pas moins épique, celui de *L'Iliade* et de *L'Énéide,* traité en grandes compositions historiques baignées dans des paysages pleins de lyrisme. C'est l'œuvre d'un peintre français qui ose s'affronter à Rosso, Noël Jallier.

A Champigny-sur-Veude, les Bourbon-Montpensier, alliés à la famille de Longwy dont nous avons dit les goûts humanistes, élèvent un grand château dont il ne reste que les beaux communs de pierre blanche, d'une trame remarquablement mesurée. La chapelle et ses splendides vitraux comptent parmi les plus belles productions de l'art religieux. La structure de la nef est de style flamboyant — très assagi — alors que le narthex extérieur ajouté plus tard emprunte à l'architecture florentine la plus élaborée son beau vaisseau transversal.

Au Grand-Pressigny, un cousin du roi, Honorat de Savoie-Villars, commande l'un des premiers nymphées qu'on ait vus en France. A Joinville, les Guise, déjà fort bien en cour, font bâtir l'aimable château du Grand Jardin, sorte de long casino fait d'un rez-de-chaussée surélevé, adossé à un fossé d'eau vive. La travée rythmique importée par Serlio donne sa trame à la façade, servie par l'étonnante habileté des sculpteurs, sorte de spécialité désormais reconnue du monde champano-bourguignon.

Partout, le classicisme libéré échappe aux copies maladroites ou redondantes des planches des manuels. L'esthétique de Chambord achève de se perdre dans les outrances de Valençay, c'est significatif. Ailleurs, un style vigoureux s'instaure. Les influences italiennes directes s'y mêlent à l'observation conduite sur les monuments antiques de France, le temple de Diane à Nîmes par exemple. Le Rouergue connaît ainsi, grâce au cardinal d'Armagnac, un éclat particulier. L'érudit Guillaume Philandrier, attaché à l'ambassade du cardinal, a été à Venise l'élève de Serlio, puis il a publié une traduction commentée de Vitruve avant de rentrer à Rodez en 1544 où il travaillera à la cathédrale. Son inspiration est sensible au beau château de Bournazel bâti en 1545 et 1550, sans doute par Guillaume Lissorgues. D'autres édifices naissent en Poitou dans le rayonnement du foyer humaniste local dont l'indépendance marqua Rabelais : Coulonges, Le Puy-du-Fou, Dampierre-sur-Boutonne.

Dans le Toulousain, un homme étrange s'impose, sculpteur de formation, Nicolas Bachelier. Il est le créateur d'un art fortement individualisé dont on ignore les véritables sources. Bachelier émerge de l'anonymat en 1533 et bâtit des hôtels à Toulouse et des châteaux dans la campagne environnante : Pibrac peut-être, mais sûrement Saint-Jory, maisons de brique où se multiplient les caractères topiques du style toulousain. Il y incruste d'étonnants morceaux qui se jouent des règles classiques et produisent des effets contrastés, des oppositions brutales : socles massifs, bossages, colonnes, consoles, ornements ondoyants de grande taille et de fort relief. Le maniérisme michelangelesque s'y marie avec les tendances permanentes de l'art espagnol, tout proche.

En Normandie, l'art savant et mesuré du Caennais Blaise Le Prêtre se retrouve à Mesnières-en-Bray où les colonnes sont prodiguées sans lassitude, dans un style fluide et féminin. En Bourgogne enfin, l'œuvre certaine de Serlio, Ancy-le-Franc, devient le pôle d'attraction de tous les regards, comme Écouen. Ancy est bâti à la demande — et avec les soins permanents et exigeants — du grand maître des Eaux et Forêts, Antoine III de Clermont, beau-frère de Diane de Poitiers dont l'étoile commence à monter au firmament. L'alliance réfléchie des harmonies italiennes et de la commodité française fait du château une sorte de chef-d'œuvre auquel toute altération légère porte atteinte (comme le malheureux doublement des percements de croisées sur les faces externes). On a longuement discuté ces dernières années sur les hésitations et les réticences de Serlio au cours de la construction, et une fois l'édifice achevé. Pour l'une de ses très rares réalisations, il était normal que le vieil homme s'inquiétât de laisser derrière lui l'expression la plus parfaite de son génie créateur.

Ainsi, jamais l'esprit n'avait soufflé si puissamment que durant ces quelques années, une dizaine. Tout devient possible. Le roi, qui ne sait pas son heure proche, voit venir le moment où il pourra enfin construire le grand palais royal urbain dont il caresse le projet depuis longtemps et pour lequel il a sans doute consulté Vignole et Serlio, comme l'a pensé André Chastel. Il préfère finalement s'adresser à un Français, un clerc qu'il ne connaît que pour ses qualités d'humaniste. Pierre Lescot n'a en effet dessiné que le jubé de Saint-Germain-l'Auxerrois, morceau de sculpteur réalisé par Jean Goujon. Le style français est donc mûr. Le marché du nouveau Louvre est passé, les murs s'élèvent à peine lorsque le roi s'éteint brusquement à Rambouillet, entre deux parties de chasse. Il a connu la lente germination de cette Renaissance française dont les plus beaux fruits viennent d'apparaître.

Au même moment, la langue atteint sa plénitude avec l'*Institution chrétienne* de Jean Calvin (1541), puis avec le manifeste de la Pléiade, la *Défense et Illustration de la langue françoise*, de Joachim Du Bellay, neveu du cardinal Jean (1549) ; viendront ensuite les *Odes* de Ronsard (1550) et la première tragédie, la *Cléopâtre captive* de Jodelle (1552). Consciente de ses valeurs nationales, la « Francité » se refuse désormais aux imitations et Du Bellay ose écrire :

> « France mère des arts, des armes et des lois
> Tu m'as nourry longtemps du laict de ta mamelle. »

Caissons de la galerie de Dampierre-sur-Boutonne.

116.
Saint-Germain en Laye

première période

Le Château vieux

YVELINES / A L'ÉTAT / MUSÉE DES ANTIQUITÉS NATIONALES / *

Après Fontainebleau et Madrid, dont les chantiers vont le tenir longtemps en haleine, François Ier se fait aménager de nouvelles résidences en région parisienne, toutes liées à l'existence d'une forêt giboyeuse. Il veut pouvoir se déplacer d'un château à l'autre avec la Cour pour exploiter les plaisirs cynégétiques de chacune, sans doute aussi pour ne pas ruiner par un trop long séjour les ressources en vivres ou en fourrage d'une région. Ainsi naît Villers-Cotterêts à partir de 1532, puis en 1538 Folembray, dont il ne reste rien, et qui s'élevait près de Coucy. Les partis les plus variés ont été choisis pour ces châteaux royaux. La reconstruction de Saint-Germain-en-Laye à partir de 1539 ne dément pas cette soif de diversité.

L'agrément de Saint-Germain était certes lié aux chasses en forêt de Laye, mais aussi à la beauté du site surplombant le grand méandre de la Seine et à la proximité de Paris. Les Capétiens y ont depuis longtemps un château, en arrière de la falaise qui surplombe la rivière. Saint Louis y séjourna, ainsi que Charles V dont dataient la plupart des bâtiments lorsque François Ier décida de s'y intéresser, après y avoir mené souvent la Cour de 1519 à 1528. La reconstruction fut décidée en mars 1539, les travaux furent ordonnés dès septembre par Pierre Chambiges, maître des œuvres de maçonnerie de la ville de Paris. Lorsqu'il mourut en 1544, son successeur Guillaume Guillain, aidé de Jean Langlois, termina l'aile ouest et la grande salle, et le dallage de la terrasse était achevé en 1549. Comme à Chantilly, le château médiéval a été généralement conservé, mais deux étages supplémentaires ont été dressés au-dessus du chemin de ronde des courtines. Sur la cour au contraire, qui épouse le pentagone très irrégulier du château médiéval, les façades des corps de logis sont nouvelles.

Parlant de Saint-Germain, l'architecte Du Cerceau a souligné le fait que le roi avait pris une grande part personnelle à la conception du château. On peut deviner que l'idée majeure vient de lui et que son entourage d'Italiens et de théoriciens a défini ensuite le parti et guidé le travail des maçons français, lesquels, de leur côté, ont réalisé avec les techniques traditionnelles de l'art de bâtir en France. L'idée maîtresse a pu venir d'une reprise amplifiée de l'un des traits majeurs de Chambord, les terrasses du donjon, faites pour admirer le paysage et contempler les retours de chasse. Bien des châteaux français du début du siècle avaient déjà des chambres hautes, de véritables belvédères. Davantage encore, l'Italie, qui connaît un ciel plus clément, a pu influencer le roi. Le site de Saint-Germain est si exceptionnel qu'il imposa dans ces conditions un traitement inédit des parties hautes. D'où la décision, étonnante, de couvrir tout le château de terrasses, ou plutôt de toits plats en dalles de pierre comme il était souvent pratiqué dans l'architecture religieuse. Le donjon même du vieux château de Saint-Germain était ainsi couvert, semble-t-il.

Cette disposition commande toute la structure du château et, finalement, le rythme des façades. Pour supporter ces lourdes ter-

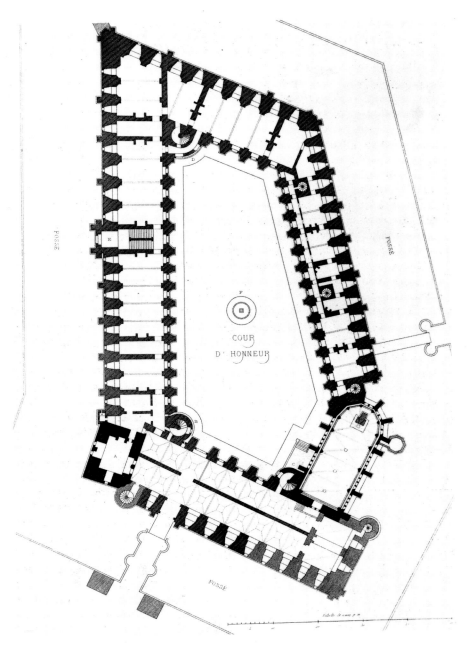

COUR
D' HONNEUR

FOSSÉ

FOSSÉ

FOSSÉ

rasses, il faut des voûtes. Pierre Chambiges va donc lancer au sommet du château surélevé des voûtes sur croisées d'ogives, les seules qu'il sait bâtir. De ce fait, chaque aile du château est bâtie comme une cathédrale, avec d'épais contreforts, renforcés il est vrai par des tirants de fer, méthode italienne qu'il fallait bien adopter dans l'impossibilité où l'on était de contrebuter par des arcs-boutants. Ces contreforts saillants sur la cour ont été réunis l'un à l'autre par une double rangée d'arcs en plein cintre qui ceinturent l'édifice et lui donnent sa cohésion, au-dessus du premier étage et au-dessus du troisième étage. Pour donner le maximum de lumière, les croisées percées au fond de ces arcs qui créent de hautes niches sont cintrées comme elles à leur partie supérieure et, par souci d'unité, celles du rez-de-chaussée et du second étage le sont aussi. Ainsi naît, par voie de conséquence, un nouveau type d'ouverture, transcendant le schéma habituel de la croisée gothique.

p. 320-321 : SAINT-GERMAIN EN LAYE. La cour.

Bien d'autres traits novateurs peuvent être relevés. D'abord la polychromie tirée du mariage de la pierre et de la brique. Les ailes de la Cour du Cheval blanc à Fontainebleau ont montré la voie. Aux étages supérieurs, c'est la brique qui constitue toutes les lignes de structure de l'édifice, non seulement les bandeaux et les corniches, mais les frontons des grandes fenêtres et surtout les minces pilastres verticaux. Les façades en tirent un aspect d'épure, aux lignes insistantes, qui rappelle évidemment le graphisme de l'architecture religieuse florentine. Autre innovation enfin, les terrasses hautes, ainsi que les balcons inférieurs, ne sont pas défendues par des garde-corps de métal ou par des balustrades en dentelle de pierre comme l'art flamboyant les avait aimées ; le type italien du balustre, mis au point notamment par Bramante comme le meilleur accompagnement des ordres antiques, est enfin acclimaté en France, peut-être sous l'influence de Serlio qui séjourne alors à la Cour. Combiné avec des médaillons au chiffre de François Ier et avec des pots à feu scandant chaque travée verticale de contreforts-pilastres, il donne au château un couronnement résolument nouveau dans la France du Nord.

Pour accéder aux étages, Chambiges a bâti un grand escalier à rampes droites, mais il a couvert encore ses paliers de voûtes d'ogives. Aux angles de la cour, des tourelles renferment des escaliers en vis. L'une de ces tourelles est encadrée aux étages inférieurs par des galeries d'arcades qui rappellent l'escalier François Ier à Chambord.

Saint-Germain resta longtemps l'une des résidences les plus fréquentées par la monarchie. Au XVIIe siècle, Hardouin-Mansart modifia profondément son aspect extérieur par l'adjonction de disgracieux pavillons d'angles, qui seront finalement supprimés lors de la restauration du château. Celle-ci, entreprise en 1862 sur l'ordre de Napoléon III, fut conduite par l'architecte Millet.

117.
Challeau

plus tard Saint-Ange

à Villecerf

SEINE-ET-MARNE / RUINES

L'activité bâtisseuse de François Ier s'exerce aussi sur de petits châteaux, simples rendez-vous de chasse. Dans la vallée de la Haute-Seine, près de Moret, le roi fait ainsi élever le château de Saint-Ange, à Challeau[1]. Il sera démoli en 1803 et nous n'en connaissons plus que les caves et les communs, mais le plan et les façades qui ont été gravés dans *les Plus Excellents Bâtiments de France* de Du Cerceau permettent de le reconstituer par l'imagination. C'était une construction très originale, issue des nouvelles recherches menées dans l'entourage du roi qui avaient donné naissance à Chambord, à Madrid, à Saint-Germain. Le maître d'œuvre fut probablement Pierre Chambiges, les travaux commencèrent avant 1539 et s'achevèrent vers 1545. Le roi en avait fait la résidence de sa favorite, la duchesse d'Étampes.

p. 322 : SAINT-GERMAIN EN LAYE.

en haut : Façade vers la forêt.

en bas à gauche : Travées de la cour, gravées par C. Sauvageot.

en bas à droite : Coupe de l'escalier, gravée par C. Sauvageot.

1. Ou Challuau.

CHALLEAU. Gravure de la *Topographie françoise* de Claude Chastillon.

Le premier projet pour Chambord a inspiré les dispositions du petit château : plan massé, corps central cubique flanqué à ses angles de quatre petits pavillons de plan carré. A l'intérieur, l'escalier droit qui prend naissance devant la porte et monte d'une seule volée jusqu'à l'étage occupe la place qu'il a dans le « modèle en bois » de Chambord. Il est bordé par deux corridors parallèles conduisant à un autre corridor perpendiculaire qui traverse le logis ; c'est le schéma de Chenonceau, mais l'usage qui en est fait est tout différent. Comme à Madrid, les faces latérales sont garnies de galeries superposées qui permettent de desservir d'une façon indépendante tous les appartements et notamment ceux qui sont logés dans les pavillons d'angle. On ne dénombre pas moins de sept appartements par niveau (dont un principal avec salle) et le château compte trois niveaux. Comme à Chantilly, l'entrée principale se fait par un perron aménagé sous un édicule porté sur deux piliers en avant des marches ; comme à Nantouillet, les gravures de Du Cerceau laissent deviner que la chapelle occupe l'édicule (sur deux étages) que couronne un lanternon. Quant à la parenté avec Saint-Germain qui s'édifie à la même époque, elle se manifeste par le choix des matériaux, moellons et briques, celles-ci soulignant les lignes de structures ; mais aussi par le système de couverture. C'est encore une

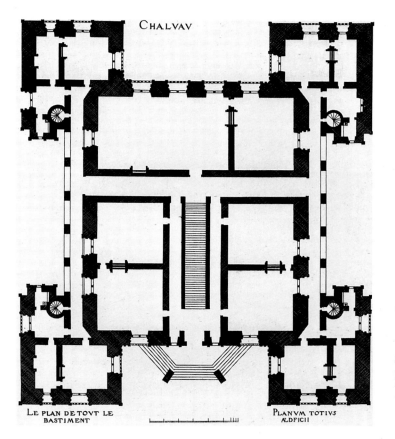

LE PLAN DE TOVT LE BASTIMENT   PLANVM TOTIVS ÆDFICII

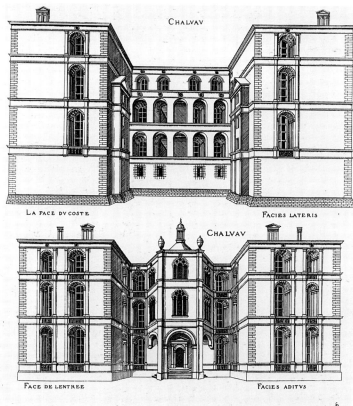

LA FACE DV COSTE   FACIES LATERIS

FACE DE L'ENTREE   FACIES ADITVS

terrasse en pierre de liais, qui nécessite des murs épais pour contenir les voûtes qui la supportent; d'où, à nouveau, des rangées de fenêtres cintrées nichées sous les arcs qui assurent la cohésion des murs d'une travée à l'autre.

Challeau servira encore aux chasses de Henri IV qui le mettra à la disposition de sa maîtresse Gabrielle d'Estrées. Le château, pourvu d'un portail et de jardins, sera alors transformé radicalement, un tiers de l'édifice abattu, le dernier étage, qui était endommagé par les infiltrations des terrasses, remplacé par un comble à lucarnes. Il sera enfin rasé vers 1803.

ci-dessus: CHALLEAU. Façade gravée par Du Cerceau.

à gauche: CHALLEAU. Plan gravé par Du Cerceau (*Les Plus Excellents Bâtiments de France*, t. II).

118.

La Muette

en forêt de Laye

YVELINES / CHÂTEAU DISPARU

Élevé en pleine forêt de Saint-Germain, La Muette est une nouvelle variation sur le thème exploité à Challeau. Le roi se réserve ici un plaisir de chasseur raffiné, il veut voir la fin des bêtes rousses qui «lassées du travail de la chasse» se retiraient dans cet endroit de la forêt. Il y avait là une remise de chevreuils et un petit pavillon ruiné que Pierre Chambiges est chargé de reconstruire en 1542. Guillaume Guillain et Jean Langlois le remplacent à sa mort, et terminent en 1549. Une fois encore, on adopte le plan centré, un corps principal carré, de moindres dimensions qu'à Challeau, flanqué de quatre pavillons carrés juxtaposés par les angles, avec des communications diagonales. Par des combinaisons particulièrement ingénieuses, six appartements sont logés à chaque niveau, le château en compte trois pour le corps central et six pour les pavillons. La chapelle et le grand escalier sont bâtis hors-œuvre sur deux des côtés, faisant une saillie sensiblement égale à celles des pavillons. L'escalier est une création originale, deux rampes symétriques montant parallèlement à un corridor central, chacune d'elles tournant deux fois sur un quart de vis.

Le plan général, très élaboré, tire un parti inusité en France des lignes obliques et des redans. Grâce à leur jeu ont été aménagées une série de cours ouvertes aux formes variées. Comme à Madrid, des galeries sont superposées sur deux façades. Comme à Saint-

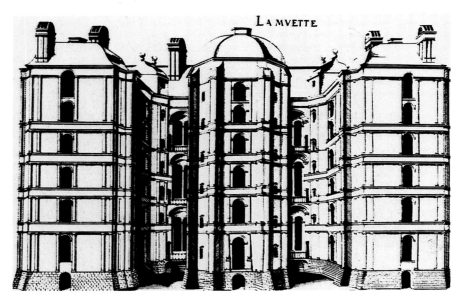

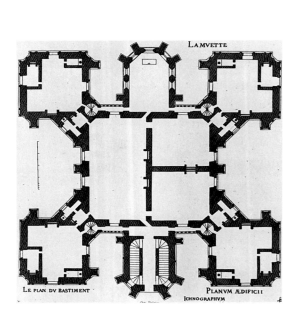

LA MUETTE. Plan gravé par Du Cerceau (*Les Plus Excellents Bâtiments de France*, t. I).

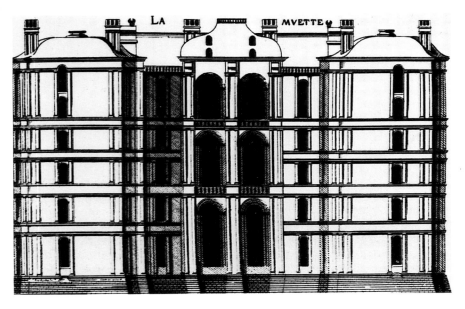

LA MUETTE. Façades gravées par Du Cerceau.

Germain, les murs sont construits en moellons et en briques, celles-ci soulignant les lignes de force. Comme à Saint-Germain encore, la couverture fut faite de terrasses en dalles de pierre portées sur des voûtes. Pourtant, leur solidité — ou leur étanchéité ? — laissa rapidement à désirer. Moins de dix ans plus tard, Philibert de L'Orme saisit l'occasion pour démontrer à Henri II et aux courtisans l'utilité de sa nouvelle invention : il avait imaginé de pallier la difficulté de trouver des bois de grande portée par l'assemblage de charpentes en bois courts, à la fois plus légères et moins coûteuses. Il coiffa donc La Muette, à la fin du règne, de charpentes sur fermes arrondies en accolade — celles que l'on voit sur la gravure de Du Cerceau — tout en ménageant au sommet une plate-forme utilisable aux mêmes fins que les grandes terrasses si coûteuses : « Voir courir le cerf et entendre l'aboi des chiens », écrit-il lui-même.

Les nouveaux combles de Philibert ne durèrent pas. Vingt ans plus tard, ils étaient défoncés, rapporte Du Cerceau. La Muette fut abandonnée de bonne heure à la ruine et il n'en reste rien.

LA MUETTE. Gravure d'Israël Silvestre, vers 1650.

119.

Saint-Maur

première période

à Saint-Maur-des-Fossés

VAL-DE-MARNE / CHÂTEAU DISPARU

En cette période d'expériences menées fiévreusement sur les chantiers royaux, la construction de Saint-Maur s'inscrit dans une autre direction de recherche. Le cardinal Jean Du Bellay a rencontré lors de son ambassade à Rome un jeune architecte lyonnais, Philibert de L'Orme, qui s'apprêtait à entrer au service du pape Paul III. Il l'embauche à son service et lui commande au retour en France la

SAINT-MAUR. Façade d'entrée par Philibert de L'Orme (*L'Architecture*).

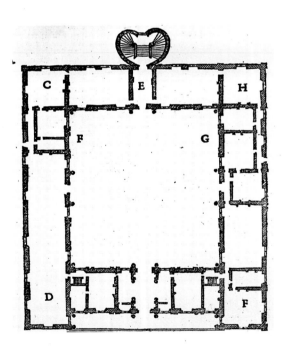

SAINT-MAUR. Plan par Philibert de L'Orme (gravé dans *L'Architecture*).

construction d'une petite maison, mais parfaite. Le cardinal était évêque de Paris, comme tel il se trouvait abbé de la vieille abbaye bénédictine de Saint-Maur, sécularisée depuis 1533. Or les terrains abbatiaux, situés dans un site agréable dominant la rive de la Marne, sont propices à la construction d'une résidence des champs. Le cardinal et le jeune architecte la veulent conforme au canon des villas florentines et surtout des vignes des cardinaux romains qu'ils ont appréciées. La chance s'offre à Philibert de créer de rien un édifice qui suscitera immanquablement la curiosité de la Cour et l'intérêt du roi. Il choisit soigneusement le terrain, une légère éminence bien orientée, et dessine une petite habitation à l'italienne faite pour combler un esthète. La « villa » du cardinal s'ordonnera autour d'une cour carrée bordée de quatre ailes basses, élevées d'un simple rez-de-chaussée. C'était l'antithèse des châteaux-forts, l'antithèse aussi des nouvelles créations royales massées et hautes, Saint-Germain, Challeau ou La Muette.

La commande est de 1541. L'aile du fond était suffisamment achevée en juillet 1544 pour que le roi y vînt faire un long séjour, mais les autres ailes ne furent qu'ébauchées. Sans doute le cardinal ne pouvait-il plus faire face aux dépenses. Le sol très meuble avait obligé l'architecte à creuser des puits profonds pour atteindre la terre ferme, ensuite à les combler par des piles de maçonnerie, reliées avec des arcs comme on avait fait à Saint-Pierre de Rome. Dans son état primitif, l'aile du fond n'est connue que par une gravure du livre VIII de *L'Architecture* de De L'Orme. On y voit un rez-de-chaussée surélevé surmonté d'une murette d'attique qui dissimule le toit plat. Des pilastres corinthiens jumeaux réunis par leurs stylobates déterminent des travées dont le centre est occupé alternativement par une haute croisée ou par un trumeau de mur nu. L'attique scandé de niches fut peint à fresque.

Traitée en frontispice, la travée centrale devait être précédée d'un haut perron pyramidal (qui ne fut jamais construit). Deux colonnes adossées supportaient un entablement, un attique et un

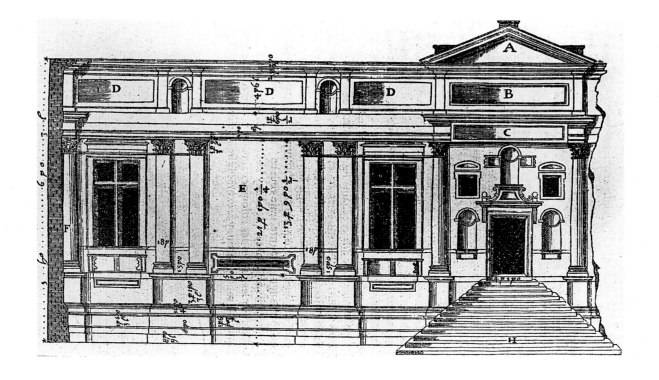

SAINT-MAUR.
Façade du logis sur
la cour, par Philibert
de L'Orme
(*L'Architecture*).

fronton terminal saillant au-dessus de la ligne horizontale du faîte ;
la petite porte d'entrée, fort soigneusement dessinée, était encadrée
de niches et de petites fenêtres carrées. Les niches avaient reçu des
antiques, la frise supérieure et le fronton étaient consacrés à la
gloire de François Ier, à laquelle la charmante demeure était dédiée.
Les façades extérieures prévues autour du quadrilatère comportaient elles aussi un ordre de pilastres corinthiens, mais ceux-ci cannelés, et pour ceux des angles, garnis de bossages — les premiers
en France ? Leurs grandes croisées étaient surmontées de frontons
triangulaires.

Cette maison toute italienne resta inachevée. Lorsque Henri II
succéda à François Ier, le cardinal Du Bellay perdit la faveur royale
et se retira à Rome. En 1563, Catherine de Médicis, qui avait du
goût pour cette demeure si particulière, en devint propriétaire et
chargea de L'Orme de remaniements qui allaient lui enlever son
premier caractère (voir n° 180).

120.

Écouen

**VAL-D'OISE / A L'ÉTAT /
MUSÉE NATIONAL DE LA RENAISSANCE / ✳**

La récente restauration et l'installation du musée national de la
Renaissance ont souligné les qualités exemplaires du château du
connétable de Montmorency. Villers-Cotterêts qui lui est comparable sur plus d'un point nous est parvenu mutilé, et ses proportions
n'étaient pas heureuses. Écouen au contraire a conservé ses disposi-

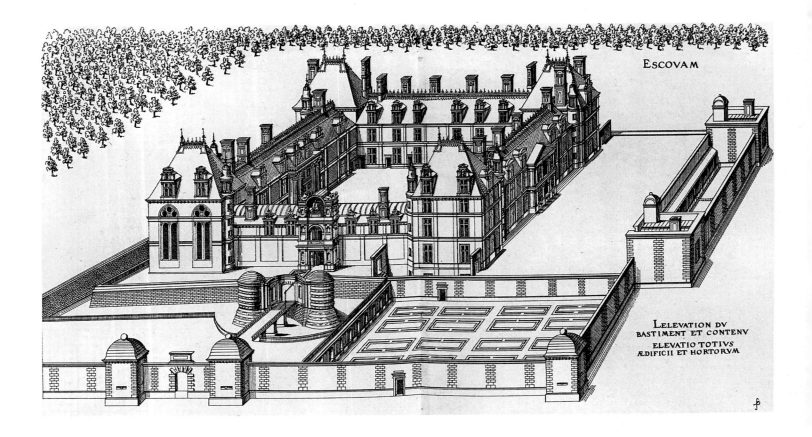

ci-dessus : ÉCOUEN. Vue générale gravée par Du Cerceau (*Les Plus Excellents Bâtiments de France*, t. II).

ci-contre : ÉCOUEN. Plan gravé par Du Cerceau.

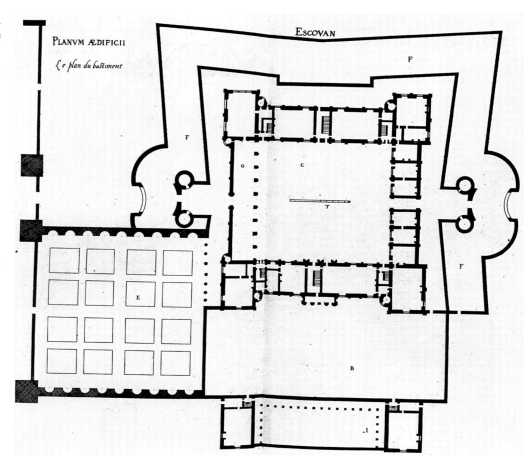

p. 331 en haut : ÉCOUEN. Vue du côté de l'est, avec le pavillon de la chapelle et l'aile d'entrée rebâtie en 1807.

en bas : ÉCOUEN. L'aile d'entrée gravée par Du Cerceau.

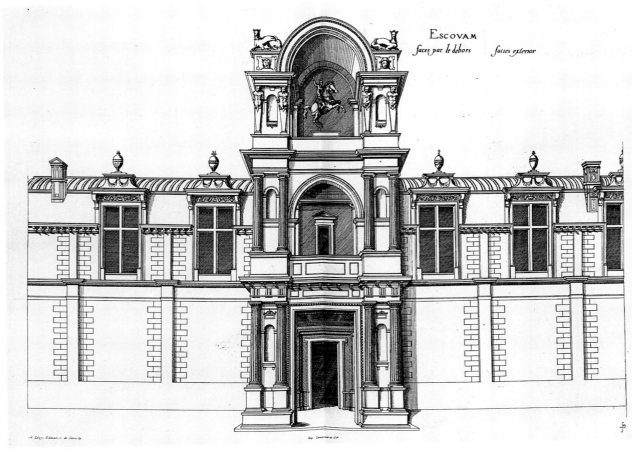

ESCOVAM
faces par le dehors   faces exterior

ÉCOUEN. Aile gauche sur la cour.

p. 333 en haut: ÉCOUEN. L'aile du fond sur la cour.

en bas: ÉCOUEN. Aile droite sur la cour.

tions extérieures — sauf l'aile d'entrée — ainsi qu'une bonne part de son décor intérieur. Quasi royal par la qualité de son constructeur, il s'impose à l'esprit, davantage encore que l'hybride château de Fontainebleau, comme l'ensemble le plus cohérent de la Renaissance, au même titre qu'Ancy-le-Franc.

La butte escarpée qui surplombe de 150 mètres le village sert d'assise depuis le Haut Moyen Age à l'un des châteaux de la famille de Montmorency qui a étendu de bonne heure sa domination sur la région située directement au nord de Paris. Anne de Montmorency, parvenu à la suprême faveur royale et nommé connétable de France en 1538, a porté d'abord ses efforts sur l'aménagement de son château de Chantilly, situé plus au nord. Propriétaire d'Écouen dès 1522, il entreprend sa reconstruction en 1538 probablement. Le plan adopté est celui d'un quadrilatère régulier aux angles marqués par des pavillons rectangulaires remplaçant les tours traditionnelles. Un fossé sec entoure le château sur trois côtés. Il est franchi par deux ponts-levis (construits en 1562-1565) qui défendent l'entrée, du côté de l'est, et la communication avec la forêt, du côté de l'ouest; au nord, dominant de haut l'immense paysage de la plaine de France, une grande terrasse est disposée pour l'agrément immédiat du château.

Les premières ailes bâties semblent avoir été l'aile sud, car la date de 1544 est portée sur une verrière de la chapelle qui occupe son pavillon terminal vers l'entrée, ainsi que l'aile du fond, à l'ouest. Leurs façades sont bâties de pierre appareillée. Séparées par des contreforts plats montant de fond sur lesquels font ressaut des bandeaux horizontaux, les travées sont percées de hautes croisées sans chambranles moulurés, qui restent indépendantes de ce réseau

ci-dessus : ÉCOUEN. Lucarne de l'aile gauche.

à droite : ÉCOUEN. Lucarne de l'aile droite.

décoratif et structurel. Des lucarnes sommées d'édicules les couronnent.

La construction se poursuivit sous le règne de Henri II, jusque vers 1551, avec l'aile nord qui est la mieux située puisqu'elle longe la terrasse dominant tout le paysage. Du côté de l'entrée, une aile basse fermait la cour, elle comportait un péristyle surmonté d'une galerie. Détruite en 1787, elle a été remplacée par une banale construction due à l'architecte Peyre (1807), mais une gravure de Du Cerceau nous conserve le souvenir de l'état d'origine. A mesure que les années passaient, l'ordonnance des façades d'Écouen, maintenues dans une belle uniformité, se ressentait dans le détail de l'évolution du goût. Celle-ci est perceptible dans le décor des couronnements, grandes souches de cheminées et lucarnes : l'aile ouest d'abord, puis l'aile sud, et enfin l'aile nord où les lucarnes peuvent être l'œuvre de Jean Goujon lui-même car on a noté leur similitude avec les gravures données par l'artiste pour l'illustration du *Vitruve* de 1547.

L'intervention de Jean Bullant va bouleverser le parti ordonné et répétitif d'Écouen par l'adjonction d'éléments plaqués. L'homme est né vers 1515-1520, il a séjourné à Rome vers 1540. Entré au service de Montmorency peu après 1550, il présidera à toutes les construc-

tions du connétable. La première modification, due probablement à Bullant, fut l'adjonction d'un grand portique d'ordres superposés au centre de la façade d'entrée ; il était couronné par une grande niche cintrée abritant la statue équestre du connétable et s'apparentait au portique d'Anet par Philibert de L'Orme. La seconde porta sur l'aile nord, à peine achevée. Elle devait abriter les appartements du roi et de la reine et Bullant fut chargé de reconstruire leur façade extérieure sur la terrasse avec un décor de pilastres qu'on ne trouvait pas ailleurs (1552-1553). On décida alors d'aménager au premier étage une grande salle d'honneur et, en conséquence, de déplacer et de modifier l'escalier central de cette aile. Déjà le même motif avait obligé Lescot à revoir ses plans pour le Louvre. Le nouvel escalier fut reconstruit avec deux volées droites réunies par un palier qu'on éleva hors œuvre, du côté de la terrasse, pour lui donner plus d'ampleur. Du côté de la cour, son entrée se trouvait désaxée par rapport au rigide schéma primitif. Pour masquer ce déséquilibre, Bullant plaqua un grand portique enfermant deux travées. Il fut décoré de colonnes superposées sous un grand entablement continu, et des niches s'offraient pour abriter des statues de la collection du connétable.

Vers 1555, Bullant ajouta sur la façade du fond un arc de

triomphe pour occuper la perspective axiale face au portail d'entrée. Quelques années plus tard, vers 1556-1557, Montmorency lui fit édifier un nouveau motif, le célèbre avant-corps de l'aile sud, qui fait face à celui de l'aile nord. Cette fois, c'est un ordre colossal qui fut choisi, tranchant brutalement avec l'élévation à deux étages du château. S'inspirant des grandes colonnes corinthiennes cannelées du Panthéon de Rome, Bullant dresse un véritable portique de temple contre les travées de baies jumelles de la vieille aile. Les niches basses de l'entrecolonnement sont destinées à abriter les *Esclaves* de Michel-Ange, glorieuses épaves du tombeau du pape Jules II que Henri II vient d'offrir à son favori. Les armoiries d'Anne et de sa femme les surmontent orgueilleusement. Planté comme le manifeste des nouveaux théoriciens français, ce hors-d'œuvre inégalé permettait à Bullant de faire valoir sa connaissance exceptionnelle de l'art romain antique.

La dernière adjonction intervint plus tard, elle est plaquée sur l'aile nord du côté de la terrasse. C'est un avant-corps très saillant formé de deux grands ordres superposés, dorique et ionique. Comme dans une façade d'église, ils scandent aux deux niveaux supérieurs une grande baie cintrée cantonnée de deux baies plus petites. Le couronnement est assuré par un immense fronton droit

ÉCOUEN. Cheminée de la grande salle.

336

dont la traverse inférieure est interrompue en son centre. Cette composition grandiloquente — dont seule la moitié inférieure était sans doute prévue à l'origine — s'agence mal avec l'édifice, d'autant que son soubassement est percé, selon l'usage du reste du château, de petites portes cintrées, hors d'échelle avec le grand portique. L'avant-corps était destiné à fournir des loggias monumentales ouvertes à l'air et à la vue, en liaison directe avec l'Escalier du Roi situé dans l'aile nord. En symétrie, le portique de l'aile sud mène, lui aussi, à un escalier droit qui donne accès aux appartements du connétable et de sa femme. Une série d'autres escaliers plus réduits permettent de desservir les étages, escaliers droits ou escaliers en vis logés dans des tourelles rondes érigées aux angles rentrants des pavillons et des ailes.

Les appartements ont conservé, on l'a dit, une partie de leur décor, heureusement reconstitué récemment. Une seule cheminée avait été traitée en relief, celle de la grande salle de l'aile nord. Une fanfare de marbres de couleurs dans une architecture de pierre blanche y met en valeur la grande figure de la *Victoire* en marche, inspirée d'une composition de Rosso. Douze autres cheminées sont peintes de scènes de l'Écriture sainte, souvent encadrées de figures et d'ornements en trompe-l'œil dans la manière de Fontainebleau.

ÉCOUEN. La chambre du connétable.

ÉCOUEN. La chapelle. Relevé et essai de restitution par Dutocq (*Moniteur de l'architecture*, 1891).

Elles ont été exécutées par des artistes de l'entourage de Nicolo Dell'Abate, sans doute dans les années 1555-1560. Des frises peintes garnissent le sommet des murs. Partout apparaissent le blason, les chiffres et les emblèmes (l'épée de connétable) d'Anne de Montmorency, ainsi que ses devises, dont le célèbre « Aplanos » (en droite ligne). Les emblèmes royaux ont été découverts dans l'appartement royal.

Certains pavements ont été conservés, comme celui de la grande salle, œuvre très colorée du potier rouennais Masséot Abaquesne, qui présente les emblèmes du connétable et de sa femme dans des encadrements de fruits (1542). Sur toute sa longueur, l'aile occidentale tournée vers la forêt abritait à l'étage une galerie réunissant les appartements du roi à ceux du connétable. Le thème choisi pour les vitraux de ses croisées lui donna son nom : la galerie de Psyché. Traitées en grisaille au jaune d'argent, les scènes, représentant *Les Amours d'Eros et de Psyché*, tirées du roman d'Apulée *L'Âne d'or*, furent peintes de 1542 à 1544 d'après des gravures du Maître au Dé. Démontés en 1792, ces vitraux ont été intégrés plus tard par le duc d'Aumale dans la reconstruction du château de Chantilly.

C'est aussi à Chantilly que l'on peut aujourd'hui admirer l'autel, sculpté par Jean Goujon, ainsi que des lambris de marqueterie et les vitraux de la chapelle d'Écouen ; l'un des vitraux est daté de 1544. La chapelle elle-même a été construite sur des structures encore gothiques, avec une voûte d'ogives très élaborée, peinte des grandes armes du connétable, mais les statues des Pères de l'Église, la boiserie qui ferme l'oratoire du connétable et la magnifique tribune de l'orgue sont conformes à l'esprit nouveau. Les plus grands artistes avaient collaboré à sa décoration. Rosso notamment avait peint pour elle sa célèbre *Pietà* et Pierre Reymond exécuté un retable en émaux limousins ; ces deux œuvres sont au Louvre.

Longtemps célèbre pour sa magnificence, Écouen resta aux mains des Montmorency jusqu'en 1631, date à laquelle le dernier duc fut décapité. Il revint ensuite à la duchesse d'Angoulême, puis aux princes de Condé. En 1805, le château fut affecté par Napoléon à la Légion d'honneur pour en faire l'une de ses maisons d'éducation. Écouen et son domaine ont été cédés au ministère des Affaires culturelles en 1962.

121.

Serrant

à Saint-Georges-sur-Loire

MAINE-ET-LOIRE / PROPRIÉTÉ PRIVÉE / ✱

L'esprit de Chambord qui survivra à Valençay inspire encore la construction du château de Serrant. Celui-ci fut achevé seulement au XVIIᵉ siècle. De plus, le dernier étage et le comble portent la marque de profondes transformations exécutées après 1870 par l'architecte Lucien Magne pour le duc de La Trémoille. Un château neuf avait été bâti ici en 1481 pour Ponthus de Brie, chambellan de

SERRANT. Vue de l'entrée.

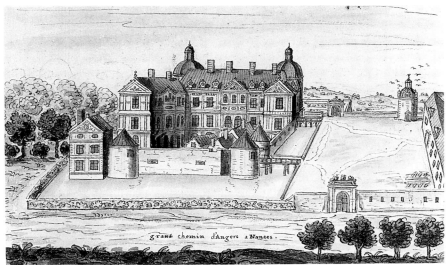

grant chemin d'Angers a Nantes.

SERRANT. Aquarelle de la collection R. de Gaignières, datée de 1695 (Bibl. nat., Estampes, Va 100).

Louis XI. Cette demeure fortifiée à laquelle on accédait par deux ponts franchissant les douves du côté sud ne sera détruite qu'au fur et à mesure de la reconstruction du nouveau château, édifié sans doute à partir de 1546 par Magdelon de Brie, petit-fils du précédent. A sa mort en 1559, on n'avait rebâti que la moitié gauche du corps de logis principal, appuyé à une tour ronde, et peut-être l'amorce de l'aile gauche. Cette première tranche comportait aussi le grand escalier promis à devenir le motif central du logis. Tout le reste sera construit, en imitant les dispositions du XVIᵉ siècle, pour les propriétaires du siècle suivant, Guillaume II de Bautru et son fils Guillaume III qui terminera avec les pavillons et le portail d'entrée en 1700.

Les façades sur la cour sont bâties de tuffeau blanc, les façades extérieures qui remplacent les anciennes courtines, de schiste sombre, avec les parties vives en tuffeau. Au-dessus du soubassement, l'élévation primitive comportait sans doute un rez-de-chaussée, un

SERRANT. L'escalier.

p. 341: SERRANT. Façade sur le jardin.

premier étage et un étage à lucarnes dans le comble. Celui-ci a pu être transformé en étage attique au début du XVIIe siècle (comme on le voit sur les aquarelles faites pour Roger de Gaignières), puis les travaux du XIXe siècle ont à nouveau modifié la pente du toit et réduit ce second étage à un faux attique à lucarnes passantes, dressé en retrait de la façade, derrière une balustrade neuve.

L'architecte du XVIe siècle a adopté une ordonnance à petits pilastres qui encadrent les croisées du côté de la cour, comme au Blois de François Ier, ou scandent les travées de la façade postérieure, comme à Chambord. La succession théorique des ordres est observée, toscan au soubassement côté extérieur, ionique au rez-de-chaussée, corinthien au premier étage, peut-être composite au second étage disparu. Cette même exigence se fait remarquer aux ordres de pilastres qui garnissent intérieurement les volées de l'escalier, comme on le voit à Châteaubriant.

Extérieurement, l'architecte a indiqué clairement la place de l'escalier en disposant deux travées jumelles percées de grandes baies cintrées. Leur couronnement est fait d'un triplet de petites baies cintrées séparées par des cariatides, coiffé d'un grand fronton droit. Le tout se détachait peut-être à l'origine au-delà du départ du comble. Même disposition du côté du parc, où l'escalier se laisse deviner à l'habituel décrochement des baies des paliers intermédiaires par rapport à celles des étages ; une légère avancée détermine un véritable avant-corps. A sa base une petite porte permettait d'accéder à un pont franchissant les douves. Cet ensemble de dispositions caractéristiques est apparu pour la première fois à Azay-le-Rideau, il a été repris avec ampleur à Bonnivet. Ici, le schéma structurel est interprété avec la nouvelle grammaire décorative conforme aux canons des théoriciens. Aussi l'escalier de Serrant, avec ses pilastres sur stylobates rampants le long des volées et son berceau à caissons géométriques, a-t-il fait parfois prononcer le nom de Philibert de L'Orme, sans aucune preuve. Une même voûte à caissons de caractère très monumental garnit la grande chambre, à l'étage de la tour du XVIe siècle.

122.
Laval

deuxième période (*voir n° 19*)

Occupé aujourd'hui par le Palais de justice, le château neuf de Laval est issu d'une galerie à arcades en simple rez-de-chaussée qui fut bâtie par Guy XVI de Laval en 1506, en prolongement du vieux château vers le nord. Un étage et un comble percé de lucarnes furent ajoutés en 1540 pour Guy XVII par le maître d'œuvre Jean Garnier (qui reconstruisit probablement le rez-de-chaussée). Les travées de fenêtres encadrées de pilastres sont séparées par de vastes trumeaux décorés de cartouches sculptés, les lucarnes sont coiffées de simples frontons droits. Le pavillon terminal, l'aile droite et le lanternon sont des adjonctions du milieu du XIXe siècle.

LAVAL. Château neuf. Bas-relief de la façade.

LAVAL. Façade du château neuf.

123.

Oiron

DEUX-SÈVRES / A L'ÉTAT / ✻

Le fantastique habillage imposé au château d'Oiron durant le XVIIᵉ siècle a quelque peu oblitéré ses dispositions du XVIᵉ siècle et rendu difficile à saisir la volonté première de ses constructeurs. La restitution qui en est proposée par Jean Guillaume permet maintenant de mesurer toute leur originalité.

A Oiron, nous sommes de nouveau chez un favori de François Iᵉʳ, ou plutôt chez deux de ses favoris successifs. De petite famille poitevine, Guillaume Gouffier, chambellan de Charles VII, a reçu du roi la terre d'Oiron, garnie d'une modeste maison noble. Il la fait remplacer par un château dans la seconde moitié du XVᵉ siècle, et le laisse à sa mort à son fils aîné, prénommé Artus selon la geste de la Table ronde (1495). Tout comme son cadet l'amiral de Bonnivet, Artus est appelé à une grande faveur, que la mort viendra interrompre brutalement. Après avoir participé aux premières expéditions en Italie de Charles VIII et de Louis XII, il a été nommé gouverneur du jeune comte d'Angoulême. Lorsque celui-ci — François Iᵉʳ — accède au trône en 1515, il le couvre d'honneurs et de pensions. Artus est nommé Grand maître de France, il accompagne le roi à Marignan, il est alors fait comte de Caravas — dont le populaire fera le marquis de Carabas. L'année suivante, il est gouverneur du dauphin et du Dauphiné, mais meurt brusquement en 1519, alors que sa terre forézienne de Boisy venait d'être érigée pour lui en duché de Roannais à titre personnel.

Artus a entrepris l'amélioration du château de son père. Il fait édifier dans la cour une fontaine monumentale et bâtir en 1516-1517 la galerie basse de l'aile gauche, encore influencée par le Blois de Louis XII avec ses colonnes torses comparables à celles qu'on voit alors se dresser à Azay, à Rochechouart ou à Nérac. Sa

OIRON.
Terme ayant
décoré l'une
des niches de
l'aile gauche
(musée du
Louvre).

p. 345 :
OIRON.
Détail de
l'aile gauche.

mort interrompt le chantier. Artus disparu, sa veuve Hélène de Hangest se consacre à l'éducation de leur fils Claude et poursuit la construction de la collégiale d'Oiron qui doit recevoir les sépultures de la famille et renferme encore les superbes tombeaux d'Artus, de Claude, de Bonnivet et de la veuve de Guillaume Gouffier. La chapelle s'achèvera en 1542.

Claude accède à son tour à la faveur royale, il est fait chevalier de l'Ordre en 1533, premier gentilhomme de la Chambre en 1535, capitaine des Cent Gentilshommes en 1545 et surtout grand écuyer en 1546, à la mort de Galiot de Genouillac. C'est un lettré et un amateur d'art éclairé. Oiron, sa résidence favorite, va refléter ses goûts raffinés et son caractère héroïque. L'ancien château que son père a commencé à moderniser avait été bâti, comme Le Plessis-Bourré, sur des dispositions déjà aérées et plaisantes ; il dessinait un quadrilatère de corps de logis ou de courtines cerné de tours rondes et ceint directement de fossés, sauf à l'est et au sud où une terrasse en fausse-braie isolait le château sur quelques mètres. Tout comme dans le cas de Serrant, très analogue, le projet des Gouffier n'est pas de le rebâtir entièrement mais de lui apporter la modernisation nécessaire. Une fois presque achevée l'église funéraire, les travaux reprennent donc au château, vers 1540.

Lors de la seconde campagne, l'aile gauche est pourvue d'un étage au-dessus du portique d'Artus, étage qui doit abriter une longue galerie et, en saillie à son extrémité, du côté de la fausse-braie, une petite chapelle. La galerie s'achève en 1546. En même temps, Claude a fait reprendre les quatre premières travées du corps de logis principal du côté gauche. Les nouvelles façades du XVIIᵉ siècle dissimulent entièrement ces travées bâties dans les années 1542-1544 mais le grand escalier du XVIᵉ siècle a été conservé der-

OIRON. Vestibule.

OIRON. L'escalier.

rière cette enveloppe. Il s'ouvrait autrefois largement sur la cour par trois niveaux superposés de larges baies jumelles, analogues à celles de Châteaubriant, et s'achevait en tour carrée dépassant le comble du logis, avec une chambre haute comme à l'accoutumée. Ce sont donc des dispositions traditionnelles qui ont été choisies par l'architecte de Claude. Le vestibule de l'escalier est encore couvert de voûtes à nervures et clefs pendantes comme à Azay-le-Rideau ; les volées droites, séparées par un mur-noyau plein, sont réunies non pas par un palier droit mais par une demi-vis, comme à Chenonceau. Dans les angles de la cage carrée, les extrémités des marches sont portées sur un entablement circulaire étayé par des voûtains plats triangulaires, procédé qui rappelle les escaliers de Saint-Ouen à Chemazé et de La Rochefoucauld. Enfin la mouluration des pilastres creusés de motifs géométriques et l'emploi de culots feuillagés, de caissons et de frises chargées d'ornements appartiennent, eux aussi, à un mode de construire et de décorer déjà dépassé. Pourtant, ayant choisi ce style traditionnel, le maître d'œuvre l'a fait appliquer avec une élégance qui n'a pas été dépassée.

Quel architecte familier de l'art de la Loire a pu donner les plans ? Les équipes de tailleurs de pierre et de sculpteurs de Bonnivet, l'autre château des Gouffier, ont-elles travaillé à Oiron ? Cela expliquerait la perfection de l'exécution et la souveraine distinction de l'espace créé : fluidité du réseau ajouré de pilettes qui sert de noyau à la demi-vis et laisse filtrer une lumière poétique ; majestueux déploiement des marches à la base d'un mur laissé nu en partie basse et seulement couronné d'une magnifique frise, qui porte les chiffres de Claude Gouffier, de sa mère et de sa première femme Jacqueline de La Trémoille. Même perfection de la mouluration à la façade de l'aile gauche, à ses grandes croisées, à leurs appuis chargés de médaillons — qu'on a attribués aux sculpteurs italiens Juste — et de haches d'armes (attribut des gentilshommes de la Chambre), à la frise enfin où se lit la mélancolique devise du maître de maison : « Hic terminus haeret ». Les niches qui garnissent les contreforts étaient autrefois occupées par des statues de *Termes* dont il reste quelques exemplaires, un au Louvre, quatre dans des collections américaines. Ces figures admirables sont dues, elles aussi, à un grand maître. En 1548-1550, Claude fit encore élever la tour ronde qui flanque l'aile gauche du côté de l'entrée. On y voit sculptée l'épée dans son fourreau avec le baudrier, emblème du grand écuyer, charge qu'il occupait depuis 1546.

De 1545 à 1549 enfin, il fait décorer de peintures la galerie de l'étage. Longtemps laissée dans l'oubli, l'œuvre, restaurée en 1956-1971, est maintenant célèbre. C'est, avec Fontainebleau, Ancy-le-Franc, et à un moindre degré Écouen, le plus prestigieux ensemble de peintures murales du XVIᵉ siècle en France. Les dimensions de la galerie d'Oiron rivalisent avec celles de la Galerie François Iᵉʳ : 55 mètres sur 6,10, et 64 sur 6 à Fontainebleau. L'artiste est connu, mais seulement par son nom : Noël Jallier. Nous savons qu'il est français, et nous supposons qu'il est allé en Italie. Entre les fenêtres, d'immenses scènes (5,70 sur 2,70 mètres en moyenne) sont présentées dans des cadres en trompe-l'œil ; elles figurent des épisodes de *L'Iliade* et de *L'Énéide* traités avec une grande fougue inspirée par les compositions de Rosso dans l'action des personnages, et un poétique *sfumato* dans le vaste environnement des paysages. Dans la galerie basse, le grand écuyer avait aussi fait peindre sur des cuirs les chevaux des écuries du roi, s'inspirant probablement du décor analogue que l'on voit au palais du Té à Mantoue.

OIRON. La galerie.

Claude Gouffier avait encore créé un jardin sur la terrasse de l'est, planté de cyprès, de lauriers et de grenadiers et agrémenté d'une fontaine ornée d'un Bacchus de bronze ; la vue s'étendait très largement sur la plaine. Les rois s'intéressèrent à la demeure, Henri II y fut reçu en 1551, puis Charles IX en 1565, qui fera Claude duc de Roannais comme son père l'année suivante. En 1568, le vieil homme fidèle à son roi est fait prisonnier par les protestants ; il meurt deux ans plus tard.

Les générations suivantes ne se satisferont pas de cet ensemble un peu incohérent. Non seulement les restes du château du XVe siècle seront rasés, mais le corps de logis lui-même sera restructuré et balancé d'énormes pavillons carrés, d'abord du temps de Louis Gouffier, plus tard du duc de La Feuillade et de Mme de Montespan. La restauration entreprise récemment par l'État a permis de sauver le château de la ruine qui menaçait un si vaste ensemble.

124.

Coulonges

à Coulonges-les-Royaux, aujourd'hui Coulonges-sur-l'Autize

DEUX-SÈVRES / A LA COMMUNE / HÔTEL DE VILLE / ✻

Les vestiges de Coulonges donnent une bien faible idée de ce qui fut l'un des plus beaux châteaux du Poitou. Du vaste quadrilatère régulier, il ne subsiste en effet que deux bâtiments en équerre, l'aile est entière et deux travées de l'aile sud, réunies par le pavillon sud-est, ainsi que des vestiges des pavillons sud-ouest et nord. Depuis 1522, le château appartenait à Louis d'Estissac. Il fut rebâti en son nom par son tuteur Geoffroy d'Estissac, l'illustre protecteur de Rabelais. Geoffroy était prieur de Ligugé, doyen de Saint-Hilaire de Poitiers et évêque de Maillezais. Il aimait s'entourer d'hommes de lettres et d'artistes dans ses résidences du Bas-Poitou. Aussi la région connut-elle de son vivant une brillante illustration, grâce à lui et grâce au petit cénacle d'érudits réuni à Fontenay-le-Comte.

L'architecture de Coulonges devait refléter les savants entretiens de ces hommes férus d'humanisme et d'Antiquité. Sa construction commença sans doute, d'après Richard Levesque, par le pavillon sud-ouest, qui daterait de 1538 ou 1539. Sa mouluration, taillée par un atelier local, est encore gothique, mais le plan est déjà novateur puisqu'il correspond à l'éclosion des premiers châteaux réguliers scandés de pavillons, comme Écouen ou Ancy-le-Franc.

Un nouveau maître d'œuvre intervient ensuite, peut-être celui qui vient d'achever la façade de la collégiale d'Oiron, ou celui à qui Geoffroy d'Estissac a commandé l'un des premiers jubés classiques de France, celui de Maillezais. Ce maître inconnu poursuit la construction du château à partir de 1540 environ, et après la mort de l'évêque survenue en 1542, jusque vers 1550. Le pavillon commencé est couronné d'une corniche et pourvu de cheminées à colonnes. Les ailes sont bâties sur une trame très sobre de fenêtres

COULONGES. Porte de la chapelle et plafond à caissons remontés au château de Terre-Neuve.

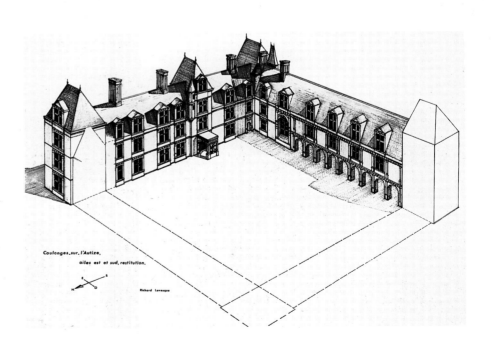

COULONGES. Restitution par Richard Levesque.

348

isolées et de grands trumeaux de mur nu. Un haut pavillon rectangulaire en faible saillie, qui subsiste, abritait l'escalier (disparu) à rampes droites, revêtu d'une subtile décoration. Les ordres antiques étaient employés avec une rigueur classique, le dorique pourvu par exemple d'un entablement à triglyphes. Les volées étaient couvertes de plafonds à caissons et s'achevaient par une voûte terminale, éléments remontés à Terre-Neuve. L'influence de Serlio se fait sentir ici, mais avec des particularités notables, ainsi le dessin en perspective fuyante des caissons ornant l'intrados des linteaux.

Bien d'autres fragments décoratifs furent démontés à l'époque romantique par le peintre Octave de Rochebrune pour en orner son château de Terre-Neuve (à Fontenay-le-Comte). On y trouve ainsi le beau porche dorique à arcades qui surmontait l'entrée du pavillon de l'escalier. A Terre-Neuve encore, on peut admirer la porte de la chapelle ; c'est une ouverture cintrée à triple voussure, qui n'est pas sans rappeler les portails romans du Poitou, s'encadrant entre deux colonnes cannelées sous un entablement dorique à patères et bucranes emprunté au *Quatrième Livre* de Serlio. La chapelle était située dans les travées (subsistantes) de l'aile sud ; elle était voûtée d'arêtes sur des doubleaux décorés de grecques. Une grande baie à réseau signale encore son ancienne présence.

A droite de la chapelle, l'aile se poursuivait, ouverte au rez-de-chaussée d'un péristyle de neuf arcades en deux nefs voûtées juxtaposées. Les plafonds sur colonnes étaient une caractéristique de Coulonges. A côté du départ du grand escalier, on trouvait ainsi une grande salle dont le plafond de pierre était supporté par une épine de cinq colonnes doriques. Ses caissons sculptés de cuirs et d'entrelacs sont conservés à Terre-Neuve, ils s'inspirent des gravures des *Petits Cartouches* de Du Cerceau, parus en 1550 (et l'un d'eux porte précisément cette date). Le pavillon sud-est contenait aussi à l'étage un atrium, garni en son centre de quatre colonnes en carré ; les caissons du plafond sont à Terre-Neuve. Du côté nord, l'aile était percée d'une entrée monumentale à colonnes.

D'après les dates on voit que Louis d'Estissac, gouverneur de l'Aunis et de la Saintonge, avait poursuivi les travaux de son oncle dans le style très savant qu'il avait inauguré. Les grandes salles à colonnes constituaient un *unicum* dans l'art français du XVIe siècle.

COULONGES. Vestiges du château.

COULONGES. Gravure d'Octave de Rochebrune.

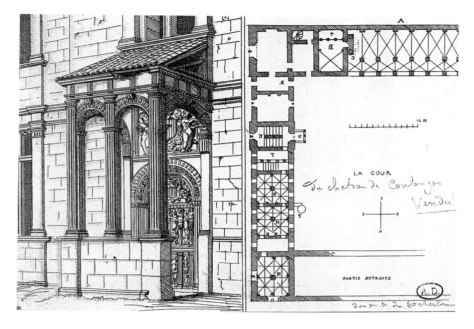

COULONGES. Portique remonté au château de
Terre-Neuve.

p. 351: COULONGES. Porte restée en place.

125.
Le Puy du Fou

les Épesses

VENDÉE / AU DÉPARTEMENT / ECO-MUSÉE DE VENDÉE / *

François II Du Puy Du Fou, chambellan du roi, nommé gouverneur de Nantes en 1544, a pu faire commencer en 1540 ce grand château, exceptionnel dans le bocage vendéen. Il n'en reste que des ruines, mais qui témoignent de la qualité de l'édifice. Par certains côtés, il s'inspire du château de Châteaubriant, qui n'est pas éloigné. Du Puy du Fou avait épousé Catherine de Laval-Boisdauphin, fille des constructeurs de Châteaubriant.

Du château primitif, du XVe siècle, fut conservé le bâtiment d'entrée. Il donne accès à une vaste cour à l'extrémité de laquelle fut construit le nouveau corps de logis en brique et granit, sur un profond soubassement abritant les cuisines et les magasins, ce dernier visible sur toute sa hauteur sous la façade postérieure où une terrasse de 5 mètres de haut dominait un étang. Deux ordres de grands pilastres très correctement dessinés, ioniques et corinthiens, garnissent la façade, ils portent deux entablements continus. La corniche haute est surmontée de très petites lucarnes à ailerons dont l'ouverture cintrée s'insère entre des pilastres et un fronton droit sans ornement. La première campagne comprenait probablement le portique de droite, en loggia très saillante, percé d'arcades en plein cintre cernées de pilastres, aujourd'hui disparu. Assez comparable à celui de Coulonges, il permettait d'accéder intérieurement à l'escalier en vis du logis. François mourut en 1548. Les travaux furent continés par sa veuve puis par son fils René, gouverneur de La Rochelle et, après sa mort en 1566, par la veuve de ce dernier, Catherine de La Rochefoucauld.

De cette deuxième campagne de travaux qui dura longtemps, il faut dater la longue aile gauche qui aligne au rez-de-chaussée une galerie de quatorze arcades en plein cintre (entre 1566 et 1569). A sa

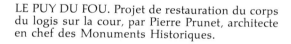

LE PUY DU FOU. Projet de restauration du corps du logis sur la cour, par Pierre Prunet, architecte en chef des Monuments Historiques.

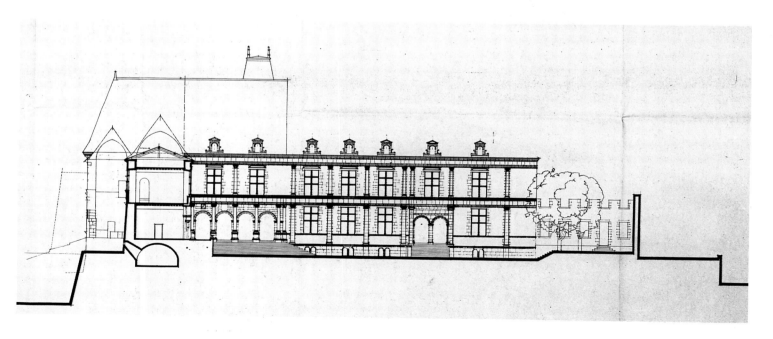

LE PUY DU FOU. Gravure
d'Octave de Rochebrune, tirée
de son *Carnet de route en Itali*
1861.

LE PUY DU FOU.
Vestiges de l'aile est au début de
la restauration.

LE PUY DU FOU. *En haut*: Projet de restauration de la façade postérieure, par P. Prunet.

au centre: Plan par P. Prunet.

en bas: Projet de restauration de l'aile sur cour, par P. Prunet, architecte en chef des Monuments historiques.

rencontre avec le logis, un second portique à arcades, cette fois garni de demi-colonnes ioniques, forme un vestibule couvert devant la nouvelle entrée du logis. On accède par là à un grand escalier à volées droites couvert de berceaux à caissons ; l'escalier est logé dans un pavillon érigé contre la façade postérieure. On y trouve aussi la chapelle, sur les ruines de laquelle O. de Rochebrune a cru lire autrefois le millésime 1578. Cette date était sans doute relative à son décor peint ; on sait qu'en 1565, des peintres

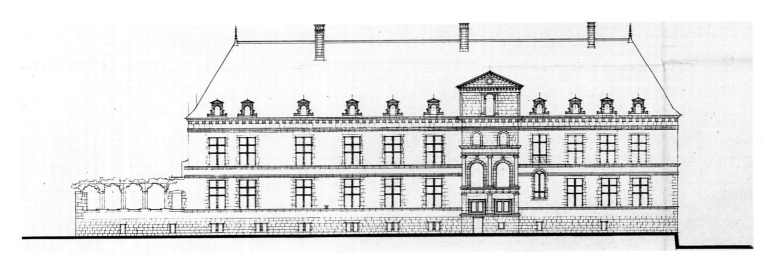

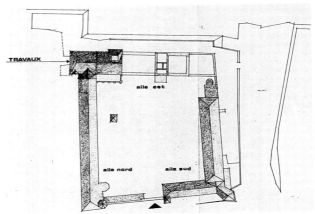

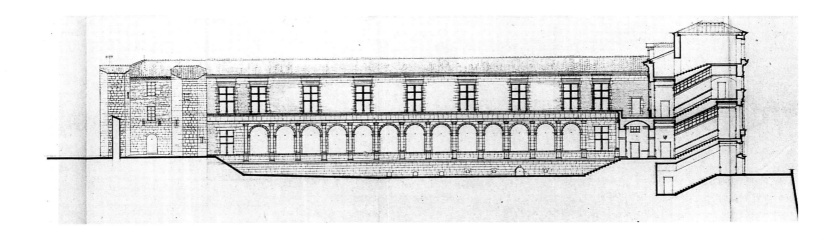

«besongnaient» au château, et des fragments étaient encore visibles au XIXᵉ siècle. Il ne reste de la chapelle que ses murs, depuis que sa voûte à caissons s'est écroulée. L'incendie subi par le château en 1794 est en partie responsable de sa ruine, mais on peut croire qu'il fut laissé inachevé au moment des guerres de Religion puisque les matériaux réunis pour édifier l'aile droite ne furent jamais utilisés et sont toujours là. La restauration des parties encore pourvues de toitures a été entreprise.

126
Dampierre

à Dampierre-sur-Boutonne

CHARENTE-MARITIME / PROPRIÉTÉ PRIVÉE / ✽

Un premier château médiéval existait à Dampierre, sur la hauteur, il fut sans doute ruiné lors de la guerre de Cent ans. Le nouveau seigneur, François de Clermont, préféra entreprendre à la fin du XVᵉ siècle la construction d'un nouveau château sur deux îles de la rivière qui passe au pied, la Boutonne. L'édifice fut poursuivi pour son fils Jacques et son petit-fils Claude. La première île, accessible par un pont-levis, formait l'avant-cour, entourée de dépendances. Un second pont-levis menait à la seconde île où se dressait le château, bâti sur les quatre côtés d'une cour. Ces dispositions ont dis-

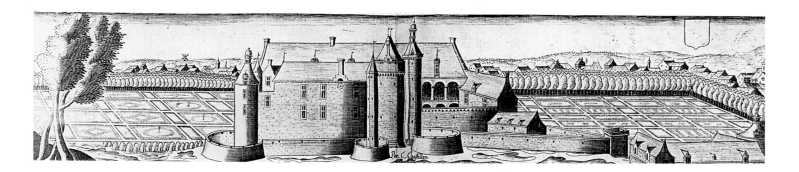

paru, y compris les deux petites ailes qui encadraient encore au XVIIIᵉ siècle le corps de logis, et il ne reste plus que ce dernier, isolé. Du côté extérieur, il est flanqué de deux tours rondes couronnées de créneaux et garnies de canonnières. Vers la cour au contraire, il s'ouvre largement par deux galeries superposées qui desservent les différentes pièces d'habitation et l'escalier.

La construction du logis peut être attribuée à Claude de Clermont, colonel des Grisons, gentilhomme de la Chambre, qui avait servi en Italie sous François Iᵉʳ et fut plus tard disgracié pour avoir, dit-on, médit de Diane de Poitiers. Elle se situerait alors dans les années 1540. Une impression de grande massivité se dégage de cet ensemble d'arcs surbaissés bandés entre des piliers trapus de fort diamètre, une massivité presque romane. Les chapiteaux très sim-

DAMPIERRE. Gravure de la *Topographie françoise* de Claude Chastillon.

p. 357 : DAMPIERRE. Façade sur la cour.

DAMPIERRE. Porte sous la galerie.

plifiés ne démentent pas cette impression. Au contraire, la frise qui court au premier étage est décorée de rinceaux linéaires d'un grand raffinement. Elle s'inspire de celles qu'on voit à l'église de Lonzac ou à la galerie d'Usson, peut-être aussi de l'entablement de l'arc romain de Saintes.

La célébrité de Dampierre lui vient du décor intérieur des deux galeries. Leur couvrement est constitué d'un réseau d'arcs et de nervures supportant un plafond plat fait de caissons. Certains de ces caissons portent les emblèmes de Henri II, ce qui permet de dater l'achèvement des travaux en 1547 ou peu après. Tous les motifs différents témoignent d'une grande curiosité d'esprit et d'un goût certain pour l'emblématique la plus ésotérique. On a attribué leur choix à la femme de Claude de Clermont, Jeanne de Vivonne. Son neveu Brantôme nous en a parlé comme d'une femme à l'esprit incisif, grande narratrice des histoires de l'ancienne Cour. Elle donna le jour à l'une des premières Précieuses des lettres françaises, Claude Catherine de Clermont, maréchale de Retz. Les caissons de Dampierre sont au nombre de cent seize au rez-de-chaussée et de cent vingt-huit à l'étage. Leur inspiration est puisée pour une bonne part dans les *Emblèmes* d'Alciat dont les éditions se multiplièrent alors en France, mais aussi dans la Bible et *L'Enéide*.

Claude de Clermont mourut en 1565, le château resta à sa veuve, morte en 1583, puis à leur gendre Albert de Gondi, duc de Retz et maréchal de France. Assiégé par les huguenots, occupé par les ligueurs, enlevé par le prince de Condé en 1586 et 1587, il commença dès cette époque à être démantelé. Restauré dans les premières années du XVIIe siècle, il sera à nouveau démoli partiellement en 1840.

DAMPIERRE. Caissons du plafond de la galerie.

DAMPIERRE. La galerie.

127.

Champigny

à Champigny-sur-Veude

INDRE-ET-LOIRE / PROPRIÉTÉ PRIVÉE / ✻

Le château de Champigny, qui datait du XIIIᵉ siècle, fut apporté par les Beauvau à la maison de Bourbon-Vendôme et Louis Iᵉʳ de Bourbon-Montpensier en commença la reconstruction. Après sa mort en 1520, son fils Louis II poursuivit les travaux, mais la majeure partie des travaux est probablement due à Jacqueline de Longwy, que Louis II épousa en 1538. Jacqueline est l'une des grandes princesses lettrées de la Renaissance française, nièce du cardinal de Givry, évêque de Langres, prélat humaniste et grand amateur d'architecture. L'influence des nouvelles constructions de Fontainebleau semble s'être exercée puissamment à Champigny.

p. 358-359:

CHAMPIGNY. Vue générale des communs aménagés en château par la Grande Mademoiselle.

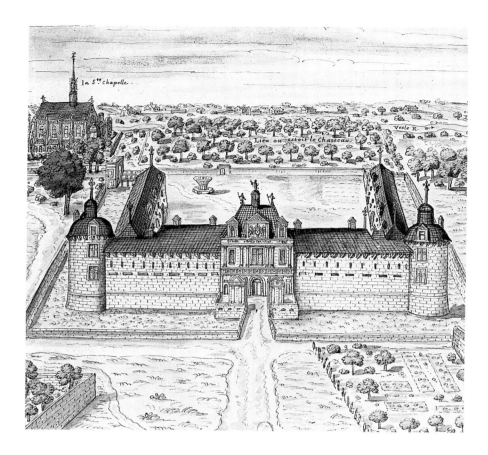

CHAMPIGNY. Le pavillon d'entrée.

Le bâtiment principal a malheureusement disparu, rasé sur l'ordre du cardinal de Richelieu qui l'avait acquis en 1635 de la succession de Marie de Bourbon-Montpensier, femme de Gaston d'Orléans. Il subsiste d'un côté les anciens bâtiments de communs qui encadraient la cour, et de l'autre la célèbre chapelle. Les premiers nous ont été conservés dans l'état où la Grande Mademoiselle, fille de Gaston d'Orléans, les fit remettre pour y résider après avoir récupéré en 1656 la terre patrimoniale. C'est à elle que l'on doit ainsi la modification du pavillon d'entrée du côté extérieur, avec son portail dit « de Jupiter ». Néanmoins l'ensemble a conservé une belle unité et une ordonnance d'un sobre classicisme, remarquable notamment par ses lucarnes à petites baies cintrées géminées sous des frontons droits et par sa corniche à modillons. Le pavillon d'entrée axial, si on peut le dater du milieu du XVIe siècle, est un trait de modernisme, par sa disposition comme par son décor de pilastres superposés, séparés par un véritable entablement dorique comportant triglyphes, métopes et corniche. Les toits bulbeux à lanternons qui couvrent les deux tours d'angle et celui d'une petite tourelle du mur d'enceinte ne sont pas sans évoquer ceux de Valençay, mode particulière aux années 1540-1550, surtout dans le Berry et la Touraine. Les salles sont voûtées d'ogives. Une des cheminées date de la Grande Mademoiselle, une autre est probablement d'origine.

La chapelle de Champigny est l'une des merveilles de l'art religieux du XVIe siècle. Commencée en 1508 et dédiée au souvenir de saint Louis, ancêtre de Louis Ier de Bourbon-Vendôme, elle se pré-

CHAMPIGNY. Galerie menant à la chapelle.

CHAMPIGNY. Le narthex de la Sainte Chapelle.

CHAMPIGNY. Porte de la chapelle.

p. 363: CHAMPIGNY. La Sainte Chapelle.

sente, à l'instar de la Sainte-Chapelle de Vincennes, comme une nef unique, de structure gothique, éclairée de hautes fenêtres au réseau très simplifié; quelques éléments de décor flamboyant, crochets des arcs-boutants, balustrades, coexistent avec les pilastres et les colonnettes des contreforts.

Les admirables vitraux semblent inspirés d'un manuscrit de la *Vie et des miracles de saint Louis* enluminé commandé à un atelier bourbonnais par le cardinal Charles de Bourbon (†1448). Les verrières furent offertes par le cardinal de Givry qui dut aussi guider l'architecte pour l'édification de l'étonnant narthex. La chapelle ayant été dédiée en 1543, on peut croire que celui-ci fut bâti vers 1550 ou même plus tard, en remplacement de la galerie voûtée qui réunissait la chapelle au château. C'est l'œuvre d'un maçon nommé Toussaint Chesneau. Plaqué contre la façade, d'esprit encore gothique, il forme une sorte de vestibule long, d'une grande somptuosité, qui rappelle par le volume la chapelle des Pazzi de Brunelleschi à Florence. Extérieurement, c'est un arc de triomphe à colonnes corinthiennes, au fût lisse, disposé entre deux travées qui évoquent Alberti ou Bramante, avec des pilastres cannelés encadrant un mur plein percé d'une très petite fenêtre cintrée. Intérieurement, c'est un temple oblong cerné de deux ordres superposés de colonnes détachées supportant une voûte en plein cintre ornée de caissons sculptés, où l'on discerne peut-être une inspiration directe d'après un monument romain, le temple de Diane à Nîmes. La Renaissance savante de l'Est — Pagny, Langres — semble ici présente, par l'intercession du cardinal de Givry. Un Italien a-t-il conçu cette œuvre brillante, toute en exaltation de l'Antiquité, mais d'une Antiquité aimable, ornée, ionique?

LE GRAND PRESSIGNY. Le puits au pied du donjon.

LE GRAND PRESSIGNY. Façade principale.

128.
Le Grand Pressigny

INDRE-ET-LOIRE / AU DÉPARTEMENT / MUSÉE DE PRÉHISTOIRE / ✳

Au pied du grand donjon du XIIe siècle, siège d'une seigneurie que son père avait achetée en 1523, Honorat de Savoie, marquis de Villars, cousin de François Ier, fait bâtir un corps de logis, garni sur sa façade nord de deux étages de colonnes ioniques supportant un entablement au niveau supérieur. Au rez-de-chaussée s'ouvre une galerie d'arcades en plein cintre, voûtée d'arêtes. Des murs en retour fermaient autrefois la cour. L'ensemble peut dater des années 1545-1550, comme l'édicule du puits garni de demi-colonnes doriques. A flanc de coteau, subsiste un nymphée octogonal voûté s'ouvrant par une façade en arc de cercle ; des niches à coquilles sont creusées entre des pilastres rustiques chargés de congélations. C'est avec celle de Pagny l'une des plus anciennes grottes rustiques à l'italienne attestées en France. Les chiffres qu'elle porte au-dessus des niches désignent bien Honorat de Savoie comme son constructeur, mais il mourut tard dans le siècle, en 1580.

129.
Valençay

INDRE / **PROPRIÉTÉ PRIVÉE** / ✳

Chambord avait signifié pour François Ier la réalisation d'un geste architectural aussi réfléchi, aussi parfait, aussi monumental qu'une cathédrale. La construction civile accédait ainsi en France à la qualité d'œuvre inspirée qu'on n'avait vraiment reconnue auparavant qu'à l'architecture religieuse. Pour le nouveau Salomon, la tentation était grande de chercher le colossal et le surhumain. Valençay illustre parfaitement cet esprit de démesure, usurpé en quelque sorte par un particulier à l'exemple de son souverain. On ne sait rien de précis sur sa construction. L'hypothèse retenue jusqu'ici était que le château fut commencé pour Jacques d'Estampes, seigneur de Valençay, peu après qu'il eut épousé en 1540 Jeanne Bernard d'Estiau, fille de Jean Bernard, trésorier d'Anjou. La dot de Jeanne expliquait la folle entreprise. Jacques était fils de Louis d'Estampes, gouverneur de Blois, et de Marie Hurault, d'une famille illustre en Touraine qui avait bâti le château de Veuil (voir n° 76), tout voisin.

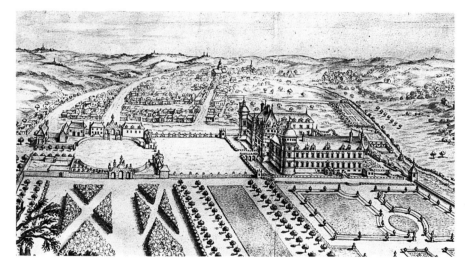

VALENÇAY. Vue générale aquarellée de 1705 (Bibl. des Arts décoratifs, collection Maciet).

VALENÇAY. Façade d'entrée.

VALENÇAY. La galerie sur la cour.

Le parti général, tel qu'il aurait dû être achevé, s'inspire visiblement de Chambord : un immense rectangle ceint de fossés ; aux angles, de puissantes tours rondes ; au centre de l'aile ouest, un donjon colossal. Sur la cour, les ailes devaient être élevées sur des péristyles d'arcades ouvertes. Une ordonnance de pilastres superposés traversée par des doubles corps de moulures horizontales, inspirée elle aussi de Chambord, tapisse entièrement les façades de ses mailles uniformes. Les croisées s'y logent plus ou moins régulièrement, mais les pleins restent beaucoup plus importants que les vides. Une corniche très saillante sur de faux mâchicoulis détache le dernier étage, dont les fenêtres sont ménagées dans de faux créneaux. C'est bien l'ultime expression du château pseudo-féodal, après Azay-le-Rideau et Le Lude. Le donjon cantonné de tourelles s'inspire aussi de Chenonceau.

L'étude nouvelle de J. Guillaume, fondée sur l'examen des moulurations et la découverte de plafonds à décor héraldique, modifie la chronologie traditionnelle. La grosse tour Sud-Ouest et les premières travées des ailes qui la jouxtent au sud et à l'ouest furent bâties pour Louis d'Estampes, dans les années 1520-1530, ce qui explique mieux leur style. Jacques d'Estampes, son fils, aurait achevé la tour après 1540 en lui donnant son étrange couronnement. Plus tard, c'est Jean d'Estampes, à la troisième génération, qui aurait dressé la masse inconsidérée du grand pavillon d'entrée ou donjon, achevé après 1578 si l'on en croit les blasons sculptés (la lucarne centrale est même datée de 1599) ; à droite, le donjon fut réuni à l'ébauche d'aile de 1530, à gauche, le bâtiment symétrique fut réduit à un simple rez-de-chaussée terminé par une petite tour. Sur la cour, l'aile du XVIᵉ siècle comporte une galerie d'arcades en anse de panier ; le décor de sa façade est particulièrement soigné : pilastres, corniche à coquilles comme à Blois et faux garde-corps à balustres comme à Chenonceau.

Valençay, réduit essentiellement à son front occidental, resta dans la famille d'Estampes qui continua vers 1650 l'aile du midi, pastiche de la Renaissance, terminée par une grosse tour bâtie à la ressemblance de celle du sud-ouest. Sa façade sur la cour fut elle-même rhabillée à l'époque néo-classique pour le fermier général Villemorien, au fils duquel Talleyrand achètera le château en 1803.

p. 367 : VALENÇAY. Le donjon, du côté de la cour.

130.
Luçay le Mâle

INDRE / PROPRIÉTÉ PRIVÉE

Le château du XVe siècle fut remanié sous François Ier pour Jean de Rochefort, porte-cornette du roi à Pavie et son ambassadeur à Rome et à Venise, mort en 1536. La façade nouvelle de cette aile est garnie d'un quadrillage de grands pilastres, assez analogues à ceux de Chambord et espacés irrégulièrement, entre lesquels les ouvertures s'insèrent dans le désordre. Luçay-le-Mâle fut converti en exploitation agricole lorsque Talleyrand l'eut réuni à son domaine de Valençay.

LUÇAY-LE-MÂLE. Façade de l'aile neuve.

131.
Breuilhamenon

plus tard Castelnau

à Plou

CHER / PROPRIÉTÉ PRIVÉE

L'ancien château de Breuilhamenon[1] fut acheté en 1540 par Guillaume Bochetel, fils d'un maire de Bourges, qui allait devenir lui-même secrétaire d'Etat en 1547 et mourut en 1558. Il augmenta alors sa superficie par des constructions nouvelles, nécessitées notamment par sa nombreuse famille : il eut 9 enfants. C'est aujourd'hui un rectangle cantonné de tours rondes et de fossés alignant des corps de logis disparates par leurs hauteurs et leurs percements.

1. Ou Brouilhamenon.

BREUILHAME-
NON devenu
CASTELNAU.
Façade d'entrée.

BREUILHAME-
NON devenu
CASTELNAU.
Façades sur la
cour.

On distingue dans la moitié est des corps de logis plus bas qui peuvent remonter au XVe siècle, et dans la moitié ouest une ordonnance plus élevée et plus régulière qu'on peut dater des années 1540. La première moitié a été pourtant modifiée elle aussi du temps de Bochetel, agrémentée d'une grande lucarne du côté de l'entrée, magnifique monument dressé pour équilibrer la dissymétrie des ailes. D'autres lucarnes garnissent le bâtiment de la chapelle, à gauche du donjon. Les ailes de la moitié ouest, qui intègrent l'ancien châtelet d'entrée à deux tourelles, présentent aussi de hautes lucarnes à pilastres couronnées de motifs centraux encadrés de volutes en accolade. Des pilastres encadrent les croisées. Des arcades en anse de panier garnissent le revers de l'entrée (deux datent de la restauration du XIXe siècle) et forment un péristyle continu, autrefois ouvert, sous l'aile qui lui fait face. Le château conserve à l'intérieur une cheminée portée sur des colonnes engagées.

Le disparate des constructions, qui portent la marque de transformations du XVIIe siècle et de restaurations de Boeswillwald au XIXe siècle, rend l'analyse malaisée. On peut le regretter car Bochetel était un amateur d'art, il avait des collections qui furent célèbres et il avait fait choix de Jacques Amyot comme précepteur de ses enfants. Breuilhamenon fut au XVIIe siècle la propriété du maréchal de Castelnau, et c'est alors qu'il prit son nouveau nom, en 1652.

132.
Bournazel

AVEYRON / PROPRIÉTÉ PRIVÉE

Bournazel marque une date importante dans l'architecture de la France du Sud. Le classicisme antique codifié par Vitruve trouve ici à s'exprimer d'une manière vraiment monumentale. Le château médiéval, quadrilatère cerné de tours, appartenait à la famille de Massip, il fut apporté en dot par Charlotte de Massip lorsqu'elle

BOURNAZEL. Lithographie de Villain et Coignet d'après F.A. Pernot, 1837.

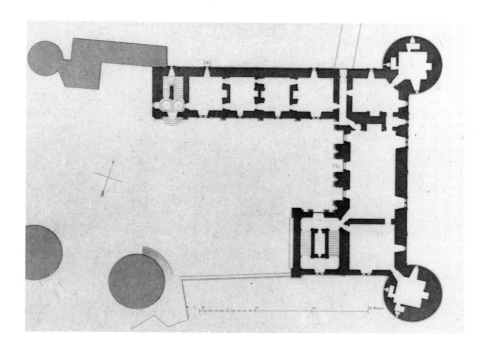

BOURNAZEL. Plan par G. Salard gravé par J. Sulpis (Berty, *La Renaissance monumentale en France*, t. I).

épousa Jean Du Buisson, seigneur de Mirabel. Du Buisson en entreprit la reconstruction. L'aile nord, commencée sans doute vers 1542-1543, est achevée en 1545, date portée sur la frise. L'aile est, à l'équerre, est bâtie vers 1550-1555 ; en retour au sud est construit un pavillon occupé par un grand escalier monumental. L'incendie de 1790 allumé par les paysans a ravagé cette aile qui n'a conservé, après la restauration de la fin du XIXᵉ siècle, que sa façade sur cour. Rien ne subsiste malheureusement de l'escalier. Quant au reste, il n'a jamais été achevé ; le côté de l'entrée devait être percé d'un porche dans une simple galerie.

On a cherché l'auteur de cet ensemble magistral, on a pensé à Guillaume Lissorgues, qui travailla au château voisin de Graves ; ce n'est pas impossible. La construction se situe dans le foyer d'humanisme rouerguat, alors si brillant. Georges d'Armagnac, évêque de Rodez, a joué un rôle de premier plan pour la diffusion des formes nouvelles dans le Centre-Sud de la France. Déjà, il avait fait exécuter après 1530 des travaux de décoration dans sa cathédrale. En 1536, lorsqu'il part en ambassade à Venise, il est accompagné de son lecteur Guillaume Philandrier, humaniste, ami de Budé. Celui-ci met à profit son séjour en Italie pour écrire et publier à Rome un commentaire de Vitruve, puis revient avec Georges (devenu cardinal) en 1544. Le prélat fait alors reconstruire la résidence ordinaire des évêques aux portes de Rodez, à Gages. Il n'en reste rien, mais on peut croire que le nouvel idéal formel y fut appliqué. Dans les années suivantes, il trouve à s'exprimer partout en France, à Assier (seconde campagne de travaux), à Joinville, au Louvre enfin. Bournazel semble participer directement de cette inspiration.

Au corps de logis nord, un portique de colonnes engagées est disposé sur la façade, colonnes doriques sur stylobates au rez-de-chaussée, ioniques à l'étage, toutes au fût cannelé, les chapiteaux traités sur un mode particulièrement riche ; des deux entablements, l'un, à l'étage, placé au nu du mur et ressautant au droit des colonnes, est garni entre les triglyphes de motifs antiquisants en guise de métopes ; l'autre, fortement saillant, est chargé d'une frise

371

BOURNAZEL. L'aile nord sur la cour.

de rinceaux, sous la naissance du toit. Les lucarnes ont encore un aspect traditionnel, avec leurs couronnements à rampants concaves accostés d'ailerons, leurs figures en bustes et leurs coquilles terminales. Les croisées sont percées au centre des travées, croisées entières ou demi-croisées, toutes coiffées de frontons.

Toute la façade est conçue selon le type vitruvien inauguré en 1450 par Alberti au palais Ruccellai à Florence et mis à la mode en France à Villers-Cotterêts. Malgré les pots à feu qui rejoignent maladroitement l'entablement, les fenêtres sont en effet dessinées comme des éléments indépendants des travées verticales, selon le canon italien. Un goût particulier pour l'ornement sculpté se manifeste à la frise et aux métopes, rinceaux, patères, bucranes, têtes de méduses et même protomés de taureaux, motifs assez rares que l'on rencontre au théâtre romain d'Arles ; des bustes à l'antique apparaissent régulièrement au centre des frontons, tout comme à Assier. Les plaquettes des bronziers milanais ou padouans ont certainement servi de modèles à beaucoup de ces motifs. Plus étonnante encore apparaît l'accumulation presque barbare qui surcharge les ressauts de l'entablement bas, figurines, cartouches, aigles, masques. Cette même liberté, qui s'apparente à l'architecture romaine impériale, se voit encore à certaines impertinences voulues, ainsi ces lourdes consoles qui interrompent les métopes sous les pilastres des croisées hautes, ou l'idée de retourner d'un quart de tour la colonne ionique à l'extrême gauche pour amorcer le retour d'une aile qui ne fut jamais bâtie. A gauche, la porte décorée mène vers

BOURNAZEL. L'aile est sur la cour.

un escalier à deux rampes droites réunies par une demi-vis, comme à Assier.

L'aile orientale va plus loin encore dans cette voie inspirée de l'antiquité vitruvienne. Bien des expériences ont déjà été faites lorsqu'elle est élevée, le Louvre de Lescot notamment s'édifie. Le portique est constitué de ce côté par des colonnes à peine engagées, au fût lisse, et jumelées ; l'entablement inférieur est plus saillant, scandé de ressauts correspondant aux colonnes jumelles. Ses métopes sont décorées le plus souvent de scènes à personnages. D'immenses arcades occupent les grands entrecolonnements, et des niches les petits. Ainsi, l'une des premières fois en France, est pratiquée la travée rythmique utilisée déjà par Bramante à la cour de la Pigna au Vatican puis systématisée par Serlio et Palladio. Un caractère véritablement romain revêt cette façade, car ces baies profondément ébrasées et garnies à l'intrados de caissons, comme dans les arcs de triomphe ou les basiliques, laissent volontairement percevoir l'épaisseur monumentale du mur. Au niveau supérieur, selon une disposition inconnue en France sauf en architecture religieuse, un corridor est ménagé à travers les massifs des grandes arcades pour desservir l'étage et permettre le passage depuis l'escalier d'honneur situé au sud jusqu'à l'aile nord. Deux grandes salles d'apparat, haute et basse (comme la salle de bal de Fontainebleau ou celle de Pibrac) remplissaient cette aile. Au-dessus de cette architecture romaine, on observera l'apparition d'une première lucarne de style maniériste, dont les jambages sont garnis de termes en gaines.

133.
Cenevières

LOT / PROPRIÉTÉ PRIVÉE / *

Une tour carrée et une salle contiguë, constructions du XIIIᵉ siècle dominant à pic la vallée du Lot, furent intégrées dans un nouveau château par la famille de Gourdon, propriétaire de Cenevières au XVIᵉ siècle. Deux générations travaillèrent à moderniser leur résidence, de 1525 environ à 1585, date inscrite sur un pavillon : Flottard de Gourdon, vicomte de Gaiffier, chambellan du roi et capitaine de 200 chevau-légers, qui fut fait gouverneur de deux places

CENEVIÈRES. Façades sur la cour.

CENEVIÈRES. Façade du côté de l'entrée.

fortes en Piémont lors des guerres d'Italie, et sa femme Marguerite de Cardaillac ; puis leur fils Antoine, vicomte de Gourdon, zélé protestant qui entretiendra avec Jeanne d'Albret une correspondance de spiritualité chrétienne au moment où la reine de Navarre se préparait, elle aussi, à abjurer la religion catholique. Le vicomte accueillera Henri de Navarre à Cenevières en 1580.

Les travaux successifs ont consisté à percer dans l'ancienne tour gothique de nouvelles fenêtres à frontons triangulaires et à la coiffer d'une toiture en pavillon, avec de grandes lucarnes et une souche de cheminée à pilastres. On trouve les mêmes fenêtres à frontons agrémentées de trois pinacles sur un corps de bâtiment élevé de l'autre côté, perpendiculairement à la salle, et sur un troisième logis en retour, auquel une galerie dans le genre de celle de La Bâtie d'Urfé sera ajoutée au début du XVIIᵉ siècle. Plusieurs de ces lucarnes sont couronnées d'étranges *tempietti* circulaires, étirés comme des lanternes des morts. Un escalier droit a été aménagé sur plan trapézoïdal pour desservir plusieurs bâtiments convergents. Enfin, on peut sans doute dater de la dernière campagne de travaux le gros pavillon d'entrée de plan carré, à la masse très périgourdine. Il répond à une nécessité de fortification née des guerres de Religion au temps d'Antoine de Gourdon. Dans la cour d'entrée, un petit pavillon orné de colonnes est un ancien temple calviniste.

Cenevières conserve deux ensembles de peintures murales de la

CENEVIÈRES. Peintures de la salle d'alchimie.

fin du XVIe siècle, récemment découverts, et assez dégradés : dans le grand salon, une frise haute évoquant des architectures de fantaisie et dans une salle voûtée du premier étage comportant un four d'alchimiste, des scènes mythologiques tirées des *Métamorphoses* d'Ovide, des *Travaux d'Hercule* et de *L'Iliade*.

134.
Pibrac

HAUTE-GARONNE / PROPRIÉTÉ PRIVÉE

Gauside Douce apportait en dot la terre de Pibrac lorsqu'elle épousa en 1516 Pierre Ier Du Faur, président au parlement de Toulouse. Les deux époux firent réparer et augmenter le château en 1540. Ses ressemblances avec l'hôtel de Bagis, à Toulouse, ont fait attribuer les travaux au grand architecte toulousain Nicolas Bachelier, avec d'autant plus de vraisemblance que Bachelier travaillera en

PIBRAC. L'aile gauche avec sa mirande.

PIBRAC. Vue générale.

PIBRAC. Le cabinet.

1545 au château de Saint-Jory pour un autre membre de la famille Du Faur. C'est bien en effet l'architecture toulousaine qui apparaît ici avec sa saveur très particulière. La brique règne sur toutes les façades, non comme un ornement mais bien comme le matériau local de construction affirmé comme tel, non seulement pour les murs nus mais aussi pour les moulurations des bandeaux, des corbeaux et des chapiteaux de la galerie. La pierre blanche n'intervient qu'avec parcimonie, aux encadrements — et parfois seulement au linteau — des baies. Les toits à faible pente sont faits de tuiles canal.

Pibrac se dispose en trois corps de logis de semblable hauteur réunis en U. Celui du fond est vraisemblablement la reprise d'une construction plus ancienne. Des tours rondes garnissent les angles, de petites échauguettes couronnent les intersections sur la cour, une tour d'escalier de plan polygonal s'accole au centre du logis principal. Seuls les faux mâchicoulis et le bandeau supérieur forment une ligne continue, et les percements des baies sont disposés avec la plus grande liberté, grandes croisées, demi-croisées, baies simples ou jumelles, fenêtres du rez-de-chaussée traitées à l'italienne dans un cadre décoratif garni de volutes et de gousses. L'aile gauche est ouverte au second étage par une galerie à claire-voie d'arcades surbaissées, c'est une disposition locale faite pour bénéficier de la vue et du bon air, la « mirande ».

La tour ronde qui la joint, cantonnée d'une haute tourelle, est d'une particulière qualité plastique. On y trouve au premier étage le cabinet d'étude qui fut vraisemblablement celui de Guy Du Faur de Pibrac, chancelier de Marguerite de Valois, reine de Navarre, qui hérita du château en 1557. Il a pu écrire ici ses célèbres *Quatrains,* l'un des plus grands succès de librairie du temps. Voûté d'ogives sur nervures de briques, il est décoré de scènes mythologiques peintes dans les demi-lunes (un peu plus tardives, sans doute), et d'un précieux lambris formé de panneaux d'entrelacs séparés par des personnages en gaines.

L'aile droite, deux fois plus large que les autres logis, renferme deux grandes salles juxtaposées. Les escaliers en vis sont en bois, les dallages et les cheminées en brique, donnant à toute la maison un caractère régional et sobre qui n'avait pas échappé au président de Thou lorsqu'il visita Pibrac en 1582 : «Tout y paraissait fort simple, à l'exception des meubles, qui étaient magnifiques.»

135.
Saint-Jory

HAUTE-GARONNE / PROPRIÉTÉ PRIVÉE

L'indication irréfutable d'un nom d'architecte pour un bâtiment donné est assez rare au XVIᵉ siècle. C'est le cas de Saint-Jory.

SAINT-JORY. Façade d'entrée.

L'ancien château détruit en 1354 avait été rebâti en 1502-1509. Un contrat du 17 mai 1545 qui nous a été conservé concerne la décoration de l'aile sud, la seule qui subsiste. C'est une façade de brique aux murs nus, comme à Pibrac. Michel Du Faur de Saint-Jory commande ce jour à l'architecte toulousain Nicolas Bachelier l'ornementation de cette aile d'entrée déjà bâtie depuis quelque temps. Les travaux furent arrêtés en 1547 sans que le parti général ait été achevé. La façade correspond bien en effet à l'art très particulier de Bachelier qui, plutôt que d'ordonner ses compositions selon les trames ligérines ou italiennes, préfère parsemer l'édifice de « morceaux » échappant aux catégories régulièrement admises, et de les balancer subtilement par de larges surfaces de mur nu, selon un esprit typiquement méridional, très sensible dans l'architecture espagnole.

SAINT-JORY. *A gauche :* Cheminée.

à droite : Portail postérieur.

Ici le morceau de bravoure est le portail, qui apparaît déjà comme très « maniériste ». Son soubassement est fait d'une robuste arcade, presque brutale, qui présente, l'une des premières fois en France, l'architecture rustique à bossages piquetés qui fit toute la renommée du palais du Té à Mantoue, et que Serlio va vulgariser (*Libro Quarto*, 1537). Le contrat de 1545 ne laisse rien ignorer de l'effet désiré : le bas ordre doit être rustiqué « plus naturel qu'artificiel ». C'est bien l'aspect de rochers véritables que l'on veut suggérer. Au-dessus, s'édifie une composition pyramidante comme une façade d'église, flanquée de colonnes qui doivent s'inspirer, selon le contrat, de celles de «l'église de la Rotonde à Rome» (le Panthéon). Elles cernent des baies groupées par deux dans un cadre carré à crossettes d'un dessin encore inédit. La variété déjà rencontrée à Pibrac règne dans les baies percées dans le mur de brique. On rencontre ainsi au rez-de-chaussée des ouvertures simples, presque carrées (abaissées depuis) ; à l'étage est percée une croisée dont les jambages sont faits de colonnes surmontées de pilastres au niveau du croisillon (aujourd'hui disparu) ; ou de hautes fenêtres rectangulaires que cerne un portique à colonnes porté par de puissantes consoles michelangelesques, et amorti de volumineux ailerons décorés de gousses.

Au revers, du côté de la cour, l'accès est souligné par un portail monumental traité avec la plus grande emphase. Le dessin maniériste s'exaspère, les éléments des ordres antiques, pilastres, chapiteaux, sont volontairement altérés pour produire des effets inédits. L'insistant tracé en carré de la partie principale, dont les impostes dessinent la ligne médiane, est destiné à mettre en valeur la grande voussure de feuilles d'eau et les deux foudres des écoinçons. On trouve la même architecture à effets provoquants à la grande cheminée de la salle.

136.

Couiza

AUDE / A LA COMMUNE / ✳

Couiza nous rappelle l'implantation en Languedoc d'une grande famille qui joua un rôle déterminant dans la province en y prenant la tête du parti ligueur, les Joyeuse. En 1518, l'héritière de la seigneurie l'apporte en dot à Jean de Joyeuse, petit gentilhomme issu du Vivarais. Lorsque sa puissance locale s'affirme — il va devenir gouverneur de Narbonne et lieutenant de Montmorency-Damville en Languedoc — il entreprend la construction du château, probablement dans les années 1540-1550. Son fils Guillaume, lieutenant général en 1561, plus tard maréchal de France en 1582, l'achèvera en 1562, dit-on. L'attribution à Nicolas Bachelier n'apparaît guère vraisemblable car ce n'est pas son style.

Planté au bord de l'Aude, Couiza est un quadrilatère cerné de tours rondes et coiffé de toits plats en tuiles canal. Extérieurement, c'est une petite forteresse de calcaire rosé, rude et sans ornements, facile à défendre contre un coup de main, avec une bretèche surplombant la poterne sud. Du côté de la cour, au contraire, on a donné un caractère plus aimable aux façades grâce à des croisées cernées de pilastres cannelés, doriques ou corinthiens, et couronnées, pour deux d'entre elles, de souples accolades d'un caractère très italien.

Le revers de l'aile d'entrée, à l'est, a reçu un décor monumental qu'on voit aussi à Sallèle ou à Bournazel, un péristyle d'arcades ouvertes larges comme des *couverts* de place publique, et un portique de colonnes à demi engagées sur trois niveaux. Des proportions correctes sont observées pour l'ordre dorique du rez-de-chaussée et pour l'ionique — dont les fûts sont cannelés et rudentés avec un rare souci archéologique — mais le corinthien terminal est réduit à des proportions bâtardes, probablement dans le dessein

COUIZA. Vue extérieure vers le sud.

COUIZA. La cour.

— non réalisé — d'aménager là une « mirande », une galerie ouverte sous le toit. Une grande liberté ornementale se fait jour, non pas tant dans les tables à l'antique qui garnissent l'appui du premier étage, mais dans les curieux motifs juxtaposés à la frise du second ordre, consoles et pointes de diamant, qui n'ont pas d'exemple ailleurs.

Dernier élément décoratif, que l'on croirait volontiers un peu plus tardif, le superbe portique de bossages « piqués » qui sert d'entrée au château, avec ses colonnes baguées, son entablement et son fronton traités aussi en rustication. On reconnaît là l'un des modèles d'ordonnance rustique dessinés par Serlio dans son *Libro Extraordinario* (Lyon, 1551). La porte de Couiza est proche de celle de l'hôtel du Grand Ferrare, construit en 1544-1546 à Fontainebleau par Serlio pour le cardinal Hippolyte d'Este ; elle diffère au contraire sensiblement de celle de Saint-Jory, datée de 1545.

Couiza fut au cœur des guerres de Religion languedociennes. Guillaume de Joyeuse y tint sa cour ; il en fit le point de départ de ses expéditions en pays protestant et les huguenots d'Alet parvinrent à s'en emparer en 1577. Après 1589, le maréchal s'y retira jusqu'à sa mort, survenue à Limoux en 1592. Le château resta ensuite à l'abandon jusqu'au milieu du XVIIe siècle.

COUIZA. Le portail d'entrée à l'est.

137.

Sallèles

à Sallèles-d'Aude

AUDE / PROPRIÉTÉ PRIVÉE

Partagé en plusieurs logements individuels qui l'ont cruellement dénaturé, le château de Sallèles a gardé des restes d'une qualité exceptionnelle qui l'apparentent à Couiza et à Bournazel. Son histoire est obscure. Il a pu être construit en 1541 par un trésorier des finances nommé Massia, ou bien par un noble de Narbonne nommé M. de Loupia et agrandi ensuite par les Massia. François Ier y séjourna en 1542.

L'ensemble formait autrefois un quadrilatère dont il ne reste guère que le logis principal, au sud. Du côté extérieur, les croisées

SALLÈLES. *A gauche* : Vestiges de la façade sur cour.

à droite : Vestiges de la façade postérieure.

irrégulièrement percées sont encadrées de pilastres ioniques et deux d'entre elles sont couronnées d'un fronton. Côté cour, on voit les traces d'un portique de cinq arcades ouvertes alignées sous de grandes croisées, avec un petit retour à gauche et une interruption brutale à droite par un bâtiment plus récent. Des colonnes ioniques à fût lisse sur stylobates sont surmontées de colonnes corinthiennes cannelées qui seraient à demi engagées si deux gorges longitudinales n'étaient creusées le long des fûts, créant une sorte de niche étroite. C'est la disposition des « colonnes nichées » telle qu'elle a été imaginée par Michel-Ange à la bibliothèque Laurentienne de Florence. L'entablement est à ressauts à l'étage, et continu au niveau supérieur. La frise est gravée d'une longue inscription latine : « Est quam rara concordia... » D'autres inscriptions moralisantes sont visibles sur les croisées de la façade postérieure : « Diu delibera. » « Aperta sum apertis. »

138.
Ancy le Franc

YONNE / PROPRIÉTÉ PRIVÉE / *

Ancy-le-Franc a longtemps passé pour une création purement italienne. Elle aurait été imposée au terroir français en vertu d'un accord exemplaire conclu entre un grand seigneur éclairé et un architecte transalpin de renom, Sebastiano Serlio, qui trouvait là l'occasion rarissime de réaliser pleinement ses idées. L'attribution retenue par Gebelin qui comparait la travée rythmique utilisée dans la cour du château avec une gravure du *Quatrième Livre* de Serlio publié en 1537 a paru pleinement confirmée par la découverte récente des différentes versions d'un *Sixième Livre* jamais imprimé, deux ensembles de dessins manuscrits (bibliothèques de Columbia et de Munich) et un ensemble de planches gravées (Vienne, Albertina). Les textes qui accompagnent les dessins ne semblent laisser en effet aucun doute : à la date où Serlio les exécutait, vers 1549-1550, le château d'Ancy-le-Franc s'édifiait sur ses dessins, à en croire son propre témoignage. La découverte à la Bibliothèque nationale de Paris d'un autre projet dessiné pour Ancy (reproduit plus tard en gravure par Du Cerceau), et qui n'est pas de la main de Serlio, invite à s'interroger sur les différences notables qui existent entre les planches de Serlio et les dispositions réelles du château.

Héritier d'Ancy-le-Franc en 1537 à la mort de sa mère Anne de Husson, comtesse de Tonnerre, Antoine III de Clermont occupait une position importante à la cour de François Ier. Beau-frère de Diane de Poitiers dont il avait épousé la jeune sœur, Françoise, lieutenant général en Dauphiné, grand maître des Eaux et Forêts, il décida de faire construire un château sur un terrain vierge qui permettait la réalisation exemplaire de ses goûts, sans le souci de s'accommoder d'une construction plus ancienne. La régularité la plus parfaite devait présider à l'exécution du quadrilatère flanqué de pavillons qu'il désirait voir élever. Pour le mettre en valeur, le

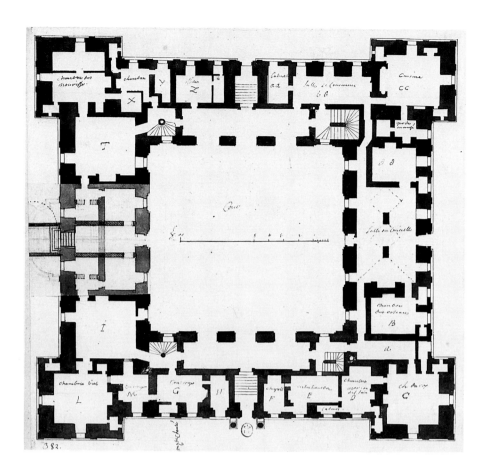

ANCY LE FRANC. Plan par Robert de Cotte (Bibl. nat., Estampes, Va 89).

ANCY LE FRANC. Gravure par Israël Silvestre vers 1650.

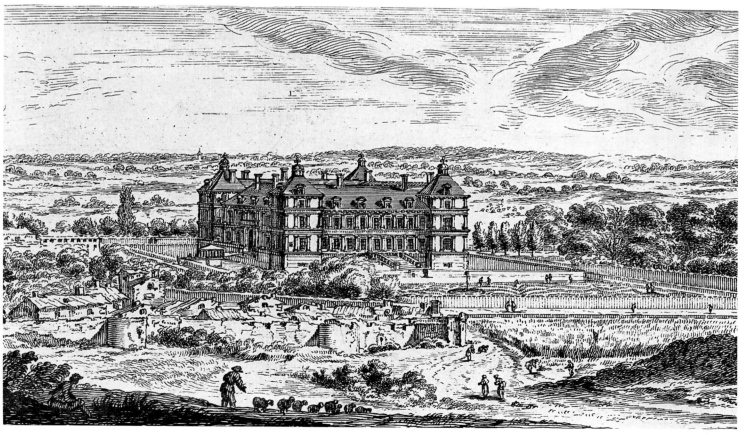

ANCY LE FRANC. Vue générale.

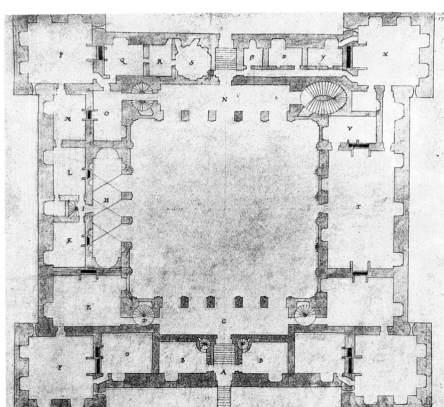

ANCY LE FRANC. Dessin de Serlio pour la
façade sur la cour (manuscrit du VIᵉ Livre,
Munich, Staatsbibliothek.)

terrain fut largement cerné d'un fossé dont les terres enlevées servirent à remblayer une large terrasse de six mètres de large, sorte de socle d'où le château devait dominer l'étendue de la plaine. La terrasse sera supprimée au XVIIIᵉ siècle et les fossés seront comblés en 1836. Les travaux commencèrent vers 1544 ; la date de 1546 est inscrite au-dessus d'une porte de la façade méridionale, indiquant qu'à cette date, le rez-de-chaussée était élevé aux deux tiers de sa hauteur. Le château était probablement achevé vers 1550.

On peut croire qu'Antoine de Clermont a rencontré Serlio à la cour de François Iᵉʳ au moment même où celui-ci commençait à construire l'hôtel du cardinal de Ferrare à Fontainebleau. Tout comme François d'Agoult le fera pour Lourmarin, il aurait demandé à l'architecte italien des plans pour son futur château, et Serlio aurait proposé un parti général auquel son client se serait accordé. Sur ce parti, l'imagination créatrice de l'architecte a brodé des variantes, au moins trois, celles que les manuscrits et les gravures du *Sixième Livre* nous révèlent. Une autre variante, le plan conservé à la Bibliothèque nationale, est sur certains points plus proche de la réalisation, et il n'est pas de la main de Serlio. Il paraît pourtant difficile de contester à Serlio la paternité d'Ancy-le-Franc lorsque l'artiste lui-même, dont la probité est connue, se l'attribue ouvertement ; mais l'exécution ne suivit pas les premiers dessins de l'architecte sans doute remis en cause en fonction des exigences du propriétaire, comme le pensent S. Kuhbacher et J. Guillaume.

La régularité parfaite préside à l'organisation des volumes et des façades. Quatre corps de logis dessinent un carré parfait flanqué aux angles de pavillons quadrangulaires. Ces derniers comportent deux étages sous un toit élevé couronné d'un lanternon. Les corps

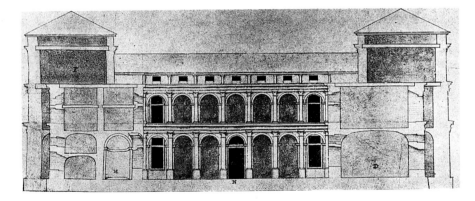

ANCY LE FRANC. Façades sur la cour.

de logis, eux, ne comportent qu'un seul étage ; ils devaient recevoir des toits plats, qui furent remplacés au dernier moment par de hauts combles à la française venant brocher sur les pavillons. Les murs sont en bel appareil régulier, en pierre de Bourgogne. Une trame régulière de pilastres portant des entablements continus court sur les façades, sous une corniche agrémentée de consoles. Les fenêtres, au chambranle rectiligne très simplifié, s'inscrivent dans les intervalles. Elles laissaient à l'origine un trumeau vide entre elles, mais ceux-ci ont été percés de fenêtres identiques aux autres du temps de Charles-Henry de Clermont, ce qui rend l'ordonnance plus banale, par une altération de l'équilibre des pleins et des vides au bénéfice de ceux-ci. Le décor des portes est aussi une adjonction de Charles-Henry au début du XVIIᵉ siècle, hormis la porte de la façade sud, discrètement percée sous les rainures du pont-levis et surmontée de la devise du maître de maison : « Soli Deo gloria. 1546. » Partout règne un ordre toscan d'une parfaite sobriété et les lucarnes, percées au-dessus du départ du toit, sont réduites à d'infimes proportions. Les lignes horizontales l'emportent, qui dégagent de la masse générale une impression de calme régulier et une harmonie musicale sans accents violents.

Sur la cour carrée, on trouve une disposition italienne qui ne figure pas sur les projets dessinés par Serlio, c'est la travée rythmique de Bramante, celle que l'architecte de Bournazel va utiliser un

ANCY LE FRANC. Peinture du plafond de la Chambre de Diane.

ANCY LE FRANC. Peinture de la Chambre des Arts.

ANCY LE FRANC. Peinture de la Galerie de Pharsale.

391

peu plus tard au portique de son aile est. A l'intérieur des deux registres horizontaux délimités par les entablements qui courent sans interruption sur les quatre côtés, le rythme est obtenu par des paires de pilastres — cannelés et corinthiens ceux-là — disposés sur un stylobate commun. Dans l'étroit espace qu'ils déterminent est creusée une niche, ou une niche et un tableau carré. Entre les groupes de pilastres, au contraire, est dessiné un rythme continu d'arcades. Ces arcades sont ouvertes dans la majeure partie de l'aile d'entrée et de celle qui lui fait face — nord et sud — où sont ainsi ménagés des péristyles qui mènent aux escaliers logés dans les angles. Partout ailleurs, elles sont obstruées par un mur percé d'une croisée. A l'étage, de hautes fenêtres coiffées d'une table à couronnement prennent la place des arcades. Les lucarnes sont aussi réduites que sur les façades extérieures, mais d'un style plus orné. Ici l'uniformité du *cortile* est faite d'une harmonie savante, plus rythmée, plus gracieuse aussi que la masse extérieure. Ancy-le-Franc est ainsi une composition profondément originale dans sa simplicité, sans exemple en Italie comme en France.

L'intérieur renferme une série remarquable de peintures murales (sur enduit et non à fresque) exécutées dans la deuxième moitié du siècle. Ici, le caractère italien prévaut sans partage. Tout comme dans les palais italiens, le palais du Té par exemple, les salles se suivent en enfilade pour la réception, décorées de thèmes qui leur donnent leur caractère individuel, bien davantage que l'usage qui en est fait. Au rez-de-chaussée, voûté comme le sont généralement les rez-de-chaussée de Serlio, voici ainsi, à gauche de l'entrée principale du côté nord, la salle des Césars, datée de 1578 ; des portraits d'empereurs romains dans des médaillons garnissent les arcatures dessinées sur le mur par le jeu des pénétrations de la voûte ; celle-ci est décorée d'arabesques, de monstres et d'objets divers dans le goût des grotesques de la Rome impériale remis en valeur par Raphaël et ses émules. Vient ensuite la chambre de Diane, (qui porte la date de 1578, elle aussi) logée dans l'un des pavillons ; sa voûte est recouverte d'une ample composition de grotesques centrée sur une sorte de toile d'araignée portée par des monstres ailés ; au centre de chaque côté, un édicule abritant une divinité. Arcades et hauts lambris déterminent sur le mur de grands espaces dévolus à la peinture ; deux grandes scènes sont intactes, *Diane au bain surprise par Actéon*, et *Le Jugement de Paris*. Ce n'est plus tout à fait l'art de Primatice mais peut-être la main de quelque Flamand italianisé, dans l'esprit de Spranger. D'autres pièces voûtées portent encore des traces de peintures, ainsi la salle du Zodiaque et celle des Nudités, mais bien des décors ont été détruits pour laisser place à d'autres, du temps des Louvois.

A l'étage, les pièces sont couvertes de plafonds à poutres et solives. La galerie des Sacrifices offre une série de peintures murales en camaïeu inspirées par des bas-reliefs antiques et très reprises au XIXe siècle. Puis vient la chambre de Judith, (belle cheminée), logée dans l'un des pavillons. Le cabinet du *Pastor Fido* qui suit est de la fin du siècle. La grande salle des gardes (20 mètres sur 9) a, dit-on, été aménagée par Antoine de Clermont en prévision de la venue de Henri III en 1574 lors de son retour de Pologne (cheminée, poutres peintes). Le décor de carreaux émaillés armoriés a disparu. La chapelle, dont le décor fut achevé en 1604, précède la galerie de Pharsale en camaïeu brun (qui a été attribuée à Nicolo Dell' Abate) qui fait pendant à celle des Sacrifices, puis la chambre des Fleurs. La chambre des Arts offre une belle cheminée à griffes ; surmontant les lambris hauts, les murs sont peints de médaillons représentant *les Arts libéraux,* sous un plafond décoré d'entrelacs dorés sur fonds bleu, vert et amarante. On connaît pour l'un des médaillons un dessin du « Maître de Flore » au Louvre (*Apollon et les Muses*). Enfin la galerie de Médée est aussi peinte de médaillons, ovales, qui s'enlèvent sur un fond d'arabesques. Ces deux dernières pièces, dont le décor était très voisin de la galerie d'Ulysse à Fontainebleau, sont sans doute plus anciennes et reflètent l'influence, sinon l'intervention, de Primatice, ou de Nicolo, ou de Luca Penni.

Lorsqu'il mourut en 1578, Antoine de Clermont avait perdu ses deux fils, Claude tué à Moncontour en 1569 et Henri à La Rochelle en 1573. C'est son petit-fils Charles-Henry qui, tout enfant, recueillera la succession et qui tiendra Ancy jusqu'en 1640. Il fera poursuivre le décor intérieur et modifier (en 1621) les portails des façades. Ainsi le décor de la chapelle, dû au peintre Meynassier, doit-il être daté de 1596 à 1604, de même, probablement, que le cabinet du *Pastor Fido.* Louvois deviendra maître du château en 1683.

139.
Lux

LUX. Porte du corps de logis.

CÔTE-D'OR / PROPRIÉTÉ PRIVÉE

Depuis le milieu du XVe siècle, Lux appartenait à la famille de Malain, famille de banquiers enrichis au service des ducs de Bourgogne. Faute de documents, il semble vraisemblable de placer dans les années 1540 les travaux de modernisation. L'ancien château était sans doute constitué d'un quadrilatère flanqué de grosses tours rondes dont deux encadrent les extrémités postérieures du logis et une troisième se dresse, isolée, au bord de la rivière de la Tille.

Le long corps de logis unique est adossé à l'ancienne courtine. Du côté de la cour, il présente huit travées encadrées par deux tourelles carrées abritant les escaliers. Malgré les remaniements des architectes Le Jolivet et Caristie au milieu du XVIIIe siècle (modification des ouvertures), le rythme général, la disposition des lucarnes, les pavillons avec leurs corniches à modillons ne sont pas sans rappeler dans un mode mineur l'esprit d'Ancy-le-Franc. Une petite porte à pilastres et entablement s'ouvre à gauche ; un décor plus ambitieux garnit la porte centrale, dessinée en travée rythmique, l'arcade centrale s'insérant entre des pilastres jumelés séparés par des niches. Le bel entablement dorique est garni de bucranes aux métopes. Le tableau placé à l'allège de la baie centrale a reçu les àrmoiries de la famille portées par deux hommes nus sous un immense casque empanaché. Elles datent soit de Joachim de Malain, chevalier de Saint-Michel, soit de son fils, Edme de Malain, baron de Lux, chevalier du Saint-Esprit en 1587, un des ligueurs bourguignons qui se rallièrent à Henri IV. Il fut tué en 1612 en duel par le chevalier de Guise. Le château conserve des fragments de peintures murales qui ont été attribuées au peintre italien Luca Penni (vers 1540).

140.

Joinville

Château du Grand Jardin

Le Grand Jardin illustre le goût nouveau de la haute aristocratie française qui veut bâtir des maisons de plaisance et non plus seulement des châteaux ; des pavillons de dimensions modestes placés dans des sites agréables et non plus des forteresses améliorées. L'exemple a été donné par le cardinal Du Bellay à Saint-Maur et il inspire plus ou moins directement la nouvelle génération d'édifices des années 1540-1550.

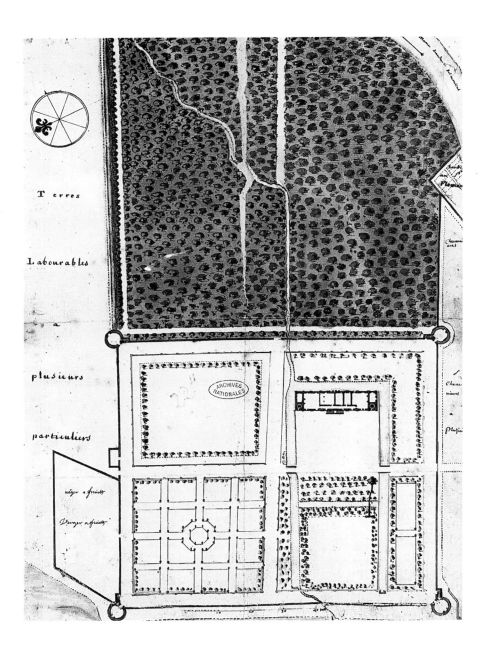

JOINVILLE. Plan du Grand Jardin au milieu du XVIIIe siècle (Archives nationales, N III Haute-Marne, 22, nº 4).

La seigneurie de Joinville appartenait à une branche cadette de la maison de Lorraine, celle des Lorraine-Guise, qui gagne alors, et pour plus d'un siècle, la faveur des rois. L'ancêtre de l'illustre lignée, Claude de Guise, frère cadet du duc Antoine de Lorraine, avait épousé Antoinette de Bourbon. Il décida d'abandonner le château féodal de Joinville qui se dressait au sommet de la colline, et de faire bâtir plus bas, en terrain plat, une sorte de casino, environné d'un «grand jardin» fort soigneusement tracé. Ce dernier affectait la forme d'un vaste carré cerné de murs et flanqué de tours de guet. Il était divisé en parterres et planté d'arbres fruitiers exotiques, orangers, citronniers, grenadiers. Un canal fort poissonneux le traversait, large de près de trois mètres, qui se poursuivait au-dehors à travers un bois s'étendant jusqu'au bord de la Marne. Claude de Guise avait été nommé gouverneur de Champagne en 1523, puis gouverneur de Bourgogne en 1543. Les aménagements commencèrent, selon les comptes, en 1533, et le «Château d'En

LE GRAND JARDIN. *Ci-dessous*: Façade principale. L'étude du plan laisse penser que les dernières travées droite et gauche ont été ajoutées dès le XVIe siècle au projet primitif.

en bas: Élévation de 1790 (Archives nationales, N III Haute-Marne, 5, n° 1).

bas » fut achevé en 1546 (la date apparaît deux fois sur l'édifice). Claude voulait en faire sa retraite, comme l'exprime bien la devise « Là et non plus ». C'est là qu'il meurt en 1550.

La maison elle-même est un corps de logis longitudinal planté isolément au centre de l'un des quatre carrés délimités par les allées du jardin. Des fossés alimentés par le canal le baignaient sur trois côtés ; leur absence nuit aujourd'hui à la bonne compréhension de l'architecture. C'est à l'origine un simple rez-de-chaussée, long de 49,70 mètres, large de 13, dressé sur un soubassement abritant les services et coiffé d'un grand comble. Aux restaurations abusives de l'architecte Lebreton en 1857 sont dus le perron, les lucarnes et l'affreuse balustrade au départ du comble. Pour le premier, il se disposait originellement d'une façon plus simple, deux volées opposées montant latéralement et défendues par un simple garde-corps de métal, si nous en croyons un dessin de la fin du XVIIIe siècle ; cette simplicité correspond assez aux perrons du XVIe siècle que l'on connaît ailleurs. Pour les lucarnes, elles étaient proches de celles du premier type d'Écouen et coiffaient chacune des travées de fenêtres et non pas une travée sur deux (rythme typiquement XIXe siècle qui ôte à la façade une partie de son caractère). De même, les extrémités de la maison étaient surmontées de tourelles carrées émergeant du toit (détruites au XIXe siècle). Ces tourelles abritaient des escaliers en vis. Leur absence est aussi dommageable à l'aspect général et affadit singulièrement la composition. Ici encore, la travée rythmique règne en maîtresse, imposant entre les grandes croisées des paires de pilastres réunis sur le même stylobate et sous le même entablement, et réservant entre eux la place de niches allongées visiblement inspirées de Serlio (*Quatro Libro*, 1537), comme l'a souligné D. Timmer. Au centre, l'inspiration du Saint-Maur de Philibert de L'Orme apparaît évidente : même petite porte à colonnes fort soigneusement dessinée, coiffée ici d'un bas-relief reproduisant une bataille à l'antique et insérée entre les grands pilastres pour donner l'effet d'un plus large frontispice. En soubassement, de très petites portes donnent accès aux services ou aux escaliers.

Au revers, la façade n'est bien compréhensible que si on l'imagine baignant dans l'eau des fossés. Mêmes travées rythmiques à grandes croisées que sur l'autre côté, mais il n'y avait pas ici de lucarnes de pierre ni de tourelles aux extrémités. Au contraire, un motif central est indiqué en saillie, curieux encorbellement posé sur des colonnes qui sortaient de l'eau. Avec ses fenêtres dénivelées, cet appendice — peut-être ajouté a posteriori — ne s'explique guère, à notre sens, que comme l'emplacement prévu pour un troisième escalier, à rampes droites celui-là, qui aurait notamment permis de descendre aux cuisines (comme à l'arrière de Chenonceau). Il était coiffé d'un toit en dôme sans doute analogue à ceux des tourelles de la façade principale.

Joinville ne vaut pas seulement par son rythme, mais aussi par la qualité raffinée du décor sculpté. La fantaisie des chapiteaux corinthiens, certain décoré de mufles de lion, la variété des motifs dispersés sur les frises, les tablettes disposées sur les cannelures des pilastres à la ligne d'imposte des niches, les Renommées de la porte d'entrée et les putti de l'avant-corps arrière révèlent l'aisance souveraine d'une main habituée à la grammaire italienne et s'en libérant. Antoinette de Bourbon commanda le mausolée de son époux, élevé dans l'église de Joinville, à deux sculpteurs qui étaient des collaborateurs de Primatice, Dominique Florentin et Jean Picard, dont l'œuvre est importante dans les églises de Champagne à partir des années 1540. Il est vraisemblable qu'ils avaient été char-

LE GRAND JARDIN. Travée centrale de la façade principale.

LE GRAND JARDIN. Façade postérieure sur le fossé. Lithographie d'Eugène Ciceri.

gés des sculptures du Grand Jardin du vivant de Claude de Guise mais D. Timmer a avancé le nom de Ligier Richier.

Les anciennes dispositions intérieures sont mieux connues depuis les travaux de restauration de 1982-1989. Avant le cloisonnement effectué au XVIIIe pour le duc d'Orléans, héritier des Guise, on trouvait là une succession de hautes pièces, formant un seul appartement, salle, chambre, antichambre et garde-robe. Les trumeaux de la grande salle sont creusés de profondes niches carrées (susceptibles de recevoir des peintures ou des reliefs). A l'extrémité sud, on voit encore la petite chapelle, couverte d'un berceau décoré

LE GRAND JARDIN. Détail de l'avant-corps de la façade postérieure.

p. 399 : LE GRAND JARDIN. La façade postérieure.

de caissons sculptés de cartouches dans le style de Du Cerceau. Une cheminée datée de 1592 a été remontée à la mairie de Joinville.

141.
Mesnières

à Mesnières-en-Bray

SEINE-MARITIME / PROPRIÉTÉ PRIVÉE / ✱

Vers 1525, Charles de Boissay, propriétaire d'un château ruiné pendant la guerre de Cent ans, entreprit sa reconstruction dans le style très retardataire des premiers châteaux de la Loire, Chaumont par

MESNIÈRES. Vue générale.

exemple, c'est-à-dire un quadrilatère cantonné de grosses tours rondes couronnées de mâchicoulis. L'édifice n'était pas achevé lorsqu'il passa à sa sœur Suzanne, épouse de François de Fautereau en 1544. La date du mariage doit coïncider avec la fin des nouveaux travaux, exécutés dans un style résolument moderne ; ils intéressent le logis du fond, la chapelle (consacrée en 1545), l'aile gauche avec le couronnement de la tour voisine. Quant à l'aile basse en galerie qui fermait l'entrée, elle fut détruite au XVIIIe siècle.

MESNIÈRES. La cour.

Le grand style de Mesnières surprend par sa rigueur et sa distinction classique, et par un sens très aigu de la convenance architecturale. C'est bien celui de Blaise Le Prêtre, auteur de l'hôtel d'Escoville à Caen. Le système décoratif adopté est appliqué avec une progression mesurée. Aux façades extérieures, pas d'ordres antiques, mais des lucarnes à deux colonnes et fronton. A la façade intérieure de l'aile gauche, l'ordonnance est traitée en pilastres, et les lucarnes ont aussi des colonnes sous un fronton. A la façade intérieure du corps de logis au contraire, ce sont des colonnes détachées adossées à des pilastres qui rythment les espaces : au rez-de-chaussée les arcades d'un portique et à l'étage de grandes fenêtres alternant avec des trumeaux. Cette colonnade continue a fait ses timides débuts à Villers-Cotterêts, mais elle s'affirme ici avec plus d'assurance. Les colonnes sur stylobates, au fût cannelé, d'ordre ionique au rez-de-chaussée, corinthien au-dessus, sont séparées à l'étage par un premier entablement, tangent aux arcades, placé au nu du mur et ressautant au droit des colonnes ; au niveau supérieur, elles portent un second entablement très saillant avec sa corniche ornée de denticules, forte affirmation des structures architecturales comme à Bournazel ou à Villers-Cotterêts. Les meneaux des croisées sont décorés avec raffinement de colonnettes ioniques, les lucarnes sont de véritables arcs de triomphe, flanquées de quatre colonnes composites chacune, l'appui orné de cartouches inspirés des ornements de Du Cerceau. Le comble est immense, mais c'est une caractéristique normande.

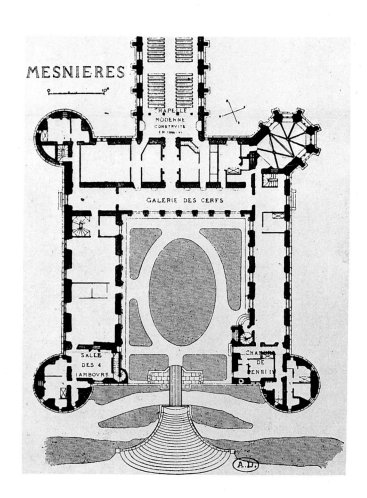

MESNIÈRES. Plan par A. Vaudoyer (*L'Ami des monuments et des arts*, t. 8).

V. LE TEMPS
DES GRANDS THÉORICIENS
─────── 1547 à 1559 ───────

Henri II est un homme de vingt-sept ans lorsqu'il succède en 1547 à François Ier. Il a déjà son entourage et ses idées. Ce nouveau règne tranche avec le précédent par le rigorisme, en matière de religion, et la reprise en main, en réaction contre les abus et le gaspillage. Dans l'art de bâtir, il constitue à coup sûr un sommet auquel l'ascension spectaculaire des réalisations durant les années 1540-1547 a préparé la clientèle et l'opinion. C'est l'apogée de la « Haute Renaissance » française, ainsi que l'a appelée justement Jean Guillaume. Toutes les virtualités de la « manière » française se sont vu reconnaître peu à peu leurs lettres de noblesse, à mesure que s'évanouissaient les complexes d'infériorité des constructeurs à l'égard de la manière italienne. L'architecture française a conquis son indépendance, elle a franchi le seuil des copies et des poncifs, elle s'est fait suffisamment apprécier pour se permettre vis-à-vis de la doctrine classique codifiée dans les traités et de tout le « vitruvianisme » qu'ils veulent enseigner des libertés qui, seules, lui permettront de s'affirmer et d'évoluer dans l'indépendance. Dans ces douze années, effectivement, les réalisations se placent dans un champ de créativité plus ouvert que jamais. Tous les chemins sont explorés, avec une maîtrise inconnue jusqu'alors. La confiance en soi est devenue un dogme, et l'académisme ne s'est pas encore appesanti sur un classicisme tout neuf, capable de toutes les audaces. Rappelons que le règne de Henri II est celui d'Anne de Montmorency et de Diane de Poitiers d'une part, de Pierre Lescot, Philibert de L'Orme, Jean Bullant et Jean Goujon d'autre part...

Signe du temps, l'Italien Serlio quitte la place. La faveur du nouveau souverain lui fait défaut, on comprend pourquoi. Les Français sont maintenant en mesure de prendre la relève des « deviseurs » d'au-delà des monts. Serlio vieilli et désabusé se retire en 1547 à Lyon, dont le cardinal de Ferrare son protecteur est archevêque. C'est là qu'il fera paraître son *Libro Extraordinario*. Revenu à Fontainebleau en 1553, sans doute dans la maison bâtie par lui pour le cardinal, il décédera à la fin de l'année suivante. Les architectes français sont désormais seuls pour répondre à la clientèle de tous les « regnicoles ».

Le roi a fait dès 1547 stopper tous ses chantiers en cours. Une réorganisation administrative des « Bâtiments du Roi » s'impose, pour remédier aux désordres. L'architecte favori, qui travaillait déjà pour l'héritier du royaume, c'est Philibert de L'Orme. Il est nommé surintendant des bâtiments en même temps qu'architecte ordinaire du roi, et il aura la main mise sur tous les travaux. C'est donc un homme de métier, et non plus un courtisan, qui veillera à tout et qui maniera les deniers. Le statut de l'architecte s'en trouve soudain porté au pinacle. La gloire des grands artistes italiens patronne cette promotion nouvelle de l'inventeur-bâtisseur. Elle s'accompagne, de par la personnalité puissante de

De L'Orme, d'une sorte de moralisation de l'acte de bâtir. L'idéal de la bonne gestion vient soudain se conjuguer avec celui de la bonne connaissance du sol et des usages, des climats et des matériaux. Une relation privilégiée, de type humaniste, entretenue par le client et le bâtisseur, fait de ce dernier le nouveau démiurge, maître raisonnable du bonheur des hommes. Et la beauté n'est qu'un des termes du bonheur, au même titre que la commodité.

Le rationalisme de Philibert s'appuie sur un esprit profondément scientifique et expérimental — en cela il suit les chemins tracés par Léonard de Vinci. Il s'appuie aussi sur une pratique consciente et réfléchie des techniques françaises traditionnelles. Après l'expérience italienne de jeunesse — Saint-Maur — il s'oriente vers un art de synthèse, dont Serlio avait déjà donné l'exemple, plus exactement vers un art nouveau qui lui est propre et pour lequel il exploite à sa guise toutes les ressources de sa double formation. Son but : jouer une musique nouvelle, et libre. L'assise de cet art nouveau est fournie par le goût inné du bel ouvrage technique, essentiellement par la perfection du travail stéréotomique, l'art de la coupe des pierres, spécialité reconnue des bâtisseurs de cathédrales.

Lorsque reprennent les chantiers royaux sous la nouvelle direction, Philibert impose sa marque personnelle sur les bâtiments entrepris. Il modifie le projet de salle de bal à Fontainebleau et dessine l'escalier en forme de *phi* qui se déploiera dans la Cour du Cheval blanc. Il proscrit le décor de faïence sur les murs du château de Madrid. Un nouveau château est entrepris, à Saint-Léger en Yvelines. Ses bâtiments ont été depuis longtemps effacés du sol mais les fouilles de Fr. Boudon et de J. Blécon ont permis d'en retrouver les fondations. Il était fait de longues ailes étroites réunies par des pavillons d'angle. Le projet majeur est pourtant la résidence de la maîtresse royale, Diane de Poitiers.

Anet est tout à la fois un château et une folie, dans la mesure où l'architecte a multiplié les audaces et où une série d'appendices piquant le goût et la curiosité se juxtaposent à une grande demeure seigneuriale dans laquelle les attributs très apparents de l'autorité n'ont pas été omis ; de l'autorité et même du respect mystique des plus hautes valeurs morales puisqu'Anet se pare d'un appareil funéraire voué à la chère mémoire de l'époux décédé de la favorite, Louis de Brézé. Folie, féerie. Philibert, que Diane laisse faire, s'affranchit des usages et se laisse aller librement aux impulsions de son génie. Son goût pour la science et la technique lui inspire par exemple l'étonnante annexe du cabinet du roi portée sur une trompe savante, et le jeu d'automates couronnant le portail d'entrée qui était mis en mouvement par le mécanisme de l'horloge logée en dessous.

Le modernisme d'Anet tient au jeu libéré des lignes, des formes et des volumes ; on peut cependant distinguer aisément ses inspirations. La grammaire ornementale propre à Michel-Ange a ainsi fourni le dessin des grandes souches de cheminées en forme de sarcophages et celui des consoles et des pilastres interrompus. L'occupation du sol par des ensembles de constructions fortement hiérarchisés vient d'une tradition française, connue à Nantouillet et à Bury, mais plus anciennement à Vincennes : cour d'honneur entre deux cours de service, grand jardin derrière, le tout groupé dans une sorte d'exploitation domaniale fonctionnant en autarcie et enfermée dans un quadrilatère de fortifications. Le plan en U est adopté, conquête française récente dont le premier Écouen a donné le plus bel exemple, mais les pavillons sont utilisés seulement à la façade postérieure sur jardin, ce qui donne à la continuité des trois logis sur la cour une valeur nouvelle ; à leurs saillies externes, ils s'adornent de hautes échauguettes, d'expression toute médiévale. On a vu ailleurs la chapelle perdre peu à peu ses caractères externes distinctifs (à Écouen par exemple, où elle est logée dans un pavillon d'entrée). C'est là un amoindrissement du culte divin, fâcheux en un temps où la Réforme conquiert de nouvelles positions dans l'aristocratie française, notamment chez les propres neveux du connétable, les Coligny. De L'Orme a été chargé de jeter sur la chapelle de Vincennes de grandes voûtes sur croisées d'ogives. A Anet, il dessine au même moment pour Diane de Poitiers une chapelle totalement extériorisée, dont les deux clochers en pyramidions (évidente traduction des tours des cathédrales gothiques) seront même visibles de la cour. Philibert met toute sa science à la construire, objet parfait qui puise ses sources aux investigations les plus savantes des maîtres italiens sur le plan central.

Les exemples de cette liberté dans les thèmes d'inspiration pourraient être multipliés. A l'époque où Pierre Lescot construit son Louvre sans lucarnes, sans doute comme trop entachées de gothique, de L'Orme en élève de fort grandes à Anet, mais il leur donne une modénature toute nouvelle — d'une belle rigueur — et il les intègre dans le jeu savant des ouvertures de ses façades, jeu qui dépasse singulièrement la répétition ou l'alternance pour créer des rythmes qui n'appartiennent qu'à lui. Dans cet idéal de simplicité savante, on pouvait croire les grands portiques à plusieurs étages bannis par Philibert, et voilà qu'il en dresse un, fort bizarrement, à la travée centrale de son logis principal, ce portique qui est aujourd'hui à l'Ecole des Beaux-Arts.

Mais davantage encore c'est le massif du portail d'entrée qui déconcerte. C'est encore une fois un objet architectural, qui brise volontairement avec le vocabulaire des formes habituelles en France, où l'on se satisfait volontiers d'une addition, ou au mieux d'une combinaison, de parallélépipèdes. Car le portail d'Anet défie la description. Les retraites inattendues, les effets pyramidants, la liaison subtile avec les terrasses des ailes basses qui l'encadrent, tout cela tient à la fois du donjon de Chambord et du Château Saint-Ange... assimilés dans un petit volume dressé pour l'effet. Un effet que la perspective axiale ne suffit pas à faire embrasser du regard et qui réclame les allées et venues du spectateur pour tenter de l'appréhender dans toutes ses valeurs plastiques... le même phénomène d'une vision nécessairement cinétique que l'on ressent devant l'Opéra de Charles Garnier. La sacro-sainte perspective du Quattrocento se trouve ici condamnée à l'échec et Philibert lui aussi, comme Michel-Ange, se met à la recherche du cosmique. En France, son portail reste un *unicum*, mais il prélude en quelque sorte au goût des porteries et châtelets monumentaux et bizarres qui va hanter furieusement les bâtisseurs au temps des guerres de Religion. Serlio avait montré le chemin au Grand Ferrare avec son portail rustique percé dans un mur merlonné. La duchesse d'Étampes avait suivi à son château de Meudon en faisant percer son portail dans un mur en hémicycle.

Ainsi de L'Orme n'est pas seul à s'affranchir du système contraignant des carrés et des rectangles... mais il est presque seul. L'hémicycle, le cercle, l'ovale, le triangle apparaissent sur ses plans et renouvellent la géométrie du bâtiment en imposant à l'architecte des contraintes — et des surcoûts — que la construction traditionnelle à lignes droites perpendiculaires ne connaissait pas. Philibert illustre ses recherches avec une petite maison dressée pour le roi au bord de la falaise de Saint-Germain-en-Laye, dans un site admirable : ce qui deviendra sous Henri IV le « Château neuf » était un ensemble de constructions basses disposées « en théâtre », le long d'une cour quadrilobée creusée d'exèdres.

Philibert fait ainsi figure d'indépendant malgré sa position officielle. Puissance autonome de grand artiste, selon le profil défini en Italie et incarné dans les régions septentrionales par Holbein et Dürer. Pierre Lescot n'a pas cette prestance. Il appartient d'ailleurs encore à l'univers du règne précédent. Pourtant, il ouvre lui aussi des voies nouvelles, tout aussi variées, mais il reste un homme de la ligne droite, de la façade rectiligne, du plan quadrangulaire ; il reste un homme de cabinet et un érudit ; il reste aussi un homme de Cour. Leurs résonances littéraires suffisent d'ailleurs à les opposer ; Lescot a toute l'admiration de Ronsard, et Philibert celle de Rabelais. L'ordre et la liberté.

Henri II a excepté le chantier du Louvre des dossiers remis à Philibert. C'est l'architecte de son père qui poursuivra la construction du palais royal : M. de Clagny, c'est-à-dire Pierre Lescot, aumônier du roi. Mais il la poursuivra sur un plan radicalement transformé pour répondre à de nouvelles exigences qui visent les commodités du roi et de la Cour : une seule grande salle et non deux à chaque étage, un pavillon pour loger le roi, un second étage pour loger les courtisans. Ces contraintes vont donner ses véritables lignes de force à la façade exemplaire de Lescot sur la cour. Ainsi la salle unique et le report de l'escalier au nord amènent l'architecte à scander sa trame régulière par trois avant-corps et non plus par un seul. Né tout à la fois de l'intégration de l'escalier dans le logis (à Azay-le-

Rideau) et d'une reprise simplifiée des portiques de Gaillon, ou de la Porte dorée de Fontainebleau (puis d'Anet, d'Écouen et d'Assier), l'avant-corps est une création française que l'Italie ne connaît pas. Il sera l'une des articulations majeures du classicisme français.

Le rez-de-chaussée du Louvre est issu, d'autre part, d'une volonté illusionniste d'imiter le portique d'arcades des palais italiens sans plonger les appartements dans l'obscurité et d'une nécessité structurelle : épauler les voûtes que l'on pensait bander au-dessus de la salle des Cariatides (et qui ne le seront finalement que sous Louis XIII). L'addition d'un étage supérieur réunissant les couronnements des avant-corps aboutit à acclimater pour la première fois en France l'étage attique si prisé en Italie, et du même coup à inventer très empiriquement le comble brisé, conçu pour donner l'illusion d'un comble droit. On demeure confondu par ces nouveauté, et par d'autres : la perfection des ordres et des proportions, la polychromie des marbres de couleur et des dorures, l'abondance du décor sculpté. Pour les apprécier sérieusement comme le firent — dans l'enthousiasme — les contemporains, il faut isoler visuellement cette façade dans la trop grande Cour carrée où elle se dresse aujourd'hui. En même temps que l'académisme banalisait la création de Lescot en la proposant à la copie, les rois lui retiraient sa véritable échelle en quadruplant la cour originelle. Cette trame savante et mélodique, une fois multipliée à l'infini, devient fade et répétitive, et la présence des grands pavillons centraux qui réduisent les corps de logis à n'être plus que des ailes latérales a désorganisé l'espace sacré de Lescot.

Encore cette façade, et sa sœur du sud, nous restent-elles, car les architectes de Louis XIV et de Napoléon III se sont chargés de faire disparaître les façades externes qui, par contraste, donnaient à la cour sa vraie saveur. Comme à Ancy-le-Franc, comme au palais Farnèse plus encore, dont les grandeurs récentes devaient occuper les esprits, le nouveau Louvre était bâti selon deux «modes». Les façades intérieures étaient dédiées à la Cour et parées de leur «habit de Cour», les ordres de colonnes. L'enveloppe extérieure, au contraire, devait inspirer le respect de la grandeur monarchique : par la masse de pierre en bel appareil, et par l'accent vertical du grand pavillon en saillie. Lescot avait donné à ces façades une ordonnance impressionnante, haut soubassement taluté, grandes fenêtres isolées sur le nu du mur, à l'italienne, bombées au rez-de-chaussée, rectangulaires coiffées de frontons droits à l'étage. D'autres frontons au couronnement du pavillon reprenaient discrètement le thème de l'avant-corps. Et comme il fallait pourtant matérialiser la verticalité, les angles du pavillon étaient marqués brutalement de gros bossages.

La façade sur cour — l'occidentale — fut répétée au sud sans que l'on puisse assurer qu'elle était prévue ainsi à l'origine. Selon Du Cerceau en effet, l'idée d'une petite cour carrée aux façades uniformes ne vint à Henri II que sur le tard. Le roi «se trouvant grandement satisfait de la vue d'une œuvre si parfaite, délibéra la faire continuer ès trois autres côtés pour rendre cette cour non pareille».

Sur ces façades aussi, on trouve, d'une certaine façon, une violence de ton qui surprend. Les deux niveaux inférieurs sont dessinés avec un souci scrupuleux du quadrillage des lignes horizontales et verticales, accentué notamment par les bandeaux plats de l'étage, avec une savante affectation. Le décor sculpté s'insère dans cette trame rigoureuse avec une belle discrétion. A l'étonnant étage attique au contraire, on change d'échelle. Dans cet espace écrasé se serrent des figures énormes ; c'est l'univers des Prophètes et des Sibylles dominant la chapelle Sixtine. Une sensation inquiétante de déséquilibre se dégage ; elle donne à l'iconographie monarchique qui se développe à ce niveau une force contraignante sur le spectateur. Un maniérisme de géants pèse ainsi sur les deux étages que vient d'élaborer le classicisme français enfin conquis, comme pour bousculer les étapes. Lescot est-il responsable de l'impressionnante dichotomie ? Peut-être le sculpteur Jean Goujon, remarqué par Henri II lors de la fameuse entrée royale à Paris de 1549, est-il le vrai responsable de cette entorse grave à l'ordre nouveau ?

Pourtant, M. de Clagny a montré ailleurs qu'il pouvait tracer d'autres chemins. On lui attribue avec vraisemblance des œuvres empreintes du grand style «rustique» dont il a donné des preuves au pavillon du roi au Louvre. Au portail de l'hôtel Carnavalet, il s'inspire de Serlio et de la grotte du Jardin des pins. A Vallery, pour un favori de Henri II, rival de Montmorency, le maréchal de Saint-André, il dresse dans le même esprit un château dont les siècles ne nous ont laissé que des vestiges malmenés, mais encore grandioses. Ici, les bossages volumineux ne décrivent pas seulement les arêtes de la construction ; à défaut d'ordres de colonnes ou de pilastres, volontairement éliminés, ils garnissent les piédroits des grandes fenêtres et les réunissent d'un étage à l'autre, recréant, par un réflexe inné de la manière française, ces travées verticales qu'avaient tracées auparavant la mouluration gothique puis celle de la première Renaissance des bords de Loire.

Lescot est encore capable de pratiquer un troisième style, inspiré de Serlio. Le dessin linéaire en brique rouge sur le fond clair de la paroi a fait la nouveauté de la Cour du Cheval blanc à Fontainebleau et du nouveau Saint-Germain-en-Laye. Lescot s'en empare, il en tire des effets multipliés et savants qu'il développe sur les surfaces immenses des murs de Fleury-en-Bière, construit pour un secrétaire d'État, Côme Clausse.

A côté de De L'Orme et de Lescot, une troisième personnalité se dégage, celle de Jean Bullant, l'architecte attaché au connétable. Issu lui aussi d'une famille de maçons, lui aussi éclairé par un séjour à Rome, comme Philibert, il s'est fait l'impeccable restaurateur de l'architecture antique et le théoricien des ordres. Sa fameuse *Reigle générale d'architecture des cinq manières de colonnes* paraîtra en 1564. Écouen est repris par Bullant avec cette ardeur archéologique. On y voit se dresser des morceaux exemplaires qui doivent faire honneur au connaisseur vigilant de la romanité qu'était Montmorency. C'est d'abord le portique de l'aile nord, puis le portique de l'aile sud aux colonnes colossales. Leur corinthien, copié du Panthéon, est si beau qu'on dirait le vestige d'un temple du règne d'Auguste conservé par miracle dans la cour du connétable. Viennent ensuite l'avant-corps sur jardin, plus contestable malgré la beauté des pilastres doriques et ioniques, et enfin le portique d'entrée, aujourd'hui disparu, qui s'ornait de la statue équestre du maître de maison.

Une autre antiquité, le pont du Gard, inspire à Bullant l'impressionnant viaduc de Fère-en-Tardenois qui franchit le fossé menant du plateau à l'ancienne motte féodale. Sur ses arches filaient audacieusement deux galeries superposées que l'on avait voulu jeter en plein ciel. A Chantilly, l'addition du petit château dans une île témoigne aussi de ce goût antique, au portique d'entrée. Mais ici Bullant se révèle aussi créateur original. L'articulation du corps de logis sur les deux pavillons oblongs, entre l'eau, la cour intérieure et le petit jardin clos, la disposition du long balcon sur l'eau, les accès des appartements sur la cour, le rythme des percements et des frontons sont d'une élégance exceptionnelle.

Dans les régions plus éloignées de la Cour, le serlianisme continue à régner avec plus ou moins de bonheur, en Bourgogne d'abord, au palais de l'évêque François de Dinteville à Auxerre, aux châteaux de Jours et de Nuits (étrange et poétique coïncidence), ou en Blésois, à Beauregard. Les écrits de l'architecte inspirent un peu partout des portes bien reconnaissables, au Fraisse, en Limousin par exemple. Le goût de l'architecture à portiques de colonnes subsiste à Montigny-sur-Aube, au Grand Perron près de Lyon, à Graves en Rouergue, à Suze-la-Rousse en Dauphiné. C'est le plein essor du vitruvianisme. A Grignan, le site admirable donne l'idée d'une première façade à dimensions colossales.

Il faut faire une mention particulière de La Bâtie, œuvre lentement mûrie d'un homme qui ne se plie pas aux modes de la Cour et poursuit tout seul son rêve italien. Pendant trente ans, Claude d'Urfé puise dans ses séjours outre-monts et dans la fréquentation des plus grands artistes les idées — et les œuvres — capables de transfigurer sa petite maison forézienne en une villa toscane. Les savoureuses maladresses mettent davantage en évidence la solitude du créateur et le raffinement de ses goûts. La chapelle, hélas démembrée, était un pur chef-d'œuvre, l'étonnante galerie-péristyle un geste poétique matérialisé que le site agreste — celui de *L'Astrée* — rend plus charmant encore.

Ailleurs, le style de Philibert se répand, en Bretagne notamment, où il régnera longtemps. Kerjean en est le plus remarquable exemple. La Haute Renaissance a donc conquis toute la France durant le règne de Henri II, alors que s'affirme encore, avant la grande tourmente, l'autorité indiscutable d'un monarque adulte et respecté.

142.

Le Louvre

première période

PARIS / A L'ÉTAT / PALAIS NATIONAL ET MUSÉE DU LOUVRE / *

Dans ses lettres closes du 15 mars 1528, François Ier manifestait sa résolution de venir résider dans sa bonne ville de Paris. Les circonstances économiques de l'« après-Pavie » l'incitaient à ce geste spectaculaire par lequel il abandonnait le primat du val de Loire pour se tourner, sinon vers la seule capitale, au moins vers l'Ile-de-France qu'il allait bientôt peupler de châteaux.

Depuis les origines mérovingiennes, la résidence ordinaire du roi dans la capitale a été le palais de la Cité, mais depuis Charles V, le souverain s'est fixé ailleurs dans la ville, à l'hôtel Saint-Paul, aux Tournelles, demeures modestes, ainsi que dans la forteresse du Louvre, dressée vers 1200 par Philippe Auguste au bord de la rivière pour renforcer l'enceinte de Paris. Le Louvre a été abondamment remanié et embelli par Charles V, mais sans voir modifier sa structure : un quadrilatère de hauts corps de logis flanqués de tours rondes et un immense donjon cylindrique au centre de la cour intérieure.

C'est d'abord le donjon qui paraît inacceptable à François Ier : il offusque la vue de sa masse toute archaïque et militaire, et il obscurcit la cour. Dans les premiers mois de 1528, il est rasé. Puis l'accès du château est reporté, de l'aile méridionale à l'aile orientale. Des commodités sont aménagées à l'entour, au-delà des fossés qui cernent le quadrangle : basse-cour des cuisines à l'ouest, jeux de paume à l'est, lices au sud. Un quai maçonné est construit le long de la Seine jusqu'au lieu-dit les Tuileries (1528-1536). Le roi fait au Louvre un premier séjour en 1534. Après le demi-échec de Chambord, pourtant poursuivi, les châteaux de Fontainebleau et de Madrid retiennent ses regards. Pourtant, le problème de sa résidence urbaine et du siège parisien de son autorité reste entier. Et c'est l'époque où les grands rivaux européens, le pape, Charles Quint et Henri VIII, font construire des palais neufs dans le style moderne, adaptés à la majesté royale et non plus seulement au logement d'une Cour nombreuse et aux commodités de la chasse, décors dressés pour un cérémonial de plus en plus astreignant : le Vatican, Nonsuch et Hampton Court, le palais impérial de Grenade.

On comprend dès lors que la venue en France de Charles Quint dans l'hiver 1539-1540 ait aiguillonné l'impatience de François Ier. On avait hâtivement habillé de quelques décors provisoires le vieux château rébarbatif pour recevoir l'empereur, mais le Louvre dut faire bien triste figure, et donner une piètre idée du roi de France. L'épisode a probablement incité le roi à solliciter un concours d'idées pour rebâtir le château. André Chastel a pensé que l'invitation faite à la fin de 1540 ou au début de 1541 à deux architectes italiens de venir à la cour de France répondait à ce désir précis du roi. Les hommes pressentis, deux Bolonais, Serlio et Vignole, répondirent à l'appel, le second pour un bref séjour, mais Serlio beaucoup plus longuement. C'est sans doute afin de satisfaire la demande royale qu'il dessina pour son *Sixième Livre* les projets ambitieux de la « Casa del Re in città », un château carré planté dans un cour carrée, ou un château en forme d'amphithéâtre antique planté autour d'une cour ovale.

p. 408-409: LE LOUVRE. Les façades de Lescot sur la cour.

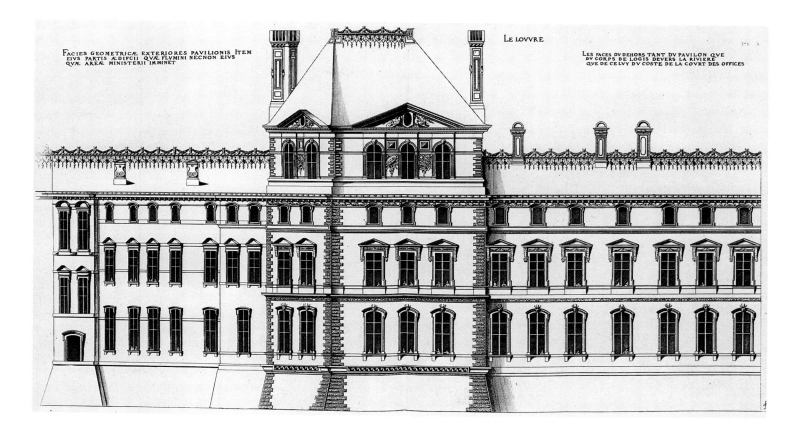

FACIES GEOMETRICÆ EXTERIORES PAVILIONIS ITEM EIVS PARTIS ÆDIFCII QVÆ FLVMINI NECNON EIVS QVÆ AREÆ MINISTERII IMMINET

LES FACES DV DEHORS TANT DV PAVILON QVE DV CORPS DE LOGIS DEVERS LA RIVIERE QVE DE CELVY DV COSTE DE LA COVRT DES OFFICES

Pourtant, c'est un Français qui est finalement désigné par le roi, après de longues réflexions, pour donner les plans du nouveau Louvre. Et ce n'est pas un constructeur de métier mais un clerc, un homme de goût et de culture dont le projet a séduit François Ier, par sa beauté savante certes, mais aussi par sa simplicité et sa commodité. Il ne nécessite pas d'acquisition de terrain et entraîne des démolitions mesurées et progressives qui seront menées au fur et à mesure des constructions neuves, tout comme on bâtissait les cathédrales. Car le plan du vieux Louvre reste, jusqu'à nouvel ordre, le schéma directeur. Le choix du roi s'est ainsi porté sur Pierre Lescot, seigneur de Clagny et abbé commendataire de Clermont près de Laval. Il est conseiller et aumônier ordinaire du roi, issu d'une ancienne famille parisienne de robe et fils d'un procureur du roi à la Cour des aides.

Le 2 août 1546, Lescot reçoit les pouvoirs du roi pour élever le corps de logis principal du château à l'emplacement du bâtiment ouest du vieux Louvre dont les caves sont conservées. Dès le mois de décembre, il passe marché avec un carrier pour la livraison des pierres. Le projet primitif peut être déduit des modifications qui lui seront apportées par la suite. Il consiste à élever un corps de logis de simple épaisseur comprenant rez-de-chaussée, grand étage carré et second étage lambrissé éclairé par des lucarnes (en charpente?) que l'on peut croire de petites dimensions. Le comble d'ardoises à deux pentes prendra naissance sur la corniche au-dessus du premier étage. L'ordonnance à pilastres et grandes croisées atteint ici à son expression la plus élaborée. Le rez-de-chaussée est traité comme un faux péristyle qui doit donner l'illusion d'un portique d'arcades sans assombrir toutefois les pièces du rez-de-chaussée. C'est un simple épaississement du mur de façade et cette disposi-

LE LOUVRE. Le Pavillon du Roi et les façades extérieures. Gravure de Du Cerceau (*Les Plus Excellents Bâtiments de France*, t. I).

411

tion surprenante est sans doute due au désir d'épauler les voûtes primitivement prévues pour couvrir la salle basse. Au fond de chaque arcade est percée une haute croisée, ouverte jusqu'à sa rencontre avec le cintre de l'arcade ; ainsi naît la fenêtre à linteau bombé en segment de cercle dont la fortune va être immense dans l'architecture classique française. Des pilastres corinthiens sur piédestaux sont érigés entre les arcades sous un entablement. D'autres pilastres semblables séparent à l'étage les travées percées de hautes croisées rectangulaires coiffées de frontons alternativement triangulaires ou cintrés.

La disposition primitive du logis prévoyait un escalier à rampes droites derrière la travée centrale et une salle de chaque côté de la cage d'escalier, au rez-de-chaussée comme à l'étage. L'escalier central était annoncé extérieurement par un avant-corps unique, composé cette fois avec des colonnes engagées et non avec des pilastres ; celles-ci, grâce à des niches intercalées, déterminaient une travée rythmique autour de la porte et de la fenêtre de l'étage. Comme dans maint pavillon d'escalier du début du siècle, et comme on le verra un peu plus tard au portique de De L'Orme à Anet, l'avant-corps central devait probablement s'achever au-dessus de la corniche supérieure par un étage supplémentaire brochant sur le toit et coiffé d'un grand fronton triomphal. De chaque côté, on trouvait quatre travées identiques, et aux extrémités, deux petites portes de service.

C'était donc là ce projet français qui avait emporté l'adhésion du roi. On y décelait une parfaite connaissance de l'architecture italienne la plus récente et, bien sûr, une excellente pratique des ordres antiques. On y voyait aussi l'influence exercée par les idées et les écrits de Serlio, ainsi que le choc en retour des premières réalisations de Philibert, à Saint-Maur par exemple. François Ier devait mourir quelques mois seulement après le début des travaux, le 31 mars 1547.

Henri II décida de poursuivre le chantier, et bien qu'il ait accordé aussitôt sa faveur à de L'Orme, il laissa le Louvre à Lescot et lui confirma sa charge dès le 14 avril 1547. Après deux ans, des réflexions sur le bon usage du château et ses possibilités d'extension firent décider toutefois une modification importante que le roi signifia à l'architecte par lettres patentes du 10 juillet 1549.

LE LOUVRE. Travées de l'aile Lescot. Gravure de Du Cerceau.

D'abord, un grand pavillon royal — échappant cette fois au plan du Louvre de Philippe Auguste — fut prévu à l'angle sud-ouest, vers la Seine. Pour le logis, les quatre salles prévues en 1546 paraissaient bien petites à la cour de France, toujours en quête de salle des fêtes ou d'assemblées, bien petites notamment à côté de la nouvelle salle de bal de Fontainebleau. Henri II décida donc qu'une seule grande salle serait aménagée à chaque étage. Ce programme nouveau aboutissait à supprimer l'escalier central et à le repousser dans la dernière travée du logis au nord, de façon à créer à chaque niveau une enfilade menant de l'escalier à l'appartement royal qui serait installé dans le pavillon au sud. Pour obéir, Lescot modifia ses plans et fit démolir une partie de la façade commencée. La solution qu'il avait imaginée consistait à conserver l'avant-corps central, signe monumental devenu indispensable bien qu'il ait perdu sa première raison d'être, éclairer l'escalier, et à ajouter au nord un avant-corps identique (légèrement plus étroit pourtant) qui donnerait accès et lumière au nouvel escalier ; par voie de conséquence, un autre avant-corps semblable s'imposait, en symétrie, à la dernière travée au sud. On était passé d'une façade à un avant-corps à une façade à trois avant-corps.

Dans un deuxième temps, au printemps 1553, son projet fut encore modifié, cette fois pour le couronnement du bâtiment. Sans doute lui avait-on demandé une plus grande capacité d'habitation, donc des dispositions plus logeables au second étage. Lescot s'en tira en réunissant les travées hautes des avant-corps par un mur percé de croisées disposées comme de fausses lucarnes. Il créait ainsi un étage attique, habitude encore peu répandue en France. Du même coup, la présence de l'attique faisait reporter le départ du grand comble à un niveau plus élevé. Dresser si haut une grande pente d'ardoises aurait détruit les proportions des façades et lutté en silhouette avec le haut pavillon que l'architecte construisait alors du côté de la Seine. Dans la voie des innovations, Lescot fut ainsi entraîné plus loin encore : il inventa le comble brisé, dont on fait généralement honneur à François Mansart un siècle plus tard. Pour cela, Lescot s'inspira peut-être des cintres inventés par Antonio da San Gallo le Jeune pour couvrir Saint-Pierre de Rome. Dans le désir illusionniste de ne pas laisser voir cette disposition révolutionnaire, il chargea la première pente de sa toiture, assez raide, d'une bor-

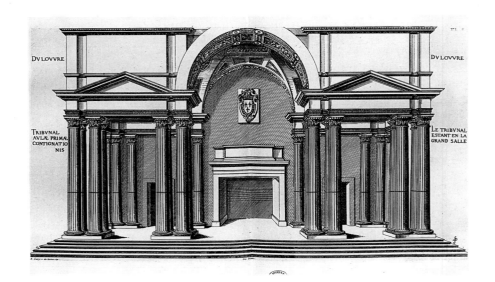

LE LOUVRE. Le « tribunal » de la grande salle.
Gravure de Du Cerceau.

413

dure de rive faite de motifs de pierre à sa naissance et d'une crête décorée de plombs à son sommet. Le spectateur placé dans la cour ne pouvait apercevoir que cette première pente, il était ainsi amené à croire qu'on avait coiffé le logis d'un comble droit traditionnel. Invisible au-delà de la crête, se dissimule au contraire un large terrasson à faible pente coiffant l'édifice. Des souches de cheminées s'y dressent encore, sculptées en forme de sarcophages antiques, tout comme à Anet. Le procédé était tellement nouveau que les charpentiers durent recourir à un étrange assemblage fait de jambes de force verticales et de planchers suspendus pour assujettir solidement l'étage d'attique au comble aplati.

Les marchés qui s'échelonnent à partir de 1549 permettent de suivre l'évolution logique du chantier, qui s'achève en 1553 avec la couverture en ardoises d'Angers. Dès décembre 1549, étaient intervenus les sculpteurs, c'est-à-dire Jean Goujon et son équipe, qui réalisèrent un décor admirable, abondant et varié. C'était d'abord un décor ornemental. Il se conjuguait avec des incrustations de tables de marbres colorés pour accentuer, avec la dorure des inscriptions, des tuyaux de bronze des descentes pluviales et des ornements de la crête du toit l'aspect luxueux et polychrome que Lescot désirait. C'était ensuite un décor d'attributs et de petites figures aux frises et aux couronnements des baies des avant-corps, et de figures plus grandes aux oculi du rez-de-chaussée. Les sculptures de l'étage attique sont plus étonnantes encore. L'éloignement de l'œil justifie l'échelle imposante des captifs écrasés le long des fenêtres, des grandes figures assises entre les pilastres qu'elles semblent faire éclater par leur puissance difficilement contenue, et des grandes divinités dédiées à la gloire de la France de Henri II, qui occupent les frontons. Le souffle du Michel-Ange de la chapelle Sixtine anime tout ce dernier étage d'un grand mouvement épique. Jamais la sculpture, traditionnellement réservée à l'architecture religieuse, n'avait tant compté sur une façade. C'est qu'elle est chargée, au Louvre, d'un message monarchique d'importance.

Immédiatement admirée des contemporains, cette façade n'a pas cessé d'attirer les regards des générations comme la conception la plus parfaite de « l'architecture à la française » comme l'a appelée avec bonheur Jean-Marie Pérouse de Montclos. « Parmi les gens de métier, on tient ce pavillon pour le plus bel édifice de France », écrivait-on à Philippe II d'Espagne dès mai 1556.

Henri II fit poursuivre la construction du palais. Le remplacement de l'aile sud du château de Philippe Auguste fut entrepris par Lescot comme une répétition scrupuleuse de l'aile ouest. Cette conception d'un *cortile* bordé de façades uniformes était-elle contenue dans le projet originel de l'architecte, on peut en douter. Amorcée seulement à la date de 1559 (un seul avant-corps bâti), elle sera poursuivie lentement, sous Charles IX, puis sous Henri III, et achevée seulement sous Henri IV. Orientée extérieurement au midi, elle abritait les appartements des reines.

A sa rencontre avec l'aile ouest s'érigeait l'ancienne tour d'angle, qui fut remplacée à partir d'avril 1551 par un grand pavillon de plan rectangulaire, dominant le vaste panorama de la Seine. Il était achevé en 1556. La vue était admirable, on y plaça l'appartement du roi. Lescot a répété sur ce pavillon, qui a malheureusement disparu lors des travaux de Le Vau, l'ordonnance sobre et mesurée qu'il avait imaginée pour la façade externe du logis ouest, et affinée pour celle du logis sud. Ici encore, c'est une création, et qui va être maintes fois copiée. Comme à la façade extérieure du palais Farnèse à Rome, qui s'achève alors, pas de travées à pilastres mais de hautes

baies percées dans le mur de pierre en grand appareil ; leurs chambranles, segmentaires au rez-de-chaussée, rectangulaires coiffés de
frontons droits au grand étage, forment le seul décor, avec de
sobres corps de moulures horizontales soulignant les appuis. Pour
accentuer sa verticalité, le pavillon est garni à ses angles d'un nouveau motif décoratif inspiré du palais Farnèse : des lignes de bossages vermiculés disposés en assises alternées, en « harpe », pour
accentuer l'animation des lignes. C'est là un schéma particulier à
Lescot, qui s'en servira de nouveau à Vallery. Au-dessus de l'attique, s'érige un grand étage en belvédère, dont les baies cintrées
sont réunies sous de larges frontons brochant sur l'immense comble. Dans le paysage parisien, le Louvre prend enfin sa silhouette
royale.

LE LOUVRE. La tribune des Cariatides.

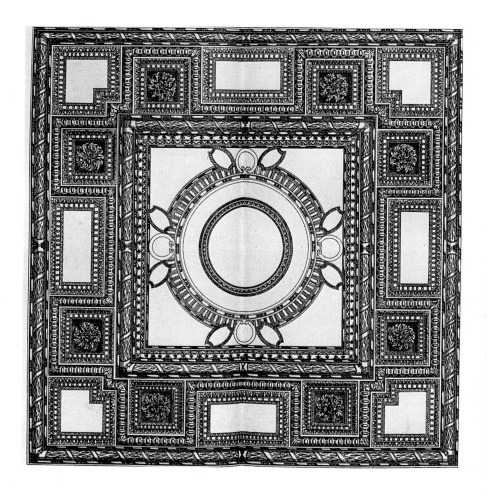

Intérieurement, Lescot dispose dans l'aile ouest les deux grandes salles souhaitées. Au rez-de-chaussée, c'est la grande salle basse, dite « des Cariatides » à cause de la belle tribune des musiciens portée par des cariatides à l'antique, sculptées par Jean Goujon. La pièce, prévue voûtée, est finalement couverte d'un plafond de bois qui ne sera remplacé par les voûtes actuelles que sous Louis XIII. A son extrémité sud, une travée se détache sous un grand arc rythmique en « serlienne ». C'est l'estrade royale, le « tribunal ». Le grand escalier est fait de longues rampes droites parallèles couvertes de berceaux ascendants ornés de caissons sculptés. Pour leur donner un développement harmonieux, il a fallu augmenter l'épaisseur du bâtiment et créer un avant-corps saillant du côté du fossé, vers l'ouest. A l'étage, la grande salle haute, dite plus tard « Salle des États » (généraux) est suivie de la grande antichambre, qui a conservé jusqu'aujourd'hui son plafond en lambris sculpté partiellement doré, réalisé par Scibec de Carpi en 1557. Par cette pièce, on accédait au pavillon qui abritait le grand appartement royal. Quelques éléments de lambris en subsistent, remontés dans les salles du musée dites de la Colonnade.

Pourtant, malgré les perfections de l'architecture de Lescot, le Louvre reste pour longtemps un assemblage confus et vétuste, à tel point que la jeune reine Marie de Médicis, en y pénétrant, n'en croira pas ses yeux. Dans la cour aux proportions exiguës, l'aile nord est encore la vieille aile gothique chargée en son centre de l'énorme tour d'escalier saillante, orgueilleuse création de Raymond Du Temple pour Charles V. L'entrée surtout, avec ses tours multiples, son châtelet coiffé en pavillon, sa voûte sombre et ses corps de garde, ses fossés nauséabonds, surprend tous les visiteurs par son aspect archaïque et malcommode. Pour s'y loger, la Cour s'empile dans des galetas, et les jardins sont quasi inexistants. Seul finalement, le pavillon du roi répond au nouvel idéal d'une architecture de site et d'environnement. Le Louvre est incontestablement un échec. La vogue de Fontainebleau et de Saint-Germain-en-Laye en est la preuve la plus éclatante. Le roi de France n'a pas su créer son Vatican.

LE LOUVRE. Voûte de l'escalier Henri II.

417

VINCENNES. La Sainte-Chapelle.

143.

Vincennes

Le château de saint Louis puis de Charles V et de Jean le Bon est resté au XVIᵉ siècle une résidence royale. A l'emplacement de l'actuel pavillon du roi érigé pour Louis XIV, s'élevait l'ancien logis royal construit pour Louis XI. Sur l'autre côté de la grande esplanade, la chapelle royale, la « Sainte-Chapelle du bois de Vincennes » fondée par Charles V, était restée inachevée depuis la guerre de Cent ans. Les travaux de maçonnerie furent repris en 1520-1522, puis à nouveau en 1527, date à laquelle les murs étaient élevés jusqu'aux pinacles ; on y voit les F et les salamandres de François Iᵉʳ. Une couverture est posée en 1531, mais les voûtes restent à lancer lorsque meurt celui-ci.

Dès avril 1548, Philibert de L'Orme présente pour elles un devis, qui sera exécuté dans les mois qui suivent. Engagé par les

VINCENNES. Voûtes de la Sainte-Chapelle.

campagnes de maçonnerie antérieures, l'architecte bande de grandes voûtes de style gothique. Dès juin 1549, marché est passé avec un peintre pour dorer et peindre les clefs qui portent les emblèmes de Henri II et de Catherine de Médicis (H, soleil accompagné de croissants de lune, et K). L'année suivante, est bâti le jubé, qui n'existe plus, et sont commandées les stalles du chœur au menuisier du roi Francisque Scibec de Carpi ; elles doivent servir aux chanoines du chapitre, mais aussi aux chevaliers de l'ordre de Saint-Michel qui célèbrent à Vincennes leur messe annuelle. En 1551, est élevé un grand perron extérieur à paliers successifs, et les grandes verrières sont commandées au maître verrier Nicolas Beaurain, qui travailla à Fontainebleau, à Saint-Germain, à Villers-Cotterêts, aux Tournelles et au Louvre.

Une fois Henri II disparu et l'insécurité revenue, Catherine de Médicis trouva à Vincennes l'avantage d'une résidence très vaste, solidement défendue et proche de Paris. L'ancien logis de Louis XI fut alors décoré par Primatice, la cour fut plantée d'ormeaux, et la reine mère vint s'y installer avec les courtisans en 1562. Elle y reviendra en 1574 avec Charles IX moribond, et c'est dans la Chambre royale, au premier étage du donjon, que s'éteindra le jeune roi.

144.
Anet

EURE-ET-LOIR / PROPRIÉTÉ PRIVÉE / *

Malgré les destructions, l'originalité profonde d'Anet surprend toujours. La vivante tradition des maîtres d'œuvres de l'époque gothique jointe à une connaissance particulièrement aiguë de l'architecture italienne la plus contemporaine a permis à Philibert de L'Orme de tracer ici la voie d'un classicisme à la française tel que le concevront après lui Salomon de Brosse et François Mansart. Conçu pour

ANET. Vue générale gravée par Du Cerceau (*Les Plus Excellents Bâtiments de France*, t. II).

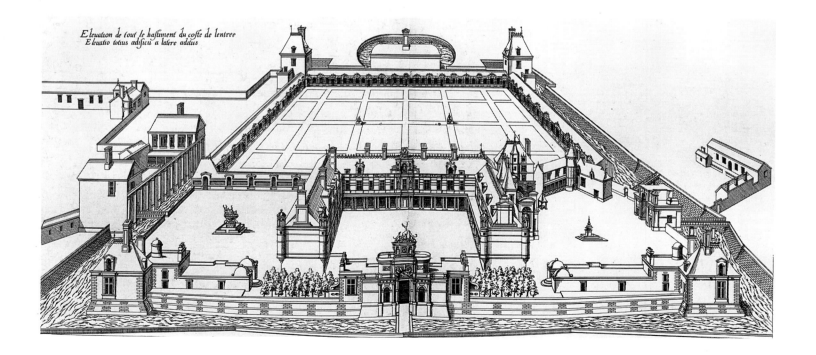

une femme, et une femme qui, sans être la reine, touche du plus près à la couronne, le château doit à ce caractère son aspect brillant, coloré et gracieux. C'est le fruit d'une imagination très vive qui donne libre cours à la plus grande diversité.

Depuis le milieu du XVᵉ siècle, l'ancien château-fort d'Anet appartient à la famille de Brézé. Pierre, chambellan de Charles VII, a aidé le roi à reconquérir la Normandie sur les Anglais ; Jacques fait construire vers 1470 un manoir de brique et de pierre dont un bâtiment subsiste, derrière la chapelle. Louis, son fils, grand sénéchal de Normandie et grand veneur de France, en hérite en 1490. En

ANET. L'aile d'entrée.

1515, veuf de sa première femme et âgé de cinquante-six ans, il épouse une jeune fille de haute naissance, Diane de Poitiers, appelée aussitôt à devenir dame d'honneur de la reine Claude. Situé au cœur d'un ensemble de forêts giboyeuses, Anet est leur demeure de prédilection ; le roi et la Cour s'y rendent parfois. Louis de Brézé y meurt en 1531. Sa femme, la « grande sénéchale », arbore le grand deuil qu'elle ne quittera plus, elle exalte le souvenir du défunt et lui fait élever un tombeau monumental à la cathédrale de Rouen, en même temps qu'elle noue avec l'un des fils du roi, Henri, duc d'Orléans, des liens de plus en plus étroits. Lorsque celui-ci devient

421

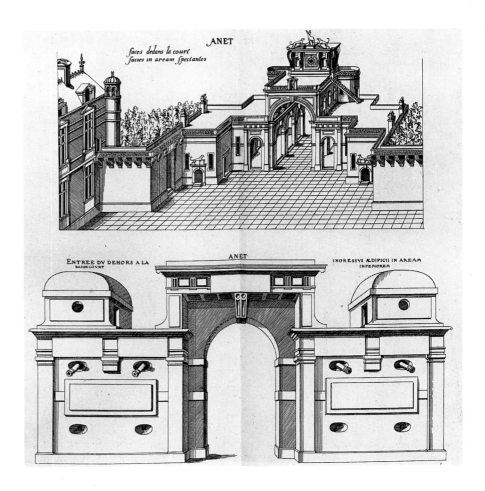

p. 423 à gauche: ANET. Restitution du logis au
fond de la cour, gravée par D. Roussel.

à droite: ANET. Le portique du corps de logis
remonté dans la cour de l'École nationale des
Beaux-Arts. Photo René Jacques (1950).

roi de France sous le nom de Henri II en 1547, la faveur de Diane
auprès du prince est connue depuis longtemps. Elle est éclatante
après l'avènement. A côté de la reine Catherine très effacée, la maîtresse royale occupe une place prééminente à la cour de France.

Dès 1546, Diane a pensé faire rebâtir le manoir des Brézé et un
premier maître d'œuvre a commencé à travailler à un nouveau
corps de logis. L'année suivante, sur le conseil du roi, elle s'adresse
à l'architecte favori qui a la maîtrise de tous les bâtiments royaux,
sauf le Louvre, depuis le nouveau règne, Philibert de L'Orme. Ses
plans sont autrement ambitieux. L'année 1547 passe à drainer et
terrasser le terrain marécageux, car le château va s'élever sur un
terre-plein surplombant un jardin en contrebas. En 1548, est bâti le
corps de logis du fond, en 1549-1551 les deux ailes, en 1549-1552
la chapelle, en 1552 enfin le pavillon d'entrée.

Comme une sorte de cité close, l'ensemble s'inscrit dans une
vaste enceinte rectangulaire flanquée aux angles de petits pavillons
affectant des plans de bastions en losange. Trois cours disposées
côte à côte occupent la première moitié du rectangle, et le jardin la
seconde, cerné lui-même de galeries sur trois côtés, bordées en partie par un large fossé d'eaux vives ; dans l'axe, sur une plate-forme
en hémicycle, se dressait une grande salle, et au-delà, une orangerie. Le grand mur de clôture du côté de l'entrée, en brique et en
pierre, est aussi bordé d'un fossé et offre un caractère militaire
assez insistant qui marque également le pavillon d'entrée, morceau
extraordinaire et sans précédent, que l'on atteint par un pont-levis.
D'une structure très complexe, il consiste en un massif à trois

niveaux diversifiés selon un processus ascensionnel, auquel s'accole une grande composition rythmique en arc de triomphe. Deux portiques à colonnes doriques enserrant les portes latérales encadrent la grande arcade de la porte centrale dont la voussure est curieusement interrompue de claveaux saillants imités des triglyphes de l'entablement dorique. Un grand relief de bronze de Benvenuto Cellini, *La Nymphe au cerf*, ainsi que des *Victoires* du même artiste, le tout offert par Henri II et placé en 1555, garnissent l'arcade (aujourd'hui des moulages des originaux conservés au Louvre). La subtile recherche de polychromie, pierres de couleurs différentes juxtaposées au bronze, est un effet original voulu par de L'Orme. Au-dessus de la terrasse du deuxième étage arrondie en bastion, le dernier bloc d'architecture sert à projeter dans le ciel une figure de cerf assailli par des chiens, restitution moderne des originaux, qui obéissaient comme des automates au mécanisme de la pendule située en dessous.

Les larges espaces en terrasse ménagés sur le portail et l'aile d'entrée sont bordés de balustrades de pierre ajourée en volutes juxtaposées ; ils répondent au même souci que les terrasses de Chambord ou de Saint-Germain, permettre aux habitants du château d'assister aux départs ou aux retours des chasses dans les meilleures conditions de visibilité. Les souches de cheminée alimentant les pièces situées au rez-de-chaussée sont surmontées de grands sarcophages inspirés de l'antique ou de certaines œuvres italiennes ; ces motifs funéraires doivent annoncer dès l'entrée le veuvage inconsolable de la maîtresse de maison, donc d'une certaine manière sa condition sociale de femme seule, bien que les monogrammes H D vinssent démentir cette affirmation dès l'intrados du portail. Ces monogrammes, ainsi que les attributs de Diane chasseresse, croissant, arc, apparaissent sans cesse sur le bâtiment. Une fois dans la cour d'honneur, on trouvait trois corps de logis en fer à cheval animés d'une ordonnance diversifiée pour souligner la diffé-

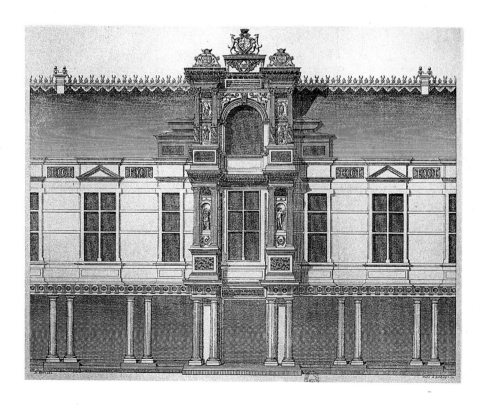

rence d'utilisation. Seule subsiste l'aile gauche, qui porte la marque de profondes modifications dues au maréchal de Vendôme sous Louis XIV, mais sa façade postérieure est mieux conservée. Elle renfermait certains appartements. Sur un rez-de-chaussée bas s'élève un haut étage éclairé d'immenses baies rectangulaires coiffées d'une alternance de simples corniches droites, de frontons courbes ou de frontons droits, au-dessus desquels s'érigent des lucarnes de pierre de types également alternés.

Le corps de logis du fond, démoli avec l'aile droite par la Bande noire en 1798-1800, était agrémenté au rez-de-chaussée d'un portique continu porté par des colonnes géminées, formant balcon à l'étage. La travée axiale de ce portique en saillie supportait un grand frontispice à deux niveaux supplémentaires, dont le premier encadrait la fenêtre centrale de l'étage, et le second faisait au-dessus du départ du comble une haute saillie en forme d'arc de triomphe, dans l'arcade duquel s'érigeait la statue équestre de Louis de Brézé ; un grand motif héraldique couronnait le massif d'attique supérieur. Les éléments de ce frontispice ont été sauvés de la destruction par les soins d'Alexandre Lenoir et remontés le long d'un mur de la cour de l'Ecole des Beaux-Arts à Paris, où ils sont encore. L'usage de colonnes jumelées sur des stylobates qui s'interrompent témoigne de l'habile pratique de l'architecture italienne que possédait Philibert, par comparaison notamment avec le clocher de l'église de Montepulciano par Antonio da San Gallo l'Ancien, mais le dispositif vertical en entrée de château est aussi la reprise d'un

ANET. Revers de l'aile gauche.

ANET. Vue du cryptoportique et de l'aile gauche.

ANET. Restitution de l'aile droite, gravée par D. Roussel.

thème déjà consacré par la tradition (Gaillon, Azay-le-Rideau, Assier), et le traitement très décoratif du deuxième (ionique) et sur-tout du troisième ordre (corinthien) n'appartient qu'à de L'Orme.

Le corps de logis central abritait les appartements de la grande sénéchale et ceux du roi. Du côté du jardin, il s'animait de deux pavillons latéraux très saillants. A l'angle de l'un d'eux et du logis, l'architecte avait ajouté un cabinet facilitant la distribution de l'appartement du roi ; c'était une échauguette portée sur une trompe dessinée selon une très savante stéréotomie, et dont il nous a donné le dessin dans son traité d'architecture. Au pied du logis, s'étendait une terrasse supportée par une longue galerie voûtée s'ouvrant au niveau du jardin. Ce cryptoportique en belles travées rythmiques a été conservé en partie.

Quant à l'aile droite, disparue elle aussi en 1800, elle abritait au rez-de-chaussée un péristyle d'arcades ouvertes et, à l'étage, une galerie fermée, «la galerie de Diane», décorée de grotesques. Directement accolée à sa face postérieure, tout comme à Saint-Léger, la chapelle n'était discernable de la cour que par les hauts pyramidions coiffant ses deux clochers, que surmontaient des sphères armillaires. La chapelle a trouvé grâce devant les démolisseurs. Une fois isolée ainsi de l'aile droite, elle a été pourvue d'une façade par l'architecte Auguste Caristie à la demande du comte de Caraman qui, entre 1840 et 1851, chercha à donner plus digne aspect aux vestiges du château. De L'Orme a donné libre cours à son génie inventif dans ce petit édifice de plan central dessiné en combinant un carré avec deux cercles concentriques, le plus petit donnant l'ouverture du dôme, le second les murs extérieurs des chapelles. Les influences du Panthéon et des œuvres de Bramante ou de San Micheli se laissent deviner, mais la combinaison des volumes, le caractère accompli du dôme orné de caissons tracés par lignes hélicoïdales, le décor architectonique des murs, la grâce des anges sculptés forment bien une œuvre originale et unique.

Du côté de la chapelle, la cour, qui était celle de l'ancien manoir, était ornée en son centre d'une fontaine dite de la Nymphe d'Anet.

ANET. Coupe de la chapelle par Philibert de L'Orme (gravée dans *L'Architecture*).

p. 427: ANET. Intérieur de la chapelle.

De l'autre côté, la cour s'ornait d'une autre fontaine, celle de la célèbre *Diane au cerf,* groupe statuaire sur un sarcophage de marbre, souvent attribué à Jean Goujon ou à son entourage, qui est aujourd'hui au Louvre. Le château était rempli d'œuvres d'art ; du mobilier dispersé de Diane, on peut y voir encore le lit de la favorite et les tentures de *L'Histoire de Diane,* tissées peut-être sur des cartons de Jean Cousin.

ANET. La trompe de l'appartement du roi, par Philibert de L'Orme (gravée dans *L'Architecture*).

ANET. Vue postérieure de la chapelle par Philibert de L'Orme (gravée dans *L'Architecture*).

A la mort de Henri II en 1559, Diane dut faire retraite devant la nouvelle autorité de la reine Catherine. Elle dut lui céder Chenonceau contre Chaumont et se retira à Anet où elle vécut jusqu'en 1566. L'année précédente, elle avait commandé qu'on lui édifiât une sépulture dans une nouvelle chapelle funéraire. Sa fille Louise et son gendre Claude de Lorraine, duc d'Aumale, feront exécuter son vœu. Cette chapelle funéraire, construite en brique et pierre, est l'œuvre de l'architecte Claude de Foucques. Le corps de Diane y sera inhumé en 1577 dans le tombeau que l'on y voit toujours.

145.

Saint-Léger

à Saint-Léger-en-Yvelines

C'est par une étude minutieuse de cartographie historique puis par des campagnes de fouilles menées à partir de 1977 par une équipe du C.N.R.S. guidée par André Chastel que le site du château a été tout récemment reconnu et que les dispositions de ses fondations ont pu être enfin comparées avec les deux dessins (conservés à la Bibliothèque du Vatican) qu'en donne Androuet Du Cerceau. Il ne restait rien en effet de l'édifice, littéralement effacé du sol depuis qu'il avait été rasé sur l'ordre de Louis XIV en 1667. Saint-Léger avait pourtant été une construction ambitieuse, commandée par Henri II dès son élévation au trône. Le chantier était déjà ouvert depuis quelque temps, semble-t-il, lorsque le nouveau roi, par lettres patentes de 1548, en donna officiellement la direction à son architecte Philibert de L'Orme.

Un ancien château s'érigeait à cet emplacement, en forêt de Rambouillet, dès le temps de Philippe Auguste, et les fouilles ont révélé des fondations du XIVᵉ siècle. Philibert dut donc compter avec le « vieux logis » pour édifier le château neuf. Les traits nouveaux qu'il présentait justifient l'intérêt majeur que les historiens depuis Anthony Blunt ont porté à l'édifice disparu. Jamais en effet l'utilisation de pavillons quadrangulaires joints à des corps de logis n'avait été décidée, sur un grand parti, avec une pareille clarté. Mieux qu'au Louvre ou à Écouen, et avec plus de sobriété qu'à Anet, le château français tel qu'il sera pratiqué couramment jusqu'au milieu du XVIIᵉ siècle offre déjà ici ses traits les plus caractéristiques.

Tout s'ordonnait autour d'une vaste cour quadrangulaire. De petits pavillons carrés en marquaient les angles extérieurs. Du côté de l'entrée, on trouvait d'abord un bâtiment bas planté sur la contrescarpe du fossé pour défendre l'accès d'un pont dormant. Celui-ci aboutissait à un portail percé dans le mur aveugle d'une aile basse formant péristyle côté cour. De larges pavillons de plan rectangulaire faisaient saillie sur le fossé à chaque extrémité du mur d'entrée. Intérieurement, d'autres pavillons, d'épaisseur bien moindre, étaient plaqués aux angles de la cour et abritaient les escaliers secondaires. Le corps de logis principal, situé au fond, renfermait les appartements principaux, avec un escalier droit situé au centre, et en position extérieure un pavillon décroché correspondant au vieux logis, destiné sans doute à la chambre du roi, et comparable en plan à celui qu'on trouvait à Villers-Cotterêts. L'aile droite renfermait elle aussi des logements. L'aile gauche, au sud, formait au contraire un long péristyle ouvert sur dix-sept arcades au rez-de-chaussée et surmonté d'une longue galerie à l'étage, éclairée par de hautes fenêtres-lucarnes passantes interrompant la corniche du toit (c'est leur première apparition.) De L'Orme a parlé de cette grande galerie dans son *Instruction* de 1559 comme dans son *Architecture* de 1568, car c'était une œuvre dont il était fier. Au centre de la galerie se greffait extérieurement une chapelle en rotonde qui témoigne de la suite de ses réflexions sur ce thème, chapelle de plan tréflé qui s'apparentait à celles d'Anet, de Villers-Cotterêts et de Saint-Germain-en-Laye.

Saint-Léger, enfin, était bâti en brique et pierre, dans la lignée de Saint-Germain et de la galerie d'Ulysse à Fontainebleau. On sait que les corps de logis principaux s'achevaient en 1551, date d'un marché pour le lambris des galetas ; galerie et chapelle furent commencés en 1554, le pavillon à l'extrémité de la galerie l'année suivante. L'édifice était vaste, les travaux s'éternisaient en 1556-1557 ; début 1559, on commanda les menuiseries de la galerie, mais la mort soudaine du roi interrompit les travaux sans que nous connaissions bien leur état (logis ouest inachevé, aile nord non bâtie) non plus que les dispositions de l'entrée. Catherine de Médicis vint y résider pourtant, mais le château fut principalement dévolu aux haras royaux. C'est encore l'usage qui lui sera réservé sous Henri IV, mais on devine que l'inachèvement et l'abandon seront vite fatals aux bâtiments, ce qui explique l'ordre de démolition donné cent vingt ans après le début de la construction.

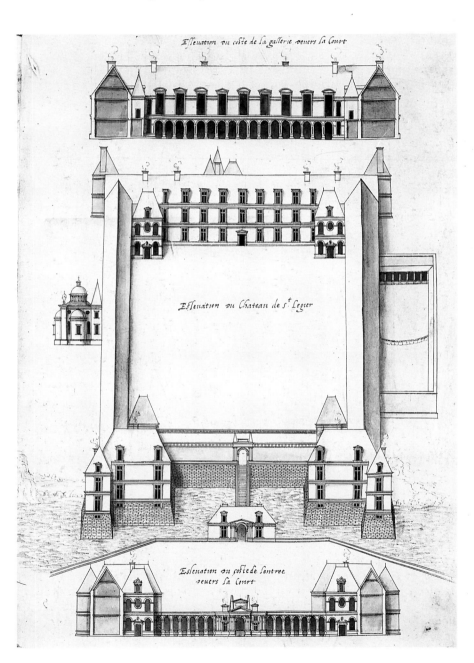

SAINT-LÉGER EN YVELINES. Dessin de Du Cerceau (Rome, Bibliothèque vaticane, Barb. lat. 4398).

146.

Fontainebleau

deuxième période *(voir n° 68)*

**SEINE-ET-MARNE / A L'ÉTAT /
PALAIS NATIONAL ET MUSÉE / ✱**

Henri II chargea Philibert de L'Orme de poursuivre les travaux de Fontainebleau. Ses interventions portèrent sur un certain nombre de bâtiments qui ont été modifiés par la suite et l'on en est réduit, pour certains, à des hypothèses fondées notamment sur le marché de 1558 publié autrefois par Maurice Roy. On sait que, dès 1548, Philibert fut chargé de couvrir la chapelle haute de la Cour ovale. A

côté, la Salle de bal attendait son achèvement. Gilles Le Breton avait prévu d'ouvrir à l'air libre ses grandes baies cintrées — comme une loggia — et de la couvrir d'une large voûte, ce qui explique les piles massives qui divisent son volume. Philibert fit au contraire clore les baies et remplacer la voûte projetée par un grand plafond de bois analogue à ceux que l'on voyait dans les palais italiens. Bien qu'il ait été refait sous Louis-Philippe, ce plafond témoigne aujourd'hui de l'échelle monumentale qu'avait imaginée l'architecte pour son réseau de caissons carrés ou octogonaux (d'après un modèle publié

FONTAINEBLEAU. La Cour ovale. A gauche, façade de la Salle de bal.

FONTAINEBLEAU. La Salle de bal. Face du côté
de la cheminée.

par Serlio en 1537), et de l'habileté du menuisier Scibec de Carpi
qui fut chargé de les sculpter et de les agencer (marché de 1550). Le
même artiste avait sculpté les lambris qui occupent la partie basse
des murs.

La cheminée monumentale reçut un puissant décor architecturé,
intégrant deux grandes figures de satyres fondus en bronze par Primatice d'après des antiques en marbre conservés aujourd'hui au
musée du Capitole ; détruits à la Révolution, ces satyres ont été res-
titués lors de la récente restauration. De L'Orme avait aussi élevé la
tribune des musiciens qui lui fait face. Par comparaison avec les
galeries plus ou moins étroites et les anciennes salles des gardes, la
« Salle de bal » innovait par ses proportions grandioses, d'une largeur et d'une hauteur encore jamais vues en France.

Primatice fut encore chargé de peindre les murs au-dessus des
lambris, les grands écoinçons du vaisseau principal et l'intrados des
pénétrations des vaisseaux perpendiculaires. Avec les peintres de
son atelier (Nicolo), il y représenta dans des compositions chargées
de personnages, les assemblées des dieux et des déesses et différents épisodes mythologiques. Du côté de la cheminée sont des
scènes de chasse, avec Hercule et Diane. Ces compositions ont été

repeintes à plusieurs reprises avant la dernière restauration qui a tenté de faire ressortir les œuvres originales.

Sur la Cour de la Fontaine, de L'Orme aménagea l'appartement du roi dans le pavillon dit des Poëles qui surplombait l'étang, mais il ne reste que quelques lambris du décor qu'il imagina et rien du Cabinet de la Reine exécuté à la même époque. L'aile voisine devait être construite sur ses dessins, selon le marché de 1558. On a observé qu'il avait prévu pour elle une ordonnance de pilastres d'ordre colossal, c'est-à-dire montant sur deux étages. C'est l'un des premiers exemples, sinon le premier. On s'interroge pour savoir si le projet de De L'Orme, dont Bullant devait assurer l'exécution, est antérieur ou postérieur au portique d'ordre colossal que le même Bullant bâtit à Écouen à une date indéterminée, car la relation entre les deux œuvres paraît évidente.

Les travaux de De L'Orme dans la grande aile de la Cour du Cheval blanc, la façade dont nous venons de parler devait en former le revers partiel, sont mal connus ; on croit pouvoir lui attribuer après 1551 la grande chapelle de la Trinité qui forme la partie nord de cet ensemble mais qui s'inscrit discrètement entre des façades peu individualisées ; l'intérieur en a été complètement repris au

p. 435: FONTAINEBLEAU. Les écoinçons de la Salle de bal.

FONTAINEBLEAU. Le pavillon des Poëles sur la Cour de la Fontaine, au départ de la Galerie d'Ulysse. Dessin de Van der Meulen au XVIIe siècle, avant la reconstruction sous Louis XV (Mobilier national, dessin 170).

temps de Henri IV. Au débouché de la Galerie François Ier vers cette cour, signalé par un haut pavillon central qui ne fut bâti que plus tard, en 1565, de L'Orme construisit un grand escalier extérieur dont l'image apparaît sur les gravures de Du Cerceau. C'était une combinaison en forme de *phi* grec: une rampe droite centrale puis deux rampes semi-circulaires portées sur des arcades à la savante stéréotomie. Ce perron d'apparat était en fort mauvais état sous Louis XIII, c'est pourquoi il fut remplacé par une nouvelle version d'un type différent, le grand escalier en fer à cheval que nous connaissons, œuvre de Jean Androuet Du Cerceau. De L'Orme travailla encore à la galerie d'Ulysse, sur le côté de cette même cour ; pour des raisons de solidité, il en fit combler la moitié des arcades du rez-de-chaussée.

147.
Fleury

à Fleury-en-Bière

SEINE-ET-MARNE / PROPRIÉTÉ PRIVÉE / ✳

Côme Clausse, seigneur de Marchaumont en Picardie, fut le secrétaire des dauphins François et Henri pour l'administration de leur duché de Bretagne durant le règne de François Ier. A l'avènement du second, Henri II, il fut nommé tout naturellement secrétaire des finances, contrôleur des guerres et secrétaire d'Etat. C'était donc un personnage de premier plan dans le gouvernement royal lorsqu'il

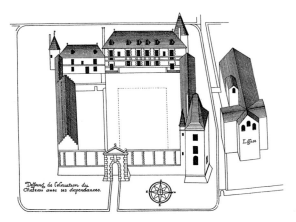

acheta la seigneurie de Fleury-en-Bière en 1550, commode parce qu'elle était située à proximité de Fontainebleau. La terre comportait alors un château plus ancien disposant divers bâtiments sur les côtés d'une plate-forme quadrangulaire cernée de fossés ; des tours rondes flanquaient les angles externes du côté postérieur, une tour carrée, l'angle droit antérieur ; celle-ci subsiste, ainsi que la tour ronde du nord-ouest. La construction d'un nouveau château fut décidée l'année suivante, mais il ne remplaça que progressivement les anciens bâtiments : ainsi le tiers gauche de la plate-forme, du côté du midi, fut conservé à usage de basse-cour. Aussi, la construction nouvelle intéressait-elle un espace amoindri, plus favorable à une architecture de qualité.

Un premier marché, passé le 18 novembre 1551, confia les travaux au grand maître d'œuvre du château de Fontainebleau, Gilles Le Breton. Il construisit donc en 1552, au fond, un corps de logis de huit travées ordonnées symétriquement, comportant rez-de-chaussée et étage sous un grand comble percé de petites lucarnes à mi-pente. Il s'appuyait à l'une des tours rondes conservées. On y trouvait une grande salle et trois chambres, avec deux escaliers aux extrémités. Derrière, sur le jardin, un avant-corps en saillie sur le fossé abritait un escalier droit. En retour, à droite, fut bâtie une aile rejoignant l'ancienne tour carrée ; Le Breton étant mort au cours de l'année, elle s'acheva après 1552 par les soins de son gendre Guillaume Guillain aidé du Bellifontain Jean Saulvaige. On y trouvait deux galeries fermées superposées.

Les dispositions du corps de logis principal ont été radicalement modifiées dans les années 1770 pour Jérôme d'Argouges, lieutenant civil de Paris, qui fit raser par l'architecte J.B. Chaussard les bâtiments de la basse-cour et allonger le bâtiment principal en proportion, lui ajoutant un étage carré et des lucarnes et dessinant dans l'axe un large avant-corps coiffé d'un fronton. Les croisées furent abaissées, de nouvelles fenêtres percées à la place des tableaux nus du XVIe siècle. A l'origine le corps de logis était de brique et de pierre côté cour, de pierre et moellon enduit côté jardin ; la brique fut imposée aussi de ce côté par purisme rétrospectif. En revanche, l'aile droite (1552-1555) subsiste, aujourd'hui presque intacte ; bâtie aussi en brique et pierre, elle offre au-dessus du rez-de-chaussée de hautes fenêtres-lucarnes passantes analogues à celles que Philibert de L'Orme prévoyait au même moment à Saint-Léger. Dans le même temps, Clausse faisait fermer la cour d'honneur par un mur de séparation avec la basse-cour latérale, et par un mur de clôture du côté de l'entrée, orné de chaînes de grès et de niches, et percé en son milieu d'un grand portail en pavillon saillant orné de bossages rustiques sous un fronton. L'esprit de Serlio et du Grand Ferrare s'y faisait jour.

Une chapelle avait été aménagée dans le pavillon carré (conservé) à droite. De son vivant, c'est-à-dire avant 1558, Côme Clausse en commanda la décoration à Nicolo Dell'Abate. Ces fresques ont été récemment découvertes et restaurées, elles garnissent la voûte en vues plafonnantes, tout comme l'artiste avait travaillé à la chapelle de l'hôtel de Guise à Paris, et présentent au centre le *Christ de la Résurrection* entouré des instruments de la Passion et de figures groupées par deux en sacrées conversations, les évangélistes et les Pères de l'Eglise latine (elles ont été gravées par Antoine Garnier en 1646).

Devant le château qui gardait, on le voit, un aspect relativement modeste, prélude à des travaux plus importants qui ne furent pas entrepris, Côme Clausse fit dessiner une immense avant-cour qui fait la célébrité de Fleury. Sans preuve absolue, on présume que les travaux commencèrent vers 1555, mais s'achevèrent seulement par les soins de sa veuve Marie Burgensis et de son fils Henri. Le long de la route est érigé un haut mur aveugle percé d'un haut pavillon en guise de portail monumental, dans l'axe de celui du château ; à droite et à gauche, de grandes ailes de communs se dressent, terminées du côté de la route par des pavillons rectangulaires, et percées en leurs centres de passages sous frontons menant aux espaces latéraux. L'ampleur de la cour est déjà une nouveauté surprenante ; elle s'inspire évidemment de la Cour du Cheval blanc de Fontainebleau, mais étonne de la part d'un simple particulier.

Le style déployé, tant sur les murs de clôture que sur les ailes de la cour, est une autre surprise. Au-dessus d'un soubassement fait d'assises de grès aux parements brutalement taillés se développe un mur de moellons enduits. Sur ce fond clair, des lignes de briques dessinent avec insistance un décor architectonique d'échelle colossale. De minces pilastres montent de fond jusqu'à la corniche, séparant des travées pleines, percées de deux étages de petites baies géométriques. Ces travées offrent une alternance d'arcades cintrées et d'encadrements rectangulaires d'une puissante originalité. De

FLEURY EN BIÈRE. L'aile droite, reste du château construit par Gilles Le Breton.

FLEURY EN BIÈRE. Les bâtiments de la ferme.

FLEURY EN BIÈRE. Le pavillon d'entrée de l'avant-cour.

FLEURY EN BIÈRE. Vue générale de l'avant-cour.

petites lucarnes à frontons surgissent de la pente du toit. On a maintes fois souligné les influences exercées ici par les ouvrages de Serlio. Le nom de l'auteur de l'avant-cour a été prononcé dès 1630 par un historien de la région, dom Guillaume Morin : M. de Clagny, c'est-à-dire Pierre Lescot. Le style ne le contredit pas, et un marché pour des porches de menuiserie commandés pour Fleury d'après ses dessins en 1553 semble même le confirmer. Au moment où il élevait l'architecture savante et sophistiquée du Louvre, Lescot témoignait ici de son goût de la polychromie dans une œuvre rustique, mais tout aussi monumentale. On peut alors lui attribuer le portail (disparu) du château et ses murs à bossages, comparables au portail de l'hôtel Carnavalet à Paris, que la tradition lui attribue.

A la génération suivante, le fils de Côme Clausse, Henri, ajouta vers 1604 un nouvel ensemble sur le côté gauche de l'avant-cour, la cour de ferme, où le dessin de la brique sur le mortier clair est aussi insistant. Dans le parc enfin, avait été creusé un canal qui servit peut-être de modèle à celui que Henri IV fera creuser à Fontainebleau.

148.

Meudon

HAUTS-DE-SEINE / A L'ÉTAT / OBSERVATOIRE NATIONAL / VESTIGES / ∗

Les vicissitudes des châteaux royaux de Meudon ont oblitéré dans les mémoires l'importance du château vieux, disparu aujourd'hui, dans l'architecture du XVIe siècle. Ce fut pourtant l'une des demeures les plus prestigieuses de la région parisienne, servie, comme Saint-Germain-en-Laye, par un site exceptionnel et la vue de Paris dans le lointain défilement du vallon.

Depuis 1426, la seigneurie appartenait à la famille Sanguin, d'illustre bourgeoisie parisienne. En 1520, elle est aux mains d'Antoine Sanguin, clerc de belle éloquence et de grand avenir.

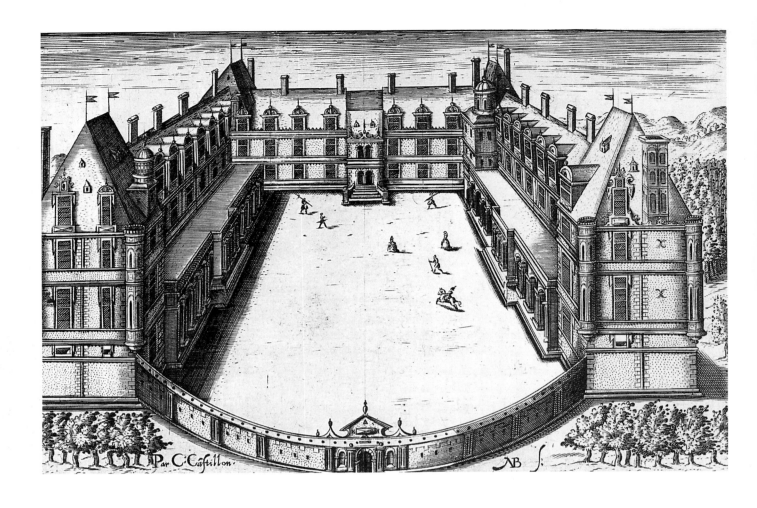

MEUDON. Gravure de Claude Chastillon au
début du XVIIe siècle.

Chanoine de la Sainte-Chapelle en 1522, il reçoit l'année suivante
l'abbaye de Fleury-sur-Loire. C'est dans ces années qu'il fait rebâtir
le petit manoir situé à la lisière d'une crête sablonneuse dominant
de haut des coteaux de vigne et des pâturages et entourée d'une
épaisse forêt. C'est un simple corps de logis d'un étage, sommé de
lucarnes ; des pilastres se dessinaient entre les fenêtres. Au centre,
un pavillon coiffé d'une haute toiture abritait un escalier qui sera
reconstruit au XVIIe siècle par Le Vau.

Antoine Sanguin avait une sœur, Anne, mariée à Guillaume de
Pisseleu, seigneur d'Heilly ; leur fille, Anne de Pisseleu, fit la
conquête de François Ier au retour de sa captivité de Madrid. Dès
lors, les faveurs pleuvent sur l'oncle qui a eu l'heureuse initiative
de faire don de Meudon à sa nièce en 1527, tout en s'en réservant
l'usufruit. Il est nommé aumônier du roi, puis évêque d'Orléans en
1534, cardinal en 1539, grand aumônier de France dix ans plus tard,
gouverneur de Paris lors de l'offensive de Charles Quint en 1544,
et enfin archevêque de Toulouse en 1550. Anne de Pisseleu dans le
même temps a été mariée à un complaisant, Jean de Brosses, qu'on
fait comte de Penthièvre, duc d'Étampes, lieutenant général en Bretagne. La présence de la duchesse d'Étampes attire à Meudon la
venue de François Ier à de fréquentes reprises, de 1537 à 1547,
notamment lorsqu'il séjourne dans son château de Madrid tout
proche.

Pour mieux loger le roi, la duchesse fit entreprendre des travaux
au château du cardinal. Ils consistèrent vraisemblablement à ajouter

440

aux extrémités du corps de logis deux pavillons carrés servant d'aboutissement à deux ailes neuves encadrant la cour en fer à cheval et flanquées, du côté de l'entrée, de deux autres pavillons analogues où on lisait encore au XVIIᵉ siècle les dates de 1539 et 1540. Un mur de clôture en hémicycle fermait la cour, percé d'un portail monumental à pilastres et fronton. Ces pavillons étaient agrémentés de tourelles d'angle en encorbellement comme on en voit à Écouen, pour contenir des escaliers en vis. Les murs des ailes étaient revêtus de brique avec encadrements de pierre, tout comme le logis du cardinal. L'aile gauche, à l'est, était bâtie à pic sur la

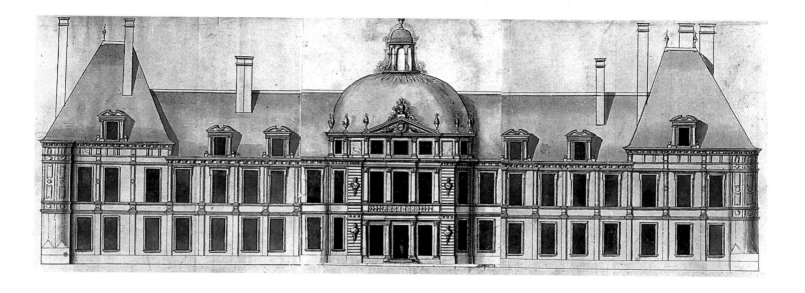

pente dévalant vers le village ; sa façade extérieure, sévère, s'ornait d'un petit avant-corps abritant une loggia couronnée d'un fronton entre deux tourelles carrées.

 La mort du roi amena la disgrâce de la duchesse. Après avoir obtenu une dernière renonciation du cardinal de Meudon, elle vendit le château en 1552 à Charles de Guise, cardinal de Lorraine, frère puîné du duc François de Guise. Homme d'État habile, prélat zélé et fastueux, esprit distingué et grand amateur d'art, le cardinal de Lorraine veut faire de Meudon l'une des curiosités de son temps, aménagée dans le goût nouveau qu'il a reconnu à Rome et dans les résidences champêtres de Tivoli ou de Frascati lors de ses nombreux séjours italiens. Le château est agrandi sur les dessins de Primatice, de 1558 à 1571 : les ailes sur la cour sont doublées de galeries d'arcades couvertes en terrasses. L'oratoire de la duchesse, situé à l'étage du pavillon sud-ouest, est conservé comme chapelle, avec sa tribune portée par des colonnes. Le cardinal fait peindre ailleurs des scènes du *Concile de Trente,* assemblée où il avait fait valoir son éloquence, à l'exemple du pape Paul III faisant peindre des épisodes de sa vie au château de Caprarola par les frères Zuccheri.

 Le jardin qui s'étendait derrière épousait sans doute encore la pente abrupte de la colline. Des terrassements permirent de créer un parterre délimité par un mur de soutènement à chaînes de refends ; celui-ci s'interrompt dans l'axe par une avancée s'ouvrant au niveau inférieur par trois arcades ; cette sorte de nymphée, inté-

MEUDON. Le corps de logis principal, avec projet de reconstruction de l'avant-corps central pour Abel Servien, travaux attribués à Le Vau en 1656. Dessin comportant deux retombes (musée de Meudon).

MEUDON. L'orangerie et les terrasses qui supportaient le parterre du château vieux.

à droite: les restes du château neuf, dont les soubassements appartiennent à l'ancienne grotte.

rieurement voûté, est accosté de deux rampes droites symétriques. La terrasse intermédiaire est elle-même supportée par une longue orangerie enterrée qui s'éclaire par neuf baies ouvrant au niveau inférieur sur le parterre bas. Le nymphée et l'orangerie subsistent; le premier a conservé des traces de son décor rustique (moellons de meulière de couleurs différentes, scories vitreuses, roches bleues); la seconde est un superbe vaisseau de brique et de pierre couvert d'une grande nef en berceau, elle communique avec une suite de chambres souterraines voûtées du côté est. Ces ouvrages étaient jusqu'ici donnés au Primatice, qui travailla à Meudon pour le cardinal de Lorraine dès 1552. Les recherches de M. Th. Herlédan laissent penser qu'ils peuvent être attribués à Louis Le Vau, qui travaillera pour Abel Servien en 1656-1657.

Sur la droite des parterres, en venant du château, et en angle obtus avec lui, le relief de la colline se creusait en amphithéâtre. Le cardinal voulut utiliser le site pour y bâtir un casino à l'italienne. Une butte qui gênait la vue fut rasée et les terrassements permirent de tailler de nouvelles terrasses ascendantes dans le versant de la colline, à partir d'un niveau inférieur qui correspondait au parterre bas du château. L'édifice élevé en cet endroit par Primatice connut au XVIe siècle une immense célébrité; nous le voyons décrit dans quantité de récits de contemporains, et notamment par Vasari. On le nommait la « grotte de Meudon » bien qu'il s'agît en réalité d'un haut édifice, planté en belvédère dans une situation qui rappelle celle du château neuf de Saint-Germain-en-Laye. La mode est aux petites maisons d'une architecture raffinée, susceptibles de recevoir le maître et ses invités pour une visite, un divertissement, capables aussi d'abriter des collections de curiosités et d'antiques. Un premier niveau répondait à celui de la terrasse intermédiaire du château vieux. C'était un long cryptoportique d'arcades supportant une terrasse qu'animaient trois bâtiments séparés dont l'étage inférieur était à demi enterré dans la colline. A droite et à gauche, s'élevaient deux pavillons ornés de bossages, qu'on nomma plus tard les tours de Ronsard et de Mayenne; au centre, la grotte proprement dite, accessible par une grande porte cintrée percée entre deux colonnes.

Le massif cubique de la grotte était accosté de deux grands escaliers droits convergents — comme au nymphée du château — menant à la terrasse supérieure; à ce niveau, un grand pavillon carré de deux étages sous un très haut comble s'érigeait au-dessus de la grotte, décoré de pilastres, de cariatides, de bustes, avec une inscription de dédicace aux muses du roi Henri II. Les salles supérieures abritaient les antiques du cardinal, bustes d'empereurs romains, etc. Le décor en avait été commandé à Primatice, qui fit exécuter ses dessins par Nicolo Dell'Abate et dirigea les sculpteurs Dominique Florentin, Jean Le Roux dit Picard — les sculpteurs des Guise à Joinville. La grotte elle-même était décorée de niches et de fontaines, revêtues de coquillages, de coraux et de compositions en majoliques et arabesques émaillées. Des stucs peints garnissaient la voûte, une mosaïque le sol, et des jets d'eau jaillissaient de partout. L'ensemble, achevé vers 1560, enchanta notamment Ronsard. Dans le même temps sans doute, le cardinal fit dresser un mur de soutènement face au côté droit du château vieux pour contenir les terres de la colline. On y voit des panneaux de briques et des contreforts ornés de gaines dans le style rustique.

A la mort du cardinal, Meudon passa à son neveu le duc Henri de Guise, le Balafré, puis à sa veuve. C'est ici que Henri de Navarre, cantonné au château et son écurie logée dans la grotte, apprit au soir du Ier août 1589 que Henri III venait d'être frappé par Jacques Clément et qu'il devenait lui-même roi de France. La duchesse douairière de Guise vécut longtemps au château, puis la famille le vendit à Abel Servien en 1654. Les modifications qu'il apporta au château vieux seront poursuivies par Louvois puis par le Grand Dauphin. En 1795, un incendie consume le bâtiment, dont les ruines sont rasées en 1803. Entre temps, le Grand Dauphin, trouvant l'ancien château insuffisant pour sa résidence, avait fait rebâtir les constructions de la grotte, déjà endommagées dès le règne de Louis XIII. Respectant d'une certaine manière le plan à trois pavillons, un nouveau château fut élevé en 1706, le « château neuf ». Il sera incendié lors du siège de Paris par les Prussiens en janvier 1871. Les ruines servirent sept ans plus tard à installer l'observatoire national de Meudon.

MEUDON. La grotte.
Gravure de Claude Chastillon,
début du XVIIe siècle.

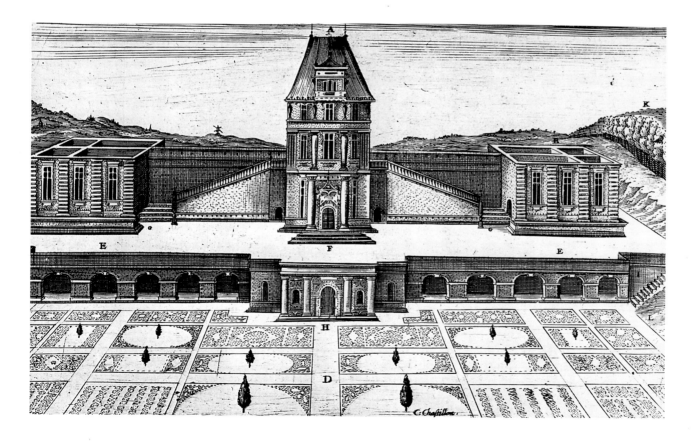

443

149.
Saint-Germain en Laye

deuxième période *(voir n° 116)*

Le Château neuf

Tout comme le cardinal de Lorraine à Meudon, Henri II entend ajouter à sa résidence de Saint-Germain une petite maison bâtie dans une situation exceptionnelle. Au bord même de l'à-pic qui descend sur la Seine, à courte distance du château vieux rénové pour François Iᵉʳ, il commande à Philibert de L'Orme de lui bâtir un pavillon d'agrément en forme de « théâtre » et comportant une « baignerie », c'est-à-dire un appartement des bains, suprême volupté de ce temps, comme à Fontainebleau, à Dampierre ou au Grand Ferrare.

Le bâtiment de Philibert a été amplifié d'une manière quasi colossale par Henri IV pour devenir le « château neuf », un véritable

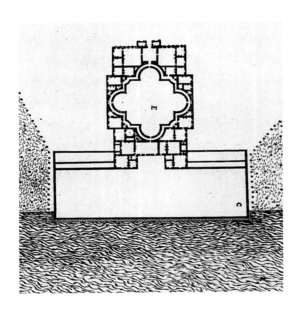

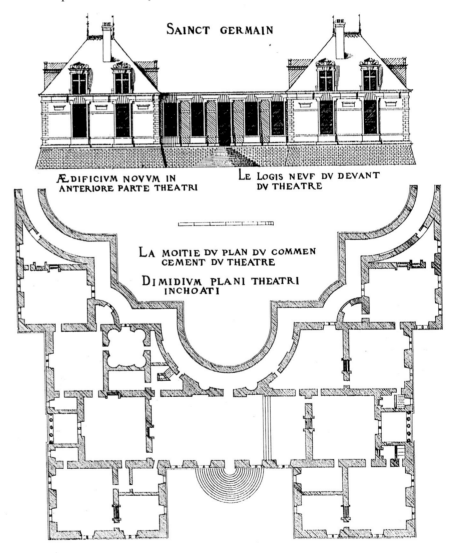

SAINCT GERMAIN

ÆDIFICIVM NOVVM IN ANTERIORE PARTE THEATRI

LE LOGIS NEVF DV DEVANT DV THEATRE

LA MOITIE DV PLAN DV COMMENCEMENT DV THEATRE

DIMIDIVM PLANI THEATRI INCHOATI

Le Château neuf de SAINT-GERMAIN EN LAYE. Deux plans gravés par Du Cerceau (*Les Plus Excellents Bâtiments de France*, t. I).

escalier de géants en terrasses et en bâtiments qui subsista jusqu'à sa destruction sous Louis XVI, sur les ordres du comte d'Artois. La construction primitive était autrement discrète. C'était une maison basse élevée d'un seul étage comme le Saint-Maur du cardinal Du Bellay, composée d'un corps central (salle, chambre et chapelle) cantonné de quatre pavillons oblongs contenant chacun un appartement. Vers le plateau et le château vieux, elle se dégageait sur une vaste cour au plan très original inspiré probablement par l'Antiquité romaine : un carré pénétré sur chacun de ses côtés par des exèdres semi-circulaires. C'est cette forme qui justifiait probablement l'expression de « théâtre », liée à une construction en niche ronde.

Philibert avait donc élevé une villa, mieux, une « vigne » à la romaine, d'une ordonnance très simple faite de travées rustiques. Elle surplombait le pont du Pecq et une petite ménagerie d'animaux sauvages, œuvre du même architecte. Le marché de construction fut passé en 1557, mais l'édifice resta inachevé à la mort du roi, deux ans plus tard. En même temps, de L'Orme édifiait dans le parc, près du petit château de La Muette, une petite chapelle isolée de plan hexagonal, précédée d'un portique et agrémentée d'absidioles rondes ou carrées.

150.
Chantilly

deuxième période *(voir n° 70)*

Le Petit Château

OISE / A L'INSTITUT DE FRANCE / MUSÉE / ✻

Désireux d'agrandir son château de Chantilly, Anne de Montmorency ne pouvait le faire sur l'îlot rocheux principal, il entreprit

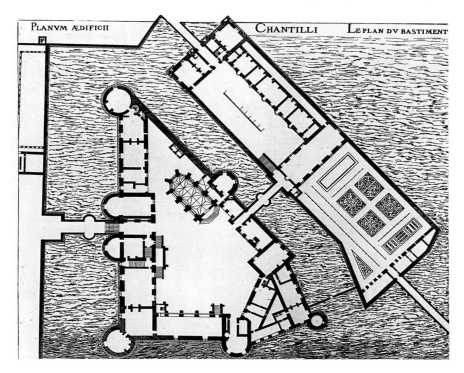

CHANTILLY. Le Petit Château juxtaposé au triangle du grand château, plan par Du Cerceau (*Les Plus Excellents Bâtiments de France*, t. II).

CHANTILLY. Façade d'entrée du Petit Château, état actuel.

CHANTILLY. Façade d'entrée du Petit Château, état actuel.

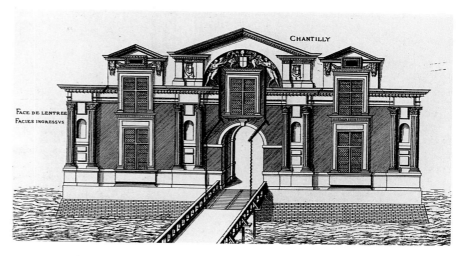

CHANTILLY. Façade d'entrée du Petit Château. Gravure de Du Cerceau (*Les Plus Excellents Bâtiments de France*, t. II).

donc la construction d'un bâtiment indépendant sur un îlot voisin, c'est le « petit château ». Sa construction s'échelonna probablement entre 1557 et la fin de 1559, date du marché de couverture passé par le maçon Pierre Desilles avec le couvreur Pierre Gobert. L'architecte en fut Jean Bullant, qui présida à toutes les constructions du connétable, à Écouen comme à Fère-en-Tardenois.

A l'encontre du grand château rebâti au XIXe siècle, le petit château nous est parvenu intact, ou presque, les gravures de Du Cerceau nous permettent en effet de comparer avec l'état actuel. Le plan imaginé permet aux habitants du grand château de profiter aisément de la vue et des commodités du petit château. Pour cette raison, il présente un pavillon oblong renfermant une galerie, qui traverse l'îlot en son milieu ; il était accessible par un pont depuis le grand château. A droite de celui-ci, s'étend vers l'ouest un jardin en parterre communiquant par un pont avec la terre ferme, à gauche

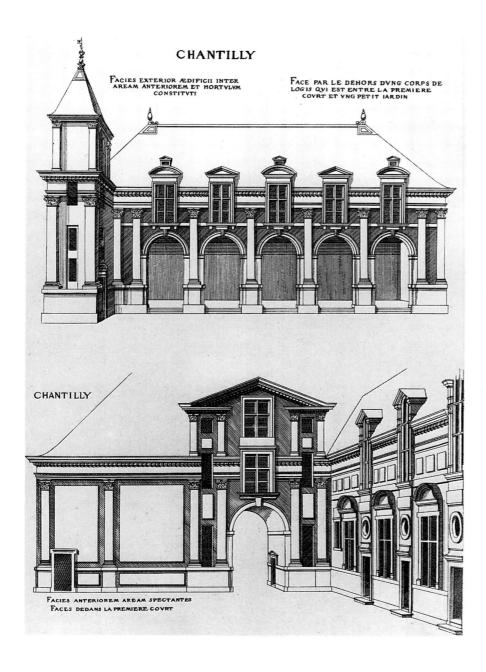

CHANTILLY

FACIES EXTERIOR ÆDIFICII INTER
AREAM ANTERIOREM ET HORTVLVM
CONSTITVTI

FACE PAR LE DEHORS DVNG CORPS DE
LOGIS QVI EST ENTRE LA PREMIERE
COVRT ET VNG PETIT IARDIN

CHANTILLY

FACIES ANTERIOREM AREAM SPECTANTES
FACES DEDANS LA PREMIERE COVRT

CHANTILLY. Le Petit Château, façades sur la cour et sur le petit jardin, gravures de Du Cerceau (*Les Plus Excellents Bâtiments de France*, t. II).

une cour ouverte du côté du grand château, fermée au sud par un corps de logis et à l'est par un pavillon parallèle au premier, qui formait l'entrée particulière du petit château grâce à un troisième pont jeté sur la rivière. L'élévation adoptée est fort basse, pour ne pas offusquer les proportions plus élevées du grand château : un simple rez-de-chaussée surmonté d'un étage en comble éclairé par des fenêtres-lucarnes passantes. Le pavillon d'entrée et son pendant sont animés de toits en pavillons et font saillie sur le corps de logis allongé qui est couvert d'un comble plus bas, ce qui crée un rythme particulièrement harmonieux.

Un soin extrême de la modénature et une parfaite connaissance des ordres antiques, bien caractéristiques chez Bullant, ont présidé au dessin des façades. Un bel entablement à corniche saillante fait le tour de l'édifice à un niveau unique, interrompu par les grandes lucarnes coiffées de frontons droits. Celles-ci sont percées d'ouver-

p. 448-449 : CHANTILLY. Le Petit Château de Jean Bullant, et le grand château reconstruit par Daumet au XIXe siècle.

tures rectangulaires aux pavillons, et cintrées au long corps de logis, ce qui entraîne pour ces dernières une pénétration dans le fronton dont la traverse inférieure a été interrompue, dispositif déjà employé par de L'Orme à Anet. Au même bâtiment, les croisées du rez-de-chaussée sur la cour sont alternées et non pas alignées avec les lucarnes, de façon à créer intérieurement une opposition croisée d'un côté, trumeau de l'autre, conforme à l'enseignement de De L'Orme pour le bon éclairement des pièces. De petites portes surmontées de niches ovales sont creusées entre ces ouvertures ; elles menaient chacune à une chambre indépendante qui communiquait directement, du côté du midi, avec un grand balcon-terrasse porté sur des consoles au ras de l'eau.

Les pavillons sont traités avec un ordre de pilastres corinthiens scandant des travées rythmiques à niches. Couvrant la hauteur d'un étage et demi, ces pilastres sont déjà un premier essai d'adaptation de l'ordre colossal en France, contemporain du projet de De L'Orme pour l'aile des reines mères à Fontainebleau et du grand portique de Bullant à Écouen. Plus encore, la conformité est frappant avec Fère-en-Tardenois. Comme celui du pont-galerie de Fère, le pavillon d'entrée du petit château de Chantilly s'orne d'un portique très italianisant, composé de colonnes corinthiennes jumelées supportant des fragments d'entablements au-dessus desquels est bandée une arche cintrée abritée sous un large fronton droit.

Les douves qui séparaient le petit château du grand furent comblées par le duc de Bourbon sous la Restauration, et l'un des pavillons prolongé jusqu'aux fondations du grand château. Cette disposition sera reprise par Daumet, architecte du duc d'Aumale. En 1844, Duban construisit pour ce dernier la galerie de bois en rez-de-chaussée sur la cour, qui assurait le dégagement des appartements du petit château.

CHANTILLY. Petit Château, façades sur la cour. Le canal de séparation a été comblé.

151.
Fère

à Fère-en-Tardenois

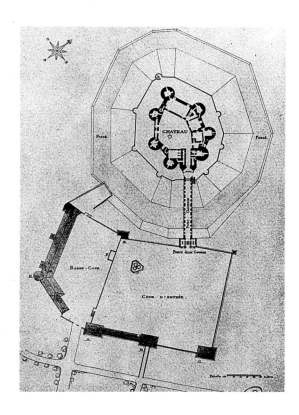

FÈRE EN TARDENOIS. Plan général restitué, par
André Blanchecotte.

La baronnie de Fère-en-Tardenois fut donnée en 1528 par François Ier à Anne de Montmorency à l'occasion de son mariage. On y
trouvait, à l'extrémité d'un éperon barré, une haute motte tronconi-
que, couronnée d'un château du XIIIe siècle. La forêt qui l'entourait
était giboyeuse, aussi dès 1529 le nouveau propriétaire fit-il entourer le domaine d'une enceinte de douze kilomètres, puis il décida
vers 1537 de moderniser le château lui-même. La date de 1539 est
inscrite sur le portail d'entrée plaqué sur le châtelet médiéval, celle
de 1543 figure sur un fragment de vitrail. Les transformations
consistèrent surtout à rhabiller la cour intérieure du vieux château,
à ouvrir de nouvelles fenêtres, à ajouter quelques corps de logis
adossés aux courtines.

En face, sur le plateau, la basse-cour fut également régularisée,
et bordée de nouveaux bâtiments de communs, avec une aile
d'entrée et trois pavillons. Pour accéder de là au château, il fallait
franchir une profonde dénivellation, et remplacer ainsi l'ancien
pont-levis. L'architecte du connétable eut l'idée de profiter de cette
disposition apparemment incommode pour créer un édifice original, susceptible de faire valoir son savoir-faire et d'imiter les glorieuses réalisations de l'Antiquité romaine. L'idée était de jeter dans
le ravin un haut viaduc surmonté d'un bâtiment oblong renfermant
deux galeries superposées. Les travaux furent exécutés entre 1555
et 1560. Il y avait à pareille construction un précédent aujourd'hui
disparu, la galerie des Cerfs de Blois, qui faisait communiquer de la
même manière le château et les jardins répandus sur la colline de
l'autre côté du vallon ; la galerie de Blois datait peut-être des
constructions de Louis XII.

A Fère, le pont aux arches immenses fut traité avec une monumentalité romaine : hautes piles à impostes réunies par des voûtes
en berceau. La clef de l'arche centrale culmine à 17 mètres de haut.
Deux galeries longues de 60 mètres, larges seulement de 3 mètres,
dans-œuvre, sont superposées sur ces arches ; l'une est fort basse
de plafond et percée de petites fenêtres carrées. Au-dessus, c'est au
contraire un vaisseau très haut, percé de grandes baies, qui seront
peu après murées et percées de meurtrières au temps des guerres
de Religion. Vers l'entrée, l'étonnant édifice est flanqué d'un grand
portail aux allures de temple antique, sur un dessin de travée rythmique : une grande baie cintrée pénétrant le large fronton, et deux
paires de colonnes séparées par des niches. Les sculptures ont été
parfois attribuées à Jean Goujon. Le dispositif très proche des schémas serliens et palladiens est proche aussi du portique-loggia bâti à
Écouen sur l'aile de la terrasse, et plus encore du petit château de
Chantilly.

L'attribution à Jean Bullant, architecte du connétable, ne fait pas
difficulté, c'est une œuvre savante et ambitieuse, due au meilleur
connaisseur de l'architecture antique que la France possédait alors.
On s'est interrogé sur la destination véritable de cette œuvre
étrange. La thèse d'Olivier Choppin de Janvry est la plus vraisemblable. Si l'impératif de circulation n'est pas à mettre en doute, il

FÈRE EN TARDENOIS. Façade d'entrée de la
galerie.

p. 452 : FÈRE EN TARDENOIS. *En haut* : le pont-
galerie ; *en bas* : le portique d'entrée du château.

451

faut observer que la galerie inférieure remplissait ce but utilitaire, à niveau avec la plate-forme d'entrée comme avec la butte du château (par un plan incliné). Au contraire, le passage haut, auquel on accédait par des escaliers, tant d'un côté que de l'autre (car il ne communiquait pas directement avec le château) n'est pas à regarder comme une utilité mais comme une véritable galerie, indispensable élément dont le château manquait jusqu'alors, fait pour l'agrément, dans la vue d'un site exceptionnel ; le décor qui lui avait été donné s'explique bien ainsi. A la même époque, le pont-galerie que projetait Philibert de L'Orme pour Diane de Poitiers à Chenonceau n'avait pas d'autre destination. Loin de vouloir offrir un passage vers l'autre rive, il fournissait lui aussi un lieu d'agrément jeté au-dessus des eaux du Cher.

Le château de Fère, fort visité par la cour de France, resta aux mains des Montmorency, passa ensuite aux Condé, aux Conti, puis aux Orléans qui le feront démolir en 1779. Les aménagements du XVIe siècle ont presque totalement disparu, laissant surgir les ruines médiévales, plus résistantes. Mais le pont, découronné de ses superstructures, a heureusement subsisté pour l'essentiel.

152.
La Commanderie

à Neuilly-sous-Clermont

OISE / PROPRIÉTÉ PRIVÉE

Bien qu'il ne s'agisse pas à proprement parler d'un château, la commanderie de Neuilly mérite d'être mentionnée ici. En ce lieu occupé depuis le XIIe siècle par un petit établissement de Templiers, le logis fut construit vers 1550 sous la forme d'un petit manoir, sans doute lorsqu'il fut choisi pour être la résidence du commandeur de l'ordre de Malte à Clermont. Il comporte un rez-de-chaussée à demi enterré où l'on voit l'ancienne cuisine voûtée d'un puissant berceau surbaissé, orné de caissons carrés, puis deux étages carrés et un comble percé de hautes lucarnes surmontées de niches. Des pilastres doriques et ioniques superposés délimitent de fausses travées où les croisées sont percées irrégulièrement, selon le procédé de Chambord. Au centre est disposé un grand escalier à rampes droites d'une disposition très monumentale et mieux équilibrée que la façade ; des pilastres corinthiens scandent ses parois.

LA COMMANDERIE. Escalier.

Ci-contre : LA COMMANDERIE. Façade sur la cour.

HULEUX. Cheminée à la salamandre.

153.

Huleux

à Néry

OISE / PROPRIÉTÉ PRIVÉE

Dans un ensemble de bâtiments agricoles, le petit manoir de Huleux est un simple parallélogramme de proportions sans grâce ; mais il est couvert d'un décor d'architecture savante qui tapisse ses quatre façades : trois ordres de pilastres superposés sous des entablements à corniches dont le retour aux angles donne au bâtiment toute sa monumentalité. Un portail décoré dans le style de De L'Orme s'ouvre au rez-de-chaussée ; le dernier étage, plus bas, a les proportions d'un attique, ce qui est rare à la date de la construction, qu'on peut placer vers 1550. A l'intérieur, on trouve deux cheminées décorées, et un escalier à rampes droites réunies par une demi-vis. On ignore le nom du constructeur, mais on peut situer le manoir dans l'influence de Villers-Cotterêts ou d'Écouen.

HULEUX. Façade principale.

154.
Vallery

Malgré l'inachèvement et les modifications, Vallery est un édifice clef pour la décennie 1550-1560. C'est le château d'un favori, élevé dans un style résolument nouveau qui engage l'avenir. Jacques d'Albon de Saint-André, maréchal de France depuis 1547, est un fidèle de Henri II et jouit de sa confiance la plus complète. Il a été le gouverneur du jeune prince et a pris sur lui un ascendant décisif. Il fait partie de ces catholiques inconditionnels et volontiers cruels sur lesquels le roi va s'appuyer lorsqu'il sent monter dans la noblesse française la perversion de la Réforme. Saint-André, pour rester voisin de Fontainebleau, résidence habituelle de son maître, a acheté dès avril 1548 la seigneurie de Vallery, dans le Gâtinais proche de Sens, où il trouve un ancien château d'importance. Des travaux de transformation sont entrepris aussitôt, qui permettent d'y recevoir Henri II dès 1550 et plus tard en 1556 ; François II y viendra à son tour en 1559. Le maréchal a fait dresser les plans d'une résidence très vaste convenant à ses habitudes de prodigalité, car c'était, écrit Brantôme, « un vrai Lucullus en luxes, bombances et magnificences ». Lorsqu'il sera tué en décembre 1562 à la bataille de Dreux contre les huguenots, deux ailes seulement auront été bâties.

Le nom de Pierre Lescot a été prononcé déjà par Henri Bapst et par Maurice Roy, et repris par Pierre du Colombier comme l'architecte de Vallery. L'homme apparaît dans quatre marchés pour Vallery en 1555-1556, de même qu'il dirigea à Paris la décoration de l'hôtel du maréchal. L'attribution des plans du château à Lescot se confirme donc, et elle illustre heureusement la fécondité d'invention de l'architecte du Louvre et en même temps le souci de perfection déployé dans les effets, les proportions, les lignes. Vallery est bien le contemporain du Louvre et, à bien des titres, il évoque le château royal.

Comme il est fréquent au XVIe siècle, on a décidé d'isoler dans le vaste pourpris cerné par l'enceinte du château médiéval, longue de 150 mètres, large de 100 mètres, un quadrilatère régulier orienté dans un site favorable : c'est ici la pente du terrain et la perspective sur l'étang canalisé et les parterres occupant une dépression au creux du vallon de l'Orvanne qui ont été choisis. Le carré occupe environ un tiers du château médiéval. L'ancienne entrée fortifiée fut conservée sur le front sud, avec son châtelet à tourelles et son pont-levis franchissant le fossé sec. Elle formait l'angle sud-est du quadrilatère ainsi déterminé. Sur la cour, deux côtés étaient, au moins provisoirement, occupés par des murs isolant l'espace seigneurial des cours secondaires ; l'un de ces murs, celui du nord, était revêtu d'une ordonnance régulière et coiffé de pyramidions. Les autres côtés étaient bordés de deux corps de logis neufs en angle droit, dressés sur de hauts soubassements talutés s'élevant du fond des fossés, et réunis au sud-ouest par un haut pavillon. On

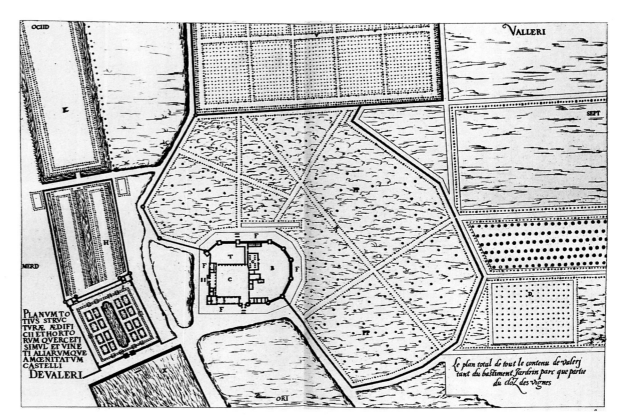

VALLERY. Plan général
et élévation des façades
extérieures, gravures de
Du Cerceau (*Les Plus
Excellents Bâtiments de
France*, t. I).

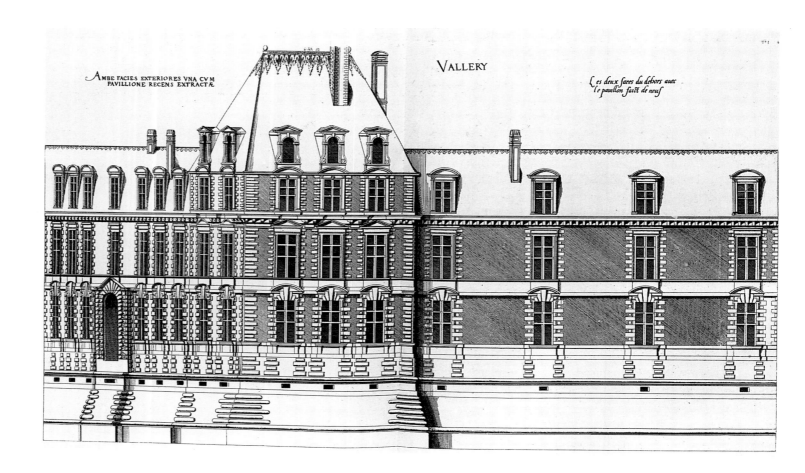

aura facilement reconnu ici le plan du nouveau Louvre, aile ouest, aile du midi et pavillon du roi à leur angle externe.

Les gravures de Du Cerceau, qui consacre un long et élogieux commentaire au château de Vallery (ainsi qu'un dessin du même architecte conservé au British Museum), comparées avec les élévations dessinées en 1682 par Henri Sengre de toutes les façades, permettent d'imaginer le château achevé et de retrouver sur les bâtiments conservés les vestiges de l'ordonnance primitive. L'aile occidentale a été conservée en partie. Elle comportait sur le fossé une grande façade brique et pierre de style rustique au centre de laquelle était percée une porte triomphale, destinée sans nul doute à supplanter un jour ou l'autre la vieille entrée gothique. C'est la situation de cette entrée nouvelle qui explique évidemment la disposition intérieure sur cour du corps de logis. Celui-ci comportait neuf travées abritées sous un grand comble percé de lucarnes à frontons circulaires. Ce grand comble n'existe plus et son absence défigure les vestiges. A droite, deux travées de fenêtres séparées par une table de marbre et une haute niche superposées ; puis cinq travées de croisées semblables à l'étage, mais percées au rez-de-chaussée d'une galerie.

Cette galerie ouverte en péristyle correspondait à la nouvelle entrée du château et menait probablement sur les côtés à deux escaliers. Le superbe décor de ses arcades subsiste, dessiné avec un raffinement exquis. Avec autant de gravité théâtrale que de désinvolture sont disposés des tables de marbre et des frontons. Aux clefs, les masques grimaçants, qui rappellent de près ceux de l'hôtel Carnavalet à Paris, sont sans doute l'œuvre de maître Ponce. Tout cela est bien proche aussi des modèles de portes dans le genre « délicat » diffusés par Serlio. L'étage a malheureusement été remplacé au début du XIXe siècle, du temps du chevalier de Vallery, pour devenir un misérable attique. Enfin les deux travées de droite, qui étaient semblables à celles de gauche, ont disparu à la même date.

Le projet primitif, non réalisé, était sans doute d'achever l'aile par un pavillon semblable à celui de l'angle sud-ouest. Pourtant, les vues anciennes montrent que, si les combles des deux ailes s'achevaient par des croupes vers le pavillon d'angle, elles s'arrêtaient à leurs extrémités opposées par des pignons droits, comme si elles devaient un jour être prolongées.

Le pavillon a perdu, lui aussi, son comble immense qui lui donnait une silhouette individualisée et monumentale. Côté cour, il ne laissait apparaître qu'une travée, comme on le voit sur une gravure de Du Cerceau. Vers l'extérieur, il présente au contraire lisiblement ses deux façades, au-dessus d'un soubassement strié de puissantes assises angulaires de bossages vermiculés. La même ordonnance « rustique » qui n'avait jamais donné lieu à composition si monumentale en France anime les étages, interrompue d'une façon surprenante par des zones horizontales traitées en mouluration nue, à l'appui des deux étages. Les bossages vermiculés en harpes cernent les angles du bâtiment, ils garnissent aussi les jambages des immenses croisées, en respectant une progression fort remarquable : au niveau bas, les croisées sont coiffées de frontons courbes pénétrés par des claveaux de bossages, et les chambranles à crossettes moulurés en pierre nue sont comme recouverts, une assise sur deux, par les larges harpes rustiquées des jambes de force. Cet effet pictural et maniériste se simplifie à l'étage, où les fenêtres sont coiffées de simples segments de corniches droites, et leurs chambranles respectés par les jambes de bossages. Une superbe corniche à modillons couronne la composition, au-dessus de laquelle s'élevaient dans le passé un étage attique et le grand comble percé de lucarnes amorties d'ailerons.

Au sud, une autre aile s'engageait à partir du pavillon, détruite depuis et même effacée puisque la face orientale du pavillon a été rhabillée d'une ordonnance de pastiche. Cette aile était semblable extérieurement et intérieurement à l'aile ouest, sinon qu'elle ne comportait pas de galerie ouverte au rez-de-chaussée. Elle rejoignait l'ancien châtelet d'entrée qui subsiste aujourd'hui, mais isolé.

Le château du maréchal, somptueusement meublé et décoré, était entouré d'un vaste parc et de clos de vignes ; dans la perspective de l'aile ouest, comme nous l'avons dit, l'étang était bordé d'un quai stabilisé au-dessus duquel était tracé un vaste jardin clos, enfermé comme celui d'Anet ou celui de Blois ; sur les côtés, des murs de brique décorés d'arcatures dont il reste des vestiges, au fond, une longue galerie sur arcades, terminée par deux pavillons dont l'ordonnance rappelait celle du château. Ces pavillons firent en 1556 l'objet d'un marché de décoration où le nom de Pierre Lescot

VALLERI

AMBE FACIES INTERIORES
RECENS EXTRACTÆ.

Les deux faces du dedans faictes de neuf

459

est cité comme responsable ; les peintres étaient deux artistes employés sur les chantiers royaux de Fontainebleau et du Louvre, Pierre Sturbe et Jean Du Breuil.

Lorsque mourut le maréchal de Saint-André, le château devait être dévolu à sa fille unique Catherine, qu'il avait promise au duc de Guise pour tenter de consolider ses liens politiques et combattre ainsi l'animosité que lui portait la reine mère. Mlle de Saint-André mourut aussitôt après son père et la maréchale — Marguerite de Lustrac — resta seule possesseur du domaine. Cette femme n'avait pas manqué jusque-là d'adorateurs, Antoine de Bourbon notamment, puis son frère, le prince Louis de Condé. Elle crut que le prince Louis, dont la femme était mourante, se laisserait aller à l'épouser malgré la différence de rang. Pour l'incliner à ce geste, elle lui fit don de Vallery en 1564, et en fut pour ses frais : Condé tourna les yeux ailleurs pour ses secondes noces. Vallery resta néanmoins dans le domaine des Condé ; les princes s'en désintéressèrent au XVIIIe siècle. Ainsi Mlle de Sens, à bout de ressources, fit raser l'aile sud et vendit le château en 1747. Les destructions ne manqueront pas ensuite, sans parvenir pourtant à faire disparaître totalement cette architecture prémonitoire et l'esprit de perfection qui animait Pierre Lescot.

p. 460 : VALLERY. Détail de la façade sur la cour.

VALLERY. Détail du portique.

155.
Auxerre

Ancien Palais épiscopal

YONNE / AU DÉPARTEMENT / PRÉFECTURE

Au n° 2, rue Cochois, s'élève un pavillon d'entrée ajouté au palais épiscopal par François II de Dinteville, évêque d'Auxerre de 1530 à sa mort en 1554. Sa construction est située en 1551. Sous le haut toit pyramidal et la corniche à consoles, les travées s'organisent selon un rythme bien accentué ; au rez-de-chaussée, l'illusion d'une grande ouverture cintrée conforme au schéma bramantesque ou serlien est donnée par un vaste tympan orné d'un oculus plein, et à l'étage, la grande croisée monumentale est empruntée au répertoire français traditionnel tandis que les fenêtres rectangulaires à frontons des côtés sont au contraire conformes au canon de Philibert de L'Orme.

AUXERRE. L'ancien palais épiscopal.

156.
Jours

à Jours-lès-Baigneux

CÔTE-D'OR / PROPRIÉTÉ PRIVÉE / *

C'est sans doute vers 1550 (entre 1542 et 1566, à en croire les inscriptions sur les murs) qu'il faut situer la construction du corps de logis de Jours, dans le cadre d'un ancien château médiéval. Les constructeurs en furent Claude d'Anglure et sa seconde épouse, Isabeau de Joyeuse. Du côté de l'ancienne cour, la façade est conforme aux canons serliens de cette décennie, ceux-là même qui ont inspiré Ancy-le-Franc tout proche, ou le Louvre : au rez-de-chaussée, de fausses arcades formant travées rythmiques grâce à un jeu de pilastres jumelés et de niches, et à l'étage, une alternance de pilastres et de fenêtres rectangulaires. Celles-ci sont garnies de chambranles rectilignes à crossettes et couronnées d'un très léger décor sculpté de caractère plus pictural qu'architectonique. Même discrétion dans les lucarnes percées dans le toit, en retrait de la corniche.

JOURS LÈS BAIGNEUX. Vue générale.

Tout comme au Louvre, la façade extérieure est dépourvue d'ordres, seuls comptent les chambranles légèrement décorés des fenêtres et le faux entablement de chaque étage formé d'un bandeau et d'une corniche ininterrompus tout au long de l'édifice. La sobriété des frontons droits des lucarnes est à souligner. A l'angle, la « tour Joyeuse » donne un heureux accent, couronnée d'un dôme galbé à l'impériale, couvert de tuiles en écailles. L'escalier droit qu'on trouve au centre du logis est scandé de doubleaux savamment amortis d'une clef pendante. La voûte en berceau à caissons n'est pas taillée dans la pierre mais moulée en stuc, de même que les grands bas-reliefs de la *Légende d'Hercule*. L'emploi nouveau du stuc témoigne d'influences italiennes évidentes et d'un souci d'économie de la taille sans pour autant se priver d'un décor qui semble de règle.

JOURS LÈS BAIGNEUX. Les stucs de l'escalier.

157.
Nuits

à Nuits-sur-Armançon

YONNE / PROPRIÉTÉ PRIVÉE / ✱

En l'absence de toute date certaine, on peut placer vers le milieu du siècle la construction du petit château de Nuits, par les soins de Claude de Chenu, baron de Nuits, qui resta fidèle au parti royal durant les guerres de la Ligue, si violentes en Bourgogne. Du côté de l'entrée, où il se présente sur un terre-plein isolé par des fossés, Nuits est une version mineure d'Ancy-le-Franc — tout proche —, corps de logis accosté de deux pavillons carrés, le tout bâti en bel appareil et sans décor inutile. Les lignes déterminantes sont données par les bandeaux à corniches séparant les étages d'une façon continue, et les pilastres sont réduits à ceux qui marquent les angles des pavillons. Seule fantaisie, assez étrangère à l'art de Serlio, les petits pignons qui se découpent dans la toiture des pavillons. Des meurtrières sont dispersées dans les parties basses, celles-ci fort peu percées de fenêtres afin de pouvoir répondre à un coup de main.

Du côté de l'ancienne cour, dominant l'Armançon, le logis ne présente qu'un étage sur un soubassement éclairé de soupiraux, en raison d'une importante différence de niveau. Ici, c'est une version simplifiée du château des Guise à Joinville. Entre les hautes croisées coiffées de frontons courbes, les trumeaux sont ornés en leur milieu de pilastres corinthiens sur stylobates, qui supportent un entablement continu tangent aux frontons. Les lucarnes sont discrètement couronnées de volutes adossées à des médaillons portant des têtes de lions. Le grand perron à rampes droites opposées, s'il est d'origine, permettrait d'imaginer celui de Joinville. À l'intérieur, la salle des gardes est décorée d'une cheminée sculptée, d'autres au chiffre et aux armes de François de Chenu garnissent la grande salle, couverte d'un plafond à caissons.

NUITS SUR ARMANÇON. Façade d'entrée.

NUITS SUR ARMANÇON. Façade intérieure.

158.
Montigny

à Montigny-sur-Aube

CÔTE-D'OR / **PROPRIÉTÉ PRIVÉE**

L'ancien château cerné de tours rondes et entouré de fossés fut acquis en 1501 par Hélion d'Amoncourt, d'une famille comtoise. Jean V d'Amoncourt de Piépape, grand gruyer de Bourgogne et commissaire ordinaire des guerres du duc de Guise, le fit rebâtir au milieu du siècle, entre 1537 et 1553, en conservant les tours, y compris celles du sud-est encadrant le châtelet d'entrée. La construction en a été attribuée à un architecte de Joigny, Jean Chéreau ; on a souvent aussi prononcé le nom de Jean Bullant pour la chapelle. Jean d'Amoncourt était le neveu du cardinal de Givry, évêque de Langres, célèbre mécène et amateur d'architecture, dans l'entourage duquel l'édifice doit être replacé.

Depuis un incendie en 1794 et des destructions au début du XIXᵉ siècle, le château n'a conservé que le grand corps de logis du nord encore attaché à l'ancienne «Tour rouge» au nord-est, ainsi que la tour sud-ouest qui contient la chapelle. Le logis est plaqué de deux portiques continus de colonnes jumelées, colonnes dégagées, toscanes au rez-de-chaussée sur hauts piédestaux de pierre dure, colonnes ioniques à l'étage ; l'entablement bas est seulement tracé sur le nu du mur et ressaute au droit des pilastres tandis que l'entablement haut saille uniformément à la naissance du toit, c'est le

MONTIGNY SUR AUBE.
Lithographie d'E. Nesle,
restituant l'état au XVIIIᵉ siècle.

MONTIGNY SUR AUBE. Façade du logis sur la cour.

principe déjà observé à Bournazel notamment. Aucun ornement superflu ; la petite porte, la seule ancienne, est coiffée d'une petite fenêtre rectangulaire accolée de simples volutes, les lucarnes à ouvertures géminées et cintrées présentent un couronnement discret de tracé analogue. La façade postérieure est l'œuvre de l'architecte Edouard Aynard qui restaura le château au XIXe siècle.

La chapelle est ingénieusement logée dans une tour hexagonale. Sa façade, qui s'insérait autrefois entre les ailes ouest et sud aujourd'hui disparues, est faite d'un portique de colonnes à deux étages analogue à celui du logis nord, coiffé d'un fronton triangulaire de vastes proportions. L'espace intérieur est traité avec un grand raffinement. L'ordonnance est encore donnée par des couples de colonnes dégagées disposées sur deux étages aux angles du polygone et venant recevoir les grandes nervures de la voûte ; les colonnes sont plus décorées qu'à l'extérieur, leurs fûts sont cannelés et galbés. Au chevet, trois grandes roses sont percées au second niveau. Leur insertion dans le mur détermine curieusement une ondulation de la corniche, licence fort rare. La voûte, formée d'un berceau et d'une abside à trois pans, est entièrement couverte de cartouches, sculptés avec une belle exubérance. L'enfeu de gauche porte la date de 1553, il renfermait le tombeau de Jean d'Amoncourt, évêque de Poitiers, frère du constructeur du château, mort en 1559. Archidiacre de Langres, Jean d'Amoncourt fut le collaborateur et l'homme de confiance du cardinal de Givry. En 1549, il avait fait bâtir la chapelle renaissance de la cathédrale de Langres, dont le décor sculpté est très proche de celui de Montigny, et qui a été parfois attribuée aussi à Jean Bullant.

MONTIGNY SUR AUBE. Voûte de la chapelle.

MONTIGNY SUR AUBE. Porte de la chapelle.

159.
Ville sur Saulx

MEUSE / PROPRIÉTÉ PRIVÉE

Fortement modifié dans ses percements à l'époque moderne, Ville-sur-Saulx est intéressant par son plan : masse quadrangulaire sous un grand comble, agrémentée d'échauguettes accrochées très haut. La construction de ce pavillon date de 1555, elle est due à Gilles de Trèves, prêtre doyen de Bar-le-Duc qui construira vingt ans plus tard le beau collège qui porte son nom à Bar, avant de mourir en 1582. Sa disposition est bien caractéristique des grosses maisons de Lorraine et de Franche-Comté. La petite porte cintrée flanquée de colonnettes et les lucarnes à baies géminées sous des frontons alternativement cintrés et triangulaires, de silhouettes discrètes, sont des témoignages de l'ancien décor, de même que la sobre mouluration des bandeaux ceinturant l'édifice et celle des trompes qui portent les échauguettes. Le château est précédé de communs de même époque.

VILLE SUR SAULX. Vue générale.

160.
La Varenne

à Haironville

MEUSE / **PROPRIÉTÉ PRIVÉE** / ✳

Tout comme Ville-sur-Saulx, La Varenne se présente comme une grosse maison de plan centré sous un grand comble en pavillon. La porte a été refaite au XVIIIe siècle, les croisées ont perdu leurs meneaux (ils subsistent sur les façades latérales), mais l'harmonie des percements d'origine subsiste, tout comme celle du volume, heureusement couronné d'un petit étage supérieur auquel s'accrochent les échauguettes d'angles. Le château aurait été bâti pour Jean Merlin, qui était bailli d'Apremont, auditeur à la chambre des comptes de Bar en 1552, plus tard président de la même cour en 1571, décédé en 1595. La construction se situe vraisemblablement au milieu du siècle. En 1574 seront ajoutées les ailes avec leurs pavillons d'extrémités. Celui de gauche est une curieuse tour de plan carré aux murs nus, seulement garnie de pilastres d'angles qui ne développent leur chapiteau qu'au niveau du toit. Elle abrite au rez-de-chaussée une salle des gardes voûtée, et renfermait au-dessus un colombier.

LA VARENNE. Vue générale.

161.
Le Grand Perron

à Pierre-Bénite

RHÔNE / AUX HOSPICES DE LYON.
LE PETIT PERRON, PROPRIÉTÉ PRIVÉE

Le nom très médiéval de « Perron » était attaché à un domaine des environs de Lyon, situé à Pierre-Bénite, dont François Iᵉʳ autorisa la reconstruction en 1518, au profit d'un chanoine nommé Claude Besson. Il devait être fortifié pour « la sûreté et décoration du pays ». Le chanoine ne profita pas de l'autorisation royale et céda le domaine en 1520 à Antonio Gondi, marchand et banquier italien installé à Lyon depuis plus de dix ans. Ce Florentin avisé avait épousé la fille d'un fermier des impôts de Lyon, d'origine italienne elle aussi, Marie-Catherine de Pierrevive. C'est elle qui fait construire sur le domaine deux maisons différenciées, le Grand et le Petit Perron. Elle y reçoit Catherine de Médicis dès 1533 et se lie avec elle, ce qui lui vaudra d'être plus tard l'intendante de la construction des Tuileries.

Les Gondi ont d'abord bâti au « Grand Perron », vers 1525, un manoir de dispositions traditionnelles dans la région, avec un réseau vitré particulier aux demeures lyonnaises (hôtel Gadagne) ; un escalier en vis dessert les corps de logis. De nouveaux travaux sont attestés entre 1535 et 1544, date de l'installation du couple à Paris où il va connaître une fortune exceptionnelle ; de cette époque dataient la cheminée armoriée de la grande salle (remontée dans une salle de l'hôpital voisin) et une pièce de plan triangulaire dont les caissons du plafond font allusion à une œuvre majeure du grand poète lyonnais Maurice Scève, la *Délie*, parue en 1544 (déposés au musée Gadagne à Lyon). Nous serions porté à dater d'une époque postérieure la façade ordonnancée de la galerie, qui est le morceau d'architecture le plus ambitieux de la demeure. Ces quatre travées très savantes, arcades ouvertes cantonnées de colonnes cannelées corinthiennes, étage de grandes fenêtres à appuis garnis de balustres à l'italienne entre des pilastres eux aussi corinthiens et cannelés, sous une dernière balustrade (derrière laquelle le second étage est sans doute une surélévation tardive) nous paraissent s'apparenter davantage aux recherches érudites des années 1550, contemporaines du Louvre, qu'au premier retour de Philibert de L'Orme à Lyon (hôtel Bullioud, 1536). Il faudrait alors l'attribuer au propriétaire suivant, Albisse d'Elbène, un autre Italien, panetier du roi, cousin des Gondi et leur acquéreur en 1555, qui y recevra la cour de France lors du grand voyage, en 1564. Ce serait lui qui aurait désiré lancer entre les deux ailes cette galerie de circulation articulée sur un nouvel escalier droit. Alexandre d'Elbène, fils d'Albisse, vendra en 1582 à Antoine Camus, trésorier de France à Lyon, qui y recevra Henri IV en 1600. Depuis que le Grand Perron appartient aux hospices de Lyon, il a été fort malheureusement amputé de deux ailes en 1970, et il attend la réhabilitation qu'il mérite.

Le « Petit Perron » est, sur le même ancien domaine, une demeure plus rurale, plus agricole, maison-forte modifiée par les Gondi entre 1520 et 1544. On y trouve un étonnant escalier en vis qui prétend imiter modestement celui de Chambord, une cour bordée d'arcades surbaissées et surtout une grande façade latérale trai-

tée en galeries ouvertes superposées. Lors des guerres de Religion, qui se déchaînèrent en pays lyonnais, la maison fut fortifiée de tourelles, aujourd'hui disparues. Antoine Camus se défit du Petit Perron en 1609.

162.
Roussillon

ISÈRE / A LA COMMUNE / HOTEL DE VILLE / ✱

Le comté de Roussillon en Dauphiné vint en 1532 par héritage aux mains de François, cardinal de Tournon, qui joua un rôle politique majeur au milieu du XVIᵉ siècle. Le prélat en fit don à son neveu Just de Tournon, mais s'en réserva l'usufruit. A partir de 1548, il fit reconstruire le château qui s'élève au milieu de l'agglomération. On y relève les dates de 1548, 1549, 1553 et 1558 qui donnent ainsi les principales étapes des travaux. Nommé à l'archevêché de Lyon en 1551, le cardinal fit à Roussillon un séjour de convalescence prolongé en 1552-1553. On sait aussi que Just de Tournon y accueillit en 1559 le cortège du chancelier de L'Hôpital menant la princesse Marguerite de France dans son duché de Savoie et que, plus tard, Charles IX y séjourna quinze jours avec sa mère lors du grand voyage de la Cour, et y signa l'important édit de 1563-1564 qui fixait au premier janvier le début de l'année civile.

Le château du cardinal remplaçait un bâtiment plus ancien. Malgré les altérations des siècles, il présente encore une masse imposante qui surprend par son caractère italianisant. Les épais corps de logis qui dessinent un fer à cheval sont construits dans un bel appareil avec des chaînes d'angle et des bandeaux, et coiffés de toits plats. Ils sont animés d'un jeu de grandes fenêtres groupées selon des rythmes très originaux, sous des frontons alternés. Ce sont là les grandes fenêtres que dessine au même moment Philibert de L'Orme pour le château d'Anet. Son intervention dans une région où s'exerçait l'influence de Lyon, sa patrie, s'expliquerait-elle ? Le cardinal a pu lui demander des dessins. Pour l'étonnant escalier intérieur, dont le mur-noyau percé à jour s'orne de balustrades, il est peut-être postérieur à la construction, car on n'en connaît pas d'exemple en France avant le XVIIe siècle.

163.

Grignan

DRÔME / AU DÉPARTEMENT / ✳

Bâti sur une plate-forme rocheuse au sommet de l'agglomération, à tel point que la terrasse haute du château est constituée par la couverture dallée de l'église paroissiale, Grignan comportait à l'origine une série de bâtiments entourant une cour fermée. La modernisation en avait été entreprise par Gaucher Adhémar de Monteil, avec la construction d'une galerie le long de l'aile nord sur la cour, dans les premières années du XVIe siècle. Elle est encore de style gothique. Son fils Louis Adhémar, ambassadeur à Rome en 1538, et lieutenant général pour le roi en Provence en 1541, poursuivit le parti en faisant reconstruire les façades de la cour à partir de 1544 environ. L'intention était d'obtenir un *cortile* à l'italienne cerné de façades semblables ou presque. L'ordonnance choisie est ambitieuse : sur un soubassement laissé sans ordres, qui abrite un rez-de-chaussée à demi enterré, s'élèvent deux étages de colonnes corinthiennes engagées qui cantonnent les grandes croisées ou par-

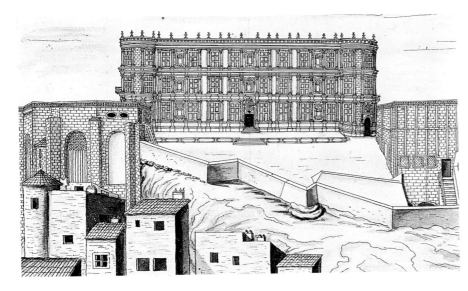

GRIGNAN. La grande façade. Dessin de la collection R. de Gaignières, fin XVIIᵉ siècle (Bibl. nat., Estampes, Va 42).

GRIGNAN. État actuel.

tagent les trumeaux pleins ; au second étage, les allèges des fenêtres sont ornées d'une frise richement sculptée de rinceaux et de figures de fantaisie.

Les travaux ne purent porter que sur deux faces de la cour originelle, la face est (où on lisait la date de 1545) et la face sud ; la face nord avait été bâtie à la génération précédente, et la face ouest était seulement amorcée lorsque les événements politiques mirent Louis Adhémar à l'ombre pour cinq ans. Ses responsabilités en Provence lui donnèrent un rôle particulièrement grave dans les massacres de la population vaudoise à Cabrières et Mérindol en 1545. Condamné lors de l'enquête royale en 1547, il fut jeté en prison et le chantier de Grignan fut brutalement stoppé.

En 1551, la lutte contre l'hérésie a pris dans le royaume une importance nouvelle et le duc de Guise n'a pas de mal à obtenir enfin de Henri II un arrêt du Conseil privé accordant l'absolution au condamné. Adhémar rentra en grâce sur le tard, il fut nommé lieutenant au gouvernement du Lyonnais en 1557 et mourut en novembre 1558, quelques mois après que sa baronnie de Grignan eut été érigée en comté. Il avait fait reprendre les travaux du château en 1553-1554, mais cette seconde campagne n'est plus consacrée à la cour, pourtant inachevée. Dépassant le seul objectif d'un *cortile* tel qu'il vient de s'achever tout près de Grignan, à Suze-la-Rousse, il veut une grande façade monumentale dressée vers l'extérieur, éclairée au midi et dominant largement le paysage qui s'étend vers le Ventoux et les Alpes, du haut d'une immense terrasse. Le parti est nouveau et marque un désir d'ouverture au site, encore exceptionnel dans la France du Midi, s'il ne l'est pas en Italie.

Reprenant certains traits de Lourmarin, Grignan inaugure la lignée des châteaux classiques de Provence. En même temps, les schémas de l'art de la Loire sont encore présents, telles ces tours rondes revêtues de l'ordonnance générale, qui, aux extrémités, semblent un dernier reflet de Chambord. Pour obtenir l'effet monumental désiré, l'ancienne aile sud du château a été doublée en longueur vers l'est. On lui a appliqué le même tracé régulateur qu'aux ailes de la cour : colonnes et pilastres corinthiens aux deux étages, encadrant les travées de grandes croisées et de demi-croisées. Au rez-de-chaussée, comme le sol est plus bas sur la terrasse que sur la

GRIGNAN. La cour d'honneur avant la restauration, d'après une carte postale.

GRIGNAN. La tour dite Sévigné avant la restauration, d'après une carte postale.

cour, on a pu dessiner un niveau de hauteur régulière, garni de pilastres ioniques cannelés.

Grignan ne nous est malheureusement pas parvenu intact. Le château avait été légué par son constructeur au duc de Guise, mais son neveu Gaspard de Castellane parvint à se le faire attribuer en relevant le nom des Adhémar de Monteil, que portera encore son célèbre descendant, le gendre de Mme de Sévigné. Des travaux y furent exécutés au XVIIe siècle : percement de grandes niches à décor classique dans les quelques trumeaux nus de la grande façade sud, destruction de l'aile ouest permettant d'ouvrir la cour, et construction de « l'aile des Prélats ». Confisqué à la Révolution, Grignan sera en parti démoli, notamment la majeure partie du grand corps de logis du sud. Rachetées par Boni de Castellane en 1902, les ruines seront encore dépouillées de certains éléments décoratifs susceptibles d'être vendus. En 1913-1920, enfin, Mme Fontaine entreprendra la reconstruction du grand corps de logis sud en se conformant, sauf pour certains détails, aux dispositions d'origine.

Depuis longtemps, on n'a pas manqué de comparer Grignan à Suze et de remarquer bien des traits communs dans le parti général ou les détails décoratifs (dénivellement des stylobates par rapport au bandeau d'allège des fenêtres... cheminées intérieures à manteau simplement orné de cannelures). Jean-Jacques Gloton a proposé récemment l'hypothèse qu'un même architecte aurait pu, après avoir travaillé à Lourmarin (et à Gordes ?) bâtir d'abord la cour de Grignan, puis celle de Suze, enfin la façade sud de Grignan, et encore le château voisin de La Garde-Adhémar dont il ne reste qu'un infime fragment. Son nom reste inconnu.

164.

Suze la Rousse

DRÔME / AU DÉPARTEMENT / UNIVERSITÉ DU VIN / *

Extérieurement, la massive forteresse médiévale élevée du XIIe au XVe siècle subsiste intacte au sommet d'un promontoire rocheux qui surplombe de haut la petite ville « rousse ». Les belles façades de la cour datent des travaux de modernisation qu'il faut placer au milieu du XVIe siècle. La date de 1551, qu'on a relevée sur une clef de la galerie nord et dans la grande salle de l'aile sud, correspond à une étape du chantier ; c'est précisément l'année où Suze passe aux mains d'un nouveau propriétaire, François de La Baume, héritier de son père, l'année aussi où il épouse Françoise de Lévis-Ventadour. Une tradition ancienne veut que la modernisation ait été conduite, au nom de celui-ci, par son oncle Rostaing de La Baume, qui fut évêque d'Orange de 1543 à 1556. Peut-être était-elle entreprise dès 1547, comme le propose Jean-Jacques Gloton.

L'aile sud a conservé sa disposition originelle. Le rez-de-chaussée sans arcades est percé de portes et de baies cintrées disposées irrégulièrement au gré de l'usage domestique. Au-dessus, avec une paroi très en retrait comme si la taille de la décoration sculptée avait été prise dans l'épaisseur du mur ancien, on voit la grande ordonnance qui fait la singularité de Suze : deux étages d'immenses croisées à doubles meneaux cernées par des baguettes d'esprit encore gothique, et intégrées dans un portique formé au premier étage de pilastres ioniques et au second étage de colonnes corinthiennes engagées, curieusement surimposées à des pilastres du même ordre. Les fûts sont tous cannelés, de même que le stylobate du dernier ordre, curieuse caractéristique que l'on trouve aussi à Grignan. Autre singularité, les stylobates ne règnent pas avec la ligne d'appui des croisées mais la dépassent franchement, et l'appui du dernier étage est fait d'une fausse balustrade de balustres en poires. Comme dans les premiers châteaux de la Loire, parfois les pilastres cantonnent les croisées, parfois il divisent les trumeaux de mur plein. Le grand parti ambitieux s'attache évidemment à des exemples italiens. Avec sa corniche saillante, il n'est pas sans évoquer la cour du palais Farnèse que Michel-Ange achève alors, après San Gallo.

Sur les autres côtés, l'ordonnance de la cour est plus majestueuse encore, puisque le rez-de-chaussée est percé d'arcades que délimitent des piles massives situées à l'aplomb des pilastres. L'écartement de ceux-ci a dicté le tracé de ces arcs, soit en anse de panier, soit en plein cintre. Il paraît néanmoins difficile d'admettre que les arcades telles que nous les voyons datent du XVIe siècle, et nous serions porté à y voir une réfection systématique du XVIIe siècle. Les petits côtés alignent trois travées seulement, le grand côté nord au contraire offre une façade entièrement vitrée sur sept travées, les croisées étant seulement séparées par les pilastres, exemple unique qui a pu s'inspirer de certaines constantes de l'architecture lyonnaise. La construction s'acheva vers 1556, dit la tradition. On trouve à l'intérieur une grande cheminée à manteau cannelé comme le stylobate corinthien de la cour, tandis que le grand escalier si spectaculaire est une création du XVIIIe siècle, rebâti au XIXe siècle. On ne sait à qui attribuer cette cour fastueuse. Le nom de Fongon, qu'on a relevé autrefois dans la grand salle, peut être

SUZE LA ROUSSE. La cour.

476

celui d'un maçon ou d'un sculpteur. Les ressemblances évidentes avec Grignan ont incité Jean-Jacques Gloton à proposer la carrière d'un maître unique qui aurait pu travailler à Gordes et à Lourmarin d'abord, puis à Grignan et ensuite à Suze.

Des peintures murales représentant des scènes de tournois et de batailles ont été découvertes dans une pièce. François de La Baume, gouverneur de Provence et amiral du Levant, fut l'un des champions du catholicisme dans la vallée du Rhône contre les entreprises d'un huguenot fameux, le baron Des Adrets. En 1564, il recevait à Suze le roi Charles IX et toute la Cour, et il aurait fait à cette occasion bâtir le jeu de paume qui subsiste à côté ; cette tradition n'a rien d'invraisemblable. Catherine de Médicis revint encore en 1579. François, qui avait été fait comte de Suze en 1572, fut mortellement blessé au siège de Montélimar en 1587. Le château resta en ligne masculine à la famille de La Baume jusqu'à la Révolution.

165.

La Bâtie d'Urfé

à Saint-Étienne-le-Molard

LOIRE / A LA SOCIÉTÉ LA DIANA / ✳

La merveille des châteaux du Forez se présente comme une curiosité gauche et raffinée à la fois, un agglomérat difficile à comprendre et à dater de «morceaux» de qualité. La nature même du pays, le paysage agreste très fragmenté, parcouru par une rivière sinueuse devenue célèbre dans la littérature, le Lignon, explique sans doute le manque d'unité plastique et de grand parti. L'explique aussi le caractère d'un constructeur qui a réuni là une sorte de musée d'architectures au même titre qu'on pouvait réunir une bibliothèque — celle de La Bâtie[1] était riche de milliers de volumes et des plus beaux manuscrits — ou un cabinet de peintures.

Depuis le début du XVe siècle, la famille d'Urfé a délaissé le vieux château des « Cornes d'Urfé », dressé sur un piton voisin, pour venir s'établir en plaine, à La Bâtie, dans une ferme fortifiée défendue par un bras du Lignon. C'est un quadrilatère cerné d'une enceinte et d'un fossé, avec un pont-levis au nord-ouest défendu par une tour carrée dite le donjon. La demeure a sans doute été déjà amplifiée par Pierre II d'Urfé, chambellan du duc de Bourbon et bailli de Forez, qui s'agrège à l'entourage d'Anne de Beaujeu à la cour de Moulins, puis à celui de Charles VIII qu'il accompagne en Italie, enfin à celui de Louis XII qui le nomme grand écuyer. Pierre meurt prématurément en 1508 et son fils Claude sera élevé très jeune à la cour de France, aux côtés de François Ier qui fait de lui son écuyer ordinaire et l'emmène à son tour en Lombardie pour la campagne qui s'achèvera à Pavie.

De retour, Claude d'Urfé a pu songer à mieux défendre son château de La Bâtie avec les procédés des ingénieurs italiens ; il construit à l'arrière du haut corps de logis principal, à son angle sud-ouest, un bastion de plan losangé à la nouvelle mode. Comme il envisage d'en faire bâtir un second au sud-est, il fait doubler le logis au sud par un corridor voûté permettant la circulation d'un point de défense à un autre.

Le service du roi l'attire pourtant à la Cour où François Ier peut apprécier sa haute culture ; il y épouse en 1532 une jeune protégée de Marguerite d'Angoulême, Jeanne de Balsac. En 1535, il est

1. Ou La Bastie.

LA BÂTIE D'URFÉ. Plan général (extrait de J. Dupont, *Les Monuments historiques de la France*, 1963).

LA BÂTIE D'URFÉ. Dessin de Martellange au XVIIe s. (Bibl. nat., Estampes, Ub 9 a, no 128).

LA BÂTIE D'URFÉ. Vue générale de la cour.

nommé à son tour bailli de Forez, astreint à résidence pour une partie de l'année, et amené à organiser à Montbrison l'entrée solennelle du roi qui ne manquera pas de descendre aussi à La Bâtie (1536).

Il n'est pas invraisemblable que la seconde campagne de travaux ait été menée avant la visite du roi. Une longue aile étroite réunis-

sait à droite le grand logis au donjon. Jouissant d'une vue plus
dégagée, elle abrite à l'étage au-dessus des cuisines, la grande salle
gothique et des chambres. Claude d'Urfé fait doubler ce bâtiment
très simple, presque rural, par deux portiques superposés, clos par
des arcades et des pilastres au rez-de-chaussée, et de petites
colonnes cannelées à l'étage. On accède à la galerie de l'étage par
une longue rampe portée elle aussi par des arcades pleines à pilastres. Le massif de départ de la rampe est orné d'un bas-relief et sert
de socle à un sphinx copié de l'antique, qui donne dès l'arrivée du
visiteur le ton « antiquaire » qui sied ; des balustres bramantesques
portent la main courante. L'arrivée de la rampe à l'étage forme
pavillon en saillie, sous une épaisse corniche en bois, à la gênoise.
Le tout, coiffé d'un toit plat, évoque l'Italie, Vérone et le palazzo
della Ragione, Florence et les tracés de Brunelleschi, qui sont rendus avec des proportions trapues par des mains malhabiles. L'architecte, c'est d'Urfé lui-même, armé de ses souvenirs, guidé sans
doute par des conseils ; le maître maçon, c'est un homme du cru,
Antoine Jonillyon, qui mourra comme son client en 1558.

D'Urfé avait trouvé le moyen d'extérioriser son escalier de la
façon la plus spectaculaire, et de le lier à une longue galerie desservant les appartements. Il avait trouvé en même temps le module
d'un réseau d'arcades basses qu'il fit reproduire sur la moitié droite
du grand logis du fond. Comme les autres, ces cinq arcades sont
cantonnées de pilastres corinthiens cannelés, interrompus par une
bague inspirée du chapiteau ionique à mi-hauteur, c'est-à-dire au
niveau des impostes des arcs. Les petits piliers ioniques ainsi arbitrairement isolés réapparaissent à l'intérieur, perpendiculairement

aux arcades, pour porter d'autres arcs. Ainsi se trouve défini le volume d'un vestibule bas plafonné de grosses poutres, qui, semble-t-il, ne reçut pas tout de suite sa destination de grotte décorée.

En 1542, d'Urfé avait la douleur de perdre sa jeune femme ; il rappellera son deuil d'une façon insistante par les lettres de leur chiffre CIC, apposées sur le décor de sa demeure. Esprit religieux, profond et brillant, il est bientôt choisi par François Ier pour le représenter au Concile de Trente, accompagné de deux autres humanistes, Jacques Des Ligneris et Pierre Danès. Il assiste donc aux séances des Pères en 1546 à Trente, puis en 1547-1548 à Bologne. C'est là qu'il reçoit des lettres du nouveau roi Henri II l'accréditant comme ambassadeur auprès du Saint-Siège. Il se rend alors à Rome où il restera jusqu'en 1551. A son retour auprès du roi, à Fontainebleau, il est nommé gouverneur des enfants de France et surintendant de la maison du dauphin François. Les derniers embellissements de son château l'occupent encore jusqu'à sa mort, survenue en 1558.

Durant ces cinq années italiennes, il a fréquenté les plus grands esprits et les meilleurs artistes. Il songe aux embellissements qu'il apportera à La Bâtie dès son retour, et passe commande d'œuvres d'art répondant au programme qu'il a mûri seul, ou plus probablement avec quelque architecte de réputation, Vignole par exemple, rencontré certainement à Bologne lorsque l'Italien revenait de la

cour de France. Aussi les réalisations de la troisième campagne révèlent-elles un plan profondément réfléchi et une qualité d'exécution admirable. Le chef-d'œuvre en est la chapelle, la plus belle de France dira son petit-fils Anne d'Urfé au début du siècle suivant. Logée dans la partie gauche du grand logis du fond, ce qui n'est guère conforme au droit canon, elle se devine aux percements particuliers de cette partie de façade : beau portail central à colonnes jumelées et grand fronton, très vignolesque, grande baie cintrée à deux lancettes qui semble venue tout droit de Florence. A l'intérieur, la chapelle est une pure importation italienne, savamment modulée pour répondre à la spiritualité du maître de maison exaltée par les discussions du Concile. Le thème général est le culte du Saint Sacrement et ses préfigurations dans l'Ancien Testament. C'est encore l'esprit de Brunelleschi et des Florentins qui inspire le plan, fait de trois carrés juxtaposés, la voûte cintrée, couverte de caissons de stuc dorés et azurés, les pilastres corinthiens qui se retournent aux angles, et la corniche continue.

Le long des murs de la chapelle et de l'oratoire qui lui est perpendiculaire — pris sur l'ancien corridor de défense des bastions — courait un soubassement en deux zones, d'abord des panneaux allégoriques de bois sculpté et au-dessus de précieux tableaux en marqueterie. Ces œuvres avaient été demandées par Claude aux *intarsiatori* les plus réputés de la péninsule, le dominicain Fra

Damiano de Bergame, qui en eut commande à Bologne en 1551, et Francesco Orlandini de Vérone (panneau de *La Descente du Saint-Esprit*, 1547). Dans la zone supérieure enfin, entre les grands pilastres, avaient pris place de grandes peintures de l'Ancien Testament que Mᵐᵉ Olga Raggio a pu identifier comme les œuvres d'un maniériste romain nommé Gerolamo Siciolante, commandées à l'artiste en 1549. Le retable de l'autel était un autre chef-d'œuvre de marqueterie de Fra Damiano, *L'Institution de l'Eucharistie*, exécuté d'après un carton attribué à Vignole. Le devant d'autel était décoré d'un bas-relief de marbre blanc, et l'estrade formée d'un précieux pavement de carreaux émaillés qu'on peut croire de Masséot Abaquesne. Des vitraux datés de 1557 complétaient cet ensemble raffiné. Toutes ces richesses furent dépecées et dispersées par la vente à la fin du XIXᵉ siècle, après la faillite de l'un des propriétaires. L'effort fait depuis 1912 par la société La Diana et par l'État pour reconstituer ce décor a été en partie couronné de succès, tout comme au château de Montal. Ainsi, les peintures ont pu revenir du musée des Arts décoratifs, l'estrade du musée du Louvre ; malheureusement l'ensemble des lambris à marqueteries est resté à New York, au Metropolitan Museum, où une salle particulière lui a été consacrée, à la dimension de la chapelle de La Bâtie.

A côté de la chapelle, Claude d'Urfé fit aménager le vestibule bas pour en faire une grotte rustique, à l'instar de François Iᵉʳ à Fontainebleau, plus encore peut-être de son contemporain, le cardinal de Lorraine, à Meudon. La grotte de La Bâtie survit, presque seule du XVIᵉ siècle. Certaines figures ont été inspirées par les gravures d'un Italien, Augustin Vénitien, vieilles de vingt ans au moins. Les arcades ouvertes furent garnies de grilles ornées de pampres dorés (aujourd'hui reconstituées), la poutraison fut revêtue d'un décor en

LA BÂTIE D'URFÉ. Le temple rond.

fin sablage de couleur dont certains éléments copient des panneaux de marqueterie de la chapelle voisine ; des niches et des tableaux garnis de coquillages et de minéraux divers reçurent des termes et des figures en gaines, des renfoncements profonds comme des cavernes ont été gagnés sur l'ancien corridor militaire, où fut logée aussi une machine hydraulique d'importation italienne permettant d'alimenter de minces jets d'eau jaillissant parmi les rocailles.

Cette grotte a été célébrée par le plus illustre membre de la famille d'Urfé, Honoré, l'auteur du long roman de *L'Astrée*, qui habita mais ne posséda jamais La Bâtie. Il la décrit avec ses rochers et ses fontaines, comme il décrit un autre élément que nous avons conservé, un petit temple rond de style ionique, dressé dans le jardin voisin. D'autres constructions de La Bâtie subsistent de la fin du XVIe siècle, au temps des guerres de la Ligue : le second bastion au sud-est, l'aile des casemates à l'est, sans doute aussi le portail à bossages rustiques qu'on trouve à l'entrée de la cour, sur le côté droit, près du lieu où subsista le pont-levis jusque vers 1620.

166.
Le Bas Chareil

à Chareil-Cintrat

ALLIER / A l'ÉTAT / ✻

Petit château de plaine, Chareil fut modifié au milieu du XVIe siècle pour un contrôleur ordinaire des guerres, Claude Morin, qui en était propriétaire en 1552 et mourut vers 1577. La date de 1557 figurait sur le linteau d'une porte. Le corps de logis principal, flanqué extérieurement de deux tours rondes, a été percé de croisées organisées en travées de largeurs irrégulières qui, dans leur bonhomie, balancent agréablement la présence d'une aile sur cour à droite et son absence à gauche. Les jambages des croisées sont procurés par des pilastres des trois ordres classiques superposés selon les règles, l'entablement est dorique, muni de triglyphes ; les lucarnes sont coiffées de frontons, la porte est exécutée avec un soin extrême, sur un dessin très vitruvien. On devine au centre la présence d'un escalier à volées droites. Ses berceaux rampants terminés par des doubleaux décorés de rosaces, ses paliers à pilastres ioniques sous une frise d'ondes à la grecque témoignent des connaissances archéologiques du constructeur, tout comme les extraordinaires manteaux de cheminées, l'une à colonnes du dorique le plus orné, avec une frise à triglyphes et bucranes et un grand manteau à figures engainées et cartouche central ; l'autre à piliers ioniques amortis en consoles avec griffes de lion.

Chareil conserve un ensemble de peintures d'un haut intérêt. Les artistes qui les ont exécutées au temps où la transformation du château s'achevait, vers 1560 sans doute, ont puisé dans les ouvrages d'édition récente pour leur inspiration. Ainsi la voûte de l'escalier est décorée de grotesques sur fond blanc dont les modèles se trouvent dans l'œuvre gravé du Florentin Enea Vico (suite de 1541) dont s'inspirent aussi les *Petits Grotesques* de Du Cerceau (1550). Une pièce du premier étage, ornée sur les murs des figures de Mars, Vénus et Cupidon, est couverte d'une voûte à l'italienne

LE BAS CHAREIL. Vue générale.

LE BAS CHAREIL. Cheminée de la mort d'Adonis.

LE BAS CHAREIL. L'escalier.

décorée de tout un cycle astrologique, les médaillons des sept planètes se détachant sur un fond de grotesques. Mme Regond a retrouvé les modèles de ces figures dans un ouvrage de *Chiromancie* de Jean de Indagine, publié à Lyon chez Jean de Tournes en 1549 avec des figures qui peuvent être attribuées au célèbre graveur Bernard Salomon. Deux autres salles conservent des épisodes de *L'Histoire d'Adonis* qui viennent pour une part d'un autre ouvrage sorti des presses de Jean de Tournes, en 1557, avec des illustrations du même Bernard Salomon, *La Métamorphose d'Ovide figurée.*

LE BAS CHAREIL. Cheminée à canéphores.

LE BAS CHAREIL. Décor peint de l'escalier.

167.
Graves

à Villefranche-de-Rouergue

AVEYRON / PROPRIÉTÉ PRIVÉE

En 1543, un marchand de cuivre de Villefranche-de-Rouergue nommé Jean Imbert d'Ardenne achetait une métairie située sur la hauteur, à proximité directe de la ville dont il fut consul à deux reprises. Dans les années 1550, il confia la construction d'un petit château qui devait remplacer la métairie à un maçon de Bournazel nommé Guillaume Lissorgues dit le Sourd. Son nom figure sur un marché de travaux relatif à l'aile d'entrée et au grand portail (février 1554). Ce marché doit indiquer l'achèvement de l'édifice.

Extérieurement, c'est un quadrilatère flanqué de tours rondes coiffées de dômes galbés à l'impériale, couverts comme les ailes

GRAVES. *Ci-dessus* : Façade sur la cour.

ci-contre : Façade d'entrée.

d'épaisses ardoises en écailles. Les murs sont faits d'un grossier appareil enduit, et les ouvertures, cantonnées de pilastres plats. La cour carrée est bâtie au contraire en grand appareil de pierre de taille et se présente comme un *cortile* de quatre façades uniformes. Deux ordres de pilastres (remplacés aux angles par des colonnes engagées) tapissent les murs, doriques au rez-de-chaussée, ioniques à l'étage, tous cannelés. Juchés sur des stylobates — ceux de l'étage ont une curieuse forme en console — ils garnissent le centre des trumeaux qui séparent les croisées et les demi-croisées. Celles-ci

GRAVES. Façade sur la cour.

ont des chambranles à crossettes, des entablements assortis aux ordres et des frontons droits. Les hautes lucarnes, pourtant, présentent encore un couronnement retardataire à rampants concaves, de style François Ier.

Du côté de l'entrée, les travées sont ajourées de deux galeries haute et basse avec des arcs très tendus, tangents à l'entablement. A l'extérieur, l'entrée était solennisée par un grand portail à demi-colonnes sur deux étages, presque entièrement dissimulé aujourd'hui. Cette aile fut la dernière construite. Il subsiste à l'inté-

rieur un escalier à rampes droites orné de colonnes dont les ordres changent d'étage en étage, et dans la salle basse une cheminée décorée d'atlantes avec, au manteau, un grand cartouche de style Du Cerceau.

On n'a pas manqué de comparer Graves à Bournazel et à l'ancien château de Gages bâti aux portes de Rodez par le cardinal d'Armagnac et disparu aujourd'hui. Historiquement, Graves s'insère entre l'aile nord de Bournazel, dont il copie les dispositions et notamment les lucarnes, et l'aile est du même château, un peu plus tardive. Le goût de l'architecture à la romaine n'habite donc pas seulement les princes, les prélats et la noblesse locale, il inspire aussi les marchands enrichis et les notables municipaux. A Villefranche même, la maison urbaine de Jean Imbert d'Ardenne atteste le même souci esthétique.

168.

Coutras

GIRONDE / CHÂTEAU DISPARU

Odet de Foix, sieur de Lautrec, vicomte de Fronsac, avait fait entreprendre à Coutras la construction du plus beau château de la région bordelaise au XVIe siècle. Le favori de François Ier, gouverneur du Milanais, mourut en 1528 devant Naples ; sa demeure était en chantier depuis deux ou trois ans, par les soins d'un maçon nommé Girons Malet. Elle ne s'élevait alors qu'aux fondations. La construction fut poursuivie au nom de ses enfants par leur tuteur Manaut de Martory, évêque de Couserans. Le château comportait un corps de logis de 35 mètres de long sur deux étages, des lucarnes dans le toit, deux petites ailes terminées par des pignons. Sur la façade principale du côté de la cour, une tour octogonale faisait saillie ; elle était coiffée d'un dôme de pierre blanche et s'agrémentait d'une tourelle en saillie. Cette tour abritait une grande vis d'escalier.

Coutras fut acheté en 1549 par Jacques d'Albon, maréchal de Saint-André, un an seulement après que le favori de Henri II, couvert d'or par son maître, eut acheté en Bourgogne le château de Vallery. Saint-André meubla superbement le château des Lautrec. Plus encore, il fit dessiner le grand parc, en marge duquel se déroula l'historique bataille de Coutras qui devait attirer pour la première fois les regards sur le jeune Henri de Navarre, vainqueur de l'armée du roi de France en 1587.

Rien ne reste du château lui-même, qui fut rasé en 1730, mais deux vestiges nous en rappellent l'existence. Sur place, un puits à colonnes doriques, dôme à écailles de pierre et lanternon, qui porte l'emblème et la devise du maréchal « Nodos virtute resolvo », avec au sommet la date de 1551. Le portail du parc, orné de bossages, a été remonté, lui, dans une propriété, toute proche, à Eygreteau.

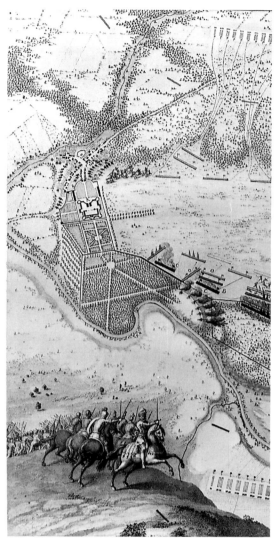

COUTRAS. Plan du château et de son parc, détail d'une représentation gravée de la bataille de Coutras en 1587 (Bibl. nat., Estampes).

COUTRAS. Puits subsistant de l'ancien parc.

491

169.
Lanquais

DORDOGNE / PROPRIÉTÉ PRIVÉE / ✶

Rarement la greffe d'un château du XVIᵉ siècle sur un édifice plus ancien est aussi manifeste qu'à Lanquais. Lorsque Marguerite de La Cropte épousa en 1531 Gilles de La Tour, seigneur de Turenne et Limeuil, elle lui apportait en dot la seigneurie de Lanquais. La belle Isabeau de Limeuil, la plus célèbre des filles d'honneur de la reine Catherine («l'Escadron Volant») y passa une partie de sa jeunesse avant de poursuivre une carrière galante bien connue, illustrée par sa liaison avec le prince de Condé et son mariage de raison avec le richissime banquier italien Scipion Sardini. Les La Tour firent reconstruire le château à la fin des années 1550, peut-on croire d'après le style, ou même plus tard, vers 1570, comme le pense André Chastel. Ce serait alors l'œuvre de Galiot de La Tour, frère d'Isabelle. Du château du XVᵉ siècle, il subsiste une tour ronde et une moitié de corps de logis à laquelle s'accole, du côté intérieur,

p. 493 : LANQUAIS. Façade extérieure.

LANQUAIS. Façades sur la cour.

492

un escalier en vis logé dans une tour polygonale qui remplaçait l'ancien donjon brûlé par les Anglais.

Le bâtiment du XVᵉ cède la place sans transition aucune au logis neuf de semblable élévation qui se poursuit sur deux travées et s'articule sur un grand pavillon d'angle. Côté cour, une aile à la perpendiculaire était prévue, dont les pierres d'attente sont visibles aux étages sur le côté du pavillon ; elle ne fut finalement élevée que d'un rez-de-chaussée bas. L'inspiration du plan du Louvre apparaît

LANQUAIS. Cheminée de la salle.

ici évidente. Côté jardin, les travées rustiques — cernées de bossages — enferment les ouvertures du soubassement (soupiraux cintrés), celles du rez-de-chaussée surélevé et celles du grand étage (croisées coiffées de frontons droits). Le comble est percé de grandes lucarnes à baies cintrées géminées sous un fronton ondulé.

La même ordonnance s'observe au pavillon qui, tout comme au Louvre, offre un étage supplémentaire, fait de minces baies cintrées, sous d'immenses lucarnes à tabernacles. Côté cour, tout comme au Louvre encore ou à Vallery, les bossages n'apparaissent pas, l'appareil est nu, les moulures plus classiques. L'entrée nouvelle du château se fait par la petite façade intérieure du pavillon, organisée en travée rythmique : une juxtaposition de grandes baies encadrées de petites fenêtres à frontons dans l'esprit de Philibert de L'Orme, tandis que l'ordonnance générale s'inspire de Pierre Lescot. On trouve à l'intérieur une série de quatre cheminées sculptées d'un style vigoureux datant de la construction.

170.
Monbazillac

**DORDOGNE / PROPRIÉTÉ PRIVÉE.
MUSÉE DU VIN ET MUSÉE PROTESTANT / ✳**

D'aspect encore traditionnel et féodal, Monbazillac a été bâti vers 1550 pour Charles d'Aydie. C'est un bâtiment centré de plan rectangulaire, cantonné de quatre tours rondes et entouré de fossés secs. La pierre dure ne se prête guère aux sculptures, ce qui explique le dessin très simplifié et d'esprit encore gothique des tympans des lucarnes. On reconnaîtra cependant comme nouvelle la structure des parties hautes divisées en pavillons, au-dessus du crénelage qui court d'une tour à l'autre, ainsi que les dimensions des croisées. Seul élément de style, la travée de la porte, en pierre plus tendre, est décorée de pilastres et de volutes maladroites accostant une table nue.

MONBAZILLAC. Façade d'entrée.

171.
Le Fraisse

à Nouic

HAUTE-VIENNE / **PROPRIÉTÉ PRIVÉE**

Le décor raffiné du château du Fraisse est dû à un prélat humaniste qui introduisit ainsi en Limousin les dernières créations de la cour de France. Le château de la famille Des Monstiers avait été incendié par les Anglais puis reconstruit au début du XVe siècle. Jean Des Monstiers, évêque de Bayonne de 1551 à 1561, s'était fait remarquer par la publication de différents ouvrages de qualité. François Ier employa ses talents à plusieurs missions diplomatiques à partir de 1541, auprès du roi de Danemark, et Henri II l'envoya également en ambassade en Allemagne et auprès des Ligues suisses où son habileté diplomatique fit merveille. «Grand personnage en tout», disait Brantôme. Après 1554, il se retira au Fraisse pour soigner sa santé éprouvée au service du roi. On peut croire qu'il fit alors poursuivre, jusque vers 1560, les travaux qui transformèrent le vieux château en lui adjoignant à gauche un long corps de logis de sept travées et une aile en retour d'équerre. Une tour ronde d'escalier coiffée d'une étonnante toiture en dôme polygonal à ressauts fut logée au creux des deux logis.

Les travées sont très sobrement dessinées, hautes croisées, grande corniche moulurée et hautes lucarnes. L'accent est mis sur la travée axiale traitée en frontispice. Un portique à colonnes dori-

p. 497: LE FRAISSE. *En haut*: portes de l'aile gauche; *en bas*: portes sur l'escalier.

LE FRAISSE. Façade d'entrée.

ques jumelées cerne la porte d'entrée, à l'étage est creusée une niche centrale ornée d'un buste et cantonnée de petites ouvertures, et la grande lucarne est encadrée d'ailerons, les premiers peut-être qu'on voit apparaître en France. Des disques de marbres de couleurs et des médaillons de portraits en marbre statuaire, peut-être importés d'Italie, garnissent l'entrecolonnement. Le même luxe de marbres, qui faisait la renommée du château, se rencontre aux différentes portes et cheminées de l'édifice. Leur variété surprend, témoignage d'un goût personnel du prélat. On a noté aussi les sources auxquelles on a puisé pour dessiner ces ouvertures : les *Quatrième*, *Septième* et surtout *Sixième Livres* de Serlio. A la façade postérieure de l'aile gauche, la porte rustique est une copie presque littérale de l'une des planches de Serlio, le modèle même utilisé par l'architecte pour l'hôtel du Grand Ferrare à Fontainebleau. Il en est de même pour la porte de cette aile sur la cour, traitée non pas en rustique, genre réservé aux façades extérieures selon un principe observé aussi par Lescot au Louvre et à Vallery, mais dans le genre « délicat ». Il est rare de trouver en un même lieu pareille série de motifs de style, intégrés harmonieusement dans un édifice d'une grande simplicité plastique.

LE FRAISSE. Cheminée.

172.

Touffou

à Bonnes

VIENNE / **PROPRIÉTÉ PRIVÉE** / ✶

Longeant le cours de la Vienne qui coule au sud, Touffou est un château de plaine construit à partir du XIIe siècle et repris à la fin du XVe siècle. Il occupe une terrasse sensiblement carrée, flanquée à ses angles de tours rondes de diamètres différents qui subsistent, à cette exception près que la tour de la Chapelle au sud-est a été arasée à la hauteur du premier étage. Des courtines les réunissaient, qui ont été supprimées au XVIIe siècle pour dégager la vue. Au centre de l'esplanade, sur une ligne perpendiculaire à son côté nord, s'élevaient deux donjons jumeaux datant du XIIe siècle. L'espace intermédiaire, large seulement de 3 mètres, fut comblé au XVe siècle pour former l'impressionnant parallélépipède que l'on voit aujourd'hui, percé de grandes fenêtres qui ne datent que du XVIIe siècle.

En 1519, le château vint par le mariage de l'héritière Claude de Montléon aux mains de Jean Chasteigner, seigneur de La Roche-Posay. L'homme est un compagnon d'armes de François Ier en Italie. Une blessure reçue à Pavie le laissera infirme jusqu'à sa mort en 1567. C'est un humaniste, lui aussi, protecteur de Scaliger, et qui recevra à Touffou Ronsard, Daurat, Muret et Jacques de Thou. Remaniant le château du XVe siècle, il s'attache surtout au corps de logis principal situé sur la majeure partie du côté nord et à une

p. 499 : TOUFFOU. Vue générale.

petite aile de raccordement bâtie entre celui-ci et le donjon. De ces années 1550-1560, datent ainsi les travées de pilastres qui tentent de régulariser les croisées et demi-croisées du XVᵉ siècle. Les grandes lucarnes coiffées de trois pots à feu sont caractéristiques du style Henri II, et plus encore la grande travée de la grosse tour dite de Saint-Georges, dont la lucarne est dessinée en bossages plats, témoignage évident de l'influence des ouvrages de Serlio. Un appareil de briques en damier garnit la souche de cheminée voisine. Par sa silhouette, la tour elle-même s'apparente au contraire au premier art de la Loire, au Lude par exemple. Elle renferme des peintures qui datent des premières années du XVIIᵉ siècle *(Les Quatre Saisons* au rez-de-chaussée, d'après Bassan).

173.

Chenonceau

deuxième période *(voir nᵒ39)*

INDRE-ET-LOIRE / PROPRIÉTÉ PRIVÉE / ✱

L'agrément du château de Thomas Bohier, bâti sur les eaux du Cher, était tel que Henri II, dès qu'il fut devenu roi, le céda à sa maîtresse Diane de Poitiers. C'était sans nul doute la plus gracieuse des résidences de la Loire. La favorite trouvait là un domicile commode à proximité des résidences royales de Chambord et surtout de Blois, ce qu'elle trouvait à Anet lorsque la Cour était en région parisienne. Dans les premières années, Diane se contenta d'entretenir le château, soucieuse de ne pas investir sur un domaine dont la propriété pouvait lui être reprise en cas de malheur. En 1551 cependant, elle s'enhardit à faire dessiner un jardin en parterre sur un terrain de deux hectares situé sur la rive droite du Cher que l'on maçonna comme un bastion, à l'abri des inondations. Il s'étendait comme un tapis et formait l'agréable point de vue des appartements du château qui s'éclairent en amont ; il était accessible par un pont de bois depuis la cour du château. On y trouvait un grand jet d'eau, un pail-mail et des dispositions pour courir la bague, qui s'ajoutaient aux carrés du jardin fleuriste et du potager.

Des jardins avaient aussi été aménagés sur la rive gauche du Cher, auxquels on ne pouvait accéder que par bateau. Ceci donna l'idée d'une nouvelle construction qui ferait profiter davantage encore les habitants du château du merveilleux paysage fluvial. On a avancé naguère que Bohier avait eu déjà l'idée d'un pont axé sur le château, mais Jean Guillaume a démontré que l'autorisation délivrée par le roi en 1517 concernait en réalité un pont de passage public qu'on voulait bâtir à une bonne distance du château. C'est donc un projet nouveau qui naît lorsque Diane parvient en 1555 à transformer la donation royale de Chenonceau en une acquisition personnelle. Il vise à assurer une communication avec l'autre rive, certes, mais surtout, comme le pont de Fère-en-Tardenois, à pourvoir Chenonceau d'un agrément qui lui manque jusqu'à présent, une galerie. L'idée est nouvelle. Philibert de L'Orme est chargé de sa réalisation en 1556, un marché est passé en avril avec un maçon de Montrichard nommé Pierre Hurlu.

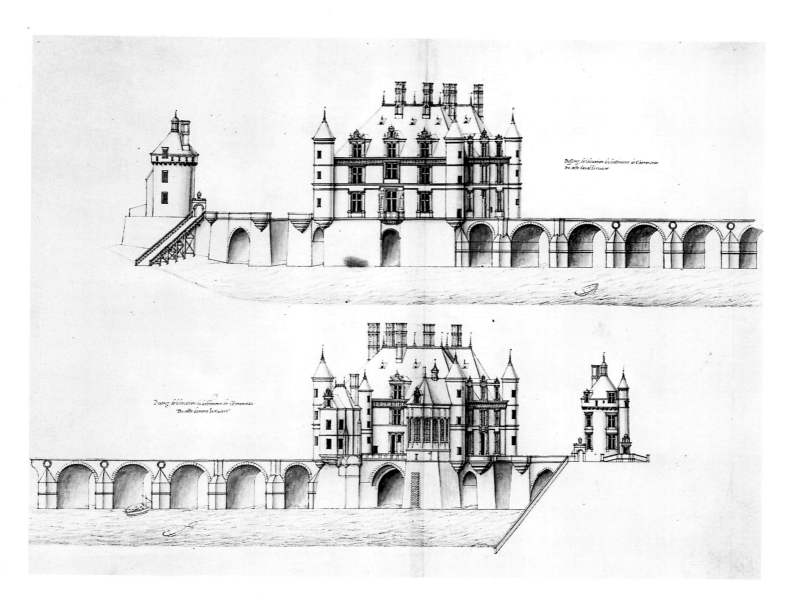

Desseing de lelevation du bastiment de Chenonceau
Du costé daval la riviere

Desseing de lelevation du bastiment de Chenonceau
Du costé damont la riviere

Mais l'ouvrage est long à entreprendre, et le pont ne s'élèvera guère qu'au niveau des piles lorsque meurt Henri II en 1559. La favorite et l'architecte tombent aussitôt en disgrâce. La galerie sera bien réalisée, mais vingt ans plus tard, et d'une façon très différente. Les dessins et gravures de Du Cerceau (vers 1575) nous montrent le pont encore dépourvu de superstructures, aussi ne connaissons-nous le projet primitif de De L'Orme que par des déductions. On a vu que l'une des originalités du château de Bohier résidait dans le couloir axial menant le regard depuis l'entrée jusqu'au balcon sur le Cher. De L'Orme ne voulait pas abolir cet effet remarquable, aussi avait-il lancé son pont sur le côté de cet axe visuel, et légèrement en aval. En outre, la galerie ne devait compter qu'un seul niveau, éclairé de grandes fenêtres-lucarnes passantes interrompant le toit. Elle n'aurait pas occupé toute la largeur du pont mais aurait laissé filer au long de ses deux faces deux passages à l'air libre, l'un d'eux accessible par l'ancien balcon. Tous les agréments de la vue et de la promenade se trouvaient ainsi combinés dans le projet de Philibert, qui ne fut pas réalisé.

CHENONCEAU. Le château des Bohier et le pont sur le Cher. Dessin de Du Cerceau (Londres, British Museum).

501

174.

Beauregard

à Cellettes

L'art nouveau de Philibert de L'Orme et de Serlio imprègne aussi des maisons de plaisance bâties pour des amateurs avec une sobriété recherchée. Beauregard est planté, comme son nom l'indique, dans un site bien dégagé, à huit kilomètres de Blois. C'est un rendez-vous de chasse royal, sorte d'annexe du grand château voisin, bâti probablement pour François Ier à la lisière de la forêt de Russy, au milieu de coteaux de vignes : une petite maison dans un ancien domaine agricole. On trouvait en venant du nord une cour d'aspect rural avec un colombier, et au fond un corps de logis assorti d'une tour carrée percée d'un passage menant à une seconde cour ; le logis se présentait sur celle-ci sous des dehors plus aimables et s'ornait en son centre d'une tourelle d'escalier saillante de plan polygonal.

En 1521, le roi fit cadeau de Beauregard à son oncle René, bâtard de Savoie, frère de sa mère. C'est ce domaine modeste qui est acquis, en 1545 probablement, par un poète et un homme d'État à la fois, Jean Du Thier. Ami de Ronsard qui l'a célébré dans ses poèmes — «Tu n'es pas seulement poète très parfait...» — Du Thier fut désigné en 1547 par Henri II pour devenir l'un de ses quatre secrétaires d'État. Il était plus spécialement chargé des affaires d'Italie et du Levant et disparaîtra la même année que le roi, en septembre 1559. A Beauregard, il a cherché à amplifier l'ancien pavillon de chasse en lui conservant cependant un caractère simple et agreste. On le voit, sur les gravures de Du Cerceau, au souci de conserver les espaces agricoles, d'ordonner en carrés les pieds de vignes et d'ajouter seulement du côté du midi un jardin en parterre de taille modeste, fermé de simples portiques de bois.

Dans les bâtiments neufs, édifiés autour de 1550, se remarque la même simplicité. Conservant le logis ancien, Du Thier a fait éle-

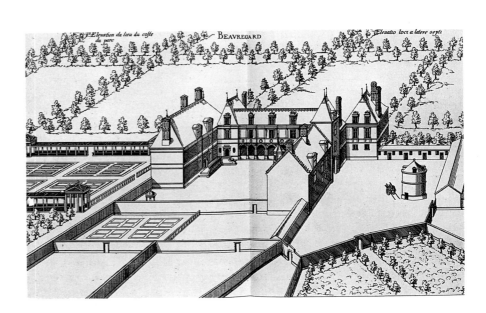

BEAUREGARD. Gravure de Du Cerceau (*Les Plus Excellents Bâtiments de France*, t. II).

BEAUREGARD. Vue générale.

ver sur son côté occidental des constructions qui s'allongent entre la cour et les vignes ; c'est une galerie étroite insérée entre deux petits pavillons et deux autres pavillons plus importants dont l'un, celui du midi, se dresse comme une aile le long de la cour, face au logis François Ier. La comparaison de l'état actuel, plusieurs fois remanié, avec les gravures de Du Cerceau, laisse deviner la distinction du dispositif, parfois proche de celui d'Ancy-le-Franc. La galerie aligne sept arcades en plein cintre sur des colonnes ; l'étage est percé de quelques croisées cantonnées de pilastres plats qui laissent entre eux de larges trumeaux nus (tardivement agrémentés de niches rondes) ; les hautes lucarnes sont pourvues de couronnements encore traditionnels. Même dessin de pilastres plats aux pavillons latéraux qu'animent d'immenses souches de cheminées en faisceaux de colonnettes coiffées de frontons. Du côté des vignes (où une aile nouvelle est venue au XIXe siècle doubler la galerie), les façades austères étaient dépourvues de pilastres, le décor étant seulement procuré par les chambranles des fenêtres, les bandeaux et les lucarnes. Le château nous apparaît aujourd'hui

504

privé de l'ancien logis François Ier, qui a été rasé dès le début du XVIIe siècle.

Beauregard a conservé des témoignages remarquables de son décor ancien. La célèbre galerie de portraits du premier étage date seulement de Paul Ardier, propriétaire du château sous Louis XIII, mais il subsiste du temps de Du Thier un cabinet dont les lambris et le plafond furent exécutés en 1554 par le menuisier du roi, Francisque Scibec de Carpi. Ses panneaux sont sobrement décorés de cartouches dans l'esprit de Du Cerceau, insérés dans des traverses sculptées de chutes d'ornements où l'on remarque des grelots, objets qui meublent le blason de Du Thier — d'où le nom de cabinet des Grelots. Dans la zone supérieure, les panneaux laissent place à des peintures de natures mortes représentant les productions des différents arts tout autant que les instruments du musicien, du guerrier, du joueur de paume ou du viticulteur. Rien ne reste malheureusement de la chapelle, qui surmontait l'ancienne entrée de François Ier. Du Thier en avait commandé les fresques à Nicolo Dell'Abate, qui se servit de dessins de Primatice pour peindre une *Descente de croix* et cinq scènes des *Mystères de la Résurrection*.

175.
Landifer

le Vieil-Baugé

MAINE-ET-LOIRE / PROPRIÉTÉ PRIVÉE

On ignore tout de la construction du château de Landifer. Seule l'analyse du décor sculpté a invité les historiens d'art Palustre et Gébelin à le situer au milieu du XVIe siècle, en relation avec la construction du Louvre dont certains motifs ornementaux y paraissent maladroitement repris. Le château appartenait alors à la famille de Mareil, dont le blason est sculpté sur le manteau d'une cheminée. L'édifice a été doublé en épaisseur et copieusement restauré vers 1900, aussi faut-il avoir recours aux photographies prises antérieurement pour connaître ses dispositions originelles. C'était un épais corps de logis de plan massé, long de 22 mètres, large de 6, cantonné de six tours rondes. L'escalier est intégré au centre du logis, bien visible au décalage des baies. Le schéma de percement est encore celui du règne de François Ier, avec des travées à pilastres aboutissant à de très hautes lucarnes somptueusement couronnées et la disposition binaire à petites baies du frontispice d'escalier. Comme à Bonnivet ou à Serrant, une petite porte s'ouvre au niveau inférieur du côté des fossés et des jardins. Le massif d'arrachements qui la surmonte peut laisser croire qu'il y eut là une loggia ou un motif en relief.

Tout porterait donc à dater Landifer des années 1520-1530 si la modénature n'accusait les années 1550 et la main un peu lourde d'un maître d'œuvre féru de « modèles » à l'antique et peu capable de les utiliser correctement. L'ordre du rez-de-chaussée surélevé est un dorique dont l'entablement à triglyphes s'orne aux métopes de bucranes volumineux ; l'ionique règne à l'étage, il justifie une extraordinaire frise bombée couverte d'entrelacs ainsi que l'étonnant

BEAUREGARD. Le « cabinet des Grelots ».

LANDIFER. Lithographie de Bachelier et Deshayes d'après le baron de Wismes.

appui des baies d'escalier, en forme de chapiteau ionique indéfiniment allongé (tout comme à l'une des cheminées de Lanquais). Le corinthien le plus fleuri triomphe aux lucarnes, dont les couronnements quittent les modèles d'architecture pour le domaine de la pure fantaisie, dans un esprit très maniériste. Enfin les mâchicoulis des tours se sont transformés en consoles décoratives. Un peu plus tard, semble-t-il, le château sera mis en état de défense, lors des guerres de Religion, entre 1565 et 1570 (bouches à feu percées dans les murs et poterne d'entrée).

176.
Le Gué Péan

à Monthou-sur-Cher

LOIR-ET-CHER / PROPRIÉTÉ PRIVÉE / *

Dès la fin du Moyen Age, on trouvait sans doute ici un quadrilatère de bâtiments cerné de tours rondes baignant dans des douves. La modification du château semble avoir été menée dans les années 1550-1560 sur l'initiative de François Alamand, président à la Chambre des comptes, mort en 1555, puis par son fils Jean, conseiller à la même Chambre. Les quatre tours, rhabillées ou reconstruites, sont percées de croisées à pilastres plats, leurs appuis supportés par des consoles. Elles sont coiffées de toits coniques, sauf celle du nord-ouest. Celle-ci est traitée comme un donjon et pourvue d'un chemin de ronde, en saillie sur des consoles moulurées imitant les mâchicoulis ; son bizarre couronnement colossal en dôme galbé rappelle le gigantisme de Valençay. Un petit corps de logis de même époque, percé d'arcades en plein cintre et orné de colonnes, s'articule après le donjon, rejoignant une ancienne aile d'époque gothique qui sera reconstruite dans la première moitié du XVIIe siècle. Des bâtiments symétriques flanquent la tour ronde du sud-ouest. Le corps de logis du fond a été repris au XVIIe siècle, comme la galerie de l'aile droite, simple portique couvert en terrasse.

LE GUÉ PÉAN. Vue générale.

177.

Kerjean

à Saint-Vougay

FINISTÈRE / A L'ÉTAT / MUSÉE D'ART BRETON / ✻

La transposition de l'art de Cour du règne de Henri II dans les habitudes traditionnelles de construire et de décorer particulières à l'art breton, et son adaptation à un matériau spécifique, le granit, rendent difficile la datation des bâtiments de Kerjean. Au moins est-on certain que leur élévation s'est poursuivie durant de longues années. L'impression générale qui s'en dégage est d'abord celle d'un lieu puissamment défendu et ensuite d'une architecture ambitieuse qui se veut à l'image des constructions les plus prestigieuses de la région parisienne.

La chronologie nous permet de savoir que la seigneurie et le manoir précédent appartenaient en 1536 à Jean Barbier qui obtenait à cette date de François Ier l'autorisation d'en rétablir la justice patibulaire, mais décédait l'année suivante ; que sa veuve se heurta longuement à des difficultés avec les commissaires royaux pour la propriété du domaine, et que les travaux de reconstruction ne purent guère commencer avant 1542, date à laquelle la gestion de Kerjean fut prise en main par dom Hamon Barbier, « le plus riche prébendier de Bretagne » disait-on, au nom de son neveu Louis Barbier. Pour l'historien du château C. Chaussepied, les travaux commencèrent seulement en 1553. Louis Barbier mourut en 1596 ; nous savons par son testament qu'il entretenait dans le château une importante garnison. Kerjean resta dans la famille jusqu'à la Révolution française ; il subit un premier incendie au début du XVIIe siècle, qui ravagea l'un des pavillons, et un second au milieu du

KERJEAN. Le portique d'entrée, vers la cour.

XVIIIᵉ siècle, qui laissa la partie droite du corps de logis dans l'état où elle est encore. Il faut noter enfin qu'en 1618, lors de l'érection de Kerjean en marquisat, Louis XIII déclarait que c'était « une des plus belles maisons de son royaume ».

Une première enceinte fortifiée environne le château, longue de 250 mètres, large de 150, formée d'un rempart de 6 mètres de large creusé de casemates, flanqué de tours bastionnées, aujourd'hui découronnées de leurs mâchicoulis, et percée de nombreuses

KERJEAN. Le logis et l'aile gauche.

KERJEAN. L'aile droite.

bouches à feu. A l'intérieur, le château dessine un second quadrilatère. L'accès à la cour d'honneur est défendu par un mur aveugle couvert d'un parapet semi-cylindrique ; au centre se dresse un portail en arc de triomphe à deux étages où l'on devine au premier regard l'influence de celui d'Anet. Un ordre de pilastres doriques encadre les ouvertures des portes cintrées, un ordre de colonnes ioniques cerne au niveau supérieur la baie centrale sous un grand fronton droit, celle-ci encadrée de petites baies coiffées de frontons plus fantaisistes, faits de volutes adossées. A droite et à gauche, deux pavillons rectangulaires agrémentés de hauts clochetons comparables à ceux des chapelles bretonnes contemporaines : l'un des pavillons, à droite, abrite d'ailleurs à l'étage la chapelle, qui est ainsi logée comme à Écouen. Elle est couverte intérieurement d'un grand berceau lambrissé avec frise et entraits sculptés. L'autre pavillon, à gauche, est le pavillon des archives. Tous deux sont abondamment percés de canonnières balayant l'accès de la porte. De 1550 à 1595, l'insécurité était grande en effet dans cette extrémité de la Bretagne, tant par le développement particulièrement violent des luttes religieuses que par le danger des coups de main des marins anglais.

Le revers du mur d'entrée est traité comme une galerie d'arcades en plein cintre cantonnées de pilastres, le tout d'un dessin très classique, analogue à celui que Catherine de Médicis fera ajouter à l'aile François Ier de Blois. L'aile droite était dévolue aux remises, il n'en subsiste qu'une moitié, qui comporte des arcades ouvertes, des fenêtres de petites dimensions et des lucarnes ornées de volutes qu'on situerait volontiers dans les années 1550-1560. L'aile gauche abrite les écuries dans ses premières travées, et les cuisines ensuite. La présence de frontons à traverse inférieure ouverte à l'une des portes et aux lucarnes fait penser que des modifications ont été apportées au bâtiment au début du XVIIe siècle, époque à laquelle nous savons que les voûtes des écuries s'écroulèrent. Des traces existent d'ailleurs d'une aile originelle plus élevée sur le mur du grand pavillon d'angle auquel elle s'appuyait. Ce dernier est percé de hautes fenêtres à doubles croisillons. Sa toiture a pu être tronquée au XVIIe siècle, mais ses lucarnes variées sont bien conformes aux types utilisés sous le règne de Henri II.

Le puits à trois colonnes surmontées d'un petit dôme à lanternon s'apparente bien aussi à des constructions contemporaines. Le doute revient devant le corps de logis principal, scandé à son premier tiers gauche par un haut pavillon renfermant un escalier droit. Ce pavillon est couronné de deux lucarnes à frontons cintrés garnis de modillons et couronnés de croissants de lune. On songerait bien entendu à les situer du vivant de Henri II et de Diane de Poitiers, mais il y a lieu de se demander si l'on n'a pas copié un motif devenu par tradition un banal emblème décoratif sans signification. Cependant le dessin des fenêtres invite à les rapprocher des œuvres de Philibert de L'Orme, et à les dater peut-être des années 1550-1560 ; le porche dorique du rez-de-chaussée confirme cette impression. L'emplacement désaxé du pavillon n'a pas été expliqué.

Quant aux baies du logis, à droite et à gauche, et aux lucarnes à frontons fermés qui les surmontent, on les verrait volontiers issues d'une reconstruction datant des premières années du XVIIe siècle et postérieures à l'incendie attesté. Le doute demeure. La jonction du logis avec le pavillon de gauche semble en tout cas due à un brutal changement de parti. Peu d'éléments du décor intérieur ont subsisté. La belle cheminée à sphynges du premier étage est rapportée, mais celle de la salle basse du logis est d'origine. Kerjean reste, d'une certaine manière, un mystère inexpliqué.

KERJEAN. Vue générale.

511

178.
Coatbily

à Kerfeunteun (Quimper)

FINISTÈRE / PROPRIÉTÉ PRIVÉE

Le petit manoir fut bâti pour Pierre Le Minec en 1557, si l'on en croit une date gravée dans l'escalier de la tourelle. Il est inachevé comme le montrent les pierres d'attente ; sans doute le corps de logis devait-il être prolongé vers la gauche d'une ou deux travées. Taillé dans le granit, le vocabulaire ornemental est encore celui de 1520 avec ses petits pilastres et ses frontons à coquilles, ou même franchement gothique comme l'arc en accolade au-dessus de la porte. Pourtant, la liberté de traitement des éléments, les lignes horizontales très marquées des entablements révèlent, malgré ces archaïsmes, que la construction est plus avancée dans le siècle, tout comme la plastique simple et vigoureuse de la tour d'escalier sur la façade arrière. Coatbily est un bon exemple de la synthèse bretonne de la Renaissance dans les petits édifices longtemps attachés à l'esprit du début du siècle.

COATBILY. Vue extérieure.

COATBILY. Vue sur la cour.

VI. LA NAISSANCE DU MANIÉRISME
1560 à 1570

L'incontestable grandeur de l'architecture française sous le règne de Henri II a longtemps occulté aux yeux des amateurs les édifices bâtis dans les décennies qui suivent. Deux raisons à cela. Dans une France bouleversée par les guerres civiles, on ne pouvait imaginer que l'activité du bâtiment ait pu se poursuivre ; et les quelques châteaux identifiés et datés convenablement apparaissaient comme les productions de la décadence, symptômes d'un abâtardissement de l'architecture pour tout dire, et condamnés pour leur « mauvais goût ». L'enseignement académique est responsable de ce jugement. Même le subtil François Gebelin se laissait aller à cette condamnation sommaire, en exceptant toutefois les Tuileries, par révérence à l'égard du grand Philibert.

On s'est beaucoup penché ces dernières années sur cette période mal aimée, chez les historiens comme chez les historiens d'art, et ces vues simplificatrices ou erronées ont été corrigées. Il n'est pas exact, tout d'abord, que le royaume tout entier ait été ensanglanté durant trente années par les massacres, les pillages et les incendies. La même observation a été faite à propos de la guerre de Cent ans, durant laquelle on vit s'épanouir une vie de Cour particulièrement raffinée, et une architecture à sa mesure, de Mehun-sur-Yèvre à Pierrefonds. Le conflit a toujours été local, et il a connu des périodes de crise et des périodes d'accalmie. Le passage d'une armée fait une longue traînée sinistre, comme celui d'une colonie de termites, mais la vie continue à droite et à gauche. Plus grave que la violence elle-même, le marasme économique touche cruellement le peuple des campagnes, privé de ses outils de travail et de ses récoltes, réduit à la misère et à la famine. Mais les villes se sont enfermées dans leurs réduits fortifiés et les armées souvent les contournent. Quant à la noblesse, elle sent plus que jamais la nécessité du château. Curieusement, les ravages qui ruineront les anciennes constructions nobles dans les provinces les plus touchées par la guerre, en Guyenne, en Bourgogne, en Orléanais, en Normandie, seront parfois l'occasion, dans les années qui suivent l'incendie ou la démolition, d'une reconstruction de l'édifice. C'est un témoignage tangible de la vitalité de la classe aristocratique, et naturellement les nouveaux châteaux s'inspirent du goût à la mode, si bien que le conflit dramatique excite au contraire l'activité du bâtiment. Voici pourquoi les châteaux du dernier tiers du XVIe siècle sont si nombreux en France. Une statistique bien documentée permettrait de dresser la courbe de cette activité, restée souvent ignorée parce que ces châteaux, de taille modeste, parfois simples maisons-fortes, ont généralement échappé à la curiosité ou ont été datés du XVIIe siècle.

La monarchie donne d'ailleurs l'exemple. Plus le pouvoir royal décline, plus on voit surgir des projets mégalomanes — le mot est de Gebelin. Il y a bien des raisons à ce phénomène. La vie de la Cour, à laquelle l'architecture est alors tellement liée, est devenue l'une des rares permanences auxquelles le régime se rattache encore. C'est pour lui le moyen d'affirmer sa survivance devant les ambassadeurs étrangers, c'est aussi un procédé, qui a fait ses preuves, pour enchaîner les hommes, domestiquer les ambitions, calmer les appétits et amuser les impatiences. Il faut réconcilier, ou du moins faire vivre ensemble, une foule d'adversaires, grands ou petits, qui ne rêvent que de tirer parti du conflit pour se hausser d'un cran dans l'échelle sociale. Les intrigues politiques et amoureuses leur sont libéralement offertes à la Cour comme un dérivatif. Pour distraire leurs passions destructrices, il faut des fêtes grandioses, des espaces dévolus au spectacle, au bal, au jeu. Pour chasser l'ennui, on accélère l'itinérance traditionnelle, de résidence en résidence. Il faut de nouveaux châteaux, et toujours plus grands à mesure que s'enflent les « maisons » des rois et des princes. On comptait plusieurs milliers de personnes dans le long tour de France de la Cour, mené de 1564 à 1566, habile initiative de la reine mère qui procura effectivement quatre années de paix.

L'architecture apporte aussi sa propre satisfaction au prince qui la pratique. Impuissante dans d'autres domaines, la monarchie bâtit, et dans des proportions grandioses. C'est le moyen de se prouver à elle-même, et aux autres, qu'elle existe, par un phénomène de compensation aisé à reconnaître.

L'analyse des bâtiments de ce temps, entreprise récemment, a donné d'autres résultats. Remontant aux sources du classicisme français des XVIIe et XVIIIe siècles, on a découvert que bien des traits majeurs de celui-ci, qui font le caractère de Maisons ou de Vaux, de Versailles ou de Marly, de l'École militaire ou du Petit Trianon, ne sont pas apparus sous François Ier, mais qu'ils sont nés en partie sous Henri II, en partie durant les guerres de Religion. Le plan en U et son rival, le plan en I, sont définitivement élaborés ; et adoptés. Il en est de même des grands combles, des lucarnes simplifiées ou abolies, du système décoratif des bossages et des refends, de l'usage des avant-corps, du tracé des fenêtres, etc.

Le génie créateur ne s'est donc pas évanoui durant cette période ; bien au contraire, il éclate dans un foisonnement de partis différents, une exaltation désordonnée de l'imaginaire des formes. Ses créations, ou ses projets, se parent des valeurs nouvelles du bizarre, du surprenant, du colossal, du théâtral, du coloré, si mal vues de la vision académique. Ces fleurs du mal traduisent incontestablement une inquiétude profonde. Ébranlée en Italie depuis le sac de Rome, la belle confiance humaniste qui avait survécu en France s'éteint par saccades après le funeste tournoi de la rue Saint-Antoine. L'ordre social se démantibule, pendant que vacillent la religion et la monarchie. Désemparés, les grands et les notables s'attachent davantage au décor de leur vie ; leur demeure est à la fois le cadre, l'expression et la défense de leur existence individuelle, au milieu des liens dénoués de la société.

L'architecture de ce temps se teinte ainsi d'hédonisme ; elle vise à l'art pour l'art. D'où l'accumulation des effets et de l'ornementation. La culture s'est répandue et appesantie. Elle a fini par se nourrir d'elle-même et les architectes n'échappent pas à ce mouvement, Du Cerceau en donnera l'exemple. La mémoire remplie d'édifices célèbres, de traités d'architecture, de planches gravées de bâtiments ou d'ornements, ils vont se complaire à multiplier dans leurs productions les références à leurs connaissances. D'où une architecture de citations, un langage codé, un perpétuel clin d'œil au spectateur averti.

Dernière caractéristique de ce temps enfin, l'insécurité latente fait renaître le désir de se défendre seul, sur place, contre tout assaut venu du plat pays. Dissimulée ou non sous les artifices du décor, l'architecture militaire renaît.

Henri II mort, le 10 juillet 1559, le pays se trouve aux mains d'une Italienne, la reine Catherine, régnant au nom de ses jeunes fils, François II puis Charles IX. A ses côtés, on trouve en permanence les Guise, un clan puissant porté, comme la reine, à chercher ses valeurs en Italie, parce qu'elle représente un idéal esthétique, certes, mais aussi parce qu'elle est le pivot de l'univers catholique intégriste auquel la France n'a que trop tendance à échapper. Pendant quelques années, l'architecture royale connaît alors une nouvelle phase, un retour à l'italianisme. Trop lié avec le régime précédent, de L'Orme a été écarté aussitôt de la surintendance des bâtiments. Sa place est prise par un Italien qui n'est plus tout jeune, Primatice. Le Bolonais appelé jadis par François Ier s'est maintenu sous Henri II grâce à la clientèle des Guise. Pour le cardinal de Lorraine, il a bâti à Meudon l'étonnant ensemble de la grotte, tirant parti du dénivelé de la colline pour développer une organisation toute théâtrale des volumes. La reine mère le charge de poursuivre l'effort difficile d'uniformiser l'ingrat Fontainebleau. Philibert avait déjà donné des dessins dans ce but, et pour le pavillon central de la Cour du Cheval blanc, et pour l'aile occidentale de la Cour de la Fontaine ; il aurait pourvu cette dernière d'un ordre colossal qui aurait été le premier en France. L'Italien adopte un autre parti. Il reprend les données du style rustique — qu'il avait appris à connaître au palais du Té à Mantoue — et il les adoucit, il les féminise. Les bossages en tables soigneusement polis garnissent le rez-de-chaussée, animant d'épais piliers toscans ; l'étage est scandé de pilastres plats également toscans, entre lesquels s'ouvrent de très hautes fenêtres couronnées de fragments d'entablements portés sur des petites consoles. Des lucarnes uniformes à frontons interrompus surmontent la corniche. Le tout est rendu dans une belle pierre de liais qui tranche avec le grès rugueux de l'âge précédent. Pour fermer la Cour de la Fontaine, Primatice dresse en face une aile nouvelle, dite de la Belle Cheminée (1568). Organisée autour d'un frontispice central, dessiné comme une façade d'église de la Contre-Réforme et très proche des œuvres de Vignole, et de deux grandes rampes obliques divergentes, l'aile est un morceau tout italien, œuvre d'esthète qui ne sera jamais copiée.

La contribution de Primatice se borne à peu près à Fontainebleau, château avec lequel il a fini par s'identifier. La reine mère avait utilisé naguère les services de Philibert, bien qu'il fût l'architecte de sa rivale Diane de Poitiers ; elle lui avait ainsi fait construire une grotte-pavillon dans le style de celle de Meudon pour une résidence que Henri II avait achetée à son intention, à Montceaux en Brie, aux portes de Meaux. Après quelques années, Catherine se tourne de nouveau vers le Lyonnais, comme s'il était, décidément, le seul à pouvoir réaliser un grand dessein. C'est pour Saint-Maur d'abord, acquisition personnelle de la reine. L'ancienne villa du cardinal Du Bellay devant abriter les séjours de la Cour, il faut multiplier les appartements et les services, au risque d'altérer les vraies valeurs de la petite maison du cardinal.

Catherine vise plus haut, il lui faut un palais parisien. L'aile méridionale du Louvre est inachevée. Étroitement imbriqué dans la ville, le palais à demi rénové n'a pas été pourvu de l'espace d'environnement qui lui était indispensable. La Cour y étouffe. Or la reine mère a hérité des goûts des Médicis. Aux portes de Florence, son cousin le grand duc Côme Ier vient d'acheter le palais Pitti et il le fait modifier en fonction des vastes jardins qui s'étendent derrière. Catherine en veut autant à Paris : un grand palais à l'air libre, avec des cours dégagées d'un côté, un grand parc de l'autre. En 1563, le lieu est choisi, les Tuileries. De L'Orme est invité à y bâtir la demeure personnelle de la reine. Nous ne connaissons le projet que par l'image — démesurée — qu'en a donnée Du Cerceau dans ses *Plus Excellents Bâtiments de France*, bien après la mort de Philibert.

Philibert avait vraisemblablement prévu un plan en quadrilatère : les fondations des ailes viennent d'être retrouvées (1989). Face au jardin, il éleva deux galeries basses séparées par un pavillon central où il avait imaginé de lancer un escalier de plan ovale d'une extraordinaire complexité, qui mettait en valeur sa connaissance insurpassée de la coupe des pierres. Pour les pavillons latéraux, de grande taille, et qui devaient contenir les appartements, ils ne furent pas entrepris d'abord, et Jean Bullant ne bâtira que celui du midi.

Les galeries forment donc l'essentiel de la réalisation due à Philibert. Elles étaient faites d'un corps de logis doublé, côté jardin, d'un péristyle d'arcades supportant une terrasse. La reine avait voulu l'architecture la plus riche possible. Philibert garnit le rez-de-chaussée de pilastres côté cour, de colonnes côté jardin. Reprenant les bandeaux horizontaux utilisés à Anet par lui-même puis au Louvre par Lescot, il fit prolonger les lignes sur les fûts des pilastres et des colonnes. Il créait ainsi l'« ordre français » qu'il dédiait à la reine Catherine. Sur les colonnes, composées de tambours juxtaposés, des bagues lourdement décorées venaient dissimuler les joints. Quant au couronnement de l'édifice, il était fait sur l'une et l'autre façade d'une étroite juxtaposition de lucarnes coiffées de frontons et de tables de pierre rectangulaires coiffées également de frontons, le tout enrichi de figures. Du péristyle et surtout de la longue terrasse, le regard plongeait sur les parterres et les frondaisons du parc des Tuileries, puis sur la molle ondulation de la colline de Chaillot qui lui faisait suite. Rarement l'art de Cour avait été incarné avec plus de raffinement. Répudiant les effets simples et libres d'Anet et empruntant certains caractères du style de Lescot, Philibert avait opté pour le style riche et pour une structure en effets accumulés, qui allait inspirer l'architecture royale jusque sous Henri IV.

Au vieux Louvre, toutefois, Lescot, toujours en charge, construit au sud une excroissance du palais, la Petite Galerie, à l'origine un simple rez-de-chaussée couvert d'une longue terrasse où l'on accédait par l'appartement du roi. Elle est dessinée comme un crypto-portique d'arcades ouvertes en face du seul jardin que le palais connut alors, celui qu'on appellera plus tard le jardin de l'Infante, le long de la Seine. M. de Clagny y réédite son architecture polychrome (tables de marbres de couleurs) et son goût du décor sculpté (figures de *Renommées* des écoinçons).

Tuileries et Petite Galerie sont, on le voit, des architectures faites pour le jardin. Depuis Amboise, Blois et Gaillon, le goût des jardins s'est encore développé. On les avait conçus — et encore dernièrement à Chenonceau, au jardin de Diane de Poitiers — comme des univers séparés et indépendants placés à la périphérie de l'édifice ; et c'étaient uniformément des parterres plats, faits d'éléments réguliers juxtaposés, souvent enfermés dans des préaux d'arcades de bois ou de pierre. On va désormais leur préférer les effets du dénivelé, les recherches de l'insolite, les plaisirs de l'asymétrie. Mais surtout on ne conçoit plus l'édifice et le jardin séparés, on veut une étroite symbiose entre les deux éléments de la résidence. Dans cette évolution, Meudon est une étape importante, que suivra Verneuil. Les dispositions même du château s'en trouvent modifiées. Écouen, tout comme Ancy-le-Franc, était dessiné comme un bloc de façades plus ou moins uniformes, dressé dans un site naturel et non pas axé sur un jardin. Toute la différence est là. On est bien parvenu à tracer un plan en quadrilatère à l'italienne, puis un plan en U à la française, encore faut-il que l'articulation du logis principal avec le jardin — plus distincte évidemment avec le U qu'avec le quadrilatère — se traduise par des dispositions particulières qui expriment la communication privilégiée de ce bâtiment avec l'espace de nature ordonnancée. Le premier peut-être, Philibert de L'Orme a manifesté ce souci à Anet, avec son cryptoportique. On sait aussi que la nécessité de drainer le sol marécageux du jardin bas d'Anet l'a incité à tracer des canaux et à quadriller étroitement l'espace clos obtenu, créant ainsi des perspectives et des lignes de fuite qui prennent nécessairement leur axe depuis la façade du château. Sur cette voie, les Tuileries progressent, à la taille des jardins d'Italie. La reine mère fait tracer le parc, immense pour l'époque, et elle l'agrémente des nouveautés à la mode, cabinets de verdure, grotte décorée d'un bestiaire pétrifié dû à Bernard Palissy.

On avait surtout connu jusque-là des parterres clos et éloignés et de grands domaines de chasse fermés de murs. Le jardin d'agrément se resserre désormais autour du château et lui donne sa respiration. Les conséquences ne s'en font pas seulement sentir sur les dispositions du château lui-même ; c'est une architecture de jardin qui se trouve soudain promue en France, sur le modèle des exemples italiens. Nous avons mentionné le succès de la grotte de Meudon par Primatice, et son émule à Montceaux. S'inspirant des fabriques qui peuplent les *vigne* des cardinaux romains ou les *ville* des grandes familles florentines, les maîtres de l'heure se font élever des folies dans leurs parcs. Il ne nous en reste souvent que des images. L'expressionnisme de l'iconographie est l'un de leurs caractères. Le cardinal de Bourbon fait ainsi construire à Gaillon la « Maison blanche » ; c'est une loge ouverte à tous les vents où la figuration des satyres prend une place obsessionnelle. Verneuil offre une reprise du thème de la grotte (édifice dressé au-dessus d'une salle enterrée), mais cette fois, au lieu de la construire sur un axe divergent, Du Cerceau l'installe, sous la forme d'un hémicycle, directement sous le château, duquel on accédait aux salles souterraines par un escalier intérieur. Ce luxe piquant inspirera plus tard le Noisy du duc de Retz, et le château neuf de Saint-Germain-en-Laye. L'époque est aussi aux ermitages et aux bergeries. La reine Catherine se fait construire la laiterie de la Mie-Voie à Fontainebleau, et Jeanne d'Albret en fera autant à Pau, avec le castel Béziat.

On datait jusqu'ici le début de la construction du château de Verneuil en Halatte de 1568, sur la foi d'un renseignement erroné. La découverte de deux marchés de décoration sculptée pour le château, datant de 1560 et 1564, amène à avancer de près de dix ans l'ambitieux projet de Philippe de Boulainvilliers. L'importance de Verneuil, de son plan en quadrilatère, de son programme statuaire et de l'insertion des bâtiments dans le site s'en trouve encore accrue. On trouvera néanmoins sa notice dans le chapitre suivant (nº 210) car les premières constructions, laissées inachevées, ne seront reprises par le duc de Nemours qu'en 1576.

Le château quadrangulaire, du type du premier Écouen, a fini par devenir une sorte d'idéal social pour la haute aristocratie du royaume. Nulle part cette idée n'apparaît plus contraignante qu'en Provence, à La Tour-d'Aigues, dans un pays où les caractères topiques sont pourtant si puissants et si méditerranéens. Élevé à la cour de France, le jeune baron de Cental s'est juré de reconstruire à la française son château de la vallée de la Durance. Il se fait envoyer des plans de Paris, comme le conjecture Jean-Jacques Gloton, et n'hésite pas devant les dispositions colossales. Les nouveaux apports de l'Île-de-France, péristyles de Bullant, Louvre de Lescot, viennent en cours de chantier modifier le parti et l'alourdir. Cental ne transige pas avec la manière locale, sauf à accentuer le parti à la romaine de son portail en arc de triomphe. Le donjon carré du XIVe siècle sera donc entièrement habillé, la cour partagée par des portiques, le logis et les grands pavillons coiffés de hauts combles inusités dans le Midi, garnis de tuiles vernissées en noir pour singer l'ardoise. Une même résonance directe de l'Antiquité anime la façade du Duché à Uzès ; elle inspire les tables sculptées de Boucard en Berry, le décor de Chalain d'Uzore et de Valprivas en Forez, le pavillon à colonnes de Maillé en Basse-Bretagne. Dans le Sud-Ouest, s'affirme au contraire un style militaire qui tire son effet des contraintes de la défense. La plus belle expression en est Ferrals, œuvre de Dominique Bachelier, le fils de Nicolas.

La Bourgogne reste le champ des expériences les plus originales. On ne s'y satisfait pas d'un mimétisme ou d'une interprétation de l'architecture de la Cour. L'influence de Serlio continue à s'y exercer et à susciter les innovations. En Tonnerrois, Maulnes est une étonnante masse pentagonale centrée sur un puits de lumière et d'eau qui alimente un nymphée au niveau inférieur. Voulue par le duc et la duchesse d'Uzès, c'est la construction géométrique la plus abstraite du siècle, et pourtant l'étude des agencements intérieurs montre que des trésors d'ingéniosité ont été dépensés pour rendre habitable ce pentagone... tout comme M. de Monville pourra sous Louis XVI habiter sa colonne tronquée du Désert de Retz. Dans la région langroise, Le Pailly n'a pas cette étrange pureté, bien au contraire. Œuvre probable d'un architecte local, Nicolas Ribonnier, le château du maréchal de Tavannes est une réunion de morceaux de style, juxtaposés sur le plan à grand-peine quadrangulé d'un ancien château à donjon. Exotique expression des variations du mode rustique mariées avec des réminiscences très appuyées de l'Antiquité, Le Pailly vaut par certains volumes puissants, le pavillon d'entrée, la tourelle d'escalier en vis, le long balcon sur consoles de la cour. Il vaut encore par l'écriture du mur. Le tracé des pilastres, celui des chambranles, des tables saillantes, des frises et des corniches, le piquetage des bossages, tout cela produit les effets les plus colorés, les plus violents à la lumière solaire. Les oppositions de mode entre le socle brutal et la composition de l'étage à la Bachelier font la saveur du pavillon d'entrée, comme celle du châtelet de Tanlay, plus tardif.

Ailleurs, cette recherche pittoresque est plus subtile encore et nous avons peine aujourd'hui à en apprécier toutes les finesses ; c'est un art de graveur sur cuivre. Le nu du mur est légèrement travaillé, de façon différente selon les étages, striures légères, décor imprimé dans le mortier frais, piquetages. On les voyait déjà à Ancy-le-Franc, et à Jouancy, on le verra plus encore au château de la famille de Laval à Joigny.

179.

Fontainebleau

troisième période (*voir nᵒˢ 68 et 146*)

SEINE-ET-MARNE / A L'ÉTAT / MUSÉE ET PALAIS NATIONAL / *

Lorsque Henri II mourut accidentellement, Philibert de L'Orme projetait d'élever à Fontainebleau une nouvelle aile entre la Cour du Cheval blanc et la Cour de la Fontaine. L'avènement du jeune François II puis celui de Charles IX entraînèrent un changement gouvernemental et la disgrâce de l'architecte, qui était trop l'homme de Diane de Poitiers pour plaire à la reine mère Catherine de Médicis. Italienne, elle fait appel à un Italien et, de surcroît, à un homme qui, après avoir travaillé pour François Iᵉʳ, s'est placé au service des Guise, maintenant tout-puissants ; c'est Primatice. Il est en France depuis 1532, il a déployé jusque-là un talent de peintre et décorateur, mais il a fait œuvre d'architecte tout récemment à la grotte de Meudon pour le cardinal de Lorraine. François II le nomme dès le 17 juillet 1559 surintendant de tous ses bâtiments, sauf du Louvre et de la sépulture des Valois à Saint-Denis.

A Fontainebleau, durant dix ans, jusqu'à sa mort survenue en 1570, M. de Saint-Martin, comme on nomme Primatice en France, va exécuter pour Catherine une série de travaux qui vise à uniformiser et à lier les éléments hétérogènes du château. Sa première tâche consiste, de 1561 à 1565, à doubler en épaisseur les appartements de la reine mère, entre la Cour ovale et le jardin du nord. Ces façades très simples ont été reprises fortement sous Louis XV, mais on les aperçoit sur les gravures de Du Cerceau, comme aussi le beau jardin de Diane qui reçoit alors un nouveau tracé. Les années passant, l'insécurité s'est faite plus grande après l'éclatement des

p. 519 : FONTAINEBLEAU. Grande façade de la Cour du Cheval blanc, gravure de Du Cerceau et état actuel.

FONTAINEBLEAU. Plan général, gravé par Du Cerceau (*Les Plus Excellents Bâtiments de France*, t. II).

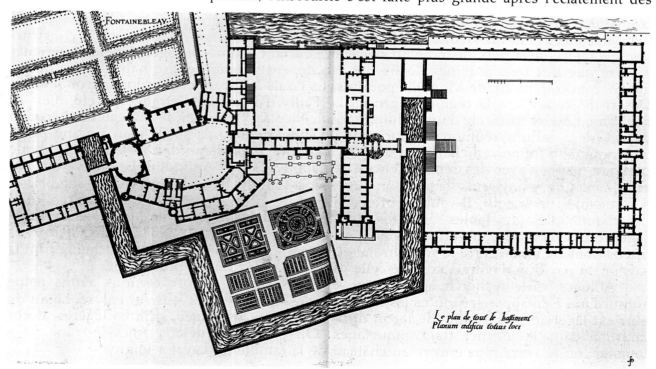

Le plan de tout le bastiment
Planum ædificu totus loci

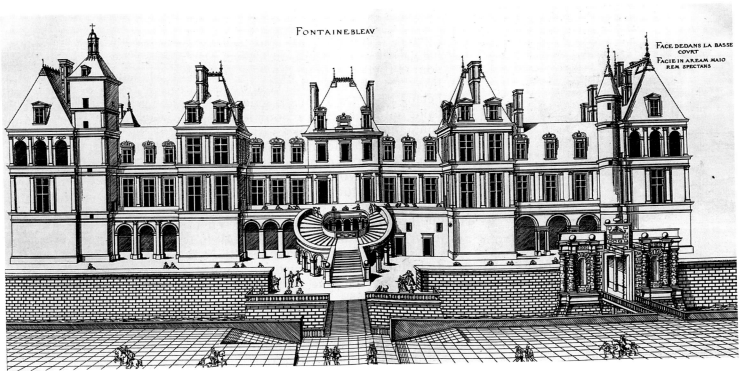

FONTAINEBLEAV

FACE DEDANS LA BASSE
COVRT
FACIE IN AREAM MAIO
REM SPECTANS

p. 521 : FONTAINEBLEAU. L'aile de la Belle Cheminée. Dessin de François d'Orbay, en 1676 (Arch. nat., V.A. 60, p. 10) et état actuel, après la reconstruction de 1925.

FONTAINEBLEAU. L'aile des Reines mères. État actuel.

FONTAINEBLEAU. L'aile des Reines mères sur la Cour de la Fontaine. Gravure de Du Cerceau.

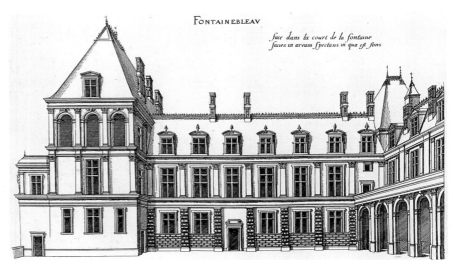

FONTAINEBLEAV

face dans la court de la fontaine
facies in aream spectans in qua est fons

FONTAINEBLEAU. Porte dite du Baptistère.

guerres religieuses. La Cour n'est pas en sécurité à Fontainebleau, les galeries de la Cour du Cheval blanc qui s'allongent vers l'ouest sont difficiles à défendre et constituent de dangereuses pénétrations. Primatice en 1565 entoure le château de fossés qui rejoignent l'étang en passant sous la galerie d'Ulysse. L'extrémité orientale de l'aile nord a été rasée pour les laisser passer, jusqu'à un premier coude qui rabat les fossés tout autour du jardin de Diane. Un passage sur pont dormant est prévu à l'extrémité de la Cour ovale, deux autres par ponts-levis dans la Cour du Cheval blanc. Celle-ci vient de recevoir le nom sous lequel elle est encore connue : en 1565, une statue de cheval en plâtre blanc est érigée en son centre. C'est un moulage du cheval de Marc-Aurèle, célèbre statue antique que les Romains ont transportée en 1538 au milieu de la nouvelle place du Capitole. L'accès intérieur du pont-levis méridional, érigé à droite de l'escalier de Philibert de L'Orme, est magnifié par un arc de triomphe de style rustique, sommé de sphères et de pyramides. Primatice l'a dessiné dans le souvenir du palais du Té à Mantoue. Démoli en 1580, ce portique sera réédifié sur l'ordre de Henri IV à l'entrée de la Cour ovale ; il forme le rez-de-chaussée de la porte dite du Baptistère. La même année 1565 enfin, le pavillon de la grande façade sur la Cour du Cheval blanc est édifié, selon un dessin très différent de celui que de L'Orme avait projeté.

Dans une ordonnance analogue, Primatice construit en même temps l'aile voisine projetée aussi par de L'Orme, celle que nous appelons depuis cette époque l'aile des Reines mères. Ici encore le palais du Té inspire cette ordonnance régulière et un peu monotone, bâtie en pierre de liais, par opposition avec le grès de Fontainebleau utilisé jusqu'alors. La disparité avec les bâtiments de François Ier est évidente. Le rez-de-chaussée est traité dans un style rustique fort policé ; des bossages lisses cernés de joints réguliers tapissent les encadrements des fenêtres et les larges pilastres toscans garnis de rosettes au gorgerin du chapiteau. Même ordre toscan à l'étage, traité cette fois sans bossages ; les fenêtres sont simplement couronnées de segments de corniches posés sur des consoles, les lucarnes cernées d'un cadre étroit et couronnées d'un très sobre fronton courbe interrompu en son centre par un disque. N'étaient les combles et les lucarnes, c'est bien un art italien qu'impose le nouveau favori.

L'intrusion étrangère est plus sensible encore à l'aile dite de la Belle Cheminée. La Cour de la Fontaine se trouvait désormais circonscrite entre l'aile des Reines mères, la Galerie François Ier et l'étang. Sur le quatrième côté, des bâtiments vétustes s'allongeaient jusqu'à la Porte dorée. Primatice les remplace en 1568 par une nouvelle aile, qui n'est plus destinée à fournir de nouveaux logements, mais à procurer à l'étage une vaste salle de spectacle, accessible par de grands escaliers extérieurs. Les leçons de Serlio se combinent avec des influences palladiennes. Les grandes rampes qui divergent depuis le passage axial en arcade sont empruntées à l'architecture des *ville* mais aussi aux rampes diagonales des jardins et dessinent une sorte de contrepoint du grand escalier de Michel-Ange au Capitole. Quant au frontispice central, creusé de niches pour abriter des fontes d'après l'antique, il donne une nouvelle version du portique d'Anet tout en s'apparentant à l'architecture religieuse des façades rythmiques de la Contre-Réforme (Vignole). Le tout s'ordonne comme un décor de théâtre. La France n'avait jamais connu semblable architecture. Comme le terrain était trop réduit pour ce grand déploiement, le pavillon de droite dut être pris sur l'étang. L'aile de la Belle Cheminée, en partie incendiée en 1856, a été reconstruite en 1925 à l'identique.

Dans ses derniers mois, Primatice termina le chantier et ordonna de nouveaux décors peints (par Nicolo Dell'Abate), à la Chambre de la duchesse d'Étampes et à la Chambre du Roi (scènes de *L'Iliade*). Il mourut en 1570.

180.

Saint-Maur

deuxième période *(voir n° 119)*

à Saint-Maur-des-Fossés

VAL-DE-MARNE / CHÂTEAU DISPARU

En 1563, Catherine de Médicis désireuse de posséder une résidence personnelle aux environs de Paris achetait aux héritiers du cardinal Du Bellay le château de Saint-Maur, planté dans un site particulièrement agréable. Il avait été bâti par Philibert de L'Orme, et c'est au

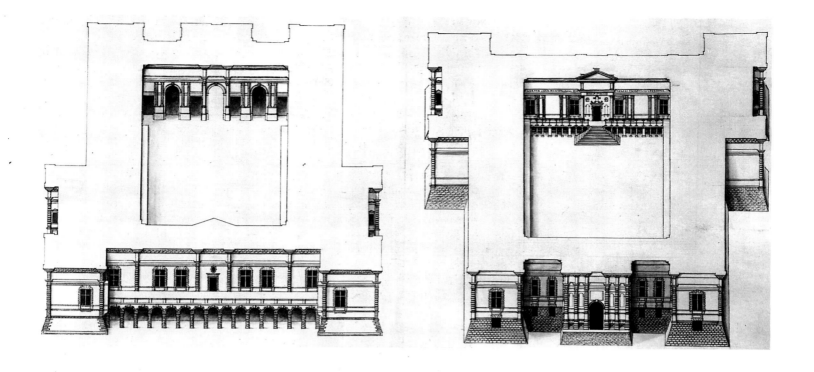

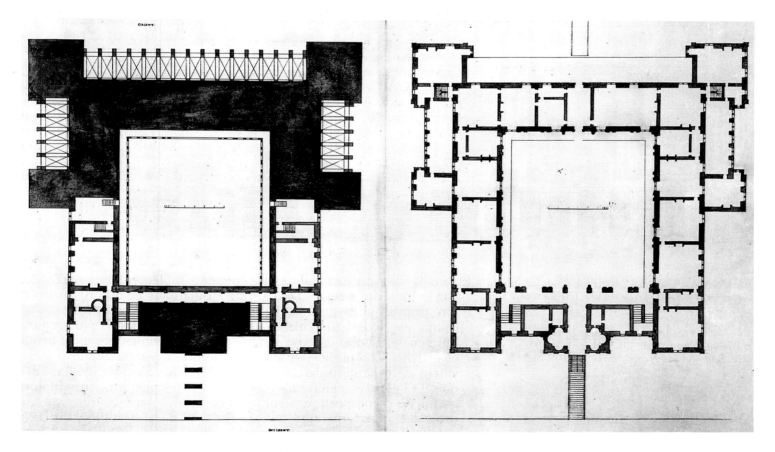

même architecte que la reine mère s'adressa pour l'augmenter et le transformer, marquant ainsi la fin de la disgrâce qui avait frappé Philibert à la mort de Henri II. Les gravures et les dessins de Du Cerceau permettent de connaître ces modifications. Il fallait trouver

SAINT-MAUR. Modifications apportées par De L'Orme au premier château. Plans et vues perspectives, dessins de Du Cerceau (Londres, British Museum).

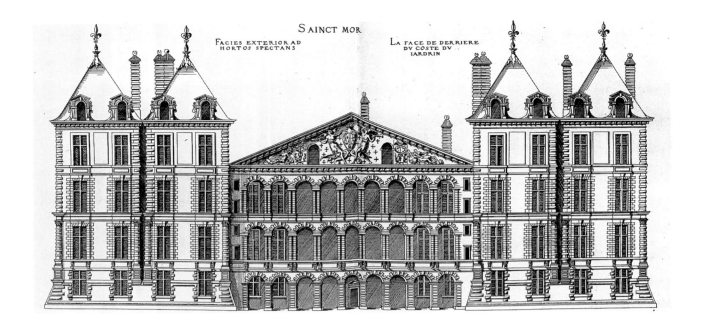

SAINCT MOR

FACIES EXTERIOR AD HORTOS SPECTANS

LA FACE DE DERRIERE DV COSTE DV IARDRIN

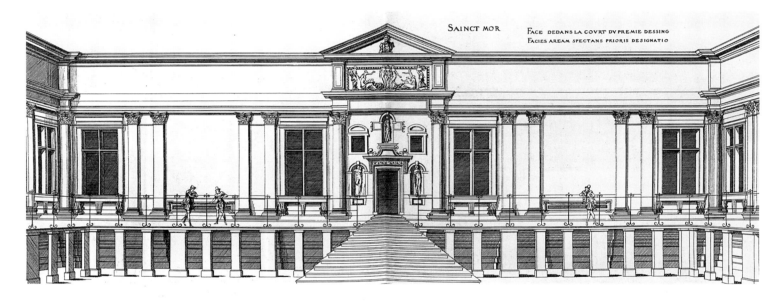

SAINCT MOR

FACE DEDANS LA COVRT DV PREMIE DESSING
FACIES AREAM SPECTANS PRIORIS DESIGNATIO

SAINT-MAUR. *En haut*: L'ultime modification, la façade sur jardin. Gravure de Du Cerceau (*Les Plus Excellents Bâtiments de France*, t. II).

Ci-dessus: Façade du logis sur la cour, avec la coursive. Gravure de Du Cerceau (*Les Plus Excellents Bâtiments de France*, t. II).

dans la villa du cardinal des logements supplémentaires nécessités par le train de la reine. De L'Orme ajouta dans ce but au quadrilatère primitif deux gros pavillons aux angles externes sur le jardin, réunis par deux bâtiments en galeries à deux pavillons plus réduits qui venaient doubler extérieurement les extrémités des ailes droite et gauche. Comme les bâtiments primitifs, ces constructions s'élevaient d'un haut soubassement, d'un rez-de-chaussée et d'un attique. Les espaces extérieurs compris entre les pavillons furent alors garnis de cryptoportiques sur arcades déterminant des terrasses au droit des appartements. L'aile d'entrée fut aussi modifiée, un large pavillon central faisant désormais saillie, garni de piliers de bossages, dans un style rustique plus affirmé qu'il n'était dans le premier état. Sur cour enfin, une coursive faisant le tour du quadrilatère, disposée sur des pilettes, fut établie au droit des appartements pour permettre une circulation à niveau. Les travaux n'étaient pas achevés lorsque l'architecte mourut, en 1570.

De nouvelles modifications allaient encore intervenir, bouleversant totalement le caractère de l'ancienne villa Du Bellay. Commandées à Jean Bullant, elles apparaissent sur une gravure de Du Cerceau en 1579 et furent réalisées après le mariage de Henri III en 1575. Les pavillons d'angle furent doublés (comme au projet Du Cerceau pour Verneuil), l'ensemble du château surélevé, et la façade principale sur le jardin coiffée d'un immense fronton distendu aux proportions insolites. Laissé une fois de plus inachevé, Saint-Maur fut vendu par les créanciers de la reine mère à la princesse de Condé qui en fit don à son fils. Sous Louis XIV, il fut cédé à vie par les Condé à M. de Gourville qui fit terminer le château par Gittard. Celui-ci sera vendu comme bien national, et détruit en 1796. Il ne reste qu'un bâtiment des communs du XVIIe siècle.

181.
Les Tuileries

à Paris

PALAIS INCENDIÉ EN 1871, RASÉ EN 1882-1883

Au lieu-dit les Tuileries, situé hors de l'enceinte de Paris à proximité de la Seine, François Ier avait déjà installé sa mère Louise de Savoie dans une petite propriété acquise pour lui procurer un meilleur air que celui de l'hôtel des Tournelles. Lorsque Catherine de

LES TUILERIES. Plan et vue perspective du projet, dessins de Du Cerceau (Londres, British Museum).

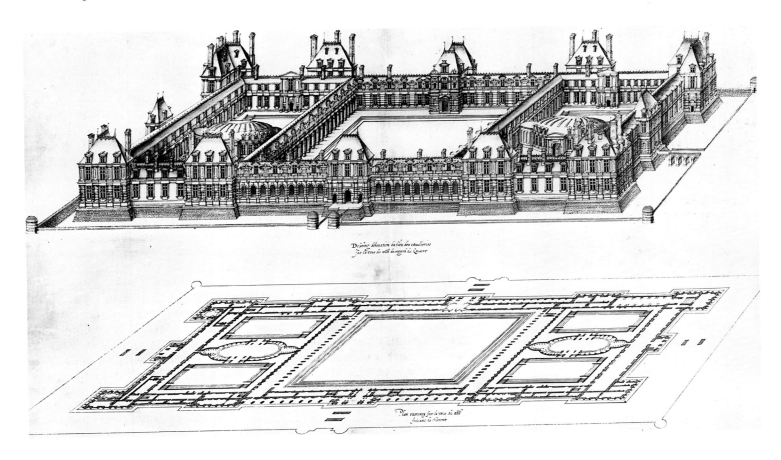

Projet d'une grotte rustique, dessin de l'ancienne collection Destailleur (repr. par A. Berty, *Topographie historique du vieux Paris*). A. de Montaiglon y voyait, avec vraisemblance, la grotte des Tuileries. Les fours de potier de B. Palissy ont été mis au jour dans la cour du Carrousel en 1865 puis en 1986-1989.

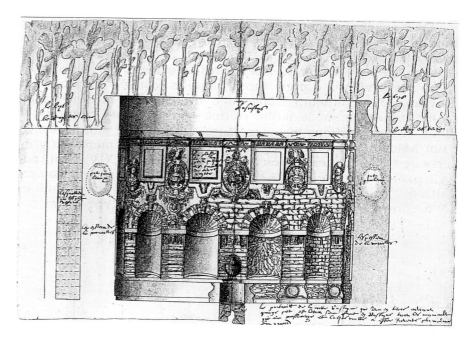

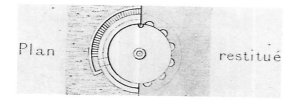

Plan   restitué

Médicis eut acquis un rôle prépondérant dans le gouvernement du royaume pendant la minorité de son fils Charles IX, elle manifesta le désir de se faire bâtir un palais personnel différent du Louvre et situé pourtant à proximité. Les Tuileries lui parurent l'endroit idéal et elle agrandit le petit domaine royal par des achats de terrains en 1563 et 1564. Pour élever le nouveau palais, elle s'adressa à Philibert de L'Orme, dont la réputation décidément s'imposait et qui travaillait déjà pour elle à Saint-Maur. La construction était commencée en 1564. Une favorite de la reine mère, Mme de Gondi (Marie-Catherine de Pierrevive) avait été nommée surintendante des travaux. Le palais était inachevé lorsque mourut l'architecte, le 8 janvier 1570, et le chantier fut ensuite interrompu en 1572 sur la volonté de la reine qui, pour une raison mal définie (la prédiction d'un astrologue ?) préféra se faire bâtir un hôtel en ville, l'« hôtel de la Reine » à l'emplacement de notre Bourse du commerce.

On a admis longtemps que l'immense palais des Tuileries qui apparaît sur les gravures des *Plus Excellents Bâtiments de France* de Jacques Androuet Du Cerceau et sur ses dessins conservés au British Museum était le relevé fidèle du plan primitif de Philibert de L'Orme et que ce dernier n'avait finalement élevé que la partie centrale de sa grande aile occidentale. Anthony Blunt dans son *Philibert de L'Orme* (1958) a émis quelques doutes fort justifiés sur cette affirmation. Outre plusieurs discordances entre les différents dessins de Du Cerceau, il a noté bien des traits du grand projet qui n'appartiennent pas à l'univers de formes et de volumes propre à de L'Orme. Davantage encore, l'immense palais (260 mètres sur 160) organisé autour de cinq cours, avec d'immenses galeries servant seulement à la circulation ou à la parade, de grandes salles ovales symétriques dont on imagine mal l'emploi et toute une série de locaux de pure représentation ne s'apparente aucunement avec l'œuvre nécessairement fonctionnelle de l'architecte royal. Il relève au contraire très précisément de l'utopie démesurée qui est alors familière aux faiseurs de projets. Lorsqu'il a publié ses gravures en 1579, Du Cerceau a bien pu insérer les bâtiments construits par de L'Orme dans une vaste composition de caractère idéal dont il serait l'auteur et qu'il aurait placée sous la paternité de l'architecte mort depuis de nombreuses années et qui ne pouvait plus protester contre cette allégation mensongère.

Non seulement l'immensité et le caractère de symétrie répétitive de l'ensemble sont surprenants, mais aussi le défaut d'insertion du palais dans le site qui ne tient compte ni de la proximité de la Seine (qui aurait empêché la création du fossé tel qu'il est dessiné) ni du désaxement du jardin des Tuileries par rapport au palais. Tout désigne ainsi le dessin comme un projet *in abstracto*. Ajoutons, à la suite d'André Chastel, que sa parenté avec les immenses compositions analogues de Serlio pour la résidence d'un roi, qui comprennent aussi plusieurs cours à colonnades dont une ovale (*Sesto Libro*) renforce encore l'idée d'un palais royal utopique dessiné par Du Cerceau à partir de l'aile de De L'Orme

A. Blunt a tenté de définir quel aurait pu être le vrai projet de De L'Orme : une reprise très amplifiée du plan de Saint-Maur, c'est-à-dire une cour bordée d'un quadrilatère de bâtiments renforcés vers le jardin de pavillons abritant les appartements ; bref, ce que sera le Luxembourg de Marie de Médicis. Le dessin est vraisemblable, et il rend mieux compte de ce qui fut effectivement bâti. L'hypothèse est confirmée par les fouilles de 1989.

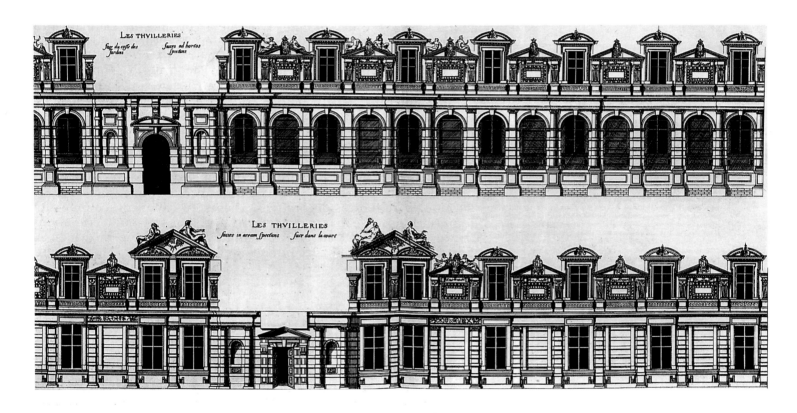

Sur le palais de la reine Catherine, nous possédons une autre série de gravures de Du Cerceau : les élévations des façades. Nous connaissons aussi les rares vestiges du XVIe siècle qui furent épargnés par les travaux successifs réalisés au palais sous Louis XIV et sous Napoléon III ; soit par des photographies prises *in situ* avant 1871, soit par des éléments démontés après l'incendie du palais par la Commune de Paris en 1871 et la destruction de ses ruines après 1882. Des fragments préservés se trouvent notamment à Paris dans

LES TUILERIES. Façades sur le jardin et sur la cour du corps central, excepté le couronnement du pavillon de l'escalier. Gravures de Du Cerceau (*Les Plus Excellents Bâtiments de France*, t. II).

527

le jardin des Tuileries, à l'École spéciale d'architecture, à l'École nationale des Beaux-Arts, à l'École des ponts et chaussées, dans la cour d'un immeuble parisien, 9, rue Murillo, au lycée Buffon, au musée Carnavalet ainsi qu'au château de la Punta en Corse, à la villa Magali à Toulon, à Barentin, à Étréchy, à Forges-les-Eaux.

Le palais consistait en un pavillon central encadré de deux ailes longitudinales uniformes élevées seulement d'un rez-de-chaussée et d'un étage dans le comble. Côté est, vers la cour projetée, le rez-de-chaussée était orné d'un ordre de pilastres ioniques — ordre féminin convenant au palais d'une reine — dont les fûts cannelés étaient chargés de tables de marbre. Des fenêtres-lucarnes passantes éclairaient l'étage, coiffées de frontons cintrés insérés dans des frontons triangulaires ; des tables rectangulaires cernées de petits pilastres et coiffées aussi de frontons triangulaires occupaient l'espace entre les lucarnes. Côté jardin, le décor de l'étage était semblable, mais un péristyle continu d'arcades en plein cintre portant une terrasse courait devant le rez-de-chaussée, ses piédroits étaient garnis aussi de pilastres ioniques, remplacés par des colonnes de même ordre aux légers avant-corps scandant le péristyle. Le pavillon central offrait à l'est comme à l'ouest une travée rythmique cantonnée de colonnes somptueusement décorées. Il abritait un escalier que l'architecte avait conçu comme un chef-d'œuvre d'imagination et de stéréotomie, tournant en vis hélicoïdale autour d'un grand vide cerné de colonnes (comme à l'escalier de Bramante au Belvédère). Le pavillon laissé inachevé en 1570 ne fut achevé que sous Henri IV et pourvu alors d'un dôme.

A. Blunt a fait remarquer à juste titre l'évolution de l'art créateur de De L'Orme qui donne ici son œuvre la plus « maniériste ». Il semble avoir été parfaitement au courant des dernières productions des milieux florentins et de Michel-Ange, peut-être informé directement par l'entourage italien de la reine mère. Ces œuvres, l'escalier de la Laurentienne notamment, l'ont influencé, mais de façon très libre.

Jamais la richesse de l'ornementation n'avait atteint chez Philibert la même profusion. Les frontons, par exemple, étaient tous surmontés de figures décoratives, assises ou couchées, comme aux tombeaux des Médicis par Michel-Ange. On sait que cette abondance correspondait au goût personnel de Catherine de Médicis. Elle suivait le chantier avec intérêt et elle demanda un jour à l'archi-

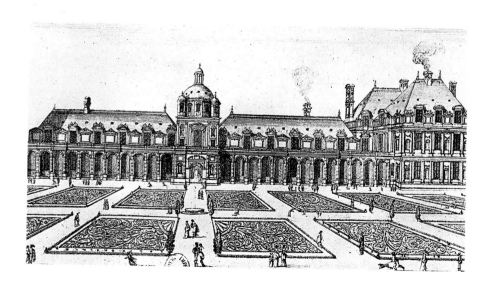

LES TUILERIES. Détail d'une gravure d'Israël Silvestre, vers 1650. On reconnaît à droite le pavillon Bullant, à gauche le corps central avec le pavillon d'escalier achevé pour Henri IV.

LES TUILERIES. Vestiges du château remontés dans le jardin des Tuileries. *A gauche*: une travée du rez-de-chaussée du pavillon Bullant (le bas-relief au Soleil est une addition de Le Vau); *à droite*, une travée en avant-corps du portique du corps central.

tecte de faire reprendre la sculpture des colonnes qu'elle ne trouvait pas assez riche. Elle voulait partout des incrustations de marbre et de bronze doré. De L'Orme imagina pour la satisfaire un ordre ionique français pour ses colonnes baguées, tout comme il avait dessiné un corinthien français quelques années plus tôt pour la chapelle de Villers-Cotterêts.

Philibert était mort avant d'avoir achevé. Les pavillons latéraux, prévus pour abriter les appartements, n'avaient même pas été commencés (et les bâtiments étaient dépourvus — ou presque — de toute cave !) Jean Bullant, nommé aussitôt pour être son successeur, commença ceux du midi : deux rectangles juxtaposés mais décalés d'une travée. On ne sait — sauf par le grand projet de Du Cerceau — comment de L'Orme les aurait construits. Bullant disposa deux ordres de colonnes ioniques et corinthiennes fidèles aux règles classiques pour orner le rez-de-chaussée et l'étage, encadrant des croisées alternant avec des niches. Des lucarnes séparées par des motifs voisins de ceux des galeries de De L'Orme surmontaient le tout ; mais comme on sait que le « pavillon Bullant » était inachevé en 1572 et qu'il ne fut terminé que sur les ordres de Henri IV, ce couronnement doit dater de cette dernière époque, ainsi que certains détails des façades comme les niches coiffées de curieux frontons en V. Abandonné avant son achèvement, le palais de la reine mère resta dans un triste état jusqu'à sa reprise en 1594.

Les Tuileries se poursuivaient par un grand parc que la reine fit dessiner, planter et décorer de fabriques diverses comme elle les aimait. Bernard Palissy fut ainsi employé en 1570 à la décoration de la grotte. Les murs en étaient recouverts d'éléments naturels et de figurines diverses en céramique. On vient de retrouver dans les fouilles les fours qui lui servirent.

182.
Le Louvre

deuxième période *(voir nº 142)*

La Petite Galerie

A L'ÉTAT / MUSÉE DU LOUVRE / *

La construction de la Petite Galerie du Louvre est contemporaine de l'entreprise des Tuileries. D'après une mention des délibérations du bureau de la ville de Paris en juillet 1566, on peut savoir qu'à cette date elle était tout près de s'édifier. Elle répondait à un double but,

LE LOUVRE. La Petite Galerie ; rez-de-chaussée bâti pour Catherine de Médicis.

fournir d'une part au palais du Louvre et aux appartements royaux une communication commode avec le seul jardin accessible, celui qui s'étendait entre sa façade méridionale — bordée d'un fossé — et le quai de la Seine, et d'autre part permettre une communication commode entre le palais du roi et celui que la reine mère se faisait édifier hors de la ville. Par la Petite Galerie en effet, on pouvait gagner le rempart qui s'étendait le long de la rivière jusqu'aux abords du palais des Tuileries, rempart que remplacera plus tard la Grande Galerie due aux travaux de Henri IV.

A l'origine, la Petite Galerie était un simple rez-de-chaussée couvert en terrasse, planté perpendiculairement au sud du pavillon du Roi et accessible par une mince galerie à deux niveaux enjambant le fossé. C'était là un dispositif connu, on l'a vu à Blois avec la galerie des Cerfs. Par ce passage, Charles IX pouvait se rendre directement de sa chambre à la terrasse. Présentant à l'ouest un mur aveugle, la Galerie était au contraire percée du côté est d'une vaste loggia de sept arcades en plein cintre ouvertes librement sur le jardin en parterre ; les extrémités nord et sud, prévues peut-être pour abriter des pièces fermées, étaient éclairées de grandes fenêtres copiées sur celles du pavillon du roi.

L'ensemble a survécu, mais il a été surélevé d'un étage qui, bâti sous Henri IV, fut rebâti ensuite sous Louis XIV par Le Vau à la suite d'un incendie. La façade sur le quai et les éléments de frise marqués d'un H datent aussi des travaux de Henri IV, mais le reste de la façade basse subsiste du premier état, avec ses arcades et ses pilastres doriques à bossages ornés de tables de marbre noir et les figures féminines allégoriques allongées dans les écoinçons. On peut y voir une œuvre de Pierre Lescot, architecte du Louvre, réalisée, nous dit Sauval, par le maçon Pierre II Chambiges.

LE LOUVRE. Plans des deux ailes, avec la Petite Galerie. Gravure de Du Cerceau (*Les Plus Excellents Bâtiments de France*, t. I).

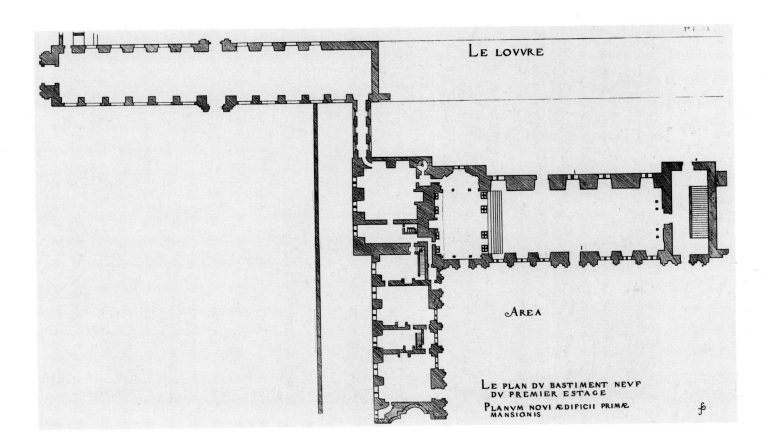

183.

Gaillon

deuxième période *(voir n° 30)*

EURE / A L'ÉTAT

Résidence des archevêques de Rouen, Gaillon fut de 1550 à 1590 la propriété du cardinal Charles de Bourbon qui y séjourna longuement et fit ajouter quelques constructions au château de Georges d'Amboise. Ainsi, l'un des grands côtés du jardin en parterre fut bordé d'une longue galerie élevée d'un rez-de-chaussée de grandes fenêtres passantes interrompues par cinq avant-corps à portes cintrées encadrées de niches. Sur l'autre face, celle-ci présentait une série de fenêtres et une petite loggia regardant de haut le vaste Jardin bas qui fut tracé à la même époque. En 1576, une galerie à claire-voie sera encore ajoutée en bordure de l'esplanade située entre le château et le Jardin haut.

En 1566, une sorte de casino fut érigé dans la partie la plus retirée du parc, dite le « Lydieu ». Cette construction bizarre apparaît sur les gravures de Du Cerceau (qui en fut probablement l'auteur) sous le nom de « la Maison blanche ». L'année même, elle servit à des représentations théâtrales lors de la venue de Charles IX et de Catherine de Médicis et reçut provisoirement le nom de « l'Ile heureuse », en attendant de devenir, un peu plus tard, le « pavillon de la Ligue ».

GAILLON. Façade principale de la Maison Blanche. Gravure de Du Cerceau (*Les Plus Excellents Bâtiments de France*, t. I).

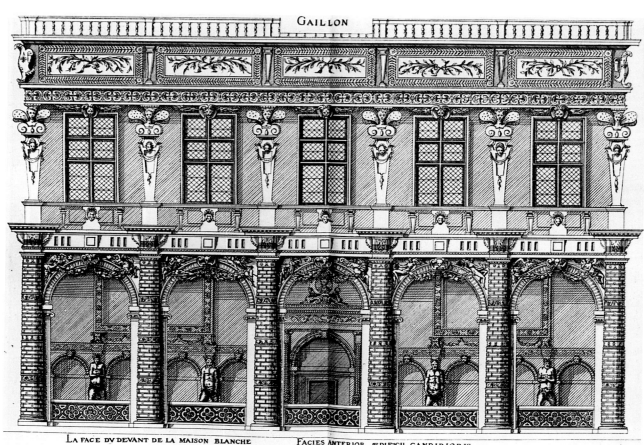

GAILLON

LA FACE DV DEVANT DE LA MAISON BLANCHE   FACIES ANTERIOR ÆDIFICII CANDIDIORIS

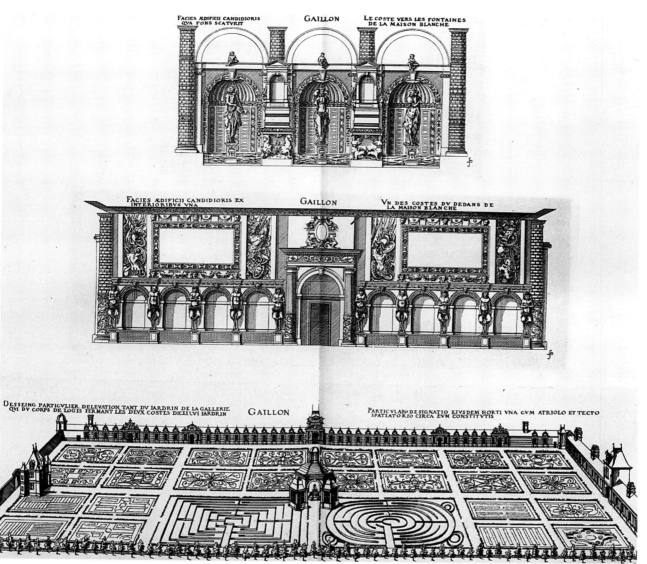

FACIES ÆDIFICII CANDIDIORIS QVA FONS SCATVRIT · GAILLON · LE COSTE VERS LES FONTAINES DE LA MAISON BLANCHE

GAILLON.
Faces internes de la Maison Blanche et nouvel aménagement du Jardin en parterre. Gravures de Du Cerceau (*Les Plus Excellents Bâtiments de France*, t. I).

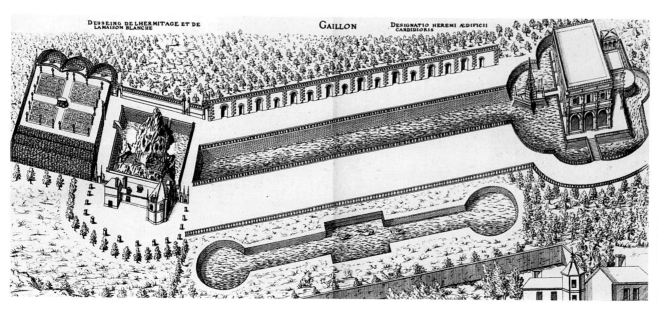

GAILLON.
L'Ermitage et la Maison Blanche, réunis par un canal. Gravure de Du Cerceau (*Les Plus Excellents Bâtiments de France*, t. I).

La Maison blanche s'élevait en effet dans une île ménagée à l'extrémité d'un long canal qui communiquait à son autre extrémité avec un « Ermitage » juché sur un rocher. Le plan même du canal rappelle certaines réalisations des villas florentines. La construction se présentait comme une « loge » à l'italienne, un bloc couvert d'une terrasse bordée par une balustrade. De hautes demi-colonnes rustiques baguées déterminaient sur ses faces des travées largement ouvertes par des arcades. L'étage, qui renfermait une salle haute, s'ornait entre les baies d'étranges figures ailées en gaines, et un haut muret d'attique couronnait le tout, timbré aux angles de cartouches ondulés aux armes des Bourbons, à la manière des palais italiens.

Jamais la recherche de l'étrange, du bizarre, de l'exotique n'avait été poussée si loin en France. En bas, la loge était ouverte à tous les vents sur trois côtés. Son mur unique était garni intérieurement d'une rangée de figures de satyres appuyés à une arcature basse, et de grands panneaux de trophées occupaient la zone supérieure. Une porte axiale menait à l'arrière vers un espace voué aux fontaines : l'eau coulait en abondance de trois niches où se dressaient de hautes statues de divinités.

On est réduit aux gravures de Du Cerceau pour juger de ce bâtiment éphémère. Des premiers casinos à l'italienne étaient apparus en Normandie depuis 1540 environ, mais ici le pastiche italien était plus poussé, rappelant les jardins florentins de Tribolo et d'Ammannati ; il en avait aussi la fragilité. Sans nul doute participat-il, tant qu'il exista, à la gloire de Gaillon qui était encore considéré à la fin du XVIe siècle comme l'une des plus belles résidences de France. Henri IV y vint en 1591 après le décès de son oncle et compétiteur le cardinal, mort dans ses geôles avec sa dérisoire couronne de roi de la Ligue (Charles X) ; il songea sérieusement à acheter Gaillon à ses cousins Bourbon-Condé en août 1594, puis y renonça. La Maison blanche ne dut guère survivre à cette époque.

184.
Le Pailly

à Hauts-Vals-sous-Nouroy

HAUTE-MARNE / A L'ÉTAT / *

L'une des plus surprenantes créations du grand style militaire des régions de l'Est est le château du Pailly, dans l'environnement direct de la ville de Langres qui avait été l'un des foyers de l'art nouveau sous Henri II. Gaspard de Saulx-Tavannes, ancien page puis compagnon d'armes de François Ier, devenu l'un des meilleurs hommes de guerre du parti catholique, l'édifie à partir de 1563, dans un moment d'accalmie du conflit religieux procuré par la paix d'Amboise. On l'a attribué, sans preuve mais avec vraisemblance, à un architecte langrois nommé Nicolas Ribonnier, qui fut « architecte du duché de Bourgogne » et collaborateur d'Hugues Sambin pour la construction du Palais de justice de Dijon.

Gaspard de Saulx trouvait là un ancien château de plaine : un massif donjon de plan barlong du XIIIe ou du XIVe siècle qu'il conserva, quitte à le percer de quelques croisées, et un ensemble de

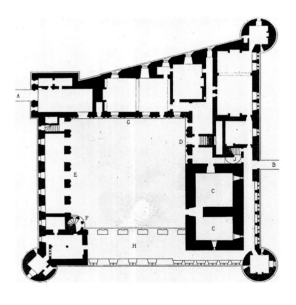

LE PAILLY. Plan du rez-de-chaussée, par C. Sauvageot (*Palais, Châteaux...*, t. II). Le nord est à droite.

courtines et de corps de logis dessinant un trapèze, flanqué à ses angles de tours rondes qu'on peut croire du XVe siècle. Les tours et certains gros murs furent conservés. Le constructeur voulait avoir là un palais-forteresse, pouvant servir de point d'appui aux forces catholiques, dans ces confins de la Bourgogne et de la Champagne. Les travaux furent menés rapidement. Quelques années plus tard, la guerre éclatait à nouveau, Saulx-Tavannes se distingua dans les combats victorieux de Jarnac et de Moncontour contre les huguenots, dictant une stratégie efficace au jeune duc d'Anjou, futur Henri III ; à la suite de quoi il fut nommé maréchal de France en novembre 1570. Le Pailly lui parut alors incommode, ou insuffisant, et il fit entreprendre un nouveau château, celui de Sully en Bourgogne, qui sortait à peine de terre lorsqu'il mourut en juin 1573.

L'architecte avait choisi d'aménager dans le trapèze irrégulier de l'ancien château une cour rigoureusement carrée de 20 mètres de côté, et ce tracé dicta les dispositions. Les côtés sud et est reçurent deux étroits bâtiments portés sur des portiques ouverts et contenant à l'étage des galeries ; celui de l'est a été détruit au XVIIIe siècle pour laisser passer le regard vers la campagne. Au contraire, d'épais corps de logis garnissent les côtés nord et ouest de la cour. Le premier intègre le grand donjon auquel est adossée vers l'extérieur une petite galerie ajourée ; après le donjon vient un pavillon neuf qui était sans doute destiné à abriter un escalier d'apparat qui ne fut construit qu'au XIXe siècle. Sa façade est une orgueilleuse composition en travée rythmique formant avant-corps. Un ordre de pilastres doriques supporte un ordre de colonnes composites au fût cannelé, sous une haute lucarne encadrée de pilastres, de colonnes et d'ailerons. Les jardins en parterre se disposaient hors des fossés dans l'axe de cette aile nord.

Pour le corps de logis de l'ouest, son plan triangulaire s'explique par le souci de conserver l'ancienne courtine ; son obliquité prononcée a obligé à percer toutes les croisées extérieures en biais dans le mur. Sur la cour, un long balcon-galerie court au niveau du premier étage, porté par des couples de consoles offrant l'apparence de pilastres bombés. Sa jonction maladroite avec les ailes voisines

LE PAILLY. Façade de l'aile sud et amorce du logis ouest sur la cour.

LE PAILLY. Le balcon du logis ouest, le frontispice de l'escalier de l'aile nord et le donjon.

p. 537: LE PAILLY. Pavillon d'entrée.

LE PAILLY. Atlante de la cheminée de la grande salle, dans le donjon.

permet de croire qu'il n'était pas prévu à l'origine et qu'il fut ajouté pour l'agrément des appartements, à l'instar d'autres coursives comme celles du château de Fléville ou de l'hôtel Du Faur à Paris.

Les tours rondes médiévales furent conservées, sauf celle du sud-ouest, que remplaça un pavillon de plan carré servant d'entrée et précédé d'un pont-levis. Traité dans un style très expressif, il emprunte à sa destination défensive une partie de son caractère et s'apparente pour cette raison aux architectures à deux niveaux des palais italiens du maniérisme : un socle massif couvert de bossages piquetés et fendu d'ouvertures brutales comme des meurtrières, et au-dessus un portique ambitieux de deux étages de colonnes libres juxtaposées, ioniques au premier, corinthiennes au second, encadrant des grandes croisées placées en forte saillie et des fausses niches. Le pavillon était couronné par un dôme à pans surmonté d'un lanternon à colonnes où avait pris place la statue équestrre du maréchal. En 1759, le lanternon s'abattit, et il ne reste plus que la tête du cheval.

Le maréchal avait fait voûter les pièces du rez-de-chaussée « à la forme d'Italie » comme l'écrit son fils. Il semble bien, d'après les textes anciens étudiés récemment par Benoît Peaucelle, que celles de l'étage l'étaient également, au moins dans l'aile occidentale. L'hypothèse d'un château couvert d'une toiture basse en dalles de pierre reposant sur des voûtes a donc pour elle beaucoup de vraisemblance. Comme à Saint-Germain, on aurait tenté ici cette manière italienne de couverture, puis les dégâts causés par les infiltrations d'eaux pluviales auraient imposé au siècle suivant la construction difficile et maladroite d'un comble traditionnel. Maintes dispositions du Pailly s'expliqueraient ainsi.

Malgré une certaine incohérence et la lourdeur des effets décoratifs, l'étonnant château est évidemment l'œuvre d'un architecte très averti, tant de la grammaire antique que des nouveautés du maniérisme italien et des constructions de Michel-Ange. On peut le rapprocher de l'art dijonnais d'Hugues Sambin pour la profusion décorative, reconnaître sa parenté avec l'architecture lourde et savante de l'ancienne Lotharingie, Franche-Comté, Lorraine, proche Rhénanie, Pays-Bas flamands, constater aussi ses liens avec certaines œuvres de De L'Orme (les Tuileries) ainsi qu'avec le Louvre de Lescot. Pourtant, ainsi que l'a fait remarquer B. Peaucelle, c'est encore la comparaison avec les constructions toulousaines de Nicolas Bachelier qui est la plus suggestive, avec le château de Saint-Jory notamment. L'attribution traditionnelle au Langrois Nicolas Ribonnier est plausible, mais il nous manque des indications sur sa formation et sa carrière. Au nombre de ses œuvres, il faut sans doute compter le château bourguignon de Sully et le châtelet de Tanlay.

Les restes du décor intérieur ne sont pas négligeables. Dans la grande salle des fêtes aménagée à l'étage du donjon, on a découvert des restes de peintures murales, et deux cheminées monumentales s'y font face. L'une d'elles est décorée de serviettes (tout comme le puits de Châtillon-Coligny) et portée par des atlantes barbus qui sont d'excellents morceaux.

LE PAILLY. Linteau de la même cheminée.

Comme nous l'avons dit, le château se situait derrière le bourg qui le cachait à la vue. Dans l'axe d'une avenue traversant celui-ci, Andelot fait élever un châtelet d'entrée défendu par des fossés, un bastion et deux ponts-levis successifs. Derrière le châtelet, il fait tracer une esplanade, dite la « Cour verte », qui donne accès à main gauche au pont-levis du château proprement dit. A main droite se déploient de vastes écuries autour d'une immense cour ; ici pouvait s'abriter la cavalerie d'un contingent huguenot.

Le « petit château » ou « portal » est une œuvre extraordinaire. Il n'était sans doute qu'ébauché lorsque Andelot mourut à Saintes en 1569, peut-être empoisonné, et son achèvement n'intervint qu'une dizaine d'années plus tard, probablement. Tanlay appartenait alors à Jacques Chabot, marquis de Mirebeau, qui avait épousé en 1574 l'unique héritière, Anne d'Andelot. Liliane Châtelet-Lange a souligné à juste titre l'originalité du parti choisi. Un socle décoré de bossages rustiques, creusés avec une fantaisie et une variété surpre-

TANLAY. Tour de l'Horloge dans la cour d'honneur.

542

nantes, supporte un étage orné de pilastres corinthiens sous une frise de rinceaux et des lucarnes à emblèmes guerriers. L'esthétique maniériste témoigne ici d'une grande liberté de dessin. En même temps, cette disposition de la façade à socle rappelle le type imaginé en Italie pour quelques palais (maison de Bramante à Rome, palais Canossa à Vérone, œuvre de Sanmicheli) ainsi que certaines architectures toulousaines du style de Bachelier (Saint-Jory notamment) et des compositions analogues en Espagne. Deux autres châteaux bourguignons contemporains présentent le même schéma : Le Pailly et Sully-le-Château, qui pourraient être l'œuvre du même architecte que le châtelet de Tanlay (Ribonnier ?).

Dans le château lui-même, plusieurs cheminées pourraient dater des travaux d'Andelot. Au dernier étage d'une tour d'angle dite « tour de la Ligue », une curieuse salle en rotonde est cernée de larges piliers. Des niches y sont ménagées, sans doute destinées à recevoir une collection de statues. Sa voûte peinte évoque sous des travestis mythologiques les protagonistes du conflit religieux : Coligny, Andelot, Catherine de Médicis. C'est l'œuvre d'un lointain épigone de Primatice, peut-être ce peintre Larme auquel Andelot faisait payer 110 livres en 1568 pour l'achèvement des peintures de sa galerie.

p. 542 : TANLAY. Détail d'une peinture ; voûte de la salle haute de la Tour de la Ligue.

186.
Châtillon

à Châtillon-sur-Loing, aujourd'hui Châtillon-Coligny

LOIRET / PROPRIÉTÉ PRIVÉE / VESTIGES

La terre et le château de Châtillon vinrent en 1449 aux mains d'une famille d'origine bressanne, les sires de Coligny, qui prirent alors le nom de Châtillon. On trouvait là un édifice médiéval, dont un

Projet de château « pour Monsieur de Chastillon » (peut-être pour Châtillon-Coligny). Dessin aquarellé (Bibl. nat., Estampes, Va 428, format 5).

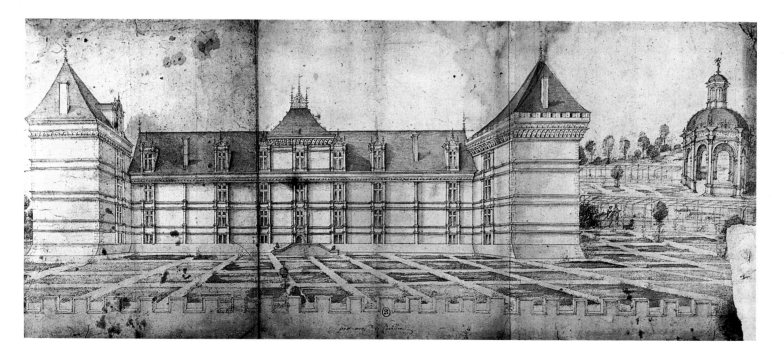

grand donjon du XIIe siècle, qui subsiste de nos jours. Lorsque Gaspard de Coligny en fut devenu propriétaire en 1547 à la mort de sa mère, après le partage successoral qui avait donné Tanlay à son jeune frère François d'Andelot, il décida de le reconstruire, ou peut-être de poursuivre une modernisation entreprise déjà par son père. Les travaux se situent après la mort de Henri II, lorsque l'amiral de France, mis à l'écart par la nouvelle Cour, trouve le temps d'y faire des séjours plus prolongés. Un dessin inédit (Bibliothèque nationale) peut refléter ces premiers projets de reconstruction.

D'autres documents iconographiques laissent deviner deux bâtiments en équerre comportant une galerie à arcades cantonnée de pavillons. La déclivité du terrain avait permis de faire maçonner une terrasse au-dessus d'une orangerie ouverte de larges arcades. Longue de 112 mètres, elle est encore visible, tout comme le beau puits à dôme attribué sans preuves à Jean Goujon qui se dresse dans le parterre bas. Craignant un coup de main, Coligny avait fait entourer son domaine d'une enceinte bastionnée qui subsiste en partie. Le château fut saccagé une première fois en 1568. L'amiral y

CHÂTILLON. L'orangerie sous la terrasse et le puits.

fit de fréquents séjours en cette période dramatique, il y retrouvait sa seconde femme, la jeune Jacqueline de Montbel. En juillet 1572, il fait son dernier voyage à Paris pour assister aux noces du roi de Navarre. Les festivités vont se terminer par l'attentat contre l'amiral, puis le massacre de la Saint-Barthélemy. Le 27 octobre 1572, un arrêt royal condamne la mémoire de Coligny et ordonne la démolition du château, dont seul le pavillon sud est finalement jeté bas. Châtillon deviendra la propriété des Montmorency-Luxembourg aux XVIIe et XVIIIe siècles, et c'est aux démolisseurs de la Bande noire que l'on doit sa destruction en 1799-1803.

187.

Joigny

YONNE / A LA COMMUNE / COLLÈGE.

Le promontoire qui surmonte le cours de l'Yonne est couronné d'une forteresse depuis le Xe siècle. Il subsiste des fragments importants d'une enceinte du XIIe siècle, enserrant l'église Saint-Jean -du-

JOIGNY. Le corps de logis du sud, façade sur la cour.

JOIGNY. Le pavillon d'angle, façades vers la ville.

JOIGNY. Plan par J. Vallery-Radot (*Congrès archéologique*, 1958).

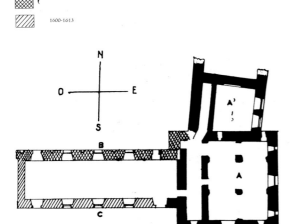

■ } XVIᵉ SIÈCLE A PARTIR DE 1569
▨ }
▨ 1600-1613

Château qui fut reconstruite au XVIᵉ siècle en même temps que le château. Dans cette vaste superficie, une résidence nouvelle est entreprise à partir de 1569, date donnée par un historien local du XVIIIᵉ siècle, Louis Davier. Le comte de Joigny était alors Louis de Sainte-Maure, marquis de Nesle, et l'architecte fut probablement Jean Chéreau ; il semble en réalité que ce nom désigne deux architectes natifs de Joigny, Jean le Père et Jean le Fils, qui pendant trois quarts de siècle travaillèrent dans la ville (l'église Saint-Jean et son admirable voûte caissonnée) et dans les environs (l'église de Villeneuve-sur-Yonne). Le second est l'auteur d'un *Livre de l'architecture* resté manuscrit, qui reflète l'influence exercée sur lui par Serlio.

Le dessein primitif était d'édifier un quadrilatère, tout au moins au début une équerre de corps de logis appuyés extérieurement par un fort pavillon en saillie surplombant de haut la pente vers la rivière. C'est, en somme, le plan du Louvre de Lescot. Nous pensons que le premier bâtiment construit fut le corps de logis du sud et son petit retour à l'extrémité orientale (amorce d'une aile détruite en 1820), ou du moins sa façade sur l'ancienne cour, à l'exclusion de ses grandes lucarnes qui semblent dater du XVIIᵉ siècle. Le passage rapide du comté de Joigny de main en main en cette fin du siècle a occasionné en effet de nombreuses interruptions de chantier dont le bâtiment se ressent. Tout comme à Ancy-le-Franc, la façade est animée de travées rythmiques avec des pilastres jumelés encadrant des grandes baies ou des niches cintrées à frontons ; l'ordre est ionique cannelé au niveau bas, corinthien lisse à l'étage ; des petites portes cintrées donnent accès aux appartements, aux deux extrémités.

Louis de Sainte-Maure meurt en 1572, son fils Charles en 1575, leur successeur Jean de Laval en 1578. Faut-il attribuer la construction du grand pavillon à ces deux derniers, ou à Guy de Laval, fils de Jean, qui fut comte de Joigny jusqu'à sa mort en 1590 ?

Au corps de logis, l'abondance du décor n'est guère conforme à l'idéal serlien. Au pavillon, au contraire, qui dresse au-dessus de la ville deux façades monumentales, les grands pilastres doriques plats sont autrement plus sévères, et plus proches d'Ancy-le-Franc. Jumelés , ils encadrent une vaste travée centrale, percée d'importantes croisées juxtaposées, et deux travées latérales plus réduites, percées de petites baies à l'italienne coiffées de frontons. Certains détails appartiennent pourtant au maniérisme de la fin du siècle : l'interruption des entablements, le retournement angulaire des pilastres et plus encore le nu du mur uniformément moucheté de piquetages rustiques qui font valoir picturalement la surface lisse des pilastres, effet rarement recherché en France. Aussi verrait-on volontiers ici l'œuvre du second des Chéreau dans les années 1570 ou 1580. La toiture actuelle qui repose brutalement sur l'entablement du second ordre empêche malheureusement de juger du couronnement prévu originellement.

Dernier construit enfin, le revers du corps de logis du midi du côté de la ville offre une ordonnance plus simple de travées rustiques sans pilastres, simples chaînes de bossages plats encadrant les fenêtres ou garnissant les trumeaux, sous des lucarnes analogues à celles du même bâtiment côté cour. La veuve de Guy de Laval, Marguerite Hurault, avait hérité du château avant de se remarier avec Anne d'Anglure, baron de Givry. Elle fit poser la première pierre de cette façade en 1600, mais dès 1603 son neveu René de Laval vendait le comté au cardinal Pierre de Gondi, évêque de Paris, et c'est lui qui fera construire la façade et achever le logis en 1613, par le même Jean Chéreau.

188.
Maulnes

à Cruzy-le Châtel

YONNE / **PROPRIÉTÉ PRIVÉE**

Maulnes[1] en Tonnerrois n'a cessé de fasciner les amateurs comme une abstraction architecturale. C'est la réalisation, miraculeusement conservée, de l'une de ces utopies de dessinateur qu'on voit dans les recueils de créations idéales, comme le cénotaphe de Newton par Boullée.

Le plan qu'en a gravé Du Cerceau n'est pas une imagination mensongère puisque les linéaments en subsistent encore dans le sol. Il surprend au premier abord par la combinaison des figures géométriques savamment combinées, tracées à la pointe du compas ; le demi-cercle, le carré et sutout le pentagone s'y pénètrent avec une étrange perfection.

Or l'histoire de ce chef-d'œuvre insolite n'est pas un mystère. La seigneurie de Maulnes, dépendance de la baronnie de Cruzy-le-Châtel, appartient depuis longtemps aux comtes de Tonnerre. En 1556, la comtesse de Tonnerre était Louise de Clermont, femme de culture, d'esprit et de cœur qui sera longtemps une intime amie de Catherine de Médicis et finira ses jours convertie à la Réforme. A cette date, elle épousait Antoine de Crussol, duc d'Uzès. Louise est la sœur d'Antoine de Clermont, qui fait alors bâtir Ancy-le-Franc, tout voisin, sur les dessins de Serlio. Comme les châteaux médiévaux des comtes de Tonnerre n'existent plus, le couple décide de bâtir sur ses terres de Maulnes un château pour la chasse planté au cœur de la forêt de ce nom, à mi-pente du plateau qui domine la garenne. Le duc d'Uzès passe marché le 6 mai 1566 avec un maçon et un charpentier, Jean Verdot et Jean Buchotte, pour dresser le bâtiment sur les dessins qu'il leur fournira. Le château est achevé lorsque Jacques Androuet Du Cerceau visite le chantier, avant la parution de son recueil en 1576, peut-être même avant la mort du duc survenue en 1572.

1. Ou Maulne.

MAULNES. Vue générale, gravée par Du Cerceau (*Les Plus Excellents Bâtiments de France*, t. I).

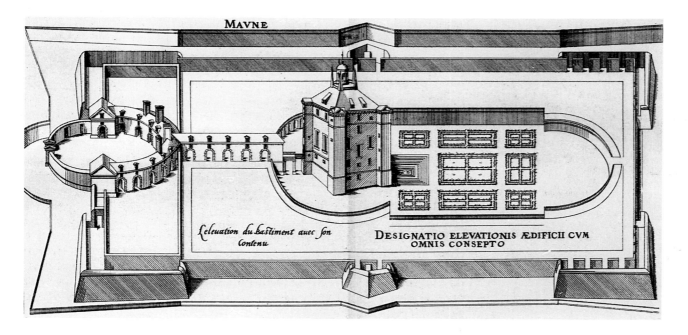

MAULNES. Le noyau creux de l'escalier.

La déclivité du terrain et la présence d'une fontaine — produite par les eaux d'écoulement affleurant sur une couche d'argile — sont mis à profit et inspirent l'étonnant parti imposé au maçon. Comme les temps ne sont pas sûrs, surtout en Bourgogne, une grande enceinte rectangulaire bastionnée entoure la composition dans le sens de la pente. En haut, au nord, l'avant-cour dessine une ellipse qu'on aborde par son grand axe en traversant un mur de clôture semi-circulaire, (qui n'existe plus). On trouvait alors devant soi un hémicycle de bâtiments de communs dont il ne reste que la moitié droite. Une ouverture centrale menait ensuite le visiteur vers une galerie à deux niveaux de 45 mètres de long, dont il ne reste rien. Elle franchissait axialement une esplanade pour atteindre une excavation affectant la forme d'un cercle interrompu sur un tiers de sa circonférence. C'est au centre du cercle que s'élève le château dressé au-dessus du fossé sec et accessible depuis la galerie par un pont-levis dont il reste la première culée.

Maulnes est une masse pentagonale brutalement plantée, très sobrement percée de grandes baies ou de petites ouvertures géométriques (carrés, rectangles, ovales). Aucun décor, sinon, sous le toit, la corniche à gros modillons entre lesquels on distingue des têtes de lions et des têtes de chiens. Le pentagone est flanqué à ses angles de tourelles carrées coiffées autrefois uniformément de petits frontons à la hauteur de la corniche. Du côté de l'arrivée, le château n'offre que trois niveaux. Vers le sud, au contraire, la pente dégage deux niveaux supplémentaires en soubassement, où est aménagé un étonnant nymphée de pierre rose qui fait communiquer par une arcade surbaissée l'espace intérieur avec un grand bassin carré de fontaine. Des gradins entourant le bassin sur trois côtés permettaient d'accéder au jardin en parterre, composé de carrés combinés et qui s'achevait par un hémicycle fermant la composition sur l'axe unique.

Intérieurement, la perfection géométrique s'affirme avec la même rigueur. Le cœur du pentagone est constitué par un autre pentagone homothétique engendrant une cage d'escalier centrale, comme à Chambord. Les volées montent autour d'un noyau creux formé d'un cylindre percé de fenêtres qui permettent d'apercevoir au niveau bas l'eau de la fontaine ; ainsi le cylindre est en même temps un puits, d'où l'eau peut être tirée aux différents étages. Au sommet, une ouverture ronde coiffée d'un lanternon servait à la fois d'*impluvium* pour recueillir les eaux, et d'éclairement vertical de l'escalier ; quatre pyramidions abritant des souches de cheminées flanquaient le lanternon. Les appartements s'ordonnaient aux étages sur des dispositions rigoureuses (connus par des plans de Du Cerceau conservés à la Pierpont Morgan Library à New York), salles rectangulaires, cabinets tracés selon des circonférences, des pentagones ou des triangles courbes ; des escaliers de service sont logés dans trois sur cinq des tourelles.

On n'a pas manqué de chercher, et de trouver, les sources d'inspiration de l'étonnant pentagone et, en premier lieu, le palais Farnèse de Caprarola, autre pentagone dessiné par Peruzzi et San Gallo, et construit par Vignole. C'est en effet le seul bâtiment existant auquel Maulnes puisse être comparé, à ceci près que les proportions grandioses de Caprarola ont permis d'aménager une vaste cour ronde au centre du pentagone. Plus proche encore se trouve être le projet de « casa del principe tiranno fuori alla campagna » gravé dans le *Sesto Libro* de Serlio. Lui aussi comporte une cour centrale, pentagonale cette fois, mais bien des traits le rapprochent de Maulnes, face arrondie d'une des tourelles d'angles, fenêtres géo-

métriques, tracé de la porte à bossages du nymphée... Construit pour le beau-frère du constructeur d'Ancy-le-Franc, Maulnes est né dans un milieu raffiné, profondément imprégné des idées de Serlio.

MAULNES. Vue générale.

189.

Boucard

anciennement La Motte Du Plessis

Le Noyer

CHER / PROPRIÉTÉ PRIVÉE / ✱

Sur les bords de la Sauldre, l'ancien manoir de la Motte du Plessis, datant du XVᵉ siècle, comportait un grand châtelet de plan carré garni de trois tourelles de briques. Il était planté au milieu d'un long corps de logis orienté vers l'est. Deux ailes au sud et au nord,

BOUCARD. Porte du logis neuf.

d'autres bâtiments peut-être aussi, cernaient la cour, cantonnées de tours d'angle de plan circulaire ; en somme, le plan de Castelnau. Antoine de Boucard, qui lui donna son nouveau nom, fit transformer au début du XVIe siècle la moitié sud du corps de logis oriental, s'il ne le fit pas reconstruire. Les croisées côté fossé et côté cour sont encadrées de pilastres assez voisins de ceux de l'hôtel Lallemant à Bourges ; les corniches à modillons du logis et de la tour qui le joint datent de la même époque.

François de Boucard, fils d'Antoine, entreprit ensuite des travaux plus importants. A l'emplacement de l'aile nord, il fit édifier un nouveau logis tout différent de style, de volume et de construction. Il est en effet bâti en pierre de taille de grand appareil. Capitaine et gouverneur de Verdun en 1558, gentilhomme de la Chambre, plus tard maître de l'artillerie du parti huguenot, il se retira à Boucard après la mort de Henri II. Les travaux commencèrent donc en 1560, au moment où il allait se tourner vers la religion calviniste.

Le corps de logis neuf, coiffé d'un comble en pavillon à pente douce, est bâti avec une superbe rigueur. Le jeu savant des croisées et des demi-croisées de l'étage, des petites fenêtres et des portes à l'italienne du rez-de-chaussée, détermine l'harmonieux équilibre des parties vides et des parties pleines. Celles-ci, très importantes, sont animées par cinq bandeaux plats horizontaux. Les grands trumeaux entre les croisées ont reçu des tables à l'antique et des motifs héraldiques, et une longue frise sculptée d'emblèmes militaires court sous le toit. Alternativement simples ou doubles, les lucarnes sont couronnées de grenades et de boulets de bronze. A gauche, une petite loggia termine l'encoignure ; elle permettait d'admirer les jardins qui s'étendaient en face, alimentés par les eaux de la Sauldre. A droite, on trouve une travée monumentale faite d'un portique à colonnes jumelées portant directement un fronton droit. La porte, surmontée d'un bas-relief d'armes amoncelées, donne accès aux appartements (escalier, cheminée). François de Boucard avait ajouté encore devant la face externe du châtelet d'entrée un avant-corps à la moderne encadré de deux niches.

Boucard est une composition originale, qui révèle la main d'un bon architecte et présente bien des caractères communs avec les châteaux contemporains de Bourgogne ou de proche Champagne.

BOUCARD. Vue de l'entrée.

BOUCARD. Vue de la cour.

190.
Chalain

à Chalain-d'Uzore

LOIRE / PROPRIÉTÉ PRIVÉE

Sur les pentes du mont d'Uzore qui se dresse dans la plaine du Forez, le château de Chalain existe dès le XIIe ou le XIIIe siècle, étroitement imbriqué avec l'église paroissiale romane. Autour de 1562, date portée sur une cheminée, Claude de Lévis le fait moderniser selon l'exemple donné par son voisin et ami Claude d'Urfé à La Bâtie. Un portique à colonnes et fronton est dressé autour de la porte d'entrée, et une galerie à deux niveaux, construite sur la cour pour relier deux corps de logis. Son rez-de-chaussée subsiste, fait d'arcades en plein cintre sur des pilastres corinthiens ; l'étage a été anciennement démonté lors d'un incendie, et ses colonnes réutilisées à l'époque moderne dans la façade de l'aile méridionale regardant le jardin en terrasse. Sous le péristyle, on trouve cinq portes dessinées à l'italienne et munies de devises latines, dans un style

CHALAIN D'UZORE. La galerie.

CHALAIN D'UZORE. *A gauche*:
porte de la grande salle; *à droite*:
une des portes ouvrant sous la
galerie.

proche de celui de La Bâtie. L'une d'elles, encadrée de colonnes corinthiennes aux fûts enlacés de lierre, donne accès à l'ancienne grande salle de justice du XIVe siècle, la « Magna Camera ». Claude de Lévis y fit dresser une grande cheminée monumentale en grès de Saint-Étienne, chargée d'ornements antiquisants.

191.

Valprivas

**HAUTE-LOIRE / CENTRE CULTUREL
INTERNATIONAL DE MUSIQUE / ✳**

Dressé à la pointe méridionale des monts du Forez et dominant un immense paysage, Valprivas est depuis le Xe siècle une position forte occupée par un petit château dont les dispositions médiévales subsistent, très apparentes. C'est sans doute dans les années 1560 que la demeure encore très rude fut rendue plus attrayante par son propriétaire Antoine Verd du Verdier, acquéreur de Jean de Thélis. Né en 1544 à Montbrison, il était général des finances en Lyonnais, et lieutenant général du roi. Ce fut surtout un humaniste remarquable, poète, historiographe et auteur, avec La Croix du Maine, de la *Bibliothèque française* parue en 1585, l'une des premières tentatives de recueil bibliographique. L'ouvrage savant a inspiré un sonnet à Baïf.

Du Verdier fit réunir deux corps de logis de la cour par une petite galerie de deux travées et trois niveaux, voûtée au rez-de-chaussée. La pile centrale est garnie d'un haut pilastre dorique cannelé, dans l'esprit de ceux de La Bâtie. La tourelle d'escalier voisine a été incrustée d'ouvertures aux proportions trapues bien caractéristiques du Massif central ; un décor d'une veine encore populaire anime les fenêtres, mais la porte est flanquée de deux figures masculine et féminine qui témoignent d'une bonne connaissance de l'Antiquité. A l'extrémité de l'aile nord, la chapelle de plan carré est voûtée de croisées d'ogives datant de la fin du XVe siècle. Les murs sont garnis de deux grandes compositions peintes à l'huile sur mortier, œuvres importantes dégagées et restaurées récemment. Elles illustrent *Le Jugement dernier*. On y voit d'un côté la résurrection des morts, traitée très largement avec de beaux nus féminins, et de l'autre, les damnés précipités en enfer, amoncellement de corps puissamment musclés dans la suite de Michel-Ange et des maniéristes anversois. Les figures de donateurs qui entourent la résurrection des morts sont les portraits d'Antoine Du Verdier et de sa seconde femme Philippe Pourrat à gauche, de leur fils Claude et de son épouse Bonne Du Rocher à droite. L'ensemble a pu être commandé par ces derniers en hommage à la première génération, il serait l'œuvre d'un peintre de la seconde École de Fontainebleau, dans les premières années du XVIIe siècle.

p. 554: VALPRIVAS. La cour.

192.
Saint-Vidal

HAUTE-LOIRE / PROPRIÉTÉ PRIVÉE / ✶

Au temps des guerres de Religion puis de la Ligue, Saint-Vidal fut une des places fortes du catholicisme. Il appartenait alors à Antoine II de La Tour, baron de Saint-Vidal, nommé gouverneur du Velay et du Gévaudan en 1562. En 1588, lorsque la Ligue s'oppose à Henri III, le baron prend de lui-même le titre de grand maître de l'artillerie de France et résistera aux forces de Henri IV jusqu'au jour où il sera tué en duel en janvier 1591. Six mois plus tard, le château puissamment fortifié résistait victorieusement à l'assaut et au pilonnage d'artillerie des « royaux ».

Les travaux du baron s'étaient étendus sur une longue période, de 1563 à 1578 au moins, à en juger d'après les dates inscrites sur les façades. C'était un fort château carré du XVe siècle muni de deux tours rondes du côté nord. Il lui ajouta les deux tours du côté sud ; l'une, de dimensions considérables, est un véritable donjon. Les défenses furent assurées par l'ouverture de meurtrières dans toutes les salles basses pour le tir rasant, l'établissement de grands glacis du côté sud et la construction d'ouvrages avancés munis de tours pour défendre les communs, en liaison avec l'agglomération. Saint-Vidal est certainement l'un des meilleurs exemples de fortification efficace du temps de la Ligue, avec une étude poussée des angles de tir. Les travaux destinés à améliorer l'habitation consistèrent à élever le grand escalier, à munir la grande salle de l'aile sud-est d'une belle porte, d'un classicisme très vitruvien avec ses colonnes et ses bucranes. La façade d'entrée, vers le sud-ouest, fut aussi décorée d'une porte classique, celle-ci à bossages dans le style de Serlio, et de croisées à pilastres cannelés et frontons courbes. Un autre portail piqueté de bossages fut pratiqué dans le mur qui ouvre sur la place de l'église, il est daté de 1578. Des peintures murales ont été découvertes dans l'ancienne salle d'armes du donjon.

SAINT-VIDAL.
À gauche :
porte de la salle ;
à droite :
portail de 1578.

193.
La Tour d'Aigues

p. 557: LA TOUR D'AIGUES. Le portail en arc de triomphe.

LA TOUR D'AIGUES. *Ci-dessous*: façade d'entrée; *en bas*: vue générale, dessin aquarellé de Jacques Rigaud, 1ʳᵉ moitié du XVIIIᵉ s. (à M. Henri de La Garde).

L'incendie de 1782 et les destructions de la Révolution ont réduit le château à des ruines imposantes que la couleur ocre de la pierre et les formes copiées de l'antique font assimiler volontiers à des ruines romaines, familières en pays méditerranéen. Si La Tour-d'Aigues nous apparaissait aujourd'hui dans ses dispositions premières, il nous surprendrait bien davantage. Cet Écouen provençal implanté dans la vallée de la Durance présentait en effet une silhouette ana-typique avec la dentelure de ses immenses toits de tuiles noires en un pays où le toit plat est adopté depuis longtemps pour les châteaux du nouveau style, à Gordes comme à Lourmarin. Les recherches récentes menées par J.-J. Gloton, par G. Cheylan et J. Gaune ainsi que par H. Lavagne ont renouvelé notre connaissance de cet extraordinaire édifice, en insistant d'une part sur le poids des structures médiévales dans l'élaboration du parti, et d'autre part, sur la longue durée du chantier.

Un château de plaine avait été édifié sur un mouvement de terrain du val de Durance par la famille de Sabran, au milieu du XIVᵉ siècle. Il en subsiste l'étonnant donjon de plan carré, masse gigantesque ayant conservé ses parements à bossages (tout comme au Pailly) et qui abritait un étage bas planchéié et deux étages hauts couverts de voûtes massives; il était couronné d'une plate-forme sur mâchicoulis. La famille s'étant éteinte, la «Tour» passe vers 1420 à Fouquet d'Agoult, chambellan et ami du roi René, personnage puissamment riche. Il fait dessiner autour du donjon le quadrilatère actuel, construit les deux tours rondes du côté du nord

LA TOUR D'AIGUES. Le portique d'entrée, du côté de la cour, dessin aquarellé de Jacques Rigaud, 1re moitié du XVIIIe siècle (à M. Henri de La Garde).

ajoute au corps de logis oriental deux autres logis doublant les courtines au nord et à l'ouest, et parvient par un système d'irrigation du « pays d'Aigues » à assainir le terrain, à alimenter les douves et à faire tourner des moulins en contrebas. Fouquet d'Agoult meurt en 1491, son neveu Raymond d'Agoult lui succède et poursuit l'entreprise jusqu'à sa mort en 1503. A ce moment, on pénètre au sud par un pont-levis qui mène à une première cour devant le donjon. Celui-ci est réuni par deux courtes ailes aux logis qui forment derrière lui une cour fermée ; les appartements sont situés partie dans les ailes et partie dans le donjon qui en a conservé un décor peint de type héraldique.

Aux d'Agoult succèdent leurs alliés les Bouliers. Antoine de Bouliers, seigneur de Cental (en Piémont) a reçu François Ier au château en 1537, mais il décède aussitôt après. Son fils Jean-Louis-Nicolas, né en 1532, est élevé par sa grand-mère maternelle, Mérite de Trivulce, femme d'un grand caractère qui va poursuivre l'effort entrepris en achetant les maisons voisines pour dégager le château. Le jeune baron de Cental est envoyé en 1548 à la cour de France, il y découvre le Louvre en chantier, et Écouen qui s'achève. De retour en Provence en 1550, il entreprend la modernisation de sa demeure sur une vaste échelle. Écouen fournit le plan, mais la conservation du donjon impose deux courtes ailes centrales, ce qui amène à agrandir la première cour, qui vient mordre de 8 mètres sur les vastes douves du siècle précédent.

Le chantier va durer un quart de siècle, jusque vers 1579. L'architecte Ercole Nigra n'interviendra dans les travaux qu'à partir de 1566, et nous ignorons le nom du premier concepteur. Les maçons Jacques Jehan de Pertuis puis Nicolas Laurent d'Aix ont pu être davantage que de simples exécutants, mais ils auraient difficilement imaginé par eux-mêmes un édifice si ambitieux et si peu

LA TOUR D'AIGUES. Le donjon et les façades sur la cour. Dessin aquarellé de Jacques Rigaud, 1re moitié du XVIIIe siècle (à M. Henri de La Garde).

conforme aux habitudes méridionales. Cental a pu ramener de Paris des dessins, peut-être très élaborés, ou se faire envoyer régulièrement des projets par un homme de l'art resté à la cour de France, comme le suggère Jean-Jacques Gloton. Pierre Lescot ou Jean Goujon peuvent avoir été ainsi sollicités.

La première tranche de travaux (1550-1558) affecte l'aile ouest, à gauche, qui va remplacer d'anciens communs. Puis c'est le grand pavillon carré du sud-ouest, le mieux conservé, dont les gros bossages angulaires et la fière silhouette s'inspirent du pavillon du roi au Louvre, tandis que son couronnement rappelle plus directement Écouen. Les maçons poursuivent en maçonnant de nouvelles caves, du côté de l'entrée, dans les anciennes douves, afin d'agrandir la cour. Sur celles-ci, seront érigés la galerie de clôture et le portail d'entrée.

En 1566 une nouvelle campagne permet d'élever le grand pavillon du sud-est, à droite, et de maçonner la grande terrasse qui s'étend au pied de l'aile orientale, face au vaste paysage de la vallée du Lèze, affluent de la Durance, dominant les jardins bas et les moulins. C'est alors qu'intervient un jeune Piémontais de vingt-cinq ans, Ercole Nigra, né sur les domaines transalpins du baron de Cental et protégé par lui. Nigra fera une carrière d'ingénieur militaire au service des Français, puis à celui du duc de Savoie, leur ennemi. Le donjon reçoit à ce moment un décor de bossages angulaires qui l'apparentent aux pavillons d'entrée, et une couverture en comble, peut-être le grand dôme que l'on voit sur les gravures (à moins qu'il ne soit une modification du siècle suivant). Le Louvre sert à nouveau pour inspirer les petites façades latérales qui encadrent le donjon sur la cour, animées par des avant-corps ; le départ du grand escalier était situé dans celle de droite. La tour nord-est est habillée extérieurement de frises décoratives et coiffée d'un toit conique de grande hauteur. Nigra y installe la chapelle, ouvrage très italien fait d'une architecture illusionniste en stuc qui tire le meilleur parti du petit volume circulaire. Le portique de Bullant à Écouen sert ensuite de modèle à deux motifs analogues plaqués sur les ailes droite et gauche de la cour ; c'est le témoignage d'une orientation nouvelle du maître de maison, soucieux de donner chez lui un exemple du style colossal mis en œuvre au nord de la Loire. Les pavillons d'entrée s'achèvent alors. Comme Cental veut de grands combles à la française et que la Provence ne fournit pas d'ardoises, on les remplace par des tuiles plates vernissées de couleur noire (1570).

1571 enfin est la date d'achèvement du portail d'entrée. Il est percé dans un mur de clôture couronné de merlons arrondis, auquel s'appuyait un portique d'arcades ouvert du côté de la cour et couvert d'une terrasse de circulation. Le portail lui-même est un morceau de bravoure inspiré des planches gravées de Du Cerceau (recueil des *Moyens Temples,* paru en 1550) mais vivifié par l'observation directe des monuments de l'Antiquité provençale, et notamment du pont de Saint-Chamas et de l'Arc d'Orange (bas-reliefs

LA TOUR D'AIGUES. La tour de la chapelle.

LA TOUR D'AIGUES. Détail du pavillon gauche de l'entrée. Dans les fenêtres, vues du donjon (avant la restitution de sa façade en 1989).

militaires). Les *Renommées* des écoinçons semblent inspirées de la Petite Galerie du Louvre.

Les travaux se terminent enfin. Cental meuble superbement le château et y reçoit Catherine de Médicis en 1579. Il meurt cinq ans plus tard sans postérité. Au XVIIᵉ siècle, les Créquy-Lesdiguières habiteront le château et y mèneront grand train. Quelques travaux leur sont dus, la couverture du donjon en dôme carré, l'adjonction d'une terrasse sur consoles à sa base et de grands tableaux de stuc au blason et au chiffre de la famille sur ses murs. La Tour-d'Aigues connaît encore des heures brillantes au XVIIIᵉ siècle entre les mains d'un armateur marseillais nommé Jean-Baptiste Bruny. Les malheurs commencent en 1780 avec un incendie qui ravage le donjon et l'aile ouest. Les révolutionnaires en septembre 1792 s'acharnent sur le château qui devient dans les années suivantes une carrière de pierre. Pourtant, des séries de dessins et de gravures permettent de bien connaître l'état du monument avant le désastre. Une restauration a été entreprise par le département du Vaucluse pour restituer les grands pavillons carrés et le donjon, et donner à l'édifice une affectation digne de sa qualité exceptionnelle.

194.
Uzès

Le Duché

UZÈS. L'escalier.

GARD / PROPRIÉTÉ PRIVÉE / ✳

Antoine de Crussol, le constructeur du château de Maulnes, était seigneur d'Uzès depuis 1546, et sa famille depuis 1486. En 1565, la terre fut érigée en duché. Peut-être est-ce à cette date, qui marquait l'apogée de sa carrière, qu'Antoine décida de bâtir un nouveau corps de logis entre la chapelle d'époque flamboyante et le grand donjon du XIᵉ ou du XIIᵉ siècle dénommé tour Bermonde.

Sa façade sur la cour est plaquée d'un portique de trois ordres superposés ; au rez-de-chaussée, des colonnes doriques engagées partant du sol et surmontées d'un entablement à l'antique richement sculpté de patères et de protomés de taureaux, au premier étage, des colonnes ioniques sur stylobates, au second étage enfin, des piliers carrés corinthiens. L'écartement irrégulier des travées laisse entre les croisées, couvertes de frontons droits au premier étage et courbes au second, des trumeaux pleins chargés de grands reliefs narratifs insérés dans des cartouches à grotesques. Un dessin sur parchemin conservé dans les archives familiales offre un projet différent, avec une grande loggia aménagée au dernier niveau. L'inspiration italienne est manifeste, c'est l'ordonnance de la cour du palais Farnèse. Les emprunts à l'Antiquité (bas-reliefs à sujets militaires) ne sont pas moins évidents et nous rapprochent de La Tour-d'Aigues. Derrière la porte de gauche, modifiée au début du XIXᵉ siècle, se développe un grand escalier à rampes droites, du type de l'escalier Henri II au Louvre ; ses voûtes en berceaux rampants sont décorées de caissons à pointes de diamant. L'ouvrage était sans doute achevé à la mort du duc Antoine en 1572. Le duché n'a pas cessé d'appartenir à ses descendants.

UZÈS. La façade du Duché sur la cour. Projet dessiné sur parchemin (Chartrier du duché d'Uzès) et état actuel.

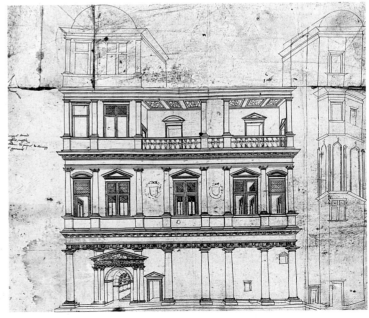

195.
Castries

Jacques de La Croix de Castries, gouverneur de Sommières et d'Aigues-Mortes, décida de faire raser le château gothique de Castries, sauf des salles basses qui furent converties en citernes, sous la cour. A l'emplacement, il fit réédifier à partir de 1565, comme l'indique une inscription, un château neuf qui subira par la suite bien des modifications, incendié par le duc de Rohan en 1622, reconstruit sous Louis XIV, restauré après 1828.

Des constructions du XVIe siècle, subsiste l'aile occidentale, sur le côté gauche de la cour d'honneur. C'est une masse austère bâtie en grand appareil. Les chambranles des croisées sont à peine saillants, de manière à laisser aux lignes horizontales un effet déterminant. Les pleins l'emportent de beaucoup sur les vides. L'aile s'achève par un gros pavillon carré couvert d'un toit à deux pentes

CASTRIES. Le corps de logis du XVIe siècle.

en tuiles romaines. La belle maîtrise des volumes rendue avec simplicité est peut-être due à Jacques de Castries lui-même, sensible aux valeurs de l'architecture antique, puisqu'il fit restaurer le pont du Gard. Le château a appartenu à ses descendants jusqu'à la récente donation à l'Académie française.

196.
Ferrals

à Saint-Papoul

AUDE / **PROPRIÉTÉ PRIVÉE**

Malgré son caractère inachevé, Ferrals est l'un des plus remarquables châteaux fortifiés du Languedoc. L'étude d'Yves Bruand permet de le dater avec précison et de proposer pour l'architecte le nom de Dominique Bachelier, dont l'activité fut grande en région toulousaine et qui construisit peut-être ensuite les châteaux de Caumont et de La Réole. La seigneurie avait été saisie par François Ier en 1545 et donnée à Diane de Poitiers par Henri II dès son avènement. La favorite la revendit le 29 mars 1559 à un maître ordinaire de l'hôtel du roi, trésorier général des finances à Lyon et sénéchal de Lauragais, François de Rougier, pour qui la terre fut érigée en baronnie.

Il y avait là un château médiéval dressé sur un très faible vallonnement dominant la route de Saint-Papoul à Carcassonne. En septembre 1564, Rougier passa marché avec Robert de Labonne, capi-

FERRALS. Plan par E. Barthe et G. Mot.

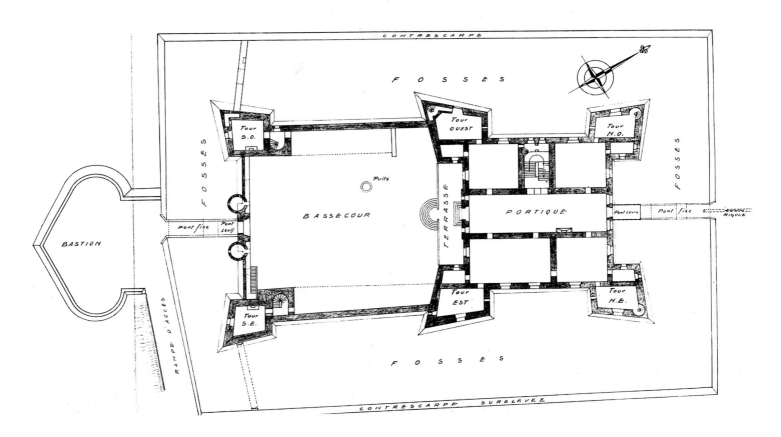

taine de Vienne, pour faire terrasser la zone supérieure au-dessus de l'ancien château, creuser des fossés, bâtir escarpes et contre-carpes. Un an plus tard, les travaux de construction commençaient, selon un plan géométrique rigoureux. On élevait un château carré de plan massé, flanqué à ses angles de tours bastionnées au profil très aigu ; celles du front sud, vers la route et la déclivité, étaient plus importantes que celles du front nord, vers le sommet. De ce dernier côté, un pont dormant terminé en pont-levis permettait d'accéder à la zone des jardins. Des fossés immenses, larges de 9 à 18 mètres, profonds de 8 à 12 mètres, qu'on pouvait mettre en eau par des vannes communiquant avec un réservoir alimenté par une source, cernaient le château. Ils enveloppaient aussi devant lui, séparée par un petit fossé, une sorte d'esplanade ou de basse-cour accessible vers le sud par un autre pont dormant et un autre pont-levis. Un bastion à orillons défendait l'ensemble du côté de la route. Peu après le début des travaux, le parti fut modifié et augmenté. L'esplanade, elle aussi, fut cernée de remparts qui vinrent buter sur les faces méridionales des tours bastionnées du château auxquelles ils enlevaient une part de leur efficacité. Sur son front sud, elle fut pourvue de deux tours semblables et d'un mur d'entrée solidement défendu, percé en son milieu d'un portail cintré entre deux tou-relles.

Le plus grand soin avait présidé à l'édification du château, notamment pour l'appareillage en grès local. Les maçons commen-çaient à élever le premier étage lorsque le chantier fut brutalement stoppé. C'est vraisemblablement la nomination de François de Rou-gier comme ambassadeur de France auprès du duc d'Albe aux Pays-Bas en 1568, puis ses missions postérieures en Turquie et à Rome où il mourut en janvier 1575, qui furent cause du désintéressement du propriétaire. L'achèvement était repoussé à une retraite qui ne vint pas. On se contenta alors d'obturer grossièrement quelques fenêtres pour jeter sur le logis comme sur les tours des toits à dou-bles pentes de faible hauteur qui défigurent la silhouette générale. Il est probable au contraire qu'on prévoyait de couronner tous les bâtiments de corniches saillantes au-dessus desquelles on aurait élevé des toits en pavillons.

Le plan général témoigne évidemment d'une parfaite connais-sance des ouvrages théoriques sur la fortification et notamment de ceux des ingénieurs italiens contemporains, il n'est pas sans rappe-ler aussi, par son géométrisme rigoureux et son insertion dans un vaste ensemble, celui de Maulnes. On a rapproché aussi le tracé des tours bastionnées de celles que Philibert de l'Orme avait placées à l'entrée d'Anet, mais c'était là une forme qui commençait à s'accli-mater en France. Plus remarquable, nous semble-t-il, est l'extraordi-naire ressemblance du plan du logis avec celui de Chenonceau ; un large vaisseau, à la fois galerie et salle — avec cheminée — traverse en effet le château du nord au sud, croisé sur son côté ouest par un escalier à volées droites et quartier tournant isolé des fenêtres par un petit palier ajouré, disposition identique à celle du fameux châ-teau qui appartint, tout comme Anet et Ferrals, à Diane de Poitiers. Deux étages voûtés remplissent le soubassement du château, le plus bas à usage militaire, le plus élevé à usage d'habitation avec de belles salles voûtées d'arêtes. Les façades latérales et celles des tours bastionnées sont posées sur un soubassement taluté et gar-nies de puissants cordons horizontaux qui viennent rejoindre les bossages d'angles dessinés exactement comme ceux de Pierre Les-cot au Louvre et à Vallery. Les croisées rectangulaires sont cernées de chambranles à peine saillants et surmontées de fragments

d'entablements, tout comme à Castries. Enfin les façades les plus décorées, celles du logis donnant sur le jardin ou sur la cour, se ressentent évidemment des enseignements de Serlio par la composition en travées rythmiques et l'usage de baies cintrées. Toutefois, un autre esprit se fait remarquer côté cour avec le frontispice cerné de piliers chargés de bossages un sur deux et l'insertion des petites fenêtres et des niches dessinées avec un caractère très maniériste ; c'est l'esprit de Jacques Androuet Du Cerceau.

Ainsi le château apparaît comme un pot-pourri d'influences. Un architecte aussi averti des tendances nouvelles que Dominique Bachelier a bien pu, en effet, le construire. Après la mort de François de Rougier, Ferrals passa à son fils Barthélemy, sénéchal de Lauragais fidèle à Henri III comme à Henri IV, ce qui le mit dans une situation difficile et l'empêcha sans doute d'achever la bâtisse, qui passa ensuite à son frère cadet François, puis aux Gaulejac.

197.

Ferrières

Planté au-dessus de la vallée de l'Agout, entre le Sidobre et les monts de Lacaune, Ferrières est un petit château bâti de façon rudimentaire en blocage de pierres. Il remonte pour ses origines aux Haut Moyen Age. Dans ses dispositions actuelles, hexagone irrégulier flanqué de tours aux angles, il date de Guillaume Guilhot, chef local des huguenots de l'Albigeois. Sa fille Marguerite épousa en 1566 Michel Bayard, fils de Gilbert Bayard et petit-fils de Florimond Robertet qui furent tous deux secrétaires d'État de François Ier.

FERRIÈRES. *Ci-dessus*: Cheminée de la salle; *ci-dessous*: Façade sur la cour..

C'est Michel Bayard qui fit ajouter à cette petite forteresse rébarbative un ensemble de décors sculptés incrustés dans les murs de la façon la plus dispersée. Les livres d'architecture de Serlio ont inspiré le dessin des différents encadrements de portes. Autour des fenêtres et à la haute frise qui court sous la toiture, se déploie une profusion de bas-reliefs en méplat, tantôt de grands rinceaux traités avec la liberté d'un décor de stuc, tantôt des personnages comme ceux de la travée centrale, qui semblent lointainement dérivés des figures de Goujon au Louvre, tantôt des motifs à l'antique fort bien venus, comme les médailles ovales à portraits qui surmontent les fenêtres cintrées de l'escalier. On trouve à l'intérieur plusieurs cheminées sculptées, l'une a son manteau garni d'un immense cartouche qui semble tiré des recueils d'ornements de Du Cerceau.

MAGRIN. Portique de l'escalier.

198.

Magrin

TARN / PROPRIÉTÉ PRIVÉE

Dans les ruines du château de Magrin, il faut remarquer le portique plaqué sur la façade méridionale, qui superpose trois niveaux comme à Anet ou à Écouen. L'ordre dorique de la porte a reçu un traitement particulièrement soigné. On trouve à l'intérieur un escalier droit et une cheminée à colonnes. Henri de Navarre y aurait séjourné en 1585.

199.

Mailhoc

TARN / PROPRIÉTÉ PRIVÉE

Comme à Magrin ou à Ferrières, on remarque ici le souci d'insérer des éléments décoratifs raffinés sur une bâtisse aux lignes rudes. Le château appartenait à la fin du XVIe siècle à Philippe de Rabastens, chef huguenot (la date de 1575 est lisible sur la porte de l'escalier), qui a pu commander les modifications apportées au quadrilatère de façades entourant la cour. La mince tourelle de brique qui flanque la tour d'escalier et les croisées à pilastres évoquent le style toulousain de Bachelier. Sur l'un des côtés, se déploie une galerie de cinq arcades en plein cintre d'un développement particulièrement important. L'escalier droit a ses paliers encore couverts de voûtes d'ogives. L'une des cheminées, portée par des consoles qui s'achèvent en griffes de lion, est une composition décorative particulièrement heureuse.

MAILHOC. Cheminée.

MAILHOC. Le portique sur la cour.

MAILHOC. En haut la tour d'escalier.

200.
Roquevidal

TARN / PROPRIÉTÉ PRIVÉE /*

C'est encore un quadrilatère flanqué de tours rondes qui peut dater du milieu du Moyen Age. Dans la seconde moitié du XVIe siècle, un membre de la famille Brail modifie ses défenses (canonnières dans la corniche et dans les tours) ; il perce aussi des ouvertures pour éclairer les appartements. Au centre, à côté de l'échauguette qui saille à peine, se dresse un frontispice analogue à celui de Magrin. Des colonnes cannelées doriques et ioniques encadrent aussi les croisées de droite, les meneaux étant ornés de consoles feuillagées selon un parti fréquent en région toulousaine. On trouvait à l'intérieur plusieurs cheminées sculptées dont l'une est aujourd'hui dans un musée d'Allemagne, une autre a été remontée lors de la restauration entreprise récemment. Roquevidal fut au cœur des luttes religieuses, pris et repris en 1587 et 1591.

ROQUEVIDAL. *Ci-contre* : Détail de la façade d'entrée ; *ci-dessous* : Vue générale.

201.
Fages

à Saint-Cyprien

DORDOGNE / PROPRIÉTÉ PRIVÉE

Fages renaît aujourd'hui de ses cendres après avoir été la proie des démolisseurs à la Révolution et au XIXe siècle. Du XIIe ou du XIIIe siècle, subsistent les éléments d'un donjon de plan barlong au centre d'un quadrilatère de remparts. Agrandi latéralement pour constituer le corps de logis principal, le donjon est accosté d'un haut pavillon retouché au XVIIe siècle qui abrite le grand escalier à volées droites. De l'autre côté, il jouxte un véritable château neuf datant de la seconde moitié du XVIe siècle, découronné malheureusement de sa toiture. Le château appartenait au milieu du siècle à Jean de Fages et à sa femme, Anne de Salignac de La Mothe. Leur fille Anne, dame d'honneur de la reine de Navarre, épousa en premières noces, en 1553, Joachim de Monluc, sieur de Lioux, frère du maréchal, mort avant 1567, et en secondes noces, en 1570, Jean de Monlezun, sieur de Caussens, qui allait être deux ans plus tard l'un des exécuteurs de Coligny. Fages fut pillé et incendié à plusieurs reprises lors des guerres de Religion, en 1567, en 1574, en 1585, et il est difficile d'attribuer la construction plutôt à Lioux qu'à Caussens.

FAGES. Vue générale.

Implanté sur une base talutée, le bâtiment est percé de croisées et de demi-croisées ornées de pilastres portant entablement et frontons droits, les frontons courbes étant réservés aux lucarnes. Une galerie extérieure en encorbellement sur des consoles-mâchicoulis

FAGES. Les cheminées du corps de logis.

devait courir devant ces dernières, comme à Puyguilhem. On voit encore à l'intérieur, à la faveur de la disparition des planchers, la succession des cheminées sculptées et le beau décor à pilastres qui garnit la paroi de part et d'autre.

202.
Foulletorte

à Saint-Georges-sur-Erve

MAYENNE / PROPRIÉTÉ PRIVÉE / *

Construit pour Antoine de Vassé, le château est fait de deux grands bâtiments en équerre où l'on relève la date de 1569 sur une cheminée dans les combles et celle de 1570, gravée sur une pierre du premier étage. Le corps de logis au fond à gauche est le plus ancien et présente une harmonieuse composition symétrique. Il comporte un rez-de-chaussée bas en soubassement, deux grands étages carrés et un troisième éclairé de lucarnes géminées, dans le toit. Un pavillon central en avancée, garni d'un portique à colonnes et couvert d'un

petit dôme, rappelle la disposition du pavillon disparu de Chantilly, comme aussi celui de Villesavin, avec son perron fait de deux rampes droites opposées. Le grand escalier se développe dans ce pavillon.

FOULLETORTE. Corps de logis de gauche.

FOULLETORTE. Corps de logis de droite.

La grande aile qui s'allonge à droite peut être légèrement plus tardive. Elle est encore percée de croisées cantonnées de pilastres plats superposés, mais les fenêtres-lucarnes passantes coiffées de frontons à pommes de pin qui interrompent la grande corniche à modillons sont une innovation alors récente, tout comme la silhouette du haut pavillon rectangulaire qui la termine du côté de l'entrée.

203.
Guernac'hanay

à Plouaret

CÔTES-DU-NORD / PROPRIÉTÉ PRIVÉE

C'est dans les années 1560-1570 que l'on peut situer la construction du manoir, dont le corps de logis comporte une série d'arcades ouvertes pour les remises. Plus remarquable est le portail d'entrée, dont la disposition en portique architecturé n'est pas sans rappeler, en plus simple, celui de Kerjean; il s'inspire visiblement des portails d'églises.

GUERNAC'HANAY. Le portail d'entrée.

204.

Maillé

à Plounévez-Lochrist

FINISTÈRE / PROPRIÉTÉ PRIVÉE / ✳

Le manoir de Maillé[1] fut reconstruit en partie vers 1570 pour Maurice de Plusquellec et sa femme, Claude de Goulaine. Il est fait d'une juxtaposition de petits corps de logis bâtis en granit dont la

1. Appelé anciennement Coët-Seizploué.

datation est délicate. L'un, coiffé d'un comble légèrement ondulé à deux pentes, présente, semble-t-il, des caractéristiques du début du XVIIᵉ siècle, avec un haut frontispice côté jardin qui n'est pas sans évoquer Brissac. Au contraire, l'étonnante tour carrée placée antérieurement à la jonction des deux ailes date sans doute des travaux de Plusquellec. On trouve là de grandes fenêtres à la Philibert de L'Orme coiffées de frontons triangulaires ou cintrés, celles qu'on a vues à Anet, insérées dans un ambitieux portique à trois ordres de colonnes cernant le pavillon sur deux de ses côtés.

MAILLÉ. Façade postérieure.

205.

Tourlaville

MANCHE / A LA VILLE DE CHERBOURG / ✳

Un manoir médiéval se dressait ici, siège d'une seigneurie acquise par Adrienne d'Estouteville, dame de Bricquebec. Il en subsiste des dépendances, qui portent la marque du début du XVIᵉ siècle, lorsqu'il appartenait à Jean de La Guette. En 1562, Mᵐᵉ d'Estouteville en fit don à son secrétaire Jean II de Ravalet, abbé d'Hambye en Cotentin et vicaire général de Coutances, lequel gérait les terres en son nom. L'abbé et son frère Jacques édifièrent en 1562-1563 un nouveau manoir.

Sur une face, le corps de logis est flanqué en son centre d'une haute tour polygonale, la « tour des Quatre Vents », qui renferme un escalier décoré d'un ordre ionique et, à ses extrémités, de tourelles de plan carré. Sur l'autre face, la façade est encadrée par deux tours rondes. Celle de gauche est née lors des remaniements de la

TOURLAVILLE. Vue générale.

p. 577: TOURLAVILLE. Détail des croisées.

fin du XIXe siècle qui aboutirent en outre à modifier les percements ; ainsi la fenêtre basse centrale a remplacé une petite porte qui surmontait un haut perron.

Les croisées sont groupées en travées verticales à pilastres cannelés, doriques sur les tours, corinthiens sur le logis. Le dessin des meneaux et le couronnement des lucarnes — niches, ailerons décorés de gousses, bustes dans des frontons interrompus — sont d'un dessin élaboré. Le décor intérieur avait été commandé à un menuisier de Caen de grand renom, Jean Lefebvre. En 1575, le château fut donné par l'abbé à son neveu Jean III de Ravalet, à l'occasion de son mariage.

206.

Acquigny

EURE / PROPRIÉTÉ PRIVÉE

Anne de Montmorency-Laval avait hérité ici d'un château ruiné par la guerre de Cent ans. Le site était particulièrement poétique, au confluent de l'Eure et de l'Iton. Veuve en 1557 de Louis de Silly, seigneur de La Roche-Guyon, elle fit rebâtir quelques années plus tard un petit château tracé sur un plan fort original et d'une grâce toute féminine : deux corps de logis de semblable importance réu-

ACQUIGNY. Vue générale.

nis en équerre. Les travaux du XVIIe siècle (lucarnes) et du XVIIIe siècle (ailes basses et pavillon arrière) ont modifié la silhouette du bâtiment, mais il conserve ce qui fait sa principale originalité, une tourelle ronde intégrée à l'angle rentrant des deux ailes. Celle-ci s'amortit au-dessus des portes du rez-de-chaussée par une trompe appareillée, elle ouvre à l'étage trois petites baies séparées par des colonnettes doriques et interrompt le comble par un petit belvédère garni de colonnettes ioniques sous un dôme d'ardoises. Le décor sculpté comporte un bas-relief au-dessus du premier étage et une frise d'ornements géométriques sous la toiture.

207.
Bailleul

à Angerville-Bailleul

SEINE-MARITIME / PROPRIÉTÉ PRIVÉE / ✷

Parfait exemple de plan massé, le manoir fut édifié pour Bertrand de Bailleul qui avait acheté en 1543 la terre d'Angerville à laquelle son nom fut bientôt accolé. On le date traditionnellement de 1550, mais Palustre y voyait une production du règne de Charles IX et nous souscrivons volontiers à ce jugement. Le plan des châteaux royaux de Madrid, de Challeau ou de La Muette a inspiré cette curieuse construction dont l'état de conservation est remarquable et qui semble avoir été bâti d'un seul jet.

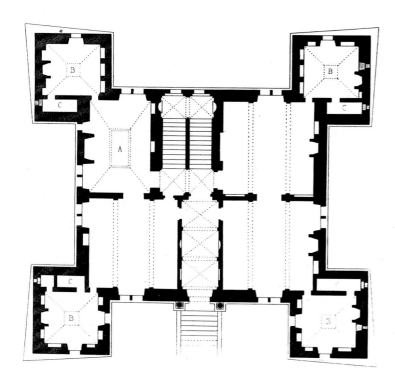

BAILLEUL. Plan du rez-de-chaussée par Sauvageot (*Palais, Châteaux...*, t. III).

L'architecte s'est fait un jeu subtil de silhouetter sur le ciel les éléments constitutifs en les coiffant de hautes toitures individualisées, profilées comme des lames et couronnées de bandeaux, de frontons, d'épis de faîtage et de figures des vertus en plomb. Ainsi, le corps central est coiffé de deux combles parallèles réunis dans leur axe par un comble perpendiculaire de même hauteur ; les quatre pavillons carrés saillants ont aussi leurs combles individualisés et leurs hautes souches de cheminées. Les lucarnes sont dessinées avec une belle maîtrise du vocabulaire maniériste qui fait éclater les normes classiques : gaines, clés saillantes, frontons simplement évoqués avec des tables et des volutes. On remarque l'emploi insistant du style rustique aux croisées et aux demi-croisées. La façade principale est marquée d'un haut frontispice couronnant le grand perron ; son portique à colonnes des trois ordres encadre des ouvertures dont le chambranle est interrompu par des claveaux saillants ; une sorte de campanile couronne le tout. Sur l'autre face, on devine la présence d'un escalier droit dans un pavillon superposant lui aussi les ordres sur deux travées de large jusqu'à un petit comble à l'impériale. Sur les petits côtés enfin, les façades sont percées au grand étage de deux loggias à arcades, dernier souvenir du château de Madrid, tandis qu'une petite tour carrée couverte d'un dôme occupe le centre. Leurs murs, construits en grand appareil, sont percés de petites ouvertures, carrées ou ovales, disposées avec recherche.

Bailleul est l'œuvre d'un architecte à la mode qui manie à merveille le nouveau style. Son sens aigu des volumes et des effets est celui d'un grand créateur. Serait-ce Jacques Androuet Du Cerceau lui-même ?

BAILLEUL. Façade postérieure.

p. 581 : BAILLEUL. Façade d'entrée.

208.

Coeuvres

à Coeuvres-et-Valsery

AISNE / A LA COMMUNE / COLONIE DE VACANCES

Toute proche de Villers-Cotterêts et de Soissons, la vicomté de Coeuvres fut acquise en 1552 par Jean d'Estrées. Après trente-cinq ans passés au service des rois, notamment dans les guerres d'Italie, il a été nommé en 1550 grand maître de l'artillerie et décide de s'établir magnifiquement à Coeuvres dont il va faire rebâtir le château.

Les travaux commencent par la construction de vastes dépendances édifiées de l'autre côté de la route, autour de deux cours. L'une est bordée d'un vaste entrepôt voûté sur deux étages, long de 90 mètres. Il est destiné à recevoir les produits du domaine, on le nomme « les Grands Greniers ». De construction identique, le colombier voisin porte la date de 1559, qui peut aussi convenir à l'érection des greniers. Les baies du second étage sont agrémentées au linteau de trois boulets de canon et les lucarnes, cantonnées de

p. 583: COEUVRES. Pavillon d'entrée.

COEUVRES. Détail d'un dessin du XVIIIe siècle (Bibl. nat., Estampes, Va 2, t. 4).

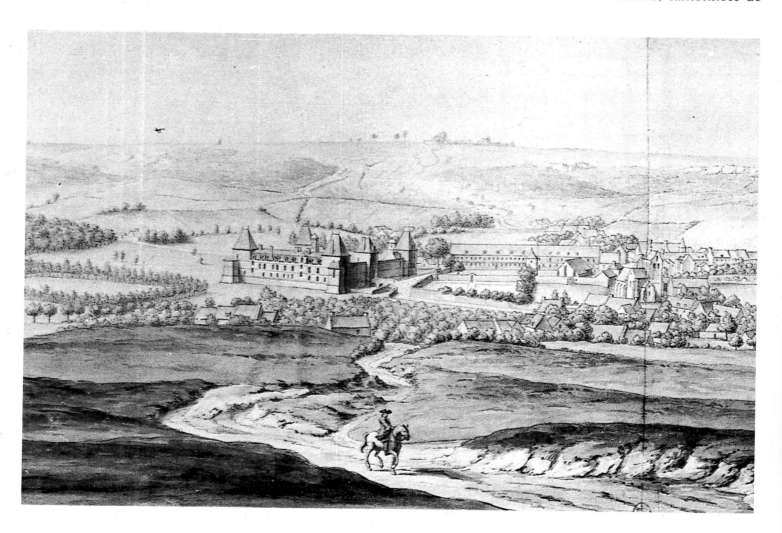

pilastres ioniques cannelés, ont leurs frontons surmontés des mêmes boulets. Au tympan de la lucarne médiane vers la rue, on voit encore un canon crachant un boulet. Les emblèmes du grand maître sont ainsi présents partout. Le bâtiment ne manque pas de grandeur.

Du château lui-même, élevé dans les années suivantes, il ne reste que les vestiges qui ont survécu à son abandon général dès le XVIIIe siècle et à sa démolition à la Révolution. C'était un quadrilatère de 75 mètres sur 63, cantonné de pavillons carrés et cerné de douves. L'entrée se faisait par le côté nord, avec un pavillon central interrompant le haut mur qui réunissait les pavillons d'angle. Un autre mur fermait la cour à droite, rejoignant le pavillon sud-ouest. Ce dernier subsiste seul aujourd'hui, avec son haut comble — restitué au XIXe siècle par les Bertier de Sauvigny — ses croisées, ses étroites demi-croisées et sa tourelle d'escalier coiffée d'un petit dôme. A côté, un petit logis de trois travées se prolonge au sud par un simple rez-de-chaussée ouvert anciennement d'une galerie d'arcades. Il est surmonté d'une terrasse d'où l'on peut jouir de la vue de la vallée. En retour enfin, sur le côté est, se dressait le corps de logis principal, bâti sur de puissantes galeries voûtées et des casemates qui subsistent encore. Elles permettaient une défense efficace du côté où l'espace se dégageait largement, les fossés étant remplacés par de vastes parterres. Deux grands escaliers en pierre de taille permettaient de monter aux étages, à la grande salle et aux appartements, situés au niveau de la cour, et au-dessus à une longue galerie.

Coeuvres passa en 1574, à la mort de Jean, à son fils Antoine, époux d'une Babou de La Bourdaisière célèbre pour ses aventures galantes. Sans doute acheva-t-il la construction du château, et c'est là qu'il installa pendant les guerres de la fin du siècle ses deux filles, Gabrielle et Diane. La première reçut à Coeuvres en 1590 la visite du roi Henri IV qui s'éprit rapidement de ses charmes. Père complaisant, Antoine d'Estrées eut la survivance de la charge de son père comme grand maître de l'artillerie malgré son incapacité notoire.

COEUVRES. Les « Grands Greniers ».

584

VII. CHÂTEAUX DES GUERRES DE RELIGION
_____ 1570 à 1590 _____

La puissante personnalité politique de Catherine de Médicis a fait oublier les aspirations propres de ses fils. On s'interroge certes sur Henri III, mais Charles IX reste un être maudit et finalement oublié, enfermé dans le sinistre placard de la Saint-Barthélemy. « Le roi morveux » disait déjà l'opinion publique lorsqu'il était enfant. Pourtant cet adolescent fiévreux a eu des ambitions, des rêves de grandeur française et de sursaut national, que sa mère s'est bien gardée d'encourager puisque ces projets passaient par Coligny, l'homme abhorré, dont le jeune roi avait voulu faire son père spirituel avant de le laisser assassiner. On oublie aussi que ce Valois, aimé de sa sœur Marguerite, grande lettrée, manifesta des goûts intellectuels, qu'il affectait d'écrire lui-même, qu'il créa la première Académie française et qu'il s'intéressa à l'architecture indépendamment de sa mère. Renouvelant le geste de Jacques Androuet du Cerceau pour son _Livre d'architecture_ (1561), un excellent architecte du nom de Jean Chéreau lui dédia vers 1573-1574 son _Traité d'architecture_, resté inédit.

On comprend dès lors que 1570 soit une coupure importante. A cette date, le roi se marie, il s'émancipe, il accueille à la Cour l'année suivante Coligny pardonné qui va l'intéresser secrètement au sort des Gueux des Pays-Bas et tenter de l'engager dans une offensive contre l'hégémonie espagnole. 1570 est encore l'année où disparaissent deux grands ténors, Primatice et de L'Orme. Certes, la doctrine du second, popularisée par son _Architecture_, maître livre paru en 1567, continuera à inspirer la manière française, mais l'homme n'est plus, et il faut le remplacer sur les chantiers officiels.

C'est Jean Bullant qui lui succède, jusqu'à sa disparition en 1578, année qui verra aussi la mort de Lescot. Il bâtit au sud des Tuileries le double pavillon qui porte son nom, reprenant le rythme d'avant-corps garnis de colonnes et de niches qu'avait prévu son prédécesseur. Mais la reine mère se désintéresse des Tuileries avant leur achèvement. Elle veut maintenant un hôtel en pleine ville de Paris et demande à Bullant de le lui bâtir. C'est l'hôtel de la Reine, dit plus tard hôtel de Soissons, au sud-ouest de Saint-Eustache. Nous n'avons rien conservé de cette résidence au plan complexe, qui mêlait des bâtiments anciens et des constructions neuves, rien, si ce n'est l'extraordinaire colonne astrologique. Bullant avait ici l'occasion d'appliquer à une échelle colossale sa pratique exceptionnelle des ordres antiques. Sa colonne dorique supportant un petit observatoire devait matérialiser aux yeux de Catherine de Médicis, qui voulait rééditer les vertus antiques de la reine veuve Artémise, l'une des « Merveilles » de la France des Valois, une sorte de Phare d'Alexandrie à côté du nouveau Mausolée d'Halicarnasse procuré par la rotonde funéraire des Valois à Saint-Denis.

Bullant est encore employé à Saint-Maur (vers 1575) et surtout à Chenonceau. Catherine, dès 1559, avait arraché à Diane de Poitiers ce château qu'elle convoitait. Bullant fut chargé en 1576 d'en dessiner les agrandissements, sur un plan ambitieux axé sur le petit château de Thomas Bohier : une esplanade accessible de l'avenue, en forme de trapèze, entourée d'ailes de communs, puis une avant-cour bordée de colonnades en exèdres, et finalement deux grands bâtiments jetés sur les eaux du Cher pour encadrer le château.

Rien de tout cela ne fut élevé, sinon, après la mort de Bullant, une aile de communs plantée en biais, l'aile dite des Dômes. Dans ce nouveau contexte, la reine avait voulu faire donner au château lui-même une ordonnance colossale ; les fenêtres furent doublées et Bullant fit incruster dans la façade de Bohier, si mesurée, d'immenses figures de *Termes* qui y subsistèrent jusqu'à la fin du XIXe siècle. Du côté du cours du Cher, la reine avait fait achever le pont imaginé par de L'Orme, mais la galerie qui devait le surmonter restait à construire. Bullant mourut avant le début des travaux, mais ils furent menés probablement sur ses dessins, par un architecte nommé Denis Courtin. L'œuvre est empreinte d'une certaine lourdeur, mais bien des traits rappellent la galerie de Fère-en-Tardenois. Là où Philibert prévoyait une seule galerie élevée sur la ligne médiane de la chaussée du pont, on a dressé deux galeries superposées (comme à Fère) couvrant la surface totale.

Sensible surtout aux valeurs, très médicéennes, de l'éclat extérieur, du grandiose et du riche, la reine mère reste en partie étrangère au goût nouveau qui se manifeste alors dans l'architecture française, le style Du Cerceau. Jacques Androuet du Cerceau n'est pourtant pas un jeune homme à cette date, et sa renommée ne date pas d'hier. Né vers 1520 probablement, tout comme Bullant, il a séjourné à Rome dans l'entourage du cardinal d'Armagnac (entre 1539 et 1544) et on le trouve un peu plus tard à Orléans. A partir de 1549 paraissent les premiers recueils gravés qu'on peut lui attribuer avec certitude et qui vont assurer sa réputation, arcs de triomphe, temples antiques, ornements grotesques, fragments antiques, vues d'optique, antiquités de Rome... Son premier *Livre d'architecture*, daté de 1559, est dédié à Henri II, le second paraît en 1561. Converti à la foi protestante, il trouve une protectrice dans la personne de Renée de France, fille de Louis XII, qui a quitté son duché italien de Ferrare pour s'installer à Montargis en 1561. Dévouée au calvinisme, elle le reçoit dans sa demeure à partir de 1565 ; il travaillera au château, et au pont sur le Loing, et lui dédiera son livre de *Grotesques* en 1566. Ce n'est pas un bâtisseur, mais un homme de dessin, habile à inventer des ornements, à proposer des plans et des façades, à reproduire les « plus excellents bâtiments », en bref, comme le désigne D. Thomson, « un artiste de luxe ».

Son rôle à Verneuil n'est pas bien défini, mais le nombre de dessins et de gravures qu'il a consacrés au château et ses liens personnels avec le propriétaire bâtisseur semblent prouver qu'il eut un rôle dans la gestation de l'ambitieux projet. Les marchés de sculpture de 1560 et 1564 récemment découverts ont repoussé le début des travaux bien avant la date de 1568 proposée jusqu'ici. Philippe de Boulainvilliers, courtisan et esthète, entend faire bâtir à Verneuil-en-Halatte un château neuf, à côté d'un château patrimonial plus ancien. Édifice de prestige, ce château réunit l'expression des nouvelles valeurs : l'organisation symétrique et la vision cinétique des éléments, le luxe de l'ornement et l'agrément de la surprise, l'intégration au site, une référence lourdement marquée à une culture historique par allusion aux grands empires de l'Antiquité. Le résultat est si dispendieux que Boulainvilliers doit lâcher prise et céder le château inachevé. Vendu en 1576 au duc et à la duchesse de Nemours, gendre et fille de Renée de France, Verneuil fait l'objet d'un nouveau plan simplifié. L'édifice représentera néanmoins pour plusieurs générations l'archétype du château à la mode. Il inspirera tour à tour le Montceaux de Gabrielle d'Estrées et le Luxembourg de Marie de Médicis, la tradition de Du Cerceau s'exprimant à travers son petit-fils Salomon de Brosse.

Les dispositions de Verneuil sont les suivantes : un plan carré avec de forts pavillons d'angle saillants, un mur-écran fermant la cour du côté de l'entrée, fort délicatement décoré ; l'interrompant en son centre, un haut pavillon de plan centré dessiné avec un luxe particulier (un ordre de grandes colonnes, un dôme) et abritant à l'étage la chapelle, accessible des appartements par les coursières en terrasse dominant le mur-écran. C'est la nouvelle typologie qui sera en faveur dans le nord de la France jusqu'à la majorité de Louis XIV, avec plus ou moins de variantes. Les ailes, dont l'une renferme des galeries haute et basse sont centrées du côté de la cour par des avant-corps annonçant la présence d'escaliers. Le corps de logis principal, au fond, communique avec le jardin par son axe central qui mène en même temps à un grand escalier central, comme aux Tuileries. A Verneuil, le jardin était pourvu, nous l'avons dit, d'une extraordinaire construction placée à mi-pente directement devant le château ; abritant des salles souterraines couvertes en terrasse, elle formait une sorte de façade basse sous l'édifice, pour le visiteur qui remontait la colline. A Verneuil enfin, les ordres ont été généralement proscrits des façades externes où les chaînes de bossages en harpes des angles et des travées de fenêtres forment la trame uniforme, à l'exemple du Louvre et de Vallery. Le décor ornemental jouait au contraire un rôle décisif sur les façades internes de la cour. Enfin l'ingéniosité des appartements avait été particulièrement étudiée.

Dès le premier projet connu, Verneuil suscita la curiosité la plus vive. Boulainvilliers, homme de Cour, dut en entretenir Charles IX au moment même où, une fois la paix revenue, la paix de Saint-Germain, le jeune roi cherchait à distraire les esprits avec un grand projet. Il est symptomatique que ce soit précisément à Boulainvilliers que le souverain ait acheté les terrains nécessaires à son dessein, à partir de 1571. En proche Normandie, le site charmant de Noyon-sur-Andelle change de nom et devient Charleval. L'architecte choisi (est-ce Du Cerceau lui-même ?), va dresser les plans d'un immense château, dont la façade aurait mesuré 360 mètres de long, et les jardins, 600 mètres de profondeur. Charles IX s'intéresse au projet, il examine un modèle en bois — comme François Ier à Chambord — et vient surveiller le chantier à fréquentes reprises. Les murs s'élèveront à peine avant que meure le roi, et tout sera abandonné.

Nous ne connaissons ainsi Charleval que par les dessins et les gravures de Du Cerceau : le plan et quelques façades. On est frappé de la rigueur symétrique du plan, fait d'une trame de carrés imbriqués ou juxtaposés avec une répétition inexorable. Précédé par des cours hiérarchisées bordées de bâtiments de communs, le château lui-même aurait affecté la forme d'un quadrilatère flanqué de pavillons. Le décor était prodigué sur les façades avec la même intempérance qu'au premier Verneuil, figures en niches, ou en cariatides, ou juchées sur les rampants des frontons, tables, trophées, guirlandes ne laissaient pas d'espace nu. Certaine façade à piliers colossaux était dessinée avec un illusionnisme tel que la ligne d'étage disparaissait totalement dans l'alternance syncopée des éléments verticaux. Pareil jeu avait déjà tenté Jean Bullant au petit château de Chantilly. Ce schéma antirationnel et anticlassique s'opposait radicalement à l'esprit de De L'Orme ; il était fait pour susciter chez le spectateur un sentiment d'étrangeté et presque d'inquiétude, propre au monde du maniérisme international.

La faveur de Du Cerceau se poursuivit auprès du successeur de Charles IX, Henri III, mais le conflit religieux l'incita sans doute à s'expatrier et l'on croit généralement qu'il se réfugia (en Savoie-Piémont ?) ; il mourut vers 1585-1586. Son fils aîné Baptiste avait été attaché au chantier de Charleval et occupa une place prépondérante auprès de Henri III qui l'avait nommé gentilhomme de la Chambre, et l'appréciait. Il donna peut-être les plans du château de Beauregard à Chaillot pour la reine mère, mais le roi lui-même n'était guère porté à bâtir et se contenta de faire aménager le manoir d'Ollainville. « Le roi, écrit l'ambassadeur vénitien Lippomano, n'aime pas à bâtir ; d'abord les guerres luy ont trop cousté ; puis il aime mieux prodiguer l'argent à ses serviteurs, afin qu'ils bâtissent eux-mêmes. » Protestant comme son père, Baptiste devra lui aussi quitter la Cour en 1585, et mourra en 1590.

Les palais des rois et des grands seigneurs prodigues ne sont pas toute l'architecture civile. Certes, ils donnent l'occasion de bâtir grand et cher, d'exposer des réalisations de prestige, de fournir de grands exemples ; Du Cerceau leur a consacré les deux volumes des *Plus Excellents Bâtiments de France* parus en 1576 et 1579, qui sont en fait une sorte de « Défense et Illustration » de l'architecture française parvenue à la maturité. Mais enfin, pour satisfaire la clientèle qui veut bâtir « aux champs », il faut élaborer un tout autre matériel.

Or cette clientèle est de plus en plus abondante et variée, nous l'avons dit. L'effort de reconstruction consécutif à chaque ravage des guerres civiles en est une des causes. Le triomphe généralisé de la mode en est une autre. Les derniers attardés répugnent à vivre encore dans des constructions rébarbatives, vieilles de deux ou trois siècles. On perce au moins quelques fenêtres, ou bien on ajoute un corps de logis plus aimable pour l'habitation, ce sont les solutions modérées ou économiques. Mais la plus drastique est souvent choisie : on abandonne le donjon haut perché à sa ruine naturelle et l'on fait bâtir en plaine, là où l'on peut étendre à loisir les jardins. L'incertitude des temps fait qu'on tient à vivre sur place pour défendre son domaine avec ses propres forces. De plus, le conflit localisé détermine l'appartenance des châtelains à des partis qui s'affrontent, catholiques et protestants d'abord, auxquels s'ajoute dans les années 1580 le parti ultra-catholique de la Ligue. Les états-majors s'organisent, les châteaux renforcés servent de casernements, de lieux de rencontre, de points forts. Ceci est vrai en Berry, en Bourgogne et ailleurs.

A ce phénomène qui touche à la classe militaire s'ajoute la progression sociale. L'élite bourgeoise rêve de maisons nobles avec leurs signes distinctifs de domination féodale, donjon ou simple tour d'escalier, créneaux et mâchicoulis, colombier. Les secrétaires d'État, les membres des Parlements et des autres Cours souveraines veulent bâtir à leur tour, selon les disponibilités de leur fortune ; ils sont suivis par les membres des corps municipaux, ceux de Toulouse par exemple, et même par de gros marchands, comme le marchand de cuivre Jean Imbert d'Ardenne, qui avait bâti Graves en Périgord en 1545-1554. Un immense transfert de propriétés s'est opéré. La noblesse vend son patrimoine pour assurer son train, ses dépenses somptuaires, ou seulement sa subsistance. Les biens d'Église, jetés sur le marché depuis 1561-1563 pour permettre théoriquement à la monarchie de combler son déficit et de financer l'effort de guerre contre l'hérésie, ont trouvé une foule d'acquéreurs qui vont y planter une grosse maison attestant leur ascension dans la hiérarchie. L'exemple le plus spectaculaire en est Nicolas de Neufville, de faible extraction, secrétaire d'État et homme de confiance de Henri III puis de Henri IV, et actif ministre des Affaires étrangères, qui réunira en Ile-de-France un colossal domaine agricole et érigera deux châteaux d'importance, Conflans sur la Seine, et plus loin, à Mennecy, le château qui lui donnera son nom, Villeroy.

Or cette clientèle veut des plans commodes pour ajuster ses bâtiments à ses revenus et à son train de vie. Après Serlio, Philibert de L'Orme s'en est avisé, et avant de publier son traité théorique et pratique sur *L'Architecture*, il a fait paraître en 1561 un ouvrage au titre suggestif : *Nouvelles Inventions pour bien bastir et à petits frais*. Du Cerceau va plus loin. Davantage que des conseils, il propose une série de plans-types assortis de façades et d'aménagements intérieurs. Son *Troisième Livre d'architecture* paraît en 1572, avec comme sous-titre : *auquel sont contenues diverses ordonnances de plans et élévations de bastimens pour seigneurs, gentilshommes et autres qui voudraient bastir aux champs*. Son succès sera très vif puisqu'il sera réédité en 1582, en 1615 et en 1648. C'est dire que l'impact de cet ouvrage sur le choix des bâtisseurs devrait se reconnaître sur les constructions du temps.

Or il a fallu longtemps pour s'en apercevoir. Obsédés probablement par le style « Du Cerceau » des cartouches, et d'un autre côté par un type de château brique et pierre « de style Louis XIII » que l'on datait uniformément des années 1620-1630, les historiens n'ont pas su reconnaître la production « Du Cerceau » des années 1570, 1580, 1590. Un pan entier du XVIᵉ siècle leur échappait. C'est le mérite de Catherine Grodecki, de Josiane Sartre et de quelques autres d'avoir poussé une reconnaissance dans cette direction ; la moisson ne fait que commencer. Le livre de Du Cerceau, c'est maintenant certain, a inspiré nombre de petits châteaux, particulièrement en Ile-de-France et en proche Normandie. Certains sont célèbres et peuvent être datés, comme Wideville, comme Neuville, comme Amboille-Ormesson, d'autres ont conservé l'anonymat, d'autres encore ont disparu, malgré leur renommée, tel le Fresnes du marquis d'O. L'équivoque qui subsiste à leur égard réside dans la question suivante : sont-ils nés de l'utilisation des schémas diffusés, réalisés par un maître d'œuvre local, ou bien ont-ils été véritablement dessinés par Jacques Androuet du Cerceau ?

Toutes ces maisons, moyennes ou petites, sont bâties sans affectation dans une harmonie agréable — et économique — de brique et de moellon enduit de mortier clair ; des ornements dispensés avec mesure viennent souligner les structures ou les axes, masques, niches, portiques à refends. Pour mieux grouper tous les usages commodément et sans faste, Du Cerceau préfère le plan massé, dans un bâtiment d'une certaine épaisseur et davantage le plan en I. Ce dernier va connaître grâce à lui une expansion importante, que la diffusion du plan en U pour les grandes demeures (type Verneuil) a généralement cachée aux historiens qui y virent faussement une conquête de Mansart et de Le Vau (à Maisons et à Vaux). Faisant ainsi l'économie des ailes, onéreuses à bâtir, Du Cerceau propose un simple corps de logis allongé sur un terre-plein environné de fossés et érigé sur un demi-sous-sol où il loge volontiers la cuisine et ses annexes. Les variations jouent sur le traitement, sous forme de pavillons, des extrémités et de l'axe central. Celui-ci est solidement indiqué et donne lieu à la construction de deux perrons, côté de l'entrée et côté du jardin. Des couloirs commodes tracés du côté de l'entrée desservent les pièces d'habitation, point trop grandes, établies de part et d'autre d'un escalier central. Avec l'exploitation agricole et les écuries aménagées à proximité, c'est le cadre agréable d'une vie de gentleman-farmer, qui répond bien à ce que Michel de Montaigne, Guy Du Faur de Pibrac ou Olivier de Serres ont présenté comme un idéal de sagesse en ces temps troublés.

La diffusion des modèles Du Cerceau s'est faite au-delà du bassin de la Seine, mais elle se heurte dans les provinces éloignées de Paris à un régionalisme permanent, vivifié encore par le sursaut de guerre féodale qui marque les temps de la Ligue. Le Centre-Ouest est sensible aux porteries monumentales et surprenantes, dans le Maine (Courtanvaux), le Poitou (Clairvaux), la Saintonge (Surgères). Le goût des effets massifs subsiste en Berry (Azay-le-Ferron). Le Périgord garde la tradition des châteaux à tours puissantes et mâchicoulis (Losse), la Gascogne reste tributaire d'un style militaire d'ingénieur, aux effets parfois puissants (l'Estillac du maréchal de Monluc) ou de compositions rigides animées par des effets colorés, des lits alternés, par exemple, à Laréole. De cet ensemble du Sud-Ouest particulièrement actif, Vayres, en Bordelais, se détache comme une œuvre exceptionnelle, subtil poème dû à un grand artiste indépendant, l'ingénieur Louis de Foix, immortel auteur du phare de Cordouan, qui a intégré sans pastiche les influences de Serlio et de Du Cerceau.

En Languedoc, l'archéologisme d'Uzès est repris et systématisé à Marsillargues, qui offre une véritable façade d'antiquaire, toute méditerranéenne. La Tour-d'Aigues, émule provençale d'Écouen, inspire à son tour un édifice de style septentrional, Villelaure.

L'architecture à grands effets opposés, particulière à la Bourgogne, se poursuit à Sully le Château, bâti par le maréchal de Saulx-Tavannes puis par sa veuve, dans des proportions grandioses. Le soubassement est animé par une harmonieuse pratique du bossage, tandis que l'étage est garni d'un décor complexe — peut-être inspiré de celui des Tuileries — fait de pilastres de grès coloré et de niches peintes en trompe-l'œil. Plus loin vers l'est, dans les régions qui échappent au royaume, le jeu des ordonnances de pilastres ou de colonnes superposées, souvent répudié ailleurs, se maintient avec force, servi par un goût particulier pour le décor sculpté propre à la vieille Austrasie : en Franche-Comté espagnole, bastion du catholicisme intransigeant (Champlitte, Frasne, Filain), ou en Lorraine (Cons-la-Grandville).

Ailleurs, le « brique et pierre » gagne sans cesse du terrain, Du Cerceau ou non. En appareil décoratif, il se maintient et se répand en Berry (la Maison-Fort) et en Normandie, où le « pré d'Auge » en carrés alternés est fort goûté : Cricqueville, Saint-Germain-de-Livet. Avec des effets moins violents, il fait le charme de Bailleul, de Bonnemare et de Chambray, de Canisy et de Torigni-sur-Vire — où la pierre rouge des carrières voisines de Troisgots produit les mêmes effets que la brique — puis, en se rapprochant de Paris, de La Grange-le-Roy (1582) et du palais abbatial de Saint-Germain-des-Prés à Paris (1586). Ces deux ouvrages sont, à nos yeux, les premiers témoignages du « style Henri IV », qui va régner dans la décennie suivante.

209

Charleval

EURE / CHÂTEAU DISPARU

A l'exemple de ses prédécesseurs, Charles IX mûrit le projet de faire bâtir un château royal, construit par lui seul et dans un style nouveau ; ce désir hanta tous les Valois, sauf Henri III. Durant la troisième guerre de Religion, qui fut longtemps favorable aux armées royales, le jeune prince s'émancipa de la tutelle maternelle et chercha à affirmer son indépendance avec une énergie que les historiens soulignent rarement. Il n'est donc pas indifférent de constater la coïncidence. C'est lorsque se négocie la paix de Saint-Germain, qui allait amener le retour à la Cour de l'amiral de Coligny naguère condamné à mort, que le projet prend forme. Or l'amiral va être appelé à affirmer la politique militaire autonome du jeune roi, en opposition avec les atermoiements de sa mère, la reine Catherine.

Une terre est choisie en proche Normandie, près de la forêt de Lyons si propice à la chasse — art violent que Charles IX pratique avec une frénésie maladive ; c'est Noyon-sur-Andelle, qui va être débaptisée pour prendre le nom de Charleval, tout comme les nouvelles positions françaises en Amérique du Nord prendront les noms de Charlesfort et de Caroline. On trouvait à Noyon-sur-Andelle un prieuré, dont les moines furent priés de déguerpir, et qui fut rasé. En octobre 1570, Albert de Gondi, comte de Retz, favori du roi, est nommé capitaine du futur château. De nouvelles terres sont achetées, de janvier 1571 à août 1572, complétant l'acquisition de la terre de Noyon, échangée avec Philippe de Bou-

CHARLEVAL. Plan du projet, gravé par Du Cerceau (*Les Plus Excellents Bâtiments de France*, t. II).

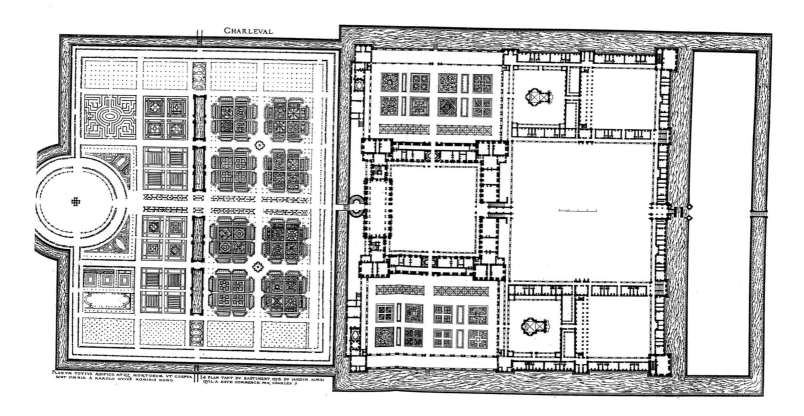

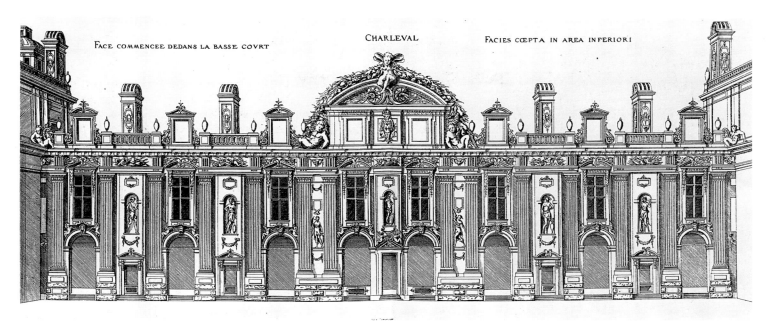

CHARLEVAL. *Ci-dessus*: façade sur la basse-cour, gravure de Du Cerceau (*Les Plus Excellents Bâtiments de France*, t. II).

CHARLEVAL. *Ci-dessous*: dessin pour une façade analogue (Bibl. de l'Institut, ms. 1001, pl. 39-40).

CHARLEVAL. Projet pour une façade extérieure de la basse-cour. Gravure de Du Cerceau (*Les Plus Excellents Bâtiments de France*, t. II).

lainvilliers au moyen de tractations qui dureront de 1571 à 1573. Or Boulainvilliers vient de faire entreprendre la construction du nouveau château de Verneuil. L'exemple est ainsi donné au jeune roi par un courtisan raffiné. Le site de Charleval est enchanteur, au confluent de la Lièvre et de l'Andelle, dans des herbages qui laissent prévoir de vastes jardins frais. Un petit manoir est d'abord élevé en quarante jours pour permettre au roi d'apprécier ces agréments et de surveiller les travaux. Il est fait de deux pavillons de brique et de pierre reliés par une galerie. L'un des pavillons, entretenu par la famille Faucon de Ris au XVIIe siècle, subsiste aujourd'hui, seul témoin des rêves grandioses de Charles IX.

Le projet du grand château nous est connu par cinq gravures et quelques dessins de Jacques Androuet du Cerceau (Bibliothèque nationale, Recueil N, et bibliothèque de l'Institut), destinés à son recueil des *Plus Excellents Bâtiments de France*, tome II, paru en 1579. Le style et les dispositions ont fait attribuer généralement la paternité de Charleval à l'architecte lui-même. Il a d'ailleurs écrit avec autant d'orgueil que de nostalgie : « Le plan était digne d'un monarque... et que s'il eût été parfait, il eût été le premier des bastimens de France. » Charles IX, de son côté, semble s'être intéressé personnellement à l'entreprise, venant voir l'état d'avancement du chantier lors de ses séjours au petit château. Il s'en fait offrir le « pourtrait » sur « carte » par un ingénieur nommé Jean Gallia dit de Ferrare, qui recevra en retour la somme importante de 500 livres tournois en avril 1572 ; en septembre de la même année, 200 livres sont remises encore à deux frères italiens, Jérôme et André Cuadra, pour « un certain modèle de chasteau par eux faict et composé en bois, fort excellent », qui ne peut guère s'appliquer à cette date qu'à Charleval. Ces faits laissent entendre que les projets furent mûris et discutés.

Le plan que nous connaissons par la gravure de Du Cerceau surprend à la fois par ses proportions géantes (360 mètres de façade) et par l'obsession de la symétrie qui marque aussi bien le tracé des corps de logis que celui des parterres. Ce sont là des caractères propres aux projets de Du Cerceau, au même titre que le maniérisme illusionniste avec lequel sont dessinées les façades. Des canaux alimentés par l'Andelle devaient cerner deux quadrilatères placés sur un même axe. Le premier, carré parfait, recevait les bâtiments du château, dessiné lui aussi sur une combinaison de carrés. L'immense avant-cour était bordée à droite et à gauche par quatre petites cours d'offices dont deux comportaient des chapelles identiques. Le château lui-même était fait d'un quadrilatère de corps de logis flanqués de quatre pavillons d'angle saillants et d'un pavillon d'entrée dans l'axe. Des galeries devaient garnir les côtés de la cour, une immense salle des fêtes occuper le centre du logis postérieur. Par un escalier en fer à cheval et un pont-levis, on pénétrait sur le second terre-plein, consacré aux jardins en parterres, lesquels s'achevaient sur une sorte de place ovale propice à des divertissements au grand air. En réalité, Charles IX désirait que l'on doublât les jardins de l'autre côté. Ils auraient alors atteint près de 600 mètres de long.

Les façades qui ont été gravées par Du Cerceau correspondent seulement à la basse-cour et présentent des variantes. L'une pourtant est dite « face commencée dedans la basse court », ce qui indique un début d'exécution. L'architecte observe la règle de la nouvelle architecture. Bossages et ordres rustiques sur les façades extérieures, ordres classiques et murs lisses sur les façades intérieures, avec probablement de minces tables de briques. L'abondance de l'ornementation, colonnes, frontons, figures couchées sur les ram-

pants, atteint à la saturation, rendue plus pesante encore par le perpétuel décrochement des plans et des niveaux qui fait le style irra-
tionnel de Charleval. Les entablements sont rompus, tout comme
les frontons, les niches traversent la ligne de sol de l'étage, le
rythme des ouvertures du rez-de-chaussée se fait plus saccadé,
donnant une impression presque inquiétante d'instabilité. Autre
trait caractéristique, la multiplication des oculi circulaires, qui sont
comme une signature de Du Cerceau, plus dessinateur que véritablement architecte.

Lorsque Charles IX, secoué par le massacre de la Saint-Barthélemy et miné par la tuberculose, s'éteint à Vincennes le 30 mai
1574, le premier jardin était achevé, le second dessiné, mais les
murs du château s'élevaient à peine ; ceux du corps de logis de la
basse-cour montaient tout de même jusqu'au premier étage. Dès le
mois de juillet, les matériaux de construction qui étaient restés sur
les chalands mouillés dans la rivière excitent la convoitise ; ils sont
cédés à la ville de Rouen pour servir à ses murailles. Dès décembre,
le nouveau roi Henri III, qui ne se soucie pas de poursuivre un
chantier si onéreux, vend le domaine à Charles de Mansfeld pour
36 000 livres. Catherine de Médicis, au contraire, qui ne voit pas
sans émoi disparaître l'œuvre de son fils, tente de racheter le
domaine. Baptiste Du Cerceau, fils de Jacques, est encore désigné
dans les comptes des Bâtiments du roi en 1577 comme architecte à
Charleval avec une pension de 400 livres. La même année, le
domaine tout entier est cédé à René de Villequier, premier gentilhomme de la Chambre et l'un des nouveaux favoris. Les bâtiments
sont alors rasés. Il ne subsiste plus aujourd'hui sur le terrain que la
trace des canaux d'irrigation et dans le village l'un des pavillons du
petit château, comportant un passage voûté et une cheminée monumentale en brique et pierre dans la chambre royale.

CHARLEVAL. Cheminée du pavillon subsistant
dans le village.

210.
Verneuil

à Verneuil-en-Halatte

OISE / RUINES

Verneuil, qui n'existe plus, eut une influence déterminante pour la
fixation d'un certain type de château français à l'époque classique,
le plan à cour carrée fermée, les ailes symétriques, la ponctuation
des angles par des pavillons. Salomon de Brosse, petit-fils de Jacques Androuet du Cerceau, allait reprendre ces dipositions, que
l'on trouve au château de Montceaux puis au palais du Luxembourg.

L'histoire de Verneuil, faite de projets, de vélléités et d'aban-
dons, n'est pas facile à cerner. Les découvertes documentaires de C.
Grodecki, reprises par D. Thomson, ont remis en cause la chronologie établie par R. Coope. Le point de départ est fourni par les efforts
déployés de 1556 à 1558 par Philippe de Boulainvilliers pour racheter les parts d'héritage de ses frères sur la terre patrimoniale de Verneuil, en lisière de la forêt d'Halatte. C'est un homme à la mode et
bien en cour, de surcroît « fort amateur d'architecture ». Il ne se
satisfait pas longtemps du manoir familial qui s'érige à mi-pente du
vallon, bien qu'il ait été quelque peu modernisé à la génération pré-

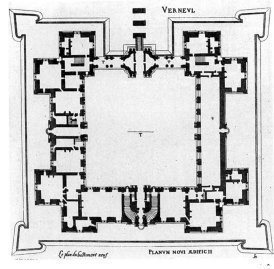

VERNEUIL. Plan du premier projet, gravé par Du
Cerceau (*Les Plus Excellents Bâtiments de France*, t. I).

cédente. Peu de temps après, il décide en effet de bâtir plus haut sur la pente un autre château qui pourra déployer ses parterres sur une succession de terrasses jusqu'au fond du vallon. Jacques Androuet du Cerceau, s'il a reproduit et commenté abondamment les projets, n'en fut pas forcément l'architecte, comme l'a écrit D. Thomson. Les travaux commencèrent peu avant septembre 1560, date du marché de sculpture pour les grandes figures à l'antique destinées aux quatre façades de la cour.

Sur une plate-forme bien dégagée de toutes parts et cantonnée de petits bastions à oreilles, doit s'ériger un ensemble de bâtiments réguliers entourant une cour presque carrée (de 35 mètres de côté). L'entrée doit se faire par le sommet du plateau, avec un pont franchissant le fossé. Il mène à un pavillon central interrompant une aile basse qui abrite une galerie ouverte vers la cour. Des groupes de deux pavillons flanquent chacun des angles de la compositon, comme à la partie postérieure de Saint-Maur. L'aile du nord est occupée par une galerie basse en péristyle, supportant sans doute une galerie haute. Chaque étage des pavillons est aménagé en appartement indépendant. A l'est, du côté de la pente, le corps de logis renferme en son centre un escalier quelque peu inspiré de celui de De L'Orme aux Tuileries. Il est fait de deux rampes arrondies opposées, accessibles d'un vestibule central ; l'une monte à l'étage, l'autre descend en sous-sol pour atteindre une salle souterraine dont il sera parlé plus loin.

Le projet ainsi décrit nous est connu par un plan préparatoire de Du Cerceau conservé à la Bibliothèque vaticane, puis par l'ensemble des dessins conservés au British Museum et préparatoires aux gravures du volume des *Plus Excellents Bâtiments de France* paru en 1576. L'articulation des pavillons prévus aurait donné extérieurement au château une étrange silhouette saccadée, coiffée d'une série de petits dômes jusqu'ici peu fréquents dans le ciel d'Ile-de-France. Un décor aussi raffiné qu'à Charleval était prévu : architecture rustique à l'extérieur avec un soubassement et des chaînes de bossages aux angles, se détachant probablement sur des fonds de

VERNEUIL. Façade d'entrée du premier projet, gravée par Du Cerceau (*Les Plus Excellents Bâtiments de France*, t. I).

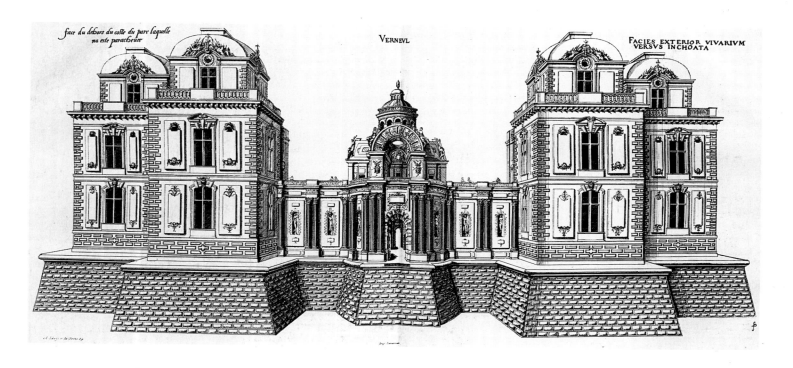

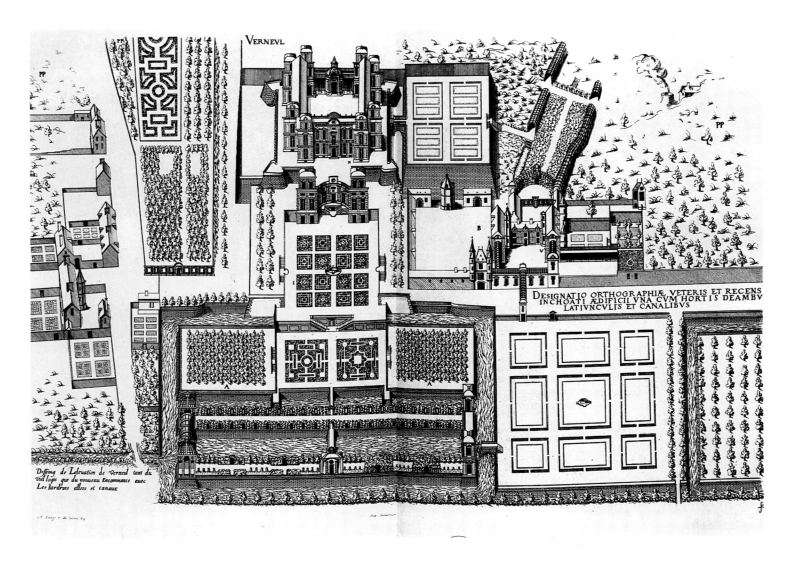

VERNEVL

DESIGNATIO ORTHOGRAPHIÆ VETERIS ET RECENS
INCHOATI ÆDIFICII VNA CVM HORTIS DEAMBV
LATIVNCVLIS ET CANALIBVS

Dessing de l'situation de Verneuil tant du
Viel logis que du nouveau Encommence auec
Les Jardrins alles et canaux

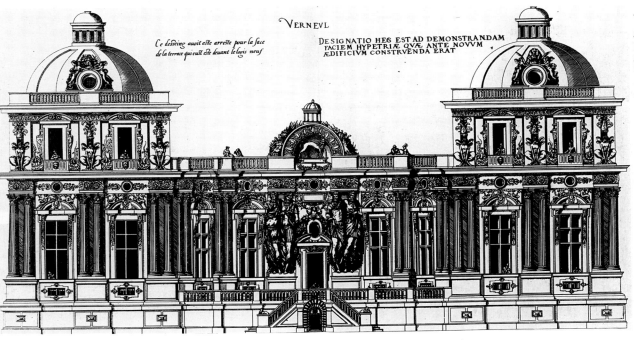

VERNEVL

Ce dessing auoit este arreste pour la face
de la terrace qui eust este deuant le logis neuf

DESIGNATIO HÆC EST AD DEMONSTRANDAM
FACIEM HYPETRIÆ QVÆ ANTE NOVVM
ÆDIFICIVM CONSTRVENDA ERAT

VERNEUIL. Plan
général avec le
premier projet,
gravé par Du
Cerceau (*Les Plus
Excellents Bâtiments
de France*, t. I).

VERNEUIL. Le
bâtiment
construit sous la
terrasse haute.
Gravure de Du
Cerceau.

VERNEUIL. Façade d'une aile de la cour, gravure de Du Cerceau.

VERNEUIL. Plan du second projet, gravure de Du Cerceau. La deuxième épaisseur du corps de logis doit être lue comme un niveau souterrain, sous la terrasse.

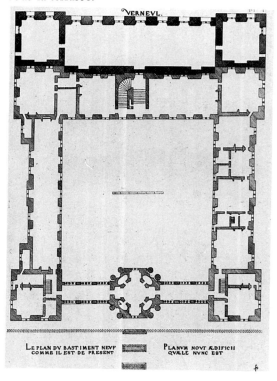

briques. Le pavillon axial d'entrée était dessiné comme une chapelle de plan central, et coiffé d'extraordinaires superstructures. Sur la cour, se déployait une grande ordonnance de pilastres jumelés supportant à l'étage de minces trumeaux creusés de niches entre les croisées. Le programme de sculpture était exceptionnel, axé sur la commémoration historique. Fier de son érudition et ami du poète Jodelle, comme l'a rappelé François-Charles James, Boulainvilliers voulait voir évoquer dans les niches des façades les souverains de chacune des quatre grandes monarchies de l'histoire, dont l'Assyrienne. De grandes figures en cariatides devaient en outre occuper les piédroits supérieurs de grands portiques chargeant le centre de chaque aile, surmontées de l'animal symbolique de chaque empire, sous un fronton cintré.

Enfin Boulainvilliers voulait encore aménager à mi-pente dans le jardin un édifice à demi souterrain contenant une salle entre deux chambres, probablement une réminiscence de la grotte de Meudon ou de celle que la reine mère faisait alors édifier à Montceaux par les soins de Philibert de L'Orme. Enterrée sous la terrasse du grand château, cette grotte devait présenter une façade en hémicycle, « en théâtre » comme l'on disait alors, encadrée de deux pavillons carrés coiffés d'un étage qui saillait au-dessus de la terrasse haute. Un décor encore plus chargé, s'il est possible, était prévu sur les façades, à en croire l'une des gravures de Du Cerceau : colonnes, figures grotesques, rinceaux et surtout quatre figures colossales de héros sur l'avant-corps central, le tout se détachant encore sur des fonds de briques.

Boulainvilliers était malheureusement dans l'impossibilité de financer pareil programme. Aux prises avec de grandes difficultés, il vendit le château en février 1576 pour la somme de 24 000 livres. Seule l'aile nord, celle de la galerie, était presque achevée. Les acquéreurs de Verneuil étaient de hautes personnalités de la cour de France : Jacques de Savoie, duc de Nemours, prince fort brillant et l'un des grands séducteurs de sa génération, et son épouse Anne d'Este, la veuve de François de Guise et la petite-fille de Louis XII. Nemours ordonna de reprendre le chantier, non sans avoir prié Du Cerceau de simplifier les projets. Ce second dessein apparaît sur les gravures de l'architecte, exécutées sans doute en 1576 (un plan et deux élévations). Les doubles pavillons d'angle ont été réduits à des pavillons simples de plan carré mais de proportions plus importantes. Le pavillon d'entrée est plus élevé que sur le premier projet,

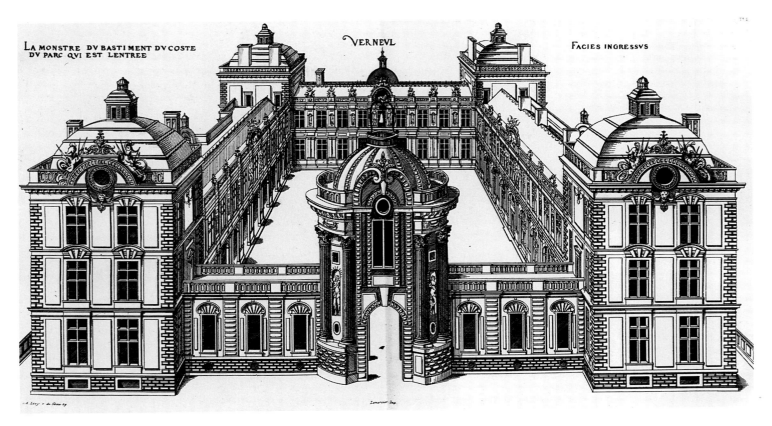

Ci-dessus et ci-dessous: VERNEUIL. Élévations du second projet, gravures de Du Cerceau.

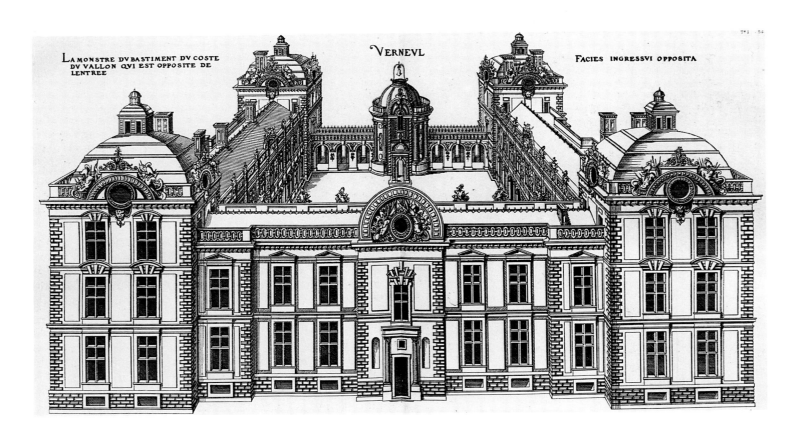

sorte de *tempietto* circulaire cerné de colonnes d'ordre colossal, et qui abritait la chapelle à l'étage. Les façades sur cour ne semblent pas avoir été modifiées. L'ensemble, toutefois, est moins fantaisiste, moins exubérant, plus classique, plus près de l'ordonnance extérieure du Louvre de Lescot. Le pavillon à demi souterrain du jardin, quant à lui, fut construit sur un plan différent, sous forme d'un long cryptoportique rectiligne logé entre deux salons d'extrémités.

Le château fut encore pourvu de jardins en terrasses qui en faisaient le principal agrément. Lorsque le duc de Nemours mourut en 1585, Du Cerceau venait sans doute de disparaître lui aussi, mais on travaillait encore à Verneuil, qui resta aux mains de la duchesse veuve. Les guerres de la Ligue suspendirent tous les travaux et les parties inachevées (surtout le front d'entrée) ne furent pas complétées.

En 1600, soucieux de pourvoir sa nouvelle maîtresse comme il avait pourvu Gabrielle d'Estrées, Henri IV acheta Verneuil à la duchesse douairière et en fit don à Henriette d'Entragues, avec la couronne de marquise de Verneuil. Le jeune Salomon de Brosse, qui travaillait alors à Montceaux avec son oncle Jacques II Androuet du Cerceau, fut chargé par le roi de compléter le château pour la marquise. Il modifia le pavillon d'entrée et construisit le mur de clôture, puis il ajouta une large avant-cour bordée de petits pavillons. On la voit sur une gravure d'Aveline. Après la mort d'Henriette en 1633, Verneuil revint à son fils Henri, évêque de Metz, mort en 1682, puis il passa aux Bourbon-Condé qui ne se soucièrent pas d'entretenir une si grande bâtisse. Verneuil tomba lentement en ruines durant le XVIIIᵉ siècle. Des gravures de 1776 nous le présentent comme un grand amas pittoresque de murs découronnés et désagrégés. Rien ne reste aujourd'hui, sinon quelques vestiges de maçonneries, les murs du parc et les canaux. Une porte latérale du mur du parc, qui avait résisté assez longtemps pour être photographiée, a disparu, elle aussi.

211.

Chenonceau

troisième période *(voir nᵒˢ 39 et 173)*

INDRE-ET-LOIRE / PROPRIÉTÉ PRIVÉE / *

La mort de Henri II a permis à Catherine de Médicis d'assouvir le secret désir qu'elle avait de posséder Chenonceau, château aux mille agréments. Diane de Poitiers se voit obligée en conséquence d'accepter un échange impératif, Chenonceau contre Chaumont-sur-Loire. A cette date, le pont-promenade entrepris par Philibert de L'Orme pour la favorite ne s'élève qu'au niveau des piles au-dessus du Cher, Catherine le fait achever, sans galerie tout d'abord (1560). Des fêtes somptueuses sont données au château. L'une des plus belles est le triomphe qu'organise Primatice pour recevoir à Chenonceau François II et Marie Stuart après le sanglant échec de la conjuration d'Amboise. Quinze ans plus tard, la reine mère, qui s'y plaît infiniment, demande à Jean Bullant de prévoir de monumentales transformations. L'architecte travaille alors pour elle aux Tuileries, à l'hôtel de Soissons et au mausolée des Valois à Saint-Denis.

CHENONCEAU. Le pont et les deux galeries superposées.

599

p. 601 : CHENONCEAU. *En haut* : façade du château modifiée pour Catherine de Médicis, avec insertion de grandes figures en gaines. Photo antérieure à la restauration de 1875.

en bas : les grands termes de la façade remontés dans le parc.

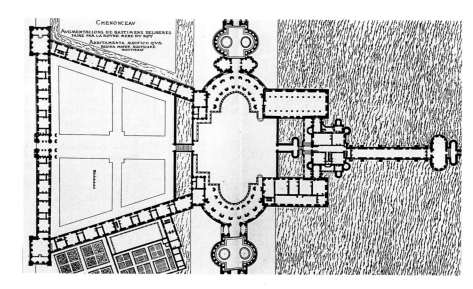

CHENONCEAU. Le grand projet présenté à Catherine de Médicis, plan gravé par Du Cerceau (*Les Plus Excellents Bâtiments de France*, t. II).

Des revenus sont spécialement affectés à ces travaux en 1576. Nous en avons le plan dans les *Plus Excellents Bâtiments de France* de Du Cerceau, tome II, paru en 1579. Deux vastes corps de logis de plan rectangulaire, l'un renfermant une salle des fêtes, auraient été élevés sur l'eau à droite et à gauche du pont-levis du château. Une grande cour fermée par des colonnades en exèdres communiquant à gauche avec le jardin de Diane de Poitiers, à droite avec les allées qui bordent le Cher, aurait été tracée devant, précédée elle-même d'une vaste esplanade en forme de trapèze, entourée d'ailes de communs défendues par des fossés. Rien de tout cela ne fut exécuté, sinon une aile de communs, sur la droite, baptisée « bâtiment des Dômes » (achevée en 1586). Bullant fut chargé en outre de percer de nouvelles fenêtres dans la façade du château des Bohier et d'ériger entre elles quatre grandes figures en gaines. Il élargit encore la terrasse de l'est, entre la chapelle et la librairie, et la suréleva de deux étages couronnés d'un fronton. Ces modifications ont été à leur tour supprimées vers 1875 par l'architecte Roguet et les figures en

CHENONCEAU. *Ci-dessous* : vue intérieure de la galerie basse ; *à droite* : le bâtiment des Dômes.

gaines ont été remontées sous la forme d'un portique que l'on aperçoit sur le côté gauche de l'avenue d'arrivée : *Hercule, Pallas, Apollon*
et *Cybèle*.

La nouvelle galerie édifiée sur le pont a au contraire subsisté.
Sans se plier au projet de De L'Orme qui respectait la vue perspective depuis le couloir interne du château jusqu'à l'autre rive, Bullant
décida de jeter sur le pont un bâtiment qui le recouvrait entièrement d'une face à l'autre, et présentait la même élévation que le
château, soit deux étages carrés et un étage dans le comble. Il devait
s'achever par une salle ovale plantée dans le sens du courant,
laquelle ne fut pas construite. Les deux galeries seront élevées
après la mort de Bullant en 1578, par un maçon nommé Denis
Courtin. Le premier niveau est agrémenté de demi-tours plantées
sur les avant-becs du pont. Le second est décoré de grands frontons
courbes et de cadres rectangulaires qui surmontent ou séparent les
croisées. Au-dessus d'une corniche à modillons, le toit est percé
d'œils-de-bœuf coiffés de petits frontons. L'ensemble manque
assurément de grâce et offusque par sa haute masse les proportions

du château primitif. On trouve à l'intérieur deux galeries superposées, de 60 mètres de long, toutes deux couvertes de planchers, toutes deux terminées par de hautes cheminées sculptées.

Les travaux du château n'étaient pas achevés que la reine mère rendait l'âme, en janvier 1589. Chenonceau resta le bien et la résidence de la reine Louise de Vaudémont, femme et bientôt veuve de Henri III, qui fit peindre ses appartements d'emblèmes funéraires. Sous Henri IV, la reine se retira à Moulins et laissa le château du Cher à sa nièce Françoise de Lorraine-Mercœur qui allait épouser le fis naturel du roi, César de Vendôme.

212.
Courtanvaux

à Bessé-sur-Braye

SARTHE / A LA COMMUNE / *

Le château fut commencé pour un notaire et secrétaire du roi Charles VII devenu général des finances, Jacques de Berziau, qui avait acquis le fief avant 1471. Le maçon était Jean Detays. La construction fut poursuivie par son fils Jean, capitaine de Chartres et maître d'hôtel du roi, mort sans enfant après 1518, puis par la sœur de ce dernier, Françoise de Berziau, mariée à Antoine de Souvré, seigneur de Gevraise. D'une ancienne famille percheronne, Souvré avait servi sous Louis XII en Italie et avait été blessé à Ravenne, avant de servir François Ier dans les guerres contre Charles Quint. Courtanvaux est un haut bâtiment de tuffeau, conforme aux traditions angevines de la fin du XVe siècle.

C'est au petit-fils d'Antoine, Gilles de Souvré, qu'est due la construction de la porterie. Celle-ci défend l'accès de l'esplanade qui s'étend entre le château et la colline. Gilles fut de ceux qui accompagnèrent le duc d'Anjou dans son royaume de Pologne et le ramenèrent en France sous le nom de Henri III. Nommé ensuite grand maître de la garde-robe en 1574, et gouverneur de Touraine, il sera l'un des plus solides soutiens de Henri IV pour la reconquête du royaume à partir de 1589, faisant de la Touraine le principal point d'appui du nouveau roi. Courtanvaux sera érigé pour lui en marquisat en 1609, au moment où il était nommé gouverneur du dauphin, futur Louis XIII (qui le fera maréchal de France en 1615). Il mourra en 1626, âgé de quatre-vingt-quatre ans.

On peut croire la porterie contemporaine des noces de Gilles de Souvré avec Françoise de Bailleul en 1582. Elle est cantonnée de deux tourelles rondes coiffées de petits dômes à l'impériale, terminés par des lanternons aveugles polygonaux. Fenêtres et lucarnes sont chargées de pilastres et d'ornements divers. Entre les tourelles, le mur percé d'une porte charretière et d'une porte piétonne est décoré sous une corniche denticulée (comme à Tanlay) de tableaux et de niches couronnées de frontons, dans l'esprit que nous avons rencontré aux Tuileries, à Uzès et à Marsillargues.

COURTANVAUX. La porterie.

213.
La Hamonière

à Champigné

MAINE-ET-LOIRE / PROPRIÉTÉ PRIVÉE / *

Le manoir des Hamon est une modeste construction de la fin du XVe siècle, du type angevin le plus traditionnel, corps de logis de schiste et de tuffeau à hautes lucarnes, flanqué vers la cour d'une tour d'escalier polygonale. Une aile basse a été ajoutée sur le côté gauche de cette cour, vers 1500 peut-on croire. En 1562, le nouveau maître du logis est Antoine Le Gay. Il fait entreprendre des travaux d'agrandissement qui modifient l'importance du manoir. Leur date peut être déduite de celle qui timbre l'une des lucarnes : 1575.

Côté cour, Le Gay prolonge le corps de logis en direction de l'aile, et décore cette travée nouvelle de fenêtres juxtaposées empruntant sagement les proportions des croisées voisines, mais

LA HAMONIÈRE. Tourelle d'escalier.

LA HAMONIÈRE. Façade sur la cour.

avec un décor tout nouveau, pilastres d'ordres différents, couronnement de lucarne à décor de rinceaux. Une corniche à consoles sculptées cerne la nouvelle construction. Au nord-ouest, derrière l'angle externe du logis et de l'aile, il élève un pavillon carré de deux étages dit « le donjon », coiffé d'un haut comble en pyramide, qui abrite une grande chambre à chaque niveau ; on y accède par une tourelle d'escalier terminée par une chambre haute et pourvue de lucarnes d'où la vue s'étend largement sur le paysage environnant. De ce côté, l'architecte n'a pas repris le tracé des anciennes croisées, il leur préfère des ouvertures cintrées plus originales, dessinés dans un style qui rappelle la manière simple de De L'Orme. Le souci défensif n'est pas absent, les constructions baignent dans des douves et sont percées de bouches à feu ovales.

214.

Azay le Ferron

INDRE / A LA VILLE DE TOURS / MUSÉE / ✳

Implanté au cœur d'une petite agglomération toute plate du terroir de Brenne, le château aligne une série de bâtiments hétérogènes juxtaposés sans aucun souci d'unité. On trouve d'origine une grosse tour ronde de 1496, et plus loin un pavillon carré aux larges proportions, habituelles en Berry, construit entre 1515 et 1524 pour Prégent Frottier. Il a conservé de cette époque ses trois hautes lucarnes de pierre sommées de salamandres, bien qu'il ait été totalement remanié en 1572 pour la famille de Crevant, propriétaire à partir de 1560.

Le château fut profondément modifié pour Louis de Crevant, gentilhomme ordinaire de la Chambre marié en 1561, et son fils Louis II, qui épousa en 1595 Jacqueline d'Humières (union qui lui valut le nom de Crevant d'Humières, illustré plus tard par un maréchal de France) et mourut en 1648. En 1638, la grosse tour fut réunie au pavillon par un corps de logis, puis une aile en équerre fut ajoutée plus loin, terminée par un nouveau pavillon qu'une galerie réunira à la tour au XIXe siècle. Sur l'autre face du pavillon du XVIe enfin, les Breteuil ajouteront en 1714 un troisième pavillon dessiné dans le style Louis XIII pour s'accorder sans trop de mal avec l'aile d'Humières.

Malgré cet enchaînement maladroit et malgré les restaurations du XIXe siècle, le gros pavillon rhabillé en 1572 ne manque pas d'intérêt. Ses angles sont ornés, non pas de chaînes de bossages en harpe comme c'est alors la mode, mais d'un ordre colossal de pilastres doriques cannelés, chargés de bagues de bossages vermiculés. Une corniche très ouvragée court à la naissance du toit. Les croisées s'inscrivent dans des chambranles à crossettes très marquées ; celles du second étage ont comme appuis des balustrades, ce qui est encore fort rare à cette date.

AZAY LE FERRON. Le pavillon du XVIe siècle.

215.

Ars

à Lourouer-Saint-Laurent

INDRE / PROPRIÉTÉ PRIVÉE

La date de 1584 portée sur une lucarne permet d'attribuer au règne de Henri III la reconstruction du château, sans doute pour un neveu de Louis d'Ars, héros des guerres d'Italie. Les ailes, mais surtout la grande façade postérieure, malheureusement altérée récemment par la suppression du crépi, en portent la marque : corniches à consoles moulurées, lucarnes encadrées d'anneaux entrelacés et couronnées de volutes. La grande façade, selon un schéma habituel en Berry, offre en son milieu un pavillon encadré de deux tourelles en encorbellement qui sont traitées comme des tubes d'artillerie dressés. On devine la présence de l'escalier à la disposition des batteries de fenêtres jumelles, qui s'achèvent par une chambre haute. Un décor linéaire varié garnit leurs chambranles, de légers pilastres cannelés flanquent toutes les baies du premier étage.

Une double porte à consoles et fronton s'ouvre au rez-de-chaussée sur un perron, qu'on peut croire influencée par les ouvrages de Serlio et de De L'Orme.

216.
Châteauneuf

à Châteauneuf-sur-Cher

CHER / PROPRIÉTÉ PRIVÉE / ✳

Dès le XIe siècle, on connaît ici une forteresse dressée à l'extrémité du plateau et dominant de haut la vallée du Cher. Elle offrait au Moyen Age une courtine fermée de plan polygonal arrondi, flanquée de tours rondes et isolée du plateau par un large fossé. Le château fut reconstruit en partie au XVe siècle par la famille de Culan et acheté en 1564 par Claude de L'Aubespine, d'une famille bourguignonne, diplomate et secrétaire d'État depuis le règne de Henri II et fort estimé de la reine mère ; il avait été l'un des négociateurs du traité de Cateau-Cambrésis. Claude mourut en 1567 ; deux ans plus tard, le corps de logis principal était incendié par les huguenots lors de la troisième guerre de Religion.

Les travaux de reconstruction furent poussés à partir de 1580 environ (la lucarne de la porterie est datée de 1581) par son successeur Guillaume de L'Aubespine, baron de Châteauneuf, qui chercha à régulariser le plan. Du côté du plateau, au sud, fut édifié un châtelet d'entrée en saillie sur le corps de logis. Cantonné de deux tours rondes, il défend l'accès du pont-levis. Les petites fenêtres couronnées de volutes, les canonnières, la lucarne à baies jumelles de la travée centrale sont d'origine, mais la porte doit dater des travaux des Colbert ou des Pontchartrain au début du XVIIIe siècle. Le grand logis du côté occidental, dévasté en 1569, fut rebâti vers 1580 selon un plan rectiligne. Du côté de la vallée, il est percé, au-dessus d'un haut soubassement taluté, de croisées qui ont été régularisées et

CHÂTEAUNEUF SUR CHER. Le châtelet d'entrée.

CHÂTEAUNEUF SUR CHER. Vue générale de la cour.

CHÂTEAUNEUF SUR CHER. Vue extérieure.

agrandies au XVIIᵉ siècle alors que les lucarnes à baies géminées conservaient leurs couronnements à volutes affrontées. Côté cour, le logis présente au rez-de-chaussée une série d'arcatures à refends chargées de cartouches héraldiques. Elles peuvent être postérieures au parti initial auquel semblent au contraire appartenir les croisées de l'étage, au chambranle marqué de crossettes hautes et basses, et les lucarnes au couronnement très discret. Les mêmes caractéristiques de 1580 se remarquent à la façade qui lui fait suite en équerre, à gauche. A droite, l'aile qui fermait la cour a été détruite postérieurement pour ouvrir la vue sur l'extérieur.

217.

Clairvaux

à Scorbé-Clairvaux

VIENNE / PROPRIÉTÉ PRIVÉE

Robert Chabot, jeune oncle de l'amiral Chabot, fit construire le château de Clairvaux entre 1500 et 1510 dans un style encore gothique, agrémenté de rares ornements italianisants. En 1580, il fut acquis par René de Villequier vicomte de La Guerche, gouverneur de l'Ile-de-France, l'un des favoris de Henri III. C'est lui qui fit bâtir l'étonnant portique d'entrée, visiblement inspiré, très librement d'ailleurs, de celui d'Anet. C'est un massif de plan rectangulaire cantonné de deux petites tours carrées pour le guet et couvert d'une terrasse bordée par une balustrade d'entrelacs de pierre. Les murs sont garnis de pilastres doriques. Le colombier voisin date de la même époque. Les communs, agrandis au XVIIe siècle pour Gilles Fouquet, conservent aussi probablement quelques bâtiments du temps de Villequier.

CLAIRVAUX.
Le portique d'entrée.

218.
Surgères

CHARENTE-MARITIME /A LA COMMUNE / HÔTEL DE VILLE / *

Le château de Surgères appartenait dans la seconde moitié du XVIe siècle à Charles de Fonsèque ou de Fonseca, d'une famille d'origine espagnole, père de la célèbre Hélène de Surgères, demoiselle d'honneur de Catherine de Médicis, qui fut chantée par Ronsard. En 1576, après la quatrième guerre de Religion qui sévit particulièrement dans la région saintongeaise avec le siège de La Rochelle, Fonseca fit reprendre l'immense enceinte médiévale du château et construire un portique d'entrée dessiné en arc de triomphe, tout comme la porte, contemporaine, du château de Lauzun.

SURGÈRES. La porte en arc de triomphe.

219.
Vayres

GIRONDE / PROPRIÉTÉ PRIVÉE / *

Superbement placé au-dessus du cours de la Dordogne qui est en cet endroit d'une largeur grandiose, Vayres est l'une des productions les plus accomplies du maniérisme français. Le château avait appartenu longtemps aux Albret. Lorsqu'il vint aux mains de leur héritier, le jeune roi de Navarre Henri de Bourbon, futur Henri IV, il n'était que ruines et le roi ne fit pas difficulté à le vendre en 1583 à Ogier de Gourgues, président au bureau des trésoriers des finances de Guyenne. Reconnaissant la qualité exceptionnelle du site, Gourgues fit entreprendre la reconstruction du château et s'adressa probablement à un ingénieur-architecte illustre, Louis de Foix. Celui-ci construisait au même moment, et à peu de distance de là, le phare de Cordouan, défi aux éléments lancé sur son initiative mais au nom de Henri III, et qui sera poursuivi et achevé sous Henri IV. La présence de Louis de Foix est attestée à Vayres en 1588, et c'est l'époque où les travaux sont les plus actifs. Le chantier fut probablement achevé l'année suivante.

Utilisant les dispositions originelles du XIVe siècle, le maître d'œuvre tire un parti quasi théâtral des niveaux et des espaces. Les bâtiments anciens se disposaient, en montant depuis le bourg, le long d'une basse-cour puis d'une cour d'honneur. La première reçut une décoration discrète de merlons sur son mur de clôture. Ils sont assez semblables à ceux qu'a dessinés Serlio dans ses traités,

VAYRES. Le logis vu de la basse-cour.

ou qu'il avait placés sur le mur de l'hôtel du Grand Ferrare à Fontainebleau. Entre la basse-cour et la cour d'honneur, un mur bas, ouvragé comme une clôture de chœur d'église, s'interpose. Il est percé trois fois, un grand portail cintré au centre, deux petites portes sur les côtés, ouvertures qui annoncent celles qui sont pratiquées dans l'aile neuve. Le mur est seulement scandé de pilastres du côté de l'arrivée, il se creuse au contraire de niches du côté de la cour d'honneur. Sur le côté droit des deux cours, les bâtiments anciens, d'une grande hauteur, ont été repris, percés de croisées à frontons, agrémentés d'une tourelle et de chemins de ronde à mâchicoulis et merlons. Un haut pavillon de plan rectangulaire a été ajouté, à l'angle des corps de logis, il renferme un escalier à rampes droites.

Au contraire, la partie gauche de la cour d'honneur est occupée par deux ailes nouvelles, disposées en équerre, et d'un style très élaboré. La plus importante abrite une galerie basse ouverte au rez-

VAYRES. Le corps de logis neuf.

de-chaussée et une galerie haute fermée à l'étage. La travée rythmique utilisée par Serlio à Ancy-le-Franc a été reprise ici, mais étirée en largeur et modifiée. Tous les éléments décoratifs sont empruntés à un nouveau vocabulaire, très étranger au maître bolonais. Ainsi la façade est composée d'alternances de larges arcades en plein cintre — curieusement fermées à hauteur d'appui par des balustrades — et d'avant-corps à motifs binaires : faux pilastres, consoles jumelées, pilastres-gaines à têtes humaines. Un jeu subtil vient contrarier la succession des pleins et des vides. Ainsi les arcades cintrées sont très vastes, mais les fenêtres qui les surmontent sont petites et rectangulaires ; aux avant-corps, ce sont les niches de l'étage qui sont cintrées et les portes du rez-de-chaussée qui sont rectangulaires et, comme celles-ci sont ouvertes (trois sur cinq), les vides finissent par l'emporter généralement, surtout dans la zone basse, mais en créant des décrochements visuels qui s'inspirent sans doute des recherches de Du Cerceau à Charleval.

VAYRES. Vue sur la Dordogne, gravure de Claude Chastillon, début du XVIIe s.

Une précieuse vue gravée de Claude Chastillon nous montre l'aspect que prenait alors le château du côté de la Dordogne, juché sur une longue terrasse bastionnée, une moitié gauche crénelée correspondant aux parties anciennes puis, à droite du pavillon central, l'aile de Louis de Foix coiffée d'un toit ; et au niveau de la vallée, des jardins en parterres, une galerie basse et la rivière. En 1695, Jean-Jacques de Gourgues, évêque de Bazas, fit unifier l'aspect du logis haut et lui adjoignit un grand pavillon central à dôme, pour abriter l'escalier monumental qui permet depuis le château d'atteindre les jardins bas.

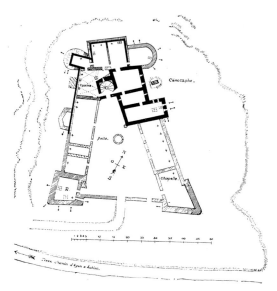

ESTILLAC. Plan (*Congrès archéologique*, 1969).

220.

Estillac

à Estillac-en-Agenois

LOT-ET-GARONNE / PROPRIÉTÉ PRIVÉE / *

Le château de Blaise de Monluc se présente comme une forteresse bastionnée. Jamais peut-être la militarisation de la demeure, qui semble obsessionnelle chez tous les constructeurs du temps des guerres de Religion, n'a atteint à une expression aussi radicale. L'illustre capitaine avait hérité Estillac de ses oncles en 1544, mais en copropriété avec ses frères et sœur auxquels il racheta peu à peu leurs parts. Il trouvait là, à 7 kilomètres au nord d'Agen, un ancien château juché sur une petite butte dominant la vallée de la Garonne, château de type gascon du XIIIe siècle, c'est-à-dire un ensemble de tours et de bâtiments quadrangulaires accolés et sans

614

ESTILLAC. Vue du bastion sud.

cour, qu'un premier agrandissement au XVe siècle avait étendu au nord-ouest. C'est un peu avant 1570 qu'on peut situer les premiers travaux de Monluc. Nommé maréchal de France en 1574, il s'y retira l'année suivante dans le dessein d'y écrire ses fameux *Commentaires*, la Bible du soldat, ainsi que les appellera Henri IV, son adversaire. Monluc mourut en 1577 à Condom où il fut inhumé. Son tombeau devait pourtant être édifié dans une chapelle prévue dans le château d'Estillac; le monument se dresse encore aujourd'hui à l'air libre, au pied des murailles.

Les travaux consistèrent à incorporer les bâtiments de l'ancien château et de sa basse-cour dans un dispositif triangulaire dont les angles sud et est furent procurés par deux bastions neufs construits selon les tracés répandus par les ingénieurs italiens et utilisés notamment à Navarrenx pour Henri d'Albret par Fabrici Siciliano. Aucun décor n'égaie la construction mais la qualité plastique des éperons d'angles, fortement talutés, est remarquable. L'entrée se fait par une simple ouverture de la courtine entre les deux bastions, elle était sans doute masquée par un ouvrage de défense, mais celui-ci a disparu lors des destructions ordonnées en 1793, qui aboutirent à raser toutes les parties hautes du château.

LAUZUN. Portique d'entrée.

221.
Lauzun

LOT-ET-GARONNE / **PROPRIÉTÉ PRIVÉE**

Propriété de la famille de Caumont depuis le XIIIᵉ siècle au moins, le château de Lauzun érigeait au sommet du bourg un donjon carré du XIIᵉ ou du XIIIᵉ siècle (qui n'existe plus) et un corps de logis du XVᵉ siècle nanti d'une tour polygonale abritant un escalier en vis. C'est là que fut reçue Catherine de Médicis, ainsi que Charles IX et toute la cour de France, lors de leur grand voyage, en 1565. François de Caumont, qui était le ferme soutien du catholicisme en Agenais, aux côtés de Monluc, fut fait comte de Lauzun en 1570 mais décéda peu après.

Son fils Gabriel décida en 1576, l'année même où il y recevait Henri de Navarre, de bâtir un nouveau corps de logis face au vieux château, en s'appuyant sur l'ancien mur d'enceinte. C'est une aile basse de 60 mètres de long, élevée d'un simple rez-de-chaussée et d'un étage dans le comble éclairé par de grandes lucarnes de pierre coiffées de frontons droits interrompus à leur sommet. Un portique d'entrée fut dressé à l'extrémité du logis pour y donner accès ; de courtes colonnes corinthiennes dessinent une travée rythmique à niches sous un vaste fronton cintré interrompu à son sommet par un petit motif d'attique couronné d'un fronton droit. Les marbres de couleur y ont été généreusement employés. En retour, un pavillon construit à la fin du XVIIᵉ siècle réunit aujourd'hui château neuf et château vieux. L'appartement, composé de quatre grandes pièces, a conservé poutraisons et pavements d'origine. Les cheminées, somptueusement décorées de sculptures et de panneaux de marbre, sont probablement un peu postérieures à la construction.

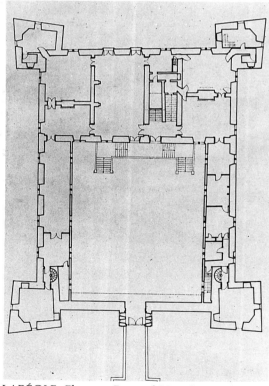

LARÉOLE. Plan par Bernard Voinchet, architecte en chef des Monuments historiques.

222.
Laréole

HAUTE-GARONNE / **PROPRIÉTÉ PRIVÉE**

C'est l'architecte toulousain Dominique Bachelier qui donna les plans de l'étonnant château de Laréole, dont les murs sont uniformément rayés de bandes horizontales de pierre blanche et de brique. Ils furent exécutés par le maçon Jean Langlade entre 1579 et 1583 pour un trésorier de France en Languedoc, Pierre de Cheverry. Ce dernier était apparenté à la famille d'Assézat, qui avait fait bâtir le célèbre hôtel toulousain qui porte son nom, d'abord par Nicolas Bachelier, puis après sa mort en 1557 par son fils Dominique.

Le château est fait d'un quadrilatère de corps de logis encadré de hauts pavillons d'angle de plan rectangulaire, le tout cerné de fossés. Un petit pavillon garni d'un portail à pilastres et fronton est percé dans l'aile d'entrée. La silhouette reste très militaire, les fenêtres sont rares, les bouches à feu abondantes à tous les niveaux. Le seul décor est procuré par la belle corniche à consoles qui couronne les pavillons et le logis, conforme au modèle donné par Philibert de L'Orme, en particulier à sa propre maison à Paris.

LARÉOLE. Vue générale.

223.
Caumont

à Cazaux-Savès

GERS / PROPRIÉTÉ PRIVÉE / ✳

Les modifications apportées au XVIIᵉ siècle (après l'incendie de 1658) puis au XIXᵉ siècle (transformation dans le goût troubadour pour J. de Mac Mahon en 1820-1830) et enfin au XXᵉ siècle (restauration par les soins de G. de Castelbajac) rendent difficile la datation de Caumont. Pourtant, il appartient bien à un « style Bachelier » très particulier à la région toulousaine. Les ressemblances qu'il présente avec l'hôtel d'Assézat (coursière latérale sur consoles qui fut construite par Dominique Bachelier entre 1572 et 1581, selon P. Mesplé) et avec le château de Laréole (bâti par le même entre 1579 et 1583) nous invitent à situer l'achèvement de Caumont dans cette décennie. Certaines dispositions peuvent aussi être rapprochées de celles de Pibrac, ainsi le plan des tourelles d'escalier qui terminent les ailes vers l'entrée, et la « mirande » qui couronne chacune d'elles.

Son architecture colorée est faite de bandes alternées de brique et de pierre blanche, mais le décor reste sobre. Hormis la petite porte qui donne accès à l'escalier à gauche du corps de logis, pourvue d'un encadrement de pierre à pilastres et fronton (on y lit la date de 1535, restituée lors des travaux du début du XXe siècle), les croisées sont encadrées de chambranles plats à crossettes qui mettent franchement en valeur l'alternance brique et pierre, et couron-

CAUMONT. *Ci-dessous* : porte du logis après les travaux récents ; *à droite,* vue générale.

nées de segments d'entablements au-dessus de cartouches simplifiés taillés en méplat. Dans une étude récente, Paul Roudié et J.H. Ducos ont signalé l'intéressante disposition de l'escalier à rampes droites qui s'ouvre derrière la porte décorée. Ses volées sont couvertes en berceaux, et ses paliers successifs sont décorés de cul-de-lampe ou de colonnes qui observent la succession théorique des ordres d'étage en étage, du dorique au corinthien. Ce système est apparu à Châteaubriant vers 1535, et l'on pourrait croire que l'escalier appartient à une première tranche de modernisation du château médiéval, entreprise avant le milieu du siècle. Pour le reste, toutefois, les comparaisons que nous avons soulignées, et aussi le plan losangé en forme de bastion des pavillons d'angle, nous situent dans une phase avancée de sa seconde moitié.

CAUMONT. L'aile gauche, avant les travaux récents.

Il faut observer encore que l'aile droite sur la cour, avec sa belle galerie d'arcades, est une reconstruction postérieure à l'incendie de 1658, conforme toutefois au style antérieur du château ; qu'un mur d'entrée défendu par un pont-levis fermait autrefois la cour du côté de l'esplanade d'arrivée et qu'il fut rasé à la même époque pour donner plus d'agrément. Les récents travaux (1985) ont abouti à rétablir le niveau primitif de la cour (plus bas de 0 m,75). Le grand comble d'ardoises du logis principal (avec ses lucarnes sculptées) est une réfection de 1896. Peut-être trouvait-on à l'origine un toit bas en tuiles canal, tout comme sur les ailes ; peut-être les pavillons d'angle étaient-ils seulement couronnés de rangées de merlons, comme à Pibrac ? La silhouette serait alors plus conforme aux habitudes méridionales.

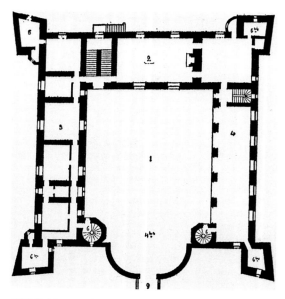

CAUMONT. Plan (*Congrès archéologique*, 1970).

L'histoire de Caumont est celle de la famille de Nogaret. Cette position forte à l'extrémité d'un éperon dominant la vallée de la Save fut le siège d'un important château médiéval qui appartint à Gaston Fébus de Foix. Marguerite de Lisle-Saint-Aignan le porta à Pierre de Nogaret de La Valette, qu'elle épousa en 1521. Pierre, qui participa aux guerres d'Italie, mourut en 1545 et sa veuve fit don de Caumont en 1550 à leur fils Jean de Nogaret de La Valette, qui en resta dépositaire jusqu'à sa mort survenue en 1576. C'est le père de Jean-Louis, le futur duc d'Épernon, petit gentilhomme de Gascogne né ici. Il semble qu'à la mort de Jean, la seigneurie ait été laissée indivise entre Jean-Louis et son frère Bernard, leur mère restant usufruitière du château où elle continua à vivre. Le style des constructions laisserait volontiers penser que c'est à ce moment que Mme de Nogaret acheva de reconstruire le château au nom de ses deux fils. Lorsque Jean-Louis, ayant commencé son illustre carrière auprès de Henri III, vint la visiter à Caumont en 1584 à l'occasion d'une mission diplomatique auprès de Henri de Navarre, il la trouva probablement dans le château achevé, capable de le recevoir avec sa nombreuse escorte, puisque deux étages du soubassement pouvaient abriter les services divers.

Caumont resta aux mains du duc d'Épernon. Sur la fin de sa vie, il le trouva insuffisant pour sa gloire et fit construire à partir de 1598 l'immense château de Cadillac, près de Bordeaux. Caumont devint la propriété de son fils Bernard de La Valette.

224.
Marsillargues

L'aile basse ajoutée vers 1576 à l'ancien château de Guillaume de Nogaret pour Jean de Louet n'a pas d'exemple en France. Certes, l'influence de Philibert de L'Orme a pu s'exercer ici par l'intermédiaire de son *Architecture* ainsi que par la façade de Saint-Maur ou celle des Tuileries. Certes, la longue colonnade d'ordre composite et les cartouches ornés de casques dans les fausses niches timbrées de frontons rappellent-ils assez étroitement la façade du Duché à Uzès. Pourtant, l'importance de la masse sculptée par rapport aux ouvertures et le grand muret d'attique chargé de bas-reliefs appellent plus directement une comparaison avec l'architecture italienne. Les épaisses guirlandes assorties de motifs antiquisants — parmi lesquels s'est glissée la salamandre de François Ier — évoquent

l'architecture antique de l'époque augustéenne et les grands reliefs de l'Ara Pacis de Rome. Ce morceau extraordinaire — avec lequel la façade de la Bourse d'Avignon présentera plus tard quelques rapports — fut copié en 1679 sur l'autre aile de Marsillargues. Le bâtiment a malheureusement été incendié en 1936.

MARSILLARGUES. L'aile de 1576.

p. 620: MARSILLARGUES. Reliefs sculptés de l'attique.

225.
Lascours

à Laudun

GARD / PROPRIÉTÉ PRIVÉE

Le château de Lascours est une ancienne résidence sans grand caractère, affectant un plan en fer à cheval autour d'une cour. En 1580, il vint aux mains du cardinal de Joyeuse, prélat brillant, ambassadeur des rois et grand connaisseur en architecture. Quel-

LASCOURS. *Ci-dessus*: portail d'entrée ; *à droite et ci-contre*: deux portes du corps de logis.

ques éléments de style sont alors incrustés dans les murs de sa demeure, dessinés d'après les meilleures sources. Le portail d'entrée est ainsi de type rustique à la Serlio, garni de bossages vermiculés en fraise de veau avec ici et là le décor inattendu d'une fleurette. Dans la cour, deux portes d'un style plus aimable, mais tout aussi serliennes, donnent accès aux appartements et à l'esca-

lier. Elles sont garnies de pilastres doriques cannelés et d'entablements très ornés ; des œils-de-bœuf ovales soigneusement décorés
les encadrent. Enfin le château conserve encore une cheminée au
simple décor architectonique d'une belle rigueur, qui fait honneur
au goût du cardinal.

Aucune indication ne permet jusqu'ici de dater ces travaux.
François de Joyeuse était archevêque de Narbonne dès 1581, à dix-
neuf ans ; il reçut encore l'archevêché de Toulouse, et le chapeau de
cardinal en 1583. Il joua en Languedoc un rôle particulièrement
important en 1589-1590, présidant notamment à Lavaur les États de
la Ligue. Peu après, il fut appelé à Rome en 1593 comme protecteur
des affaires de France, et y rendit de signalés services à Henri IV.
Nommé plus tard à l'archevêché de Rouen (1606), le cardinal de
Joyeuse jouira des splendeurs de Gaillon.

226.
Villelaure

Château dit de la reine Laure

VAUCLUSE / PROPRIÉTÉ PRIVÉE

Villelaure est après La Tour-d'Aigues un nouvel exemple de la fas-
cination qu'exerce la grande architecture de la France du Nord sur
l'aristocratie provençale, en cette fin du XVIᵉ siècle. On distingue
encore au fond de la cour la petite demeure de la fin du XVᵉ siècle,
la « bastide Pouchade », qui a servi de noyau au château neuf voulu
par la famille de Forbin. C'était un corps de logis tout simple,
pourvu au nord d'une tourelle d'escalier. Après la mise à sac de son
château féodal de Villelaure, Gaspard, baron de Forbin, s'est installé
vers 1560-1562 dans cette bastide dressée au milieu d'une exploitation agricole dans la plaine de la Durance. Il l'agrandit d'un bâtiment neuf avant sa mort survenue en 1563 ; c'est la « salle neuve »
bâtie dans le prolongement sur la droite, doublée à l'arrière d'une
petite pièce voûtée d'ogives et d'une chapelle.

A la seconde génération, son fils Melchior de Forbin, qui a
passé sa jeunesse à la cour de France, ne se satisfait pas d'une
demeure si modeste, il décide en 1579 de bâtir un grand château,
tout comme son voisin le baron de Cental à La Tour-d'Aigues. Les
marchés sont passés de 1579 à 1586 avec deux maçons, Jean Amo-
reau et Nicolas Bérard, mais il n'est pas impossible que les plans
aient été donnés par Ercole Nigra, l'architecte du baron de Cental.
La bastide est intégrée — en attendant d'être pourvue d'une nouvelle façade — dans un ensemble plus vaste, qui n'aura certes pas
les proportions grandioses de La Tour-d'Aigues, mais dressera dans
la vallée une silhouette majestueuse dont les ruines actuelles ne
donnent qu'une faible idée. Une cour carrée est tracée devant le
corps de logis, deux ailes et une galerie sont projetées, accompagnées de quatre tours rondes aux angles et entourées d'un fossé, le
tout pourvu d'une bonne défense contre les agressions. Les travaux
commencent par l'aile gauche, du côté occidental ; elle comporte, en
retour immédiat du corps de logis ancien, un escalier droit rampe
sur rampe qui subsiste. Du côté sud, les ailes qui devaient comprendre un rez-de-chaussée et deux étages carrés profilent leurs

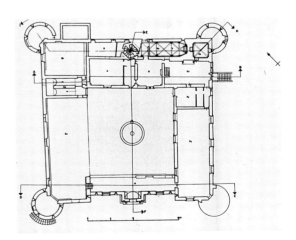

VILLELAURE. Plan par J.J. Gloton.

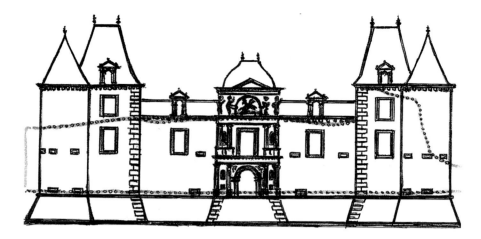

VILLELAURE. Proposition de restitution de la façade d'entrée par J.-J. Gloton.

VILLELAURE. Vue de l'entrée.

extrémités derrière les tours rondes, comme si c'était des pavillons, garnies de chaînes de bossages d'angle qui rappellent ceux de La Tour-d'Aigues. Les ailes devaient être coiffées d'un haut comble couvert de tuiles plates vernissées.

L'aile de l'entrée, construite ensuite, est plus basse d'un niveau. Les remblaiements nécessités par les crues de la Durance ont fait disparaître son soubassement et ses fossés. Elle est interrompue en son centre par un portique triomphal. Comme celui d'Écouen, il était probablement élevé de trois étages, avec une statue érigée dans la niche supérieure. Il n'en subsiste que les deux niveaux inférieurs, mais leur qualité architecturale permet de juger du parti. Une bonne connaissance de l'architecture antique a permis au bâtiment d'emprunter aujourd'hui la beauté d'une ruine romaine. Sur un avant-corps orné de pilastres, corinthiens au premier niveau,

VILLELAURE. Portique d'entrée vers la cour.

p. 625: VILLELAURE. Le pavillon d'entrée.

composites au second, alternés avec des niches en travée rythmique, un portique se projette, garni de deux étages de colonnes. Les fûts des colonnes basses ont disparu, sans doute étaient-ils de marbre et ont-ils été démontés anciennement. Le grand arc de la porte, la grande ouverture rectangulaire de la baie de l'étage (effets inversés par rapport au portique d'Écouen) sont magnifiquement tracés. Au revers, l'aile d'entrée qui a perdu son étage est percée au niveau bas d'une série de grands arcs cintrés séparés par des pilastres. Le passage central est garni d'une double rangée de petites colonnes (autrefois dégagées), comme au palais Farnèse. Au centre de la cour, on voit encore le bassin de fontaine commandé en 1582.

Les guerres de la Ligue empêchèrent toutefois l'achèvement et rendirent caducs les contrats passés en 1587. Les Forbin étaient fidèles au parti royal. Aussi le château fut-il saccagé par les troupes savoyardes en 1590. Melchior tenta de le relever de la ruine, mais il l'abandonna bientôt à la seule exploitation agricole. Le pigeonnier qui se dresse au voisinage date de 1600.

227.

Clermont

HAUTE-SAVOIE / AU DÉPARTEMENT / *

Résidence d'été des comtes de Genève au Moyen Age, l'ancien château de Clermont était perché avec le village à près de 700 mètres d'altitude dans un site splendide. A proximité immédiate s'élevait la demeure du châtelain des comtes, chargé de la conservation de leur domaine. Au XVIᵉ siècle, le fils de ce châtelain, Gallois de Regard, fait construire ici un nouveau château qui éclipsera les vestiges de l'ancien. Né en 1512, l'homme a suivi au service des papes une brillante carrière. Abbé des abbayes savoyardes de Hautecombe et d'Entremont, il est devenu l'un des familiers des pontifes romains Paul IV et Pie V et a reçu en 1561 l'évêché de Bagnoréa au royaume de Naples. Après une existence toute romaine, il revient au pays en 1569 et en 1571 et décide enfin de se faire construire une maison de ville à Annecy et une résidence d'été à Clermont. Pour cette dernière, il va reprendre la maison paternelle et l'amplifier à partir de 1577, en plusieurs campagnes qui s'achèveront lors de sa mort en 1582. La première étape a consisté à agrandir la maison pour en faire un grand parallélépipède presque régulier contenant tous les espaces, d'habitation et de service, au-dessus d'un rez-de-chaussée bas voûté en berceaux sur une épine de piles carrées, à usage de caves. Aux étages, on trouve une grande salle juxtaposée à un appartement, celui-ci encore garni au premier de ses lambris d'origine. A l'angle sud-est, a été bâti un grand escalier de plan carré formé de courtes volées droites disposées autour d'un noyau carré plein. Ses paliers sont voûtés de lourdes croisées d'ogives.

L'originalité profonde du palais de l'abbé réside dans la grande cour qui est disposée au sud du logis. Trois ailes l'environnent, abritant seulement des galeries ouvertes superposées, faites pour l'agrément et le bon air. Au rez-de-chaussée et à l'étage, les arcades au cintre surbaissé sont garnies de demi-colonnes de proportions

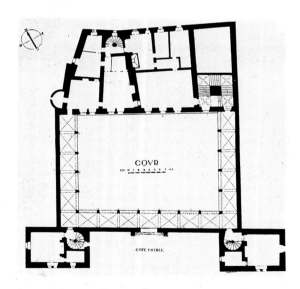

CLERMONT. Plan par P. Boissonas (*Congrès archéologique*, 1965).

trapues ; au second, sur les côtés ouest et est, un étage supplémentaire est formé, comme à la façades des Loges à Blois, par des colonnes supportant directement le départ du comble. Des pavillons rectangulaires sont juxtaposés, du côté méridional, à ces deux ailes latérales et abritent un petit appartement à chaque niveau. L'ensemble évoque bien les connaissances architecturales rapportées d'Italie par le prélat. Plus que les ouvrages de Serlio en effet, on peut penser que la villa de Poggio Reale et les édifices romains tels que la cour Saint-Damase du Vatican ou la villa de Jules II ont pu inspirer cette grande cour à péristyles, traitée néanmoins dans le matériau savoyard, la molasse, et avec des traditions locales qui ont gauchi les dessins donnés aux maçons. Sur le front sud, un portail monumental s'ouvre dans le mur de la galerie, inséré dans une grande arcade comme dans une grotte. On songe ici à l'architecture de l'époque impériale romaine. Un portique à colonnes surmonte une large ouverture en cintre surbaissé dont les montants et les voussoirs sont garnis d'énormes besants, gros comme des boulets.

L'abbé, mort en 1582, avait légué le château à son neveu Gallois, dans la famille duquel il restera jusqu'au XIXᵉ siècle.

CLERMONT. *Ci-dessus*: vue de la cour ; *ci-dessous*: portail d'entrée.

228.
Anjony

à Tournemire

CANTAL / **PROPRIÉTÉ PRIVÉE** / ✳

Le célèbre château aux quatre tours, construit au milieu du XVᵉ siècle, a reçu à plusieurs reprises des décors de peintures murales. Au second étage du logis seigneurial, on trouve ainsi un ensemble exécuté vers 1570-1580 pour Michel d'Anjony et son épouse, Germaine de Foix. Les châtelains sont représentés aux deux côtés de la cheminée et les figures héroïques et naïves des *Neuf Preux* à cheval sont disposées sur les murs sous des arcades feintes. Ces images savoureuses sont sans doute l'œuvre d'un atelier itinérant, à qui l'on doit aussi un *Miracle de saint Hubert* dans la chapelle ; elles sont peintes dans un esprit encore traditionnel, lié à l'art de la tapisserie ; seules concessions au goût nouveau, les ornements et les chapiteaux des petits pilastres.

ANJONY. Peintures de la salle des Neuf Preux.

229.

La Voulte

à La Voulte-sur-Rhône

ARDÈCHE / A LA COMMUNE

Défiguré par un incendie en 1944, le château témoigne cependant
de la diffusion du nouveau style maniériste dans le Haut-Vivarais.
Demeure patrimoniale de la famille de Lévis-Ventadour, il fut rebâti
en partie pour Gilbert II de Lévis ; les dates de 1578 et 1582 se
lisent sur un écusson et une porte. De cette campagne date l'aile
martyrisée par le feu, percée de travées très espacées de croisées
qui sont coiffées de frontons alternés. Au rez-de-chaussée, court
une longue galerie plus épargnée. Les demi-colonnes et les arcades
sont ornées de bagues ou de claveaux recouverts de bossages vermiculés. Dans l'ensemble composite du château, on voit encore la
chapelle des Princes, construite dans la première moitié du XVIᵉ siècle.

LA VOULTE. Façade sur la cour.

230.

La Roche Lambert

à Saint-Paulien

HAUTE-LOIRE / PROPRIÉTÉ PRIVÉE / ✱

Après l'incendie de 1562 et diverses destructions dues aux guerres
de Religion, Hélène de Lestrange, veuve de François de La Roche-
Lambert, fait exécuter des travaux au nombre desquels on compte
l'érection du portail d'entrée daté de 1578. Il est incrusté dans la

LA ROCHE LAMBERT. Portail d'entrée.

SAINT-MARCEL. La cour.

rude maçonnerie des tours percées de canonnières sur lesquelles il détache sa pierre blanche, au sommet d'un emmarchement. Les variations menées dans les années 1570 sur le style ionique inspirent le décor des pilastres aux fûts creusés en tableau, alors que l'ébrasement traduit en moulures classiques des habitudes encore toutes gothiques. L'entablement porte toute une symphonie héraldique avec des inscriptions champlevées en relief et non gravées en creux.

231.

Saint-Marcel

à Saint-Marcel-de-Félines

LOIRE / PROPRIÉTÉ PRIVÉE / ✱

Ancienne maison-forte des monts du Lyonnais dominant la plaine du Forez, l'édifice prit son nouvel aspect par les soins de Jean de Talaru, marquis de Chalmazel, lorsqu'il eut épousé l'héritière, Jeanne de Mars. Les travaux furent entrepris à partir de 1580 et durèrent jusqu'en 1606. Talaru militait dans la noblesse ligueuse forézienne mais il se rallia à Henri IV après l'abjuration. Conservant des éléments du donjon, les trois tours rondes qui fermaient avec lui le quadrilatère ainsi que le pavillon carré qui défendait au centre de la façade orientale l'accès du pont-levis, il ajouta de nouveaux percements, des bandeaux et des corniches et plaqua sur le pavillon d'entrée un grand portail de style militaire, tapissé de bossages plats, où s'ouvre une porte cintrée qui a heureusement conservé son vantail ancien à panneaux cloutés ; il porte la date de 1587. Sur la gauche, monte une belle tourelle d'escalier sur culot.

A l'intérieur de cette enveloppe fort rude, la cour s'agrémente sur deux côtés de galeries d'arcs segmentaires portés sur des colonnes toscanes. Des consoles feuillagées garnissent les appuis de fenêtre. Un décor sculpté qui semble particulier à l'architecture forézienne de ce demi-siècle marque sous la galerie une porte à fronton et surtout un puits plaqué, sculpté de harpies et de sphynges. Leur style inciterait à ramener le décor de la cour à vingt ou trente années en arrière par rapport à la porte à bossages.

SAINT-MARCEL. Vue extérieure.

232.
Pizay

à Saint-Jean-d'Ardières

RHÔNE / PROPRIÉTÉ PRIVÉE

On peut attribuer la construction de cette maison noble à Claudine de Nanton qui épousa en 1570 Philibert de Sainte-Colombe, lequel mourut en 1574. Au logis principal, dont les origines peuvent remonter au début du XVe siècle (donjon carré), une aile fut ajoutée, dont le décor ne manque pas d'intérêt. Les baies y sont groupées à la mode lyonnaise, ainsi on remarque au rez-de-chaussée deux ensembles de quatre baies encadrées de pilastres toscans sur stylobates et, à l'étage, deux ensembles de deux baies encadrées de pilastres ioniques et décorées de cartouches héraldiques à leur appui. Ces derniers pilastres témoignent eux aussi, dans leur recherche, d'une influence des Tuileries de De L'Orme : fleuron ajouté au chapiteau, fût cannelé en partie et décoré d'un léger décor géométrique en méplat évoquant des bagues alternées. L'aile renferme des plafonds décorés.

PIZAY. Façade sur la cour.

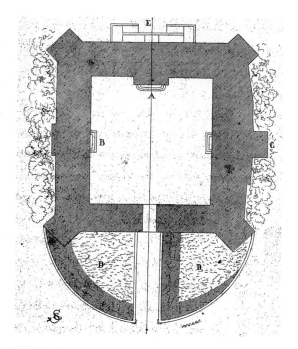

SULLY. Plan-masse par C. Sauvageot (*Palais, Châteaux...*, t. I).

p. 633 : SULLY. La façade d'entrée.

233.
Sully

SAÔNE-ET-LOIRE / PROPRIÉTÉ PRIVÉE / *

Au début du XVIIe siècle, Jean de Saulx-Tavannes écrivait en parlant de son père Gaspard, maréchal de France : « L'envie de bastir ne vient qu'en la vieillesse ; tellement qu'avant que les bastiments soient parfaicts, la mort advient. Ainsi est-il advenu à mon père, lequel avoit seulement tracé le bastiment de Suilly, lorsqu'il estoit mareschal de France, gouverneur de Provence, et avoit cent mil francs d'Estat du Roy. Moy, sans avoir fort peu de bien fait de Leurs Majestés, et beaucoup de malveillance d'eux, enveloppé dans les guerres civiles, plusieurs blessures et prisons, j'ai quasi parachevé ce que mondict père avoit desseigné, qui ne se feroit à Paris pour cent mil escus. Bien est-il vray qu'il avoit basti une autre maison nommée Le Pailly, à la forme d'Italie, toute voûtée ; et si elle ne se peut dire des belles maisons, du moins la joliveté et commodité en est fort remarquable. En effet, ces bastiments et ces escrits, et ces fondations, tout périt par le temps, et de mille belles maisons qu'il y a en France, on ne sçait plus le nom de leurs autheurs. » Ce

texte très significatif nous enseigne que Gaspard de Saulx-Tavannes, lorsqu'il fut nommé maréchal en 1570, ne se satisfit plus de son château du Pailly qui s'achevait et décida de reconstruire une plus grande demeure en un autre endroit de cette Bourgogne dont il était lieutenant général pour le roi, mais que la mort ne lui laissa le temps que de « tracer » les nouveaux bâtiments de Sully.

Le « châtel, maison forte et forteresse » de Sully[1], situé en fond de vallée à 14 kilomètres au nord-est d'Autun, avait appartenu à une branche cadette de la première famille ducale de Bourgogne avant de passer aux Rabutin. Christophe de Rabutin le vendit en 1515 à Jean de Saulx, époux de Marguerite de Tavannes. Leur fils Gaspard n'a pu que jeter les bases du nouveau château, et c'est sa veuve, Françoise de La Baume de Montrevel, qui fit élever les premiers bâtiments, poursuivis ensuite par leur fils Jean qui s'y retira en 1595. Il avait été longtemps l'un des principaux ligueurs de Bourgogne avant de se rallier à Henri IV. Le château a été attribué, sans preuve, à un architecte langrois nommé Nicolas Ribonnier. Il paraît très vraisemblable qu'il fut édifié par Ribonnier, si c'est bien lui qui avait déjà construit Le Pailly pour le maréchal, et peut-être aussi le petit château de Tanlay pour François d'Andelot. En 1581, Mme de Tavannes désireuse d'assurer un partage successoral équitable entre ses deux fils, annonçait sa volonté de rendre Sully « de mesme valleur et estimation » que Le Pailly, bien que le premier château ne fut « pas à beaucoup près si bien bâti » que le second. Le plan ambitieux de Sully n'était donc encore qu'amorcé. Sans doute, les bâtiments du XVe siècle, dont de nombreux vestiges subsistent aujourd'hui dans l'aile orientale, avaient-ils été conservés.

C'est un très vaste quadrilatère de corps de logis de longueurs sensiblement égales enserrant une cour et plongeant par un haut mur d'escarpe dans un fossé alimenté par les eaux de la Drée. Les angles des logis sont à peine entaillés par de grandes tours carrées plantées obliquement et saillant de toute leur profondeur sur les fossés, ce qui produit une silhouette animée fort peu courante. Ces tours sont probablement des éléments de l'ancien château, on le remarque à leur construction en petit appareil irrégulier enduit au mortier. Elles sont très voisines du donjon de Talmay, daté du XIIIe siècle. De petits belvédères à lanternons uniformes coiffent leurs toitures. La façade qu'on aperçoit du côté du couchant, en arrivant par l'esplanade bordée de communs, date sans doute de l'ouverture du chantier par la maréchale de Tavannes. Il faut faire abstraction du grand fronton, ajouté au début du XVIIIe siècle, pour apprécier sa monumentalité de caractère très militaire.

Ainsi que l'a remarqué Liliane Chatelet-Lange, nous trouvons ici à nouveau l'architecture du palais sur socle venue d'Italie et tardivement reçue en France. Un appareil de bossages garnit en effet les niveaux inférieurs, bossages plats et réguliers cernés de joints creux alignés. En soubassement, sous le cordon, ces bossages sont traités en assises simplement superposées, et au rez-de-chaussée en assises séparées par des aplats. La porte cintrée s'ouvre franchement, avec une rigueur de forteresse. L'étage au contraire est garni d'une ordonnance sophistiquée. Les pilastres ioniques qui entourent les grandes croisées sont dessinés dans le goût maniériste le plus bizarre : des acanthes sont placées sous les volutes du chapiteau de certains d'entre eux, un masque garnit ensuite le fût, interrompu en dessous par une bague et chargé ensuite d'un tableau. Les Tuileries de De L'Orme ont visiblement inspiré l'architecte, ainsi les bagues de pilastres, ainsi les tableaux des trumeaux dont les corniches à modillons viennent mordre à droite et à gauche sur

les fûts des pilastres. Un beau décor de cartouches et de lambrequins en méplat garnit les allèges des croisées et les parties basses des trumeaux. L'ensemble était encore enrichi d'un décor polychrome, grès colorés, dorures, peintures dans les fausses niches des trumeaux.

Extérieurement, la façade sud offre un bon pastiche Renaissance exécuté au XIXe siècle pour la famille de Mac-Mahon (chapelle construite vers 1890, dans le style du Chantilly du duc d'Aumale). La façade est a été modifiée également au XIXe siècle. Quant à la façade nord, bâtie au début du XVIIIe, précédée d'un grand perron et d'une terrasse, elle a été reportée à la saillie extrême des tours pour lui donner une dimension plus vaste encore.

Sur la cour, les façades ont au contraire gardé leur unité, sans qu'il soit possible de les dater de la fin du XVIe ou des premières années du XVIIe siècle. L'ordonnance extérieure est reprise sur un ton plus aimable ; ainsi des baies cintrées renfermant les croisées sont ouvertes dans le rez-de-chaussée tapissé de bossages plats, séparées par des pilastres toscans garnis des mêmes bossages. L'étage présente de grandes croisées groupées par deux et des pilastres ioniques jumelés déterminant entre eux des trumeaux occupés par des fausses niches qui étaient peintes de figures allégoriques et des têtes en médaillons. L'aile orientale, face à l'entrée, peut-être bâtie la dernière, offre en son centre un pavillon saillant large de trois travées et une ordonnance légèrement différente.

234.

Loges

plus tard Morlet

à Morlet

SAÔNE-ET-LOIRE / **PROPRIÉTÉ PRIVÉE**

Tout rapproche le château de Loges — rebaptisé Morlet par son propriétaire en 1700 — de celui de Sully, notamment les grandes tours carrées à hautes toitures du château lui-même (l'une d'elle est plantée obliquement). Un bel appareillage à bossages plats réguliers tapisse le châtelet d'entrée que l'on peut comparer à celui de Tanlay

LOGES devenu MORLET.
Vue de l'entrée.

ou à certains ouvrages italiens. Il fut construit en 1584 pour Simon de Loges, la date est gravée au-dessus de la porte. Rarement le style militaire de la fin du XVIe siècle a présenté une monumentalité aussi frappante. La rudesse de l'appareil, où les canonnières s'intègrent au quadrillage des bossages d'une façon presque invisible, se tempère seulement de quelques étonnantes parures, les consoles et les mufles de lions des mâchicoulis, les cartouches de marbre incrustés dans la partie centrale.

235.
Champlitte

à Champlitte-et-le-Prélot

**HAUTE-SAÔNE / A LA COMMUNE / MUSÉE DÉPARTEMENTAL DES ARTS
ET TRADITIONS POPULAIRES / ✳**

A la place d'un château médiéval de la famille de Champlitte qui
s'était illustrée aux Croisades, François de Vergy, gouverneur de la
Comté de Bourgogne — en un temps où la Franche-Comté appartenait aux États du roi d'Espagne — fait reconstruire entre 1570 et

CHAMPLITTE. Façade du logis, au fond de la
cour.

1577 un corps de logis neuf. Le château a été rebâti en partie à la fin du XVIIᵉ siècle puis sous Louis XVI, mais il subsiste du XVIᵉ siècle la façade du corps de logis au fond de la cour ; et seulement jusqu'à la corniche puisque lucarnes et toits datent des remaniements du XVIIIᵉ siècle.

Les travaux ordonnés par François de Vergy sont attribués à un maître d'œuvre nommé Denis Le Rupt. Des colonnes cannelées sur stylobates portant des entablements à ressauts et une corniche en saillie sur consoles tapissent le mur ; c'est là un dessin déjà traditionnel, souvent utilisé dans l'Est notamment. Un soin particulier a été apporté aux colonnes, cannelées et rudentées dans l'ordre ionique du rez-de-chaussée, cannelées dans l'ordre corinthien de l'étage. Les arcades en plein cintre, celle du centre plus larges et distendues, étaient ouvertes à l'origine et éclairaient une galerie continue ; elles ont été obturées par des fenêtres au XVIIIᵉ siècle. Sur ce schéma classique a été jeté un décor exubérant, particulier à l'esprit bourguignon. Des rinceaux diversifiés courent sur les écoinçons des arcades, un décor d'acanthes parsème la frise basse et ses ressauts. Les croisées s'encadrent avec leur meneau central dans une moulturation somptueuse et des cadres analogues cernent les tableaux verticaux qui les jouxtent. Enfin des cartouches, des fleurons à gousses et des palmettes traités d'une main très grasse occupent la zone des allèges et la frise supérieure de l'étage. C'est, pour une bonne part, un art du bois, l'art des huchiers fabricants de coffres, de bahuts et de cabinets historiés, qui se laisse ici deviner.

236.

Frasne

à Frasne-le-Château

HAUTE-SAÔNE / PROPRIÉTÉ PRIVÉE

Le château, qui appartenait à une branche cadette de la famille des comtes de Bourgogne, fut reconstruit en partie vers 1570 pour Antoine d'Oiselay, qui avait épousé Péronne de Granvelle, fille de Thomas de Granvelle, comte de Cantecroix, et nièce du tout-puissant cardinal de Granvelle. Il n'est donc pas surprenant que l'aile reconstruite présente des parentés avec le palais Granvelle de Besançon, et on l'a parfois attribuée au même architecte, Perrin Maire. Le rez-de-chaussée est percé d'arcades en anse de panier, autrefois ouvertes, et qui s'étendent à la petite aile en retour d'équerre à gauche. Il n'est pas assuré qu'elles soient d'origine. L'ordre unique est de pilastres ioniques cannelés assez sommairement dessinés, appuyés sur des consoles ornées de têtes. Les frontons des grandes croisées sont triangulaires sauf celui de la travée centrale — timbré des armes des Granvelle. L'étage supérieur est une addition du XIXᵉ siècle. La porterie conserve du côté extérieur, vers le fossé, un décor militaire qui peut dater de la même époque, et présente notamment un mascaron dont la bouche est percée pour servir de canonnière.

237
Filain

HAUTE-SAÔNE / PROPRIÉTÉ PRIVÉE / ✳

Une maison-forte du XVᵉ siècle subsiste sur le côté ouest de la cour, parallélépipède autrefois flanqué de quatre tours rondes dont deux subsistent. Peu avant 1585, la famille de Sacquenay fit ajouter vers l'est un autre corps de logis d'une grande épaisseur, flanqué extérieurement de deux tours carrées et défendu de ce côté par un pont-levis. Ce bâtiment est relié à la maison-forte par une aile plus étroite. Elle occupe le côté sud de la cour qui était autrefois fermée sur son côté nord par un mur détruit au XVIIIᵉ siècle. Une ordonnance uniforme tapisse une part du nouveau logis et toute l'aile voisine. Comme à Champlitte, comme à Frasne, comme à l'Hôtel de Ville de Gray ou au palais Granvelle, des arcades ouvertes,

FILAIN. Vue générale.

aujourd'hui obturées, perçaient le rez-de-chaussée. Deux ordres de colonnes, toscanes au rez-de-chaussée, ioniques à l'étage, garnissent les trumeaux, avec leur décor habituel d'entablements à ressauts et de corniche saillante sur consoles. Un décor de bossages vermiculés en nids d'abeilles tapisse les piédestaux et les arcades du rez-de-chaussée.

Le château conserve deux cheminées sculptées. L'une est ornée de pilastres doriques à bossages vermiculés. L'autre, dans la grande salle du vieux logis, est supportée par des bustes de femmes montés en gaines ; au manteau, un grand tableau de stuc montre un cerf immense s'échappant de la forêt de Filain. La façade orientale du corps de logis neuf qui présente deux belles lucarnes de pierre du XVIᵉ siècle a été modifiée au XVIIᵉ siècle pour la famille Cointet, et comporte maintenant une terrasse à balustrade et un perron.

FILAIN. Cheminée au cerf.   FILAIN. Vue de la cour.

238.
Cons la Grandville

MEURTHE-ET-MOSELLE / PROPRIÉTÉ PRIVÉE / ✳

Le promontoire surplombant le cours de la Chiers, dans le « Pays haut » lorrain, est occupé depuis le Haut Moyen Age par un château de grande étendue dont Martin de Custine fit entreprendre la reconstruction en 1572, date portée sous une niche abritant une statuette de saint Martin sur la façade nord. L'accès se fait au sud par un pavillon de porterie et des communs dessinant un fer à cheval.

CONS LA GRANDVILLE. Façade extérieure.

CONS LA GRANDVILLE. Façades sur la cour.

CONS LA GRANDVILLE. Cheminée de la salle.

p. 643: CONS LA GRANDVILLE. La porte du logis.

Les bâtiments d'habitation dessinent à l'extrémité de la grande cour-esplanade un autre fer à cheval opposé. Ils sont dressés extérieurement sur un soubassement élevé de plusieurs étages abritant caves et casemates, visiblement refait par Martin de Custine dans un bel appareil de pierre de taille analogue à celui des façades, mais qui incorpore sur une partie de son côté oriental un fragment de mur à bossages remontant au Moyen Age.

De ce côté extérieur, les corps de logis s'articulent sur deux grands pavillons saillants de plan rectangulaire. Au-dessus du haut mur d'escarpe sans décor, un bandeau formé d'un tore décoré de bracelets rustiqués marque d'une ligne continue l'allège des grandes croisées qui correspondent au rez-de-chaussée, côté cour. Celles-ci sont décorées de pilastres chargés des mêmes bracelets rustiqués que le bandeau, et couronnées de frontons surélevés amortis d'ailerons. Un oriel à pilastres cannelés signale sur la face orientale le chœur de la chapelle castrale. La silhouette puissante du château s'apparente à celle du Louvre de Lescot avant les transformations de Le Vau, en plus militaire encore. De plus, le maniérisme des fenêtres s'oppose avec une vigueur surprenante à la nudité et aux dimensions colossales des murs.

Côté cour, cette opposition disparaît. Seul, le corps de logis de l'est a conservé son caractère originel, les deux autres ont été repris aux siècles suivants. Sur le côté, le grand pignon aveugle est dentelé d'énergiques redans sur lesquels ont pris place des statues d'hommes d'armes. Sur la face, le mur est percé à gauche de hautes croisées à doubles meneaux, correspondant au secteur de la chapelle et, à droite, de croisées plus petites qui permettent l'élévation d'un second étage. Toutes sont flanquées de pilastres corinthiens cannelés et coiffées de frontons droits.

Deux portes s'ouvrent vers les appartements, l'une est du type des petites croisées, l'autre est une étonnante composition, d'un caractère unique, et qui témoigne chez le constructeur d'un goût particulier pour la sculpture, ce goût que nous avons remarqué au château du Pailly, en Bourgogne septentrionale. L'affirmation du thème religieux (*Les Vertus théologales*) est surprenante ; comme est surprenante aussi la manière très profane avec laquelle il est traité.

La porte s'encadre dans un portique classique à quatre colonnes corinthiennes réunies sous un entablement unique. Les fûts des colonnes extérieures ont été remplacés par deux figures féminines aux draperies ondoyantes, *La Foi* et *L'Espérance*. Au-dessus de la corniche, une tente en pavillon est dressée, abritant une *Charité* mollement étendue, accueillant les enfants.

On trouve à l'intérieur la chapelle, plusieurs salles plafonnées, une galerie et une salle voûtée. Les cheminées comportent un décor sculpté comparable à la porte des Vertus, notamment celle de la grande salle qui ne compte pas moins de huit figures dénudées, hommes ou femmes, entre lesquelles s'insèrent des sortes de tableaux sculptés figurant des scènes de la Fable : *Pirame et Thisbé, Le Jugement de Paris, Diane et Actéon.*

239.

Romécourt

à Azoudange

MOSELLE / PROPRIÉTÉ PRIVÉE

La maison-forte fut bâtie par Michel L'Enfant, secrétaire de Marie Stuart et officier des salines de Dieuze, dès que la terre lui eut été octroyée par le cardinal de Lorraine, oncle de la reine. Romécourt fut érigé en même temps en fief noble, le 5 juin 1564. C'est donc des années immédiatement postérieures que l'on peut dater sa construction. Une enceinte rectangulaire l'entoure, cantonnée de quatre tours ; elle est percée de deux portes opposées, porte d'Allemagne et porte de France. La première est revêtue extérieurement

ROMÉCOURT. Le portail d'entrée ; *à droite* : la façade du logis et le puits en niche.

d'un décor de bossages dessinant des *S* qui tapissent les trois pilastres encadrant les ouvertures. Dans la cour, le corps de logis est un simple parallélépipède accosté à l'arrière d'un pavillon carré. Les façades sont construites en briques à décor losangé. Les croisées sont cernées de chambranles très simples. Le seul décor de demi-colonnes corinthiennes est réservé à la porte d'entrée, coiffée d'un cartouche à cuirs, et au puits en niche adossé à une dépendance.

240.

Hombourg

à Hombourg-Budange

MOSELLE / PROPRIÉTÉ PRIVÉE

L'ancien château de Hombourg, restauré et fortifié entre 1536 et 1551 par Guillaume de Créhange, avait été pillé et incendié en 1552 par les mercenaires au service du roi de France. Son frère Wyrich

HOMBOURG. Vue extérieure.

HOMBOURG. Portail du châtelet d'entrée.

de Créhange, gouverneur de Thionville pour l'empereur, fit reconstruire des bâtiments utilitaires, puis il décida de bâtir à côté de l'ancien un nouveau château. Les dates gravées sur le monument jalonnent les campagnes de construction : 1566, 1572, 1573, 1574. Il affecte aujourd'hui la forme d'un quadrilatère fermé, mais une partie des corps de logis date seulement de 1719. Les façades du XVIe siècle ont conservé une ordonnance austère, avec des croisées presque carrées appuyées sur de très simples corps de moulures et surmontées de cartouches. Le châtelet d'entrée est percé d'un étonnant portail daté de 1574, dont les bossages sont faits de quatre lobes juxtaposés, ce qui leur donne l'aspect de fraises empesées. Une bretèche de défense au décor armorié épouse au-dessus la forme d'un balcon.

241.
Le Haut Barr

à Saverne

BAS-RHIN / A LA COMMUNE

Site stratégique de première importance dans l'Alsace médiévale, le Haut Barr est depuis le début du XIIᵉ siècle la propriété des évêques de Strasbourg qui, à partir du XIVᵉ siècle, en firent leur résidence privilégiée, surveillant le col de Saverne et toute la plaine d'Alsace.

L'évêque Jean de Manderscheidt, qui occupa le siège épiscopal de 1580 à 1592, y fit faire d'importants travaux, un corps de logis réuni à une tour-bastion, à l'intérieur de l'enceinte qu'il renforça d'autres tours et bastions, le tout bâti dans un puissant appareil à bossages où les historiens ont remarqué un nombre inusité de marques de pose ou de tâcherons gravées dans la pierre. Le plus beau morceau est le grand portail classique daté de 1583, qui s'ouvre dans la vieille enceinte modernisée. L'architecture rustique qui y est pratiquée avec ampleur correspond parfaitement à la fonction militaire.

MONTMORT. Vue de l'entrée.

242.
Montmort

à Montmort-Lucy

MARNE / PROPRIÉTÉ PRIVÉE

C'est un bel exemple de la résurgence du plan massé à la fin du XVIe siècle, traité avec une rigueur géométrique que l'appareil défensif rend plus sensible encore. On trouvait au sommet de la colline un donjon primitif qui va servir de noyau à la nouvelle construction, entreprise sur l'ordre de Jeanne de Hangest entre 1572 et 1580. Sur une terrasse quadrangulaire cantonnée de quatre pavillons, s'élève un massif de plan carré accosté aux angles de tours rondes. Des bandeaux et des encadrements de baies très simples en pierre viennent seuls trancher sur les murs de briques à réseau losangé ; des bouches à feu apparaissent à tous les étages. Le comble, traversé de hautes souches de briques, est une pyramide coiffée d'un petit belvédère de plan carré disposé en opposition avec le plan de la toiture. Les épis de faîtage qui couronnent les lucarnes et les combles accentuent la silhouette pointue de l'ensemble. L'un des pavillons abrite une rampe carrossable permettant, comme à Amboise, d'accéder à la terrasse depuis le niveau inférieur. Le château comporte des salles voûtées ; la grande salle du premier étage est ornée de peintures murales et d'une cheminée à cariatides garnie d'un portrait de Henri III.

243.
Amboille

plus tard Ormesson

à Ormesson-sur Marne

VAL-DE-MARNE / PROPRIÉTÉ PRIVÉE / ✳

La terre d'Amboille fut acquise en 1578 par Louis Picot, seigneur de Santeny, intendant des finances, qui fit construire le petit château au milieu d'un plan d'eau alimenté par des ruissellements. Le château, de plan centré, s'inspire de la planche IX du *Troisième Livre* de

AMBOILLE devenu ORMESSON. Peinture ancienne conservée au château, montrant l'état ancien de la façade postérieure.

Du Cerceau, tout en offrant une sorte de poétique réminiscence de Chenonceau. C'est un vaste pavillon carré coiffé d'un grand comble en pyramide. Il est flanqué du côté de l'arrivée de deux pavillons également carrés, juchés sur des trompes, habiles morceaux de stéréotomie, autrefois coiffés de petits combles pointus. La façade arrière a été aveuglée par un nouveau corps de logis de plan rectangulaire ajouté au parti originel durant le XVIIIe siècle. Ce logis remplace en effet trois petits pavillons que l'on voit sur une peinture ancienne conservée au château.

L'ordonnance de brique, pierre et mœllon crée une polychromie souriante qu'avive le reflet de l'eau. L'attribution à Jacques Androuet du Cerceau n'est pas impossible. Le château fut vendu en 1609 à Nicolas Le Prévost, dont la fille épousa André Le Fèvre d'Ormesson. Ce dernier nom allait bientôt supplanter celui d'Amboille. Le château appartient toujours à la famille d'Ormesson.

p. 650: AMBOILLE devenu ORMESSON. Vue générale.

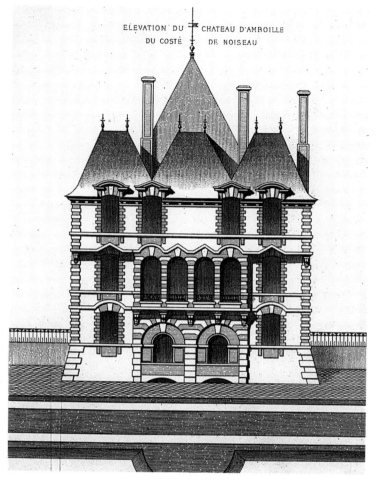

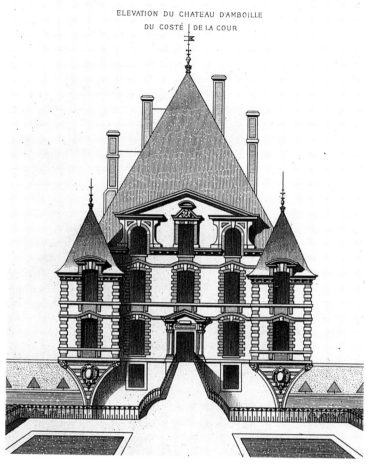

244.

Neuville

à Gambais

YVELINES / PROPRIÉTÉ PRIVÉE / ✻

Neuville s'ordonne selon une composition géométrique qui ne peut manquer de surprendre. Le château lui-même est fait d'une succession de corps de logis bas (simples rez-de-chaussée surélevés) disposés sur un plan pentagonal, des tours carrées marquant les angles, en saillie sur les larges douves. La ferme voisine, dont le corps de logis principal est parallèle à l'avenue d'arrivée, affecte, elle, la forme d'un trapèze, avec des pavillons disposés eux aussi d'une façon régulière.

Le plan pentagonal appelle bien entendu un rapprochement avec le château bourguignon de Maulnes, (dont le plan fut diffusé dans les *Plus Excellent Bâtiments de France* de Du Cerceau) mais une différence primordiale réside dans le fait que Neuville s'ordonne autour d'une cour et que Maulnes est une masse pleine centrée seulement sur le puits-escalier. En outre, la composition des façades est toute différente. Dès lors les influences plus lointaines

NEUVILLE. Façade extérieure.

NEUVILLE. État ancien, d'après la maquette
conservée au château.

de la villa italienne de Caprarola, pourvue d'une cour, ou celle des projets de Serlio apparaissent possibles. Plus encore, la comparaison avec la planche XXXVI du *Troisième Livre* de Du Cerceau est instructive. On y voit un petit château dressé avec ses communs sur un terre-plein rectangulaire flanqué de bastions saillants sur les fossés.

C'est en effet dans l'univers des œuvres de Du Cerceau qu'il faut placer Neuville, construit dans une heureuse harmonie de mœllons et de briques que Josiane Sartre a bien définie. L'ancien manoir avait été acquis en 1564 par François d'Abra de Raconis qui le fit reconstruire dans les années 1570 probablement, en tout cas avant octobre 1582. A ce moment en effet, François et Olivier de Raconis se défont de la seigneurie qui comporte maintenant, à côté de « vieux logis », plusieurs corps d'hôtels, un grand donnant sur un parterre, un autre « imparfait », c'est-à-dire inachevé. L'acquéreur, Anne de Bray, veuve d'Hervé de Grandrue, achève le château en 1582 et se fait concéder bientôt par le roi la seigneurie voisine de Gambais. En 1601, elle cède Neuville à Joachim de Bellengreville, fidèle compagnon de Henri IV, qui terminera l'aménagement des jardins, égayés par des fontaines jaillissantes.

Le château a été modifié après l'incendie de 1753, par la destruction de l'aile d'entrée, qui comportait un pavillon central à lanternon, et la transformation des façades des deux ailes qui font face à l'entrée. Heureusement une ancienne maquette du château restitué, conservée sur place, permet de reconnaître les dispositions d'origine. Les travées rustiques en brique et pierre sur fond de mœllon enduit, utilisées sur tous les bâtiments, font l'unité de Neuville. Par

NEUVILLE. Façades sur la cour, avec l'avant-corps central de 1753.

leur module discret, les pavillons quadrangulaires qui encadrent les corps de logis accentuent leur individualité, en l'absence de tout motif central. Un style véritablement nouveau, dans sa simplicité et sa commodité, vient de naître.

245.

Wideville

à Crespières et Davron

YVELINES / PROPRIÉTÉ PRIVÉE

Longtemps daté faussement du début du XVIIe siècle, Wideville a été rendu au XVIe siècle par l'étude de Catherine Grodecki qui a pu replacer ainsi le château dans son environnement véritable : l'architecture de Du Cerceau. Même s'il est encore impossible d'affirmer que Wideville a été construit par l'architecte lui-même, il est important de noter les similitudes de l'édifice avec les planches gravées du *Troisième Livre* de Du Cerceau paru en 1582 et notamment avec la planche XXII. Tout comme à Amboille-Ormesson et au premier Grosbois, nous trouvons ici un petit château à l'architecture simple et pratique, construit en brique et pierre, et conforme aux plans-types proposées par l'architecte dans un ouvrage destiné aux « gentilshommes et autres qui voudront bastir et édifier maisons aux champs, selon leurs moyens et facultés ».

L'ancien manoir seigneurial, de petite taille, avait appartenu au cardinal Bertrand, garde des Sceaux de Henri II. En 1579, Pierre de Picquet, trésorier de la reine de Navarre, le vendait à Benoît Milon, premier et principal intendant et contrôleur des finances de Henri III, président de la Chambre des comptes. Après une brève disgrâce, il devint le gestionnaire des finances de la Ligue, de 1589 à 1593. C'était un homme cultivé, aimant les livres et l'architecture. Réutilisant la motte fortifiée et peut-être ses bastions, Milon passa de 1580 à 1584 cinq marchés de construction, le principal avec le maçon parisien Denis Fleury.

Le château est encore là, intact. Sur la terrasse, cernée d'un fossé et défendue par quatre petits pavillons d'angles, il dresse un corps de logis rectangulaire traversé en son centre par un pavillon saillant à part égale du côté de l'arrivée et du côté du jardin. Deux petites tourelles carrées coiffées de dômes s'élèvent aux extrémités, du côté de l'entrée. L'ordonnance est faite de simples travées rustiques de pierre blanche de Crespières, sur fond de brique. Les lucarnes à frontons (sans traverse inférieure) alternent avec des œils-de-bœuf cernés de bossages. Le pavillon central, large de deux travées, présente du côté de l'arrivée une porte à fronton insérée entre deux étroites fenêtres «en niches», type de portique déjà entrevu au château de Saint-Léger, œuvre de Philibert de L'Orme. Du côté du jardin, les façades sont agrémentées de niches pour placer des statues.

La disposition intérieure est d'une grande commodité. Offices et cuisines sont logés dans un demi-sous-sol voûté. Au rez-de-chaussée, surélevé d'un perron de neuf marches, on trouve un vestibule central voûté de brique et de pierre. Il donne directement accès, dans l'axe, à la salle carrée «servant de pœsle», elle aussi voûtée, qui ouvre sur la façade postérieure. Sur les côtés, le vestibule communique avec deux couloirs de dégagement symétriques menant aux appartements. L'escalier, à volées droites voûtées de brique, est logé immédiatement à droite, accessible du couloir. Sur le côté, on a ajouté en cours de travaux un petit cabinet extérieur porté sur des pilastres carrés, et qui servait d'oratoire.

Dans les dépendances voisines, on reconnaît une galerie sur péristyle à bossages, ouvrage antérieur à l'acte de vente de 1579, que l'on pourrait dater des travaux attestés en 1562. Cette galerie mène à la chapelle, elle aussi conservée, mais qui date des travaux de Milon. Celui-ci en commanda la décoration peinte à Toussaint Dubreuil en 1584.

Le petit château de Benoît Milon resta à sa mort en 1593 à sa veuve Madeleine de Crèvecœur, qui se remaria deux ans plus tard avec Nicolas Chevalier. Ses héritiers, les Longueil, le vendirent en 1630 à Claude de Bullion, qui fera réaliser d'importantes adjonctions. On lui doit l'aménagement du grand jardin, de ses terrasses, et surtout le célèbre nymphée qui termine la perspective.

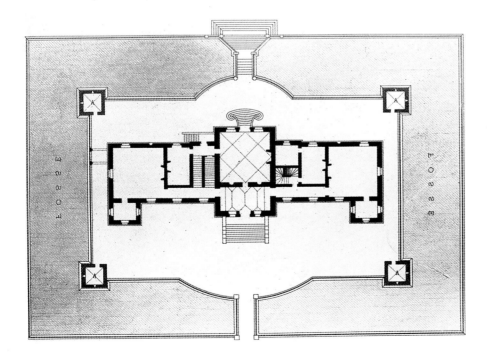

WIDEVILLE. Plan gravé par C. Sauvageot d'après A. de Baudot (*Palais, Châteaux...*, t. III).

p. 656: WIDEVILLE. Façade vers l'entrée.

p. 657: WIDEVILLE. Façade vers le jardin.

246.

Palais abbatial
de Saint-Germain-des-Prés

à Paris

**A LA PAROISSE SAINT-GERMAIN-DES-PRÉS
(INSTITUT CATHOLIQUE DE PARIS)**

Le cardinal Charles de Bourbon devint abbé commendataire de Saint-Germain-des-Prés dès 1554. En 1584, la mort du duc d'Anjou et d'Alençon, frère de Henri III et héritier du trône, fit de Henri de Bourbon roi de Navarre, neveu du cardinal, le successeur désigné par la loi salique pour la couronne de France ; mais ce dernier était protestant, et le parti catholique tourna ses regards vers le vieux cardinal, qui était sans conteste le plus proche cousin catholique du roi régnant. Il devint donc le prétendant et, plus tard, d'une façon toute illusoire, le roi Charles X de la Ligue.

Les travaux exécutés durant ces années à l'abbaye parisienne pour le cardinal répondent peut-être au désir d'afficher sa grandeur dans la capitale, restée fidèle au catholicisme le plus intransigeant et principal foyer de la Ligue. L'ancien logis des abbés ne pouvait abriter commodément pour ses séjours parisiens un homme comme le cardinal-archevêque de Rouen, habitué à disposer ordinairement du fastueux château de Gaillon. En 1586, le futur roi de la Ligue le fit donc raser, et commanda la construction d'un nouveau palais abbatial, probablement à Guillaume Marchant qui, dans les documents, apparaît de 1574 à 1586 comme l'architecte en titre du cardinal ; il avait en même temps la clientèle du roi et celle de la reine mère.

PALAIS ABBATIAL. Gravure d'Israël Silvestre en 1652.

Le palais fut disposé entre cour et jardin, au chevet de l'église. C'est un long corps de logis, bordé aujourd'hui par la rue de l'Abbaye qui occupe une partie de l'ancienne cour d'honneur, autrefois entourée par des bâtiments de communs. Le logis se poursuit vers l'est par un grand pavillon rectangulaire, par similitude avec le pavillon du roi au Louvre. Ce pavillon s'appuyait à l'ancienne enceinte de l'abbaye, que remplace aujourd'hui une ruelle. Un petit corps de logis le prolonge en équerre vers le sud. L'architecture du palais est très remarquable, car en exceptant la porte centrale qui est une addition de 1690, il ne comporte ni colonne ni pilastre. Il est dessiné uniformément selon l'ordonnance de la travée rustique, bossages plats de pierre brochant sur des parois de brique. Les lignes horizontales, bandeaux ou corniches, marquent les appuis des fenêtres des différents niveaux. Le corps de logis présente au rez-de-chaussée une galerie d'arcades cintrées ouvertes (obturées postérieurement), un grand étage carré et un étage sous comble éclairé d'immenses fenêtres-lucarnes passantes à baies cintrées. Couronnées de frontons interrompus, triangulaires ou courbes, ces

PALAIS ABBATIAL. Logis et pavillon.

grandes lucarnes passantes, version modifiée de celles des Tuileries par de L'Orme, sont la principale originalité du palais.

Le pavillon, placé en angle, est élevé de deux étages carrés et d'un troisième dans l'immense comble qui le coiffe. Sur trois de ses faces, deux grandes lucarnes sont réunies sous un même fronton, celui-ci orné d'une figure qui interrompt ses rampants. La vue devait être splendide du haut de ce belvédère, lorsque l'abbaye s'élevait au milieu d'un quartier presque rural, fait de maisons basses, et que le regard s'étendait jusqu'à la Seine, jusqu'au Louvre, jusqu'à Montmartre. Situé hors de la ville, le palais fut au cœur des terribles événements du siège de Paris, en 1589-1590.

A l'intérieur, le rez-de-chaussée du logis abritait une galerie ouverte côté cour, adossée à une galerie fermée côté jardin, celle-ci ornée de têtes de cerfs. L'escalier rampe sur rampe était placé à l'extrémité occidentale, mais il a disparu lors des importants remaniements apportés en 1690-1699 par un autre abbé, le cardinal de Furstemberg, qui changea la place de l'escalier, ferma la galerie, plaqua le nouveau portail et ajouta la cour des écuries, aujourd'hui place Furstemberg.

247.
La Grange le Roy

à Grisy-Suisnes

SEINE-ET-MARNE / PROPRIÉTÉ PRIVÉE

LA GRANGE LE ROY. Ancienne aile droite, façade extérieure.

Jacques Le Roy avait acheté la terre de La Grange en 1579 et y fit bâtir un château à partir de 1582, à l'époque où il fut nommé grand louvetier de France. Les travaux s'achevèrent en 1601. Entre temps, le sieur de La Grange avait poursuivi sa carrière. Gouverneur de Melun, il appuya la reconquête de Henri IV en région parisienne et fut nommé en 1594 membre du conseil des finances, avec la charge particulière de veiller aux travaux de Fontainebleau, en collaboration avec le sieur de Roquelaure. Il mourra peu après, en 1598.

On trouvait à La Grange un corps de logis encadré de deux longues ailes. Seule subsiste celle de droite et le pavillon sud qui terminait celle de gauche, depuis les démolitions consécutives par la campagne de France en 1814. La présence des longs et minces pilastres de brique et le décor de cercles qui les surmonte sont un emprunt à l'avant-cour de Fleury-en-Bière, qui n'est pas bien éloignée. C'est encore ici une architecture de grandes masses, que vient animer un dessin coloré, sans épaisseur. Le château sera vendu en 1618 par François Le Roy à Nicolas Brûlart de Sillery.

LA GRANGE LE ROY. Ancienne aile droite, façade sur la cour.

248.

Bonnemare

à Radepont

EURE / PROPRIÉTÉ PRIVÉE

A la fin du XVIe siècle, un nouveau château remplaça l'ancien manoir gothique où étaient venus chasser Charles VII, et plus tard Charles IX. Le constructeur en fut Nicolas Le Conte, seigneur de Draqueville, qui sera président au parlement de Rouen en 1596. Il est formé de trois éléments également intéressants dont la date n'a malheureusement pu être fixée. Le châtelet d'entrée tout d'abord est une composition ambitieuse formée de trois pavillons groupés ; on y voit un grand portique triomphal de pierre blanche animé de colonnes doriques et ioniques. Toutes ses ouvertures sont cintrées, disposition très rare qui lui donne un caractère particulier. Aux petites fenêtres, répondent entre les colonnes des niches pourvues de statues, comme on en voit à la façade postérieure de Wideville où elles viennent pallier agréablement l'irrégularité des percements.

Le château lui-même est bâti en brique et pierre et garni d'ordres de pilastres superposés ; il offre un corps de logis de quatre travées encadré de deux petits pavillons à dômes carrés. Des médaillons rappellent le souvenir de Charles VII et d'Agnès Sorel.

BONNEMARE. Le corps de logis.

p. 663 : BONNEMARE. Le châtelet d'entrée.

Plus loin, s'élève la chapelle, dédiée à saint Christophe. C'est une curieuse construction de plan central circulaire, comme un lointain reflet de celle d'Anet. Bâtie en brique et pierre et coiffée d'un dôme mouvementé, elle était autrefois réunie à la basse-cour par des arcades qui n'existent plus. Le plan circulaire est traversé par quatre excroissances dessinant les bras d'une croix grecque, et terminées par des murs en segment d'arc. A l'intérieur, on peut reconnaître un rare et beau décor de style Henri III qui rappelle la chapelle du phare de Cordouan : pilastres d'un ordre ionique très fleuri, particulier à cette époque, angelots et guirlandes.

CHAMBRAY. Vue de la cour.

CHAMBRAY. L'escalier.

249.
Chambray

à Gouville

Du XVᵉ siècle, subsistent la chapelle et les tourelles de brique qui
scandaient la porterie et le mur d'enceinte. Le château a été rebâti

pour Gabriel de Chambray, panetier de Henri III et compagnon de Henri IV à la bataille d'Ivry. Il avait épousé Jeanne d'Angennes en 1578. On peut penser que la construction commença vers 1580 et s'acheva à la paix, vers 1600. C'est un grand corps de logis assorti vers la cour de tourelles carrées à ses extrémités et flanqué sur sa face postérieure d'une tour plus ancienne à droite et d'un large pavillon neuf à gauche. L'architecture brique et de pierre bien équilibrée fait valoir les hautes travées rustiques à bossages plats alternés, terminées par des lucarnes à frontons interrompus. L'écartement irrégulier de ces travées détermine des trumeaux de brique parfois fort larges au centre desquels ont été incrustés de petits cartouches de pierre (comme au château des Ifs). Un perron semi-circulaire mène à la porte centrale traitée en portique décoré. On trouve à l'intérieur un escalier droit dont le mur-noyau et les berceaux rampants sont de brique et de pierre.

250.

Outrelaize

à Gouvix

CALVADOS / PROPRIÉTÉ PRIVÉE / *

OUTRELAIZE. Châtelet d'entrée.

Commencé sous Henri III, le château d'Outrelaize ne fut achevé que sous Henri IV dans les premières années du XVIIe siècle. Il est l'œuvre de Gaspard Le Marchand, avocat général à la cour des aides de Normandie. La grande cheminée de la bibliothèque, à frontons inversés et incrustations de marbre, porte ses armes et la date de 1584. De cette époque pourrait dater le châtelet d'entrée, orné extérieurement d'une statue de *La Justice* au-dessus de la porte piétonne, et de statues de *Vertumne* et *Pomone* au-dessus de la porte cochère. Il est garni du côté de la cour d'un décor de bossages. L'aile des communs, aux lucarnes incongrues, date aussi du XVIe siècle finissant, semble-t-il. Au contraire, la grande aile brique et pierre qui flanque le corps de logis principal, autrefois percée d'une galerie de grandes arcades, date des années 1604-1613 ; elle serait l'œuvre d'un maître d'œuvre parisien nommé Rémy Du Rozel.

251.

Cricqueville

à Criqueville-en-Auge

CALVADOS / PROPRIÉTÉ PRIVÉE

Cricqueville est un intéressant témoignage de l'architecture poly-chrome normande, qui reprend de la vigueur à la fin du XVIᵉ siècle, spécialement en pays d'Auge, d'où le nom de «pré d'Auge» (décor alterné de rose et de vert) employé pour qualifier ces façades colo-rées. Les hautes toitures de ses trois pavillons sont bien tradition-nelles en Normandie. La tour centrale abrite l'escalier. Une galerie de trois arcades anime le rez-de-chaussée à gauche. L'appareil, un damier brique et pierre, s'apparente à celui de Saint-Germain-de-Livet, à la cheminée du châtelet d'Outrelaize, ainsi qu'au château berrichon de La Maison-Fort. Le manoir de Cricqueville fut construit pour Charles de Launay. La cheminée à cariatides du rez-de-chaussée est datée de 1584.

CRICQUEVILLE. Détail d'une cheminée.

p. 669 : CRICQUEVILLE. Vue générale.

SAINT-GERMAIN DE LIVET. Vue de l'entrée.

Saint-Germain de Livet

CALVADOS / A LA VILLE DE LISIEUX / MUSÉE / *

L'ancien manoir à pan de bois du XVᵉ siècle était destiné à disparaître dans la reconstruction entreprise à la fin du XVIᵉ siècle, mais il a subsisté finalement, gênant quelque peu la disposition du plan en pentagone irrégulier entouré de douves du nouveau château, plan qui rappelle celui de Neuville. Sa construction est due à Jean de Tournebu et à sa femme Marguerite de Croismare. La date de 1584 apparaît sur une façade, et celle de 1588 sur la cour. Le châtelet d'entrée à deux tourelles, orné d'un portique à colonnes corinthiennes, occupe l'un des angles, une tour ronde coiffée d'un large cône d'ardoises porté sur une corniche à consoles sculptées, un autre. L'appareil en « pré d'Auge » est particulièrement remarquable : un échiquier de pierre blanche et de compartiments de briques vernissées, soit roses, soit vertes. Dans cette terre normande ravagée par le conflit religieux, les impératifs de défense imposent des percements réduits au minimum et des bouches à feu abondantes qui donnent lieu à de petites ouvertures ovales traitées d'une façon décorative. Sur la cour intérieure, l'aile est percée d'une galerie d'arcades traitée avec un léger décor de bossages piquetés. La salle des gardes de l'ancien château a conservé sur ses murs et sa cheminée des traces d'un décor peint du début du XVIᵉ siècle.

SAINT-GERMAIN DE LIVET. L'aile gauche.

p. 671 : SAINT-GERMAIN DE LIVET. Le châtelet et l'ancien manoir.

SAINT-GERMAIN DE
LIVET. Galerie sur la
cour.

SAINT-GERMAIN DE
LIVET. Cheminée de la
salle des gardes.

253

Canisy

MANCHE / PROPRIÉTÉ PRIVÉE

La seigneurie de Canisy appartenait à la famille de Carbonnel qui avait participé à la conquête de l'Angleterre. Elle comportait un très vaste château de plan rectangulaire, fait de courtines flanquées aux angles de tours rondes, le tout cerné de douves alimentées par l'étang voisin. Trois de ces tours ont subsisté, plus ou moins modifiées au cours des âges, ainsi que l'un des châtelets d'entrée, la « porte de Saint-Lô », percée au milieu du front est.

Dans les années 1580, Hervé de Carbonnel, gentilhomme ordinaire de la Chambre, maître de camp d'un régiment de pied et futur gouverneur d'Avranches, fit entreprendre au sud la reconstruction du corps de logis principal et d'une petite aile en retour d'équerre, faisant suite aux bâtiments bas des communs du front oriental. Les murs sont bâtis en pierre du Cotentin, sauf les travées rustiques de fenêtres superposées qui sont faites de la pierre rouge de Troisgots, carrières qui appartenaient aux Carbonnel. Les mêmes bossages de caractère militaire marquent les lucarnes surmontées de frontons interrompus, alternativement courbes et triangulaires. Un escalier droit à double volée avait été construit dans la petite aile voisine.

Cette construction s'achevait à peine lorsque Hervé de Carbonnel épousa en 1588 Anne de Matignon, seconde fille de Jacques de Matignon, maréchal de France, dont le rôle fut déterminant dans la conjoncture politique des années 1588-1589. Cette illustration nou-

CANISY. Vue de la cour.

CANISY. Façade sur le jardin.

velle inspira au jeune marié le désir de bâtir d'une façon plus monumentale. L'année même, il traitait avec l'architecte que son beau-père utilisait pour son château voisin de Torigni, Jean-Fran-çois Gabriel, pour la construction d'un pavillon à juxtaposer à l'aile nouvelle. Ce pavillon devait, dans son esprit, marquer le centre d'une grande façade à éléments symétriques. La pierre rouge de Troisgots fut à nouveau utilisée. Le pavillon est entièrement garni de bossages qu'interrompent seulement de grands sillons horizon-taux. Des frontons coiffent le pavillon, fronton droit côté cour, fronton courbe enfermant un œil-de-bœuf, côté jardin. Un escalier droit prit place dans le pavillon, dont le mur-noyau fut également construit en pierre rouge.

On ne sait si la prolongation du bâtiment fut réalisée ; si elle le fut, elle disparut dans un incendie en 1740. Quant à l'aile occiden-tale, elle fut détruite en 1830, ce qui donne aujourd'hui un aspect incohérent à Canisy. On avait, en 1830, tenté d'y pallier en plaquant sur le pavillon de la porterie un amusant pastiche du XVIe siècle en pierre de Troisgots.

Torigni

à Torigni-sur-Vire

MANCHE / A LA COMMUNE / MUSÉE ET HÔTEL DE VILLE / *

Modifié au cours des siècles, à demi rasé sous le premier Empire, puis dévasté par un bombardement en 1944, le château de Torigni n'a conservé qu'une aile, qui a été restaurée depuis la guerre. A travers ces vicissitudes, l'édifice se laisse difficilement saisir. Dans la première moitié du XVIe siècle, Joachim de Matignon entreprit de reconstruire la vieille forteresse médiévale que Henri Plantagenêt avait en vain tenté d'enlever en 1151. Sa première construction fut sans doute l'aménagement d'un large pavillon carré (l'ancien donjon ?) coiffé d'un comble immense et qui ressemblait ainsi au grand pavillon de Fontaine-Henry (daté de 1537). Il était situé au fond à gauche de la cour d'entrée. Un peu plus tard, semble-t-il, lui fut accolé en retour à gauche, à l'extrémité d'une aile basse de communs, un petit pavillon de deux étages coiffé d'un comble à l'impériale, construction fort bien décorée de pilastres superposés avec un rez-de-chaussée d'arcades à bossages ; il abritait un escalier à rampes droites.

Plus tard, Jacques de Matignon, futur maréchal de France, poursuivit l'œuvre de son père, mort en 1549. Il éleva, à droite du gros pavillon, un corps de logis largement percé, côté cour, de deux galeries superposées ; sa façade italianisante était garnie de bossages et de pilastres, les arcades de l'étage et le départ du comble étaient pourvus de balustrades de pierre. L'édifice comportait d'abord cinq travées, une sixième lui fut ajoutée ensuite, correspondant à un escalier droit annoncé par un avant-corps à colonnes comme au Louvre. Le corps de logis rejoignait à droite un pavillon tracé selon un plan bastionné en losange. Puis une grande aile fut élevée en retour d'équerre à partir de ce pavillon, sur le côté droit de la cour.

Les dessins exécutés pour Roger de Gaignières à la fin du XVIIe siècle, contemporains des modifications apportées par la famille de Matignon, nous permettent d'imaginer l'état du temps du maréchal. Il n'en reste plus aujourd'hui que la grande aile, flanquée à ses extrémités de lourds pavillons carrés d'époque Louis XIV. Encore l'aile elle-même appartient-elle aussi au XVIIe siècle puisque les marchés d'achèvement et de couverture furent passés par Charles de Matignon, fils du maréchal, en 1611 et 1612. Pourtant sa façade septentrionale est proche du dessin de la petite aile à galerie, laquelle est certainement de la fin du XVIe siècle. On peut donc penser qu'un projet uniforme avait été donné pour l'ensemble, et suivi par les maçons pendant plusieurs dizaines d'années, même après la mort du maréchal en 1597. En 1588, on l'a vu, lorsque Hervé de Carbonnel faisait bâtir à Canisy, il avait recours à l'architecte du maréchal, qui travaillait alors à Torigni, Jean-François Gabriel. C'est donc lui qui pourrait être l'auteur du projet général, que l'utilisation de la pierre rouge de Troisgots et bien des ressemblances avec Canisy permettent de situer à la fin des années 1580.

Au nord, ancien côté de la cour, les bossages de pierre rouge tapissent la façade de bandes horizontales recouvrant les murs et

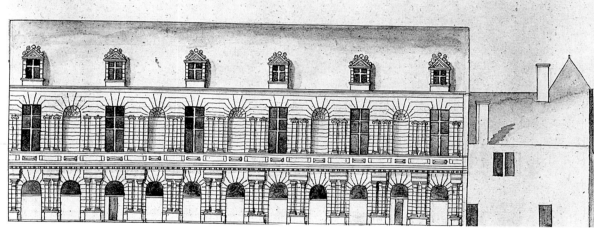

TORIGNI. Dessins de
la collection R. de
Gaignières, avant 1692
(Bibl. nat., Estampes,
Va 103 a).

En haut : vue de l'entrée.

Au milieu : aile à droite
en entrant.

En bas : aile à gauche en
entrant.

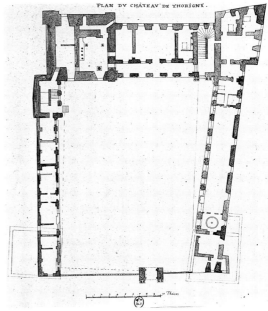

TORIGNI. Plan, dessin de la collection R. de Gaignières, avant 1692 (Bibl. nat., Estampes, Va 103 a).

les pilastres de pierre blanche. Aux baies rondes, anciennement ouvertes, du rez-de-chaussée, comme aux niches et aux fenêtres rectangulaires de l'étage, ils soulignent au contraire les lignes obliques des voussoirs. La présence des niches est une nouveauté ; elles rappellent celles de Wideville, de Bonnemare et du pavillon Bullant aux Tuileries. L'ordonnance maniériste soulignée par la polychromie violente du matériau a rarement été plus franche sur un édifice français de cette date. Rappelons que la galerie de l'étage présentait intérieurement de grands trumeaux pleins pour recevoir des peintures : une série célèbre de toiles de Claude Vignon, qui disparaîtra dans l'incendie de 1944. A l'extérieur, vers le sud, la façade aux murs blancs égayés de simples travées rustiques de pierre rouge est quasi semblable à celle du corps de logis de Canisy, qui s'achevait en 1588.

ÉPINAY. Façade vers l'entrée.

255.

Épinay

à Champeaux

ILLE-ET-VILAINE / PROPRIÉTÉ PRIVÉE

Jean d'Espinay avait fait campagne en Italie, et il était le frère de Charles d'Espinay, évêque de Dol, poète délicat qu'admirèrent Ronsard et Rémi Belleau. Peu avant de voir ériger sa terre bretonne de Champeaux en marquisat (1575), il fait modifier vers 1570 le château patrimonial, qui comprenait un donjon carré du XIIIᵉ siècle accosté de constructions de granit du XVᵉ siècle. A ce groupe de bâtiments médiévaux, Jean d'Espinay fait accoler un long corps de logis terminé par deux pavillons quadrangulaires qui viennent équilibrer la masse du donjon ; l'un d'eux s'agrémente d'une tourelle polygonale coiffée d'un bulbe d'ardoises qui fait à son tour écho aux aiguilles gothiques du XVᵉ siècle. Cette intégration harmonieuse est due à un maître d'œuvre local nommé Ricaud, dont le nom figure sur la façade, et qui construisit plusieurs demeures en Bretagne. André Mussat a rapproché aussi Épinay du château de Durtal en Anjou, dont la marquise d'Espinay, Marguerite de Scépeaux, était issue.

Les enseignements de Du Cerceau ont pu l'inspirer, car la façade de mœllon crépi s'anime, à la française, d'une ossature de pierre dure qui dessine les bandeaux horizontaux des étages et des appuis et les travées saillantes réunissant les croisées sous des lucarnes à baies cintrées coiffées de frontons interrompus. Certains pilastres du pavillon sont enfilés de couronnes de marquis, preuve que les travaux se poursuivent après 1575. Sur la tour d'escalier ancienne a été remonté au-dessus de la porte un bas-relief à personnages, plus ancien d'un demi-siècle peut-être, qui garnissait autrefois le portail du mur d'enceinte.

L'intérieur a conservé les traces du décor d'origine, très restauré, notamment une belle cheminée ornée de deux ordres de colonnes et d'un manteau à médaillons peints. Dans l'église paroissiale voisine, Jean d'Espinay fit élever la chapelle funéraire de sa famille ; on y voit le mausolée de ses parents, décoré par le sculpteur Jean Juste le Fils. Le château appartiendra en 1609 à Charles de Schomberg, fils de Françoise d'Espinay, puis il sera vendu en 1633 à la famille de La Trémoille.

256.

La Moussaye

à Plenée-Jugon

CÔTES-DU-NORD / PROPRIÉTÉ PRIVÉE

Le château a été reconstruit entre 1572 et 1583 par les Gouyon de La Moussaye. Malgré ses petites dimensions, il offre une silhouette avantageuse grâce au grand dôme qui surgit du centre du corps de

LA MOUSSAYE. Façade vers l'entrée.

logis et aux petits dômes qui lui répondent sur les tourelles carrées flanquant la façade. L'influence de Philibert de L'Orme s'est exercée sur cette maison au décor discret, aux lignes horizontales insistantes, où tout l'effet est demandé aux toitures.

257.

La Touche

à Trébry

CÔTES-DU-NORD / PROPRIÉTÉ PRIVÉE / ✶

Remplaçant un manoir plus ancien, celui-ci fut bâti à partir de 1576 pour Christophe de La Roche, gouverneur de Moncontour. La cheminée de la grande salle porte la date de 1579. Le caractère exceptionnel du bâtiment vient de sa parfaite homogénéité, de ses dispositions symétriques et de l'importance accordée aux combles à l'impériale qui coiffent les tours rondes du mur d'enceinte et les tourelles d'escalier nichées à la rencontre des grands pavillons latéraux et du corps de logis principal. Ici encore, l'influence de Philibert de L'Orme semble s'être exercée. Dans cette demeure austère bâtie de granit, les éléments décoratifs sont réduits au minimum, corniches à corbeaux, pilastres de la porterie, discrets pilastres et frontons des lucarnes. D'importants bâtiments agricoles sont intégrés à la composition.

LA TOUCHE. Vue de la cour.

LA TOUCHE. Le portail d'entrée.

p. 681 : LA TOUCHE. Détail d'une des tours de l'entrée.

BODINIO. L'escalier.

BODINIO. Le pavillon du XVIᵉ siècle.

258.

Bodinio

à Clohars-Fouesnant

FINISTÈRE / PROPRIÉTÉ PRIVÉE

C'est après avoir épousé Jeanne de Botigneau ou de Bodinio en 1583 que François de Kerc'hoent, seigneur de Kergournadec'h, fait reconstruire le château de Bodinio. C'était une bâtisse importante dont il ne subsiste qu'un fort pavillon de plan carré bâti en granit. La tourelle d'escalier qui le flanque présente une toiture en dôme à l'impériale assez voisine de celles de La Touche-Trébry. Quelques volutes agrémentent le couronnement des lucarnes. Le reste du château a été détruit au XVIIIᵉ siècle.

259.

Keroüartz

à Lannilis

FINISTÈRE / PROPRIÉTÉ PRIVÉE

Les dates inscrites sur les bâtiments nous apprennent que le manoir fut construit entre 1585 et 1602, pour François de Keroüartz et Marguerite Nuz. L'unité de style en est remarquable. Les portes percées dans le mur d'entrée ont leurs voussoirs piquetés de bossages de la façon la plus rustique qui soit. Le logis qui s'élève au fond présente des lucarnes à frontons droits qui sont déjà celles du XVIIe siècle. Les bandeaux plats qui cernent les grandes croisées sur le mur en moyen appareil de granit sont d'une belle monumentalité ; la porte

KEROÜARTZ. Façade principale.

KEROÜARTZ. Portail d'entrée.

du logis, précédée d'un perron semi-circulaire, est coiffée d'un fronton sommé de trois pots à feu selon les enseignements de Serlio, et le pavillon de droite est coiffé d'un bulbe pénétrant un comble pyramidant qui rappelle de près les tourelles du château d'Épinay. La grande salle conserve une cheminée à colonnes géminées doriques sous un manteau sculpté de figures mythologiques dont certaines semblent issues de la tradition celtique.

KEROÜARTZ. Cheminée de la salle.

VIII. LE STYLE HENRI IV
_____ 1590 à 1600 _____

La lente accession au pouvoir du prétendant huguenot, Henri de Navarre, a certainement étendu et aggravé le conflit religieux, lui donnant par rapport à la période précédente le caractère d'un affrontement général entre les forces ligueuses dressées contre l'hérétique et la coalition malaisée des huguenots et des catholiques modérés. La mort de Henri III rend la haine plus inexpiable encore entre les deux camps. Ainsi les premières années de règne du Béarnais sont-elles les pires qu'aient connues le royaume depuis la guerre de Cent ans. Le terrible siège de Paris, levé et repris durant des mois, plongea la population dans un abîme de misère. Bien davantage que durant les guerres de Religion proprement dites, celles des décennies 1560, 1570 et 1580, cette époque connaît donc un ralentissement, sinon localement un arrêt total, de l'activité du bâtiment. Jamais en effet les temps n'ont été moins sûrs qu'en 1591, 1592, 1593. Le royaume peut basculer d'un côté ou de l'autre, l'envahisseur espagnol est aux portes, l'économie — commerce et agriculture — s'est effondrée, les droits féodaux ne sont plus payés en raison de la misère. Comment la noblesse pourrait-elle, dans ces conditions, entreprendre ou poursuivre des chantiers dispendieux ? Et pour la monarchie, absente de ses résidences par les nécessités de la reconquête, il en est moins question encore. Le Louvre, les Tuileries, Fontainebleau, Saint-Germain, laissés sans crédits d'entretien et sans maître, se dégradent rapidement. Les terrasses disjointes laissent couler la pluie.

Le XVIe siècle est moribond. Un monde nouveau se prépare, mis en œuvre par la reconquête d'abord, la réorganisation ensuite, deux opérations conjointes voulues par Henri IV. Avec lui, c'est l'avènement d'une monarchie moderne, caractérisée d'abord par le primat reconnu à l'État sur la Religion, ensuite par le renforcement de l'autorité monarchique servie par un vrai « gouvernement » de techniciens. Dans les campagnes, on observe un processus généralisé de renaissance agricole. Dans les villes, la bourgeoisie qui a souvent bénéficié financièrement du conflit religieux, s'arroge par les charges et les offices, une part de pouvoir qu'elle ne lâchera plus.

On serait porté à situer l'expression architecturale de ce nouveau monde en gestation dans un grand « XVIIe siècle », comme on l'a fait généralement. Notre propos, nous nous en sommes expliqué en commençant, est au contraire de parcourir le XVIe siècle dans toute sa dimension chronologique, en y incluant _in fine_ la décennie 1590-1600, mais brièvement. Cette démarche a, pensons-nous, l'avantage de placer dans sa vraie perspective l'évolution des formes. Peu porté naturellement aux choses de l'art et se heurtant au chaos des institutions effondrées et des hommes dispersés, Henri IV n'a pas créé un nouveau style en ceignant la couronne de France. Bien au contraire, les circonstances l'ont incliné à adopter l'esthétique précédemment définie pour manifester en quelque sorte la continuité de la monarchie. C'est progressivement que des variations d'abord, des directions nouvelles ensuite ont été définies. Il paraît donc légitime à plusieurs titres d'achever cet ouvrage par les quelques édifices qui suivent, édifiés entre 1594 et 1600.

La manière des petits châteaux Du Cerceau, élaborée sous Henri III, va continuer à inspirer durant vingt ans les gentilhommières d'Ile-de-France, mais en se chargeant progressivement de traits plus spécifiquement « Henri IV » qui vont en modifier l'aspect. La Grange-le-Roy et le palais abbatial de Saint-Germain-des-Prés en étaient, nous l'avons dit, les premières expressions. L'ordonnance brique et pierre s'est imposée par la gaieté de sa polychromie ; la brique met plus brutalement en valeur que le crépi clair les effets dentelés des bossages de pierre qui ont presque partout remplacé les ordonnances à pilastres. Ces bossages, souvent biseautés pour en accentuer le relief, dessinent les angles des constructions et l'encadrement des fenêtres avec une géométrie très insistante. Les lucarnes de grande taille, généralement passantes, c'est-à-dire interrompant la ligne de la corniche, donnent à l'édifice un couronnement puissant, parfois agrémenté d'un décor sculpté. Cet habit tricolore, brique, pierre, ardoise, revêt des volumes qui ont tendance à s'alourdir. Les pavillons nés soixante ans plus tôt sous l'apparence de tours carrées coiffées en pyramide deviennent d'énormes blocs presque cubiques. Le plan s'est souvent simplifié : un corps de logis encadré de deux pavillons. Les trois éléments sont coiffés de toitures distinctes, hauts combles pyramidaux séparés par des noues profondes entre le logis et les pavillons, ceux-ci plus élevés que celui-là. Sur ces grandes masses, on comprend que le rôle des lucarnes soit primordial, et plus encore, celui des immenses souches de cheminée qui animent le comble et reçoivent un décor architecturé aussi chargé que jadis à Chambord.

Ainsi Maximilien de Béthune, déjà le plus fidèle compagnon du roi, fait-il bâtir son château de Rosny (assorti d'ailes, il est vrai, mais qui resteront inachevées et ont été rasées depuis), ainsi le banquier Cenamy conçoit-il son simple pavillon de Charenton, ainsi le maréchal de Montigny fait-il ériger La Grange, en Berry. On pourrait multiplier les exemples. Il paraît plus intéressant de signaler les divergences, le premier Grosbois d'abord, évidemment inspiré par certaines planches de Du Cerceau, et qui innove avec son attachante façade en hémicycle côté cour. Le traitement du « brique et pierre » garde de savoureuses caractéristiques normandes à Fumichon, au Mesnil-Guillaume, et s'astreint à une rigueur très militaire par lits de bossages horizontaux au château du maréchal de Fervaques, lieutenant général de la province. Plus loin, l'influence Du Cerceau se perd, à Bourdeilles qui est encore un monument de pierre de taille agrémenté de pilastres superposés, fidèle à une esthétique propre au Sud-Ouest, ou à Montbras en Barrois, italianisant et chargé de sculptures ; mais elle se retrouve en Agenais, à Lasserre et à Calonges, où les encadrements des fenêtres chargés de bossages alternés sont conformes au dessin maniériste pratiqué au même moment à Paris. Le premier est d'ailleurs l'œuvre d'un maçon parisien, Marin de La Vallée, qui travaillera au Luxembourg, après Salomon de Brosse.

S'il n'est pas un esthète, Henri IV est au moins un bâtisseur et l'activité qu'il va déployer durant un règne au bout du compte fort court est stupéfiante. Dès l'entrée à Paris en mars 1594, il a décidé de relever de leurs ruines les maisons royales. Ainsi le Louvre est achevé pour son aile méridionale et la Petite Galerie de Catherine de Médicis est surélevée d'un étage. A l'extrémité de celle-ci, à la perpendiculaire, l'immense Galerie du bord de l'eau est jetée le long de la Seine jusqu'à la rencontre de l'axe des Tuileries, où l'on bâtira le pavillon dit aujourd'hui de Flore, avant de remonter vers le nord à la rencontre des Tuileries. Le roi a confié ses bâtiments à deux architectes. Au dernier fils de Jacques Ier Du Cerceau, Jacques II, déjà en place à la fin du règne de Henri III et succédant à son frère Baptiste, Henri IV a adjoint un nouveau venu, Louis Métezeau, venu d'une famille de bâtisseurs originaire de Dreux. Leurs productions conjointes ne sont pas signées isolément, bien que la critique ait ensuite tenté de les départager.

Comme ils continuaient l'œuvre de leurs précédesseurs au Louvre et aux Tuileries, on comprend que Métezeau et Du Cerceau aient pratiqué un style composite ; il préfigure en quelque sorte celui qui sera choisi par Visconti et Lefuel au second Empire. Au Louvre même, il suffisait de poursuivre l'ordonnance de Lescot. A la Petite Galerie, l'étage (que nous ne voyons plus aujourd'hui que sous sa version reconstruite par Le Vau et modifiée au XIXᵉ siècle) était scandé de pilastres ; une bordure de rive sculptée, à la Lescot, cachait le départ du toit ; l'avant-corps central était cerné de pilastres superposés. L'originalité résidait dans le décor, constitué en partie par les nouveaux attributs du roi, ainsi que dans les chambranles des fenêtres, faits de tables et de montants moulurés, mais plus encore dans le dessin des lucarnes, œils-de-bœuf circulaires percés dans des massifs carrés coiffés de frontons superposés. L'avant-corps s'achevait par un attique chargé d'un bas-relief allégorique encadré de figures et sommé d'un grand fronton cintré. L'édifice était dédié à la gloire de Henri IV et de sa dynastie, il abritait à l'étage la galerie des Rois, grande symphonie monarchique faite de portraits historiques et de grandes figures de stuc. Plus loin, la salle des Antiques, garnie de marbres colorés au sol et sur les murs, conservait les statues antiques des collections royales.

A la Grande Galerie, les architectes pouvaient innover davantage. L'immense vaisseau, fait pour abriter aux niveaux inférieurs les logements des artistes et des artisans d'art et au-dessus une longue enfilade menant aux Tuileries, fut divisé en deux compositions architecturales différentes où l'on a cru pouvoir déceler l'œuvre de Louis Métezeau d'un côté, celle de Jacques II Du Cerceau de l'autre. Toutes deux renchérissent sur les Tuileries pour l'ordonnance par juxtaposition. Chaque travée est en effet traitée comme un avant-corps, et coiffée d'un large fronton, alternativement triangulaire ou cintré. Du côté Métezeau, l'élévation à trois étages explique la superposition des ordres, traités en style rustique en partie basse. Une savoureuse décoration sculptée de caractère allégorique y est généreusement répandue. Côté Du Cerceau, on a cherché un effet plus monumental, les travées sont faites de pilastres jumelés d'ordre colossal.

C'est bien là le grand style monarchique, propre à frapper les Parisiens tout comme les ambassadeurs étrangers. Le roi le fait encore appliquer à la galerie de Blois (disparue aujourd'hui) et au château de sa maîtresse Gabrielle d'Estrées à Montceaux. Ailleurs, les architectes modulent leurs façades avec plus de discrétion pour les harmoniser avec l'environnement. Ils vont jusqu'à pratiquer le pastiche intégral.

A Fontainebleau ainsi, l'ordonnance de Primatice est copiée pour habiller la façade du fond de la Cour de la Fontaine et créer un ensemble unitaire. Sur le jardin de Diane, les galeries (en partie disparues) reprennent le style aimable et presque champêtre de la première aile de la Cour du Cheval blanc. On y voit un fin décor linéaire de brique où renaît l'esprit de Serlio et celui du Lescot de Fleury-en-Bière. Sur la Cour ovale, dont les extrémités sont reconstruites pour régulariser le plan et ouvrir l'espace sur l'extérieur, les façades pourtant maladroites de Guillaume Le Breton sont littéralement copiées, le portique de l'escalier est rabattu de côté, la nouvelle entrée monumentale du « Baptistère » est juchée sur l'ancien arc de triomphe démonté de la Cour du Cheval blanc. Seule, la grande Cour des Offices ajoutée à la fin du règne sera une création nouvelle et grandiose, encore tributaire toutefois de Fleury-en-Bière. La même observation pourrait être faite au château neuf de Saint-Germain-en-Laye, agrandi progressivement en conservant le style primitif donné par Philibert de L'Orme.

A la charnière du XVIᵉ et du XVIIᵉ siècle, les notions de régularité et d'ensemble sont donc devenues les valeurs suprêmes de l'architecture royale. D'un art de citations, si adapté au monde raffiné et pessimiste des derniers Valois, on est passé avec le nouveau règne à l'éclectisme, qui va parfois jusqu'à la copie pure et simple. L'inspiration est toute différente. La nouvelle France reconnaît les valeurs sûres de l'art national sous François Iᵉʳ et sous Henri II et elle les assimile sans complexe d'infériorité ; mais c'est pour créer des ensembles ordonnés, cohérents, majestueux que l'ancienne monarchie n'avait pas su orchestrer, faute de cet esprit terre à terre et obstiné qui caractérisa le Béarnais, faute aussi de moyens financiers affectés avec constance aux bâtiments. L'art des formes et des volumes y perdait certainement en subtilité, mais la monarchie était dignement logée face à l'Europe, et elle avait conscience de laisser aux générations futures un patrimoine monumental comparable aux grandeurs de l'Antiquité romaine.

260.

Les Galeries du Louvre

troisième période *(voir nᵒˢ 142 et 182)*

Entré à Paris le 22 mars 1594, Henri IV définit deux mois plus tard le programme d'achèvement des Tuileries laissées à l'abandon par Catherine de Médicis ; en octobre, il prescrit l'achèvement du vieux Louvre (aile méridionale de la petite Cour carrée) et, quelques semaines plus tard, la reprise et la surélévation de la Petite Galerie, ancien rez-de-chaussée datant de Charles IX qui devient un bâtiment d'un étage, menant du pavillon du Roi au quai de la Seine. En janvier 1595 enfin, il ordonne la construction de la Grande Galerie. Perpendiculaire à la Petite Galerie, elle doit longer la rive de la Seine en recouvrant l'ancien rempart de la ville et se poursuivre en ligne continue jusqu'au droit du palais des Tuileries, qu'elle rejoindra par de nouveaux bâtiments perpendiculaires à la Seine.

Deux architectures différentes sont choisies pour la galerie. Sa première partie, de beaucoup la plus longue, est destinée à recevoir dans ses niveaux inférieurs les ateliers et les logements des artistes et artisans que le roi veut abriter dans son palais, sous la galerie proprement dite qui court à l'horizontale sur plus de 400 mètres, du Louvre aux Tuileries. C'est donc une ordonnance à trois niveaux qui est choisie, le premier et le troisième garnis de pilastres juxtaposés sous de grands frontons terminaux ; un décor exubérant surcharge pilastres, frise, encadrements de fenêtres, niches et frontons. L'ouvrage s'achève vers 1603. Dans les années suivantes, on bâtira la seconde partie de la galerie, aux travées scandées de pilastres d'ordre colossal portant de grands frontons saillants ; cette partie a été rasée et reconstruite sous le second Empire. Henri IV avait pour le Louvre deux architectes ; on attribue avec vraisemblance le dessin de la première partie de la Galerie du bord de l'eau à Louis Métezeau et celui de la seconde à Jacques II Androuet Du Cerceau. Il se peut que l'ordonnance à frontons alternés de la galerie de l'hôtel de Nevers, bâtie sur le quai de la rive gauche, sans doute par Baptiste Du Cerceau, ait inspiré le dessin de la Galerie du Louvre.

Les Galeries du LOUVRE. Gravure de G. Pérelle, milieu du XVIIᵉ siècle.

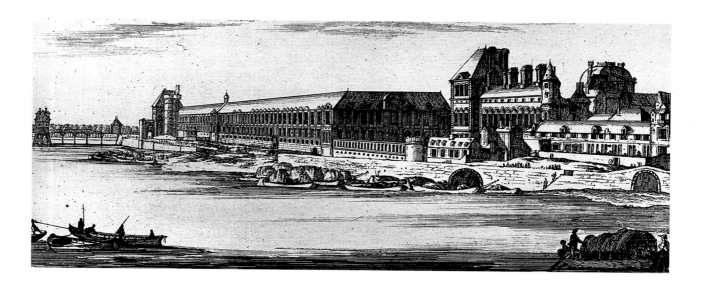

La Grande Galerie du LOUVRE.

261.
Fontainebleau

quatrième période *(voir nᵒˢ 68, 146 et 179)*

SEINE-ET-MARNE / A L'ÉTAT / MUSÉE ET PALAIS NATIONAL / ✱

Henri IV affectionnait particulièrement Fontainebleau dont il fera sa résidence principale certaines années de son règne. Dès la prise de Paris en 1594, il entame des travaux pour réparer et aménager le château. La première campagne porte sur la Cour de la Fontaine. Dans un souci d'uniformisation, le roi fait ainsi reprendre la façade méridionale de la Galerie de François Iᵉʳ et lui donne une ordonnance d'arcades, pilastres doubles à bossages et niches copiée sur celle que Primatice avait donnée à l'aile voisine dite des Reines mères. D'autres travaux portèrent alors sur la Cour du Cheval blanc (portail du pavillon central). Plus tard, Henri IV fera bâtir à l'usage de Marie de Médicis l'ensemble des galeries entourant le jardin de Diane (il en subsiste la galerie de Diane), modifier les extrémités orientales de la Cour ovale avec la porte du Baptistère et enfin dresser, à la fin de son règne, (1606-1609), l'ensemble imposant de la Cour des Offices.

FONTAINEBLEAU. Nouvelle façade de la Galerie François Iᵉʳ sur la Cour de la Fontaine.

262.
Montceaux

SEINE-ET-MARNE / PROPRIÉTÉ PRIVÉE / RUINES / ✳

Un premier château a existé à Montceaux en Brie, au sommet de la pente douce qui monte depuis la ville de Meaux vers la forêt. On peut attribuer sa construction à la famille Saligaut, vers 1520. Marie Saligaut l'apporte en dot à un notaire et secrétaire du roi nommé Jean Laguette, qui exercera ensuite la fructueuse charge de receveur des finances et des parties casuelles. En 1544, Laguette ajoute un corps de logis à la demeure de sa belle-famille, comportant salle et chapelle, et décoré de pilastres superposés, toscans et ioniques. Deux ans plus tard, il y fait encore travailler, habillant cette fois l'ancien corps de logis d'un décor postiche de fausse brique pour l'harmoniser avec l'aile neuve. Montceaux est alors une demeure d'importance, dont le plan donne peut-être les grandes lignes du château postérieur : une ou deux ailes longues et étroites, des pavillons rectangulaires cernant un corps de logis, lui-même pourvu d'un pavillon central renfermant un escalier à rampes droites.

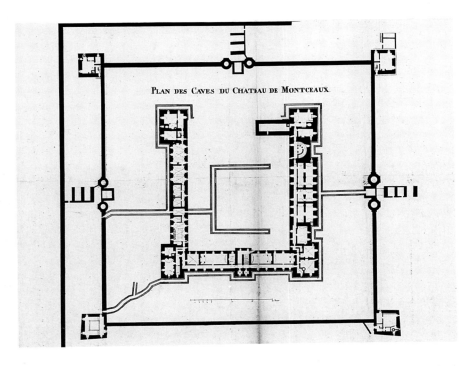

MONTCEAUX. Plan des caves au XVIIIe siècle (Archives nationales, V.A. XXV, 5).

Le château n'était pas achevé depuis longtemps lorsque Laguette et sa femme le vendent à Henri II en janvier-mars 1555. Si le roi l'a acheté, c'est sans doute qu'il en a été sollicité par la reine Catherine qui désire une demeure personnelle où elle puisse recevoir son époux et la Cour hors de l'obédience de Diane de Poitiers. Aussi, dès août 1556, Henri II lui cède-t-il la terre et seigneurie avec les bâtiments. Deux ans plus tard, elle y fait transporter cuirs damassés, meubles et porcelaines.

Catherine se plaît dans cette maison. Une allée du parc dans la direction de Meaux sert de jeu de pail-mail, c'est-à-dire de croquet ; Henri II y prend plaisir. Pour lui être agréable, la reine imagine de couvrir l'allée d'une charpente. La dépense prévue est telle qu'elle s'adresse à Philibert de L'Orme qui a imaginé récemment un procédé de charpente en bois courts assemblés. Pour répondre à sa demande, de L'Orme expérimente d'abord son procédé en recouvrant les anciennes terrasses de pierre du château de La Muette à Saint-Germain-en-Laye.

De charpente semblable à Montceaux, il ne sera plus question, car la reine a modifié entre temps son projet. Il lui est plus glorieux d'élever, face à l'allée du Mail, un pavillon de « grotte » qui rivalisera avec la grotte de Meudon que le cardinal de Lorraine vient de faire achever par Primatice. Un marché de mai 1557 nous apprend que Philibert de L'Orme a été appelé pour construire un édifice en hauteur dressé sur un socle traité « comme un rocher et en façon rustique » du côté de la pente, et abritant de ce côté une grotte octogonale. Au-dessus de ce socle à demi enterré, une architecture à piliers d'ordre colossal garnissait les façades sur deux étages ; la salle, de plain-pied avec l'allée du Mail, servait de « loge » pour regarder de loin la partie et prendre la collation. Au printemps 1558, l'édifice était achevé. Il n'en reste rien.

Après la mort de Henri II, Montceaux va servir à maintes reprises de résidence à la reine mère et à la Cour qui l'accompagne. Le plus fameux épisode qui s'attache à ces séjours est le complot de septembre 1567, la « surprise de Meaux ». Les troupes huguenotes ont tenté d'enlever par surprise la reine et son fils ; une réaction immédiate lui permet de regagner en hâte la capitale, entourée par les régiments de gardes suisses.

Une fois Catherine de Médicis disparue à son tour, Montceaux fait partie de sa succession, qui ne sera pas réglée sans problèmes. Henri IV apprécie le site, il s'y rend à fréquentes reprises avec Gabrielle d'Estrées dès septembre 1594, encore en 1595 et en 1596. C'est là, le 31 janvier, qu'il ménage au duc de Mayenne une rentrée

MONTCEAUX. Ruines du pavillon d'entrée, côté cour.

p. 693 : MONTCEAUX. Ruines de l'avant-corps de l'aile centrale sur la cour.

MONTCEAUX. Ruines de la porte de l'aile gauche.

en grâce dont le récit a été souvent fait. Gabrielle y tient déjà le rôle de maîtresse de maison, avec le titre de marquise de Montceaux alors que le château dépend encore de la succession vacante. Le 25 mars 1596 enfin, elle se le fait adjuger pour 39 000 écus, dont le roi lui fit sans doute cadeau. Les travaux commencent en 1597. Henri IV y prend plaisir et fait part à l'ambassadeur de Venise de ses projets. Le château de Jean Laguette est reconstruit. L'édifice s'élève sur un vaste terre-plein carré cerné de fossés. Des pavillons d'angle, à simples rez-de-chaussée coiffés de combles à l'impériale, se dressent aux angles de la plate-forme. Le marché de construction de l'un d'entre eux par les maçons Jean de L'Orme et Rémy Collin est daté de décembre 1598. De ces quatre petits pavillons subsistent les deux du côté de l'entrée, celui du concierge (bâti en 1623) et le pavillon Conti, surélevé d'un étage.

Le château lui-même formait un quadrilatère : quatre grands pavillons aux angles, portant les chiffres H G (Henri, Gabrielle), une aile basse d'entrée garnie d'une galerie du côté de la cour et interrompue en son milieu par un pavillon d'entrée, deux ailes sur les côtés, au fond, le logis principal avec le pavillon d'escalier élargi. L'influence de Charleval et surtout de Verneuil s'y fait sentir. C'est déjà le plan du palais du Luxembourg. L'architecture de pierre, avec incrustations de brique, est scandée de grands pilastres ioniques. Un riche décor sculpté est répandu partout. Jacques II Androuet du

Cerceau fut très probablement l'architecte du château de Gabrielle, aidé par son jeune neveu Salomon de Brosse. Les ruines que l'on découvre aujourd'hui permettent de mesurer la grandeur de la maison qu'édifiait la favorite. Henri IV y vint à fréquentes reprises en 1598, et encore au début de 1599, avant la mort tragique de Gabrielle à Paris. A cette date, l'édifice était sans doute fort avancé, mais encore inachevé en ce qui concernait le corps de logis principal et l'aile d'entrée.

Après la mort de sa maîtresse, le roi reprit le château à son fils César de Vendôme et en fit don en 1601 à sa femme légitime, Marie de Médicis, pour la remercier d'avoir donné naissance au dauphin Louis. La reine s'attacha vivement au château et y fit faire d'importants travaux par Salomon de Brosse à partir de 1608. Celui-ci édifia ainsi le pavillon d'entrée et sa chapelle, modifia l'aile sud et le pavillon du corps de logis qu'il flanqua d'un ordre de grandes colonnes. A l'extérieur de la plate-forme, il traça une grande basse-cour d'entrée, y construisit des écuries et la chapelle du commun. Un style plus classique s'y manifeste, assez différent des effets décoratifs voulus par Du Cerceau au château. L'immense édifice ne fut guère entretenu par les rois. Quand il fut passé à la Maison de Conti, il tomba à l'abandon (XVIIIe siècle), hormis un pavillon surélevé pour servir de rendez-vous de chasse. La ruine sera précipitée par les acquéreurs des biens nationaux en 1799. Pourtant, comme il ne reste rien de Charleval ni de Verneuil, les grands vestiges de Montceaux sont seuls à nous faire apprécier dans son caractère le plus monumental cette architecture des dernières années du siècle.

MONTCEAUX. Ruines de la façade extérieure de l'aile droite.

263.

Rosny

à Rosny-sur-Seine

YVELINES / **PROPRIÉTÉ PRIVÉE** / ✱

La terre de Rosny appartenait à la maison de Béthune depuis 1529. Maximilien de Béthune y naquit en 1559, au manoir de Beuron, distant de deux kilomètres du bourg. Il fut baron de Rosny à la mort de son frère aîné et y fit de nombreux séjours, au hasard des opérations militaires menées pour la reconquête du royaume aux côtés de Henri IV. Celles-ci se déroulèrent souvent dans la région du Mantois en 1590-1592, et la bataille d'Ivry fut livrée en 1590 fort près de Rosny. Blessé alors, Maximilien fut ramené dans son manoir à l'heure même où le roi se donnait le plaisir de la chasse sur les terres de son serviteur.

Après l'entrée à Paris et le retour progressif à la paix, celui que l'histoire appelle Sully se préoccupa de faire rebâtir l'antique château de Rosny qui s'élevait en bordure de la Seine ; sinon dès 1595, au moins en 1598-1599, avec l'aide de certaines libéralités royales. Il construit un château brique et pierre conforme au nouveau goût. Celui-ci affecte le plan désormais courant d'un quadrilatère cerné de fossés : quatre pavillons d'angle, deux ailes, un mur-écran vers l'entrée, un corps de logis à l'arrière de la cour. Des dessins conservés à la bibliothèque de l'Institut de France et au musée de Stockholm nous présentent les différentes élévations des bâtiments neufs. On y voit que le mur d'entrée était percé d'un portail sommé de canons tonnants (Sully était grand maître de l'artillerie). Plus

ROSNY. Lithographie de C. Motte d'après un dessin de la duchesse de Berry.

ROSNY. Le corps de logis du côté du jardin.

tard, dans les premières années du XVIIᵉ siècle, Philippe de Béthune, frère cadet de Maximilien, s'inspirera du dessin de ce mur pour son château de Selles-sur-Cher.

Les travaux avancèrent lentement. Le corps central était achevé vers 1599. En 1610, à la mort du roi, les pavillons et le mur-écran étaient achevés. Une tradition veut que les ailes ne l'aient point été à cette date et que Sully ait décidé, en signe de deuil, de les couvrir d'une toiture à la hauteur qu'elles atteignaient. Pareille intention paraît difficile à prouver. Maintes images nous présentent le château achevé : gravure de Claude Chastillon, peintures murales aux châteaux de Villebon et de Sully-sur-Loire, lithographie de la duchesse de Berry en 1823. On y voit que les ailes étaient effectivement moins élevées que le corps de logis principal, mais c'est là une disposition qui se voit souvent (au château de Laréole par exemple).

Pourtant ces ailes devaient avoir un aspect disgracieux puisque la duchesse de Berry, devenue propriétaire du château du ministre

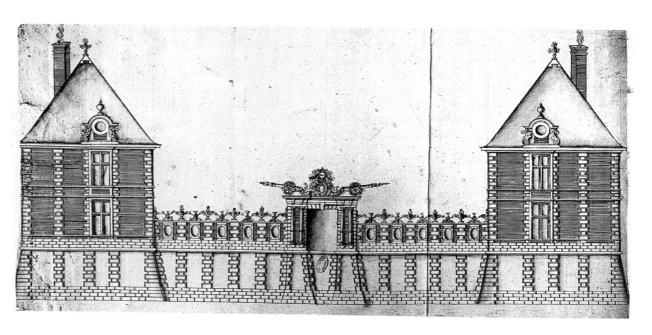

Dessins exécutés probablement pour les façades de ROSNY:

En haut: façade d'entrée (Bibl. de l'Institut, ms. 1001, pl. 35-36).

Au milieu: façade extérieure de l'aile droite (Bibl. de l'Institut, ms. 1001, pl. 33).

En bas: façade extérieure du corps de logis (Stockholm, Musée national, anc. coll. Cronstedt, n° 85).

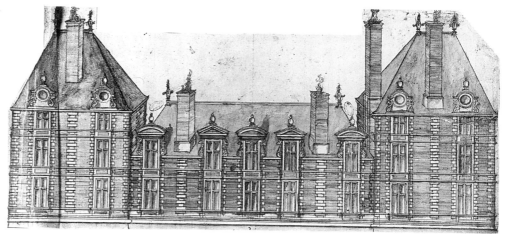

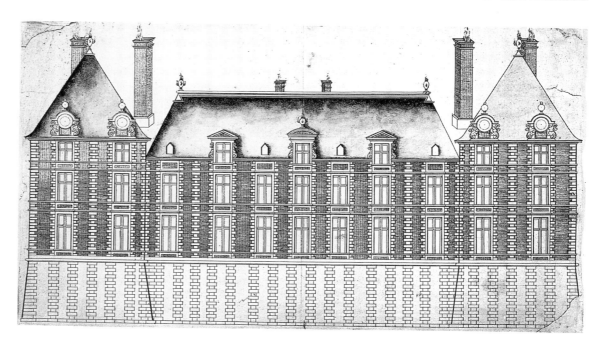

de Henri IV, les fit rebâtir par son architecte, le Suisse Joseph-Antoine Frœlicher, à la date de 1826. La masse du château pourvue de ses grands pavillons d'entrée et d'ailes de même hauteur, mais dépourvue du mur-écran disparu antérieurement est' bien visible sur une peinture de Camille Corot, datée de 1840 (musée du Louvre). On y voit aussi que la duchesse avait fait doubler en 1828 le rez-de-chaussée du logis par une aile couverte en terrasse qui permettait d'améliorer les circulations intérieures, autrefois contenues dans une seule épaisseur de pièces.

A la date de 1840, le château venait de passer aux mains du comte Le Marois qui le sauva certainement de la démolition. Pourtant, il eut l'idée de faire raser les ailes et les pavillons avancés et de conserver seulement le logis entre ses deux pavillons, sans doute pour diminuer la dépense. En 1869, Rosny fut acheté par le grand industriel Gustave Lebaudy.

264.
Pavillon Cenamy

à Charenton-le-Pont

VAL-DE-MARNE / A LA COMMUNE / HÔTEL DE VILLE / *

Le banquier lucquois Barthélemy Cenamy (1546-1611) vint en France à la suite de Catherine de Médicis et y accumula une puissante fortune. Peut-être fut-il naturalisé français vers 1581, comme son compatriote Sébastien Zamet. Tous deux aideront efficacement Henri IV lors de la reconquête du royaume et le roi leur exprimera sa reconnaissance en les comblant de faveurs. C'est sans doute dans les années 1590 que le pavillon de Charenton-le-Pont fut édifié pour Cenamy. Son plan massif, son élévation, ses façades de brique à chaînages de pierre sans ornement rappellent à la fois Rosny et La Grange, en Berry.

LE PAVILLON CENAMY, à Charenton.

265.
Grosbois

à Boissy-Saint-Léger

VAL-DE-MARNE / À LA SOCIÉTÉ D'ENCOURAGEMENT À L'ÉLEVAGE DU CHEVAL FRANÇAIS / *

La terre de Grosbois appartenait à la fin du XVIe siècle à Raoul Moreau, trésorier de l'Epargne, qui la donna en dot à sa fille Marie lorsqu'elle épousa en 1596 Nicolas de Harlay, baron de Sancy. À cette date, c'est l'un des hommes les plus importants de France, en passe de devenir surintendant des finances. Bon capitaine et négo-

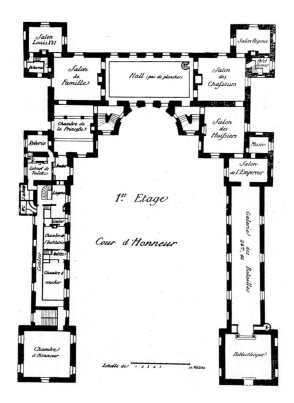

GROSBOIS. Plan par H. Soulange-Bodin.

ciateur habile, il a permis à Henri III, puis à Henri IV, de bénéficier de l'aide des mercenaires suisses que les deux rois étaient pourtant dans l'incapacité de payer régulièrement. Ces mercenaires ont assuré la victoire du Béarnais et, par là même, la fortune de Sancy. Le roi lui donne une place prépondérante au conseil des finances, mais en quelques années l'étoile ascendante de Sully et la rancune de Gabrielle d'Estrées, que Sancy n'a pas épargnée dans ses propos, vont amener sa disgrâce dès 1598.

La construction de Grosbois débute au plus fort de la faveur de son propriétaire. En mai 1597, un marché est signé avec l'entrepreneur Florent Fournier pour élever une « motte » entourée de fossés bordés de murs d'escarpe et de contrescarpe bien maçonnés, avec deux ponts-levis (côté cour d'entrée et côté jardin), et un portail architecturé. Sur le terre-plein, Fournier doit édifier un château de pierre de taille et mœllon enduit avec chaînages de brique encadrant les ouvertures. Il sera composé d'un corps de logis présentant des retours sur la cour, le tout cantonné de pavillons rectangulaires. Fournier, actif entrepreneur qui a travaillé sur les chantiers royaux, à Fontainebleau comme au Louvre, décède au début de 1599. En avril, une expertise est faite contradictoirement avec les héritiers de l'entrepreneur, son fils Ysaïe Fournier, qualifié d'architecte du roi, ses gendres Claude Martin, maçon, et Pierre Biart, le fameux sculpteur. Sancy évalue les malfaçons et les ouvrages non terminés à plus de 5 000 écus, les autres promettent de le satisfaire lors d'un accord passé au mois de mai.

Ce premier château, c'est celui que nous voyons au fond de la cour, avec quelques modifications que les gravures anciennes d'Israël Silvestre nous permettent de déceler. Ainsi toutes les baies du premier étage étaient rectangulaires, et non cintrées (elles furent modifiées au début du XVIIIᵉ siècle) et s'élevaient plus haut vers la corniche ; la fenêtre du fronton central était accostée de deux œils-de-bœuf et non d'ouvertures carrées.

L'originalité profonde de Grosbois réside dans l'arrondi de la façade principale creusée en exèdre, disposition fort rare que l'on avait déjà vue au château neuf de Saint-Germain-en-Laye et au pavillon de jardin du château de Verneuil. Liliane Châtelet-Lange a rapproché le plan de Grosbois de plusieurs planches de Du Cerceau, le projet VI du *Troisième Livre* surtout (1582), qui comporte une façade en hémicycle, et le projet XV, qui montre une succession de pavillons en décrochement. Du Cerceau semble avoir fait écho dans ses projets à certaines recherches de Serlio et de Palladio, mais aussi au Belvédère du Vatican par Bramante et peut-être au palazzo Baronale de la famille Colonna à Palestrina, bâti dans les murs d'un théâtre antique. Ces dispositions en hémicycle sont appelées couramment au XVIᵉ siècle « en manière de théâtre ». Les architectes de Henri IV en useront à la basse-cour de Fontainebleau.

Disposition très originale, deux escaliers symétriques, logés dans les écoinçons de la façade, permettaient d'accéder aux appartements, logés à l'étage dans les différents pavillons, ainsi qu'à la grande salle qui occupait l'espace central avec deux orientations. Côté jardin, les grandes fenêtres rectangulaires ont été remplacées au début du XVIIIᵉ siècle par des fenêtres cintrées. Quant au motif central à fronton, qui était semblable à celui que l'on voit côté cour, il a été remplacé, vers 1895, par trois grandes lucarnes passantes. Les travaux menés par Jean Thiriot sous Louis XIII aboutiront de plus à plaquer un portail à fronton au rez-de-chaussée côté jardin et à lancer un grand perron-terrasse qui permettait de franchir le fossé et de se rendre dans les parterres.

p. 701: GROSBOIS. Vue du logis au fond de la cour.

701

Un peu plus tard, quelques années sans doute après sa disgrâce, Sancy eut le désir d'amplifier la demeure où il se retirait volontiers avec un important train de maison. Des premières années du XVIIe siècle, peut ainsi dater le plan ambitieux que conserve le musée de Stockholm, identifié par Mme Châtelet. On y reconnaît les deux ailes et les grands pavillons terminaux que nous voyons aujourd'hui, érigés dans le même style brique et pierre, en prolongement des pavillons du premier château. Celle de droite contenait une galerie qui fut décorée du temps de Sancy, car on y voyait les épisodes de sa mission dans les Cantons suisses, et le pavillon de gauche contenait la chapelle. Le même plan montre du côté gauche les vastes communs et le jeu de paume, qui furent construits et, du côté droit, des bâtiments symétriques qui ne le furent point. Sancy avait définitivement quitté les affaires en 1605, il vendit Grosbois en 1616 à Charles de Valois, duc d'Angoulême, bâtard du roi Charles IX, qui y fera exécuter plus tard les peintures murales du pavillon de droite, dans le style d'Abraham Bosse.

266.

Fervaques

CALVADOS / CENTRE DE LOISIRS ET DE CULTURE
DE LA CAISSE DE SÉCURITÉ SOCIALE / *

Fils d'un des combattants de Cérisoles mort en 1554, Guillaume IV de Hautemer, seigneur de Fervacques et baron de Grancey, joua un rôle politique important, mais équivoque, lors des guerres de Religion. Conseiller politique de Monsieur, François d'Alençon, il fit un

FERVAQUES. Façade d'entrée.

temps partie du petit état-major de Henri de Navarre, alla guerroyer aux Pays-Bas puis adhéra à la Ligue des seigneurs bourguignons jusqu'à la mort de Henri III. Rallié à Henri IV, il fut fait maréchal de France et lieutenant général en Normandie.

Le château de Fervaques était constitué par un petit manoir du XVᵉ siècle. Guillaume de Hautemer entreprit de l'agrandir à partir de 1596 et jusque vers 1602. Le manoir fut prolongé en ligne droite de trois travées jusqu'à la rencontre d'un pavillon d'angle sur lequel s'amorce une longue aile perpendiculaire, terminée par un second pavillon identique. Un appareil strictement géométrique couvre les façades de ces bâtiments nouveaux : une sorte de ponctuation de bossages plats en lits horizontaux, de hauteurs différentes, se répand sur un fond de brique. Soubassement taluté en pierre plongeant dans des douves alimentées par la Touques, corniches à modillons, lucarnes à ouvertures cintrées sous des frontons droits composent une architecture toute militaire, particulièrement austère. Le perron sur la cour est une addition récente.

267.

Fumichon

CALVADOS / PROPRIÉTÉ PRIVÉE

Le château fut rebâti pour Guy de Longchamp, gouverneur de Lisieux, puis pour son fils Jean qui lui succéda en 1587. Ligueur acharné, ce dernier rentra en grâce en 1597. De cette époque datent les trois pavillons brique et pierre, amorce d'une grande composi-

FUMICHON. Vue générale.

tion avortée. Ceux qui se présentent à l'entrée sont assortis de tourelles d'escalier en poivrières, celui du fond à droite, sur lequel se greffe le corps de logis, comporte un étage supplémentaire.

268.
Le Mesnil Guillaume

CALVADOS / PROPRIÉTÉ PRIVÉE

Les tourelles d'angle du Mesnil-Guillaume ressemblent singulièrement à celles de Fumichon, mais l'ensemble présente une apparence beaucoup plus structurée, quadrilatère de pierre de taille à l'architecture uniforme, flanqué d'un pavillon d'entrée. Le château doit dater des dernières années du XVIᵉ siècle, lui aussi. Il fut bâti pour Jean Le Vallois, mort en 1606, parent des Le Vallois qui avait construit à Caen l'hôtel d'Escoville. Dans la cour, une aile est bâtie en pan de bois avec décor de pilastres.

LE MESNIL GUILLAUME. Vue générale.

269.
Bourdeilles

DORDOGNE / AU DÉPARTEMENT / ✳

Bourdeilles, qui domine de haut la vallée de la Dronne, connut deux châteaux juxtaposés du fait d'un partage entre deux branches familiales au Moyen Age, le château neuf et le château vieux, « la Comté » et « la Baronnie », séparées par un profond fossé. Conservant le donjon et les corps de logis du premier, datant de la fin du XIIIᵉ siècle, Mᵐᵉ de Bourdeilles fit réédifier le château vieux après son mariage, survenu en 1588. En épousant André de Bourdeilles, sénéchal de Périgord, Jacquette de Montbron (morte en 1597) devenait la belle-sœur de Brantôme, qui célébra ses talents. « Sur tous

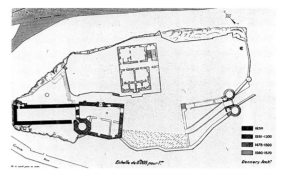

BOURDEILLES. Plan des châteaux, par Dannery (*Congrès archéologique*, 1927).

BOURDEILLES. Le château de Jacquette de Montbron.

les Arts, elle aima fort la géométrie et architecture, y étant très experte et ingénieuse comme elle l'a bien fait paraître en ce superbe édifice et belle maison de Bourdeilles qu'elle fit bâtir de son invention et seule façon, qui est très admirable. »

C'est un grand bloc parallélépipédique couvert d'un toit plat à l'italienne dissimulé derrière une balustrade qu'agrémentent des merlons décoratifs coiffés de petits frontons. La beauté de l'appareil de pierre de taille et les corniches saillantes qui cernent l'édifice font toute son ornementation, sauf en un point : une excroissance, inachevée, appliquée au logis. On y trouve un grand escalier droit rampe sur rampe. La façade du château vers la terrasse est pourvue d'un décor plus élaboré, trois ordres superposés de pilastres, de grandes baies cintrées au rez-de-chaussée (autrefois ouvertes), des frises sculptées de types variés. Un large couloir central dallé traverse le corps de logis. A l'étage, la Chambre dorée est garnie de lambris bas et de deux cheminées. L'une d'elles, peut-être d'origine, est ornée au manteau d'une peinture qui représente Flore allongée. Les peintures qui recouvrent le solivage du plafond sont plus tardives, et sont attribuées à Ambroise Le Noble, un peintre qui avait travaillé à Fontainebleau et que l'on trouve au service des Bourdeilles en 1641.

270.

Lasserre

LOT-ET-GARONNE / PROPRIÉTÉ PRIVÉE

C'est Jean-Paul d'Esparbès, seigneur de Lussan, gentilhomme ordinaire de la Chambre de Henri III, sénéchal d'Agenais et de Condomois, qui fit reconstruire le château à partir de 1593. Il avait fait venir de Paris des sculpteurs mais aussi un architecte, Marin de La Vallée, qui travaillera plus tard pour Marie de Médicis et Richelieu.

LASSERRE. Façade sur la cour.

En témoigne une inscription : « M. de Lavallée maitre masson à Paris m'a faicte 1596. » L'édifice formait un quadrilatère, l'une des ailes a été démolie et remplacée par une simple balustrade. Le traitement des croisées est analogue à celui que l'on trouve à la même époque dans certains châteaux voisins comme celui de Calonges, ou comme dans quelques hôtels parisiens ; le chambranle mouluré est chargé d'une succession de bossages qui garnissent de la même manière les claveaux de la plate-bande. Des segments de corniches couronnent les fenêtres sauf celle de l'avant-corps central, (où est logé l'escalier) qui est coiffée d'un fronton. Les lucarnes présentent un dessin original à petits frontons et ailerons. L'intérieur fut décoré en 1598 par Paul Vaudoyer, on y trouve trois cheminées de pierre grise à incrustations de marbres polychromes.

271.
Calonges

LOT-ET-GARONNE / **PROPRIÉTÉ PRIVÉE**

Le château appartenait à la fin du XVIe siècle aux frères La Chaussade, de religion protestante, le second mort en 1594. Il paraît difficile de placer comme on l'a fait la construction des bâtiments que nous voyons après 1622, moment où il fut restitué par le cardinal de La Valette à la famille La Chaussade après sa confiscation par Louis XIII. La parenté avec Lasserre nous inviterait plutôt à dater des années 1590 cet ensemble inachevé, qui aurait dû comporter un corps de logis et deux ailes ; l'aile gauche ne fut pas construite et le logis a été écrêté de son premier étage en 1818 et transformé en séchoir à tabac. Néanmoins la construction en brique à grandes croisées cernées de bossages de pierre taillés en pointes de diamant est fort remarquable.

CALONGES.
Façade sur le jardin.

272.
Montbras

MEUSE / PROPRIÉTÉ PRIVÉE

Le château médiéval dressé sur la rive gauche de la Meuse appartenait à la famille de Bourlémont, il fut vendu en 1598 par Louis de
Vigneulles à Claude de Verrières et à Louise des Salles, mariés
depuis deux ans. Les époux firent reconstruire à partir de cette date
un château neuf à 300 mètres de l'ancien : c'est un corps de logis

MONTBRAS. Façade sur la cour.

principal laissé interrompu avec une amorce d'aile gauche à la mort de Louise des Salles vers 1610. Le grand style de la Renaissance règne ici, marqué d'un italianisme savant, dû peut-être à des ingénieurs italiens au service du duc Charles III de Lorraine. A l'extérieur, de grands bossages et des mâchicoulis garnissent les tours bastionnées. Sur la cour au contraire, les travées sont ornées d'ordres superposés, pilastres cannelés ioniques et corinthiens. Deux frises sculptées courent tout au long de la façade. Les trumeaux sont occupés par des niches sculptées garnies de statues. Les peintures intérieures datent du début du XVIIe siècle et représentent la danse des *Indiens Topinambours* et des scènes des *Métamorphoses* d'Ovide.

RÉPERTOIRE DES CHÂTEAUX
PAR RÉGIONS

La construction des châteaux, manoirs, gentilhommières ou maisons-fortes connaît au XVIe siècle une activité intense qui est l'une des plus évidentes caractéristiques de la « Renaissance » française. Le désir de reconstruire, sinon seulement de modifier, la demeure fortifiée de l'avant-guerre de Cent ans, s'est déjà manifesté puissamment dans la seconde moitié du XVe siècle, mais cette tendance s'accélère dans les premières décennies du XVIe siècle.

Seule une comptabilité précise permettrait de mesurer le phénomène et d'en tracer la courbe. L'information manque encore pour appuyer l'enquête sur une documentation infaillible, et c'est seulement une ébauche imparfaite que nous esquissons ici. L'investigation menée à travers la France par les équipes de l'Inventaire général des monuments et richesses artistiques pourra seule apporter des réponses précises à notre interrogation. Sur la base de données imparfaites, nous proposons une première approche du phénomène, que chacun aura loisir de corriger, de modifier ou de compléter suivant ses propres sources d'information.

Le cadre que nous avons choisi pour présenter brièvement quelque 2 400 demeures est celui des anciennes provinces du royaume, regroupées lorsqu'elles ne couvraient chacune qu'un ou deux départements. Pour mieux faire saisir la configuration du royaume, de Charles VIII à Henri IV, nous avons rassemblé dans une seconde partie les régions qui échappaient à cette époque à la souveraineté du roi : le croissant oriental, de la Flandre à Nice, la Corse et le Roussillon. Pour ne pas égarer le lecteur dans les arcanes d'une géographie historique trop détaillée, nous avons néanmoins conservé en sous-division l'entité du département, bien sensible encore à nos contemporains malgré la reprise en compte des régions. Certains départements groupent des territoires ayant appartenu à plusieurs provinces. Nous les avons placés avec celles auxquelles ils appartiennent par leur plus grande surface (l'Eure-et-Loir avec l'Orléanais).

La diversité des sources utilisées et leur degré différent de crédibilité nous ont amené à accueillir assez largement les informations qu'elles donnent sans avoir toujours la possibilité de les recouper les unes avec les autres. Les anciennes dissertations sur les châteaux traitaient souvent bien davantage de la généalogie blasonnante de leurs propriétaires ou du pittoresque romantique de leur silhouette que d'une véritable appréciation critique de leurs éléments architecturaux. Aussi le principal intérêt que l'on peut trouver aux anciennes monographies, comme aux collections de vulgarisation, réside-t-il dans les illustrations, gravures ou photographies, que l'on peut compléter avec le trésor inépuisable des cartes postales.

Dans cette quête, nous avons retenu les châteaux, mais aussi les maisons nobles plus modestes quand elles présentaient un caractère architectural affirmé ; nous avons retenu les édifices bâtis entièrement durant le siècle, mais aussi ceux qui ont été reconstruits en partie, agrandis, remaniés, percés de baies témoignant de l'adoption du nouveau style.

Et nous avons fait la part large au siècle. Récemment, quelques changements spectaculaires de datation ont dépossédé le XVIIe siècle de châteaux qui y étaient traditionnellement situés — Wideville et Neuville, en région parisienne — pour les restituer aux dernières décennies du XVIe siècle. Cette nouvelle vision du style « Du Cerceau » nous a incité à retenir pour ce répertoire quelques édifices datés communément du début du XVIIe siècle et qui pourraient néanmoins appartenir à la période directement antérieure. La frontière de l'année 1600 n'est d'ailleurs qu'une division imaginaire et l'évolution progressive de l'architecture durant le règne de Henri IV est mieux sensible si l'on évite de tracer une brusque coupure.

Est-il besoin d'ajouter qu'a fortiori la même observation se vérifie pour l'année 1500 ? La « Renaissance » est alors en marche dans le royaume depuis une dizaine d'année. Elle coexiste avec la tradition gothique du flamboyant, qui se poursuivra sans heurt dans la plupart des régions pendant vingt ou trente années du nouveau siècle. Les choix de ce répertoire ont tenu compte dans la mesure du possible de cette réalité.

OUVRAGES GÉNÉRAUX SUR LA PÉRIODE

dans l'ordre chronologique de leur parution

On trouvera ici des indications bibliographiques groupées par régions, par départements, par édifices et, en tête, une liste d'ouvrages d'intérêt général dont le nombre est nécessairement limité.

1576

ANDROUET DU CERCEAU (Jacques), *Les Plus Excellents Bastiments de France*, Paris, 1576-1579, 2 vol. Rééd. par M. Destailleur, Paris, 1868 et par D. Thomson, Paris, 1988.

1681

FÉLIBIEN (André), *Mémoires pour servir à l'histoire des Maisons royalles et Bastimens de France*, 1681. Publié par A. de Montaiglon, Paris, 1874 (Société de l'Histoire de l'art français).

1845

VIOLLET-LE-DUC (Eugène), « De l'art étranger et de l'art national », dans *Annales archéologiques*, 1845, p. 284-290.

1850

LABORDE (Léon de), *La Renaissance des arts à la cour de France, étude sur le XVIe s.*, Paris, 1850-1855. Réédité, Genève, 1970, 2 vol.

1854

VIOLLET-LE-DUC (Eugène), *Dictionnaire raisonné de l'architecture française du XIe au XVIe siècle*, Paris, 1854-1868. Réédité, 1966-1967, 10 vol.

1860

BERTY (Adolphe), *Les Grands Architectes français de la Renaissance*, Paris, 1860.

1863

ROUYER (Eugène) et DARCEL (Alfred), *L'Art architectural en France depuis François Ier jusqu'à Louis XIV*, Paris, 1863-1866, 2 vol.

1864

BERTY (Adolphe), *La Renaissance monumentale en France*, Paris, 1864, 2 vol.

1867

SAUVAGEOT (Claude), *Palais, châteaux, hôtels et maisons de France du XVe au XVIIIe siècle*, Paris, 1867, 4 vol.

1878

LABORDE (Léon de), *Les Comptes des bâtiments du roi (1528-1571)*, Paris, 1878-1880, 2 vol.

1879

PALUSTRE (Léon), *La Renaissance en France*, Paris, 1879-1889, 3 vol.

1885

MUNTZ (Eugène), *La Renaissance en Italie et en France à l'époque de Charles VIII*, Paris, 1885.

1886

EBE (G.), *Die Spätrenaissance, Kunstgeschichte der europäischen Länder von der Mitte des XVI bis zum Ende des Jahrhunderts*, Berlin, 1886.

1887

GEYMÜLLER (Henry de), *Les Du Cerceau, leur vie, leur œuvre*, Paris-Londres, 1887.

1888

WÖLFFLIN (Heinrich), *Renaissance und Barock*, Munich, 1888.

1892

PALUSTRE (Léon), *L'Architecture de la Renaissance*, Paris, 1892.

1894

CROŸ (Joseph de), *Nouveaux Documents pour l'histoire de la création des résidences royales des bords de la Loire*, Paris-Blois, 1894.

1898

GEYMÜLLER (Henry de), *Die Baukunst der Renaissance in Frankreich*, Stuttgart, 1898-1901, 2 vol.

1900

DIMIER (Louis), *Le Primatice*, Paris, 1900 ; Argenteuil, 1928.

1901

COURAJOD (Louis), *Leçons professées à l'Ecole du Louvre (1887-1896). II. Origines de la Renaissance*, Paris, 1901.

1909

WARD (W.H.), *French Châteaux and Gardens in the XVI th Century. A Series of Reproductions of contemporary Drawings* [œuvres d'Androuet Du Cerceau], Londres, 1909.

1910

VACHON (Marius), *La Renaissance française. L'architecture nationale*. Paris, 1910.

1911

BLOMFIELD (Reginald), *A History of french Architecture from the Reign of Charles VIII till the Death of Mazarin, 1494-1661*, Londres, 1911-1921. Réédité, New York, 1973.

VITRY (Paul), *L'Architecture de la Renaissance en France* dans MICHEL (André), *Histoire de l'art*, t. IV, Paris, 1911.

VITRY (Paul) et BRIÈRE (Gaston), *Documents de sculpture française. Renaissance*, Paris, 1911, 2 vol.

WARD (W.H.), *The Architecture of the Renaissance in France : a History of the Evolution of the Arts of Building, Decoration and Garden Design under classical Influence from 1495 to 1830*, Londres, 1911.

1914

GRAILLOT (H.), *Nicolas Bachelier*, Toulouse, 1914.

1923

HAUPT (Albrecht), *Baukunst der Renaissance in Frankreich und Deutschland*, Berlin, 1923.

1927

GEBELIN (François), *Les Châteaux de la Renaissance*, Paris, 1927.

1928

LE SUEUR (Pierre), *Dominique de Cortone dit le Boccador*, Paris, 1928.

1929

ROY (Maurice), *Artistes et Monuments de la Renaissance en France*, Paris, 1929-1934, 2 vol.

1930

GROMORT (Georges), *Histoire abrégée de l'architecture de la Renaissance en France*, Paris, 1930.

1934

DU COLOMBIER (Pierre) et ESPEZEL (Pierre d'), « Le *Sixième Livre* retrouvé de Serlio et l'architecture française de la Renaissance », *Gazette des Beaux-Arts*, 1934, p. 42-59. « L'Habitat au XVIe siècle d'après le *Sixième Livre* de Serlio », *Humanisme et Renaissance*, t. 1, 1934, p. 31-49.

1935

MARTIN (Camille) et ENLART (Camille), *La Renaissance en France. L'architecture et la décoration*, Paris, 1935.

1942

GEBELIN (François), *Le Style Renaissance*, Paris, 1942 (coll. Arts, styles et techniques).

1944

LAVEDAN (Pierre), *L'Architecture française*, Paris, 1944 (coll. Arts, styles et techniques).

1946

DU COLOMBIER (Pierre), « Sebastiano Serlio en France », dans *Etudes d'art*, no 2, 1946, p. 29-49.

1949

WITTKOWER (Rudolph), *Architectural Principles at the Age of Humanism*, Londres, 1949.

1950

DU COLOMBIER (Pierre), *L'Art Renaissance en France*, Paris, 1950.

1953

BLUNT (Anthony), *Art and Architecture in France. 1500 to 1700*, Londres, Melbourne, Baltimore, 1953 ; nombreuses rééditions jusqu'en 1982 ; traduction française, Paris, 1983.

1957

GEBELIN (François), *Les Châteaux de la Loire*, Paris, 1957, nouv. éd.

1958

BLUNT (Anthony), *Philibert de L'Orme*, Londres, 1958 ; traduction française, Paris, 1963.

1959

GLOTON (Jean-Jacques), « L'Architecture française de la Renaissance, état de la question », dans *L'Information d'histoire de l'art*, t. IV, 1959, p. 133-143.

1960

DU COLOMBIER (Pierre), *Le Château de France, son histoire, sa vie, ses habitants*, Paris, 1960.

PANOFSKY (Erwin), *Renaissance and Renascenses in western Art*, Stockholm, 1960.

1961

BABELON (Jean), *La Civilisation française de la Renaissance*, Paris, 1961.

1962

DENIEUL-CORMIER (Anne), *La France de la Renaissance, 1488-1559*, Paris, 1962.

GEBELIN (François), *Les Châteaux de France*, Paris, 1962 (coll. Le Lys d'or).

1963

HAUTECOEUR (Louis), *Histoire de l'architecture classique en France*, tome I, volumes 1 et 2, Paris, 1963-1965, nouvelle édition.

1965

HUBER (Martin R.), « Sebastiano Serlio : sur une architecture civile "alla parisiana" », dans *L'Information d'histoire de l'art*, 1965, n° 1, p. 9-17.

1967

CHASTEL (André), « La Demeure royale au XVIᵉ siècle et le nouveau Louvre », 1967, article réédité dans *Fables, Formes, Figures*, Paris, 1978, t. 1, p. 441-452.

DELUMEAU (Jean), *La Civilisation de la Renaissance*, Paris, 1967.

GLOTON (Jean-Jacques), « Bibliographie des travaux sur l'architecture et l'urbanisme en France du début de la Renaissance à la mort de Louis XIV », dans *L'Information d'histoire de l'art*, 1967, n° 1.

1968

BENEVOLO (Leonardo), *Storia dell' l'Architettura del Rinascimento*, Bari, 1968.

CHASTEL (André), *La Crise de la Renaissance. 1520-1600*, Paris, 1968.

JAMES (François-Charles), « Jean Bullant », dans *Positions de thèses de l'Ecole nationale des chartes*, Paris, 1968, p. 101-109.

1969

CHASTEL (André), « La Villa en France au XVIᵉ siècle », dans *Bolletino del Centro di studi d'architettura Andrea Palladio*, t. XI, 1969, p. 255-260.

1970

PRINZ (Wolfram), *Die Entstehung der Galerie in Frankreich und Italien*, Berlin, 1970.

1971

GOLSON (Lucile M.), « Serlio, Primatice et l'architecture des grottes », dans *Gazette des Beaux-Arts*, 1971, t. 1, p. 95-108.

MURRAY (Peter), *L'Architettura del Rinascimento*, Milan, 1971. Traduction française, 1973.

1973

HOFFMANN (Verner), « Artisti francesi a Roma : Philibert Delorme e Jean Bullant », dans *Colloqui Sodalizio*, Italie, 1973-1974, n° 4, p. 56-68.

SARTRE (Josiane), *Châteaux « brique et pierre » en Picardie*, Paris, 1973.

1974

BOUDON (Françoise) et COUZY (Hélène), « Les plus excellents bâtiments de France », dans *L'Information d'histoire de l'art*, 1974, t. 19, n° 1, p. 8-12, et n° 3, p. 103-114.

LECOQ (Anne-Marie), « La représentation du château (XVᵉ-XVIᵉ) » dans *L'Information d'histoire de l'art*, 1974, n° 1, janvier-février, p. 13-24.

ROUSSET CHARNY (Gérard), « Le relevé d'architecture chez Jacques Iᵉʳ du Cerceau », *L'Information d'histoire de l'art*, n° 3, p. 114-124.

1975

LABANDE-MAILFERT (Yvonne), *Charles VIII et son milieu. 1470-1498*, Paris, 1975.

THUILLIER (Jacques), « Peinture et politique : une théorie de la galerie royale sous Henri IV », dans *Etudes d'art français offertes à Charles Sterling*, Paris, 1975.

1977

MILLER (Naomi), *French Renaissance Fountains*, New York-Londres, 1977.

THOMPSON (W.E.), « The domed entry Pavillon in French classical Architectures », dans *Dissertation Abstracts*, Worcester, Mass. (Etats-Unis), 1977-1978, t. 38, n° 3.

1978

PLACZEK, ACKERMAN et ROSENFELD, *Sebastiano Serlio on domestic Architecture*, New York-Cambridge, 1978.

1979

FICHET (Françoise), *La Théorie architecturale de l'âge classique*, Paris, 1979.

GLOTON (Jean-Jacques), *Renaissance et Baroque à Aix-en-Provence*, Ecole de Rome, 1979, 2 vol.

MIGNOT (Claude), « L'Automne de la Renaissance. 1580-1630 », dans *XXIIᵉ Colloque international d'études humanistes*, Tours, 1979, p. 343-356.

1981

GUILLAUME (Jean), *L'Architecture de la première Renaissance en Poitou*, thèse de doctorat, 1981 (inédite).

HERME-RENAULT (Marie), « Claude Chastillon et sa Topographie française », dans *Bulletin monumental*, 1981, n° 3, p. 141-163.

SARTRE (Josiane), *Châteaux « brique et pierre » en France*, Paris, 1981.

TAFURI (Manfredo), *Architecture et Humanisme. De la Renaissance aux réformes*, Rome-Bari, 1980, 3ᵉ éd. Traduction française, 1981.

1982

PÉROUSE DE MONTCLOS (Jean-Marie), *L'Architecture à la française. XVIᵉ, XVIIᵉ et XVIIIᵉ siècles*, Paris, 1982.

1983

CLOULAS (Ivan), *La Vie quotidienne dans les châteaux de la Loire au temps de la Renaissance*, Paris, 1983.

GUILLAUME (Jean), « L'Ornement italien en France », dans *Atti del I Convegno Internazionale di studi Pavia 1980*, Pavie, 1983, p. 207-212.

1984

JESTAZ Bertrand, *l'Art de la Renaissance*, Paris, 1984.

1985

PRINZ (Wolfram) et KECKS (Ronald G.), *Das französische Schloss der Renaissance*, Berlin, 1985 (avec des contributions d'U. ALBRECHT et de J. GUILLAUME).

L'escalier dans l'architecture de la Renaissance, Actes du colloque tenu à Tours en 1979, Paris, 1985 (De Architectura).

Documents du Minutier central des notaires de Paris. Histoire de l'art au XVIᵉ siècle (1540-1600), par Catherine GRODECKI, Paris. Archives nationales, 1985-1986, 2 vol.

Sur l'histoire des fiefs : MIROT (Léon) et BABELON (Jean-Pierre), *Hommages rendus à la Chambre de France, Chambre des comptes de Paris, XIVᵉ-XVIᵉ siècles, Inventaire analytique*, Paris, Archives nationales, 3 vol. 1932-1985.

1986

Le Château en France sous la direction de J.-P. BABELON (contributions de J. GUILLAUME, Fr. Ch. JAMES, M. CHATENET, Br. TOLLON ET H. ZERNER pour le XVIᵉ siècle), Paris, 1986 ; 2ᵉ éd. avec index, 1988.

WOODBRIDGE (Kenneth), *Princely Gardens. The Origin and Development of the french formal Style*, Thames and Hudson, 1986.

1987

CHATELET-LANGE (Liliane), « Die Statue "à l'antique" im französischen Garten des 16 Jahrhunderts » , dans *Österreichische Zeitschrift für Kunst und Denkmalpflege*, XLI, 1987, p. 97-105.

1988

DE L'ORME (Philibert), *Traités d'architecture*, présentation par J.-M PÉROUSE DE MONTCLOS, Paris, 1988.

DU CERCEAU (Jacques Androuet), *Les Plus Excellents Batiments de France*, présentation par D. THOMSON, Paris, 1988.

JESTAZ (Bertrand), « Étiquette et distribution intérieure dans les maisons royales de la Renaissance », *Bull. monumental*, 1988, p. 109-120.

LE CLECH-CHARTON (Sylvie), « Les notaires et secrétaires du roi et la commande artistique officielle », dans *Bibliothèque de l'École des Chartes*, 146, 1988, p. 307-335.

Les traités d'architecture de la Renaissance, Actes du colloque tenu à Tours en 1981, Paris, 1988 (De Architectura).

Ouvrages et collections diverses sur les châteaux (dans l'ordre chronologique).

TAYLOR (baron), CAILLEUX (Charles de) et NODIER (Charles), *Voyages pittoresques et romantiques dans l'ancienne France*, Paris, Gide fils, 1820-1878, 23 vol. in-fol.

PETIT (Victor), *Architecture pittoresque ou Monuments des XVᵉ-XVIᵉ s. Châteaux de France*, Paris, 1852-1854 (par livraisons). *Châteaux de la vallée de la Loire des XVᵉ, XVIᵉ, XVIIᵉ s.*, Paris, 1861, 2 vol.

EYRIES (Gustave), *Les Châteaux historiques de la France*, Paris-Poitiers, Oudin, 1877-1881, 3 vol. in-fol.

FOUQUIER (Marcel), *Les Grands Châteaux de France*, Paris, Lahure, 1907, 2 vol. in-fol.

FOVILLE (Jean de) et LESOURD (Auguste), *Châteaux de France*, Paris, Hachette, 1912, in-8°.

SAINT-SAUVEUR (Hector de), *Châteaux de France*, Paris, Massin, 1914-1918, 10 vol. in-fol.

VACQUIER (Jules), SOULANGE-BODIN (Henry), JARRY (Paul), DUBOIS (P.) et GERMAIN (A.), *Les Anciens Châteaux de France*, Paris, Contet, 1920-1933, 14 vol. in-fol.

GAUTHIER (Joseph), *Manoirs et Gentilhommières du pays de France*, Paris, Massin, 1928-1933, 9 vol. in-8°.

SOULANGE-BODIN (Henry), *Les Châteaux de Normandie*, Paris, Van Oest, 1928-1929, 2 vol. in-4°. — *Les Châteaux du Maine et de l'Anjou*, Paris, éd. d'art et d'histoire, 1934, in-fol. — *Les Châteaux du Berri*, Paris, Van Oest, 1946, in-8°. — *Les Châteaux en Bourgogne*, Paris, Van Oest, 1942, in-8°. — *Les Châteaux de Normandie*, Paris, Van Oest, 1949, in-4°.

SABATIER (Georges Cazal), *Châteaux anciens et modernes du Centre et du Sud-Est*, Lyon, Audin, 1929, 2 vol. in-4°.

MONTARNAL (Jean de) et GANAY (Ernest de), *Châteaux et Manoirs de France*, Paris, Vincent et Fréal, 1934-1939, 14 vol. in-8°.

Collection parue aux éditions du Chêne, *Châteaux de Bretagne, de Bourgogne*, etc., 1942-1948, in-8°.

COSSÉ-BRISSAC (Philippe de), *Châteaux de France disparus*, Paris, Tel, 1947, in-4°.

GANAY (Ernest de), *Châteaux de France*, Paris, Tel, 1948-1953, 4 vol. in-4°.

GAUTHIER (Stany), *Petits Châteaux et Manoirs de France*, Paris, Massin, 1959, in-4°.

SOULANGE-BODIN (Henry), *Châteaux anciens de France, connus et inconnus*, Paris, éd. du Jura, 1962, in-4°.

Merveilles des châteaux de France, Paris, Hachette-Réalités, 1964-1974, 11 vol. in-4°.

Collection parue aux Nouvelles Éditions latines, fascicules par départements, in-8°.

NAUDÉ DES MOUTIS (J.-P.), *Anciennes Demeures et Vieux Logis*, 1973-1982, 11 vol. in-4°.

Collections diverses : *Petites Monographies des grands édifices de la France, Monographies des châteaux de France, Les Plus Excellents Bâtiments de France...*

Dictionnaires

MONTGOLFIER (Bernard de), *Châteaux en pays de France*, Paris, Larousse, 1971, in-4°.

Dictionnaire des châteaux de France, (sous la dir. d'Y. Christ) Paris, Berger-Levrault, 6 vol. parus depuis 1978, in-4°.

Périodiques (outre les publications des sociétés savantes locales).

Congrès archéologique de France et *Bulletin monumental*, organes de la Société française d'archéologie.

Les Monuments historiques de la France, revue éditée par la Caisse nationale des monuments historiques et des sites.

Vieilles Maisons françaises, revue éditée par l'association de ce nom.

La Demeure historique, revue éditée par l'association de ce nom.

Sites et Monuments, revue éditée par la Société pour la protection des paysages et de l'esthétique de la France.

Guides

Guides bleus, Paris, Hachette.

Ouvert au public. Guide des châteaux, manoirs, abbayes, prieurés, jardins, hôtels et fermes de France ouverts à la visite, Paris, C.N.M.H.S., 1987.

ABRÉVIATIONS

Pour alléger les références bibliographiques dans les pages qui suivent, nous avons abrégé ainsi certains ouvrages couramment utilisés :

BM : *Bulletin monumental*.

CAF : *Congrès archéologique de France*.

DCF : *Dictionnaire des châteaux de France*, Berger-Levrault.

IGMRAF : Publications de l'Inventaire général des monuments et richesses artistiques de la France.

MC : *Merveilles des châteaux*, Paris, Hachette-Réalités.

VMF : *Vieilles Maisons françaises*, périodique.

Gebelin : GEBELIN (François), *Les Châteaux de la Renaissance*, Paris, 1927.

Hautecoeur : HAUTECOEUR (Louis), *Histoire de l'architecture classique en France*, tome I, 1ʳᵉ et 2ᵉ parties, Paris, 1963-1965.

Sartre, France : SARTRE (Josiane), *Châteaux « brique et pierre » en France*, Paris, 1981.

Sartre, Picardie : SARTRE (Josiane), *Châteaux « brique et pierre » en Picardie*, Paris, 1973.

Dans les notices des châteaux, les mentions abrégées renvoient d'abord à la bibliographie par département, ensuite à la bibliographie par région. Les mentions comportant seulement un nom d'auteur, un lieu et une date d'édition se réfèrent à des monographies de l'édifice, dont nous n'avons pas jugé nécessaire de donner le titre.

Les mesures de protection intéressant les édifices sont abrégées ainsi :

I.S. Edifice inscrit à l'Inventaire supplémentaire des monuments historiques

M.H. Edifice classé Monument historique.

L'indication Visite (parfois réduite à l'extérieur du château) a été puisée en priorité dans le guide publié en 1987 (3ᵉ édition) par la Caisse nationale des monuments historiques et des sites, sous le titre *Ouvert au public*.

I. PICARDIE

La Picardie historique et monumentale, Amiens-Paris, 1893-1931, 7 vol.
Dictionnaire historique et archéologique de la Picardie, Amiens-Paris, 1909-1931, 5 vol.
P. Dubois, *Les Anciens Châteaux de France*, t. 13, *La Picardie*, Paris, Contet, 1932.
E. de Ganay, *Châteaux de France. Normandie, Nord et Est*, Paris, 1953.
M.J. Salmon, *L'Architecture civile en Soissonnais au XVIe et début du XVIIe s.*, D.E.S., compte rendu dans : *L'Information d'histoire de l'art*, t. 8, n° 2, mars-avril 1963, p. 90.
J. Sartre, *Châteaux « brique et pierre » en Picardie*, Paris, Nouvelles Editions latines, 1973.
Merveilles des châteaux des Flandres, d'Artois, de Picardie et du Hainaut, Paris, Hachette-Réalités, 1973.
Dictionnaire des châteaux de France, Artois, Flandre, Hainaut, Picardie, Paris, Berger-Levrault, 1978, sous la direction de Jacques Thiébaut.

AISNE

Dr Penant, « Forteresses et Châteaux de la Thiérache », dans *Bull. de la Soc. archéologique de Vervins*, t. 10, 1875.
Canton de Villers-Cotterêts, catal. exposition IGMRAF, 1986.

ACONIN, à Noyant-et-Aconin. Manoir remanié pour Hugues de Nicolardot, maître d'hôtel de la famille d'Estrées, dans un style proche de celui de Coeuvres. Pavillon carré sur la face extérieure du logis, orné autrefois d'une frise à médaillons.
Cf. DCF Artois.

ANIZY, à Anizy-le-Château. Manoir construit vers 1535 pour les évêques de Laon, avec des façades de moellon et de brique. Seule une gravure de Claude Chastillon en conserve le souvenir, car il fut pillé et détruit en 1915.

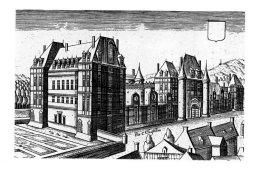

ANIZY. Gravure de Cl. Chastillon.

ARGOULES. Manoir de brique sur un soubassement de grès, construit au XVIe s. pour la famille de Bensserade.
Cf. DCF Artois ; MC Flandres, p. 252

ARMENTIÈRES, à Armentières-sur-Ourcq. M.H. Il ne reste que des ruines du château médiéval des Jouvenel des Ursins, augmenté d'un corps de logis au XVIe s.
Cf. B M, 1923, p. 113 ; H.P. Eydoux, *Châteaux fantastiques*, 1975, t. 3, p. 201-210 ; *DCF Artois.*

ARRANCEAU, à Arrancy. I.S. Grange cistercienne vendue en 1586 à Du Glas, seigneur d'Arrancy, qui y construisit un manoir.
Cf. MC Flandres, p. 252 ; *DCF Artois.*

BRANGES, à Arcy-Sainte-Restitue. I.S. Restes du XVIe s. (tourelle, porte charretière).

BUISSON, à Brécy. Du XVIe s. ; salle des gardes, chapelle en saillie sur la façade, comme à Nantouillet.

CAMBRON, à Fontaine-lès-Vervins. I.S. Du château élevé en 1551 pour Raoul de Coucy, seigneur de Vervins, il ne subsiste, dans la ferme, qu'une tour de brique octogonale haute de 18 mètres.
Cf. MC Flandres, p. 257 ; *DCF Artois.*

CHAILVET, à Royaucourt-et-Chailvet. Construit après 1554 pour les La Vieuville sur une plate-forme bastionnée entourée de douves. Le corps de logis s'encadre entre deux petites tours carrées (couvertes en terrasses avec des lanternons de pierre) réunies par deux galeries d'arcades superposées à pilastres doriques. Un incendie a ravagé en 1945 le logis et ses adjonctions du XVIIIe s.
Cf. MC Flandres, p. 258 ; *DCF Artois.*

CHALANDRY. I.S. Tourelle d'escalier à base polygonale.
Cf. MC Flandres, p. 258 ; *DCF Artois.*

COEUVRES, à Coeuvres-et-Valsery. I.S. **Voir n° 208.**
Cf. Abbé Poquet, Paris, 1856 ; Desclozeaux, *Gabrielle d'Estrées*, Paris, 1889, p. 12-14 ; Salmon ; G. Pillement, *Les Environs de Paris disparus*, Paris, 1968, p. 242 ; *DCF Artois.*

CONDÉ-EN-BRIE. M.H. Visite. Propriété des sires de Coucy, Condé-en-Brie vint aux mains de François de Bourbon comte de Vendôme, lors de son mariage avec Marie de Luxembourg, en 1487. Leur fils Louis, évêque de Laon en 1510, cardinal de Bourbon-Vendôme en 1517, le fit reconstruire vers 1530-1535 ; il sera plus tard archevêque de Sens et abbé de Saint-Denis. Du château du cardinal il subsiste, très modifié, le logis situé entre les ailes. Après sa mort en 1557, il passa à son neveu Louis, premier prince de Condé, et sera ensuite transformé.
Cf. C. Blondiot, *La Vallée du Surmelin*, Reims, 1901, p. 20-40 ; X. de Sade, *VMF*, n° 53, avril 1972, p. 16-23, et n° 86, octobre 1980, p. 88-89 ; *MC Ile-de-France*, p. 299.

COYOLLES, à Villers-Cotterêts. Manoir du XVIe s. bâti pour la famille Noue, assorti de l'autre côté de la route, tout comme à Coeuvres, d'une ferme aux vastes proportions.
Cf. MC Ile-de-France, p. 301 ; *DCF Artois.*

CRAMAILLE. I.S. Ruines d'un château médiéval transformé pour Claude Pinart, secrétaire de Catherine de Médicis, puis secrétaire d'Etat.
Cf. MC Flandres ; *DCF Artois.*

FÈRE, La. M.H. Du château venu des Coucy à François de Bourbon-Vendôme (mort en 1495) et à sa femme Marie de Luxembourg (morte en 1546), il ne subsiste que l'aile nord, qui renferme une salle voûtée, et la porte monumentale de l'ancien oratoire de Marie de Luxembourg. Un dessin attribué à Claude Chastillon nous apprend que c'était un vaste quadrilatère cantonné de pavillons, dans le style des années 1540-1550.
Cf. MC Flandres, p. 262 ; *DCF Artois.*

LA FÈRE. Gravure de Cl. Chastillon.

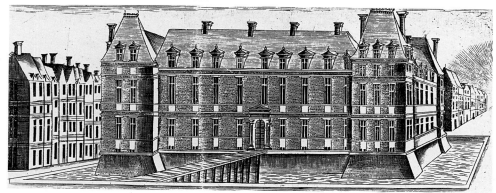

FÈRE-EN-TARDENOIS. M.H. Visite. **Voir n° 151.**
Cf. E. Moreau-Nélaton, Paris, 1911, 2 vol. ; F. Ch. James, « Jean Bullant », *Positions de thèses de l'Ecole nat. des chartes*, 1968, p. 101-109 ; O. Chopin de Janvry, dans *Revue française*, n° 272, mai-juin 1974, p. 39-46, dans *L'Information d'histoire de l'art*, mai-juin 1974, p. 125-126 et dans *La Demeure historique*, n° 36, 1974, p. 18-22 ; *DCF Artois* ; *Sites et Monuments*, n° 104, 1984, p. 33-35.

FOLEMBRAY. Rien ne reste du château des Coucy rebâti pour François Ier. Commencé vers 1538 par Pierre Tacheron, il était achevé vers 1543 ; Jean Lemoisne fut chargé de lui adjoindre d'autres bâtiments vers 1546-1547. Le roi y vint souvent, pour profiter de la forêt voisine. Un incendie lié à la guerre espagnole ravagea le logis principal en 1552, comme le montre une gravure de Claude Chastillon, qui s'ajoute, pour notre information, à celles de Du Cerceau. Henri II y revint néanmoins pour chasser. Henri III l'offrira à sa demi-sœur Diane d'Angoulême. Henri IV y cantonnera en 1596 et y signera à cette occasion sa paix définitive avec le principal chef ligueur, le duc de Mayenne. Folembray sera abandonné à la destruction dès Louis XIV. Il comportait une cour très allongée, comme à Villers-Cotterêts, bordée de bâtiments simples et de pavillons rectangulaires.
Cf. Abbé Vernier, 1930 ; G. Pillement, *Environs de Paris disparus*, p. 70 ; E.J. Ciprut, dans *Bull. de la Soc. de l'hist. de l'art français*, 1956, p. 205-214 ; *DCF Artois* ; *Du Cerceau-Thomson*, 1988, p. 81.

FOSSÉS, Les, à Haramont. Manoir du XVIe s. avec tourelle hors-œuvre.
Cf. DCF Artois.

GANDELU. Ancien domaine de Louis d'Orléans, le château fut reconstruit pour le connétable de Montmorency. Projetés en 1554, les travaux ne furent réalisés qu'à partir de 1560 par Jean Bullant : un corps d'hôtel neuf, terminé au sud par un pavillon, puis la modification d'un pavillon symétrique. En 1568, Bullant ajouta deux éperons bastionnés pour la défense de ce pavillon, en 1573 enfin, bien après la mort du connétable, une terrasse qui est aujourd'hui le seul vestige, ou presque.
Cf. F. Ch. James, « Jean Bullant », *Positions de thèses de l'Ecole nat. des chartes*, 1968, p. 105 ; *DCF Artois.*

GIVRAY, à Bruyères-sur-Fère. I.S. Petit manoir de style François Ier élevé pour la famille de Harlus. Deux ordres de pilastres.
Cf. Bull. de la Soc. archéol. de Soissons, t. 13, p. 85.

GUISE. M.H. Visite. Le puissant château médiéval qui comportait un donjon circulaire vint aux mains de la maison de Lorraine par l'intermédiaire de René d'Anjou. Le comté de Guise fut alors attribué à un cadet, en 1510. Claude de Lorraine sera fait duc de Guise et pair de France en 1527 par la faveur de François Ier. Des travaux de fortification furent entrepris dès 1510 sans doute. Après le siège de 1536 par Charles Quint et la reprise de Guise l'année même par les troupes françaises, une nouvelle campagne de travaux est menée de 1549 à 1559 pour Claude puis pour son fils François. On doit peut-être à des ingénieurs italiens la construction des bastions en étoile ou à orillons, faits de brique et de terre, l'ensemble épousant la forme d'un triangle. Guise résista en 1594 au siège de Henri IV. Renforcé par Vauban, il sera bombardé en 1918. Il reste de nombreux vestiges de la fortification du XVIe s., bastions, galeries et escaliers de brique ; les armes d'Anne d'Este, veuve de François de Guise, y ont été apposées vers 1563-1566.
Cf. P. Héliot, dans *Bull. de la Soc. nat. des anti-quaires de France*, 1945-1947, p. 183-187 ; J. Meurgey de Tupigny, *Guise*, 1958 ; Club du vieux manoir, Paris, Nouvelles Editions latines, s.d. ; D. Guillemin, dans *Cahiers médiévaux*, n° 20, 1980 ; *MC Flandres*, p. 264 ; *DCF Artois.*

LAVERGNY, à Parfondru. Manoir du XVIe s. construit pour des seigneurs laïcs au nom de l'abbaye de Signy : les Renty puis, en 1569, les Du Merle. Galerie à arcades surbaissées d'un côté du logis, pavillon carré à bretèche de l'autre.
Cf. MC Flandres, p. 267 ; *DCF Artois.*

LOUÂTRE. I.S. Jean d'Estrées, Grand maître de l'artillerie en 1550, avait entrepris de décorer les fenêtres de son manoir de boulets de canon, mais il le laissa inachevé pour construire Cœuvres où l'on voit le même motif. Le logis est flanqué d'une tourelle d'escalier de plan carré, coiffée d'une flèche de pierre.
Cf. DCF Artois.

LUGNY. Il ne reste rien du corps de logis brique et pierre bâti au XVIe s. pour Simon de Grandmont, qui avait épousé la fille de Jacques Ier seigneur de Vervins.
Cf. DCF Artois.

MARCHAIS. Vaste château bâti vers 1540 pour Nicolas de Boussu, seigneur de Longueval, par le même maître d'œuvre que celui de Sissonne. Construit en moellon et brique, il dessinait un quadrilatère flanqué de grands pavillons. L'aile d'entrée, défendue par des tours et pourvue côté cour d'une galerie, a été détruite au XVIIIe s. Marchais fut achevé pour le cardinal de Lorraine, archevêque de Reims, qui l'avait acheté en 1553.

MARCHAIS. La cour.

Les modifications apportées au XVIIIe s., puis au début du XIXe s. pour le comte Achille Delamarre, ont modifié ses façades et l'on reconnaît mal le dessin d'origine de l'avant-corps central, certainement proche de celui de Villers-Cotterêts.
Cf. MC Ile-de-France, p. 308 ; *MC Flandres*, p. 268.

MURET, à Muret-et-Crouttes. Par le mariage d'Eléonore de Roye en 1551, Muret devint la propriété de Louis Ier de Bourbon, prince de Condé, qui ne conserva que deux tours du vieux château et fit bâtir une aile d'entrée avec châtelet carré et un corps de logis à angle droit dans un style très simple. Le château fut une position forte du calvinisme picard. Il a été détruit en 1918, il ne reste que la terrasse et ses bastions, un puits et le grand parc.
Cf. DCF Artois.

NOUE, La, à Pisseleux (Villers-Cotterêts). I.S. Le petit château du XVe s. a été agrémenté au XVIe s. d'un haut châtelet cantonné de quatre tourelles. On accède à l'une d'elles par une porte encadrée de colonnes sous un fronton à coquille.
Cf. MC Ile-de-France, p. 313 ; *DCF Artois.*

OIGNY-EN-VALOIS. I.S. Manoir du début du XVIe s. planté en bordure de la forêt de Retz (de Villers-Cotterêts). Ses façades de brique sont ornées d'un losangé de briques grises ; enceinte et châtelet d'entrée.
Cf. Châteaux et Manoirs, Ile-de-France, t. 3, p. 1 ; *MC Ile-de-France*, p. 313 ; *DCF Artois.*

OULCHY-LE-CHÂTEAU. M.H. Le presbytère est logé dans les ruines du château des comtes de Champagne. Le prieuré voisin comporte deux portails à fronton.

PASSY-EN-VALOIS. Il ne reste que des ruines du château médiéval dont le logis fut remanié au XVIe s. pour la famille de Broyes.
Cf. DCF Artois.

PERNANT. I.S. Au pied du donjon, remanié au XVIe s., a été aménagée une terrasse défensive accessible par une poterne défendue par une bretèche.
Cf. DCF Artois.

QUIERZY. I.S. Rebâti au XVIe s. pour la famille d'Halluin ; du côté du jardin, porte à niche, lucarne à pilastres et fronton.
Cf. MC Flandres, p. 273 ; DCF Artois.

QUINCY-SOUS-LE-MONT. I.S. Manoir du XVIe s. avec tour d'escalier octogonale décorée de niches à coquilles et coiffée d'un petit dôme.
Cf. DCF Artois.

SEPTMONTS. M.H. Visite. A côté de leur donjon du XVe s., les évêques de Soissons firent reconstruire un nouveau logis au XVIe s., qui, repris au XIXe s., n'est plus que ruines ; frontispice orné d'un grand cartouche, sommé d'une niche à colonnes.
Cf. B. Ancien, Paris, 1971 ; MC Ile-de-France, p. 318 ; DCF Artois.

SISSONNE. Du château bâti vers 1540, il ne reste rien. C'était un corps de logis à deux ordres de pilastres entre deux forts pavillons à tourelles.

VAUXBUIN. Détruit en grande partie en 1918, le château comportait un pavillon probablement érigé pour Jean d'Estrées, avec les caractéristiques que l'on trouve à Coeuvres. Vauxbuin sera vendu en 1597 par Antoine d'Estrées au duc de Mayenne.
Cf. DCF Artois.

VERVINS. Situé en pleine ville, le château neuf a été construit en brique et pierre vers 1560 pour Jacques II de Coucy, seigneur de Vervins, mort en 1587, et abrita les négociateurs de la paix de Vervins en 1598. Il comporte deux tours carrées.
Cf. DCF Artois.

VIERZY. I.S. Visite. Manoir-ferme de brique et pierre achevé au début du XVIe s. pour la famille Louvain, propriété de Jean d'Estrées en 1525.

VILLERS-COTTERÊTS. M.H. Visite. **Voir no 71.**
Cf. E. Lefèvre-Pontalis, dans CAF, 1911, p. 423 ; Gebelin, p. 181-184 ; M. Le Roy, Soissons, 1959 ; P. Vanaise (sur la chapelle), dans Bull. de la Soc. de l'hist. de l'art français, 1967, p. 27-38 ; F. Ch. James, dans B M, 1969, p. 169-171 ; F. Salet (sur l'emblématique), dans Fédération des Soc. hist. et arch. de l'Aisne, t. 15, 1969, p. 116-120 ; DCF Artois. Prinz, p. 440 ; Du Cerceau-Thomson, 1988, p. 199.

SOMME

Ph. Seydoux, *Châteaux de la Somme*, Paris, Nouvelles Éditions latines, s.d. *Vieilles Maisons françaises*, no 119, octobre 1987.

ABLAINCOURT, à Ablaincourt-Pressoir. Manoir brique et pierre à tourelle octogonale, aujourd'hui disparu.
Cf. Sartre, Picardie, p. 46.

ARREST. Construit à partir de 1575 pour Charles de La Chaussée d'Eu, gouverneur d'Eu,

mort avant 1583, le manoir présente un long corps de logis à pignons à pas de moineaux et quatre petites tours carrées ou octogonales ; façades de brique à décor de briques noires.
Cf. Ph. Des Forts et R. Rodière, dans Le Pays du Vimeu, Amiens, 1938, p. 29-30 ; Sartre, Picardie, p. 67-68 ; MC Flandres, p. 253 ; DCF Artois.

AVESNES, à Avesnes-Chaussoy. I.S. A côté du château médiéval, Claude de Villiers de l'Isle-Adam fait bâtir un nouveau château entre 1500 et 1504. Il en subsiste une tour d'escalier hexagonale en brique, une coquille en bas-relief remontée sur une cheminée et deux bustes d'homme et de femme sur des piliers de la grille du parc.
Cf. Seydoux, p. 3 ; Sartre, Picardie, p. 46 et 67 ; MC Flandres, p. 253 ; DCF Artois.

BEAUCAMPS, à Beaucamps-le-Jeune. Ruines d'une maison-forte brique et pierre à décor losangé construite à partir de 1537 pour Anne de Pisseleu, duchesse d'Étampes, achevée en 1542, agrandie en 1574 pour Charles de Runes.
Cf. Sartre, Picardie, p. 45 et 67 ; MC Flandres, p. 254 ; DCF Artois.

CHAULNES. Après le mariage en 1543 d'Antoinette de Rasse et de Louis d'Ongnies — pour lequel Chaulnes sera érigé en comté en 1563 — le château est rebâti sous la forme d'un quadrilatère cantonné de tours, avec deux pavillons aux ailes côté jardin et une galerie sur la cour. La construction pouvait être datée de 1550-1560. Le château a été détruit.
Cf. Sartre, Picardie, p. 120 ; DCF Artois.

FOLLEVILLE. Ruines du château de Raoul de Lannoy, qui fit toutes les campagnes d'Italie, fut gouverneur de Gênes pour Louis XII et mourut en 1513. Il avait épousé Jeanne de Poix, héritière de Folleville. On lui devait sans doute le corps de garde et la porte d'entrée marquée de ses armes. Sa veuve et son fils exécutèrent ses dernières volontés en faisant élever dans la chapelle castrale, aujourd'hui église paroissiale, le tombeau que Raoul avait commandé en Italie à Antonio Della Porta dit Il Tamignano, formé sur le chantier de la chartreuse de Pavie. Un médaillon à son effigie, exécuté à Gênes, subsiste au musée d'Amiens.
Cf. Picardie monumentale, t. 2, p. 102 ; G. Durand, dans BM, t. 70, 1906, p. 329-406 ; Vitry et Brière ; Seydoux, p. 11 ; MC Flandres, p. 262 ; DCF Artois.

GUÉMICOURT, à Saint-Germain-sur-Bresle. Manoir de brique à tourelle d'escalier hexagonale construit au début du XVIe s. pour la famille de Monsures.
Cf. Sartre, Picardie, p. 69 ; MC Flandres, p. 264 ; DCF Artois.

HEILLY. Propriété de Guillaume de Pisseleu, père d'Anne de Pisseleu, dite Mademoiselle d'Heilly, duchesse d'Étampes et maîtresse de François Ier, Heilly fut brûlé par les Espagnols en 1553 et reconstruit ensuite, avant de subir le même sort en 1636. Il sera entièrement rebâti.
Cf. DCF Artois.

LABOISSIÈRE-EN-SANTERRE. Manoir brique et pierre de la fin du XVe ou du début du XVIe s., avec tour d'escalier octogonale. Aux Rouy puis aux Lannoy.
Cf. Sartre, Picardie, p. 70.

LIANCOURT, à Liancourt-Fosse. Ruines d'un château brique et pierre bâti sans doute au XVIe s. pour la famille d'Amerval. Nicolas d'Amerval fut le mari complaisant choisi pour épouser Gabrielle d'Estrées en 1592.
Cf. DCF Artois.

LUCHEUX. M.H. Visite. L'ancien château des comtes de Saint-Pol fut ravagé au XVIe s. par la guerre espagnole et par les huguenots. Quatre ans après sa prise par les Anglais et les Impériaux en 1522, il avait été restauré par un maître d'œuvre nommé Jean Bullant, sans doute parent du célèbre architecte.
Cf. R. Dubois, dans CAF, 1936, p. 214-267 ; Seydoux, p. 15 ; MC Flandres, p. 268 ; DCF Artois.

MACHY. Manoir de brique de la fin du XVIe s., à pignons à pas de moineaux et tourelle carrée.
Cf. DCF Artois.

PICQUIGNY. M.H. Visite. Forteresse primordiale de la Picardie, occupée par les Picquigny, qui tenaient la vidamie héréditaire des évêques d'Amiens, et au XVIe s. par les d'Ailly. Ceux-ci y firent exécuter des travaux de défense, développèrent le réseau des souterrains et construisirent des corps de logis. De 1539 date un pavillon de brique et de pierre, en ruines ; d'autres vestiges peuvent remonter à Philibert-Emmanuel d'Ailly dans les années 1575-1580, ainsi que la porte principale à longs bossages alternés qui mène de la cour du baile à la cour du logis, ainsi la voûte puissante de la cuisine, ainsi le pavillon dit de Sévigné, orné de corniches, de niches et de pilastres d'un beau style.
Cf. Ch. de Tourtier, Positions de thèses de l'Ecole nat. des chartes, 1954, p. 135-138 ; Seydoux, p. 19 ; MC Flandres, p. 272.

RÉGNIÈRE-ÉCLUSE. I.S. Visite. Château de pierre construit en 1553 (la date figure sur une lucarne) sur une cheminée de grès) pour François de Soyecourt. Corps de logis à simple rez-de-chaussée encadré de deux longues ailes. L'aile orientale, dont le soubassement est bâti en damier de silex et de grès, est orné à son pignon sud de deux tourelles et terminé au nord par un pavillon à deux étages. Il sera restauré vers 1830 en style troubadour par les architectes Aimé et Louis Duthoit pour les d'Hinnisdal.
Cf. Les Anciens Châteaux de France, Paris, Contet, t. 13 ; Ph. Des Forts et R. Rodière, op. cit. ; Seydoux, p. 23 ; MC Flandres, p. 273.

RUMIGNY. Manoir brique et pierre du début du XVIe s., détruit au début du XXe s. Restes I.S.
Cf. Seydoux, p. 26 ; DCF Artois.

SAINT-CRÉPIN-IBOUVILLERS. Pavillon à pilastres de briques et portail à merlons.

SENARPONT. Un château avait été rebâti après 1472 pour les Monchy. En 1532-1536, il fut modernisé pour les Cayeux, qui avaient participé aux guerres d'Italie, par l'adjonction d'une galerie d'arcades, la destruction d'une des ailes et la couverture du donjon en dôme. Ruiné, incendié, il sera rasé en 1911. Restes I.S.
Cf. DCF Artois.

THOIX. Louise de Crèvecœur, héritière de Thoix, épousa en 1517 l'amiral de Bonnivet, favori de François Ier, et le château appartiendra à leur fils François de Gouffier, plus tard à Timoléon de Gouffier, pour lequel Henri III érigera la terre en marquisat. C'est probablement ce dernier qui reconstruisit le château que l'on peut voir, long corps de logis de pierre de taille flanqué de deux pavillons saillants. On accédait par un pont-levis au portail cintré encadré de pilastres et coiffé d'un fronton ; les lucarnes sont ornées de frontons alternativement triangulaires et courbes.
Cf. Seydoux, p. 27 ; DCF Artois.

TILLOY-LÈS-CONTY. Manoir brique et pierre construit vers 1578-1580 pour la famille de Fransures et le nouvel acquéreur Antoine de Halluin, seigneur de Wailly.
Cf. DCF Artois ; Sartre, Picardie, p. 69.

II. ILE-DE-FRANCE

G. Touchard-Lafosse, *Histoire des environs de Paris*, Paris, 1837, 4 vol.
H. de Saint-Sauveur, *Châteaux de France, Ile-de-France*, Paris, 1912.
J. Vacquier, H. Soulange-Bodin et P. Jarry, *Les Anciens Châteaux de France*, Paris, Contet, t. 1 à 8, *Ile-de-France*, 1920-1925.
E. de Ganay, *Châteaux et Manoirs de France, Ile-de-France*, 1938-1939, 5 vol.
E. de Ganay, *Châteaux de France. Environs de Paris*, Paris, 1948.
G. Poisson, *Evocation du grand Paris*, Paris, 1956-1961, 3 vol.
Merveilles des châteaux d'Ile-de-France, Paris, Hachette-Réalités, 1963.
G. Pillement, *Les Environs de Paris disparus*, Paris, 1968.
Inventaire général des monuments et richesses artistiques de la France. Répertoire des inventaires, n° 3, *Ile-de-France*, 1983.

ESSONNE

Richesses d'art du canton de Mennecy, catal. de l'expos. de l'IGMRAF, Mennecy, 1978.
Th. Ribaldone, *Châteaux de l'Essonne*, Paris, Nouvelles Éditions latines, s.d.

BÂVILLE, à Saint-Chéron. I.S. La terre fut acquise en 1559 par Charles de Lamoignon. Sans doute des constructions de ce temps précédèrent-elles celles qui sont connues en 1625-1630 et transparaissent-elles encore dans le château brique et pierre qui subsiste.

BELESBAT, à Courdimanche-sur-Essonne. I.S. Château brique et pierre bâti pour la famille Hurault de Cheverny, qui possédait la terre depuis 1556. Le maréchal de L'Hôpital y mourut. Du XVIᵉ s. subsistent le porche, les tours, les communs et un pavillon, le reste fut reconstruit au XVIIᵉ s. pour Charles-Paul Hurault.
Cf. Soulange-Bodin, *Châteaux connus et inconnus* ; E. de Ganay, *Châteaux et Manoirs, Ile-de-France*, t. I, p. 55-58 ; *MC Ile-de-France*, p. 295.

CHANTELOUP, à Saint-Germain-lès-Arpajon. Site inscrit. Utilisés par une auberge, des vestiges subsistent de l'ancien château royal élevé au bord de l'Orge, qui appartint au XVIIᵉ s. au marquis de Maulevrier ; il est représenté sur une gravure d'Israël Silvestre.

COLOMBIER, Le, à Breuillet. Manoir médiéval remanié au XVIᵉ s.

COURANCES. M.H. Visite. La seigneurie fut achetée vers 1552 par Côme Clausse, secrétaire d'Etat, qui fit reconstruire le château par Gilles Le Breton entre 1552 et 1558. De cette époque pourrait dater (si elle n'est une acquisition du XIXᵉ s.) la cheminée de marbre blanc autrefois dressée dans la salle à manger, avec son linteau à l'antique (bucrane, acanthes, boucliers) et son fronton orné de deux bustes et d'un cartouche dans le style de Du Cerceau. Il faut par la pensée supprimer le second étage ajouté au corps de logis par l'architecte Hippolyte Destailleur à la demande du baron Haber après 1872, ses lucarnes (récemment détruites), ses ornements, mais aussi le grand escalier en fer à cheval et le placage dressé contre le rez-de-chaussée côté jardin. On retrouve ainsi la bâtisse primitive telle que l'a gravée Israël Silvestre. L'influence de Vallery se faisait sentir dans ce long corps de logis brique et pierre élevé d'un rez-de-chaussée bas, d'un étage carré et d'un grand comble percé de hautes fenêtres-lucarnes passantes ; il s'encadrait entre deux pavillons larges d'une seule tra-

vée. Côme Clausse mourut en 1558, son fils Pierre commença à aménager les eaux du parc qui firent aussitôt la célébrité du domaine et attirèrent la visite de Henri IV (il y séjourna avec le dauphin en 1603). En 1622, le nouvel acquéreur Claude Gaillard apporta des modifications au château et aménagea les jardins.
Cf. Les Anciens Châteaux de France, Paris, Contet. t. 5 ; Saint-Sauveur, t. 1 ; E. de Ganay, *Châteaux et Manoirs, Ile-de-France*, t. 1, 1938, p. 22-25 ; Sartre, *France ;* G. Poisson dans *XVIIᵉ siècle*, n° 118-119, 1978, p. 10-11.

COURSON, autrefois CINCEHOURS, à Courson-Monteloup. M.H. Visite. Un premier château fut modifié par Gilles Le Maître, avocat puis premier président du parlement de Paris, qui avait acquis le fief de Cincehours vers 1550. Après réunion au milieu du XVIIᵉ s. avec le fief de Launay-Courson, le château sera reconstruit.
Cf. J. de Lagarde, *Ile-de-France*, Paris, 1954 ; *MC Ile-de-France*, p. 301 ; C. Grodecki, *Documents*, I, p. 136.

FRÉMIGNY, à Bouray-sur-Juine. Château de Charles de Beauclerc, reconstruit sous le premier Empire.

GILLEVOISIN, à Janville-sur-Juine. I.S. L'ancien château appartenait à l'illustre Jacques Amyot en 1565, grand aumônier du roi, précepteur de Charles IX et traducteur de Plutarque ; puis en 1577 au président Barnabé Brisson, victime des fureurs des ligueurs qui le pendront à une poutre en 1592. Gillevoisin passa ensuite à sa fille Marie, épouse de François Miron, lieutenant civil et futur prévôt des marchands de Paris, enfin en 1618 à Nicolas Gobelin. Le château fut reconstruit au début du XVIIᵉ s. mais il reste de la demeure de Jacques Amyot les ailes des communs avec leurs grandes lucarnes passantes.
Cf. E. de Ganay, *Châteaux et Manoirs, Ile-de-France*, t. 1, p. 69-72 ; Soulange-Bodin, *Châteaux connus et inconnus ; MC Ile-de-France*, p. 304.

LIMOURS. L'ancien château avait été rebâti pour Anne de Pisseleu, duchesse d'Étampes, maîtresse de François Iᵉʳ, sur une terre offerte par le roi en 1545. Inquiétée deux ans plus tard à la mort de celui-ci, la duchesse dut vendre Limours à Diane de Poitiers en 1552. Philibert de L'Orme fut alors invité à construire au-dessus de l'entrée du côté occidental une galerie à usage de salle de bal et aménagea une fontaine en 1555. Le château dessinait un quadrilatère de logis encadré de tours rondes vers l'entrée et de pavillons carrés sur la façade postérieure, le tout environné de fossés. Acheté plus tard par Richelieu, Limours sera modifié par Salomon de Brosse, puis encore par François Mansart pour Gaston d'Orléans. Il n'en subsiste que deux pavillons du XVIIᵉ s.
Cf. M. Roy, *Artistes et Monuments...*, t. 1, p. 336 ; A. Braham et P. Smith, *François Mansart*, Londres, 1973, t. 1, p. 214 ; G. Poisson, dans *XVIIᵉ siècle*, n° 118-119, 1978 ; Pillement, p. 123.

MARCOUSSIS. La puissante forteresse de Jean de Montagu fut vraisemblablement remaniée par ses propriétaires du XVIᵉ s., Louis Malet de Graville puis les Balsac d'Entragues, puisque Claude Chastillon légende ainsi sa vue gravée : « Le château de Marcoussi rebasti et rendu logeable ». Depuis 1805, il n'en subsiste que des ruines.

MÉRÉVILLE. M.H. A côté des bâtiments Louis XVI, le château conserve quatre tours du XVIᵉ s.
Cf. MC Ile-de-France, p. 309.

MESNIL-VOISIN, Le, à Bouray-sur-Juine. M. H. Visite. Si le château date des travaux des Cornuel au début du XVIIᵉ siècle, il subsiste de la fin du XVIᵉ s. le colombier et le mur de clôture construits pour la famille Du Buz.
Cf. E. de Ganay, *Châteaux et Manoirs, Ile-de-France*, t. 1, p. 66-68 ; *MC Ile-de-France*, p. 76.

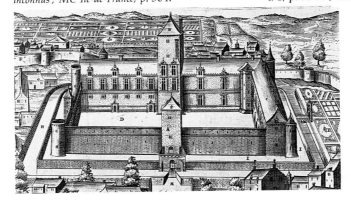

MARCOUSSIS.
Gravure de Cl. Chastillon.

MILLY, à Milly-la-Forêt. Rebâti pour Louis Malet de Graville, amiral de France, mort en 1516. Gravé par Claude Chastillon avec la qualification de « maison plate avec son parc ».
Cf. MC Ile-de-France, p. 310.

MONTCEAUX, au Coudray-Montceaux. I.S. Il subsiste dans le parc un escalier en fer à cheval qui peut dater de la fin du XVIᵉ s. (dit de la Belle Gabrielle).
Cf. Richesses d'art du canton de Mennecy, p. 15.

OLLAINVILLE. Pour son château, Benoît Milon, secrétaire de la Chambre du roi, commande en 1572 au sculpteur Mathieu Jacquet une cheminée décorée. Trois ans plus tard, il vend le château à Henri III qui cherche à se faire aménager une petite demeure personnelle et y séjournera fréquemment, le faisant agrandir par le maçon François Petit, peut-être sur les dessins de Baptiste Du Cerceau. Le roi en fait don à sa femme la reine Louise de Vaudémont, à la mort de laquelle Ollainville sera acheté par Henri IV et donné à sa sœur Catherine de Bourbon. Détruit en 1831.
Cf. E.J. Ciprut, Mathieu Jacquet, Paris, 1967 ; F. Boucher, *Le Pont-Neuf*, Paris, 1925, t. 1, p. 103 ; A. Ploix, *Verneuil, château royal oublié*, Paris, 1957, p. 84 ; C. Grodecki, *Documents*, t. I, p. 132.

VILLEBOUZIN, à Longpont-sur-Orge. Site classé. En 1599, Jacques Gresson, seigneur de Villebouzin, passe commande au sculpteur Mathieu Jacquet de deux bassins de fontaine et d'un portail orné de lions destiné à la herse du pont-levis de son château. L'actuel bâtiment date du milieu du XVIIᵉ s.
Cf. E.J. Ciprut, Mathieu Jacquet, Paris, 1967.

VILLEROY, à Mennecy. L'ancien manoir appartenait à Pierre Le Gendre, qui le légua en 1524 à son neveu Nicolas de Neufville. Nicolas II, prévôt des marchands, acheva en 1560 la construction d'un vaste château. Son fils Nicolas III, secrétaire d'Etat de Henri III et de Henri IV, joua un rôle considérable à la fin du XVIᵉ siècle. A Villeroy, il étend son domaine agricole dans des proportions immenses et améliore la demeure. Ainsi le sculpteur Mathieu Jacquet exécute en 1583 un grand bassin rond pour la terrasse, garni de masques de monstres marins ; en 1588, il décore la chapelle et ajoute une nouvelle fontaine. Sans doute peut-on lui attribuer la grande cheminée sculptée du château qui se trouve aujourd'hui au musée du Louvre. Ravagé par les troupes espagnoles lors du siège de Paris en 1590, le château fut relevé de ses ruines aussitôt. Il dessinait un fer à cheval autour d'une cour carrée, trois corps de logis et quatre pavillons d'angles garnis de chaînes de refends. L'aile droite renfermait au rez-de-chaussée une galerie ouverte, l'entrée était défendue par un châtelet entre deux tours rondes crénelées, une aile supplémentaire abritant une galerie s'étendait sur le côté du jardin en parterre. Villeroy sera rasé dans la première moitié du XIXᵉ s. ; seul subsiste le parc, avec son grand canal.
Cf. E.J. Ciprut, Mathieu Jacquet, Paris, 1967 ; A. Darblay, dans *Mémoires de la Soc. hist. et arch. de Corbeil, Étampes et Hurepoix*, t. 3, 1901, p. 94 ; J. Nouailhac, *Villeroy*, 1908 ; G. Poisson, dans *XVIIᵉ siècle*, nᵒ 118-119, 1978, p. 8-9 ; G. Pillement, p. 219 ; C. Grodecki, *Documents*, t. I, p. 155.

YERRES. I.S : Du château de Guillaume Budé subsiste, place du Taillis, la porterie brique et pierre transformée dans le goût troubadour, ainsi qu'une fontaine en grotte.
Cf. E. de Ganay, Châteaux et Manoirs, Ile-de-France, t. 2, p. 53.

HAUTS-DE-SEINE

Jardins et paysages des Hauts-de-Seine, de la Renaissance à nos jours, catal. de l'expos., Arch. départ., Nanterre, 1979 (par V. Malhache et G. Weill).
Catal. de l'exposition *Hauts-de-Seine*, Musée de Sceaux, 1985.

BERNY, à Antony. Une « maison de plaisance », comme la qualifie la gravure de Claude Chastillon, avait été bâtie vers le milieu du XVIᵉ s. pour Pierre Brulart, seigneur de Berny. C'était un corps de logis encadré de deux pavillons rectangulaires saillants. Les Brulart l'embelliront d'une galerie peinte des actions de Henri IV et feront remanier profondément l'architecture par François Mansart. Le château a été démoli en majeure partie.
Cf. A. Braham et P. Smith, François Mansart, Londres, 1973, t. I, p. 192-193 ; Pillement, p. 188 ; J. Wilhelm, dans *Bull. Soc. histoire art français*, 1983, p. 29-45.

BOIS DE BOULOGNE, château du, dit CHATEAU de MADRID. **Voir nᵒ 69.** Disparu. S'élevait à Neuilly-sur-Seine, boulevard Richard-Wallace.
*Cf. L. de Laborde, Paris, 1855 ; H. Duchesne et H. de Grandsaigne, Paris, 1912 ; F. Lesueur, dans *Bull. de la Soc. de l'hist. de l'art français*, 1937, p. 202 ; B. Laule, Hildesheim-Zurich, New York, 1983 ; M. Chatenet, Paris, 1987 (*De Architectura*).

MEUDON. M.H. Voir nᵒ 148.
Cf. L'Architecture, 1907 ; P. Biver, Paris, 1923 ; L. Châtelet-Lange, article cité pour Vanves ; J. Gérard, dans *Bull. de la Soc. des amis de Meudon-Bellevue*, nᵒ 49, 1948, p. 884-891 ; Ch. Samaran, *Le Primatice et les Guise, études italiennes*, 1921, t. 3 et 4, p. 129-136 et 187-200 ; Pillement, p. 32 ; M. Th. Herlédan, *Bull. Amis de Meudon*, oct. 1986 et sept. 1987 ; C. Grodecki, *Documents*, t. I, p. 117.

SAINT-CLOUD. Un musée historique rassemble les souvenirs du château disparu. Le château de Saint-Cloud appartint à la famille de Gondi en 1577 à 1654. Le domaine avait été offert par Catherine de Médicis au banquier florentin Jérôme de Gondi, avec l'hôtel d'Aulnay, qu'il fit démolir pour élever sur une terrasse dominant la Seine un premier château. Connue par des gravures de Pérelle et de Silvestre, la demeure des Gondi affectait la forme d'un L, englobée plus tard dans l'aile gauche (méridionale, dite du Fer à cheval) du grand château royal. On trouvait un corps de logis dressé au fond d'une large terrasse et, sur le côté gauche de celle-ci, une aile s'achevant en bordure de la terrasse par un pavillon dont la vue était admirable sur la courbe de la Seine. Une galerie à arcades s'étendait plus loin. Le jardin était disposé en terrasses successives avec parterres, fontaines et un décor de statues dont le Florentin était particulièrement friand. Gondi reçut la Cour à fréquentes reprises et c'est ici que Henri III se logea plus tard lorsqu'il voulut entreprendre conjointement avec Henri de Navarre le siège de la capitale, avant de tomber aussitôt sous le poignard de Jacques Clément (1589). Jérôme de Gondi mourut en 1604. Saint-Cloud fut vendu par son fils Jean-Baptiste à Jean de Bueil, comte de Sancerre, mais l'archevêque de Paris Jean-François de Gondi put racheter la demeure patrimoniale en 1625 et l'embellit encore. Saint-Cloud quitta les Gondi à sa mort en 1654 pour passer aux mains de B. d'Hervart, puis de Monsieur, frère de Louis XIV, de Marie-Antoinette, de Napoléon Iᵉʳ et de Napoléon III. Tous ne cessèrent de l'accroî-

tre, jusqu'à l'incendie du siège de Paris en 1870, et à la destruction des ruines calcinées en 1891.
Cf. G. Darney, Montluçon, 1903 ; D. Meyer, Les Monuments historiques de la France, 1975, nᵒ 3.

VANVES. Rien de subsiste du manoir que s'était fait édifier en 1560 Antoine IV Duprat, prévôt de Paris, pour y loger notamment ses collections d'antiques.
*Cf. L. Châtelet-Lange, « Le Museo de Vanves, collections de sculptures et musées au XVIᵉ s. », dans *Zeitschrift für Kunstgeschichte*, t. 38, 1975, p. 226-285.

OISE

E. Woillez, *Répertoire archéologique du département de l'Oise*, Paris, 1862.
J. Vergnet-Ruiz et A. de Kersaint, *Châteaux de l'Oise*, Paris, Nouvelles Editions latines, s.d.
Vieilles Maisons françaises, nᵒ 117, avril 1987.

ALINCOURT. à Parnes. M.H. **Voir nᵒ 29.**
Cf. Régnier, Mém. de la Soc. acad. de l'Oise, 1905, p. 333-337 ; J. de Lagarde, *Ile-de-France*, Paris, 1954, p. 168-170 ; Vergnet-Ruiz, p. 11 ; D. Hervier, *Pierre Le Gendre et son inventaire après décès*, Paris, 1977 ; S. Doumic, dans *Plaisir de France*, nᵒ 208, 1956.

BEAUREPAIRE. I.S. Le château médiéval fut acheté en 1508 par Adrien de Henencourt, doyen de la cathédrale d'Amiens, qui ajouta la même année une chapelle qui est aujourd'hui l'église paroissiale et, en 1519, une aile. Le château passa en 1521 à son neveu Claude de Lameth. Une tour octogonale est datée de 1577.
Cf. Soulange-Bodin, Châteaux connus et inconnus ; Woillez, col. 190 ; MC Ile-de-France, p. 295 ; Vergnet-Ruiz, p. 3 ; *VMF*, nᵒ 117, 1987.

BEAUVAIS, palais épiscopal. M.H. Le corps de logis de style flamboyant a été construit vers 1500 pour l'évêque Louis de Villiers de L'Isle-Adam, remanié en 1844 par l'arch. A. Verdier.
Cf. M. J. Salmon, VMF, nᵒ 91, janvier 1982, p. 82-84.

BRESLES. I.S. Château des évêques de Beauvais bâti en 1500 pour l'évêque Louis de Villiers. Plus tard, l'évêque Odet de Châtillon fit construire en 1549 un jeu de paume et le fit décorer de colonnes toscanes.
Cf. Woillez, col. 60 ; Dr Leblond, L'Art et les Artistes en Ile-de-France, Paris, 1921, p. 60.

CHANTILLY. M.H. Musée. Voir nᵒ 70 et 150.
*Cf. G. Mâcon, « Les Architectes de Chantilly au XVIᵉ s. » dans *Mémoires du comité archéologique*, Senlis, 1900 ; du même, *Chantilly et le musée Condé*, Paris, 1910 ; Gebelin, p. 75-78 ; R. de Broglie, Paris, 1964 ; F. Ch. James, « Jean Bullant », *Positions de thèses de l'Ecole nat. des chartes*, 1968, p. 101-109 ; Prinz, p. 512 ; Du Cerceau-Thomson, 1988, p. 243.

CRÈVECŒUR-LE-GRAND. M.H. Le château passa à l'amiral de Bonnivet lorsqu'il épousa Louise de Crèvecœur. Dans les constructions des XVIᵉ et XVIIᵉ s. qui abritent aujourd'hui la mairie, subsiste une aile tronquée d'époque François Iᵉʳ.
Cf. Woillez, col. 87 ; MC Ile-de-France, p. 301 ; P. Bonnet-Labordeirie, dans *Groupe d'étude des monuments... du Beauvaisis*, nᵒ 16-17, 1983, p. 37-46.

ÉRAGNY-SUR-EPTE. Du XVIᵉ siècle.

FLEURY-EN-VEXIN. En provenance du château subsiste une cheminée sculptée conservée à North-Nymms (Grande-Bretagne, Hertfordshire) qui, datée de 1515, fut exécutée pour Antoine de Thibivillers, cousin des Ronsard, qui participa aux guerres d'Italie.
Cf. L. Régnier, dans *Mém. de la Soc. acad. de l'Oise*, t. 18, n° 3, 1901, p. 403 ; Gebelin, p. 123-124.

FOSSEUSE. Le château, qui appartint aux Montmorency, présente sur le corps de logis et ses excroissances, tour ronde et pavillon carré, un parement de brique à décor losangé qui semble dater du XVIᵉ s.

HALAINCOURT. Voir ALINCOURT.

HULEUX, à Néry. M.H. **Voir n° 153.**
Cf. Palustre, t. 1, p. 86 ; Vergnet-Ruiz, p. 11 ; E. de Ganay, *Châteaux et Manoirs, Ile-de-France*, p. 36-38.

LIANCOURT. Le château bâti par Charles Du Plessis en 1581-1583 puis en 1610, fut détruit vers 1922. On y voyait une cheminée de Mathieu Jacquet d'après les dessins de Du Cerceau. *Cf.* C. Grodecki, *Documents*, t. I, p. 111.

LIERVILLE. Château disparu, connu par une gravure de Claude Chastillon où il figure comme « basty à la moderne ».

MONTCHEVREUIL, à Fresneaux-Montchevreuil. I.S. Château de la famille de Mornay. Le corps de logis principal, de la fin du XVᵉ ou du début du XVIᵉ s., comporte des pignons à pas de moineaux et des échauguettes.
Cf. Woillez, col. 55 ; Vergnet-Ruiz, p. 15.

MONT-L'ÉVÊQUE. I.S. Visite. Demeure de campagne des évêques de Senlis, forteresse du XIIIᵉ s. améliorée au XVIᵉ s., reprise au XIXᵉ.
Cf. Vergnet-Ruiz, p. 15.

NANTEUIL-LE-HAUDOUIN. I.S. Bâti pour Henri de Lenoncourt sous François Iᵉʳ, le château de Nanteuil fut rasé à la fin du XVIIIᵉ s.

L'œuvre était intéressante puisque le cardinal de Lenoncourt, frère de Henri, eut pour secrétaire Jean Martin, le traducteur de Serlio, de Vitruve et d'Alberti. Il ne reste que des vestiges.
Cf. Woillez, col. 186.

NEUILLY-SOUS-CLERMONT, la Commanderie. M.H. Visite. **Voir n° 152.**
Cf. Vergnet-Ruiz, p. 18 ; *VMF*, n° 34, octobre 1967 ; *MC Flandres*, p. 36-39.

NOYON, palais épiscopal, rue de l'Evêché. M.H. Il fut bâti de 1501 à 1525 pour l'évêque Charles de Hangest, neveu du cardinal d'Amboise ; c'est un pavillon brique et pierre avec une tourelle en encorbellement et une lucarne au gâble flamboyant.
Cf. *Comptes rendus et mémoires du Comité arch. et hist. de Noyon*, t. 23, 1912, p. 247.

OFFÉMONT, à Saint-Crépin-aux-Bois. I.S. Le château familial des Montmorency fut rebâti pour le connétable sur les plans de Jean Bullant ; le maçon était Pierre Des Illes. Le corps de logis flanqué de tours fut commencé en janvier 1567 peu avant la mort du connétable et achevé deux ans plus tard. Offémont fut modifié en 1636 et durant le XVIIIᵉ s. pour la famille d'Aubray, puis au XIXᵉ s. pour le banquier Aguado.
Cf. Vergnet-Ruiz, p. 18 ; F. Ch. James, « Jean Bullant », *Positions de thèses de l'École nat. des chartes*, 1968, p. 101-109. *MC Flandres*, p. 40-43.

PLESSIS-BRION, Le. I.S. Visite. Le château fut bâti entre 1490 et 1524 pour Pierre de Fay puis pour son gendre Jean de Pommereux, maître de l'artillerie de François Iᵉʳ en Milanais. C'est un corps de logis encadré extérieurement de deux grosses tours rondes, le tout garni d'un appareil de brique en damier et coiffé de mâchicoulis et de merlons. Sur la cour, une tourelle polygonale contient l'escalier, dont la porte est ornée de boulets d'artillerie. Le château passa en 1524 aux Béthune, dont le frère de Sully, Philippe de Béthune, propriétaire de 1598 à 1640. Altéré au XIXᵉ s.

Cf. Woillez, col. 156 ; Cte Berg de Breda, dans *Mém. de la Soc. hist. de Compiègne*, t. 19, 1929, p. 159-175 ; Soulange-Bodin, *Châteaux connus et inconnus* ; E. de Ganay, *Châteaux et Manoirs. Ile-de-France*, t. 3, p. 32 ; Vergnet-Ruiz, p. 22 ; *MC Flandres*, p. 40-43 ; *VMF*, n° 117, 1987.

LE PLESSIS-BRION. Porte de l'escalier.

PLESSIS-DE-ROYE. Il ne reste que des ruines du château qui appartint aux princes du Condé. Vers 1900, on distinguait sur une façade latérale un grand décor de pilastres de style François Iᵉʳ, le reste ayant été repris sans doute sous Louis XIII.
Cf. Woillez, col. 141.

RARAY. M.H. Visite. A côté du château du début du XVIIᵉ s., subsiste le manoir rebâti sans doute vers 1550 pour Jean de Ligny, corps de logis flanqué de deux tourelles en encorbellement ; c'est aujourd'hui la ferme.
Cf. Vergnet-Ruiz, p. 23 ; *MC Ile-de-France*, p. 114.

SALENCY. Manoir de la fin du XVIᵉ s.
Cf. Woillez, col. 149.

SARCUS. Château disparu. Restes à Nogent-sur-Oise. I.S. **Voir n° 66.**
Cf. Palustre, t. 1, p. 72 ; Woillez, col. 50-51 ; P. Vitry et G. Brière, *Documents de sculpture*, pl. 38 ; *Mém. de la Soc. acad. de Beauvais*, 1858 ; Cossé-Brissac, *Châteaux disparus*, p. 31 ; Pillement, p. 210.

SÉRIFONTAINE. Une tour du XVIᵉ s.
Cf. *MC Ile-de-France*, p. 318.

TARTIGNY. Restes du XVIᵉ s. dans le château du XIXᵉ s.

TROIS-ÉTOTS, Les, à Cernoy. I.S. Manoir de la fin du XVᵉ ou du début du XVIᵉ s. construit en brique avec des lits de calcaire blanc.
Cf. Woillez, col. 105 ; Vergnet-Ruiz, p. 27.

NANTEUIL-LE-HAUDOUIN.
Gravure d'après Tavernier.

TROISSEREUX. M.H. Visite. Château brique et pierre du XVᵉ s., remanié à l'époque de Henri IV.

VERDERONNE. I.S. Visite. Vaste château de la famille de l'Aubespine, bâti au XVIᵉ et reconstruit vers 1740. L'état ancien apparaît sur une gravure d'Israël Silvestre.
Cf. Vergnet-Ruiz, p. 30 ; *MC Ile-de-France*, p. 320.

VERNEUIL-EN-HALATTE. Château disparu. **Voir n° 210.**
Cf. A. Ploix, Paris, 1957 ; R. Coope, dans *Gazette des Beaux-Arts*, 1962, t. 1, p. 291-318, et *Salomon de Brosse*, Londres, 1972 ; R. Cazelles, dans *Gazette des Beaux-Arts*, 1969, t. 2, p. 361-364 ; C. Grodecki, *Documents*, t. II, p. 97 et 139 ; Du Cerceau-Thomson, 1988, p. 119.

VERSINE, La, ou LAVERSINE, à Saint-Maximin. Château du connétable de Montmorency, construit vers 1531 en même temps que Chantilly. Détruit par les princes de Condé au XVIIIᵉ s.
Cf. G. Mâcon, *Historique des seigneuries de Laversine et de Malassise*, Senlis, 1919 ; Woillez, col. 170.

PARIS

BEAUREGARD. Hippolyte d'Este, cardinal de Ferrare, avait fait construire une maison de plaisance sur la colline de Chaillot. Elle fut achetée par Catherine de Médicis en 1583, qui l'accrut de terrains acquis de la famille Spifame et des religieux minimes. La reine fit reconstruire la maison, sans doute par Baptiste Androuet Du Cerceau ; elle était achevée en 1585. Le « château de Chaillot » vint en 1630 aux mains du maréchal de Bassompierre qui le fit modifier ou reconstruire. Vendu en 1651 au couvent des Visitandines, il fut détruit en 1794.

LOUVRE, Le, palais, Petite et Grande Galeries. M.H. Musée du Louvre. **Voir n° 142, 182 et 260.**
Cf. A. Berty et H. Legrand, *Topographie historique du Vieux Paris. Région du Louvre et des Tuileries*, Paris, 1867 et 1885, 2. vol. ; F. Gébelin, dans *L'Architecture*, vol. 36, 1923, et *Les Châteaux de la Renaissance*, p. 131-141 ; L. Batiffol, dans *Gazette des Beaux-Arts*, 1930, t. 2, p. 276-303, *Bulletin de la Soc. de l'hist. de l'art français*, 1930, p. 86-90, *Procès-verbaux de la Comm. du Vieux Paris*, 1930, p. 64-77 ; L. Hautecœur, dans *Gazette des Beaux-arts*, 1927, t. I, p. 199-218, et *Histoire du Louvre*, 2ᵉ éd., Paris, 1942 ; Chr. Aulanier, *Le Palais et le musée du Louvre*, Paris, 1948-1964, 9 vol. et dans *Bulletin de la Soc. de l'hist. de l'art français*, 1951, p. 85-100 ; A. Blunt, *Art and Architecture in France 1500-1700*, Londres, 1953 et 1980 ; W. Mac Allister Johnson et V.E. Graham, dans *Bibliothèque d'Humanisme et Renaissance*, t. 30, 1968, p. 7-17 ; M. Jenkins, dans *Journal of Medieval and Renaissance Studies*, 1977, p. 296 ; A. Chastel, « La Demeure royale au XVIᵉ siècle », dans *Fables, Formes, Figures*, Paris, 1978, t. I, p. 441-452 ; J.-P. Babelon, dans *Paris et Ile-de-France, Mémoires*, t. 29, 1978, p. 55-130 ; J.M. Pérouse de Montclos, dans *Bulletin de la Soc. de l'hist. de l'art français*, 1981, p. 45-51 ; catal. de l'expos. *Le Louvre et son quartier, 800 ans d'histoire architecturale*, Paris, mairie du 1ᵉʳ arrondissement, 1982 ; V. Hoffmann, « Le Louvre de Henri II : un palais impérial », dans *Bulletin de la Soc. de l'hist. de l'art français*, 1982, p. 7-15 ; C. Grodecki, « Les marchés de construction pour l'aile Henri II du Louvre », dans *Archives de l'art français*, t. 26, 1984, p. 19-38 ; D. Thomson, *Renaissance Paris*, Londres, 1984 ; *Revue de l'art*, n° 78, 1987 (n° spécial) ; Du Cerceau-Thomson, 1988, p. 27, *Revue du Louvre*, 1989, n° 2.

MUETTE, La, à l'orée du bois de Boulogne. Une maison liée à la chasse s'élevait à la fin du XVIᵉ s., on la voit représentée sur une peinture de Dubreuil au château de Fontainebleau. La reine Marguerite de Valois en hérita et la légua à Louis XIII. Le château sera reconstruit par Gabriel pour Louis XV.

REINE, hôtel de la. Pendant que s'élevait le château des Tuileries, Catherine de Médicis avait acheté des maisons dans la ville de Paris, au sud-ouest de l'église Saint-Eustache. Les travaux des Tuileries étant suspendus, la reine fait entreprendre en 1572 l'aménagement d'un vaste hôtel, d'abord en réutilisant des bâtiments plus anciens réunis par une galerie, puis en construisant un nouvel ensemble sur les plans de Jean Bullant. L'œuvre était achevée en 1578. Lors de la succession de la reine mère, la maison fut achetée en 1601 par Catherine de Bourbon, sœur de Henri IV, puis acquise à sa mort en 1604 par le comte de Soissons qui lui donna son nouveau nom d'hôtel de Soissons. Depuis sa démolition entreprise en 1748 pour la construction de la Bourse du commerce, il n'en subsiste que la fameuse « colonne astrologique », observatoire en forme de colonne dorique colossale.
Cf. Fr. Ch. James, « Jean Bullant », *Positions de thèses de l'Ecole nat. des chartes*, 1968, p. 101-109.

HÔTEL DE LA REINE. Colonne astrologique.

SAINT-GERMAIN-DES-PRÉS, palais abbatial, rue de l'Abbaye. M.H. **Voir n° 246.**
Cf. E.J. Ciprut, dans *Bulletin de la Soc. de l'hist. de l'art français,* 1956, p. 218-221 ; H. Verlet, « Les Bâtiments monastiques de Saint-Germain-des-Prés », dans *Paris et Ile-de-France, mémoires,* t. 9, 1957-1958, p. 62-66 ; A. Berty et L.M. Tisserand, *Topographie historique du vieux Paris. Région du bourg Saint-Germain,* Paris, 1876.

TOURNELLES, hôtel des. Situé rue Saint-Antoine, l'hôtel devint après la reconquête de Paris par Charles VII l'une des résidences parisiennes des souverains. Louis XI y fit faire des travaux, Louis XII et François Iᵉʳ y séjournèrent. L'agrément venait de l'étendue des cours, des galeries, des jardins intérieurs et du grand parc qui s'étendait vers le nord. Les hésitations apportées à modifier le Louvre, puis la durée des travaux prolongèrent le séjour de la cour de France aux Tournelles. Henri II y fit entreprendre des travaux par Philibert de L'Orme, qui construisit une salle de banquet et un arc provisoire en 1549, lors de l'entrée triomphale du roi à Paris, une fontaine aussi ; plus tard, en 1554-1557, des écuries monumentales, en 1559 enfin une porte triomphale pour les fêtes de la paix et les mariages princiers décidés au traité de Cateau-Cambrésis. C'est au cours de ces fêtes que le roi fut blessé mortellement, dans l'arène provisoire ménagée rue Saint-Antoine sous les fenêtres de l'hôtel, et c'est aux Tournelles qu'il mourut. De ce jour, la résidence fut vouée à la démolition par Catherine de Médicis.
Cf. A Blunt, *Philibert de L'Orme,* Londres, 1958 ; J.-P. Babelon, dans *Ecole pratique des Hautes Etudes, IVᵉ section, Annuaire 1975-1976,* p. 695-714.

TUILERIES, Les. Château disparu. **Voir n° 181.**
Cf. plus haut la bibliographie du Louvre, notamment Babelon, Berty, Blunt et Hautecœur, ainsi que F. Ch. James, « Jean Bullant », *Positions de thèses de l'Ecole nat. des chartes,* 1968, p. 101 et 109, A. Blunt, *Philibert de L'Orme,* Londres, 1958 et E. Michaud-Jeannin, « Les Tuileries. À la recherche du palais perdu», dans *Connaissance de Paris et de la France,* n°ˢ 42 et 62 ; Du Cerceau-Thomson, 1988, p. 219 (bibliographie, p. 221).

SEINE-ET-MARNE

Ch. Oudiette, *Dictionnaire topographique du département de Seine-et-Marne,* Paris, 1821.
Essais historiques... sur le départ. de Seine-et-Marne, Melun, 1829-1832, 3 vol.
A. Bray, *Inventaire archéologique du canton de Moret,* Troyes, vers 1958.
Monuments et Sites de Seine-et-Marne, bulletin, depuis 1970.
Monuments et Richesses artistiques des cantons de Meaux, Claye-Souilly, Coulommiers, Dammartin-en-Goële et Lizy-sur-Ourcq, catal. de l'expos. IGMRAF, 1974.
Id. pour les *cantons de Nemours, Bray..,* 1975.
Id. pour les *cantons de Villiers-Saint-Georges et La Ferté-Gaucher,* 1976.

J.P. Naudé des Moutis, *Anciennes Demeures et Vieux Logis de Seine-et-Marne,* Paris, 1982.
J. Jacquet, *Châteaux de Seine-et-Marne,* Paris, Nouvelles Éditions latines, s.d.

BOURRON, à Bourron-Marlotte. M.H. Il semble que l'on puisse dater des dernières années du XVIᵉ s. la construction du château de Bourron qui a conservé une étonnante unité de style. Son bâtisseur, François de Sallard, avait épousé entre 1562 et 1574 Diane Clausse, fille de l'opulent secrétaire d'Etat Côme Clausse qui édifia Fleury-en-Bière et Courances, tout voisins de Bourron. A l'exception des deux escaliers en fer à cheval ajoutés aux façades nord et sud et de la disposition des lucarnes modifiée ultérieurement, Bourron offre le type parfait de la « maison aux champs » d'Ile-de-France au temps de Du Cerceau, simple corps de logis encadré de deux pavillons rectangulaires saillants, murs de moellon enduit enrichis de chaînes de brique. Les deux pavillons à usage d'écuries qui scandent la plate-forme bordée de fossés présentent un intéressant décor géométrique de briques qui rappelle évidemment Fleury.
Cf. N. Benefice, *Les Monuments historiques,* n° 131, 1984, p. 73-88.

CHALENDOS, à Saint-Siméon. Vestiges d'un manoir reconstruit au XVIᵉ s., qui fut un foyer du protestantisme en Brie.
Cf. Loth et Delivré, dans *Monuments et Sites de S.-et-M.,* 1980, p. 24.

CHALLEAU, CHALLUAU ou SAINT-ANGE, à Villecerf. I.S. Quelques restes du château disparu. **Voir n° 117.**
Cf. A Bray, dans *BM,* t. 114, 1956, p. 267-274 ; G. Pillement, p. 199 ; C. Grodecki, *Documents, I,* p. 91 ; Du Cerceau-Thomson, 1988, p. 291.

CHAPELLE-SOUS-CRÉCY, La. Il reste une aile d'un château de la fin du XVIᵉ s., dans un château rebâti en 1848 (où un trumeau peint représente l'ancienne construction).

CHÂTEAU-MAILLARD, à Beautheil. Du XVIᵉ s.
Cf. Monuments... des cantons de Meaux..., 1974.

CORBEVILLE. Une gravure de Claude Chastillon représente Corbeville, « Maison platte bastie à la moderne près la petite ville de Moret en Gatinois ».

COUPVRAY. Site classé. Château bâti de 1596 à 1602, à la place d'une construction médiévale, pour Hercule de Rohan, duc de Montbazon. Henri IV y vint en 1596. Il aligne deux corps de logis et trois pavillons brique et pierre, le pavillon central sans doute transformé ultérieurement.
Cf. J. Roblin, dans *Monuments et Sites de S. et M.,* 1975, p. 17.

COURQUETAINE, à Ozouer-Courquetaine. Le château brique et pierre a conservé deux pavillons qui semblent dater de l'extrême fin du XVIᵉ s., construits pour Isaac de Chantereau, seigneur de Châteaufort, secrétaire des finances.
Cf. MC Ile-de-France, p. 300 ; C. Grodecki, *Documents,* t. 1, p. 101.

COURTAVENEL, à Vaudoy-en-Brie. Bâti sous le règne de Henri IV, détruit vers 1864.
Cf. A. Lecesne, dans *Monuments et Sites de S.-et-M.,* 1978, p. 13.

ÉGREVILLE. I.S. Bâti au XVIᵉ s. pour la duchesse d'Etampes, remanié au XVIIᵉ s. pour le maréchal de La Châtre, c'est un parallélépipède flanqué de deux tours ; lucarnes.
Cf. MC Ile-de-France, p. 302.

ESMANS. I.S. Résidence d'été des évêques de Meaux, bâtie pour l'évêque Guillaume Briçonnet, qui y mourut en 1534.
Cf. Hautecœur, t. 1. a, p. 160.

ÉVRY-LE-PLESSIS, à Évry-les-Châteaux, auj. Évry-Grégy-sur-Yerre. Construit entre 1550 e t 1560, modifié au XVIIᵉ s., incendié en 1943, c'est un parallélépipède brique et pierre flanqué de quatre tours.
Cf. MC Ile-de-France, p. 303 ; R. Gromand, dans *VMF,* n° 71, 1977, p. 16-18.

FLEURY-EN-BIÈRE. M.H. Visite. **Voir n° 147.**
Cf. E. de Ganay, *Châteaux de France. Environs de Paris,* n° 20-22 ; P. Vanaise, dans *Gazette des Beaux-Arts,* 1966, t. 2, p. 254 ; C. Grodecki, dans *L'Information d'histoire de l'art,* 1974, n° 1, p. 37-41 ; J. Feray (sur les fresques), dans Actes du colloque : *L'Art de Fontainebleau,* 1975, p. 141-144 ; D. Marsault-Leborgne, mémoire de maîtrise inédit, 1975 ; J. Sartre, *France.*

FONTAINEBLEAU. M.H. Musée national. **Voir n° 68, 146, 179 et 261.**
Cf. P. Dan, *Le Trésor des merveilles de la maison royale de F.,* Paris, 1642 ; Guilbert, *Description historique...,* Paris, 1731, 2 vol. ; L. Dimier, Paris, 1908 (coll. *Les villes d'art célèbres*) ; M. Roy, dans *Bull. de la Soc. nat. des antiquaires de France,* 1914, p. 1-89 ; A. Bray, dans *BM,* 1935, p. 171-214 ; F. Herbert, Paris, 1937 ; Ch. Terrasse, Paris, 1946 (coll. Petites Monographies) ; L. Dimier, Paris, 1949 ; A. Bray, Paris, 1956 (coll. Les Plus Excellents Bâtiments de France) ; P. Vanaise, *Gazette de Beaux-Arts,* 1966, t. 2, p. 241-264 ; S. Pressouyre, *L'Information d'histoire de l'art,* 1974, n° 1, p. 25-37 ; *Revue de l'art,* n° 16-17, 1972 ; Actes du colloque : *L'Art de Fontainebleau,* 1975 ; N. Miller, *French Renaissance Fountains,* New York-Londres, 1977 ; J. Guillaume et C. Grodecki, dans *Bull. de la Soc. de l'hist. de l'art français,* 1978, p. 43-51 ; J. Guillaume, dans *BM,* 1979, p. 225-240 ; A. Chastel, *Fables, Formes, Figures,* recueil d'articles, Paris, 1978, t. 1, p. 455-468. ; B. Lossky, *Bull. de la Soc. de l'hist. de l'art français,* 1981, p. 21-25 ; I. Wardropper, *Ibid.,* p. 27-31. ; Mac Allister Johnson, dans *Gazette des Beaux-Arts,* avril 1984, p. 127-144 ; S. Béguin, J. Guillaume et A. Roy, *La Galerie d'Ulysse,* Paris, 1986 ; Prinz, p. 416 ; Du Cerceau-Thomson, 1988, p. 189 ; Cl. Mignot, *Revue de l'art,* n° 82, 1988, p. 9.

FRESNES, à Fresnes-sur-Marne. Un ancien château fut acheté en 1594 par le secrétaire d'Etat de Henri IV Pierre Forget, qui entreprit sa construction, en même temps qu'il construisait une nouvelle église (1608). Les travaux furent suspendus à sa mort en 1610. Henri de Guénégaud fera compléter le château par François Mansart après l'avoir acquis en 1641. Il est en partie détruit. A distinguer du château du marquis d'O à Fresnes (Ecquevilly, près Meulan).
Cf. A Braham et P. Smith, *François Mansart,* Londres, 1973, t. 1, p. 230.

GRAND FERRARE, Le, à Fontainebleau. Seul subsiste le portail sur la rue Saint-Honoré (M.H.). La demeure d'Hippolyte d'Este, cardinal de Ferrare, se présentait comme un hôtel urbain planté à la lisière de la petite agglomération qui entourait le château royal. Son importance architecturale est telle que nous avons choisi de l'inclure dans ce répertoire. On aura observé que nous y avons intégré nombre de palais épiscopaux ou abbatiaux situés en ville.
L'hôtel fut commandé en avril 1544 par le cardinal à l'architecte italien Sebastiano Serlio, nouveau venu en France. Il fut inauguré le 17 mai 1546 par François Iᵉʳ qui prit le plus vif intérêt à sa visite. Le dispositif de la vaste cour carrée bordée d'un mur crénelé, de deux ailes et d'un

corps de logis adossé au jardin devait connaître une immense diffusion en France. Les plans de l'hôtel figurent sur les divers manuscrits du *Sesto libro* ainsi que dans le *Settimo libro* de Serlio, et le portail rustique est reproduit dans son *Libro extraordinario*. L'édifice sera rasé sous le premier Empire.

Cf. J.-P. Babelon, « Du Grand Ferrare à Carnavalet, naissance de l'hôtel classique », dans *Revue de l'art*, no 40-41, 1978, p. 83-108 (on y trouvera les références aux ouvrages de M. Rosci, M. Nan Rosenfeld, M.R. Huber et W. Bell Dinsmoor sur l'œuvre de Serlio).

LE GRAND FERRARE. Portail.

GRANGE-BLÉNEAU, La, à Courpalay. I.S. Le château médiéval des Courtenay fut repris au XVe puis au XVIe s.
Cf. Soulange-Bodin, *Châteaux connus et inconnus*; *MC Ile-de-France*, p. 305.

GRANGE-LE-ROY, La, à Grisy-Suisnes. I.S. **Voir no 247.**
Cf. Foville et Lesourd, *Châteaux*, p. 374; E. de Ganay, *Châteaux et Manoirs, Ile-de-France*, t. 2, p. 61-62; Soulange-Bodin, *Châteaux connus et inconnus*; *MC Ile-de-France*, p. 242-243.

HOUSSOY, Le, à Crouy-sur-Ourcq. Construction des XVe et XVIe s.
Cf. Monuments et Richesses des cantons de Meaux..., 1974, p. 4.

LAUNOY-RENAULT, ou L'AUNOY-RENAULT, à Verdelot. I.S. L'aile sud comporte une galerie qui peut dater des travaux de Claude d'Espence, mort en 1571. Celui-ci, recteur de l'Université de Paris en 1541, participa au colloque de Poissy et manifesta ses sympathies discrètes pour la Réforme. Pendant les guerres de la Ligue, le château abrita des réunions de seigneurs calvinistes.
Cf. Loth et Délivré, *Monuments et Sites de S.-et-M.*, 1976, p. 7.

LÉSIGNY. Le château de Louis de Poncher fut rebâti en brique et pierre dans les années 1540 par Charlotte Briçonnet et Charles de Pierrevive. Modifié en 1613-1617 par Concini, puis par Luynes, et restauré au XIXe s.
Cf. Soulange-Bodin, dans *Châteaux connus et inconnus*; *MC Ile-de-France*, p. 307; C. Grodecki, *Documents*, I. p. 105.

LIZY-SUR-OURCQ. Construction du XVIe s.
Cf. Monuments et Richesses des cantons de Meaux..., 1974, p. 3.

LORREZ-LE-BOCAGE. Deux corps de logis en équerre flanqués de petites tours rondes et entourés de douves; a été gravé par Claude Chastillon.
Cf. MC Ile-de-France, p. 307.

LUMIGNY, à Lumigny-Nesles-Ormeaux. Construction du XVIe (où Charles IX descendit) modifiée aux XVIIe et XIXe s.
Cf. MC Ile-de-France, p. 307.

MEAUX, palais épiscopal. M.H. Visite. Musée. L'édifice fut reconstruit en partie pour l'évêque Guillaume Briçonnet. Il subsiste de cette époque (1516-1534) le haut pavillon brique et pierre saillant sur la cour, qui renferme une rampe ascendante en brique par laquelle les mulets chargés des sacs de grain de la dîme pouvaient atteindre les greniers. Le palais fut modifié au XVIIe s.
Cf. F. Deshoulières, *La Cathédrale de Meaux*, Paris, s.d. (coll. des Petites Monographies); Cl. Ruiz, *Relations P.T.T.*, no 124, 1983, p. 9-17.

MEAUX. La rampe du palais épiscopal.

MONTCEAUX ou Montceaux en Brie. Ruines. M.H. Visite. **Voir no 262.**
Cf. Th. Lhuillier, *Réunion des Sociétés de Beaux-Arts des départements*, 1884, p. 245-284; R. Coope, *Journal of Warburg and Courtauld Institute*, t. 22, 1959, p. 70-87, et *Salomon de Brosse*, Londres, 1972, p. 46-55 et 226-234; L. Châtelet-Lange, *Architectura*, 1973, no 2, p. 153-170; J. Sartre, *France*, p. 127; J.-P. Babelon, conférences à l'Ecole pratique des Hautes Etudes, IVe section, 1982-1983, et *Archives de l'art français*, t. 26, 1984, p. 39-41; C. Grodecki, *Documents*, I. p. 121.

MOTTEUX, à Marolles-sur-Seine. Bâti en 1569 par Jean de Brosse dans le style des petits châteaux de Du Cerceau, remanié aux XIXe et XXe s.

NANDY. M.H. Rebâti à partir de 1595 pour le maréchal de Vitry. Le château actuel date des années 1660.
Cf. R. Plouin, *Monuments et Sites de S.-et-M.*, 1973, p. 14-16; *MC Ile-de-France*, p. 262.

NANGIS. Après la démolition de 1795, il ne reste qu'une aile ancienne du château des Nangis, marquis de Brichanteau.
Cf. Gauthier, *Petits Châteaux et Manoirs de France*.

NANTOUILLET. M.H. **Voir no 67.**
Cf. A. Melaye, *Bull. de la Soc. des lettres et d'histoire de la Brie*, 1898. Gébelin, p. 153-154, et *CAF*, t. 103, 1944, p. 64; *La Demeure historique*, no 40, 1975, p. 18-20; C. Grodecki, *Documents*, I. p. 121.

SALINS. L'aile nord médiévale fut remaniée au début du XVIe s. pour Guillaume de Courtenay.
Cf. A. Vandenberghe, dans *Monuments et Sites de S.-et-M.*, 1979, p. 7.

SIGY. I.S. Manoir médiéval de la famille Bouton transformé aux XVIe et XVIIe s.
Cf. MC Ile-de-France, p. 318.

TRESMES, à Crouy-sur-Ourcq. Un ancien château médiéval fut rebâti au XVIe s. pour Louis Potier, secrétaire d'Etat de Henri III et de Henri IV. On en connaît une vue gravée par Cl. Chastillon avant que René Potier, devenu duc de Gesvres, ne le fasse agrandir. Il porta alors le nom de *Gesvres*, et fut démoli en 1810.
Cf. G. Pillement, *Les environs de Paris disparus*, Paris, 1968, p. 245-248.

TROCY-EN-MULTIEN. Vestiges du XVIe s. du château des Potier de Gesvres.
Cf. Monuments et Richesses des cantons de Meaux., 1974, p. 3.

SEINE-SAINT-DENIS

LIVRY, à Livry-Gargan. Le château appartenait dès 1510 à la famille Sanguin. Une gravure de Claude Chastillon montre un bâtiment de la fin du XVIe s., flanqué d'un pavillon carré. Il fut rasé vers 1836.
Cf. G. Poisson, *Le Grand Paris. Banlieue nord-est*, p. 265.

VAL-DE-MARNE

AMBOILLE, à Ormesson-sur-Marne, M.H. **Voir no 243.**
Cf. E. de Ganay, *Châteaux de France. Environs de Paris*, no 69; *Les Anciens Châteaux de France*, Paris, Contet. t. 5; *Châteaux et Manoirs d'Ile-de-France*, t. 2, p. 36-38; *MC Ile-de-France*, p. 232; G. Poisson, *Le Grand Paris, Banlieue sud*, p. 173; Sartre, *France*; W. d'Ormesson, *La Ville et les Champs*, Paris, 1958; L. Sauvageot, *L'Encyclopédie d'architecture*, 1875, p. 117-120.

ARCUEIL. I.S. Du domaine des Guise, il reste un petit château à tourelles du XVIe s., 24, rue Cauchy.
Cf. G. Poisson, *Le Grand Paris. Banlieue sud*, p. 418.

CHARENTON-LE-PONT, pavillon Cenamy. M.H. Mairie. **Voir no 264.**
Cf. G. Poisson, *Le Grand Paris. Banlieue sud*, p. 121; Chan. J. Petit, *Charenton-le-Pont hier et aujourd'hui*, 1968 et 1975.

CONFLANS, à Charenton-le-Pont, 2, rue du Séminaire. I.S. Comme Villeroy, Conflans qui occupe un site remarquable sur la hauteur au-dessus de la Marne appartint aux Le Gendre,

puis à Nicolas II de Neufville qui fit agrandir la résidence en 1568. Son fils Nicolas III, le ministre de Henri III et de Henri IV, l'embellit encore. A en juger par la description du Hollandais Van Buchel en 1585 puis celle plus tardive de Gilbert Le Masson, c'était une demeure splendide, où Henri IV s'invita à plusieurs reprises. Le sculpteur Mathieu Jacquet avait dessiné les bassins et les fontaines de l'un des jardins en terrasse. Le château fut vendu ensuite à Nicolas de Verdun, puis à Nicolas Le Jay, puis à la marquise de Seneçay et sera modifié dans le courant du XVIIe s. pour devenir la maison de campagne des archevêques de Paris. Il fut démoli vers 1935, il en reste le portail, des terrasses, un escalier.
Cf. G. Hartmann, *Mémoires de la Soc. de l'hist. de Paris et de l'Ile-de-France*, t. 35, 1908, et *Revue hist. et archéol.*, 1909 ; Pillement, p. 87 ; G. Poisson, *Le Grand Paris, Banlieue sud*, p. 104 ; *MC Ile-de-France*, p. 300 ; C. Grodecki, *Documents*, I, p. 95.

GENTILLY. Le manoir seigneurial du fief de la *Tour carrée* vint vers 1566 aux mains de Nicolas Fumée, abbé de La Couture, du Mans, futur évêque du Mans, aumônier et fidèle conseiller de Henri III. En 1586, cet amateur érudit passait marché avec le sculpteur Germain Pilon pour aménager au fond de sa garenne un lieu destiné à recevoir sa collection de statues antiques : un portique de trois hautes colonnes de marbre rouge, bases et chapiteaux de marbre blanc, soubassement et entablement de marbre noir, que Pilon devait couronner d'un groupe statuaire représentant les Trois Parques (aujourd'hui au château d'Écouen). Le manoir a disparu.
Cf. C. Grodecki, dans *Bull. de la Soc. de l'hist. de l'art français*, 1980, p. 29-44.

GROSBOIS, à Boissy-Saint-Léger. M.H. Visite. **Voir n° 265.**
Cf. R.A. Weigert, dans *Bull de la Soc. de l'hist. de l'art français*, 1953, p. 120 ; E.J. Ciprut, dans *Paris et Ile-de-France, Mémoires*, t. 16-17, 1965-1966, p. 137 ; R. Guillemard, Boissy-Saint-Léger, 1977 ; L. Châtelet-Lange, « Deux architectures théâtrales », dans *BM*, 1982, n° 1.

ORMESSON. Voir AMBOILLE.

SAINT-MAUR-DES-FOSSÉS. Château disparu. **Voir n° 119 et 180.**
Cf. H. Clouzot, dans *Revue des études rabelaisiennes*, t. 7, 1909 ; Gebelin, p. 167-169 ; A. Blunt, *Philibert de L'Orme*, Londres, 1958 ; G. Poisson, *Le Grand Paris. Banlieue sud*, p. 167 ; Du Cerceau-Thomson, 1988, p. 227.

VINCENNES. M.H. Visite. **Voir n° 143.**
Cf. M. Roy (sur la chapelle), *Mém. de la Soc. nat. des antiquaires de France*, t. 71, 1912, p. 225-287 ; F. de Fossa, Paris, 1908, 2 vol. ; M. Enjalric, Paris, Nouv. Éd. latines, s.d. ; Fr. Eynaud, Paris, s.d. (coll. des Monographies de la C.N.M.H.S.) ; Du Cerceau-Thomson, 1988, p. 27.

VAL-D'OISE

L. Régnier, *La Renaissance dans le Vexin et dans une partie du Parisis*, Pontoise, 1886.

« En Parisis au XVIe s. », *L'Information d'histoire de l'art*, 1957, n° 2, p. 56-72.
J.-P. Naudé des Moutis, *Anciennes Demeures et Vieux Logis du Val-d'Oise*, Paris, 1981.
Vieilles Maisons françaises, n° 116, février 1987.

AMBLEVILLE. M.H. Cette seigneurie du Vexin français appartenait au XVIe s. aux Mornay qui firent bâtir un premier château qui subsiste, auquel un second corps de logis sera ajouté au XVIIe s. pour les La Rochefoucauld. Le bâtiment primitif, du milieu du XVIe s., est attribué à l'architecte de Saint-Gervais de Gisors, Jean Grappin. C'est un corps de logis en pierre de taille de deux étages prolongé par un donjon carré flanqué de quatre tourelles. Bandeaux et corniches moulurés courent tout au long de l'édifice. Sur la face principale du donjon, le décor est plus chargé, frise sculptée sous la corniche haute, pilastres colossaux scandant l'entrée primitive par le pont-levis. D'autres pilastres ioniques qui supportent un grand entablement à triglyphes et métopes garnissent le soubassement, ainsi que les contreforts des tourelles. Un décor d'origine a subsisté à l'intérieur : cheminée sculptée avec consoles à griffes, plafond à caissons de menuiserie, carrelages.
Cf. L. Régnier, p. 54 ; E. de Ganay, *Châteaux et Manoirs, Ile-de-France*, t. 4, p. 18-22 ; *MC Ile-de-France*, p. 56-59.

AMBLEVILLE.

ARTHIES. I.S. Le château fut bâti pour les Théméricourt, sans doute à l'extrême fin du XVe s. Le mur d'enceinte présente un superbe appareil en damier, carreaux de pierre blanche et brique, l'un des premiers que l'on connaisse.
Cf. MC Ile-de-France, p. 294 ; Sartre, *France* ; Naudé des Moutis, pl. 1 et 2.

ÉCOUEN. M.H. Musée national de la Renaissance. **Voir n° 120.**
Cf. A. de Montaiglon, « Jean Bullant », dans *Archives de l'art français*, t. 6, 1858-1860, p. 305 ; Ch. Terrasse, Paris, 1925 (coll. des Petites Monographies) ; F. Ch. James, « Jean Bullant », *Positions de thèses de l'Ecole nat. des chartes*, 1968, p. 101-109 ; W. Hoffmann, *Das Schloss von Ecouen*, Berlin, 1970 ; Actes du colloque : *L'Art de Fontainebleau*, 1975 ; *Les Monuments historiques de la France*, 1977, n° 5, p. 33-48, et n° 129, 1983, p. 57-64 ; A. Erlande-Brandenburg, R.M.N., 1988 ; Du Cerceau-Thomson, 1988, p. 269.

GADANCOURT. M.H. Visite. Manoir à tourelles bâti vers 1560 pour Hector de Hazeville, ami de Jean Calvin, rebâti en partie en 1640 puis au XVIIIe s.
Cf. MC Ile-de-France, p. 304.

MARINES. I.S. Sur la place du Marché, château du XVIe s. qui appartint aux Brulart de Sillery.

MÉRY-SUR-OISE. I.S. Sur le domaine d'un prieuré de Saint-Denis, Pierre d'Orgemont avait bâti un premier château dans la seconde moitié du XIVe s. Claude d'Orgemont, échanson de

Henri II, en entreprit la reconstruction. Un portail en marbres de couleurs fut commandé en 1580 au sculpteur Mathieu Jacquet, plusieurs portes, datées de 1584, sont ornées des armes des Orgemont. Méry sera repris au XVIIe s. puis au XVIIIe pour Samuel Bernard. Il reste des éléments du XVIe s. sur les façades, notamment les arcatures en anse de panier de l'aile sud.
Cf. E. de Ganay, *Châteaux et Manoirs, Ile-de-France*, t. 4, p. 1-2 ; J. Depoin, *Histoire de Méry-sur-Oise*, 1892 ; E.J. Ciprut, *Mathieu Jacquet*, Paris, 1967 ; *MC Ile-de-France*, p. 126.

MORNAY-VILLARCEAUX, à Omerville. I.S. Manoir construit au XVIe s. pour les Trie-Pillavoine, occupé ensuite par les Mornay ; une façade en pan de bois, cheminée.
Cf. Palustre, t. 2, p. 62 ; E. de Ganay, *Châteaux et Manoirs, Ile-de-France*, t. 4, p. 17 ; Gauthier, *Petits Châteaux et Manoirs* ; Naudé des Moutis, pl. 15 ; J. Formigé, dans *CAF*, 1947, p. 284-286.

ROCHE-GUYON, La. M.H. Au pied du château médiéval, un nouveau château est bâti au XVe et au XVIe s. pour la famille de Silly, fortement remanié aux siècles suivants. L'état ancien, forteresse crénelée sommée de lucarnes, est visible sur les gravures de Chastillon et Silvestre.
Cf. E. de Ganay, *Châteaux de France, Environs de Paris*, p. 71-73, et *Châteaux et Manoirs, Ile-de-France*, t. 4, p. 32-34 ; *Les Anciens Châteaux de France*, Contet, t. 6.

VIGNY. Malgré l'énergique restauration menée par Cazaux pour le comte Vitali, acquéreur en 1867, Vigny garde le volume général que lui donna le cardinal Georges d'Amboise à partir de 1504, avant de reporter tous ses efforts sur le château de Gaillon. On y voit deux corps de logis en équerre cantonnés de tours rondes (l'une abrite la chapelle du cardinal) et terminés par un fort donjon carré qui rappelle celui de Maintenon. Les dispositions sont encore gothiques. A la mort du cardinal en 1510, Vigny passa à son neveu Georges II, puis fut acheté en 1550 par Anne de Montmorency qui fait sculpter ses armes sur la porte d'entrée. En 1583, Charles de Montmorency commande pour la cour un bassin triangulaire avec un rocher sommé d'une statue de la « Merluzine (la fée Mélusine) jetant l'eau par plusieurs endroits de son corps ».
Cf. G. Tubeuf et A. Maire, *Monographie du château et de l'église de Vigny*, Paris, 1902 ; E. de Ganay, *Châteaux et Manoirs, Ile-de-France*, t. 4, p. 10 ; *MC Ile-de-France*, p. 321 ; *VMF*, n° 67, janvier 1976, p. 22-23.

VIGNY.

VILLARCEAUX, à Chaussy. M.H. A côté du château du XVIIIe s., l'ancien manoir conserve des restes du XVIe s.
Cf. E. de Ganay, *Châteaux et Manoirs, Ile-de-France*, t. 4, p. 23-31 ; *MC Ile-de-France*, p. 48 ; Naudé des Moutis, pl. 22.

YVELINES

J.-P. Naudé des Moutis, *Vieux Logis des Yvelines*, Paris, 1977.
P. Léchauguette et P. Maurin, « Richesses artistiques du canton de Saint-Arnoult-en-Yvelines », dans *Bull. de la Soc. hist de Saint-Arnoult et de la vallée de la Rémarde*, nº 9-10, 1978, p. 2-19.
Richesses d'art et d'architecture du Mantois, catal. de l'expos. de l'Inventaire général, 1978.
M. Delafosse et F. Zuber, « Richesses récemment découvertes » dans *Pays d'Yvelines, de Hurepoix et de Beauce*, nº 23, 1980, p. 4-15.

APREMONT, à Perdreauville. Manoir des XVe et XVIe s. en assises alternées de calcaire et silex.
Cf. La Demeure historique, nº 48, 1978, p. 20 ; Naudé des Moutis, pl. 1.

BAZEMONT. I.S. Manoir du XVIe, remanié au XVIIIe s.

BECQUANCOURT, à Dampierre. Rien ne subsiste du manoir que le châtelet à tourelles, de brique et moellon, datant des premières années du XVIIe siècle.
Cf. Naudé des Moutis, pl. 4 ; Sartre, *France*, p. 138.

BÉVILLIERS, plus tard **BRETEUIL**, à Choisel. M.H. Visite. Bévilliers fut reconstruit à partir de 1580 pour Nicolas Le Jay, et sans doute achevé à sa mort en 1596. C'est un château brique et pierre dans le style de Du Cerceau, augmenté au XVIIe s. par les Tonneliers de Breteuil qui lui donnèrent leur nom.
Cf. E. de Ganay, *Châteaux et Manoirs, Ile-de-France*, t. 5, p. 31-36 ; Soulange-Bodin, *Châteaux connus et inconnus* ; Sartre, *France*, p. 138 ; *MC Ile-de-France*, p. 297.

CENSE, La, à Rochefort-en-Yvelines. Manoir des XVe et XVIe s. Des niches ovales décorées encadrent le portail.
Cf. J.L. Duplan, dans *Mémoires de la Soc. arch. de Rambouillet*, t. 27, 1938, p. 43-44 ; *La Demeure historique*, nº 54, 1979, p. 27 ; Naudé des Moutis, pl. 12 ; P. Léchauguette, p. 14.

DAMPIERRE, à Dampierre-en-Yvelines. I.S. Un premier château fut bâti en 1535 pour Jean Du Val, trésorier des finances, qui y reçut François Ier en 1547. Il était composé de bâtiments bas et simples entourant une cour et cernés de douves. En 1552, le domaine fut vendu au cardinal de Lorraine, Charles de Guise. On a attribué les remaniements qu'il apporta à Claude Foucques, qui est qualifié comme son architecte en 1565, mais ils pourraient aussi bien être de Primatice. Le pavillon d'entrée est alors agrémenté d'un portail à pilastres, la tour de gauche surélevée d'un belvédère à pilastres et arcades coiffé d'un dôme s'achevant par un obélisque. Sur le même côté gauche, on devine sur les gravures de Du Cerceau des constructions nouvelles, pavillon, galerie longeant les parterres. Le décor du château fut célèbre ; celui de la salle des étuves à l'appartement des bains, dessiné comme un temple avec des niches et des colonnes, et celui d'un studiolo, peint par Francesco Salviati et qui servait de cabinet d'antiques. Dampierre passa au duc de Chevreuse, un Lorraine, puis, par l'intermédiaire de sa veuve,

au duc de Luynes qui le fit rebâtir par Jules Hardouin-Mansart en conservant les fondations de l'ancien château. Une partie des communs du XVIe s. subsiste encore, semble-t-il. Un jardin clos de galeries s'étendait sur la plate-forme du château, un autre, entouré de canaux, s'allongeait à sa gauche.
Cf. P. Héliot, *Bull. de la Soc. nat. des antiquaires de France*, 1946-1947, p. 184 ; E. de Ganay, *Châteaux et Manoirs, Ile-de-France*, t. 5, p. 39-47 ; *Les Anciens Châteaux de France*, Paris, Contet, t. 4 ; *MC Ile-de-France*, p. 301 ; Du Cerceau-Thomson, 1988, p. 281.

FRESNES, à Ecquevilly. De 1578 à 1580, François d'O, grand favori de Henri III, surintendant des finances, premier gentilhomme de la Chambre et maître de la garde-robe, fait élever à Fresnes un nouveau château par Baptiste Androuet Du Cerceau. Les gravures de Claude Chastillon (« Fresnes, maison magnifiquement bastie ») et d'Israël Silvestre permettent seules de connaître cette œuvre raffinée, qui rappelait certains traits décoratifs de Charleval, mais à très petite échelle. C'était un simple corps de logis de plan massé, agrémenté de pavillons successifs en décrochement. Les façades étaient sans doute de brique et pierre, avec chaînes d'angle, un décor de bossages et de frontons particulièrement élaboré aux travées de fenêtres, des escaliers logés dans deux tourelles rondes symétriques coiffées de petits dômes, une travée centrale surchargée de niches rustiques et d'œils-de-bœuf et qui s'achevait par un fronton ouvert surmonté d'un lanternon. Côté jardin, même décor fait de tableaux et de niches, et deux lucarnes jumelées sous un fronton unique. Tout annonce Grosbois. Le surintendant n'avait pas négligé les jardins, parterres, canaux et fontaines, dessinés en 1579 : Germain Pilon s'engagea à sculpter deux fontaines à figures et ornements dont l'une fut livrée en 1582. Il ne subsiste pas un vestige de cette demeure somptueuse.

Cf. E. Bories, *Histoire du canton de Meulan*, Paris, 1906, p. 441-450 ; C. Grodecki, dans *Bull. de la Soc. de l'hist. de l'art français*, 1980, p. 29-44.

MAULE. M.H. L'ancien manoir baronnal de Boutigny, qui appartenait à la famille de Morainvilliers, fut acquis par Nicolas de Harlay de Sancy, fidèle appui militaire et diplomatique de Henri III puis de Henri IV. Sancy entreprit la reconstruction d'un château de vastes proportions, qui aurait affecté la forme d'un parallélogramme flanqué à ses angles de grosses tourelles. La façade se serait dressée face à la rue Saint-Vincent qui traverse le bourg de Maule. De ce projet grandiose, Sancy ne fit édifier que la grande aile qui subsiste. Elle devait abriter, derrière le château, les écuries et les communs. Des masques sculptés ornent les baies, la partie supérieure des façades est traitée en brique et de belles lucarnes décorées les surmontent. Du côté de l'entrée, une énorme tour ronde est juchée d'une façon surprenante sur un éperon saillant qui s'achève par une trompe audacieuse, d'une belle stéréotomie (qui rappelle celles d'Amboille-Ormesson). Sancy avait encore fait tracer un vaste parc animé de bassins et de jets d'eau, au-dessus de la rivière de la Mauldre. Mais bientôt il eut l'occasion de s'intéresser à Grosbois, qui se prêtait mieux à ses ambitions. Maule sera vendu à Claude de Bullion, surintendant des finances. La terre sera érigée en marquisat en 1667.
Cf. MC Ile-de-France, p. 309 ; étude inédite.

MÉDAN. I.S. Visite. Le château fut édifié à la fin du XVIe s. pour Jean Brinon, chancelier de François d'Alençon. L'édifice, ruiné, est en voie de restauration ; il comporte une porterie à pavillons rectangulaires.
Cf. Sites et Monuments, nº 95, 1981 et nº 124, 1989 ; *MC Ile-de-France*, p. 309 ; Naudé des Moutis, pl. 22.

MESNIL-LE-ROI. Château de *Vaux*, rue Maurice-Berteaux. C'est un ancien dépôt des équi-

FRESNES. Gravure d'Israël Silvestre.

pages de chasse de François Ier. Sur une tourelle, figure la salamandre royale. Les bâtiments furent complétés au XVIIe s.
Cf. MC *Ile-de-France*, p. 309 ; G. Poisson, *Pays du dimanche*, n° 1, Paris, 1964.

MESNIL-SAINT-DENIS, Le. I.S. Le château primitif fut construit à la fin du XVIe s. pour Louis Habert, conseiller d'Etat, trésorier général des galères, qui obtint en 1580 du duc de Guise l'autorisation de le clore de fossés, tours et tourelles. Le colombier et trois tours, bâtis en brique et meulière, datent de cette époque. Le château lui-même a été reconstruit au XVIIe s., mais conserve peut-être les structures de l'édifice antérieur.
Cf. N. de Blic, *Histoire et Archéologie dans les Yvelines*, catal. de l'expos. du pré-inventaire, p. 4-10.

MESNULS, Les. M.H. Cette grande bâtisse brique et pierre sans accentuation verticale se laisse difficilement dater. L'élément le plus ancien est la porterie, à l'entrée de la basse-cour à l'est, élevée pour Christophe de Refuge, correcteur des comptes et futur maître d'hôtel de François d'Alençon, qui acquit la terre vers 1535. La présence de médaillons de terre cuite sur la façade du logis, la modénature des fenêtres et l'appareil de brique en arêtes de poisson laisse à penser que le château d'origine, vers 1540, comportait la moitié gauche du logis, formé alors d'un rez-de-chaussée bas et d'un étage surmonté de lucarnes de pierre (dont la présence ancienne se lit aux fragments de bandeau de corniche qui séparent aujourd'hui les appuis des fenêtres du second étage) ; il aurait comporté aussi l'aile gauche, bâtie en meulière et brique de même hauteur que le logis et pourvue d'une galerie d'arcades au rez-de-chaussée. La surélévation supposée pourrait être due, à la fin du siècle, à Robert de Combault, premier maître d'hôtel de Henri III, chevalier du Saint-Esprit de la promotion de 1583, acquéreur des Mesnuls en 1575. Les travaux se poursuivirent par l'allongement du logis vers la droite, la construction des pavillons sur la route (par Bénigne Bernard, début XVIIe s.) et plus tard de l'aile droite (par les Courtin, 2e moitié du XVIIe s.). Tout le décor intérieur, escalier, portes, plafonds fait état d'éléments d'origines diverses remontés par un banquier roumain, Jean Chrissoveloni.
Cf. E. de Ganay, *Châteaux et Manoirs, Ile-de-France*, t. 5, p. 56-64 ; G. Poisson, dans *Paris et Ile-de-France, mémoires*, t. 30, 1979, p. 259-316 ; Sartre, *France* ; G. Poisson, *Pays d'Yvelines, de Hurepoix et de Beauce*, n° 23, 1980, p. 29-34.

MONTFORT-L'AMAURY. M.H. Des constructions d'Anne de Bretagne subsiste une tour d'escalier polygonale à décor de brique.

MUETTE, La, en forêt de Saint-Germain. Château disparu. **Voir n° 118.**
Cf. L. de Laborde, *Comptes des bâtiments du Roi*, t. 1, p. 217 et suiv. ; Gebelin, p. 164 ; Sartre, *France*, p. 101 ; Du Cerceau-Thomson, 1988, p. 103.

MUETTE, La, à Ecquevilly. I.S. Belle porte d'une ferme-manoir, à fronton à coquille.

NEUVILLE, à Gambais. M.H. Visite. **Voir n° 244.**
Cf. E. de Ganay, *Châteaux et Manoirs, Ile-de-France*, t. 5, p. 44-48 ; Sartre, *France* ; VMF, n° 57, juillet 1973 ; Naudé des Moutis, pl. 23 et 24.

NOISY-LE-ROI, autrefois **NOISY-LE-SEC.** La seigneurie appartenait en 1526 à Guillaume Poyet, qui dut la céder au roi en 1545 lors de son procès ; elle fut donnée alors à la duchesse d'Étampes, puis à Diane de Poitiers, et enfin vendue en 1568 à Albert de Gondi, comte de

Retz, maréchal de France, qui l'accrût de toutes les terres environnantes. Le château datait peut-être de Poyet, ou de la duchesse d'Étampes, petite maison brique et pierre des années 1540 avec une ordonnance de pilastres superposés et des lucarnes coiffées de frontons à coquilles. Retz et sa femme firent entreprendre des modifications importantes, corps de logis doublé en épaisseur, cheminées sculptées (1577), et surtout un aménagement des jardins en terrasses. On y voyait une célèbre grotte de rocaille coiffée d'un édifice à étage proche de celui de Meudon (entre 1582 et 1599). Noisy fut détruit en 1732, il n'en subsiste qu'une porte donnant sur la forêt de Marly, dite «porte Criton» (M.H.).
Cf. H. Couzy, dans *Revue de l'art*, n° 38, 1977, p. 23-34.

PLESSIS-MARLY, puis **PLESSIS-MORNAY, Le,** à Longvilliers. Site incrit. Petit château à tours rondes construit dans la seconde moitié du XVIe s. pour la famille de Mornay et qui donna son nom à Philippe de Mornay, dit Duplessis-Mornay, compagnon de Henri IV et l'une des plus hautes figures du protestantisme français.
Cf. MC *Ile-de-France*, p. 314 ; P. Léchauguette, p. 9.

PONTCHARTRAIN, à Jouars-Pontchartrain. M.H. Un ancien manoir fut sans doute augmenté d'un corps de logis par François Coignet, député de la noblesse aux Etats de Blois, qui fut seigneur de Pontchartrain en 1583 ; il avait orné de ses armes un portail que l'on voyait encore du temps du chancelier de Pontchartrain. Ce château brique et pierre passa à sa mort en 1595 à Antoine de Buade de Frontenac, gouverneur de Saint-Germain-en-Laye, qui y ajouta une galerie, puis en 1612 à Paul Phélypeaux qui commença les transformations qui se poursuivront durant tout le règne de Louis XIV. On peut croire que l'aile sud actuelle est le reste du logis des années 1580 et qu'elle a donné son ordonnance au reste, pierre et chaînes de brique, lucarnes passantes, proches de celles de Grosbois.
Cf. M.H. Hadrot et G. Poisson, dans *Paris et Ile-de-France, mémoires*, t. 29, 1978, p. 227-266 ; M.H. Hadrot, *Histoire et Archéologie dans les Yvelines*, catal. de l'expos. du pré-inventaire, p. 21-29 ; Ph. Siguret, *Les Monuments historiques de la France*, n° 129, 1983, p. 65-67.

RAMBOUILLET. M.H. Visite. Le château fort du XIVe s. resta longtemps aux mains de la famille de Regnault d'Angennes, écuyer tranchant de Charles VI. Jacques d'Angennes aménagea le parc. François Ier qui apprécia la forêt y vint chasser ; lors de son séjour en mars 1547, il mourut subitement à Rambouillet. En 1556, Jacques d'Angennes fit décorer à l'italienne la grande salle du rez-de-chaussée par Olivier Ymbert, qui sera plus tard architecte du duc François d'Alençon ; elle a gardé ses compartiments de marbre rouge et vert. Les Valois y revinrent pour chasser, François II en 1559, Catherine de Médicis et Charles IX en 1562 après la bataille de Dreux, Henri III enfin, le 13 mai 1588, après s'être enfui de Paris révolté. Il y était accueilli par son fidèle conseiller Nicolas d'Angennes. Les modifications profondes du château viendront plus tard, par les soins du comte de Toulouse, fils de Louis XIV.
Cf. H. Longnon, Paris, s.d. (coll. des Petites Monographies) ; Y. Bottineau, dans *Les Monuments historiques de la France*, t. 112, 1980, p. 65-80 ; G. Nicot, Paris, s.d., Nouvelles Editions Latines.

ROSAY. Ce petit château appartient au groupe des demeures élevées aux environs de Paris et,

spécialement dans le Mantois, en s'inspirant des plans diffusés par les ouvrages d'Androuet Du Cerceau. Le plan de reconstruction de celui-ci dut être élaboré peu après 1597 pour Jean Courtin, seigneur de Rosay, conseiller du roi, et nouvel acquéreur, mais la demeure ne fut sans doute construite que par son fils François à partir de 1615. Ce château brique et pierre est inspiré de la planche XII du *Troisième Livre* de Du Cerceau.
Cf. L. Barro, *Les Environs de Paris*, s.d., p. 563 ; Sartre, *France* ; Naudé des Moutis, pl. 3.

ROSNY, à Rosny-sur-Seine. M.H. **Voir n° 263.**
Cf. Abbé Thomas, Paris, 1889 ; Anne, *Sully à Rosny-sur-Seine*, Bonnières-sur-Seine, 1975 ; B. Barbiche, *Sully*, Paris, 1978 ; E. de Ganay, *Châteaux et Manoirs, Ile-de-France*, t. 4, p. 22-25 ; L. Hautecœur, Mantes, 1953 ; G. Poisson, dans *XVIIe siècle*, n° 118-119, 1978, p. 6-8 ; Fr. Macé de Lépinay, *Revue suisse d'art et d'archéologie*, n° 33, 1976, p. 213-214.

SAINT-GERMAIN-EN-LAYE. Château vieux. M.H. Musée national des Antiquités nationales. Château neuf et la Muette, édifices disparus. **Voir n° 116 et 149.**
Cf. Ch. Normand, dans *L'Ami des monuments et des arts*, t. 9 à 15, 1895-1901 ; H. et G. Daumet, Paris, 1905 ; G. Houdard, Paris, 1909-1911, 2 vol. ; L. de La Tourrasse, dans *Gazette des Beaux-Arts*, 1924, t. 1, p. 68-95 ; G. Lacour-Gayet, Paris, 1935 ; A. Blunt, *Philibert de L'Orme*, Londres, 1958 ; F. Gebelin, p. 161-166 ; J.-P. Babelon, *Ecole pratique des Hautes Etudes, Résumé des conférences de la IVe section*, 1979-1980 ; P. Jammet, *V.M.F.*, 119, 1987, p. 86-89 ; Prinz, p. 431 ; Du Cerceau-Thomson, p. 95.

SAINT-LÉGER-EN-YVELINES. Château disparu. **Voir n° 145.**
Cf. Fr. Boudon et J. Blécon, *Philibert de L'Orme et le château royal de Saint-Léger*, Paris, 1985.

THOIRY. I.S. Visite. Olivier Ymbert, qui travailla pour Jacques d'Angennes à Rambouillet, éleva Thoiry en 1560-1564 pour Raoul Moreau, trésorier de l'Epargne. Les travaux furent estimés par Jean de L'Orme. Il en subsiste la façade nord, dont le corps central semble une réfection du XVIIe s. mais dont les pavillons brique et pierre sont encore ceux de Moreau, au moins du côté de l'entrée ; façade sur jardin rebâtie au XVIIIe s. par Chevotet pour Machault d'Arnouville.
Cf. E. de Ganay, *Châteaux et Manoirs, Ile-de-France*, t. 4, p. 65 ; *Connaissance des arts*, n° 191, 1968, p. 78-85.

TREMBLAY-SUR-MAULDRE, Le, M.H. Le château des Le Clerc du Tremblay appartient comme Rosay au groupe des châteaux brique et pierre bâtis sur les schémas diffusés par Du Cerceau. Il fut élevé à la fin du XVIe ou plus vraisemblablement au début du XVIIe s.
Cf. Foville et Lesourd, *Les Châteaux de France*, s.d., p. 395 ; Sartre, *France* ; MC *Ile-de-France*, p. 319.

TROCHE, La à Richebourg. I.S. Petit manoir du XVIe s. à tourelles.
Cf. Naudé des Moutis, pl. 27.

VILLEPREUX. Le château disparu est connu par une gravure de Claude Chastillon.

WIDEVILLE, à Crespières et Davron. M.H. **Voir n° 245.**
Cf. Marquis de Galard, Paris, 1874 et 1879 ; Naudé des Moutis, pl. 17 et 18 ; C. Grodecki, dans *BM*, 1978, p. 135-175 ; *Cahiers de l'Académie Anquetin*, t. 24, 1976, p. 1-19.

III. NORMANDIE

La Normandie monumentale et pittoresque, Le Havre, 1893-1899, 5 t. en 9 vol.
G. Huard, *L'Art en Normandie*, Paris, 1928.
H. Soulange-Bodin, *Châteaux de Normandie*, 1928, 2 vol. et 1949.
J. Gauthier, *Manoirs et Gentilhommières du pays de France*, t. 3, *Normandie*.
R. Herval, *Châteaux de Normandie*, Rouen, 1952.
J.-J. Gloton, « La Polychromie dans l'architecture normande au XVIe s. », dans *L'Information d'histoire de l'art*, 1957, p. 185-189.
Merveilles des Châteaux de Normandie, Paris, 1966, Hachette-Réalités.
La Renaissance en Basse-Normandie, catal. de l'expos.,Caen, 1975.
Inv. gén. des monuments et richesses artistiques de la France. Répertoire des inventaires, n° 5, *Haute-Normandie*, Paris, 1975, avec supplément.
Id., *Basse-Normandie*, Paris, 1982.
Monuments historiques, n° 159, 1988 (Basse Normandie).

CALVADOS

J.-J. Gloton, « Orientation de l'architecture civile à Caen au temps de la Renaissance », dans *Annales de Normandie*, t. 7, 1957, p. 35-52.
J. Pougheol, *Châteaux et Manoirs de Calvados*, Caen, 1963.
Ph. Seydoux, *Manoirs du Pays d'Auge*, Condé-sur-Noireau, 1983.
J. Barbaroux, *Châteaux du Calvados*, Paris, Nouvelles Ed. latines, s.d., 2 vol.
Ph. Seydoux, *Châteaux des Pays d'Auge et Bessin*, 1985.
R. Faucon, *Manoirs du Pays d'Auge*, Nouv. Ed. lat., 1988.

ABLON, à La Rivière-Saint-Sauveur. Manoir reconstruit au XVIIIe s. sauf une tour du XVIe, en appareil polychrome, assises alternées de silex noir et de pierre de taille.

AILLY, à Bernières-d'Ailly. I.S. Manoir reconstruit au XVIIIe s., sauf deux tours du XVIe s.
Cf. MC Normandie, p. 298.

ARGOUGES, ou LA FÉE D'ARGOUGES, à Vaux-sur-Aure. M.H. Manoir de la famille d'Argouges, auj. utilisé comme ferme, datant des XVe et XVIe s. : corps de logis à deux tourelles, l'une de deux travées ornée d'un bas-relief entre les étages. Le portail percé dans l'enceinte du XVe s. est surmonté d'un crénelage décoratif, deux portraits en médaillon l'ornaient, l'un subsiste.
Cf. Soulange-Bodin, 1928, t. 1 ; *VMF*, n° 76, avril 1978, p. 36 ; Pougheol, p. 20 ; Huard, fig. 139.

AUBICHON, à Lisieux. M.H. Visite. Petit manoir augeron en bois bâti vers 1520 pour le cardinal Le Veneur de Carouges, évêque comte de Lisieux.
Cf. VMF, n° 17, juillet 1963 ; H. Pellerin, dans *Pays d'Auge*, 1964, n° 5, p. 3-7.

AUBIGNY. M.H. Manoir des Morell d'Aubigny, datant de la fin du XVIe s. Corps de logis à bossages plats entre deux pavillons (le second datant du XIXe s.), curieuses lucarnes à deux niveaux d'ouvertures.
Cf. Soulange-Bodin, 1928, t. 1, et *Châteaux connus et inconnus* ; Pougheol, p. 73 ; *VMF*, n° 76, avril 1978, p. 49 ; *MC Normandie*, p. 102-105.

AUMÔNE, L', à Saint-Hymer. I.S. Manoir de 1584 (la date figure sur la porte).
Cf. J. Bureau, dans *Pays d'Auge*, décembre 1963.

AVENAY. Manoir élevé dans le style de la Renaissance de Caen dans les années 1535-1545.
Cf. Gloton.

BAIS, Le.Voir BOIS DU BAIS.

BAYEUX, palais épiscopal. I.S. Musée et Palais de justice. Sur l'actuelle cour des Tribunaux, donnent des bâtiments des XIIIe, XVe et XVIe s., ces derniers élevés pour l'évêque Louis III Canossa (1526-1536), ainsi qu'une chapelle octogonale dont la porte sculptée est datée de 1575.
Cf. Hautecœur, t. Ia, p. 306 ; *Normandie monumentale, Calvados*, t. 1, p. 285.

BEAUMAIS. I.S. Corps de logis du XVIe s. flanqué de deux tours et prolongé par deux ailes ; lucarnes de pierre. Gravé par V. Petit.
Cf. MC Normandie, p. 300.

BELLOU. M.H. Manoir en pan de bois des XVIe-XVIIe s., comportant deux pavillons carrés et deux tourelles rondes.
Cf. Pougheol, p. 114 ; *MC Normandie*, p. 301 ; *Pays d'Auge*, avril 1963, p. 22.

BÉNEAUVILLE, à Bavent. M.H. Une inscription conservée rappelle que le manoir fut commencé en 1582 par Richard Corbey, maçon, et terminé en 1592, pour le fils de Louis de Touchet. Dispositions défensives, appareil polychrome en assises alternées brique et pierre, comble très élevé, grandes souches de cheminées en forme de quilles ; à l'intérieur, cheminées à décor mythologique et plafonds.
Cf. Soulange-Bodin, *Châteaux connus et inconnus* ; Suter, dans *Bull. de la Soc. des antiquaires de Normandie*, t. 51, 1952, p. 371 ; Pougheol, p. 96.

BERNESQ. I.S. Manoir du XVe s. remanié dans les années 1535-1545, à en juger par le décor des fenêtres à pilastres. Gravé par V. Petit.
Cf. Gloton ; Soulange-Bodin, *Châteaux connus et inconnus*.

BEUVILLERS, à Crèvecœur-en-Auge. M.H. Manoir de la fin du XVIe s. avec un appareil en damier ; poterne.
Cf. Hautecœur, t. 1b, p. 390 et 712, n. 1.

BOIS DU BAIS, à Cambremer. I.S. Manoir du XVIe s. avec appareil en damier garnissant la poterne ; pan de bois ; colombier.
Cf. MC Normandie, p. 302.

BOUTTEMONT, à Ouilly-le-Vicomte. I.S. Manoir du XVIe s.

BREUIL-EN-AUGE. I.S. Manoir en pan de bois encadré de pavillons carrés.
Cf. MC Normandie, p. 303.

BUCCAILLE, La, à Marolles. I.S. Manoir-ferme.

CAMPIGNY. M.H. Manoir dans le style de la Renaissance de Caen, bâti dans les années 1535-1545. Cheminée François Ier à l'étage.
Cf. Gloton ; *Normandie monumentale, Calvados*, t. 1, p. 353.

CANAPVILLE. M.H. Manoir en pan de bois, typique du style augeron, bâti pour la famille Du Fossey.
Cf. MC Normandie, p. 304.

CAUDEMONE, à Auquainville. I.S. Manoir en pan de bois, premier étage en encorbellement ; porte ; colombier.
Cf. Pougheol, p. 116 ; R. Menegoz, (sur le décor peint), dans *Bull. de la Soc. des antiquaires de Normandie*, t. 37, 1926-1927, p. 414-418.

CHOUQUAIS, La, à Ecajeul. Manoir des XVIe et XVIIe s.
Cf. H. Pellerin, *Pays d'Auge*, t. 18, 1968, p. 5-8.

COIN, Le, à Mesnil-Mauger. I.S. Manoir du XVIe s.

COLOMBIÈRES. M.H. Manoir des XVe et XVIe s. à trois tours rondes.
Cf. Pougheol, p. 8 et 9 ; *VMF*, n° 18, octobre 1963 ; *MC Normandie*, p. 306.

COUPESARTE. M.H. Manoir du XVIe s. en pan de bois à tourelles d'angle en encorbellement, entouré de douves.
Cf. MC Normandie, p. 307.

COUR DE COULONCES, La, à Coulonces. Manoir du XVIe s.
Cf. MC Normandie, p. 307.

COURSEULLES-SUR-MER. M.H. Manoir de la fin du XVIe s. à lucarnes décorées.
Cf. MC Normandie, p. 307..

COURSON, à Notre-Dame de Courson. M.H. Visite. Manoir de la fin du XVe et du début du XVIe s.
Cf. Pays d'Auge, novembre 1962, p. 5.

CRAMESNIL, à Ifs. Manoir de la fin du XVIe s. Gravé par V. Petit.

CREULLY. M.H. Château modifié vers 1535-1545 dans le style de la Renaissance de Caen : sa façade sud et surtout la tour d'escalier ornée de pilastres sur trois étages.
Cf. Gloton ; *VMF*, n° 76, avril 1978, p. 27.

727

CRICQUEVILLE-EN-AUGE. M.H. **Voir n° 251.**
Cf. H. Pellerin, dans *Pays d'Auge*, 1964, n° 8,
p. 3-9, et n° 9, p. 9-14 ; H. Couzy, dans *CAF*,
1974, p. 126-130.

CULLY. I.S. Manoir.
Cf. L. Musset, dans *Art de Basse-Normandie*,
n° 32, 1963, p. 9-11.

DAMPIERRE. I.S. Pavillon d'entrée de style
Henri IV.
Cf. Pougheol, p. 28.

DÉSERT, Le, à Honfleur. M.H. Manoir du
XVIᵉ s.
Cf. Pougheol, p. 119.

FÉE D'ARGOUGES, La. Voir ARGOUGES.

FERVAQUES. I.S. Visite. **Voir n° 266.**
Cf. Soulange-Bodin, *Châteaux de Normandie*, t. 1 ;
MC Normandie, p. 284-287 ; H. Pellerin, *Pays
d'Auge*, 1969, n° 8, p. 5-10 ; Pougheol, p. 110.

FONTAINE-ÉTOUPEFOUR. M.H. Pavillon
d'entrée de style Louis XII et corps de logis de la
fin du XVIᵉ s. Endommagé en 1944.
Cf. Pougheol, p. 37 ; *VMF*, n° 76, avril 1978,
p. 42.

FONTAINE-HENRY. M.H. Visite. **Voir n° 110.**
Cf. Le Cacheux et H. Prentout, « Blaise Le Pres-
tre... », *Bull. de la Soc. des antiquaires de Normandie*,
t. 34, 1919-1920, p. 267-280 ; B. Jestaz, dans
CAF, 1974, p. 313-371 ; *VMF*, n° 76, avril 1978,
p. 18-21.

FRESNEY-LE-PUCEUX. M.H. Manoir élevé à la
fin du XVIᵉ s. pour Pierre d'Harcourt, animé de
hauts pavillons.
Cf. *MC Normandie*, p. 312.

FUMICHON. I.S. **Voir n° 267.**
Cf. Soulange-Bodin, *Châteaux de Normandie*, t. 1 ;
MC Normandie, p. 281-283.

GENS D'ARMES. Manoir dit des, à Calix (Caen),
161, rue Basse. M.H. Extraordinaire construction figurant un château en miniature avec des
dispositions défensives hors d'échelle, et de
caractère purement ornemental. Bâti dans la
périphérie de Caen pour Gérard de Nollent sous
le règne de François Iᵉʳ, attribué à l'architecte
caennais Blaise Le Prêtre.
Cf. Gebelin, p. 106, n° 3 ; Pougheol, p. 38 ; Travers, dans *Normandie monumentale, Calvados*, t. 1,
p. 101 et 103 ; Hautecœur, t. 1a, p. 280 et 436.

GRANDCHAMP, à Grandchamp-le-Château.
M.H. Manoir de plan carré en pan de bois et brique, flanqué de tourelles carrées couvertes en
dômes avec lanternons. Il fut bâti à la fin du XVIᵉ
ou au début du XVIIᵉ pour Jean Barate, seigneur
de Grandchamp. A côté, sera élevé un château
brique et pierre sous le règne de Louis XIV.
Cf. Pougheol, p. 110 ; Ménégoz (sur le décor
peint) dans *Bull. de la Soc. des antiquaires de Normandie*, t. 37, 1926-1927, p. 414-418 ; *CAF*, 1974 ;
MC Normandie, p. 313.

HERMIVAL-LES-VAUX. I.S. Manoir de la fin
du XVIᵉ s. avec un appareil en damier.
Cf. Travers, dans *Normandie monumentale, Calvados*, t. 1, p. 143.

HOUBLONNIÈRE, La. I.S. Ancien château
médiéval remanié au XVIᵉ s. Corps de logis brique et pierre.
Cf. *MC Normandie*, p. 314.

LASSON. M.H. **Voir n° 108.**
Cf. Gebelin, p. 127-128 ; Gloton ; Huard,
fig. 144 ; Palustre, t. 2, p. 234.

LION-SUR-MER. M.H. Pavillon carré à haute
toiture flanqué de deux tourelles en encorbellement appuyées sur des colonnes ; bâti en
1538-1540 pour Guillaume Le Sens ou son fils
Adrien, notables de Caen. Lucarnes à frontons
ornés de têtes. On note des ressemblances avec
Fontaine-Henry, Lasson et Chanteloup.
Cf. Gloton ; Pougheol, p. 63 ; Soulange-Bodin,
Châteaux de Normandie, 1928, t. 1 ; *MC Normandie*, p. 316 ; *CAF*, 1974 ; *VMF*, n° 76, avril 1978,
p. 44.

MAISONS. Dans un ensemble de constructions
des XVᵉ-XVIIᵉ s., un pavillon du XVIᵉ s.
Cf. *VMF*, n° 76, avril 1978, p. 36.

MESNIL-GUILLAUME, Le. I.S. **Voir n° 268.**
Cf. Huard, n° 145 ; *MC Normandie*, p. 266-269.

OUILLY-DU-HOULEY. I.S. Manoir brique et
pierre avec un appareil en damier, construit aux
XVᵉ et XVIᵉ, achevé en 1605 pour Jean de Long-
champ ; portail à colonnes et fronton ; cheminée.
Cf. Soulange-Bodin, *Châteaux de Normandie*, t. 1 ;
Pougheol, p. 102.

OUILLY-LE-TESSON. M.H. Grand manoir des
XVᵉ et XVIᵉ s., converti en ferme.
Cf. Pougheol, p. 78.

OUTRELAIZE, à Gouvix. I.S. Visite. **Voir n° 250.**
Cf. Huard, fig. 153 ; *MC Normandie*, p. 256-263 ;
VMF, n° 76, avril 1978, p. 48.

PIPARDIÈRE, La, à Livarot. M.H. Manoir de la
seconde moitié du XVIᵉ s.
Cf. H. Pellerin, dans *Pays d'Auge*, t. 17, 1967,
n° 12, p. 5-10, et t. 18, 1968, n° 2, p. 13-19.

PONTÉCOULANT. I.S. Manoir de pierre bâti
au XVIᵉ s. pour la famille Le Doulcet, remanié et
augmenté au XVIIIᵉ s.
Cf. Pougheol, p. 32-33 ; *VMF*, n° 88, avril 1981 ;
MC Normandie, p. 116-119.

PRÉAUX, à Préaux-Saint-Sébastien. I.S. Manoir
bâti au XVIᵉ s. pour la famille Baudouin, augmenté aux XVIIᵉ et XVIIIᵉ s.
Cf. *MC Normandie*, p. 320.

QUAIZE, La, à Glos. I.S. Manoir en pan de bois
de la première moitié du XVIᵉ s.
Cf. H. Pellerin, dans *Pays d'Auge*, t. 18, 1968,
n° 10, p. 5-9.

QUILLY, à Bretteville-sur-Laize. M.H. Manoir à
deux tours dans le style de la Renaissance de
Caen, vers 1535-1545 ; second corps de logis du
XVIIᵉ s.
Cf. Pougheol, p. 79 ; Gloton.

ROQUE-BAIGNARD, La. I.S. Deux châteaux
brique et pierre jumelés, bâtis de 1577 à 1585,
sans doute pour deux générations familiales.
Cf. H. Pellerin, dans *Pays d'Auge*, janvier 1963,
p. 7-11.

RYES, manoir du Pavillon. I.S. Manoir fortifié
de la fin du XVIᵉ s.
Cf. Hautecœur, t. 1b, p. 392, 435.

SAINT-GERMAIN-DE-LIVET. M.H. Visite.
Voir n° 252.
Cf. H. Pellerin, dans *Pays d'Auge*, 1964, n° 11,
p. 3-7 et 1967, n° 6, p. 6 ; Pougheol, p. 108-109 ;
H. Couzy, dans *CAF*, 1974, p. 118-138.

SAINT-LAURENT-SUR-MER. I.S. Manoir du
XVIᵉ s. Porte.

SAINT-LOUP-DE-FRIBOIS. I.S. Manoir du
XVIᵉ s. dépendant d'un ancien prieuré.
Cf. *Pays d'Auge*, avril 1963, p. 23.

SAINT-PIERRE-DU-MONT. I.S. Manoir du
XVIᵉ s. à lucarnes sculptées, précédé d'un portail
accosté d'une tourelle.
Cf. A. Létienne, dans *Le Figaro illustré*, 9 décembre 1926 ; *MC Normandie*, p. 323.

SOUMONT-SAINT-QUENTIN. Petit manoir
du début du XVIᵉ s., gravé par V. Petit.

SULLY. I.S. Petit manoir du milieu du XVIᵉ s.
avec portail.
Cf. Gloton.

TORDOUET. I.S. Manoir du début et de la fin
du XVIᵉ s.
Cf. Pougheol, p. 114 ; H. Pellerin, dans *Pays
d'Auge*, t. 17, 1967, n° 1, p. 11-15 et n° 2,
p. 19-22.

VAUMICEL, Le, à Vierville-sur-Mer. I.S. Grand
manoir bâti au milieu du XVIᵉ s. pour la famille
Canivet. L'une des tours rondes est percée de
petites baies cintrées à pilastres et frontons.
Cf. Gloton ; *MC Normandie*, p. 326.

VICTOT, à Victot-Pontfol. M.H. Deux châteaux
jumeaux furent élevés pour deux générations de
la famille Boutin, entourés des mêmes douves.
Le principal est flanqué d'une tour ronde et
d'une tour carrée et construit en lits alternés brique et pierre ; lucarnes sculptées. Les travaux
furent achevés en 1574, ainsi que l'indique une
inscription.

Ci-dessous et à droite : LE MANOIR DES GENS D'ARMES.

LE VAUMICEL.

Cf. Pougheol, p. 111 ; Sartre, *France*, p. 39, 42, 83 ; H. Pellerin, dans *Pays d'Auge*, 1957, n° 9, p. 1-9 et *VMF*, n° 61, juillet 1974 ; H. Couzy, dans *CAF*, 1974, p. 118-138.

EURE

Charpillon et abbé Caresme, *Dictionnaire de l'Eure*, Les Andelys, 1868-1879, 2 vol.
Nouvelles de l'Eure, depuis 1959, et notamment : M. Baudot, *Le Département de l'Eure à travers le passé, la Renaissance et le début de l'ère classique*, n° 32, 1968.
J. Dinfreville, *Châteaux de l'Eure*, Paris, Nouvelles Editions latines, 1968.
J.-P. Naudé des Moutis, *Vieux Logis de l'Eure*, Paris, 1977.
Inventaire général des monuments et richesses artistiques. Inventaire du canton de Lyons-la-Forêt, Paris, 1970.
Id., Indicateur du patrimoine architectural, arrondissement des Andelys, Paris, 1980.
Ph. Seydoux, *Châteaux des Pays de l'Eure*, 1984.

ACQUIGNY. M.H. **Voir n° 206.**
Cf. Vitry et Brière, n° 155 ; *Nouvelles de l'Eure*, n° 15, 1963, p. 40-41 ; *MC Normandie*, p. 180-183 ; Dinfreville, p. 3.

ANNEBAULT, à Appeville-Annebault. Rien ne reste du grand château construit pour l'amiral Claude d'Annebault et qui ne fut jamais achevé.
Cf. L. Hautecœur, t. 1a, p. 186.

BARVILLE-EN-LIÉVAIN. I.S. Manoir en pan de bois du XVIᵉ s.
Cf. Nouvelles de l'Eure, n° 26, 1966, p. 10 ; Naudé des Moutis, pl. 1.

BLANC-BUISSON, Le, à Saint-Pierre du Mesnil. I.S. Manoir fortifié de la fin du XVIᵉ s., modifié ensuite. Le corps de logis est flanqué de deux pavillons rectangulaires. À la famille Du Merle, puis de Pillon.
Cf. Soulange-Bodin, *Châteaux connus et inconnus* ; *MC Normandie*, p. 302 ; *Nouvelles de l'Eure*, n° 10, 1961, p. 49, n° 19, 1964, p. 42, n° 32, 1968, p. 14 et n° 39-40, 1970, p. 67 ; Dinfreville, p. 7 ; Naudé des Moutis, pl. 2.

BOISFRANCS, Les Barils. Pavillon d'entrée du XVIᵉ s.
Cf. Nouvelles de l'Eure, n° 26, 1966, p. 9, et n° 39-40, 1970, p. 54.

BOIS-HÉBERT, à Verneusses. M.H. Manoir du XVIᵉ s.
Cf. Pays d'Auge, octobre 1962, p. 1.

BOIS-JÉRÔME, à Bois-Jérôme-Saint-Ouen. Manoir du XVIᵉ s. en pierre de taille et pan de bois.
Cf. Nouvelles de l'Eure, n° 3, 1960, p. 37.

BOIS-NOUVEL, à La Haye-Saint-Sylvestre. Manoir du XVIᵉ s., flanqué de deux tourelles carrées.
Cf. Naudé des Moutis, pl. 5.

BOISSET-LES-PRÉVANCHES. Visite. Manoir bâti en 1580 pour la famille Lespinasse-Langeac ; simple corps de logis brique et pierre flanqué de quatre tourelles d'angle en encorbellement, et coiffé d'un haut comble.
Cf. Nouvelles de l'Eure, n° 1, 1959, p. 19, n° 26, 1966, p. 11, n° 49, 1973, p. 9 et n° 51, 1974, p. 52 ; Hautecœur, t. 1b, p. 389.

BONNEMARE, à Radepont. I.S. Visite. **Voir n° 248.**
Cf. Charpillon, *Dictionnaire de l'Eure*, p. 703-704 ; *Nouvelles de l'Eure*, n° 4, 1960, p. 18-19 et n° 29, 1967, p. 13.

BOSC-ANDRÉ, Le, à Saint-Germain-la-Campagne. Pavillon d'époque Henri IV dont les curieuses chaînes de pierre en bossages harpés sont juxtaposées sur un fond de brique.
Cf. H. Pellerin, dans *Pays d'Auge*, 1972, n° 8, p. 5-13 ; Naudé des Moutis, pl. 7.

BOULAYE, La, à Autheuil-Authouillet. Il ne reste qu'un mur de brique de ce château du XVIᵉ s. qui appartint à la famille de La Force et fut détruit en 1830.

BOURGTHEROULDE, à Bourgtheroulde-Infreville. Bâtiments et colombier (I.S.) du XVIᵉ s.
Cf. Nouvelles de l'Eure, n° 24, 1965, p. 45, et n° 26, 1966, p. 13.

BRETEUIL. La porte de l'orangerie est coiffée d'un fronton sur consoles avec une figure d'homme, et se détache sur un mur à parement de brique très soigné.
Cf. Nouvelles de l'Eure, n° 9, 1961, p. 47.

BRUMARE, à Brestot. I.S. Chapelle de 1522.
Cf. Nouvelles de l'Eure, n° 26, 1966, p. 13 et n° 24, 1965, p. 43.

BUS, à Bus-Saint-Remy. M.H. Manoir dit de Blanche de Castille, du XVIᵉ s. Ses travées de fenêtres sont cernées de pilastres garnis de losanges et de médaillons ; petite porte à fronton ; échauguette ronde à l'angle.
Cf. MC Normandie, p. 303 ; M. Baudot, dans *Nouvelles de l'Eure*, n° 6, 1960, p. 46 ; *La Demeure historique*, n° 47, 1977 ; Naudé des Moutis, pl. 9.

CHAMBRAY, à Gouville. I.S. **Voir n° 249.**
Cf. Fouquier, *Grands Châteaux*, t. 2 ; Soulange-Bodin, *Châteaux de Normandie*, t. 2 ; *Nouvelles de l'Eure*, n° 3, 1960, et n° 39-40, 1970 ; Dinfreville, p. 14.

CHARLEVAL. Château disparu. **Voir n° 209.**
Cf. Androuet Du Cerceau, *Les Plus Excellents Bâtiments de France*, t. 2, 1579 ; J. Adhémar, dans *Gazette des Beaux-Arts*, 1961, t. 2, p. 243-244 ; R. Lemaire, dans *Bull. de la Soc. de l'hist. de l'art français*, 1952, p. 8-14 ; *Nouvelles de l'Eure*, n° 41, 1971, p. 13 et n° 51, 1974, p. 50 ; *Canton de Lyons-la-Forêt*, IGMRAF ; E. Viollet-le-Duc, *Entretiens sur l'architecture*, Paris, 1863-1872 ; Du Cerceau-Thomson, 1988, p. 207.

CONDÉ-SUR-ITON. Ancienne résidence d'été des évêques d'Evreux, rebâtie après 1511 pour l'évêque Ambroise Le Veneur.
Cf. Nouvelles de l'Eure, n° 26, 1966, p. 15.

COURT, La, à Saint-Philbert-sur-Risle. Manoir du XVIᵉ s. à décor de pierres et cailloux en damier ; échauguette.

Cf. Nouvelles de l'Eure, n° 1, 1959, p. 41, n° 17, 1963, p. 25, n° 26, 1966, p. 34 et n° 78, 1980, p. 11 et 20 ; Naudé des Moutis, pl. 12.

CROISY-SUR-EURE. Restes de bâtiments du XVIᵉ s. dans le parc du château.
Cf. Nouvelles de l'Eure, n° 49, 1973, p. 14.

DANGU. Manoir de la famille de Ferrières au XVᵉ s., acheté par le connétable de Montmorency en 1554 et restauré pour lui. Remanié au XVIIIᵉ et intégré au XIXᵉ s. dans un ensemble composite.
Cf. Normandie monumentale, Eure, t. 1, p. 216 ; *MC Normandie*, p. 308 ; *Nouvelles de l'Eure*, n° 26, 1966, p. 17.

ÉCUREUIL, L', à Rugles. Manoir du XVIᵉ s. brique et pierre à décor losangé de brique sombre ; échauguette.
Cf. Nouvelles de l'Eure, n° 26, 1966, p. 31 ; Naudé des Moutis, pl. 13.

ÉVREUX, palais épiscopal. M.H. De style encore flamboyant, il fut bâti de 1500 à 1505 par Pierre Smoteau pour l'évêque Raoul Du Fou.
Cf. Huard, pl. 116 ; *Nouvelles de l'Eure*, n° 50, 1974, p. 31 et n° 74, 1980, p. 32 ; G. Gendreau, dans *CAF*, 1980, p. 341-347.

FOLLETIERE, La, à Neuilly. I.S. Château de la fin du XVIᵉ s. bâti conformément aux modèles proposés par Du Cerceau. Il est fait de deux gros pavillons réunis par un troisième qui abrite au centre l'escalier sous une toiture en bulbe ; les façades sont bâties de moellon et de brique, aux angles s'érigent de petits pavillons sur trompes, comme à Amboille-Ormesson.
Cf. Soulange-Bodin, Châteaux connus et inconnus ; MC Normandie, p. 311 ; *Dinfreville*, p. 15 ; *Sartre, France*, p. 136 ; *Nouvelles de l'Eure*, n° 1, 1959, p. 23, et n° 26, 1966, p. 27 ; M. Baudot, *La Vie et l'Art en Normandie*, n° 1, p. 23.

FONTAINE DU HOUX, La, à Bézu-la-Forêt. I.S. Manoir de la fin du XVᵉ, remanié au XVIᵉ s. ; flanqué de tourelles d'angle et cerné de douves. Le pavillon d'entrée est d'une belle ordonnance rustique brique et pierre. On pourrait en attribuer la construction à Charles Turpin, propriétaire en 1573.
Cf. Nouvelles de l'Eure, n° 4, 1960, p. 27 et 42, n° 26, 1966, p. 11 et n° 41, 1971, p. 30 ; *Canton de Lyons-la-Forêt*, IGMRAF, p. 42.

FONTENIL, Le, à Saint-Sulpice-sur-Rille. Manoir et chapelle brique et pierre du XVIᵉ s.
Cf. Nouvelles de l'Eure, n° 39-40, 1971, p. 33 et 34.

GAILLON. M.H. Visite. **Voir n° 30 et 183.**
Cf. A. Deville, *Comptes de dépenses de la construction du château de Gaillon*, Paris, 1850 ; abbé Blanquart, *Bull. de la Soc. des amis des arts du dép. de l'Eure*, 1898 ; L. de Grandmaison, *CAF*, 1910, t. 2, p. 284 ; Gebelin, p. 107-113 et *Châteaux de la Loire*, 1957, p. 61 ; G. Huard, dans *Bull. de la Soc. de l'hist. de l'art français*, 1926, p. 21-31, et *Bull. de la Soc. nat. des antiquaires de France*, 1950-1951, p. 130-132 ; E. Chirol, Paris, 1952 (avec inventaire des fragments sculptés), et dans *BM*, n° 116, 1958, p. 185-195 ; M.G. de La Coste-Messelière, dans *Revue des arts*, t. 7, 1957, p. 65-70 ; M. Rosci et A. Chastel, dans *Art de France*, t. 3, 1963, p. 103-113 ; R. Weiss, dans *Journal of Warburg and Courtauld Institute*, t. 16, 1953, p. 1-12 ; N. Miller, *French Renaissance Fountains*, New York-Londres, 1977 ; A. Chastel, dans *Bull. de la Soc. nat. des antiquaires de France*, 1961, p. 177-178 ; Du Cerceau-Thomson, 1988, p. 149.

HARILLIÈRE, La, à La Chapelle-Gauthier. Manoir de la fin du XVᵉ et du début du XVIᵉ s.
Cf. H. Pellerin, dans *Pays d'Auge*, 1966, n° 10, p. 3-10.

HELLENVILLIERS. I.S. Visite. L'un des corps de logis, en grès, silex et brique, avec portail à colonnes et fronton, date de la seconde moitié du XVIᵉ s. Modifié et agrandi aux XVIIᵉ et XVIIIᵉ s.
Cf. Soulange-Bodin, *Châteaux connus et inconnus* ; *Dinfreville*, p. 19 ; *Nouvelles de l'Eure*, n° 22, 1964, p. 34, n° 26, 1966, p. 23 et n° 39-40, 1969, p. 82 et 83.

HEUDREVILLE, à Heudreville-sur-Eure. I.S. Manoir du XVIᵉ s.
Cf. Nouvelles de l'Eure, n° 2, 1959, p. 18, n° 15, 1963, p. 48 et n° 26, 1966, p. 23 ; *Dinfreville*, p. 22.

JOUVEAUX, à Morainville-Jouveaux. Manoir du XVIᵉ s.
Cf. Nouvelles de l'Eure, n° 21, 1964, p. 7.

LAUNAY, à Saint-Georges-du-Vièvre. M.H. Visite. Le château fut rebâti au XVIIIᵉ s., mais les communs en pan de bois et le colombier datent du XVIᵉ s.
Cf. Dinfreville, p. 22 ; *MC Normandie*, p. 315 ; Ph. Bonnet, dans *CAF*, 1980, p. 18.

LONGUELUNE, à Piseux. Manoir du XVIᵉ s. en brique à décor losangé ; lucarnes.
Cf. Naudé des Moutis, pl. 120.

LORIE, La, à Saint-Mards-de-Blacarville. Manoir du XVIᵉ s.
Cf. Nouvelles de l'Eure, n° 36, 1968, p. 5.

MAINNEVILLE. Site classé. La porterie et l'aile droite du château datent du XVIᵉ s.
Cf. Dinfreville, p. 22 ; *Nouvelles de l'Eure*, n° 8, 1961, p. 4, n° 31, 1967, p. 13 et n° 41, 1971, p. 99.

MALOU, à Saint-Pierre de Cormeilles. Manoir en partie du XVIᵉ s. ; appareil polychrome brique et pierre disposé en damier, selon le type dit « en pré d'Auge », sur les tourelles d'angle en encorbellement.
Cf. Dinfreville, p. 22 ; *MC Normandie*, p. 317 ; *Nouvelles de l'Eure*, n° 21, 1964, p. 13 et n° 26, 1966, p. 35.

MÉNILLES. Château construit en moellon avec chaînages et bandeaux de brique qui peut dater du début du XVIIᵉ s. Le mur de clôture bordant la route, scandé de pavillons bas à hauts combles, semble antérieur ; il est orné de grandes initiales dessinées en brique, qui rappellent celles que l'on voit à Fleury-en-Bière.
Cf. Dinfreville, p. 23 ; *Hautecœur*, t. 1b, p. 389, 656.

MOTTE, La, à Saint-Mards-de-Fresne. Manoir de la fin du XVIᵉ s.
Cf. Pays d'Auge, avril 1962, p. 6.

NEUBOURG, Le. L'ancien château médiéval fut doublé vers 1500 d'un grand pavillon en pan de bois.
Cf. Nouvelles de l'Eure, n° 33, 1968, p. 30 et 31.

RENNEVILLE. Manoir de *la Commanderie*, construit au XVIᵉ s. pour Philippe de Mailly. Détruit.
Cf. Nouvelles de l'Eure, n° 47, 1973, p. 34.

SENNEVILLE, à Amfreville-sous-les-Monts. M.H. Visite. Manoir brique et pierre construit à la fin du XVIᵉ s. pour Martin Allorge ; grandes lucarnes coiffées de frontons alternativement triangulaires et courbes.
Cf. Dinfreville, p. 30 ; *Nouvelles de l'Eure*, n° 5, 1960, p. 42, n° 26, 1966, p. 8, n° 32, 1968, p. 15 et n° 51, 1974, p. 48 ; *Les Monuments historiques de la France*, 1976, n° 4, p. 89.

TILLY, à Boissey-le-Châtel. I.S. Le château comporte un corps de logis brique et pierre avec un décor losangé de briques sombres, garni d'un avant-corps à tourelles et hautes lucarnes chargées de sculptures. L'influence de Gaillon et de la Renaissance de Caen s'y fait sentir. Il fut bâti sous François Iᵉʳ pour Guillaume Le Roux, qui fut aussi le constructeur d'un joyau de l'architecture rouennaise, l'hôtel de Bourgtheroulde. Bel escalier en vis, entièrement en brique.
Cf. Gloton ; Dinfreville, p. 30 ; *MC Normandie*, p. 302 ; *Hautecœur*, t. 1a, p. 155 et 181 ; *Nouvelles de l'Eure*, n° 24, 1965, p. 42, n° 26, 1966, p. 11, n° 36, 1969, p. 9 et n° 54, 1975, p. 63.

TILLY. Vue générale.

Pages ci-contre :
TILLY. L'escalier

MÉNILLES. Le mur de clôture.

TRIANEL, à Perriers-sur-Andelle. I.S. Le manoir fut construit probablement pour Georges de Lymoges, seigneur d'Erneville, après 1578. Situé à proximité du chantier du château royal de Charleval, il s'inspire de l'architecture de Du Cerceau.
Cf. Nouvelles de l'Eure, n° 4, 1960, p. 22 et 23.

MANCHE

J. Barbaroux et M. Fauchon, *Châteaux de la Manche,* Paris, Nouvelles Editions latines, s.d., 2 vol.

AMFREVILLE. Manoir de *la Cour.* I.S. Porterie du début du XVIe s.
Cf. Barbaroux, t. 2, p. 3.

ANGOTIÈRE, L', à Domjean. M.H. Château des XVIe-XIXe s., qui comporte une tour d'angle du XVIe, des communs couverts de chaume, un colombier.
Cf. Barbaroux, t. 1, p. 10 ; *MC Normandie,* p. 299.

AUBERVILLE, à Joganville. Le château est en majeure partie du XVIe s. Sur le corps de logis, portail très orné à claveaux passants et couronnement en tabernacle.
Cf. Barbaroux, t. 2, p. 14.

BOUCÉEL, à Vergoncey. I.S. Manoir construit en 1570 pour la famille Pigache, reconstruit au XVIIIe s.
Cf. Soulange-Bodin, Châteaux connus et inconnus.

BOUTTEVILLE. Manoir de *la Cour,* du début du XVIe s. Une cheminée est ornée d'un cerf couché, entre deux colonnes. La partie de droite du manoir a été ajoutée en 1599 pour Claude Le Cauf, avocat.
Cf. Barbaroux, t. 2, p. 6.

BRICQUEBEC. I.S. **Voir n° 112.**
Cf. MC Normandie, p. 136-139 ; Barbaroux, t. 2, p. 7.

BRICQUEBOSCQ, La Grande Maison. Manoir de la fin du XVIe ou du début du XVIIe s.
Cf. Barbaroux, t. 2, p. 7 ; *La Demeure historique,* n° 46, 1977, p. 7.

BRION, à Dragey-Tombelaine. Manoir prioral bénédictin dépendant du Mont-Saint-Michel, bâti au début du XVIe s. au temps des abbés Guillaume et Jean de Lampes (1499-1523), remanié au XXe s.
Cf. MC Normandie, p. 303 ; Barbaroux, t. 1, p. 10 ; *VMF,* n° 37, juillet 1968.

CANISY. M.H. **Voir n° 253.**
Cf. A. Erlande-Brandenburg, dans *CAF,* 1966, p. 308-315.

CARENTAN. Manoir de l'avocat Ponthergé, d'époque Henri II, avec un portique corinthien.
Cf. Normandie monumentale, Manche, t. 1, p. 57 ; Hautecœur, t. 1b, p. 316.

CASTEL ou CHASTEL, Le, à Hébécrevon. I.S. Petit manoir de la famille Du Chastel, de la seconde moitié du XVIe s.
Cf. Barbaroux, t. 1, p. 14 ; *MC Normandie,* p. 304.

CERISY-LA-SALLE. M.H. Visite. La demeure des Richer, famille protestante, fut détruite lors des guerres de Religion et rebâtie vers 1605. Elle conserve des lucarnes encore très inspirées par la Renaissance (lucarne centrale du logis, petites lucarnes des pavillons).
Cf. Barbaroux, t. 1, p. 6.

CHAISE, La, à Les Loges-Marchis. I.S. Manoir et porterie du XVIe s.
Cf. Barbaroux, t. 1, p. 14.

CHANTELOUP. M.H. **Voir n° 109.**
Cf. L. Régnier, Caen, 1911 ; Gloton ; F. Ch. James, dans *CAF,* 1966, p. 358-368.

CHIFFREVAST, à Tamerville. Bien que le château soit ordinairement daté de 1620, il faut signaler ses caractères encore très XVIe s., particuliers au nord du Cotentin : fenêtres à frontons insistants, qui rappellent Bricquebec, Crosville ou Sotteville.
Cf. MC Normandie, p. 306 ; Barbaroux, t. 2, p. 26.

COIGNY, Le Vieux Château. M.H. Belle cheminée de la fin du XVIe s. ou du début du XVIIe s. au premier étage.
Cf. Barbaroux, t. 1, p. 10.

CRASVILLERIE, La, à Réville. Manoir de la seconde moitié du XVIe s.
Cf. Barbaroux, t. 2, p. 18.

CROSVILLE, à Crosville-sur-Douves. M.H. A côté du donjon du XVe s. le grand corps de logis date de l'extrême fin du XVIe s. Il est interrompu en son centre par le haut pavillon de l'escalier coiffé d'un grand fronton triangulaire et d'un dôme à l'impériale. Les grandes croisées coiffées de frontons et surmontées de lucarnes jumelles sont proches de celles de Sotteville. Belle cheminée à colonnes au premier étage.
Cf. Barbaroux, t. 2, p. 7.

DYCK, Le, à Port-Bail. I.S. Manoir ; cheminée du XVIe s.

ÉMONDERIE, L', à Saint-Georges-de-Bohon. Cheminée à colonnes jumelées de la fin du XVIe s.
Cf. Normandie monumentale, Manche, t. 1, p. 59 ; Hautecœur, t. 1b, p. 705, n° 3.

ESCARBOVILLE, à La Pernelle. Manoir du début du XVIe s. conservant une cheminée de style François Ier ornée d'une scène de chasse.
Cf. Barbaroux, t. 2, p. 14.

FAUCHERIE, La, Le Mesnillard. Très simple manoir du XVIe s.
Cf. Barbaroux, t. 1, p. 18.

FLOTTEMANVILLE, à Flottemanville-Bocage. Château du XVIe s. qui n'a pas connu d'altération ultérieure. On y trouve une chapelle d'époque flamboyante, un corps de logis du début du XVIe s. avec des lucarnes à coquilles et une tour d'escalier octogonale. A gauche, un second corps de logis en équerre présente des fenêtres à frontons et un escalier extérieur en fer à cheval menant à une loggia à colonnes analogue à celle de Bricquebec. Ce logis a pu être bâti pour Pierre de La Roque, seigneur de Flottemanville en 1549.
Cf. Barbaroux, t. 2, p. 11 ; Y. Nédelec, *Monuments historiques,* n° 159, 1988, p. 97.

FRANQUETOT, à Coigny. I.S. Après les destructions des guerres de Religion, Robert Guillotte de Franquetot reconstruit son château à la fin du siècle. Il en subsiste l'aile gauche de l'édifice actuel, datant du XVIIIe s., qui a copié l'ordonnance ancienne faite de pilastres cannelés superposés réunissant les fenêtres aux lucarnes.
Cf. Barbaroux, t. 1, p. 7 ; Soulange-Bodin, *Châteaux connus et inconnus* ; *MC Normandie,* p. 130-131.

GARNETOT, à Rauville-la-Place. Manoir de la fin du XVe et du début du XVIe s.
Cf. La Demeure historique, n° 46, 1977, p. 7.

GONFREVILLE. I.S. Manoir du XVIe s.
Cf. Soulange-Bodin, *Châteaux de Normandie,* introduction.

GONNEVILLE. I.S. Visite. Château fortifié à tours d'angles et douves, démantelé au XIXe s. L'aile droite fut achevée en 1559 pour Olivier et Jean de Pirou.
Cf. Foville et Lesourd, p. 268 ; Soulange-Bodin, *Châteaux connus et inconnus.*

GONNEVILLE, à Saint-Jacques-de-Néhou. I.S. Pavillon de style Henri IV ; cheminée.

GRAFFARD, à Barneville-Carteret. Manoir du XVIe s. en ruines.

GRATOT. M.H. Visite. Château du XIVe s. remanié du XVIe au XIXe s.
Cf. Barbaroux, t. 1, p. 11 ; J.-P. et J. Tiphaine, Condé-sur-Noireau, 1969.

HAUBOURG, à Saint-Côme-du-Mont. I.S. Petit manoir de la fin du XVIe s. ou au début du XVIIe s. ; décor de pilastres.
Cf. MC Normandie, p. 314 ; Barbaroux, t. 1, p. 22.

HAYE-DU-PUITS, La. M.H. Du château bâti pour Arthur de Magneville, mort en 1556, il subsiste un pavillon carré accosté d'une tour polygonale.
Cf. MC Normandie, p. 314.

KERGOLAY, Le Hommet-d'Arthenay. Manoir du XVIe s.
Cf. Soulange-Bodin, *Châteaux de Normandie,* introduction.

MAGNÉVILLE. Maison-forte de *La Cour,* des XVIe et XVIIIe s.
Cf. Barbaroux, t. 2, p. 15.

MANCELLIÈRE, La, à La Mancellière-sur-Vire. Manoir.
Cf. Soulange-Bodin, *Châteaux de Normandie,* introduction.

MONTGOMMERY, à Ducey. M.H. Construit à la fin du XVIᵉ ou au début du XVIIᵉ s. par le fils de Gabriel de Lorges, comte de Montgomery, qui avait tué accidentellement Henri II au tournoi de 1559, et fut exécuté sur l'ordre de Catherine de Médicis en 1574. Les Montgomery furent les principaux champions du protestantisme en Basse-Normandie. Le château, partiellement rasé au XIXᵉ s., présente une galerie et un pavillon à loggia que l'on atteint par un escalier en fer à cheval. Les fenêtres sont étroitement superposées, comme dans un pan de bois. Cheminée.
Cf. Normandie monumentale, Manche, t. 2, p. 208 ; Fouquier, *Grands Châteaux,* t. 2 ; *MC Normandie,* p. 318 ; Barbaroux, t. 2, p. 10.

NACQUEVILLE, à Urville-Nacqueville. I.S. Visite. La construction fut entreprise pour Jean de Grimouville et Renée de Saint-Gilles après leur mariage en 1525, poursuivie pour leur fils Pierre. Château de granite, dont les lucarnes à coquilles ont été refaites au XIXᵉ s. ; celles de la poterne semblent d'origine.
Cf. Soulange-Bodin, *Châteaux connus et inconnus ;* Fouquier, *Grands Châteaux,* t. 2 ; *MC Normandie,* p. 144-145 ; *VMF,* nᵒ 37, juillet 1968 ; Barbaroux, t. 2, p. 15.

OURVILLE, à La Pernelle. I.S. Manoir de la fin du XVIᵉ s.
Cf. Barbaroux, t. 2, p. 15.

PARIGNY. I.S. Manoir de l'extrême fin du XVIᵉ s., très remanié au XIXᵉ s.
Cf. Barbaroux, t. 1, p. 18.

PRÉTOT. Châtelet d'entrée à deux tours rondes, d'une belle mouluration du début du XVIᵉ s.
Cf. Barbaroux, t. 1, p. 19.

REIGNEVILLE, à Reigneville-Bocage. Château de *La Cour* ou de *La Haute Salle.* Bâti pour la famille d'Ouessey, protestante. Le corps de logis présente sur la cour une façade du début du XVIᵉ s. et vers l'extérieur une façade plus tardive, d'époque Henri II semble-t-il, avec de belles croisées couronnées de frontons alternés, dont les croisillons sont ornés de colonnettes toscanes ; échauguettes aux angles.
Cf. Barbaroux, t. 2, p. 18.

SAINT-CHRISTOPHE-DU-FOC. Petit manoir ; porte à pilastres corinthiens.
Cf. Barbaroux, t. 2, p. 19.

SAINT-MARTIN-LE-HÉBERT, manoir de *La Cour.* M.H. Du XVIᵉ s. et du XVIIᵉ s. (fenêtres à frontons triangulaires).
Cf. Barbaroux, t. 2, p. 22.

SAINT-PIERRE-DE-SÉMILLY. I.S. Reconstruit au XVIᵉ s. pour la famille de Mathan. Grandes lucarnes de pierre à hauts tympans d'esprit encore gothique.
Cf. MC Normandie, p. 323 ; Barbaroux, t. 1, p. 26.

SERVON. Manoir dit *Le Logis,* du XVIᵉ s.
Cf. Barbaroux, t. 1, p. 27.

SOTTEVILLE. I.S. On peut dater de la seconde moitié du XVIᵉ s. ce grand édifice de granite dont toutes les croisées sont coiffées, sur quatre niveaux, de frontons triangulaires uniformes. Le corps de logis s'insère entre un donjon carré flanqué d'une tourelle et un ensemble de trois pavillons disposés en croix.
Cf. Normandie monumentale, Manche, t. 2, p. 63 ; *MC Normandie,* p. 324 ; Hautecœur, t. 1b, p. 315 ; Barbaroux, t. 2, p. 23.

TOCQUEVILLE. M.H. A un manoir du XVᵉ, Jean Le Verrier, avocat du roi au bailliage de Valognes, fait ajouter en 1562 une aile basse vers le jardin dont la toiture épouse le dessin des lucarnes. Augmenté au XVIIIᵉ s., incendié en 1954.
Cf. MC Normandie, p. 128-29 ; Barbaroux, t. 2, p. 26.

TONNEVILLE. Manoir du XVIᵉ s.
Cf. Soulange-Bodin, *Châteaux de Normandie,* introduction.

TORIGNI-SUR-VIRE. M.H. Visite. **Voir nᵒ 254.**
Cf. A. Rostand, dans *Bull. de la Soc. des antiquaires de Normandie,* 1959, p. 5-13 ; A Erlande-Brandenburg, dans *CAF,* 1966, p. 316-327.

TOURLAVILLE. I.S. **Voir nᵒ 205.**
Cf. Soulange-Bodin, *Châteaux de Normandie,* t. 1, et *Châteaux connus et inconnus ; MC Normandie,* p. 148-151 ; Fouquier, *Grands Châteaux,* t. 2 ; Barbaroux, t. 2, p. 27.

URVILLE-BOCAGE, à Urville. Manoir du XVIᵉ s. au décor encore flamboyant ; cheminée de la fin du XVIᵉ s.
Cf. Normandie monumentale, Manche, t. 2, p. 348 ; Barbaroux, t. 2, p. 27.

ORNE

Cᵗᵉ de Caix de Saint-Amour, *Vieux Manoirs... Promenades historiques dans le Val d'Orne,* Caen, s.d.
Ph. Siguret, *Châteaux de l'Orne,* Paris, Nouvelles Editions latines, s.d.
E. Desvaux-Marteville, « Manoirs du Perche », dans *Art de Basse-Normandie,* nᵒ 67, automne 1975.
Vieilles Maisons françaises, nᵒ 115, décembre 1986.
Ph. Seydoux, *Châteaux du Perche et du Bocage normand,* 1986.

AMILLY, à Saint-Agnan-sur-Erre. Manoir de la fin du XVᵉ et du XVIᵉ s. reconstruit au XIXᵉ partiellement ; une aile à lucarnes sculptées.
Cf. MC Normandie, p. 298 ; *Cahiers percherons,* 1959, nᵒ 10, p. 30-31 ; Desvaux, p. 34.

ANGENARDIÈRE, L', ou LANGENARDIÈRE, à Saint-Cyr-la-Rosière. I.S. Manoir des XVᵉ et XVIᵉ s. Comporte une galerie à arcades sans mouluration, ornée de six bustes.
Cf. MC Normandie, p. 298 ; Siguret, dans *VMF,* nᵒ 39, janvier 1969 ; Desvaux, p. 35.

ARGENTELLES, à Villebadin. M.H. Visite. Manoir des XVᵉ et XVIᵉ s. Le corps de logis flanqué d'échauguettes comporte au centre une tourelle d'escalier surmontée d'une chambre haute de guetteur en pan de bois.
Cf. Siguret, p. 6.

AUBRY-EN-EXMES. M.H. Château de style Henri IV formé d'un corps central flanqué de tourelles carrées, le tout juché sur une ancienne tour découronnée du XIVᵉ s.
Cf. Siguret, p. 6 ; *MC Normandie,* p. 300.

BÉRARDIÈRE, La, à Saint-Bomer-les-Forges. I.S. Visite. Un pavillon du XVIᵉ s. subsiste de l'ancien manoir.

BLAVOU, à Saint-Jouin-de-Blavou. Manoir des XVᵉ et XVIᵉ s. ; cheminées sculptées.
Cf. Cahiers percherons, 1960, nᵒ 14, p. 31-32.

CARROUGES. M.H. Visite. Carrouges était encore une maison-forte de médiocre apparence lorsque Jean Le Veneur, grand aumônier de France en 1526, fit édifier le châtelet qui en défend l'accès. C'est une construction de brique à décor losangé qu'il faut situer avant 1533, date de l'accession de l'évêque au cardinalat ; de plan centré, flanqué de tours rondes et garni de hautes lucarnes, il est d'esprit encore gothique. Le château lui-même présente des corps de logis d'époques diverses qui s'échelonnent du XVᵉ au XVIIIᵉ siècle. L'aile d'entrée est couronnée d'une corniche à modillons et de lucarnes de dessins variés qui semblent indiquer la fin du XVIᵉ s., tout comme le pavillon à droite en entrant. La cour de France vint à Carrouges en 1570, lorsque le château appartenait à Tanneguy Le Veneur.
Cf. J.L. Lagrange et J. Taralon, *CAF,* 1953,

CARROUGES. Le châtelet.

CHALLERIE, La, à La Haute-Chapelle. I.S. Manoir du XVIᵉ s. bâti pour les Lesdin de La Chaslerie, gouverneurs de Domfront. Porterie sous un toit en carène.
Cf. Siguret, p. 15.

CHAMP-DE-LA-PIERRE, Le. Constructions diverses du XVIᵉ au XVIIIᵉ s.
Cf. MC Normandie, p. 305.

CHANCEAUX, à Saint-Jouin-de-Blavou. M.H. Maison-forte du XVIᵉ s. ; lucarne à pilastres et fronton, corniche à modillons, chapelle.
Cf. Desvaux, p. 39.

COMMEAUX. M.H. Visite. Manoir de la première moitié du XVIe s. formé de deux corps de logis en équerre et de deux tours rondes, le tout coiffé d'immenses combles. Il est l'œuvre de la famille de Droullin.
Cf. MC Normandie, p. 306 ; Siguret, p. 10 ; *Art de Basse-Normandie*, no 38, 1965, p. 16-22.

COURBOYER, à Nocé. M.H. Manoir de la fin du XVe s. fait d'un haut corps de logis flanqué d'une tour ronde d'un côté, d'une tour d'escalier polygonale de l'autre. Chapelle de 1500 détruite à la dernière guerre.
Cf. Desvaux, p. 29.

COUTERNE. I.S. Château élevé entre 1542 et 1549 pour Jean de Frotté, chancelier de Marguerite d'Angoulême, duchesse d'Alençon, qui s'y retira à cette dernière date. Il est formé d'un simple corps de logis flanqué de deux tours rondes coiffées de dômes à l'impériale. L'appareil est de granite rose et de brique rouge et noire, des frontons garnissent les croisées du rez-de-chaussée et du premier étage ; le second étage et les petites ailes sont une adjonction de la fin du XVIIIe s. Il comportait autrefois une tourelle d'escalier côté jardin, remplacée au XVIIIe s. par un avant-corps.
Cf. MC Normandie, p. 74-77 ; Soulange-Bodin, *Châteaux de Normandie*, 1928, t. 2 ; Fouquier, *Grands Châteaux*, t. 2 ; Siguret, p. 11.

CRÈVECOEUR, à Giel-Courteilles. Site classé. Manoir construit au XVIe s. par la famille de Rabodanges, formé de deux corps de logis en équerre avec tours rondes, remanié au XVIIIe s.
Cf. Caix de Saint-Amour, *Vieux Manoirs..., Val d'Orne*, no 39 ; *MC Normandie*, p. 308 ; Siguret, p. 11.

ÉCHAUFFOUR. Château du XVIIe avec une tour carrée du XVIe s.
Cf. MC Normandie, p. 309.

FALANDRE, à Mahéru. D'après une inscription, le manoir fut bâti en 1549 par le maçon Jean Frochat pour Odet Patry, gentilhomme de la Chambre ; construction d'aspect sévère ; escalier voûté.
Cf. Soulange-Bodin, *Châteaux connus et inconnus ; MC Normandie* p. 310.

FEUGERÊTS, Les, à La Chapelle-Souef. Site inscrit. Manoir très simple, bâti au XVIe s. pour la famille de Feugerêts, corps de logis terminé d'un côté par un pavillon carré, de l'autre par une tour ; deux pavillons isolés à l'entrée. La chapelle, construite après 1511, a été détruite.
Cf. Soulange-Bodin, *Châteaux de Normandie*, t. 2, et *Châteaux connus et inconnus ; MC Normandie*, p. 310 ; Siguret, p. 19 ; *Cahiers percherons*, 1959, no 10, p. 4-6 ; Desvaux, p. 22.

FLERS. M.H. Musée. L'une des deux ailes en équerre fut bâtie pour Nicolas Grosparmy, alchimiste.
Cf. MC Normandie, p. 310 ; Siguret, p. 14.

FONTENIL, Le, à Saint-Sulpice-sur-Rille. Manoir brique et pierre flanqué d'une tour et d'une tourelle d'escalier.
Cf. MC Normandie, p. 311.

FORÊT-AUVRAY, La. Site inscrit. Château de la famille d'Argouges. Porte fortifiée de la fin du XVIe s. à décor de bossages rustiques, avec un fronton interrompu, sous un petit comble en carène.
Cf. Siguret, p. 15.

FRESNE, Le, ou LA FRESNAYE, à Saint-Germain-de-la-Coudre. M.H. Galerie datée de 1594. Cheminée.
Cf. Cahiers percherons, 1959, no 10, p. 36-37 ; Desvaux, p. 36.

GRAND BOUDÉ, Le, à Saint-Gilles-des-Marais. Manoir. Porte décorée de pilastres.

LARRÉ. Manoir de *La Cour*, du XVIe s.

LUBINIÈRE, La, à Préaux-du-Perche. I.S. Manoir du début du XVIe s., tour d'escalier autrefois couverte d'un dôme de pierre ; cheminées où la mouluration gothique cède discrètement le pas à la nouvelle mode.
Cf. Cahiers percherons, 1957, no 1, p. 41 ; Desvaux, p. 34 ; *La Demeure historique*, no 45, 1977, p. 13.

LYVONNIÈRE, à Rouelle. Manoir en partie du XVIe s.
Cf. MC Normandie, p. 316.

MAISON-MAUGIS. I.S. Château de la fin du XVIe s.
Cf. Cahiers percherons, 1970, no 29-30, p. 43.

MARDILLY. I.S. Maison-forte à quatre tourelles reconstruite en 1604, date du mariage de Martin de Ruppière avec Catherine de Hudebert.
Cf. H. Pellerin, dans *Pays d'Auge*, 1963, p. 9-15 ; Siguret, p. 23.

MONTHIMER, à La Perrière. I.S. Manoir des XVe et XVIe s., daté 1581 sur le fronton d'une fenêtre.
Cf. R. Gobillot, dans *Bull. de la Soc. percheronne d'hist. et d'arch.*, t. 23, no 1, p. 33-48 ; *Cahiers percherons*, 1957, no 4, p. 51 ; Desvaux, p. 31.

MOUSSETIÈRE, La, à Boissy-Maugis. I.S. Manoir du XVIe s.
Cf. La Demeure historique, no 45, 1977, p. 12 ; Desvaux, p. 21.

O, à Mortrée. M.H. Visite. **Voir no 26.**
Cf. Soulange-Bodin, *Châteaux de Normandie*, t. 2, p. 166-170 ; H. de Ségogne, dans *CAF*, 1953, p. 277-286 ; *VMF*, no 57, juillet 1973, p. 30 et no 67, janvier 1976, p. 10.

PONTGIRARD, à Monceaux. I.S. Visite. Manoir du XVIe s.
Cf. Desvaux, p. 29.

ROIVILLE. Site classé. Manoir en pan de bois de la seconde moitié du XVIe s.
Cf. H. Pellerin, dans *Pays d'Auge*, 1956, no 11, p. 1-5.

ROUGES TERRES, Les, à Saint-Léonard-des-Parcs. Manoir bâti à la fin du XVIe s. pour un membre de la famille de Rabodanges.
Cf. MC Normandie, p. 321.

SAINTE-CROIX-SUR-ORNE. Manoir des XVIe et XVIIe s.
Cf. J. Grandin, dans *Pays bas-normand*, t. 59, 1966, p. 153-155.

SAINT-HILAIRE-SUR-RISLE. I.S. Manoir brique et pierre à décor losangé. Un corps de logis accosté de petits pavillons de plan carré dans le style des petites demeures de Du Cerceau. Début XVIIe s.
Cf. Nouvelles de l'Eure, no 39-40, 1970, p. 20-21 ; *MC Normandie*, p. 322.

SAINT-SULPICE-SUR-RISLE. Manoir influencé par l'art de la Renaissance à Caen.
Cf. Gloton (cité à la bibliogr. du Calvados).

SAUSSERIE, La, à La Haute-Chapelle. M.H. Étonnante porterie à tours rondes coiffées d'un étage en pan de bois de plan carré et de dômes à l'impériale.
Cf. Siguret, p. 18.

VAUCELLES, à Lignou. I.S. Pavillon sud-ouest et corps de logis bâtis en 1592 pour Jacques d'Harcourt ; complété en 1830.
Cf. Siguret, p. 27.

VAUJOURS, à Rémalard. I.S. Manoir du XVIe s. ; travées de fenêtres à pilastres, porte à couronnement ; poutres peintes.
Cf. Gloton (cité à la biblio. du Calvados) ; *Cahiers percherons*, 1958, no 6, p. 14-15 ; Desvaux, p. 34.

VILLEBADIN. I.S. Château du milieu du XVIe s. formé de deux logis en équerre garnis de lucarnes de pierre à frontons courbes.
Cf. Siguret, p. 27.

VILLERAY, à Condeau. Château rebâti pour Gilles de Riants, président au parlement de Paris, qui fit partie de l'entourage de Monsieur, duc d'Alençon, avant de servir fidèlement Henri IV, lequel érigea sa terre en baronnie. Remanié en style troubadour sous Louis-Philippe.
Cf. Siguret, p. 30 ; *MC Normandie*, p. 327 ; *Cahiers percherons*, 1958, no 6, p. 24-26.

SEINE-MARITIME

Abbé Cochet, *Répertoire archéologique du département de Seine-Inférieure*, Paris, 1871.
P. Dubois, « Les Manoirs du Pays de Caux », dans *Bull. de l'Association des Amis du vieux Fécamp*, t. 10, 1924, p. 31-40.
Bulletin de la Commission des antiquités de Seine-Inférieure.
Inventaire général des monuments et richesses artistiques de la France, canton de Darnétal, 1972 (multigraphié).
Naudé des Moutis, *Anciennes demeures et vieux logis de Seine-Maritime.*
Ph. Seydoux, *Châteaux du pays de Caux et du pays de Bray*, Paris, 1987.

ANQUETIERVILLE. Manoir de pierre et de bois du XVIe s.
Cf. Soulange-Bodin, *Châteaux de Normandie*, introduction ; Cochet, col. 485.

ARCHELLES, à Arques-la-Bataille. I.S. Manoir brique et pierre du XVIe s.
Cf. Soulange-Bodin, *Châteaux de Normandie*, introduction ; Cochet, col. 59.

ARGUEIL, à Argueil-Fry. Site classé. Château du XVIe s. en brique à assises de pierre blanche, flanqué de quatre tourelles en encorbellement. Ailes du XVIIIe s.
Cf. Cochet, col. 157 ; *MC Normandie*, p. 299.

ARNOUVILLE, à Ermenouville. I.S. Château brique et pierre.
Cf. Soulange-Bodin, *Châteaux connus et inconnus.*

AUBERVILLE, à Auberville-la-Manuel. I.S. Manoir du XVIe s.
Cf. Soulange-Bodin, *Châteaux connus et inconnus.*

AUFFAY-LA-MALLET.

AUFFAY-LA-MALLET, à Oherville. I.S. Superbe exemple d'architecture polychrome du pays de Caux que ce manoir bâti pour Jean d'Houdetot dans la seconde moitié du XVᵉ s.; l'appareil de brique et de silex blanc et noir dessine un véritable tapis à bandes géométriques tricolores. Pierre d'Houdetot, mort à la bataille de Saint-Denis en 1567, ajouta les lucarnes à pilastres et en 1553 le vestibule orné de caissons qui rappellent la grande cheminée d'Écouen et Saint-Maclou de Rouen, ainsi que l'escalier de pierre contenu dans la tourelle polygonale.
Cf. Soulange-Bodin, *Châteaux connus et inconnus,* et *Châteaux de Normandie,* t. 2 ; Huard, n° 143.

BACLAIR, autrefois CALLETOT, à Nointot. I.S. Les parties les plus anciennes du château sont constituées par les deux ailes, cantonnées de pavillons carrés. Le nom ancien de Calletot fut changé en 1578 pour celui de Baclair au profit de la famille de Bacqueler qui le posséda aux XVᵉ et XVIᵉ s. Charles de Monchy, époux d'une Baqueler, a peut-être construit après cette date ces ailes brique et pierre garnies de chaînes de bossages passants sur les cadres des fenêtres. Colombier. Le château sera achevé pour le fils de Charles de Monchy.

Cf. Normandie monumentale, Seine-Inférieure, p. 437 ; *MC Normandie,* p. 300 ; Soulange-Bodin, *Châteaux de Normandie,* t. 2.

BAILLEUL, à Angerville-Bailleul. I.S. **Voir n° 207.**
Cf. Palustre ; Saint-Sauveur, t. 6 ; Sauvageot, t. 3 ; *MC Normandie,* p. 24-31.

BEC-CRESPIN, Le, à Saint-Martin-du-Bec. I.S. Le château fut aménagé entre 1459 et 1514 pour Pierre puis Louis de Brézé par des ouvriers venus d'Harfleur ou de Montivilliers ; la cheminée de la salle d'armes fut refaite par le maître maçon Cardin Le Roy. En 1562, le château fut vendu par Françoise de Brézé, duchesse de Bouillon, à Claude de Lorraine, duc d'Aumale, époux de Louise de Brézé, sa sœur. De la fin du XVIᵉ s., date le châtelet à pont-levis, bâti en brique avec bossages de pierre.
Cf. Normandie monumentale, Seine-Inférieure, p. 457 ; *MC Normandie,* p. 301 ; Soulange-Bodin, *Châteaux de Normandie,* t. 2.

BENNETOT. Manoir du XVIᵉ s. à décor de pierre blanche et noire ; cheminée.
Cf. Soulange-Bodin, *Châteaux de Normandie,* introduction ; Cochet, col. 515.

BÉVILLIERS ou BAINVILLIERS, à Gonfreville-l'Orcher. M.H. **Voir n° 114.**
Cf. Dr Coutan, dans *Bull. de la Comm. des antiquités de Seine-Inférieure,* t. 20, 1932, p. 39-40 ; Cochet, col. 141 et 574 ; Hautecœur, t. 1a, p. 278 ; Palustre, t. 2, p. 276.

BEUZEVILLE-LA-GRENIER. I.S. Château bâti entre 1555 et 1560, inspiré d'Anet.
Cf. Warien, dans *Bull. des amis du vieux Fécamp,* 1953-1954, p. 18.

BOIS-GROULT. Une aquarelle de R. de Gaignières laisse apparaître une belle ordonnance de pilastres et de lucarnes à frontons du XVIᵉ s. Ce château peut être identifié avec celui de *Bois-Gérout,* à Saint-Paër, profondément modifié aux XVIIᵉ et XVIIIᵉ s.

BOOS. Logis de campagne des abbesses de Saint-Amand de Rouen, des XIIIᵉ et XVIIᵉ s., avec un superbe colombier bâti entre 1517 et 1531 à décor de brique et pavés émaillés de Masséot Abaquesne (M.H.).
Cf. Cochet, col. 267.

BOSCOL, Le, à Héricourt-en-Caux. I.S. Manoir brique et pierre de la fin du XVIᵉ et du XVIIᵉ s.
Cf. Soulange-Bodin, *Châteaux connus et inconnus ;* Cochet, col. 530.

CALTOT ou CAILLETOT, à Bolbec. M.H. Porte du XVIᵉ s. menant vers deux manoirs, l'un du XVᵉ, l'autre du XVIᵉ s.
Cf. MC Normandie, p. 303.

CHAPELLE, La, à Sotteville-lès-Rouen-Oissel. Manoir du XVIᵉ s. avec un puits coiffé d'une haute pyramide de pierre sur quatre colonnes (M.H.).
Cf. Soulange-Bodin, *Châteaux de Normandie,* introduction ; Cochet, col. 336.

CLINARDERIE, La, à Montivilliers. Manoir du XVIᵉ s. en pierre, silex et bois.
Cf. Soulange-Bodin, *Châteaux de Normandie,* introduction ; Cochet, col. 149.

ELBEUF-EN-BRAY. Manoir de 1504 en brique avec tourelles, converti en ferme.
Cf. Soulange-Bodin, *Châteaux de Normandie,* introduction ; Cochet, col. 211.

ERNEMONT-SUR-BUCHY. Manoir de 1597, portant une inscription en l'honneur de Henri IV.
Cf. Soulange-Bodin, *Châteaux de Normandie,* introduction ; Cochet, col. 275.

ÉTELAN, à Saint-Maurice-d'Ételan. I.S. Visite. Manoir bâti à partir de 1494, de style flamboyant (belle tour d'escalier), très restauré au XIXᵉ s. La chapelle rappelle celles de Blois et d'Amboise. Les carreaux de son pavement sont ornés des trois piques héraldiques des Picard d'Estrelan. Charles IX et Catherine de Médicis descendirent au manoir en 1563.
Cf. Soulange-Bodin, *Châteaux de Normandie,* t. 2 ; Cochet, col. 138 ; *MC Normandie,* p. 309.

EU. M.H. Musée. A cet emplacement, une forteresse est attestée dès le Xᵉ s., rasée sur l'ordre de Louis XI. Dans le vaste château brique et pierre augmenté par la Grande Mademoiselle, remodelé sous Louis-Philippe et incendié en 1902, on peut distinguer les parties originelles commencées de bâtir en 1578 sur les plans des frères Leroy, de Beauvais. L'héritière d'Eu, Catherine de Clèves, qui avait épousé en 1570 Henri de Guise, le Balafré, fit entreprendre les travaux qui devaient comprendre un corps de logis et deux ailes en U. Seule l'aile nord (disparue) et le corps central furent alors élevés. Après 1588, date du drame de Blois, Catherine s'y retira, puis y revint à fréquentes reprises durant son long veu-

vage qui dura quarante-cinq ans ; c'est elle qui fit construire la chapelle du collège voisin et y érigea les tombeaux des Guise. Propriétaire d'Eu à partir de 1660, la Grande Mademoiselle fit agrandir le corps central aux proportions qu'il a aujourd'hui.
Cf. Fouquier, *Grands Châteaux,* t. 2, 1907 (photos antérieures à l'incendie) ; *MC Normandie,* p. 32-37 ; M. Bailleux-Delbecq, dans *VMF,* janvier 1977, p. 36.

EU. Aquarelle, coll. Gaignières (B.N.).

FILIÈRES, à Gommerville. M.H. Visite. Du petit château du XVIᵉ s., il subsiste un pavillon et deux travées de corps de logis ; le reste date du XVIIIᵉ s.
Cf. MC Normandie, p. 58-63.

FLOT, Le, à Bully. Manoir brique et pierre daté de 1560 sur le pignon et de 1588 sur la fenêtre de la cuisine. Fenêtres à pilastres ioniques, bas-reliefs aux deux lucarnes, dont l'un représente des flots agités, armes parlantes du constructeur Pharamond Du Flot ; cheminées à cariatides.
Cf. MC Normandie, p. 310 ; Cochet, col. 236.

IFS, Les, à Tourville-les-Ifs. Malgré la restauration du XIXᵉ s., qui équivaut presque à une reconstruction, il faut signaler l'intérêt de cette construction brique et pierre pour le dessin des ornements, tables, guirlandes, masques, bien caractéristiques de la fin du XVIᵉ s.
Cf. MC Normandie, p. 315 ; Cochet, col. 114.

MAILLERAYE-SUR-SEINE, La. I.S. Château construit sous Henri II pour les Moy, détruit en 1855. Il reste la chapelle, datée de 1569.

MARTAINVILLE, à Martainville-Épreville. M.H. Visite. Ce remarquable château a été élevé en 1485 pour Jacques Le Pelletier, négociant de Rouen, mais il mérite de figurer ici car son plan centré à quatre tours rondes aux angles et tourelles polygonales au milieu des grands côtés était appelé à un grand avenir et annonce celui de Chenonceau. Cette construction brique et pierre fit l'objet d'une seconde campagne de travaux à partir de 1511.
Cf. Sauvageot, t. 4 ; Fouquier, *Grands Châteaux,* t. 2 ; Hautecœur t. 1a, p. 43, n. 2, p. 44, n. 4, p. 71, 72, 235 ; *MC Normandie,* p. 154-157 ; Sartre, *France,* p. 37, 40, 81, 86 ; D. Lavallée, dans *Les Monuments historiques de la France,* 1974, nᵒ 2, p. 65-67.

MARTAINVILLE.

MESNIÈRES, à Mesnières-en-Bray. M.H. Visite. **Voir nᵒ 141.**
Cf. Abbé Bourgeois, Rouen, 1922 ; Gebelin, p. 149-150 ; Huard, nᵒ 147 ; P. Vitry, dans *CAF,* 1926, p. 375.

NEUVILLE-LE-POLLET, à Dieppe. Manoir brique et pierre du XVIᵉ s.
Cf. Soulange-Bodin, *Châteaux de Normandie,* introduction ; Cochet, col. 25.

PALLECHEUX, à Martin-Église. Manoir du XVIᵉ s.
Cf. Soulange-Bodin, *Châteaux de Normandie,* introduction ; Cochet, col. 74.

PIERRE, La, à Saint-Maclou-de-Folleville. Manoir de brique de la fin du XVIᵉ s.
Cf. H. Soulange-Bodin, *Châteaux de Normandie,* introduction ; Cochet, col 89.

PISSY-PÔVILLE. Manoir du XVIᵉ s.
Cf. Soulange-Bodin, *Châteaux de Normandie,* introduction ; Cochet, col. 346.

ROCQUES, Les, à Villequier. M.H. Manoir dit *Maison-Blanche,* du début du XVIᵉ s.

ROLLEVILLE. Site inscrit. Manoir des abbesses de Montivilliers ; colombier.
Cf. Cochet, col. 150.

ROUEN, palais archiépiscopal. M.H. Bâti pour le cardinal d'Estouteville en 1461. Georges d'Amboise fit faire d'immenses travaux de 1495 à 1507 : corps de logis, bâtiment bas, pavillon Saint-Romain, galerie en encorbellement sur l'actuelle rue de la République, pavillon Notre-Dame... Le style en était encore flamboyant, mais quelques éléments se ressentaient du premier voyage du cardinal en Italie, ainsi les terrasses couvrant les pavillons et la fontaine italienne érigée dans le jardin, les colonnes aux portes de la galerie orientale, les bas-reliefs... Tout fut détruit au XVIIᵉ s., il ne subsiste que deux bas-reliefs au musée des Antiquités de Rouen (tête de *Cérès* et *Bacchanale*).
Cf. Ch. Jouen, dans *Bull. de la Soc. des monuments rouennais,* 1923 ; Cochet, col. 448 ;

SAINT-AUBIN-DE-CRÉTOT. Château brique et pierre de la fin du XVIᵉ s., bâti pour les Lesueur de Colleville, restauré en 1838.
Cf. MC Normandie, p. 322 ; *Normandie monumentale, Seine-Inférieure,* p. 357.

SAINT-MARTIN-DU-MANOIR. Restes d'un manoir du XVIᵉ s.
Cf. Soulange-Bodin, *Châteaux de Normandie,* introduction ; Cochet, col. 150.

SOQUENCE, à Grand-Couronne-Sahurs. Château construit sous Henri II pour des marchands de Rouen. Il subsiste la chapelle.

TOURPES, à Bures-en-Bray. Manoir du XVIᵉ s. chapelle, galerie et lambris sculptés.
Cf. Soulange-Bodin, *Châteaux de Normandie,* introduction ; Cochet, col. 225.

VALMONT. M.H. Visite. **Voir nᵒ 113.**
Cf. MC Normandie, p. 46 ; Cochet, col. 547.

VARENGEVILLE. Manoir d'Ango. M.H. Visite. **Voir nᵒ 115.**
Cf. Gebelin, p. 178-179 ; R. Mensire, *Jean Ango et son manoir de Varengeville-sur-mer,* Yvetot, 1962.

VIBEUF. Manoir du XVIᵉ s.
Cf. Cochet, col. 554.

YERVILLE. Restes d'un château du XVIᵉ détruit en 1591.
Cf. Cochet, col. 555.

IV. BRETAGNE

J. Gauthier, *Manoirs et Gentilhommières du pays de France*, t. 2, *Bretagne*, 1928-1931.
H. Waquet, *L'Art breton*, Grenoble-Paris, 1942, 2 vol.
G. Vedrès, *Châteaux de Bretagne*, Paris, 1948.
Fl. Le Roy, *Châteaux en Bretagne. Images de Bretagne*, Châteaulin, 1957.
Merveilles des châteaux de Bretagne et de Vendée, Paris, Hachette-Réalités, 1970.
A. Legrand et G.M. Thomas, *Manoirs de Basse-Bretagne*, Brest, 1973.
A. Mussat, *Arts et Culture de Bretagne, un millénaire*, Paris, 1979.

CÔTES-DU-NORD

Vte Frotier de La Messelière, « Les Manoirs bretons des Côtes-du-Nord », *Bull. de la Soc. d'émulation des Côtes-du-Nord*, t. 72, 1940, p. 247-270.
P. Hamon, *Châteaux des Côtes-du-Nord*, Paris, Nouvelles Editions latines, s.d.
Inventaire général des monuments et richesses artistiques de la France, arrondissement de Guingamp. Indicateur du patrimoine, Paris, 1980.

BEAUMANOIR-EDER, Le Leslay. I.S. Château de la famille Eder de Beaumanoir, qui appartint aux parents de La Fontenelle, le terrible Ligueur breton. Construit aux XVe et XVIe s. avec deux ailes en équerre réunies par une tour d'escalier polygonale. Très restauré au XIXe s.
Cf. Soulange-Bodin, *Châteaux connus et inconnus*; Hamon, p. 6.

BOIS DE LA MOTTE, Le, en Pleslin-Trigavou. I.S. Manoir du XVIe s.
Cf. MC Bretagne, p. 276.

BOURG-BLANC, Le, en Plourivo. Du XVIe s.

CHALONGE, Le, en Trévron. I.S. A une tour du XVe s. a été ajouté vers 1600 un corps de logis pour la famille Du Breuil. Ses lucarnes à pilastres et frontons sont encore de style Henri II. Portail à colonnes et haut fronton semi-circulaire; cheminées sculptées.
Cf. MC Bretagne, p. 278; Hamon, p. 26; Mussat, p. 189.

CHÊNE-FERRON, Le, en Saint-Carné. Site classé. Au château du XIVe s. ont été ajoutés des pavillons carrés à la fin du XVIe s.
Cf. Soulange-Bodin, *Châteaux connus et inconnus*.

COADELEN, en Prat. I.S. Manoir édifié vers 1500 pour Roland Le Chevoir, remanié au milieu du XVIe s. La Fontenelle enleva la fille du logis, âgée de onze ans, Marie Le Chevoir, pour en faire sa femme.
Cf. Mussat, p. 187.

COËTCOURAVAL, en Glomel. I.S. Visite. Manoir des Bonteville, des XVe et XVIe s., agrémenté de tourelles et de lucarnes sculptées.
Cf. MC Bretagne, p. 280; Mussat, p. 180-184.

CONNINAIS, La, en Taden. I.S. Manoir du XVe modifié au XVIe s.; portail à cariatides.
Cf. MC Bretagne, p. 280; Hamon, p. 18.

CRAFFAULT, en Plédran. I.S. Château du XVe s. repris à la fin du XVIe s., formé de deux corps de logis en équerre, pavillons carrés, échauguettes d'angle. Le logis principal a ses baies couronnées de frontons droits.
Cf. Hautecœur, t. 1b, p. 393; *MC Bretagne*, p. 281.

CRÉNAN, Le Foeil. M.H. Manoir bâti vers 1500 pour les Le Nepveu, agrandi au XVIIe s., incendié en 1927.
Cf. Hamon, p. 11; Mussat, p. 185-189.

FERRONAYS, La, en Calorguen. I.S. Manoir rebâti en 1569 pour Gilles Ferron et Jeanne Glé; tour ronde et échauguette, belle lucarne à pilastres.
Cf. MC Bretagne, p. 282; Hamon, p. 18.

GARAYE, La, en Taden. M.H. Ruines d'un château bâti en 1557 pour Bernard Ferré, vendu en 1571 à Claude Du Chastel, femme de Charles de Gouyon, qui dut le terminer. Il ne reste qu'une façade et une tour hexagonale à colonnes d'angle et décor d'arcatures festonnées.
Cf. Hamon, p. 18; *Revue du Touring-club de France*, décembre 1976; étude approfondie d'architecte en chef des Monuments historiques de M. de Saint-Jouan, 1984 (inédit).

GRANDE ISLE, La, en Saint-Bihy. I.S. Du XVIe s.

GUERMAIN, Le, Le Foeil. I.S. Manoir de la fin du XVIe s.; portail encadré de colonnes.
Cf. Frotier de La Messelière, p. 254.

GUERNAC'HANAY, en Plouaret. I.S. **Voir n° 203.**
Cf. Waquet, t. 2, p. 70; Hamon, p. 14; Mussat, p. 187 et 188.

HAC, Le, Le Quiou. I.S. Visite. Manoir des XVe et XVIe s.
Cf. MC Bretagne, p. 284; Mussat, p. 180, 181, 185.

HUNAUDAYE, La, en Plédéliac. M.H. Visite des ruines. La forteresse des XIVe et XVe s. a subi des modifications au XVIe s.: un corps de logis neuf et les sculptures des portes de la tour de la chapelle. Georges de Tournemine y reçut Anne de Bretagne en 1505, François Ier s'y arrêta en 1518.
Cf. MC Bretagne, p. 285; Hamon, p. 19; Mussat, p. 69-73.

KERAUZERN, en Ploubezré. I.S. Manoir des XVe et XVIe s.
Cf. Mussat, p. 188.

KERGOUANTON, en Trélévern. Manoir des XVIe et XVIIe s.

KERGRIST, en Ploubezré. I.S. Visite. Château bâti vers 1537 pour Jean de Kergrist, agrandi aux XVIIe et XVIIIe s. D'esprit encore gothique, le corps de logis principal au fond de la cour est sommé d'une haute lucarne à pignon garni de crochets, entre deux tours munies de lucarnes semblables.
Cf. MC Bretagne, p. 18-21; Hamon, p. 14.

KERMATHAMAN, en Pédernec. I.S. Manoir bâti en 1584 pour les Rosmar, formé de deux corps de logis en équerre; lucarnes à frontons, cheminées sculptées.
Cf. Hamon, p. 15.

KERMERZIT, en Trémel. I.S. Manoir bâti au XVIe s. pour les Goësbriand.
Cf. Hamon, p. 15; Védrès.

MOUSSAYE, La, en Plénée-Jugon. I.S. **Voir n° 256.**
Cf. F. Loyer, *Arts de l'Ouest*, n° 2, 1978; Hamon, p. 22; Mussat, p. 303.

PÉLEM, Le, en Saint-Nicolas-du-Pélem. Manoir en partie du XVIe s.; lucarnes à frontons.
Cf. MC Bretagne, p. 293.

PLOUGUIEL. Manoir de la famille de Kerouzy, du XVIe s.

PONTGUENNEC, en Perros-Guirec. Chapelle castrale à portail de style classique.
Cf. Hamon, p. 24.

ROCHE-ROUSSE, La, en Quessoy.
Cf. Frotier de La Messelière, p. 256; Hautecœur, t. 1b, p. 393.

ROSANBÔ, en Lanvellec-Plouaret. I.S. Visite. Une aile du château sur la cour fut bâtie au début du XVIe pour les Du Coaskaer.
Cf. MC Bretagne, p. 22-25; Hamon, p. 30.

TERTRE, Le, en Kertugal (Saint-Quay-Portrieux). Manoir du XVIe s.

TOUCHE, La, en Trébry. I.S. Visite. **Voir n° 257.**
Cf. MC Bretagne, p. 64-67; Hamon, p. 23; *VMF*, n° 50, octobre 1971; F. Loyer, *Arts de l'Ouest*, n° 2, 1978; Mussat, p. 186, 189, 302.

VILLE-DANIEL, La, en Plaine-Haute. I.S. Manoir achevé en 1559 pour Nicolas Le Voyer. Deux corps de logis en équerre, d'esprit encore gothique.
Cf. Hamon, p. 23; Mussat, p. 184-186.

VILLE-MORHEN, La, en Bréhand. Manoir de la fin du XVIe s.

FINISTÈRE

L. Le Guennec, *Les Vieux Manoirs fortifiés du Finistère*. Saint-Brieuc, 1924.
M. de Mauny, *Châteaux du Finistère*, Paris, Nouvelles Éditions latines, s.d.
Châteaux du Haut Léon, IGMRAF, Images du Patrimoine, 1987.

BELAIR, en Lanildut. Manoir de 1599; cheminée sculptée.

BODINIO, en Clohars-Fouesnant. **Voir n° 258.**
Cf. H. Guirier, *La Cornouaille heureuse,* 1960 ; *VMF,* juillet 1969.

CARANTEC, *fort du Taureau.* Bâti en 1540-1552 pour défendre l'estuaire de la rivière de Morlaix contre les incursions des Anglais, sur les ordres du gouverneur Jean de Kermellec. Reconstruit par Vauban.
Cf. Mauny, p. 27 ; L. Richard-Mounet, dans *L'Illustration,* 1937, t. 2, p. 447-450.

COATAUDON, en Guipavas. Manoir fortifié.
Cf. Le Guennec.

COATBILY, en Kerfeunteun (Quimper). I.S. **Voir n° 178.**
Cf. Mauny, p. 7 ; Gauthier, *Petits Châteaux et Manoirs* ; Waquet, t. 2 ; J. Gauthier, *Manoirs et Gentilhommières, Bretagne,* t. 1 ; L. Le Guennec, « Les Anciens Manoirs des environs de Quimper » dans *Bull. de la Soc. arch. du Finistère,* t. 51, 1924, p. 32-33 ; Mussat, p. 188.

HELLÈS, en Lanmeur. Manoir de la fin du XVIᵉ s.

KERANMANEZ, en Kerfeunteun (Quimper). I.S. Petit manoir.

KERAZAN, en Loctudy. Musée. Visite. Manoir du XVIᵉ s.
Cf. Mauny, p. 11 ; Legrand et Thomas, p. 69.

KERGADIOU, en Guimaëc. Manoir fortifié du XVIᵉ s.
Cf. Mauny, p. 14 ; Le Guennec ; Waquet, t. 2.

KERGADIOU, en Plourin. Manoir fortifié du XVIᵉ s.
Cf. Le Guennec.

KERGOZ, Le Guilvinec. I.S. Manoir de la fin du XVIᵉ ou du début du XVIIᵉ s.
Cf. Mauny, p. 14.

KERIVOAS, en Kerlouan. Portail du XVIᵉ s.

KERJEAN, en Saint-Vougay. M.H. Visite. **Voir n° 177.**
Cf. C. Chaussepied, *Bull. de la Soc. arch. du Finistère,* 1907 ; R. Couffon, Paris, s.d. (collection de la C.N.M.H.S.) ; Gebelin, p. 118-119 ; R. Lisch et B. Mouton, dans *Les Monuments historiques de la France,* n° 109, 1980, p. 33-48 ; Waquet, t. 2, p. 80 ; Mussat, p. 148, 149, 187, 189.

KERNIGUEZ, en Carhaix-Plouguer. Manoir comportant un escalier droit (1560).
Cf. Mussat, p. 183, 184, 188.

KERNUZ, en Pont-l'Abbé. Manoir du XVIᵉ, repris en 1843.
Cf. Mauny, p. 19.

KEROÜARTZ, en Lannilis. I.S. **Voir n° 259.**
Cf. Mauny, p. 19 ; *MC Bretagne,* p. 46-49 ; Mussat, p. 189, 304.

KERROUÉ, en Loguivy-Plougras. Manoir.
Cf. Waquet, t. 2 ; Mussat, p. 190.

KERSABIEC, en Plounévez-Lochrist. Manoir.

KERVÉATOUX, en Plouarzel. Manoir de la fin du XVIᵉ s.
Cf. Soulange-Bodin, *Châteaux connus et inconnus* ; Mauny, p. 22 ; *MC Bretagne,* p. 287.

KERYVON, en Saint-Derrien. Manoir des XVᵉ et XVIᵉ s.

LESMADEC, en Peumerit. I.S. Manoir des XVIᵉ et XVIIIᵉ s.
Cf. Mauny, p. 23.

MAILLÉ ou COËT-SEIZPLOUÉ, en Plounévez-Lochrist. M.H. Visite. **Voir n° 204.**
Cf. Mauny, p. 23 ; Waquet, t. 2 ; Mussat, p. 149, 189, 190, 302.

MÉZARNOU, en Plouneventer. I.S. Manoir du XIVᵉ modifié au XVIᵉ pour Yves de Parcevaux, juriste, conseiller au parlement de Bretagne (vers 1550).
Cf. VMF, n° 55, 1973, p. 37 ; Mussat, p. 132, 180, 184, 186.

PENHOAT, en Saint-Frégant. Manoir bâti en 1580 pour la famille de Kersauzon.
Cf. Legrand et Thomas, p. 202.

PENMARC'H, en Saint-Frégant. I.S. Au manoir du XVᵉ s. fut ajouté (en 1546 ?) un pavillon accolé à une grosse tour ronde.
Cf. Vedrès ; Le Roy.

QUIMPER.
Escalier
du palais
épiscopal.

TRONJOLY.
Porte du logis.

POULGUINAN, en Ergué-Armel (Quimper). Tour du XVIᵉ s.

QUIMPER, palais épiscopal. M.H. Visite. Musée breton. Construit à partir de 1508 par Daniel Gourcuff et Guillaume Le Goaraguer pour Claude de Rohan, évêque de Quimper de 1501 à 1540. Le corps de logis, très restauré, date des environs de 1530, il est accolé d'une tour polygonale ; celle-ci renferme un bel escalier en vis qui s'achève par un plafond de bois en palmier porté sur une colonne torse.
Cf. H. Waquet, dans *CAF,* 1957, p. 13 ; Mussat, p. 128.

ROSMORDUC, en Logonna-Daoulas. Manoir bâti vers 1545 pour la famille Le Gentil.
Cf. VMF, n° 56, avril 1973.

STANG, Le, en La Forêt-Fouesnant. Manoir des XVᵉ-XVIᵉ s., en partie modifié aux XVIIᵉ et XVIIIᵉ. La façade est percée d'oculi ovales.
Cf. Mauny, p. 26 ; Legrand et Thomas, p. 205.

TRÉBODENNIC, en Ploudaniel. I.S. Visite. Manoir bâti en 1584 pour Alain Du Poulpry, archidiacre de Léon, et reconstruit en partie au XIXᵉ s. Portail à fronton et cariatides surchargé de sculptures, lucarnes à frontons.
Cf. Mauny, p. 30 ; Mussat, p. 189.

TRÉFERST, en Pont-Croix. Manoir vers 1580, lucarnes à frontons.
Cf. Mauny, p. 30.

TRONJOLY, en Cléder. M.H. Visite. L'aile droite du manoir fut entreprise en 1535 pour Christophe de Kergoët ; il fut achevé au XVIIᵉ s. Le corps de logis présente un curieux mélange de styles, haute lucarne à colonnettes torsadées sous un gâble, d'autres lucarnes ont des frontons classiques.
Cf. MC Bretagne, p. 36-39 ; Soulange-Bodin, *Châteaux connus et inconnus* ; Mauny, p. 31 ; Mussat, p. 132, 184, 186, 187, 189.

ILLE-ET-VILAINE

P. Banéat, *Le Département d'Ille-et-Vilaine*, Rennes, 1927, 4 vol.
H.F. Buffet, *Ille-et-Vilaine*, Paris, 1959.
D. Robet, *Châteaux d'Ille-et-Vilaine*, Paris, Nouvelles Éditions latines, s.d.
J.-P. Naudé des Moutis, *Vieux Logis de la Bretagne*, t. 1, *L'Ille-et-Vilaine*, Paris, 1974.
Inventaire général des monuments et richesses artistiques de la France. Indicateur du patrimoine architectural, arrondissement de Fougères, Paris, 1980.

BOEUVRES, à Messac. Château des XVIᵉ et XVIIᵉ s., incendié au XIXᵉ s., restauré.
Cf. Banéat, t. 2, p. 396.

BONNE-FONTAINE, à Antrain-sur-Couesnon. I.S. Henri II autorisa en 1547 Pierre de La Marzelière à construire un nouveau château sur les ruines de l'ancien. Sa face nord porte encore le style du XVᵉ siècle breton. Transformé en 1860.
Cf. Buffet, p. 60 ; Banéat, t. 1, p. 47 ; *MC Bretagne*, p. 276 ; Soulange-Bodin, *Châteaux connus et inconnus* ; Robet, p. 15 ; Mussat, p. 332.

BOT, Le, à Langon. Château du XVIᵉ, décoré d'une frise ; la chapelle de 1519 n'existe plus ; un château moderne a été construit à côté.
Cf. Banéat, t. 2, p. 269.

BOUESSAY, Le, à Sens-de-Bretagne. Ruines d'un manoir du XVIᵉ s., à décor sculpté.
Cf. Banéat, t. 4, p. 185.

BOURBANSAIS, La, à Pleugueneuc. M.H. Visite. Une première construction est due en 1580 à Jean Du Breuil. Modifié et agrandi aux XVIIᵉ et XVIIIᵉ s. ; lucarnes décorées, tours rondes coiffées de dômes à l'impériale.
Cf. Banéat, t. 3, p. 125 ; Robet, p. 22 ; *MC Bretagne*, p. 106-107 ; Mussat, p. 303.

CARCÉ, à Bruz. Château en partie du XVIᵉ s., corps de logis flanqué de deux pavillons, avec une tourelle octogonale au centre. Décor encore gothique ; cheminées. Augmenté, puis restauré.
Cf. Banéat, t. 1, p. 241.

CHAPELLE-CHAUSSÉE, La. I.S. Petit manoir du XVIᵉ s., flanqué de pavillons à hauts combles, garni de lucarnes à colonnes et pilastres, et tourelles couvertes en dômes ; remanié au XVIIᵉ et au XIXᵉ s.
Cf. Banéat, t. 1, p. 328 ; Robet, p. 6 ; *MC Bretagne*, p. 283 ; Mussat, p. 306.

CHÂTEAUNEUF, à Châteauneuf-d'Ille-et-Vilaine. I.S. Ruines d'un château dit *de Bure* ; donjon carré démantelé en 1594 ; logis du XVIᵉ portant les armes de la famille de Rieux.
Cf. Banéat, t. 1, p. 376 ; Robet, p. 23.

CHAUFFAUX, à Pleine-Fougères. Manoir du XVIᵉ s. comportant un grand pavillon d'entrée avec une tourelle d'angle surmontée d'un dôme et d'un clocheton.
Cf. Banéat, t. 3, p. 102.

CHÊNET, Le, à Noyal-sur-Seiche. Manoir du XVIᵉ s., la porte surmontée d'un fronton armorié ; l'étage supérieur avec ses lucarnes a été démoli.
Cf. Banéat, t. 2, p. 513.

COSTARDAIS, La, à Médréac. Ruines d'un manoir daté de 1564, flanqué de pavillons dont les angles sont ornés de pilastres cannelés ; por-tail encadré de colonnes ; colombier et chapelle consacrée en 1607. Détruit vers 1930.
Cf. Banéat, t. 2, p. 367 ; Mussat, p. 190, 302.

DOBIAYE, La, à Saint-Jean-sur-Couesnon. I.S. Maison seigneuriale du XVIᵉ s. ; porterie à décor sculpté sur une arcade en plein cintre ; cheminée décorée de termes remontée au château de *Mon-taubert* en Lécousse. Un pavillon a été ajouté au XVIIᵉ s.
Cf. Banéat, t. 3, p. 458 ; Robet, p. 11 ; Naudé des Moutis, pl. 9 et 10.

ÉPINAY, à Champeaux. M.H. **Voir n° 255.**
Cf. Buffet, p. 63 ; Banéat, t. 1, p. 308-309 ; Robet, p. 19 ; Vedrès, p. 48 ; *MC Bretagne*, p. 152-155 ; Mussat, p. 132, 302.

FOSSE-HINGANT, La, anciennement NÉER-MONT ou NOIRMONT, à Saint-Coulomb. Chapelle de la fin du XVIᵉ, manoir du XVIIᵉ s.
Cf. Banéat, t. 3, p. 363.

FOURNEAUX, à Availle-sur-Seiche. Manoir des XVᵉ et XVIᵉ s.
Cf. Banéat, t. 1, p. 62 ; *MC Bretagne*, p. 283.

GRANDES FOSSES, Les, à Saint-Grégoire. Manoir du XVIᵉ s. à colombages sur des consoles de bois sculptées.
Cf. Banéat, t. 3, p. 434.

JOUSSELINAYE, La, à Châtillon-sur-Seiche. Manoir du XVᵉ, remanié au XVIᵉ ; porte de pierre blanche à linteau orné de feuilles de laurier et fronton cintré ; lucarnes à pilastres et frontons (l'un daté de 1573), cheminée de la salle à consoles cannelées et médaillons de terre cuite locale représentant Henri II et Catherine de Médicis.
Cf. Banéat, t. 1, p. 392.

LANRIGAN. I.S. Visite. Château du début du XVIᵉ s. en style flamboyant. Une galerie biaise percée de deux baies en accolade occupe l'angle du logis et d'une grande tourelle d'escalier octogonale.
Cf. Banéat, t. 2, p. 276 ; Robet, p. 7 ; *MC Bretagne*, p. 287 ; *VMF*, n° 59, janvier 1974 ; Mussat, p. 183, 184, 186.

LIGOUYER, Le, à Saint-Pern. Corps de logis du XVIᵉ s. à tours rondes (1574), cheminée de la salle décorée d'une chasse de saint Hubert ; portail du XVIIᵉ s.
Cf. Robet, p. 6 ; Banéat, t. 4, p. 79 ; *MC Bretagne*, p. 288 ; Mussat, p. 189, 304.

LOGES, Les, à La Mézière. Manoir bâti au XVIᵉ s. pour les Barré puis les Romelin ; chapelle, tour octogonale, lucarnes. Achevé au XVIIᵉ s. Site inscrit.
Cf. Banéat, t. 2, p. 399.

MARIGNY ou MARIGNÉ, à Saint-Germain-en-Coglès. Château bâti en 1572 avec deux ailes en équerre réunies par une tour d'escalier. A l'extrémité d'une aile s'élevait un pavillon en rotonde à deux étages ; chapelle de 1573 aux armes de François Harpin et Thomasse Champun (I.S.). Le château fut reconstruit en 1832, puis démoli récemment.
Cf. Banéat, t. 3, p. 400 ; J. Salvini, « Notes sur Émery de Barbezières-Chémerault et Claude de Laubespine », dans *Bull. de la Soc. des antiquaires de l'Ouest*, 1924, t. 2, p. 585-595.

MARTINIÈRE, La, à Rennes. Le château fut saccagé lors des guerres de Religion, et reconstruit ensuite.
Cf. Banéat, t. 3, p. 254.

MAUREPAS, à Rennes. C'est le dernier subsistant des châteaux de la périphérie de Rennes. Le corps de logis est encadré de deux pavillons, du début du XVIIᵉ sans doute, mais les lucarnes cin-trées coiffées de frontons en accolade et les pilastres des croisées sont encore conformes au type du XVIᵉ s.
Cf. Robet, p. 3.

METTRIE DU HAN, La, à Roz-Landrieux. Manoir du début du XVIᵉ s., porte en arc brisé ornée de colonnettes ; grand escalier carré, cheminée armoriée.
Cf. Banéat, t. 3, p. 299.

MOTTE DE GENNES, La, à Gennes-sur-Seiche. Manoir du XVIᵉ, à pavillon carré et tours, restauré à la fin du XVIIᵉ s.
Cf. Banéat, t. 2, p. 91.

NÉTUMIÈRES, Les, à Erbrée. I.S. Château du XVIᵉ s. à tourelles et lucarnes, restauré.
Cf. Banéat, t. 1, p. 550 ; *MC Bretagne*, p. 291 ; Mussat, p. 332.

ORMES, Les, à Épiniac. Château des évêques de Dol au XVᵉ, pourvu d'un grand pavillon à la fin du XVIᵉ s. par l'évêque Charles d'Espinay, et d'un autre au XVIIIᵉ s.
Cf. Banéat, t. 1, p. 549 ; Robet, p. 22 ; *MC Bretagne*, p. 292 ; Mussat, p. 190, 306.

PLESSIS, Le, à Argentré-du-Plessis. Château du XVIᵉ s., très restauré.
Cf. Banéat, t. 1, p. 52.

PLESSIS-PILLET, Le, à Dourdain. Portail des années 1570.
Cf. Mussat, p. 188, 302.

PONTBRIAND, à Pleurtuit. Construit au milieu du XVIᵉ s. pour les Pontbriand, pillé par les Ligueurs en 1590, démantelé sur l'ordre du duc de Mercœur, puis détruit à la Révolution. Il ne reste qu'une dépendance du XVIIᵉ s.
Cf. Banéat, t. 3, p. 140.

PRÉVALAYE, La, à Rennes. Les parties les plus anciennes du château datent du XVIᵉ s. ; restauré au début du XXᵉ s.
Cf. Banéat, t. 3, p. 245.

ROCHERS, Les, à Vitré. I.S. Visite. Le manoir, formé de deux corps de logis en équerre réunis par une tour d'escalier, peut avoir été bâti au début du XVIᵉ s. pour Guy de Sévigné.
Cf. Buffet, p. 68 ; Banéat, t. 4, p. 382 ; Robet, p. 18 ; *MC Bretagne*, p. 118.

SAINT-BRICE, à Saint-Brice-en-Coglès. I.S. Château de la fin du XVIᵉ s. Pavillon d'entrée fortifié, flanqué de tourelles carrées.
Cf. Robet, p. 14.

SAINT-MARC, à Saint-Marc-sur-Couesnon. Ruines d'une maison seigneuriale du XVIᵉ s.
Cf. Banéat, t. 4, p. 21.

TIZÉ, à Thorigné-sur-Vilaine. Manoir du XIVᵉ s. modifié au milieu du XVIᵉ s., aujourd'hui très diminué, à usage de ferme. Le corps de logis a perdu sa face sud, il conserve deux grandes fenêtres et le départ d'un bel escalier cantonné de pilastres superposés ; sa cage est éclairée par deux galeries de pierre blanche ajourées de petites arcades cintrées.
Cf. Banéat, t. 4 ; Pocquet du Haut-Jussé, *Visites et Excursions à Rennes*, Mayenne, 1974, p. 203.

TOUCHE-MILON, La, à Pacé. Manoir du XVIᵉ s. formé de deux logis juxtaposés ; niches sculptées d'animaux grotesques, cheminées à colonnettes.
Cf. Banéat, t. 3, p. 19.

VITRÉ. M.H. Visite. C'est à Guy XVI de Laval, gendre de Jean de Daillon qui fit rebâtir Le Lude, que l'on doit l'échauguette qui s'accroche au pignon de la chapelle Saint-Michel, entre

1526 et 1531. Elle rappelle certaines échauguettes de la façade des Loges à Blois.
Cf. Banéat, t. 4, p. 339 ; A. Mussat, dans *BM,*
1975, p. 131 ; Robet, p. 15.

VITRÉ. L'échauguette.

CAREIL. Lucarne.

Cf. Soulange-Bodin, *Châteaux connus et inconnus ;*
Mussat, p. 188 ; R. Joxe, *Les Protestants du comté
de Nantes, XVIᵉ-XVIIᵉ s.,* Marseille, 1982.

LOIRE-ATLANTIQUE

B. Luquat, *Châteaux de Loire-Atlantique,*
Paris, Nouvelles Editions latines, s.d.
Vieilles Maisons françaises, nº 113, juil-
let-août 1986.

ANCENIS. M.H. Visite. Du château du XVᵉ s. qui
fut démantelé sous Charles VIII, subsiste une
porte fortifiée et une galerie voûtée. Un corps de
logis fut ajouté de 1540 à 1545, que L. Palustre a
attribué à un illustre architecte d'Angers, Jean de
L'Espine. Des pavillons ont été construits
ensuite au XVIIᵉ s.
Cf. Palustre, t. 3, p. 205 ; *MC Bretagne,* p. 274.

BLAIN. M.H. Il ne reste que des ruines du château élevé au XIVᵉ s. pour les Clisson et transmis
par eux aux Rohan. En 1551, Henri II vint y visiter René de Rohan et Isabeau d'Albret qui firent
peu après entreprendre des travaux par un maître d'œuvre parisien : une chapelle et un escalier
droit logé derrière un avant-corps à pilastres
dans le logis du XVᵉ s. Devenu une citadelle protestante, Blain fut enlevé en 1585 par les
Ligueurs et démantelé plus tard par ordre de
Richelieu.
Cf. Waquet, t. 2 ; *MC Bretagne,* p. 275 ; Soulange-
Bodin, *Châteaux connus et inconnus ;* Vedrès ; *La
Sauvegarde de l'art français,* nº 1, 1979, p. 57-59.

CAREIL, à Guérande. I.S. Manoir du début du
XVᵉ s. modifié dans la première moitié du XVIᵉ s.
Ses lucarnes sont ornées de pilastres et de frontons à coquilles. Lorsqu'il appartenait aux Du
Boys de Baulac, il fut l'un des principaux foyers
protestants de la proche Bretagne, dès le voyage
de François d'Andelot en 1553.

CHASSAY, Le Petit, à Sainte-Luce-sur-Loire.
Maison de campagne des évêques de Nantes.

CHÂTEAUBRIANT. M.H. Visite. **Voir nº 87.**
Cf. Fr. Ch. James, dans *CAF,* 1968, p. 304-340.

CLISSON. M.H. Visite. Lors des guerres de la
Ligue, l'ancien château fut entouré d'une nou-
velle enceinte fortifiée par les soins du duc de
Mercoeur, gouverneur de Bretagne. Il fut incen-
dié pendant la Révolution.
Cf. MC Bretagne, p. 280.

HAUTE-GOULAINE. M.H. Visite. Christophe II
de Goulaine, gentilhomme de la Chambre de
Louis XII et de François Iᵉʳ, fit bâtir le château
dans les premières années du XVIᵉ s., entre 1505
et 1510 peut-être, soit après l'aile Louis XII de
Blois et après la grande façade de Josselin. Son
château est encore de style flamboyant, mais on
observe le plan adopté, strictement quadrangulaire ; pas de pilastres aux fenêtres, mais déjà un
système de bandeaux horizontaux et de travées
verticales régulières. Comme les superstructures
de la grande tour des Gardes qui s'élève à
l'entrée, le portail du mur de la cour date de la
seconde moitié du XVIᵉ s. ; il est fait de tuffeau et
garni de piliers de bossages.
Cf. Soulange-Bodin, *Châteaux connus et inconnus ;*
E. de Ganay, *Châteaux de France. Région de l'Ouest,*
p. 31-32 ; M. Melot, dans *CAF,* 1968, p. 230 ;
VMF, nº 68, avril 1976 ; *MC Bretagne,* p. 284 ;
Mussat, p. 187, 304.

MOTTE-GLAIN, La, à La Chapelle-Glain. M.H.
Visite. **Voir nº 4.**
Cf. Chr. Demouveaux, dans *CAF,* 1968,
p. 221-230 ; Mussat, p. 128, 183.

NANTES, Château ducal. M.H. Musées. **Voir
nº 2.**
Cf. M. Elder, Nantes, 1935.

RANROUËT, à Herbignac. I.S. Visite. Ruines
d'une puissante fortification médiévale modifiée
lors des guerres de la Ligue.
Cf. A. Baudry-Souriau, dans *Bull. de la Soc. arch.
de Nantes,* t. 96, 1957, p. 33-75.

MORBIHAN

M. Rosenzweig, *Répertoire archéologique du département du Morbihan*, Paris, 1863.
Fr. Mosser, *Châteaux du Morbihan*, Paris, Nouvelles Editions latines, s.d. *Vieilles Maisons françaises*, n° 87, janvier 1981.

BRIGNAC, en Saint-Guyomard. M.H. Manoir du XVe s. Jean de Brignac, échanson de la reine Anne, accole à la grosse tour une tourelle d'escalier polygonale percée de fenêtres très ornées ; la porte en anse de panier est datée de 1510. Agrandi au XVIIe s.
Cf. Mosser, p. 3 ; *MC Bretagne*, p. 277 ; *VMF*, n° 87, janvier 1981, p. 32.

CALLAC, en Plumelec. M.H. Le château bâti à la fin du Moyen Age est agrandi et modifié au XVIe s. pour les Le Forestier, puis au XVIIe pour les Guémadeuc.
Cf. Mosser, p. 6 ; Soulange-Bodin, *Châteaux connus et inconnus* ; Rosenzweig, col. 164 ; *MC Bretagne*, p. 278 ; *VMF*, n° 87, janvier 1981, p. 34.

COET-CANDEC, en Locmaria-Grand-Champ. I.S. Manoir de 1527.

ESTIER, ou ÉTIER, L', en Béganne. I.S. Visite. Manoir à tour d'escalier polygonale du XVIe s.
Cf. Mosser, p. 10 ; Rosenzweig, col. 170 ; *MC Bretagne*, p. 282 ; *VMF*, n° 87, janvier 1981, p. 64.

GOURHEL. I.S. Datée de 1570, la porte du manoir superpose d'énormes chapiteaux sur de grêles pilastres.
Cf. VMF, n° 87, janvier 1981, p. 49.

GRATIONNAYE, La, à Malansac. I.S. L'ancien manoir fut augmenté peu après 1581 d'un pavillon carré pour François de Talhouët, maréchal de camp de l'armée ligueuse de Mercoeur.
Cf. VMF, n° 87, janvier 1981, p. 42.

JOSSELIN. M.H. Visite. **Voir n° 3.**
Cf. R. Grand, Paris, 1930 (coll. des Petites Monographies) ; *VMF*, n° 71, janvier 1977, et n° 88, avril 1981 ; A. Mussat, dans *L'escalier dans l'architecture de la Renaissance*, 1985, p. 21.

KERBIGUET, en Gourin. I.S. Le manoir de la famille Guégant, du XVe, fut augmenté au XVIe s. La date de 1580 portée sur la façade indique la reconstruction pour Louis Guégant et Catherine Clévédé, qui affecte le riche portail d'entrée du logis menant à un escalier droit et la galerie à arcades à gauche. Le décor intérieur est très soigné, belles cheminées sculptées à balustres et godrons, porte à fronton, peintures murales dans la salle. Le colombier, détruit, datait de 1564, le puits octogonal, vers 1600.
Cf. Cantons du Faouët et de Gourin, IGMRAF, 1975 ; Mussat, p. 184, 187-189.

KERGAL, en Brandivy. I.S. Manoir du XVIe s.
Cf. VMF, n° 87, janvier 1981, p. 63.

KERLO, en Elven. Manoir en ruines ; tourelles en encorbellement, cheminées.
Cf. Rosenzweig, col. 175.

KERVAZY, en Saint-Bily (Plumelec). Manoir renfermant une cheminée sculptée du XVIe s.

LOYAT. M.H. Château construit au début du XVIe s. pour Béatrice de Rostrenen, veuve de Jean d'Ancigné ; entièrement rebâti au XVIIIe s.
Cf. VMF, n° 87, janvier 1981, p. 38 ; Mussat, p. 309.

MALLEVILLE, en Ploermel. I.S. Chapelle castrale de 1520.

MÉE, Le, en Guéhenno. I.S. Ancien pavillon de chasse du XVIe s. inachevé ; un pavillon carré contient un haut escalier droit ; abondant décor sculpté dans le granit (fenêtres à pilastres, cheminées).
Cf. Rosenzweig, col. 162 ; Mussat, p. 186, 189.

MENORVAL, en Guern. I.S. Important manoir daté de 1557 ; porte à pilastres et fronton armorié.
Cf. Bonniec, dans *VMF*, n° 86, octobre 1980, p. 73-75, et n° 87, janvier 1981, p. 64.

PÉAULE. I.S. L'ancien doyenné bâti en 1534 pour l'archidiacre de Vannes Jean Daniélou comporte une disposition exceptionnelle : des portes et fenêtres dont l'ouverture est cintrée, à l'italienne ; cheminée datée.
Cf. Rosenzweig, p. 200 ; *VMF*, n° 87, janvier 1981, p. 51.

PÉAULE. La cour.

PLESSIS-JOSSO, ou PLESSIS-ROSMADEC, Le, en Theix. M.H. Visite. Manoir des XVe et XVIe s., augmenté d'un pavillon sous Louis XIII.
Cf. VMF, n° 13, juillet 1962 et n° 87, janvier 1981, p. 40 ; Mosser, p. 22 ; *MC Bretagne*, p. 293 ; Mussat, p. 187.

PLESSIS-KAER, Le, en Crach-Locmariaquer. I.S. Grand manoir du XVIe remanié au XIXe s., affectant un plan en équerre. Le logis principal est flanqué d'une tour d'escalier polygonale en son centre, et d'une autre tour carrée reliée par l'un de ses angles.
Cf. VMF, n° 87, janvier 1981, p. 78 ; Mosser, p. 22 ; *MC Bretagne*, p. 293 ; Rosenzweig, col. 5 ; F. Loyer, dans *Arts de l'Ouest*, 1978, n° 2.

PLUMELEC, manoir de *Cadoudal*. I.S. Manoir de la fin du XVIe s., avec un décor de gros bossages aux ouvertures.
Cf. VMF, n° 87, janvier 1981, p. 52.

RIMAISON, en Bieuzy. M.H. Ruines grandioses de deux arcades de bossages avec des masques d'animaux grimaçant aux clefs, et des vestiges de colonnes baguées. Une cheminée à pilastres a été remontée au fort du *Port-Maria*, à

Locmaria (Belle-Ile-en-Mer), d'autres (cariatides) dans une ferme du village de *Kerdanet*.
Cf. Waquet, t. 2 ; Rosenzweig, col. 71.

ROCHEFORT-EN-TERRE. I.S. Visite. Le château de la famille de Rochefort fut détruit sur les ordres de Charles VIII après la bataille de Saint-Aubin-du-Cormier en 1488. Il fut reconstruit ensuite grâce aux libéralités d'Anne de Bretagne, dont Jean IV de Rieux, propriétaire du château, était le tuteur (1490). Ce dernier suivit François Ier en Italie. Le roi vint à Rochefort en 1518 et 1532. La famille de Rieux-Rochefort adhéra de bonne heure au protestantisme, avec Guyonne, puis René qui mourut en 1567. Le château passa alors à Paul de Coligny, fils de François d'Andelot et de Claude de Rieux. Il sera brûlé par les Ligueurs du duc de Mercoeur, reconstruit, démoli à nouveau à la Révolution. La demeure actuelle est faite des restes de l'ancienne bâtisse agrémentés de lucarnes de styles divers dont certaines proviennent du manoir de *Keralio* en Noyal-Muzillac, et d'autres édifices de la région.
Cf. M. de Galzain et A. Lepart, *En passant par Rochefort-en-Terre*, s.d. ; Mosser, p. 23 ; *VMF*, n° 87, janvier 1981, p. 32.

SOURDÉAC, en Glénac. I.S. La tour octogonale renfermant l'escalier a été construite en tuffeau en 1550, pour Jean de Rieux, troisième fils du maréchal de Rieux ; sa décoration s'inspire des châteaux de la Loire.
Cf. Rosenzweig, col. 183 ; *VMF*, n° 87, janvier 1981, p. 32 ; Mussat, p. 185.

TIMBRIEUX, Les, en Cruguel. I.S. Manoir et chapelle du XVIe s.
Cf. Rosenzweig, col. 130 ; Vedrès ; Mosser, p. 26.

TRÉMOHAR, en Berric. I.S. Visite. Communs du XVIe s. à lucarnes.
Cf. Mosser, p. 30.

VILLENEUVE-JACQUELOT, La, en Quistinic. M.H. Visite. Manoir du début du XVIe, remanié au XVIIe s.
Cf. Mosser, p. 31 ; *MC Bretagne*, p. 299 ; *VMF*, n° 87, janvier 1981, p. 34.

V. PAYS DE LOIRE :

ANJOU, MAINE, ORLÉANAIS, TOURAINE

Baron de Wismes, *Le Maine et l'Anjou historique, archéologique et pittoresque*, Nantes, 1862, 2 vol.
J. Gauthier, *Manoirs et Gentilhommières du pays de France*, t. 1, *Vallée de la Loire*, et t. 5, *Maine et Vendômois*, 1928-1931.
J. Vacquier, *Les Anciens Châteaux de France*, t. 9 à 12, *Région de la Loire et Touraine*, Paris, Contet, 1931.
J. de Montarnal, *Châteaux et Manoirs de France, Loire*, t. 1 à 4, Paris, 1934.
H. Soulange-Bodin, *Les Châteaux du Maine et de l'Anjou*, Paris, 1934.
F. Gebelin, *Les Châteaux de la Loire*, Paris, 1957.
R. Latouche, *Maine et Perche et leurs châteaux*, Paris, 1962.
Merveilles des châteaux du val de Loire, Paris, Hachette-Réalités, 1964.
R. Gaumont, *Châteaux et Manoirs de l'Orléanais*, C.L.D., 1980.
D. Jeanson, *La Maison seigneuriale du val de Loire*, Paris, 1981.
J.M. Pérouse de Montclos, *Architecture en Région Centre. Le Guide du Patrimoine*, Paris, Guides bleus, 1987.

EURE-ET-LOIR

Châteaux en Eure-et-Loir, Chartres, 1902, 1908 et 1915, 3 vol.
J. Lelièvre. *Châteaux de l'Eure-et-Loir*, Paris, Nouvelles Editions latines, s.d.
Ph. Seydoux et Th. Ribaldone, *Châteaux de la Beauce et du Vendômois*, 1987.

ALLUYES. M.H. Visite. Restes du château médiéval de la première des cinq baronnies du Perche Gouet, acheté au début du XVIᵉ s. par Florimond Robertet, secrétaire d'Etat. Il passera aux Babou de La Bourdaisière. Dans la chapelle, peintures murales du début du XVIᵉ s.
Cf. MC Ile-de-France, p. 294 ; Lelièvre, p. 19 ; Gaumont, p. 226 ; R. Robin, dans *Bull. de la Soc. arch. d'Eure-et-Loir*, nᵒ 89, 1981, p. 209-240.

ANET. M.H. Visite. **Voir nᵒ 144.**
Cf. P.D. Roussel, Paris, 1875 ; A. Roux, Paris, s.d. (coll. des Petites Monographies) ; M. Roy, *Bull. de la Soc. de l'hist. de l'art français*, 1924, p. 122 ; M. Mayer, Paris, 1952 ; F. Gebelin, *Les Châteaux de la Renaissance*, p. 41-48 ; A. Blunt, *Philibert de L'Orme*, Londres, 1958 ; V. Hoffmann, dans *Architectura*, 1973, nᵒ 2, p. 131-152 ; Ch. de Yturbe, Paris, Nouvelles Editions latines, 1980 ; Prinz, p. 581 ; Du Cerceau-Thomson, 1988, p. 257.

BEAUMONT-LES-AUTELS. Construit vers 1580 pour Jean II de Blosset, héritier des Estouteville.
Cf. Cahiers percherons, nᵒ 7, 1958, p. 44-45.

BONCOURT. Manoir de Diane de Poitiers auquel Philibert de L'Orme travailla en 1549.
Cf. Hautecœur, t. 1b., p. 288 ; *Annuaire d'Eure-et-Loir*, 1863, p. 391.

BOUCHE D'AIGRE, à Romilly-sur-Aigre. I.S. Prieuré dépendant de l'abbaye de Thiron, construit avant 1525 pour Louis de Crevant, abbé de la Trinité de Vendôme, et abondamment restauré à la fin du XIXᵉ s. par E. Radet. Il reste une tour garnie d'un appareil en damier et de fenêtres à pilastres et une cheminée sculptée.
Cf. E. Radet, 1902 ; *MC Ile-de-France*, p. 296.

CHANTEMESLE, à Logron. Château bâti pour la famille d'Illiers au XVIᵉ s., remanié au XVIIIᵉ s. Façades décorées de pilastres.

ALLUYES. Peintures de la chapelle.

CHÂTEAUDUN. M.H. Visite. **Voir n° 25.**
Cf. Dr Lesueur, dans *CAF*, 1930, p. 476-520 ; M. Martin-Demézil, dans *L'Information d'histoire de l'art*, t. 15, 1970, n° 5, p. 237-244 ; J. Taralon, Paris, 1958 (coll. Les Plus Excellents Bâtiments de France) ; *Les Monuments historiques de la France*, 1977, n° 5.

COUDREAUX, Les, à Marboué. Château du XVI⁰ s., modifié au XIX⁰ s.
Cf. Gaumont, p. 232.

COURTALAIN. I.S. A la place d'une forteresse médiévale, le château fut commencé en 1483 pour Guillaume d'Avaugour, chambellan de Louis XI et beau-frère du poète Baïf. Il appartient ensuite aux Montmorency qui y firent probablement exécuter d'importants travaux. Le décor Renaissance que l'on voit aujourd'hui, voulu par le duc Raoul de Montmorency en 1854, s'inspire probablement des ornements sculptés d'origine, inachevés ou érodés, de style François I⁰ʳ. Le château est constitué de deux hauts corps de logis en équerre, réunis par une tour ronde.
Cf. Fouquier, *Grands Châteaux*, t. 2 ; Soulange-Bodin, *Châteaux connus et inconnus* ; J. de Fourchambault, dans *L'Art vivant*, 1934, p. 121 ; *MC Ile-de-France*, p. 301 ; Lelièvre, p. 23 ; Gaumont, p. 233.

COURVILLE-SUR-EURE. Château disparu, gravé par Cl. Chastillon. Lucarnes à frontons.

ESCLIMONT, à Saint-Symphorien-le-Château. Site classé. L'indiscrète restauration menée en 1865 par l'architecte Parent empêche de bien voir les dispositions anciennes du grand château qui fut bâti en 1543 pour Étienne Poncher. Ce dernier fut conseiller du roi et évêque de Bayonne, avant de devenir archevêque de Tours en 1550. Par sa sœur, Esclimont passa à la maison Hurault de Vibraye et devint ainsi la résidence favorite du chancelier de France, Philippe Hurault de Cheverny. Des colloques avec les protestants y furent organisés et Catherine de Médicis y descendit. C'était un quadrilatère flanqué de tours rondes, dont deux côtés furent rasés au XVIII⁰ s. Comme à Maintenon, un pavillon d'entrée — reste le plus ancien de la demeure précédente — s'inscrit au milieu du corps de logis. Le décor sculpté du XIX⁰ s. s'inspire peut-être en partie de celui du XVI⁰, de même que l'appareil en damier brique et pierre du second étage.
Cf. Soulange-Bodin, *Châteaux connus et inconnus* ; *MC Ile-de-France*, p. 214-217 ; *Châteaux et Manoirs, Ile-de-France*, t. 5, p. 94-96 ; G. Poisson, *Pays du dimanche*, t. 1 ; Gaumont, p. 235 ; Lelièvre, p. 6.

FONTAINE-LA-GUYON. Reconstruit au XVII⁰ s., le château avait appartenu auparavant à la famille Des Ligneris, dont le président, constructeur de l'hôtel Carnavalet à Paris. Porte du XVI⁰ s. dans le parc.
Cf. *MC Ile-de-France*, p. 303 ; *Cahiers percherons*, n° 16, 1960, p. 11-12.

FRAZÉ. M.H. Visite. Détruit à la guerre de Cent ans, le château fut réédifié à partir de 1493 et au moins jusqu'en 1504, pour Florentin Girard, seigneur de Barenton. Il n'en subsiste que le châtelet d'entrée avec ses deux tours rondes, et une tour de l'enceinte garnie de lits de pierre alternés avec des lits de brique. Frazé appartint ensuite à la famille d'O.
Cf. *MC Ile-de-France*, p. 304 ; Lelièvre, p. 27 ; Gaumont, p. 236.

LOUY, à Muzy. Château du XVI⁰ s. à décor de brique rouge et noire.

MAILLEBOIS. I.S. Visite. **Voir n° 27.**
Cf. Soulange-Bodin, *Châteaux connus et inconnus* ; Lelièvre, p. 15.

MAINTENON. M.H. Visite. **Voir n° 28.**
Cf. *Châteaux et Manoirs, Ile-de-France*, t. 5, p. 73-81 ; Lelièvre, p. 7, 10 ; Gaumont, p. 239.

MANORIÈRE, La, à Vichères. I.S. Manoir du XVI⁰ s.
Cf. Lelièvre, p. 31 ; Gaumont, p. 240.

MONTIGNY-LE-GANNELON. I.S. Visite. Ruiné au XV⁰ s., le château fut rebâti en 1495 pour Jacques de Renty. Un appareil en damier brique et pierre garnit le corps de logis, le donjon carré dit tour des Dames qui le termine à l'ouest et la tour d'escalier octogonale de l'extrémité est. Ces éléments de la première Renaissance du côté de la cour ne manquent pas d'intérêt. Du côté extérieur, vers le Loir, les façades ont été reprises dans le style troubadour pour le prince de Montmorency-Laval, puis son gendre le duc de Lévis-Mirepoix, à partir de 1833.
Cf. *MC Ile-de-France*, p. 213 ; Lelièvre, p. 26 ; Soulange-Bodin, *Châteaux connus et inconnus* ; Gaumont, p. 243.

MONTUEL, à Montigny-sur-Avre. M.H. Manoir ; chapelle du XVI⁰ s.
Cf. *MC Ile-de-France*, p. 312.

NOGENT-LE-ROTROU. Château Saint-Jean. M.H. Ruiné durant la guerre de Cent ans, le château fut relevé par la famille d'Armagnac-Nemours qui le posséda de 1487 à 1504 ; les tours d'entrée et le nouveau logis avec sa tourelle d'escalier appuyée au donjon carré du XI⁰ s. appartiennent à cette époque. Nogent passa ensuite aux Bourbon-Condé, qui y résidèrent souvent, y reçurent Ronsard, Jodelle et Belleau, avant de le céder par échange à Sully.
Cf. Lelièvre, p. 30 ; *MC Ile-de-France*, p. 204 ; Ph. Siguret, Paris, Edicha, 1957 ; *Cahiers percherons*, n° 2, 1957, p. 2-46 ; V. Koechlin-Schwartz, *Cahiers percherons*, n° 72, 1982.

ORVAL, à Goussainville. Du XVI⁰ s.
Cf. *Annuaire d'Eure-et-Loir*, 1863, p. 313.

PLESSIS-MONTESCOT, Le. Porte datée de 1596 ; belle cheminée du XVI⁰ s.
Cf. *Cahiers percherons*, n° 16, 1960, p. 16-17.

VILLEBON. M.H. L'ensemble, régulier et bien défendu, fut érigé en 1391 pour Jeannet d'Estouteville et réparé sous Louis XI pour son petit-fils Blanchet. Sous François I⁰ʳ, Jean d'Estouteville reconstruit les façades sur la cour, garnies d'un décor de brique losangé, ouvre de nouvelles fenêtres et bâtit la chapelle, consacrée en 1535 (portail nord daté de 1561). Le roi s'y rendit en 1545. En 1607, la fille de Jean vendra le château à Sully qui en fera sa résidence d'élection pendant sa retraite. Il y mourra en 1641.
Cf. E. de Ganay, *Châteaux de France, Environs de Paris*, p. 16-17 et 40 ; Ph. Des Forts, Paris, 1914 ; M. de La Raudière, dans *Gazette illustrée de l'amateur des jardins*, 1953-1954, p. 8-19 ; Lelièvre, p. 26 ; *MC Ile-de-France*, p. 198-201 ; Gaumont, p. 245 ; *Cahiers percherons*, n° 33, 1972.

INDRE-ET-LOIRE

J.X. Carré de Busserolle, *Dictionnaire d'Indre-et-Loire*, Tours, 1878-1884, 6 vol.
R. Ranjard, *La Touraine archéologique*, 4⁰ éd., Mayenne, 1968.

Abbé Bourderioux, *Châteaux et Manoirs de Touraine*, Paris, Nouvelles Editions latines, s.d.
A. Cospérec, *L'Architecture brique et pierre en Touraine aux XV⁰ et XVI⁰ s.*, mémoire de maîtrise, 1977 (inédit).
H. Guerlin, *Les châteaux de Touraine, Luynes, Langeais, Ussé, Azay*, 1922, (coll. des Petites Monographies).
A. Montoux, *Vieux logis de Touraine*, 1987.

AMBOISE. M.H. Visite. **Voir n° 1 et 36.**
Cf. Gebelin, p. 37-39 ; L.A. Bossebœuf, Tours, 1897 ; P. Lesueur, « Colin Biart, maître maçon de la Renaissance », *Gazette des Beaux-Arts*, t. 2, 1929, p. 210-231 ; F. Lesueur, Paris, 1935 ; J. Levron, Grenoble, 1949 ; H. Stein, dans *Mémoires de la Soc. nat. des antiquaires de France*, t. 10, 1937, p. 203 ; P. de Vaissière, Paris, 1949 ; R. Bérenguier, Paris, Nouvelles Editions latines, rééd. 1980 ; N. Miller, *French Renaissance Fountains*, New York-Londres, 1977 ; Du Cerceau-Thomson, 1988, p. 179.

AZAY-LE-RIDEAU. M.H. Visite. **Voir n° 40.**
Cf. Abbé Chevalier, *Bull. de la Soc. archéologique de Touraine*, t. 3, 1874-1876, p. 20-22 ; F. Gebelin, p. 51-53 ; P.M. Auzas, Paris, s.d. (coll. Les Plus Excellents Bâtiments de France) et dans *CAF*, 1949, p. 278-294 ; H.P. Normand, Chambray-lès-Tours, 1973 ; P. Leveel, Guides Morancé, 1975 ; J. Guillaume, dans *Les Monuments historiques de la France*, n° 5, 1976, p. 65-80.

BAUDRY, à Cérelles. Site classé. Sous Henri II, l'ancien château fut acheté par Guillaume Bohier, maire de Tours en 1536 puis en 1549 et 1553 ; il y fit entreprendre d'importants travaux. Plus tard, César Forget, qui fut maire de la ville en 1592, fit creuser les fossés et bâtir les tours dont deux subsistent. Agrandi au XVII⁰ s.
Cf. Ranjard, p. 218 ; *MC val de Loire*, p. 299 ; Soulange-Bodin, *Châteaux connus et inconnus*.

BELLE-JONCHÈRE, La, à Veigné. I.S. Manoir bâti dans les premières années du règne de François I⁰ʳ par un sieur de La Primaudaye ; lucarnes à frontons cintrés.
Cf. Bourderioux, p. 19.

BOURDAISIÈRE, La, à Montlouis. I.S. Élevé en 1520 pour Philibert Babou, seigneur de Souliers, maire de Tours ; celui-ci était l'époux de Marie Gaudin, dame de La Bourdaisière, qui eut une carrière galante fort célèbre et inaugura la renommée particulière des dames Babou. La manoir portait des F couronnés. Il fut détruit en partie au XVIII⁰ s. par Choiseul qui utilisa les matériaux pour construire la pagode de son domaine de Chanteloup. La façade principale est moderne, mais l'aile nord du XVI⁰ s. subsiste, et les communs sont d'époque Henri IV. Cheminée ; porte dans le parc.
Cf. Hautecœur, t. 1a, p. 73, n° 1 et t. 1b, p. 186 et 639 ; *Châteaux et Manoirs de France, Loire*, t. 2, p. 62-66.

BUSSIÈRES ou BUSSIÈRE, La, à Loches. I.S. Manoir du XV⁰ avec chapelle du XVI⁰ s.

CANDÉ, à Monts. Manoir agrandi en 1508 pour François Briçonnet, maire de Tours. Reconstruit en grande partie au XIX⁰ s.
Cf. *Châteaux et Manoirs, Loire*, t. 2, p. 17 ; *Les Anciens Châteaux de France*, Paris, Contet, t. 12 ; Ranjard, p. 436 ; *MC val de Loire*, p. 302.

CARTE, La, à Ballan-Miré. Jacques de Beaune de Semblançay reçut en 1497 le droit de construire

un château «avec tours ronde, carrées, canonnières, barbacane...» L'édifice existe encore, il comporte une chapelle ornée de vitraux.
Cf. Carré de Busserolle.

CHAMPCHEVRIER, à Cléré-les-Pins. Site classé. Château construit pour la famille de Daillon au début du XVIe s.
Cf. Les Anciens Châteaux de France, Paris, Contet, t. 12 ; Soulange-Bodin, *Châteaux connus et inconnus ; Châteaux et Manoirs, Loire,* t. 2, p. 82-85.

CHAMPIGNY-SUR-VEUDE. M.H. Visite. **Voir n° 127.**
Cf. Bossebœuf, Tours, 1881 ; E. Pépin, *Ch. s. Veude et Richelieu,* Paris, 1928 ; M. Aubert, dans *CAF,* 1948, p. 322-325.

CHÂTEAU-GAILLARD, à Amboise. I.S. Manoir bâti sous Louis XII, acquis par René, bâtard de Savoie, qui le fit décorer, rebâti vers 1559 pour le cardinal de Lorraine. Chapelle encastrée dans le rocher.
Cf. Bossebœuf, *Amboise,* p. 326, 333, 433, 435 ; *Châteaux et Manoirs, Loire,* t. 3, p. 30-32 ; Hautecœur, t. 1a, p. 115 et 140 ; *MC val de Loire,* p. 304.

CHÂTELET, Le, à Thilouze. M.H. Manoir du début du XVIe s., fait d'un pavillon flanqué de quatre tours rondes ; lucarnes de style François Ier.
Cf. Bourderioux, p. 19.

CHÂTELIER, Le, à Paulmy. M.H. Manoir du XVIe s. avec tourelle d'escalier, ayant appartenu à Honorat de Savoie, puis à François de La Noue.
Cf. Soulange-Bodin, *Châteaux connus et inconnus.*

CHATIGNY, à Fondettes. Manoir du début du XVIe s. avec un appareil en damier brique et pierre.
Cf. Sartre, *France,* p. 38, 39 ; Cospérec.

CHENIERS, à Cheillé. I.S. Manoir du début du XVIe s.
Cf. La Demeure historique, n° 43, 1976, p. 20-21.

CHENONCEAU. M.H. Visite. **Voir n° 39, 173 et 211.**
Cf. Abbé Chevalier, *Archives royales de Chenonceau,* Paris, 1864 ; *Histoire de Chenonceau,* Lyon, 1868 ; *Le Château de Chenonceau,* Tours, 1882, 5e éd. ; Ch. Terrasse, Paris, 1928 (coll. des Petites Monographies) ; Gebelin, *Les Châteaux de la Renaissance,* p. 81-86, et *Les Châteaux de la Loire ;* R.A. Weigert, Paris, 1970 (coll. les Plus Excellents Bâtiments de France) ; J.P. Normand, Chambray-lès-Tours, 1973 ; J. Guillaume, dans *Gazette des Beaux-Arts,* t. 1, 1969, p. 14-46 ; C. Grodecki, *Documents,* I, p. 94 ; Prinz, p. 525 ; Du Cerceau-Thomson, 1988, p. 235.

CLOS-LUCÉ, Le, à Amboise. M.H. Visite. Manoir brique et pierre bâti vers 1477 pour Etienne Le Loup, maître d'hôtel et favori de Louis XI, ou peut-être rebâti pour Charles VIII qui l'acheta à ce dernier en 1490. L'oratoire fut ajouté pour la reine Anne après cette date. Le manoir appartint ensuite à Louise de Savoie qui y séjourna avec son fils le futur François Ier. Devenu roi, celui-ci en fit la résidence de Léonard de Vinci, de 1516 à la mort de l'artiste, survenue en 1519.
Cf. Soulange-Bodin, *Châteaux connus et inconnus ; Châteaux et Manoirs, Loire,* t. 3, p. 29 ; *MC val de Loire,* p. 164-167.

CÔTE, La, à Reugny. I.S. **Voir n° 78.**
Cf. R. Ranjard, *CAF,* 1948, p. 242-246 ; Jeanson.

COULAINES, à Beaumont-en-Véron. I.S. Château bâti vers 1460 pour les Guarguesalle. Chapelle du début du XVIe s.
Cf. Les Anciens Châteaux de France, Paris, Contet, t. 12 ; *MC val de Loire,* p. 306 ; Bourderioux, p. 14.

COULOMBIERS. Voir VILLANDRY.

COUR-AU-BERRUYER, La, à Cheillé. I.S. Le château comporte un corps de logis d'époque Henri II avec un décor de médaillons.
Cf. Soulange-Bodin, *Châteaux connus et inconnus ; MC val de Loire,* p. 306.

COURTINIÈRE, La, à Beaumont-en-Véron. I.S. Ruines d'un manoir qui aurait servi de temple protestant. Bâtiments disposés en carré autour d'une cour fermée par un portail qui est couvert d'une belle décoration, consoles, arcatures, couronnes de feuillages, salamandre couronnée ; cheminée dans le style de Bullant.
Cf. Châteaux et Manoirs, Loire, t. 1, p. 81-83 ; Bourderioux, p. 14 ; *L'Information d'histoire de l'art,* 1974, n° 3 ; M.H. Eydoux, *Monuments méconnus, pays de la Loire,* Paris, 1983.

Ci-dessus : LA COURTINIÈRE.
La façade latérale et le portail.

À droite : L'ÉTANG.
La Galerie.

COUZIÈRES, à Veigné. I.S. Comme le donjon de Montbazon tout voisin, Couzières appartenait aux Rohan-Montbazon. Hercule de Rohan-Montbazon fait reconstruire en 1598 une «maison de plaisance» sur les bords de l'Indre. Louis XIII y rencontrera sa mère en 1619 pour se réconcilier avec elle.
Cf. Soulange-Bodin, *Châteaux connus et inconnus ; MC val de Loire,* p. 307.

CRAVANT, à Cravant-les-Côteaux. I.S. Au château du XVe est ajouté un pavillon au XVIe s.
Cf. MC val de Loire, p. 307.

ÉTANG, L', à Orbigny. Il reste du XVIe s. une galerie à arcades surbaissées de style Louis XII, ornée des blasons des Norroy et des Le Cardonne.
Cf. F. Gebelin, *Les Châteaux de la Loire,* Paris, 1957, p. 64 ; Bourderioux, p. 26 ; Ranjard ; L. Hallopeau, dans *Annales fléchoises,* 1905, p. 305-320.

GIZEUX. M.H. Le château médiéval qui a conservé ses tours des XIVe et XVe s. fut reconstruit sous François Ier par Jacques Du Bellay. On y voit la salamandre royale, et des peintures à sujets mythologiques.
Cf. Soulange-Bodin, *Châteaux connus et inconnus ; Les Anciens Châteaux de France,* Paris, Contet, t. 12 ; *Châteaux et Manoirs, Loire,* t. 2, p. 4-6 ; *MC val de Loire,* p. 310 ; *Châteaux en Anjou,* n° 38.

GRAND-PRESSIGNY, Le. M.H. Visite. Musée préhistorique. **Voir n° 128.**
Cf. Châteaux et Manoirs, Loire, t. 2, p. 48 ; F. Gébelin, *Les Châteaux de la Loire ;* A. Montoux, dans *Bull. de la Soc. arch. de Touraine,* n° 35, 1969, p. 402-410 ; Bourderioux, p. 27.

GUERCHE, La. M.H. Le château reconstruit vraisemblablement après 1489 par Artus Villequier, chambellan du roi, comportait un intéressant escalier à volées droites tournant dans une cage rectangulaire autour d'un épais mur-noyau (dont il ne reste que des vestiges). C'est un exemple remarquable des recherches poussées en pays de Loire à la fin du XVe s. pour remplacer le type traditionnel de l'escalier en vis. U. Albrecht et J. Guillaume ont rapproché l'escalier de La Guerche de ceux des manoirs voisins de La Vervolière (Vienne) après 1493, et de Palluau (Indre) vers 1500, ainsi que des escaliers dispa-

rus de l'ancien logis royal de Blois (escalier tournant dans une cage carrée) et de la grande salle de Loches.
Cf. U. Albrecht et J. Guillaume, « L'escalier de La Guerche », dans *Bull. de la Soc. archéol. de Touraine*, t. 40, 1983, p. 481-500 ; Jeanson.

HAUT-VERGER, Le, à Vou. I.S. Manoir du XVIe s.

HOMMES. I.S. Ruines d'un château du XIIIe modifié au XVIe s. Galerie dont le décor date vraisemblablement des années 1520-1530.

ISLETTE, L', à Cheillé. M.H. **Voir nº 74.**
Cf. P.M. Auzas, dans *CAF*, 1949, p. 273-277.

JALLANGES, à Vernou-sur-Brenne. I.S. Visite. Le château fut acquis en 1502 de Thomas de Saint-Paul par Nicolas Gaudin, argentier d'Anne de Bretagne qui deviendra notaire et secrétaire du roi sous Louis XII. Gaudin fit reconstruire avant sa mort survenue en 1517. L'architecture brique et pierre, très voisine de celle de Plessis-lès-Tours, est encore de style flamboyant.
Cf. Châteaux et Manoirs, Loire, t. 2, p. 68-71 ; Soulange-Bodin, *Châteaux connus et inconnus* ; Sartre, *France*, p. 80 ; Cospérec.

LANGEAIS. M.H. Visite. Bâti à partir de 1462 sur l'ordre de Louis XI et sous la direction de Jean Bourré, contrôleur des finances, Langeais préfigure par son importance les grandes constructions royales des règnes suivants. La grandeur du corps de logis abondamment percé de fenêtres et le fait que les ailes qui devaient fermer la cour ne furent pas construites, ce qui laisse ainsi largement passer la lumière, le rapprochent davantage encore de Nantes d'une part, d'Amboise de l'autre. Ici Charles VIII épousa Anne de Bretagne le 16 décembre 1491.
Cf. F. Lesueur, dans *CAF*, 1949, p. 378-400 ; Guerlin.

LOCHES. M.H. Visite. Dans le logis royal, le bâtiment dit des « Nouvelles Salles » date du règne de Louis XII ; mouluration de style flamboyant, notamment à l'oratoire d'Anne de Bretagne.
Cf. J. Vallery-Radot, Paris, 1926 (coll. des Petites Monographies).

LUYNES, anciennement MAILLÉ. I.S. Dans la forteresse du XIIIe s. un corps de logis brique et pierre fut bâti pour Hardouin IV de Maillé après 1490, et sous l'influence de Plessis-lès-Tours, manoir que Hardouin IV venait de vendre à Louis XI. En 1619, Maillé passera aux mains du favori de Louis XIII, Charles d'Albert de Luynes, qui lui donnera son nouveau nom.
Cf. Les Anciens Châteaux de France, Paris, Contet, t. 12 ; Soulange-Bodin, *Châteaux connus et inconnus* ; *MC val de Loire*, p. 150-154 ; Guerlin ; Sartre, *France*, p. 80.

MARCILLY, à Marcilly-sur-Maulne. M.H. C'est sans doute à la fin du XVIe s. que la famille de Laval fit bâtir le château, selon un type assez conforme aux modèles proposés alors dans ses ouvrages par Du Cerceau. Dans une enceinte fortifiée et face à la cour des communs, c'est un long corps de logis flanqué à ses extrémités de pavillons carrés et agrémenté en son centre, du côté de l'entrée, d'un pavillon central dont l'ordonnance à trois travées est fort soigneusement dessinée. L'accès se fait par une porte coiffée d'un fronton à tabernacle, les grandes lucarnes sont coiffées de frontons courbes. On trouve à l'intérieur une cheminée à colonnes ioniques et dans la salle un plafond à poutres peintes.
Cf. Les Anciens Châteaux de France, Paris, Contet, t. 12 ; *Châteaux et Manoirs, Loire*, t. 2, p. 93-96 ;

Soulange-Bodin, *Châteaux connus et inconnus* ; *MC val de Loire*, p. 314 ; Bourderioux, p. 3 ; Jeanson.

MICHELINIÈRE, La, à Azay-sur-Cher. I.S. Manoir du XVIe s.
Cf. MC val de Loire, p. 315.

MONDON, à Marigny-Marmande. I.S. Le château appartenait en 1553 à Louis Du Plessis, ancêtre du cardinal de Richelieu. Il fut rebâti sur un plan grandiose à la fin du XVIe et au début du XVIIe s. Il n'en reste que des ruines (porte à fronton et décor vermiculé).
Cf. Ranjard, p. 467 ; H.P. Eydoux, *Monuments méconnus, Pays de Loire*, Paris, 1983.

MONTPOUPON, à Céré-la-Ronde. M.H. Visite. Le château des XIIIe et XIVe s. fut en partie reconstruit après 1460 pour Antoine de Prie et Madeleine d'Amboise, héritière de Montpoupon. Leur fils Aimar de Prie, qui participa aux campagnes d'Italie, fit bâtir sous François Ier le châtelet d'entrée, qui est flanqué d'une tourelle octogonale renfermant l'escalier et de deux échauguettes. Ses fenêtres et ses lucarnes sont cantonnées de pilastres, et les lucarnes coiffées de tympans aux rampants concaves surmontés de petits frontons à coquilles. Peintures de la chapelle et de deux plafonds.
Cf. Les Anciens Châteaux de France, Paris, Contet. t. 10 ; Soulange-Bodin, *Châteaux connus et inconnus* ; *Châteaux et Manoirs, Loire*, t. 3, p. 58-66 ; Bourderioux, p. 26 ; *MC val de Loire*, p. 316 ; *VMF*, nº 51, janvier 1972.

MONTRÉSOR. I.S. Visite. La forteresse de Foulques Nerra, reconstruite en partie pour Jean de Bueil, fut acquise en 1493 par Imbert de Bastarnay, ancien favori de Louis XI et conseiller de ses successeurs. Fort riche, celui-ci bâtit en 1502 un nouveau logis, de style gothique (qui sera trop énergiquement restauré au XIXe s.). En 1522, il fait commencer au pied du château la collégiale, dans le style nouveau cette fois. Pourvue d'un décor de sculptures et de vitraux célèbres, elle fut consacrée en 1532, mais achevée seulement en 1561. On y voit les tombeaux d'Imbert, mort en 1523, de sa femme Georgette de Montchenu et de leur fils François.

PLESSIS-LÈS-TOURS.

Cf. Les Anciens Châteaux de France, Paris, Contet, t. 12 ; Soulange-Bodin, *Châteaux connus et inconnus* ; *Châteaux et Manoirs, Loire*, t. 3, p. 70-72 ; *MC val de Loire*, p. 126-127 ; Bourderioux, p. 23.

MOSNY, à Saint-Martin-le-Beau. Visite. Petit château ; chapelle et puits du XVIe s.

MOTTE-SONZAY, La, à Sonzay. M.H. **Voir nº 77.**
Cf. Châteaux et Manoirs, Loire, t. 2, p. 88-89 ; Bourderioux, p. 6.

NAZELLES, à Nazelles-Négron. Il ne reste rien du logis seigneurial qui fut bâti dans le bourg pour Thomas Bohier, vers 1520.
Cf. Carré de Busserolle.

NITRAY, à Athée-sur-Cher. I.S. Visite. Château du XVIe s. ayant appartenu à Enery Lopin, maître des requêtes de Louise de Savoie ; pilastres, lucarnes pourvues de frontons à coquilles.
Cf. Soulange-Bodin, *Châteaux connus et inconnus.*

NOIZAY. I.S. Le château avait été rebâti au XVIe s., mais lors de la conjuration d'Amboise, le duc de Nemours y surprit Castelnau, l'un des chefs du complot, et le logis fut rasé en partie. Il sera relevé au siècle suivant, mais les ailes anciennes subsistent.
Cf. MC val de Loire, p. 317.

NUEIL, à Cravant-les-Coteaux. Manoir en ruines ; porte du XVIe s.

PLESSIS-LÈS-TOURS, à La Riche. I.S. La terre des Montils fut vendue en 1463 par Hardouin IV de Maillé à Louis XI qui cherchait une résidence à l'écart de la Cour. Charles VII y venait déjà séjourner auparavant. Le Plessis fut donc bâti pour le roi à partir de 1474, puis de 1478 à 1480 et, ensuite en 1485-1490, dans la même ordonnance brique et pierre. La façade intérieure fut enrichie en 1504-1505 d'une galerie à arcades qui a été détruite ensuite. Ce simple manoir royal exerça une grande influence sur les constructions brique et pierre de la région de la Loire. Plus tard, Henri III y vint à plusieurs reprises, notamment pour sa réconciliation avec Henri de Navarre en 1589. Abandonné à la

ruine, le manoir de Louis XI a été reconstitué en 1864 en se fondant sur une aquarelle de la collection Gaignières.
Cf. Louyrette et R. de Croÿ, *Louis XI et le Plessis-lès-Tours*, Tours, 1841 ; Soulange-Bodin, *Châteaux connus et inconnus* ; F. Gebelin, *Les Châteaux de la Loire*, 1957, p. 37 ; *MC val de Loire*, p. 134-137 ; A. Cospérec et B. Chevalier, *Tours, ville royale (1356-1520)*, Paris, 1974 ; Sartre, *France*, p. 79.

PLESSIS-RIDEAU, Le, puis **Les RÉAUX,** à Chouzé-sur-Loire. I.S. **Voir nº 45.**
Cf. Châteaux en Anjou, nº 39 ; Bourderioux, p. 11 ; Cospérec ; Sartre, *France* ; A. Montoux, dans *Bull. de la Soc. arch. de Touraine*, t. 39, 1981, p. 857-872.

RIS, à Bossay-sur-Claise. Château du XVIᵉ s., très restauré.
Cf. MC val de Loire, p. 320.

RIVEAU, Le, à Lémeré. M.H. Visite. Le château fut édifié au XVᵉ s. pour Pierre de Beauvau, grand chambellan de Charles VII. François de Beauvau, avant d'être tué à Pavie, fit ajouter un bassin de fontaine dans la cour des communs, ainsi que des écuries voûtées en berceau agrémentées d'inscriptions où on lit des distiques célébrant l'équitation.
Cf. Soulange-Bodin, *Châteaux connus et inconnus* ; *MC val de Loire*, p. 320 ; Bourderioux, p. 18.

ROCHES-SAINT-QUENTIN, Les, à Saint-Quentin-sur-Indrois. I.S. Commons du XVIᵉ s.

ROUVRAY, à Chambon-sur-Creuse. I.S. Château du XVᵉ et de la fin du XVIᵉ s. (porterie).
Cf. Ranjard, p. 219 ; *Châteaux et Manoirs, Loire*, t. 2, p. 51-52 ; *Les Anciens Châteaux de France*, Paris, Contet, t. 12.

SANSAC, à Loches. I.S. Petit manoir aux portes de Loches bâti pour Louis Prévost de Sansac en 1529. François Iᵉʳ y reçut Charles Quint dix ans plus tard. La construction s'inspire d'Azay-le-Rideau. Une échauguette au-dessus de la porte d'entrée est décorée d'un portrait en médaillon de François Iᵉʳ dans le style des Della Robbia, moulage de l'original conservé au Metropolitan Museum de New York.
Cf. Le Magasin pittoresque, 1865, p. 353 ; C. Chevalier, *Promenades pittoresques en Touraine*, Tours, 1869, p. 393 ; E. Hat, *Histoire de la ville de Loches*, Tours, 1878, p. 208 ; *Châteaux et Manoirs, Loire*, t. 2, p. 61 ; Gebelin, *Les Châteaux de la Loire*, Paris, 1957, p. 113.

SASSAY, à Ligré. I.S. Château du XVIᵉ s. orné de tourelles.
Cf. Hautecœur, t. 1a, p. 68.

SEMBLANÇAY. I.S. Ruines du château décoré après 1515 pour Jacques de Beaune de Semblançay, surintendant des finances en 1518, condamné et exécuté en 1527. Porte à pilastres.
Cf. Hautecœur, t. 1a, p. 162, 189, 223.

SEPMES. M.H. Château bâti pour Jean de Taix, gouverneur de Loches et ambassadeur à Rome, qui fut grand maître de l'artillerie en 1546 et fut tué au siège de Hesdin en 1553. Il reste surtout, dans le corps de logis, un bel escalier droit proche de celui d'Azay-le-Rideau, dont les volées sont couvertes d'un plafond rampant fait de caissons sculptés de grands fleurons. La cheminée de la grande salle est décorée de peintures avec la devise «Concordia Fratrum».
Cf. Bourderioux, p. 22.

USSÉ, à Rigny-Ussé. M.H. Visite. **Voir nº 44.**
Cf. F. Gebelin, *Les Châteaux de la Loire*, Paris, 1957 ; Guerlin ; *VMF*, nº 60, avril 1974 ; *MC val de Loire*, p. 156.

VAL-D'AUNAY ou D'OSNAY, à Azay-le-Rideau. I.S. Manoir du XVIᵉ s., à échauguettes.

Cf. MC val de Loire, p. 325 ; Hautecœur, t. 1a, p. 68.

VALLIÈRE, La, à Reugny. I.S. Le manoir fut acquis en 1542 par les La Baume-Le Blanc, et reconstruit ensuite. La tour carrée de l'escalier, coiffée d'un bulbe, est curieusement encastrée dans un pavillon oblong ouvert au rez-de-chaussée par des arcades qui permettent d'accéder à l'escalier.
Cf. Les Anciens Châteaux de France, Paris, Contet, t. 11 ; Soulange-Bodin, *Châteaux connus et inconnus* ; Bourderioux, p. 6 ; *MC val de Loire*, p. 326 ; *Châteaux et Manoirs, Loire*, t. 2, p. 74-77.

LA VALLIÈRE.

VALMER, à Chançay. I.S. **Voir nº 79.** A proximité, ferme de Vaumorin, du XVIᵉ s. (I.S.).
Cf. Châteaux et Manoirs, Loire, t. 3, p. 7-14 ; Bourderioux, p. 7.

VAUDÉSIR, à Saint-Christophe-sur-le-Nais. I.S. Visite. Manoir de la fin du XVIᵉ s. bâti pour la famille Testu, de Tours ; fenêtres à croisillons et lucarnes à baies cintrées jumelles sous des frontons droits ; sur une cheminée, peinture représentant Diane chasseresse.
Cf. Bourderioux, p. 3 ; Hautecœur, t. 1b, p. 623.

VÉLORS, à Beaumont-en-Véron. I.S. Manoir brique et pierre à décor en damier, de la fin du XVᵉ ou du début du XVIᵉ s.
Cf. MC val de Loire, p. 326 ; Sartre, *France*, p. 89.

VÉRETZ. Le château bâti en 1519 pour Jean de La Barre, ancien chambellan de Charles VIII, est représenté sur une aquarelle de R. de Gaignières. Il sera reconstruit vers 1740 pour le duc d'Aiguillon, et démoli en majeure partie sous la Révolution.
Cf. L. Bossebœuf, Tours, 1903 ; Hautecœur, t. 1a, p. 75.

VILLANDRY, auparavant **COULOMBIERS.** M.H. Visite. **Voir nº 72.**
Cf. Châteaux et Manoirs, Loire, t. 2, p. 7-16 ; *MC val de Loire*, p. 114-119. E. de Ganay, *Châteaux de France. Région Ouest*, p. 96-98 ; K. Woodbridge, «Doctor Carvalo and the absoluty», dans *Garden History*, nº 2, 1978, p. 46-68.

VILLAUMAIRE, La, à Huismes. Château du XVIᵉ s. très restauré.
Cf. MC val de Loire, p. 327.

LOIR-ET-CHER

A. Félibien, *Vue des châteaux du Blésois*. Ms. publié par Fr. et P. Lesueur, Paris, 1911.

Congrès archéologique de France, Blésois-Vendômois, 1981.
S. Rousseau-Vellones, *Châteaux et Manoirs du Loir-et-Cher*, Paris, Nouvelles Editions latines, s.d.

AVARAY. I.S. Tours d'angle du XVIᵉ s., corps de logis rebâti sous Louis XIV. Appartenait au XVIᵉ s. aux Montgomery.
Cf. MC val de Loire, p. 298 ; Gaumont, p. 166 ; Rousseau-Vellones, p. 14.

BEAUREGARD, à Cellettes. M.H. Visite. **Voir nº 174.**
Cf. Gebelin, p. 53-54 et *Les Châteaux de la Loire* ; Cl. Labie, *CAF*, 1981 ; A. Du Pavillon, 1987 ; Du Cerceau-Thomson, 1988, p. 295.

BLOIS. M.H. Visite. **Voir nº 9 et 37.**
Cf. F. Lesueur, *Le Château de Blois*, Paris, 1970 (l'ouvrage apporte leur achèvement aux études de Pierre et Frédéric Lesueur et donne la bibliographie antérieure) ; F. Gebelin, *Les Châteaux de la Renaissance*, p. 55-62, et *Les Châteaux de la Loire*, 1957 ; M. Melot, dans *Gazette des Beaux-arts*, t. 2, 1967, p. 317 ; N. Miller, *French Renaissance Fountains*, New York-Londres, 1977 ; J.-P. Babelon, *Ecole pratique des Hautes Etudes, IVᵉ section*, comptes rendus des conférences 1982-1983 ; Prinz, p. 385 ; Du Cerceau-Thomson, 1988, p. 169.

BOIS-FRELON, à Ternay. Manoir reconstruit en partie au XVIᵉ s. ; porte à pilastres et fronton.
Cf. Gaumont, p. 193 ; Rousseau-Vellones, p. 6.

BONAVENTURE, La, à Mazangé. M.H. Visite. Manoir du XVIᵉ s. bâti pour Nicolas Girard dit de Salmet, barbier de François Iᵉʳ.
Cf. Gaumont, p. 194.

BURY, à Molineuf. Ruines. I.S. **Voir nº 17.**
Cf. H. de La Vallière, *Revue de Loir-et-Cher*, 1889 ; P. Dufay, *Mémoires de la Soc. des sciences et lettres du Loir-et-Cher*, t. 15, 1901 ; P. Lesueur, dans *Gazette des Beaux-Arts*, t. 2, 1925, p. 337-357 ; Gébelin, *passim* ; M. Garszynska-Tissier de Mallerais, D.E.S. 1965, compte rendu dans *L'Information d'histoire de l'art*, 1965, p. 84-85 et 1974, p. 84 ; Du Cerceau-Thomson, 1988, p. 303.

CHAMBORD. M.H. Visite. **Voir nº 56.**
Cf. M. Reymond, dans *Gazette des Beaux-Arts*, t. 1, 1913, p. 437-461 ; P. Lesueur, *Dominique de Cortone*, Paris, 1928 ; H. Guerlin, Paris, 1912 (coll. des Petites Monographies) ; E. de Ganay, Paris, 1950 (coll. Les Plus Excellents Bâtiments de France) ; F. Lesueur, dans *BM*, 1951, p. 7-39 ; M. Ranjard, dans *Les Monuments historiques de la France*, nº 3, 1973, p. 30-39 ; Gebelin, p. 68-74 et *Les Châteaux de la Loire*, 1957 ; J. Guillaume, dans *Revue de l'art*, nº 25, 1974, p. 71-91, et *Bull. d'Information du ministère de la Culture*, nº 102, juin 1977 ; Th. Imbert, Paris, 1972 (coll. de la C.N.M.H.S.) ; J. Martin-Demézil, dans *CAF*, 1981 ; W. Prinz, *Schloss Chambord und die Villa Rotunda in Vicenza, Studien zur Ikonologie*, Berlin, 1980 ; W. Metternich, *Schloss Chambord...*, Darmstadt, 1985 ; Du Cerceau-Thomson, 1988, p. 49.

CHÂTEAUVIEUX. Site inscrit. Corps de logis principal d'époque François Iᵉʳ, planté entre la cour et la pente du coteau. Ses façades portent une ordonnance blésoise à double corps de moulures horizontales coupées par des travées de pilastres encadrant les croisées ; grandes lucarnes à deux étages d'ouvertures, encadrées de pilastres et frontons. La rotonde en saillie sur la face postérieure est une addition du XIXᵉ s. Sur la cour, portail du XVIᵉ s.
Cf. Rousseau-Vellones, p. 26 ; Gaumont, p. 171.

CHAUMONT-SUR-LOIRE. M.H. Visite. **Voir n° 15.**
Cf. P.M. Auzas, Paris, 1949 ; J. Houlet, Paris, Nouvelles Éditions latines, s.d. ; M. Melot, Paris, s.d. (CNMH, Petites Notes sur les grands édifices).

CHÉMERY. I.S. Visite. Manoir du XVIᵉ s. ; tour d'escalier, fronton à coquille sur l'une des fenêtres.
Cf. Gaumont, p. 172.

CHEVERNY. I.S. Visite. Le premier château avait été bâti en 1510 pour Raoul Hurault qui avait acheté la terre en 1504. Il en subsiste deux pavillons carrés englobés dans les communs. Un dessin du frère Martellange nous en a conservé la silhouette. Cheverny fut cédé par Marie de Beaune, veuve de Raoul Hurault, à l'abbé de Pontlevoy. Diane de Poitiers l'acheta en 1551 mais dut le rétrocéder à la famille. Un château neuf sera édifié sous Louis XIII pour Henri Hurault de Cheverny.
Cf. J. Martin-Demézil, *Bibliothèque d'humanisme et Renaissance*, 1955, p. 278-283 ; B. Jestaz, dans *CAF*, 1981.

CHISSAY, à Chissay-en-Touraine. Site classé. Château du XVᵉ s. repris au XVIᵉ puis au XVIIIᵉ s. ; galerie d'arcades en plein cintre sur colonnes.
Cf. Fouquier, *Grands Châteaux,* t. 2 ; Soulange-Bodin, *Châteaux connus et inconnus* ; *Châteaux et Manoirs, Loire,* t. 3, p. 53-57 ; Rousseau-Vellones, p. 26 ; Gaumont, p. 174.

CHISSAY. La galerie.

LA MEZIÈRE. Le châtelet.

CONTRES. Il subsiste un pavillon de l'ancien château du XVIᵉ s.

COUR-SUR-LOIRE. I.S. Visite. Château reconstruit sous Louis XII, probablement pour Jacques Hurault, receveur des finances du duché d'Orléans.
Cf. Rousseau-Vellones, p. 15 ; Gaumont, p. 175.

DIZIERS, à Suèvres. I.S. A une tour ronde du XVᵉ est accolé un corps de logis du XVIᵉ s. ; une aile en retour d'équerre sera ajoutée au XVIIIᵉ, rejoignant la chapelle.
Cf. Soulange-Bodin, *Châteaux connus et inconnus* ; Rousseau-Vellones, p. 15 ; Gaumont, p. 176.

FERTÉ-IMBAULT, La. Visite. Forteresse du Xᵉ siècle reconstruite après la guerre de Cent ans, ravagée en 1562 durant les guerres de Religion, rebâtie en 1627 pour Jacques d'Estampes, en brique et pierre. Deux tours rondes subsistent des constructions du XVIᵉ s.
Cf. Soulange-Bodin, *Châteaux connus et inconnus* ; *MC val de Loire,* p. 308 ; Rousseau-Vellones, p. 19 ; *VMF,* n° 80, avril 1979, p. 41.

FOUGÈRES, à Fougères-sur-Bièvre. M.H. Visite. Le château fut bâti en 1470 pour Pierre de Refuge, trésorier de Louis XI, et poursuivi pour son gendre Jean de Villebresme. Les constructions de celui-ci, des premières années du XVIᵉ s., sont discrètement marquées par le vocabulaire nouveau ; piliers de la galerie, chapelle, tour d'escalier polygonale percée de petites baies à pilastres.
Cf. Soulange-Bodin, *Châteaux connus et inconnus* ; M. Aubert, dans *CAF*, 1925, p. 470-479 ; *MC val de Loire,* p. 53-54 ; Rousseau-Vellones, p. 15 ; Gaumont, p. 177 ; M. Chatenet, dans *CAF,* 1981 ; H. P. Eydoux, *Monuments méconnus, pays de la Loire,* Paris, 1983.

GLATIGNY, à Souday. Important édifice brique et pierre à décor losangé de briques sombres bâti pour Martin Du Bellay au milieu du XVIᵉ s. et resté intact. C'est un haut corps de logis juché sur un soubassement qui apparaît du côté de la pente du jardin où se développe un perron. Des baies cintrées jumelles laissent deviner au centre la présence de l'escalier droit dont la plus basse

volée mène au perron ; les lucarnes sont percées de baies géminées cintrées sous des frontons droits. Du côté de la cour, les deux travées de baies de l'escalier s'achèvent par un motif pyramidant ; deux très courtes ailes s'allongent sur les côtés.
Cf. MC val de Loire, p. 310 ; Gaumont, p. 202.

GRILLIÈRE, La, à Vouzon. Château construit entièrement en brique à la fin du XVIᵉ s., semble-t-il, formé d'un quadrilatère régulier cerné de douves. Les murs sont raidis par des dosserets.
Cf. Au cœur de la Sologne, le patrimoine du canton de Lamotte-Beuvron, dossier de l'IGMRAF, 1980, p. 22 ; *VMF,* n° 88, avril 1981 ; Gaumont, p. 151.

GUÉ-PÉAN, Le, à Monthou-sur-Cher. M.H. Visite. **Voir n° 176.**
Cf. F. Lesueur, dans *Châteaux en Sologne. Au jardin de la France,* n° 14, 1952, p. 1-8 ; Gaumont, p. 178 ; J. Guillaume, dans *CAF,* 1981 ; H.P. Eydoux, *Monuments méconnus, pays de la Loire,* Paris, 1983.

HERBAULT, à Neuvy. I.S. **Voir n° 81.**
Cf. Châteaux et Manoirs, Loire, t. 4, p. 63-67 ; Gaumont, p. 151.

LAMOTTE-BEUVRON. Un corps de logis élevé en 1567 subsiste dans la basse-cour du château. Son aspect ancien est connu par une gravure de Claude Chastillon. Il est flanqué d'une tourelle d'escalier polygonale et construit en brique. La porte de l'escalier, encadrée de pilastres cannelés, était surmontée du blason de Gilbert de Lévis-Ventadour.
Cf. Au cœur de la Sologne, le patrimoine du canton de Lamotte-Beuvron, dossier de l'IGMRAF, 1980, p. 22.

MENNETOU-SUR-CHER. Château du XIIIᵉ s., agrandi au XVIᵉ s.
Cf. M. Aubert, dans *BM,* n° 1-2, 1912, p. 22-37.

MÉZIÈRE, La, à Lunay. Site inscrit. Un ancien manoir fut acheté en 1548 par le médecin protestant d'Antoine de Bourbon, Raphaël Taillevis qui

y fit construire une résidence nouvelle pour laquelle il obtint de Charles IX une permission de creuser un fossé. Malgré sa reconstruction sous le second Empire par Ch. P. de Patouillet, sous la forme d'un pastiche agréable, il subsiste des éléments intéressants, et particulièrement le châtelet d'entrée garni d'un décor délicat du troisième quart du XVIe s.
Cf. R. de Saint-Venant, *Dictionnaire du Vendômois*, t. 2, 1913-1914.

MOLÉON, à Nouan-le-Fuzelier. Manoir des XVe et XVIe s., en brique à appareil losangé, appartenant à la famille Pothin au XVIe s. Lucarnes à baies cintrées géminées sous un fronton.
Cf. *Au cœur de la Sologne, le patrimoine du canton de Lamotte-Beuvron*, dossier de l'IGMRAF, 1980, p. 19 ; *MC val de Loire*, p. 315 ; *VMF*, no 80, avril 1979, p. 32 ; Gaumont, p. 154.

MONTEAUX. I.S. Château et manoir de *Piégu*.

MORINIÈRE, La, à Mur-de-Sologne. I.S. **Voir no 83.**
Cf. J. Martin-Demézil, dans *Châteaux en Sologne. Au jardin de la France*, no 8, 1950, p. 33-36 ; *VMF*, no 80, avril 1979, p. 40-41 ; Gaumont, p. 155 ; A. Cospérec, dans *CAF*, 1981 ; Jeanson.

MOULIN, Le, à Lassay-sur-Croisne. M.H. Visite. Le château fut bâti entre 1480 et 1506, date de sa mort, pour Philippe Du Moulin, conseiller et chambellan de Charles VIII qu'il accompagna en Italie (notamment à Fornoue). Le maître d'œuvre était Jacques de Persigny, maçon de la cour d'Angoulême installé à Romorantin. Ensemble brique et pierre à décor losangé de briques sombres, de style flamboyant. La cour était close à l'origine, deux des ailes seront détruites sous Louis XIII. Le Moulin symbolise bien le passage du château fortifié à la maison de plaisance.
Cf. Soulange-Bodin, *Châteaux connus et inconnus* ; *Châteaux et Manoirs, Loire,* t. 4, p. 40-45 ; M. Aubert, dans *CAF*, 1925, p. 190-201 ; *MC val de Loire*, p. 56-61 ; *VMF*, no 80, avril 1979, p. 28-29 ; Sartre, *France*, p. 78.

ONZAIN. Le chapiteau d'un pilastre de la porte d'entrée a été remonté au château de *Troussay*, avec la porte de l'oratoire, d'un style superbe.
Cf. Hautecœur, t. 1a, p. 168 ; *VMF*, no 80, avril 1979, p. 31.

POSSONIÈRE, La, à Couture-sur-Loir. M.H. Visite. Le manoir appartenait à la famille du poète Ronsard dès le XIVe s. Il fut rebâti à la fin du XVe pour Olivier Roussart, son grand-père, et décoré vers 1514-1515 pour Louis Ronsart, son père. Au XIXe s., subsistaient encore les murs et les tours de l'enceinte, la chapelle, la cour carrée bordée d'une galerie à deux étages dont il ne reste que des vestiges. Le corps de logis a été restauré et transformé vers 1855. Les éléments du décor sont restés en place, fenêtres à pilastres dont les linteaux sont gravés de maximes françaises et latines qui témoignent des curiosités humanistes de Louis Ronsart. La cheminée de la salle est couverte d'emblèmes divers, la tourelle d'escalier polygonale a sa porte décorée d'un buste. Pierre de Ronsard naquit ici en 1524.
Cf. A. de Rochambeau, dans *BM*, 1867, p. 642-652 ; L.A. Hallopeau, *Les Souvenirs de Ronsard au manoir de La Possonière*, La Flèche (*Les Annales fléchoises*), 1905 (il reproduit deux daguerréotypes antérieurs à la transformation) ; Gébelin, p. 123-125 ; *MC val de Loire*, p. 234-235 ; *Revue hist. et arch. du Maine*, t. 28, 1948, p. 108-118 ; M.L. de Contenson-Hallopeau, dans *CAF*, 1981.

RENAY, à Pezou. Le château médiéval a été modifié au XVIe s. (fenêtres à frontons) et augmenté au XVIIIe s.
Cf. Rousseau-Vellones, p. 7.

ROMORANTIN. Sous-préfecture. M.H. **Voir no 55.**
Cf. Heydenreich, « Leonardo da Vinci, architect of François Ier », dans *Burlington Magazine*, t. 94, 1952, p. 277 ; J. Guillaume, « La villa de Charles d'Amboise et le château de Romorantin », dans *Revue de l'art*, no 25, 1974, p. 85-94 ; C. Pedretti, *Leonardo da Vinci, The Royal Palace at Romorantin*, Cambridge, Mass., Etats-Unis, 1972.

ROUAUDIÈRES, Les, à Cormenon. Manoir de la fin du XVIe s. à tours rondes et pavillons carrés, en ruines.

ROUJOUX, à Fresnes. Visite. Château bâti au XVIe s. pour la famille de Villebresme ; il n'en reste qu'une aile depuis la reconstruction pour les Maillé sous Louis XIII
Cf. *MC val de Loire*, p. 322 ; Gaumont, p. 160.

SAINT-AGIL. I.S. Visite. **Voir no 82.**
Cf. *Châteaux et Manoirs, Loire*, t. 4, p. 96 ; Gaumont, p. 212.

SAINT-AIGNAN-SUR-CHER. I.S. **Voir no 41.**
Cf. *CAF*, 1925, p. 411 ; Fr. Boudon, dans *CAF*, 1981.

SOUESMES. Le château du XVIIIe s. conserve des

LA POSSONIÈRE. Porte de l'écurie.

tourelles fortifiées du XVIe s. Gravé par Cl. Chastillon.

TALCY. M.H. Visite. **Voir no 11.**
Cf. E. Stapfer, *Les Châteaux de Touraine*, Paris, 1887 ; Dr Lesueur, dans *CAF*, 1925, p. 495-508 ; J. Houlet, Paris, 1966 (coll. de la CNMHS) ; H. P. Eydoux, *Monuments méconnus, pays de la Loire*, Paris, 1983 ; Jeanson ; P. Ponsot, *B.M.*, 1985, p. 347.

TRÉCY, à Villeherviers. Manoir du milieu du XVIe s.

TROUSSAY, à Cour-Cheverny. Visite. Petit manoir du XVe s. enrichi au XIXe s. d'éléments Renaissance, chapiteau et porte d'Onzain, porc-épic de l'hôtel Hurault de Cheverny à Blois.
Cf. *VMF*, no 80, avril 1979, p. 30-31 ; *La Demeure historique*, no 41, 1976, p. 16 ; Gaumont, p. 183.

VEILLENNE, à Bauzy. Château de la fin du XVIe s.
Cf. *MC val de Loire*, p. 326.

VILLESAVIN, à Tour-en-Sologne. M.H. Visite. **Voir no 73.**
Cf. R.G. Plessis, dans *Revue du Touring-club de France*, septembre 1966 ; Rousseau-Vellones, p. 19 ; *Châteaux et Manoirs, Loire*, t. 4, p. 60-62 ; N. Miller, *French Renaissance Fountains*, New York-Londres, 1977 ; Jeanson.

VILLETRUN. Pavillon du XVIe s. subsistant de l'ancien château.

LOIRET

P. Guillaume, *Châteaux du Loiret*, Paris, Nouvelles Éditions latines, s.d.

ALOSSE, à Marcilly-en-Villette. Château de brique à décor en damier bâti au XVe s. pour la famille de La Ferté. Lucarnes du XVIe s. sur la façade nord. Transformé au XIXe s.
Cf. VMF, no 80, avril 1979, p. 20 ; Guillaume, p. 3 ; Gaumont, p. 117.

ARDOISE, L', à Pithiviers, place de l'Étape. I.S. Manoir début du XVIe s. à charpente en carène.

BEAUGENCY. M.H. Au château médiéval des Dunois-Longueville, le cardinal de Longueville fit ajouter un corps de logis au sud, au XVIe s.
Cf. MC val de Loire, p. 66 ; *CAF*, 1930, p. 352-354 ; Guillaume, p. 7.

BOIS-MALESHERBES, à Malesherbes. M.H. Visite. Le château de Louis Malet de Graville et de François de Balsac d'Entragues comporte certains éléments du XVIe s. intégrés dans les constructions du Moyen Age et des XVIIe-XVIIIe s.
Cf. Guillaume, p. 23 ; Gaumont, p. 55.

BUSSIÈRE, La. I.S. Visite. Bâti vers 1557 par Jean Du Tillet, ravagé pendant les guerres de Religion, reconstruit après 1577. Plan massé, flanqué de tours rondes et d'un pavillon carré, entouré de douves. Remanié au XIXe s.
Cf. Soulange-Bodin, Châteaux connus et inconnus ; MC val de Loire, p. 302 ; Gaumont, p. 99 ; *Sartre, France*, p. 78 ; Jeanson ; C. Grodecki, *Documents*, I. p. 91.

CHAMEROLLES, à Chilleurs-aux-Bois. M.H. Grand château brique et pierre de style Louis XII ; galerie sur la cour. A la famille Du Loc au XVIe s. Puits avec dôme d'ardoises.
Cf. MC val de Loire, p. 303 ; *VMF*, no 84, avril 1980, p. 74-75 et no 92, avril 1982 ; Gaumont, p. 42.

CHÂTILLON, à Châtillon-Coligny (anct. sur-Loing). M.H. **Voir no 186**.
Cf. E. Tonnelier, Châtillon-sur-Loing, 1908 ; J. Mesqui et N. Faucherre, *B.M.*, 1988, p. 73-108.

CORMES, à Saint-Cyr-en-Val. I.S. Petite maison de plaisance reconstruite vers 1505-1509 pour Pierre Briçonnet. Simple corps de logis à travées régulières, d'ordonnance chambourcine ; double corps de moulures horizontales et pilastres partageant les trumeaux entre les croisées. Petites lucarnes à frontons, décor de médaillons, deux portes en plein cintre couronnées de frontons.
Cf. Guillaume, p. 18 ; *VMF*, no 80, avril 1979, p. 21 ; Gaumont, p. 128.

GIEN. M.H. Musée. Le grand château de brique rouge à décor losangé de brique noire fut bâti pour Anne de Beaujeu de 1494 à 1500.
Cf. Sartre, France, p. 81 ; Gaumont, p. 103.

HALLIER, Le, à Nibelle. I.S. L'ensemble du château, formé d'une haute enceinte de brique sur laquelle font saillie une série de dix tours rondes, a sans doute été bâti entre 1541 et 1544 pour Charles de L'Hôpital, général réformateur des Eaux et Forêts, acquéreur de la seigneurie en 1537. Le portail à pilastres a été ajouté probablement par le maréchal Louis de L'Hôpital, qui reçut ici Henri IV en 1599. Détruit partiellement par les Phélypeaux.
Cf. J.H. Bauchy, dans VMF, no 38, octobre 1968, p. 32-42 ; Gaumont, p. 53 ; Jeanson.

LUDE, Le, à Jouy-le-Potier. Un corps de logis du XVIe siècle.
Cf. Guillaume, p. 22 ; Gaumont, p. 136.

MONTARGIS. Renée de France, veuve du duc de Ferrare et fille de Louis XII, se retira au château de Montargis, qui faisait partie de son apanage, en 1561 et y mourut en 1575. L'ancienne forteresse dominant le Loing était enfermée dans une enceinte ovale. Renée releva les fortifications pour pouvoir défendre la place dans les troubles religieux et établit ses appartements dans les bâtiments médiévaux, notamment la célèbre grande salle. Favorable aux protestants, elle y accueille l'architecte Jacques Androuet Du Cerceau en 1565, qui lui dédiera son volume de *Grotesques* l'année suivante. Du Cerceau travaillera encore au château et dans la ville (le pont sur le Loing) jusqu'en 1581 et 1583. Dans ses *Plus Excellents Bâtiments de France*, il a gravé les plans et élévations du vieux château de Montargis ainsi que d'une galerie de bois qu'il avait dressée dans les jardins. Il ne reste aujourd'hui qu'une poterne et des vestiges de l'enceinte.
Cf. Du Cerceau, Les Plus Excellents Bâtiments de France, t. 1, 1576 ; E. Michel, dans *Annales de la soc. hist. et arch. du Gâtinais*, t. 4, 1886, p. 227 ; H. Stein, *ibid.*, t. 8, 1890, p. 110, t. 10, 1892, p. 81, et t. 36, 1922, p. 97-101 ; *Bull. de la soc. de l'histoire du protestantisme français*, t. 51, 1902, p. 453, t. 69, 1920, p. 39, t. 74, 1925, p. 255 et t. 75, 1926, p. 197.

MONTARGIS. Le portique de bois, gravure de Du Cerceau.

MOTTE, La, à Châteaurenard. M.H. Le château bas de Châteaurenard fut vendu en 1531 par les La Trémoille à Gaspard Ier de Châtillon, maréchal de France. Propriété des son fils l'amiral de Coligny, il souffrit des guerres de Religion et fut reconstruit pour sa fille Louise, femme de Guillaume d'Orange.
Cf. MC val de Loire, p. 316 ; Guillaume, p. 14.

SULLY-SUR-LOIRE. M.H. Visite. Au puissant château du XIVe s., fut ajouté le petit château perpendiculaire à la Loire, avec le pavillon d'entrée. Maximilien de Béthune achète le château aux La Trémoille en 1602 et le fait modifier jusqu'en 1609.
Cf. L. Martin, Sully-sur-Loire, 1947, et M.-M. Martin, Paris, 1973 ; B. Barbiche, Fr. Bercé et autres, *Histoire de Sully-sur-Loire*, 1987.

MAINE-ET-LOIRE

C. Port, *Dictionnaire de Maine-et-Loire*, Paris-Angers, 1874-1878, 3 vol.
G. d'Espinay, *Notices archéologiques*, Angers, 1875-1878, 2 vol.
P. Vidal, *Album de Maine-et-Loire*, Paris, 1880.
J. Guignard et J. Isolle, *Châteaux en Anjou*, Paris, 1963.
A. Sarrazin, *Manoirs et Gentilhommières d'Anjou*, 1966.
H. Enguehard, *Châteaux du Maine-et-Loire*, Paris, Nouvelles Editions latines, s.d.
Vieilles Maisons françaises, no 102, avril 1984.

AMBROISE, L', à Saint-Sulpice. I.S. Le château a été rebâti au XVIIIe s. mais deux tours et la chapelle subsistent des constructions attribuées à Simon de Maillé, archevêque de Tours, dont le monogramme figure avec la date de 1577 sur la porte de la grange.
Cf. Enguehard, p. 11 ; *Châteaux en Anjou*, no 26 ; *MC val de Loire*, p. 298.

ANGERS. M.H. Visite. Musée. L'ancienne forteresse du XIIIe s. fut donnée par François Ier à sa mère Louise de Savoie. Plus tard, en 1562, Philibert de L'Orme donna des plans pour la fortifier à la moderne ; les travaux furent réalisés par l'architecte angevin Jean de L'Espine (courtine nord et bastion aujourd'hui disparu). En 1585, l'ordre fut donné par Henri III d'araser les tours au niveau des courtines pour les épaissir du côté intérieur en un boulevard continu propice à recevoir de l'artillerie.
Cf. Mis de Beauchesne, dans Revue de l'Anjou, 1912, p. 5-34 ; H. Enguehard, dans *Les Monuments historiques de la France*, 1976, no 4, p. 65-80 ; *Châteaux en Anjou*, no 1.

BEAUPRÉAU. Site inscrit. Le château des Montespedon et des Scépeaux fut agrandi pour Charles de Bourbon, prince de La Roche-sur-Yon. De cette époque date sans doute le châtelet d'entrée et ses tours. Charles IX y séjourna en 1565.
Cf. Soulange-Bodin, Châteaux connus et inconnus ; Châteaux et Manoirs, Loire, t. 1, p. 30-32 ; *MC val de Loire*, p. 299.

BOIS-DE-SAUMOUSSAY, à Chacé. M.H. Manoir du milieu du XVIe s., résidence de Simon de Maillé, archevêque de Tours.
Cf. VMF, no 102, avril 1984, p. 52.

BOIS-MONTBOURCHER, Le, à Chambellay. Le corps de logis de l'Horloge date du XVIe s. (lucarnes). Appartenait alors à la famille Du Bois.

BOIS-MONTBOURCHER.

Châteaux en Anjou, n° 47 ; Enguehard, dans *CAF*, 1964, p. 369-373 ; *VMF*, n° 75, janvier 1978.

COUTANCIÈRE, La, à Brain-sur-Allonnes. Détruit vers 1825, le château est représenté sur une aquarelle de Roger de Gaignières. Il était fait de deux constructions différentes. L'une des façades était ornée de pilastres, vraisemblablement du XVIe s.
Cf. C. Port, *Dictionnaire... du Maine-et-Loire*, Paris, 1874, t. I.

DURTAL. M.H. La forteresse du XIe, amplifiée au XVe s., vint aux mains de François de Scépeaux de Vieilleville, maréchal de France, qui fit construire un long corps de logis face au cours du Loir, en brique et pierre, avec une ordonnance d'arcades et de pilastres sur la cour et des lucarnes à ailerons. Des peintures murales ont été découvertes en 1982 dans la galerie du premier étage. Le maréchal mourut en 1571 pendant que Charles IX séjournait à Durtal. Le château passa ensuite à Henri de Schomberg qui entreprit de construire en retour d'équerre un pavillon carré et une aile décorée de colonnes, au début du XVIIe s.
Cf. Soulange-Bodin, *Châteaux connus et inconnus* ; *Châteaux et Manoirs, Loire,* t. 1, p. 14-15 ; *Châteaux en Anjou,* n° 23 ; *MC val de Loire,* p. 308 ; Enguehard, p. 27.

DURTAL. Lucarnes.

Cf. Soulange-Bodin, *Châteaux connus et inconnus* ; *Châteaux en Anjou,* n° 16 ; *MC val de Loire,* p. 300.

BOUILLÉ-MÉNARD. Visite. Château du XIVe remanié au XVIe s.
Cf. MC val de Loire, p. 301.

BOUMOIS, à Saint-Martin-de-la-Place. M.H. Visite. **Voir n° 16.**
Cf. Chr. Demouveaux, dans *CAF,* 1964, p. 598-602 ; *Châteaux en Anjou,* n° 40 ; *VMF,* n° 69, juillet 1976, p. 18-20 et n° 102, avril 1984, p. 43.

BOURGONNIÈRE, La, à Bouzillé. M.H. **Voir n° 46.**
Cf. Enguehard, p. 18 ; *Châteaux en Anjou,* n° 51.

BRÉZÉ, à Brézé-Château. M.H. Construit au XIVe, remanié au XVIe s. sur le même plan que Le Plessis-Bourré, avec des pilastres d'ordre colossal, puis laissé inachevé et reconstruit en style Henri II au XIXe siècle. Il est représenté sur une aquarelle de la collection Gaignières.
Cf. Soulange-Bodin, *Les Châteaux du Maine,* pl. 45, et *Châteaux connus et inconnus* ; *Châteaux en Anjou,* n° 46 ; *MC val de Loire,* p. 301.

BURELIÈRE, La, à La Cornouaille. L'un des deux corps de logis date du XVIe s. (lucarnes), construit sans doute pour la famille de Brie.
Cf. Châteaux et Manoirs, Loire, t. 1, p. 20.

CHAPPE, à Fontaine-Guérin. I.S. Manoir de la fin du XVIe s., corps de logis rectangulaire flanqué de quatre tourelles carrées.
Cf. VMF, n° 102, avril 1984, p. 54.

CHARNACÉ, à Champigné. M.H. Manoir bâti en moellon de schiste avec des encadrements de fenêtres en tuffeau et de grandes lucarnes sculptées. Porte la date de 1559.
Cf. Enguehard, p. 15 ; *Châteaux et Manoirs, Loire,* t. 1, p. 7 et pl. 12.

CHEMANT, à Blaison-Gohier. Château du XIVe agrandi à la fin du XVIe s. pour Louis de Cheverne.
Cf. MC val de Loire, p. 304.

COLAISSIÈRE, La, à Saint-Sauveur-de-Landemont. Visite. Construit en 1522 pour François de La Poëze. Lucarnes à pilastres de style François Ier.
Cf. Châteaux en Anjou, n° 54.

COUDRAY-MONTBAULT, Le, à Vihiers. M.H. Visite. Le château médiéval fut reconstruit à la fin du XVe ou au début du XVIe s. pour la famille de La Haye, avec un appareil de brique à décor losangé noir. Chapelle du XVIe contenant une *Mise au tombeau.*
Cf. Enguehard, p. 19 ; *MC val de Loire,* p. 306 ;

ÉVENTARD, à Écouflant. Maison de campagne des évêques d'Angers. Porterie et pavillon du XVIe s.
Cf. Enguehard, p. 14 ; *MC val de Loire,* p. 308.

FONTAINE-MILON. Manoir du début du XVIe s. ; châtelet d'entrée.
Cf. MC val de Loire, p. 308.

FRAPPINIÈRE, La, à Cossé-d'Anjou. Portail d'entrée du XVIe s.
Cf. MC val de Loire, p. 309.

GONNORD, à Valanjou. I.S. Trois corps de logis autour d'une cour carrée, ornés de galeries ; un escalier à l'angle.

Cf. A. Laurentin, *Demeures et Châteaux... la Renaissance dans le Haut-Bocage*, Poitiers, 1953.

HAIES-GASSELIN, Les, à Andrézé. I.S. Château des XVe et XVIe s., en ruines.
Cf. MC val de Loire, p. 311.

HAMONIÈRE, La, à Champigné. M.H. Visite. **Voir n° 213.**
Cf. Châteaux en Anjou, n° 18 ; Y. Labande-Mailfert, dans *CAF*, 1964, p. 264-270.

HARDAS, Le, à Chantocé. Château du XVIe s. fait d'une succession de corps de logis bâtis en grès, terminée par une tour ronde.
Cf. VMF, n° 75, janvier 1978, p. 58.

HAYE, La, à Landemont. Château des XVIe et XVIIe s.
Cf. MC val de Loire, p. 311.

JALESNES, à Vernantes. Propriété de la famille de Jalesnes puis des Maillé. Vestiges du XVIe s. (travée de fenêtres sommée d'une haute lucarne) malgré les remaniements du XIXe s.
Cf. Châteaux en Anjou, n° 29 ; *Châteaux et Manoirs*, *Loire*, t. 1, p. 17-18 ; *MC val de Loire*, p. 312.

JARZÉ. Bâti vers 1500 pour Jean Bourré, ancien conseiller de Louis XI, incendié en 1794, reconstruit au XIXe ; l'état ancien est connu par une aquarelle de la collection Gaignières.

LANDERONDE, à Bécon-les-Granits. M.H. Manoir du XVe repris aux XVIe et XVIIe s. L'un des pignons comporte un escalier extérieur bordé d'arcatures à pilastres ; porte et médaillons de la chapelle, puits à colonnes.
Cf. Enguehard, p. 7.

LANDIFER, Le Vieil-Baugé. **Voir n° 175.**
Cf. Palustre, t. 3, p. 196-198 ; Gebelin, p. 122-123.

LAUNAY-LE-JEUNE, à Denezé-sous-le-Lude. Manoir du XVIe s. en ruines contenant de belles cheminées ; chapelle.
Cf. Palustre, t. 3, p. 204 ; Hautecœur, t. 1b, p. 708, n° 10.

LOGES-BARACÉ, à Baracé. Petit château du XVIe s. agrandi sous Louis XIII.

MARTIGNÉ-BRIAND. I.S. Ruines du château bâti en 1503 pour René de La Jumellière, incendié en 1793.
Cf. Enguehard, p. 19 ; *MC val de Loire*, p. 314.

MAUNAIE, à Guédéniau. Manoir du XVIe s. ; lucarne ornée de deux médaillons.
Cf. MC val de Loire, p. 314.

MOLIÈRES, à Beaucouzé. Château bâti vers 1500 pour l'abbé de Tintiniac ; demeure des abbés de Saint-Aubin d'Angers.
Cf. MC val de Loire, p. 315 ; Hautecœur, t. 1a, p. 179.

MONGEVILLE, à Varennes-sur-Loire. Manoir de brique du XVIe s. ; cheminée sculptée ; colombier.
Cf. MC val de Loire, p. 315.

MONTGEOFFROY, à Mazé. M.H. Visite. Le château a été rebâti au XVIIIe s. mais il reste la chapelle, ornée d'une belle verrière, élevée en 1543 pour Guillaume de La Grandière.
Cf. Enguehard, p. 30 ; *Châteaux en Anjou*, n° 21 ; E. de Ganay, *Châteaux de France. Région Ouest*, p. 41.

MONTSOREAU. M.H. Visite. **Voir n° 18.**
Cf. Chr. Demouveaux, dans *CAF*, 1964, p. 517-522 ; *Châteaux en Anjou*, n° 42.

PERCHER, Le, à Saint-Martin-du-Bois. M.H. **Voir n° 20.**

Cf. Enguehard, dans *CAF*, 1964, p. 271-275 ; *Châteaux en Anjou*, n° 22 ; *VMF*, n° 102, avril 1984, p. 38.

PIMPÉAN, à Grézillé. M.H. Le château a été reconstruit au premier Empire, mais il conserve ses communs du XVIe s., écuries voûtées, réserves et grande salle du jeu de paume, bâtis pour la maison de Beauvau.
Cf. Châteaux et Manoirs, *Loire*, t. 1, p. 56-57 ; Enguehard, p. 22 ; *MC val de Loire*, p. 318.

PIN, Le, à Angers. Manoir de la fin du XVe, remanié au XVIe s. (tourelle d'escalier).
Cf. C. Port, *op. cit.*

PLESSIS-AU-MAIRE, Le, à Noyant. Château du XVIe s.

PLESSIS-BOURRÉ, Le, à Écuillé. M.H. Visite. Le château édifié en 1468-1473 pour Jean Bourré mérite d'être cité pour son plan régulier et son aspect résidentiel, qui préfigurent les demeures du XVIe siècle.
Cf. Enguehard, p. 6 ; P.M. Auzas, dans *CAF*, 1964, p. 252-263 ; *Châteaux en Anjou*, n° 24.

PLESSIS-CHIVRÉ, Le, à Étriché. Deux logis en équerre du XVIe s., réunis par deux tours d'escalier ; chapelle aux armes des Grammont.
Cf. MC val de Loire, p. 318.

PONT-DE-VARENNE, à Louresse-Rochemenier. I.S. Château du XVIe s.
Cf. MC val de Loire, p. 319.

PRIEURÉ-SAINT-RÉMY, Le, à Saint-Rémy-la-Varenne. M.H. Manoir prioral bénédictin reconstruit sous François Ier ; lucarnes ornées de bustes et médaillons à l'antique, cheminée sculptée de scènes allégoriques.
Cf. Châteaux et Manoirs, *Loire*, t. 1, p. 54-55 ; Palustre, t. 3, p. 202 ; Gauthier, *Petits Châteaux et Manoirs* ; Enguehard, p. 11.

RAGUIN, Le, à Chazé-sur-Argos. I.S. Visite. Château de la fin du XVIe s., bâti pour la famille Du Bellay-Beauvau, avec un important système défensif. Porte à pilastres. A l'intérieur, les « chambres dorées » ont été décorées vers 1620.
Cf. MC val de Loire, p. 320 ; *Châteaux en Anjou*, n° 10 ; Enguehard, p. 15.

ROCHE-THIBAULT, La, à Jarzé. I.S. Restes d'un grand château de la fin du XVIe s.

SAINT-HENIS, à Andigné. I.S. Corps de logis du début du XVIe s. ; lucarnes, tourelle d'escalier polygonale.
Cf. Enguehard, p. 18.

SALLE, La, à Montreuil-Bellay. Corps de logis des XVIe et XVIIe s.
Cf. MC val de Loire, p. 323.

SAUMUR. M.H. Visite. Autour de l'ancien château, Duplessis-Mornay, nommé gouverneur de la ville par Henri IV, fait renforcer la défense par un anneau de fortifications extérieures, œuvre de l'ingénieur italien Bartolomeo vers 1590.
Cf. H. Landais, dans *CAF*, 1964, p. 523-558 ; *VMF*, n° 102, avril 1984, p. 39.

SERRANT, à Saint-Georges-sur-Loire. M.H. Visite. **Voir n° 121.**
Cf. J.M. Pérouse de Montclos, dans *CAF*, 1964, p. 332-351 ; A. de Gaigneron, *Connaissance des arts*, n° 383, 1984, p. 56-63.

SORINIÈRE, La, à Chemillé. M.H. Du château ancien plusieurs fois reconstruit et incendié subsistent deux tours et la chapelle du XVIe s., décorée de remarquables peintures murales : *Adoration des Mages* (œuvre italienne ?), *Annonciation*, *Saint Christophe*, exécutées entre 1517 et 1540 pour Jean de Brie et Françoise de Mathefelon.
Cf. MC val de Loire, p. 324 ; Enguehard, p. 19.

TOUCHE, La, à Mouliherne. I.S. Château du XVIe s. fait de deux corps de logis en équerre ; lucarnes.
Cf. MC val de Loire, p. 325 ; Enguehard, p. 31.

TOUCHE-MOREAU, La, à Sœurdres. M.H. Manoir du XVIe s. qui appartint à une famille huguenote et servit de temple. Baies rectangulaires et cintrées soigneusement moulurées, lucarnes. Les murs sont de brique, les encadrements de tuffeau. La date de 1552 est gravée sur une banderole. Cheminées sculptées de trophées militaires et d'arabesques ; chapelle de 1491.
Cf. Châteaux et Manoirs de France, Loire, t. 1, p. 10-11 ; *Châteaux en Anjou*, n° 14 ; *MC val de Loire*, p. 324 ; Enguehard, p. 15.

VAL, Le, à Mouliherne. Manoir épiscopal ; porte et cheminée du XVIe s.

VERGER, Le, à Seiches-sur-le-Loir. Ruines. **Voir n° 6.**
Cf. P. Lesueur, « Colin Biart », dans *Gazette des Beaux-Arts*, t. 2, 1929, p. 210-231 ; *Châteaux en Anjou*, n° 3 ; Ph. de Cossé-Brissac, *Châteaux disparus*, p. 23 ; Gebelin, p. 65.

VILLE-AU-FOURRIER, La, à Vernoil-le-Fourrier. Château du début du XVIe s. bâti pour le petit-fils de Jean de Broc, échanson de Louis XI ; formé de deux corps de logis en équerre avec des tours aux angles, sur le type d'Azay-le-Rideau ; lucarnes décorées.
Cf. MC val de Loire, p. 327 ; *Châteaux en Anjou*, n° 37.

MAYENNE

Abbé Angot, *Dictionnaire de la Mayenne*, Laval, 1900, 4 vol.
G. Picquenard, *Châteaux de la Mayenne*, Paris, Nouvelles Éditions latines, s.d.
Vieilles maisons françaises, n° 106, février-mars 1985.

ARCIS, Les, à Meslay-du-Maine. I.S. Visite. Plusieurs corps de logis et pavillons du XVIe s.
Cf. Picquenard, p. 22 ; *VMF*, n° 106, février-mars 1985, p. 28.

BEAUBIGNÉ, à Fromentières. Manoir du début du XVIe s., très restauré au XIXe s.
Cf. P. Cordonnier, dans *Revue hist. et arch. du Maine*, t. 44, 1964, p. 136-145 ; Picquenard, p. 27.

BOIS-FROULT, à Lassay. Site inscrit. Restes d'un portail monumental à bossages rustiqués.
Cf. Picquenard, p. 9.

BOIS-THIBAULT, Le, à Lassay. M.H. Château de la fin du XVe élevé pour Jean Du Bellay, modifié au XVIe s. pour Louis Du Bellay.
Cf. Marquis de Beauchesne, dans *Bull. de la Comm. hist. et arch. de la Mayenne*, n° 87 et 88, 1910, n° 89 et 90, 1911.

ÉCOUBLÈRE, ou ESCOBLÈRE ou ESCOUBLÈRE, L', à Daon. M.H. Visite. Manoir construit vers 1530-1535 pour Jean de Salles, autour d'une cour pentagonale. Fortifié lors des guerres de Religion (porterie). Le puits, couvert d'un dôme soutenu par quatre colonnes, porte la date de 1570 et une inscription tirée d'un psaume, révélant sans doute l'appartenance du propriétaire à la communauté huguenote.
Cf. Soulange-Bodin, *Châteaux connus et inconnus* ; *VMF*, n° 1, 1962 ; P. Cordonnier, dans *Revue hist.*

et arch. du Maine, t. 44, 1964, p. 136-145 ; Picquenard, p. 30 ; Châteaux en Anjou, n° 25 ; H. Chanteux, dans CAF, 1964, p. 276-279 ; La Demeure historique, n° 67, 1982, p. 27.

FOULLETORTE, à Saint-Georges-sur-Erve. M.H. Visite. **Voir n° 202.**
Cf. Soulange-Bodin, Châteaux du Maine, p. 20 et Châteaux connus et inconnus ; E. de Ganay, Châteaux de France. Région de l'Ouest, n° 30 ; Picquenard, p. 18 ; VMF, n° 106, février-mars 1985, p. 37.

LANCHENEIL, à Nuillé-sur-Vicoin. I.S. Construit vers 1516 pour Pierre de Mathefelon, restauré au début du XIXe s.
Cf. Soulange-Bodin, Châteaux connus et inconnus ; Picquenard, p. 14.

LASSAY, à Lassay-les-Châteaux. M.H. Visite. La forteresse bâtie au milieu du XVe s. pour Jean II de Bourbon-Vendôme fut remaniée ensuite (barbacane de 1497-1498 ; ouverture de baies).
Cf. Marquis de Beauchesne, Laval, 1890 ; Picquenard, p. 7 ; VMF, n° 19, janvier 1964 et n° 106, février-mars 1985, p. 33.

LAVAL. M.H. Musée. **Voir n° 19 et 122.**
Cf. Morin de La Bauluère, Laval, 1892 ; E. Moreau, dans Bull. de la Comm. hist. et arch. de la Mayenne, n° 91, 1911, p. 324-327 ; M. Pré, dans CAF, 1961, p. 353-375 et Gazette des Beaux-Arts, t. 1, 1962, p. 113 ; VMF, n° 106, février-mars 1985, p. 30 ; Images du patrimoine, 1988.

MAUSSON, à Landivy. M.H. Château de la frontière bretonne rasé à la guerre de Cent ans, reconstruit à la fin du XVe s. Certaines fenêtres sont encadrées de pilastres et coiffées de hauts frontons.
Cf. Picquenard, p. 3.

MONTÉCLER, anciennement **LAUNAY,** à Châtres-la-Forêt. Bâti par la famille de Montécler entre 1585 et 1610, Launay est une construction simple à travées régulières et lucarnes coiffées de larges frontons droits ; une aile de communs et la chapelle sur le côté gauche de la cour, un châtelet d'entrée coiffé d'un comble à l'impériale avec lanternon.
Cf. Picquenard, p. 19 ; Soulange-Bodin, Châteaux connus et inconnus ; VMF, n° 106, février-mars 1985, p. 36.

MONTESSON, à Bais. I.S. L'autorisation de fortifier obtenue en 1586 de Henri III par René de Montesson permet de dater les douves et l'enceinte ainsi que le châtelet d'entrée, flanqué de deux tours rondes coiffées en bulbes (l'une d'elles a été rasée). Le pavillon carré du châtelet est orné de bandes horizontales de bossages vermiculés, et il est coiffé d'un haut dôme à l'impériale.
Cf. Picquenard, p. 11 ; VMF, n° 106, février-mars 1985, p. 35.

MORTIERCROLLES, à Saint-Quentin-les-Anges. M.H. **Voir n° 5.**
Cf. Chr. Demouveaux, dans CAF, 1964, p. 301-310 ; Csse de Bellescize, dans VMF, n° 26, octobre 1965, p. 12-17 ; G. de Walsch-Serrant, dans Sites et Monuments, 1968, p. 22-24 ; Chr. Demouveaux, dans Bull. de la Comm. hist. de la Mayenne, n° 20, 1968 ; VMF, n° 106, février-mars 1985, p. 40.

MORTREUX, à Daon. M.H. Construit dans la seconde moitié du XVIe s., enlevé par le prince de Conti aux Ligueurs en 1591, le manoir est formé d'un corps de logis appuyé sur un pavillon carré ; lucarnes à ouvertures cintrées simples ou géminées, sous des frontons décorés.
Cf. Picquenard, p. 30 ; VMF, n° 106, février-mars 1985, p. 44.

PLESSIS-CHÂTILLON, Le, à Châtillon-sur-Colmont. Manoir qui porte les dates de 1561 et 1569 ; pavillon flanqué d'une tour octogonale qui s'achève par un étage circulaire coiffé d'un dôme en cloche.
Cf. Picquenard, p. 6.

ROCHE-PICHEMER, La, à Saint-Ouen-des-Vallons. M.H. Visite. Bâti de la famille de Jarzé à partir de 1542 et achevé en 1570, il affecte un plan en équerre, le corps principal flanqué de deux pavillons carrés ; cheminées décorées, celle de la bibliothèque en granite incrusté de marbres de couleurs.
Cf. Soulange-Bodin, Châteaux du Maine et de l'Anjou, p. 35 ; Picquenard, p. 15 ; VMF, n° 106, février-mars 1985, p. 37.

ROCHER, Le, à Mézangers. M.H. Visite. **Voir n° 111.**
Cf. Gébelin, p. 136 ; abbé Picquenard, dans CAF, 1961, p. 290-294 ; VMF, n° 106, février-mars 1985, p. 35.

SAINT-OUEN, à Chemazé. M.H. **Voir n° 49.**
Cf. Gebelin, p. 80 ; E. Trouessart, Château-Gontier, 1848 ; Belleuvre, dans Le Maine et l'Anjou historiques, t. 2, Nantes, 1862 ; H. Chanteux, dans CAF, 1964, p. 289-300 ; VMF, n° 106, février-mars 1985, p. 41.

SOULGÉ, à Saulges. Maison-forte du XVIe s., qui porte les armes des Courtin.

THURÉ, à La Bazouge-des-Alleux. I.S. Manoir du début du XVIe s. en granit ; lucarnes à pilastres et frontons à coquilles.
Cf. Picquenard, p. 15.

SARTHE

Les Châteaux de la Sarthe, publication du Conseil général, Le Mans, 1961.
P. Ladrange et M. d'Hébray de Pouzals, Châteaux de la Sarthe, Paris, Nouvelles Éditions latines, s.d.
J.-P. Naudé des Moutis, Vieux Logis de la Sarthe, Paris, 1973.
Ph. Seydoux, Châteaux et manoirs du Maine, Paris, 1989.

BALLUÈRE, à Pirmil. Visite. Manoir des XVe et XVIe s., à la famille de Launay.
Cf. Naudé des Moutis, pl. 17.

BAZOUGES, à Bazouges-sur-le-Loir. M.H. Visite. Ensemble de constructions du Moyen Age au XVIIe s. Celles du début du XVIe s. sont dues à Baudouin de Champagne, chambellan de Louis XII et de François Ier ; chapelle fin XVIe s.
Cf. Soulange-Bodin, Châteaux connus et inconnus ; MC val de Loire, p. 299 ; Ladrange, p. 6.

BELLE-FILLE, à Chemiré-le-Gaudin. I.S. Corps de logis du XVIe ou du XVIIe s., porche à claveaux passants surmonté d'un bas-relief héraldique.
Cf. Naudé des Moutis, pl. 1 et 2.

BÉNÉHART, à Chahaignes. M.H. **Voir n° 48.**
Cf. Cordonnier-Détrie, dans CAF, 1961, p. 185-186.

BEUNÈCHE, La, à Roézé-sur-Sarthe. M.H. Manoir du milieu du XVIe s. ; travées de fenêtres et lucarnes géminées, tour ronde à corniche.
Cf. Cordonnier-Détrié, dans Revue hist. et arch. du Maine, n° 3, 1924, p. 137-159 ; Naudé des Moutis, pl. 3.

BOISDAUPHIN, à Précigné. L'ancien manoir fut agrandi au XVIe s. pour une branche de la famille de Montmorency qui prit le nom de Laval-Boisdauphin, et qui achètera Sablé en 1594. Détruit par la famille Colbert, reconstruit au XIXe dans le style Renaissance, le château n'a conservé d'origine que la chapelle, l'escalier et les communs, grange et grenier à blé.
Cf. Ladrange, p. 7.

BOULOIRE. I.S. Le château du XVIe s. est aujourd'hui occupé par la mairie.

BUZARDIÈRE, La, à Changé. I.S. Manoir du XVIe s.
Cf. MC val de Loire, p. 302 ; Hautecœur, t. 1a, p. 49, n° 5.

CHAMPMARIN, à Aubigné-Racan. I.S. Petit manoir du début du XVIe s. où naquit le poète Racan. Très restauré. Des éléments de même style provenant du château voisin de Sarcé ont été remontés sur un bâtiment annexe.
Cf. Naudé des Moutis, pl. 5.

CHÉRONNE, à Tuffé. La poterne date de 1490 ; le château, construit vers 1540, a été remanié du XVIIe au XXe s. Appartenait à la famille de Chahannay. Site classé.
Cf. Ladrange, p. 10.

COURTANGIS, à Saint-Jean-des-Échelles. Manoir de style Louis XII élevé par la famille Saint-Père.
Cf. Soulange-Bodin, Châteaux connus et inconnus ; MC val de Loire, p. 307.

COURTANVAUX, à Bessé-sur-Braye. M.H. Visite. **Voir n° 212.**
Cf. L. Froger, Les Annales fléchoises et la vallée du Loir, t. 5, 1905, p. 163-167 ; P. Cordonnier-Détrie, dans CAF, 1961, p. 206-212 ; MC Loire, p. 242-245.

FLÈCHE, La. Site inscrit. En 1539, Françoise d'Alençon, veuve de Charles de Bourbon-Vendôme, fait bâtir par Jacques Mathieu Estourneau, maître d'œuvre local, une résidence pour abriter sa retraite sur une seigneurie qu'elle avait apportée à son mari. Le « château neuf » abrita en 1552 Antoine de Bourbon et Jeanne d'Albret, et fut ensuite la propriété de leur fils Henri de Navarre. Devenu roi, Henri IV fit don du château aux jésuites pour y établir un collège. Les bâtiments de Françoise d'Alençon furent alors intégrés dans les nouvelles constructions des jésuites (actuel Prytanée) élevées de 1620 à 1653. On les distingue aisément sur deux dessins du frère Martellange (Bibl. nat.). Ils furent détruits plus tard.
Cf. Palustre, t. 3, p. 162 ; Hautecœur, t. 1b, p. 198, 251.

FLOTTE, La, à Pont-de-Braye. Château construit en 1550 pour René Ier Du Bellay, restauré en style troubadour vers 1840.
Cf. Ladrange, p. 15.

FOLLET, à Saint-Pierre-du-Lorouër. I.S. Petit manoir du XVIe s. avec échauguette.
Cf. Naudé des Moutis, pl. 16.

GALLERANDE, à Luché-Pringé. Site classé. Construit pour Louis de Clermont-Gallerande, maître d'hôtel de François Ier.
Cf. Soulange-Bodin, Châteaux connus et inconnus ; MC val de Loire, p. 309.

LOGES, Les, à Coudrecieux. Château du début du XVIe s. Corps de logis flanqué de pavillons carrés. Site classé.
Cf. Ladrange, p. 22.

LUDE, Le. M.H. Visite. **Voir n° 47.**
Cf. P. Lavedan, dans *CAF*, 1961, p. 179-184 ; P. de Maynard, dans *Revue du Bas-Poitou*, 1964, p. 176-183 et 305-315 ; D. Bozo, dans *Gazette des Beaux-Arts*, 1965, t. II, p. 199-218 ; Csse R. de Nicolay, dans *VMF*, n° 78, octobre 1978, p. 22-25.

MARCELLIÈRE, La, à Marçon. Manoir bâti au XVIe s. pour la famille de Berziau, formé de deux corps de logis en équerre d'époques différentes, flanqués de pavillons ; lucarnes à frontons.
Cf. MC val de Loire, p. 314 ; Ladrange, p. 18.

MONTMIRAIL. I.S. Visite. Le château des XIIe-XVe s. qui domine toute la région appartint à Charles d'Anjou, comte du Maine. Sur la cour, entre deux tours de brique, fut percé sous François Ier une porte encadrée de pilastres aux fûts et aux chapiteaux décorés, sommée d'un tympan concave et de candélabres. Elle est sans doute

due à Charles, duc d'Alençon et baron de Montmirail. Beau-frère du roi (il avait épousé Marguerite d'Angoulême), il participa à quatre expéditions en Italie avant de mourir à Lyon au retour de Pavie, en 1525.
Cf. Soulange-Bodin, *Châteaux connus et inconnus* ; Ladrange, p. 26 ; *MC val de Loire*, p. 248-251.

PESCHERAY, Le Breil-sur-Mérize. Petit château de plan pentagonal massé, flanqué de petites tourelles quadrangulaires. L'ensemble parait dater du XVIe s., remanié au XIXe ; châtelet d'entrée. Site inscrit.
Cf. Naudé des Moutis, pl. 20 et 21.

PIVARDIÈRE, La, à Mayet. Petit manoir du XVIe s.

PONCÉ, à Poncé-sur-le-Loir. M.H. Visite. **Voir n° 80.**
Cf. N. Dufourcq, dans *CAF*, 1961, p. 195-205.

SARCÉ. Des éléments décorés de l'ancien château ont été remontés au château voisin de *Champmarin.*

SOUVIGNÉ-SUR-MÊME, manoir de *La Cour.* Dans le corps de logis du milieu du XVIe s., belle cheminée de pierre décorée.
Cf. IGMRAF, *Canton de La Ferté-Bernard*, 1983, p. 350.

VERDELLES, à Poillé-sur-Vègre. M.H. **Voir n° 7.**
Cf. L.J. Lagrange, dans *CAF*, 1961, p. 143-152.

VIRÉ, à Viré-en-Champagne. Château médiéval reconstruit à la fin du XVe et au début du XVIe s. pour Pierre de Courthardy, président au parlement de Paris, mort en 1505 ; grande chapelle gothique, portail décoré (attribué par la tradition locale à Germain Pilon).
Cf. Ladrange, p. 31.

MONTMIRAIL. Porte du logis.

VI. POITOU. SAINTONGE. ANGOUMOIS

B. Fillon et O. de Rochebrune, *Poitou et Vendée. Études historiques et artistiques*, Fontenay-le-Comte, 1861-1865, 2 vol.

J.C. Robuchon, *Paysages et Monuments du Poitou* (Société des antiquaires de l'Ouest), Paris, 1890-1895, 13 vol.

A. Laurentin, *Demeures et Châteaux. Notes sur l'architecture de la Renaissance dans le Haut-Bocage*, Poitiers, 1953.

Fr. Eygun, *Art des pays de l'Ouest*, Paris, 1965.

Merveilles des châteaux de Bretagne et de Vendée, Paris, Hachette-Réalités, 1970. *Idem, Languedoc et Guyenne*, 1967.

Inventaire général des monuments et richesses artistiques de la France. Répertoire des inventaires, no 9, Poitou-Charentes, 1975.

J. Guillaume, *L'Architecture de la première Renaissance en Poitou. Bonnivet. Oiron, L'art nouveau de 1510 à 1540*, thèse de doctorat d'Etat, 1981 (à paraître).

CHARENTE

E. Biais, « Les Artistes angoumoisins depuis la Renaissance jusqu'à la fin du XVIIIᵉ s. », dans *Réunion des Soc. de Beaux-Arts des départements*, t. 14, 1890, p. 704-747.

R. Martin, *Inventaire des châteaux, gentilhommières, manoirs, maisons.. de la Charente*, Angoulême, 1965.

Ch. Daras, *Anciens Châteaux, Manoirs et Logis de la Charente*, Angoulême, 1968.

R. Dexant, *Châteaux de Charente*, Paris, Nouvelles Editions latines, s.d.

Vieilles Maisons françaises, no 125, décembre 1988.

AGE-BERTRAND, L', à Chirac. Château du XVIᵉ modifié au XVIIIᵉ s.
Cf. Dexant, p. 3.

AIZECQ, à Nanteuil-en-Vallée. Château du XVIᵉ s., très restauré.
Cf. Daras.

ANGÉLY, L', à Gurat. Manoir des XVᵉ et XVIᵉ s.
Cf. Dexant, p. 15.

ANQUEVILLE, à Saint-Même. Château du XVIᵉ, remanié.

ANVILLE. Grand château disparu qui a été gravé par Cl. Chastillon. Façade à deux ordres de pilastres cannelés.

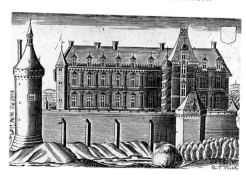

ANVILLE. Gravure de Cl. Chastillon.

ARDENNE, à Moulidars. I.S. Château du XVIᵉ s. modifié ensuite.
Cf. Daras.

AUBETERRE-SUR-DRONNE. I.S. Chapelle du XVIᵉ s.
Cf. Dexant, p. 6.

BARRE, La, à Villejoubert. Château du XVᵉ augmenté au XVIᵉ s. d'un corps de logis accosté d'un pavillon d'escalier.
Cf. Daras ; Dexant, p. 7.

BOIS-CHARENTE, à Saint-Amant-de-Graves. Une tour présente des fenêtres garnies de pilastres.
Cf. Gauthier, *Petits Châteaux et Manoirs.*

BONNES. I.S. Une aile date du XVIᵉ s.

BOURG, à Bourg-Charente. Château de la fin du XVIᵉ et du XVIIᵉ s., modifié ensuite, appartint aux Gouffier, à Pons de Pons, au comte de Miossens. Une cheminée de marbre et les merlons de la façade proviennent de Bouteville.
Cf. Dexant p. 7.

BOUTEVILLE. Site inscrit. Ruines d'un château reconstruit sur une ancienne forteresse à partir de 1593. Il illustre bien le style « féodal » à la mode en Poitou à cette époque, avec son couronnement de puissants merlons moulurés et décorés (certains remontés au château de Bourg). Une gravure de Claude Chastillon le qualifiait de « Bouteville basti à la moderne ». Il appartint à une branche de la famille de Montmorency rendue célèbre par le duelliste. Un fragment décoré figure au musée des Antiquaires de Normandie.
Cf. Palustre, t. 3, p. 27 ; Dexant, p. 7 ; B. Ducouret, étude inédite : *Sites et Monuments*, no 124, 1989, p. 11.

BREUILH, Le, à Bonneuil. I.S. Le château fut reconstruit pour Philippe d'Ingrandes, qui y demeura de 1508 à 1532. Il est formé d'un corps de logis principal flanqué de tours rondes d'un côté et d'une tour d'escalier hexagonale de l'autre. Celle-ci, comme les grandes lucarnes des deux façades, a reçu un riche décor de style François Iᵉʳ qui s'apparente à celui de La Rochefoucauld (pilastres, médaillons, candélabres).
Cf. Palustre, t. 3, p. 270 ; Gauthier, *Petits Châteaux et Manoirs* ; Dexant, p. 10 ; Duval de Borange, dans *VMF*, no 16, avril 1963 ; *MC Guyenne*, p. 304 ; Eygun, p. 224.

LE BREUILH. La tour de l'escalier.

BRIGUEIL. Porte du XVIᵉ s.

CHALAIS. I.S. Château de la famille de Talleyrand, du XIVᵉ, remanié aux XVIᵉ et XVIIIᵉ s.
Cf. Dexant, p. 11.

CHAMBES, à Roumazières-Loubert. Château du XVIᵉ s.

CHAMPAGNE-MOUTON. Château du XVIᵉ s.

CHATELARS, Le, à Cherves-Chatelars. Petit château du XVIᵉ s.
Cf. Dexant, p. 11.

COGNAC. I.S. Visite. **Voir no 38.**
Cf. P. Martin-Civat, « Le Château royal de Cognac », dans *La Demeure historique*, no 29, mars 1973, p. 5-9 ; Dexant ; Eygun, p. 223.

DOMEZAC, à Saint-Gourson. Château des XVIᵉ et XVIIᵉ s.
Cf. Dexant, p. 14.

DOURVILLE, à Aubeville. Château du XVIᵉ s.
Cf. Daras, *Bull. Soc. Arch. Charente*, 1966.

FERRIÈRES, à Montbron. I.S. Château des XVIᵉ et XVIIᵉ s.
Cf. Dexant, p. 14.

FLEURAC, à Nersac. Maison de plaisance du XVIe s. coiffée de merlons et surplombant des jardins en terrasses.
Cf. Dexant, p. 14.

FORGE, à Mouthiers-sur-Boëme. Site classé. Manoir du XVIe s.
Cf. Dexant, p. 15.

FOUILLOUX, à Agris. Château du XVIe s., très restauré.
Cf. Daras.

GORCE, à Pleuville. Porte du XVIe s.
Cf. VMF, no 88, avril 1981, p. 103.

GOUÉ, à Mansle. Deux tours subsistent des constructions du XVIe s.
Cf. Dexant, p. 15.

GOURVILLE. Ancien château modifié aux XVe, XVIe (une tour carrée) et au XVIIe s. Terre érigée en baronnie par Henri IV pour le duc de Ventadour.
Cf. Dexant, p. 15.

LUCHET, à Lignières-Sonneville. M.H. Corps de logis encadré de deux pavillons carrés de la seconde moitié du XVIe s., coiffés de mâchicoulis décoratifs. Aujourd'hui, abrite la mairie.
Cf. Palustre, t. 3, p. 270; Hautecœur, t. 1a, p. 301.

LUXÉ. Ruines d'un château des XVe et XVIe s.

MAILLOU, à Saint-Saturnin. Château d'aspect défensif, construit en grande partie après 1579 pour François de Nesmond.
Cf. Hautecœur, t. 1b, p. 434; Daras.

MARTHON. I.S. Près du château vieux et de son donjon, Hubert de La Rochefoucauld fait bâtir de 1559 à 1566 une petite maison de plaisance agrémentée d'un décor sculpté; perron à trois arcades, cheminée.
Cf. Daras; *MC Guyenne*, p. 313.

MONTCHAUDE. Bâti pour les Saint-Gelais, c'est le plus important château de la Renaissance en Angoumois après La Rochefoucauld, dont il emprunte le style pour ses grandes lucarnes François Ier à pilastres, tympans concaves et pinacles. Le corps de logis est flanqué vers la cour de deux pavillons carrés; les fenêtres sont organisées en travées régulières; la tour d'escalier intégrée dans le logis émerge du comble sur trois étages. A été restauré au XIXe s.
Cf. Daras; Dexant, p. 19; Hautecœur, t. 1b, p. 325; *MC Guyenne*, p. 315; Eygun, p. 224.

NANTEUIL, à Sers. Comme Fleurac, Bouteville ou Château-Chesnel (ce dernier de 1610 seulement), Nanteuil offre une architecture toute militaire: mâchicoulis et merlons dissimulant un toit plat. C'est un large parallélépipède sans accents et la nudité des murs fait valoir la qualité de l'appareil et les encadrements des croisées et de la porte.
Cf. Dexant, p. 19.

OISELLERIE, L', à La Couronne. M.H. Château bâti à partir de 1498 pour Arnaud de Calluaud, procureur général du comté d'Angoulême, puis continué au début du XVIe s. (entre 1516 et 1522) pour Jean de Calluaud, premier abbé commendataire de l'abbaye de La Concorde et évêque de Senlis, familier de la cour de François Ier. On y pratiquait la fauconnerie, d'où son nom, et le roi vint y chasser au retour de sa captivité espagnole; il se fractura le bras dans une chute de cheval. Portail à pilastres toscans sous un couronnement de mâchicoulis décoratifs et de merlons. Le logis est accosté d'une galerie d'arcades, de tours et de pavillons carrés, l'une des tours est crénelée. Décor soigné des fenêtres, des lucarnes, de la corniche.

Cf. Palustre, t. 3, p. 269; Hautecœur, t. 1a, p. 202; Soulange-Bodin, *Châteaux connus et inconnus*; *MC Guyenne*, p. 317; Dexant, p. 22; Eygun, p. 223.

ORDIÈRES, à Benest. Château du début du XVIe s.
Cf. Daras; J. Rollet, dans *Mémoires de la Soc. arch. et hist. de la Charente*, 1962-1963, p. 177-182; *VMF*, no 88, avril 1981, p. 103.

POUYAUD, Le ou POYAUX, Les, à Dignac. I.S. Constructions des XVe au XVIIe s., tour de 1520 couronnée de mâchicoulis.
Cf. Dexant, p. 22.

PRANZAC. Ruines d'un château des XIIe au XVIe s.

PRESSAC, à Saint-Quentin-sur-Charente. Château brûlé à la guerre de Cent ans, rebâti en partie à partir de 1554 pour Jean Singareau et Anne Caillou sa femme; vestibule voûté, escalier de pierre.
Cf. Daras; Dexant, p. 22; Eygun, p. 224.

RAIX. Manoir du XVIe s.
Cf. Dexant, p. 23.

RANCOGNE. Château élevé durant le XVIe s. La galerie de bois sur la cour a été bâtie en 1519 pour Jean Maindron et son épouse Marie Raymond. Le logis principal date des années suivantes. Le reste, y compris le donjon carré à mâchicoulis, date des années 1588-1589.
Cf. Daras; Dexant, p. 23; Hautecœur, t. 1b, p. 434; *MC Guyenne*, p. 319; Eygun, p. 224.

REPAIRE, Le, à Rougnac. Château des XVIe (corps de logis et tour ronde) et XVIIe s. A la famille de Birac.
Cf. Daras; Dexant, p. 23.

ROCHEBRUNE, à Étagnac. I.S. Visite. Maison-forte médiévale remaniée dans la seconde moitié du XVIe (elle appartint à Monluc) et au XVIIe s.; plan en fer à cheval, cantonné de tours rondes.
Cf. Dexant, p. 23; *MC Guyenne*, p. 320.

ROCHE-CHANDRY, La, à Mouthiers-sur-Boëme. Site inscrit. Château de type militaire, de la fin du XVIe ou du début du XVIIe s.
Cf. Hautecœur, t. 1b, p. 434.

ROCHEFOUCAULD, La. M.H. Visite. **Voir no 91**.
Cf. L. Serbat, dans *CAF*, 1912, p. 224; P. de La Tardoire, *La Rochefoucauld*, 1934; Gebelin, p. 125-127; R. Ricottier et J. Biget, *La Rochefoucauld, porte de l'Angoumois*, Angoulême, 1963; Ch. Daras, dans *Archeologia*, no 35, 1970, p. 70-77.

SAINT-BRICE. I.S. Château du XVIe s. (aux Poussard du Fors) et du XVIIe s. Il fut le siège des conférences politiques tenues en 1588 entre Catherine de Médicis et Henri de Navarre.
Cf. Daras; Dexant, p. 27; *VMF*, no 54, octobre 1972; *MC Guyenne*, p. 322.

SANSAC, à Beaulieu-sur-Sonnette. Bâti vers 1559 pour Louis Prévost de Sansac, ancien compagnon de François Ier et gouverneur de l'Angoumois. Encadrements de fenêtres à pilastres; entablement sur consoles à la naissance du toit.
Cf. Daras; Dexant, p. 27.

SAVEILLE, à Paizay-Naudouin-Embourie. I.S. Château du XVe s. repris partiellement en 1508 pour Jacques de La Rochefaton. Fenêtres et lucarnes ornées.
Cf. Dexant, p. 27; *VMF*, no 68, avril 1976; Eygun, p. 224.

TOUR DU BREUIL, La, à Dignac. I.S. Partie du XVIe s.
Cf. Dexant, p. 26.

TRANCHADE, La à Garat. M.H. Visite. Château du XVIe s. repris après 1573 dans le style militaire, pour la famille de Nesmond. Croisées cantonnées de pilastres, frise de faux mâchicoulis ornés de coquilles, dissimulant le toit plat.
Cf. Daras; Dexant, p. 27; H. Soulange-Bodin, *Châteaux connus et inconnus*; *MC Guyenne*, p. 34-37.

VILHONNEUR. I.S. Château de la fin du XVIe s. dans le style militaire.
Cf. Hautecœur, t. 1b, p. 434.

VILLARS-MARANGE, à Mérignac. Manoir des XVIe et XVIIe s.
Cf. Daras.

VOUZAN. I.S. Château du XVe, remanié aux XVIe et XVIIe s.
Cf. Dexant, p. 31.

CHARENTE-MARITIME

R. Crozet, *Châteaux de Charente-Maritime*, Paris, Nouvelles Éditions latines. R. Colle, *Châteaux, manoirs et forteresses d'Aunis et de Saintonge*, La Rochelle, 1984, 2 vol.

BALANZAC. I.S. De la fin du XVIe s.; tourelles en encorbellement, tour d'escalier octogonale.
Cf. MC Guyenne, p. 301; Eygun, p. 234.

BEAULON, à Saint-Dizant-du-Gua. I.S. Château du début du XVIe s. Superbe lucarne de style flamboyant tapissée d'un décor de rosaces.
Cf. Eygun, p. 216.

BRIZAMBOURG. Du château détruit entièrement, il subsiste un puits transporté en 1839 sur la place du Pilori à Saint-Jean d'Angély. Il affecte

BRIZAMBOURG. Le puits.

la forme d'un temple rond couvert d'un dôme en pierre orné de clochetons et porte l'inscription : « L'an MVCXLVI je fus edifiez et assiz. »
Cf. Palustre, t. 3, p. 287, 299 ; Hautecœur, t. 1a, p. 346, n. 49, p. 493, n. 3 et t. 1b, p. 346 ; Ward, *Architecture of the Renaissance*, t. 1, p. 75 et 135 ; Crozet, p. 27 ; Eygun, p. 233.

BURIE. I.S. Château fortifié bâti pour Charles de Coucis, l'un des meilleurs capitaines de François Ier, vers 1546. Il a été gravé par Claude Chastillon sous le titre « Beurye en Saintonge ». Il ne subsiste que les ruines de deux façades avec des lucarnes et la porte du jardin à décor sculpté, ainsi que des statues déposées au musée de Saintes.
Cf. Hautecœur, t. 1a, p. 273 ; Gébelin, p. 173 ; *MC Guyenne*, p. 304.

CRAZANNES. M.H. Visite. L'ancien château du XVe s. conserve une porte de style flamboyant d'une étonnante exubérance de décor. Un corps de logis, démoli récemment, avait été bâti en 1565 pour un gentilhomme protestant, Jean Acarie, et sa femme Marie de La Rochandry. Il en subsiste une porte de style classique datée de 1566.
Cf. Hautecœur, t. 1a, p. 92 ; Soulange-Bodin, *Châteaux connus et inconnus* ; *MC Guyenne*, p. 307 ; Crozet, p. 14.

DAMPIERRE, à Dampierre-sur-Boutonne. M.H. Visite. **Voir no 126.**
Cf. J. Texier, *Saintes*, 1938 ; G. Gaborit, dans *CAF*, 1956, p. 283-289 ; Eygun, p. 128, 226, 232.

JONZAC. M.H. Château des XIVe, XVe et XVIe s., aujourd'hui hôtel de ville et sous-préfecture ; reliefs sculptés (emblèmes, bustes de guerriers).
Cf. MC Guyenne, p. 310 ; Crozet, p. 22.

MATHA. M.H. Le châtelet d'entrée, pavillon fortifié coiffé de mâchicoulis et de merlons, date sans doute de l'extrême fin du XVIe ou du début du XVIIe s. ; fenêtres et niches à frontons cintrés.
Cf. Crozet, p. 30 ; *MC Guyenne*, p. 313.

MONTGUYON. I.S. Ruines du donjon cylindrique du milieu du XVIe s., avec fenêtres à pilastres et un double corps de moulures horizontales.
Cf. Crozet, p. 22.

MORNAY, à Saint-Pierre-de-l'Ile. I.S. Château de la fin du XVIe et du début du XVIIe s., d'architecture militaire, pavillons carrés à mâchicoulis, deux ailes en équerre.
Cf. Soulange-Bodin, *Châteaux connus et inconnus* ; *MC Guyenne*, p. 316 ; Crozet, p. 27.

PLASSAC. I.S. Château rebâti en 1555 pour Jacques II de Pons, remplacé en 1772 par un nouveau château. A été gravé par Cl. Chastillon
Cf. Soulange-Bodin, *Châteaux connus et inconnus* ; *MC Guyenne*, p. 318 ; Crozet, p. 23.

POLIGNAC, à Écoyeux. I.S. Construit dans le troisième quart du XVIe s. pour Christophe de Polignac ; logis flanqué d'une tourelle d'escalier polygonale, décor de grands pilastres.
Cf. VMF, no 53, juillet 1972.

SAUSSAIE, La, à Saint-Xandre. Le château, qui semble remonter en partie au XVIe s., a été gravé par Cl. Chastillon en 1604 sous l'appellation de « maison de plaisance très belle et forte ».

SURGÈRES. I.S. Visite. **Voir no 218.**
Cf. Crozet, p. 10.

USSON, à Échebrune. I.S. **Voir no 90.**
Cf. L. Audiat, dans *Le Magasin pittoresque*, 1877, p. 209 ; Gébelin, p. 173-175 ; L. Julien-Laferrière et G. Musset, *L'Art en Saintonge et Aunis*, Toulouse, 1879-1892, fascic. 18 ; Eygun, p. 224.

DEUX-SÈVRES

E. Traver, *Châteaux et Villages du canton de Melle*, Melle, 1941.
Vieilles Maisons françaises, no 108, juin 1985.

AUBERT, ou LE BOUSCHAGE, à Loublande. Ruines d'un château du XVe agrandi au XVIe s.
Cf. Laurentin.

BEAUVAIS, à Saint-Léger-de-Montbrun. Étonnante construction de style militaire, édifiée pour Jacques Des Touches dans le second quart du XVIe s.
Cf. J. Guillaume, thèse inédite.

BLANDINIÈRE, La, à Mauléon (La Chapelle-Largeau). Gentilhommière du début du XVIe s., de style flamboyant ; loggia, chapelle, cheminée à colonnes toscanes ; bas-reliefs.
Cf. Laurentin.

BONCOEUR, à Saint-Varent. Vestiges d'un château (escalier) et chapelle seigneuriale du début du XVIe s. : portail, voûte en étoile retombant sur des piliers à nervures multiples.

CHAPELLE-BERTRAND, La. I.S. Construit au XVIe s. pour Jacques Bonnet, seigneur de La Chapelle-Bertrand ; cheminées.
Cf. Soulange-Bodin, *Châteaux connus et inconnus*.

COUDRAYE-NOYERS, La, à Mauléon (Loublande). Château du XVe repris au XVIe s.
Cf. VMF, 1980, no 4, p. 105.

COULONGES-LES-ROYAUX, auj. **COULONGES-SUR-l'AUTIZE.** I.S. Mairie. Visite. **Voir no 124.**
Cf. R. Lévesque, dans *L'Information d'histoire de l'art*, no 1, 1974, p. 42-53 ; Eygun, p. 226 ; Fillon et Rochebrune (à l'article Terre-Neuve).

DURBELLIÈRE, La, à Mauléon (Saint-Aubin-de-Baubigné). I.S. Façade décorée d'ordres classiques.
Cf. Laurentin.

FAVRIÈRE, La, à Nueil-sur-Argent. I.S. Galerie à colonnes bâtie en 1586 pour Claude Le Mastin.
Cf. B.M., 1988, p. 232.

FOUVÉRINES, à Azay-le-Brûlé. Château bâti sous François Ier en style gothique ; cheminée avec les portraits en médaillons de ses propriétaires, datés de 1529.
Cf. J. Berthelé, *Carnet de voyage d'un antiquaire poitevin*, Paris, 1896, p. 58 ; Hautecœur, t. 1b, p. 706, n. 6 ; J. Guillaume, thèse inédite.

GOURNAY, à Gournay-Loizé. Bâti entre 1520 et 1525, fait de deux ailes en équerre avec tour d'escalier polygonale ; lucarnes à coquilles.
Cf. J. Guillaume, thèse inédite.

JAVARZAY, à Chef-Boutonne. M.H. **Voir no 24.**
Cf. C. Piard, *Chef-Boutonne*, 1921 ; J. Guillaume, thèse inédite.

MAURIVET, à Oroux. I.S. Manoir construit entre 1490 et 1530, pour la famille Garnier ; lucarnes à pilastres, cheminées.
Cf. VMF, no 40, avril 1969.

MAUZÉ, à Mauzé-sur-le-Mignon. Château du XVIe s.

MOTHE-SAINT-HÉRAYE, La. M.H. Restes du grand château bâti sous Henri IV pour Jean de Baudéan-Parabère, rasé après 1840.
Cf. Eygun, p. 239.

MURSAY, à Échiré. M.H. Bâti à la fin du XVIe s. pour François de Vivonne. Ruiné.
Cf. M. Ligot, dans *Mémoires de la Soc. d'agriculture, sciences et arts d'Angers*, t. 13, 1938, p. 87-104 ; *MC Bretagne*, p. 291.

OIRON. M.H. Visite. **Voir no 123.**
Cf. H. Clouzot dans *Revue de l'art ancien et moderne*, t. 20, 1906, p. 177 et 285 ; M. Dumolin, Paris, 1931 (coll. des Petites Monographies) ; E. Rostain, D. Canard et A. Labrousse, Paris, 1974 ; J. Guillaume, thèse inédite, et *Les Monuments historiques de la France*, no 101, février 1979, p. 76-96 et actes du colloque : *L'Art de Fontainebleau*, 1975, p. 145-159 ; H.P. Eydoux, *Monuments méconnus, pays de la Loire*, Paris, 1983.

OUCHES, Les, à Saint-Génard. I.S. Ancien château médiéval recontruit en partie sous Henri II pour François de Cousdun, remanié en 1707, puis en 1850.
Cf. Traver, p. 101.

RETOURNAY ou RETOURNÉ, à Marnes. I.S. Pavillon carré flanqué d'une tourelle d'escalier, bâti pour la famille Acton, riches échevins de Poitiers ; leurs armes ornent l'une des lucarnes à pilastres.
Cf. MC Bretagne, p. 294 ; Eygun, p. 234, 274.

RETOURNAY.

ROCHE-FATON, La, à Lhoumois. I.S. Château médiéval modifié à la fin du XVe s. Corps de logis construit après 1544 pour Mathurin Pidoux ; lucarnes à frontons.
Cf. Soulange-Bodin, *Châteaux connus et inconnus* ; *VMF*, no 58, octobre 1973.

SAINT-GELAIS. M.H. Bâti pour Charles de Saint-Gelais, de la branche aînée de la famille, mort en 1557 ou 1559, il est formé de deux corps de logis en équerre. L'un au nord avec

escalier dans une tour octogonale hors-œuvre (qui subsiste seule) datait de 1530 environ, l'autre au nord, de 1545 environ.
Cf. J. Guillaume, thèse inédite.

SAINT-POMPAIN. I.S. Château du XVIᵉ s.

SUIRÉ, à Saint-Gelais. Porte à merlons de la fin du XVIᵉ s.
Cf. J. Berthelé, *Carnet de voyage d'un antiquaire poitevin*, Paris, 1896, p. 54 ; Hautecœur, t. 1b, p. 434.

THOUARS. M.H. Visite. **Voir nº 23.**
Cf. Palustre, t. 3, p. 216-220 ; A. Rhein, dans *CAF*, 1910, p. 93-97 ; A. Morin, *Histoire de Thouars et du pays thouarsais*, Thouars, 1964 ; R. Crozet, dans *Dictionnaire des églises de France* ; J. Guillaume, thèse inédite.

VERMETTE, à La Chapelle-Gaudin. I.S. Petite gentilhommière bâtie pour la famille Cartier vers 1530-1540. Deux logis en équerre avec tour d'escalier et tourelles en poivrières aux angles ; hautes lucarnes de style François Iᵉʳ.
Cf. R. Garaud, dans *Bull. de la Soc. des amis du vieux Bressuire*, 1967-1968, p. 25-47 ; *VMF*, nº 46, octobre 1970 ; J. Guillaume, thèse inédite ; Eygun, p. 223.

VILLEDIEU-DE-COMBLÉ, à Sainte-Eanne. I.S. Transformé au XVIᵉ s. pour Joachim Gillier ; galerie à arcades dont le plafond est fait de caissons sculptés.
Cf. Soulange-Bodin, *Châteaux connus et inconnus ;* Eygun, p. 234.

VOÛTE, La, à Prahecq. Bâti pour Nicolas Baudouin vers 1530-1540 ; décor surchargé, de veine populaire.
Cf. J. Guillaume, thèse inédite ; Eygun, p. 223.

VENDÉE

M. Dillange, *Châteaux de Vendée*, Paris, Nouvelles Éditions latine, s.d.
Vieilles Maisons françaises, nº 97, juin 1983.

ALLERIT ou ALLERY, à Saint-Laurent-sur-Sèvre. Gentilhommière fortifiée à la fin du XVIᵉ s., en partie détruite. Ouvertures décorées d'un ordre dorique.
Cf. Laurentin.

ÂPREMONT. M.H. Visite. **Voir nº 89.**
Cf. Fillon et Rochebrune ; G. Wirtz-Daviau, Luçon, 1961 ; J. Guillaume, thèse inédite ; recherches de R. Levesque ; *VMF*, nº 97, juin 1983, p. 35 ; Eygun, p. 225.

AUBRAIE, L', à La Réorthe. Manoir fortifié de 1575-1577.
Cf. Eygun, p. 238.

AUDRIÈRE, L', ou LOUDRIÈRE, à Saint-Mesmin. Logis et chapelle fortifiée du XVIᵉ s. pour la famille de Tallansac.
Cf. Laurentin.

BAZOGES, à Bazoges-en-Pareds. I.S. Au XVIᵉ s. le sommet du donjon est agrémenté d'une loggia, et un portail est construit sur la cour.
Cf. Dillange, p. 6.

BEAUMARCHAIS, à L'Aiguillon-la-Chaize. Château de la fin du XVIᵉ s.
Cf. Eygun, p. 237.

BEL-ESBAT, à Fontenay-le-Comte. Aux portes de la ville, qui fut un temps un centre humaniste très actif, le magistrat Michel Tiraqueau avait fait bâtir par Lucas Bienvenu une maison de campagne vers 1545. Son cabinet d'antiques et d'objets rares fut fréquenté par Bernard Palissy, Rabelais... Il n'en reste rien.
Cf. B. Fillon, « Fontenay-le-Comte », dans *Poitou et Vendée*, 1861, p. 52, 54 et *Le Cabinet de Michel Tiraqueau*, Fontenay, 1848 ; Hautecœur, t. 1b, p. 38 et p. 644, n. 1.

BESSAY. M.H. A côté d'une maison noble du XVᵉ s., Giron de Bessay, l'un des chefs huguenots vendéens, et Renée de Machecoul font élever après leur mariage en 1577 une tour ronde imitée des donjons médiévaux, coiffée de faux mâchicoulis et de merlons. Les fenêtres encadrées de pilastres éclairent cinq niveaux d'habitation superposés ; cheminée.
Cf. Palustre, t. 3, p. 246 ; Hautecœur, t. 1b, p. 434 ; Dillange, p. 7 ; Eygun, p. 234 ; Fillon et Rochebrune.

BOIS-TISSANDEAU, aux Herbiers (Ardelay). I.S. Château commencé en 1575 (date inscrite) pour Jacques et Claude Ollivereau ; achevé vers 1620. Il est formé d'un corps de logis encadré de deux tours rondes. Au centre, un escalier incorporé dont la tour fait saillie dans le toit ; lucarnes à pilastres et frontons droits, cheminées sculptées.
Cf. Soulange-Bodin, *Châteaux connus et inconnus ;* Laurentin ; *VMF*, nº 10, octobre 1961 ; Dillange, p. 7 ; Eygun, p. 236.

BONNELIÈRE, La, à Saint-Michel-Mont-Mercure. I.S. Visite. Ensemble de bâtiments en quadrilatère avec une aile du XVIᵉ s. ; escalier d'angle. Remanié au XVIIᵉ s.
Cf. Laurentin ; Dillange, p. 10 ; Eygun, p. 234.

BRUNIÈRE, La, au Givre. L'ancien château fut remanié en 1590 pour René Bodin de La Rollandière, l'un des chefs protestants du Bas-Poitou ; la date est inscrite au-dessus de la porte d'entrée à colonnes. L'une des tours comporte une curieuse souche de cheminée qui se termine en forme d'amphore. A l'intérieur, cheminée à pilastres engainés encadrant un cartouche à « cuir » de style Du Cerceau. Détruit en partie vers 1620, reconstruit ensuite.
Cf. Hautecœur, t. 1a, p. 156, n. 3 ; *MC Bretagne*, p. 277 ; Dillange, p. 10 ; *VMF*, nº 97, juin 1983, p. 41 ; Eygun, p. 237.

CANTAUDIÈRE, la, Les Moustiers-lès-Mauxfaits. M.H. Ancienne maison-forte accostée de tours d'angle. Elle fut agrémentée au XVIᵉ s. d'un grand escalier et d'une aile ; belle cheminée datée de 1578 ornée de colonnes doriques cannelées et d'une couronne ovale de feuillages garnissant le manteau entre deux niches. Appartint à André Le Geay, seigneur de La Gestière, qui mit la main sur le brigand « Compère Guilleri », sous le règne de Henri IV.
Cf. Dillange, p. 10 ; *VMF*, nº 97, juin 1983, p. 41 ; Eygun, p. 228.

CHABOTTERIE, La, à Saint-Sulpice-le-Verdon. I.S. Visite. Manoir des XVᵉ et XVIᵉ s. ; lucarne à baies cintrées géminées sous un fronton courbe.
Cf. Dillange, p. 10.

CHASSENON, à Xanton-Chassenon. M.H. Fontaine du XVIᵉ s. dans le parc (en provenance d'un château voisin ?).

CHATELIER-BARLOT, Le, à Poiré-sur-Velluire. Ruines d'un château édifié ou modifié pour

Antoine Barlot, lieutenant général du roi, mort en 1615 ; une fenêtre porte la date de 1593.
Cf. Dillange, p. 11 ; P. Prouzeau, *Revue du Bas-Poitou*, t. 77, 1966, p. 421-426.

COLOMBIER, Le, à Mouchamps. Manoir du XVIᵉ s.
Cf. Dillange, p. 14.

COURT-D'ARON, La, à Saint-Cyr-en-Talmondais. Visite. Le château fut arrangé au XIXᵉ s. pour l'érudit poitevin Benjamin Fillon puis pour Raoul de Rochebrune. On y trouve des éléments sculptés venus de châteaux voisins, La Lyère, à Sainte-Flaive-des-Loups (cheminée), Le Poiré-sur-Velluire.
Cf. R. Vallette, *Châteaux de Vendée*, Vannes, 1895 ; Fouquier, *Grands Châteaux*, t. 2 ; *VMF*, nº 28, avril 1966 ; Dillange, p. 14 ; Eygun, p. 227.

CRESSONNIÈRE, La, à Cezais. I.S. Château du XVᵉ s. Modifié au XVIᵉ s. pour René Bastard de La Cressonnière. Le châtelet d'entrée est percé d'une travée de baies surmontées d'un fronton à tabernacle. On y lit la devise : « Vertu Estainct le Vice. 1566. »
Cf. Dillange, p. 14 ; *VMF*, nº 97, juin 1983, p. 52 ; Eygun, p. 228.

ÉCHARDIÈRES, Les, à La Flocellière. I.S. Un corps de logis du XVIᵉ s.
Cf. Dillange, p. 14.

ESSARTS, Les. I.S. Visite. Au château médiéval est ajouté un corps de logis sous François Iᵉʳ ; incendié sous la Révolution.
Cf. *VMF*, nº 97, juin 1983, p. 36.

FOSSE, La, à Mouilleron-en-Pareds. Château de 1557 ; fontaine.

GRANGES-CATHUS, Les, à Talmont-Saint-Hilaire. M.H. **Voir nº 54.**
Cf. L. Aude, *Napoléonville*, 1854 ; J. Guillaume, thèse inédite ; *VMF*, nº 97, juin 1983, p. 39-40 ; Eygun, p. 220, 221 et 274 ; R. Levesque, dans *L'escalier dans l'architecture de la Renaissance*, 1985, p. 93.

GUÉ, Le, à Sainte-Flaive-des-Loups. Construit au XVIᵉ s. pour Bertrand Foucher de L'Emenstruère.
Cf. *VMF*, nº 97, juin 1983, p. 39-40.

GUIGNARDIÈRE, La, à Avrillé. M.H. Château bâti pour Jean Girard, grand panetier de François Iᵉʳ et de Henri II ; corniche à modillons, belles souches de cheminée en brique ornées d'ordres superposés.
Cf. Dillange, p. 18 ; *VMF*, nº 97, juin 1983, p. 42.

HERMENAULT, L'. I.S. Visite. La résidence d'été des abbés et évêques de Maillezais fut rebâtie en partie, en 1523-1528, pour l'évêque Geoffroy d'Estissac, qui fut l'ami et le protecteur de Rabelais, son secrétaire. Ce dernier séjourna à L'Hermenault, comme à Coulonges. Il ne reste du château qu'une tour du XVᵉ et des bâtiments du XVIIIᵉ s.
Cf. Dillange, p. 18 ; *VMF*, nº 97, juin 1983, p. 38-39 ; Fillon et Rochebrune.

MOUZEUIL, à Mouzeuil-Saint-Martin. Petit logis prioral bâti vers 1539-1540, pour Geoffroy d'Estissac.
Cf. Palustre, t. 3, p. 246 ; Hautecœur, t. 1a, p. 202 ; J. Guillaume, thèse inédite.

PELISONNIÈRE, La, Le Boupère. Château du XVIᵉ s. remanié au XVIIᵉ ; un corps de logis encadré de gros pavillons carrés.
Cf. Dillange, p. 23.

POPELINIÈRE, La, à Sainte-Gemme-la-Plaine. I.S. Le château bâti vers 1570 pour Henri Lancelot, sieur de La Popelinière, gentilhomme pro-

testant et historien des troubles religieux, mort en 1608, conserve une tour d'escalier et une cheminée armoriée.
Cf. Eygun, p. 228 ; gravé par Rochebrune.

PUY-DU-FOU, Le, Les Épesses. M.H. Écomusée. **Voir nº 125.**
Cf. O. de Rochebrune, dans *Revue du Bas-Poitou*, 1925, p. 229-235 ; Laurentin ; E. Deriez, Luçon, 1964 ; *VMF*, nº 97, juin 1983, p. 36 et 63 ; Eygun, p. 225-226 ; Fillon et Rochebrune.

PUY-GREFFIER, Le, à Saint-Fulgent. Corps de logis, ajouté au XVIᵉ s., sans doute pour Charles Du Bouchet ; loggia d'entrée, voisine de celle du Puy-du-Fou. Ruines.
Cf. Laurentin.

PUY-GREFFIER. Grav. d'Octave de Rochebrune (1861).

rut en 1608. Le maître d'œuvre est connu, Jean Morisson. Terre-Neuve est formé de deux corps de logis en équerre, cantonnés à leurs angles de tours rondes et d'échauguettes. L'ordonnance ancienne des façades n'est guère lisible depuis que le château a été enjolivé au milieu du XIXᵉ s. pour le grand amateur et graveur romantique Octave de Rochebrune. Il y remonta en effet des éléments pris à des bâtiments voisins (Coulonges-les-Royaux ; hôtel de La Rochefoucauld à Fontenay-le-Comte ; une porte de Chambord).
Cf. Eygun, dans *CAF*, 1966, p. 56 ; *MC Bretagne*, p. 264-272 ; A. de Fontenioux, *VMF*, nº 74, octobre 1977 et nº 97, juin 1983, p. 33 ; Fillon et Rochebrune.

AVANTON. I.S. Corps de logis accosté d'une haute tour d'escalier de plan rectangulaire bâti sans doute pour François Aubert, premier président de la sénéchaussée de Poitou ; lucarnes à pilastres, fronton et pots à feu ; deux ailes ajoutées sous Louis XIII.
Cf. Crozet, p. 14 ; Eygun, p. 233.

BASLOU, à Dercé. Bâti en style gothique pour Côme Thiercelin, cousin du constructeur de La Roche-du-Maine, dans les années 1520-1530. Décor italianisant de la porte de l'escalier.
Cf. J. Guillaume, thèse inédite.

BAUDIMENT, à Beaumont. Le château de la famille de Nuchèze, gravé par Claude Chastillon, datait du début du XVIᵉ s., mais il a été agrandi et totalement transformé en 1873-1876.
Cf. Eygun, dans *VMF*, nº 8, avril 1961.

BOIS-DOUSSET à Lavoux. M.H. Aile du XVIᵉ s. ; portail.
Cf. Eygun, p. 235.

BOIS-ROGUE, à Rossay (Loudun). M.H. Gilles Sanglier avait été chargé de la garde de Maximilien Sforza, duc de Milan (fils de Ludovic) après la bataille de Marignan. Il le logea dans sa mai-

BOIS-ROGUE. Détail de la galerie.

REINERIE, La, à Saint-Martin-en-l'Ars. Gentilhommière fortifiée de la fin du XVIᵉ s. sur un plan en équerre ; l'une des ailes est due à Louis Jousseaulme, qui épousa en 1575 Gabrielle Du Puy du Fou.
Cf. Laurentin.

RHÉE, ou **RAY, La,** à Saint-Hilaire-du-Bois. Manoir bâti en 1596 pour Louis Landry, procureur du roi à Mauléon ; une échauguette porte la date de 1596.
Cf. VMF, nº 97, juin 1983, p. 42.

SAINT-JUIRE, à Sainte-Hermine. Visite. Manoir des XVᵉ et XVIᵉ s.
Cf. VMF, nº 97, juin 1983, p. 39 et 41.

SAINT-MESMIN-LA-VILLE. I.S. Construction des XIVᵉ, XVᵉ et XVIᵉ s.

TERRE-NEUVE, à Fontenay-le-Comte. M.H. Visite. Le château fut bâti entre 1595 et 1600 pour Nicolas Rapin, bon jurisconsulte, maire de Fontenay, grand prévôt de la connétablie de France, illustre pour avoir été l'un des poètes de la *Satyre Ménippée*. Il s'y retira en 1600 et y mou-

TIFFAUGES. M.H. Visite. Une tour date des travaux de Louis de Vendôme, vidame de Chartres, au XVIᵉ s.
Cf. Dillange, p. 30 ; *VMF*, nº 97, juin 1983, p. 36-37.

VIENNE

A. Barbier, « Les Monuments historiques du département de la Vienne », dans *Mémoires de la Soc. des antiquaires de l'Ouest*, t. 22, 1899, p. 19-54.
R. Crozet, *Châteaux de la Vienne*, Paris, Nouvelles Éditions latines, 1966.
Vieilles Maisons françaises, nº 86, octobre 1980, p. 42 et suivantes.

son de Bois-Rogue. Sforza s'y plut et aurait, dit-on, voulu acheter la maison. Il mourut à Paris en 1530. Ce qui en subsiste date sans doute de la décennie suivante : c'est une longue galerie régulière de neuf travées, privée des couronnements de ses croisées, mais enrichie d'un beau décor de pilastres ioniques au rez-de-chaussée, corinthiens à l'étage.
Cf. Crozet, p. 30 ; S. Réol, dans *VMF*, nº 86, octobre 1980, p. 44 ; J. Guillaume, thèse inédite ; Eygun, p. 223.

BONNIVET, à Vendeuvre-du-Poitou. Ruines. **Voir nº 50.**
Cf. Col. Chevalier-Ruffigny, dans *Bull. de la Soc. des antiquaires de l'Ouest*, 1930, p. 575-619 ; J. Guillaume, thèse inédite.

BOURG-ARCHAMBAULT. M.H. Chapelle construite pour Pierre de Sacierges, évêque de Luçon de 1496 à 1514.
Cf. Crozet, p. 14.

BROSSE, La, à Brigueil-le-Chantre. Manoir du XVIᵉ s.
Cf. Eygun, p. 233.

BOIS-DOUSSET à Lavoux. M.H. Aile du XVIe s. ; portail.
Cf. Eygun, p. 235.

BOIS-ROGUE, à Rossay (Loudun). M.H. Gilles Sanglier avait été chargé de la garde de Maximilien Sforza, duc de Milan (fils de Ludovic) après la bataille de Marignan. Il le logea dans sa maison de Bois-Rogue. Sforza s'y plut et aurait, dit-on, voulu acheter la maison. Il mourut à Paris en 1530. Ce qui en subsiste date sans doute de la décennie suivante : c'est une longue galerie régulière de neuf travées, privée des couronnements de ses croisées, mais enrichie d'un beau décor de pilastres ioniques au rez-de-chaussée, corinthiens à l'étage.
Cf. Crozet, p. 30 ; S. Réol, dans *VMF*, no 86, octobre 1980, p. 44 ; J. Guillaume, thèse inédite ; Eygun, p. 223.

BONNIVET, à Vendeuvre-du-Poitou. Ruines. **Voir no 50.**
Cf. Col. Chevalier-Ruffigny, dans *Bull. de la Soc. des antiquaires de l'Ouest,* 1930, p. 575-619 ; J. Guillaume, thèse inédite.

BOURG-ARCHAMBAULT. M.H. Chapelle construite pour Pierre de Sacierges, évêque de Luçon de 1496 à 1514.
Cf. Crozet, p. 14.

BROSSE, La, à Brigueil-le-Chantre. Manoir du XVIe s.
Cf. Eygun, p. 233.

CHAPELLE-BELLOUIN, La, à La Roche-Rigault. I.S. Visite. L'ancien château fort, disposé autour d'une cour carrée, est rhabillé vers 1520 pour Henri Bohier, secrétaire du roi, puis général des finances, frère du constructeur de Chenonceau et de l'archevêque de Bourges. Le style de la Loire marque ces constructions qui seront poursuivies, après la disgrâce puis la mort de Bohier, par Jean d'Escoubleau, acquéreur vers 1535. Familier de François Ier, il sera nommé comte de La Chapelle-Bellouin en 1549 et mourra en 1572. Il reste aujourd'hui le châtelet d'entrée avec son passage voûté à caissons, et des pans de façade décorés de pilastres corinthiens et de frontons droits sommant des demi-croisées. Le château est en cours de réhabilitation.
Cf. Hautecœur, t. 1a, p. 171 ; *VMF*, no 86, octobre 1980, p. 43, et no 87, janvier 1981, p. 86 ; J. Guillaume, thèse inédite ; Eygun, p. 223.

CHÂTEAU-COUVERT, à Jaunay-Clan. I.S. Bâti vers 1540 pour la famille Fumée, de Poitiers.
Cf. J. Guillaume, thèse inédite.

CHITRÉ, à Vouneuil-sur-Vienne. I.S. **Voir no 88.**
Cf. Abbé Longer, 1927 ; Fouquier, *Grands Châteaux,* t. 2 ; Crozet dans *CAF,* 1951, p. 271-279 ; Soulange-Bodin, *Châteaux connus et inconnus ;* Eygun, p. 222 ; *MC Bretagne,* p. 279.

CLAIRVAUX, à Scorbé-Clairvaux. M.H. **Voir no 217.**

Cf. R. Duvau, dans *CAF,* 1951, p. 294-300 ; J. Guillaume, thèse inédite ; R. Planchenault, dans *Beaux-Arts,* août 1929, p. 9-10. Fr. Didier, 1986 (étude inédite).

COUSSAY en Mirebalais, M.H. **Voir no 51.**
Cf. G. David, Clermont-Ferrand, 1976 ; J. Salvini, dans *CAF,* 1951, p. 261-269 ; J. Guillaume, thèse inédite ; Eygun, p. 219, 221.

CRÉMAULT, à Bonneuil-Matours. I.S. Construction des XVIe et XVIIe s.

DISSAY. I.S. Visite. Vaste château de plaine des évêques de Poitiers, bâti pour Pierre II d'Amboise, frère du cardinal Georges Ier, et achevé vers 1493, augmenté ensuite au XVIIIe s. La chapelle renferme des peintures murales sur fond d'or, vers 1500 (*Crucifixion, Histoire de David*).
Cf. Mgr. Barbier de Montault, dans *Paysages et Monuments du Poitou,* t. 4, Poitiers, 1892 ; Soulange-Bodin, *Châteaux connus et inconnus ;* J. Salvini dans *Bull. de la Soc. des antiquaires de l'Ouest,* 1939 ; G. Souchal, « Le Mécénat de la famille d'Amboise », dans *Bull. de la Soc. des antiquaires de l'Ouest,* 1976, p. 520-526 ; Crozet, p. 11 ; J. Guillaume, thèse inédite.

FUYE, La, à Mouterre-Silly. I.S. Château bâti pour la famille de Leignes, propriétaire de 1559 à 1591. Cheminées décorées.
Cf. Eygun, p. 234.

JAILLE, La ou GRANDE JAILLE, La, à Sammarçolles. M.H. Petit logis de plaine bâti après 1577 pour Nicolas Coustureau, président à la chambre des comptes de Bretagne. Intéressant décor des croisées, réunies par des moulures horizontales à l'appui, et des lucarnes, très ornées et percées de petites baies cintrées ; perron et portail à bossages rustiques, peintures, cheminées.
Cf. J. Verrier, dans *Beaux-Arts,* 1928, p. 198 ; *MC Bretagne,* p. 285 ; Crozet, p. 31 ; *VMF,* no 86, octobre 1980, p. 46 ; Eygun, p. 234, 254.

LAYRÉ ou LÉRAY, à Saint-Pierre-d'Exideuil. I.S. Visite. Colombier daté de 1572-1573, « l'année des merveilleuses misères » ; porte datée de 1605, logis de 1611.
Cf. Crozet, p. 27 ; Eygun, p. 223.

MAILLETERIE, La, à Marigny-Brizay. I.S. Manoir du XVIe s.
Cf. Eygun, p. 235.

MARCONNAY, à Sanxay. M.H. Visite. Constructions des XVe et XVIe s.
Cf. MC Bretagne, p. 288 ; *VMF,* no 86, octobre 1980, p. 50.

MASSARDIÈRE, La, à Thuré. M.H. Manoir du XVe s. agrémenté vers 1530 pour la famille de La Tousche d'un portique de quatre arcs surbaissés sur colonnes octogonales.
Cf. MC Bretagne, p. 289 ; Crozet, p. 27 ; *VMF,* no 86, octobre 1980, p. 46 ; J. Guillaume, thèse inédite.

MONCHANDY, à Château-Garnier. Manoir des XVe et XVIe s.
Cf. Eygun, p. 233.

MONTS-SUR-GUESNES. M.H. Dans un château du XVe s., Jacques de Brilhac fait ouvrir deux fenêtres ornées de pilastres.
Cf. J. Guillaume, thèse inédite.

MORTHEMER, à Valdivienne. I.S. Donjon du XIVe modifié au XVIe s.

PETITES ROCHES, Les, à Vendeuvre-du-Poitou. M.H. Bâti vers 1515-1520 pour Nicolas Dausseure, maire de Poitiers. Frise italianisante sur une lucarne. Sur la façade orientale, les fenêtres à pilastres ioniques sont plus tardives.
Cf. MC Bretagne, p. 295 ; J. Guillaume, thèse inédite.

PLANCHE, La, à Vivonne. I.S. Construit pour Pierre Régnier, maire de Poitiers en 1516-1517. Tour d'escalier carrée, culots ornés de figurines. Pour ses descendants, Guillaume Mercier l'agrandit vers 1550-1560 et ajoute une échauguette couverte en demi-dôme.
Cf. Soulange-Bodin, *Châteaux connus et inconnus ; MC Bretagne,* p. 293 ; Crozet, p. 14.

ROCHE-DU-MAINE, La, à Prinçay. M.H. **Voir no 53.**
Cf. R. Crozet, dans *CAF,* 1951, p. 270-279 et *Bull. de la Soc. d'hist. et sciences des Deux-Sèvres,* 1952, p. 178 ; J. Guillaume, thèse inédite ; Eygun, p. 222 ; H.P. Eydoux, *Monuments méconus, pays de la Loire,* Paris, 1983.

ROCHE-GENÇAY, La, à Magné. I.S. **Voir no 52.**
Cf. E. Gauffreteau, dans *Mémoires de la Soc. des antiquaires de l'Ouest,* 1909, p. 243-351 ; J. Guillaume, thèse inédite.

ROUHET, à Beaumont. I.S. Constructions des XVIe et XVIIIe s. Domaine de Louise de La Béraudière, dite « la belle Rouet », maîtresse d'Antoine de Bourbon qui y vint. Leur fils Charles, frère bâtard de Henri IV, y naquit en 1555.

TOUFFOU, à Bonnes. M.H. Visite. **Voir no 172.**
Cf. J. Salvini, dans *CAF,* 1951, p. 256-260 et *Bull. de la Soc. des antiquaires de l'Ouest,* 1963, p. 89-136 ; *VMF,* no 46, octobre 1970, p. 9-16 et no 86, octobre 1980, p. 46-49.

TOUR DE RY, La, à Coussay. I.S. Logis bâti vers 1520 pour la famille de Brusac ; galeries.
Cf. J. Guillaume, thèse inédite ; Eygun, p. 223.

VAYRES, à Saint-Georges-les-Baillargeaux. I.S. Manoir de la fin du XVIe s. Châtelet d'entrée garni de pilastres et frontons.
Cf. Crozet, p. 11 ; *VMF,* no 15, janvier 1963 ; Eygun, p. 234.

VERVOLIÈRE, La, à Coussay-les-Bois. M.H. Manoir rebâti sans doute par François II Du Plessis après 1493. Il comporte un escalier à volées droites séparées par un mur-noyau.
Cf. U. Albrecht et J. Guillaume ; « L'escalier de la Guerche », dans *Bull. Soc. archéol. de Touraine,* t. 40, 1983, p. 490.

VII. LIMOUSIN. MARCHE. PÉRIGORD. QUERCY

J. Gauthier, *Manoirs et Gentilhommières des pays de France*, t. 6, *Quercy et Périgord*, et t. 8, *Limousin*, Paris, 1932.
J. de Montarnal, *Châteaux et Manoirs de France*, t. 8 et 9, *Périgord et Limousin*, Paris, 1937.
Inventaire général des monuments et richesses artistiques de la France, Répertoire des inventaires, n° 10, *Limousin*, Paris, 1970.
Merveilles des châteaux d'Auvergne et du Limousin, Paris, Hachette-Réalités, 1971.

CORRÈZE

R. Lafage, G. de Lépinay et J.B. Champeval de Vyers, « Liste des châteaux ou maisons-fortes de la Corrèze », dans *Bull. de la Soc. des sciences, hist. et arch. de Corrèze*, t. 4, 1882, p. 525-585 et t. 5, 1883, p. 315-323.
M.-M. Macary, *Châteaux de Corrèze*, Paris, Nouvelles Éditions latines, s.d.
Mille vaches en Limousin, Cahiers de l'Inventaire, n° 9, 1987.

CASTEL NOVEL, à Varetz. Site inscrit. Fenêtres percées lors des remaniements opérés au XVIe s. pour les Beaupoil de Saint-Aulaire.
Cf. MC Auvergne, p. 284 ; Macary, p. 7.

COSNAC. I.S. Agrandi au XIVe et XVIe, transformé au début du XVIIIe s.
Cf. Macary, p. 6.

ENVAL, à Brive. Le château semble en majeure partie du XVIe s., construit peut-être vers 1560 pour Sébastien de Juyé, époux de l'héritière de la famille de Selve.
Cf. L. de Nussac, dans *Bull. de la Soc. des sciences, hist. et arch. de Corrèze*, t. 67, 1945, p. 18-52.

ESTRESSES, à Astaillac. I.S. Constructions des XVe et XVIe s.
Cf. Macary, p. 27.

FAGE, La, à Noailles. I.S. Restes d'un château bâti vers 1550 pour Antoine et François de Noailles. Il fut incendié en 1789. La famille de Noailles recueillit les éléments sculptés et les inséra en 1830 au château médiéval de Noailles, voisin.
Cf. Macary, p. 7.

FONTMARTIN, à Darnetz. Fin du XVIe s.

GRÈNERIE, La, à Salon-la-Tour. Construit à la fin du XVe, terminé au début du XVIe s. pour Jean Ier de Beaupoil de Saint-Aulaire.
Cf. Soulange-Bodin, *Châteaux connus et inconnus* ; Macary, p. 14.

LANTEUIL. I.S. Décor ajouté à une construction plus ancienne, au milieu du XVIe s., pour des bourgeois de Brive, les Gay de La Gaye ; analogue à celui de l'hôtel Labenche, à Brive, et du château de Sédières.
Cf. Macary, p. 7.

LINOIRES, à Turenne. I.S. Maison-forte du XVe modifiée au XVIe s. Chapelle couverte d'une voûte en étoile, bâtie en 1522 pour Guillaume de Cosnac.
Cf. Macary, p. 11.

LISSAC-SUR-COUZE. Site inscrit. Maison-forte des XIIIe-XVe s. ; fenêtres du XVIe s.
Cf. Macary, p. 3.

MAJORIE, La, à Altillac. Façade du XVIe s.
Cf. Macary, p. 27.

MAUMONT, à Rosiers d'Égletons. Site inscrit. Fenêtres remaniées au XVIe s.
Cf. MC Auvergne, p. 291 ; Macary, p. 27.

MAUSSAC, à Collonges-la-Rouge. I.S. Petite maison-forte ; portail à fronton maladroit, tour carrée d'escalier flanquée d'une échauguette, dont la porte est encadrée de colonnes composites sous un entablement et une niche à coquille.
Cf. Hautecœur, t. 1a, p. 202 ; E. de Ganay, *Châteaux et Manoirs*, t. 9, *Périgord*, pl. 89.

MAUSSAC.

MONCEAUX, à Viam. Porte datée de 1582.

PÉBEYRE, à Saint-Pardoux-la-Croisille. Maison-forte du XVᵉ s ; chapelle reconstruite au XVIᵉ s.
Cf. Macary, p. 22.

PEUCH, Le, à Ligneyrac. Site inscrit. Maison-forte du début du XVIᵉ s. ; cheminée au manteau décoré de peintures.
Cf. Macary, p. 6.

PIN, Le, à Salon-la-Tour. Reconstruit après un incendie survenu en 1550 pour la famille de Carbonnières sur un plan en équerre avec trois tours, puis à nouveau en 1904.
Cf. Macary, p. 14.

POMPADOUR, à Arnac-Pompadour. I.S. Le puissant château des XIVᵉ et XVᵉ s. fut embelli au XVIᵉ s. pour Geoffroy de Pompadour, évêque de Périgueux puis du Puy, mort en 1514 ; chapelle, dont les pierres démontées sont dans le parc, portail encadré de colonnes à bossages sur le châtelet.
Cf. Macary, p. 15.

RIEU, Le, à Saint-Bonnet-les-Tours-de-Merle. I.S. Château de la famille de Pesteils, rebâti au XIVᵉ s., décoré au milieu du XVIᵉ pour Louis de Pesteils, capitaine du château de Nantes. La porte de la tour d'escalier est encadrée de colonnettes filiformes aux maladroits chapiteaux. Saccagé par les huguenots en 1576.
Cf. Macary, p. 26 ; G. Pillement, dans *VMF*, nᵒ 30, octobre 1966, p. 22-25.

RILHAC, à Rilhac-Xaintrie. I.S. Maison-forte du XIVᵉ s. embellie au début du XVIᵉ s. (porte et fenêtres de la tour d'escalier, d'un gothique très géométrique).
Cf. Macary, p. 26.

SÉDIÈRES, à Clergoux. M.H. L'important château de plan massé bâti au XIVᵉ s. pour l'évêque Laurent d'Albiars, médecin d'Innocent VI, fut remanié pour Dominique Bothier de Sédières, qui fit aménager l'espace intérieur dans la première moitié du XVIᵉ s. Escalier à rampes droites dans le donjon, avec des portes palières encadrées de pilastres corinthiens cannelés ; galerie de la cour, cheminées, lucarnes à frontons et pinacles. Son fils Pierre, chevalier de Malte, s'illustra au siège de Rhodes. A son retour, il fit sculpter des figures de saints au premier étage et une grande coquille de pèlerin au second. Marié à Marthe de Noailles, il fut l'un des principaux chefs catholiques en Limousin.
Cf. Macary, p. 18 ; *VMF*, nᵒ 27, janvier 1966 ; Le *Dictionnaire* de Viollet-le-Duc reproduit des fenêtres de Sédières.

VASSINHAC, à Collonges-la-Rouge. M.H. Maison-forte du XVᵉ s. modifiée en 1583 (date portée sur une tourelle).
Cf. Planchenault, dans *Beaux-Arts*, avril 1932, p. 9 ; Macary, p. 10.

CREUSE

H. Hemmer, *Châteaux de la Creuse*, Paris, Nouvelles Éditions latines, s.d.
M. Dayras, *La Creuse*, coll. Richesses de la France, 1962.

BROUSSE. I.S. Reconstruit dans la seconde moitié du XVIᵉ s.
Cf. M. Dayras, dans *Mém. de la Soc. des sciences nat. et arch. de la Creuse*, t. 26, 1936, p. 403-407.

CHANTEMILLE, à Ahun. I.S. Maison-forte des XVᵉ et XVIᵉ s. Joseph-Juste Scaliger y résida comme précepteur.
Cf. G. Janicaud, dans *Mém. de la Soc. de la Creuse*, t. 31, 1952, p. 264-271 ; *MC Auvergne*, p. 284 ; Hemmer, p. 7.

CHASSAGNE, La, à Saint-Hilaire-le-Château. Maison-forte des XVᵉ et XVIᵉ s.
Cf. *MC Auvergne*, p. 285 ; Hemmer, p. 8.

GUÉRET, château des Monneyroux. M.H. Belle demeure régulière construite à la fin du XVᵉ pour Alard des Monneyroux, trésorier des comtes de la Marche, achevée au début du XVIᵉ s. pour Pierre Billon.
Cf. Hemmer, p. 19.

LAVAUD-PROMIS, à La Villetelle. Porte du XVIᵉ s. au corps de logis.
Cf. Hemmer, p. 15.

MAINSAT. I.S. Le château des La Roche-Aymon comporte un portail du XVIᵉ s., lucarnes.
Cf. Soulange-Bodin, *Châteaux connus et inconnus* ; *MC Auvergne*, p. 140-143 ; Hemmer, p. 19.

MAISON-ROUGE, La, à Saint-Maurice-la-Souterraine. Constructions des XVIᵉ et XVIIᵉ s.
Cf. Hemmer, p. 19.

MAZAUD ou MAZEAU, à Peyrat-la-Nonière. I.S. Petite maison noble de style encore gothique ; une petite aile datée de 1620 a dans ses murs quelques portraits sculptés en médaillons.

MAZAUD.

MONTLEBEAU, à Vareilles. I.S. Maison-forte du XVIᵉ s.
Cf. J. Desjobert des Prahas, dans *Mém. de la Soc. de la Creuse*, t. 26, 1937, p. 657-662.

SAINT-GERMAIN-BEAUPRÉ. M.H. Visite. Le château, flanqué de trois fortes tours rondes qui subsistent des cinq primitives, a vu son corps de logis reconstruit vers le milieu du XVIᵉ s. pour Gabriel Foucauld, achevé au début du XVIIᵉ s. Des travées verticales de pilastres tentent de régulariser les percements des fenêtres, deux sont couronnées de lucarnes à frontons. L'escalier est voûté d'ogives supportant des voûtains de brique. Ravagé vers 1840, restauré en 1886.
Cf. M. Louradour, dans *Mém. de la Soc. de la Creuse*, t. 35, p. 724 et t. 37, p. 737 ; E. de Ganay, *Châteaux de France. Région Centre et Sud*, nᵒ 80-82 ; Hemmer, p. 23 ; *MC Auvergne*, p. 130-133 ; *VMF*, nᵒ 44, avril 1970.

VAUREILLE, La, à Peyrat-la-Nonière. Parties du XVIᵉ s.
Cf. M. Dayras, *Mém. de la Soc. de la Creuse*, t. 31, 1950-1951, p. 129-130.

VILLEFORT, à Sainte-Feyre-la-Montagne. I.S. Bâti à la fin du XVIᵉ s. pour un Mourins d'Arfeuille.
Cf. *MC Auvergne*, p. 299.

VILLENEUVE, La, à Vallières. Bâti en 1506 pour Louis II d'Aubusson, transformé aux XVIIᵉ et XVIIIᵉ s.
Cf. Soulange-Bodin, *Châteaux connus et inconnus* ; Hemmer, p. 30.

DORDOGNE

J. Rocal et J. Secret, *Châteaux et Manoirs du Périgord*, Bordeaux, 1938.
G. Pardiac, *Châteaux du Périgord*, Paris, 1948.
J. Secret, *Châteaux en Périgord*, album illustré, 1955.
J. Secret, *Le Périgord, châteaux, manoirs et gentilhommières*, Paris, 1966, rééd. 1976.
Merveilles des châteaux de Languedoc et Guyenne, Paris, Hachette-Réalités, 1967.
J. Secret, *Châteaux du Périgord*, Paris, Nouvelles Editions latines, 1968-1969, 2 vol.
J. Gauthier, *Manoirs et Gentilhommières des pays de France, Quercy et Périgord*, Paris, 1930.
J. Maubourguet, *La Renaissance au cœur du Périgord noir*, Périgueux, 1976.
Dictionnaire des châteaux de France, Guyenne, Gascogne, Béarn et pays Basque (sous la direction de Jacques Gardelles), Paris, Berger-Levrault, 1981.
Vieilles Maisons françaises, nᵒ 93, juillet 1982.

BADEFOLS, à Badefols-sur-Dordogne. Reconstruit en 1537.
Cf. Bouguereau, dans *Bull. de la Soc. hist. et arch. du Périgord*, t. 95, 1968, p. 99-110 ; *VMF*, nᵒ 93, juillet 1982, p. 41.

BANNES, à Beaumont-du-Périgord. I.S. Reconstruit après les ruines de la guerre anglaise pour Armand de Gontaut-Biron, de 1498 à 1519, dans un style gothique fleuri proche de l'art de la Loire. Grande cheminée de style Louis XII (décor de cordelières) dans la grande salle. Appartint en 1571 à Jean de Losse, gouverneur du Périgord, ancien précepteur de Henri de Navarre.
Cf. H. Soulange-Bodin, *Châteaux connus et inconnus*, et dans *Jardin des arts*, nᵒ 23, 1956, p. 693-694 ; *Châteaux et Manoirs du Périgord*, p. 85-87 ; Secret, t. 1, p. 7 ; *MC Guyenne*, p. 301 ; *DCF Guyenne* ; *VMF*, nᵒ 93, juillet 1982, p. 50.

BATUT, La, à Saint-Chamassy. Tour d'escalier de plan polygonal, du XVIᵉ s.
Cf. *DCF Guyenne*.

BEAUVAIS, à Lussas-et-Nontronneau. Construit dans la seconde moitié du XVIᵉ s. pour François Du Faure ; lucarnes doubles à frontons, puits.
Cf. *VMF*, nᵒ 73, juillet 1977, p. 27.

BERBIGUIÈRES. I.S. Constructions des XIIIᵉ et XVIIᵉ s. ; deux ailes du XVIᵉ avec un portail datant du milieu du siècle ; appartenait aux Caumont.
Cf. Secret, t. 1, p. 7 ; *MC Guyenne,* p. 302.

BEYNAC, à Beynac-et-Cazenac. M.H. Visite. La grande salle est pourvue au milieu du XVIᵉ s. d'une cheminée dorique (colonnes, bucranes et patères à l'entablement ; cartouche et figures au manteau).
Cf. F. Boudon et L. Sanlieu, dans *CAF,* 1979, p. 287-313.

BIRON. M.H. Visite. **Voir nº 92.**
Cf. Fr. Anne, Paris, Nouvelles Éditions latines, s.d. ; *DCF Guyenne ;* Fr. Tétart-Vittu, dans *CAF,* 1979, p. 214-244 ; A. et J. Sangouard, dans *B.M.,* 1984, p. 357-374 (sur la chapelle).

BOÉTIE, La, à Sarlat. Aux portes de la ville, c'est une simple maison noble des XVIᵉ et XVIIᵉ s. Etienne de La Boétie y naquit en 1530.
Cf. Secret, t. 2, p. 22.

BORIES, Les, à Antonne-et-Trigonnay. M.H. Visite. Commencé en 1497 pour Jeanne de Hautefort, veuve de Jean de Saint-Astier, achevé en 1604 pour Henri de Saint-Astier. Cheminée.
Cf. P. Vitry, dans *CAF,* 1927, p. 240-242 ; *MC Guyenne,* p. 303 ; *DCF Guyenne ; VMF,* nº 73, juillet 1977 et nº 93, juillet 1982, p. 50.

BOURDEILLES. M.H. Visite. **Voir nº 269.**
Cf. G. Lavergne, dans *CAF,* 1927, p. 317-337 ; E. de Ganay, *Châteaux de France. Région Centre et Sud,* p. 15-18 ; *DCF Guyenne.*

BRANTÔME. Les reposoirs et le pavillon de l'abbaye ont été bâtis sous François Iᵉʳ par l'abbé Pierre de Mareuil.
Cf. Hautecœur, t. 1b, p. 325, 615 et 624.

CARDOU, à Bourniquel. Fenêtres du XVIᵉ s.
Cf. DCF Guyenne.

CAUSSADE, à Trélissac. M.H. Un corps de logis du XVIᵉ s.
Cf. Secret, t. 2, p. 26 ; *MC Guyenne,* p. 306.

CHABAN, à Saint-Léon-sur-Vézère. Maison-forte bâtie vers 1530 pour la famille de Calvimont. Le corps de logis est flanqué d'une tour d'escalier polygonale en grand appareil. Lucarnes coiffées de frontons à coquilles ; porte de l'escalier encadrée de colonnes et couronnée d'une sorte de draperie en accolade.
Cf. Soulange-Bodin, *Châteaux connus et inconnus ;* Secret, t. 2, p. 15 ; *Châteaux et Manoirs du Périgord,* p. 51 ; *DCF Guyenne.*

CHAPELLE-FAUCHER, La, I.S. Travaux pour Jean de Farges au XVIᵉ s.
Cf. Secret, t. 1, p. 19 ; *VMF,* nº 93, juillet 1982, p. 46.

CHÂTEAU-BARRIÈRE, à Villamblard. Ruines. Un logis du XVIᵉ s. avec les restes d'un oratoire.
Cf. Secret, t. 2, p. 28.

CHÂTEAU-L'ÉVÊQUE. I.S. Résidence des évêques de Périgueux. Un corps de logis bâti vers 1515 pour Mgr de Castelnau, évêque ; décor de cordelières sur les baies, oratoire dans une tourelle en encorbellement.
Cf. Soulange-Bodin, *Châteaux connus et inconnus ;* Secret, t. 1, p. 22 ; *MC Guyenne,* p. 306.

CLAUD, Le, à Salignac-Eyvignes. Château des XIVᵉ et XVᵉ s., remanié au XVIᵉ s. pour le sieur d'Anglars. Dans la grande salle, cheminée décorée d'un cerf au milieu de biches et frise de pierre peinte représentant des bustes de personnages, dont celui de Cléopâtre, encadrés de figures de termes.

Cf. Soulange-Bodin, *Châteaux connus et inconnus ;* E. de Ganay, *Châteaux et Manoirs, Périgord,* t. 8, p. 15 ; *DCF Guyenne ;* Secret, t. 1, p. 23.

CONDAT-SUR-VÉZÈRE. Château de 1540.

CUBJAC. Une porte de la maison-forte, qui peut être attribuée à l'architecte et sculpteur Nicolas Rambourg, est datée de 1589 ; pilastres bagués de bossages sous un couronnement à ailerons.
Cf. S. Gendry, «Nicolas Rambourg, architecte et sculpteur en Périgord, 1559-1649», dans *Bull. de la Soc. hist. et arch. du Périgord,* t. 96, 1969, p. 31-69 ; E. de Ganay, *Châteaux et Manoirs,* t. 9, p. 45 ; Hautecœur, t. 1b, p. 397, 673, n. 1, et 693, n.9.

EXCIDEUIL. Château qui appartint aux Albret ; chapelle et logis à tourelles datant du XVIᵉ s. N. Rambourg y travaillait en 1587.
Cf. S. Gendry, «Nicolas Rambourg, ...» dans *Bull. de la Soc. hist. et arch. du Périgord,* t. 96, 1969, p. 31-69 ; J.-P. Laurent, *ibid.,* t. 104, 1977 ; Secret, t. 1, p. 23.

EYZIES-DE-TAYAC, Les. M.H. Visite. Château des XVᵉ et XVIᵉ s., restauré au XXᵉ s.

FAGES, à Saint-Cyprien. M.H. **Voir nº 201.**
Cf. DCF Guyenne ; VMF, nº 53, avril 1972, nº 73, juillet 1977, et nº 75, janvier 1978, p. 56 ; *Châteaux et Manoirs du Périgord,* p. 39-40 ; Secret, t. 2.

FAYRAC, à Castelnaud-et-Fayrac. I.S. La façade sur la terrasse s'orne de fenêtres décorées de bossages, de la fin du XVIᵉ s. ; pavillon de 1626.
Cf. Châteaux et Manoirs du Périgord, p. 27-28 ; Soulange-Bodin, *Châteaux connus et inconnus ; MC Guyenne,* p. 308 ; *VMF,* nº 73, juillet 1977, et nº 93, juillet 1982, p. 40.

FÉNELON, à Sainte-Mondane. M.H. Visite. Château des XIVᵉ-XVᵉ, remanié à la fin du XVIᵉ et au XVIIᵉ s.
Cf. J. Secret, L. de Maleville et G. Lavergne, dans *Bull. de la Soc. hist. et arch. du Périgord,* t. 78, 1951, p. 201-220 ; Secret, t. 2, p. 18 ; *MC Guyenne,* p. 68-73 ; *VMF,* nº 16, avril 1963 et nº 93, juillet 1982, p. 47.

FLEIX, Le I.S. Dans les vestiges du château du XVIᵉ s. de la maison de Foix (où fut signée la paix de 1580) fut installé un temple réformé en 1806. Bâtiment à tourelles.

GAUBERTIE, La, à Saint-Martin-des-Combes. Vaste corps de logis du XVIᵉ s., flanqué de tours carrées.
Cf. MC Guyenne, p. 309 ; Secret, t. 2, p. 18.

GRANDE-FILOLIE, La, à Saint-Amand-de-Coly. I.S. Maison-forte des XVᵉ, XVIᵉ et XVIIᵉ s.
Cf. MC Guyenne, p. 309 ; Secret, t. 2, p. 11 ; *VMF,* nº 93, juillet 1982, p. 44 ; Ph. Araguas, dans *CAF,* 1979, p. 25-29.

GRÉZIGNAC, à Sarliac-sur-l'Isle. Maison-forte des XVᵉ et XVIᵉ s.
Cf. MC Guyenne, p. 309.

LE CLAUD. Cheminée.

GRIGNOLS. I.S. Visite. Cheminées du XVIe s.
Cf. DCF Guyenne.

GURSON, à Carsac-de-Gurson. Ruines d'un château du XIVe s. modifié vers 1534 ; escalier droit.
Cf. L. Gardeau, dans *Bull. de la Soc. hist. et arch. du Périgord,* t. 93, 1966, p. 162-173 ; Secret, t. 1, p. 15.

HAUTEFORT. M.H. Visite. La reconstruction du château fut entreprise en 1588 pour François ou Charles de Hautefort. De cette première période date le châtelet d'entrée avec son portail à appareil rustique et son long crénelage. Le château lui-même sera élevé à partir de 1640 seulement par le maître d'œuvre lorrain Nicolas Rambourg, qui avait commencé le châtelet.
Cf. S. Gendry, « Nicolas Rambourg... », dans *Bull. de la Soc. hist. et arch. du Périgord,* t. 96, 1969, p. 31-69 ; E. de Ganay, *Châteaux de France. Région Centre et Sud,* p. 35-38 ; *MC Guyenne,* p. 52-57 ; Secret ; *VMF,* no 73, juillet 1977 ; *DCF Guyenne ;* B. de Bastard, Paris, Nouvelles Éditions latines, s.d.

HERM, L', à Rouffignac. I.S. Bâti de 1510 à 1535 environ pour Jean III de Calvimont, président au parlement de Bordeaux, ambassadeur de Louis XII à Rome, le château est un grand corps de logis de style flamboyant, flanqué d'une tour polygonale qui renferme un superbe escalier en vis.
Cf. Secret, t. 2, p. 11 ; *VMF,* no 93, juillet 1982, p. 46 ; J. Secret, dans *CAF,* 1979, p. 90-96.

HIERCE ou GUERCHE, La, à Brantôme. Maison-forte.
Cf. DCF Guyenne.

JAILLAC, à Sorges. I.S. Visite. Construit au XIIe, modifié au XVIe s. (fenêtre).
Cf. VMF, no 3, 1982, p. 45.

JAVERLHAC, à Javerlhac-La-Chapelle-Saint-Robert. Maison-forte des XVe-XVIe s.
Cf. Secret, t. 1, p. 30.

JUMILHAC-LE-GRAND. M.H. Visite. Le château du XVe s. fut saccagé par les huguenots et remanié ensuite vers 1580 pour Antoine Chapelle, maître de forges anobli par Henri de Navarre, puis pour Jacques Arlot qui épousa en 1589 Madeleine Chapelle. Lucarnes. Deux ailes ajoutées au XVIIe s.
Cf. E. de Ganay, *Châteaux et Manoirs, Périgord,* t. 9, p. 24 ; M. Talmeyr, dans *Le Correspondant,* 1913, p. 783-797 ; G. Lavergne, 1964 ; *VMF,* no 3, 1975, et no 3, 1982, p. 48 ; Secret, t. 1, p. 30 ; *DCF Guyenne : MC Guyenne,* p. 84-87.

LAFORCE, à La Force. Commencé seulement en 1604 pour Jacques Nompar de Caumont par un maçon bordelais nommé Pierre Boisson.
Cf. P. Roudié, dans *Bull. de la Soc. de l'hist. de l'art français,* 1976, p. 49-58.

LANQUAIS. M.H. Visite. **Voir no 169.**
Cf. M. Babou-Kapferer, Périgueux, 1964 ; *DCF Guyenne ;* A. Chastel, dans *CAF,* 1979, p. 130-145.

LAROQUE, à Saint-Cyprien. Manoir du XVIe s.
Cf. St. Gauthier, *Petits Châteaux et Manoirs.*

LAXION, à Corgnac-sur-l'Isle. Reconstruit en 1557-1561.
Cf. Secret, t. 1, p. 22.

LERM. Voir HERM, L'.

LIEU-DIEU, Le, à Boulazac. Corps de logis du XVIe s.
Cf. Secret, t. 1, p. 11 ; *MC Guyenne,* p. 312.

LOSSE, à Thonac. M.H. Visite. Jean II de Beaulieu sieur de Losse, gouverneur du Périgord et capitaine de la garde écossaise après avoir été gouverneur du jeune Henri de Navarre en 1562, fit reprendre partiellement son château ruiné pendant les guerres de Religion. Les dates de 1570, 1576 et 1578 figurent sur les fenêtres ou à la voûte de la grande salle. Les travaux furent menés par un maçon de Gourdon nommé Jean La Plaze. Alors sont élevés la tour d'angle et les deux logis en équerre, cernés de mâchicoulis uniformes en consoles ; porte à pilastres sur la cour. Une terrasse bordée de balustres surplombe la Vézère.
Cf. E. de Ganay, *Châteaux de France, Région Centre et Sud,* p. 51-53 ; *Châteaux et Manoirs, Périgord,* p. 55-58 ; *DCF Guyenne ; VMF,* no 93, juillet 1982 ; P. Roudié, dans *CAF,* 1979, p. 65-72.

LOSSE.

LUZIER, à Beaumont. I.S. Constructions du XVIe s. ; chapelle, escalier.
Cf. DCF Guyenne.

MAREUIL. M.H. Un corps de logis avec fenêtres sur la cour construit au XVIe s. pour Gabrielle de Mareuil, épouse de Nicolas d'Anjou.
Cf. DCF Guyenne ; VMF, no 93, juillet 1982, p. 45 ; Secret, t. 2, p. 3.

MAURIAC, à Douzillac. I.S. Visite. Maison-forte de la famille de Talleyrand, construite au XVIe s.
Cf. MC Guyenne, p. 313.

MONBAZILLAC. M.H. Visite. **Voir no 170.**
Cf. DCF Guyenne ; J. Secret, Bergerac, 1970.

MONSEC, à Mouzens. I.S. Visite. Aile du XVIe s. au sud et logis carré au nord, de la même époque.
Cf. DCF Guyenne ; VMF, no 93, juillet 1982, p. 45 ; Secret, t. 2, p. 10.

MONTAIGNE, à Saint-Michel-de-Montaigne. Il reste de la célèbre gentilhommière la tour de la Librairie qui surplombe l'entrée, avec les devises que l'écrivain fit tracer sur les poutres.
Cf. MC Guyenne ; DCF Guyenne.

MONTANCEIX, à Montrem. Le château du XVIe s. ressemblait à celui de Bourdeilles ; il fut détruit au XIXe s.
Cf. Secret, t. 2, p. 7.

MONTARDY, à Grand-Brassac. Constructions au XVIe s. (lucarnes).
Cf. Secret, t. 1, p. 26.

MONTFORT, à Vitrac. I.S. Constructions des XVe et XVIe s.
Cf. MC Guyenne, p. 315 ; Secret, t. 2, p. 31.

MONTRÉAL, à Issac. I.S. Visite. Place forte médiévale ruinée par les guerres anglaises. De 1520 à 1540, Pierre de Pontbriand, parent de François de Pontbriand qui fut surintendant des travaux de Chambord, fait élever un nouveau château qui sera achevé pour son fils François, sénéchal de Limousin. C'est un corps de logis scandé de travées verticales de baies encadrées de pilastres ; les lucarnes sont pourvues de frontons ornés de candélabres. La chapelle est d'une architecture très simple, agrémentée seulement d'un portail latéral à colonnes et fronton (ajouté en 1569) ; à l'intérieur, tombeaux à gisants de Pierre de Pontbriand et d'Anne de Grossoles-Flamarens, et statues d'apôtres.
Cf. Secret, t. 1, p. 27 et dans *Bull. de la Soc. hist. et arch. de Périgord,* t. 82, 1955, p. 22-32 ; *MC Guyenne,* p. 88-91 ; *DCF Guyenne.*

NANTHIAT. I.S. Bâtiment du XVIe s.
Cf. DCF Guyenne.

NEUVIC, à Neuvic-sur-l'Isle. M.H. Deux corps de logis en équerre, élevés entre 1520 et 1530 ; cheminée. Modifié au XVIIIe s.
Cf. Soulange-Bodin, *Châteaux connus et inconnus ;* Secret, t. 2, p. 10 ; *MC Guyenne,* p. 316 ; *DCF Guyenne.*

PANASSOU, à Saint-Vincent-de-Cosse. **Voir no 60.**
Cf. DCF Guyenne.

PEYRAUX, Le Lardin-Saint-Lazare. Travaux au XVIe s.
Cf. Secret, t. 2, p. 15 ; *DCF Guyenne.*

PILES, à Cours-de-Piles. Un corps de logis du XVIe s.
Cf. MC Guyenne, p. 318 ; *VMF,* no 93, juillet 1982, p. 51.

PUYGUILHEM, à Villars. M.H. Visite. **Voir no 59.**
Cf. Y.M. Froidevaux, dans *Les Monuments historiques de la France,* no 4, 1962, p. 191-229 ; M. Sarradet, *Villars,* Périgueux, 1971 ; *DCF Guyenne.*

PUYMARTEAU, à Brantôme. Maison-forte du XVIe s. à deux tourelles et tour d'escalier.
Cf. DCF Guyenne.

REILLE, La, à Coulaures. I.S. Château du XVIe s.

REPAIRE, Le, à Saint-Aubin-de-Nabirat. Ruines du château bâti en 1590 pour Mme de Saint-Alvere. L'escalier est logé dans une haute tour carrée dont la porte s'encadre de pilastres au fût décoré, avec des frontons superposés ; composition maniériste assez proche du portail de Cubjac daté de 1589.
Cf. E. de Ganay, *Châteaux et Manoirs, Périgord,* t. 8, pl. 23 et 24.

RICHEMONT, à Saint-Crépin-de-Richemont. I.S. Visite. Construit de 1564 à 1581 pour Pierre de Bourdeilles, c'est-à-dire l'historien Brantôme. C'était un quadrilatère de bâtiments à rez-de-chaussée dont deux ailes seulement étaient achevées à sa mort en 1614. Un perron à double révolution mène à la porte encadrée de pilastres. Le tombeau de l'historien est érigé dans la chapelle, achevée en 1610 ; les terrasses à balustres seront ajoutées par la suite.
Cf. Hautecœur, t. 1b, p. 397 et 433 ; Secret, t. 2, p. 14 ; *DCF Guyenne.*

ROCANADET, à Veyrignac. Château de la fin du XVe ou du début du XVIe s.
Cf. A. Mianes, dans *Bull. de la Soc. des études du Lot,* t. 81, 1960, p. 51-55.

ROGNAC, à Bassillac. I.S. Château du XVIᵉ s. formé de deux logis en équerre, l'un agrémenté de curieuses loggias en encorbellement.
Cf. DCF Guyenne ; A. Dujarric-Descombes, « Le Chanoine Triard de Rognac, aumônier de Henri IV », dans *Bull de la Soc. hist. et arch. du Périgord*, t. 35, 1908, p. 255-258.

ROQUE, La, à Meyrals. Maison-forte de plan triangulaire, modifiée au XVIᵉ s. pour la famille de Beynac. Dans l'oratoire, peintures murales des XVᵉ et XVIᵉ s. (*Mise au tombeau*).
Cf. Secret, t. 2, p. 6 ; Soulange-Bodin, *Châteaux connus et inconnus* ; *MC Guyenne*, p. 321 ; *VMF*, nº 93, juillet 1982, p. 41.

ROQUE-GAGEAC, La. Maison-forte du début du XVIᵉ s.

ROUFFILLAC, à Carlux. Château du XVIᵉ s.
Cf. DCF Guyenne ; Secret, t. 1, p. 15.

RUE, La, à Mauzac-et-Grand-Castang. I.S. Constructions du XVIᵉ s.
Cf. J. Secret, dans *Bull. de la Soc. hist. et arch. du Périgord*, t. 95, 1968, p. 133-138 et *Châteaux du Périgord*, Nouvelles Éditions Latines., t. 2, p. 6 ; *DCF Guyenne*.

SAUVEBŒUF, à Aubas. En provenance du château, dont les bâtiments actuels datent seulement de l'époque Louis XIII, une curieuse fontaine a été remontée à Clairac (Lot-et-Garonne). Elle est faite de plusieurs étages de vasques et de colonnes superposées.
Cf. E. de Ganay, *Châteaux et Manoirs, Périgord*, t. 8, p. 20 ; Secret, t. 1, p. 6 ; Hautecœur, t. 1b, p. 346.

SAVIGNAC-LÉDRIER. M.H. Le château orné de deux logis en équerre a vu ses façades modifiées au XVIᵉ s. : lucarnes à pilastres et frontons sculptés ornés de masques, porte dans l'angle rentrant des deux ailes encadrée de colonnes et d'un fronton, dans le style de Bournazel. A l'intérieur, un plafond à solives peintes aux armes des Lubersac ; dans le parc, une porte au décor italianisant.
Cf. VMF, nº 93, juillet 1982, p. 44.

SIREY ou CIREY, à Prats-de-Carlux. Manoir à deux tours rondes : porte à couronnement de style Henri II.
Cf. E. de Ganay, *Châteaux et Manoirs, Périgord*, t. 8, pl. 9 ; *MC Guyenne*, p. 323.

TINTEILLAC, à Bourg-des-Maisons. Construction de la fin du XVIᵉ s.
Cf. DCF Guyenne.

VARAIGNES. I.S. Belle façade de style Henri II sur la cour.
Cf. DCF Guyenne ; *VMF*, nº 43, janvier 1970 et nº 93, juillet 1982, p. 42.

VAUCOCOUR, à Thiviers. Constructions des XVᵉ, XVIᵉ et XVIIIᵉ s.

SAUVEBŒUF. La fontaine.

LOT

J. de Montarnal, *Châteaux et Manoirs de France*, t. 6, Quercy, Paris, 1936.
J. Houlet, *Châteaux du Lot*, Paris, Nouvelles Éditions latines, s.d.
M. Escat et Br. Tollon, « L'Apparition de l'escalier droit dans les châteaux du Quercy », dans *Fédération des Soc. acad. et sav. du Languedoc, Pyrénées et Gascogne*, actes du 32e congrès, Cahors, 1977, p. 261-270.
Vieilles Maisons Françaises, n° 103, juillet 1984.

ASSIER. M.H. Visite. **Voir n° 93.**
Cf. F. de Vaux de Foletier, *Galiot de Genouillac*, Paris, 1925 ; P. Vitry, dans *CAF*, 1937, p. 330-350 ; Abbé J. Depeyre, dans *Bull. de la Soc. d'études du Lot*, 1958, p. 88-120 ; M. Durliat, *ibid.*, 1969, p. 50-56 ; Escat et Tollon ; *DCF Guyenne* ; L. Châtelet-Lange, dans *Revue de l'art*, n° 64, 1984, p. 7-22.

AYNAC. I.S. Bâti au XVIe s. pour une branche bâtarde de la famille de Turenne. C'est un donjon rectangulaire enserré dans trois corps de logis en fer à cheval, flanqués aux angles de tours rondes coiffées de dômes à l'impériale. Cheminées du début du XVIIe s.
Cf. Soulange-Bodin, *Châteaux connus et inconnus* ; Abbé Depeyre, dans *Bull. de la Soc. d'études du Lot*, 1955, p. 119-123 ; *Châteaux et Manoirs, Quercy*, p. 44-47 ; *MC Guyenne*, p. 301 ; Houlet, p. 6 ; *DCF Guyenne* ; *VMF*, n° 103, juillet 1984, p. 39.

BAGAT-EN-QUERCY. Château du XVIe s. élevé sur un plan en U, l'aile ouest a été détruite ; porte monumentale sur la cour, à pilastres et fronton ; escalier central.
Cf. Escat et Tollon.

BORIE, La, à Laval-de-Cère. Maison-forte du XVe s. modifiée à la fin du XVIe s. pour Henri de Grenier, époux en 1595 de Françoise d'Hébrard de Saint-Sulpice. La tour d'escalier est datée de 1600 (porte et fenêtres à pilastres et frontons).
Cf. Houlet, p. 15 ; *DCF Guyenne* ; *VMF*, n° 103, juillet 1984, p. 38.

BOUTIER, à Duravel. Manoir de la fin du XVIe s.
Cf. VMF, juillet 1984, p. 39.

CABRERETS. IS. Château du XVe s. aux Gontaut d'Auriol, achevé vers 1515.
Cf. J. Calmon et A. Niederlender, dans *Bull. de la Soc. d'études du Lot*, 1957, p. 225-261 ; Houlet, p. 6 ; *MC Guyenne*, p. 304 ; *DCF Guyenne*.

CALAMANE. I.S. Manoir de la fin du XVe s. pourvu d'une tour d'escalier polygonale vers 1500-1520.
Cf. VMF, n° 103, juillet 1984, p. 31.

CARENNAC. M.H. Manoir prioral du début du XVIe s.
Cf. Houlet, p. 7.

CASTELNAU-BRETENOUX, à Prudhomat. M.H. Visite. La forteresse médiévale fut aménagée par la famille de Clermont-Lodève au XVIe s. ; croisées, lucarnes.
Cf. Houlet, p. 19 ; *DCF Guyenne* ; B. Fonquernie, J. Juillet et G. Costa, dans *Les Monuments historiques de la France*, n° 106, 1979, p. 81-96.

CEINT-D'EAU, à Figeac. I.S. Maison-forte du début du XVIe s. ; lucarnes à frontons.
Cf. Houlet, p. 14 ; *VMF*, n° 103, juillet 1984, p. 38.

CENEVIÈRES. M.H. Visite. **Voir n° 133.**
Cf. Houlet, p. 7 ; J. Fourgous, dans *Bull. de la Soc. d'études du Lot*, 1958, p. 141-154 ; G. de Braquilanges, *VMF*, n° 78, octobre 1978, p. 30-31 et n° 98, août 1983, p. 81 ; *DCF Guyenne* ; *VMF*, n° 103, juillet 1984, p. 37.

CIEURAC. M.H. **Voir n° 58.**
Cf. Houlet, p. 10.

CLERMONT, à Concorès. Reconstruit dans la seconde moitié du XVe s. puis au début du XVIe (vestiges d'un escalier droit).
Cf. VMF, n° 103, juillet 1984, p. 33 ; J.O. Palluel, dans *Bull. de la Soc. d'études du Lot*, 1955, p. 166-167.

CONDUCHÉ, à Bouziès. Maison-forte du XVIe s., aujourd'hui ferme.

COUANAC, à Varaire. I.S. Maison-forte du XVIe s. aux Hébrard de Saint-Sulpice, pavillon rectangulaire flanqué aux angles de tours, l'une carrée et plus haute ; croisées encadrées de pilastres.
Cf. Houlet, p. 31 ; *VMF*, n° 103, juillet 1984, p. 37.

GRÉZETTE, La, à Caillac. Maison-forte bâtie au début du XVIe s. pour la famille de Massaut. Corps de logis flanqué d'un côté de tours rondes, arasées plus tard, de l'autre d'une tour d'escalier polygonale. La modénature très soignée est encore gothique avec des éléments de la Renaissance italienne mêlés : pilastres ornés de grotesques, croisées, lucarnes, cheminées décorées de rinceaux. La chapelle est encore couverte de voûtes flamboyantes, mais niche et crédence sont ornées de grotesques.
Cf. J. Calmon, dans *Bull. de la Soc. d'études du Lot*, 1934, p. 404-406 ; *Châteaux et Manoirs, Quercy* ; Houlet, p. 7 ; *DCF Guyenne* ; *VMF*, n° 103, juillet, p. 32.

GRUGNIAC, à Sousceyrac. Site inscrit. Maison-forte du XVe s. modifiée à la fin du XVIe s. pour la famille de Verdal ; porte de la tour d'escalier à pilastres et fronton.
Cf. Houlet, p. 30 ; *DCF Guyenne*.

JUNIES, Les. I.S. Maison-forte de la fin du XVe ou du début du XVIe, à décor flamboyant.
Cf. Houlet, p. 14 ; *DCF Guyenne* ; *VMF*, n° 103, juillet 1984, p. 30.

LACAPELLE-MARIVAL. M.H. Une aile nouvelle entreprise en 1531, puis abandonnée, pour la famille de Cardaillac.
Cf. M. Durliat, *Figeac et le Quercy*, 1967, p. 45-49 ; Houlet, p. 14 ; *DCF Guyenne*.

LARROQUE-TOIRAC. Une salle conserve un décor peint.
Cf. VMF, n° 103, juillet 1984, p. 38.

MILHAC. Corps de logis bâti au XVIe s. pour la famille de Thémines ; démoli lors de la Révolution. Dans le fossé ont été retrouvés des tambours de colonnes d'ordre colossal.
Cf. DCF Guyenne ; *VMF*, n° 103, juillet 1984, p. 38.

MIRANDOL, à Saint-Denis-lès-Martel et Martel. Site inscrit. Château de plaine sur plan en U avec un escalier droit central.
Cf. J. Calmon, dans *Bull. de la Soc. d'études du Lot*, 1960, p. 118-131 ; Escat et Tollon.

MONTAL, à Saint-Jean-Lespinasse. M.H. **Voir n° 57.**
Cf. L. Palustre, dans *BM*, 1881, p. 125-134 ; M. Fruneau, Saint-Céré, 1977 ; P. Prunet, dans *Les Monuments historiques de la France*, janvier-mars 1970 ; Br. Tollon, *ibid.*, n° 115, 1981, p. 27 ; Escat et Tollon ; *DCF Guyenne* ; P. Roudié, dans *BM*, 1981, p. 233-238 ; *VMF*, n° 103, juillet 1984, p. 33.

MONTCLÉRA. M.H. Maison-forte bâtie vers 1500. L'enceinte est renforcée par deux tours d'angle carrées qui peuvent dater de la fin du XVIe ou du début du XVIIe s., tout comme le décor de pilastres ajouté à la porte du châtelet d'entrée.
Cf. Châteaux et Manoirs, Quercy, p. 94-95 ; Houlet, p. 18 ; *DCF Guyenne*.

PEYRARNAUD. Deux tours rondes du XVIe s.
Cf. VMF, n° 88, avril 1981.

SAIGNES. Manoir fortifié élevé probablement au XVIe s. par Pierre de Lagarde, conseiller au parlement de Toulouse.
Cf. VMF, n° 103, juillet 1984, p. 33 ; Abbé Maria, dans *Bull. de la Soc. d'études du Lot*, 1878, p. 57-63.

SAINT-SULPICE. Château des XIIe et XVIe s.

SAULIAC-SUR-CÉLÉ. Maison-forte du XVIe s.
Cf. Houlet, p. 28.

VAILLAC. M.H. Corps de logis ajouté entre 1593 et 1597 pour les Ricard de Vaillac. Les grandes écuries sont également datées de 1593.
Cf. MC Guyenne, p. 325 ; Houlet, p. 30 ; *DCF Guyenne* ; *VMF*, n° 103, juillet 1984, p. 38.

HAUTE-VIENNE

A. de Laborderie, « L'Architecture de la Renaissance dans la Haute-Vienne », dans *Bulletin de la Soc. arch. et hist. du Limousin*, t. 83, 1949-1951, p. 384.
G. Albert-Roulhac, *Châteaux de Haute-Vienne*, Paris, Nouvelles Éditions latines, s.d.
Vieilles Maisons françaises, n° 88, avril 1981.

BORIE, La, à Solignac. Maison-forte de plan massé, cantonnée d'échauguettes, datant de la seconde moitié du XVIe s. ; bretèches incorporées aux lucarnes.

BRIE, à Champagnac-Larivière. Visite. Bâtie de 1484 à 1520 pour Jean Boschaud de Brie ; bel escalier en vis.
Cf. MC Auvergne, p. 283 ; Albert-Roulhac, p. 6 ; *VMF*, n° 88, avril 1981, p. 43.

BRIGNAC, à Royères. Les trois tours rondes furent remaniées à la fin du XVIe s. La chapelle, démolie par les huguenots en 1588, fut reconstruite pour François de Royères avant 1596.
Cf. E. Vincent, dans *Bull. de la Soc. arch. et hist. du Limousin*, 1949, p. 2.

CÔTE, La, à Mézières-sur-Issoire. Maison-forte bâtie pour Gabriel de La Rye. Seigneur de La Côte-Mézières, nommé lieutenant du roi pour la Marche par Henri III. Elle affectait la forme d'un fer à cheval mais deux corps de logis ont été rasés. La Rye fut tué devant Saint-Yrieix au combat contre les huguenots.
Cf. Albert-Roulhac, p. 18.

EYJEAUX. Maison-forte des XVe et XVIe s. Lucarnes, échauguettes.
Cf. L. Bonnaud, dans *Bull. de la Soc. arch. et hist. du Limousin*, 1949, p. 32. ; Albert-Roulhac, p. 20.

MONTAL. Lucarne.

FRAISSE, Le, à Nouic. I.S. **Voir nº 171.**
Cf. A. de Laborderie, dans *Bull. de la Soc. arch. et hist. du Limousin*, 1937, p. 413-428 ; A. Tulasne Moeneclaey, dans *BM*, 1978, p. 341-345 ; *VMF*, nº 88, avril 1981.

FROMENTAL. M.H. Visite. Travaux au XVIᵉ s.
Cf. MC Auvergne, p. 288 ; Albert-Roulhac, p. 15.

LIMOGES. Palais épiscopal. Bâti vers 1535 pour Jean de Langeac, aumônier de François Iᵉʳ nommé évêque de Limoges deux ans plus tôt. Laissé inachevé, il fut démoli par la suite.
Cf. E. Vincent, dans *Bull. de la Soc. arch. et hist. du Limousin*, 1964, p. 141-146.

NEXON. Site inscrit. Corps de logis flanqué de tours rondes ; escalier central du XVIᵉ s. qui se laisse deviner sur la façade par les baies jumelles de l'étage (sous un grand fronton droit) et celles de la grande lucarne.

Cf. MC Auvergne, p. 292 ; Albert-Roulhac, p. 26 ; *VMF*, nº 88, 1981, nº 2, p. 43.

OSMONERIE, L', à Aixe-sur-Vienne. Site inscrit. Maison-forte de la fin du XVᵉ ou du début du XVIᵉ s. ; galerie à colonnes.
Cf. Soulange-Bodin, *Châteaux connus et inconnus* ; Albert-Roulhac, p. 23 ; *VMF*, nº 88, avril 1981, p. 46.

RIGOULÈNE, à Saint-Léonard-de-Noblat. Château construit après 1499 pour Mathieu Dalesme, remanié au XVIIIᵉ s.
Cf. VMF, nº 88, avril 1981, p. 43.

ROCHECHOUART. M.H. Visite. **Voir nº 13.**
Cf. M. Thibout, dans *Médecine de France*, nº 37, 1952, p. 27-30 ; J. Decanter, dans *Bull. de la Soc. arch. et hist. du Limousin*, 1966, p. 55-58 ; Dr Grezillier, *VMF*, nº 36, avril 1968 ; *VMF*, nº 88, avril

1981 ; Mester de Paradj et Decanter, *Les Monuments historiques*, nº 152, 1987.

VEYVIALLE, à Eybouleuf. Maison noble du début du XVIᵉ s. ; logis central encadré de deux ailes pourvues d'échauguettes.
Cf. Betgé, dans *Bull. de la Soc. arch. et hist. du Limousin*, 1949, p. 30-31 ; *VMF*, nº 88, avril 1981.

VICQ, à Vic-sur-Breuilh. Château construit en 1511 pour Jean de Salagnac, protonotaire pontifical, marqué par l'art de la Loire ; galerie, portail.
Cf. L. Breuil, dans *BM*, t. 77, 1913, p. 161 ; Hautecœur, t. 1a, p. 203, 210 ; E. de Ganay, *Châteaux et Manoirs, Périgord*, pl. 64 ; Laborderie, p. 384-385 ; *VMF*, nº 88, avril 1981.

VIII. GUYENNE. GASCOGNE. FOIX. BÉARN

L. Drouyn, *La Guyenne militaire*, Bordeaux, 1865, 2 vol.
P. Lafforgue, *Châteaux historiques de la Gascogne*, Foix-Auch, 1867.
Merveilles des châteaux de France, Languedoc et Guyenne, Paris, Hachette-Réalités, 1967.
Dictionnaire des châteaux de France, Guyenne, Gascogne, Béarn et pays Basque, Paris, Berger-Levrault, 1981, sous la direction de J. Gardelles.
Inventaire général des monuments et richesses artistiques de la France. Répertoire des inventaires, nº 11, *Aquitaine*, Paris, 1978.

ARIÈGE

Chr. Clairmont, *Eglises et Châteaux de l'Ariège*, Paris, Nouvelles Éditions latines, s.d.

CHAMBORS, à Lacourt. Ruines d'un château du XVIᵉ s. dans l'agglomération.

LAGARDE. M.H. Les ruines du célèbre château médiéval renferment une tour d'escalier bâtie en 1526-1529 pour Jean de Lévis ainsi qu'une fausse-braie maçonnée de la même époque.
Cf. R. Debant, dans *CAF*, 1973, p. 160 ; *MC Guyenne*, p. 311.

MAZERETTES, à Mirepoix. La maison des évêques de Mirepoix a été reconstruite au début du XVIᵉ s. pour l'évêque Philippe de Lévis.
Cf. G. Leblanc, dans *Mémoires de la Soc. arch. du Midi de la France*, t. 39, 1974-1975, p. 32-34.

MIREPOIX, palais épiscopal. I.S. Augmenté de 1520 à 1530 pour Philippe de Lévis, évêque en 1497. Les galeries et l'escalier droit sont sans doute dus au maître d'œuvre Jean Rancy, dit Fuilhète. Les cheminées, démontées au début du XXᵉ s., sont au château de Léran.
Cf. Cl. Duprat, dans *BM*, 1937, p. 416 ; B. Tollon, dans *CAF*, 1973, p. 381-382, et *Bull. de la Soc. ariégeoise*, 1974.

PRAT, à Prat-et-Bonrepaux. Forteresse du XVᵉ s. ; le corps de logis vit sa façade remaniée dans le second quart du XVIᵉ s. pour Jean de Mauléon, évêque de Saint-Bertrand-de-Comminges ; cheminées.
Cf. Soulange-Bodin, *Châteaux connus et inconnus* ; *MC Guyenne*, p. 319.

SAINT-GIRONS. L'ancien château est occupé par le Palais de justice (portes et fenêtres du XVIᵉ s.).

GERS

P. Courteault, « Les Châteaux gascons, type architectural, histoire », dans *Bull. de la Soc. arch. du Gers*, t. 11, 1910, p. 99-120.
J.H. Ducos, *L'Architecture civile en Gascogne gersoise au XVIᵉ s. : les demeures seigneuriales*, D.E.S. 1961 ; *Cf. Bull. de la Soc. arch. du Gers*, 1961, p. 426-449.
Du même, « Châteaux et Salles du Lectourois », dans *Sites et Monuments du Lectourois*, Auch, 1974, p. 165-290.

H. Polge, *Châteaux du Gers*, Paris, Nouvelles Éditions latines, s.d.
Vieilles Maisons françaises, nº 89, juillet 1981.
Salles et Châteaux en Lomagne, catal. de l'expos. de l'Inventaire monumental, par B. Loncan et A. Noé-Dufour, CNMHS, 1982.
Inventaire général des monuments et richesses artistiques de la France, pays de Lomagne. Indicateur du patrimoine architectural, Paris, 1983.

AVENSAC. I.S. Châtelet d'entrée datant de la seconde moitié du XVIᵉ s.
Cf. DCF Guyenne.

BARTAS, Le, à Saint-Georges. I.S. Une ferme est achetée en 1565 par François Saluste. Son fils Guillaume Saluste Du Bartas, le poète des *Semaines*, passe contrat en 1567 pour la construction du château qui est achevé deux ans plus tard ; c'est un cube sans ornements, flanqué de tours.
Cf. Mgr de Carsalade du Pont, dans *Revue de Gascogne*, 1898, p. 474 ; Polge, p. 6 ; *DCF Guyenne ; VMF*, nº 89, juillet 1981, p. 25.

BAUTIAN, à Marambat. Bâti à la fin du XVIᵉ s. pour Antoine de Monclar.
Cf. DCF Guyenne.

BEAUREGARD, à Saint-Clar. Petite « salle » du début du XVIᵉ s., avec une tour d'escalier polygonale.
Cf. Salles et Châteaux en Lomagne, p. 5 ; *DCF Guyenne.*

BÉRAUT. Le château est en partie de la fin du XVIᵉ s. : galeries à colonnes ioniques longeant la cour.
Cf. DCF Guyenne ; VMF, nº 89, juillet 1981, p. 27.

BIVÈS. Transformé en 1582 pour Bernard de Castelbajac ; tour ronde hors-œuvre contenant un grand escalier en vis.
Cf. Salles et Châteaux en Lomagne, p. 23 ; *DCF Guyenne.*

BOURROUILLAN. Château du XVIᵉ s. disparu, où l'on voyait gravé un distique de Mélanchthon.
Cf. L. Couture, dans *Revue de Gascogne*, t. 25, 1884, p. 78.

BOUVÉES, à Labrihe. Site inscrit. Bâti au début du XVIᵉ s. pour la famille La Maison de Saint-Julien ; souche de cheminée, balustrade.
Cf. DCF Guyenne.

CASTILLON-SAVÈS. Une tour subsiste de la fin du XVIᵉ s.

CAUMONT, à Cazaux-Savès. M.H. Visite. **Voir nº 223.**
Cf. Mⁱˢ de Castelbajac., dans *Bull. de la Soc. arch. du Gers*, 1911, p. 224-241 et 293-317 ; P. Roudié et J.H. Ducos, dans *CAF*, 1970, p. 272-288 ; *MC Guyenne*, p. 245-247 ; *DCF Guyenne* ; B. Tollon, *VMF*, nº 127, 1989.

CAZAUX-D'ANGLÈS. Construction de la fin du XVIᵉ s., porte dorique.
Cf. DCF Guyenne.

COULOUMÉ, à Auch. Construit pour Michel de Fleurian par un maçon Jacques Belange dit Vendôme, selon un marché passé en 1571.
Cf. A. Branet, « Jacques Belange architecte », dans *Soirées archéologiques aux Archives départementales*, t. 8, 1899, p. 27 ; *CAF*, 1970, p. 342 ; *DCF Guyenne.*

ESCLIGNAC, à Monfort. I.S. Maison-forte de la fin du XVᵉ s., remaniée au XVIᵉ s.
Cf. MC Guyenne, p. 308 ; G. Séraphin, dans *VMF*, nº 45, juillet 1970, p. 19-26 ; *DCF Guyenne.*

FLAMARENS. M.H. Visite. Le corps de logis septentrional a été bâti peu avant 1536 pour Armand de Grossolles par le maçon Georges Dauzières.
Cf. Polge, p. 18 ; *DCF Guyenne ; VMF*, nº 89, juillet 1981, p. 25.

FLARAMBEL. Voir LÉBERON.

FOURCÈS. Site inscrit. Maison-forte de la fin du XVᵉ ou du début du XVIᵉ s.
Cf. DCF Guyenne ; VMF, nº 89, juillet 1981, p. 23.

FOUSSERIÈS, à Condom. Corps de logis du XVIᵉ s., renfermant un grand escalier.
Cf. DCF Guyenne.

GACHEPOUY, à Castet-Arrouy. Un nouveau corps de logis est édifié en 1579 pour Anne d'Aydie de Pordéac, couvert « à la mode de France, à faisson de pavillon » ; tour d'escalier en vis, fossés creusés en 1584. Une autre tour d'escalier fut ajoutée en 1601 pour Catherine de Fontaines. Il ne reste que des ruines.
Cf. DCF Guyenne ; Les Monuments historiques de la France, nº 115, p. 37 ; *Salles et Châteaux en Lomagne*, p. 7.

GOUDIN, à La Sauvetat. Construction de la seconde moitié du XVIᵉ s. ; cheminées.
Cf. DCF Guyenne.

IZANDON, à Barran. Petite maison noble bâtie pour un médecin d'origine ariégeoise à la fin du XVIᵉ ou au début du XVIIᵉ s.
Cf. DCF Guyenne.

LARRESINGLE. M.H. La puissante forteresse des évêques de Condom a connu quelques travaux dans le second quart du XVIᵉ s. (tour d'escalier en vis hors-œuvre), commandés par l'évêque Jean de Grossolles (1521-1545).
Cf. DCF Guyenne ; VMF, nº 89, juillet 1981, p. 21.

LASSEUBE-NOBLE. Nouveau château construit à la fin du XVIᵉ s., détruit vers 1850.
Cf. L. Saint-Martin, dans *Bull. de la Soc. arch. et hist. du Gers*, t. 41, 1940, p. 108-119 ; *CAF*, 1970, p. 342.

LATOUR, à Miramont-Latour. M.H. Escalier de 1567. Beau portail à colonnes doriques et fronton interrompu.
Cf. Polge, p. 16 ; *VMF*, nᵒ 89, juillet 1981.

LÉBERON, anciennement FLARAMBEL, à Cassaigne. I.S. Le «château gascon» de Flarambel fut acheté en 1508 par André de Gélas de Léberon qui lui donna son nouveau nom. Les bâtiments furent alors abaissés et agrémentés de nouveaux percements. La cheminée porte le monogramme de Henri II, la grande salle est couverte d'un comble en carène renversée ; restes de peintures murales.
Cf. P. Lauzun, *Châteaux gascons*, Auch, 1897, p. 207 ; Courteault, dans *Bull. de la Soc. arch. du Gers*, t. 11, 1910 ; Polge, p. 22 ; *DCF Guyenne* ; *VMF*, nᵒ 89, juillet 1981.

LECTOURE. Seul vestige du château des comtes d'Armagnac, reste une tour d'escalier du XVIᵉ s. dont la porte est décorée de pilastres.
Cf. J.H. Ducos, *Châteaux et Salles du Lectourois* ; *Salles et Châteaux en Lomagne*, p. 5.

LUCANTE, à Auch. Travaux menés à partir de 1598 pour Jacques Du Faur, avocat au parlement de Toulouse.
Cf. CAF, 1970, p. 342 ; *DCF Guyenne.*

MADIRAC, à La Romieu. I.S. Maison noble au décor raffiné bâtie en 1582 pour Bertrand Du Bousquet, président au présidial de Gascogne, par François Georget, sculpteur et géomètre, comme en fait foi une inscription. L'escalier de 1587 a été démoli.
Cf. A. Lavergne, dans *Revue de Gascogne*, t. 27, 1886, p. 33 ; *DCF Guyenne* ; *VMF*, nᵒ 89, juillet 1981, p. 25.

MALAUSANNE, à Béraut. Bâti dans la seconde moitié du XVIᵉ s. pour la famille Héron.
Cf. DCF Guyenne.

MANLÈCHE, à Pergain-Taillac. Site inscrit. Château de la famille de Goth, qui ajouta une galerie dans la première moitié du XVIᵉ s. (grands arcs surbaissés, étonnants pilastres ioniques de proportions trapues et clefs ornées de têtes sculptées en médaillons).
Cf. DCF Guyenne ; *VMF*, nᵒ 89, juillet 1981 ; *Salles et Châteaux en Lomagne*, p. 5 et 22.

MAZÈRES, à Barran. M.H. Travaux menés entre 1490 et 1507 pour Jean de La Trémoille, archevêque d'Auch.
Cf. Polge, p. 17 ; *DCF Guyenne* ; Polge, *Le Château près de la ville*, colloque Flaran, 1987, p. 55.

MONS, à Caussens. Un pavillon date du début du XVIᵉ s., bâti pour les Du Bouzet.
Cf. DCF Guyenne ; *VMF*, nᵒ 89, juillet 1981, p. 26.

MONTAIGNAC, à Saint-Germier. Château de la fin du XVᵉ et du début du XVIᵉ s. (fenêtres à pilastres), à la famille de Sus.
Cf. DCF Guyenne.

MONTAUT-LES-CRÉNEAUX. Cheminée du début du XVIᵉ s.
Cf. VMF, nᵒ 89, juillet 1981, p. 27.

MONTÉGUT. «Château gascon» modifié en 1586 pour Jacques Maignaut.
Cf. Soulange-Bodin, *Châteaux connus et inconnus* ; Abbé Daugé, *Bull. de la Soc. arch. du Gers*, 1939 et 1940 ; Polge, reprod. en couverture ; *DCF Guyenne.*

MOTHE, La, à Montesquiou. I.S. Ruines des XIIIᵉ et XVIᵉ s.

PARDAILHAN, à Beaucaire. Site classé. Bastion et fortifications ajoutées au XVIᵉ s. Ruines.
Cf. Polge, p. 26 ; *VMF*, nᵒ 89, juillet 1981.

PIMBAT-DU-CRUZALET, à Vic-Fezensac. I.S. Visite. Petite maison noble du XVIᵉ s.
Cf. Polge, p. 21 ; *DCF Guyenne* ; *VMF*, nᵒ 89, juillet 1981.

POUY-ROQUELAURE, Le. Cheminée du XVIᵉ s.

PUJOS, à Roquebrune. I.S. Maison-forte remaniée au XVIᵉ s. pour les Du Faur ; tour d'escalier polygonale.
Cf. J.H. Ducos, dans *Bull. de la Soc. arch. et hist. du Gers*, t. 65, 1964, p. 31-49 ; Polge, p. 24 ; *DCF Guyenne.*

SAINT-AUBIN, à Roquelaure-Saint-Aubin. Petit château du XVIᵉ s., aux Roquelaure.
Cf. DCF Guyenne.

SAINT-BLANCARD. Château des Gontaut-Biron depuis 1559, datant des XIVᵉ et XVIᵉ s., restauré au XIXᵉ s.
Cf. MC Guyenne, p. 321.

SAINT-CHRISTAUD. Construit pour la famille Du Faur. Escalier de 1571.
Cf. Semaine relig. de l'archidiaconé d'Auch, 1894-1895, p. 234 ; *CAF*, 1970, p. 342 ; *VMF*, nᵒ 89, juillet 1981, p. 28.

SAINT-CRICQ, à Auch. I.S. Petite maison-forte bâtie pour Aymeric de Verduzan en 1574. Le corps de logis est accosté d'une tour d'escalier polygonale sans ornements ; il est percé de croisées aux chambranles moulurés, certaines (les grandes baies du second étage) dans le style fleuri de Bachelier ; d'autres ont de simples chambranles à crossettes. A l'intérieur, belle cheminée superposant des colonnes ioniques et corinthiennes.
Cf. A. Branet, 1905 ; *CAF*, 1970, p. 342 ; *DCF Guyenne.*

SAINT-LARY. I.S. Travaux du XVIᵉ s. pour les Monlezun.
Cf. Abbé Daugé, dans *Bull. de la Soc. arch. du Gers*, 1910, p. 310-315 ; *DCF Guyenne.*

SAINT-MARTIN-D'ARMAGNAC. I.S. Construit en 1563 (inscription sur la porte) pour Nicolas Dangu, évêque de Mende, fils naturel du chancelier Duprat et lui-même chancelier du roi de Navarre ; porte à colonnes et fronton, escalier, cheminées.
Cf. DCF Guyenne.

SAMAZAN, à Saint-Justin. Bâti dans la seconde moitié du XVIᵉ s. pour la famille d'Antras, ou pour les Monlezun.
Cf. DCF Guyenne.

SAVIGNAC, à Savignac-Mona. I.S. Construit entre 1540 et 1588 pour Jean de Lambes, compagnon de Monluc, le château est bâti entièrement en brique, sur un plan en fer à cheval, cantonné de quatre tours.
Cf. S. Drilhon, dans *CAF*, 1970, p. 289-291 ; *DCF Guyenne.*

SAINT-CRICQ. Cheminée.

TAUZIA, Le, à Maignaut-Tauzia. I.S. Le puissant château des XIIIe et XIVe s. a été percé au XVIe s. de croisées ornées de consoles garnies de feuillages, de bustes et de têtes d'animaux. Aujourd'hui en ruines.
Cf. Courteault, dans *Bull. de la Soc. arch. du Gers*, t. 11, 1910, p. 110 ; Polge, p. 30 ; *DCF Guyenne* ; *VMF*, n° 89, juillet 1981, p. 21.

TERRAUBE. I.S. « Château gascon » du XIIIe s. remanié au XVIe s. pour la famille de Gallard. C'est de la fin de ce siècle que date sans doute le crénelage décoratif qui cerne la grand masse nue du château, percée de belles fenêtres classiques.
Cf. Polge, p. 28 ; *MC Guyenne*, p. 234-237 ; *Les Monuments historiques de la France*, n° 115, p. 36 ; *Salles et Châteaux en Lomagne*, p. 6, 24 et 25 ; *VMF*, n° 89, juillet 1981, p. 22 ; *DCF Guyenne* ; J.H. Ducos, *Bull. de la Soc. arch. du Gers*, 1974, 2, p. 208.

VIVENT, à Castéra-Verduzan. Petite maison noble léguée en 1538 par un marchand de Jegun au chapitre collégial de Jegun. Cheminées dorique et ionique.
Cf. Polge, p. 29 ; *DCF Guyenne*.

GIRONDE

Rabanis et Duphot, « Châteaux de Gironde et de Lesparre », dans *Compte rendu des travaux de la Comm. des Mon. hist. de la Gironde*, t. 7 et 8, 1845-1846.
H. Ribadieu, *Les Châteaux de la Gironde*, Paris, 1856.
J. Merillau, *Châteaux en Gironde*, Bordeaux, 1956.
P. Roudié, *L'Activité artistique à Bordeaux, en Bordelais et Bazadais de 1453 à 1550*, Bordeaux, 1975, 2 vol.
J. Gardelles, *Châteaux de la Gironde*, Paris, Nouvelles Éditions latines, s.d.

AGASSAC, à Ludon-Médoc. Maison-forte garnie de tours, modifiée au début du XVIe s. ; porte de la façade de style encore gothique.
Cf. Roudié, p. 309 ; Merillau, n° 9 ; *MC Guyenne*, p. 300 ; Gardelles, p. 7.

BASTIDE, La, à Blaignac. Porte du XVIe s.
Cf. Roudié, p. 310.

BELLE-ISLE, à Guîtres. Restes d'un château bâti en 1592 pour Pierre de Boumard ; puits couvert à quatre baies sous coupolette (I.S).
Cf. DCF Guyenne.

CADILLAC. M.H. Visite. Le grand château du duc d'Epernon fut entrepris en 1599 par l'architecte Pierre Souffron et achevé en 1620.
Cf. J. D'Welles, Bordeaux, 1960 ; *Cadillac, aspects connus et inconnus d'un canton*, catal. de l'expos. de l'IGMRAF, 1977 ; *DCF Guyenne*.

CARLES, à Saillans. Corps de logis entre deux tours rondes, ajouté au XVIe s. ; le décor de la porte à colonnes torses est du début du XVIIe s.
Cf. DCF Guyenne.

CARNET, à Saint-Laurent-et-Benon. Modifié en 1532 pour Gabriel de Alis, conseiller au parlement de Bordeaux.
Cf. Roudié, p. 295 ; *DCF Guyenne*.

CARPIA, à Castillon-de-Castets. Construit entre 1585 et 1591 pour Jérôme de Chalup. Corps de logis flanqué de deux pavillons carrés d'un côté, d'une tour d'escalier carrée de l'autre.
Cf. DCF Guyenne.

CASTERA, Le, à Casseuil. Porte de la tour d'escalier, du milieu du XVIe s.
Cf. Roudié, p. 310.

COUTRAS. Château disparu. Puits (M.H.). **Voir n° 168.**
Cf. Roudié ; Gén. Soulé, *Histoire de Coutras*, Coutras, 1956 ; *DCF Guyenne*.

CROS, Le, à Loupiac. Petite maison noble reconstruite au XVIe s.

CUGAT (château), à Blasimon. Maison-forte de la fin du XVIe s.
Cf. DCF Guyenne.

CURTON, à Daignac. I.S. Modification des ouvertures de la cour et nouveau logis au début du XVIe s.
Cf. Roudié, p. 307 ; Gardelles, p. 14 ; *DCF Guyenne*.

FARGUES. Modification des ouvertures au XVIe s. ; colombier à dôme de 1539. A l'étage, grande cheminée à personnages du début du XVIIe s.
Cf. Roudié, p. 307 et 315 ; Gardelles, p. 23 ; *DCF Guyenne*.

FAUGAS (château), à Gabarnac. Maison-forte dont les ouvertures furent modifiées au XVIe s. ; décor de la porte à têtes d'angelots, avec monogramme.
Cf. Roudié, p. 301 et 310 ; *Cadillac*, catal. de l'expos. de l'IGMRAF ; *DCF Guyenne*.

FONTESTAU, à Saint-Sauveur. Porte du XVIe s.
Cf. Roudié, p. 310.

FRANCS. I.S. Corps de logis modifié au XVIe s. pour la famille Prieur ; cheminée à décor encore gothique.
Cf. Roudié, p. 304 et 313.

GENESTE, à Villenave-d'Ornon. Puits de la seconde moitié du XVIe s. couvert par trois colonnes torses portant un petit dôme à écailles.
Cf. Roudié.

GENISSAC. I.S. Visite. L'appareil défensif du château médiéval a été modifié au début du XVIe s. ; sans doute pour Michel de Chassaignes, dont le tombeau, datant de 1527, s'élevait dans la chapelle. Le corps de logis a été repris à la fin du XVIe s. (tour d'escalier polygonale).
Cf. Roudié, p. 291 ; *DCF Guyenne*.

GRAND-VERDUS, Le, à Sadirac. I.S. Maison-forte construite en 1579-1580 (inscriptions) pour la famille de Bonneau.
Cf. DCF Guyenne.

GRIGNOLS. Travaux au XVIe s. (cheminées).
Cf. DCF Guyenne.

GUILLERAGUES, à Saint-Sulpice-de-Guilleragues. I.S. Maison-forte du XIVe s. augmentée en 1564 (porte décorée d'un blason).
Cf. Gardelles, p. 26 ; *DCF Guyenne*.

HAUT-BRION, à Pessac. Maison noble bâtie en 1549-1550 pour Jean de Pontac, secrétaire du roi, intégrée aujourd'hui dans des constructions plus tardives.
Cf. Roudié, p. 300 ; Gardelles, p. 6 ; *DCF Guyenne*.

LATRESNE. Maison noble de Pierre de Bidart ; chapelle construite en 1547 avec une toiture « à la mode de France ».
Cf. Roudié, p. 311 et 315.

MONBADON. I.S. Chapelle du XVIe s.
Cf. Roudié, p. 315 ; Gardelles, p. 19 ; *DCF Guyenne*.

OLIVIER (château) à Léognan. I.S. Nouveau pavillon ajouté à la fin du XVIe s. pour Pierre de Geneste, trésorier général en Guyenne.
Cf. Roudié, p. 140 ; Gardelles, p. 6 ; *DCF Guyenne*.

PÉCONNET (château) à Quinsac. La date de 1577 est inscrite sur une pierre, peut-être indique-t-elle l'époque où furent percées les baies du corps de logis, cernées de bossages en harpes moulurés.
Cf. DCF Guyenne.

PIMPOYS, à Baron. Construit au début du XVIe s. pour la famille de Bonneau ; sur la cour, galerie à arcades en anse de panier.
Cf. Roudié, p. 146 et 154 ; *DCF Guyenne*.

PREYSSAC, à Daignac. I.S. Enceinte du début du XVIe s. ; colombier circulaire coiffé d'un dôme, daté de 1574.
Cf. Gardelles, p. 14 ; *DCF Guyenne*.

ROQUENEUVE, à Naujan-et-Postiac. Porte du début du XVIe s.
Cf. Roudié, p. 309.

SAINT-CRICQ, à Cérons. Bâti en 1538 pour Arnauld de Saint-Cricq, détruit après 1913.
Cf. DCF Guyenne.

SALLEGOURDE, à Villenave-d'Ornon. Maison de Louis de Pontac ; logis neuf construit en 1549. Site inscrit.
Cf. Roudié ; *DCF Guyenne*.

VAYRES. I.S. Visite. **Voir n° 219.**
Cf. P. Courteault, dans *Revue philomathique de Bordeaux*, juillet-septembre 1927, p. 118-134 ; *DCF Guyenne*.

LANDES

D. Chabas, *Châteaux des Landes*, Paris, Nouvelles Éditions latines, s.d.
Vieilles Maisons françaises, n° 98, août 1983.

BRIAT, à Mauvezin-d'Armagnac. Maison noble bâtie au XVIe s. pour les Albret, qui sera aliénée par Henri IV ; augmentée aux XVIIIe et XIXe s. ; dans le parc, grande fontaine de la fin du XVIe s. à pilastres cannelés, niches à coquilles et fronton.
Cf. Soulange-Bodin, *Châteaux connus et inconnus* ; Chabas, p. 19 ; *DCF Guyenne*.

CANDALE, à Doazit. Château reconstruit à la fin du XVIe s. pour Jacques de Foix-Candale, achevé après sa mort, vers 1598, par sa veuve Jeanne de Belcier. C'est un pavillon central flanqué de tours carrées à ses angles, resté intact ;

PREYSSAC. Le colombier.

lucarnes à frontons, corniche, bandeaux, porte à fronton cintré armorié. Le vestibule mène à un escalier de pierre du XVIIe s.
Cf. Bull. de la Soc. de Borda, 1886, p. 285, 1952, p. 185, 1975, p. 175 et 383 ; Chabas, p. 14 ; *DCF Guyenne* ; *VMF*, nº 98, août 1983, p. 32.

CANDALE. D'après une carte postale.

GABARRET. Restes de la maison de Jeanne d'Albret.
Cf. G. Desmoulins et F. Thouvignon, dans *Bull. de la Soc. de Borda*, 1974, p. 361-375 et 425-441, 1975, p. 75-100 et 223-248.

HITTAU, Le, à Saint-André-de-Seignanx. Maison-forte construite au milieu du XVIe s. pour la famille de Romatet ; décor des travées sur la cour.
Cf. DCF Guyenne ; *VMF*, 1978, nº I, p. 58.

LACAZE, à Parleboscq. Maison-forte en brique bâtie au début du XVIe s. pour la famille de Marsan, avec un décor flamboyant ; terminée à la fin du XVIe s., restaurée au XIXe s.
Cf. DCF Guyenne.

MARQUEBIELLE, à Saint-Cricq-Chalosse. Maison noble des Lataulade du début du XVIe s. augmentée à la fin du siècle.
Cf. DCF Guyenne ; *VMF*, nº 98, août 1983, p. 33.

MONTBRUN, à Biscarosse. Corps de logis central bâti au XVIe s. pour la famille de Saint-Martin.
Cf. Chabas, p. 10 ; *DCF Guyenne.*

MONTRÉAL, à Peyrehorade. M.H. Visite. L'ancien château qui défendait le passage sur les gaves fut remplacé vers 1515-1520 par un château neuf commandé à un ingénieur lombard du nom de Ridolfo Marmorini da Lombardo, sur le type du château neuf de Bayonne ; c'est un massif carré flanqué de quatre tours rondes. Interrompue par l'invasion espagnole en 1520, la construction fut reprise après 1569 et achevée après 1570 par Mathieu Comet.
Cf. Soulange-Bodin, *Châteaux connus et inconnus* ; Chabas, p. 23 ; *DCF Guyenne* ; IGMRAF, *Canton de Peyrehorade*, 1973.

RAÛ, Le, à Gamarde-les-Bains. Maison-forte du début du XVIe s.
Cf. Chabas, p. 18 ; *DCF Guyenne.*

SAINT-MARTIN-DE-SEIGNANX. Jean de Saint-Martin, sénéchal des Landes, fait reconstruire la partie méridionale du château, achevée en 1610, augmentée au XVIIe puis au XIXe s.
Cf. Chabas, p. 30 ; *DCF Guyenne* ; *VMF*, nº 98, août 1983, p. 34.

SAINT-PANDELON. I.S. Visite. L'ancienne maison-forte des évêques de Dax est modifiée entre 1566 et 1570 pour l'évêque François de Noailles ; le sommet du donjon est transformé en belvédère ajouré ; escalier en vis dans une tourelle polygonale.
Cf. Chabas, p. 30 ; J. Subes, dans *Bull. de la Soc. de Borda*, 1973, nº 352, p. 397-413 ; *DCF Guyenne* ; *VMF*, nº 98, août 1983, p. 28.

LOT-ET-GARONNE

Monuments et Portraits agenais, Agen, 1898-1899, 2 vol.
Ph. Lauzun, « Les Châteaux de l'Agenais », dans *CAF*, 1901, p. 343-361.
J. Burias, *Châteaux du Lot-et-Garonne*, Paris, Nouvelles Éditions latines, s.d.
J.B. Marquette, « Les Albret, l'ascension d'un lignage gascon », dans *Cahiers du Bazadais*, 1975, nº 30, 31.
Vieilles Maisons françaises, nº 83, janvier 1980.

BAZENS. I.S. Château des évêques d'Agen, rebâti par les Della Rovere qui tinrent successivement l'évêché. La haute tour d'escalier à sept pans fut édifiée en 1494 pour le cardinal Léonard Della Rovere ; une galerie, peut-être en bois, était disposée le long de la façade pour desservir les appartements du premier étage, accessible par une porte de la tour. Les prélats

italiens s'y succédèrent : Mateo Bandello, qui décrivit les fêtes de Bazens dans ses *Nouvelles*, puis Janus Frégose. Abandonné à la fin du siècle, il fut démoli en partie au XVIIIe s. ; il n'en subsiste qu'une aile et la tour. Un médaillon au musée d'Agen.
Cf. Burias, p. 11 ; *DCF Guyenne.*

BEAUVILLE. I.S. Maison-forte reconstruite au XVIe s. sur un plan en T ; escalier droit.
Cf. DCF Guyenne.

BIÈRE, à Laplume. Château du XVIe s.

BIRAC-SUR-TRÉE. Ruines d'un château du XVIe s.
Cf. DCF Guyenne.

BONAGUIL, à Saint-Front-sur-Lémance. M.H. Visite. Le célèbre nid d'aigle de Bérenger de Roquefeuil fut sans cesse augmenté par son fils Bringon, mort en 1530, pour en faire un repaire inexpugnable.
Cf. J. Gardelles, dans *CAF*, 1969, p. 206-214 ; Burias, p. 23 ; *MC Guyenne*. p. 303 ; *DCF Guyenne* ; *VMF*, nº 32, avril 1967, et nº 83, janvier 1980, p. 14.

BOURNAC, à Nérac. M.H. Visite. Corps de logis principal reconstruit vers 1570 pour Le Venier, trésorier de la cour de Navarre ; remanié en 1810.
Cf. VMF, nº 83, janvier 1980, p. 19.

CALONGES. M.H. **Voir nº 271.**
Cf. R. Plouin, dans *CAF*, 1969, p. 159-162 ; *DCF Guyenne.*

CASTELJALOUX. Une frise sculptée de naïfs portraits en médaillons, datant du début du XVIe s., a été remontée dans la cour du musée des Beaux-Arts d'Agen, en provenance du manoir de la maison d'Albret, dont il décorait une galerie.
Cf. A. M. Labit, *Le Musée d'Agen*, Paris, Nouvelles Éditions Latines, s.d.

CASTELNOUBEL, à Bon-Encontre. I.S. Le puissant château des Durfort fut augmenté vers 1535 pour Alain de Durfort et son épouse Françoise de Montal, dans un style analogue à celui de leur château de Lafox ; sur leur cour, on trouve une galerie à deux niveaux voûtée d'ogives avec un décor italianisant et un escalier de plan carré tournant autour d'un jour central.
Cf. Burias, p. 6 ; *DCF Guyenne.*

DURAS. M.H. Le château de la famille de Durfort de Duras a subi quelques remaniements au XVIe puis au XVIIe s.
Cf. Soulange-Bodin, *Châteaux connus et inconnus* ; Burias, p. 18 ; *DCF Guyenne* ; *VMF*, nº 83, janvier 1980, p. 63.

ESTILLAC. M.H. Visite. **Voir nº 220.**
Cf. P. Lauzun, dans *CAF*, 1901, p. 38-41 ; R. Plouin, dans *CAF*, 1969, p. 105-107 ; Burias, p. 3 ; *MC Guyenne*, p. 194-197 ; *DCF Guyenne* ; étude approf. d'architecte en chef des Monuments historiques de J.-F. Lagneau, inédite (1979).

FERRASSOU, à Saint-Sylvestre-sur-Lot. M.H. Château du XIVe s. (superbe escalier en vis) modifié au XVIe s. ; la travée de fenêtres ouvertes dans le donjon circulaire est garnie de pilastres à décor géométrique.
Cf. A. Roux-Dessarps, dans *L'Information d'histoire de l'art*, 1974, p. 209-213 ; *DCF Guyenne* ; M. Virenque, *Revue de l'Agenais*, 1982, p. 209-221.

FRÉCHOU, Le. I.S. Maison-forte remaniée à l'extrême fin du XVIe s. pour François de Montpezat, favori du duc d'Épernon et de Henri III, capitaine de la garde des « Quarante-Cinq » qui

exécuta le duc de Guise à Blois. Fenêtres du corps de logis ; tour d'entrée.
Cf. Burias, p. 15 ; *DCF Guyenne.*

GOULENS, à Layrac. I.S. Maison-forte du XVIᵉ s. restaurée au XIXᵉ s.
Cf. Burias, p. 10 ; *DCF Guyenne ; VMF,* nᵒ 83, janvier 1980, p. 27.

HAUTEFAGE, à Hautefage-la-Tour. M.H. Une tour hexagonale fut édifiée par les deux évêques d'Agen Antoine et Léonard Della Rovere, entre 1490 et 1530. Elle sert aujourd'hui de clocher à l'église.

LAFOX. I.S. A côté de l'ancien château, les Durfort font rebâtir une nouvelle résidence. Arnaud de Durfort, ancien chambellan de Louis XI, fait ainsi construire la chapelle où sera érigé un demi-siècle plus tard le tombeau d'Etienne de Durfort et de Rose de Montal (aujourd'hui au musée d'Agen). Alain de Durfort fait bâtir après 1535 le corps de logis, dont les croisées sont ornées de pilastres et comporte un escalier rampe sur rampe. Cheminées et portes ornées. François de Durfort, sénéchal d'Agenais, reçut ici Catherine de Médicis et la cour de France. Après qu'il eut adhéré au protestantisme, le château fut pillé par les Ligueurs en 1589, puis rebâti en partie. De cette époque date la façade du logis percée de huit travées régulières de croisées cernées de bossages biseautés, sur deux étages.
Cf. G. Tholin, dans *Revue de l'Agenais,* 1901 ; Burias, p. 7 ; *MC Guyenne,* p. 311 ; *DCF Guyenne ; VMF,* nᵒ 83, janvier 1980, p. 47.

LAGRANGE-MONREPOS, à Nérac. Petite maison bâtie par Henri d'Albret pour sa maîtresse Marianne Alespée ; corps de logis entre deux tours carrées, salles à plafonds peints et peintures murales, cheminées.
Cf. P. Lauzun, dans *Revue de l'Agenais,* 1901, p. 381 ; Burias, p. 14 ; *MC Guyenne,* p. 311 ; *DCF Guyenne ; VMF,* nᵒ 83, janvier 1980, p. 21.

LASSERRE. I.S. Voir nᵒ 270.
Cf. G. Tholin, dans *Monuments et Portraits agenais,* et *Revue de l'Agenais,* 1900, p. 97, 192, 289 et 440 ; *DCF Guyenne ;* T.O. Nordberg, *La Vallée, une famille d'architectes en France, Hollande, Suède,* Stockholm, 1970.

LAUZUN. M.H. Voir nᵒ 221.
Cf. Ph. Lauzun, Agen, 1909 ; R. Plouin, dans *CAF,* 1969, p. 196-198 ; *DCF Guyenne.*

NÉRAC. M.H. Voir nᵒ 12.
Cf. Chr. Villeneuve-Bargemont, *Notice historique sur la ville de Nérac,* Agen, 1807 ; P. Lauzun, dans *Monuments et Portraits agenais ;* M. Durey, *Nérac,* 1926 ; A.M. Labit, dans *CAF,* 1969, p. 125-128 ; R. Ritter, *IVᵉ Centenaire de la naissance de Henri IV,* Pau, 1953.

POUDENAS. M.H. Visite. Château médiéval modifié au XVIᵉ s. ; croisées à pilastres sur la face nord ; transformation du donjon.
Cf. Burias, p. 15 ; *MC Guyenne,* p. 318 ; *DCF Guyenne ; VMF,* nᵒ 83, janvier 1980, p. 71.

PRADES, à Lafox. I.S. Visite. Petite maison noble bâtie entre 1520 et 1528 pour Bernard de Cortete ; logis flanqué de tourelles d'angle et d'une tour d'escalier polygonale, dans un enclos en quadrilatère.
Cf. P. Lauzun et J. Dubois, Agen, 1906 ; Burias, p. 7 ; *MC Guyenne,* p. 319 ; *DCF Guyenne ; VMF,* nᵒ 83, janvier 1980, p. 45 et 47.

PUYCALVARY, à Dausse. I.S. Château du XIIIᵉ s. ; chapelle de style flamboyant consacrée en 1536, bâtie pour Antoine de Raffin dit Pothon, sénéchal d'Agenais ; lucarnes.

Cf. De Cousseau de Beaufort, *Revue de l'Agenais,* 1937, p. 190 ; Burias, p. 27 ; *DCF Guyenne ; VMF,* nᵒ 83, janvier 1980, p. 17.

ROQUEPIQUET, à Verteuil-d'Agenais. Modifications apportées au château durant le XVIᵉ s., notamment une tour ronde couronnée d'une corniche à hautes consoles.
Cf. VMF, nᵒ 83, janvier 1980, p. 15 et nᵒ 87, janvier 1981, p. 122.

SAINT-PHILIP, à Saint-Nicolas-de-la-Balerme. Site inscrit. Château du XVIᵉ s.
Cf. Abbé Gayral, dans *Revue de l'Agenais,* 1913, p. 500-508.

SEGUINOT, à Nérac. Site inscrit. Maison-forte des XVᵉ et XVIᵉ s. qui fut la propriété de François de La Noue dit Bras de Fer, l'un des héros de l'armée protestante ; chapelle gothique ornée de peintures, escalier du XVIᵉ s.
Cf. Burias, p. 11 ; *DCF Guyenne.*

SENDAT, Le, à La Réunion. Important château de plan régulier en U avec une tour d'escalier hors-œuvre au centre du corps de logis ; galerie. Il date de la fin du XVIᵉ et du XVIIᵉ s. probablement et fut restauré par Duban en 1845.
Cf. Fouquier, *Grands Châteaux ;* Soulange-Bodin, *Châteaux connus et inconnus ; MC Guyenne,* p. 192-193 ; Burias, p. 14 ; *DCF Guyenne ; VMF,* nᵒ 83, janvier 1980, p. 26.

THÉOBON, à Loubès-Bernac. I.S. Château bâti à l'extrême fin du XVIᵉ ou au début du XVIIᵉ s., sans doute pour Jean de Rochefort de Saint-Angel, gouverneur de Mâcon, mort en 1606. Cheminée déposée et achetée en 1924 pour l'université de Harvard, Etats-Unis.
Cf. P. Roudié, dans *CAF,* 1969, p. 191-195 ; *DCF Guyenne ; VMF,* nᵒ 83, janvier 1980, p. 71.

VIRAZEIL. I.S. Tour et chapelle du XVIᵉ s. ; le château lui-même a été rebâti par l'architecte Louis au XVIIIᵉ s.
Cf. Burias, p. 18.

PYRÉNÉES-ATLANTIQUES

J. Gauthier, *Manoirs et Gentilhommières du pays de France.* t. 4, *pays Basque et Béarn,* Paris, 1931.
J. Nogaret, « Les Châteaux historiques du pays Basque français », dans *Bulletin du musée Basque,* 1929 à 1936.
C. Lacoste, « Gentilhommières du Béarn », dans *Bull. de la Soc. des sciences, lettres et arts de Pau,* 1967, p. 87-106.
J. Labbé, *Châteaux et Manoirs des Pyrénées-Atlantiques,* Paris, Nouvelles Éditions latines, s.d.
Vieilles Maisons françaises, nᵒ 123, juillet 1988.

ARRAMÉE, L', à Rivehaute. Maison-forte du XVIᵉ s. de la famille de Casamajor de Gestas ; lucarnes du côté de la cour.
Cf. VMF, nᵒ 48, avril 1971 ; *DCF Guyenne.*

ARRICAU, à Arricau-Bordes. Maison-forte reconstruite à la fin du XVIᵉ s. pour Jean de Navailles. La porte de la cour est datée de 1589, le colombier à dôme et lanternon, de 1572.
Cf. MC Mayenne, p. 300 ; Labbé, p. 22 ; *DCF Guyenne.*

ARROS ou ESPALUNGUE, à Arros-de-Nay. I.S. Un grand pavillon rectangulaire de style Henri IV subsiste de l'ensemble imaginé pour Jacques de Gontaut-Biron, qui ne l'acheva jamais.
Cf. MC Guyenne, p. 300 ; *DCF Guyenne ;* Labbé, p. 10.

ARROS. D'après une carte postale.

ASCOUBIA ou ESCOUBIAC, à Ascain. Manoir de 1565, appartint à Jean de Sossionde, évêque de Bayonne.

AUDAUX. I.S. Vaste château régulier sur un plan en U scandé de pavillons. Il est couvert de plusieurs combles à l'impériale. Les croisées sont cernées de pilastres et des corps de moulures ceinturent toutes les façades. Les lucarnes sont coiffées de petits ou de grands frontons. L'ensemble est encore proche de la Renaissance malgré des dates tardives. Audaux fut en effet commencé pour Armand de Gontaut-Saint-Geniès, lieutenant général et sénéchal en Béarn, l'un des fidèles serviteurs de Henri de Navarre, le précédent château ayant été incendié par les catholiques en 1569. Lorsqu'il mourut en 1591, la construction était commencée, mais elle sera seulement achevée par son fils ou par sa petite-fille Judith, mariée au baron de Navailles, et complétée plus tard par le maréchal de Gassion.
Cf. Soulange-Bodin, *Châteaux connus et inconnus ; MC Guyenne,* p. 309 ; Labbé, p. 18 ; *DCF Guyenne.*

BELZUNCE, à Ayherre. Site inscrit. Ruines d'un château modifié au XVIᵉ s. (fenêtres), ravagé par les guerres de Religion.
Cf. DCF Guyenne.

BÉOST. I.S. Château des XVᵉ et XVIᵉ s.
Cf. MC Guyenne, p. 302 ; Labbé, p. 21.

BIDACHE. M.H. Visite. Voir nᵒ 97.
Cf. Brochure anonyme, Le Mans, 1904 ; E. Lambert, dans *CAF,* 1939, p. 487-502 ; R. Ritter, Lyon, 1958 ; *DCF Guyenne ;* O. Ribeton, dans *Bull. de la Soc. des sciences, lettres et arts de Bayonne,* nᵒ 137 et 138, 1981-1982, p. 109-167.

BRASSALAYA, à Biron. I.S. Château du XVIᵉ s.

COARRAZE. I.S. Visite. Le château médiéval des Albret-Miossens abrita l'enfance de Henri IV. Le portail à bossages sur la route peut dater de l'extrême fin du XVIᵉ siècle.

ÉCHAUX, à Saint-Étienne-de-Baïgorry. Ancienne « salle » augmentée au XVIᵉ s. La porte est datée de 1555.
Cf. Labbé, p. 22 ; *DCF Guyenne.*

GOÉS. Maison-forte remaniée au début du XVIe s. (cheminées), puis en 1617.
Cf. DCF Guyenne.

LARREA, à Ispoure. Maison-forte du début du XVIe s., formant un bloc rectangulaire selon un type fréquent en Basse-Navarre.
Cf. DCF Guyenne.

MAŸTIE puis **ANDURAIN,** à Mauléon-Licharre. M.H. Visite. Maison noble bâtie pour Pierre de Maÿtie, puis son fils Arnauld, évêque d'Oloron, à la fin du XVIe et au début du XVIIe s. Corps de logis à haut toit de bardeaux entre deux pavillons en saillie ; belles lucarnes jumelées à décor sculpté.
Cf. St. Gauthier, *Petits Châteaux et Manoirs ;* Soulange-Bodin, *Châteaux connus et inconnus ; MC Guyenne,* p. 220-221 ; Labbé, p. 23 ; A. d'Andurain de Maÿtie, dans *Pyrénées,* no 94, 1973 ; *DCF Guyenne.*

MAŸTIE. D'après une carte postale.

73. MAULÉON (B.-P.) — Château de Maytie d'Andurain

MONGASTON, à Charre. I.S. Visite. Maison-forte du XVIe s. Construite sur l'ancien château de Gaston VII de Béarn.

PAU. M.H. Palais national et musée. **Voir no 96.**
Cf. A. Lafollye, Paris, 1882 ; R. Ritter, Pau, 1919 ; Gebelin, p. 156-158 ; J. de Laprade, Pau, 1967 ; N. Pinzuti, dans *Bull. de la Soc. des amis du château de Pau,* 1977, t. 19, no 72, p. 185-188 ; *DCF Guyenne ;* J. Perot, 1984 (Petits Guides des grands musées, no 96).

SALLES, à Sallespisse. Maison-forte médiévale modifiée au XVIe puis au XVIIIe s.
Cf. Labbé, p. 26 ; *DCF Guyenne.*

URTUBIE, à Urrugne. I.S. Visite. Maison noble bâtie de 1505 à 1513 pour Marie d'Urtubie, modifiée aux XVIIe et XVIIIe s.
Cf. J. de Jaurgain, dans *Bull. de la Soc. des sciences, lettres et arts de Bayonne,* 1896, p. 129, 209 et 281 ; Labbé, p. 30 ; *MC Guyenne,* p. 248-251 ; *DCF Guyenne.*

HAUTES-PYRÉNÉES

LOURDES. Site inscrit. Visite. L'enceinte du château fut remaniée au XVIe s.
Cf. J. Robert, *Lourdes, château et musée pyrénéen,* Paris, Nouvelles Éditions latines, s.d.

OUROUT, à Argelès-Gazost. I.S. Château des XVe et XVIe s.

THERMES. Ruines d'un château du XVIe s.

TOSTAT. I.S. Vestiges de l'ancien logis du XVIe siècle.

VIEUZAC, à Argelès-Gazost. Donjon du XVIe s.

TARN-ET-GARONNE

M. Méras, *Châteaux du Tarn-et-Garonne,* Paris, Nouvelles Éditions latines, s.d.
Dictionnaire des châteaux de France, Guyenne..., Paris, Berger-Levrault, 1981.
Inventaire général des monuments et richesses artistiques de la France, pays de Lomagne. Indicateur du patrimoine architectural, 1983.

BIOULE. M.H. Le château des Cardaillac, bâti au XIVe s., reçut au début du XVIe s. quelques aménagements, nouvelles croisées, peintures murales de la salle des Preux.
Cf. MC Guyenne, p. 303 ; Méras, p. 7 ; *DCF Guyenne.*

BRASSAC. M.H. Visite. Le château du XIIe s. fut augmenté à plusieurs époques ; un corps de logis fut édifié pour les Galard au XVIe s.
Cf. MC Guyenne, p. 304 ; Méras, p. 10.

BRUNIQUEL. M.H. Le nid d'aigle des XIIe et XIIIe s. devint une place forte huguenote. Le bastion qui défend l'entrée fut ainsi bâti à la fin du XVIe s. La galerie à colonnes qui domine le paysage de la vallée date aussi du XVIe s., tout comme le « Château jeune », construit pour Maffre de Comminges et son fils avant 1510.
Cf. Soulange-Bodin, *Châteaux connus et inconnus ; MC Guyenne,* p. 304 ; Méras, p. 12 ; *VMF,* no 19, janvier 1964 ; *DCF Guyenne.*

CAPOU, à Montauban. Maison-forte en brique de style toulousain, bâtie au début du XVIe s. pour Odet Capo-Ramon, fils d'un marchand et consul de Montauban. Remaniée aux XVIIIe et XIXe s.
Cf. Méras, p. 14 ; *DCF Guyenne.*

CORNUSSON, à Parisot. Site classé. Rebâti pour François de La Valette-Parisot, évêque de Vabres de 1563 à 1585, achevé pour François II de La Valette qui y mourra en 1622, il est flanqué de quatre tours rondes. Le châtelet d'entrée, encadré de deux tours couvertes de coupoles de pierre, présente des mâchicoulis ornés de volutes.
Cf. Soulange-Bodin, *Châteaux connus et inconnus ; MC Guyenne,* p. 156-157 ; Méras, p. 14 ; *DCF Guyenne.*

ESPANEL, à Molières. Site inscrit. Maison-forte reconstruite à la fin du XVe ou au début du XVIe s.
Cf. Méras, p. 15.

FOURS, Les, à Cumont. I.S. Ruines d'une maison-forte de plan rectangulaire flanquée de quatre échauguettes, datant du XVIe s. Escalier en vis. Comme quelques-unes des cheminées, la porte de l'escalier a été remontée dans une maison d'Auvillar, elle est tracée sur plan concave, encadrée de figures en gaines et coiffée d'un fronton ; son style rappelle les hôtels toulousains de Bachelier.
Cf. Méras, p. 22, et *Bull. de la Soc. arch. du Tarn-et-Garonne,* t. 40, 1964, p. 97-100 ; *DCF Guyenne ; Salles et Châteaux de Lomagne,* catal. de l'expos. de l'IGMRAF, p. 6,7 et 21 ; *Les Monuments historiques de la France,* no 115, 1981, p. 36-37.

GOUDOURVILLE. I.S. « Château gascon » affectant un plan en équerre scandé par de vastes tours carrées, reconstruit aux XVe et XVIe s. Domaine de la famille de Lustrac, il appartint à Marguerite de Lustrac qui épousa en 1544 le

futur maréchal de Saint-André, puis en 1568 en secondes noces Geoffroy de Caumont, abbé de Clairac passé au protestantisme. Ce dernier y reçut Charles IX en 1569, puis Henri de Navarre en 1587. Escalier.
Cf. MC Guyenne, p. 309 ; Méras, p. 16.

GRAMONT. M.H. Visite. **Voir no 95.**
Cf. Méras, p. 18 ; *VMF,* no 16, avril 1963, p. 15-20 ; *Les Monuments historiques de la France,* no 113, juillet-août 1981, p. 35-36.

LAGUÉPIE. Le château fut détruit sur les ordres du duc de Joyeuse, chef des ligueurs du Languedoc, puis relevé après 1594 pour Jacob, baron de Laguépie. Il n'en reste que des ruines.
Cf. Méras, p. 19.

LARRAZET. I.S. Bâti en 1500 pour Jean de Cardaillac, abbé de Belleperche, par les maîtres d'œuvre Jean de Massaris et Antoine de Moissac. Les moines de Belleperche poursuivis par les huguenots s'y réfugièrent en 1572. Construction de style gothique, dont un bel escalier à quatre volées droites voûtées d'ogives tournant autour d'un noyau carré renfermant un petit cabinet à chaque niveau.
Cf. Méras, p. 22 ; R. Dichamp, dans *Bull. de la Soc. arch. du Tarn-et-Garonne,* t. 94, 1968, p. 9-23 ; *Les Monuments historiques de la Fance,* no 115, 1981 ; *DCF Guyenne ; Salles et Châteaux de Lomagne,* catal. de l'expos. de l'IGMRAF, p. 5 et 18.

LAVAL, à Saint-Cirice. Château détruit, dont il ne reste qu'une porte encadrée de pilastres ioniques.
Cf. Salles et Châteaux de Lomagne, catal. de l'expos., p. 21.

MARSAC. Le château des XIIIe-XVe s. a été remanié au début du XVIe s. (escalier et croisée donnant sur une galerie) puis vers 1557-1563 pour Hélène de Voisins, femme d'un Montesquiou (mur de la galerie avec fenêtres à doubles croisillons). L'influence du château de Gramont, tout proche, s'y fait sentir.
Cf. Soulange-Bodin, *Châteaux connus et inconnus ;* Méras, p. 22 ; *Les Monuments historiques de la France,* no 115, 1981, p. 36 ; *DCF Guyenne ; Salles et Châteaux de Lomagne,* catal. de l'expos., p. 6.

PIQUECOS. I.S. Le vaste château qui domine la plaine fut rebâti entre 1439 et 1510 pour Hugues Des Prés de Montpezat, chambellan de Louis XI, puis pour Jean IV Des Prés, évêque de Montauban. François Ier y séjourna en 1542. Il est bâti en brique rose. Sa chapelle conservait des peintures représentant des Sybilles, de la fin du XVe s. (M.H.) ; autres peintures du XVIIe s.
Cf. Méras, p. 26 ; *VMF,* no 46, octobre 1970 ; *MC Guyenne,* p. 318 ; *DCF Guyenne.*

SAINTE-LIVRADE, à Moissac. Site inscrit. Maison-forte du début du XVIe s., remaniée au XVIIe.
Cf. Méras, p. 30.

TERRIDE, à Labourgade. Grand château de brique du XIVe s. modifié au XVe et au XVIe : galerie, vers 1549. N. Bachelier y expertisait des constructions neuves en 1551. Il sera copieusement restauré au XIXe s. Terride appartint à Antoine de Lomagne, lieutenant de Monluc et l'un des chefs du parti catholique dans le Sud-Ouest. Ses armes figurent sur une cheminée monumentale décorée de colonnes doriques et corinthiennes jumelées, le manteau chargé d'un cerf en haut relief.
Cf. Méras, p. 30 ; B. Loncan et A. Noé-Dufour, « Salles et Châteaux en Lomagne », dans *Les Monuments historiques,* no 115, 1981, p. 34 ; *DCF Guyenne ; Salles et Châteaux en Lomagne,* catal. de l'expos., p. 4.

TERRIDE. Cheminée.

IX. LANGUEDOC

Merveilles des châteaux de France, Languedoc et Guyenne, Paris, Hachette-Réalités, 1967.
Inventaire général des monuments et richesses artistiques de la France. Répertoire des inventaires, n° 20, *Languedoc-Roussillon,* Paris, 1972.

AUDE

L.A. Buzairies, *Notice historique sur les châteaux de l'arrondissement de Limoux,* Limoux, 1868.
Comtesse de Mauléon-Narbonne, *Châteaux de l'Aude,* Paris, Nouvelles Éditions latines, s.d.

ARZENS. I.S. Ruines d'un château du XVIe s.

BARAIGNE. I.S. Château médiéval fortifié à nouveau à la fin du XVIe s. Bretèche sur consoles moulurées au-dessus de la porte d'entrée.
Cf. Mauléon-Narbonne, p. 6.

COUIZA. M.H. Visite. **Voir n° 136.**
Cf. R. Debant, dans *CAF,* 1973, p. 160-168 ; Buzairies, p. 252 ; G. Leblanc dans *Relations PTT,* n° 131, juin 1985, p. 23-26.

FERRALS, à Saint-Papoul. I.S. **Voir n° 196.**
Cf. Y. Bruand, dans *CAF,* 1973, p. 458-481.

MARQUEIN. M.H. **Voir n° 98.**
Cf. Mauléon-Narbonne, p. 18 ; Soulange-Bodin, *Châteaux connus et inconnus.*

MONTMAUR. I.S. Château médiéval défendant l'entrée du Lauraguais, pris par les huguenots en 1577. Au XVIe s., les façades sur la cour furent modifiées (croisées).
Cf. Mauléon-Narbonne, p. 19.

PAYRA-SUR-L'HERS. I.S. Petit château dans l'agglomération, agrémenté d'une façade du milieu du XVIe s. (croisées à colonnes ioniques) pour Raymond de Marion.

SALLÈLES D'AUDE. Voir n° 137.
Cf. A. Sabarthès. *Dictionnaire topographique de l'Aude,* 1912, p. 424-425.

SAPTES, Les, à Conques-sur-Orbiel. I.S. Maison-forte de plan massé construite au XVIe s. Les frères Saptes y dirigèrent une manufacture de draps ; chapelle.
Cf. Soulange-Bodin, *Châteaux connus et inconnus.*

GARD

Y. Chassin Du Guerny, *Châteaux du Gard,* Paris, Nouvelles Éditions latines, s.d.

ARAMON. Site inscrit. Château du XIVe s. avec donjon carré, modifié plusieurs fois au cours des siècles. Il fut cédé à Charles VII par Louis de Poitiers-Saint-Vallier, puis donné par Henri II à Diane de Poitiers sa descendante, en 1553. Celle-ci y fit faire quelques aménagements. Assiégé en 1562 et 1567 par les protestants.

Cf. Soulange-Bodin, *Châteaux connus et inconnus ; MC Provence,* p. 222 et 291 ; Chassin Du Guerny, p. 3.

BASTIDE-D'ENGRAS, La. Abandonné par les évêques d'Uzès en 1565 à leur vicaire général Jacques de La Fare, l'ancien château ruiné fut rebâti par celui-ci dans les années qui suivirent. Pillé par les huguenots en 1569, remis en état par Jacques de La Fare ensuite. La porte d'entrée, décorée de bossages et frontons superposés, date, semble-t-il, du début du XVIIe s.
Cf. MC Provence, p. 272-275 ; *VMF,* n° 39, janvier 1969 ; Chassin Du Guerny, p. 6.

CALVIAC, à Lasalle. Maison-forte rebâtie au XVIe s., ruinée par les Camisards, rebâtie aux XVIIIe et XIXe s.
Cf. Chassin Du Guerny, p. 11.

CARDET. Maison-forte reconstruite au XVIe s., un corps de logis flanqué de quatre tours ou pavillons, modifiée ensuite.
Cf. Chassin Du Guerny, p. 7.

CASTELLAS, Le, à Saint-Bonnet-de-Salendrique. I.S. Visite. Maison-forte médiévale remaniée au XVIe s.
Cf. VMF, n° 89, juillet 1981, p. 84-85.

LASCOURS, à Laudun. M.H. **Voir n° 225.**
Cf. P. de Vaissière, *Messieurs de Joyeuse,* Paris, 1926.

MONTPEZAT. I.S. Situé au milieu du bourg, le château est composé de trois corps de logis des XVe et XVIe s., ces derniers ayant sans doute été bâtis pour Pierre Trémolet, acquéreur en 1521, qui fut médecin de François Ier, anobli par lui et créé baron de Montpezat en 1526.
Cf. Chassin Du Guerny, p. 15.

PORTES. M.H. Visite. Au château du XIVe s., a été ajouté vers 1565-1570 pour Jacques de Budos un haut logis massif bâti en grand appareil à l'angle de l'enceinte, qui se dresse comme un éperon, interrompu au second étage par une échauguette. Le maître d'œuvre peut avoir été Jean Despeisses.
Cf. Chassin Du Guerny, p. 15 ; H.P. Eydoux, *Monuments méconnus, Languedoc et Roussillon,* Paris, 1979, p. 73.

RIBAUTE, à Ribaute-les-Tavernes. Situé au milieu du bourg, la maison-forte a été rebâtie au XVIe s. pour les Cubières Du Cheylard d'Aujac. Modifié au XVIIIe s.
Cf. Chassin Du Guerny, p. 19.

THEYRARGUES, à Rivières-de-Theyrargues. I.S. Maison-forte du XIVe s. remaniée vers 1565-1570 pour Jacques de Budos en même temps qu'il construisait le logis neuf de Portes. Modifié au XIXe s.
Cf. Chassin Du Guerny, p. 19.

UZÈS. M.H. Visite. **Voir n° 194.**
Cf. L. D'Albiousse, *Histoire des ducs d'Uzès,* Paris, 1887 ; H. de La Ferrière, *Une duchesse d'Uzès au XVIe s.,* Paris, 1895 ; Gébelin, p. 175-176 ; *MC Provence,* p. 213-219.

VERS ou VERT, à Saint-Privat-des-Vieux. I.S. Vaste château médiéval modifié au XVIe s. Jacques de Faret y reçut Charles IX et Catherine de Médicis en 1564 et il fut pris d'assaut par Coligny en 1570. Cheminée en pierre de la salle des Prophètes où eurent lieu de premières réunions calvinistes dès 1541. Agrandi et décoré sous Louis XIII.
Cf. Soulange-Bodin, *Châteaux connus et inconnus ; L'Illustration,* 1936, t. 2, p. 365 ; *MC Provence,* p. 246-249 ; Chassin Du Guerny, p. 26.

VILLEVIEILLE. M.H. L'ancien château fut acquis en 1529 par un maître des comptes de Montpellier, Bernard Pavée, qui le fit fortifier et bâtit le corps de logis de l'ouest. Il le laissa à son frère François. Le maréchal de Damville en fit son quartier général en 1573. Un peu plus tard, François II de Pavée construisit un autre corps de logis qui sera modifié au XVIIIe s. avec le reste. Sur la cour, beau décor des encadrements de fenêtres à pilastres.
Cf. Chassin Du Guerny, p. 30 ; *VMF,* n° 31, janvier 1967, p. 27.

VILLEVIEILLE. La cour.

HAUTE-GARONNE

C. Douais, *L'Art à Toulouse,* Toulouse-Paris, 1904.
H. Graillot, *Nicolas Bachelier,* Toulouse, 1914.
Merveilles des châteaux de Languedoc et de Guyenne, Paris, Hachette-Réalités, 1967.
D. Roy, *Châteaux de Haute-Garonne,* Paris, Nouvelles Editions latines, s.d.
Vieilles Maisons françaises, n° 127, avril 1989 (article de Br. Tollon).

AUZIELLE. Site inscrit. Château de brique du XVIe s., surélevé au XVIIe. Fenêtres décorées de bustes de femmes, cheminée.
Cf. Soulange-Bodin, *Châteaux connus et inconnus; MC Guyenne,* p. 301.

BARBAZAN. Ruines d'un château des XVIe et XVIIe s.

BRAX. I.S. Château de brique du XVIe s., décoré de peintures murales sous Henri IV.

CASTELNAU-D'ESTRETEFONS. I.S. Construction de brique dans le style toulousain, bâtie en 1539-1545 par Antoine de Lescalle pour Michel de Vabres, mort en 1546. Nicolas Bachelier fut chargé d'ajouter certains morceaux de bravoure en pierre inspirés par sa connaissance de l'art italien et des ouvrages de Serlio ; ainsi le portail de l'escalier avec un motif de lions tenant un blason, une croisée encadrée de termes, et l'escalier droit lui-même, œuvre raffinée, avec ses colonnes et culots corinthiens et ses consoles ornées de gousses. Le château sera transformé extérieurement à l'époque néo-classique.
Cf. Hautecœur, t. 1a, p. 303 ; E. Szapiro, « Nicolas Bachelier et le château de C. », dans *Annales du Midi,* t. 75, 1963, p. 241-282.

CÉPIÈRE, La, ou LA BORDO DEL COMTÉ, à Toulouse. Maison de plaisance en brique reconstruite après 1588 ; frontons.
Cf. VMF, no 71, janvier 1977.

DOUJAT, à Saint-Martin-du-Touch (Toulouse). Site classé. Maison de plaisance du début du XVIe s., de décor encore gothique, avec quelques éléments nouveaux.

FOURQUEVAUX. M.H. Château de brique ayant appartenu à l'ambassadeur de Charles IX, Raymond de Fourquevaux.

GURAN. Château du XVIe et du début du XVIIe s.
Cf. MC Guyenne, p. 310.

LARÉOLE. M.H. **Voir no 222.**
Cf. Graillot ; H. Stein, « Dominique Bachelier à Saragosse », dans *Bull. de la Soc. de l'hist. de l'art français,* 1922, p. 352 ; Br. Tollon, *Le château près de la ville,* colloque Flaran, 1987, p. 55.

LASSERRE-LÈS-MONTASTRUC, à Montastruc-la-Conseillère. Commencé en 1555 par Nicolas Bachelier pour Eléonore de Bernuy, femme de Michel Du Faur de Saint-Jory, et achevé par Antoine de Lescalle. Le père d'Eléonore, Guillaume de Bernuy, avait fait construire en 1544 par Bachelier son célèbre hôtel toulousain. Le château appartint ensuite au maréchal de Castelnau, puis à sa fille. Modifié au XVIIe et au XIXe s.
Cf. Hautecœur, t. 1b, p. 342 ; Douais, p. 172 ; Graillot.

LOUBENS, à Loubens-Lauraguais. I.S. Visite. Château du XIVe remanié au XVIe s.
Cf. MC Guyenne, p. 312.

MERVILLE. M.H. Château de brique de la fin du XVIe et du début du XVIIe, remanié aux XIXe et XXe s.
Cf. MC Guyenne, p. 314.

PALAMINY. Site classé. Une aile date du XVe, une autre du XVIe s. Chapelle.
Cf. MC Guyenne, p. 242 et 317.

PIBRAC. M.H. **Voir no 134.**
Cf. R. Du Faur, Toulouse, 1900 ; A. Du Faur, *Histoire de la communauté de Pibrac,* Toulouse, 1912 ; Gébelin, p. 158-160 ; P. Vitry, dans *CAF,* 1929, p. 161-164.

SAINT-ÉLIX, à Saint-Élix-le-Château. I.S. Visite. Le château fut élevé vers 1540-1548 pour Pierre Potier de La Terrasse, secrétaire du roi, par Laurent Clary, architecte et sculpteur, et sera achevé en 1599 pour le grand écuyer Roger de Bellegarde. Il fut incendié en 1945, et le grand comble haut de 17 mètres disparut dans les flammes, mais il vient d'être restauré comme il le mérite. Simple corps de logis encadré de quatre tours rondes, le tout de brique ; belle qualité des encadrements de baies et des lucarnes en pierre blanche, perron central, cheminée. Les dispositions de Chenonceau ont pu influencer le plan de Saint-Élix, qui comporte un couloir central traversant, avec escalier latéral.

CASTELNAU D'ESTRÉTEFONS. L'escalier.

Page suivante : SAINT-ELIX. États en 1977 et après la récente restauration.

Cf. M. Fouquier, *Grands Châteaux,* t. 2 ; F. Pasquier, dans *Bull. arch. du Comité des travaux historiques,* 1901, p. 254-275 ; Palustre, t. 3, p. 237, nº 2 ; Douais, p. 121 ; Hautecœur, t. 1a, p. 270 et 303, 1b, p. 708, n. 10 ; E. de Ganay, *Châteaux de France. Région Centre et Sud,* p. 79 ; *MC Guyenne,* p. 322 ; *VMF,* avril 1989, p. 92.

SAINT-JORY. I.S. **Voir nº 135.**
Cf. Gebelin, p. 166-167 ; Douais ; Graillot.

SAINT-MARIL, à Longages. Maison-forte de plan carré cantonnée de tours rondes construite ou modifiée au XVIᵉ s. (fenêtres à pilastres corinthiens cannelés) puis remaniée aux XVIIIᵉ et XIXᵉ s.

SAINT-MARTORY. Site classé. Petite maison noble bâtie au XVIᵉ s. pour les Montpezat.
Cf. Soulange-Bodin, *Châteaux connus et inconnus ;* *MC Guyenne,* p. 322.

SAINT-PAUL-D'OUEIL. I.S. Tour d'escalier du XVIᵉ s.

SAVÈRES. I.S. Château de brique du XVIᵉ s. reconstruit au XVIIᵉ s.
Cf. MC Guyenne, p. 323.

SÉVERAC, à Saint-Sulpice-sur-Lèze. Du XVIIᵉ s.

VARENNES, Les. Elevé en 1582-1584 par le maçon toulousain Amouroux sur les plans de Nicolas Bachelier. Le constructeur, Claude de Saint-Félix, procureur général puis président au parlement de Toulouse, s'était opposé au massacre des protestants après la Saint-Barthélemy. C'est un grand parallélépipède de brique de 44 mètres de façade avec deux tours carrées du côté sud. Il a été modifié au XVIIIᵉ s. (percements, cour) mais conserve ses dispositions intérieures au rez-de-chaussée et son escalier central à rampes droites.
Cf. Graillot, p. 356 ; *Bull. de la Soc. L'Auta,* nº 22, mai 1929, p. 76-78, et nº 421, juin-août 1976, p. 170-173 (par Roger Camboulives).

VAUX, Le. I.S. Château du XVIᵉ s., incendié, qui conserve deux de ses façades.
Cf. MC Guyenne, p. 325.

HÉRAULT

M. de Dainville, *Monuments historiques de l'Hérault,* Montpellier, 1933.
J. Mahoudeau, *Châteaux de l'Hérault,* Paris, Nouvelles Éditions latines, s.d. (1960).
Merveilles des châteaux de Guyenne, Paris, Hachette-Réalités, 1967.
Vieilles Maisons françaises, nº 96, avril 1983.

AGEL. I.S. Modifié au XVIᵉ s.
Cf. MC Guyenne, p. 300.

AUMELAS, le Château bas. Ancienne ferme réaménagée par un sieur Bonnet après 1595.
Cf. Mahoudeau, p. 27.

CAMBOUS, à Viols-en-Laval. M.H. A côté du château médiéval est élevé au XVIᵉ s. un château neuf, quadrilatère flanqué de tours carrées, la cour ornée de galeries. La porte d'entrée, au riche décor, doit dater du début du XVIIᵉ s. La construction est attribuée à Antoine de Cambous, acquéreur en 1584 de l'évêque de Maguelonne.
Cf. Mahoudeau, p. 30.

CASTRIES. M.H. Visite. **Voir nº 195.**
Cf. Duc de Castries, Paris, s.d. (Coll. des Monographies des châteaux de France).

GRANGE-DES-PRÉS, La, à Pézenas. Résidence du maréchal de Damville, Henri de Montmorency, lorsqu'il était gouverneur du Languedoc durant les guerres de Religion, le château fut élevé de 1587 à 1595. Devenu manufacture puis caserne, il a été détruit ; seuls subsistent les communs plus tardifs.
Cf. Mahoudeau, p. 23 ; *VMF,* nº 96, avril 1983, p. 62.

LAVÉRUNE. I.S. Du château qui abrita le passage de Catherine de Médicis en 1579, il ne reste

qu'un beau portail militaire de style rustique, à pilastres engagés dans des bossages piqués ; il est inséré dans les maisons du village. Il peut être une commande de Jacques Pelet, gouverneur de Montpellier en 1579 précisément.
Cf. Mahoudeau, p. 6 ; J. Nougaret, dans *VMF,* nº 96, avril 1983, p. 64.

MARGON. I.S. Le château médiéval fut augmenté en 1515 pour Pierre Plantavit de La Pauze, nouvel acquéreur, de deux ailes terminées par des tours ronde et carrée (celle-ci détruite) encadrant une cour.
Cf. Mahoudeau, p. 22 ; *VMF,* nº 96, avril 1983, p. 61.

MARSILLARGUES. M.H. **Voir nº 224.**
Cf. A. Leenhardt, *Quelques belles résidences aux environs de Montpellier,* 1931-1932, t. 2, p. 101-107 ; J.P. Lafon, *VMF,* dans nº 39, janvier 1969 ; Mahoudeau, p. 10 ; J. Peyron et A. Robert, « Philibert de l'Orme et l'architecture piscenoise », dans *43ᵉ Congrès de la Fédération historique Languedoc-Roussillon,* 1970, p. 262.

MAUREILHAN. I.S. L'ancien château fut cantonné au XVIᵉ s. de quatre tours rondes percées de canonnières.
Cf. VMF, nº 96, avril 1983, p. 61.

MONTARNAUD. Château médiéval remanié à la fin du XVIᵉ, démantelé au XVIIᵉ s. Le portail Renaissance a été fâcheusement remonté au premier étage.
Cf. Mahoudeau, p. 6 ; *VMF,* nº 96, avril 1983, p. 61.

MONTLAUR, à Montaud. I.S. Visite. Il ne reste que des ruines de la forteresse médiévale qui appartint au XVIᵉ s. à Jean III d'Adhémar et fut prise par les huguenots en 1572. En 1592, elle était vendue à Jean Du Bousquet, seigneur de Saint-Aunès, président de la chambre des comptes de Montpellier, qui fit bâtir un corps de logis neuf ; il en reste une porte à pilastres et fronton interrompu, surmonté d'une baie carrée d'imposte et d'une croisée à l'étage.
Cf. VMF, nº 44, avril 1970.

NIZAS. I.S. La façade sud comporte un portail du XVIe s. ; escalier à volées droites dans une cage voûtée.

PARC, Le, à Pézenas. Site inscrit. Rendez-vous de chasse bâti pour le maréchal de Damville, Henri de Montmorency, lorsqu'il était gouverneur de Languedoc, en 1590. Il était entouré d'un vaste parc de chasse clos de murs et rempli de gibier ; il n'en subsiste qu'une tour d'enceinte, dite tour de la Maréchale.
Cf. Mahoudeau, p. 26 ; *MC Provence,* p. 308 ; *VMF,* no 96, avril 1983, p. 62.

PERDIGUIER, à Maraussan. I.S. Du XVIe s.

RIBAUTE, à Lieuran-lès-Béziers. Maison-forte des chanoines de Saint-Aphrodise achetée par François de Turc qui fit abattre la tour médiévale et dresser une nouvelle façade du corps de logis, derrière laquelle il bâtit un grand escalier à rampes droites ; décor de cariatides.
Cf. Soulange-Bodin, *Châteaux connus et inconnus ; VMF,* no 96, avril 1983, p. 61.

ROUJAN. I.S. Nouveau corps de logis du début du XVIe s. (logis prioral ?)
Cf. VMF, no 96, avril 1983, p. 61.

TARN

H. Crozes, *Répertoire archéologique du département du Tarn,* Paris, 1865.
D. Roy, *Châteaux du Tarn,* Paris, Nouvelles Éditions latines, s.d.
Vieilles Maisons françaises, no 111, février-mars 1986.

ALBI, palais archiépiscopal, dit de *La Berbie.* M.H. Musée. Un corps de logis a été bâti pour l'évêque Louis d'Amboise (1474-1503), à l'emplacement de la courtine de l'ancien palais du côté de la ville ; c'est une construction de style flamboyant à la ressemblance de Plessis-lès-Tours ou d'Amboise, avec des lucarnes à gâbles qui furent détruites, sauf une, au XVIIe s. Albi tint pour la Ligue lors des guerres de Religion, et le palais verra démanteler son appareil défensif après la rentrée de la ville dans l'obédience royale, en 1598.
Cf. Ch. de Lacger, dans *CAF,* 1929, p. 329-425 ; H. Pradalier et Br. Tollon, dans *CAF,* 1982, p. 122-146.

FERRIÈRES. M.H. Visite. **Voir no 197.**
Cf. Crozes, col. 76 ; Roy, p. 11.

MAGRIN. M.H. **Voir no 198.**
Cf. Soulange-Bodin, *Châteaux connus et inconnus ;* Crozes, col. 117 ; Roy, p. 18.

MAILHOC. I.S. **Voir no 199.**
Cf. Crozes, col. 15 ; Roy, p. 18 ; Br. Tollon, dans *CAF,* 1982, p. 370-376.

MAREUX, à Rabastens. A côté du château, reconstruit au XIXe s., subsiste un beau portail en arc de triomphe à l'antique élevé en 1546 pour André de Mareux par Jean Fournier, maître maçon.

MAYRAGUES, à Castelnau-de-Montmirail. I.S. Cette modeste maison-forte dont le dernier étage est bâti en colombage est plaquée d'un maladroit portail classique fait de deux pilastres dégingandés supportant un fronton anormalement pointu, décoré de volutes ; cheminée à cariatides du début du XVIIe s.
Cf. Roy, p. 10.

PADIÈS, à Lempaut. I.S. Maison-forte cubique en brique, flanquée de deux tours rondes placées en diagonale. Elle fut pillée et incendiée en 1577 par les huguenots. Les belles croisées aux meneaux richement ornés de figures et de corniches dans le style de Bachelier semblent dater de la fin du XVIe s., alors que le portail incrusté semble plus tardif et pourrait dater des travaux attestés en 1617.
Cf. MC Guyenne, p. 317 ; Roy, p. 15 ; Br. Tollon, dans *CAF,* 1982, p. 394-398.

PALLEVILLE. Châteaux de Palleville et de Las Touzeilles, des XVe et XVIe s.
Cf. Crozes, col. 58 ; Soulange-Bodin, *Châteaux connus et inconnus.*

RAYSSAC, à Albi. I.S. Commanderie de l'ordre de Malte. Le corps de logis date en partie de 1508. Des peintures murales à sujets mythologiques, disparues aujourd'hui, se voyaient dans la chapelle et la grand salle.
Cf. Crozes, col. 10 ; Roy, p. 6.

ROQUEREYNE, à Marnaves. Reconstruit après la destruction due aux guerres de Religion en 1573, pris et repris ensuite.
Cf. Crozes, col. 106 ; Roy, p. 18.

ROQUEVIDAL. I.S. Visite. **Voir no 200.**
Cf. G. Fournier, dans *Revue du Tarn,* 1938, p. 215-220 ; L. Curie-Seimbres, dans *VMF,* no 39, janvier 1969, p. 46-51 ; J.-P. Gaubert, dans *VMF,* no 72, avril 1977, p. 36-37 ; Roy, p. 26 ; Br. Tollon, dans *CAF,* 1982, p. 415-418.

SAINT-ANDRÉ. I.S. Maison-forte du XVe modifiée au début du XVIe s. ; lucarnes gothiques pourvues de petits pilastres, escalier voûté d'ogives.
Cf. Soulange-Bodin, *Châteaux connus et inconnus ;* Crozes, col. 19 ; *MC Guyenne ;* Roy, p. 27.

SAUVETERRE. Vaste château du XVIe s., remanié en 1820.
Cf. Crozes, col. 48 ; *MC Guyenne,* p. 323.

SERRE, La, ou SERRES, à Labessière-Candeil. M.H. Château des abbés de Candeil, du XVe s. ; peintures murales des XVe et XVIe s. dans la chapelle.
Cf. Crozes, col. 82 ; Roy, p. 14.

PADIÈS.

X. AUVERGNE. ROUERGUE. GÉVAUDAN
VIVARAIS. VELAY. FOREZ

J. Gauthier, *Manoirs et Gentilhommières du pays de France*, t. 7, *L'Auvergne*, 1931.
J. de Montarnal, *Châteaux et Manoirs de France*, t. 8, *Auvergne*, Paris, 1936.
Merveilles des châteaux d'Auvergne et du Limousin, Paris, Hachette-Réalités, 1971.
La Demeure historique, année des châteaux d'Auvergne, n° 32, 1974.
Inventaire général des monuments et des richesses artistiques de la France. Répertoire des inventaires, n° 18, *Auvergne*, Paris, 1977.
H. de Ganay, *La Route des châteaux d'Auvergne*, Paris, Nouvelles Éditions latines, s. d.

ARDÈCHE

Fl. Benoît d'Entrevaux, *Les Châteaux historiques du Vivarais*, Hennebont, 1914.
L. Bourbon, *Châteaux de l'Ardèche*, Paris, Nouvelles Éditions latines, s. d.

AUBENAS. M. H. Visite. Occupé aujourd'hui par l'Hôtel de Ville, le château de la famille de Montlaur fut bâti à partir de la fin du XIᵉ s. (donjon carré) puis modifié au XVᵉ s. Sur la cour intérieure, on voit une tourelle d'escalier, percée de croisées décorées, qui date des travaux des Maubec-Montlaur au début du XVIᵉ s. La famille de Modène-Montlaur, héritière en 1551, fit percer une loggia à grands arcs segmentaires au-dessus de la galerie d'entrée ; les autres galeries datent des XVIIᵉ et XVIIIᵉ s. et le portail extérieur à bossages biseautés, de la famille d'Ornano, propriétaire de 1611 à 1656.
Cf. Soulange-Bodin, *Châteaux connus et inconnus* ; *MC Provence*, p. 230-231 ; J. Charay, *Aubenas-le-Château*, Paris, Nouvelles Éditions latines, s.d.

BAYARD, à Bogy. Château en ruines. Il subsistait en 1895 un portail de style Renaissance ouvrant sur une grande cour bordée de constructions plus anciennes.
Cf. Benoît d'Entrevaux, p. 28-30.

BEAUPRÉ, à Saint-Pierre-la-Roche. Haute maison-forte datant de la fin du XVᵉ ou du début du XVIᵉ s.
Cf. Benoît d'Entrevaux, p. 31-33.

BOSQUET, Le, à Saint-Martin-d'Ardèche. I.S. Le château fut construit pour Claude de Tournon, ancien aumônier d'Anne de Bretagne, évêque de Viviers de 1498 à 1542. Il est formé d'un quadrilatère flanqué de tours rondes, arasées depuis, et d'une tour d'escalier. La cour comportait deux galeries, l'une voûtée d'ogives. Il n'en reste que des ruines et, au musée de Philadelphie (États-Unis), la superbe cheminée de la grand salle, déposée en 1914. Elle est faite des jambages et du linteau primitifs, dans un style François Iᵉʳ très fleuri (pilastres, rinceaux, modillons) et d'un manteau postérieur de vingt à trente années, aux armes des Grimoard Du Roure (niches de dessin maniériste enfermant des scènes en bas-relief).
Cf. Bourbon, p. 22.

BOULOGNE à Saint-Michel-de-Boulogne. M. H. Il ne reste que des ruines du château de la famille de Poitiers-Valentinois, passé aux Lestrange. Louis de Lestrange (1509-1567) fit construire une grande salle voûtée d'arêtes et amorça la seconde enceinte. René de Hautefort,

époux de Marie de Lestrange en 1579, gouverneur et sénéchal pour la Ligue en Velay en 1590, fit bâtir ensuite le beau portail à colonnes torses.
Cf. MC Savoie, p. 270 ; Bourbon, p. 19 ; *VMF*, n° 62, octobre 1974.

BOURG-SAINT-ANDÉOL, palais des princes-évêques de Viviers, rue du Collège. M.H. Construit en 1498-1512. Quelques italianismes sont perceptibles dans la construction gothique, jadis crénelée.
Cf. Hautecœur, t. 1a, p. 184.

BOUSQUET, Le, à Saint-Laurent-du-Pape. I.S. Bâti sous Henri II dans un style encore gothique.
Cf. Benoît d'Entrevaux, p. 170-171.

BRUGET, Le, à Jaujac. I. S. Maison-forte flanquée de deux tours d'un côté, d'une demi-tour d'escalier de l'autre, remarquable par la voûte en coupole sur colonnette qui surmonte l'escalier en vis et par les cheminées sculptées, l'une à colonnes ioniques et corniches à modillons.
Cf. Benoît d'Entrevaux, p. 172-173 ; Bourbon, p. 23.

CHAUSSY, à Ruoms. Maison-forte du XVIᵉ s.
Cf. Benoît d'Entrevaux, p. 76-81.

DOL, à Gilhoc. Construction du XVIᵉ s., inachevée.
Cf. VMF, n° 75, janvier 1978, p. 55.

ENTREVAUX, à Saint-Priest. I.S. Cantonné de tours, arasées sur l'ordre de Richelieu qui y résida en 1629, le château présente en son centre un vaste escalier du XVIᵉ s. ; cheminées.
Cf. Benoît d'Entrevaux ; Bourbon, p. 7.

HAUT-VILLARS, à Silhac. I.S. Remanié du XIVᵉ au XIXᵉ s. L'escalier, voûté d'ogives, est à repos carrés ; dans la salle basse, la cheminée est décorée de quatre sirènes en cariatides, avec un bas-relief représentant l'Histoire écrivant, et une frise au médaillon de Neptune.
Cf. Benoît d'Entrevaux ; Bourbon, p. 10.

JOVIAC, à Rochemaure. I.S. Fortifié au XVIᵉ s. pour Jacques d'Hilaire.
Cf. Bourbon, p. 26.

LACOUR, à Saint-Agrève. Du XVIᵉ s.
Cf. Benoît d'Entrevaux, p. 141.

LIVIERS, à Lyas. Site inscrit. Escalier du XVIᵉ s.
Cf. Benoît d'Entrevaux, p. 202-203.

MAISONSEULE, à Saint-Basile. I.S. Cheminées du XVIᵉ s.
Cf. Bourbon, p. 10.

MOTHE, La, à Accons. Château des XVᵉ et XVIᵉ s. ; communs de la fin du XVIᵉ s. avec portes à frontons et piédroits de bossages vermiculés.
Cf. Benoît d'Entrevaux, p. 147-148 ; Bourbon, p. 11.

PRÉS, Les, à Éclassan. Constructions du XVIᵉ s. ajoutées à un ancien donjon.
Cf.VMF, n° 88, avril 1981, p. 101.

ROUBIAC, à Champis. Gentilhommière du XVIᵉ s., inachevée.
Cf. VMF, n° 75, janvier 1978, p. 55.

RUISSAS, à Bosas. Château construit vers 1550-1566 pour Barthélemy de Ronchain.
Cf. P. Charrié, *Dict. topogr. de l'Ardèche.*

SOLIGNAC, à Gilhoc. A côté du château médiéval, Jean de Fay construit au début du XVIᵉ s. une nouvelle résidence flanquée de tours rondes ; cheminée.
Cf. Benoît d'Entrevaux, p. 274-278 ; Bourbon, p. 11.

THORRENC. I.S. Tourelle du XVIᵉ s. dans le château ruiné.
Cf. Benoît d'Entrevaux, p. 285-287.

TOURNON, à Tournon-sur-Rhône. M.H. Visite. Le château des XIIIᵉ et XVᵉ s. fut augmenté au début du XVIᵉ s. ; forte tour d'angle, grand corps de logis, chapelle. Après la mort de son mari en 1563, Claude de La Tour-Turenne fit fortifier le château pour prévenir un coup de main ; enceinte basse à pont-levis endommagée aujourd'hui par le passage de la route, tours et grandes terrasses. L'une des tours, dite «tour des Marbres» abritait le cabinet d'antiques — statues et bustes apportés de Rome — de François, cardinal de Tournon, grand humaniste et homme d'État, né dans le château en 1489.
Cf. Soulange-Bodin, *Châteaux connus et inconnus* ; Benoît d'Entrevaux, p. 288-291 ; «Tournon au XVIᵉ s.», recueil d'articles dans *Revue du Vivarais*, t. 58, n° 2, avril-juin 1954 ; M. François, *Le Cardinal François de Tournon*, Paris, 1951, p. 515 ; Bourbon, p. 14 ; *MC Savoie*, p. 289.

VAUSSÈCHE, à Vernoux. M.H. Maison-forte des XIVᵉ et XVIᵉ s. ; une aile comporte des croisées à entablements et des cheminées décorées.
Cf. Benoît d'Entrevaux, p. 294-296 ; Bourbon, p. 15.

VERSAS, à Sanilhac.I.S. Visite. Croisées percées au XVIᵉ s. ; tour d'escalier polygonale.
Cf. Benoît d'Entrevaux, p. 303-305 ; *VMF*, n° 74, octobre 1977, p. 32.

VOGUÉ, à Vogué-le-Château. I.S. Visite. Rénové après 1603 pour Melchior Iᵉʳ de Vogué, le château renferme dans la chapelle un retable sculpté de figures d'apôtres du XVIᵉ s., provenant du château de *Rochecolombe*.
Cf. J. Charay, *Vogué-le-Château*, Paris, Nouvelles Éditions latines, s.d.

VOULTE, La, à La Voulte-sur-Rhône. M.H. **Voir n° 229.**
Cf. Bourbon, p. 15.

AVEYRON

J. de Montarnal, *Châteaux et Manoirs de France*, t. 5, *Le Rouergue*, 1936.
Marquis de Valady, *Les Châteaux de l'ancien Rouergue*, Rodez, 1935 - Millau, 1961, 3 vol.
R. Noel, *Dictionnaire des châteaux de l'Aveyron*, Rodez, 1971-1972, 2 vol.
J. Miquel, *Châteaux et Lieux fortifiés du Rouergue*, Rodez, 1982.
Vieilles Maisons françaises, n° 101, février 1984.

ABOUL, à Bozouls. Manoir du XVIe s. ; lucarne.
Cf. Noel, t. 1, p. 17 ; Montarnal, p. 28.

ALBARET, L', à Sainte-Geneviève. Maison-forte flanquée d'une tour ronde au centre ; la date de 1583 est inscrite au-dessus de la porte.
Cf. Noel, t. 1, p. 587-588.

ALBOY, à Montrozier. Ancien rendez-vous de chasse de Jeanne d'Albret, transformé au XVIIe s.

BALSAC. Château médiéval remanié ; façade principale du XVIe s. (fenêtres, porte) ; sur la tour de droite, cadran solaire daté de 1572.
Cf. Noel, t. 1, p. 85-87 ; Miquel, p. 28.

BARRASQUIÉ, La, à Saujac. Il reste une partie du corps de logis et la tour ronde d'escalier dont la porte, encadrée de colonnes, est datée de 1528 ; cheminée aux armes des Barrasc.
Cf. Noel, t. 1, p. 494-495.

BOSC, Le, à Camjac. I.S. Visite. Rebâti vers 1521 (date inscrite sur la cheminée de la grand salle), remanié au XIXe s.
Cf. Noel, t. 2, p. 8-10.

BOUILLAC. Un corps de logis ajouté au XVIe s., avec loggia.
Cf. Noel, t. 1, p. 154 ; *DCF Guyenne.*

BOURINES, Les, à Bertholène. M.H. Maison-forte des XIIIe-XVe s., avec un portail de 1547 comportant le nom de Georges d'Armagnac.
Cf. Noel, t. 2, p. 102-103 ; Montarnal, p. 32 ; *VMF,* n° 27, janvier 1966.

BOURNAZEL. M.H. **Voir n° 132.**
Cf. Gebelin, p. 62-65 ; P. Vitry, dans *CAF,* 1937, p. 351-359 ; B. Tollon, dans *L'Information d'histoire de l'art,* 1974, p. 138 ; Miquel ; *DCF Guyenne.*

BRO, La, à Onet-le-Château. Maison-forte du XVIe s. restaurée au XIXe ; lucarnes à frontons, cadran solaire daté de 1557, porte de la tour octogonale datée de 1519.
Cf. Noel, t. 1, p. 523-524.

CABANOUS, à Saint-Georges-de-Luzençon. A la place d'une métairie, Charles de Tubières fait bâtir en 1563 une maison noble comportant des galeries voûtées.
Cf. Noel, t. 1, p. 190-192.

CABRIÈRES, à Compeyre. Château des XIVe et XVe s. Petit portail de style italien avec demi-colonnes et fronton cintré, dû sans doute aux Jory Du Veaur, propriétaires au XVIe s.
Cf. Soulange-Bodin, *Châteaux connus et inconnus ;* Noel, t. 1, p. 193 ; Montarnal, p. 39 ; *DCF Guyenne.*

CANAC, à Onet-le-Château. La terre fut donnée en 1517 par le cardinal Georges d'Armagnac à Blaise Sicar, trésorier du comté de Rodez, qui y fit bâtir un petit manoir resté inachevé, entre

1543 et 1554 ; culs-de-lampe sculptés des tourelles.
Cf. Noel, t. 1, p. 223-224 ; Montarnal, p. 25-26 ; Miquel, p. 72 ; *DCF Guyenne.*

CASTELGAILLARD, à Olemps. Construction du XVIe s. (fenêtres).
Cf. Noel, t. 1, p. 256.

CENAC, à Sainte-Croix. Construit dans la première moitié du XVIe s. pour la famille de Colonges.
Cf. Noel, t. 1, p. 285-286 ; Valady, t. 3, p. 369.

COCURAL, à Huparlac. Un corps de logis du XVIe s. subsistant.
Cf. Noel, t. 1, p. 294-295.

COMBRET, à Nauviale. Château du XIIIe ; travaux au XVIe s. (portail de la cour encadré de demi-colonnes).
Cf. Soulange-Bodin, *Châteaux connus et inconnus ;* Noel, t. 1, p. 301-302 ; Montarnal, p. 19 ; *DCF Guyenne.*

COMPS, à Comps-la-Grandville. Petit manoir bâti au milieu du XVIe s. pour l'abbé de Bonnecombe Alexandre de Carreto.
Cf. Noel, t. 1, p. 308-309.

COUGOUSSE, à Salles-la-Source. Manoir du début du XVIe s., de style encore gothique.

Cf. Noel, t. 1, p. 326-327 ; Montarnal, p. 21 ; *DCF Guyenne.*

COUPIAC. I.S. Maison-forte remaniée au XVIe s. (fenêtres).
Cf. Noel, t. 1, p. 328-329 ; Montarnal, p. 21 ; *DCF Guyenne.*

ESPALION. M.H. Le château planté à l'entrée de la ville fut commencé en 1572 lorsque Bernardin de La Valette en était gouverneur. Sur le Lot, tourelles rondes aux angles de la façade, fenêtres à pilastres, entablements ou frontons, petites loggias dans le toit.
Cf. Noel, t. 1, p. 372-373 ; Montarnal, p. 30 ; Miquel, p. 104-105 ; *La Demeure historique,* n° 32, 1974, p. 13.

ESPLAS, à Rebourguil. Un corps de logis du XVIe s.
Cf. Noel, t. 1, p. 381-382.

ESTAING. M.H. Ensemble de constructions entourant un donjon pentagonal du début du XVIe s. flanqué de plusieurs échauguettes ; lucarnes, cheminées à colonnes aux proportions trapues.
Cf. Soulange-Bodin, *Châteaux connus et inconnus ;* *MC Guyenne,* p. 308 ; Noel, t. 1, p. 383-384 ; Montarnal, p. 30 ; F. Enaud, *Les Châteaux forts en France,* Paris, 1958, p. 194 ; *DCF Guyenne.*

ESTAING. Cheminée.

FAYET. M.H. Modifié à la fin du XVIe s. pour Jean V d'Arpajon ; dans la cour, puits daté de 1564.
Cf. Noel, t. 1, p. 395-396.

FIJAGUET, à Valady. Cadran solaire daté de 1553, escalier à balustres, cheminée à consoles terminées en pattes de lion.
Cf. Noel, t. 1, p. 398-399.

FONTANGES, à Onet-le-Château. Remanié au milieu du XVIe s., augmenté vers 1590 de la tour basse et en 1591 de la grande tour.
Cf. Noel, t. 1, p. 410-411.

FRAYSSE, Le, à Boussac. Reconstruit au milieu du XVIe s., démoli depuis.
Cf. Noel, t. 2, p. 53.

FRAYSSINET, à Le Neyrac. Reconstruit en 1582 ; corps de logis, cheminée. Agrandi au XVIIe s.
Cf. Noel, t. 1, p. 414-415 ; Miquel, p. 175-176.

GAGES, à Montrozier. Il ne reste que les fossés et quelques vestiges informes du précieux château du cardinal Georges d'Armagnac. Après son retour d'Italie en 1544, le prélat humaniste entreprit la reconstruction de l'ancienne résidence des évêques de Rodez, plantée au bord du Causse. L'influence de l'érudit ami du cardinal, Guillaume Philandrier, a pu s'exercer sur le chantier, dirigé par le maître d'œuvre Jean Salvanh. Les rapprochements s'imposent avec Bournazel, mais Gages était plus grand. C'était un quadrilatère flanqué de tours carrées, surplombant de haut les fossés taillés dans le roc, ou l'à-pic. Le corps de logis n'était pas terminé en 1562 et le château fut rapidement abandonné à la ruine. Des fragments sculptés d'un grand style sont conservés aux Archives départementales de l'Aveyron.
Cf. Gebelin, p. 64 et notes 27 à 30 ; Hautecœur, t. 1a, p. 297 et t. 1b, p. 131, 262 et 492 ; Noel, t. 1, p. 419-427 ; *DCF Guyenne.*

GRAVES, à Villefranche-de-Rouergue. I.S. **Voir no 167.**
Cf. Gebelin, p. 62 ; L. Lempereur, « Note sur l'architecte Guillaume Lissorgues » dans *Mémoires de la Soc. des lettres, sciences et arts de l'Aveyron,* t. 16, 1900-1905, p. 461-468 ; *CAF,* 1937, p. 358-359 ; Valady, t. 3, p. 233-266 ; J. Bousquet, *En Rouergue à travers le temps,* Rodez, 1961, p. 87-89 ; *DCF Guyenne.*

HAUTERIVE, à Estaing. Façade du XVIe s., de grand caractère ; cadran solaire daté de 1589, cheminées à consoles.
Cf. Noel, t. 1, p. 475-476.

LAURIÈRE, à Villefranche-de-Rouergue. Manoir bâti au XVIIe s.
Cf. Noel, t. 1, p. 655 ; Valady, t. 3, p. 275.

LAVERNHE-DE-SÉVERAC, à Lavernhe. Construit au début du XVIe s., détruit en 1944.
Cf. Noel, t. 1, p. 662-663.

MEJANEL, Le, à Recoules-Previnquières. Bâti au XVIe s.
Cf. Noel, t. 2, p. 65-66.

MEJANET, Le, à Lunac. Construit au XVIe s., détruit en partie.
Cf. Noel, t. 2, p. 67.

MONTFRANC, à Clairvaux. Maison-forte du XVIe s., flanquée de tourelles.
Cf., Noel, t. 2, p. 262-265.

MONTJAUX. I.S. Le château du XIIIe s. fut abandonné pour la construction en contrebas d'une nouvelle résidence au début du XVIe s., décorée intérieurement au XVIIe s.

Cf. Noel, t. 2, p. 266-267 ; Montarnal, p. 41 ; *DCF Guyenne* ; Miquel, p. 217.

ONET, à Onet-le-Château. I.S. Résidence d'été des chanoines de la cathédrale de Rodez, bâtie aux XVe et XVIe s. (1518-1519).
Cf. Noel, t. 2, p. 317-318 ; Montarnal, p. 24 ; *DCF Guyenne* ; Miquel, p. 242-243.

PAGAS, à Flagnac. I.S. Bâtiment du milieu du XVIe s. construit pour la famille de Montarnal, flanqué de deux tours rondes, l'une percée de fenêtres ornées.
Cf. Noel, t. 2, p. 330-331 ; Miquel, p. 246.

PÉRIÉ, Le, à Colombiès. Construction de la fin du XVIe s. ; modifiée ensuite.
Cf. Noel, t. 2, p. 73-74.

PÉRIER, Le, à Saint-Laurent-d'Olt. Du château brûlé au XIXe s. il subsiste l'encadrement d'une grande porte du XVIe s.
Cf. Noel, t. 2, p. 74-75.

PRADELS, à Druelle. A demi ruiné, le château du XVIe s. présente un décor remarquable, médaillons à rosettes, frises de têtes grotesques et de rinceaux, porte.
Cf. Noel, t. 2, p. 373-374.

SAGNES, à Saint-Cyprien-sur-Dourdou. Petit manoir dépendant de l'abbaye de Conques. Au-dessus d'une porte figure la date de 1533.
Cf. Noel, t. 2, p. 509-510 ; Montarnal, p. 16-17 ; J. Bousquet, *Mémoires de la Soc. des lettres, sciences et arts de l'Aveyron,* t. 28, 1964, p. 451-460 ; *DCF Guyenne.*

SAINT-BEAUZÉLY. Maison-forte du XVIe s.
Cf. Noel, t. 2, p. 448-449 ; Montarnal, p. 40 ; *DCF Guyenne.*

SAINT-JUST. Maison des abbesses de Saint-Sernin-sous-Rodez ; fenêtres et corniche à ondes du XVIe s.
Cf. Noel, t. 2, p. 473-474.

SALACROUS, à Saint-Chély-d'Aubrac. Maison-forte bâtie en 1556 pour Antoine Rey.
Cf. Noel, t. 2, p. 510-511.

SALGUES, à Saint-Chély-d'Aubrac. Maison-forte du XVIe s. ; portes et fenêtres sur la cour, façade anciennement ordonnancée en travées régulières.
Cf. Noel, t. 2, p. 512-513.

SANVENSA. I.S. Reconstruit vers 1575 ; lucarnes à frontons, escalier droit, plafonds et cheminées.
Cf. Noel, t. 2, p. 527-529 ; Valady, t. 2, p. 173-194 ; H. Gource d'Orval, dans *VMF,* no 25, juillet 1965, p. 37-40 et *Revue du Rouergue,* t. 23, 1969, p. 287-296 ; *DCF Guyenne.*

SERVAIRIE, La, à Mouret. Ruines de constructions des XIIIe, XVIe et XVIIIe s.
Cf. Noel, t. 1, p. 638-639.

SOUYRY, à Salles-la-Source. Maison des annonciades de Rodez ; fenêtres à décor du XVIe s., cheminée de 1560 à consoles terminées en griffes de lion.
Cf. Noel, t. 2, p. 565-566.

THOLET, à Gabriac. I.S. Au pied du donjon, un manoir fut bâti pour la famille de Solages au XVIe s. ; lucarnes à frontons, cheminée de 1564.
Cf. Noel, t. 2, p. 580-581 ; *DCF Guyenne* ; Miquel, p. 322-323.

TRIADOU, Le, à Peyreleau. I.S. Le château médiéval fut abandonné pour une nouvelle demeure construite après 1558 pour Pierre d'Albignac ; salles aux lambris peints et sculptés, chapelle octogonale.
Cf. Noel, t. 2, p. 95-96 ; Miquel.

VERDOLLE, La, à Laval-Roquecezière. Construction du XVIe s.
Cf. Noel, t. 1, p. 659.

CANTAL

Dr L. de Ribier et abbé Perchaud, *Vieilles Églises et vieux Châteaux de la Haute-Auvergne,* 1930.
Dr L. de Ribier, « Du Moyen Age à nos jours : gentilhommières et châteaux de la prévôté de Mauriac », dans *L'Auvergne littéraire,* no 84, 1936, p. 3-104.
J. de Montarnal, *Châteaux et Manoirs de France, Auvergne,* Paris, 1936.
L. Bouyssou et A. Muzac, *Châteaux du Cantal,* Paris, Nouvelles Éditions latines, s.d. (1969).
H. de Ganay, *La Route des châteaux d'Auvergne,* Paris, Nouvelles Éditions latines, s.d.
Vieilles Maisons françaises, no 84, avril 1980.

ANJONY, à Tournemire. M.H. Visite. **Voir no 228.**
Cf. R. Grand, Paris, 1951 ; *Vieilles Maisons françaises,* no 78, octobre 1978, p. 17-18 ; *Relations P.T.T.,* décembre 1981 ; H. de Ganay, 1986.

AUZERS. M.H. Visite. Maison-forte rebâtie vers 1510 pour les Douhet d'Auzers ; parallélépipède flanqué de tours rondes ; peintures murales dans la chapelle.
Cf. Soulange-Bodin, *Châteaux connus et inconnus* ; Bouyssou, p. 6 ; *VMF,* no 45, juillet 1970 ; H. de Ganay, p. 26.

BONTAT, La, à Saint-Illide. Maison-forte du XVIe s. ; fenêtres coiffées de frontons triangulaires.
Cf. Montarnal, p. 22.

BRANZAC, à Pleaux. M.H. Il ne reste que des ruines du château du XVe s. qui appartenait en 1571 à Claude de Pestels mariée à Camille Caraccioli, d'une famille napolitaine fixée en France. On y trouvait des peintures murales de cette date.
Cf. De Ribier, dans *Revue de la Haute-Auvergne,* septembre 1912 ; Bouyssou, p. 7 ; *MC Auvergne,* p. 283.

CONROS, à Arpajon-sur-Cère. I.S. Visite. Travaux du XVIe s. pour Jean et Pons de Gontaut-Biron ; escalier.
Cf. Bouyssou, p. 10 ; *VMF,* no 84, avril 1980, p. 23 ; *La Demeure historique,* no 61, 1982, p. 28.

CROPIÈRES, à Raulhac. M.H. Après la guerre de Cent ans, le château fut rebâti au XVIe s. pour la famille de Fontanges (tour d'escalier rectangulaire à la jonction des deux corps de logis ; et chapelle autrefois peinte) puis modifié à la fin du XVIIe s. (escalier extérieur monumental).
Cf. Bouyssou, p. 11 ; St. Gauthier, *Petits Châteaux et Manoirs* ; *MC Auvergne,* p. 38.

MESSILHAC, à Raulhac. M.H. Visite. **Voir no 94.**
Cf. M. Martin, dans *VMF,* t. 36, avril 1968, p. 17-21 ; J. Miquel, *Châteaux et Lieux fortifiés en Rouergue,* 1982.

PESTEILS, à Polminhac. M.H. Visite. Le château médiéval a été décoré de peintures murales au début du XVIᵉ s., semble-t-il.
Cf. Bouyssou, p. 22 ; H. de Ganay, p. 27 ; *MC Auvergne*, p. 28.

RAGHEAUD, à Saint-Cernin. I.S. Visite. Tour octogonale du XVIᵉ s.
Cf. VMF, nᵒ 84, avril 1980, p. 19.

REQUISTAT, à Jabrun. Petite maison-forte de la famille d'Estaing, construite au milieu du XVIᵉ s. : porte de la tour à colonnes et fronton.
Cf. Bouyssou, p. 23 ; *VMF*, nᵒ 84, avril 1980, p. 18.

VIGNE, La, à Ally. I.S. Visite. Château des XVᵉ et XVIᵉ s. Voûtes de la salle et de la chapelle peintes au XVIᵉ s.
Cf. Bouyssou, p. 14.

LOIRE

F. Thiollier, *Le Forez pittoresque et monumental*, Lyon, 1889, 2 vol.
E. Salomon, *Les Châteaux historiques du Forez et des enclaves du Lyonnais, du Beaujolais et du Mâconnais qui ont formé le département de la Loire*, Hennebont-le-Puy, 1916-1926, 3 vol.
Abbé Prajoux, *Les Châteaux historiques du Roannais*, Roanne, 1930.
Ch. Des Lyonnes, *Châteaux du Forez et du Roannais*, Paris, Nouvelles Éditions latines, s.d.

AUBÉPIN, L', à Fourneaux. I.S. Visite. Manoir du XVᵉ s. à trois tours carrées et tourelles ; cour aménagée au XVIᵉ s. pour Robin de Semur, chanoine comte de Lyon ; pavillon d'entrée de style Henri IV.
Cf. Soulange-Bodin, *Châteaux connus et inconnus* ; St. Gauthier, *Petits Châteaux et Manoirs* ; *MC Auvergne*, p. 280 ; *La Demeure historique*, nᵒ 36, 1974, p. 17.

BÂTIE-D'URFÉ, La, à Saint-Étienne-le-Molard. M.H. Visite. **Voir nᵒ 165.**
Cf. A. Bernard, *Les d'Urfé*, Paris, 1839 ; Cte G. de Soultrait et F. Thiollier, Saint-Étienne, 1886 ; P. Vitry, dans *CAF*, 1935, p. 218-229 ; Gebelin, p. 119-122 ; J. Dupont, dans *Les Monuments historiques de la France*, 1963, nᵒ 2, p. 84-97 ; O. Raggio, dans *Revue de l'art*, nᵒ 15, 1972, p. 29 ; M. Gaume et J. Bonnet, *Le Sphinx de La Bastie d'Urfé*, 1980 ; G. Gardes, *Monuments historiques*, nᵒ 157, 1988, p. 37-43.

BEAUVERNAY, à Saint-Nizier-sous-Charlieu. Manoir gothique du début du XVIᵉ s., restauré au XIXᵉ s.
Cf. Salomon, t. 3, p. 9-12.

BELLEGARDE, à Bellegarde-en-Forez. I.S. Ancienne forteresse défendant la route de Lyon à Montbrison, vendue en 1521 par les Bourbons à Guillaume de Bron, seigneur de La Liègue. Celui-ci la fit reconstruire en partie : les deux corps de logis en équerre et la façade sur la terrasse dont les croisées sont surmontées de niches abritant des bustes d'empereurs romains auxquels on ajouta plus tard un buste de Henri IV. Dans la salle de justice au premier étage, cheminée datée de 1597, ornée de deux

L'AUBÉPIN. Gravure de Thiollier.

cariatides et d'un décor de rinceaux ; peintures de grotesques subsistant peut-être d'un théâtre.
Cf. Salomon, t. 1, p. 41-45 ; Des Lyonnes, p. 6 ; *VMF*, nᵒ 81, juillet 1979, p. 31.

BOISY, à Pouilly-les-Nonnains. M.H. L'ancienne demeure de Jacques Cœur fut rebâtie pour la famille Gouffier, Guillaume d'abord, et ensuite Artus dans les premières années du XVIᵉ s. La terre fut érigée en sa faveur en duché-pairie de Roannois. L'ensemble reste encore d'esprit gothique et défensif. Une galerie longe la cour. La crête du comble du corps de logis porte les armes des Gouffier et la salamandre de François Iᵉʳ.
Cf. E. Verchère, dans *Le Roannais illustré*, novembre 1885 ; Salomon, t. 2, p. 32-35 ; *MC Auvergne*, p. 282 ; Des Lyonnes, p. 7.

BOISY. Gravure de V. Petit.

BOUTERESSE, La, à Sainte-Agathe. Manoir du XVIe s.
Cf. Salomon, t. 3, p. 14.

BUSSIÈRE, à Notre-Dame-de-Boisset. Manoir du XVIe s.
Cf. Salomon, t. 2, p. 64-66.

CÉNAS, à Châteauneuf. Maison-forte avec avant-corps fortifié du XVIe s.
Cf. Salomon, t. 3, p. 22-24.

CHALAIN-D'UZORE. M.H. **Voir no 190.**
Cf. Salomon, t. 1, p. 74-75 ; *VMF*, no 45, juillet 1970 ; H. Chotat, dans *VMF*, no 81, juillet 1979, p. 24-25.

CHALMAZEL. I.S. La forteresse médiévale est égayée sur la cour par des galeries ouvertes au XVIe s., et un décor sculpté.
Cf. Soulange-Bodin, *Châteaux connus et inconnus* ; *MC Auvergne*, p. 284 ; *Des Lyonnes*, p. 10.

CHÂTEAUMORAND, à Saint-Martin-d'Estréaux. M.H. **Voir no 62.**
Cf. Salomon, t. 2 ; A. Guy, dans *Bull. de la Soc. d'émulation du Bourbonnais*, 1952, p. 286-287 ; *Des Lyonnes*, p. 11 ; Maridet, dans *VMF*, no 81, juillet 1979, p. 26-27.

CHENEREILLES. M.H. Le château médiéval fut agrémenté dans le dernier quart du XVIe s., pour Charles de Saint-Germain d'Apchon, d'une cour bordée par une galerie voûtée ; portes à pilastres et entablements, médaillons sculptés sous les fenêtres.
Cf. Les Lyonnes, p. 14 ; *VMF*, no 65, juillet 1975, p. 38-39.

CHERVÉ. Constructions du Moyen Age remaniées au XVIe s. pour les Perrin de Chervé ; galerie sur la cour, portée sur des colonnes trapues.
Cf. Salomon, t. 2, p. 113-119.

CHEVRIÈRES, à Chevrières-en-Forez. I.S. Portail sculpté du XVIe s. et buste de femme en médaillon entre deux dauphins. Rebâti en majeure partie au XIXe s.
Cf. Salomon, t. 1, p. 100-105 ; *MC Auvergne*, p. 286.

COIN, Le, à Saint-Régis-du-Coin. Manoir reconstruit en 1595 pour Jean de Colomb ; bustes de chevaliers casqués sur la façade.
Cf. Salomon, t. 3, p. 65-69.

CORNILLON, à Cornillon-en-Forez. Dressé sur un piton, le château fut agrémenté au début du XVIe s. d'un portail aux armes de la famille de Laire, d'une tourelle d'escalier polygonale avec porte décorée et de peintures murales dans une chambre, où l'on voit les Vices symbolisés par un coq, un cygne et un paon.
Cf. Thiollier ; *Des Lyonnes*, p. 14.

COUSANGE, à Saint-Bonnet-le-Château. Manoir du XVIe s.
Cf. Salomon, t. 3, p. 75-77.

ÉPIZOLLES, à Saint-Nizier-de-Fornas. Petit manoir du XVIe s.
Cf. Salomon, t. 3, p. 94-95.

ESPINASSE, L', ou **CHAMARANDE,** à Saint-Germain-Lespinasse. Manoir-ferme du XVIe s. dont le portail ionique à bossages est directement inspiré de Serlio.
Cf. F. Thiollier, t. 1, p. 236.

ESSALOIS, à Chambles. Site inscrit. Construction de 1580 pour Léonard de Bertrand, maître des Eaux et Forêts de Montbrison.
Cf. Salomon, t. 1, p. 135-137.

FAYOLLE, La, à Saint-Martin-d'Estréaux. Château construit vers 1575 pour Jean Nazarier, rebâti en partie après 1866.
Cf. Salomon, t. 3, p. 99-100.

FONTANÈS. Reconstruit au XVIe s. pour la famille de Saint-Priest ; porte décorée.
Cf. Salomon, t. 1, p. 144-147.

FORNAS ou FOURNIER, à Saint-Nizier-de-Fornas. Petit portail du XVIe s. à pilastres ioniques.
Cf. Salomon, t. 2, p. 177-178 ; *Des Lyonnes*, p. 18.

GÂTELLIER, à Saint-Denis-de-Cabanne et Charlieu. M.H. Construction du XVIe augmentée au XVIIIe s.
Cf. MC Auvergne, p. 288.

GODINIÈRE, La, à Saint-Martin-d'Estréaux. Manoir de 1526, transformé en ferme.
Cf. Salomon, t. 3, p. 116-117.

GONTEY, à Cervière. Manoir du XVIe s. transformé en ferme.
Cf. Salomon, t. 3, p. 321-322.

GOUTELAS. Gravure de Thiollier.

GOUTELAS, à Marcoux. I.S. Visite. Château du XVe s. modifié pour la famille Papon, propriétaire à partir de 1558 ; notamment le jurisconsulte Jean Papon, anobli par Henri III, lieutenant général en Forez. L'aile de la chapelle a ainsi été ornée d'une porte à colonnes corinthiennes et fronton droit d'un classicisme parfait et qui semble sortir d'une planche de Vitruve. La même qualité s'observe au portail d'entrée de la cour. Des traces de peintures murales sont visibles dans les chambres ; deux cheminées décorées (*Jonas et la baleine* ; une autre, remontée au château de *Chalain-d'Uzore*).
Cf. Salomon, t.1, p. 155-157 ; *Des Lyonnes*, p. 19 ; *MC Auvergne*, p. 289 ; *VMF*, no 81, juillet 1979, p. 44-45.

JAS. Quadrilatère des XVe-XVIe s. ; portail armorié de la famille Flachat, et cheminée.
Cf. Salomon, t. 3, p. 124-126.

LUPÉ. I.S. Château des XVe et XVIe s. Dans une salle basse, peinture murale représentant le château.
Cf. Salomon, t. 1, p. 185-189.

MALEVAL, à Saint-Héand. Construction des XVe et XVIe s. Le portail, encadré par des pilastres à bossages et de sirènes en cariatides portant un fronton droit, est à comparer avec le portail de Saint-Marcel-de-Félines.
Cf. Des Lyonnes, p. 19 ; *VMF*, no 81, juillet 1979, p. 36.

MALFARAS, à Charlieu. Manoir du XVIe s.
Cf. Salomon, t. 3, p. 147-148.

MONTROND, à Montrond-les-Bains. I.S. Visite. Nouveaux percements au XVIe s. dans l'ancienne forteresse pour la famille d'Albon de Saint-André : fenêtres, beau portail à pilastres.
Cf. Salomon, t. 1, p. 232-237 ; Bourbon, dans *Bull. La Diana*, 1972, p. 131-145 ; *VMF*, no 81, juillet 1979, p. 22-23.

MONTROUGE, à Savigneux. Château du XVIe s. à deux tours rondes et une façade de brique à décor. Sur la cour, médaillons d'empereurs romains ; galerie peinte.
Cf. Salomon, t. 1, p. 237-239 ; *MC Auvergne*, p. 292.

OUCHES. Il ne subsiste qu'une tour du manoir reconstruit au début du XVIe s. pour la famille d'Albon.
Cf. A. Bonin, dans *Bull. La Diana*, 1966, p. 281-288.

POIX, à Firminy. Chapelle ornée de panneaux en camaïeu représentant des scènes de *L'Histoire d'Esther.*
Cf. Salomon, t. 3, p. 226.

PRAVIEUX, à Pouilly-les-Fleurs. I.S. Construit sans doute vers 1594 pour les Sacconin, détruit en partie ; il reste un pavillon et une galerie sur la cour.
Cf. Salomon, t. 1, p. 284-286.

REVEUX, à Saint-Jean-Bonnefond. Galerie du XVIe s. sur la cour.
Cf. Salomon, t. 2, p. 297-298.

SACONAY, à Saint-Symphorien-sur-Coise. Maison-forte augmentée en 1558.
Cf. Salomon, t. 2, p. 321-326.

SAINT-ANDRÉ-D'APCHON. I.S. Dans ce château, bâti au début du XVIe s. pour Jean d'Albon, naquit en 1505 le futur maréchal de Saint-André. Les membres de la famille sont représentés sur les vitraux de l'église paroissiale ; sur le corps de logis, décor de médaillons sculptés.
Cf. F. Thiollier, t. 1, p. 234.

SAINT-MARCEL-DE-FÉLINES. M.H. Visite. **Voir nº 231.**
Cf. Salomon, t. 2, p. 347-351 ; *MC Auvergne*, p. 272-277 ; Csse Des Garets, dans *VMF*, nº 81, juillet 1979, p. 28-30 ; *La Demeure historique*, nº 55, 1979, p. 25-27.

SAINT-MARCEL-D'URFÉ. Construction du Moyen Age remaniée à partir de 1575 pour Claude Raybe puis la famille d'Albon.
Cf. Salomon, t. 2, p. 351-359.

SAINT-PIERRE-LA-NOAILLE. Construction du début du XVIe s. pour la famille de Roncherol : cour à galeries sur colonnes à fûts prismatiques, avec des loges de style lyonnais.
Cf. Salomon, t. 2, p. 301-302 ; Prajoux ; Des Lyonnes, p. 26.

SAINT-VICTOR-SUR-LOIRE. L'ancien château du XVIe s., ruiné puis restauré au XIXe s., abrite l'école.

TEILLIÈRE, La, ou TEILLÈRES, à Saint-Galmier. I.S. Château des XIVe, XVIe et XVIIe s.

VALETTE, La, à Pélussin. Ruines d'un manoir du XVIe s.
Cf. Salomon, t. 3, p. 292-298.

VALLA, La, à La Valla-en-Gier. M.H. Puits décoré, daté de 1557.
Cf. Thiollier, p. 115.

VASSALIEU, à Chambles. Construction de la fin du XVe ou du début du XVIe s.
Cf. Salomon, t. 1, p. 385-389.

VAUBERET, à Montbrison. Bâti probablement vers 1590 pour Louis Petit, contrôleur des guerres ; cheminée à cariatides, chapelle avec vestiges de peintures murales.
Cf. Salomon, t. 1.

VAURE, La, à Sorbiers. Maison-forte remaniée en 1588 (date dans l'escalier) ; peintures dans la grand salle.
Cf. Salomon, t. 2, p. 401-403.

VERRIÈRES, à Saint-Germain-Laval. Commanderie. Corps de logis transformé au XVIe s., avec une galerie sur colonnes octogonales.
Cf. Salomon, t. 2.

HAUTE-LOIRE

G. de Jourda de Vaux, *Les Châteaux historiques de la Haute-Loire*, Le Puy, 1911-1918, 2 vol.
Duc de Polignac, *Châteaux de la Haute-Loire*, Paris, Nouvelles Éditions latines, s.d.

ARLEMPDES. I.S. Visite. Ruines de constructions du XIIe au XVe ; une arcade du XVIe s.
Cf. MC Auvergne, p. 280.

BEYSSAC, à Saint-Jean-de-Nay. Tour d'escalier construite en 1579 pour Gabriel Armette de Bergougeac.

CHABANOLES, à Retournac. I.S. Petite maison-forte du XVIe s.

CHEYRAC, à Polignac. M.H. Maison-forte du XIIIe s. transformée pour un gentilhomme vivarois qui avait acquis une réputation d'alchimiste, Antoine Du Fornel, dans les années 1560. Pourtant les encadrements des portes et l'escalier à balustres semblent postérieurs. La grand salle du premier étage présente un intéressant décor sur sa poutraison (scènes des *Métamorphoses* d'Ovide) ; autres décors peints dans une salle voisine et dans la chapelle.
Cf. Polignac, p. 10 ; *VMF*, nº 62, octobre 1974 ; *La Demeure historique*, nº 34, 1974, p. 14-17.

COURBIÈRES, à Céaux-d'Allègre. Construction des XVe et XVIe s. des familles de Bar et Beraud.
Cf. MC Auvergne, p. 287 ; Polignac, p. 14.

DOMEYRAT. M.H. Ruines du château de la famille de Langeac puis de La Rochefoucauld ; peintures murales de la fin du XVIe ou du début du XVIIe s.
Cf. MC Auvergne, p. 287.

FIGON, anciennement FLACHON, à Montfaucon-en-Velay. Sur des terres achetées en 1571, Charles de Figon, secrétaire ordinaire de la reine de Navarre, fait bâtir une maison-forte flanquée de quatre échauguettes aux angles ; reconstruite à l'époque moderne.

MERCŒUR, à Saint-Privat-d'Allier. I.S. Visite. Corps de logis remanié au XVIe s.

MONASTIER-SUR-GAZEILLE, Le. M.H. Palais abbatial du XIVe, remanié aux XVIe et XVIIe s. Massif de basalte noir flanqué de tours d'angle et d'une tour d'escalier ; portes à décor sculpté mutilé, escalier en vis, cheminées.

PAULHAC. I.S. Château de la famille de Balsac, transformé au XVe et au XVIe s.
Cf. Polignac, p. 19 ; *MC Auvergne*, p. 293.

ROCHE-LAMBERT, La, à Saint-Paulien. M.H. Visite. **Voir nº 230.**
Cf. Fouquier, *Grands Châteaux*, t. 1 ; G. S. Salmann, *Connoisseur*, t. 97, 1964, p. 2-7 ; Polignac, p. 19 ; Y. Grépat, dans *VMF*, nº 61, juillet 1974.

SAINT-VIDAL M.H. Visite. **Voir nº 192.**
Cf. B. Tollon, dans *CAF*, 1976, p. 704-714 ; B. Sahy, dans *VMF*, nº 78, octobre 1978, p. 27 ; P. Pousot et Y. Soulingeas, 1987.

TOUR-DANIEL, La, à Coubon. I.S. Visite. **Voir nº 34.**
Cf. B. Tollon, dans *CAF*, 1976, p. 683-695 ; G. de Franclieu, *Relations PTT*, nº 124, 1983, p. 31-35.

VALPRIVAS. M.H. Visite. **Voir nº 191.**
Cf. Fr. Énaud, dans *VMF*, nº 78, octobre 1978, p. 28-29.

VILLARD DE SAINT-VIDAL, Le Villard. Le château neuf a été bâti à la fin du XVe et modifié au XVIe s. pour Antoine, baron de Saint-Vidal.
Cf. Polignac, p. 27.

LOZÈRE

R. Poujol, *Les Châteaux de l'arrondissement de Florac*, s.l., 1958.
R. Chastel, *Châteaux de Lozère*, Paris, Nouvelles Éditions latines, s.d. (1980).

BOY, Le, à Lanuéjols. I.S. Les galeries à arcades et piles rondes de la cour peuvent dater de la fin du XVe ou du début du XVIe s. Occupé durant les guerres par les huguenots de Mathieu Merle ; transformé au XVIIe s.
Cf. Chastel, p. 14 ; *MC Auvergne*, p. 283.

CASTANET, à Pourcharesses. I.S. Visite. Maison-forte bâtie en 1578 (inscription) pour Jacques Isarn, bourgeois de Villefort récemment anobli. Austère construction défensive en granit flanquée de trois tours rondes et d'une quatrième tour rectangulaire ; une cheminée peinte d'une scène de chasse.
Cf. Chastel, p. 19 ; *MC Auvergne*, p. 284.

CHAMBON, à Chambon-le-Château. I.S. Maison noble bâtie dans le village ; la porte est datée de 1583.
Cf. Chastel, p. 7.

FOURNELS. I.S. Bâti en 1573 (inscription sur une porte) pour Jean d'Apchier, agrandi aux XVIIe et XIXe s.
Cf. Chastel, p. 3 ; *MC Auvergne*, p. 288.

RESSOUCHES, à Chanac. I.S. Reconstruit à la fin du XVIe s. pour Charles d'Aragon, modifié au XVIIe s.
Cf. Chastel, p. 18 ; *MC Auvergne*, p. 294.

ROCHEBLAVE, à Ispagnac. Maison-forte de la fin du XVe ou du début du XVIe s. Restauré au XIXe s.
Cf. Chastel, p. 30 ; Poujol.

ROQUEDOLS, à Meyrueis. Site inscrit. Construction médiévale remaniée au XVIe s. pour les Pagès de Pourcarès. Le linteau de la porte est daté de 1534.
Cf. Soulange-Bodin, *Châteaux connus et inconnus* ; *MC Auvergne*, p. 295 ; Poujol ; Chastel, p. 30.

VILLARET, Le, à Allenc. I.S. Le donjon médiéval a été percé de nouvelles croisées au XVIe s. ; porte à fronton de 1593.
Cf. Chastel, p. 15.

PUY-DE-DÔME

Vieilles Maisons françaises, nº 104, octobre 1984.

BARGE, La, à Courpière. M.H. Visite. Cette ancienne construction flanquée de tours rondes a été agrémentée à l'époque classique d'un ensemble de terrasses à balustrades à hauteur du premier étage. Les balustrades doivent dater du XVIIe s., mais la colonnade ionique qui porte l'une des terrasses du côté de la cour pourrait être antérieure. Une colonne porterait la date de 1517 (est-ce un remploi ?). Ce péristyle rappelle celui qui fut ajouté par François Ier dans la Cour ovale de Fontainebleau et la balustrade de pierre a pu remplacer un ancien garde-corps en fer. Construite par le maçon J. Chassoueri pour Étienne de La Barge, chanoine comte de Lyon, la chapelle renferme des vitraux du XVIe s.
Cf. Soulange-Bodin, *Châteaux connus et inconnus* ; *MC Auvergne*, p. 80-83.

BICON, à Artonne. Petit château construit comme ceux de Denone et Saint-Genès pour les frères Marillac ; appartint à Charles de Marillac, archevêque de Vienne, ambassadeur en Angleterre et à Constantinople.
Cf. VMF, nº 86, octobre 1980, p. 114.

CHAMÉANE. I.S. Construction médiévale remaniée au XVIe s. (fenêtre à pilastres).
Cf. Montarnal, p. 77-78.

CHÂTEAUGAY. M.H. Château médiéval du chancelier Pierre de Giac, percé de nouvelles fenêtres au XVIe s. pour la famille Laqueuille ; baie double à pilastres ioniques sur la cour. La chapelle fortifiée du XVIe s. sert d'église paroissiale.

CHÂTEAUGAY.

MUROL. M.H. Visite. La forteresse médiévale a été sans cesse remaniée. Les d'Estaing lui adjoignirent dans la seconde moitié du XVIᵉ s. une seconde enceinte pourvue de casemates ; Joachim d'Estaing ajouta un peu plus tard une petite demeure d'agrément, garnie de pilastres.
Cf. H. de Ganay, p. 19 ; *MC Auvergne*, p. 292.

PIONSAT. M.H. Le château médiéval fut augmenté pour la famille de Chazeron de constructions décorées de bossages et de panneaux de briques.
Cf. MC Auvergne, p. 293.

RANDAN. M.H. La reconstruction opérée en 1822 pour Madame Adélaïde, sœur de Louis-Philippe, puis l'incendie en 1925 laissent difficilement discerner les dispositions originelles. Le château avait été bâti pour Fulvie Pic de La Mirandole, veuve de Charles de La Rochefoucauld ; il était fait de brique rose et grise. Il en reste au moins la tour occidentale avec son escalier en vis.
Cf. Fouquier, *Grands Châteaux*, t. 1.

ROCHE, La, à Chaptuzat. M.H. Visite. Château médiéval des Bourbon-Montpensier remanié pour le chancelier Michel de L'Hôpital.

SAINT-CIRGUES-SUR-COUZE. Le château fut bâti vers 1495, pour Thomas Bohier, le futur constructeur de Chenonceau, mais il a été défiguré par la reconstruction du XIXᵉ s.
Cf. Soulange-Bodin, *Châteaux connus et inconnus* ; E. de Ganay, *Châteaux et Manoirs*, t. 7, *Auvergne*.

SAINT-SATURNIN. M.H. Visite. Château médiéval des La Tour d'Auvergne, percé de nouvelles fenêtres au XVIᵉ s.
Cf. MC Auvergne, p. 296.

TOURNOËL, à Volvic. M.H. Visite. L'ancienne forteresse médiévale qui surplombe les monts Dôme et la plaine de Limagne appartenait dans la seconde moitié du XVIᵉ siècle au maréchal de Saint-André. On peut attribuer aux années 1570 l'étonnante « tour des miches » garnie de bossages en pains ronds.
Cf. Hautecœur, t. 1b, p. 279, n. 1 ; *MC Auvergne*, p. 297.

TOURNOËL. La tour des Miches.

VILLEMONT, anciennement NEUFVILLE, à Vensat. M.H. Construction du milieu du XVIᵉ s., agrandie au XVIIIᵉ, incendiée en 1958.
Cf. J. Lacour, dans *Bull. de la Soc. d'histoire et des sciences d'Auvergne*, 1968, p. 125-144.

VILLENEUVE-LEMBRON. M.H. Visite. **Voir nᵒ 14.**
Cf. A. Regond-Bohat, *La Peinture murale du XVIᵉ s. dans la région Auvergne*, Clermont-Ferrand, 1983 ; *Sites et Monuments*, nᵒ 24, 1963, p. 10-11 ; Fr. Énaud, dans *Actes du colloque : L'art de Fontainebleau*, 1975, p. 185-197.

Cf. Soulange-Bodin, *Châteaux connus et inconnus* ; H. de Ganay, p. 11 ; *MC Auvergne*, p. 285.

CHAUX-MONTGROS, La, à Sallèdes. I.S. Propriété des barons de La Tour devenus comtes d'Auvergne, La Chaux-Montgros appartint au comte Jean III mort en 1501, dont les filles épousèrent, l'une Jean Stuart en 1505, l'autre Laurent de Médicis, duc d'Urbin. De ce dernier mariage, célébré en 1518, naît Catherine de Médicis, qui héritera des biens de Jean Stuart. On ne sait quand le château actuel, dont il ne reste que les murs, fut élevé, sans doute vers 1550. C'est un vaste quadrilatère flanqué de tours rondes, dressé au sommet de la colline sur un soubassement en terrasse ; les murs sont de moellon, raidis par de curieuses chaînes de briques dentelées, horizontales et verticales. La reine céda le château au procureur Jean de La Guesle en 1574. Il fut laissé à l'abandon au début du XXᵉ s.
Cf. G. de Bussac, dans *Auvergne littéraire, cahiers d'études*, nᵒ 117, 1946, p. 13-19 ; L. Montmory, dans *Sites et Monuments*, nᵒ 50, avril-juin 1970, p. 21-24.

DENONE, à Effiat. I.S. Visite. Reconstruit en 1566 pour Charles de Marillac ; grandes fenêtres à doubles croisillons, plafonds peints au premier étage.
Cf. MC Auvergne, p. 287 ; H. de Ganay, p. 3 ; *VMF*, nᵒ 72, avril 1977 ; *La Demeure historique*, nᵒ 52, 1978-1979, p. 17.

EFFIAT. M.H. Visite. Le début de la reconstruction de l'ancien château est à placer après 1557, à la demande de Gilbert Coeffier, trésorier de France, maître des comptes en Savoie-Piémont-Dauphiné, qui fut lieutenant général du roi en Italie et mourut en 1569 à la bataille de Moncontour. Pourtant, son état actuel est dû aux travaux d'Antoine, maréchal d'Effiat, en 1625-1629.
Cf. H. de Ganay, p. 6 ; *MC Auvergne*, p. 54-61 ; *VMF*, nᵒ 23, janvier 1965, p. 26-29.

MARTINANCHES, Les, à Saint-Dier d'Auvergne. M.H. Visite. Bâti en 1516 pour Antoine Comptour. Corps de logis flanqué de quatre tours ; cheminée.
Cf. VMF, nᵒ 55, janvier 1973, p. 23.

XI. BERRY. BOURBONNAIS. NIVERNAIS

H. de Goutel, *Châteaux de la Loire et du Berry,* 1930.

G. Hardy et A. Gandilhon, *Bourges et les abbayes et châteaux du Berry,* Paris, 1912.

H. Soulange-Bodin, *Les Châteaux du Berry,* Paris, 1946.

J. Gauthier, *Manoirs et Gentilhommières du pays de France,* t. 9, *Bourbonnais et Nivernais.*

Cath. Gauchery, « L'Évolution de l'architecture en Berry pendant les guerres civiles (1560-1600) », dans *Mémoires de l'Union des Sociétés savantes de Bourges,* t. 2, 1949-1950, p. 55-93.

Merveilles des châteaux d'Auvergne et du Limousin, Paris, Réalités-Hachette, 1971.

J.M. Pérouse de Montclos, *Architectures en région Centre. Le Guide du Patrimoine,* Les Guides bleus, 1987.

ALLIER

M. Génermont, *Châteaux en Bourbonnais,* Moulins, 1948.
M. Génermont, *Châteaux de l'Allier,* Paris, Nouvelles Éditions latines, s.d.
I. Loisseau et M. Génermont, *Châteaux en Bourbonnais,* Paris, 1961.
R. Colas, *Châteaux en Bourbonnais,* Moulins, 1984.

AVRILLY, à Trévol. I.S. Château du XVIe s.; porterie de style Henri IV.

BANASSAT, à Chirat-l'Église. I.S. Restes d'un château du XVIe s.

BEAUVOIR, à Saint-Pourçain-sur-Besbre.I.S. Visite. Château des XIIIe et XVe s. Plafond à caissons carrés du début du XVIe s., exécuté peut-être pour Antoine de La Fin, maître d'hôtel des ducs Jean et Pierre de Bourbon, mort en 1506.
Cf. Soulange-Bodin, *Châteaux connus et inconnus ; MC Auvergne,* p. 216-219 ; Génermont, N.E.L., p. 26.

BUSSET. M.H. Le château renferme des peintures murales qui ont pu être exécutées pour Pierre de Bourbon, fils de l'évêque de Liège et tige des Bourbon-Busset.
Cf. Génermont, N.E.L., p. 14 ; *MC Auvergne,* p. 283 ; B. de Fournoux, dans *VMF,* nᵒ 78, octobre 1978, p. 14 ; A. Bohat, dans *Bibliothèque d'humanisme et Renaissance,* 1979, p. 245.

CHANTELLE. Château des Bourbons, embelli pour Anne de Beaujeu, rasé par arrêt du Parlement de 1527.
Cf. Génermont, N.E.L., p. 6.

CHAREIL, LE BAS, à Chareil-Cintrat. M.H. Visite. **Voir nᵒ 166.**
Cf. Les Monuments historiques de la France, nᵒ 2, 1958, p. 95 ; M. Thibout, dans *Bull. de la Soc. nat. des antiquaires de France,* 1960, p. 126-127 et *Gazette des Beaux-Arts,* 1961, t. 1, p. 17 ; A. Regond, dans *L'Information d'histoire de l'art,* 1974, p. 173-177.

CHARTILLY, à Coulandon. Du XVIe s.

CHAUSSINS, Les, à Abrest. I.S. Au château médiéval, un corps de logis fut ajouté au XVIe s. pour les Sennerais, propriétaires en 1519 ; laissé inachevé en 1573 après l'assassinat de l'un d'eux. Contient deux cheminées décorées.

COUR-EN-CHAPEAU, La, à Chapeau. M.H. Manoir des XVIe-XVIIe s. en brique, à décor de brique noire en chevrons.
Cf. Génermont, N.E.L., p. 14.

CROIZETTE, La, à Ussel-d'Allier. I.S. Gentilhommière du XVIe s..
Cf. La Demeure historique, nᵒ 18, 1970, p. 20.

GUERCHE, La, à Nassigny. I.S. Portail à bossages, corps de logis du XVIe s.

JALIGNY. M.H. Château de la fin du XVe ou du début du XVIe s., passé à la famille d'Amboise en 1489 ; chapelle bâtie pour le cardinal d'Amboise ; escalier en vis, lucarnes ornées.
Cf. Soulange-Bodin, *Châteaux connus et inconnus ; MC Auvergne,* p. 289 ; Génermont, N.E.L., p. 18.

JOZERAND. Construction de la fin du XVe et du XVIe s.
Cf. MC Auvergne, p. 290 ; G. de Bussac, *Bull. de la Soc. d'émulation du Bourbonnais,* 1964, p. 223-231.

LANGLARD ou L'ANGLARD, à Mazerier. I.S. Château des XVe et XVIe s. ; peintures dans la chapelle, cheminées.

MOTTE, La, à Vicq. M.H. Manoir du XVIe s.

MOULINS. Château ducal. M.H. Musée. **Voir nᵒ 8.**
Cf. P. Pradel, dans *Bull. de la Soc. nat. des antiquaires de France,* 1945-1947, p. 80, *Mémoires de la Soc. des antiq.,* t. 4, 1969, p. 243-258, et *Comptes rendus de l'Académie des Inscriptions et Belles Lettres,* 1961, p. 99-101.

ORIGNY, à Neuvy. Du XVIe s.

ORVALLET, à Lusigny. Manoir en brique du XVIe s.

PALICE, La, à Lapalisse. M.H. Visite. **Voir nᵒ 61.**
Cf. H. de Chabannes, *Histoire de la maison de Chabannes,* Dijon, 1892-1926, 12 vol. ; M. Génermont, dans *CAF,* 1938, p. 380-390 ; Brochure anonyme, Lyon, 1964 ; *VMF,* nᵒ 59, janvier 1974.

PARAY, à Paray-le-Frésil. I.S. Manoir de brique à décor losangé.

PLESSIS, Le, à Autry-Issards. I.S. Château des dernières années du XVe s.
Cf. Génermont, N.E.L., p. 10.

POMAY, à Lusigny. I.S. Château de brique à décor losangé, de la fin du XVIe ou du début du XVIIe s.
Cf. Génermont, N.E.L., p. 19.

RIAU, Le, à Villeneuve-sur-Allier. M.H. Visite. Château du XVIe augmenté aux XVIIe et XVIIIe s. Grange datée de 1584 ; châtelet d'entrée en brique polychrome.
Cf. MC Auvergne, p. 294.

SALIGNY, à Saligny-sur-Roudon. I.S. Visite. Le château a été bâti dans la première moitié du XVIe s., sans doute pour Renaud Lourdin de Coli-

SALIGNY.

gny, chambellan du roi, de Charles VII à François Ier. Il fut restauré en 1604. Dans le prolongement du donjon circulaire, le corps de logis principal est flanqué extérieurement d'une tour ronde et d'une tour carrée, et intérieurement d'une tour d'escalier polygonale. Les belles lucarnes peuvent dater du milieu du XVIe s. ; sur la cour, elles sont coiffées de simples frontons droits scandés de pots à feu, et décorés de motifs en losanges ; à la façade postérieure, elles sont percées de baies cintrées jumelées sous des frontons courbes armoriés, portés sur des colonnettes.
Cf. Soulange-Bodin, *Châteaux connus et inconnus* ; *VMF*, 1966, no 4 : *Bull. de la Soc. d'émulation du Bourbonnais*, t. 53, 1967, p. 570-589 ; *MC Auvergne*, p. 230-233 ; Génermont, N.E.L., p. 27.

SEGANGE, à Avermes. I.S. Visite. Corps de logis édifié en 1517 en complément d'un château du XVe s.

VEAUCE. I.S. Visite. Ensemble de constructions du XIIIe au XVIe, agrandies au XIXe s. Lucarnes à frontons sur la cour.
Cf. MC Auvergne, p. 298 ; Génermont, N.E.L., p. 31.

CHER

Buhot de Kersers, *Histoire et Statistique monumentale du Cher*, Paris, 1875-1898, 8 vol.
E. Hubert, *Le Bas-Berry*, Châteauroux et Déols, 1930.
H. Soulange-Bodin, *Les Châteaux du Berry*, Paris, 1946.
J. Ferragut, *Châteaux du Cher*, Paris, Nouvelles Éditions latines, s.d., 2 vol.
Saint-Armand-Montrond et son canton. Cahiers de l'Inventaire, 1986.

AINAY-LE-VIEIL. M.H. Visite. **Voir no 22.**
Cf. Soulange-Bodin ; Ferragut, t. 1, p. 6.

AUBIGNY-SUR-NÈRE. M.H. Du château des Stuart, illustre famille écossaise dont une branche se fixa en France du temps de Charles VII, il reste surtout l'aile d'entrée, qui date du début du XVIe s. Elle comporte un châtelet flanqué de trois échauguettes et d'une tourelle d'escalier. La lucarne supérieure est ornée de pilastres.
Cf. MC Auvergne, p. 280 ; Ferragut, t. 1, p. 10 ; *VMF*, no 77, juillet 1978, p. 29.

BÉTHUNE, à La Chapelle-d'Angillon. M.H. Visite. Maximilien de Béthune, duc de Sully, acheta le château aux Gonzague-Nevers et en fit le centre de ses importantes possessions berrichonnes. Il lui donna son nom de Béthune. Le château a conservé un donjon de la fin du XIe s., une chapelle du XVe et les restes étonnants d'une galerie ouverte de quatre arcades en cintre surbaissé ; celles-ci sont portées sur des colonnes de marbre blanc, chefs-d'œuvre du premier italianisme inspiré par la chartreuse de Pavie, avec leurs fûts renflés en double bulbe garni de feuillages, et leurs chapiteaux d'une grande richesse décorative. A rapprocher d'Argy.
Cf. MC Auvergne, p. 281 ; Ferragut, t. 1, p. 19.

BÉTHUNE. Colonne de la galerie.

BLANCAFORT, I.S. Visite. La maison-forte brique et pierre fut édifiée au début du XVIe s. pour la famille Du Boucard, et le corps de logis remanié après 1619 ; traces de galerie à arcades de brique.
Cf. VMF, no 40, avril 1969 ; Ferragut, t. 1, p. 11 ; Sartre, *France*, p. 39, 46, 76-77.

BONNAIS, à Coust. Maison-forte du début du XVIe s.
Cf. H. Soulange-Bodin, *Châteaux du Berry*, et *Châteaux connus et inconnus.*

BOUCARD, anciennement LA MOTTE-DU-PLESSIS, Le Noyer. I. S. Visite. **Voir no 189.**
Cf. S. Pajot, dans *Mémoires de la Soc. des antiquaires du Centre*, 1938-1941, p. 157 ; C. Gauchery, dans *Mémoires de l'Union des Soc. sav. de Bourges*, t. 2, 1949-1950, p. 59-64.

BREUILHAMENON, puis **CASTELNAU,** à Plou. **Voir no 131.**
Cf. M. de Laugardière, dans *CAF*, 1931, p. 400-427 ; S. Pajot, *op.cit.*, p. 157 ; Ferragut, t. 1, p. 18.

BRIOU, à Nérondes. Manoir du XVIe s. détruit en partie. Tête d'homme au-dessus de la porte.
Cf. S. Pajot, *op.cit*, p. 156.

BURANLURE, à Boulleret. M.H. Maison-forte de la fin du XVe s. formée d'un quadrilatère entouré de fossés. L'aile nord est du XVIe s., œuvre des Vinon ou de Jean de Barol, propriétaire en 1524 par mariage avec Françoise de Vinon. Dans l'aile sud, la cheminée de la salle est garnie d'un bas-relief de la fin du XVIe s. présentant un combat de cavalerie à l'antique.

Cf. H. Soulange-Bodin, *Châteaux de Berry* et *Châteaux connus et inconnus* ; *MC Auvergne*, p. 283 ; Ferragut, t. 1, p. 15.

CASTELNAU. Voir BREUILHAMENON.

CHAPELLE-D'ANGILLON, La. Voir BÉTHUNE.

CHÂTEAUMEILLANT. Le château, du XVIe s., est occupé par la gendarmerie.
Cf. F. Deshoulières, dans *CAF*, 1932, p. 252.

CHÂTEAUNEUF-SUR-CHER. I.S. Visite. **Voir no 216.**
Cf. Soulange-Bodin ; Palustre, t. 3, p. 162 ; *MC Auvergne*, p. 184-189 ; Ferragut, t. 1, p. 19.

CHEVILLY, à Méreau. I.S. Maison-forte du début du XVIe s.
Cf. H. Soulange-Bodin, *Châteaux du Berry*, et *Châteaux connus et inconnus.*

CONCRESSAULT. Bâti en brique polychrome, le château fut construit sous Louis XII pour la famille de Ménipeny, d'origine anglaise.
Cf. Buhot de Kersers, t. 8, 1895, p. 254 ; Sartre, *France*, p. 87.

COULONS, à Graçay. Château de style sévère, formé d'un corps de logis flanqué de deux pavillons carrés. Bâti sans doute vers 1551-1559 pour Madeleine de Laval, dame de Pisseleu, et Charles de Pisseleu, évêque de Condom. Murs en moellon de grès raidis par des jambes rectilignes de pierre de taille qui marquent les travées de fenêtres (avec lucarnes à frontons droits, et les angles des bâtiments. Escalier droit, salle des gardes voûtée d'ogives.
Cf. H. Soulange-Bodin, *Châteaux du Berry*, et *Châteaux connus et inconnus* ; Ferragut, t. 1, p. 26.

GRANGE-EN-BERRY, La (La Grange-Montalivet), à Saint-Bouize. I.S. L'un des rares «royaux» de la noblesse de Berry au moment de la Ligue, François de Montigny avait un château à Villemenard qui fut pillé par son adversaire Claude de La Châtre en 1588. Rallié de bonne heure à Henri IV qu'il accompagna dans ses campagnes, il fit élever un nouveau château sur son domaine de La Grange, qui ne fut achevé qu'au début du XVIIe siècle, et sans doute modifié sous Louis XIV. Il est fait de trois pavillons alignés, celui du milieu coiffé d'un immense comble à l'impériale, les deux autres de combles pyramidaux ; murs en brique et pierre.
Cf. Soulange-Bodin ; *MC Auvergne*, p. 164 ; Ferragut, t. 2, p. 3.

JUSSY, anciennement QUINCAMPOIX, à Jussy-Champagne. M.H. Visite. François de Gamache, chef de l'armée royale en Berry contre les Ligueurs, fait rebâtir son château de Jussy à partir de 1584 en commençant par le grand pavillon du sud-est et les deux tiers du corps de logis attenant. Interrompu à sa mort en 1591, il sera achevé seulement pour son petit-fils Claude entre 1625 et 1650, par les soins de l'architecte berrichon Claude Lejuge. C'est une haute construction sévère en brique et pierre à travées rustiques. Elle s'égaye seulement de légers avant-corps centraux coiffés de frontons cintrés ; celui de la cour est percé d'un œil-de-bœuf dans le style de Du Cerceau. L'escalier est logé dans cette travée centrale. Courtes ailes basses sur la cour. Le château, dans son état inachevé, a été gravé par Claude Chastillon.
Cf. C. Gauchery, p. 79-86 ; Ferragut, t. 2, p. 7

MAISON-FORT, La, à Genouilly. M.H. Propriété de Claude de La Châtre, gouverneur du Berry, la Maison-Fort servit de quartier général à la Ligue en Berry. C'est alors que le château médiéval commença d'être reconstruit, selon un

marché de juillet 1586 passé avec René Lebrun, charpentier à Bourges, et André de Saintes, maçon à Vierzon. L'ancien donjon rectangulaire avec ses tourelles fut habillé alors d'un décor polychrome (damier de brique rouge et de pierre ocrée de l'Arnon), cerné d'un entablement classique et d'une corniche à modillons, sous un comble en pyramide. L'aile voisine, une galerie servant de magasin de munitions, et un portail pourvu du même décor furent alors élevés. Après la paix et le retour en grâce auprès de Henri IV, La Châtre fit poursuivre les travaux de 1595 à 1610, selon une ordonnance semblable : corps de logis et seconde aile. Ces façades sur cour ont été modifiées au XVIIIe s., mais on voit encore à l'intérieur des escaliers de plan carré voûtés de berceaux rampants, des cheminées et des décors peints datant de Henri IV.
Cf. C. Gauchery, p. 67-79 ; Ferragut, t. 2, p. 14.

MAZIÈRES, à Poisieux. Dans les ruines du château médiéval se distinguent des vestiges de peintures murales du XVIe s.
Cf. H. Soulange-Bodin, *Châteaux du Berry.*

MEILLANT. M.H. Visite. **Voir nº 21.**
Cf. M. Dumolin, dans *CAF*, 1931, p. 154-174 ; Ferragut, t. 2, p. 18-23 ; M. Ranjart, dans *Les Monuments historiques de la France*, t. 10, 1964, p. 37-39.

LA MOTTE-DU-PLESSIS. Voir BOUCARD.

MURS, Les, à Méreau. Construction des environs de 1565 ; corniche à denticules, lucarnes à pilastres et chapiteaux.
Cf. Soulange-Bodin.

NANÇAY. I.S. Fortement restauré au XIXe s., le château avait été bâti à la fin du XVe ou au début du XVIe s. pour Pierre de La Châtre ou son fils Claude. C'est un haut corps de logis de brique à encadrements de pierre, cantonné de fortes tours rondes et flanqué d'une tour d'escalier polygonale. Sur la cour, galerie ouverte dans le style de Blois ; porte décorée à l'entrée de l'oratoire.
Cf. H. Soulange-Bodin, *Châteaux du Berry et Châteaux connus et inconnus* ; *VMF*, nº 77, juillet 1978, p. 30 ; Ferragut, t. 2, p. 23.

PESEAU, Le, à Boulleret. Voir VAILLY.

PESSELIÈRES, à Jallognes. Le château présentait des premières traces d'italianisme, médaillons encastrés aujourd'hui à la porte du château de *Brécy*, dont un buste de gorgone.
Cf. Pajot, dans *Mém. de la Soc. des antiquaires du Centre*, 1938-1941, p. 156.

PONDY, Le. Château des XVe et XVIe s.

PRÉAU, Le, à Nohant-en-Goût. L.S. Maison-forte du début du XVIe s.
Cf. MC Auvergne, p. 294.

QUINCAMPOIX. Voir JUSSY.

SAINT-FLORENT, à Saint-Florent-sur-Cher. I.S. Petit château médiéval augmenté au début du XVIe s. d'un pavillon de porterie brique et pierre ; chapelle.
Cf. MC Auvergne, p. 296.

SARAGOSSE, à Limeux. Le château médiéval fut rebâti au début du XVIe s. pour la famille Du Moustier ; lucarnes à colonnettes et chapeau de feuillage. La porte à pilastres doit dater du XVIIe s.
Cf. Soulange-Bodin ; *MC Auvergne*, p. 296 ; Ferragut, t. 2, p. 26.

SAVOIE, à Villabon. Château de la fin du XVIe s., garni de cinq tours.

SOUESMES. Château brique et pierre des XVIe et XVIIIe s., flanqué de tourelles à mâchicoulis. A été gravé par Claude Chastillon.

TÉRIEUX, à Avord et Farges-en-Septaine. Château des XVIe et XVIIe s.

TOUR-DE-VESVRE, La, à Neuvy-les-Deux-Clocher. I.S. Visite. De premiers italianismes se manifestent dans les modifications apportées au vaste donjon quadrangulaire du XIIe s. ; médaillon dans l'escalier.
Cf. S. Pajot, dans *Mém. de la Soc. des antiquaires du Centre*, 1938-1941, p. 156.

VAILLY. Château disparu, éléments remontés au château du PESEAU, à Boulleret. **Voir nº 43.**
Cf. Ferragut, t. 2, p. 26 ; S. Pajot, *op.cit.*, p. 159.

VALLÉE, La, à Assigny. I.S. Pierre Du Houssay, acquéreur de la seigneurie en 1592, conserva la tour d'escalier médiévale et fit élever un corps de logis flanqué de deux pavillons massifs décorés de belles travées rustiques dont les harpes de pierre saillent sur le mœllon enduit. Grandes lucarnes Henri IV à frontons cintrés ; deux cheminées.
Cf. H. Soulange-Bodin, *Châteaux du Berry et Châteaux connus et inconnus* ; C. Grodecki, *op.cit.*, p. 86-93 ; *MC Auvergne*, p. 298.

VERRERIE D'AUBIGNY, La, à Oizon. M.H. Visite. **Voir nº 42.**
Cf. S. Pajot, dans *Mém. de la Soc. des antiquaires du Centre*, 1938-1941 ; Ferragut, t. 2, p. 27 ; J.Y. Ribault, *Cahiers d'archéologie et d'histoire du Berry*, nº 27, 1971.

VILLATE ou VILLATTES, à Léré. M.H. Belle maison-forte de la fin du XVe ou du début du XVIe s. à décor gothique, construite pour le comte de Nevers.
Cf. Soulange-Bodin ; Ferragut, t. 2, p. 30.

BUZANÇAIS. Le pavillon des Ducs.

VILLEMENARD. Construction des XVe et XVIe s. avec une galerie sur la cour, portée sur des colonnes torses. Appartint au maréchal de Montigny.
Cf. H. Soulange-Bodin, *Châteaux du Berry et Châteaux connus et inconnus.*

INDRE

E. Hubert, *Le Bas-Berry*, Paris, 1902-1908, 3 vol.
H. Soulange-Bodin, *Châteaux du Berry*, Paris, 1946.
P. Glédel, *Châteaux de l'Indre*, Paris, Nouvelles Éditions latines, s.d.

ARGY. M.H. Visite, **Voir nº 10.**
Cf. VMF, nº 37, juillet 1968 ; Brochure anonyme, (club du Vieux Manoir), Paris, Nouvelles Éditions latines, s.d. ; A. Cospérec, *CAF* 1984, p. 9.

ARS, à Lourouer-Saint-Laurent. I.S. **Voir nº 215.**
Cf. Soulange-Bodin ; *VMF*, nº 77, juillet 1978.

AZAY-LE-FERRON. M.H. Visite. **Voir nº 214.**
Cf. Soulange-Bodin ; *MC val de Loire*, p. 276-279 ; Glédel, p. 3.

BEAUREGARD, à Velles. I.S. Château de la famille Le Borgne, construit au XVIe, modifié aux XVIIe et XVIIIe s. ; logis central et tours.
Cf. Soulange-Bodin ; *MC Auvergne*, p. 281.

BUZANÇAIS. A côté du donjon médiéval, un « château neuf » fut bâti sous François Ier pour

Philippe Chabot, amiral de France, qui avait acquis la seigneurie en 1531. Le corps de logis était flanqué d'une importante tour d'escalier polygonale dont les fenêtres s'encadraient de pilastres dans le style de Chambord ; les jardins en terrasse s'étendaient jusqu'à l'Indre. Le château fut détruit pendant la guerre de 1939-1945. Il n'en reste que le « pavillon des ducs ».
Cf. E. Hubert, *Le Bas-Berry : canton de Buzançais*, Paris, 1908.

CHÂTEAUROUX. Château du Parc, construit au XVIe s. pour Jean d'Aumont, rebâti ensuite. Il en reste la tour dite de la princesse de Condé.

CHAZELET. I.S. Château construit après 1544 pour François Pot, seigneur de Chassingrimont, dans un style militaire : tours, pont-levis, mâchicoulis.
Cf. H. Soulange-Bodin, *Châteaux du Berry* ; Glédel, p. 7 ; N. Faucherre, *CAF 1984*, p. 76.

CONNIVES, à Thenay. Construit vers 1567 pour Jean de Boisbertrand.
Cf. H. Soulange-Bodin, *Châteaux du Berry* et *Châteaux connus et inconnus*.

COUDRAY Le, à Luçay-le-Libre. I.S. Manoir pourvu d'une galerie ouverte du XVIe s. Cheminée.

LUÇAY-LE-MÂLE. I.S. **Voir no 130.**
Cf. Glédel, p. 22 ; *VMF*, no 77, juillet 1978, p. 39.

LYS-SAINT-GEORGES, Le. I.S. Visite. Gilbert Bertrand, chambellan du roi, bailli et gouverneur du Berry, fit rebâtir le château et y servit de geôlier à Ludovic Sforza, duc de Milan, ramené d'Italie en 1500.
Cf. Soulange-Bodin ; Glédel, p. 22 ; *MC Auvergne*, p. 291 ; J. Martin-Demezil, *CAF 1984*, p. 162.

MOTTE-FEUILLY, La. Construit au XVe s., remanié au XVIe s., le château abrita le séjour de Charlotte d'Albret, femme puis veuve de César Borgia.
Cf. Glédel, p. 10 ; *VMF*, no 88, avril 1981 ; J. Mesqui, *CAF 1984*, p. 201.

PALLUAU-SUR-INDRE. M.H. Visite. L'ancien château fut reconstruit en majeure partie autour de 1500 notamment le corps de logis méridional et le châtelet d'entrée où l'on voit un escalier à volées droites. Décor sculpté de la tour centrale ; chapelle décorée de peintures murales.
Cf. V. A. Fauconneau du Fresne, 1886 ; H. Soulange-Bodin, *Châteaux connus et inconnus* ; Glédel, p. 23 ; U. Albrecht et J. Guillaume, « L'escalier de La Guerche, dans *Bull. de la Soc. archéol. de Touraine*, t. 40, 1983, p. 490 ; D. Hervier, *CAF 1984*, p. 218.

PUY, Le, à Villedieu-sur-Indre. A la forteresse médiévale, Jean de Barbançois fit ajouter à la fin du XVIe s. un pavillon deux tours.
Cf. Soulange-Bodin, *Châteaux du Berry* et *Châteaux connus et inconnus* ; Hubert, *Le Bas-Berry*, p. 593.

ROCHE-CHEVREUX, La, à Prissac. Château des XVe et XVIe s.

VALENÇAY. M.H. Visite. **Voir no 129.**
Cf. R. Crozet, Paris, 1930 (Coll. des Petites Monographies) ; F. Gebelin, *Les Châteaux de la Renaissance*, p. 176-177 et *Les Châteaux de la Loire* ; J. Guillaume, *CAF 1984*, p. 363.

VEUIL. I.S. Visite. **Voir no 76.**
Cf. F.H. de La Tour du Breuil, Châteauroux, 1871 ; R. Crozet, *Le Château de Valençay*, Paris, 1930 (coll. des Petites Monographies), p. 29-34 ; *VMF*, no 33, juillet 1967, et no 77, juillet 1978, p. 34 ; H.P. Eydoux, *Monuments méconnus, pays de la Loire*, Paris, 1983.

VILLEGONGIS. M.H. Visite. **Voir no 75.**
Cf. Ph. de Montesquieu, dans *VMF*, no 35, 1968, p. 7-15 ; *VMF*, no 77 et 78, juillet et octobre 1978 ; Glédel, p. 27 ; S. Pajot, dans *Mém. de la Soc. des antiquaires du Centre*, 1938-1941, p. 157-158 ; J. Guillaume, *CAF 1984*, p. 375.

NIÈVRE

G. de Soultrait, *Répertoire archéologique du département de la Nièvre*, Paris, 1875.
G. de Certaines, *Châteaux de la Nièvre*, Paris, Nouvelles Éditions latines, s.d.
B. de Gaulejac et R. Colas, « Les Châteaux de la Nièvre », dans *Annales du pays nivernais*, 1973, no 6, p. 3-40.
R. Colas, *Châteaux en Nivernais*, Paris, 1976.
Dictionnaire des châteaux de France, Bourgogne, Paris, Berger-Levrault, 1980.

ALLEMANDE, L', à Vignol. Du XVIe s.
Cf. Colas.

ANIZY, à Limanton. Construit au début du XVIe s. pour les Frasnay. Cheminée remontée à *Vandenesse*.
Cf. Soulange-Bodin, *Châteaux connus et inconnus* ; Colas ; *VMF*, no 87, janvier 1981 ; *DCF Bourgogne*.

ARTHEL, à Prémery. A côté du château médiéval de La Mothe, un nouveau château dit d'*Apremont* est bâti sur la hauteur vers 1584, pour Imbert de Paris, gentilhomme de l'hôtel du roi. Il en subsiste deux tours, depuis sa reconstruction au XVIIIe s.
Cf. DCF Bourgogne.

AUNAY-EN-BAZOIS. I.S. Endommagé durant les guerres de Religion, le château dit du *Bas Fort* fut reconstruit à la fin du XVIe et modifié au XVIIe s. (pour la famille Pot).
Cf. Colas ; Certaines, p. 3 ; *DCF Bourgogne*.

BESSAY, Le, à Toury-sur-Jour. I.S. Petit manoir ruiné durant la guerre de Cent ans, reconstruit en partie à la fin du XVe ou au début du XVIe s. pour Pierre de Bonnay, chambellan du duc de Bourbon, et ses descendants. Murs de brique à décor losangé. L'escalier en vis est daté de 1515.
Cf. Colas ; *DCF Bourgogne*.

BOUE, La, à Remilly. Maison-forte du XIVe, remaniée au XVe puis au XVIe s. (porte encadrée de pilastres cannelés).
Cf. Colas ; *DCF Bourgogne*.

BOUQUIN, Le, à Chaumot. Du XVIe s.
Cf. Colas.

BRINAY. Maison-forte médiévale augmentée à la fin du XVIe s. d'un corps de logis, modifié aux siècles suivants.
Cf. Colas ; *DCF Bourgogne*.

BRINON, à Brinon-sur-Beuvron. I.S. La maison-forte médiévale fut reconstruite pour la famille de Rabutin au XVe puis au XVIe s. Corps de logis sommé de lucarnes à pilastres.
Cf. DCF Bourgogne.

BUY, à Saint-Pierre-le-Moûtier. Du XVIe s.
Cf. Colas.

CHAILLOY, Le, à Suilly-la-Tour. Du XVIe s.
Cf. Colas.

CHAISE, La, à Pazy. Maison-forte du XVe assortie d'un corps de logis à la fin du XVIe s.
Cf. Colas ; *DCF Bourgogne*.

CHAMPLEMY. Corps de logis principal modifié au XVIe s. ; appareil, corniche, cheminées.
Cf. Colas ; *DCF Bourgogne*.

CHAMPLEVOIS, à Cercy-la-Tour. Maison-forte remaniée à la fin du XVe puis au XVIe s. ; décor de brique losangé. Appartint à la famille de Ferrières, puis à Jean de La Fin.
Cf. Colas ; *DCF Bourgogne*.

CHANTELOUP, à Guipy. Bâti au XVIe s., modifié ensuite.
Cf. Colas ; Certaines, p. 7.

CHARLY, à Chaulgnes. Du XVIe s.
Cf. Colas.

CHEVRON, à Saint-Quentin. Du XVIe s.
Cf. Colas.

CHITRY, à Chitry-les-Mines. M.H. Visite. Chapelle du XVIe s.
Cf. Soulange-Bodin, *Châteaux connus et inconnus* ; Colas, p. 101-104 ; Certaines, p. 11 ; *DCF Bourgogne*.

CORBELIN, à La Chapelle-Saint-André. I.S. Visite. Château médiéval modifié en 1559 pour Etienne Le Muet. Corps de logis précédé d'une terrasse, bâti entre les tours méridionales (lucarnes à frontons, cheminées à colonnettes).
Cf. Colas, p. 87-89 ; *DCF Bourgogne*.

COULON, à Mouron-sur-Yonne. Rebâti en 1546 pour la famille de Montsaulnin, il devint aux mains des Blosset l'un des foyers du protestantisme en Nivernais. La « salle des Commandements » conserve une cheminée du XVIe s. ornée d'inscriptions en lettres d'or qui reproduisent les *Commandements de Dieu*.
Cf. Soulange-Bodin, *Châteaux connus et inconnus* ; Certaines, p. 11 ; *DCF Bourgogne*.

DORNES. I.S. **Voir no 85.**
Cf. Colas, p. 194-197 ; *DCF Bourgogne*.

FLÉTY. Du XVIe s.
Cf. Colas.

GIRY. I.S. Visite. Maison-forte du XVIe s. avec une galerie portée sur des consoles gothiques.

GRANGES, Les, à Suilly-la-Tour. I.S. Le château de Bureau de La Rivière fut reconstruit en partie pour Edme Du Broc, acquéreur du domaine en 1513. Jacques de Forgues, secrétaire de la Chambre du roi, qui l'acheta en 1591, fit poursuivre sa construction. La chapelle renferme des peintures murales datées de 1605. Beau décor de bossages des façades, lucarnes.
Cf. Colas, p. 67-70 ; Certaines, p. 14 ; *DCF Bourgogne*.

MARAIS, Le, à Gimouille. I.S. Chapelle consacrée en 1517.
Cf. Soulange-Bodin, *Châteaux connus et inconnus* ; *MC Auvergne* p. 291 ; Colas, p. 212-214 ; Certaines, p. 15 ; *DCF Bourgogne*.

MARSAUDY, à Tazilly. Du XVIe s.
Cf. Colas.

MONCEAU, à Poil-en-Morvan. Du XVIe s.
Cf. Colas.

MONTGAZON, à Saint-Franchy. Du XVIe s.
Cf. Colas.

MONTOISE, La, à Suilly-la-Tour. Du XVIᵉ s.
Cf. Colas.

MORACHES. Du XVIᵉ s.
Cf. Colas.

MOTTE-FARCHAT, La, à Fleury-sur-Loire. I.S.
Le château a été bâti dans le style de la Loire
pour Guillaume de Villaines, maître des comptes
à Moulins, au début du XVIᵉ s. La porte du corps
de logis est datée de 1515. Celui-ci est flanqué
de tours et scandé de travées régulières de fenêtres, terminées par des lucarnes à pilastres et
gâbles triangulaires. La travée centrale présente
un intéressant motif à triplet. Cheminée sculptée
dans la salle basse.
Cf. Soulange-Bodin, *Châteaux connus et inconnus*;
Colas, p. 187-188; Certaines, p. 19; *DCF Bourgogne.*

NEVERS. Château ducal. M.H. Palais de justice.
Visite. **Voir nº 84.**
Cf. R. de Lespinasse, *Le Nivernais et les comtes de
Nevers*, Paris, 1909-1914, 3 vol.; Colas, p. 21-30;
DCF Bourgogne.

NOCLE, La. Ruines d'un château de brique du
XVIᵉ s.

OULON. Du XVIᵉ s.
Cf. Colas.

PARZY, à Garchizy. Du XVIᵉ s.
Cf. Colas.

PASSY, à Tamnay-en-Bazois. Du XVIᵉ s.
Cf. Colas.

PLESSIS, Le, à Semelay. Du XVIᵉ s.
Cf. Colas.

PONTILLARD, à Saxi-Bourdon. Du XVIᵉ s.
Cf. Colas.

PRÉ, Le, à Guipy. Du XVIᵉ s.
Cf. Colas.

PRELICHY, à Pazy. Du XVIᵉ s.
Cf. Colas.

RAFFIGNY, à Gacogne. Construit au XVIᵉ s.,
modifié ensuite.
Cf. Colas; *DCF Bourgogne.*

RAVIER, Le, à Frasnay-Reugny. Construit au
XVᵉ, remanié au XVIᵉ s., pour Gabriel de La Per-
rière, lieutenant du roi en Nivernais. En ruines.
Portail d'entrée en arc de triomphe, garni de
pilastres doriques.
Cf. Colas; *DCF Bourgogne.*

RHUÈRE, à Gacogne. Du XVIᵉ s.
Cf. Colas.

ROMENAY, à Diennes-Aubigny. I.S. Maison-
forte remaniée au XVIᵉ s. puis au XVIIᵉ pour la
famille Coquille, et notamment le célèbre jurisconsulte Guy Coquille. Dans l'aile, les salles du
rez-de-chaussée et de l'étage conservent une
décoration peinte du milieu du siècle (paysages,
architectures et ruines, avec des lambris et des
portes en trompe-l'œil); on a rapproché ces
peintures italianisantes du séjour que fit Guy
Coquille à Padoue, dont il revint en 1543, et de
l'installation de la famille de Gonzague à
Nevers.
Cf. Colas, p. 177-180; *VMF*, nº 38, octobre 1968;
DCF Bourgogne.

ROUSSY, à Saint-Parize-le-Châtel. Du XVIᵉ s.
Cf. Colas.

SAINT-AMAND-EN-PUISAYE. I.S. **Voir nº 86.**
Cf. Colas, p. 80-82; *DCF Bourgogne.*

SAINT-FRANCHY. Du XVIᵉ s.
Cf. Colas.

LA MOTTE-FARCHAT. D'après une carte postale.

SAINT-LÉGER, à Saint-Léger-de-Fougeret. I.S.
Du XVIᵉ s.
Cf. Colas.

SALLAY, Le, à Saincaize-Meauce. Du XVIᵉ s.
Cf. Colas.

SAUVAGES, à Beaumont-la-Ferrière. I.S.
Nommé gouverneur de La Charité-sur-Loire par
le duc d'Anjou en 1576, Jacques de Morogues,
gentilhomme calviniste, fit bâtir le château de
Sauvages. Il affecte un plan en U. Le pavillon
d'entrée, de plan carré, est percé d'un portail cintré cerné de bossages. La façade méridionale du
logis est ornée d'un portique en avant-corps, du
type de ceux de Bullant à Écouen, avec deux
ordres superposés de colonnes doriques et
corinthiennes, une porte cintrée à voussure
décorée, et un bas-relief armorié dont les portants sont des sauvages nus.
Cf. Colas; *DCF Bourgogne.*

SAVIGNY, à Savigny-Poil-Fol. Du XVIᵉ s.
Cf. Colas.

TARD, à Onlay. Du XVIᵉ s.
Cf. Colas.

TOURBAS, à Urzy. Du XVIᵉ s.
Cf. Colas.

TRACY-SUR-LOIRE. I.S. Château du XVᵉ, remanié au XVIᵉ, puis au XIXᵉ s. Pavillon d'entrée de
1567 (pilastres, fenêtre, lucarne).
Cf. Colas, p. 63-66; Certaines, p. 26; *DCF Bourgogne.*

VALOTTE, à Saint-Benin-d'Azy. Du XVIᵉ s.
Cf. Colas.

VÉSIGNEUX, à Saint-Martin-du-Puy. I.S. Par-
tiellement reconstruit vers 1565 pour Saladin de
Montmorillon.
Cf. Colas, p. 126-129; Certaines, p. 27; *DCF
Bourgogne.*

VILLAINES, à Moulins-Engilbert. Du XVIᵉ s.
Cf. Colas.

VILLEMOLIN, à Anthien. I.S. Visite. Corps de
logis du XVIᵉ s. bâti pour la famille de Certaines.
Cf. Colas, p. 111-113; Certaines, p. 31; *DCF
Bourgogne.*

VILLEMOISON, à Saint-Père. M.H. Ancienne
commanderie de Templiers. Le manoir prioral
est percé de belles fenêtres et lucarnes du XVIᵉ s.
à pilastres et frontons.
Cf. Colas; *Sites et Monuments*, nº 63, 1973, p. 64;
DCF Bourgogne.

VILLORGET, à Cosne-Cours-sur-Loire. Du
XVIᵉ s.
Cf. Colas.

XII. PROVENCE

R. Doré, *L'Art en Provence*, Paris, 1930.
Merveilles des châteaux de Provence, Paris, Hachette-Réalités, 1965.
J. J. Gloton, *Renaissance et Baroque à Aix-en-Provence*, Paris, 1979, 2 vol.

ALPES-DE-HAUTE-PROVENCE

Vieilles Maisons françaises, n° 121, février 1988.

ALLEMAGNE, à Allemagne-de-Provence. M.H. Visite. Au donjon du XIVᵉ s., furent ajoutés deux corps de logis en équerre, commencés pour François de Castellane vers 1500, achevés pour son fils Melchior vers 1550.
Cf. Soulange-Bodin, *Châteaux connus et inconnus*; *MC Provence*, p. 290; Gloton, t. 1, pl. 6.

CHÂTEAU-ARNOUX. M.H. Visite. **Voir n° 32.**
Cf. Gloton, t. 1, pl. 14.

ALPES-MARITIMES

Les châteaux ici mentionnés appartiennent à l'ancien territoire de la Provence. Signalons néanmoins qu'une partie des Alpes-Maritimes était étrangère au royaume de France durant le XVIᵉ s. A l'est du cours du Var, le comté de Nice, cédé au duc de Savoie par la maison d'Anjou-Provence, ne fut occupé que temporairement par la France sous François Iᵉʳ (1543) et jusqu'en 1559; il resta savoyard jusqu'à la période révolutionnaire et le premier Empire (1792-1814), durant laquelle il fut incorporé à la France; il redevint savoyard ensuite, jusqu'à l'annexion de 1860.
R. Bérenguier, *Châteaux des Alpes-Maritimes*, Paris, Nouvelles Éditions latines, s.d.

ANTIBES. M.H. Visite. Fort carré commencé sous François Iᵉʳ, continué sous Henri IV qui acheta Antibes à la famille Grimaldi en 1608. Il sera remanié par Vauban.

Cf. Bérenguier, p. 3; J. Boissier, dans *Revue historique de l'armée*, n° 4, 1958, p. 101; Club du Vieux Manoir, Paris, Nouvelles Éditions latines, s.d.

BAR-SUR-LE-LOUP. Château des comtes de Grasse; la tour dite de l'église fut ajoutée en 1594 par Annibal de Grasse.
Cf. Bérenguier, p. 6.

CAGNES, à Cagnes-sur-Mer. M.H. L'ancienne forteresse des Grimaldi eut à pâtir des invasions de la Provence par les armées du connétable de Bourbon en 1523, puis de Charles Quint en 1531. Elle ne sera transformée en palais à l'italienne qu'au début du XVIIᵉ s. (*cortile* à galeries superposées). Signalons dans l'escalier un bas-relief représentant *François Iᵉʳ à la bataille de Marignan*, qui doit dater, lui aussi, du début du XVIIᵉ s.
Cf. Bérenguier, p. 7.

CAGNES. Bas-relief.

BOUCHES-DU-RHÔNE

M. Pezet, *Châteaux des Bouches-du-Rhône*, Paris, Nouvelles Éditions latines, s.d.

BAUX, Les. M.H. Tombée en déshérence, la seigneurie des Baux fut donnée en 1528 par François Ier à Anne de Montmorency, qui y reçut le roi et la Cour en 1538. Les agents locaux du connétable y édifièrent des hôtels (Manville, Quiqueran, Martin). Le pavillon dit *de la reine Jeanne* a été en réalité bâti pour Jeanne de Quiqueran, baronne des Baux, vers 1575. C'est un pavillon de jardin de plan hexagonal, percé d'arcades finement décorées. Frédéric Mistral le fera copier pour surmonter sa sépulture à Maillane.
Cf. Doré, p. 44.

BRAU, Mas du, à Mouriès. M.H. Belle construction de style Henri II ; frise à rinceaux.
Cf. VMF, n° 69, juillet 1976.

BREUIL, Le, à Graveson. Construction du XVIe s.
Cf. Gloton, t. 1, pl. 12.

BRUNE, Mas de la, à Eygalières. M.H. Construit en 1572 pour la famille Bruno-Isnard ; échauguettes, fenêtres encadrées de pilastres corinthiens, niches d'angle.
Cf. Pezet, p. 11 ; Doré, p. 45.

IF, Château d'. M.H. Visite. Bâti en 1520 par François Ier sur un îlot rocheux pour défendre le port de Marseille, il affecte un plan carré flanqué de tours à canons dites «rondelles», de type italien. Une enceinte sera ajoutée à la fin du XVIe s. autour de l'îlot.

MOLLÈGES. Construction de la seconde moitié du XVIe s.
Cf. Pezet, p. 7.

ROQUE-D'ANTHÉRON, La. Annibal de Forbin, marquis de Janson, époux de Camille Grimaldi, aurait fait commencer le petit château en 1598, et le grand en 1605. Malgré la restauration outrancière de 1950 et la disparition du crépi qui le défigure, malgré l'enceinte crénelée du XIXe s. qui l'environne, l'édifice présente des caractères intéressants ; tours rondes aux angles, ordonnance de fenêtres à pilastres, avant-corps central à baies rondes jumelées à l'étage, et fronton cintré interrompu par une lucarne, dispositions qui semblent dater de la seconde moitié du XVIe s.
Cf. Pezet, p. 27 ; *MC Provence,* p. 19 ; Gloton, t. 1, pl. 27.

SAINT-RÉMY-DE-PROVENCE. *Tour du cardinal.* M.H. Visite. Séjour des cardinaux de Beaufort-Canillac, construit en 1558 par Jean Poytevin. Bel appareil de pierre de taille à l'antique, pilastres d'angle, entablement et corniches ceinturant l'édifice ; porte à fronton, balcon sur consoles.
Cf. Pezet, p. 7 et 18.

SALON. *Château de l'Emperi.* M.H. Musée. **Voir n° 31.**
Cf. J. Formigé, *BM,* 1911, p. 226-246.

VAUVENARGUES. M.H. Grande bastide flanquée de deux tours rondes, bâtie au XVIe s. à l'emplacement d'un château plus ancien pour François de Clapiers, propriétaire du fief en 1560.
Cf. Pezet, p. 31.

LES BAUX. Pavillon de la reine Jeanne.

VAR

R. Bérenguier, *Châteaux du Var,* Paris, Nouvelles Éditions latines, s.d.
Vieilles Maisons françaises, n° 107, avril 1985.

AIGUINES. Site inscrit. Grande bastide flanquée de tours rondes, élevée sous Henri IV ; portail à claveaux en escalier et couronnement de merlons.
Cf. Bérenguier, p. 6.

BEAUREGARD, à Mons. Bastide flanquée de tours rondes, élevée vers 1570 pour Charles de Villeneuve-Beauregard.
Cf. Bérenguier, p. 10 ; *VMF,* n° 107, avril 1985, p. 29.

SOLLIÈS-PONT. Edifié au XVIe s. pour les descendants de Palamède de Forbin, le château reçut la visite de Charles IX et de la cour de France en 1565. Reconstruit en 1862.
Cf. Bérenguier, p. 27.

TOULON. *Grosse tour* édifiée pour défendre le port sur l'ordre de Louis XII (1514-1524) par l'ingénieur italien Jean Antoine de La Porta.
Cf. VMF, n° 107, avril 1985, p. 52.

VINS. I.S. Vaste demeure du XVIe s. flanquée de tours rondes, qui fut la propriété d'Hubert de La Garde, chef des catholiques ligueurs de Provence, les «Carcistes». Dans la cour, galeries d'arcades. En ruines.
Cf. Bérenguier, p. 31.

VAUCLUSE

Certains des châteaux mentionnés ici appartiennent à l'ancien territoire de la Provence. D'autres sont situés sur une partie du département qui était étrangère au royaume au XVIe siècle : Avignon et le Comtat Venaissin (capitale Carpentras), possessions pontificales qui seront réunies à la France en 1790-1791. Tels sont : Le Barroux, Cabrières, Javon, Saint-Lambert, Saumanes, Thézan. Quant à Causans, il faisait partie de la principauté d'Orange, aux mains de la maison de Chalon puis de Nassau, rattachée au royaume à partir de 1714-1731.

R. Bailly, *Dictionnaire du Vaucluse*, Avignon, 1961.

R. Bailly, *Châteaux du Vaucluse*, Paris, Nouvelles Éditions latines, s.d.

Inventaire général des monuments et richesses artistiques de la France, Vaucluse, pays d'Aigues, cantons de Cadenet et de Pertuis, Paris, 1981.

ANSOUIS. M.H. Visite. Du XVIe s. date le bastion triangulaire en éperon élevé à droite de l'église par les Sabran avant 1578. L'actuel château sera bâti par Gaspard de Sabran en 1614.
Cf. E. de Ganay, *Châteaux de France. Région Centre et Sud* ; Bailly, p. 3 ; *Pays d'Aigues*, IGMRAF.

BARROUX, Le. I.S. Forteresse du Comtat Venaissin, dressée sur un piton et cantonnée de tours rondes, bâtie vers 1544 pour Henri de Rovigliasc, d'origine italienne. Restaurée en 1930, elle a subi un incendie en 1944. La chapelle renferme des peintures murales du XVIIe s.

LE BARROUX.

Cf. Doré, pl. 124 ; *MC Provence*, p. 182 ; Bailly, p. 7 et *Dictionnaire*, p. 75 ; *VMF*, no 15, janvier 1963, et no 77, juillet 1978, p. 50.

BASTIDE-DES-JOURDANS, La. Le château des frères Jourdan, du XIIIe s., a été remanié à partir de 1556 pour Claude de Coriolis, avec addition d'une tour ronde au nord-ouest.
Cf. Gloton, t. 1, pl. 39 ; *Pays d'Aigues*, IGMRAF ; Bailly, *Dictionnaire*, p. 76.

BUOUX. Site inscrit. Flanqué de tours rondes, demi-ronde et hexagonale, le château fut bâti pour les Pontevès ; chapelle gothique, porte méridionale de la fin du XVIe s.
Cf. MC Provence, p. 294 ; Gloton, t. 1, p. 54 ; Bailly, p. 7 et *Dictionnaire*, p. 16.

CABRIÈRES, à Cabrières-d'Avignon. I.S. Situé dans le Comtat Venaissin, le château comporte une enceinte et un corps de logis de la fin du XVe ou du XVIe s. Il fut brûlé lors de l'opération de 1545 contre les vaudois de Provence.
Cf. Bailly, *Dictionnaire*, p. 120.

CADENET. Site inscrit. L'éperon barré dominant la vallée de la Durance fut occupé par un château dès le XIe s. De 1541 à 1549, le vicomte Antoine Honoré d'Oraison, devenu seul seigneur, fait exécuter d'importants travaux. Le corps de logis du sud-ouest, qui forme aujourd'hui terrasse, présente une date des années 1540 sur une embrasure de tir. De la même époque peut-être, le grand corps de logis oriental orné de bossages d'angle où l'on voit une grande arche à claveaux rustiques sommée à la clef d'un masque d'homme barbu. Le front bastionné du nord-ouest fut démantelé au XVIIIe s. et mis à sac en 1792.
Cf. Gloton, t. 1, pl. 60 ; *Pays d'Aigues*, IGMRAF.

CASENEUVE. Le château du XIIe s. fut agrémenté au XVIe d'un pavillon en saillie contenant un escalier, accessible par une porte décorée.
Cf. Bailly p. 7 et *Dictionnaire*, p. 140.

CAUSANS, à Jonquières. Le château médiéval affecte la forme d'un quadrilatère flanqué de tours rondes. Le corps de logis principal fut remanié au XVIe s. ; fenêtres encadrées de colonnes géminées, porte à fronton. Causans fut pillé par les huguenots, et relevé au XVIIe s. par Henri de Vincens de Causans. Faisait partie de la principauté d'Orange.
Cf. Bailly, *Dictionnaire*, p. 210.

FARGUES, Le Pontet. M.H. Château du XIVe s. incendié par les troupes de François Ier en 1536, reconstruit ensuite, puis modifié au XVIIIe s. Faisait partie du Comtat Venaissin.
Cf. Bailly, p. 22.

FOGASSES, à Avignon, île de la Barthelasse. Site inscrit. Bastide élevée après 1561 pour J. de Fogasses avec l'obligation donnée par Charles IX d'en faire une fortification d'importance, cernée de remparts et défendue par un pont-levis (qui ont disparu). Bretèche sur la porte, tours carrées aux angles.
Cf. Bailly, p. 6.

GORDES. M.H. Musée et Hôtel de Ville. **Voir no 100.**
Cf. Gloton, t. 1.

JAVON, à Lioux. I.S. Le fief fut donné en 1513 par le pape Léon X à François de Baroncelli. Le château fut élevé un peu plus tard pour son fils Pierre. Il est entouré d'une enceinte et cerné de tours rondes ; porte à bretèche et échauguettes. Faisait partie du Comtat Venaissin.
Cf. Bailly, p. 15.

LOURMARIN. M.H. Visite. **Voir no 99.**
Cf. E. Aude, dans *CAF*, 1932, p. 62-64 ; Michèle

Heck, mémoire de maîtrise, 1973 ; Gloton, t. 1 et dans *Archives de l'art français*, t. 25, 1978, p. 137-146 ; *Pays d'Aigues*, IGMRAF.

MASSILLAN, à Uchaux. Curieuse bastide de style militaire construite au milieu du XVIe s., qui aurait appartenu, comme Le Castellas d'Uchaux, à la famille de Poitiers et à Diane elle-même. La façade nue est flanquée de deux tours rondes, et pourvue d'un couronnement uniforme de mâchicoulis et de merlons. La porte, sommée d'un fronton droit, doit être postérieure.
Cf. Bailly, p. 27.

MILLE, à Apt. Château du XIVe remanié au XVIe (fenêtres) puis au XVIIIe s. Appartenait en 1542 à Claude Provençal, bourgeois d'Apt.
Cf. Bailly, p. 3, et *Dictionnaire*, p. 36.

MURS. Construction du XVIe poursuivie au XVIIe s., sur un fief mouvant de l'évêque de Carpentras (Comtat Venaissin), inféodé aux Astouaud, descendants des Stuart. Dans le donjon carré couronné de merlons, cheminée décorée d'un sanglier jouant de la cornemuse.
Cf. Bailly, p. 22.

SAINT-LAMBERT, à Lioux. Construction du XVIe s., modifiée ensuite. Faisait partie du Comtat Venaissin.
Cf. Bailly, p. 18.

SAUMANE, à Saumane-de-Vaucluse. I.S. Château du XVe s. de la famille de Sade, achevé au XVIIe. Du XVIe s. semble dater l'escalier droit couvert d'un plafond à caissons. Saumanes était un fief du pape.
Cf. Bailly, p. 26.

SÉRIGNAN-DU-COMTAT. Le château appartint à Diane de Poitiers qui y vint en 1565.
Cf. Bailly, *Dictionnaire*.

THÉZAN, à Saint-Didier-les-Bains. I.S. Le château fut bâti à la fin du XVe ou au début du XVIe s. pour Elzéar de Thézan, qui épousa en 1483 la fille des seigneurs de Venasque. Situé dans le Comtat, le fief relevait de l'évêque de Carpentras. Belle moulure gothique des fenêtres sur la cour ; porte fortifiée encadrée de deux tours rondes, modifiée au XIXe s.
Cf. Soulange-Bodin, *Châteaux connus et inconnus* ; Bailly, p. 23.

TOUR-D'AIGUES, La. M.H. Visite. **Voir no 193.**
Cf. Gebelin, p. 128-131 ; H. Chobaut, dans *Mém. de l'Acad. de Vaucluse*, 1940, p. 135-147 ; Y. Dautier, E. Ulrich et J. Vincent, *Revue de l'art*, no 9, 1970, p. 74 ; R. Aujard-Catot et S. Gagnière, *Mém. de l'Acad. de Vaucluse*, t. 10, 1977-1978, p. 199-206 ; G. Cheylan et J. Gaune, 1973, 2e éd. 1981 ; J. Gloton, t. 1 ; H. Lavagne, dans *BM*, 1978, p. 177-183 ; *Pays d'Aigues*, IGMRAF ; E. Sauze, *CAF* 1988, p. 301, et *Monuments historiques*, no 163, avril-mai 1989, p. 81.

UCHAUX, Le Castellas. Bâti à la fin du XVe et au début du XVIe s. par Aimar de Poitiers puis son fils Jean, appartint comme Sérignan à Diane de Poitiers. Incendié en 1563 par les huguenots du sire de Crussol. En ruines. Site inscrit.
Cf. Bailly, *Dictionnaire*.

VILLELAURE, Château dit *de la Reine Laure*, aux Jardinettes. I.S. **Voir no 226.**
Cf. Forbin, dans *Mém. de l'Acad. de Vaucluse*, 1929 ; G. Cheylan et J. Gaune, Aix, 1981 ; Gloton, t. 1.

Merveilles des châteaux de Savoie et du Dauphiné, Paris, Hachette-Réalités, 1972.

HAUTES-ALPES

J. Roman, *Répertoire archéologique du département des Hautes-Alpes*, Paris, 1888.

CHÂTEAUVIEUX. Corps de logis du XVIᵉ s.
Cf. Roman, col. 163.

CHÂTILLON, à Châtillon-le-Désert. *Château Chappo,* maison-forte bâtie au XVIᵉ s. pour Claude de Chappan (1578-1600).
Cf. Roman, col. 175.

LESDIGUIÈRES, Le Glaizil. I.S. Ruines du château de la famille de Bonne, illustrée par le connétable de Lesdiguières. L'ensemble fortifié, qui comportait six tours et une chapelle, fut entrepris en 1524 et achevé entre 1571 et 1575.
Cf. Roman, col. 145 ; E. Vernet, *La Vie de François de Bonne, duc de Lesdiguières,* Paris, 1949.

MANTEYER, à Gap. Galerie du XVIᵉ s.
Cf. Soulange-Bodin, *Châteaux connus et inconnus ; MC Savoie,* p. 281 ; Roman, col. 111.

MONTMAUR. M.H. Visite. Des travaux y furent entrepris à la fin du XVIᵉ s. pour Balthazar de Flotte ; portail à bossages, escalier droit, cheminées (l'une de 1589 : portes, plafonds et frise peinte).
Cf. Roman, col. 178 ; *MC Savoie,* p. 282 ; R. et E. Laurens, 1986.

MONTMORIN. Incendié en 1572. On possède un marché de reconstruction de 1577.
Cf. Roman, col. 190.

PYCOMTAL, Les Crottes. Agrandi au début du XVIᵉ s., brûlé en 1692, puis restauré.
Cf. Roman, col. 56 ; *MC Savoie,* p. 285.

SAINTE-MARIE. Maison-forte cantonnée de tours, remaniée au XVIᵉ s. (porte datée de 1579).
Cf. Roman, col. 134.

SAINT-MICHEL-DE-CHAILLOL. Maison-forte datée de 1523 ; décor sculpté à l'intérieur.
Cf. Roman, col. 142.

SAIX, Le. Maison-forte du début du XVIᵉ s.
Cf. Roman, col. 180.

TALLARD. M.H. Ruines du château élevé pour la famille de Clermont avant qu'elle ne construise le château d'Ancy-le-Franc. Il fut incendié par les troupes savoyardes lorsqu'elles envahirent la Provence. Le corps de logis de droite qui a échappé au sinistre est une construction des premières années du XVIᵉ s., due sans doute à Bernardin de Clermont, qui fut vicomte de Tallard de 1496 à 1522. Des colonnettes torses y figurent avec insistance, soit aux encadrements et meneaux des croisées, soit au portail et au petit lanternon de la chapelle castrale voisine, d'architecture encore toute gothique.
Cf. Roman, col. 166-167 ; Soulange-Bodin, *Châteaux connus et inconnus ;* P. Colas, dans *Les Monuments historiques de la France,* t. 15, 1969, p. 70-75.

TALLARD.

DRÔME

Vieilles Maisons françaises, nᵒ 118, juillet 1987

BÂTIE-ROLLAND, La. Château de la famille de Beaumont, bâti au XVIᵉ s. Portail.
Cf. MC Savoie, p. 269.

CHARCE, La. I.S. Restes d'un château du XVIᵉ s.
Cf. MC Savoie, p. 273.

CONDILLAC. Site classé. Le château renferme dans la salle dite de Priam des peintures murales représentant *La Guerre de Troie,* allusion au mariage de Louise de Priam, dame de Condillac, avec Hector de Forez de Blacons de Mirabel, en 1592.
Cf. Soulange-Bodin, *Châteaux connus et inconnus ;* Fouquier, *Grands Châteaux,* t. 1.

GARDE-ADHÉMAR, La. Site inscrit. Ruines du corps de logis du XVIᵉ s. sur la cour.
Cf. Gloton, *Renaissance et Baroque à Aix-en-Provence,* 1979, t. 1, pl. 39.

GRIGNAN. I.S. Visite. **Voir nᵒ 163.**
Cf. Gebelin, p. 114-116 ; abbé Fillet, « Louis Adhémar », dans *Bull. de la Soc. d'archéologie et de statistique de la Drôme,* 1895 ; J. de Font-Réaulx, dans *CAF,* 1923, p. 333-340 ; Gloton, *Renaissance et Baroque à Aix-en-Provence,* 1979, t. 1.

MONTBRUN-LES-BAINS. Site inscrit. Il ne reste que des ruines du château à quatre tours rebâti au sommet du village au XVIᵉ s. En 1530, y naquit Dupuy-Montbrun, l'un des principaux chefs du parti huguenot en Dauphiné.

MONTÉLÉGER. Construit en 1545 pour Pierre Mayaud dans un style encore gothique.
Cf. MC Savoie, p. 282.

PUYGIRON. I.S. Deux cheminées du XVIᵉ s.
Cf. Soulange-Bodin, *Châteaux connus et inconnus ; MC Savoie,* p. 285.

ROCHECHINARD, à Saint-Jean-en-Royans. Un bastion ajouté au milieu du XVIᵉ s.
Cf. R. Bornecque, dans *Revue drômoise,* juin 1977.

SAINT-ANDRÉ, Le Poët-Celard. I.S. Château du XIIᵉ s. comportant une façade du XVIᵉ s. Plafonds, cheminées, peintures murales dans l'escalier. Calvin y résida.
Cf. MC Savoie, p. 286.

SAINT-VALLIER, à Saint-Vallier-sur-Rhône. M.H. Deux corps de logis furent ajoutés au XVIᵉ s.
Cf. Soulange-Bodin, *Châteaux connus et inconnus; MC Savoie,* p. 287.

SUZE-LA-ROUSSE. M.H. Visite. **Voir nº 164.**
Cf. Abbé Vincent, Valence, 1860; F. Deshoulières, dans *CAF,* 1923, p. 348; Gébelin, p. 171-172; Gloton, *Renaissance et Baroque à Aix-en-Provence,* 1979, t. 1.

TOUR-DE-VERE, La, à Saulce-sur-Rhône. Château modifié au XVIᵉ s. pour la famille de Bannes (fenêtres).
Cf. VMF, octobre 1967; *MC Savoie,* p. 289.

VACHÈRES, à Montclar-sur-Gervanne. I.S. Bâti au XVIᵉ s. pour Guillaume de Gramont et son fils Louis. Cheminée de la salle des gardes.
Cf. MC Savoie, p. 290.

ISÈRE

P. Hamon, *Châteaux de l'Isère,* Paris, Nouvelles Éditions latines, s.d.
Vieilles Maisons françaises, nº 99, octobre 1983.

ARTAUDIÈRE, L', à Saint-Bonnet-de-Chavagne. Deux ailes du XVIᵉ s. subsistent du château détruit en partie par Lesdiguières à la fin du siècle, reconstruit sous Louis XIV et brûlé en 1950.
Cf. VMF, nº 99, octobre 1983, p. 33.

BEL-ACCUEIL, à Saint-Martin-Bel-Accueil. Construction du XVIᵉ, reprise au XVIIᵉ s. pour la famille de Loras.
Cf. Hamon, p. 3; *MC Savoie,* p. 126; *VMF,* nº 75, janvier 1978, p. 58.

BELLEGARDE, à Chassignieu. Maison-forte du XVIᵉ s.
Cf. VMF, nº 99, octobre 1983, p. 32.

BRANGUES. I.S. Ensemble de constructions d'époques diverses, dont un corps de logis et une tour ronde du XVIᵉ s., bâtis pour les Bastarnay, installés en Dauphiné par Louis XI.
Cf. Hamon, p. 6; *MC Savoie,* p. 118.

BROTEL, à Saint-Baudille. Maison-forte des XVᵉ et XVIᵉ s. (famille de Laure).
Cf. Hamon, p. 7.

CHAMAGNIEU. Constructions des XVᵉ et XVIᵉ s.
Cf. E. Doncieux, dans *Évocations,* t. 7, 1951, p. 744-747; Hamon, p. 7; *MC Savoie,* p. 272.

CUIRIEU, à La Tour-du-Pin. I.S. Maison-forte composée de deux logis en équerre flanqués de trois tours rondes, bâtie sans doute au XVIᵉ s. (mouluration des croisées); corps de garde.
Cf. Soulange-Bodin, *Châteaux connus et inconnus;* Hamon, p. 11; *MC Savoie,* p. 88; *VMF,* nº 99, octobre 1983, p. 31.

FAYET, Le, à Barraux. I.S. Maison-forte modifiée après 1573 pour Hector de Maniquet, maître d'hôtel de Charles IX, qui fut chargé d'accueillir Marie Touchet, enceinte des œuvres du roi; le petit Charles de Valois naquit donc ici et y fut

élevé trois années. Cheminée du XVIIᵉ s. dans la chambre dite d'Angoulême.
Cf. Hamon, p. 18; *VMF,* nº 99, octobre 1983, p. 33-35.

GRENOBLE, palais du Parlement. M.H. La chapelle présente une abside d'époque Louis XII. La façade à droite date sans doute de François Iᵉʳ.
Cf. VMF, nº 99, octobre 1983, p. 33.

MALLIN, à Villemoirieu. Comporte une galerie à trois étages, du XVIᵉ s.
Cf. MC Savoie, p. 281; *VMF,* nº 99, octobre 1983, p. 33.

MARINIÈRE, La, à Montferrat. Maison-forte du début du XVIᵉ s.
Cf. VMF, nº 99, octobre 1983, p. 33.

MONTBALY, à Vaux-Milieu. Comporte plusieurs constructions du XVIᵉ s.
Cf. VMF, nº 99, octobre 1983, p. 33.

PEYRIEU, à Saint-Savin. Maison-forte du début du XVIᵉ s.
Cf. VMF, nº 99, octobre 1983, p. 33.

ROUSSILLON. I.S. Hôtel de Ville. **Voir nº 162.**
Cf. Hamon, p. 22; M. François, *Le Cardinal François de Tournon,* Paris, 1951, p. 289, 292, n. 1, 300 et 496; Mad. Coste, *Roussillon en Dauphiné,* 1977.

SEPTÈME. I.S. Visite. **Voir nº 101.**
Cf. Ph. Chapu, dans *CAF,* 1972, p. 454-461; *VMF,* nº 99, octobre 1983, p. 32 et 33.

SERRIÈRES, à Trept. Le château médiéval de la famille de La Poype fut agrémenté à la fin du XVᵉ ou au début du XVIᵉ s. d'une cour bordée de galeries. A la voûte d'une salle, des peintures naïves représentent des divinités.
Cf. Soulange-Bodin, *Châteaux connus et inconnus;* Hamon, p. 23; *MC Savoie,* p. 90-93.

SERVIANTIN, à Biviers. Importante maison-forte des XVᵉ et XVIᵉ s., où naquit en 1593 Abel Servien.
Cf. Hamon, p. 23.

URIAGE, à Saint-Martin-d'Uriage. Site inscrit. Ensemble de constructions d'époques diverses remanié pour la famille de Boffin au XVIᵉ s.; notamment le bâtiment servant d'entrée, entre les corps de logis principaux (galerie dite de François Iᵉʳ).
Cf. Hamon, p. 27; *MC Savoie,* p. 290; *VMF,* nº 99, octobre 1983, p. 33.

VAUBONNET, à La Pierre. I.S. Maison-forte du début du XVIᵉ s.
Cf. VMF, nº 99, octobre 1983, p. 32.

VIRIEU, à Virieu-sur-Bourbre. I.S. Visite. Château remanié au cours des siècles, notamment pour la famille Prunier de Saint-André. Le corps de logis est percé sur la cour d'arcades surmontées de croisées. Le portail à fronton date de Louis XIII.
Cf. Hamon, p. 27; *MC Savoie,* p. 152.

VIZILLE. M.H. Musée. Visite. Rappelons que le château des Dauphins, devenu propriété royale, fut vendu en 1593 par Henri IV à Lesdiguières qui le fera entièrement reconstruire à partir de 1600.

RHÔNE

E. Salomon, *Les Châteaux historiques du Lyonnais et du Beaujolais (département du Rhône),* Lyon, 1936-1938, 4 tomes en 2 volumes.

P. Leutrat, *Châteaux du Rhône,* Paris, Nouvelles Éditions latines, s.d.
Châteaux et vieilles Demeures du Lyonnais et du Beaujolais, catal. de l'expos. des Arch. départementales du Rhône, Lyon, 1979-1980 (par M. Méras).
Les Décors peints à Lyon et dans la campagne lyonnaise du XVIᵉ au XVIIIᵉ s., Institut d'art de Lyon, cahier nº 5, 1979.
Vieilles Maisons françaises, nº 85, juillet 1980.
M. Méras, *Anciennes demeures et logis du Rhône,* 1988.
Monuments historiques, nº 157, 1988.

BAGNOLS. M.H. Le château pentagonal du XIIIᵉ s. fut remanié entre 1453 et 1473 pour Roffec de Balzac après son mariage avec Jeanne d'Albon. La cour notamment fut régularisée; une cheminée décorée date de cette époque. A la fin du XVIᵉ s., Gaspard Dugué donna à Bagnols une importance nouvelle en créant extérieurement une grande cour régulière entourée de bâtiments de communs et centrée sur une fontaine; les façades extérieures du château sur trois côtés furent alors percées de portes monumentales à décors de bossages. Sur la cour intérieure, des escaliers s'éclairent par des arcades. Plus tard, un jardin en parterre imposera l'ordonnance d'un grand perron encadré de petits pavillons et les appartements seront décorés de peintures murales.
Cf. Soulange-Bodin, *Châteaux connus et inconnus;* Leutrat, p. 10; Salomon, t. 3, p. 23-25; Catal. de l'expos. de Lyon, p. 20; *Les Décors peints...,* p. 15; *MC Savoie,* p. 269; *VMF,* nº 85, juillet 1980, p. 50; étude approfondie d'architecte en chef des Monuments historiques par D. Repellin, 1981 (inédite).

BAGNOLS. Le portail,
d'après une carte postale.

BAS, Le ou HARENC, à Ampuis. Le château dressé au bord du Rhône fut peut-être construit pour Guy de Maugiron, qui combattit à Pavie et mourut en 1538. Entre 1592 et 1622, il sera remanié pour Timoléon de Maugiron après son mariage avec Jeanne de Sassenage. De cette époque date le beau portail d'entrée encadré de colonnes corinthiennes sous un fronton interrompu.
Cf. Salomon, t. 4, p. 77-86 ; Leutrat, p. 23 ; Catal. de l'expos. de Lyon, p. 19 ; *VMF*, n° 85, juillet 1980, p. 33.

BULLY. Château des archevêques de Lyon ; constructions des XIVe et XVIe s.
Cf. Soulange-Bodin, *Châteaux connus et inconnus ; MC Savoie*, p. 271.

CADIÈRE, La, à Oullins. I.S. Maison de Sibylle Cadier, célèbre femme de lettres de Lyon au XVIe s. ; décor des fenêtres, galerie sur deux étages.
Cf. MC Savoie, p. 271.

CHAMOUSSET, à Saint-Laurent-de-Chamousset. I.S. Ensemble de constructions d'époques diverses qui appartenaient au XVIe s. à la famille de Saint-Symphorien et aux Crémeaux. La porte de l'escalier intérieur et la cheminée de l'orangerie datent de cette époque. Restauré et modifié au XIXe s.
Cf. Soulange-Bodin, *Châteaux connus et inconnus ; MC Savoie*, p. 172 ; Leutrat, p. 22 ; Catal. de l'expos. de Lyon, p. 21.

CHANDIEU, à Saint-Pierre-de-Chandieu. I.S. Maison-forte de la fin du XVe s. augmentée au XVIe puis au XVIIe s. après les ravages exercés par les Ligueurs. Appartint à une illustre famille protestante qui donna l'un des premiers pasteurs à la Réforme française, Antoine de Chandieu ; puis à Jean de Chandieu, commissaire du roi pour l'exécution de l'édit de Nantes.
Cf. Hamon, *Châteaux de l'Isère*, p. 7 ; Leutrat, p. 26 ; *VMF*, n° 85, juillet 1980, p. 60 ; *MC Savoie*, p. 272.

CHASSAGNY. Portail à décor de bossages, daté de 1570 ; cour bordée d'arcades.
Cf. MC Savoie, p. 273 ; Catal. de l'expos. de Lyon, p. 22 ; *VMF*, n° 85, juillet 1980.

CHAZAY-D'AZERGUES. M.H. Construit au milieu du XVe, poursuivi au XVIe s. pour Philippe de Naturel ; grandes baies jumelées à la lyonnaise.
Cf. Leutrat, p. 7 ; *MC Savoie*, p. 274.

CLAIRE, La, à Gleizé. Il ne reste rien, depuis longtemps, de cette villa à la florentine élevée au-dessus de la Saône avec des jardins, un nymphée, une fontaine.
Cf. Les Décors peints..., p. 26.

CORCELLES, à Corcelles-en-Beaujolais. I.S. Visite. **Voir n° 35.**
Cf. MC Savoie, p. 164 ; Catal. de l'expos. de Lyon, n° 7 ; *VMF*, n° 85, juillet 1980, p. 37-38.

COURBEVILLE, à Chessy-les-Mines. I.S. Puits du XVIe s.
Cf. MC Savoie, p. 275.

FONTAINE, La, à Anse. M.H. Construit au XVIe s. le château est cantonné de quatre tours rondes aux toits très pointus ; galerie à colonnes.
Cf. MC Savoie, p. 278 ; Leutrat, p. 6 ; Catal. de l'expos. de Lyon, p. 24.

FOUGÈRES, à Poule-les-Écharmeaux. Château de la fin du XVe ou du début du XVIe s., reconstruit après 1591 pour Jean de Chandieu, fils du pasteur Antoine de Chandieu.
Cf. Catal. de l'expos. de Lyon, p. 8.

FROMENTE, à Saint-Didier-du-Mont-d'Or. Résidence des Sève, famille lyonnaise, bâtie au Moyen Age, pourvue d'une façade nouvelle au XVIe s., modifiée au XVIIIe s.
Cf. Leutrat, p. 27.

GARDE, La, à Saint-Vérand. I.S. Galerie du XVIe s. ajoutée pour Renaud de Crémaulx.
Cf. Leutrat, p. 7.

GREYSOLIÈRE, La, à Écully. I.S. Le manoir de la famille Poculot, bâti à la fin du XVe ou au début du XVIe s., renferme une série de décors peints depuis la seconde moitié du XVIe (frises sur pilastres de la salle basse) jusqu'au XVIIIe s.
Cf. MC Savoie, p. 279 ; Catal. de l'expos. de Lyon, p. 25 ; *Les Décors peints...*, p. 9.

JARNIOUX. I.S. Ensemble de constructions d'époques diverses, dont une aile du XVIe s. à décor de pilastres ; deux loggias, cheminée.
Cf. Soulange-Bodin, *Châteaux connus et inconnus ; MC Savoie*, p. 279 ; Leutrat, p. 10.

JULIÉNAS. Bâti en 1583 (arcades du rez-de-chaussée sur la cour), et reconstruit en partie au XVIIIe s.
Cf. Leutrat, p. 19.

LENTILLY. Château des archevêques de Lyon ; bâtiment du XVIe s. avec une tourelle.

MARZÉ, à Saint-Georges-de-Reneins. Maison noble fortifiée en 1567.
Cf. VMF, n° 85, juillet 1980, p. 34.

NEUVILLE-SUR-SAGNE. Résidence d'été des archevêques de Lyon.

PALUD, La, à Quincié-en-Beaujolais. Construit sans doute pour Guillaume IV Barjot avant 1580.
Cf. VMF, n° 88, avril 1981, p. 74-75.

PERRON, Le Grand et le Petit, à Pierre-Bénite. M.H. et I.S. **Voir n° 161.**
Cf. L. Pitiot, *Pierre-Bénite sur Rhône*, Saint-Martin-en-Haut, 1978 ; Catal. de l'expos. de Lyon, p. 28 ; *Les Décors peints...*, p. 19 ; étude approfondie d'architecte en chef des Monuments historiques par J.F. Grange-Chavanis, 1981 (inédite).

PIERRE, La, à Regnié-Durette. I.S. Château du XIIe repris au XVIe s., sans doute pour Antoine de Vagu. Décor de l'une des chambres.
Cf. Leutrat, p. 14 ; Catal. de l'expos. de Lyon, p. 14.

PIZAY, à Saint-Jean-d'Ardières. I.S. **Voir n° 232.**
Cf. Leutrat, p. 18 ; Catal. de l'expos. de Lyon, p. 13 ; *VMF*, n° 85, juillet 1980, p. 38.

PRAMENOUX, à Saint-Nizier-d'Azergues. Ensemble de constructions du XVe au XIXe s. Corps de logis principal du XVIe s. Escalier.
Cf. Leutrat, p. 11.

RAPETOUR, à Theizé. I.S. Sur la cour, quatre niveaux de galeries du XVIe s. ; dans l'angle, tourelle d'escalier datée de 1576.
Cf. Sites et Monuments, n° 95, 1981, p. 43.

ROCHEBONNE, à Theizé. Bâti pour Pierre de Châteauneuf. Frise du XVIe s. peinte dans l'une des tours.
Cf. Leutrat, p. 10 ; Catal. de l'expos. de Lyon, p. 30.

ROCHEFORT, à Amplepuis. I.S. A une maison-forte du XIIIe s. succéda un ensemble de constructions très simples bâties au XVIe s. L'étonnant châtelet d'entrée peut dater des dernières années du XVIe s. Il présente un appareil rustique très élaboré, de grands pilastres de bossages alternativement plats et bombés, et une bretèche interrompant le fronton.
Cf. P. de Varax, dans *Revue du Lyonnais*, 1872, p. 261-280, et *Histoire d'Amplepuis*, 1896, p. 45-47 ; Catal. de l'expos. de Lyon, p. 31 ; Leutrat, p. 22.

ROCHEFORT. Le châtelet.

SACCONAY, à Pomeys. Appartint au chapitre cathédral de Lyon jusqu'en 1584. Bâtiment du XIVe dont la façade fut remaniée au XVIe s. ; dans le passage d'entrée, statues de *Flore* et de *Bacchus*.
Cf. Soulange-Bodin, *Châteaux connus et inconnus ;* Catal. de l'expos. de Lyon, p. 33 ; Leutrat, p. 23.

SAINT-LAGER. I.S. Château de la famille de Laye, remanié au XVIe s.
Cf. Leutrat, p. 15 ; *VMF*, n° 85, juillet 1980, p. 40.

SAINT-PRIEST, à Saint-Symphorien-d'Ozon. L'étonnant château, repris et surélevé au XIXe s., présente au centre de sa façade un avant-corps couvert de sculptures qui n'est pas sans évoquer Gaillon (pilastres, niches, candélabres et médaillons enchevêtrés) où il est difficile de discerner les parties originelles, car on y reconnaît des copies des génies de l'hôtel Carnavalet à Paris. Sur la tour de droite figure une salamandre qui paraît ancienne. Le château servit à réunir les États du Dauphiné sous Charles VII puis, en 1597, abrita une conférence destinée à apaiser les désordres de la Ligue.
Cf. Catal. de l'expos. de Lyon, p. 32 ; Leutrat, p. 26 ; *VMF*, n° 99, octobre 1983, p. 36.

SÉRÉZIN, à Sérézin-du-Rhône. Bâti vers 1540.
Cf. M. Bordel, dans *Évocations*, t. 12, 1967, p. 90-95.

THULON, à Lantignié. Construction médiévale agrémentée au XVIe s. d'une galerie.
Cf. Leutrat, p. 14.

VARENNE, à Quincié-en-Beaujolais. Le château médiéval fut reconstruit en partie en 1577 pour Jean de Nagu : un corps de logis garni de deux étages de galeries à arcs surbaissés et deux ailes.
Cf. Soulange-Bodin, *Châteaux connus et inconnus ;* Leutrat, p. 14 ; *MC Savoie*, p. 290 ; Catal. de l'expos. de Lyon, p. 34 ; *VMF*, n° 85, juillet 1980.

L. Hautecœur, *Les Richesses d'art de la France. La Bourgogne*, t. I, *L'Architecture*, Paris, 1927.
A. Germain, *Les Anciens Châteaux de France*, Paris, Contet, t. 14, *Bourgogne*, 1933.
H. David, *De Sluter à Sambin*, Paris-Dijon, 1933.
H. Soulange-Bodin, *Les Châteaux de Bourgogne*, Paris, 1942.
Châteaux de Bourgogne, introd. de G. Vedrès, Paris, 1943.
Merveilles des châteaux de Bourgogne et Franche-Comté, Paris, Réalités-Hachette, 1969.
B. de Montgolfier, « Châteaux de Bourgogne », dans *Les Monuments historiques de la France*, 1972, no 2, p. 64-80.
J.M. Pesez et Fr. Piponnier, « Les Maisons-fortes bourguignonnes », dans *Château-Gaillard*, t. 5, 1972, p. 143-164.
A. Durlewanger, *Les Châteaux de Bourgogne*, Strasbourg, 1975.
Inventaire général des monuments et richesses artistiques de la France. Répertoire des inventaires, no 17, *Bourgogne*, Paris, 1979.
Dictionnaire des châteaux de France, Bourgogne, Paris, Berger-Levrault, 1980 (sous la dir. de Fr. Vignier).
Richesses d'art en Morvan, expos. de l'IGMRAF, Château-Chinon, 1983.

CÔTE-D'OR

F. et A. Vignier, *Châteaux de la Côte-d'Or*, Paris, Nouvelles Éditions latines, s.d. (1968).
Inventaire général des monuments et richesses artistiques de la France. Canton de Sombernon, Paris, 1977.
Vieilles Maisons françaises, no 91, janvier 1982.

ARC-SUR-TILLE. Il ne reste rien, sauf quelques pierres réutilisées dans les maisons du bourg, du château bâti au XVIe s. pour le maréchal de Tavannes.

ARNAY-LE-DUC. I.S. Deux châteaux coexistaient dans la ville. De la Motte-Forte, qui appartint aux ducs de Bourgogne et passa aux Chalon puis à Philippe Chabot en 1534, il ne reste qu'une tour ronde. Le second, qui appartenait

ARNAY-LE-DUC.

aux Couthier de Juilly-lès-Arnay lorsque Henri de Navarre y logea lors de la bataille de 1570, fut réuni avec la Motte-Forte aux mains du prince de Condé. Il en reste un corps de logis cantonné de tours, trop énergiquement restauré ; lucarnes vers 1530-1540. Cheminées et plafonds à poutres peintes ont disparu au XIXe s., tout comme le portail, décoré de niches et de candélabres, qui était plaqué au centre de la façade, et ne nous est plus connu que par une lithographie de l'époque romantique.
Cf. Sauvageot, t. 4 ; *BM*, 1928, p. 234 ; *DCF Bourgogne*.

AUBIGNY, à Aubigny-lès-Sombernon. Ruines d'un château rebâti à la fin du XVIe s. pour Christophe Pot et Anne Du Meix. Une pierre porte la date de 1594. Les murs sont décorés de bossages rustiques ; les façades comportaient des atlantes portant des fruits.
Cf. DCF Bourgogne ; *Canton de Sombernon*, IGMRAF, p. 80-87.

BELLENEUVE. I.S. Château bâti en 1572 pour Thomas Berbisey, procureur au parlement de Bourgogne, puis transformé en 1762. C'est un corps de logis simple, flanqué à ses angles de pavillons carrés.
Cf. DCF Bourgogne.

BOUZOT, à Boux-sous-Salmaise. I.S. Ensemble de constructions d'époques diverses. Le châtelet monumental est flanqué de petites tours rectangulaires, coiffées de dômes en pierre, et percé d'une porte en plein cintre garnie de claveaux en bossages et encadrée de deux colonnes de bossages alternés ; à l'étage, pilastres de bossages et fronton interrompu. Ces dispositions peuvent dater de la fin du XVIe s. ; Pierre de Choiseul était propriétaire en 1580.
Cf. DCF Bourgogne.

BUSSY-RABUTIN, à Bussy-le-Grand. M.H. Visite. **Voir no 64.**
Cf. M. Dumolin, Paris, 1933 (coll. des Petites Monographies) ; *DCF Bourgogne.*

CHAILLY-SUR-ARMANÇON. M.H. **Voir no 103.**
Cf. DCF Bourgogne ; *VMF*, no 91, janvier 1982, p. 35.

CLOS-VOUGEOT, Le, à Vougeot. M.H. Visite. Domaine viticole de l'abbaye de Cîteaux au Moyen Age. Un château fut construit en 1551 par l'abbé dom Jean Loisier ; il est fait d'un corps de logis principal, flanqué de deux tours carrées

LE CLOS-VOUGEOT. D'après une carte postale.

à l'extérieur et d'une aile vers la cour. En son centre est percé un porche en plein cintre encadré de deux pilastres (côté extérieur) ou deux colonnes cannelées (côté cour) sous un bel entablement dorique à l'antique. Les façades sont percées de grandes fenêtres à meneaux croisés, les lucarnes coiffées de frontons alternativement droits et cintrés. Sur la cour, la façade de l'aile présente une porte identique, qui mène à un escalier droit aux volées couvertes de caissons sculptés ; belles cheminées décorées, cellier, cuverie, pressoirs.
Cf. J. d'Arbaumont et P. Foisset, dans *Mém. de la Comm. des antiquités de la Côte-d'Or*, t. 11, p. 47-62 ; Vignier, p. 10 ; *DCF Bourgogne* ; *VMF*, no 91, janvier 1982, p. 40.

CORABŒUF, à Ivry-en-Montagne. Le château de la famille de Salins fut ravagé par les reîtres du duc de Deux-Ponts en 1576, puis relevé à la fin du XVIe s. (il porte les dates 1576 et 1587).
Cf. Soulange-Bodin ; *DCF Bourgogne* ; catal. de l'expos., *Architectures et Œuvres d'art du canton de Nolay*, Inventaire général, 1981, p. 41.

COUCHEY. Un corps de logis aménagé vers 1556 pour Claude de Longwy, cardinal de Givry.
Cf. A. Clémancey, 1977 ; *DCF Bourgogne.*

DIJON. Le « château » destiné à renforcer la défense de la ville fut construit en trois étapes, de 1477 à 1513 d'abord, puis sous Henri II en 1559 et, enfin, en 1620. Il a été rasé au XIXe s.
Cf. Lt-col. Andrieu, dans *Mém. de la Comm. des antiquités de la Côte-d'Or*, t. 21, 1936-1937, p. 45-48 ; R. Ritter, *L'Architecture militaire du Moyen Age*, p. 175 ; Col. Rocolle, *2 000 ans de fortification française*, t. 2.

DRACY, à Marcilly-lès-Vitteaux. Escalier du XVIᵉ s.
Cf. H. Soulange-Bodin, *Châteaux de Bourgogne* et *Châteaux connus et inconnus.*

ENTRE-DEUX-MONTS, à Nuits-Saint-Georges. I.S. Ancienne grange des ducs de Bourgogne à laquelle Étienne Barbier, conseiller à la chambre des comptes de Dijon, ajouta sans doute, entre 1564 et 1569, deux ailes ouvertes d'arcades au rez-de-chaussée et terminées par des pavillons carrés, ainsi qu'une écurie. Le corps de logis actuel date des années 1644-1651.
Cf. Y. Beauvalot et P. Gras, dans *Les Cahiers de Vergy*, nᵒ 7, 1973 ; *DCF Bourgogne.*

ÉPOISSES. I.S. Visite. L'ancienne forteresse médiévale fut vendue en 1560 par Jacques de Savoie, duc de Nemours, à Imbert de La Platière, maréchal de Bourdillon, époux en secondes noces de Françoise de Birague en 1561. C'est lui qui fit réaménager la tour-porche occidentale. Après sa mort à Fontainebleau en 1567, le château servit de forteresse aux Ligueurs, qui y firent élever en 1589-1593 un bastion et des redans pour le défendre.
Cf. Monogr. anonyme, Mâcon, 1965 ; Soulange-Bodin ; F. et A. Vignier, p. 19 ; E. de Ganay, *Châteaux de France. Région Nord-Est*, p. 32-33 ; *MC Bourgogne*, p. 78-83 ; *DCF Bourgogne.*

ESSAROIS. I.S. Construit à la fin du XVIᵉ s. pour Jean Gaillard, bourgeois de Châtillon-sur-Seine. Deux corps de logis en équerre, et un châtelet percé d'une porte en plein cintre encadrée de deux pilastres sous un fronton cantonné de niches et d'acrotères. La porte du logis, garnie aussi de pilastres corinthiens et d'un fronton, mène à un escalier droit, décoré dans le style d'Hugues Sambin.
Cf. DCF Bourgogne.

FONTAINE-FRANÇAISE. M.H. Visite. Le château appartint à Jean II de Longwy, puis à ses fils Jean III et Claude, évêque de Langres, cardinal de Givry. Ce dernier y vint souvent, il fortifia l'édifice et décora les appartements, il fit aussi rebâtir la chapelle, en 1536. Henri IV y coucha après la célèbre victoire de 1595. Entièrement reconstruit en 1754-1758.
Cf. R.E. Gascon, Dijon, 1892 ; *DCF Bourgogne.*

GROSBOIS, à Grosbois-en-Montagne. Bâtiments du XVIᵉ s. construits pour Étienne Bernadon, président à mortier au parlement de Bourgogne ; château reconstruit en 1700.
Cf. H. Soulange-Bodin, *Châteaux de Bourgogne* et *Châteaux connus et inconnus* ; *DCF Bourgogne* ; *Canton de Sombernon*, IGMRAF, p. 253-254.

JOURS, à Jours-lès-Baigneux. M.G. Visite. **Voir nᵒ 156.**
Cf. P. Gras et P. Quarrré, *Mém. de la Comm. des antiquités de la Côte-d'Or*, t. 26, 1963-1969, p. 155-156 ; *DCF Bourgogne.*

LONGECOURT, à Longecourt-en-Plaine. I.S. Maison-forte reconstruite dans la seconde moitié du XVᵉ siècle et achevée en 1539 pour la famille de Baissey. C'est un corps de logis de brique à décor losangé, flanqué de tours rondes ; l'une abrite une chapelle voûtée d'ogives avec liernes et tiercerons. Charles IX y descendit avec la Cour en 1564. Le château fut pris par les Ligueurs en 1578. Il sera modifié profondément en 1757 par l'architecte Lenoir le Romain qui plaquera des décors de stuc sur la brique.
Cf. F. Vignier, 1970 ; F. et A. Vignier, p. 11 ; *MC Bourgogne*, p. 94 et 291 ; H. Soulange-Bodin, *Châteaux de Bourgogne* et *Châteaux connus et inconnus* ; *DCF Bourgogne.*

LUX. M.H. **Voir nᵒ 139.**
Cf. DCF Bourgogne.

MARIGNY, à Saint-Victor-Sur-Ouche. Site inscrit. Il ne reste que des ruines du château médiéval reconstruit en partie au XVIᵉ s. avec un appareil à bossages rustiques.
Cf. M. Le Cam, dans *Cahiers d'art et d'histoire*, nᵒ 15-16, 1972, p. I-24 ; *Canton de Sombernon*, IGMRAF, p. 380 ; *DCF Bourgogne.*

MEUILLEY. Maison-forte construite en 1561, détruite en 1834.
Cf. J. Fromageot-Girardet, dans *Mém. de la Comm. des antiquités de la Côte-d'Or*, t. 22, 1940-1941, p. 109-110.

MONTIGNY, à Montigny-sur-Aube. M.H. **Voir nᵒ 158.**
Cf. Y. Christ, dans *Connaissance des arts*, nᵒ 90, 1959, p. 76-83 et *Revue du Touring-Club de France*, septembre 1960 ; *DCF Bourgogne.*

ORAIN. Maison-forte qui appartint à Gaspard de Saulx-Tavannes et porte la date de 1562 au fronton de la porte du logis.
Cf. DCF Bourgogne.

PAGNY-LE-CHÂTEAU. M.H. **Voir nᵒ 102.**
Cf. H. David, dans *BM*, 1928, p. 213-255 ; David Du Bon, dans *Philadelphia Museum Bull.*, nᵒ 267, 1960, p. 3-41 ; P. Quarré, dans *Dictionnaire des églises de France*, t. 2, 1964, p. 123-124 ; *DCF Bourgogne.*

QUÉMIGNY-SUR-SEINE. I.S. Deux tours rondes datent du XVIᵉ s., bâties pour la famille de Vingles.
Cf. Y. Beauvalot, dans *Mém. de la Comm. des antiquités de la Côte-d'Or*, t. 28, 1974, p. 50-53 ; Vignier, p. 30 ; *DCF Bourgogne.*

ROCHE-EN-BRÉNIL, La. Corps de logis en partie reconstruit dans la seconde moitié du XVIᵉ s. pour la famille Palatin de Dyo. On remarque l'existence d'une tour carrée plantée obliquement à l'intersection de deux logis. Modifié au XVIIᵉ s.
Cf. Soulange-Bodin ; *DCF Bourgogne.*

ROCHEPRISE, à Brémur-et-Vaurois. I.S. Le château fut fortifié en 1551 ; de cette époque peut subsister le châtelet d'entrée percé d'une porte en plein cintre encadrée de pilastres de bossages sous un linteau orné de rinceaux. Des bandeaux de bossages horizontaux garnissent les ailes et les pavillons qui l'encadrent.
Cf. Vignier, p. 30 ; *DCF Bourgogne.*

ROUVRAY, à Jours-en-Vaux. Lucarnes identiques à celles d'Arnay-le-Duc et de Pagny ; médaillons portant des masques.
Cf. H. David, *De Sluter à Sambin*, Paris, 1933, t. 2, p. 324.

SAINT-APOLLINAIRE. I.S. Restes d'un château des XIVᵉ et XVIᵉ s.

SAINT-RÉMY. I.S. Château des abbés de Fontenay, construit après 1540 pour le dernier abbé régulier, Jacques de Jaucourt ; galerie, chapelle.
Cf. DCF Bourgogne.

THOISY-LA-BERCHÈRE. I.S. Le château du cardinal Rolin, du XVᵉ s., fut modifié après 1567 pour son nouvel acquéreur Nicolas de Marcilly-Cypierre. La chapelle fut pourvue d'un décor peint en 1610 pour Alphonsine de Gondi, veuve d'Humbert de Marcilly. Modifié au XIXᵉ s.
Cf. Wignacourt-Durfort, Paris, 1913 ; H. Soulange-Bodin, *Châteaux de Bourgogne* et *Châteaux connus et inconnus* ; *DCF Bourgogne.*

VERREY-SOUS-DRÉE. Construit à la fin du XVᵉ ou au début du XVIᵉ s. (après 1538) pour Antoi-

nette de Fontette et son mari Jean de Plaisance. Chapelle. Transformé en XVIIᵉ s.
Cf. Canton de Sombernon, IGMRAF, p. 442 et 456 ; *DCF Bourgogne.*

VILLEBERNY. Tours carrées à chaînes d'angle en bossages rustiques, lucarne, porte encadrée de pilastres ioniques.
Cf. Sites et Monuments, nᵒ 79, 1977, p. 16 ; *DCF Bourgogne.*

VILLENEUVE, à Essey. Transformé au XVIᵉ s. pour la famille de Vienne, puis au XVIIᵉ s. Encadrements de fenêtres à bossages vermiculés, frontons interrompus, avec des consoles ornées de masques.
Cf. St. Gauthier, *Petits Châteaux et Manoirs* ; A. Colombet, dans *Mém. de la Soc. d'arch. de Beaune*, t. 51, 1952-1960, p. 47-55 ; *DCF Bourgogne.*

VILLENEUVE, à Pouilly-en-Auxois. Construction du XVIᵉ s. modifiée ensuite.
Cf. H. Soulange-Bodin, *Châteaux de Bourgogne* et *Châteaux connus et inconnus.*

VILLIERS, à Pouillenay. I.S. Petit manoir bâti entre 1482 et 1554 ; galerie de quatre arcades.
Cf. Soulange-Bodin ; Vignier, p. 26 ; *DCF Bourgogne* ; *VMF*, nᵒ 91, janvier 1982, p. 34.

SAÔNE-ET-LOIRE

Ch. Maran, *Annuaire topographique, statistique et historique du département de Saône-et-Loire*, 1839.
J. Menand, *Châteaux de Saône-et-Loire*, Paris, Nouvelles Éditions latines, s.d.
Inventaire départemental des monuments et richesses d'art de Saône-et-Loire. Cantons de Montcenis, Montpont, Saint-Bonnet-de-Joux, Saint-Martin-en-Bresse, Tramayes, Mâcon, 1973-1978, 5 vol.

BALLORE. Ruiné par les reîtres en 1576, le château fut saisi deux ans plus tard sur Louis de Rabutin au profit de Léonor de Chabot, comte de Charny ; puis vendu en 1581 à Melchior de Bernard de Montessus, gouverneur de Chalon, qui en entreprit la reconstruction, achevée par son petit-fils au XVIIᵉ s.
Cf. DCF Bourgogne.

BOUTHIÈRE, La à Saint-Léger-sous-Beuvray. Deux corps de logis du XVIᵉ s., flanqués de tours rondes.
Cf. DCF Bourgogne.

BRANCION, à Martailly-lès-Brancion. M.H. Visite. La forteresse échut vers 1580 à Jean de Saulx-Tavannes, qui en fit l'un des points d'appui de la Ligue en Bourgogne, et la modifia pour la défense.
Cf. Soulange-Bodin ; Menand, p. 23 ; M. Rebouillat, 1975 ; *DCF Bourgogne.*

CHAPELLE-DE-BRAGNY, La. M.H. Reconstruit vers 1595 pour la famille Simon après les ravages des reîtres.
Cf. Soulange-Bodin ; *DCF Bourgogne.*

CHAUMONT-LA-GUICHE, à Saint-Bonnet-de-Joux. I.S. Le château fut reconstruit entre 1500 et 1514 pour Pierre de La Guiche, qui fut ambassadeur du roi à Rome. Neveu par sa femme de Jacques d'Amboise, il donna de ce fait le nom de « Chaumont » (en souvenir de Chaumont-sur-Loire) à l'édifice et l'éleva dans le style de la

CHAUMONT-LA GUICHE.
D'après une carte postale.

Loire. Il en reste la façade sud-ouest, flanquée de la grosse tour dite «tour d'Amboise», datée de 1505. Le château ne fut achevé qu'en 1584 pour son fils Philibert de La Guiche, gouverneur du Lyonnais, grand maître de l'artillerie de 1578 à 1596. Ce n'est que plus tard, vers 1650, que sa fille Henriette, mariée à Jacques de Matignon puis à Louis d'Angoulême, fera construire les admirables écuries, scandées de grands escaliers extérieurs et ornées à la travée centrale de la statue équestre de Philibert. Le château fut alors complété de deux ailes, et sera pourvu en 1850 d'une grande façade néo-gothique.
Cf. R. Oursel, *Inv. départ. du canton de Saint-Bonnet*, Mâcon, 1973, p. 55-58 ; Menand, p. 15 ; MC Bourgogne, p. 188-189 ; E. de Ganay, *Châteaux de France. Région du Nord-Est*, no 22-23 ; DCF Bourgogne.

CHEVANNES, à Saint-Racho. I.S. Visite. Façade du corps de logis datant du XVIe s.

CHEVAGNY-LÈS-CHEVRIÈRES. Maison-forte des XVe et XVIe s. ; fenêtres à pilastres et frontons.
Cf. DCF Bourgogne.

COLLONGES, à Vendenesse-lès-Charolles. Reconstruit pour la famille de Ragny au XVIe s.
Cf. MC Bourgogne, p. 288.

CYPIERRE, à Volesvres. Visite. Composé d'un donjon du XIVe s., la maison-forte passa au début du XVIe s. à Pierre de Marcilly, dont le fils Philibert fut le gouverneur de Charles IX. A cette époque, le donjon fut aménagé, pourvu d'une toiture pyramidale et d'une tourelle carrée abritant l'escalier.
Cf. MC Bourgogne, p. 288 ; DCF Bourgogne.

ESSERTEAUX, Les, à Bussières. Château de la famille de Franc, pourvu vers 1570 d'un portail à pilastres garni de bossages alternés d'un curieux dessin, et d'une frise décorée.
Cf. DCF Bourgogne.

LALLY, à Saint-Léger-du-Bois. I.S. Des travaux furent menés pour Denis Poillot, président au parlement de Paris, ambassadeur de François Ier en Angleterre ; fenêtre à pilastres et fronton, cheminées.
Cf. DCF Bourgogne.

LOGES. Voir MORLET.

LOURDON, à Lournand. Site inscrit. Ancien logis des abbés de Cluny ravagé par les guerres de Louis XI, rebâti pour Claude de Guise, duc d'Aumale, en 1586 comme point fortifié de la Ligue ; il fut alors entouré d'une enceinte et pourvu d'un bâtiment annexe que l'on croit être un jeu de paume. Il n'en reste que des ruines, car il fut détruit dès 1632.
Cf. L. Raffin, dans *Annales de l'Académie de Mâcon*, t. 15, 1910, p. 164-210 ; F. Perraud, *Le Mâconnais historique*, 1921, p. 108-115 ; DCF Bourgogne.

MONTPERROUX, à Grury. Maison-forte des Palatin de Dyo, remaniée au XVIe s. ; fenêtres, porte cintrée à pilastres, médaillons.
Cf. M. Gauthier, *Au carrefour de trois provinces*, t. 3, Bourbon-Lancy, 1971, p. 130-136 ; Menand, p. 14 ; DCF Bourgogne.

MORLET, autrefois LOGES, à Morlet. M.H. **Voir no 234.**
Cf. DCF Bourgogne.

NOBLES, à La Chapelle-sous-Brancion. I.S. Maison-forte remaniée au XVIe s. ; deux portes, dont l'une à pilastres doriques, l'autre à pilastres composites dont les fûts sont sculptés d'écailles ; cheminée à colonnes ioniques et linteau orné de cuirs et de rosaces.
Cf. DCF Bourgogne.

PONNEAU, à Jully-lès-Buxy. A un petit château du XVe s., Nicolas de Thiard de Bissy fit ajouter, à la fin du XVIe s., deux étages de galeries ouvertes d'arcades en plein cintre, desservis par un escalier logé dans une tour rectangulaire.
Cf. DCF Bourgogne.

SATONNAY, à Saint-Maurice-de-Satonnay. Construit en 1589 pour la famille de Musy.
Cf. Soulange-Bodin.

SAUVEMENT, Le, à Ciry-le-Noble. L'ancien logis des gens d'armes du vieux château du Sauvement (ce dernier rasé par Louis XI), fut aménagé pour Palamède Gonthier, mort en 1569. Châtelet orné de pilastres et de bossages vermiculés.
Cf. DCF Bourgogne.

SENNECEY-LE-GRAND. I.S. L'ancienne forteresse fut modifiée pour les Bauffremont au XVIe s. Vers 1550, Nicolas de Bauffremont, grand prévôt de l'Hôtel, agrandit la chapelle, puis en 1580 entreprit la reconstruction du château, achevé par son fils en 1592. Les façades furent couvertes de sculptures et l'ensemble, enfermé dans une enceinte défendue par des bastions et cernée de douves d'eau vive. L'accès était procuré par un pont de pierre qui menait à un bâtiment d'entrée flanqué de pavillons dont les toitures s'ornaient des figures de *Jupiter, Vénus* et *Junon*. Au XIXe s., tout fut rasé par la commune, sauf quatre pavillons d'angle, deux ponts et les communs où l'on remarque encore une porte à pilastres doriques cannelés (l'entablement surmonté d'une niche datée de 1592) et une autre porte garnie de médaillons.
Cf. L. Niepce, *Histoire de Sennecey*, Chalon, 1866 ; DCF Bourgogne.

SERCY. M.H. Visite. A côté de l'ancien château, Claude de Sercy fit bâtir sur la colline une nouvelle résidence qui ne fut pas achevée.
Cf. L. de Contenson, dans BM, t. 73, 1909, p. 98-126 ; DCF Bourgogne.

SULLY, ou SULLY-LE-CHÂTEAU. M.H. Visite. **Voir no 233.**
Cf. D. Grivot, Dijon, 1972 ; DCF Bourgogne.

TRAMAYES. I.S. Visite. Petit château fortifié à partir de 1598 pour Mathurin de Bullion.
Cf. H. Soulange-Bodin, *Châteaux de Bourgogne* et *Châteaux connus et inconnus* ; DCF Bourgogne.

TRÉLAGUE, à La Tagnière. I.S. Un corps de logis du XVIe s.
Cf. Soulange-Bodin ; *MC Bourgogne*, p. 298 ; DCF Bourgogne.

VAUTHIAU, à La Grande Verrière. Curieux pigeonnier du XVIe s. surmonté d'un lanternon à colonnettes, écroulé récemment.
Cf. Menand, p. 11 ; DCF Bourgogne.

YONNE

M. Quantin, *Répertoire archéologique du département de l'Yonne*, Paris, 1868.
A. Larcher, *Tonnerre et ses environs*, Paris, Nouvelles Éditions latines, s.d.
A. Moreau, *Châteaux de l'Yonne*, Paris, Nouvelles Éditions latines, s.d.

ANCY-LE-FRANC. M.H. Visite. **Voir no 138.**
Cf. Baron Chaillou des Barres, *Les Châteaux d'Ancy-le-Franc, de Saint-Fargeau, de Chastellux et de Tanlay*, Paris, 1845 ; L. Dimier, *Le Primatice*, 1900 ; Gebelin, p. 39-41 ; L. Hautecœur, dans *CAF*, 1958, p. 240 ; J. Guillaume, dans *Revue de l'art*, no 5, 1969, p. 9-18 ; A. Larcher, Nouvelles Editions latines, s.d. ; DCF Bourgogne ; A. de Gaigneron dans *Connaissance des arts*, no 381, novembre 1983, p. 54-61 ; *Châteaux ressuscités*, Paris, 1983 ; Cl. Hohl (sur le portail de 1621) dans *Bull. de la Soc. du Tonnerrois*, 1985 ; Du Cerceau-Thomson, 1988, p. 141.

AUXERRE, palais épiscopal, aujourd'hui préfecture. M.H. **Voir no 155.**
Cf. O. Liébard, *Auxerre au XVIe s.*, Positions de thèses de l'École nationale des chartes, 1967 ; DCF Bourgogne ; P. Manière et Cl. Hohl, *La Préfecture de l'Yonne*, Auxerre, 1974.

AVIGNEAU, à Escamps. Manoir rebâti en partie vers 1540 pour Guillaume de Chuin.
Cf. Quantin, col. 29 ; A. Guillois, dans *Bull. de la Soc. des sciences de l'Yonne*, t. 67, 1913, p. 105-144 ; DCF Bourgogne ; MC Bourgogne, p. 285 ; Moreau, p. 6.

BLÉNEAU. Reconstruit après 1511 pour François Ier de Courtenay ; corps de logis simple dont la façade sur cour, en brique, est flanquée d'une tour d'escalier ; l'aile en retour d'équerre date du XVIIe s.
Cf. Quantin, col. 131 ; DCF Bourgogne.

BONTIN, Les Ormes. I.S. Visite. Le premier château fut peut-être construit pour Louis de Courtenay, mort en 1540. Sa petite-fille Anne épousa ici en 1584 Maximilien de Béthune, le futur Sully, dont les descendants feront bâtir l'édifice actuel, vers 1710.
Cf. Soulange-Bodin ; MC Bourgogne, p. 40 et 286 ; DCF Bourgogne.

CÉRILLY. Manoir de brique et moellon du XVIe s. ; cheminée, bas-relief peint représentant *L'Annonciation*.
Cf. Quantin, col. 140.

CHAMPIGNY. Les longues ailes des communs, un corps de logis et une grosse tour remontent aux travaux des Bernard de Champigny au XVIe s., le reste du premier Empire.
Cf. C. Megnien, Auxerre, 1970 ; DCF Bourgogne.

CHAMPLOST. Château détruit en 1831. Façade du XVIe s. gravée par V. Petit.
Cf. *Annuaire de l'Yonne*, 1844, p. 91.

CHASTELLUX-SUR-CURE. I.S. La forteresse des XIIIe et XVe s. fut modifiée pour Louis de Chastellux, gouverneur de Marsal et de Metz, qui fit bâtir le portail à pont-levis, achevé en 1551. A la fin du siècle, Olivier de Chastellux, qui avait gardé sa fidélité à Henri III puis à Henri IV, fit élever la grosse tour du nord, dite «tour d'Amboise» du nom de sa femme Marguerite d'Amboise. Du début du XVIIe s., datent le corps de logis et l'aménagement de la cour triangulaire bordée d'arcades. Restauré au XIXe s. dans le style néo-gothique.

Cf. Cte de Chastellux, dans *Bull. de la Soc. d'études d'Avallon*, t. 5, 1863, p. 70-80 ; *Les Anciens Châteaux de France*, Paris, Contet, t. 14 ; Soulange-Bodin ; Moreau, p. 27 ; *MC Bourgogne*, p. 20-25 ; *DCF Bourgogne*.

CHASTENAY, Le, à Arcy-sur-Cure. M.H. Manoir rebâti en 1549 pour la famille d'Aulenay, calviniste. Simple corps de logis flanqué d'une tour d'escalier hexagonale dont la porte est ornée d'une frise et d'un fronton. Lucarnes à frontons décorées de masques aux allèges. Scènes de *L'Histoire de Joseph* peintes dans la salle. Gravé par V. Petit.
Cf. Parat, dans *Bull. de la Soc. des sciences de l'Yonne*, 1913 et 1914 ; Quantin, col. 73 ; *MC Bourgogne*, p. 287 ; *VMF*, juillet 1968 ; *DCF Bourgogne*.

CHÂTEAU-GAILLARD, Le, à Sainte-Magnance. Manoir du début du XVIᵉ s. Gravé par V. Petit (*Annuaire de l'Yonne*, 1864).
Cf. Quantin, col. 110.

CHAUMONT. A côté d'un château médiéval, la famille de Buffévent fit construire une nouvelle résidence, corps de logis brique et pierre entre deux pavillons, agrandi ensuite.
Cf. M. Terre, Sens, 1948 ; *DCF Bourgogne*.

CHAUMOT. Les ruines du château du XVIᵉ s. agrandi au XVIIIᵉ pour le prince de Xavier de Saxe ont été gravées par V. Petit.
Cf. Bull. de la Soc. des sciences de l'Yonne, 1863, p. 156 et 206.

COMPIGNY, Le manoir du fief des *Bordes* a été gravé par V. Petit.

CUDOT. Château de brique reconstruit au début du XVIᵉ s. pour le baron de Saint-Phalle.
Cf. H. Soulange-Bodin, *Châteaux de Bourgogne et Châteaux connus et inconnus* ; *DCF Bourgogne*.

FAULIN, Le, à Lichères-sur-Yonne. I.S. Manoir de la fin du XVᵉ ou du début du XVIᵉ s. dans une enceinte rectangulaire plus ancienne. Cheminées. Chapelle.
Cf. Quantin, col. 114 ; Moreau, p. 26 ; *MC Bourgogne*, p. 289 ; *DCF Bourgogne*.

FLEURIGNY à Thorigny-sur-Oreuse. M.H. Visite. **Voir nº 104.**
Cf. R. Prinçay, dans *Connaissance des arts*, juin 1960 ; J. Vallery-Radot, dans *Bull. de la Soc. nat. des antiquaires de France*, 1961, p. 151-154 ; *DCF Bourgogne*.

FONTAINE-MADAME, à Chevannes. Châtelet d'entrée du XVIᵉ s.
Cf. J. Leviste, dans *Bull. de la Soc. des sciences de l'Yonne*, t. 96, 1953-1956, p. 129-141 ; Moreau, p. 3 ; *DCF Bourgogne*.

GISY-LES-NOBLES. Les restes d'un petit château à tourelle du XVIᵉ s. ont été gravés par V. Petit.

GRANDCHAMP. M.H. Visite. Château de la famille de Courtenay construit en brique et en silex de la fin du XVIᵉ s.
Cf. Quantin, col. 145.

HAUTE-FEUILLE, à Saint-Martin-sur-Ouanne. Château de la fin du XVIᵉ s., remanié.
Cf. Quantin, col. 147 ; Moreau, p. 11.

HOUSSAYE, La, à Malay-le-Grand. Manoir bâti au début du XVIᵉ s., pour Bénigne Berbisey.
Cf. DCF Bourgogne.

JOIGNY. M.H. **Voir nº 187.**
Cf. L. Hautecœur, *Bourgogne*, t. 2, p. 69 ; J. Vallery-Radot, dans *CAF*, 1958, p. 114-122 ; *DCF Bourgogne*.

JOUANCY. M.H. Le château fut reconstruit à partir de 1563 pour un gentilhomme d'origine écossaise, Nicolas d'Edouard (mort en 1575), par un maître d'œuvre et sculpteur troyen, Nicolas Dauge, qui a signé et daté sur une table de la façade. Le portail fortifié donne accès à une cour carrée délimitée par les anciennes courtines. Le corps de logis d'épaisseur double est flanqué de deux pavillons carrés, réunis par les angles. La porte, sommée d'un œil-de-bœuf, est encadrée de pilastres doriques jumelés surmontés de minuscules frontons. A l'intérieur, couloir voûté en berceau à caissons de stuc, vis d'escalier sur plan rectangulaire, cheminées. Le vestibule de l'étage est voûté en berceau sur pendentifs avec d'autres caissons de stuc. Cheminées ; colombier.
Cf. E. Petit, dans *Annuaire de l'Yonne*, 1893, p. 172-179 ; A. Beau, dans *L'Écho d'Auxerre*, nº 74, 1968, p. 37-39 ; *DCF Bourgogne* ; B. Collette, thèse d'architecte en chef des M.H., 1978 (inédite) ; B. Peaucelle, mémoire de maîtrise, 1981 (inédit).

MAULNES, à Cruzy-le-Châtel. M.H. **Voir nº 188.**
Cf. P. d'Espezel et P. Du Colombier, dans *Architecture*, t. 51, 1938, p. 211-218 ; C. Chagneau, dans *L'Information d'histoire de l'art*, 1974, p. 126-137 ; N. Miller, dans *Art Bulletin*, 1976, nº 1, p. 196-214 ; Du Cerceau-Thomson, 1988, p. 163.

MOTTE, La, à Chevannes. Manoir du début du XVIᵉ s. bâti pour Jacques de Chuin. Porte de l'escalier en plein cintre sous un gâble encadré de colonnettes, avec trois médaillons.
Cf. DCF Bourgogne.

MOTTE-DE-TOUCY, La, à Toucy. I.S. Ruines du *Petit Châtel*, bâti en 1523 pour l'évêque d'Auxerre François de Dinteville.
Cf. DCF Bourgogne.

MOTTE-MILON, La, à Toucy. Reconstruit après 1523 pour Aymard II de Prie, puis repris au XVIIIᵉ s.
Cf. DCF Bourgogne.

NUITS-SUR-ARMANÇON. M.H. Visite. **Voir nº 157.**
Cf. R. Berthon, dans *La Demeure historique*, nº 45, avril 1977, p. 8-10 ; *DCF Bourgogne*.

PASSY. I.S. La seigneurie échut par Jeanne Lamy à Jean Spifame, seigneur de Brou, dont le fils Jacques-Paul fut nommé évêque de Nevers en 1548. Laissant la gestion du diocèse à ses grands vicaires, Spifame se consacra à la construction du château, puis il se tourna progressivement vers la Réforme et vécut conjugalement avec une femme mariée. Réfugié bientôt à Genève, il subit les foudres de Calvin, qui le fit décapiter en 1566. Certainement modifié au XVIIIᵉ s., le château a conservé une structure régulière et austère, assez remarquable. Le corps de logis est flanqué de tours rondes d'un côté,

PASSY. D'après une carte postale.

de deux ailes de l'autre. Sur la cour, la façade principale est garnie de deux ordres de pilastres juxtaposés. Les ailes sont cernées de hauts pilastres ioniques, vraisemblablement postérieurs. A été gravé par Israël Silvestre.
Cf. L. Colin-Simelle, dans *Bull. de la Soc. arch. de Sens*, t. 43, 1939-1943 ; *DCF Bourgogne*.

PLESSIS-DUMÉE, Le, à Perceneige. Le manoir du XVIᵉ s. a été gravé par V. Petit. Décor de pilastres.

RAGNY, à Savigny-en-Terre-Plaine. Les tours rondes du logis et le colombier (daté de 1530) subsistent de l'ancien château.
Cf. Soulange-Bodin ; *DCF Bourgogne*.

RIBOURDIN, à Chevannes. Manoir du XVIᵉ s. sans doute bâti pour Pierre de Chuin. Les fenêtres à pilastres corinthiens sont sommées de frontons droits ornés de bustes ; porte à pilastres ioniques ; salles à plafonds à poutres décorés et cheminées.
Cf. DCF Bourgogne.

SAINT-MORÉ. Château bâti à la fin du XVIᵉ s. pour la famille de Veilhan, seigneurs d'Arcy-sur-Cure.
Cf. DCF Bourgogne.

SENS. Palais archiépiscopal. M.H. Musée. **Voir nº 63.**
Cf. E. Chartraire, *La Cathédrale de Sens*, Paris, 1943 (coll. des Petites Monographies) ; Sauvageot, t. 1 ; B. Collette, dans *BM*, 1983, p. 198-202.

TANLAY. M.H. Visite. **Voir nº 185.**
Cf. Ch. Porée, dans *Bull. de la Soc. des sciences de l'Yonne*, t. 78, 1924, p. 189 ; Ch. Oulmont, dans *Revue de l'art*, 1933, t. 2, p. 183-184 ; Mᵐᵉ Christol, dans *Bull. de la Soc. hist. du protestantisme français*, octobre-décembre 1956, p. 231-236 ; L. Hautecœur, dans *CAF*, 1958, p. 244-250 ; M. de Tanlay, Csse de La Chauvinière, s.d. ; *DCF Bourgogne*.

VALLERY. M.H. **Voir nº 154.**
Cf. L. Romier, *La Carrière d'un favori, Jacques d'Albon, maréchal de Saint-André*, Paris, 1909 ; Gebelin, p. 177-178 ; P. Du Colombier, dans *Bibliothèque d'Humanisme et Renaissance*, 1937, p. 7 ; R. Planchenault, dans *BM*, 1963, p. 237-259 ; *DCF Bourgogne* ; C. Grodecki, *Documents*, t. 1, p. 144 ; Du Cerceau-Thomson, 1988, p. 107.

VAULT-DE-LUGNY. M.H. Le corps de logis et les communs furent élevés au XVIᵉ s. pour la famille de Jaucourt.
Cf. Soulange-Bodin ; *MC Bourgogne*, p. 299 ; *DCF Bourgogne*.

VEZINNES. I.S. Deux pavillons carrés accostés d'échauguettes subsistent seuls du château édifié en 1540 pour Jean Stuart, capitaine de la garde écossaise sous François Iᵉʳ. Ils étaient reliés par un corps de logis agrémenté vers la vallée de deux étages de galeries à arcades dont on voit encore l'amorce (pilastres cannelés).
Cf. Quantin, col. 278 ; Larcher, p. 28 ; Le Maistre, dans *Annuaire de l'Yonne*, 1863, p. 33-102 ; *DCF Bourgogne*.

VILLARNOUX, à Bussières. I.S. Châtelet d'entrée du début du XVIᵉ s. bâti pour la famille de Jaucourt.
Cf. DCF Bourgogne.

VIVIERS. Château de la fin du XVIᵉ s.
Cf. Quantin, col. 279.

YROUERE. Le château, disparu, comportait un décor de pilastres et de frontons ; il a été gravé par V. Petit. Il ne subsiste que la façade de l'orangerie, plus tardive (I.S.).
Cf. Quantin, col. 279.

XV. CHAMPAGNE

A. Babeau, *Dominique Florentin*, Paris, 1877.
R. Koechlin et J.-J. Marquet de Vasselot, *La Sculpture à Troyes et dans la Champagne méridionale au XVIᵉ s.*, Paris, 1900.
Merveilles des châteaux d'Alsace, de Lorraine, de Champagne, Paris, Hachette-Réalités, 1974.

ARDENNES

H. Manceau, *Châteaux des Ardennes*, Paris, Nouvelles Éditions latines, s.d. (1973).

BARBAISE. Construit en 1574-1585 pour les Boutillac d'Aspremont.
Cf. Manceau, p. 6.

BAYONVILLE, à Landreville. Modifié en 1567 pour Pierre de Maillart, baron de Landres ; cheminées.
Cf. Manceau, p. 6.

BOGNY, à Murtin-et-Bogny. Maison-forte rebâtie en 1521 pour Jean de Pavant.
Cf. Manceau, p. 23.

CASSINE, La, à Vendresse. Louis de Gonzague, devenu par son mariage avec Henriette de Clèves duc de Nevers et comte de Rethel, fait bâtir en 1571 le château de La Cassine dans ses domaines ardennais. L'appellation, venue de l'italien *casino,* est significative. Le château nous est connu par une gravure de Claude Chastillon. Plusieurs incendies n'en ont laissé que des ruines. Il subsiste un corps de garde, flanqué de tourelles rondes d'un type familier chez Androuet du Cerceau puis chez Salomon de Brosse ; le pavillon lui-même semble avoir été reconstruit à la fin du XVIIᵉ siècle.
Cf. Manceau, p. 10.

CHARBOGNE. I.S. Château en quadrilatère bâti vers 1600 pour Jean de Guiot, sieur de Richecourt, gouverneur de Mézières.
Cf. MC Alsace, p. 232 ; Manceau, p. 11.

CHARLEMONT, à Givet. I.S. Visite. Forteresse bâtie par Charles Quint en 1555.

CORNAY. Construit dans la première moitié du XVIᵉ s. pour la famille de Pouilly, agrandi au XIXᵉ s.
Cf. Manceau, p. 11.

COUR-DES-PRÉS, La, à Rumigny. Manoir de 1546 bâti pour Louis Martin, prévôt de Rumigny, après la visite des places de la frontière par François Iᵉʳ la même année.
Cf. Manceau, p. 26 ; *MC Alsace,* p. 233.

DOUMELY-BÉGNY. I.S. L'extraordinaire construction n'a peut-être été édifiée que vers 1620 pour Pierre de Failly. C'est un pavillon presque carré, flanqué aux angles de tours à bec de plan ovoïde. Le tout, très peu percé, orné uniformément de cordons moulurés et d'un appareil en damier, donne une sorte de version fantaisiste de Maulnes, en Tonnerrois.
Cf. Manceau, p. 14 ; *MC Alsace,* p. 233.

FAUCON, Le, à Donchery. Dans ce château du XVIIᵉ s. subsistent deux petites tours crénelées du XVIᵉ s.
Cf. Manceau, p. 11 ; *MC Alsace,* p. 234.

HARZILLEMONT, à Hagnicourt. I.S. Détruit lors du siège de Mézières en 1521 et reconstruit ensuite. Petit corps de logis cantonné de tours rondes.
Cf. Manceau, p. 15 ; *MC Alsace,* p. 236.

LA CASSINE. Gravure de Cl. Chastillon.

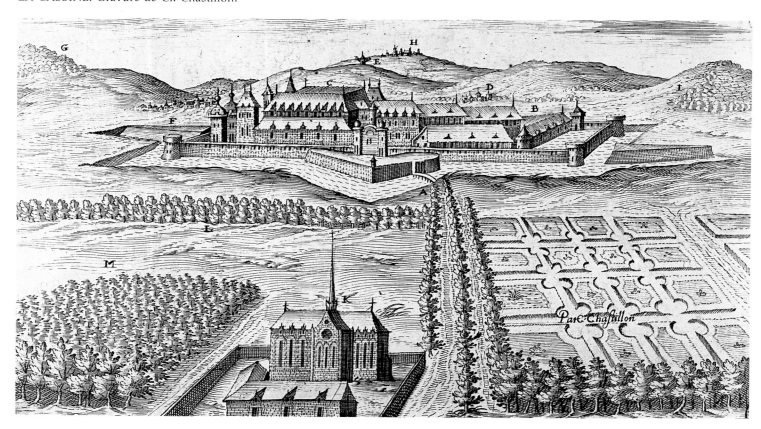

HIERGES. M.H. Baronnie de l'évêché de Liège, donc terre d'Empire, Hierges possède un important château rebâti dans le style flamand entre 1560 et 1570 pour Charles de Berlaymont, époux d'Adrienne de Ligne. Incendié en 1793.
Cf. Manceau, p. 15.

JANDUN. Maison-forte bâtie vers 1560 pour Jean de Launois.
Cf. Manceau, p. 19.

LAMETZ. Gentilhommière bâtie peu après 1596 pour Dubois d'Ecordal.
Cf. Manceau, p. 19.

MAIPAS, Le, ou MAIPPES, à Prez. I.S. Maison-forte de la fin du XVIe ou du début du XVIIe s. ; grand pavillon presque carré, flanqué de petites tours au plan losangé ; corniche.
Cf. Manceau, p. 26.

REMILLY-LES-POTHÉES. I.S. Maison-forte du XVe s. reprise en 1575 pour la famille de Rymbert ; bretèche ; lucarnes.
Cf. Manceau, p. 26.

ROCAN, à Chéhery. I.S. Maison-forte de 1555 bâtie pour Raoul II de Coucy. Des bossages très militaires garnissent entièrement les murs du haut corps de logis et des tours rondes qui le flanquent.
Cf. Manceau, p. 11.

SEDAN. M.H. Visite. La célèbre place forte de la famille de La Marck, siège d'une principauté souveraine, reçut des défenses nouvelles au cours des siècles. A partir de 1557, des bastions furent bâtis par l'ingénieur militaire Marin Fourre.
Cf. H. Collin, dans *Mém. de la Soc. d'agriculture, commerce, sciences et arts de la Marne,* t. 78, 1963, p. 28-33 ; Manceau, p. 27.

THUGNY, à Thugny-Trugny. I.S. Le château fut bâti vers 1570 pour François de Suzanne. Important châtelet flanqué de tourelles rondes ; derrière, s'étend un long corps de logis terminé par des pavillons (qui apparaît bien sur une gravure de Claude Chastillon). Modifié au XVIIIe s., ruiné en 1918, rebâti en 1920.
Cf. Manceau, p. 27.

VILLERS, à Maisoncelle-et-Villers. Maison-forte bâtie en 1561 pour les Tige de Villelongue.
Cf. Manceau, p. 21.

WARNÉCOURT. Haut corps de logis garni de bossages biseautés et d'une frise de rinceaux et palmettes, daté de 1549, construit pour Jean de Wignacourt.
Cf. Manceau, p. 30.

AUBE

D'Arbois de Jubainville, *Répertoire archéologique du département de l'Aube,* Paris, 1861.
A. Roserot de Melin, *Dictionnaire historique de la Champagne méridionale,* 1948, 4 vol.
J.M. Roger, *Châteaux de l'Aube,* Paris, Nouvelles Éditions latines, s.d.
Vieilles Maisons françaises, no 126, février 1989.

BUCEY-EN-OTHE. Maison-forte du XVIe s.
Cf. Roger, p. 10.

DAMPIERRE-DE-L'AUBE. M.H. Détruit en 1420, rebâti au début du XVIe s., à nouveau dévasté puis rebâti à la fin du XVIIe s. L'étonnant

DAMPIERRE DE L'AUBE. Le châtelet.

châtelet subsiste, flanqué de tours rondes aux combles très pointus ; il peut dater de Louis Ier Picot de Pommeuse, conseiller au parlement de Paris, premier président de la Cour des aides, qui acheta la seigneurie en 1526 à Jeanne de Lannoy.
Cf. E. de Ganay, *Châteaux de France. Région du Nord-Est,* p. 27-28 ; D'Herbécourt, dans *CAF,* 1955, p. 222 ; *MC Alsace,* p. 190 ; Roger, p. 14.

POLISY. Du fait des remaniements du XIXe s, il ne reste que de rares vestiges de la superbe résidence que s'était fait bâtir Jean IV de Dinteville, bailli de Troyes, gouverneur du duc d'Orléans, ambassadeur de France en Angleterre en 1531. La demeure de l'illustre humaniste s'élevait au confluent de la Seine et de la Laigne. La date de 1545, qui marque sans doute son achèvement, est visible sur l'un des carreaux émaillés du splendide pavement du premier étage, dans le style de Masséot Abaquesne. Primatice et Dominique Florentin y étaient logés en 1544, sans doute pour participer à des travaux de décoration dont rien ne reste. Les éléments les plus reconnaissables se trouvent dans la basse-cour et la ferme.
Cf. R. Koechlin et Marquet de Vasselot, *La Sculpture à Troyes et dans la Champagne méridionale au XVIe s.,* Paris, 1900, p. 278 ; L.E. Marcel, *Le Cardinal de Givry,* 1926, t. 1, p. 361 ; Hautecœur, t. 1a, p. 226 et 290, t. 1b, p. 256 et 719 ; P. Biver, *Meudon,* Paris, 1923 ; Roger, p. 19.

POUY-SUR-VANNE. I.S. Maison-forte bâtie à la fin du XVIe ou au début du XVIIe s. pour Hector II de Saint-Blaise ; vaste pavillon carré coiffé d'un comble élevé, flanqué de quatre tours rondes aux angles.

Cf. Roger, p. 22 ; *La Cohorte,* janvier 1976, p. 24-26.

RICEY-BAS, Les Riceys. M.H. Maison-forte faite de deux logis en équerre flanqués de tours rondes, qui fut bâtie à la fin du XVe et terminée au début du siècle suivant pour le fils de Nicolas Rolin chancelier de Bourgogne. Les dispositions de la cuisine sont particulièrement intéressantes. Poutres peintes, cheminées.
Cf. D'Arbois de Jubainville, col. 82 ; Roger, p. 23.

ROSIÈRES. I.S. Une partie du château, la belle porterie et les communs datent du XVIe s.
Cf. D'Arbois de Jubainville, col. 131 ; *MC Alsace,* p. 241 ; Roger, p. 23.

RUMILLY-LÈS-VAUDES. M.H. Mairie. **Voir no 105.**
Cf. J. Daunay, dans *CAF,* 1955, p. 300-304 ; *VMF,* no 86, octobre 1980, p. 109.

SAINT-BENOIST-SUR-VANNE. Du château du XVIe s., incendié en 1594, subsistent le colombier et les bâtiments d'entrée qui comprennent un châtelet monumental, massif cubique coiffé d'un belvédère et flanqué du côté du pont-levis par des échauguettes de plan godronné ; bandeaux horizontaux, corniche à modillons.
Cf. D'Arbois de Jubainville, col. 102 ; Roger, p. 26.

VANLAY. I.S. Construction encore gothique, due à Gaucher de Dinteville, bailli de Troyes, mort en 1550.

VENDEUVRE-SUR-BARSE. I.S. La porte centrale du château (reconstruit au XVIIe s.) peut dater du milieu du XVIe, avec son ouverture cintrée entre deux pilastres et un entablement. Elle aurait alors été élevée pour Charles de La Rochefoucauld-Barbezieux, lieutenant général au gouvernement de Champagne, qui tint Vendeuvre jusqu'en 1580 ; bel escalier.
Cf. D'Arbois de Jubainville, col. 57 ; Roger, p. 30.

VERMOISE, à Sainte-Maure et Saint-Benoît-sur-Seine. I.S. Le châtelet d'entrée porte la date de 1509.
Cf. D'Arbois de Jubainville, col. 124 ; Roger, p. 30.

MARNE

G. Maillet, *Châteaux de la Marne,* Paris, Nouvelles Éditions latines, s.d.

ABLANCOURT. La tour nord et le bâtiment voisin, en bel appareil (bandeaux et corniches à modillons), semblent dater de la seconde moitié du XVIe s.
Cf. Maillet, p. 3.

BAYE. Une galerie a été ajoutée au milieu du XVIe s. sur la cour entre une tour et la chapelle, probablement pour François de Clèves duc de Nevers, gouverneur de Brie et de Champagne.
Cf. F. Bourdon, dans *CAF,* 1977, p. 614-628.

BRUGNY, à Brugny-Vaudancourt. Site classé. Reconstruit au XVIe s. pour la famille de Saint-Blaise, il comporte une tour carrée flanquée de deux échauguettes en brique et encadrée de corps de logis remaniés.
Cf. H. Soulange-Bodin, *Châteaux connus et inconnus* ; *MC Ile-de-France,* p. 290-291 ; Maillet, p. 10.

ESTERNAY. M.H. Visite. **Voir nº 65.**
Cf. Fouquier, *Grands Châteaux* t. 1 ; Soulange-Bodin, *Châteaux connus et inconnus* ; Maillet, p. 14.

MONTMIRAIL. I.S. Sous la reconstruction ordonnée au XVIIe s. par Louis de La Trémoille puis par le chancelier Le Tellier, il est difficile de deviner les dispositions du château commencé en 1553 pour Jacques de Silly.
Cf. Maillet, p. 23.

MONTMORT, à Montmort-Lucy. I.S. **Voir nº 242.**
Cf. Maillet, p. 23.

SAINT-GEORGES, à Champigneul-Champagne. I.S. Du XVIe s. datent le châtelet d'entrée, surmonté d'un lanternon et d'une statuette de saint Georges, et la chapelle voisine. Germain Godet, gouverneur de Sainte-Menehould, fit reconstruire le château lui-même à la fin du XVIe s., en assises alternées de brique et de craie. L'ensemble a été modifié au XIXe s.
Cf. MC Alsace, p. 242 ; Maillet, p. 11.

DINTEVILLE. Aquarelle de la coll. Gaignières (Bibl. nat.)

HAUTE-MARNE

E. Jolibois, *La Haute-Marne ancienne et moderne*, Chaumont, 1858.
Roserot, *Répertoire historique de la Haute-Marne*, Paris, 1901.

CLEFMONT. I.S. Construit en partie au Moyen Age, en partie au XVIe s.
Cf. MC Alsace, p. 233.

CUSEY. I.S. Construit au début du XVe, remanié au XVIe s.
Cf. J. Petesch, dans *Cahiers haut-marnais*, nº 99, 1969, p. 162-165.

DINTEVILLE. I.S. Construit au XVIe s. pour la famille de Raucourt, modifié au XVIIIe, détruit par moitié à la Révolution. Il reste la partie nord et un fragment de la façade occidentale.
Cf. Soulange-Bodin, *Châteaux connus et inconnus.*

ÉCLARON, à Éclaron-Braucourt-Sainte-Livière. Il ne reste rien du château bâti pour François de Guise ; on lui en présentait les plans en 1550.
Cf. Communication orale de F. Ch. James.

GUDMONT, à Gudmont-Villiers. I.S. Construit vers 1544 pour Robert de Lenoncourt, vint peu après par échange aux mains de Guillaume de Thélin. Remanié au XVIIIe s. Il subsiste une salle voûtée d'ogives, avec liernes, tiercerons et clefs pendantes, peinte en 1578 de sujets mythologiques ou emblématiques (*Saisons, Vertus*).
Cf. Soulange-Bodin, *Châteaux connus et inconnus* ; *MC Alsace*, p. 206.

JOINVILLE, Le Grand Jardin. M.H. **Voir nº 140.**
Cf. E. Humblot, *Mémoires de la Soc. des lettres de Saint-Dizier*, 1906, p. 1-72 ; Gebelin, p. 116-118 ; D. Timmer, diplôme de l'univ. d'Amsterdam, 1988 (inédit) ; J.P. Babelon, *Comptes rendus de l'Académie des Inscriptions*, 1987, p. 597.

MORTEAU, à Cirey-lès-Mareilles. Maison-forte du XVIe transformée au XVIIIe s. Voûtes et cheminées, peintures de la chapelle.
Cf. MC Alsace, p. 239.

PAILLY, Le, à Hauts-Val-sous-Nouroy. M.H. **Voir nº 184.**
Cf. Pistollet de Saint-Ferjeux, *Mémoires de la Soc. hist. et arch. de Langres*, t. 1, 1858, p. 212-242 ; Sauvageot, t. 2, p. 5-22 ; P. Vitry, dans *CAF*, 1928, p. 474-482 ; B. Peaucelle, thèse de doctorat de 3e cycle, Paris I, 1983 (inédite).

TRÉMILLY, à Nully-Trémilly. I.S. Visite. Restes d'un château construit à la fin du XVIe s., brûlé en 1593, reconstruit au XVIIIe s. ; porte, puits.

VAUDRÉMONT. Château du XVIe s., formait un quadrilatère dont la moitié a disparu.
Cf. MC Alsace, p. 244.

Page 803 : AUBRY DU HAINAUT.

RÉGIONS ÉTRANGÈRES AU ROYAUME DE FRANCE AU XVIᵉ SIÈCLE
XVI. FLANDRE ET ARTOIS

Terres de la maison de Bourgogne, la Flandre française et l'Artois passèrent finalement avec l'héritage de Charles le Témé-raire aux mains du roi d'Espagne (traité de Cambrai, 1529). Les hostilités y furent presque constantes durant le XVIᵉ siècle. Les deux provinces seront annexées à la France lors des guerres de Louis XIV, l'Artois dès 1659, la Flandre en 1668.

P. Parent, *L'Architecture des Pays-Bas méridionaux (Belgique et Nord de la France), aux XVIᵉ, XVIIᵉ et XVIIIᵉ s.*, Paris, 1925.
Inventaire général des monuments et richesses artistiques de la France. Répertoire des inventaires, nº 1, *Région Nord*, Paris, 1971.
Merveilles des châteaux des Flandres, d'Artois, de Picardie et du Hainaut, Paris, Réalités-Hachette, 1973.
Dictionnaire des châteaux de France. Artois, Flandre, Hainaut, Picardie, Paris, Berger-Levrault, 1978, sous la direction de Jacques Thiébaut.

NORD

Ph. Seydoux, *Châteaux et Manoirs de la Flandre française*, Roquetoire, éd. de La Morande, 1978.
Ph. Seydoux, *Châteaux et Manoirs du Hainaut et du Cambrésis*, Roquetoire, éd. de La Morande, 1978.

AUBRY-DU-HAINAUT. Le corps de logis central du château date de 1520, à en croire une inscription de la façade. Il est bâti en brique avec chaînes de pierre et a été restauré au XIXe s. Œuvre de la famille de Thiant. On y trouve un décor de grecques, de candélabres, de mufles de lions. Une petite tour de guette polygonale domine les combles.
Cf. DCF Artois.

AYMERIES, à Aulnoy. Une forteresse à donjon central dans un méandre de la Sambre fut renforcée à la demande de François Ier par un ingénieur boulonnais nommé Jérôme Morin. Les troupes françaises venaient de s'en emparer sur les Impériaux en 1543, mais l'arrivée des Anglais obligea le roi à se retirer en faisant raser six des huit tours. Le reste sera détruit en 1658.
Cf. DCF Artois.

BEAUPRÉ, à Haubourdin. Reconstruit après 1528 pour Jean de Beufromez, conseiller de Charles Quint ; c'était un édifice brique et pierre à haute tourelle polygonale, comme Aubry-du-Hainaut. Il a été rasé après la dernière guerre.
Cf. DCF Artois.

CATEAU, Le. M.H. Le château des archevêques de Cambrai, que l'on appelle le «palais Fénelon», fut rebâti plusieurs fois, notamment au XVIe s. L'édifice actuel date de la fin du XVIIIe s.
Cf. DCF Artois.

CHÂTEAU-ROUGE, à Marcq-en-Barœul. Le château de brique à chaînes de pierre du XVIe ou du début du XVIIe s., modifié en 1672, avec tourelle de guette, a été rasé récemment.
Cf. Seydoux, Flandre, p. 31 ; DCF Artois.

COUTANT, à Saint-Hilaire-sur-Helpe. I.S. Le corps de logis situé entre la tour ronde et la chapelle fut élevé vers 1570 pour Jean Du Fayt, prévôt d'armes.
Cf. Soulange-Bodin, Châteaux connus et inconnus ; MC Flandres, p. 242-243 ; DCF Artois.

ÉCLAIBES. Le château médiéval détruit partiellement au XIVe, relevé au XVe, fut remanié vers 1550 pour Jean d'Éclaibes, puis dans les dernières années du XVIe s. pour Charles de Croÿ ; en partie détruit par la Bande noire.
Cf. Seydoux, Hainaut, p. 18.

LOBIETTE, La, à Anor. Maison-forte bâtie au XVIe s. pour Nicolas de Molnier, assiégée plus tard par Henri IV, ruinée ensuite au cours des guerres.
Cf. DCF Artois.

POTELLE. I.S. Le château médiéval fut modifié au XVIe s. pour la famille de Carondelet ; une loge sur trois arcades au revers de la porte d'entrée, le portail et l'abside à pans de la chapelle peuvent dater de cette époque.
Cf. Seydoux, Hainaut, p. 45-49 ; VMF, no 79, janvier 1979 ; DCF Artois.

STEENBURG, à Steene. M.H. Château de brique jaune bâti à la fin du XVIe pour le sieur de La Rape. De plan en U, il présente vers l'entrée deux pignons à pas de moineau qui terminent les deux ailes ; tours polygonales aux angles, cernées de douves. Le château a été restauré au XIXe s.
Cf. Seydoux, Flandre, p. 47 ; La Demeure historique, no 38, 1975, p. 14 ; MC Flandres, p. 276 ; VMF, no 79, janvier 1979 ; DCF Artois.

VENDEGIES-AU-BOIS. Il ne subsiste que deux ailes du quadrilatère de brique édifié à la fin du XVIe s. (une cheminée est datée de 1591) et du début du XVIIe s. pour Antoine de Goegnies ou son gendre Louis de Beaufort.
Cf. Seydoux, Hainaut, p. 59-60 ; MC Flandres, p. 277 ; DCF Artois.

VERLINGHEM. M.H. Le manoir de la «Cense des Templiers» réunit des bâtiments en majeure partie du XVIe s. (date inscrite : 1560) construits en brique et pierre.
Cf. Seydoux, Flandre, p. 51.

PAS-DE-CALAIS

Si l'Artois faisait partie au XVIe siècle des Pays-Bas impériaux puis espagnols, la bande côtière, c'est-à-dire le Boulonnais, est française depuis 1478. On y trouve les châteaux des Camps-Grelins, Château-Bleu, Le Fort, La Haye, Honvault, Isques, Montcavrel, La Rivière et Senlecques. Rappelons que la ville de Boulogne fut anglaise de 1544 à 1550.
R. Rodière, *Les Vieux Manoirs du Boulonnais, Comm. départ. des monuments historiques,* s.l.n.d. (1918-1923).
P. Héliot, «Eléments d'un répertoire des maîtres maçons artésiens et picards (XIe-XVIe s.)», dans *Revue du Nord,* t. 33, 1951, p. 142-148 et 256-282.
Ph. Seydoux, *Châteaux d'Artois et du Boulonnais,* Roquetoire, éd. de La Morande, 1975.
Catal. de l'expos. *Architecture en Boulonnais, richesses du canton de Samer,* IGMRF, 1981.

BEAUREPAIRE, à Lillers. Manoir modifié pour Charles Du Wez. La date de 1532 est inscrite sur une porte.
Cf. Seydoux, p. 58 ; DCF Artois.

BOURECQ. Petit manoir du XVIe s. proche de celui de Beaurepaire.
Cf. DCF Artois.

CAMPS-GRELINS, Les, à Questrecques (en Boulonnais). Manoir du XVIe s.
Cf. Rodière ; DCF Artois.

CHÂTEAU-BLEU, à Sorrus (en Boulonnais). Manoir de brique, du XVIe s.
Cf. DCF Artois.

CRÉMINIL, à Estrée-Blanche. I.S. Château modifié ou reconstruit au XVIe s.

Cf. P. Héliot et P. Drobecq, dans *Bull. de la Comm. des mon. hist. du Pas-de-Calais,* t. 6, 1938, p. 382-388 ; Seydoux, p. 31 ; DCF Artois.

FERMONT, à Capelle-Fermont. I.S. Manoir du troisième quart du XVIe s., bâti pour les Grenet ; haute tourelle ronde, cheminée.
Cf. DCF Artois.

FORT, Le, à Questrecques (en Boulonnais). Manoir du XVIe s.
Cf. Rodière ; DCF Artois.

GENNES-IVERGNY. I.S. Manoir brique et pierre, du XVIe s.
Cf. Seydoux, p.43 ; VMF, no 79, janvier 1979 ; DCF Artois.

HAYE, La, à Nesle-lès-Verlincthun (en Boulonnais). Manoir du XVIe s. Bâti sur plan massé flanqué de quatre tourelles carrées, pour la famille de Bilque, il fut un foyer calviniste.
Cf. Rodière ; Seydoux, p. 47 ; DCF Artois.

HERBINGHEN. Manoir de grès et de craie bâti en 1589.
Cf. DCF Artois.

HERVARRE, à Saint-Martin-d'Hardinghen. Tour ronde à mâchicoulis du XVIe s.
Cf. Seydoux.

HONVAULT, à Wimille (en Boulonnais). Manoir modifié au XVIe s. qui appartint à Jean de Frohart, huguenot fanatique. Détruit en 1944.
Cf. P. Héliot et P. Drobecq, dans *Bull. de la Com. des mon. hist. du Pas-de-Calais,* t. 6, 1938, p. 406-417 ; Rodière ; DCF Artois.

ISQUES (en Boulonnais). Manoir du XVIe s. en brique avec tourelle octogonale.
Cf. Rodière ; DCF Artois.

MONTCAVREL, à Alette (en Boulonnais). Château médiéval modifié pour Antoine de Monchy dans la seconde moitié du XVIe s. Site classé.
Cf. DCF Artois.

MONTREUIL-SUR-MER. M.H. Un boulevard défensif fut ajouté au château médiéval dans la seconde moitié du XVIe s.

PÉNIN. I.S. Manoir du XVIe s. pourvu d'une haute tourelle d'escalier hexagonale. Une pierre de la porte est datée de 1594 ; agrandi au XVIIe et au XVIIIe s.
Cf. Seydoux, p. 72-73 ; DCF Artois.

RIVIÈRE, La, à Neufchâtel-Hardelot (en Boulonnais). Manoir modifié vers 1578 pour Charles de Thibeauville, puis au XVIIe s.
Cf. Rodière ; DCF Artois.

SENLECQUES, à Pernez-lès-Boulogne (en Boulonnais). Manoir du XVIe s. pourvu d'une tourelle octogonale.
Cf. Rodière ; DCF Artois.

XVII. LORRAINE ET BAR

Duché indépendant du royaume durant le XVIe siècle. En étaient exclus les territoires appartenant aux évêques de Metz, Toul et Verdun, dit Les Trois-Evêchés, qui furent conquis par Henri II en 1552 et reconnus définitivement à la France aux traités de Westphalie en 1648. Pour la Lorraine ducale, elle fut maintes fois occupée par les troupes françaises, mais ne sera réunie au royaume qu'en 1766. Le duché de Bar, dont la partie située à l'ouest de la Meuse mouvait de la couronne, sera réuni aussi en 1766.

Inventaire général des monuments et richesses artistiques de la France. Répertoire des inventaires, no 14, *Lorraine*, 1973.
Merveilles des châteaux d'Alsace, de Lorraine et de Liège, Paris, Réalités-Hachette, 1974.
Dictionnaire des châteaux de France, Lorraine, Paris, Berger-Levrault, 1978, sous la direction de J. Choux.

MEURTHE-ET-MOSELLE

Y. Cartier, *Châteaux de Meurthe-et-Moselle*, Paris, Nouvelles Éditions latines, s.d. (1980).

ANDERNY. Maison-forte transformée en 1586 pour Philippe de Lisseras et Françoise de Ficquelmont (inscription).
Cf. DCF Lorraine.

BOSSERVILLE, à Art-sur-Meurthe. « Maison plate », élevée par la famille de Lisseras à qui le domaine avait été donné en 1508 par le duc René II de Lorraine. Rasée en 1636.
Cf. DCF Lorraine.

BRADOIS, à Villers-lès-Nancy. Maison-forte construite en 1536, rebâtie au XVIIe puis au XVIIIe s.
Cf. DCF Lorraine.

CONS-LA-GRANDVILLE. M.H. Visite. **Voir no 238.**
Cf. H. Reiners et W. Ewald, *Kunstdenkmäler zwischen Maas und Mosel*, Munich, 1921 ; P. Vitry, dans *CAF*, 1928, p. 471 ; *DCF Lorraine.*

CRAON, à Haroué. M.H. Visite. Le château médiéval, qui était passé au XVe s. de Catherine de Haroué à son gendre Jean de Bassompierre, fut reconstruit dans le dernier quart du XVIe s. pour Christophe de Bassompierre, grand maître d'hôtel et chef des finances de Lorraine. Il fit bâtir en même temps l'église paroissiale. L'édifice était considéré comme somptueux. Le maréchal François de Bassompierre y naquit en 1579 et y séjourna souvent. La reconstruction par l'architecte Germain Boffrand pour le marquis de Beauvau après 1720 reprit certainement les fondations de l'ancien château, quadrilatère flanqué de tours rondes et ceint d'un fossé. Du XVIe s., subsistent les communs.
Cf. Cartier, p. 11 ; *DCF Lorraine.*

ESSEY, à Essey-et-Maizerais. *Le Bas-Château,* du XIVe s., fut remanié au XVIe s. (fenêtres et portes).
Cf. DCF Lorraine.

ÉTREVAL. I.S. Du château construit après 1532 pour François de Tavagny, capitaine de Vézelise, et qui s'enfermait dans une enceinte rectangulaire flanquée de six tours, il ne reste qu'une façade, mais d'un grand intérêt. Deux corps de logis s'appuyaient aux courtines nord et ouest ; ils abritaient un rez-de-chaussée, un étage d'habitation et un grenier agricole éclairé de petites baies carrées. L'aile ouest, dont les fenêtres étaient coiffées de frontons triangulaires ornés de têtes, a disparu peu avant la dernière

guerre. Il reste l'aile nord, garnie de deux ordres de colonnes sur stylobate, avec entablement ressautant. Le dernier étage, en guise d'ordres classiques, est scandé de piliers portant des gargouilles très saillantes. Au centre, une tour d'escalier qui a été démolie anciennement a laissé des traces. Devant l'entrée, une vaste basse-cour ordonnancée s'ouvrait, annoncée par un portail à bossages qui a été démoli vers 1960.
Cf. Visages de la Lorraine, Paris, Horizons de France, 1950, p. 185 ; Cartier, p. 10 ; *MC Alsace,* p. 234 ; *DCF Lorraine.*

FERRIÈRES. Fenêtres et porte de la fin du XVe ou du début du XVIe siècle.
Cf. DCF Lorraine.

FLÉVILLE-DEVANT-NANCY. M.H. Visite. **Voir no 107.**
Cf. A. Saint-Paul, dans *BM,* 1877, p. 125 ; *VMF,* no 70, octobre 1976, p. 62 ; *DCF Lorraine.*

GELLENONCOURT. Bâti pour François Beaufort, acquéreur de la seigneurie en 1587 ; deux corps de logis en équerre, flanqués de tours bastionnées de plan carré, aux angles.
Cf. DCF Lorraine.

HATRIZE. Maison-forte du XVIe s., de plan rectangulaire massé, garnie d'échauguettes.
Cf. DCF Lorraine.

HAUSSONVILLE. M.H. Maison-forte des premières années du XVIe s., élevée en plein village ; deux corps de logis en équerre, réunis par une tour d'escalier à demi dans œuvre.
Cf. DCF Lorraine.

HEILLECOURT. Maison-forte du XVIe s., de plan rectangulaire massé, flanquée de tours carrées aux angles. Reconstruite au XVIIIe s.
Cf. DCF Lorraine.

JAULNY. I.S. Maison-forte du début du XVIe, sur un plan en U, élevée pour la famille Des Armoises, agrandie au XVIIIe s.
Cf. Cartier, p. 14 ; *DCF Lorraine.*

LAUNOY, à Herbéviller. Il ne subsiste rien de la maison-forte bâtie après 1522 pour Jean Bayer de Boppard. Elle était de plan rectangulaire massé avec tour d'escalier hexagonale et renfermait des cheminées armoriées ; celle de la cuisine est au Musée lorrain, à Nancy.
Cf. DCF Lorraine.

MALGRANGE, La, à Jarville. A côté de la « Vieille Malgrange », maison-forte du XVe s., Nicolas de Lorraine, fils du duc Antoine, fit bâtir un « château et maison de plaisir » dénommé « Neuve Malgrange », puis le vendit en 1563 à son neveu le duc Charles III. A courte distance du palais de Nancy, il abrita les séjours de la famille ducale, notamment celui de la duchesse

Catherine, sœur de Henri IV, de 1599 à 1604. On le voit sur les dessins de Jacques Callot. C'était, dans une enceinte rectangulaire à tours rondes, un pavillon de plan massé flanqué d'une tourelle d'escalier. Il fut détruit en 1739 et remplacé par une nouvelle demeure d'agrément édifiée par l'architecte Héré pour le roi Stanislas.
Cf. Cartier, p. 15 ; *DCF Lorraine.*

NANCY. Palais ducal. M.H. Musée lorrain. **Voir no 33.**
Cf. P. Marot, dans *CAF,* 1933, p. 14-23 ; H. Lepage, Nancy, 1852 ; J. Garms, *BM,* 1967, p. 231-246 ; N. Reynaud, *Revue de l'art,* no 61, 1983, p. 7-28 ; J. Guillaume, *Revue de l'art,* no 75, 1987.

NEUVILLER-SUR-MOSELLE. Une peinture datée de 1735, par Inquart, représente le château que s'était fait bâtir en 1553 le rhingrave François-Philippe de Salm. Dans une ancienne enceinte pentagonale, il avait érigé trois corps de bâtiment en U, flanqués de petites tours carrées. Le logis principal présentait des lucarnes décorées et un balcon continu sur colonnes ; une balustrade fermait la cour, dominant la basse-cour. Le château sera reconstruit en 1756 pour Chaumont de La Galaizière.
Cf. C. Gérard, Nancy, 1936 ; *DCF Lorraine.*

SAURUPT, à Nancy. Rien ne subsiste de la demeure de plaisance édifiée pour la duchesse Renée de Bourbon, femme d'Antoine de Lorraine, au milieu du XVIe s. Elle comportait des jardins, viviers et garennes. Un nouveau jardin fut dessiné en 1595 pour le duc Charles III, sur le modèle de Fontainebleau. Le château sera reconstruit en 1622, rasé en 1671.
Cf. DCF Lorraine.

SEXEY-AUX-FORGES. I.S. Visite. Le manoir abbatial dépendant de l'abbaye Saint-Mansuy de Toul fut reconstruit en 1502. C'est un logis de plan massé rectangulaire, flanqué d'une tour d'escalier polygonale, avec des dispositions défensives. L'une des bouches à feu est percée dans une tête de Maure.
Cf. Cartier, p. 26 ; *DCF Lorraine.*

VALHEY. Rien ne reste du vaste château élevé entre 1571 et 1593 pour Jean Des Porcelets de Maillane et sa femme Esther d'Apremont. C'était un quadrilatère flanqué de tours carrées. Un balcon sur consoles, comme à Fléville, courait à l'étage du corps de logis principal ; ses dalles étaient sculptées en méplat à leurs sous-faces, ainsi que les marches du grand escalier droit. Une porte de la cour était sculptée de « la basterie d'une cuisine ». Il disparut au cours du XVIIIe s.
Cf. DCF Lorraine.

VITRIMONT. Maison-forte du XVIe s.
Cf. DCF Lorraine.

MEUSE

Demoget, « Les Origines de la Renaissance et les monuments du Barrois », dans *Cinquantenaire de la Soc. arch. lorraine*, 1898, p. 74-81.

M. Muel, *Châteaux de la Meuse*, Paris, Nouvelles Éditions latines, s.d. (1968).

BAZINCOURT, à Bazincourt-Montplonne. M.H. Visite. Maison-forte bâtie pour René Boudet, seigneur de Méligny-le-Grand, secrétaire ordinaire du duc Antoine de Lorraine et conseiller à la Chambre des comptes de Bar. Corps de logis flanqué d'une tour ronde d'escalier. La salle haute renferme une superbe cheminée datée de 1534, portée par des colonnes galbées trapues ; au manteau, les bustes du seigneur et de sa femme.

Cf. MC Alsace, p. 230 ; Muel, p. 23 ; *DCF Lorraine*.

BEUREY-SUR-SAULX, château *Claudot*. Maison-forte datée de 1595, de plan massé, coiffée d'un haut toit en pavillon ; tour carrée et échauguettes aux angles.
Cf. DCF Lorraine.

BUREY-LA-CÔTE. Maison-forte dans le village ; la porte est encadrée de pilastres ioniques à bossages biseautés avec un fronton à ailerons.
Cf. DCF Lorraine.

CHARMOIS, *le Château bas*, à Mouzay. Maison-forte du XVIᵉ s., de plan massé, remaniée en 1870 dans le style troubadour.
Cf. MC Alsace, p. 232 ; Muel, p. 14 ; *DCF Lorraine*.

FLASSIGNY. La maison-forte de *Grande-Flassigny* est datée de 1572 ; de plan massé, elle est accostée d'une tour ronde.

Cf. MC Alsace, p. 234 ; Muel, p. 30 ; *DCF Lorraine*.

GINVRY, à Brouennes. Il ne reste que des vestiges du château élevé en 1591 (date gravée sur le fronton de la porte) pour Jean de Pouilly ; c'était un quadrilatère cantonné de tours carrées et cerné d'un fossé.
Cf. DCF Lorraine.

HANNONCELLES, à Ville-en-Woëvre. I.S. Le château fut rebâti pour la famille Des Armoises durant le XVIᵉ s. Il est formé d'une suite rectiligne de quatre corps de logis ou pavillons divers, avec une aile en retour. Le décor des croisées et des demi-croisées, coiffées de frontons et agrémentées à l'appui de sortes de lambrequins gravés, ainsi que celui des grands portails à frontons, semble indiquer la fin du XVIᵉ ou même le début du XVIIᵉ s. L'oriel d'angle est une adjonction du XIXᵉ s.
Cf. Muel, p. 27 ; DCF Lorraine ; VMF, nᵒ 87, janvier 1981.

BAZINCOURT. Cheminée.

HANNONCELLES.

ISLE-SOUS-COUSANCES, L', à Cousances-les-Forges. M.H. Maison-forte du XVIᵉ s. d'une belle unité de style, simple bâtiment rectangulaire couvert d'un haut toit. Une petite bretèche garnit le centre de la façade, les ouvertures sont coiffées de segments de corniches, la porte décorée d'une *Annonciation*. Très belle cheminée à colonnes galbées, reliefs de cavaliers à l'antique et bustes, qui rappelle de très près celle de Bazincourt. La date qu'elle porte, 1534, permet de situer tout l'édifice et de l'attribuer à Jean et Théodore Travault.
Cf. A. Gaillemin, dans Le Pays lorrain, 1970, p. 108-183 ; M. Colson, *VMF*, nᵒ 77, juillet 1978, p. 48 ; *DCF Lorraine*.

LAIMONT. Château reconstruit sans doute en 1565 (date sur la porte, autrefois visible), dont il ne subsiste que quelques bâtiments.
Cf. DCF Lorraine.

LAVAL, à Bazeilles-sur-Othain. Maison-forte partiellement détruite en 1644, qui a conservé sa porte encadrée de pilastres, datée à son linteau de 1565.
Cf. DCF Lorraine.

MAXEY-SUR-VAISE. *Le Château bas*, devenu méconnaissable, est une maison-forte de la fin du XVIᵉ s.
Cf. DCF Lorraine.

MOGNÉVILLE. Démoli en 1793, le château de Claude de Beauvau puis des Bussy d'Amboise n'a laissé aucun vestige, si ce n'est un fragment

de bas-relief représentant une ville fortifiée, conservé au musée du Louvre.
Cf. M. Beaulieu, *Musée du Louvre, description raisonnée des sculptures de la Renaissance française*, Paris, 1978, n° 106 ; *DCF Lorraine.*

MONTBRAS. M.H. **Voir n° 272.**
Cf. F. de Chanteau, 2e éd., Paris, 1885 ; R. Bertin, dans *Le Pays lorrain*, 1932, p. 385-402 ; *La Demeure historique*, n° 43, 1976, p. 9-11 ; *DCF Lorraine.*

MORLAINCOURT, à Chanteraine. Maison-forte bâtie en 1557 pour Vanault Collesson, conseiller à la chambre des comptes de Bar ; bâtiment de plan massé, cantonné de tours rondes.
Cf. Muel, p. 19 ; *DCF Lorraine.*

NETTANCOURT. Rien ne reste du vaste château bâti en 1581 pour Louis de Nettancourt lors de son mariage avec Françoise de Beauvau, et qui fut démoli en 1788. Une gravure de Claude

TANNOIS, *Château Varinot.* Bâti vers 1530 pour François de Saint-Grin, transformé en 1878.
Cf. DCF Lorraine.

VARENNE, La, à Haironville. M.H. Visite. **Voir n° 160.**
Cf. Soulange-Bodin, *Châteaux connus et inconnus ;* Muel, p. 23 ; *DCF Lorraine.*

VILLE-SUR-SAULX. I.S. **Voir n° 159.**
Cf. DCF Lorraine.

VILLERS-DEVANT-DUN. Il ne reste qu'une tour de la maison-forte bâtie à la fin du XVIe s. C'était un corps de logis encadré de deux tours carrées, coiffées de dômes à l'impériale. La travée centrale, surmontée d'une bretèche, encadrait une porte en plein cintre entre deux pilastres corinthiens. On trouvait à l'intérieur une cheminée à colonnes décorée au manteau d'un bas-relief figurant une femme allongée.
Cf. DCF Lorraine.

Cf. Bourceret, p. 3 ; *MC Alsace*, p. 230 ; *DCF Lorraine ; VMF*, n° 90, octobre 1981.

BUY, à Antilly. L'enceinte et ses quatre tourelles carrées semblent dater du XVIe s., comme le puits à colonnes couvert d'un dôme de pierre à l'impériale sculpté d'écailles. Le château lui-même date du XVIIe s.
Cf. Bourceret, p. 10 ; *DCF Lorraine ; VMF*, n° 90, octobre 1981.

CHÂTEAU-ROUGE. Dans un incendie du début de ce siècle a disparu la maison-forte remaniée à la fin du XVIe ou au début du XVIIe s. pour Jean Wolff de Metternich ou Jean Wolfgang d'Eltz.
Cf. DCF Lorraine ; VMF, n° 90, octobre 1981.

DASPICH, à Florange. Des travaux furent entrepris de 1584 à 1612 pour les Dietenhoven ; échauguette (remontée à Luttange), et oriel sur corbeaux.
Cf. VMF, n° 41, juillet 1969.

NETTANCOURT. Gravure de F. Poinsart.

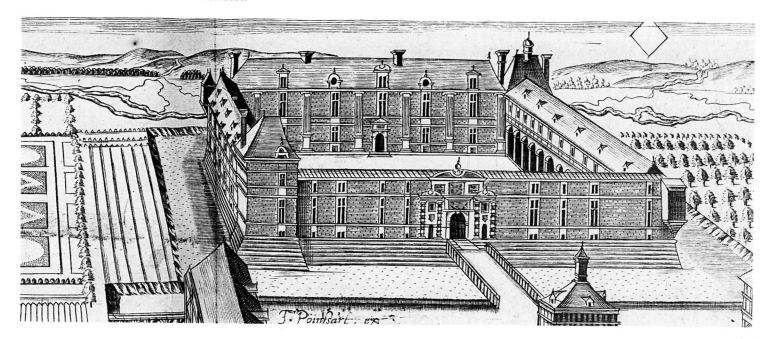

Chastillon montre un quadrilatère cerné de douves, flanqué de deux tours carrées et de deux échauguettes. Sur la façade d'entrée était percé un portail en arc de triomphe formant travée rythmique. Sur la cour, le corps de logis était scandé de pilastres colossaux d'ordre ionique cannelés, et l'aile droite était creusée d'une galerie d'arcades.
Cf. DCF Lorraine.

SORBEY. La maison-forte a été bâtie avant 1579 pour Ferri de La Fontayne. Elle n'est probablement pas l'œuvre de l'ingénieur barrois Jean Errard, comme on l'a dit. C'est un bâtiment de plan massé rectangulaire, flanqué de tours carrées ; porte décorée.
Cf. Muel, p. 30 ; *DCF Lorraine.*

STAINVILLE. I.S. Le château fut transformé vers 1516 pour Louis de Stainville ; lucarnes à pilastres, frontons et pinacles.
Cf. Muel, p. 22 ; *DCF Lorraine.*

MOSELLE

Baron de Lachaise, « Les Maisons-fortes de la Moselle », dans *Mémoires de l'Académie de Metz*, 1929, p. 565-586.
H. Bourceret, *Châteaux de la Moselle*, Paris, Nouvelles Éditions latines, s.d.
A. Haefeli, *Les Fermes-châteaux du Pays messin*, Metz, 1973.
Vieilles Maisons françaises, n° 90, octobre 1981.

ALTEVILLE, à Tarquimpol. Visite. « Maison franche » bâtie en 1565 (date inscrite sur deux linteaux) pour Étienne Touppet, trilleur aux salines de Dieuze. C'est un logis rectangulaire flanqué d'une tourelle ronde d'escalier ; canonnières.

EINHARTSHAUSEN, à Phalsbourg. I.S. En 1553, le comte palatin Georges-Jean de Veldenz héritait du comté de la Petite-Pierre et du village voisin. Il y fit édifier un nouveau château en 1568 (inscription), dont il reste le rez-de-chaussée. La même année, il créait la ville neuve de Phalsbourg.
Cf. A. Wolbrett, dans *Bull. de la Soc. d'hist. et d'arch. de Saverne*, n° 70-71, 1970, p. 11-20 ; *DCF Lorraine ; VMF*, n° 90, octobre 1981.

FÉNÉTRANGE. L'ancien château fut reconstruit au XVIe s. pour les rhingraves, coseigneurs de Fénétrange. La chapelle, aux voûtes encore gothiques, fut élevée à la suite du Burgfried de 1584 conclu entre Charles-Philippe de Croÿ, marquis d'Havré, et sa femme Diane de Dommartin d'une part, les rhingraves protestants de l'autre. Portail à pont-levis, escalier en vis suspendu.
Cf. Bourceret, p. 14 ; *MC Alsace*, p. 234 ; *DCF Lorraine ; VMF*, n° 90, octobre 1981.

FREISTROFF. Le château médiéval fut rebâti dans la première moitié du XVIᵉ s. pour les familles de Varsberg et de Puttelange, coseigneurs. Les bâtiments forment un anneau ovale fermé ; tourelles d'escaliers, fenêtres décorées à frontons, porte à pilastres de bossages. Les dates de 1536 et 1545 ont été relevées.
Cf. DCF Lorraine ; VMF, nº 90, octobre 1981.

FRIBOURG-L'ÉVÊQUE. Le château des évêques de Metz, construit au XIVᵉ s., fut remanié en 1589, puis rasé en 1747.
Cf. DCF Lorraine ; VMF, nº 90, octobre 1981.

GOIN. Maison-forte reconstruite au XVIᵉ et au début du XVIIᵉ s. L'enceinte comportait un portail à bossages vermiculés un sur deux, détruit pendant la Seconde Guerre mondiale.
Cf. DCF Lorraine.

GROSSE MAISON, La, à Montois-la-Montagne. Construite en 1589 pour Louis Gauvain, maître de forges à Moyeuvre, démolie en 1950. Il reste un pigeonnier carré.
Cf. DCF Lorraine ; VMF, nº 90, octobre 1981.

GUERMANGE. I.S. Il ne reste que des vestiges (petites tours à bulbes de l'enceinte du parc) de la maison-forte remaniée entre 1544 et 1547 pour Hans de Guermange.
Cf. DCF Lorraine.

HABOUDANGE. Château des évêques de Metz, remanié à plusieurs reprises, notamment en 1578. L'escalier droit a son mur-noyau percé d'une arcade rampante.
Cf. DCF Lorraine.

HELFEDANGE, à Guindlange. Sur ce fief de l'évêché de Metz, Claus Arnold, de Sarrebruck, construit en 1565 pour le comte Jean IV de Nassau-Sarrebruck un nouveau château en quadrilatère, avec deux tours rondes sur la façade d'entrée. Le corps de logis est accosté sur la cour d'une haute tourelle d'escalier polygonale ; il a été remanié aux XVIIᵉ et XVIIIᵉ s.
Cf. Bourceret, p. 15 ; DCF Lorraine ; VMF, nº 90, octobre 1981.

HOMBOURG, à Hombourg-Budange. M.H. **Voir nº 240.**
Cf. Vte de Hunolstein, 1889 ; J. Guélen, dans *Études historiques,* fascic. 25, 1972 ; *DCF Lorraine ; VMF,* nº 90, octobre 1981, p. 33.

HORGNE-AU-SABLON, La, à Montigny-lès-Metz. Quelques vestiges subsistent de la maison-forte du XVIᵉ s., dont une tour ronde dite de Charles Quint en souvenir du séjour de l'empereur, lors du siège de Metz en 1552.
Cf. A. Haefeli, t. 1, p. 15-25 ; *DCF Lorraine.*

LUTTANGE. I.S. Visite. La terre fut revendiquée par les évêques de Metz et les ducs de Luxembourg, d'où l'existence de deux ensembles de constructions séparés. Certains éléments du XVIᵉ s., encastrés dans la façade sud, proviennent du château de Daspich.
Cf. Bourceret, p. 22 ; *DCF Lorraine.*

MARDIGNY, à Lorry-Mardigny. M.H. Un château succéda au XVIᵉ s. à l'ancienne maison-forte, dont il reste surtout la belle tour-porche à mâchicoulis, agrémentée d'un portail à demi-colonnes de bossages (qui date du début du XVIIᵉ s.).
Cf. Bourceret, p. 23 ; *DCF Lorraine.*

METZ. Palais épiscopal. Rien ne reste du palais reconstruit en 1551-1555 pour l'évêque Robert de Lenoncourt, détruit au XVIIIᵉ s.
Cf. DCF Lorraine.

MONTIGNY-LA-GRANGE, à Amanvillers. Rien ne reste du château rebâti en 1597 (inscription autrefois visible au fronton), pour Jean Gauvain, détruit en 1944.
Cf. DCF Lorraine.

MONTOY, à Montoy-Flanville. Après un incendie de 1518, le château fut rebâti pour Michel Chaverson, fils d'un échevin de Metz ; il était défendu par cinq tours et un donjon carré. Il en reste quelques vestiges.
Cf. DCF Lorraine.

MOYEUVRE, à Moyeuvre-Grande. Reconstruit à partir de 1598 pour Jean Pierron de Bettainvilliers, contrôleur d'une forge appartenant au duc Charles III, et achevé en 1616 (porte à colonnes).
Cf. DCF Lorraine ; VMF, nº 90, octobre 1981.

NOVÉANT. Dans l'ancien château médiéval, le corps de logis a été reconstruit ou remanié entre 1567 et 1586 pour Antoine Goz, secrétaire et maître d'hôtel de Charles IX, gouverneur de Saint-Nicolas-de-Port au nom du duc de Lorraine, de la seigneurie de Gorze pour le cardinal de Lorraine, puis des forges de Moyeuvre. Balcon porté par des consoles, dont les dalles sont décorées à leurs sous-faces de sculptures, l'une datée de 1563.
Cf. DCF Lorraine ; VMF, nº 90, octobre 1981.

RÉCHICOURT-LE-CHÂTEAU. La tour-porche, point de départ des accroissements ultérieurs, semble dater du XVIᵉ s. ; elle présente une croisée ornée de motifs géométriques et de feuillages.
Cf. Bourceret, p. 27 ; *DCF Lorraine.*

RÉMELANGE, à Fameck. Maison-forte de la fin du XVIᵉ s., appelée *Château des Moines.* C'est un logis rectangulaire flanqué de deux tours carrées en diagonale. Le portail est encadré de colonnes, et son entablement, de têtes d'angelots.
Cf. MC Alsace, p. 241 ; *DCF Lorraine ; VMF,* nº 90, octobre 1981.

ROMÉCOURT, à Azoudange. I.S. **Voir nº 239.**
Cf. DCF Lorraine ; VMF, nº 90, octobre 1981.

RUGY, à Argancy. Château du XVIᵉ s.
Cf. MC Alsace, p. 242.

SCHLOSSBERG, Le, à Forbach. Le château médiéval vit sa défense augmentée d'un bastion et de portes fortifiées par les soins des coseigneurs, Hohenfels-Reipoltzkirchen et comtes de Daun-Falkenstein, entre 1541 et 1555, et le corps de logis fut modernisé. Restauré en style néogothique en 1891.
Cf. DCF Lorraine.

THICOURT. Il ne reste qu'un colombier circulaire du château bâti à la fin du XVIᵉ s. pour Diane de Dommartin et son mari Charles-Philippe de Croÿ, marquis d'Havré.
Cf. DCF Lorraine ; VMF, nº 90, octobre 1981.

VIVIERS. Ruines du château remanié entre 1571 et 1581 pour le comte Jean de Salm, gouverneur de Nancy. Les nouveaux bâtiments étaient l'œuvre de Claude Marjollet, maître maçon à Nancy ; des travaux furent exécutés aux tours ; en 1598, furent ajoutées des dépendances. Viviers sera encore embelli au début du XVIIᵉ s., puis rasé en partie par les troupes françaises en 1642.
Cf. DCF Lorraine.

VOSGES

J.F. Michel, *Les Châteaux des Vosges,* Paris, Nouvelles Éditions latines, s.d.
Vieilles Maisons françaises, nº 109, septembre 1985.

ADOMPT, à Gelvécourt-et-Adompt. Adossée à l'église, la maison-forte médiévale a été remaniée au XVIᵉ s. La date de 1560 est inscrite sur la porte de l'escalier, contenu dans une tour ronde.
Cf. Michel, p. 3 ; *DCF Lorraine.*

BOURLÉMONT, à Frébécourt. I.S. Le grand château médiéval fut modifié au XVIᵉ s. ; d'abord en 1526 pour Saladin d'Anglure, qui fit construire un nouveau corps de logis (daté), puis en 1536 pour le même, auteur de la chapelle castrale Saint-Vincent qui se dressait autrefois isolément dans la cour ; en 1587 ensuite, avec la construction de la chapelle Saint-Jean (aujourd'hui sacristie) pour Jean, chevalier de Saint-Jean de Jérusalem. Dans la seconde moitié du siècle enfin, l'aile sud fut transformée et pourvue d'une galerie d'arcades.
Cf. Michel, p. 7 ; *MC Alsace,* p. 54 ; A. de Rohan-Chabot, dans *VMF,* nº 75, janvier 1978, p. 12-15 ; *DCF Lorraine.*

BOUZEY, à Dombrot-sur-Vair. Maison-forte du XVIᵉ s.
Cf. DCF Lorraine.

CHÂTELET, Le, à Harchéramp. Corps de logis reconstruit au XVIᵉ s. Curieuse pierre tombale de Grégoire Du Châtelet, mort en 1562.
Cf. Michel, p. 14 ; *DCF Lorraine.*

GIRECOURT-SUR-DURBION. Maison-forte achevée en 1540 pour Pierre de Haraucourt ; reconstruite en partie au XIXᵉ s.
Cf. Michel, p. 11 ; *DCF Lorraine.*

GIRONCOURT-SUR-VRAINE. Maison-forte bâtie entre 1512 et 1549 pour Errard de Lavaulx.
Cf. Michel, p. 11 ; *DCF Lorraine.*

GRÉSIL, Le, à Monthureux-le-Sec. Il ne reste rien de la maison-forte bâtie en 1555 pour Jean de Choiseul.
Cf. DCF Lorraine.

HADIGNY-LÈS-VERRIÈRES. Il ne reste qu'une porte d'escalier du XVIᵉ s. du château bâti à partir de 1558 pour Humbert Des Pilliers.
Cf. DCF Lorraine.

JUBAINVILLE. Maison-forte de 1583 (d'après la date portée sur une cheminée, dont le bas-relief de l'*Annonciation* est aujourd'hui au musée d'Épinal), appartenant à la famille de Brixey. Modifiée au XVIIᵉ s.
Cf. DCF Lorraine.

LICHÉCOURT, à Relanges. I.S. Visite. Maison-forte élevée au XVIᵉ s. pour Nicolas Hennezel, gentilhomme verrier. De plan massé, flanquée de tours rondes, remaniée au XVIIIᵉ s.
Cf. DCF Lorraine.

ROMAIN-AUX-BOIS. I.S. Maison-forte de la fin du XVᵉ s.
Cf. DCF Lorraine.

RUPPES. Il ne reste que les fossés du château bâti à la fin du XVIᵉ s. pour les comtes de Salm, puis détruit vers 1628.
Cf. R. Truttmann, dans *Le Pays lorrain,* 1956, p. 78-84 ; *DCF Lorraine.*

SANDAUCOURT. M.H. Belle maison-forte de plan massé, coiffée d'un grand comble en pavillon et flanquée aux angles de tours rondes. Les croisées sont surmontées de frontons en accolade. La porte a été modifiée au XVIIIᵉ s. Elle fut construite sans doute pour Marie de Beauvau après son mariage en 1571 avec Claude de Reinach.
Cf. Michel, p. 23 ; *DCF Lorraine.*

XVIII. ALSACE

Terre d'Empire, l'Alsace n'est française que depuis les traités de Westphalie (1648).
F. Wolff, *Elsassisches Bürgenlexikon*, Strasbourg, 1908.
Merveilles des châteaux d'Alsace, de Lorraine et de Liège, Paris, Hachette-Réalités, 1974.
Dictionnaire des châteaux de France, Alsace, Paris, Berger-Levrault, 1980, sous la direction de R. Recht.

BAS-RHIN

J.-L. Vonau, *Châteaux de Basse-Alsace*, Paris, Nouvelles Éditions latines, s.d.

ANDLAU. M.H. Portail de 1534 aux armes de la famille d'Andlau.
Cf. DCF Alsace.

ASSWILLER. Château de plaine rénové en 1561 pour le comte palatin de Deux-Ponts, reconstruit en partie au XVIIIe s.
Cf. DCF Alsace.

BIRKENWALD. I.S. En 1562, Nicolas-Jacques d'Ingenheim et sa femme Hélène de Landsperg firent construire un château « à la française », c'est-à-dire qu'il devait réunir les agréments d'une résidence de campagne aux sécurités d'un lieu fortifié. C'est un corps de logis flanqué de deux tours rondes, relié à un second par la tour d'escalier. La basse-cour fortifiée a été remplacée depuis par un jardin. Les éléments décoratifs qui apparaissent à la porte de l'escalier (datée de 1562), à la porte et aux linteaux des fenêtres du logis voisin, sont une maladroite combinaison d'éléments de la première Renaissance (fronton à coquille, pilastres trapus), de motifs populaires (sirène, rinceaux) et d'autres issus du maniérisme (registre supérieur de la porte du logis ; boulets de canon).
Cf. J. Wetta, dans *Bull. de la Soc. hist. et arch. de Saverne*, 1962, n° 40 ; Soulange-Bodin, *Châteaux connus et inconnus* ; *MC Alsace*, p. 231 ; Vonau, p. 6 ; *DCF Alsace.*

BISCHOFFSHEIM. Rien ne reste de l'*Oberschloss* modifié en 1553 pour Philippe Ingold, réoccupé par l'évêque de Strasbourg en 1573.
Cf. DCF Alsace.

BOUXWILLER. Visite. Quelques vestiges restent du château des sires de Lichtenberg, reconstruit après sa démolition en 1525 lors de la révolte des Paysans.
Cf. DCF Alsace.

BREUSCHWICKERSHEIM. I.S. Le château du XVe s. des sires de Wickersheim, puis des Sturm et des Erhalt, fut agrémenté au XVIe s. d'un portail et d'un escalier. De 1489 à 1553 il fut, grâce à Jacques Sturm, l'un des plus brillants foyers d'humanisme.
Cf. Vonau, p. 10 ; *DCF Alsace.*

DACHSTEIN. Résidence des évêques de Strasbourg, rebâtie d'abord pour l'évêque Albert de Bavière, puis augmentée en 1572 (inscription) d'un logis résidentiel construit pour l'évêque Jean de Manderscheidt. Deux logis en équerre, flanqués de deux tourelles et d'un superbe oriel à l'angle. Les lucarnes sont décorées ; souches de cheminées, porte à pilastres, puits à colonnes. Restauré au XIXe s.
Cf. Vonau, p. 10 ; *DCF Alsace.*

DIEDENDORFF. I.S. La maison-forte fut probablement construite en 1577, comme en témoignait une inscription sur le portail disparu, pour le bailli Jean Streif de Lauenstein. C'est un corps de logis encadré de deux tours rondes coiffées de combles en bulbes.
Cf. J. Schlumberger, dans *Bull. de la Soc. hist. et arch. de Saverne*, n° 61-62, 1968, p. 23-25 ; Vonau, p. 11 ; *DCF Alsace.*

ERNOLSHEIM-BRUCHE. I.S. Maison-forte des sires d'Urendorf, bâtie en partie en 1554 (inscription).
Cf. Vonau, p. 11.

ERSTEIN. Le *Schlosshof*, du XVIe s., appartenait au chapitre cathédral de Strasbourg. Il a disparu, tout comme le *Rebmattschloss* de 1558, corps de logis flanqué de quatre tours, démoli en 1881.
Cf. DCF Alsace.

FLECKENSTEIN, à Lembach. M.H. La forteresse accrochée au rocher a été remaniée entre 1540 et 1570 pour la famille de Fleckenstein.
Cf. DCF Alsace.

HAUT-BARR, Le, à Saverne. M.H. **Voir n° 241.**
Cf. H. Gachot, B. Haegel, H. Heitz..., dans *Bull. de la Soc. hist. et arch. de Saverne*, 1979 (compte rendu par J. Mesqui, *BM*, 1982, p. 363) ; *DCF Alsace.*

HAUT-LANDSBOURG, à Wintzenheim. La forteresse médiévale fit l'objet de travaux de défense par les soins de Lazare de Schwendi (1525-1583) qui y introduisit la culture du vin de Tokay ; construction d'une barbacane. L'empereur Maximilien II y descendit en 1573.
Cf. DCF Alsace.

HERRENSTEIN, à Neuwiller-lès-Saverne. Château de montagne médiéval restauré pour la ville de Strasbourg par l'architecte strasbourgeois Daniel Specklin (1536-1589). On possède son projet dessiné en 1580 ; vaste enceinte rectangulaire.
Cf. P. Gerber, dans *Bull. de la Soc. hist et arch. de Saverne*, n° 91-92, 1975 ; *DCF Alsace.*

HOHENBOURG, à Wingen. M.H. Ruines de la forteresse des Sickingen. Au XVIe s., fut construite une grosse tour flanquante et un portail d'entrée à pilastres.
Cf. DCF Alsace.

ITTENWILLER, à Saint-Pierre. I.S. Prieuré du XVIe s. venu aux mains de l'évêque de Strasbourg. Il porte deux fois la date de 1573. Puits.
Cf. F. Wolff, *Elsassisches Bürgenlexikon*, Strasbourg, 1908 ; Soulange-Bodin, *Châteaux connus et inconnus.*

LICHTENBERG. M.H. La forteresse fut reconstruite en partie après 1570 pour Philippe V de Hanau-Lichtenberg par l'architecte strasbourgeois Daniel Specklin, en conservant la chapelle et le donjon. Belle porte du logis du commandant, encadrée de cariatides assez frustes. Puits

LICHTENBERG. Portail, d'après une carte postale.

octogonal à deux colonnes. Une gravure de Mathieu Mérian de 1632 présente l'aspect général du château.
Cf. F. Eyer, 1976 ; Vonau, p. 15 ; *DCF Alsace.*

LÜTZELSTEIN. Le château des comtes de La Petite Pierre fut rasé par Georges-Jean, prince palatin du Rhin, pour en faire un palais résidentiel, en 1566. Il fut détruit partiellement par les troupes françaises durant la guerre de Trente ans.
Cf. Vonau, p. 14.

NIEDERNAI. Château des Landsperg. Portail armorié daté de 1533.
Cf. Vonau, p. 19.

OSTHOFFEN. I.S. Château des burgraves d'Osthoffen transformé après 1546 pour Jost de Seebach. C'est un wasserburg, deux corps de logis en équerre sur une plate-forme carrée entourée d'eau. Pignons à rampants incurvés ; modifié au XVIIIe s.
Cf. F. Dollinger, dans *Revue alsacienne illustrée*, n° 1, 1912, p. 1-14 ; Soulange-Bodin, *Châteaux connus et inconnus* ; *MC Alsace*, p. 240 ; Vonau, p. 23 ; *DCF Alsace.*

OSTHOUSE. M.H. Le château médiéval de la famille Zorn fut rasé en 1552 par Georges Zorn de Bulach, de la branche catholique de la famille, conseiller de Charles Quint, pour y faire édifier une nouvelle résidence. La date de 1558 est visible sur le portail intérieur. C'est un wasserburg, deux corps de logis en équerre sur une plate-forme carrée entourée d'eau.
Cf. Soulange-Bodin, *Châteaux connus et inconnus*; Vonau, p. 23 ; *MC Alsace*, p. 34 ; *DCF Alsace*.

PETITE-PIERRE, La. M.H. Visite. Château du XIIIᵉ s. modifié au XVIᵉ s. pour Georges Jean de Veldenz, comte palatin.

SAVERNE. M.H. Visite. L'ancien château des évêques de Strasbourg fut modifié pour l'évêque Guillaume de Honstein (1506-1541) qui avait bâti dans la ville la chapelle Saint-Michel, premier témoin de la Renaissance en Alsace. D'autres travaux sont dus à l'évêque Érasme de Limbourg (1547-1568). La demeure fut endommagée pendant la guerre de Trente ans, rasée par le cardinal de Furstemberg sous Louis XIV, et rebâtie plusieurs fois.
Cf. Vonau, p. 26 ; *DCF Alsace* ; *Canton de Saverne*, IGMRAF, 1978.

SCHARRACHBERGHEIM. I.S. Manoir daté de 1530 sur la porte.
Cf. Vonau, p. 27.

THANVILLÉ. I.S. Château des ducs de Lorraine, il fut reconstruit en 1518 pour le duc Antoine, endommagé en 1540 et incendié en 1571. Acheté l'année suivante par Jean-Frédéric de Worms, il fut reconstruit, puis sera de nouveau ruiné lors de la guerre de Trente ans, modifié aux XVIIᵉ et XVIIIᵉ s. Il affecte un plan en quadrilatère ; tour carrée à l'entrée ; les bouches à feu sont sculptées de têtes d'animaux.
Cf. Vonau, p. 30 ; *DCF Alsace*.

WOERTH-SUR-SAUER. Le château médiéval fut reconstruit en partie pour Jacques de Deux-Ponts-Bitche et Catherine de Honstein. Le corps de logis neuf est agrémenté d'un oriel en grès des Vosges, haut de deux étages et soigneusement décoré de pilastres, frontons, reliefs en méplat présentant notamment les portraits des constructeurs en médaillons. Il est daté de 1555. Un balcon sur consoles se poursuit à son niveau vers la droite, desservant le premier étage où l'on remarque une porte du même style. L'une des fenêtres est datée de 1554 sur un cartouche.
Cf. Vonau, p. 30 ; *MC Alsace*, p. 245 ; *DCF Alsace*.

HAUT-RHIN

BOLLWILLER. Le château comporte une tourelle d'escalier que l'on peut dater de 1550 environ, une autre à cinq pans de la fin du XVIᵉ s. Des travaux importants furent entrepris en 1599 pour Rodolphe de Bollwiller, bailli d'Ensisheim.
Cf. MC Alsace, p. 231 ; *DCF Alsace*.

FERRETTE. M.H. La forteresse des Habsbourg occupée par leurs seigneurs engagistes fut entourée d'une grande enceinte au début du XVIᵉ s. pour les Reich de Reichenstein ; elle enferme les deux constructions médiévales.
Cf. DCF Alsace.

HOHNACK, Le, à Labaroche. M.H. Forteresse des comtes de Ribeaupierre ; barbacane du XVIᵉ s. Démantelé en 1655.
Cf. DCF Alsace.

HORBOURG, à Horbourg-Wihr. Wasserburg médiéval modifié en 1543 pour Georges de Wurtemberg-Montbéliard ; la porte d'entrée a reçu l'inscription « D'Stund brings End ». Ses fortifications furent renforcées en 1597 par l'architecte Henri Schickardt.
Cf. DCF Alsace.

ISENBOURG, à Rouffach. Château des évêques de Strasbourg. Rien ne subsiste du corps de logis à pignon à pas de moineaux ajouté au XVIᵉ s. pour l'évêque Guillaume de Honstein.
Cf. DCF Alsace.

KIENTZHEIM. Le *château Schwendi* a été construit à l'entrée de la ville pour Lazare de Schwendi, entre 1563 et 1583 ; mur crénelé, pignon à pas de moineaux, puits sur la place.
Cf. MC Alsace, p. 237 ; *DCF Alsace*.

LANDSKRON, à Leymen. M.H. La forteresse des Habsbourg concédée aux Reich de Reichenstein fut reconstruite en 1515 (inscription), sous l'empereur Maximilien. Gravé par Mathieu Mérian. En ruines.
Cf. DCF Alsace.

MORIMONT, à Oberlarg. M.H. Ruines d'une forteresse médiévale renforcée d'une enceinte bastionnée au XVIᵉ s.
Cf. DCF Alsace.

ORSCHWIHR. Château des Truchsess de Rheinfelden, remanié en 1580.
Cf. DCF Alsace.

RIQUEWIHR. M.H. Visite. Occupé aujourd'hui par le Musée postal, le château, situé en pleine ville, fut reconstruit en 1539-1540 pour Georges de Wurtemberg-Montbéliard. Logé dans un angle des remparts de la ville, c'est un logis de plan rectangulaire à pignon à pas de moineaux, flanqué d'une tour d'escalier polygonale. Linteau armorié daté de 1540 avec la devise « Die Stund brings End ».
Cf. DCF Alsace ; H. Herz, dans *CAF*, 1978, p. 330.

WAGENBURG, à Soulzmatt. I.S. Portail du XVIᵉ s.
Cf. MC Alsace, p. 245.

WALBACH. I.S. Maison-forte des XVᵉ et XVIᵉ s., aux sires de Blicksberg.
Cf. MC Alsace, p. 245 ; *DCF Alsace*.

WECKENTHAL, à Beerwiller. Wasserburg médiéval de la famille Waldner de Freudenstein, remanié en 1521-1522.
Cf. DCF Alsace.

RIQUEWIHR. Porte de l'escalier.

Terre d'Empire, la comté de Bourgogne dite Franche-Comté passa avec l'héritage de Charles le Téméraire aux mains des rois d'Espagne. Conquise par Louis XIV, elle deviendra française au traité de Nimègue, en 1678.

J. Gautier, « L'Architecture civile en Franche-Comté au XVIᵉ s. », dans *Réunion des Sociétés de Beaux-Arts des départements*, 1899, p. 676-683.

G. de Beauséjour, « Vue d'ensemble sur les anciens châteaux de Franche-Comté », dans *Mémoires de l'Académie des sciences, belles lettres et arts de Besançon*, t. 159, 1910.

Abbé Brune, « La Renaissance en Franche-Comté. L'atelier dolois de sculpteurs ornemanistes », dans *Réunion des Sociétés de Beaux-Arts des départements*, 1911, p. 43-57.

Abbé Brune, *Dictionnaire des artistes et ouvriers d'art de la Franche-Comté*, Paris, 1912.

R. Tournier, « L'Architecture de la Renaissance et la formation du classicisme en Franche-Comté », dans *Cahiers d'études comtoises*, nᵒ 5, Paris, 1964.

Merveilles des châteaux de Bourgogne et Franche-Comté, Paris, Réalités-Hachette, 1969.

Dictionnaire des châteaux de France, Franche-Comté, pays de l'Ain, Paris, Berger-Levrault, 1979, sous la direction de Fr. Vignier.

AIN

Le département est formé de la principauté française de Dombes (capitale Trévoux), propriété des Bourbon-Montpensier puis des Bourbon-Condé, réunie au domaine royal en 1762 (dont dépendait le château de Bouligneux), et des terres savoyardes de la Bresse, du Bugey, du pays de Gex et du Valromey, qui furent temporairement françaises de 1533 à 1559, puis définitivement annexées après la conquête de Henri IV, au traité de Lyon en 1601.

A. Vingtrinier, *Vieux Châteaux de la Bresse et du Bugey*, Lyon, 1882.

L. Blondel, *Châteaux de l'ancien diocèse de Genève*, Paris, 1956

A. Bonnefin, *Châteaux de l'Ain*, Paris, Nouvelles Éditions latines, s.d.

LES ALLYMES.

ALLYMES, Les, à Ambérieu-en-Bugey. M.H. Visite. D'une grande simplicité, le château se présente comme un quadrilatère de courtines renforcé de deux tours en diagonale, l'une ronde et l'autre carrée. Un corps de logis fut ajouté à la fin du XVᵉ ou au début du XVIᵉ s. pour Humbert de Lucinge, ambassadeur du duc de Savoie. Il sera la résidence de René de Lucinge, ambassadeur du duc auprès du roi de France à la fin du siècle, et fin lettré.
Cf. Vingtrinier, p. 3-10 ; A. Dallemagne, dans *Le Bugey*, t. 10, 1939, p. 69-77 ; *VMF*, nᵒ 24, avril 1965, p. 17-21 ; *DCF Franche-Comté*.

BOULIGNEUX. I.S. Le château du XIVᵉ s. fut modifié après 1581 pour Hugues de La Palud. Trois corps de logis en U, bâtis en brique, enserrent une cour ; porche, galeries à arcades, cheminées ; l'escalier droit date du début du XVIIᵉ s.
Cf. Soulange-Bodin, *Châteaux de Bourgogne* ; *DCF Franche-Comté*.

ÉCHELLES, Les, à Jujurieux. M.H. Le château de la famille des Moyria, seigneurs de Maillat, a été amplifié au XVIᵉ s. Corps de logis de l'entrée dont le passage est décoré d'une peinture murale de style italien représentant le char d'Apollon.
Cf. DCF Franche-Comté.

HOSTEL, à Belmont-Luthézieu. Maison-forte reconstruite vers 1560-1565 pour Pierre Gauthier, conseiller du duc de Savoie. Reconstruit en partie au XIXᵉ s.
Cf. DCF Franche-Comté.

MACHURAT, à Vieu. Vignoble de l'abbaye de Saint-Sulpice. Une maison-forte est reconstruite au XVIᵉ s. La tour ronde à bossages est datée de 1534. Le corps de logis, contemporain, a été enjolivé à l'époque néo-gothique.
Cf. DCF Franche-Comté.

MAILLAT. La maison-forte médiévale fut augmentée à la fin du XVIᵉ s. Plafonds à poutres peintes.
Cf. DCF Franche-Comté.

PONT-D'AIN. I.S. Propriété des ducs de Savoie, ce château bressan fut l'une de leurs résidences préférées. Louise de Savoie, mère de François Iᵉʳ, y naquit. En 1586, Charles-Emmanuel de Savoie l'inféoda à Joachim de Rye, marquis de Treffort, qui le fit reconstruire. L'ensemble a été modifié au XVIIIᵉ s., mais il reste le grand escalier, daté de 1594. Sa façade présente une magnifique succession ascendante de grandes croisées coiffées de frontons alternativement droits et cintrés, garnis d'armoiries.
Cf. DCF Franche-Comté.

SAINTE-JULIE. I.S. Château reconstruit au milieu du XVIᵉ s. Grand corps de logis flanqué de demi-tours rondes ; cheminée à décor peint.
Cf. DCF Franche-Comté.

DOUBS

Inventaire général des monuments et richesses artistiques de la France. Arrondissement de Pontarlier. Indicateur du patrimoine architectural, 1982.
I.G.M.R.A.F., Cat. de l'expos. sur l'*Arrondissement de Pontarlier*, 1980.

BELVOIR. I.S. Visite. La forteresse médiévale fut modifiée pour la famille de Cusance ; au-dessus de l'entrée de la poterne, grand bas-relief héraldique daté de 1565 ; cheminée à colonnes ioniques.
Cf. A. Jouffroy, Montbéliard, 1976 ; Tournier ; *DCF Franche-Comté ; VMF,* n° 92, avril 1982.

BESANÇON. *Palais Granvelle.* M.H. Musée. **Voir n° 106.**
Cf. ML. Cornillot, dans *CAF,* 1960, p. 53-68.

BLAMONT. Le château fut transformé au XVIe s. pour le comte de Wurtemberg-Montbéliard, reconstruit en partie au XIXe s.
Cf. DCF Franche-Comté.

CHAZOY, à Burgille. I.S. Donjon carré du XVIe s., flanqué d'une tourelle d'escalier.
Cf. DCF Franche-Comté.

ÉCOLE, à École-Valentin. I.S. Construit au XVIe s. pour Claude Buffet, commandeur du Saint-Esprit ; modifié au XVIIe s.
Cf. DCF Franche-Comté ; VMF, n° 92, avril 1982.

GOUX-LES-USIERS. Maison-forte élevée en 1551 pour Antoine d'Usier, agrandie vers 1580 pour Nicolas de Watteville, marquis de Versoix, d'une tour, d'un portail et d'un escalier.
Cf. DCF Franche-Comté.

MONTBÉLIARD. M.H. Musée. Propriété d'une branche de la famille ducale de Wurtemberg, la principauté de Montbéliard ne fut réunie à la France qu'en 1793. Les princes accrurent peu à peu le château juché sur un éperon au-dessus de la ville. En 1572, le duc Frédéric fit entreprendre la tour sud, dite tour Neuve ou tour Rouge, en pendant à la tour nord, dite tour Bossue, datée de 1424. L'ouvrage fut terminé par l'architecte wurtembergeois Hans Schickhardt en 1595. Les années suivantes, ce dernier fut chargé de construire plus loin le pavillon de l'Horloge ou pavillon des Gentilshommes. Dans le but de donner une silhouette plus animée aux deux tours jumelles, le bâtiment qui les réunissait fut modifié entre 1870 et 1880 et pourvu d'un pignon décoré d'ailerons, inspiré du pavillon de l'Horloge de Schickhardt.
Cf. J. Gauthier, « L'Architecte W.H. Schickhardt », dans *Mémoires de l'Académie de Besançon,* 1894, p. 237-252 ; Tournier, p. 89-90 ; *DCF Franche-Comté ; VMF,* n° 92, avril 1982.

MONTBY, à Gondenans-Montby. Château reconstruit après 1543, brûlé en 1637. Du quadrilatère subsistent deux ailes, dont celle de la porte, flanquée d'une tour à bossages.
Cf. DCF Franche-Comté.

NANS-SOUS-SAINTE-ANNE. Maison-forte bâtie vers 1550, détruite en 1637.
Cf. DCF Franche-Comté.

ORVE. Cheminée sur pilastres doriques décorés de tables, où figurent des soleils et des sirènes.
Cf. Tournier.

ROCHE-SUR-L'OGNON, à Rigney. I.S. Le château a été rajeuni pour la famille Du Hautois dans un style encore gothique, au XVIe s. ; cheminée à colonnes doriques.
Cf. Tournier.

SCEY, à Scey-sur-Saône-et-Saint-Albin. Une maison de plaisance, défendue par sept tours, fut édifiée pour Claude de Bauffremont, évêque de Troyes, en 1561. Elle sera entièrement reconstruite en 1697.
Cf. DCF Franche-Comté.

SCEY-EN-VARAIS, à Scey-Maisières. Il reste des ruines de la forteresse médiévale, où un nouveau logis avait été bâti en 1576 pour François Pérrenot de Granvelle. L'architecte en était Hugues Maire, qui donnera cinq ans plus tard les plans du palais Granvelle à Besançon. En 1576, des vitraux étaient commandés pour garnir les fenêtres.
Cf. Brune, *Dictionnaire,* p. 177 ; Tournier ; *DCF Franche-Comté.*

SOYE. Le fief des Bauffremont fut donné par Charles Quint à l'ingénieur Humbert-Guillaume de Principiano. Quelques restes de tours à bossages pourraient lui être attribués.
Cf. DCF Franche-Comté.

VAUX-LES-PRÉS. Château bâti à la fin du XVIe s. pour Frédéric Perrenot de Champagney, fils du chancelier Granvelle. C'était un quadrilatère de bâtiments garnis de bossages, flanqués de pavillons carrés, avec une galerie d'arcades sur deux étages. Rasé en 1913.
Cf. Tournier ; *DCF Franche-Comté.*

MONTBÉLIARD.

JURA

Vieilles Maisons françaises, n° 112, mai-juin 1986.

BALANÇON, à Thervay. Site inscrit. Le château médiéval, saccagé par les troupes françaises en 1477, fut rebâti en partie en 1559 pour la famille de Rye, puis abandonné à la ruine après la Révolution. Sur la cour, au pied du grand donjon carré, les corps de logis nouveaux étaient percés de baies moulurées coiffées de frontons et garnies de candélabres aux meneaux. Sur le côté, un péristyle de colonnes composites subsiste, dont l'architrave est curieusement surmontée d'arcatures pleines ; il ne date peut-être que du XVIIIe s.
Cf. Tournier ; *DCF Franche-Comté.*

BEAUFORT. Ruines du château médiéval, dont un corps de logis en équerre semble du XVIe s.
Cf. DCF Franche-Comté.

BERSAILLIN. I.S. Le château fut construit sans doute pour Adrien de Vaudrey, mort en 1542. Il sera augmenté au XVIIIe s. Il est fait de deux corps de logis en équerre flanqués d'une tour ronde, de deux tourelles carrées et d'un pavillon également carré. Sur la cour, galerie de quatre arcades ; chapelle gothique à clocher-mur du XVIe s. A l'étage, galerie de portraits et cheminée décorée d'un portrait de Charles Quint en médaillon (provenant d'un hôtel de Dole).
Cf. Soulange-Bodin, *Châteaux connus et inconnus ;* Tournier ; *MC Bourgogne,* p. 285 ; *DCF Franche-Comté ; VMF,* n° 99, octobre 1983, p. 90 ; *Sites et Monuments,* n° 104, 1984, p. 27-32.

BRANS. Château édifié après 1584 pour Benoît Charreton ; modifié au XIXe s.
Cf. DCF Franche-Comté.

CHALAIN, à Fontenu. I.S. Maison-forte du XVe ou du début du XVIe s. Ruines.
Cf. Tournier ; *DCF Franche-Comté.*

CLAIRVAUX, à Clairvaux-les-Lacs. I.S. Du château subsiste une tour ronde dont les fenêtres s'encadrent de pilastres sous des frontons droits.
Cf. Tournier ; *DCF Franche-Comté.*

CRESSIA. Le château médiéval des Coligny, fortement restauré au XIXe, puis incendié en 1944, comporte sur la cour une aile du XVIe s. avec galerie d'arcades en plein cintre.
Cf. Tournier ; *DCF Franche-Comté.*

MAISOD. Maison-forte du XVIe s. (plaque de cheminée datée de 1567).
Cf. DCF Franche-Comté.

MONTRICHARD, à Sirod. Construction de plan massé, du milieu du XVIe s., flanquée de trois tourelles rondes et d'une quatrième polygonale.
Cf. Tournier ; *DCF Franche-Comté.*

MOZEROY. I.S. La forteresse de la famille de Chalon fut superbement reconstruite vers 1400 et abrita une cour brillante qui accueillit bien des princes. De 1518 à 1523, Philibert de Chalon y donna des tournois et y réunit les Etats de la Comté. Il avait rapporté d'Italie l'idée de bâtir un escalier en vis à deux volées ascendantes parallèles et le fit réaliser vers 1520-1530. Cet escalier subsiste, pourvu d'un décor sculpté abondant, de mouluration encore gothique. Il est couvert de berceaux en plein cintre.
Cf. Tournier ; *DCF Franche-Comté.*

PRÉSILLY. I.S. Château fortifié au XVIe s. avec un bastion pentagonal. En ruines.

VERGES. Maison-forte du XVIe s. faite de deux logis en équerre, flanqués de tours rondes.
Cf. DCF Franche-Comté.

HAUTE-SAÔNE

Nouveau Dictionnaire des communes, Haute-Saône, Vesoul, 1969, 6 vol.
Vieilles Maisons françaises, n° 105, décembre 1984.

AULX-LÈS-CROMARY. Château du XVIe s. sur un plan en U ; portes à frontons, pavillon fortifié à canonnières. Modifié aux XVIIIe et XIXe s.
Cf. DCF Franche-Comté.

BEVEUGE. Corps de logis du XVIe s. à fenêtres géminées ; augmenté au XVIIIe s.
Cf. DCF Franche-Comté.

BOREY. Construit dans le troisième quart du XVIe s. pour Jean Tranchant (lucarnes à frontons) ; agrandi au XVIIIe s.
Cf. DCF Franche-Comté.

BOUGEY. Restes d'un mur d'enceinte à bossages en boules.
Cf. DCF Franche-Comté.

CHAMPLITTE. M.H. Musée. **Voir n° 235.**
Cf. Tournier ; Briffaut, Langres, 1869 ; Ch. H. Lerch, dans *Bull. d'information de la préfecture de Haute-Saône,* 1967, n° 9, p. 16-18 ; *DCF Franche-Comté ; VMF,* n° 105, décembre 1984, p. 36-37.

CHARGEY-LÈS-GRAY. Petite maison-forte du XVIe s. à tour ronde, défigurée au XIXe s.
Cf. DCF Franche-Comté.

FILAIN. M.H. Visite. **Voir n° 237.**
Cf. E. de Ganay, dans *Le Pays comtois,* 1937, p. 79 ; Tournier, p. 55, 56, 62, 83 ; G. Duhem, dans *CAF,* 1960, p. 94-98 ; *VMF,* n° 22, 1964, p. 29-32 ; *La Demeure historique,* n° 49, 1978, p. 14-16 ; *DCF Franche-Comté ; VMF,* n° 105, décembre 1984, p. 35-37.

FRASNE, à Frasne-le-Château. I.S. **Voir n° 236.**
Cf. Tournier ; *DCF Franche-Comté ; VMF,* n° 105, décembre 1984, p. 31 et 36 ; *Images du patrimoine,* canton de Gy, 1986, p. 20.

GOUHENANS. Château brûlé en 1494, reconstruit ensuite. Le châtelet date de la fin du XVIe s., il est décoré de bossages de grès rose.
Cf. DCF Franche-Comté.

GY. M.H. Visite. Résidence des archevêques de Besançon plusieurs fois reconstruite. Le château se présente comme un pentagone de corps de logis entourant une cour. La tour d'escalier, bâtie vers 1500 pour l'archevêque François de Busleiden, offre un beau décor flamboyant. Les corps de logis qui l'encadrent sont de la même époque, celui de gauche est percé d'arcades en arcs brisés.
Cf. Tournier ; *DCF Franche-Comté.*

MALANS. Visite. Maison-forte du début du XVIe s., faite d'un corps de logis à haute toiture cantonné de deux petits pavillons. Sur la façade d'entrée est appliquée une tour d'escalier polygonale, surélevée en 1850. Le décor des fenêtres peut dater de cette dernière époque.
Cf. DCF Franche-Comté.

MANTOCHE. Château du XVIe remanié aux XVIIe et XVIIIe s.
Cf. DCF Franche-Comté.

MOTEY-BESUCHE. Constructions des XVe et XVIe s. (1542), restaurées au XXe s.
Cf. DCF Franche-Comté.

OUGE. Maison-forte du XVIe s.
Cf. MC Bourgogne, p. 294 ; *DCF Franche-Comté.*

RUPT-SUR-SAÔNE. I.S. A côté du château principal, le petit château à tour ronde date du XVIe s.
Cf. DCF Franche-Comté.

SORANS, à Sorans-lès-Breurey. A côté du château du XVIIIe s. subsiste la maison-forte du XVIe s., avec sa tour-porche et, à l'étage, une chapelle décorée de peintures murales (sa porte est datée de 1550). Bâtie pour Étienne de Lambray, seigneur de Sorans.
Cf. Tournier ; *DCF Franche-Comté.*

VALLEROIS-LE-BOIS. M.H. Maison-forte médiévale remaniée au XVIe s. pour les Morel de Vaudrey ; fenêtres du donjon, meurtrières, porterie ornée de pilastres. La tourelle d'escalier porte la date de 1526.
Cf. Tournier ; *DCF Franche-Comté.*

VITREY-SUR-MANCE. Maison-forte bâtie sans doute pour Jacques de Chauvirey, qui y vivait en 1521. Cheminée datée de 1582.
Cf. DCF Franche-Comté.

XX. SAVOIE

Le duché de Savoie, qui comprenait le Piémont de l'autre côté des Alpes, était au XVIe siècle un Etat souverain. La Savoie proprement dite fut occupée et administrée par la France de 1533 à 1559. Trois siècles plus tard, à l'occasion de la guerre pour l'unité italienne, elle sera réunie à la France en 1860.
Merveilles des châteaux de Savoie et du Dauphiné, Paris, Hachette-Réalités, 1972.

SAVOIE

BÂTIE, La, à Barby. I.S. Château de la famille de Seyssel, illustrée par le grand jurisconsulte Claude de Seyssel, théoricien de la monarchie absolue. La façade du corps de logis sur la cour, flanquée d'une tour d'escalier polygonale, date peut-être du XVIe s.
Cf. Soulange-Bodin, *Châteaux connus et inconnus* ; *MC Savoie*, p. 66 et 269.

CHAMBÉRY. Château comtal. M.H. Visite (préfecture). Capitale des Etats du comte puis duc de Savoie, Chambéry fut peu à peu délaissé au profit de Turin, dans le courant du XVIe s. Parmi les travaux exécutés alors dans l'ancienne résidence comtale, il faut surtout noter la poursuite du chantier de la Sainte-Chapelle, l'exécution des vitraux de l'abside en 1547 et l'adjonction, sur le côté, de la chapelle dite de Nemours.
Cf. Perrin, « La chapelle de Nemours... », dans *Mém. de l'Académie des sciences, belles lettres et arts de Savoie*, t. 45, 1902, p. 38-41 ; Soulange-Bodin, *Châteaux connus et inconnus* ; A. Perret, dans *CAF*, 1965, p. 9-20 ; *MC Savoie*, p. 26-29.

COSTAROCHE, ensuite **MANUEL,** à Conflans (Albertville). I.S. Le château de Costaroche fut bâti de 1579 à 1583 pour un gentilhomme originaire de Bergame, Jean-Antoine de Locatel, et prendra ensuite le nom de Manuel d'une famille qui l'acquit en 1617. Corps de logis flanqué de quatre tours.
Cf. Soulange-Bodin, *Châteaux connus et inconnus* ; *MC Savoie*, p. 281.

MARCHES, Les. M.H. Château des ducs de Savoie, commencé pour le comte Amédée V en 1342. Du XVIe s. date probablement la galerie ajoutée dans la cour, le long de l'une des ailes. De type évidemment italien, elle juxtapose deux étages d'arcades, en anse de panier au rez-de-chaussée, en plein cintre à l'étage, portées sur des colonnes toscanes en marbre.
Cf. Soulange-Bodin, *Châteaux connus et inconnus* ; *MC Savoie*, p. 281.

MIOLANS, à Saint-Pierre d'Albigny. M.H. Visite. Forteresse des ducs de Savoie, enlevée par les troupes françaises, puis rendue au duc Emmanuel-Philibert lors du traité de Cateau-Cambrésis en 1559. Elle servit alors de prison. Les constructions datent principalement de 1475-1500, avec des remaniements au XVIe s.
Cf. Naz, dans *Mém. de l'Académie des sciences, belles lettres et arts de Savoie*, t. 8, 1965, p. 15-65 ; *MC Savoie*, p. 54 et 282.

SAINT-INNOCENT, à Brison-Saint-Innocent. A côté du donjon carré du XIIIe, un corps de logis fut élevé au XVIe s., remanié ensuite.
Cf. Soulange-Bodin, *Châteaux connus et inconnus* ; *MC Savoie*, p. 287.

CHAMBÉRY. La Sainte Chapelle.

HAUTE-SAVOIE

ANNECY. Château comtal. M.H. Musée. Surmontant la ville, le château des comtes de Genève vint aux mains des comtes de Savoie qui lui donnèrent plus d'ampleur au XVe s. En 1514, le marquisat de Genevois fut donné par Charles III de Savoie à son frère Philippe, époux de Charlotte d'Orléans, à qui le roi François Ier donna en même temps le duché de Nemours. Philippe et sa femme firent ajouter un nouveau corps de logis, appelé « logis Nemours », entre 1533 et 1565. C'est un grand parallélépipède de pierre blanche élevé sur un haut soubassement taluté et flanqué d'une échauguette d'angle du côté de la cour. Les croisées sont sobrement moulurées, des bandeaux horizontaux courent de façon continue à l'appui de celles-ci sur deux étages. Plus tard, Jacques de Savoie-Nemours, fils de Philippe, et sa femme Anne d'Este, petite-fille de Louis XII et veuve du duc de Guise, firent construire un nouveau bâtiment en continuation du vieux logis du XVe s. C'est le « logis neuf », bâti de 1562 à 1571 dans le style traditionnel du château. Les salles ont conservé quelques éléments de leur décor du XVIe s., des cheminées et des frises peintes à la naissance des plafonds.
Cf. M. Bruchet, Annecy, 1901 ; G. Grandchamp, dans *CAF*, 1965, p. 183-189, et plaquette, 1965 ; *MC Savoie*, p. 14-17.

CHÂTEAU-ROUGE, à Annemasse. Maison noble du XVIe s.
Cf. MC Savoie, p. 274.

CLERMONT. M.H. Visite. **Voir n° 227.**
Cf. L. Blondel, *Châteaux de l'ancien diocèse de Genève*, Paris, 1956 ; M. Melot, dans *CAF*, 1965, p. 167-174 ; Relevé photogrammétrique par l'IGMRAF.

DISONCHE, à Sallanches. Maison-forte du XVIe s.
Cf. MC Savoie, p. 276.

LOCHE-DE-MONTAGNY, à Sallanches. Dit encore *la Tour de fer*, le château a été bâti en 1561.
Cf. MC Savoie, p. 280.

ANNECY. Le logis Nemours.

MARCLAZ, à Thonon-les-Bains. Site inscrit. Maison-forte du XVIe s., faite d'un corps de logis et d'une tour ronde. Appartenait à Charles Vidonne de Charmoisy. Saint François de Sales y descendit lors de sa mission en Chablais.
Cf. St. Gauthier, *Petits Châteaux et Manoirs* ; *MC Savoie*, p. 281.

PELLY, à Desingy. Escalier du XVIe s.
Cf. MC Savoie, p. 284.

SALLENÔVES, I.S. Construction des XIIIe et XVe, augmentée au XVIe s. d'un corps de logis ; bel ensemble de la cuisine à mouluration gothique (cheminée, coussièges).
Cf. Soulange-Bodin, *Châteaux connus et inconnus* ; *MC Savoie*, p. 68-71.

TOURRONDE, à Lugrin. Château dévasté en 1536, reconstruit en 1539.
Cf. MC Savoie, p. 289.

VIVIER, Le, à Scintrier. Maison noble du XVIe s. à la famille de Thoyre.
Cf. MC Savoie, p. 291.

XXI. CORSE

Au XVIe siècle, l'île était placée sous la souveraineté de la république de Gênes. La France en prit momentanément possession de 1499 à 1512, en 1527-1529 et de 1553 à 1556. La Corse sera réunie à la France après la cession des droits de Gênes, en 1768.
Les Monuments historiques de la France, 1976, n° 1.

CORSE-DU-SUD

PUNTA, La, à Alata. M.H. C'est en 1883 que le comte Charles Pozzo di Borgo acheta certains éléments du château des Tuileries à Paris. On envisageait alors, sur un vote de la Chambre des députés, la démolition des ruines du palais de Napoléon III incendié lors de la Commune de Paris en 1871. Les vestiges comprenaient les colonnes au chiffre de Catherine de Médicis de la façade occidentale du pavillon Bullant et les ordonnances à pilastres de la façade orientale sur l'ancienne cour des Tuileries (Philibert de L'Orme). Un château fut alors construit à partir de ces éléments, qui vinrent garnir ses façades. C'est un grand parallélépipède sans ailes, planté en haut du site splendide de la baie d'Ajaccio par l'architecte M. Vincent. On trouve encore dans la salle à manger une porte venant du château d'Amboise.
Cf. Brochure anonyme, Paris, Nouvelles Éditions latines, s.d. (v. 1980) ; P. Colas, dans *Les Monuments historiques de la France*, n° 1, 1976, p. 14-17.

SANTA-MARIA-SICHÉ. Maison-forte bâtie en 1554 pour le patriote corse Sampiero, en ruines.

HAUTE-CORSE

MATRA, à Aléria. M.H. Visite. Fort construit en 1572, qui affecte un plan rectangulaire autour d'une cour, avec une tour carrée.

TUDA, à Olmeta-di-Tuda. I.S. Le château comporte deux corps de logis du XVIe s. et une tour dite tour Visconti, construite par un membre de la famille Sebastiani.

XXII. ROUSSILLON ET CERDAGNE

Parties du royaume d'Aragon qui furent annexées par Louis XI après conquête (de 1463 à 1475), puis rendues aux Rois catholiques en 1493. Conquis à nouveau par les armées de Louis XIII en 1642, le Roussillon et la Cerdagne française seront définitivement annexés à la France par le traité des Pyrénées en 1659.

PYRÉNÉES-ORIENTALES

M. Durliat, *L'Art dans le royaume de Majorque. Les débuts de l'art gothique en Roussillon, en Cerdagne et aux Baléares*, Toulouse, 1962.

A. de Pous, *Châteaux des Pyrénées-Orientales*, Paris, Nouvelles Editions latines, s.d. (1980).

COLLIOURE. M.H. Visite. Le château, qui remonte à l'occupation des Wisigoths, fut une forteresse et une résidence des rois d'Aragon. Ses fortifications furent renforcées par Ferdinand le Catholique en 1503-1510, suivi par Charles Quint qui dressa en 1554 les enceintes bastionnées à la base des tours (fort Saint-Elme et fort Mirador), fit modifier les forts extérieurs et le château lui-même.
Cf. S. Stym-Popper, dans *CAF*, 1954, p. 141 ; A. de Pous, p. 11 ; E. Cortade, dans *Tramontane*, t. 52, 1968, p. 2-64.

PERPIGNAN. M.H. Visite. Château des rois de Majorque. L'ancien palais des XIIIᵉ-XIVᵉ s. fut fortifié par les ingénieurs de Charles Quint entre 1538 et 1550, puis par ceux de Philippe II entre 1564 et 1585.
Cf. Durliat.

SALSES. M.H. Visite. La première pierre du fort fut posée en 1497 par dom Sanche de Castille et les travaux, menés par l'ingénieur Ramirez, à côté de l'ancien château du XVᵉ s. et à l'emplacement de la ville incendiée lors de l'assaut des troupes françaises l'année précédente. Endom- magé lors d'un nouvel assaut français en 1503, le fort fut réparé avant la venue de Charles Quint en 1538. Il affecte la forme d'un vaste quadrilatère régulier, flanqué de tours rondes et d'un donjon carré qui occupe le centre de l'un des côtés, le tout enveloppé d'un profond fossé inondable et d'une contrescarpe maçonnée. C'est l'une des œuvres les plus parfaites du nouvel art de la fortification mis au point par les ingénieurs du XVIᵉ s.
Cf. S. Stym-Popper, *CAF*, 1954, p. 406-424 ; A. de Pous, p. 14 ; Ph. Truttmann, Paris, 1981, (coll. des Petites Notes sur les grands édifices, CNMHS).

SOURNIA. Château bâti au centre du village par la famille de Casteras, au XVIᵉ s. Il reste les vestiges d'un grand quadrilatère flanqué d'une tour d'angle.
Cf. A. de Pous, p. 19.

SALSES.

CARTES

frontières du Royaume en 1589.

limites des départements actuels.

● château, traité dans la première partie
(pages 17 à 709).

■ ville

Les symboles qui accompagnent les noms des châteaux renvoient aux huit chapitres qui composent la première partie (pages 17 à 709) et se lisent comme suit :

■ Ire période (1490-1515)
◆ IIe période (1515-1525)
▲ IIIe période (1525-1540)
● IVe période (1540-1547)

△ V^e période (1548-1559)
○ VIe période (1560-1570)
□ VIIe période (1570-1590)
◇ VIIIe période (1590-1600)

ILE-DE-FRANCE

93

Paris
Louvre et Tuileries △○◇
Seine
St-Germain-des-Prés □
Vincennes
Marne

92
Bois de Boulogne ▲

Charenton ◇
◇ ●St-Maur-des-Fossés

78
Meudon △

94
Grosbois ◇

Amboille □

77

N

0   50   100 km

1re période ■   5e période △
2e période ◆   6e période ○
3e période ▲   7e période □
4e période ●   8e période ◇

▲Varangeville   Dieppe
Tourlaville ○   ○Bailleul
▲Valmont   Mesnières
Bricquebec ▲
Le Havre ■   *76*
50   ● Bévilliers ▲Seine   Rouen
▲Fontaine-Henry   Criqueville ■   Charleval □
▲Lasson   Fumichon ◇   □Bonnemare
Canisy □   St-Germain-   Acquigny ○
Torigni □   Outrelaize □   de-Livet □   Le Mesnil-G ◇   *27*
▲Chanteloup   NORMANDIE   Fervaques ◇   ■☐Gaillon
Maillé ○   Eure   ○Rosny
Keroüartz □   Orne   □Chambray   △Anet
Kerjean △   *61*   □Neuville
Guernac'hanay ○   O ■   Dreux   △St-Léger
St-Malo   *14*   ■Maillebois
29   *22*   ■Maintenon
La Touche □   Chartres ■
La Moussaye □   Mayenne   *28*
Coatbily △   *35*   Le Rocher ▲   ORLÉANAIS
Bodinio □   Rennes   Epinay □   Laval ■●   Foulletorte ○   Châteaudun □
BRETAGNE   Vilaine   Verdelles ■   ▲Saint-Agil
Josselin ■   Mortiercrolles ■   Saint-Ouen ◆   Sarthe   *72*   Courtanvaux □   Orléans
56   MAINE   *53*   Le Percher ▲   Bénéhard ◆   Poncé ▲   Talcy □
▲Châteaubriant   La Hamonière □   Le Lude ◆   Chambord ◆
La Motte-Glain ■   Le Verger ■   Loir   Landifer △   TOURAINE   Blois ■   Beauregard △
44   Serrant ●   Angers ■   La Côte ▲Bury ■   Villesavin ▲
Nantes ■   La Bourgonnière ●   Loire   *37*   ▲La Motte-Sonzay   Chaumont ■   Le Gué-Péan △   Herbault ■
Boumois ■   ▲Villandry ▲Valmer   Amboise ■■   La Morinière
ANJOU   *49*   Le Plessis-Rideau ◆   L'Islette ▲   Tours   Chenonceau ◆△△
Montsoreau ■   Ussé ◆   Azay-le-Rideau ◆   Saint-Aignan ◆ Romoranti
Le Puy-du-Fou ●   Thouars ■   Champigny ●   Valençay ●
Âpremont ▲   Oiron ●   La Roche-du-Maine ●◆   Veuil ▲
85   POITOU   Coussay ◆   Le Grand   Luçay-le-Mâle ●
Clairvaux □   Pressigny   Argy ▲
Azay-le-Ferron ●   Villegongis ▲

818

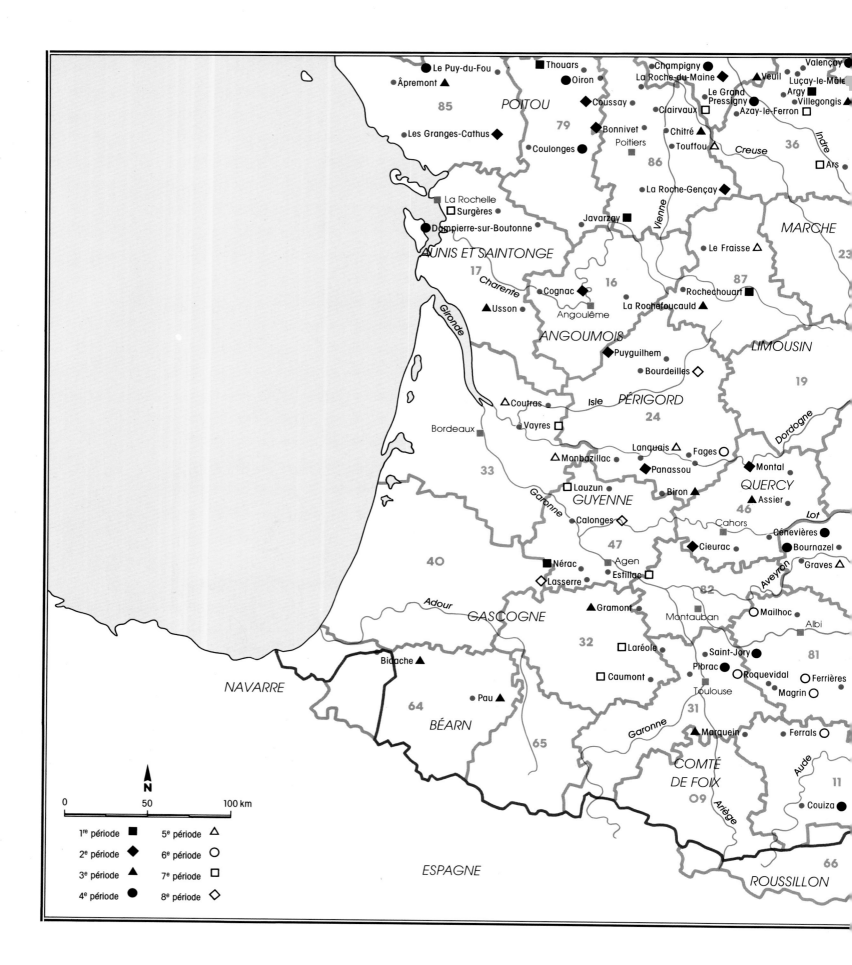

Le Puy-du-Fou ●
Âpremont ● ▲
Thouars ■
Oiron ●
Champigny ●
La Roche-du-Maine ◆
Veuil ▲
Valençay ●
Luçay-le-Mâle
Argy ■
Villegongis ■
Coussay ◆
Le Grand Pressigny □
Azay-le-Ferron ●
Clairvaux □
Chitré ▲
Touffou △
Creuse
Ars □
POITOU
85
79
Les Granges-Cathus ◆
Coulonges ●
Bonnivet ◆
Poitiers ■
86
La Roche-Gençay ◆
MARCHE
36
Indre
La Rochelle ■
Surgères □
Dampierre-sur-Boutonne ●
Javarzay ■
Vienne
23
AUNIS ET SAINTONGE
17
16
87
Le Fraisse △
Charente
Cognac ◆
Rochechouart ■
Usson ▲
Angoulême
La Rochefoucauld ▲
ANGOUMOIS
LIMOUSIN
19
Puyguilhem ◆
PÉRIGORD
Bourdeilles ◇
Coutras △
Isle
24
Dordogne
Bordeaux ■
Vayres □
Languais △
Fages ○
Monbazillac △
Panassou ◆
Montal ◆
33
Lauzun □
GUYENNE
Biron ▲
QUERCY
Assier ▲
46
Lot
Calonges ◇
Cahors ■
Cénevières ●
47
Bournazel ●
Nérac ■
Agen ■
Esfillac □
Cieurac ◆
Graves △
Lasserre ◇
Aveyron
40
Adour
GASCOGNE
Gramont ▲
Montauban ■
Mailhoc ○
Albi ■
32
Laréole □
Saint-Jory ●
81
Bidache ▲
Caumont □
Pibrac ●
Roquevidal ○
Ferrières ○
Toulouse ■
Magrin ○
NAVARRE
64
Pau ▲
BÉARN
31
Garonne
Marquein ▲
Ferrals ○
65
COMTÉ
DE FOIX
Aude
09
11
Ariège
Couiza ●
ESPAGNE
66
ROUSSILLON

0   50   100 km
N

1re période ■   5e période △
2e période ◆   6e période ○
3e période ▲   7e période □
4e période ●   8e période ◇

820

ERRY **18**

NIVERNAIS **58**

■ Bourges
● Breuihamenon

● Lux
□ Frasne
□ Filain
21

● Chailly ▲
■ Dijon

FRANCHE-COMTÉ

● Châteauneuf □
● Meillant ■
● Nevers ▲
● Ainay-le-Vieil ■
● Dornes ▲

□ Sully-le-Château
□ Morlet

▲ Pagny
● Besançon ▲

25

BOURGOGNE

CANTONS SUISSES

■ Moulins ■
71
39

○ **03**
BOURBONNAIS

△ Le Bas Chareil
◆ La Palice

● Châteaumorand ◆

□ Pizay

Loire

Allier

42

BEAUJOLAIS

LYONNAIS

Corcelles
○

Ain

Rhône

■ Genève
74

Cher

63

AUVERGNE

□ St-Marcel-de-Félines
△ La Bâtie d'Urfé
● Chalain ○
● Villeneuve-Lembron ■

FOREZ

69 ● Lyon
○ Le Perron △

● Septème ▲

□ Clermont

DUCHÉ

● Roussillon △

Isère

DE SAVOIE

15

● Valprivas ○
□ La Roche-Lambert
○ Saint-Vidal
● Messilhac ▲

43

VELAY

● La Tour-Daniel ■

38

73

PIÉMONT

□ La Voulte-sur-Rhône

○ **07**

VIVARAIS

DAUPHINÉ

26

05

48

GEVAUDAN

● Grignan △

Rhône

Durance

ROUERGUE

12

Tarn

△ Suze-la-Rousse

□ Lascours
● Uzès ○

AVIGNON
84

30

● Château-Arnoux ■

04

COMTÉ DE NICE

LANGUEDOC

Gard

■ Nîmes

● Gordes ▲

06

Hérault

○ Castries
● Montpellier ■
□ Marsillargues

34

▲ Lourmarin
● Villelaure □
La Tour-d'Aigues ○

● Nice

● Sallèles ●
■ Sète

■ Salon

PROVENCE

Narbonne

13

● Marseille

83

■ Perpignan

821

822

INDEX DES NOMS DE CHATEAUX
ET DES NOMS DE LIEUX

Cet index répertorie les noms de 2 400 châteaux. Ils apparaissent en CAPITALES lorsqu'ils sont traités en détail dans la première partie (pages 17 à 709).

Les chiffres en **gras** indiquent la page du répertoire (pages 711 à 816) où apparaît la notice consacrée à chacun des châteaux.

Cet index mentionne également les noms des communes (lorsqu'ils sont différents de ceux des châteaux), les noms des départements et des provinces qui apparaissent dans le répertoire.

A

Ablaincourt, **717**
Ablaincourt-Pressoir, 717
Ablancourt, **801**
Ablon, **727**
Aboul, **779**
Accons, 778
Aconin, 715
ACQUIGNY, 578, **729**
Adompt, **808**
Agassac, **768**
Age-Bertrand (L'), **753**
Agel, **776**
Agris, 754
Ahun, 760
Aiguillon-la-Chaize (L'), 756
Aiguines, **791**
Ailly, **727**
Ain, 811
AINAY-LE-VIEIL, 68, **786**
Aisne, 75
Aixe-sur-Vienne, 765
Aizecq, **753**
Alata, 815
Albaret (L'), **779**
Albi, 777
Alboy, **779**
Aléria, 815
ALINCOURT, 84, **719**
Allemagne-de-Provence, 790
Allemande (L'), **788**
Allenc, 783
Allerit, ou Allery, **756**
Allier, 785
Alluyes, **741**
Ally, 781
Allymes (Les), **811**
Alosse, 748
Alpes-de-Haute-Provence, 790
Alpes-Maritimes, 790
Alsace, 809
Alteville, **807**
Altillac, 759
Amanvillers, 808
Ambérieu-en-Bugey, 811
Ambleville, **724**
AMBOILLE-ORMESSON, 588, 648, **723**
AMBOISE, 18, 19, 20, 23, 33, 103, 108, **742**, 743
Ambroise (L'), **748**
Amfreville, **731**
Amilly, **732**
Amplepuis, 795
Ancenis, **739**
ANCY-LE-FRANC, 316, 384, 517, **798**
Anderny, **805**
Andigné, 750
Andlau, **809**

Andrézé, 750
Andurain, **772**
ANET, 404, 419, 516, **741**
Angely (L'), **753**
Angenardière (L'), ou Langenardière, **732**
Angers, 18, **748**, 750
Angerville-Bailleul, 579, 734
Angoumois, 753
Anizy, **788**
Anizy-le-Château, **715**
ANJONY, 628, **720**
Anjou, 741
Annebault, **729**
Annecy, **815**
Annemasse, 815
Anor, 804
Anquetierville, **733**
Anqueville, **753**
Anse, 795
Ansouis, **792**
Anthien, **789**
Antibes, **790**
Antilly, 807
Antonne-et-Trigonnay, 761
Antony, 719
Antrain-sur-Couesnon, 738
Anville, 753
Appeville-Annebault, 729
APREMONT, 251, **756**
Apremont, **725**
Apt, 792
Aramon, **774**
Arc-sur-Tille, **796**
Archelles, **733**
Arcis (Les), **750**
Arcueil, 723
Arcy-Sainte-Restitue, 715
Arcy-sur-Cure, 799
Ardèche, 778
Ardenne, **753**
Ardennes, 800
Ardoise (L'), **748**
Argelès-Gazost, 772
Argentelles, **732**
Argentré-du-Plessis, 738
Argotière (L'), **731**
Argouges, ou La Fée d'Argouges, **727**
Argoules, 715
Argueil-Fry, **733**
ARGY, 21, 47, **787**
Ariège, 766
Arlempdes, **783**
Armentières-sur-Ourcq, **715**
Arnac-Pompadour, 760
Arnay-le-Duc, **796**
Arnouville, **733**
Arpajon-sur-Cère, 780
Arques-la-Bataille, 733
Arramée (L'), **771**
Arranceau, **715**

Arrancy, 715
Arrest, **717**
Arricau, **771**
Arros-de-Nay, ou Espalungue, **771**
ARS, 607, **787**
Art-sur-Meurthe, 805
Artaudière (L'), **794**
Arthel, **788**
Arthies, **724**
Artois, 803
Artonne, 783
Arzens, **774**
Ascain, 771
Ascoubia, ou Escoubiac, **771**
ASSIER, 197, 262, **764**
Assigny, 787
Asswiller, **809**
Astaillac, 759
Athée-sur-Cher, 744
Aubas, 763
Aube, 801
Aubenas, 778
Aubépin (L'), **781**
Aubert, ou Le Bouschage, **755**
Auberville-la-Manuel, 731, **733**
Aubeterre-sur-Dronne, **753**
Aubeville, 753
Aubichon, **727**
Aubigné-Racan, 751
Aubigny, **727**
Aubigny-les-Sombernon, **796**
Aubigny-sur-Nère, **786**
Aubraie (L'), **756**
Aubry-du-Hainaut, **804**
Aubry-en-Exmes, 732
Auch, 766, 767
Audaux, **771**
Aude, 774
Audrière (L'), ou Loudrière, **756**
Auffay-la-Mallet, 734
Aulx-les-Cromary, **813**
Aumelas, **776**
Aumône (L'), **727**
Aunay-en-Bazois, **788**
Auquainville, 727
Autheuil-Anthouillet, 729
Autry-Issards, 785
Auvergne, 741
AUXERRE, 407, 461, **798**
Auzers, 780
Auzielle, **775**
Availles-sur-Seiche, 738
Avanton, 757
Avaray, 745
Avenay, **727**
Avensac, 766
Avermes, 786
Avesnes-Chaussoy, 717
Aveyron, 779
Avigneau, **798**
Avignon, 792

Avord, 787
Avrillé, 756
Avrilly, **785**
Ayherre, 771
Aymeries, **804**
Aynac, **764**
Azay-le-Brûlé, 755
AZAY-LE-FERRON, 589, 605, **787**
AZAY-LE-RIDEAU, 107, 124, **742**, 745
Azay-sur-Cher, 744
Azoudange, 644, 808

B

Baclair, **734**
Badefols-sur-Dordogne, **760**
Bagat-en-Quercy, **764**
Bagnols, **794**
BAILLEUL, 579, 589, **734**
Bais (Le), **727**
Bais, 751
Balançon, **813**
Balanzac, 754
Ballan-Miré, 742
Ballore, **797**
Balluère, 751
Balsac, **779**
Banassat, 785
Bannes, 760
Bar (duché de), 805
Bar-sur-le-Loup, **790**
Baracé, 750
Baraigne, **774**
Barbaise, **800**
Barbazan, **775**
Barby, 814
Barge (La), **783**
Barils (Les), 729
Barneville-Carteret, 731
Baron, 768
Barran, 766, 767
Barrasquié (La), **779**
Barraux, **794**
Barre (La), **753**
Barroux (Le), **792**
Bartas (Le), **766**
Barville-en-Liévain, **729**
Bas (Le), ou Harenc, 795
BAS CHAREIL (LE), 485, **785**
Bas-Rhin, 809
Baslou, **757**
Bassillac, 763
Bastide (La), **768**
Bastide-d'Engras (La), **774**
Bastide-des-Jourdans (La), **792**
Bâtie (La), **814**
BÂTIE-D'URFÉ (LA), 407, 478, **781**
Bâtie-Rolland (La), **793**
Batut (La), **760**

INDEX DES NOMS DE PERSONNES

Seuls les noms de personnes cités dans la première partie (pages 17 à 709) apparaissent dans cet index : en **gras,** les noms des propriétaires et des commanditaires des châteaux; en romain, les noms des architectes et des artistes, suivis des abréviations suivantes : arch. (architecte, maître d'œuvre, ou maçon); p. (peintre); sc. (sculpteur).

CRÉDITS PHOTOGRAPHIQUES

La plupart des photographies qui illustrent cet ouvrage ont été réalisées, en exclusivité pour les éditions FLAMMARION et PICARD, par une équipe composée de trois photographes, MM. Henri Paillasson, Marc Thouvenot et Jacques Nestgen (tous droits réservés).

JEAN ALLAIS, p. 593.
ARCHIVES DÉPARTEMENTALES DE LOIR-ET-CHER (coll. part.), p. 161 (b).
ARCHIVES DE LA DIRECTION DU PATRIMOINE, pp. 172, 175.
ARCHIVES NATIONALES, PARIS pp. 52 (h), 155 (h), 245, 274 (h), 371, 394, 395, 441, 479 (h), 521, 528, 544 (h), 562 (b), 595 (b), 651, 691, 705 (h).
ARCHIVES PHOTOGRAPHIQUES PARIS
© BY SPADEM 1989, pp. 24 (h), 44 (h), 46 (h), 89 (h, d), 92 (g, d), 93, 98 (b), 108 (b), 109, 112 (b), 170, 233, 246, 252, 336, 338, 418, 423 (d), 601.
ARTHAUD, pp. 26, 33, 44 (b), 45, 46 (b), 56, 61, 63 (h), 113, 115, 129, 133, 160 (g), 163, 164, 165, 224, 232, 233, 259, 267, 268, 269, 292, 296, 297, 298 (h), 301, 311, 312 (h, b), 504, 578 (b), 627 (h, b), 639 (h), 792.
BIBLIOTHÈQUE DES ARTS DÉCORATIFS, PARIS, pp. 55, 81 (h), 126 (h), 155 (h), 156 (b), 185, 186 (b), 187, 188, 213, 229 (h, g), 253, 270, 271 (b), 272 (h), 273, 288 (h), 290, 308, 350 (h), 365 (h), 402, 451 (h), 506, 539, 649, 720 (b), 757, 781.
BIBLIOTHÈQUE HISTORIQUE DE LA VILLE DE PARIS, p. 721 (Gérard Leyris).
BIBLIOTHÈQUE NATIONALE, PARIS, pp. 37, 43 (h, b), 96, 98 (h), 148 (h), 149 (h), 225 (h), 263 (h, b), 339 (c), 340 (h), 360 (h), 370, 385 (h), 423 (g), 425 (b), 465, 473 (h), 479 (b), 491 (h), 543 (g), 582, 676, 677, 735 (h), 782.
BIBLIOTHÈQUE DU PATRIMOINE, p. 175 (Froidevaux).
BRITISH MUSEUM, LONDRES, pp. 218 (h), 501, 523, 525.
Y. BRUAND, p. 566 (b).
BULLOZ, p. 590.
JEAN-LUC CHARMET, p. 436.
GIRAUDON, pp. 198, 204 (h, b), 205, 435.
HIRMER, pp. 415, 417.
INSTITUT D'ART, POITIERS, pp. 386 (b), 387 (h).
MOBILIER NATIONAL, p. 434.
MUSÉE CARNAVALET, PARIS, p. 688.
MUSÉE DU CHÂTEAU DE CHENONCEAU, p. 501.
MUSÉE DU CHÂTEAU DE GAILLON, p. 90.
MUSÉE DU CHÂTEAU DE SAINT-MAUR, p. 523.
MUSÉE DES TUILERIES, p. 525.
MUSÉES NATIONAUX, pp. 148 (b), 344 (b).
NATIONALMUSEUM, STOCKHOLM, p. 90.
REVUE DE L'ART, pp. 386-387, 430.
STUDIO REGARD, MARSEILLE, pp. 556 (b), 558, 559.
JEAN-CLAUDE VAISSE, p. 723 (h).

Achevé d'imprimer en novembre 1989
sur les presses de MAME Imprimeurs, à Tours
Composition par COMP'INFOR, à Saint-Quentin
Photogravure par BUSSIÈRE Arts Graphiques, à Paris

N° d'édition : 0148 — N° d'impression : 23252
Dépôt légal : novembre 1989

Imprimé en France